2023

7, 9급 공무원, 변호사, 행정사 시험 대비

★★★★★
완전
정복

삼봉
행정법총론
핵심정리

김유환 편저

미다스북스

완전정복 삼봉
행정법총론
핵심정리

초 판 1쇄 2022년 07월 28일

편저 김유환
펴낸이 류종렬

펴낸곳 미다스북스
총괄실장 명상완
책임편집 이다경
책임진행 김가영 신은서 임종익 박유진

등록 2001년 3월 21일 제2001-000040호
주소 서울시 마포구 양화로 133 서교타워 711호
전화 02) 322-7802~3
팩스 02) 6007-1845
블로그 http://blog.naver.com/midasbooks
전자주소 midasbooks@hanmail.net
페이스북 https://www.facebook.com/midasbooks425
인스타그램 https://www.instagram.com/midasbooks

ISBN 978-89-6637-048-9 13360

값 33,000원

미다스북스는 다음 세대에게 필요한 지혜와 교양을 생각합니다

✦

"매일매일 숙독(熟讀)해서
그것을 내 가슴 속에 자리하도록
먼저 수백 수천 번 읽고 다시 읽으면
저절로 정통해진다."

- 조선 22대 왕, 정조

머리말

삼봉공부법은 완전정복 100퍼센트 합격법이다!

고려대에서 법학 전공, 행정고시 일반행정직 합격자의 정통 교재

　나는 고려대학교에서 법학을 전공했고, 행정고시 일반행정직렬에 합격하여 7년간 국가공무원으로 근무하다 1999년도에 사직했다. 이후 신림동을 거쳐 노량진에서 13년간 1타 강사로 강의했고, 지금은 행정법 수험교재를 집필하고 유튜브 "삼봉과 함께 하는 세상"에서 강의를 진행하고 있다.

　내 소개를 하는 이유는, 교재 저자와 강사를 선택하는 기준 때문이다. 강사를 선택할 때는 그 과목 전공자인가를 반드시 확인해야 한다. 물론 전공자가 아닌 경우에도 강의를 할 수는 있다. 그러나 전공자만큼 그 과목에 관한 지식과 그 배경에 깔린 요소를 상세하게 설명할 수는 없다. 특히 법학에서 사용하는 개념은 일상적인 국어적 의미와 다르게 쓰이는 경우가 많기 때문에, 배경 설명 없이 칠판에 맹목적으로 필기만 하고 두문자 위주로 암기를 강요하는 강의를 들을 바에는 차라리 혼자 공부하는 게 시간 낭비를 줄이는 길이다. 강의를 들으려면 법학을 제대로 전공하고, 수험에서도 합격이라는 결실을 거둔 **실력이 검증된 선생의 해설이 필수적**이다. 법학 전공자가 아닌 경우에는 개념이 의미하는 내포와 외연을 제대로 설명할 수 없다.

　또한 두 번째 기준은 고시에 합격하여 실무 근무를 해본 적이 있는가이다. 법학을 전공했다 하더라도 본인이 수험에 실패한 경우에는 뭔가 문제가 있다고 생각해야 한다. 본인의 실패한 경험담을 수험생에게 전수해봤자 그 결과는 실패로 귀결될 가능성이 높다. 추락하는 것에는 날개가 있듯이, 고시에 떨어진 데에는 뭔가 문제가 있게 마련이다. 또한 행정법은 행정실무에 직접 연결되는 과목이기 때문에 이론뿐만 아니라 현장에서 필요한 실무적 감각에 대해서도 알아야 하기 때문에 **실무경험이 있는 행정고시 합격자의 강의**를 듣는다면 금상첨화이다.

노량진 1타, 13년간 기적 같은 단기간 합격의 전설!

1999년에 공무원을 그만두고 3년 동안 개포도서관에서 공직생활을 하느라 읽지 못했던 사회과학 책들을 열심히 읽고 많은 글을 쓰며 지냈다. 그러다가 우리나라에서 월드컵 경기를 개최하던 2002년, 신림동에 있는 춘추관법정연구회라는 학원에서 행정고시수험생을 상대로 강의를 시작했다. 다행스럽게도 수험생들의 인정을 받아 무명강사에서 독립단과로는 처음으로 6개월 만에 1등강사로 올라섰다.

그 성과로 2003년 12월 노량진 한교고시학원에 영입돼서 공무원 수험생을 상대로 강의를 시작했다. 그러나 1년간 대강사의 횡포로 단과강의를 개설할 수가 없었다. 결국 2004년 9월 남부행정고시학원으로 옮겨오면서 첫 단과강의를 했는데 수강생이 고작 9명이었다. 하지만 소수인원이라 보강을 하기도 편했고, 내 모든 노하우를 전수해서 가르쳤다.

당연히 나는 삼봉공부법으로 학생들을 집중지도했다. 그 결과 이듬해 총 9명 중 6명이 시험에 합격했다. 떨어진 1명도 가산점을 써내지 않아서 떨어진 것이고, 가산점만 써냈다면 1년 만에 합격했을 것이다. 7급 공무원 일반행정직렬은 80% 가까이가 SKY 출신이고, 평균 수험기간이 3년임을 감안할 때 전원 비SKY 출신들이 1년 만에 그 정도의 비율로 합격한 것은 기적이다. 두 달 후 두 번째 맞이한 단과강의는 40명을 넘어섰고, 그다음 세 번째 강의에서는 100명을 돌파했다.

내가 운영하던 수험카페에서 '고데구리'라는 닉네임을 사용하는 친구는 11월 두 번째 단과를 들었던 친구다. 해양경찰간부시험을 준비하기 때문에 객관식이 아닌 논술시험이었다. 신림동에서 논술강의를 들었는데 만족스럽지 못해서 입소문을 듣고 내 강의를 들으러 노량진으로 온 것이다. 결과는 다음 해 행정법 논술 93점으로 합격했다. 객관식도 아닌 논술에서 90점이 넘는 점수는 나올 수 없는 점수이다. 기적과도 같은 점수라고나 할까? 황윤하라는 친구인데 몇 명 뽑지도 않는 해양경찰간부시험에 그것도 재학 중 합격이라는 영예를 안았다.

또 다른 제자는 원래 9급 시험을 준비했는데 나의 영향으로 서울시 9급에 합격해서 근무하면서 7급 공무원 시험 공부를 계속했다. 내가 눈높이를 바꿔 놓은 것이다. 당연히 삼봉공부법으로 서울시 7급 시험에도 합격했다.

안양예고를 나오고 대학에서 연극영화를 전공한 여학생이 학원 종합반 강의를 통해 9급 시험을 준비하다가 입소문을 듣고 내 단과강의를 듣게 되었다. 당연히 눈높이가 7급으로 바뀌었다. 고작 2과목 차이밖에 되지 않는데 9급에서 7급까지 승진하려면 10년에서 15년 이상 걸리고 봉급 차이도 엄청나다. 굳이 9급을 고집할 필요가 없다는 내 조언 때문이다. 그녀는 대학교까지 국·영·수를 제대로 공부한 적이 없었다. 그런데 석 달간 내 강의를 들으며 눈높이와 공부방법론이 모두 바뀌었다. 그리고 나서 경제학과 헌법 모두 독학으로 정복해서 만점을 받았다.

어려서 한국무용을 전공하고 국악고등학교를 거쳐 대학에서 무용을 전공한 여학생도 1년 만에 7급 공무원 시험에 합격했다. 그녀도 한국무용의 엘리트코스만 달려왔기 때문에 남들처럼 제대로 공부를 한 적이 없는 상태였는데, 어려서부터 무용에만 전념하다 허리를 다쳐 더 이상 무용을 할 수 없게 되자 공무원 시험을 준비한 것인데, 다른 친구들보다 배경지식이 없었는데도 1년이라는 단기간에 합격했다.

탁구만 치다 국가대표까지 지낸 친구가 내 강의를 들은 적도 있다. 역시 다른 과목은 손 떼고 행정법만 집중적으로 정복하라고 했다. 두 달 동안 내 강의를 듣고, MP3로 다시 강의를 들으면서 복습하고 교재를 반복해서 읽고 그렇게 힘든 두 달이 지났다. 태어나서 처음 읽은 책이 만화책도 아니고 무협지도 아니고 내 강의 교재인 삼봉행정법이었다고 한다. 두 달 후에 시계를 재면서 9급 기출문제를 푸는 데 3분 만에 100점을 받았다. 물론 이 친구는 국가대표까지 지낸 경험이 있기 때문에 눈높이나 인내심이 다른 수험생과 비교할 수는 없다. 어떤 분야이든 한 분야에서 정상에 오르려면 고도의 자신감과 인내심을 요하는 것이다.

그 후로도 나는 수많은 제자들을 1년 만에 7급 공무원 시험에 합격시켰다. 13년간 나와 함께 내 교재로 공부해서 합격한 수많은 제자들 가운데 많은 이들은 지금까지도 교류를 이어오고 있다. **삼봉공부법이 준 가장 커다란 행복**이다.

기본에 충실한 최고의 적중률, 삼봉행정법 시리즈!

2022년 국가직 9급 행정법총론 시험이 끝난 후 매우 어렵게 출제되었다는 평가가 대부분인 것 같다. 그러나 내가 보기에는 예년과 별로 다르지 않은 정도의 난도였다고 생각한다. 그럼에도 2021년도 시험이 끝난 뒤에는 어렵다는 평가가 별로 없었는데, 2022년도 시험 후에 어렵다는 평가가 주류인 이유는, 2021년에는 행정법총론이 선택과목이었는데 2022년도에 필수과목이 되었다는 점이다. 즉, 금년도에 행정법을 처음 접하는 수험생들이 행정법총론과 사회 과목의 차이를 제대로 알지 못하고, 행정법총론을 사회 과목 공부하듯이 공부했기 때문에 어렵게 느껴지는 것이다. 제대로 공부하지 않으면 행정법은 아무리 쉽게 출제해도 어렵다고 느껴질 수밖에 없다.

그렇다면 해결방안은 무엇인가? **기본에 충실**해야 한다는 점이다. 수험생 누구나 최대한 빨리 시험에 합격하고 싶을 것이다. 실력이 되는데 굳이 합격을 자제할 이유는 없다. 그러나 실력을 기르기 위해서는 조급증을 버려야 한다. 먼저 제대로 된 이론서를 통해 개념과 문장독해 능력을 충실히 길러야 한다. 문장에 나타난 논리의 배경과 핵심도 충실히 익혀야 한다.

기본이 닦이지 않은 상태에서 성급하게 기출문제를 통해 실력을 확인하려는 수험생들이 매우 많다. 시험문제는 실력이 쌓이면 저절로 풀리게 마련이다. 실력이 쌓이지 않은 상태에서 성급하게 문제풀이를 병행하면 공연히 스트레스만 받게 되고, 지문의 의미도 제대로 알지 못하고 맹목적으로 외워봐야 변형된 지문에 속절없이 당하게 마련이다. 2022년도 국가직 9급 행정법총론 문제도 그동안 출제되지 않았던 새로운 쟁점이나 판례, 사례형이라는 새로운 출제 유형이 많이 등장했다.

지금까지 여러분들은 이론서를 통해 행정법의 기본 개념과 논리 및 법령에 관한 지식을, 판례교재를 통해 판례의 논리와 결론을 충실하게 공부했으리라 믿는다. 코로나 19로 인해 정신적으로도 많이 힘든 상태에서 지금까지 공부하느라 고생이 많았을 여러분에게 심심한 위로와 격려를 보낸다.

본서는 삼봉 행정법총론 이론서와 판례집을 충실히 공부한 수험생들이 정리하기 편하게 만들어진 최종정리용 교재이다. 그러나 이론적 기초가 되어 있지 않은 수험생들에게도 도움이 되도록 목차를 논리적으로 구성했기 때문에 많은 도움이 될 것이다.

본 개정판은 최근에 제정된 행정기본법, 대폭 개정된 행정절차법과 「민원처리에 관한 법률」을 비롯하여 현재 시행 중인 모든 개정법률들을 반영했고, 2022년 3월까지 공보된 최신판례를 모두 반영했다. 실제 시험에서 100점을 맞을 수 있도록 출제 빈도가 높은 쟁점을 모두 반영하면서도, 마지막 정리교재로서의 분량조절에도 최선을 다했다. 그러나 판례가 점차 축적되면서 양을 줄이는 데는 한계가 있었다.

『완전정복 삼봉 행정법총론 핵심정리』는 많은 수험생들이 익히 알고 있듯이 필자가 신림동 고시학원에서 강의하던 때부터 지금까지 100%를 적중시킨 전설적인 교재이다. 모쪼록 이 책이 공무원을 목표로 공부하고 있는 많은 수험생들에게 실질적인 도움이 되고, 합격을 앞당기는 유용한 교재로 활용되기를 진심으로 기원한다. 정도를 걷는 자만이 끝내 최종합격의 영광을 거둘 수 있다는 확신을 수험생 여러분에게 드린다.

강의는 유튜브에 무료로 게재할 예정이다. 유튜브 이름은 "삼봉과 함께 하는 세상"이다. 강의 관련 자료는 네이버 블로그에 게시할 예정이다. 블로그 이름은 "삐딱한 엘리트의 살아가는 이야기"이다.

삼봉 김유환 씀

유튜브 〈삼봉과 함께하는 세상〉

삼봉 김유환의 블로그

목차

01   행정법통론

02   행정작용법

03 행정상 실효성확보수단

04 행정구제론

완전정복 삼봉 행정법총론, 합격을 보장하는 필승 공부법

1. 반드시 합격하는 세 가지 공부 원칙

① 2년 안에 합격하라!

　수험시장의 현실은 7급의 경우 평균 경쟁률이 50 : 1 가까이 된다. 이는 새로운 수험생의 유입이 없다는 전제 아래 계속 공부해도 꼴찌가 합격할 때까지 50년이나 걸린다는 의미다. 그러나 매년 새로운 수험생이 유입되고, 그들이 단기간에 기존 수험생을 추월해서 합격하는 것 또한 현실이다. 그러니 합격의 마감시한을 반드시 정하라. 그것은 길어야 2년이다. 2년 안에 반드시 합격하라!

구분	선발예정인원	출원인원	경쟁률
국가직 9급	5,662	198,110	35.0 : 1
국가직 7급	815	38,947	47.8 : 1

(출처 : 2021년 인사혁신처 발표)

② 언제 합격하느냐 걱정할 게 아니라 반드시 합격해야 한다!

　결국 시험에 언제 합격하느냐보다 시험에 합격할 수 있냐 없냐가 절대적으로 중요하다. 아무리 오래 공부해도 합격할 수 없는 수험생들이 대부분이라는 것을 통계가 말해주고 있기 때문이다. 삼봉공부법으로 철저히 무장하고, 2년 안에 반드시 합격하라.

③ 합격의 지름길은 삼봉공부법이다!

공부 방법은 같은 정도의 노력을 하더라도 성과가 있어야 의미가 있다. 그리고 실천하는 것이 어렵지 않아야 현실적이다. 신체적 한계, 경제적 한계, 심리적 한계가 없어야 좋은 공부법이다. 삼봉공부법은 공부 습관만 바꾸면 되는 아주 **실천하기 쉬운 최적의 공부법**이다.

내가 삼봉공부법으로 공부를 시작한 첫 계기는 중학교 3학년 때 고입 연합고사를 앞두고 수학을 공부하면서부터다. 중학교 전 범위를 대상으로 하는 시험을 앞두고 전에 배운 내용들이 하나도 기억이 나지 않았다. 남은 시간을 수학에만 쏟아부었다. 결과적으로 한 달 만에 수학을 정복했고 연합고사에서 분당 8문제를 푸는 속도로 만점을 받게 되었다.

그 후로 나는 청주에 있는 충북고등학교에 입학했는데, 일단 영어 단어가 터무니없이 모자랐다. 그래서 일단 선행학습을 하고 온 친구들을 따라잡기 위해 하루에 영어단어만 300개씩 외웠다. 까먹고 외웠다 까먹고 반복하니까 한 달도 되지 않아서 교과서 단어와 문장을 완벽하게 암기하는 데 성공했다. 나는 첫 중간고사시험에서 전교 7등을 했고, 이후에도 10등 안의 성적을 유지할 수 있었다.

고등학교 2학년에 진학하자마자 엄마가 뇌졸중으로 돌아가시는 충격적인 경험을 하게 된 후 자퇴를 했다. 이제 검정고시까지 남은 시간은 3개월. 일단 합격이 목표였다. 선택과 집중을 하기로 했다. 영어에만 2달, 국어 2주, 수학은 기출문제 위주로 열흘 정도, 암기과목은 하루에 한 과목씩 공부하는 것으로 시간 배분을 했다. 두 달 동안 영어책만 열댓 권을 볼 수 있었다. 이게 내가 삼봉공부법을 실천하고 성공한 첫 계기였다. 대학에 입학한 후에도 삼봉공부법으로 행정고시까지 합격할 수 있었다.

2. 삼봉공부법이란 무엇인가?

삼봉공부법은 **한 과목을 완전히 정복할 때까지 그 과목만 집중적으로 공부**하는 방법이다. 달리 말하면 한 과목에 관한 책을 '여러 번 읽기' 방법으로 공부하는 방법이다.

삼봉공부법의 첫 번째 특징, 검증된 공부 방법!

조선시대부터 인정해도 600년이나 되는 기간 우리 선조들이 해왔던 공부방법이다. 관학이든 사학이든 일수로 사서오경을 읽어나가도록 규정되어 있다. 예컨대 『대학』은 한 달, 『중용』은 두 달, 『논어』와 『맹자』는 넉 달을 기한으로 읽어 나가는 식이다.

퇴계 이황도 평소 제자들에게 한 권의 책을 반복해서 읽기를 강조했다.

"대개 독서하는 사람은 비록 문장의 뜻을 이해하고 있더라도 그 문장에 익숙해지지 않으면 읽은 후 즉시 잊어버린다. 그래서 마음에 간직할 수가 없다. 이미 공부한 것은 반드시 익숙해지도록 더욱 힘을 써야 한다. 그런 다음에야 마음속에 간직할 수가 있으며 흠뻑 젖어드는 묘미를 느낄 수 있다."

정조대왕은 단순히 책을 반복해서 읽는 것을 넘어 특히 요약정리의 대가였다. 그의 독법은 다음과 같다.

"매일매일 숙독(熟讀)해서 그것을 내 가슴 속에 자리하도록 먼저 수백 수천 번 읽고 다시 읽으면 저절로 정통해진다."

율곡 이이 선생도 책을 읽을 때 바삐 책장을 넘기지 말고 숙독하고 정독하라고 강조한 바 있다. "배우는 사람은 다른 사물이 빈틈을 타고 침입해 들어가지 못하게 해야 한다"라고 함으로써 집중과 몰입을, "마음을 오로지 하고 뜻을 모아 정밀하게 생각하고, 오래 읽어 그 행할 일을 깊이 생각해야 한다."고 함으로써 정독과 숙독을 강조하고 있다. 공자님도 "빨리 이르려고 하면 이르지 못한다."고 했고, 세종대왕도 정독형 책읽기로 유명하다.

삼봉공부법의 두 번째 특징, 가장 강력한 가성비와 경쟁력의 공부법!

나는 한때 고시생으로서 고시공부를 하고 합격한 경험자로서 그 노하우를 사장시키지 않고 일반 국민들에게 소개하는 것이 필요하다고 생각했다. 공부방법론은 크게 수능공부법, 고시공부법, 삼봉공부법으로 대별할 수 있다.

수능공부법 : 이 방법론의 치명적인 단점은 공부한 내용이 장기기억으로 저장되지 않고 단기기억 속에서 끊임없이 사라진다는 점이다. 밑 빠진 독에 물붓기식 공부인 셈이다. 매일 전 과목의 전 범위를 읽어낼 정도의 능력이라면 그냥 그렇게 공부하기만 하면 당연히 전 과목 만점을 받는 것은 일도 아닐 것이다. 수능공부법은 값싸고 일시적인 위안과 만족감만 안겨주는 가장 비효율적인 방법이다.

고시공부법 : 고시방법은 동시에 여러 과목을 공부하지 않고, 한 과목에 대한 교과서를 1회독한 후 다른 과목으로 전환하는 방법이다. 통독의 장점을 잘 살린 공부법이다. 그러나 양이 많은 과목의 경우 1회독만으로 기억에 남는 부분이 많지 않다.

삼봉공부법 : 삼봉공부법은 '과목별 집중공부법'을 말한다. 한 과목에 관한 책이라면 여러 권을 반복하는 것도 포함한다. 이렇게 공부하면 관련된 정보가 반복적으로 입력됨으로써 해마가 중요한 정보라고 판단하고 장기기억장치로 보내 장기기억으로 저장되게 된다는 점에서 가장

효율적인 방법이라고 할 수 있다.

삼봉공부법의 세 번째 특징, 뇌과학을 종합한 최적의 합격법!

심리학, 인지심리학, 뇌과학, 발달심리학, 교육학, 교육심리학, 유아교육학 등에 관한 이론과 내가 수험생으로 겪은 경험, 신림동과 노량진에서 고시생과 공무원수험생들을 지도하면서 얻은 노하우를 종합했다.

삼봉공부법은 단기간에 **성취감과 자신감**을 맛볼 수 있다. 공부량 내지 공부시간과 성적은 비례관계에 있지 않다. 일단 공부가 축적돼서 성적으로 연결될 때까지 쉬지 않고 꾸준히 공부하는 것이 중요한데, 문제는 지나치게 오랜 시간이 걸린다면 지쳐서 포기하고 만다는 것이다.
자신감이 없어지게 되면 자꾸 잡념이 생기고 집중력이 떨어지고, 도피하고자 하는 심리가 발생한다. 자신감을 가지려면 일단 성취경험이 있어야 한다. 그래서 반드시 단기간에 성취감을 맛보아야 한다. 그러기 위해서는 어떤 과제를 집중적으로 수행할 필요가 있다. 결국 자신감과 집중적인 공부를 통한 성취경험은 뗄 수 없이 연결되어 있다고 할 수 있다. 삼봉공부법이 효율적인 이유이다.

삼봉공부법은 **한 번 공부한 과목의 내용을 오랫동안 기억**할 수 있다. 한 번 공부한 것이 몇 년 동안 기억에 장기간 남아 있다면 공부가 그리 어렵지 않을 것이다.

기억이란 뇌의 신경세포 사이에 회로를 만드는 것으로 저장되는 것이다. 이 회로는 정보가 전달될 때마다 발화가 되는데 반복적으로 같은 정보가 주입될 때 회로가 더 쉽게 발화되고 강화된다. 집중적으로 반복하면 관련 신경회로가 연관되어 발화하기 때문에 기존의 지식과 새로운 지식과의 연계인 정교화에 도움이 된다. 문제는 이질적인 정보가 교차돼서 입력되면 어떤 것도 해마에서 중요한 정보로 인식하지 않고 단기기억에서 삭제한다는 것이다.

하루에 여러 과목을 동시에 공부하면 반복 주기가 길어지기 때문에 기억이 오래 갈 수가 없다. 역시 삼봉공부방법론이 효율적이라는 것이 이 이론에서도 확인된다.

모든 공부는 한 번이면 족하다. 고등학교 때 제대로 영어를 공부했다면 대학교나 공무원 시험에서 다시 영어를 공부하지 않아도 된다. 그게 바로 삼봉공부법이다.

삼봉공부법, 다음과 같이 실천하라!

공부할 과목의 순서 정하기 : 삼봉공부법은 여러 과목을 동시에 공부하는 것이 아니라 한 과목을 집중적으로 공부하는 방법이기 때문에 먼저 공부할 과목의 순서를 정해야 한다. 상위권이나 의지가 강한 수험생의 경우 가장 어려운 과목부터 쉬운 과목으로. 초보자와 하위권, 의지가 약한 수험생의 경우 쉬운 과목부터 어려운 과목으로. 정하면 된다. 다음 과목은 연계과목을 택하는 것이 좋다.

자습서와 참고서 선정하기 : 고시생들은 가장 충실하고 공부하기 좋은 책을 기본서라고 표현하고, 그와 관련해서 보충해서 같이 읽을 책을 참고서라고 한다. 가장 중요한 기준은 논리적이고 설명이나 해설이 풍부해야 한다. 그래야 읽을 수가 있다. 둘째, 내용이 빠진 것 없이 충실해야 한다. 셋째, 자습서와 참고서를 선정할 때는 분야 전문가나 선생님의 도움을 받는 것이 좋다. 고시생들도 기본서 한 권에 참고서 2권 등 과목당 3권으로 공부하는 것이 보통이다.

한 과목 공부 순서 :

> 이론 공부 → 단원별 기출문제집 문제풀이 → 단원별 예상문제집 문제풀이 → 모의고사 문제풀이 → 핵심정리집

기본서를 3회독한다. 교재를 처음 읽을 때는 이해가 되지 않더라도 일단 넘어가야 한다. 이해가 되지 않는다고 시간을 지체해서는 안 된다. 이해가 되지 않더라도 일단 읽어가면서 회독수를 늘리면 심리적 안정감을 얻을 수 있다는 장점이 있다. 벌써 1회독이 끝났구나, 라는 뿌듯함과 자부심도 느낄 수 있고. 2회독을 하면서 전에 이해했던 내용은 암기하겠다는 마음가짐으로 좀 더 집중해서 읽고, 이해가 되지 않았던 부분은 이해하려고 노력하면서 읽으면 된다. 3회독 때는 이해가 되지 않는 부분이 남아 있으면 더 이상 넘어가서는 안 된다. 3회독까지 모든 부분에 대한 이해를 마무리해야 한다.

4회독부터는 분기점이다. 이제 이해를 토대로 반복하면서 같은 교재를 계속 읽을 것이냐, 아니면 새로운 교재를 읽을 것이냐를 결정해야 한다. 여전히 이해가 되지 않았다면 같은 책을 더 반복해서 읽어야 한다. 참고서를 같이 읽어나간다. 완전히 이해가 되었다고 판단되면 새로운 교재로 읽는 것도 좋은 방법이다. 암기력이 떨어지거나 독서능력이 떨어지는 수험생이라면 7회독으로 충분히 숙지한 다음에 참고서와 병행하는 것이 좋다. 소화가 되지 않는 상태에서 무리하게 양을 늘린다는 것은 바람직하지 않다. 유전자를 탓하기 전에 현실을 인정하고 정직하고 성실하게 돌파하면 된다.

이론공부는 충실하게 해야 한다. 실력을 향상시키고 유지하는 관건은 이론적 지식이다. 문제는 어차피 배운 이론에서 나오는 것이기 때문에 이론을 충실하게 소화하면 문제는 풀리게

마련이다.

문제집 공부 순서는 단원별 기출문제(→ 연도별 기출문제) → 단원별 예상문제 → 모의고사형 문제 순으로 공부하는 것이 좋다. 단원별 기출문제집은 이론서와 연계해서 체계적으로 공부하는 데 편하다. 나중에 연도별 기출문제를 풀어보는 것이 좋다. 어떤 부분에 대한 출제인지 전혀 암시가 주어지지 않은 상태에서 풀어보아야 실제 시험에 대비할 수 있기 때문이다. 문제집이 정복되었는지 판단하는 기준은 90점이라고 보면 된다. 나머지 10점은 나중에 핵심 정리를 할 때 보완하면 된다.

이렇게 한 과목을 정복하고 나면 다른 과목으로 전환해서 같은 요령으로 정복하면 된다. 먼저 정복한 과목이라도 시간이 지나면 잊게 마련이다. 따라서 다른 과목으로 전환한 후에 집중이 되지 않거나 시간이 많이 지나면 전에 공부한 과목을 빠르게 읽어두고 기억을 재생한 후에 다시 지금 공부하는 과목으로 돌아오면 된다. 이런 방식으로 전 과목에 대한 공부가 마무리되면 이제 고시방법론으로 전환한다. 이제 한 과목씩 1회독을 하고 난 후 다른 과목으로 신속히 전환함으로써 무한반복을 하는 것이다. 공부한 내용을 절대 잊어버릴 수 없을 것이다.

삼봉 시리즈 활용방법

앞에서 알아본 삼공공부법의 특징과 실천법을 바탕으로, 삼봉공부법으로 철저히 무장하고 삼봉 행정법총론 시리즈를 활용하여 합격의 영광을 반드시 누리기 바란다.

1. 공부순서

삼봉 행정법총론(출간) → 삼봉 행정법총론 판례(근간) → 삼봉 행정법총론 기출문제(근간) → 삼봉 행정법총론 객관식(미정) → 삼봉 행정법총론 핵심정리

2. 이론서를 통한 충실한 실력의 확보

모든 과목이 마찬가지겠지만 실력의 원천은 문제집이 아닌 이론서에 있다. 따라서 먼저 이론서를 충실히 공부하는 것이 수험기간을 단축시키는 핵심적인 과정이라는 것을 강조하고 싶다.

3. 문제집을 통한 실전능력 배양

이론적 기초가 충실히 닦인다면 이제 문제를 통해 확인하고 복습하는 과정이 뒤따라야 한다. 문제집도 일단 난도가 낮은 기출문제집부터 정리하고 난도가 높은 객관식문제집 순으로 접근하는 것이 무난하다.

4. 핵심정리를 통한 완벽한 정리

오랜 수험생활을 해 온 수험생의 경우 한두 문제 차이로 불합격하는 가장 큰 이유가 정리를 제대로 못해서라고 생각한다. 시험을 앞둔 한 달의 시간은 그 전의 세 달에 해당할 정도로 중요한 시간이다. 따라서 마지막 한 달을 얼마나 효율적으로 정리하느냐가 절대적으로 중요한데, 이때 꼭 필요한 것이 핵심정리집이다. 핵심정리서는 지금까지 고시를 포함한 모든 시험에서 100점을 받을 수 있기에 충분한 핵심정리집이라는 사실을 검증받은 바 있다.

✦ 행정법 공부방법

I. 들어가며

　모든 학문이 학문이라는 점에서 공부방법론에 공통점도 있지만, 사회과학이냐 자연과학이냐에 따라서 또는 같은 사회과학 내에서도 정치학이나 행정학, 법학이냐에 따라서 차이가 있다. 법학의 기초인 민법총칙에 보면 법률관계란 법에 의해 규율되는 생활관계이고, 우리가 의식하지 못한다 하더라도 실상 많은 생활관계가 법에 의해 규율되는 생활관계로서의 법률관계이다. 이처럼 법학자나 법학도들이 생활관계를 바라보는 법적인 시각을 법학적 사고, 세칭 리걸 마인드(legal mind)라고 한다. 행정법도 법과목이라는 점에서 다른 법과목과 동일하게 법학적 사고방식을 갖추어야 제대로 이해가 가능하고, 수험이라는 목적을 놓고 보더라도 고득점을 할 수 있게 되는 것이다.

　필자는 개인적으로 법학을 전공하고 행정고시를 준비를 한 경험을 통해서 법학적 사고방식이나 법학적 관점을 구성하는 요소는 ① 개념, ② 논리, ③ 체계라고 생각한다. 모든 학문이 마찬가지이지만 특히 법학의 경우 이 세 요소는 법학적 관점이나 사고방식(legal mind)을 구성하는 3요소라고 표현할 수 있을 만큼 두드러진 특징이라고 생각하는 것이다. 이를 세분하면 다음과 같다.

II. 법학적 사고방식, 관점(Legal Mind)의 3요소

1. 개념

　법학은 개념으로부터 시작해서 개념으로 끝난다고 표현해도 좋을 정도로 일반적인 용어와 구별되는 수많은 법률개념(용어)으로 이루어져 있고, **엄밀한 개념정의를** 특징으로 한다. 필자가 대학 입학 후 민법총칙 수업에서 김형배 선생님으로부터 처음 들었던 말이, 그리고 그 이후 수없이 자주 들었던 말이 "개념이 흔들리면 율사가 아니에요"라는 말이었다. 개념이 법학에서 차지하는 비중을 단적으로 표현하는 말씀이라 생각한다.

　법학을 공부하면서 유념해야 할 도구로서의 개념은 다음의 다섯 가지 측면이 있다.

(1) 개념의 구사

개념은 특정한 상황에 대한 정확한 개념의 구사로부터 시작된다. **개념의 구사**는 어떤 상황이 주어질 때 그에 해당하는 단어를 정확하게 사용하는 것을 말한다. 예컨대, 행정법에서는 행정주체·행정기관·행정청, 권리·권한 등 유사한 용어가 사용되고 있는데, 서울시는 행정주체라고 말할 수 있지만 행정기관이나 행정청으로 표현할 수는 없다. 민법총칙에서도 기본적으로 접하게 되는 개념 가운데 유사개념으로서 권리·권능·권한·권원 등을 들 수 있다. 행정주체라고 표현해야 함에도 행정청이라고 표현하거나, 권한이라고 표현해야 할 상황에서 천연덕스럽게 권리라고 사용한다면, 그러고도 전혀 부끄러움이나 문제의식조차 느끼지 못한다면, 더이상 법학을 해나갈 수가 없게 된다는 점을 명심하기 바란다.

(2) 개념의 정의

법학에서는 특히 개념 정의가 마치 수필처럼 늘어진 문장으로 표현되는 것에 거부감이 강하다. 법률술어는 정확하게 구사해야 하고, 깔끔하게 다듬어져야 한다. 그렇다고 1회독부터 개념에 대한 강박관념을 가질 필요는 없고, 단지 개념정의의 중요성을 염두에 두고 교재를 읽는 습관을 강조하고자 하는 것이다. 객관식시험 공부과정에서는 완성된 문장형태로서의 개념 정의에 지나치게 집착할 필요는 없지만, 적어도 개념적 징표(특징)가 무엇인지는 명확하게 정리하는 습관을 길러야 할 것이다.

(3) 개념의 유추구사

개념의 유추구사는 필자가 나름대로 만들어본 용어이다. 앞에서 언급한 개념의 구사와 정의가 제대로 소화된 것이라면, 유사한 상황에서(사적인 농담 등) 그에 관련된 학문용어를 자유자재로 적시에 응용해서 구사할 수 있어야 한다. 법대생들이 소개팅을 하고 온 후에 하는 농담을 일례로 들어본다. 만일에 소개팅에서 만난 상대방이 마음에 들지 않는다면 하자담보책임(민법 중 채권각론에서 배우는 법정담보책임)을 소개자에게 묻게 된다. 즉, 완전물급부청구권(새로운 상대의 소개의무)이나 대금감액청구권(소개팅 비용의 일부 감액청구)을 행사해서 그 책임을 소개자에게 묻게 되는 것이다.

법대생들에 비해 상대적으로 다양하고 폭넓은 학문분야를 공부해야 하는 공무원 수험생들에게는 유용한 분석틀로서의 개념이 더욱 다양하다. 예컨대, 신문에 '폭력은 절대로 용납될 수 없다'는 싸구려 논리가 한때 유행한 적이 있다. 이런 신문을 보면서 수험생들은 정치학이나 행정학의 기본개념 가운데 하나인 영향력과 권력, 권위에 대한 개념을 사용함으로써 간단하게 그 명제의 논리적 허구성을 지적할 수 있을 것이다.

경제학을 공부하면 '기회비용'이라는 말을 접하게 된다. 이 개념도 일상생활에서 농담할 때 자연스럽게 유추해서 구사가 가능해야 한다. 예컨대, '기회비용의 법적 성질에 대해 논하라'라는 농담을 한다고 가정하자. 이는 기회비용이 하나의 대안을 선택했을 때 포기해야 하는 다른 선택가능성이라는 개념의 응용이다. 즉, 기회비용은 복수행위 간의 선택의 자유가 전제될 때 비로소 성립할 수 있는 개념으로서, 이를 행정법적으로 설명하면 바로 재량행위에 해당하는 것이다. 즉, 경제학과 행정법을 같이 공부해야 하는 공무원 시험 준비생에게서나 가능한 농담인 것이다.

이처럼 어떤 과목을 공부할 때나 아니면 식사 후의 휴식 시간에 농담을 할 때도 다른 과목의 개념을 유사한 상황에 유추해서 구사함으로써 개념의 이해도를 높이고 휴식도 취할 수 있는 태도를 생활화해야 한다. 굳이 모의고사를 치러야만 비로소 관련개념이 떠오른다면, 아직 그 개념이 소화되지 못한 것이라고 판단해도 좋을 것이다. 참고로 '합격이 가능한 수험생과 불가능한 수험생, 중간적 수험생을 탄력성의 개념으로 논하라'라는 문제가 출제된다면 수험생들은 과연 어떻게 대답할 것인지 생각해보기 바란다.

(4) 개념의 재정의

개념의 재정의는 학문적 영역에 속한다. 그러므로 수험생 여러분은 개념을 스스로 재정의하려고 하기보다는 교수님들이 기존의 개념을 부정하고 왜 새로 정의를 하는가에 대한 문제의식을 갖고 독서를 해야 한다. 예컨대, 행정법에서 부관의 개념에 대해 기존에는 '행정행위의 효과를 제한하기 위하여 주된 의사표시에 부가된 종된 의사표시'라고 정의하였는데, 김남진 선생님께서 부관의 다양한 기능을 설명하는데 기존의 견해는 문제가 있다고 보고, '행정행위의 효과를 제한 또는 보충하기 위하여 주된 행정행위에 부가된 종된 규율'이라고 재정의한 바 있고, 지금은 오히려 다수의 지배적인 견해가 되었다.

이처럼 개념은 단순히 고립된 개념으로만 존재하는 것이 아니라, 이후의 논의와 관계되어 있다는 것을 수험생 여러분은 유의해야 한다. 결국 다음에 설명할 체계와 개념은 분리하여 독립적으로 존재하는 것이 아니라, 개념정의를 토대로 필요한 체계가 구축되는 것이고, 새로운 체계에 의해 개념이 재정의 될 수 있는 것이다. 개념 따로 체계 따로의 이해는 매우 위험한 사고라는 것을 강조하고자 한다.

(5) 개념의 창조

개념의 창조는 그야말로 학문의 영역에 속한다. 기존의 개념을 가지고는 적절하게 설명할 수 있는 개념이 없다고 판단할 때 새로운 개념의 창조가 요구되게 된다. 행정법에서 개념의 창조에 관한 예를 든다면, 특별권력관계라는 전통적인 이론 자체가 더이상 존속할 수 없다는 강한 문제의식에서 기존의 특별권력관계라는 개념을 그대로 사용하면서 재정의하는 것으로 불충분하다고 보고, 아예 '특별행정법관계'니 '특수신분관계'니 하는 개념들을 창조해서 사용하고 있는 것이다. 수험생 여러분은 새로운 개념의 창조에 대해 고민할 필요는 없다. 다만, 교수님들께서 기존의 개념사용을 거부하고 새로운 개념을 창조해 사용하는 그 이유와 기존개념의 문제점을 정확히 이해하려고 노력해야 한다는 점이다.

2. 체계

체계는 개념과 개념의 유기적인 결합체라고 정의할 수 있다. 따라서 개념 정의를 엄밀하게 내릴 줄 알아야 되고, 그러한 개념 정의가 다른 개념과 어떤 배경 아래에서 체계적으로 어떤 연관성을 갖는지를 염두에 두어야 한다. 개념 정의는 논리학에서 말하자면 하나의 명제이다.

그러나 학문은, 특히 법학은 수많은 명제와 명제의 유기적인 결합으로 이루어져 있고, 따라서 법체계라고 부르는 것이다. 특정의 명제만 단편적으로 암기하는 것은 법학이나 경제학과 같이 정밀한 체계를 갖고 있는 과목에서는 매우 치명적인 공부방법론이다. 흔히 말하듯 '나무만 보고 숲을 보지 못하는 오류'를 범하게 되는 것이다. 체계를 쉽게 설명하자면 **연계된 사고**이다. 교과서의 어느 특정 부분을 읽고 있다 하더라도, 그 부분이 체계상 어느 위치에 있는지, 다른 부분과 어떤 관계가 있는지를 연계해야 한다는 것이다.

행정법의 경우를 예로 들자면 행정법의 체계는 이론적 부분인 총론(또는 행정법 I)과 개별법에 관한 각론(또는 행정법 II)으로 구성되어 있다. 그러나 이는 학문적이고 이론적인 체계의 분류이고, 기능적으로 재구성한다면 행정의 조직·작용 및 구제라는 세 가지 요소로 이루어진 체계이고, 그 중심은 행정구제라고 할 수 있다. 나중에 공부하다 보면 알게 되겠지만, 행정법의 성립을 위한 전제조건으로 법치국가를 들고 있다. 수험생 여러분은 이 내용을 공부하면서도 행정관념의 성립 전제조건이 무엇이라고 단순하게 암기할 게 아니라, 이 내용과 행정의 개념이 '행정의 조직·작용 및 구제에 관한 국내공법'이라는 내용과 연계하여 사고할 수 있어야 한다. 즉, 행정법의 성립조건이 법치국가일만큼 행정법에 있어서 으뜸가는 지도이념은 법치국가이고, 이는 행정의 조직·작용 및 구제 모두에 관해 타당하지만, 궁극적으로 법치국가의 실현은 권리구제에 있다는 점을 이해해야 한다.

행정구제의 대표적인 예인 행정소송을 보면 크게 소송요건과 본안판단으로 나눌 수 있다. 아래에서는 행정구제의 핵심인 소송요건, 본안판단사항과 행정의 조직 및 작용이 어떻게 연계되는지에 관해 설명하기로 한다.

(1) 소송요건
① 원고적격
원고적격은 처분 등의 취소를 소구할 수 있는 자격을 말하는데, 행정소송법 제12조 제1문은 '법률상 이익이 있는 자'라고 규정하고 있다. 이 경우 법률의 의미는 당해 처분의 직접적인 근거규정만이 아니라 관계법규까지 포함하는 것이 통설과 판례의 입장이다. 그런데 처분의 근거규정과 관계법규는 결국 특별행정작용에 관해 규정하고 있는 각론상의 개별법을 말한다. 이처럼 특별행정작용에 관한 각론의 내용은 원고적격과 관련됨으로써 행정구제와 연계되고 있음을 이해해야 한다.

② 피고적격
항고소송은 다른 법률에 특별한 규정이 없는 한 처분 등을 행한 '행정청'을 피고로 한다(행정소송법 제13조). 조직법과 관련해서는 권한의 위임이나 내부위임, 권한의 대리 등의 경우에 누구에게 권한이 있고 누가 피고로 되는가의 문제로 논의된다. 또한 조례의 경우도 의결기관인 지방의회와 공포기관인 지방자치단체장 중에 누가 피고로 되는지가 주요 쟁점 가운데 하나이다. 이처럼 행정조직법과 특별행정작용에 관한 개별법은 피고적격과 관련됨으로써 행정구제와 연계되고 있다.

③ 대상적격(처분성)
행정소송법 제19조에서는 취소소송의 대상을 '처분과 행정심판의 재결'이라고 규정하고 있다.

처분개념은 실체법상의 행정행위와의 관계에서 많은 논란이 되고 있지만, 결국 취소소송을 포함한 항고소송을 제기하려면 처분성이 인정되어야 하고, 처분성 여부는 행정법 총론에서 다루는 다양한 행정작용의 법적 성질의 문제로 귀결된다. 전통적인 행정작용인 행정입법, 행정행위, 행정강제 외에 행정기능의 적극화로 인하여 행정계획, 사실행위, 행정지도, 공법상 계약, 확약 등의 새로운 행정작용이 대두되고 있는바, 이들 행정작용이 처분에 해당하느냐가 항고소송을 통한 구제가능성과 직결되는 것이다. 이처럼 행정작용을 다양하게 분류하는 이유는 이론상의 문제만이 아니라, 그에 따라 권리구제의 방법(항고소송이냐 당사자소송이냐, 취소소송이냐 무효확인소송이냐 등)상의 차이로 연결되는 것이다. 그러므로 일반행정작용도 처분성을 매개로 행정구제와 연계된다고 할 수 있다.

(2) 본안판단

본안판단은 처분의 적법성·위법성에 관한 실체판단의 문제이다. 이는 주체·절차·형식·내용에 있어서 적법한가로 세분할 수 있다. 먼저 주체의 위법성과 관련해서는 권한이 없는 기관에 의한 처분은 위법무효가 되므로 행정조직법상의 사항적 한계를 벗어났는가를 판단해야 한다. 내용상의 위법으로는 법률우위의 원칙과 법률유보의 원칙이 위법성 판단기준이 되는데, 기속행위의 경우는 법률에 어긋나지 않으면 바로 적법하다고 판단됨에 비하여, 재량행위의 경우는 법률에 어긋나지 않더라도 내용 면에서 불문법 위반, 즉 재량의 남용 여부를 추가적으로 검토하여야 한다. 즉, 일반행정작용의 법적 성질이 재량행위냐 기속행위냐에 따라 본안판단에서 위법성의 구조와 심사기준이 달라지는 것이다. 이처럼 행정조직과 행정작용의 법적 성질은 본안판단상의 위법성을 매개로 하여 권리구제와 연계되는 것이다.

위에서 살펴본 바와 같이 행정의 조직과 작용 및 구제는 각각 별개의 독립된 것이 아니라, 행정의 구제라는 법치국가의 궁극적 이념에 의해 유기적으로 결합되어 있는 것임을 알 수 있다. 그러므로 행정법이 행정의 조직과 작용 및 구제 간의 유기적인 결합으로 이루어져 있다고 말할 수 있는 것이고, 체계성을 인정할 수 있는 것이다. 또한 이러한 유기적 결합이 가능함으로써 행정법의 개념을 행정의 조직·작용 및 구제에 관한 국내공법이라고 정의할 수 있는 것이다. 즉, 행정조직과 작용 및 구제가 분리될 수 없는 내적 연관성이 있다는 의식이 있기 때문에 이런 개념정의가 가능한 것이다. 이처럼 **개념은 체계와 연관해서 이해해야 그 의미를 제대로 이해할 수 있는 것이다.** 물론 논의의 편의상 행정조직과 특별행정작용에 관한 것은 각론에서 다루고, 일반행정작용과 행정구제에 관한 것은 총론에서 다루지만, 총론과 각론은 절대 분리된 채 이해해서는 안 된다.

3. 논리

논리는 체계를 구성하는 각 구성요소들이 어떠한 내적 연관성이 있어서 하나의 체계로 포함될 수 있느냐를 설명하는 실질적인 요소에 해당한다. 둘 이상의 개념(명제)이 아무런 내적 연관도 없다면 단순한 개념의 나열이고 집적일 뿐 결코 독립된 체계를 이루지는 못한다. 그래서 수험생 여러분들은 체계적인 사고를 갖고 전체의 흐름을 놓치지 않으려고 노력함과 동시에, '왜 그런 체계와 흐름으로 교과목이 구성될 수밖에 없는가'라는 내적 연관성에 문제의식을 갖고 공부하려고 노력해야 한다. 앞서 든 예로 설명하자면, 일견 서로 독립되고 무관한 것처럼 보이는 행정의 조직과 작용 및 구제가 결국 헌법상의 국가구성원리인 실질적 법치주의의 이념에 의해 매개되고 있다는 것을 이해해야 한다. 이것이 바로 논리적 사고이다. 행정조직과 작용에 법정주의가 요구되고 법적 근거를 요구하는 논거도 바로 실질적 법치주의이다. 이런 논리적 근거가 유사한 사안에서도 일관되게 견지될 때 비로소 체계적인 일관성이 가능하게 되는 것이다. 즉, 개념과 체계, 논리는 분리된 상태로 각각 독립된 것이 아니라 유기적으로 결합된 것이라는 점을 이해해야 한다.

Ⅲ. 법령공부방법론

행정법은 행정법이라는 단일법전으로 통일되지 못하고, 수많은 개별법들의 집합으로서 그 종류만도 수천 개에 달한다. 수험생의 입장에서 주요하게 다루어지는 개별법령은 충실히 이해해야 한다. 그 외의 법령상의 구석진 문제는 과감하게 틀린다는 배짱이 필요하다. 어차피 시험이란 100점을 맞아야만 합격이 가능한 것이 아니기 때문에, 합격을 위한 점수를 받으면 되는 것이다.

수많은 개별법을 평소에 모조리 외운다는 발상은 대단히 비효율적이고 무모하다고 생각한다. 더군다나 행정법의 경우 매년 개정되는 법령이 많기 때문에 더욱 무모하다고 할 수 있다. 따라서 평소에 교과서를 공부할 때 개별법의 내용을 의식적으로 제외하지 않고 차분하게 공부해 두되, 주요법령의 구체적인 내용에 대해서는 개정이 모두 끝난 후 시험 한두 달 전에 집중적으로 정리하고 암기하면 되리라고 생각한다.

Ⅳ. 판례공부방법론

최근의 출제경향(2018-2022년)을 보면 판례만으로 구성된 문제가 15-16문제, 판례와 법률과 학설이 혼합된 문제, 즉 판례 관련 문제를 포함하면 18-19문제가 판례 문제이다. 매년 새로이 쏟아지는 판례는 무궁무진한 출제의 원천이므로 앞으로 판례가 차지하는 비중은 높게 유지될 것이고, 단순한 결론이 아닌 논거를 묻는 문제들이 출제될 것이라고 생각된다. 2022년 국가직 9급에서 사례 문제가 5문제나 출제되었듯이, 단순한 판례의 결론만이 아니라 사실관계도 염두에 두고 판례의 논리를 사건에 대입해서 해결해야 하는 문제도 늘어날 것이다.

우선 강조하고자 하는 것은 판례 공부는 별도의 시간을 두어 나중에 정리하려고 해서는 안된다는 점이다. 대법원 판례의 경우 매년 방대한 양의 판결이 쏟아지고 있다. 방대한 판례를 단기간에 집중적으로 암기하겠다는 발상은 매우 무모한 방법이다. 이에 대비하여 판례요지 정도라도 평소에 충실히 읽는 습관을 길러두는 것이 좋다. 학설과 대비하여 판례의 견해가 어떤 것인지에 대한 결론은 흔들림 없이 정리되어야 한다. 요즘 기본서들이 판례를 충실하게 반영하고 있긴 하지만, 판례의 중요성을 감안하면 기본서에 누락된 판례를 단권화하든 여백에 적어놓든 그때그때 정리해야 한다. 별도의 판례교재를 선택한 수험생의 경우에는 기본서의 해당 진도에 해당하는 **판례를 병행해서 함께 공부**하는 것이 가장 효율적이다.

V. 맺으며

지금까지 법학과목의 하나로서의 행정법의 공부방법론에 대해 설명하였다. 그러나 방법론보다 더욱 중요한 본질적인 것은 실천과 행동이다. 아무리 좋은 방법론을 갖고 있다 하더라도 필요한 공부량이 확보되지 않는다면 절대로 합격할 수 없을 것이다.

"실천하고 행동하라! 인생은 노력한 만큼만 정직하게 남는다."

최근 5개년 국가직 9급
행정법총론 기출문제 분석(2018-2022)

구 분	2018	2019	2020	2021	2022
계	20	20	20	20	20
총론종합	1	1	1	1	3
행정					
행정관념의 성립					
행정의 의의					
통치행위					
행정의 분류					
행정법	1	1	2	2	1
행정법의 의의					
행정법의 성립과 유형					
법률에 의한 행정의 원리		1			
행정법의 특수성					
우리나라 행정법의 기본원리					
행정법의 법원일반			1	1	
성문법					
불문법					
행정법의 일반법원칙	1		1	1	1
행정법의 효력					
행정법관계	1				1
행정법관계와 사법관계					1
행정법관계의 당사자					
행정법관계의 특질					
행정법관계의 내용	1				
행정법관계에 대한 사법규정의 적용					
특별행정법관계					
행정법상 법률요건과 법률사실	1		1		
의의 및 종류					
공법상의 사건					
공법상의 사무관리, 부당이득, 임치					
공법상의 행위	1		1		
행정입법	2	1	1	2	1
종합	1	1			1
법규명령	1			1	
행정규칙			1	1	
행정행위	2	4	4	4	4
행정행위 종합				1	1
행정행위의 개념					
행정행위의 특수성					
행정행위의 종류					1

구 분	2018	2019	2020	2021	2022
복효적 행정행위					
기속행위와 재량행위					
판단여지					
행정행위의 내용 종합					
허가				1	
인가		1	1		
특허					
준법률행위적 행정행위				1	
행정행위의 부관		1	1	1	
행정행위의 성립 및 효력발생	1		1		
행정행위의 효력		1			1
행정행위의 하자일반론·종합문제			1		1
행정행위의 치유와 전환					
행정행위의 하자의 승계	1				
행정행위의 무효					
행정행위의 취소					
행정행위의 철회		1			
행정행위의 실효					
그 밖의 행정의 주요 행위형식	**2**	**1**	**1**	**2**	
행정상의 확약	1				
행정계획			1	1	
공법상 계약	1			1	
공법상 합동행위					
공법상 사실행위					
비공식 행정작용					
행정지도		1			
행정의 자동화작용					
행정의 사법적 활동					
행정과정의 법적 규율	**2**	**2**	**2**	**2**	**2**
종합문제					
행정절차	1	1	1		1
행정규제의 개혁을 위한 법적 규율					
민원처리에 대한 법적 규율					
정보공개법		1	1	1	1
개인정보보호	1			1	
행정의 실효성확보수단	**3**	**3**	**3**	**3**	**3**
행정의 실효성확보수단 종합	1	2	1	1	
행정상 강제집행 일반				1	
행정상 대집행	1		1		
기타 강제집행					
행정상 즉시강제				1	1
행정조사	1				
행정벌		1	1		1
새로운 의무이행확보수단종합					

구 분	2018	2019	2020	2021	2022
공표					
공급거부					
기타수단					1
행정구제개설					
행정상 손해전보	1	1	1	1	2
손해전보종합					
손해배상종합					
공무원의 직무상 불법행위책임	1	1		1	1
영조물의 설치관리의 하자배상책임			1		
행정상 손실보상제도					1
새로운 손해전보제도					
행정상 쟁송제도 종합	1				
행정심판	1	1	1	1	1
행정소송	2	5	3	2	2
종합	2				
행정사건에 대한 사법심사의 한계					
행정소송의 종류					
항고소송종합					1
원고적격				1	
피고적격			1		
협의의 소익		1			
대상적격		2			
기타소송요건				1	
가구제					
심리					
판결		2	1		1
무효등확인소송					
부작위위법확인소송			1		
당사자소송					
객관적 소송					

구 분	2018	2019	2020	2021	2022
계	20	20	20	20	20
판례문제	9	13	15	15	16
법률문제	1	1	2	1	1
법률 + 판례	7	4	2	1	2
학설					1
법률 + 학설					
학설 + 판례	2	1	1	2	
법률 + 학설 + 판례	1	1		1	
판례 관련 문제	19	19	18	19	18
사례문제	2	0	0	2	5

✦

나 _____은(는) 삼봉 선생님과 함께
끝까지 포기하지 않고 공부하여
반드시 합격할 것입니다.

ADMINISTRATION

01

행정법통론

제1장
통치행위

I. 통치행위의 개념적 징표

구분			내용
(1) <u>고도의</u> <u>정치성</u>	전문적·기술적 성격	파생	(2) <u>사법심사 배제</u> : 일반법원에 의한 사법심사만 배제될 뿐 국회나 국민에 의한 정치적 통제로부터 자유로운 것은 아니고, 헌법규정이나 헌법원리에 의한 한계를 지켜야 한다.
		영역	통치행위의 긍정은 사법심사 배제(권리구제 포기)를 의미하므로 극히 제한적인 영역에서만 인정 ① 국내정치 : 의회관계(의회의 자율권) ② 국제정치 : 국제관계(외교, 군사)
	정치권력	파생	(3) <u>판결의 집행 곤란</u> : 총과 칼로 무장한 정치권력자에게 법원이 판결을 집행하는 것은 현실적으로 어려움

II. 통치행위 사례

1. 추세

통치행위를 인정하면 사법심사가 배제되어 국민의 권리구제의 박탈을 초래하므로, 각국은 통치행위의 관념을 되도록 좁게 인정하려는 추세, 긴급사태, 의회관계나 국제관계에 국한

2. 대법원판례

인정사례	부정사례
1. 국회자율권(대판 1972.1.18, 71도1845) 2. 대통령의 긴급조치권(대판 1978.5.23, 78도813), 계엄선포행위[대판(전합) 1997.4.17, 96도3376] 3. 군사시설보호법에 의한 군사시설보호구역의 설정·변경 또는 해제행위(대판 1985.1.22, 83누279) 4. 남북정상회담의 개최(대판 2004.3.26, 2003도7878) 5. 대통령이 행하는 사면권 행사(대판 2006.12.7, 2005두241)	1. 비상계엄의 선포나 확대가 당연무효, 즉 국헌문란의 목적을 달성하기 위해 행하여진 군사반란행위인 경우[대판(전합) 1997.4.17, 96도3376] 2. 남북정상회담의 개최과정에서 북한 측에 사업권의 대가명목으로 송금한 행위(대북송금행위)(대판 2004.3.26, 2003도7878) 3. 서훈취소(대판 2015.4.23, 2012두26920)

3. 헌법재판소 결정례

인정사례	부정사례
1. 대통령의 긴급재정·경제명령(헌재결 1996.2.29, 93헌마186)	1. 신행정수도건설이나 수도이전의 문제, 법률(헌재결 2004.10.21, 2004헌마554·566)
2. 사면(헌재결 2000.6.1, 97헌바74) : 명시적 인정사례는 아님.	2. 중앙선거관리위원회 위원장(피청구인)이 청구인(노무현대통령)에게 한 2007.6.7.자의 '대통령의 선거중립 의무 준수요청 조치'와 2007.6.18.자의 '대통령의 선거중립의무 준수 재촉구 조치'(헌재결 2008.1.17, 2007헌마700)
3. 외국에의 국군의 파견결정과 같이 성격상 외교 및 국방에 관련된 고도의 정치적 결단이 요구되는 사안에 대한 국민의 대의기관의 결정(헌재결 2004.4.29, 2003헌마814)	3. 대통령이 한·미연합 군사훈련의 일종인 2007년 전시증원연습을 하기로 한 결정(헌재결 2009.5.28, 2007헌마369)
4. 신행정수도건설이나 수도이전의 문제를 국민투표에 부칠지 여부에 관한 대통령의 의사결정(헌재결 2004.10.21, 2004헌마554·566)	

III. 통치행위라는 이유로 사법심사를 배제할지 여부

1. 대법원판례 : 긍정설(내재적 한계설)

1. 통치행위에 대한 사법심사배제에 대한 긍정설이 주류적 입장이고, 긍정설의 논거로 내재적 한계설 내지는 권력분립설이 주류적이며 예외적으로 사법자제설을 취하기도 한다.
2. 긍정설 중 내재적 한계설(권력분립설, 주류적 판례) : 대통령의 비상계엄의 선포나 확대행위는 고도의 정치적·군사적 성격을 지니고 있는 행위라 할 것이므로, 그것이 누구에게도 일견하여 헌법이나 법률에 위반되는 것으로서 명백하게 인정될 수 있는 등 특별한 사정이 있는 경우라면 몰라도, 그러하지 아니한 이상 그 계엄선포의 요건 구비 여부나 선포의 당·부당을 판단할 권한이 사법부에는 없다[대판(전합) 1997.4.17, 96도3376].
3. 고도의 정치성을 띤 국가행위인 이른바 '통치행위'가 사법심사의 대상이 되는지 여부 : 고도의 정치성을 띤 국가행위에 대하여는 이른바 통치행위라 하여 법원 스스로 사법심사권의 행사를 억제하여 그 심사대상에서 제외하는 영역이 있을 수 있으나, 이와 같이 통치행위의 개념을 인정하더라도 과도한 사법심사의 자제가 기본권을 보장하고 법치주의 이념을 구현하여야 할 법원의 책무를 태만히 하거나 포기하는 것이 되지 않도록 그 인정을 지극히 신중하게 하여야 한다. 이러한 법리를 바탕으로 하여 볼 때, 평상시의 헌법질서에 따른 권력행사방법으로는 대처할 수 없는 중대한 위기상황이 발생한 경우 이를 수습함으로써 국가의 존립을 보장하기 위하여 행사되는 국가긴급권에 관한 대통령의 결단은 가급적 존중되어야 한다. 그러나 앞에서 살펴본 바와 같은 법치주의의 원칙상 통치행위라 하더라도 헌법과 법률에 근거하여야 하고 그에 위배되어서는 아니 된다. 더욱이 유신헌법 제53조에 근거한 긴급조치 제1호는 국민의 기본권에 대한 제한과 관련된 조치로서 형벌법규와 국가형벌권의 행사에 관한 규정을 포함하고 있다. 그러므로 기본권 보장의 최후 보루인 법원으로서는 마땅히 긴급조치 제1호에 규정된 형벌법규에 대하여 사법심사권을 행사함으로써, 대통령의 긴급조치권 행사로 인하여 국민의 기본권이 침해되고 나아가 우리나라 헌법의 근본이념인 자유민주적 기본질서가 부정되는 사태가 발생하지 않도록 그 책무를 다하여야 할 것이다[대판(전합) 2010.12.16, 2010도5986].
4. 유신헌법 제53조에 근거한 대통령긴급조치의 위헌심판기관은 대법원이다 : 위헌심사의 대상이 되는 '법률'이라 함은 '국회의 의결을 거친 이른바 형식적 의미의 법률'을 의미하고, 위헌심사의 대상이 되는 규범이 형식적 의미의 법률이 아닌 때에는 그와 동일한 효력을 갖는 데에 국회의 승인이나 동의를 요하는 등 국회의 입법권 행사라고 평가할 수 있는 실질을 갖춘 것이어야 한다[대판(전합) 2010.12.16, 2010도5986].
5. 긴급조치 제1호는 유신헌법과 현행헌법상 위헌이다[대판(전합) 2010.12.16, 2010도5986].

6. 긴급조치 제9호는 위헌이다[대판(전합) 2013.4.18, 2011초기689].

7. 1979. 10. 18.자 비상계엄 선포에 따른 계엄포고 제1호는 형벌에 관한 법령의 일부이고, 재심이 개시된 사건에서 재심판결 당시 폐지된 형벌 관련 법령이 당초부터 위헌·무효인 경우, 그 법령을 적용하여 공소가 제기된 피고사건에 대하여 법원이 취하여야 할 조치는 무죄의 선고이다(대판 2018.11.29, 2016도14781).

8. 1979.10.18.자 비상계엄 선포에 따른 계엄포고 제1호의 위헌·위법 여부에 대한 최종적 심사기관은 대법원이다(대판 2018.11.29, 2016도14781).

9. 1979.10.18.자 비상계엄 선포에 따른 계엄포고 제1호는 해제 또는 실효되기 이전부터 이미 유신헌법, 구 계엄법에 위배되어 위헌·위법한 것으로서 무효이다(대판 2018.11.29, 2016도14781).

2. 헌법재판소 결정례

헌법재판소의 입장은 일관되지 않다.

1. 대통령 긴급재정경제명령(부정설) : 헌법재판소는 헌법의 수호와 국민의 기본권보장을 사명으로 하는 국가기관이므로 비록 고도의 정치적 결단에 의하여 행해지는 국가작용이라고 할지라도 그것이 국민의 기본권침해(헌법수호가 아님)와 직접 관련되는 경우에는 당연히 헌법재판소의 심판대상이 된다(헌재결 1996.2.29, 93헌마186).

2. 자이툰부대이라크파병결정(긍정설 중 사법자제설, 적법절차준수를 논거) : 이 사건 파병결정은 대통령이 파병의 정당성뿐만 아니라 북한 핵 사태의 원만한 해결을 위한 동맹국과의 관계, 우리나라의 안보문제, 국·내외 정치관계 등 국익과 관련한 여러 가지 사정을 고려하여 파병부대의 성격과 규모, 파병기간을 국가안전보장회의의 자문을 거쳐 결정한 것으로, 그 후 국무회의 심의·의결을 거쳐 국회의 동의를 얻음으로써 헌법과 법률에 따른 절차적 정당성을 확보했음을 알 수 있다. 그렇다면 이 사건 파견결정은 그 성격상 국방 및 외교에 관련된 고도의 정치적 결단을 요하는 문제로서, 헌법과 법률이 정한 절차를 지켜 이루어진 것임이 명백하므로(적법절차준수를 논거), 대통령과 국회의 판단은 존중되어야 하고 헌법재판소가 사법적 기준만으로 이를 심판하는 것은 자제되어야 한다(헌재결 2004.4.29, 2003헌마814).

3. 긴급조치들에 대한 위헌심사권한 : 일정한 규범이 위헌법률심판 또는 헌법재판소법 제68조 제2항에 의한 헌법소원심판의 대상이 되는 '법률'인지 여부는 그 제정 형식이나 명칭이 아니라 그 규범의 효력을 기준으로 판단하여야 한다. 따라서 헌법이 법률과 동일한 효력을 가진다고 규정한 긴급재정경제명령(제76조 제1항) 및 긴급명령(제76조 제2항)은 물론, 헌법상 형식적 의미의 법률은 아니지만 국내법과 동일한 효력이 인정되는 '헌법에 의하여 체결·공포된 조약과 일반적으로 승인된 국제법규'(제6조)의 위헌 여부의 심사권한은 헌법재판소에 전속한다. … 이 사건 긴급조치들은 최소한 법률과 동일한 효력을 가지는 것으로 보아야 하므로, 그 위헌 여부 심사권한은 헌법재판소에 전속한다(헌재결 2013.3.21, 2010헌바132).

4. 이 사건 긴급조치들에 대한 위헌심사 준거규범 : 이 사건 긴급조치들의 위헌성을 심사하는 준거규범은 유신헌법이 아니라 현행헌법이라고 봄이 타당하다(헌재결 2013.3.21, 2010헌바132).

3. 긴급조치에 대한 대법원판례와 헌법재판소결정례 비교

구분	대법원판례 [대판(전합) 2010.12.16, 2010도5986]	헌법재판소결정 (헌재결 2013.3.21, 2010헌바132)
위헌법률심판 또는 헌법소원 심판의 대상인 법률의 판단기준	형식적 의미의 법률 + 실질적 의미의 입법권행사 1. '국회의 의결을 거친 이른바 형식적 의미의 법률'을 의미 2. 위헌심사의 대상이 되는 규범이 형식적 의미의 법률이 아닌 때에는 그와 동일한 효력을 갖는 데에 국회의 승인이나 동의를 요하는 등 국회의 입법권 행사라고 평가할 수 있는 실질을 갖춘 것이어야 한다.	규범의 효력 : 일정한 규범이 위헌법률심판 또는 헌법재판소법 제68조 제2항에 의한 헌법소원심판의 대상이 되는 '법률'인지 여부는 그 제정 형식이나 명칭이 아니라 그 규범의 효력을 기준으로 판단하여야 한다.
재판관할	최종적으로 대법원	헌법재판소에 전속
준거규범	유신헌법과 현행 헌법	현행 헌법
내용	1. 긴급조치 제1호는 위헌이다[대판(전합) 2010.12.16, 2010도5986] : 긴급조치 제1호는 그 발동 요건을 갖추지 못한 채 목적상 한계를 벗어나 국민의 자유와 권리를 지나치게 제한함으로써 헌법상 보장된 국민의 기본권을 침해 2. 긴급조치 제9호는 위헌이다[대판(전합) 2013.4.18, 2011초기689] : 발동 요건을 갖추지 못한 채 목적상 한계를 벗어나 국민의 자유와 권리를 지나치게 제한함으로써 헌법상 보장된 국민의 기본권을 지나치게 제한하거나 침해	긴급조치 제1호, 제2호, 제9호는 위헌이다 : 기본권을 제한하기 위한 입법목적의 정당성과 방법의 적절성이 인정되지 아니하고, 죄형법정주의에 위배되며, 참정권, 표현의 자유, 영장주의 및 신체의 자유, 재판을 받을 권리 등 기본권을 지나치게 제한하거나 침해하므로, 모두 헌법에 위반된다(헌재결 2013.3.21, 2010헌바132).

제2장
행정법

제1절 법치행정의 원리

Ⅰ. 법치주의의 내용

1. 법치주의의 의의 및 근거

행정기본법도 법치행정의 원칙의 내용으로 법률우위와 법률유보원칙에 대해 규정하고 있다. 즉, 행정작용은 법률에 위반되어서는 아니 되며, 국민의 권리를 제한하거나 의무를 부과하는 경우와 그 밖에 국민생활에 중요한 영향을 미치는 경우에는 법률에 근거하여야 한다(제8조).

┃ 관 련 판 례 ┃

1. 법률유보의 원칙은 '법률에 의한' 규율만을 뜻하는 것이 아니라 '법률에 근거한' 규율을 요청하는 것이므로 기본권 제한의 형식이 반드시 법률의 형식일 필요는 없고 법률에 근거를 두면서 헌법 제75조가 요구하는 위임의 구체성과 명확성을 구비하기만 하면 위임입법에 의하여도 기본권 제한을 할 수 있다 할 것이다(헌재결 2005.2.24, 2003헌마289).
2. 예산은 법률과 달리 국가기관만을 구속할 뿐 일반국민을 구속하지 않으므로 헌법소원의 대상이 되지 않는다(헌재결 2006.4.25, 2006헌마409).
3. 모든 국가기관과 공무원은 헌법과 법률에 의하여 부여된 권한을 행사함에 있어 그 권한을 남용해서는 안 된다는 원칙은 법치국가원리 내지 법치주의에 기초한 것이다(대판 2016.12.15, 2016두47659).
4. 법문언에 모호함이 내포되어 있으나 법관의 보충적인 가치판단을 통해서 법문언의 의미 내용을 확인할 수 있고 그러한 보충적 해석이 해석자의 개인적인 취향에 따라 좌우될 가능성이 없는 경우, 명확성원칙에 반한다고 할 수 없다(대판 2019.10.17, 2018두104).
5. 조세법률주의 원칙의 의미 : 조세법률주의 원칙은 과세요건 등 국민의 납세의무에 관한 사항을 국민의 대표기관인 국회가 제정한 법률로써 규정하여야 하고, 그 법률을 집행하는 경우에도 이를 엄격하게 해석·적용하여야 하며, 행정편의적인 확장해석이나 유추적용을 허용하지 아니함을 뜻한다[대판(전합) 2021.9.9, 2019두35695].
6. 법률의 위임 없이 명령 또는 규칙 등의 행정입법으로 과세요건 등에 관한 사항을 규정하거나 법률에 규정된 내용을 함부로 유추·확장하는 내용의 해석규정을 마련하는 것은 조세법률주의 원칙에 위배된다[대판(전합) 2021.9.9, 2019두35695].

---

2. 법률적합성

(1) 법과 법률

법	법률
1. 헌법 + 의회에서 제정한 형식적 의미의 법률 + 명령 + 불문법원(관습법과 일반법원칙) 포함(광의의 개념) 2. 법치주의, 국내법	1. 의회에서 제정한 형식적 의미의 법률만을 의미(협의의 개념) 2. 법률의 법규창조력, 법률유보, 성문법원(成文法源)으로서의 법률 3. 법률우위의 경우는 법률이라는 말을 사용하면서도 유일하게 불문법원(不文法源)인 일반법원칙을 포함

(2) 법률우위와 법률유보

구분	법률우위	법률유보
의의	1. 헌법과 법률이 행정에 우월하며 행정은 헌법과 법률에 위반돼서는 안 된다는 것을 의미 2. 법치주의의 소극적 측면(소극적 통제)	1. 행정작용을 하기 위해서는 법률의 근거(조직법적 근거가 아닌 작용법적 근거)가 있어야 한다는 것을 의미. 권한(권능, 수권)규정 ∴ 법률유보위반 = 무권한 = 무효사유 2. 법치주의의 적극적 측면(적극적 통제)
징표	'법률의 범위 내(안)', "법률에 위반(저촉)돼서는 안 된다."	'법률의 근거·위임·수권(授權)'
내용	1. 법률규정이 존재하는 한 행정작용은 그에 위반되어서는 안 된다는 것을 의미하므로 행정작용에 관한 법률의 근거가 존재하는 경우에 중요한 의미 2. 법의 단계질서의 문제	1. 법률의 규정이 없는 경우에 행정작용을 할 수 있는지와 관련하여 의미 2. 입법과 행정 사이의 권한배분의 문제
적용 범위	법치주의의 소극적 측면으로서 행정의 모든 영역에 적용	행정의 전 영역에 적용되면 권력분립 위반의 소지가 크므로 일정한 영역에만 적용
위반시 효과	법률의 우위원칙에 위반된 행정작용의 법적 효과는 행위형식에 따라 상이하여 일률적으로 말할 수 없다(무효 또는 취소사유).	원칙적으로 무권한의 행위로서 무효사유에 해당한다.

(3) 언제나, 항상, 반드시, 예외 없이

구분		내용
원칙		틀린 지문임
예외적으로 맞는 경우	적용영역	법률우위, 조직법적 근거, 비례원칙, 전부유보설은 행정의 전 영역에 적용
	권한이전	위임·위탁(공무수탁사인)의 경우 반드시 법적 근거 필요 ∵ 행정조직법정주의 때문
	권한침해	인허가의제와 집중효의 경우 타기관의 권한을 침해하는 문제이므로 반드시 법률의 근거가 필요 ∵ 행정조직법정주의 때문
	행정지도의 불이익처분 금지	행정기관은 행정지도의 상대방이 행정지도에 따르지 아니하였다는 것을 이유로 불이익한 조치를 하여서는 아니 된다(행정절차법 제48조 제2항).
	이유부기의 첫 번째 예외	신청 내용을 모두 그대로 인정하는 처분인 경우 : 거의 대부분이 아님
	청문 주재자	청문 주재자는 독립하여 공정하게 직무를 수행하며, 그 직무 수행을 이유로 본인의 의사에 반하여 신분상 어떠한 불이익도 받지 아니한다(행정절차법 제28조 제4항).

3. 법적 안정성

예측가능성·예견가능성. 신뢰보호원칙의 헌법적 근거로서 현대 실질적 법치주의하에서 비로소 인정
1. 법치주의는 정의의 실현과 법적 안정성 내지 신뢰보호를 목표(헌재결 1995.10.26, 94헌바12)
2. 실질적 법치주의의 실현을 위해서는 국가작용이 법률에 근거하여 행해져야 한다는 것 못지않게 그 과정에 있어서 법적 안정성 또한 중요하게 고려되어야 한다[대판(전합) 2006.11.16, 2003두12899].
3. 명확성의 원칙은 헌법상 내재하는 법치국가의 원리에서 파생된다(대판 2007.12.27, 2005두9651).

II. 법률유보원칙의 적용범위

1. 대법원(본질성설)

1. 본질사항유보설 : 법률이 자치적인 사항을 정관에 위임한 경우 원칙적으로 헌법상의 포괄위임입법금지 원칙이 적용되지 않는다 하더라도 그 사항이 국민의 권리의무에 관련되는 것일 경우에는 적어도 국민의 권리의무에 관한 기본적이고 본질적인 사항은 국회가 정하여야 할 것이다(대판 2007.10.12. 2006두14476).
2. 어떤 사안이 국회가 형식적 법률로 스스로 규정해야 하는 본질적 사항에 해당하는지 판단하는 기준 : 구체적 사례에서 관련된 이익 내지 가치의 중요성, 규제 또는 침해의 정도와 방법 등을 고려하여 개별적으로 결정하여야 하지만, 규율대상이 국민의 기본권 및 기본적 의무와 관련한 중요성을 가질수록 그리고 그에 관한 공개적 토론의 필요성 또는 상충하는 이익 사이의 조정 필요성이 클수록, 그것이 국회의 법률에 의해 직접 규율될 필요성은 더 증대된다[대판(전합) 2015.8.20. 2012두23808].
3. 헌법상 법치주의의 핵심적 내용인 법률유보원칙에 내포된 의회유보원칙에서 어떠한 사안이 국회가 형식적 법률로 스스로 규정하여야 하는 본질적 사항에 해당하는지 결정하는 방법 : 헌법상 법치주의는 법률유보원칙, 즉 행정작용에는 국회가 제정한 형식적 법률의 근거가 요청된다는 원칙을 핵심적 내용으로 한다. 나아가 오늘날의 법률유보원칙은 단순히 행정작용이 법률에 근거를 두기만 하면 충분한 것이 아니라, 국가공동체와 그 구성원에게 기본적이고도 중요한 의미를 갖는 영역, 특히 국민의 기본권 실현에 관련된 영역에 있어서는 행정에 맡길 것이 아니고 국민의 대표자인 입법자 스스로 그 본질적 사항에 대하여 결정하여야 한다는 요구, 즉 의회유보원칙까지 내포하는 것으로 이해되고 있다[대판(전합) 2020.9.3. 2016두32992].
4. 국민의 권리·의무에 관한 기본적이고 본질적인 사항 및 헌법상 보장된 국민의 자유나 권리를 제한할 때 그 제한의 본질적인 사항에 관하여 국회가 법률로써 스스로 규율하여야 한다[대판(전합) 2020.9.3. 2016두32992].
5. 「노동조합 및 노동관계조정법 시행령」 제9조 제2항은 법률의 위임 없이 법률이 정하지 아니한 법외노조 통보에 관하여 규정함으로써 헌법상 노동3권을 본질적으로 제한하여 그 자체로 무효이다[대판(전합) 2020.9.3. 2016두32992].

2. 헌법재판소(본질성설)

1. 의회유보설(본질사항유보설) : 오늘날 법률유보원칙은 단순히 행정작용이 법률에 근거를 두기만 하면 충분한 것이 아니라, 국가공동체와 그 구성원에게 기본적이고도 중요한 의미를 갖는 영역, 특히 국민의 기본권 실현과 관련된 영역에 있어서는 국민의 대표자인 입법자가 그 본질적 사항에 대해서 스스로 결정하여야 한다는 요구까지 내포하고 있다(의회유보원칙)(헌재결 1999.5.27. 98헌바70).
2. 의회입법권의 의미 : 국민의 권리와 의무의 형성에 관한 사항을 비롯하여 국가의 통치조직과 작용에 관한 기본적이고 본질적인 사항은 반드시 국회가 정하여야 한다는 것이다(헌재결 1998.5.28. 96헌가1).

3. 본질사항 관련 사례

본질사항 인정사례	본질사항 부정사례
1. 병(兵)의 복무기간(대판 1985.2.28, 85초13) 2. 교육받을 권리와 관련해서 교육에 관한 기본정책 또는 기본방침(헌재결 1991.2.11, 90헌가27) 3. 재산권 관련 　① 토지초과이득세법상의 기준시가(헌재결 1994.7.29, 92헌바49·52) 　② 취득세가 중과세되는 고급주택과 고급오락장의 의미(헌재결 1998.7.16, 96헌바52, 97헌바40, 97헌바52·53·86·87, 98헌바23) 　③ 교통안전분담금의 분담방법 및 분담비율에 관한 사항(헌재결 1999.1.28, 97헌가8) 　④ 텔레비전방송수신료 납부의무자의 범위와 수신료금액(헌재결 1999.5.27, 98헌바70) 　⑤ 법인세법상의 특별부가세의 과세대상의 범위(헌재결 2000.1.27, 96헌바95, 97헌바1·36·64) 4. <u>도시환경정비사업의 시행자인 토지 등 소유자가 사업시행인가를 신청하기 전에 얻어야 하는 토지 등 소유자의 동의요건</u>(헌재결 2012.4.24, 2010헌바1) 5. 지방의회의원에 대하여 유급보좌인력을 두는 것(대판 2013.1.16, 2012추84) 6. 신고의무 이행에 필요한 기본적인 사항과 신고의무 불이행 시 납세의무자가 입게 될 불이익 등[대판(전합) 2015.8.20, 2012두23808] 7. 법외노조 통보[대판(전합) 2020.9.3, 2016두32992]	1. 국가유공자 단체의 대의원 선출에 관한 사항(헌재결 2006.3.30, 2005헌바31) 2. <u>「도시 및 주거환경정비법」 제28조 제4항이 사업시행자의 정관에 위임한 사업시행인가 신청 시의 토지 등 소유자의 동의요건</u>(대판 2007.10.12, 2006두14476) : 단순한 절차적 요건에 불과 3. 징수업무를 한국방송공사가 직접 수행할 것인지 제3자에게 위탁할 것인지 여부(헌재결 2008.2.28, 2006헌바70) 4. 「도시 및 주거환경정비법」상 경쟁입찰의 실시를 위한 절차 등 세부적 내용(대판 2017.5.30, 2014다61340) 5. 「공공기관의 운영에 관한 법률」에 따른 입찰참가자격의 제한기준 등(헌재결 2017.8.31, 2015헌바388)

4. 주요 행정작용별 법률유보 적용 여부

구분			적용 여부	구분		적용 여부
행정 입법	법규 명령	위임명령	○	행정 계획	구속적 행정계획	○
		집행명령	×		비구속적 행정계획	×
	행정 규칙	일반적인 행정규칙	×	사실 행위	권력적 사실행위	○
		법령보충규칙	○		비권력적 사실행위 (행정지도, 비공식적 행정작용)	×
	조례	원칙은 적용 안 됨(자주법)	×	기타	공법상의 계약 (비권력적 공법행위)	×
		주민의 권리제한·의무부과·벌칙 : 포괄적 위임도 가능	○		가행정행위, 확약	× (본처분권한내재설)
행정 행위	침익적	원칙	○			
		수익적 행정행위의 취소·철회·거부(판례)	×		명단공표(비권력적 사실행위이면서 유일하게 법률유보 적용)	○
	수익적		×			

제2절 행정법의 법원

Ⅰ. 행정법의 성문법원(成文法源)

1. 법 률

특별법이 일반법에 우선하고 신법이 구법에 우선한다는 원칙이 적용되는 경우 및 이때 법률이 상호 모순·저촉되는지 판단하는 기준 : 일반적으로 특별법이 일반법에 우선하고 신법이 구법에 우선한다는 원칙은 동일한 형식의 성문 법규인 법률이 상호 모순·저촉되는 경우에 적용된다. 이때 법률이 상호 모순·저촉되는지는 법률의 입법목적, 규정사항 및 적용범위 등을 종합적으로 검토하여 판단하여야 한다(대판 2016.11.25, 2014도14166).

2. 국제조약·국제법규

(1) 헌법에 의하여 체결·공포된 조약(우리가 조약당사국)

1. 「남북 사이의 화해와 불가침 및 교류협력에 관한 합의서」는 법적 구속력이 있는 것은 아니어서 국가 간의 조약으로 볼 수 없고 국내법과 동일한 효력이 인정되지 않는다(대판 1999.7.23, 98두14525).
2. 남북기본합의서는 공동성명 또는 신사협정에 불과하여 법률 또는 조약으로 볼 수 없다(헌재결 2000.7.20, 98헌바63).
3. 「WTO 설립을 위한 마라케쉬협정」은 적법하게 체결·공포된 조약으로 국내법과 같은 효력을 가지므로 처벌이 가중된다 하더라도 법률에 의하지 아니한 형사처벌이라고 할 수 없다(헌재결 1998.11.26, 97헌바65).
4. 「대한민국과 아메리카합중국 간의 상호방위조약 제4조에 의한 시설과 구역 및 대한민국에서의 합중국군대의 지위에 관한 협정」은 국회의 동의를 요하는 조약에 해당한다(헌재결 1999.4.29, 97헌가14).
5. 「관세 및 무역에 관한 일반협정」과 「정부조달에 관한 협정」은 국내법령과 동일한 효력을 가지므로 이에 위반하는 전라북도 학교급식조례는 무효이다(대판 2005.9.9, 2004추10).
6. 반덤핑부과처분이 WTO협정에 위반된다는 이유만으로 사인이 직접 국내법원에 회원국 정부를 상대로 처분의 취소를 구할 수는 없고 WTO 분쟁해결기구에서 해결해야 한다(대판 2009.1.30, 2008두17936).

(2) 국내법과 국제법과의 관계

국제항공운송에 관한 법률관계에 대하여는 1955년 헤이그에서 개정된 「국제항공운송에 있어서의 일부규칙의 통일에 관한 협약」이 일반법인 민법이나 상법에 우선하여 적용된다(대판 2006.4.28, 2005다30184).

Ⅱ. 불문법원

1. 관습법

(1) 의의

1. 법령과 같은 효력을 갖는 관습법은 당사자의 주장·입증을 기다림이 없이 법원이 직권으로 이를 확정하여야 하지만, 법원이 이를 알 수 없는 경우 결국은 당사자가 이를 주장·입증할 필요가 있다(대판 1983.6.14, 80다3231).
2. 사실인 관습은 그 존재를 당사자가 주장·입증해야 한다(대판 1983.6.14, 80다3231).

(2) 성립요건

1. 법적 확신설(통설·대법원·헌재) : 객관적 관행 + 주관적 법적 확신. 별도로 국가(법원)의 승인은 필요하지 않다는 견해
2. 헌법재판소의 성립요건(헌재결 2004.10.21, 2004헌마554·566)
   ① 객관적 관행 : 첫째, 어떠한 관행 내지 관례가 존재하고, 둘째, 그 관행은 충분한 기간동안 반복 내지 계속되어야 하며(반복·계속성), 셋째, 관행은 지속성을 가져야 하는 것으로서 그 중간에 반대되는 관행이 이루어져서는 아니 되고(항상성), 넷째, 관행은 여러 가지 해석이 가능할 정도로 모호한 것이 아닌 명확한 내용을 가진 것이어야 한다(명료성).
   ② 주관적 법적 확신 : 다섯째, 이러한 관행이 헌법관습으로서 국민들의 승인 내지 확신 또는 폭넓은 컨센서스를 얻어 국민이 강제력을 가진다고 믿고 있어야 한다(국민적 합의).
3. 우리나라의 수도가 서울인 점은 관습헌법(헌재결 2004.10.21, 2004헌마554·566)

(3) 종류

① 민중적 관습법

1. 공법관계에 관한 일정한 관행이 민중 사이에서 오랫동안 계속됨으로써 법적 확신에 이른 것
2. 종류
   ① 입어권(관행어업권)(대판 2001.3.13, 99다57942)
   ② 관습상의 물에 대한 사용권[유수사용권, 관개용수리권, 식용(음용수)용수권, 공유수면이용 및 인수·배수권, 유지사용권, 하천용수권(대판 1972.3.31, 72다78), 지하수사용권]

② 행정선례법

1. '국세행정의 관행'이란 비록 잘못된 해석 또는 관행이라도 특정납세자가 아닌 불특정한 일반납세자에게 정당한 것으로 이의 없이 받아들여져 납세자가 그와 같은 해석 또는 관행을 신뢰하는 것이 무리가 아니라고 인정될 정도에 이른 것을 말한다(대판 2009.12.24, 2008두15350).
2. 국세기본법 제18조 제3항의 비과세관행의 성립요건 : 비과세관행이 성립하려면, <u>상당한 기간에 걸쳐 과세하지 아니한 객관적 사실이 존재할 뿐만 아니라, 과세관청 자신이 그 사항에 관하여 과세할 수 있음을 알면서도 어떤 특별한 사정 때문에 과세하지 않는다는 의사가 있어야 하는 바, 위와 같은 공적 견해의 표시는 비과세의 사실상태가 장기간에 걸쳐 계속되는 경우에 그것이 그 사항에 대하여 과세의 대상으로 삼지 아니하는 뜻의 과세관청의 묵시적인 의향의 표시로 볼 수 있는 경우 등에도 이를 인정할 수 있다</u>(대판 2009.12.24, 2008두15350).
3. 관세청장이 수출확대라는 공익상의 필요 등에서 4년간 보세운송면허세를 단 한 건도 부과한 적이 없고 주무관청인 관세청장도 수출확대라는 공익상의 필요 등에서 관계법문의 삭제를 건의하였다면 행정선례 인정(대판 1982.6.8, 81누38)
4. 착오로 인한 장기간의 과세누락은 비과세관행이 성립하지 않음(대판 1985.3.12, 84누398)
5. 과세관청이 납세자에게 신뢰의 대상이 되는 공적인 견해를 표명하였다는 사실에 대한 입증책임은 납세자가 부담한다(대판 1992.3.31, 91누9824).
6. 사업소세 도입 이래 20년 이상 사업소세를 부과하지 않으면서, 다른 과세관청의 유사 사례에 대한 사업소세 과세 시도를 보면서도 같은 조치를 취하지는 않은 경우 묵시적으로 비과세관행이 성립하였다고 볼 여지가 있다(대판 2009.12.24, 2008두15350).
7. 국내사업장이 없는 '외국법인 등에게' 용역 등을 제공하고 그 대가를 외국환은행에서 원화로 받는 것이 아니라 '당해 외국법인 등에 대한 채무와 상계하는 방식'으로 지급받는 경우에도 영세율을 적용한다는 의사를 대외에 표시하여 왔고, 영세율 적용대상으로 신고하여 온 원고에 대하여도 지속적으로 영세율 적용대상 거래로 보아 과세하지 아니하였으므로, 일반납세자에게도 정당한 것으로 이의 없이 받아들여져 납세자가 그와 같은 해석 또는 관행을 신뢰하는 것이 무리가 아니라고 인정될 정도에 이르렀다(대판 2010.4.15, 2007두19294).

(4) 효력

구분	내용
대법원 (보충적 효력설)	1. 관습법의 제정법에 대한 열후적·보충적 성격(대판 1983.6.14, 80다3231) 2. 헌법을 최상위규범으로 하는 전체 법질서에 반하지 아니하는 것으로서 정당성과 합리성이 있어야 관습법으로서의 효력을 인정[대판(전합) 2003.7.24, 2001다48781]
헌법 재판소 (동위설)	1. 관습헌법은 성문헌법과 동등한 효력을 가진다(헌재결 2004.10.21, 2004헌마554·566). 2. '우리나라의 수도가 서울인 점'에 대한 관습헌법을 폐지하기 위해서는 반드시 헌법개정의 절차에 의하여야 한다(헌재결 2004.10.21, 2004헌마554·566).

(5) 소멸

일단 성립한 비과세관행이 소멸하는 시점 : 일단 성립한 비과세관행이 소멸하였다고 하기 위하여는 종전의 비과세관행을 시정하여 앞으로 당해 과세물건에 대하여 과세하겠다는 <u>과세관청의 확정적인 의사가 명시적으로 표시되어야</u> 한다(대판 2011.5.13, 2008두18250).

2. 판례의 법원성

(1) 법원성 인정 여부

구분	내용
대법원판례의 법원성	기출문제는 법원성 부정설을 전제로 출제하기도 하고, 긍정설을 전제로 출제하기도 하여 상대적으로 결정해야 함
헌법재판소 결정의 법원성	위헌으로 결정된 법률은 효력을 상실하며, 위헌결정은 법원 기타 국가기관이나 지방자치단체를 기속하기 때문에 법원성 인정

(2) 헌법재판소 위헌(헌법불합치)결정의 기속력

1. 헌법재판소법 : 법률의 위헌결정은 법원 기타 국가기관 및 지방자치단체를 기속한다(제47조 제1항). 위헌으로 결정된 법률 또는 법률의 조항은 그 결정이 있는 날로부터 효력을 상실한다(같은 조 제2항). 형벌에 관한 법률 또는 법률의 조항은 소급하여 그 효력을 상실한다. 다만, 해당 법률 또는 법률의 조항에 대하여 종전에 합헌으로 결정한 사건이 있는 경우에는 그 결정이 있는 날의 다음 날로 소급하여 효력을 상실한다(같은 조 제3항)

   ┤ 관 련 판 례 ├
   형벌법규 이외의 법률 또는 법률조항에 대한 위헌결정에 대해 소급효를 인정하지 아니하는 헌법재판소법 제47조 제2항 본문은 합헌이다(헌재결 2008.9.25, 2006헌바108).

2. 당해사건 + 동종사건 + 병행사건 + 일반사건

   ┤ 관 련 판 례 ├
   헌법재판소의 위헌결정의 효력은 위헌제청을 한 당해 사건, 위헌결정이 있기 전에 이와 동종의 위헌 여부에 관하여 헌법재판소에 위헌여부심판제청을 하였거나 법원에 위헌여부심판제청신청을 한 동종사건과 따로 위헌제청신청은 아니하였지만 당해 법률 또는 법률 조항이 재판의 전제가 되어 법원에 계속 중인 병행사건뿐만 아니라, 위헌결정 이후에 위와 같은 이유로 제소된 일반사건에도 미친다(대판 2006.6.9, 2006두1296).

3. 이미 취소소송의 제기기간을 경과하여 확정력이 발생한 행정처분의 경우에는 위헌결정의 소급효가 미치지 않는다(대판 2002.11.8, 2001두3181).
4. 법적 안정성의 유지나 당사자의 신뢰보호를 위하여 불가피한 경우에 위헌결정의 소급효를 제한하는 것은 오히려 법치주의의 원칙상 요청되는 바라 할 것이다(대판 2006.6.9, 2006두1296).
5. 헌법재판소가 법률의 위헌 여부를 판단하기 위하여 한 법률해석에 법원이 구속되지 않는다(대판 2009.2.12, 2004두10289).
6. 비형벌조항에 대해 잠정적용 또는 적용중지 헌법불합치결정이 선고되었으나 위헌성이 제거된 개선입법이 이루어지지 않은 채 개정시한이 지난 경우, 그 법률조항의 효력이 상실되는 시점 : 비형벌조항에 대해 잠정적용 헌법불합치결정이 선고되었으나 위헌성이 제거된 개선입법이 이루어지지 않은 채 개정시한이 지남으로써 그 법률조항의 효력이 상실되었다고 하더라도 그 효과는 장래에 향해서만 미칠 뿐이고, 당해 사건이라고 하여 이와 달리 취급할 이유는 없다. 한편 비형벌조항에 대한 적용중지 헌법불합치결정이 선고되었으나 위헌성이 제거된 개선입법이 이루어지지 않은 채 개정시한이 지난 때에는 헌법불합치결정 시점과 법률조항의 효력이 상실되는 시점 사이에 아무런 규율도 존재하지 않는 법적 공백을 방지할 필요가 있으므로, 그 법률조항은 헌법불합치결정이 있었던 때로 소급하여 효력을 상실한다(대판 2020.1.30, 2018두49154).
7. 세무사 자격을 보유하고 있는 변호사 갑이 국세청장에게 세무대리업무등록 갱신을 신청하였으나 국세청장이 세무사법 제6조 제1항, 제20조 제1항에 따라 갑의 신청을 반려하는 처분을 하자, 갑이 처분의 취소를 구하는 소송 계속 중 위 법률조항에 대하여 위헌법률심판제청을 신청하였고 원심법원이 위헌법률심판제청을 하였는데, 헌법재판소가 위 법률조항이 세무사 자격 보유 변호사의 직업선택 자유를 침해한다며 위 법률조항에 대

한 헌법불합치를 선언하면서 2019.12.31.을 시한으로 입법자가 개정할 때까지 위 법률조항의 계속 적용을 결정하였으나 국회가 개정시한까지 위 법률조항을 개정하지 않은 사안에서, 위 법률조항 가운데 세무사 자격 보유 변호사의 세무대리를 전면적·일률적으로 금지한 부분은 헌법불합치결정이 있었던 때로 소급하여 효력을 상실하였으므로 헌법불합치결정을 하게 된 해당 사건에 대해서는 위 법률조항이 그대로 적용될 수 없다는 이유로, 위 법률조항이 적용됨을 전제로 갑의 세무대리업무등록 갱신 신청을 반려한 국세청장의 처분이 위법하다고 한 사례(대판 2020.1.30, 2018두49154)

8. 헌법재판소가 2018.8.30. 선고한 '구 「민주화운동 관련자 명예회복 및 보상등에 관한 법률」 제18조 제2항의 민주화운동과 관련하여 입은 피해 중 불법행위로 인한 정신적 손해에 관한 부분은 헌법에 위반된다.'는 결정은 법원에 대하여 기속력이 있고, 위 위헌결정의 효력은 그 결정 선고 전 구 「민주화운동 관련자 명예회복 및 보상 등에 관한 법률」 제18조 제2항에 관하여 위헌여부심판제청이 이루어진 사건에 미친다(대판 2020.11.26, 2019다276307).

9. 헌법재판소가 2018.8.30. 선고한 '민법 제166조 제1항, 제766조 제2항 중 「진실·화해를 위한 과거사정리 기본법」 제2조 제1항 제3호(민간인 집단 희생사건), 제4호(중대한 인권침해사건·조작의혹사건)에 적용되는 부분은 헌법에 위반된다.'는 위헌결정의 효력은 위 제3호, 제4호 사건에서 공무원의 위법한 직무집행으로 입은 손해에 대한 배상을 구하는 소송이 위헌결정 당시까지 법원에 계속되어 있는 경우에도 미치고, 위 손해배상청구권에 대하여 민법 제766조 제2항이나 국가재정법 제96조 제2항에 따른 소멸시효가 적용되지 않는다(대판 2020.11.26, 2019다276307).

10. 헌법재판소가 2018.8.30. 선고한 '구 「민주화운동 관련자 명예회복 및 보상 등에 관한 법률」 제18조 제2항의 민주화운동과 관련하여 입은 피해 중 불법행위로 인한 정신적 손해에 관한 부분은 헌법에 위반된다.'는 결정은 법원에 대하여 기속력이 있고, 일부위헌결정이 선고된 사정은 그 결정 선고 전 헌법소원의 전제가 된 해당 소송사건에서 이미 확정된 판결에 대하여 헌법재판소법 제75조 제7항에서 정한 재심사유가 된다(대판 2020.12.10, 2020다205455).

11. 헌법재판소가 2021.5.27. 선고한 '구 「광주민주화운동 관련자 보상 등에 관한 법률」 제16조 제2항의 광주민주화운동과 관련하여 입은 피해 중 정신적 손해 부분은 헌법에 위반된다.'는 결정은 법원에 대하여 기속력이 있고, 위 일부 위헌결정의 효력은 그 결정이 있기 전에 위 조항의 위헌 여부가 재판의 전제가 되어 법원에 계속 중이던 사건에 미친다(대판 2021.7.29, 2016다259363).

12. 헌법재판소가 2018.8.30. 선고한 '민법 제166조 제1항, 제766조 제2항 중 「진실·화해를 위한 과거사정리 기본법」 제2조 제1항 제3호(민간인 집단 희생사건), 제4호(중대한 인권침해사건·조작의혹사건)에 적용되는 부분은 헌법에 위반된다.'는 위헌결정의 효력은 위 제3호, 제4호 사건에서 공무원의 위법한 직무집행으로 입은 손해에 대한 배상을 구하는 소송이 위헌결정 당시까지 법원에 계속되어 있는 경우에도 미치고, 손해배상청구권에 대하여 민법 제766조 제2항 또는 국가재정법 제96조 제2항에 따른 소멸시효가 적용되지 않는다(대판 2021.7.29, 2016다259363).

제3절 행정법의 일반법원칙(성문법원의 일종)

제1항 평등의 원칙

Ⅰ. 의의 및 심사기준

구분	내용
의의	행정청이 행정작용을 함에 있어서 특별한 합리적 사유가 존재하지 않는 한 상대방인 국민을 공평하게 대우해야 한다는 원칙(공평·형평의 원칙)으로서, 특히 재량권 행사의 한계원리로서 중요한 의미를 갖는다. 행정기본법 제9조는 "행정청은 합리적 이유 없이 국민을 차별하여서는 아니 된다."라고 규정하고 있다. ┨ **관 련 판 례** ┠ 1. 평등원칙은 절대적 평등이 아니라 상대적 평등을 의미한다(대판 2008.5.15, 2005두11463). 2. 헌법 제11조 제1항에 근거를 둔 평등원칙은 본질적으로 같은 것을 자의적으로 다르게 취급함을 금지하는 것으로서, 법령을 적용할 때뿐만 아니라 입법을 할 때에도 불합리한 차별취급을 하여서는 안 된다는 것을 뜻한다[대판(전합) 2007.10.29, 2005두14417]. 3. 합리적 근거 없는 차별이란 정의에 반하는 자의적인 차별을 의미한다(헌재결 2002.9.19, 2000헌바84). 4. 여성 근로자들이 전부 또는 다수를 차지하는 분야의 정년을 다른 분야의 정년보다 낮게 정한 것이 여성에 대한 불합리한 차별에 해당하는지 판단하는 방법 : 헌법 제11조 제1항에서 규정한 평등의 원칙 외에도 헌법 제32조 제4항에서 규정한 '여성근로에 대한 부당한 차별 금지'라는 헌법적 가치를 염두에 두고, 해당 분야 근로자의 근로 내용, 그들이 갖추어야 하는 능력, 근로시간, 해당 분야에서 특별한 복무규율이 필요한지 여부나 인력수급사정 등 여러 사정들을 종합적으로 고려하여 판단하여야 한다(대판 2019.10.31, 2013두20011).
심사 기준	가산점제도의 평등위반 여부를 심사함에 있어 적용되는 심사척도(헌재결 1999.12.23, 98헌마363) 1. 엄격한 심사척도(비례심사) : 헌법에서 특별히 평등을 요구하고 있는 경우와 차별적 취급으로 인하여 관련기본권에 대한 중대한 제한을 초래하는 경우 2. 완화된 심사척도 : 자의의 심사(합리적 이유 유무) ┨ **관 련 판 례** ┠ 헌법재판소에서는 평등위반 여부를 심사함에 있어 엄격한 심사척도와 완화된 심사척도의 두 가지 척도를 구별하고, 어떤 심사척도를 적용할 것인가를 결정하는 기준으로서 헌법에서 특별히 평등을 요구하고 있는 경우(즉, 헌법이 스스로 차별의 근거로 삼아서는 아니 되는 기준을 제시하거나 차별을 특히 금지하고 있는 영역을 제시하고 있는 경우)와 차별적 취급으로 인하여 관련 기본권에 대한 중대한 제한을 초래하게 되는 경우에는 엄격한 심사척도가 적용되어야 하고, 그렇지 않은 경우에는 완화된 심사척도에 의한다는 원칙을 적용하고 있다. 이 경우 엄격한 심사를 한다는 것은 자의금지원칙에 따른 심사 즉, 합리적 이유의 유무를 심사하는 것에 그치지 아니하고 비례성원칙에 따른 심사 즉, 차별취급의 목적과 수단 간에 엄격한 비례관계가 성립하는지를 기준으로 한 심사를 행함을 의미하며, 완화된 심사척도 즉, 자의심사의 경우에는 차별을 정당화하는 합리적인 이유가 있는지만을 심사하기 때문에 그에 해당하는 비교대상 간의 사실상의 차이나 입법목적(차별목적)을 발견하고 확인하여, 그 차별이 인간의 존엄성 존중이라는 헌법원리에 반하지 아니하면서 정당한 입법목적을 달성하기 위하여 필요하고도 적정한 것인가를 기준으로 판단되어야 한다(헌재결 2002.9.19, 2000헌바84).

II. 기능

1. 평등원칙과 자기구속의 원칙은 비법규인 행정규칙을 법규 내지 준법규로 전환시키는 전환규범(매개규범)의 기능을 수행
2. 재량행위의 통제법리

III. 평등원칙위반 인정사례

1. 함께 화투놀이를 한 3명은 견책처분, 특정 공무원에게만 파면처분한 경우(대판 1972.12.26, 72누194)
2. 특별전형에서 외교관, 공무원의 자녀에 대하여만 획일적으로 과목별 실제 취득점수에 20%의 가산점을 부여한 경우(대판 1990.8.28, 89누8255)
3. 국유잡종재산에 대한 시효취득을 부인하는 국유재산법 제5조 제2항(헌재결 1991.5.13, 89헌가97)
4. 지방의회의 조사·감사를 위해 채택된 증인의 불출석 등에 대한 과태료를 증인이 5급 이상 공무원인지 여부, 기관(법인)의 대표나 임원인지 여부 등 증인의 사회적 신분에 따라 차등 부과할 것을 규정한 조례(대판 1997.2.25, 96추213)
5. 제대군인지원에 관한 가산점제도(헌재결 1999.12.23, 98헌마363)
6. 청원경찰의 인원감축을 위한 면직처분대상자를 선정함에 있어 초등학교 졸업 이하 학력소지자 집단과 중학교 중퇴 이상 학력소지자 집단으로 나누어 각 집단별로 같은 감원비율 상당의 인원을 선정한 것은 평등원칙 위반이지만 취소사유(대판 2002.2.8, 2000두4057)
7. 다른 지방선거 후보자와는 달리 기초의회의원선거의 후보자에 대해서만 정당표방을 금지한 공직선거법(헌재결 2003.1.30, 2001 헌가4)
8. 지방자치단체의 장으로 하여금 당해 지방자치단체의 관할구역과 같거나 겹치는 선거구역에서 실시되는 지역구 국회의원선거에 입후보하고자 하는 경우 당해 선거의 선거일 전 180일까지 그 직을 사퇴하도록 규정하고 있는 「공직선거 및 선거부정방지법」(헌재결 2003.9.25, 2003헌마106) : 다른 공무원의 경우 선거일 전 60일까지 사퇴하도록 규정
9. 국·공립학교의 채용시험에 국가유공자와 그 가족이 응시하는 경우 만점의 10퍼센트를 가산하도록 규정하고 있는 「국가유공자 등 예우 및 지원에 관한 법률」 제31조 제1항·제2항(헌재결 2006.2.23, 2004헌마675·981·1022)
10. 개인택시운송사업면허의 우선순위 기준으로 무사고운전 등의 성실의무를 반드시 동일회사에서 이행하였을 것을 정하고 있는 지방자치단체(경기도 고양시)의 「개인택시운송사업면허 사무처리규정」(대판 2007.2.8, 2006두13886) : 성실의무를 하나의 회사에서 이행하였는지 또는 둘 이상의 회사에서 이행하였는지에 따라 차등을 두는 것은 위 규정의 목적에 비추어 보더라도 합리적 근거 없이 차별대우를 하는 것으로서 평등의 원칙에 반하고 직장선택의 자유를 침해
11. 개발제한구역 훼손부담금의 부과율을 규정함에 있어서 전기공급시설 등과는 달리 집단에너지공급시설에 차등을 두는 구 「개발제한구역의 지정 및 관리에 관한 특별조치법 시행령」 제35조 제1항 제3호의 규정(대판(전합) 2007.10.29, 2005두14417) : 집단에너지공급시설과 전기공급시설 등은 공급하는 물질(에너지)만 다를 뿐, 그 설치공사의 내용과 방법이나 그에 관한 기술적 측면의 규제 내용 등이 동일하거나 유사하고, 그 외 도로법 등 다른 각종 행정법규에서도 점용료나 원인자부담금 등의 산정·부과 및 감면 등에서 같게 취급
12. 플라스틱제품의 폐기물부담금의 산출기준이 제조업자는 합성수지 kg당 7.6원 또는 3.8원(종량제)임에 반하여 수입업자는 수입가의 0.7%(종가제)로 규정(대판(전합) 2008.11.20, 2007두8287) : 폐기물부담금은 정책목적 실현 부담금인 동시에 원인자부담금으로서 정책목적과 그 부과대상 사이에 긴밀한 상관관계가 있어야 하고, 제조업자와 수입업자 모두 행정청의 조사·확인에 응하여 합성수지 투입량에 관한 자료를 제출하여야 한다는 점에서 본질적 차이가 없으므로

Ⅳ. 평등원칙위반 부정사례

1. 국가를 우대하는 규정
   국유잡종재산을 무단으로 점유한 자에 대하여 변상금을 부과하도록 한 국유재산법 조항은 평등원칙과 비례원칙 위반이 아님(대판 2008.5.15, 2005두11463).
2. 공무원을 공공단체 직원이나 국민보다 우대
   ① 공무원이 법령에 의하여 지급받는 정근수당 중 연 100만 원에 상당하는 금액에 대해서만 비과세하도록 하고 농지개량조합의 직원에게 지급하는 정근수당은 비과세대상에서 제외한 소득세법(대판 1990.10.10, 89누3816)
   ② 국가보위비상대책위원회의 정화계획에 의한 해직공무원만을 보상대상자로 규정한 「1980년 해직공무원의 보상 등에 관한 특별조치법」(대판 1992.8.14, 91누940)
   ③ 통근재해에 관하여 공무상 재해(공무원연금법상의 공무상 재해에 관하여는 출근 중의 부상을 공무상 재해로 인정)와 산업재해의 재해 기준이 다르게 규정된 경우(대판 1995.3.14, 94누15523)
3. 개인택시운전면허 관련
   ① 유예기간 없이 개인택시운송사업면허기준을 변경하고 그에 기하여 한 행정청의 면허신청접수거부처분은 신뢰보호의 원칙이나 평등원칙 위반이 아님(대판 1996.7.30, 95누12897).
   ② 해당 지역에서 일정기간 거주하여야 한다는 요건 이외에 해당 지역 운수업체에서 일정기간 근무한 경력이 있는 경우에만 개인택시운송사업면허신청 자격을 부여한다는 청주시 '개인택시운송사업면허업무규정'은 비례원칙·평등원칙 위반이 아님(대판 2005.4.28, 2004두8910).
   ③ 행정청이 개인택시운송사업의 면허를 하면서, 버스 등 다른 차종의 운전경력보다 택시의 운전경력을 다소 우대하는 내용의 「2007년도 구리시 개인택시운송사업면허 모집공고」에 따라 면허발급대상 인원보다 후순위인 사람에게 개인택시운송사업면허 발급제외처분을 한 것(대판 2009.11.26, 2008두16087) : 운송사업자가 직접 운전을 하는 개인택시운송사업은 특성상 검증된 안전운행능력을 갖춘 자가 하여야 승객들의 생명과 신체의 안전을 확보할 수 있을 것인데, 그 징표로서 가장 중요한 것이 동종차량의 운전경험이라는 점에서 택시운전경력이 다른 운송수단의 운전경력보다 비교 우위에 있을 수 있다는 점
   ④ 청주시장이 청주시 소재 버스회사에서 일정기간 근속한 자에 대하여 면허발급우선순위를 부여하고 있는 「청주시 개인택시운송사업면허 업무규정」에 따라 화성시에 본점을 둔 버스회사의 청주영업소에 소속되어 근무한 운전경력을 청주시 소재 버스회사에서 근속한 경력으로 볼 수 없다는 이유로 이를 제외한 경력만을 근거로 우선순위를 계산하여 갑을 개인택시운송사업면허발급대상에서 제외하는 처분을 한 사안(대판 2012.11.29, 2011두9812)
4. 일반직 직원의 정년을 58세로 규정하면서 전화교환직렬 직원만은 정년을 53세로 규정하여 5년 간의 정년차등(대판 1996.8.23, 94누13589) : 교환직렬에서의 인력의 잉여 정도, 연령별 인원구성, 정년 차이의 정도, 차등정년을 실시함에 있어서 노사 간의 협의를 거친 점, 신규채용을 하지 못한 기간, 현재의 정년에 대한 교환직렬 직원들의 의견
5. 같은 정도의 비위를 저지른 자들 사이에서도 그 직무의 특성 등에 비추어 개전의 정이 있는지 여부에 따라 징계의 종류의 선택과 양정을 달리하는 경우(대판 1999.8.20, 99두2611)
6. 미신고 집회의 주최자를 미신고 시위 주최자와 동등하게 처벌하는 구 집시법 제19조 제2항(헌재결 2009.5.28, 2007헌바22)
7. 「원주혁신도시 및 기업도시 편입지역 주민지원 조례안」이 원주 혁신 및 기업도시 주민들에 대해서만 지원 대책을 수립하여 시행하도록 한 것(대판 2009.10.15, 2008추32) : 국가나 지방자치단체가 국민이나 주민을 수혜 대상자로 하여 재정적 지원을 하는 정책을 실행하는 경우 그 정책은 재정 상태에 따라 영향을 받을 수밖에 없다.
8. 「정신건강증진 및 정신질환자 복지서비스 지원에 관한 법률」 제19조 제1항 및 의료법이 정신병원 등의 개설에 관하여는 허가제로 규정한 것과 달리 정신과의원 개설에 관하여는 신고제로 규정하고 있는 것(대판 2018.10.25, 2018두44302) : 각 의료기관의 개설 목적 및 규모 등 차이를 반영한 합리적 차별

제2항 자기구속의 법리

I. 기능

비법규인 행정규칙을 준법규로 전환시키는 전환기능(매개규범기능)

II. 법적 근거

1. 학설(평등의 원칙)

2. 대법원(평등원칙과 신뢰보호원칙)

대법원판례도 최신판례에서 다수설·헌법재판소와 마찬가지로 자기구속원칙을 명시적으로 인정하고 있다. 다만 그 근거로서는 학설과 달리 평등원칙 외에 신뢰보호원칙을 함께 원용

> **관련판례**
>
> 재량권 행사의 준칙인 행정규칙이 그 정한 바에 따라 되풀이 시행되어 행정관행이 이루어지게 되면 평등의 원칙이나 신뢰보호의 원칙에 따라 행정기관은 그 상대방에 대한 관계에서 그 규칙에 따라야 할 자기구속을 받게 되므로, 이러한 경우에는 특별한 사정이 없는 한 그를 위반하는 처분은 평등의 원칙이나 신뢰보호의 원칙에 위배되어 재량권을 일탈·남용한 위법한 처분이 된다(대판 2009.12.24, 2009두7967).

3. 헌법재판소(평등원칙과 신뢰보호원칙)

헌법재판소는 자기구속의 원칙을 명시적으로 인정, 다만 그 근거로서는 학설과 달리 평등원칙 외에 신뢰보호원칙을 함께 원용(헌재결 1990.9.3, 90헌마13)

> **관련판례**
>
> 행정규칙은 일반적으로 행정조직 내부에서만 효력을 가지는 것이나(원칙적으로 법규성 부정), 행정규칙이 법령의 규정에 의하여 행정관청에 법령의 구체적 내용을 보충할 권한을 부여한 경우(법령보충규칙)나 재량권 행사의 준칙인 규칙(재량준칙)이 그 정한 바에 따라 되풀이 시행되어 행정관행이 이룩되게 되면(행정선례필요), 평등의 원칙이나 신뢰보호의 원칙(이론적 근거)에 따라 행정기관은 그 상대방에 대한 관계에서 그 규칙에 따라야 할 자기구속을 당하게 되는 경우에는 대외적인 구속력을 가지게 되는 바(법규로 전환), 이러한 경우에는 헌법소원의 대상이 될 수도 있다(헌재결 1990.9.3, 90헌마13).

III. 요건

구분	내용
재량영역	기속행위에 있어서는 행정이 스스로 행동준칙을 정할 여지가 없기 때문
행정규칙	재량준칙적 행정규칙에 적용되지만 규범해석규칙에는 적용되지 않는다.
행정선례의 존재	1. 선례불요설(예기관행설) : 재량준칙의 최초적용의 경우 행정선례가 없더라도 행정규칙의 존재로 족하다는 견해 2. 선례필요설(통설) : 자기구속의 원칙이 적용되기 위해서는 적어도 1회 이상의 선례가 필요하다는 것으로 통설의 입장. 대법원과 헌법재판소는 관행까지 요구

IV. 효과

구분	내용
이행청구권	적극적인 이행청구권은 부정되고, 단지 소극적인 방해배제청구권만 인정

V. 한계

구분	내용
행정관행이 위법적인 경우	불법에의 평등대우를 인정한다면 사인의 국가에 대한 위법행위의 요구에 국가가 위법행위를 승인하여 법률적합성의 원칙에 반하게 되기 때문에 통설은 부정 ┃ **관 련 판 례** ┃ 위법한 처분에 대한 자기구속을 부정 : 행정청이 조합설립추진위원회의 설립승인 심사에서 <u>위법한 행정처분을 한 선례가 있다고 하여 그러한 기준을 따라야 할 의무가 없는 점</u> 등에 비추어, 평등의 원칙이나 신뢰보호의 원칙 또는 자기구속의 원칙 등에 위배되고 재량권을 일탈·남용하여 자의적으로 조합설립추진위원회 승인처분을 한 것으로 볼 수 없다고 한 사례(대판 2009.6.25, 2008두13132)
자기구속으로 부터 이탈 (합리적사유)	종래 동종사안에서 행한 결정과 다른 결정을 하는 것이 객관적으로 납득할 만한 명백한 이유(합리적 사유)가 있는 경우에는 종래의 결정과 다른 행정결정도 적법하다. ┃ **관 련 판 례** ┃ 시장이 농림축산식품부에 의하여 공표된 '2008년도 농림사업시행지침서'에 명시되지 않은 '시·군별 건조저장시설 개소당 논 면적' 기준을 충족하지 못하였다는 이유로 신규 건조저장시설 사업자 인정신청을 반려한 사안 : 위 지침이 되풀이 시행되어 행정관행이 이루어졌다거나 그 공표만으로 신청인이 보호가치 있는 신뢰를 갖게 되었다고 볼 수 없고, 쌀 시장 개방화에 대비한 경쟁력 강화 등 우월한 공익상 요청에 따라 위 지침상의 요건 외에 '시·군별 건조저장시설 개소당 논 면적 1,000ha 이상' 요건을 추가할 만한 특별한 사정을 인정할 수 있어, 그 처분이 행정의 자기구속의 원칙 및 행정규칙에 관련된 신뢰보호의 원칙에 위배되거나 재량권을 일탈·남용한 위법이 없다(대판 2009.12.24, 2009두7967).

제3항 과잉금지원칙

Ⅰ. 과잉금지원칙의 내용

1. 개설

구분	내용
헌법상의 기본원리로서 비례의 원칙의 내용	**┤ 관 련 판 례 ├** 비례의 원칙은 법치국가 원리에서 당연히 파생되는 헌법상의 기본원리로서, 모든 국가작용에 적용된다. 행정목적을 달성하기 위한 수단은 목적달성에 유효·적절하고, 가능한 한 최소침해를 가져오는 것이어야 하며, 아울러 그 수단의 도입에 따른 침해가 의도하는 공익을 능가하여서는 안 된다(대판 2019.7.11. 2017두38874). 행정기본법도 '비례의 원칙'이라는 제목 아래 적합성(제1호), 필요성(제2호), 상당성(제3호)에 관해 규정하고 있다. 행정작용은 다음 각 호의 원칙에 따라야 한다(제10조). 1. 행정목적을 달성하는 데 유효하고 적절할 것 2. 행정목적을 달성하는 데 필요한 최소한도에 그칠 것 3. 행정작용으로 인한 국민의 이익 침해가 그 행정작용이 의도하는 공익보다 크지 아니할 것
적합성	1. 목적달성에 기여할 수 있는 수단이면 적합성 충족 2. 가장 적합한 수단일 것을 요하지는 않음 → 가장 낮은 단계의 비례심사
필요성 (최소침해의 원칙)	적합성을 충족한 수단 가운데 가장 침해가 적은 수단만 필요성 충족 → 유일한 수단만 남음
상당성 (협의의 비례원칙)	행정작용으로 침해되는 사익과 달성되는 공익 간에 균형관계(이익형량, 비교형량, 비교교량)
3원칙 상호 간의 관계	단계적 심사 1. 적합성을 충족하면 바로 적법이라고 할 수 있다. (×) 2. 적합성에 위배되면 바로 위법이라고 할 수 있다. (○)

2. 적합성

변호사로 개업하고자 하는 판사나 검사 등의 개업지 제한규정은 적합성 위반(헌재결 1989.11.20. 89헌가102)

3. 필요성 원칙

(1) 필요성 원칙 일반론

1. 다른 합법적인 대체수단이 없는 필요 부득이한 제한이어야 한다(헌재결 1991.6.3, 89헌마204).
2. 국민의 자유와 권리를 제한함에 있어서는 규제하려는 쪽에서 국민의 기본권을 보다 덜 제한하는 다른 방법이 있는지를 모색하여야 할 것이지, 제한당하는 국민의 쪽에서 볼 때 그 기본권을 실현할 다른 수단이 있다고 하여 그와 같은 사유만으로 기본권의 제한이 정당화되는 것은 아니다[대판(전합) 1994.3.8, 92누1728].
3. 입법자가 임의적 규정으로도 법의 목적을 실현할 수 있는 경우에 구체적 사안의 개별성과 특수성을 고려할 수 있는 가능성을 일체 배제하는 필요적 규정을 둔다면 '최소침해성의 원칙'에 위배된다(헌재결 2000.6.1, 99헌가11·12).
4. 경찰관은 범인의 체포 또는 도주의 방지, 타인 또는 경찰관의 생명·신체에 대한 방호, 공무집행에 대한 항거의 억제를 위하여 필요한 때에는 최소한의 범위 안에서 가스총을 사용할 수 있다(대판 2003.3.14, 2002다57218).

(2) 필요성 위반 인정사례

1. 단지 1회 훈령에 위반하여 요정(캬바레)출입을 하다가 적발된 공무원에 대한 파면처분(대판 1967.5.2, 67누24)
2. 공정한 업무처리에 대한 사의로 두고 간 돈 30만 원을 피동적으로 수수하였다가 돌려 준 20여 년 근속의 경찰공무원에 대한 해임처분(대판 1991.7.23, 90누8954)
3. 보존음료수의 국내판매를 완전히 금지하는 것[대판(전합) 1994.3.8, 92누1728]
4. 여권발급 신청인이 북한 고위직 출신의 탈북 인사(황장엽)로서 신변에 대한 위해 우려가 있다는 이유로 신청인의 미국 방문을 위한 여권발급을 거부한 것(대판 2008.1.24, 2007두10846)

(3) 필요성 위반 부정사례

1. 교통사고를 일으킨 후 구호조치 없이 도주한 수사 담당 경찰관에 대한 해임처분(대판 1999.10.8, 99두6101)
2. 교통경찰관이 법규위반자에게 만 원권 지폐 한 장을 두 번 접어서 면허증과 함께 달라고 한 경우에 내려진 해임처분(대판 2006.12.21, 2006두16274)

4. 상당성의 원칙

(1) 상당성 위반 인정사례

1. 주유소 영업의 양도인이 등유가 섞인 유사휘발유를 판매한 바를 모르고 양수한 양수인에게 대하여 한 6월의 석유판매업영업정지처분은 재량권을 일탈한 위법한 것이다(대판 1992.2.25, 91누13106).
2. 자신이 마시고 싶은 음료수를 자유롭게 선택할 수 있는 것은 행복추구권에 포함되고, 보존음료수의 국내판매 금지로 인하여 행복추구권이 제한되는 손실은 수돗물에 대한 불안감의 방지라는 공공의 목적보다 더 크다[대판(전합) 1994.3.8, 92누1728].

(2) 상당성 위반 부정사례

1. 보건위생
   ① 수입 녹용 중 전지 3대를 절단부위로부터 5cm까지의 부분을 절단하여 측정한 회분함량이 기준치를 0.5% 초과하였다는 이유로 수입 녹용 전부에 대하여 전량 폐기 또는 반송처리를 지시한 처분(대판 2006.4.14, 2004두3854)
   ② 생물학적 동등성 시험자료에 조작이 있음을 이유로 의약품의 회수 및 폐기를 명한 행정처분(대판 2008.11.13, 2008두8628)
   ③ 태국에서 수입하는 냉동새우에 유해화학물질인 말라카이트그린이 들어 있음에도 수입신고서에 말라카이트그린이 사용된 사실을 기재하지 않았음을 이유로 행정청이 영업정지 1개월의 처분(대판 2010.4.8, 2009두22997)
2. 문화재
   ① 자연녹지지역으로 지정하는 절차가 진행 중인 통도사 인근임야에 고층아파트를 건축하는 내용의 임대주택 사업계획 승인신청을 국토 및 자연의 유지와 환경의 보존 등 중대한 공익상의 필요를 이유로 거부한 경우(대판 2002.6.14, 2000두10663)
   ② 문화재청장이, 국가지정문화재의 보호구역에 인접한 나대지에 건물을 신축하기 위한 국가지정문화재 현상변경신청을 허가하지 않은 경우(대판 2006.5.12, 2004두9920)

II. 적용영역

1. 경찰행정(질서행정)이 중심
2. 수익적 행정처분의 취소와 관계이익의 교량(대판 1991.5.14, 90누9780)
3. 음주운전으로 인한 운전면허취소사례 : 음주운전 내지 그 제재를 위한 음주측정 요구의 거부 등을 이유로 한 자동차운전면허의 취소에 있어서는 일반의 수익적 행정행위의 취소와는 달리 그 취소로 인하여 입게 될 당사자의 개인적인 불이익보다는 이를 방지하여야 하는 일반예방적인 측면이 더욱 강조되어야 할 것이고, 특히 당해 운전자가 영업용 택시를 운전하는 등 자동차운전을 업으로 삼고 있는 자인 경우에는 더욱 그러하다(대판 1997.12.26, 97누17216).
4. 제재적 처분 : 제재적 행정처분이 사회통념상 재량권의 범위를 일탈하였거나 남용하였는지 여부는 처분사유인 위반행위의 내용과 당해 처분행위에 의하여 달성하려는 공익목적 및 이에 따르는 제반사정 등을 객관적으로 심리하여 공익침해의 정도와 그 처분으로 인하여 개인이 입게 될 불이익을 비교·형량하여 판단하여야 한다(대판 2006.4.14, 2004두3854).
5. 처분상대방의 의무위반을 이유로 한 제재처분이 의무위반의 내용에 비하여 과중하여 사회통념상 현저하게 타당성을 잃은 경우, 재량권 일탈·남용에 해당하여 위법하다(대판 2019.7.11, 2017두38874).
6. 공용수용 : 공용수용은 공익사업을 위하여 타인의 특정한 재산권을 법률의 힘에 의하여 강제적으로 취득하는 것이므로 수용할 목적물의 범위는 원칙적으로 사업을 위하여 필요한 최소한도에 그쳐야 한다(대판 1987.9.8, 87누395).

제4항 신뢰보호의 원칙

I. 신뢰보호원칙의 근거

1. 법치국가원리의 내용(법률적합성과 법적 안정성) 가운데 하나인 법적 안정성에 근거한다는 법적 안정성설이 통설·판례이다.
2. 행정기본법은 신뢰보호의 원칙과 실권의 법리, 성실의무 및 권한남용금지의 원칙에 대해서 규정하고 있다.
    ① 신뢰보호의 원칙 : 행정청은 공익 또는 제3자의 이익을 현저히 해칠 우려가 있는 경우를 제외하고는 행정에 대한 국민의 정당하고 합리적인 신뢰를 보호하여야 한다(행정기본법 제12조 제1항).
    ② 실권의 법리 : 행정청은 권한 행사의 기회가 있음에도 불구하고 장기간 권한을 행사하지 아니하여 국민이 그 권한이 행사되지 아니할 것으로 믿을 만한 정당한 사유가 있는 경우에는 그 권한을 행사해서는 아니 된다. 다만, 공익 또는 제3자의 이익을 현저히 해칠 우려가 있는 경우는 예외로 한다(같은 조 제2항).
    ③ 성실의무 및 권한남용금지의 원칙 : 행정청은 법령 등에 따른 의무를 성실히 수행하여야 한다(제11조 제1항). 행정청은 행정권한을 남용하거나 그 권한의 범위를 넘어서는 아니 된다(같은 조 제2항).
3. 행정절차법은 신의성실의 원칙(제4조 제1항)과 신뢰보호의 원칙(같은 조 제2항)에 대해서 규정하고 있다.

> **┤ 관 련 판 례 ├**
> 신뢰를 적절하게 보호하는 조치를 취함으로써 법적 안정성을 도모하여야 한다는 것이 법치주의 원리가 요청하는 바이라 할 것이다[대판(전합) 2006.11.16, 2003두12899].

II. 신뢰보호원칙의 요건

1. 선행조치(공적 견해표명)

(1) 의의

구분	내용
다수설 (선행조치)	선행조치에는 법령·규칙·행정행위(처분)·합의·확약·행정계획·행정지도, 기타 국가의 모든 행정작용이 포함되며, 반드시 명시적·적극적 언동에 국한하지 않고 묵시적·소극적 견해표명으로도 가능하다. 또한 행정행위의 경우에는 적법행위인가 위법행위인가도 가리지 않는다. 무효행위나 아직 처분행위가 존재하지 않는 기대이익이나 예상이익의 경우에는 신뢰의 대상이 되지 아니한다.
판례 (공적 견해표명)	신뢰의 대상이 되는 공적인 견해표명에 국한하고 있다는 점에서 학설보다 인정범위가 좁다.

(2) 판단기준

1. 원칙적으로 일정한 책임 있는 지위에 있는 공무원에 의하여 이루어져야 함(대판 1996.1.23, 95누13746)
2. 예외적으로 행정조직상의 형식적인 권한분장에 구애될 것은 아니고 담당자의 조직상의 지위와 임무, 당해 언동을 하게 된 구체적인 경위 및 그에 대한 상대방의 신뢰가능성에 비추어 실질에 의하여 판단(대판 1997.9.12, 96누18380)하므로 행정청이 아닌 소속공무원이 해도 무방
3. 묵시적 표시도 가능(대판 2001.4.24, 2000두5203). 다만, 특별한 사정 필요

4. 의사표시가 추상적인 질의에 대한 일반론적인 견해표명에 불과한 경우(대판 2001.4.24, 2000두5203)와 담당공무원이 은혜적으로 행정청의 단순한 정보제공 내지는 일반적인 법률상담 차원에서 이루어진 경우(대판 1997.9.12, 96누18380)에는 부정
5. 입증책임은 신뢰이익 주장자인 국민이 부담(대판 1992.3.31, 91누982)

(3) 인정사례

1. 형식적 권한이 있는 행정청이 한 경우
   ① 폐기물처리사업계획서 적정통보(대판 1998.5.8, 98두4061) : 폐기물처리업허가에 대한 공적 견해표명
   ② 노태우대통령이 담화를 발표하고 이에 따라 국방부장관이 삼청교육 관련 피해자들에게 그 피해를 보상하겠다고 공고(대판 2001.7.10, 98다38364)
   ③ 외교부 소속 전·현직 공무원을 회원으로 하는 비영리 사단법인인 갑 법인이 재외공무원 자녀들을 위한 기숙사 건물을 신축하면서, 갑 법인과 외무부장관이 과세관청과 내무부장관에게 취득세 등 지방세 면제 의견을 제출하자, 내무부장관이 '갑 법인이 학술연구단체와 장학단체이고 갑 법인이 직접 사용하기 위하여 취득하는 부동산이라면 취득세가 면제된다.'고 회신하였고, 이에 과세관청은 약 19년 동안 갑 법인에 대하여 기숙사 건물 등 부동산과 관련한 취득세·재산세 등을 전혀 부과하지 않았는데, 그 후 과세관청이 위 부동산이 학술연구단체가 고유업무에 직접 사용하는 부동산에 해당하지 않는다는 등의 이유로 재산세 등의 부과처분을 한 사안(대판 2019.1.17, 2018두42559)
2. 보조기관(담당자)이 한 경우
   ① 세무서 직원들이 골절치료기구의 수입판매업자에게 명시적으로 골절치료기구가 부가가치세 면제대상이라는 세무지도(대판 1990.10.10, 88누5280) : 행정지도에 대해서도 공적 견해표명 인정
   ② 구청장의 지시에 따라 그 소속직원이 적극적으로 나서서 대체 부동산 취득에 대한 취득세 면제를 제의함에 따라 그 약속을 그대로 믿고 구에 대하여 그 소유 부동산에 대한 매각의사를 결정한 경우(대판 1995.6.16, 94누12159) : 구청장은 지방세법 제4조 및 서울특별시세조례 제6조 제1항의 규정에 의하여 서울특별시세인 취득세에 대한 부과징수권을 위임받아 처리하는 과세관청의 지위에 있으므로 부동산 매매계약을 체결함에 있어 표명된 취득세 면제약속은 과세관청의 지위에서 이루어진 것이라고 볼 여지가 충분하고, 또한 위 직원이 비록 총무과에 소속되어 있다고 하더라도 그가 한 언동은 구청장의 지시에 의한 것이므로
   ③ 동사무소 직원이 행정상 착오로 국적이탈을 사유로 주민등록을 말소한 것을 신뢰하여 만 18세가 될 때까지 별도로 국적이탈신고를 하지 않았던 사람이, 만 18세가 넘은 후 동사무소의 주민등록 직권 재등록 사실을 알고 국적이탈신고를 하자 "병역을 필하였거나 면제받았다는 증명서가 첨부되지 않았다."는 이유로 이를 반려한 처분(대판 2008.1.17, 2006두10931) : 행정청이 대외적으로 공신력 있는 주민등록표상 국적이탈을 이유로 원고의 주민등록을 말소한 행위는 원고에게 간접적으로 국적이탈이 법령에 따라 이미 처리되었다는 견해를 표명한 것
   ④ 안산시의 도시계획과장과 도시계획국장이 도시계획사업의 준공과 동시에 사업부지에 편입한 토지에 대한 완충녹지 지정을 해제함과 아울러 당초의 토지소유자들에게 환매하겠다는 약속(대판 2008.10.9, 2008두6127)
3. 실질적 신뢰가능성
   ① 무권한자인 보건사회부장관이 '의료취약지 병원설립운영자 신청공고'를 하면서 국세 및 지방세를 비과세하겠다고 발표했지만, 지방세 주무장관인 내무부장관이나 시·도지사가 도 또는 시·군에 대해 지방세 감면 조례제정을 지시하여 그 조례에 대한 승인의 의사를 미리 표명한 경우(대판 1996.1.23, 95누13746)
   ② 충주시청의 토지거래계약허가 담당 공무원이 종교법인인 대순진리회의 종교회관에 대한 토지형질변경과 건축허가가 가능하다는 견해표명(대판 1997.9.12, 96누18380)

(4) 공적 견해표명 부정사례

1. 일반론적 견해표명인 경우
① 콘도미니엄의 시설관리료 수입의 실질을 파악할 수 있는 내용을 사실에 따라 구체적으로 밝히지 아니하고 단지 추상적으로 분양목적인 '콘도미니엄' 자산의 관리와 부대시설 및 서비스 제공에 대한 대가로 지급받는 일정한 관리기간의 시설관리료 수납액이라고 표시하여 질의한 데 대한 국세청장의 "콘도미니엄 시설관리료는 그 관리기간에 따라 안분계산한 금액만을 각 사업연도별 귀속수입으로 계상하여야 한다."는 취지의 회신(대판 1992.1.21, 91누254)
② 건설교통부장관의 기초자치단체 도시기본계획승인과 건축제한의 해제(대판 1997.9.26, 96누10096) : 기초자치단체의 특정지구가 도시계획구역 또는 어떤 지역·지구·구역으로 지정되거나 어떤 도시계획시설로 지정됨으로써 어떠한 행위제한이 가해질지 여부는 광역자치단체장과 기초자치단체장의 도시계획(변경)결정·고시 및 지적승인·고시에 의하여 비로소 확정
③ 재정경제부가 1998. 6. 9. 신문 등 언론매체를 통해 '법인이 구조조정을 위해 1999. 12. 31. 이전에 부동산을 매각하는 경우 그 부동산을 비업무용 부동산에서 제외하는 것으로 「법인세법 시행규칙」을 개정하여 법제처의 심의를 거쳐 6월 말경 공포·시행 예정'이라고 발표한 경우(대판 2002.11.26, 2001두9103) : 시행규칙을 시기적으로 반드시 6월 말경까지 공포·시행하겠다는 내용의 공적 견해를 표명한 것으로 보기 어렵고, 부동산의 양도 이전에 위 시행규칙의 관계규정이 실제 공포·시행되고 있는지 여부를 확인하지 않은 데 귀책사유가 있다.
④ 병무청 담당부서의 담당 공무원에게 공적 견해의 표명을 구하는 정식의 서면질의 등을 하지 아니한 채 총무과 민원팀장에 불과한 공무원이 민원봉사차원에서 상담에 응하여 안내한 것을 신뢰한 경우(대판 2003.12.26, 2003두1875)
⑤ 행정청이 지구단위계획을 수립하면서 그 권장용도를 판매·위락·숙박시설로 결정하여 고시한 행위(대판 2005.11.25, 2004두6822·6839·6846) : 당해 지구 내에서는 공익과 무관하게 언제든지 숙박시설에 대한 건축허가가 가능하리라는 공적 견해를 표명한 것이라고 평가할 수는 없다.
⑥ 해양수산부장관 및 충청남도지사가 "충청남도로 하여금 어업인들이 키조개자원을 한시적으로 이용할 수 있는 방안을 검토토록 하였다."거나 "어업여건 및 자원변동 등을 고려하여 재조정하여야 할 필요성이 있다고 판단되어 충청남도에서는 잠수기어업의 허가정수를 재조정하여 줄 것을 중앙에 건의할 계획에 있다."라고 한 회신(대판 2006.2.24, 2004두13592)
⑦ 지상에 예식장, 대형할인매장 및 자율식당을 건축하는 것이 관계 법령상 가능한지 여부를 질의하는 민원예비심사를 의뢰하여 피고로부터 그 결과를 통보받았는데, 그 통보서에 첨부된 관련부서 협의결과에 따르면 지적민원과 의견으로 「개발이익환수에 관한 법률」에 '저촉사항 없음'이라고 기재한 경우 동법상 개발부담금 부과대상이 아니라는 공적 견해표명이 아님(대판 2006.6.9, 2004두46) : 민원예비심사 결과 통보는 원고가 피고에게 이 사건 개발사업에 대한 개발부담금 부과 여부에 대하여 특정하여 질의를 하고 이에 대해 피고가 개발부담금 부과대상이 아니라는 취지를 명시적으로 밝힌 것이 아닌 점, 위 통보서에는 참고사항으로 "본 예비심사는 현행 법령과 관련부서 협의결과에 의한 것으로 차후 관계 법령과 조례제정, 사업계획의 구체화 등으로 인하여 변동될 수 있다."고 기재되어 있는 점
⑧ 입법예고를 통해 법령안의 내용을 국민에게 예고한 것(대판 2018.6.15, 2017다249769)
⑨ 갑 주식회사가 교육환경보호구역에 해당하는 사업부지에 콘도미니엄을 신축하기 위하여 교육환경평가승인신청을 한 데 대하여, 관할 교육지원청 교육장이 갑 회사에 '관광진흥법 제3조 제1항 제2호 나목에 따른 휴양 콘도미니엄업이 교육환경 보호에 관한 법률에 따른 금지행위 및 시설로 규정되어 있지는 않으나 성매매 등에 대한 우려를 제기하는 민원에 대한 구체적인 예방대책을 제시하시기 바람'이라고 기재된 보완요청서를 보낸 후 교육감으로부터 '콘도미니엄업에 관하여 교육환경보호구역에서 금지되는 행위 및 시설에 관한 「교육환경 보호에 관한 법률」 제9조 제27호를 적용하라'는 취지의 행정지침을 통보받고 갑 회사에 교육환경평가승인신청을 반려하는 처분을 한 사안에서, 위 처분은 신뢰의 대상이 되는 교육장의 공적 견해표명이 있었다고 보기 어렵고, 교육장의 교육환경평가승인이 공익 또는 제3자의 정당한 이익을 현저히 해할 우려가 있는 경우에 해당하므로 신뢰보호원칙에 반하지 않는다고 한 사례 : 교육장이 보완요청서에서 '휴양 콘도미니엄업이 교육환경법 제9조

제27호에 따른 금지행위 및 시설로 규정되어 있지 않다'는 의견을 밝힌 바 있으나, 이는 교육장이 최종적으로 교육환경평가를 승인해 주겠다는 취지의 공적 견해를 표명한 것이라고 볼 수 없고 오히려 수차례에 걸쳐 갑 회사에 보낸 보완요청서에 의하면 현 상태로는 교육환경평가승인이 어렵다는 취지의 견해를 밝힌 것에 해당하는 점, 갑 회사는 사업 준비 단계에서 휴양 콘도미니엄업을 계획하고 교육장의 보완요청에 따른 추가 검토를 진행한 정도에 불과하여 위 처분으로 침해받는 갑의 이익이 그다지 크다고 보기 어려운 반면 교육환경보호구역에서 휴양 콘도미니엄이 신축될 경우 학생들의 학습권과 교육환경에 미치는 부정적 영향이 매우 큰 점 등에 비추어, 위 처분은 신뢰의 대상이 되는 교육장의 공적 견해표명이 있었다고 보기 어렵고, 교육장의 교육환경평가승인이 공익 또는 제3자의 정당한 이익을 현저히 해할 우려가 있는 경우에 해당하므로 신뢰보호원칙에 반하지 않는다고 한 사례(대판 2020.4.29, 2019두52799).

2. 조세관련
   ① 지방해운항만청장이 도세인 지역개발세의 과세관청이나 그 상급관청과 아무런 상의 없이 이를 면제한다는 취지의 공적인 견해를 표명(대판 1997.11.28, 96누11495)
   ② 과세관청이 납세의무자에게 면세사업자등록증을 교부하고 수년 간 면세사업자로서 한 부가가치세 예정신고 및 확정신고를 받은 행위(대판 2002.9.4, 2001두9370) : 부가가치세법상의 사업자등록은 과세관청으로 하여금 부가가치세의 납세의무자를 파악하고 그 과세자료를 확보케 하려는 데 입법 취지가 있는 것으로서, 이는 단순한 사업사실의 신고로서 사업자가 소관 세무서장에게 소정의 사업자등록신청서를 제출함으로써 성립되는 것이고, 사업자등록증의 교부는 이와 같은 등록사실을 증명하는 증서의 교부행위에 불과

3. 착오로 인한 경우
   ① 과세관청이 공한지에 대하여 중과세율을 적용하지 아니하고 그 지상의 무허가건물에 대해 재산세를 부과징수(대판 1990.6.26, 89누862) : 그 토지가 공한지에 해당하지 않는다는 공적인 견해표명을 하였다고 볼 수 없다.
   ② 실제의 공원구역(화랑공원)과 다르게 경계측량 및 표지를 설치한 십수 년 후 착오를 발견하여 지형도를 수정한 조치(대판 1992.10.13, 92누2325)
   ③ 단순히 착오로 어떠한 처분(도로점용료 부과처분)을 계속한 경우(대판 1993.6.11, 92누14021) : 처분청이 그 사항에 관해 다른 내용의 처분을 할 수 있음을 알면서도 어떤 특별한 사정 때문에 그러한 처분을 하지 않는다는 의사가 있고 이와 같은 의사가 명시적 또는 묵시적으로 표시되어야 한다 할 것이므로, 단순히 착오로 어떠한 처분을 계속한 경우는 이에 해당되지 않는다.
   ④ 토지의 양도로 인한 소득이 사업소득에 해당하는 사실을 알지 못하고 양도소득세 등 부과처분을 한 경우 종합소득세를 부과하지 않겠다는 견해를 표명한 것이 아님(대판 2001.4.24, 99두5412).
   ⑤ 지방병무청장이 일본에서 거주하는 자로 잘못 알고 징병검사를 연기한 것이고, 사정이 비슷한 형들에 대해 제2국민역 처분을 한 경우(대판 2001.11.9, 2001두7251) : 동생에 대한 병역의무가 면제된다는 공적 견해를 표명한 것이 아님.
   ⑥ 등록세 중과 대상인 부동산등기에 대해 담당 공무원으로부터 통상의 세율을 적용한 등록세 고지서를 교부받은 사유(대판 2005.8.19, 2004두7634) : 과세관청이 위 부동산등기에 대하여 등록세를 중과하지 않겠다는 공적인 견해표명을 한 것으로 볼 수 없다.
   ⑦ 납세의무자에게 징수유예된 체납세금이 있음에도, 국가 산하 세무서장이 납세의무자에게 '징수유예 또는 체납처분유예의 내역'란을 공란으로 한 납세증명서를 발급하였고, 납세의무자는 그 납세증명서를 금융기관에 제출하여 금융기관이 납세의무자 소유의 부동산들에 근저당권을 설정하고 납세의무자에게 대출을 하였는데, 이후 금융기관의 신청에 의하여 개시된 위 부동산들에 대한 임의경매절차에서 국가가 위 징수유예된 체납세금에 대한 교부청구를 한 사안(대판 2006.5.26, 2003다18401)
   ⑧ 국가나 국가로부터 국유재산의 관리·처분에 관한 사무를 위탁받은 자가 국유재산의 무단 점유·사용을 장기간 방치한 후에 한 변상금부과처분(대판 2008.5.15, 2005두11463)
   ⑨ 행정청이 적법한 대표권이 없는 종중의 대표자를 당사자로 하여 소송을 수행한 경우, 그 종중의 대표자에게 적법한 대표권이 있는지 여부에 관한 공적 견해표명이 아님(대판 2010.5.27., 2010두2609).

4. 폐기물처리사업계획 적정통보 관련
   ① 폐기물처리업사업계획 적정통보(조건부 통지임)에 '토지형질변경허가'취지는 불포함(대판 1998.9.25, 98두644) :

일반적으로 폐기물처리업사업계획에 대한 적정통보에 당해 토지에 대한 형질변경허가신청을 허가하는 취지의 공적 견해표명이 있는 것으로는 볼 수 없다고 할 것이고, 더구나 토지의 지목변경 등을 조건으로 그 토지상의 폐기물처리업사업계획에 대한 적정통보를 한 경우에는 위 조건부적정통보에 토지에 대한 형질변경허가의 공적 견해표명이 포함되어 있었다고 볼 수 없다.

② 폐기물처리업 사업계획에 대해 적정통보를 한 것만으로 그 사업부지 토지에 대한 '국토이용계획변경신청을 승인'해 주겠다는 취지의 공적인 견해표명을 한 것으로 볼 수 없다(대판 2005.4.28, 2004두8828) : 폐기물관리법령에 의한 폐기물처리업 사업계획에 대한 적정통보와 국토이용관리법령에 의한 국토이용계획변경은 각기 그 제도적 취지와 결정단계에서 고려해야 할 사항들이 다르기 때문

5. 계획보장청구권 관련
① 당초 정구장 시설을 설치한다는 도시계획결정을 했다가 정구장 대신 청소년 수련시설을 설치한다는 도시계획변경결정 및 지적승인을 한 경우(대판 2000.11.10, 2000두727) : 당초의 도시계획결정만으로는 도시계획사업의 시행자 지정을 받게 된다는 공적인 견해를 표명하였다고 할 수 없다.
② 행정청이 용도지역을 자연녹지지역으로 지정결정했다가 그보다 규제가 엄한 보전녹지지역으로 지정결정하는 내용으로 도시계획을 변경한 경우(대판 2005.3.10, 2002두5474) : 용도지역을 종래와 같이 자연녹지지역으로 유지하거나 보전녹지지역으로 변경하지 않겠다는 취지의 공적인 견해표명을 한 것이라고 볼 수 없다.

6. 권한의 주체가 다른 경우
① 경주시장의 종합의료시설의 도시계획사업 시행자지정 및 실시계획인가처분을 한 경우 고분발굴허가를 받을 수 있다는 공적 견해표명이 아니다(대판 2000.10.27, 99두264) : 고분의 발굴을 허가할 수 있는 처분청은 문화체육부장관의 위임을 받은 피고(문화재국장)이고 위 처분 및 종합의료시설에 관한 건축허가의 처분청은 경주시장이어서 그 주체가 다르고 그 처분의 목적도 달리하므로
② 관광숙박업사업계획 승인 시 부대시설에 대한 사업계획을 포함하여 승인한 경우(대판 1992.12.8, 92누13813) : 부대시설의 영업에 대하여는 관계 법령이 정하는 바에 따라 그 허가조건을 갖추어 각 소관 행정청으로부터 별도의 영업허가를 받아야

7. 행정청이 환지확정되기 이전의 종전토지에 대해 건축허가를 한 바 있지만 원고가 소유권을 취득하기 이전의 종전토지를 대상으로 한 경우(대판 1992.5.26, 91누10091) : 원고가 소유권을 취득하기 이전의 종전토지를 대상으로 하여 한 것이므로 이것이 원고에 대하여 환지확정된 대지의 건축허가에 관한 공적인 견해표명을 한 것이라고 할 수 없다.

8. 국회에서 법률안을 심의하거나 의결한 사정(대판 2008.5.29, 2004다33469) : 법률로 확정되지 아니한 이상 국가가 이해관계자들에게 위 법률안에 관련된 사항을 약속하였다고 볼 수 없으며, 이러한 사정만으로 어떠한 신뢰를 부여하였다고 볼 수도 없다.

9. 헌법재판소의 위헌결정(대판 2003.6.27, 2002두6965) : 행정청이 개인에 대하여 신뢰의 대상이 되는 공적인 견해를 표명한 것이라고 할 수 없으므로

10. "「관광숙박시설지원 등에 관한 특별법」의 유효기간까지 관광호텔업 사업계획 승인신청을 한 경우에는 그 유효기간이 경과한 이후에도 특별법을 적용할 수 있다."는 내용의 문화관광부장관의 지방자치단체장에 대한 회신내용을 담당 공무원이 알려주었다는 사정(대판 2006.4.28, 2005두6539)

2. 보호가치 있는 신뢰

(1) 귀책사유의 의미와 판단기준

1. 귀책사유의 유무 : 보호가치 있는 신뢰가 되기 위하여는 귀책사유가 없어야 한다.
2. 귀책사유의 의미와 판단기준 : 귀책사유라 함은 행정청의 견해표명의 하자가 상대방 등 관계자의 사실은폐나 기타 사위의 방법에 의한 신청행위 등 부정행위에 기인한 것이거나 그러한 부정행위가 없다고 하더라도 하자가 있음을 알았거나(악의) 중대한 과실(중과실)로 알지 못한 경우 등을 의미한다고 해석함이 상당하고, 귀책사유의 유무는 상대방과 그로부터 신청행위를 위임받은 수임인 등 관계자 모두를 기준으로 판단하여야 한다(대판 2002.11.8, 2001두1512).
3. 상대방만이 아니라 수임인·대리인 등 관계자 모두를 기준으로 판단하므로, 수임인인 건축사의 중과실을 건축주의 귀책사유로 인정(대판 2002.11.8, 2001두1512)

(2) 부정행위 : 당사자의 사기·사위(詐僞)·허위(신청서의 허위기재)·사실은폐, 강박, 증수뢰(뇌물수수)

1. 충전소설치예정지로부터 100미터 내에 있는 건물주의 동의를 모두 얻지 아니하였음에도 불구하고 이를 갖춘 양 허가신청(대판 1992.5.8, 91누13274)
2. 허위의 고등학교 졸업증명서를 제출하는 사위의 방법에 의한 하사관 지원의 하자를 이유로 하사관 임용일로부터 33년이 경과한 후에 행정청이 행한 하사관 및 준사관 임용취소처분은 적법하다(대판 2002.2.5, 2001두5286).
3. 준농림지역에서 레미콘 공장을 설립하여 운영하던 갑 주식회사가 아스콘 공장을 추가로 설립하기 위하여 관할 시장(용인시장)으로부터 공장설립 변경승인을 받고 아스콘 공장 증설에 따른 대기오염물질 배출시설 설치 변경신고를 마친 다음 아스콘 공장을 운영하였는데, 위 공장에 대하여 실시한 배출검사에서 대기환경보전법상 특정대기유해물질에 해당하는 포름알데히드 등이 검출되자 시장이 자연녹지지역 안에서 허가받지 않은 특정대기유해물질 배출시설을 설치·운영하였다는 사유로 대기환경보전법 제38조 단서에 따라 위 공장의 대기오염물질 배출시설 및 방지시설을 폐쇄하라는 명령을 한 사안에서, 위 처분이 신뢰보호원칙, 행정의 자기구속 법리, 실효의 원칙에 위배되지 않는다고 본 원심판단을 수긍한 사례 : 공장설립 당시의 관계 법령에 따르면 준농림지역 안에서 특정대기유해물질이 발생하는 위 공장의 설치가 금지되어 있었고, 위 공장은 「국토의 계획 및 이용에 관한 법률 시행령」 제71조 제1항 제16호 [별표 17] 제2호 차목에 따라 처분 당시 변경된 자연녹지지역에 설치가 금지된 경우에 해당하므로 대기환경보전법 제38조 단서에 따른 폐쇄명령의 대상이며, 공장설립 당시에 갑 회사가 위 공장에서 특정대기유해물질은 배출되지 않고 토석의 저장·혼합 및 연료 사용에 따라 먼지와 배기가스만 배출될 것이라는 전제에서 허위이거나 부실한 배출시설 및 방지시설 설치 계획서를 제출하였으므로 시장이 만연히 갑 회사의 계획서를 그대로 믿은 데에 과실이 있더라도, 시장의 착오는 갑 회사가 유발한 것이므로, 위 공장에 대하여 특정대기유해물질 관련 규제가 적용되지 않으리라는 갑 회사의 기대는 보호가치가 없다는 등의 이유로, 위 처분이 신뢰보호원칙, 행정의 자기구속 법리, 실효의 원칙에 위배되지 않는다고 본 원심판단을 수긍한 사례(대판 2020.4.9, 2019두51499)

(3) 고의·악의(취소가능성을 안 경우)·중과실

1. 교통사고가 일어난 지 1년 10개월이 지난 뒤 그 교통사고를 일으킨 택시에 대하여 운송사업면허를 취소하였더라도 …… 택시운송사업자로서는 자동차운수사업법의 내용을 잘 알고 있어 교통사고를 낸 택시에 대하여 운송사업면허가 취소될 가능성을 예상할 수도 있었을 터(대판 1989.6.27, 88누6283)
2. 법률의 존속에 대한 개인의 신뢰가 어느 정도로 보호되는지 여부에 대한 주요한 판단기준으로 법령개정의 예측성과 유인된 신뢰의 행사여부 등 2가지 요소를 거시할 수 있다. 그런데 일반적으로 법률은 현실상황의 변화나 입법정책의 변경 등으로 언제라도 개정될 수 있는 것이기 때문에, 원칙적으로 이에 관한 법률의 개정은 예측할 수 있다고 보아야 한다. 법률에 따른 개인의 행위가 단지 법률이 반사적으로 부여하는 기회의 활용을 넘어서 국가에 의하여 일정 방향으로 유인된 것이라면 특별히 보호가치가 있는 신뢰이익이 인정될 수 있고, 원칙적으로 개인의 신뢰보호가 국가의 법률개정이익에 우선된다고 볼 여지가 있다(헌재결 2002.11.28, 2002헌바45).
3. 법률의 개정 시 구법 질서에 대하여 국민이 가지는 기대 내지 신뢰의 보호 여부를 판단하는 방법 : 법률의 개정 시 구법 질서에 대한 당사자의 신뢰가 합리적이고도 정당하며, 법률의 개정으로 야기되는 당사자의 손해가 극심하여 새로운 입법으로 달성하고자 하는 공익적 목적이 그러한 당사자의 신뢰의 파괴를 정당화할 수 없다면 새로운 입법은 신뢰보호의 원칙 등에 비추어 허용될 수 없다. 다만 사회환경이나 경제여건의 변화에 따른 필요성에 의하여 법률은 신축적으로 변할 수밖에 없고, 변경된 새로운 법질서와 기존의 법질서 사이에는 이해관계의 상충이 불가피하므로 국민이 가지는 모든 기대 내지 신뢰가 헌법상 권리로서 보호될 것은 아니고, 보호 여부는 기존의 제도를 신뢰한 자의 신뢰를 보호할 필요성과 새로운 제도를 통해 달성하려고 하는 공익을 비교형량하여 판단하여야 한다(대판 2016.11.9, 2014두3235).

3. 그 밖의 요건

처리보호	신뢰보호는 행정기관의 행위의 존속에 대한 신뢰 자체를 목적으로 하는 것이 아니라 행정기관의 조치를 믿고 따른 사인을 보호하기 위한 것이므로 행정기관의 선행조치를 정신적으로 믿은 것만으로는 부족하고, 신뢰에 기한 어떤 처리(투자, 건축개시, 이주, 공유수면매립, 토지형질변경, 직원의 고용 등)를 해야 한다.
선행조치에 반하는 행정작용	신뢰보호는 행정청의 선행조치에 반하는 행정청의 처분이 있거나, 행정청이 선행조치에 의하여 약속한 행위를 하지 않음으로써 선행행위를 신뢰한 당사자의 권익이 침해된 경우에 인정된다.
상당인과 관계	① 선행행위에 대한 사인의 신뢰와 처리 사이에 상당인과관계가 있어야 한다. ② 판례는 인과관계를 명시적으로 요구하지는 않고 있지만 당연한 전제로 판시하고 있다.

Ⅲ. 신뢰보호원칙의 한계

1. 문제의 소재

1. 의의 : 신뢰보호원칙은 행정의 법률적합성의 원칙과 충돌할 수 있다(예컨대, 요건을 갖추지 못한 자에게 행정청이 허가 약속을 한 경우). 특히 이는 위법한 행정작용을 신뢰한 경우에 문제가 된다.
2. 충돌문제의 성질
   ① 한계설(통설) : 공익과 사익의 충돌 시의 문제를 신뢰보호원칙의 성립을 전제로 보호의 한계문제로 이해하는 견해로서 통설적 입장이다. 즉, 신뢰보호원칙이 충족되었을 때 보호의 방법으로 존속보호를 할 것인지 아니면 보상보호를 할 것인지의 문제로 이해하여 사익이 우월하면 존속보호, 공익이 우월하면 보상보호가 가능하게 된다. 이 경우 사정판결이 활용
   ② 대법원판례(소극적 요건설) : 소극적 요건으로 보게 되면 개인의 신뢰이익보다 우월한 공익이 인정될 경우 신뢰보호원칙은 성립하지 않기 때문에 상대방의 신뢰는 전혀 보호되지 않는다. 단순한 기각판결

2. 해결

(1) 학설

구분	내용
법률적합성 우위설	행정의 법률적합성 원칙은 법치주의의 기본원리로서 행정행위가 위법한 것임에도 불구하고 상대방의 신뢰보호를 위하여 존속을 인정하는 것은 법치주의에 반한다는 견해(E. Forsthoff, Lehrbuch)
동위설 (통설)	① 법치주의원리를 구성하는 행정의 법률적합성 원칙과 법적 안정성 원리는 동위적·동가치적인 것이라는 견해로서 통설 ② 동위설에 따른 이익형량설

(2) 판례

구분	내용
이익형량설	대법원과 헌법재판소도 이익형량설에 따르고 있다.
신뢰보호 원칙 위반 인정사례	1. 우량농지로 보전하려는 공익보다 종교법인 대순진리회의 불이익이 크므로 위법(대판 1997.9.12, 96누18380) : 이미 피고가 토지형질변경을 허가하여 주유소가 건립되어 있으며, 그 바로 옆에 음식점 한 곳도 들어서 있는 점 2. 폐기물처리업에 대하여 사전에 관할관청으로부터 적정통보를 받고 막대한 비용을 들여 허가요건을 갖춘 다음 허가신청을 하였음에도 다수 청소업자의 난립으로 안정적이고 효율적인 청소업무의 수행에 지장이 있다는 이유로 한 불허가처분은 신뢰보호의 원칙 및 비례의 원칙에 반하는 것으로서 재량권을 남용한 위법한 처분이다(대판 1998.5.8, 98두4061). 3. 운전면허취소사유에 해당하는 음주운전을 적발한 경찰관의 소속경찰서장이 사무착오로 위반자에게 운전면허정지처분을 한 상태에서 위반자의 주소지 관할지방경찰청장이 위반자에게 운전면허취소처분을 한 경우(대판 2000.2.25, 99두10520)

신뢰보호 원칙 위반 부정사례	1. 개인택시면허의 자격요건이나 우선순위의 요건을 강화하고 요건을 변경함에 있어 유예기간을 　두지 아니한 경우(대판 1996.7.30, 95누12897) 2. 한려해상국립공원지구 인근의 자연녹지지역에서의 토석채취허가가 법적으로 가능할 것이라는 　행정청의 언동을 신뢰한 개인이 많은 비용과 노력을 투자하였다가 불허가처분으로 상당한 불이 　익을 입게 된 경우(대판 1998.11.13, 98두7343) 3. 사회적 환경(주거환경과 교육환경)을 이유로 러브호텔 건축허가를 반려한 경우(대판 2005.11.25, 　2004두6822·6839·6846)

(3) 그 밖의 한계

1. 사정변경(실효사유) : 확약 또는 공적인 의사표명이 있은 후에 사실적·법률적 상태가 변경되었다면, 그와 같은
   확약 또는 공적인 의사표명은 행정청의 별다른 의사표시를 기다리지 않고 실효된다(대판 1996.8.20, 95누
   10877).
2. 행정청이 공적인 견해를 표명한 후 사정이 변경됨에 따라 그 견해표명에 반하는 처분을 한 경우, 신뢰보호의
   원칙에 위반되지 않는다(대판 2020.6.25, 2018두34732).
3. 제3자의 제소 : 쟁송법적 우위가 인정되기 때문
4. 무효인 처분

> **┨ 관 련 판 례 ┠**
>
> 국가가 공무원임용결격사유가 있는 자에 대하여 결격사유가 있는 것을 알지 못하고 공무원으로 임용하였
> 다가 사후에 결격사유가 있는 자임을 발견하고 공무원임용행위를 취소하는 것은 당사자에게 원래의 임용
> 행위가 당초부터 당연무효이었음을 통지하여 확인시켜 주는 행위에 지나지 아니하는 것이므로, 그러한
> 의미에서 당초의 임용처분을 취소함에 있어서는 신의칙 내지 신뢰의 원칙을 적용할 수 없고, 또 그러한
> 의미의 취소권은 시효로 소멸하는 것도 아니다(대판 1987.4.14, 86누459).

5. 장래효 : 신뢰보호원칙은 원칙적으로 장래효는 인정되지 않는다.

> **┨ 관 련 판 례 ┠**
>
> 과세관청이 과거의 언동을 시정하여 장래에 향하여 처분하는 것은 신의성실의 원칙이나 소급과세금지의
> 원칙에 위반되지 않으므로, 비과세관행이 성립하였다고 하더라도 장래에 향한 과세처분은 할 수 있다(대판
> 2009.12.24, 2008두15350).

3. 신뢰보호원칙의 적용영역

(1) 실권의 법리

1. 실권 또는 실효의 법리는 법의 일반원리인 신의성실의 원칙에 바탕을 둔 파생원칙인 것이므로 공법관계 가운
   데 관리관계는 물론이고, 권력관계에도 적용되어야 함을 배제할 수는 없다(대판 1988.4.27, 87누915).
2. 실효의 원칙을 적용하기 위한 요건 및 충족 여부의 판단기준 : 실효기간의 길이와 의무자인 상대방이 권리가 행
   사되지 아니하리라고 신뢰할 만한 정당한 사유가 있었는지의 여부는 일률적으로 판단할 수 있는 것이 아니라
   구체적인 경우마다 권리를 행사하지 아니한 기간의 장단과 함께 권리자측과 상대방측 쌍방의 사정 및 객관적
   으로 존재한 사정 등을 모두 고려하여 사회통념에 따라 합리적으로 판단하여야 할 것이다(대판 2005.10.28,
   2005다45827).
3. 택시운전사가 운전면허정지기간 중에 운전을 하다 적발되어 형사처벌을 받았으나 아무런 행정조치가 없어
   안심하고 계속 운전업무에 종사하고 있던 중 3년여가 지나 운전면허취소처분을 한 경우 위법(대판 1987.9.8,
   87누373)

(2) 신의성실의 원칙

1. 구「공공용지의 취득 및 손실보상에 관한 특례법」소정의 이주대책의 비용부담에 관한 같은법 시행령의 규정에 위반되는 법률행위를 한 이주자들이 그 강행법규 위반을 이유로 무효를 주장함은 신의칙 또는 금반언의 원칙에 반한다고 할 수 없다(대판 2003.7.25, 2001다57778).
2. 납세의무자에 대한 신의성실의 원칙의 적용은 극히 제한적으로 인정하여야 하고 이를 확대해석하여서는 안 된다(대판 2004.5.14, 2003두3468).
3. 지방공무원 임용신청 당시 잘못 기재된 호적상 출생연월일을 생년월일로 기재하고, 이에 근거한 공무원인사기록카드의 생년월일 기재에 대하여 처음 임용된 때부터 약 36년 동안 전혀 이의를 제기하지 않다가, 정년을 1년 3개월 앞두고 호적상 출생연월일을 정정한 후 그 출생연월일을 기준으로 정년의 연장을 요구하는 것은 신의성실의 원칙에 반하지 않는다(대판 2009.3.26, 2008두21300).
4. 부가가치세 포탈을 목적으로 하는 일련의 변칙적 금지금 거래에 있어서 최종단계의 금지금 수출업자가 부가가치세 매입세액의 공제·환급을 구하는 것은 신의성실의 원칙에 위배된다[대판(전합) 2011.1.20, 2009두13474].
5. 사업주에 대한 직업능력개발훈련과정 인정제한처분과 훈련비용 지원제한처분이 쟁송절차에서 위법한 것으로 판단되어 취소되거나 당연무효로 확인된 후에 사업주가 그 인정제한 기간에 실제로 실시한 직업능력개발훈련과정의 비용에 대하여 사후적으로 지원신청을 하는 경우, 관할관청이 사업주가 해당 훈련과정에 대하여 미리 훈련과정 인정을 받아 두지 않았다는 형식적인 이유만으로 훈련비용 지원을 거부하는 것은 신의성실의 원칙에 반하여 허용될 수 없다(대판 2019.1.31, 2016두52019).

(3) 권리남용금지

┤ **관 련 판 례** ├

신의성실의 원칙의 의미와 그 위배를 이유로 권리행사를 부정하기 위한 요건 : 신의성실의 원칙은 법률관계의 당사자가 상대방의 이익을 배려하여 형평에 어긋나거나, 신의를 저버리는 내용 또는 방법으로 권리를 행사하거나 의무를 이행하여서는 아니 된다는 추상적 규범으로서, 신의성실의 원칙에 위배된다는 이유로 그 권리의 행사를 부정하기 위해서는 상대방에게 신의를 공여하였다거나, 객관적으로 보아 상대방이 신의를 가짐이 정당한 상태에 있어야 하고, 이러한 상대방의 신의에 반하여 권리를 행사하는 것이 정의관념에 비추어 용인될 수 없는 정도의 상태에 이르러야 한다(대판 2011.2.10, 2009다68941).

(4) 소급효금지

1. 법령의 개정에서 신뢰보호원칙이 적용되어야 하는 이유 및 신뢰보호원칙의 위배 여부를 판단하는 방법 : 법령의 개정에서 신뢰보호원칙이 적용되어야 하는 이유는, 어떤 법령이 장래에도 그대로 존속할 것이라는 합리적이고 정당한 신뢰를 바탕으로 국민이 그 법령에 상응하는 구체적 행위로 나아가 일정한 법적 지위나 생활관계를 형성하여 왔음에도 국가가 이를 전혀 보호하지 않는다면 법질서에 대한 국민의 신뢰는 무너지고 현재의 행위에 대한 장래의 법적 효과를 예견할 수 없게 되어 법적 안정성이 크게 저해되기 때문이고, 이러한 신뢰보호는 절대적이거나 어느 생활영역에서나 균일한 것은 아니고 개개의 사안마다 관련된 자유나 권리, 이익 등에 따라 보호의 정도와 방법이 다를 수 있으며, 새로운 법령을 통하여 실현하고자 하는 공익적 목적이 우월한 때에는 이를 고려하여 제한될 수 있다[대판(전합) 2007.10.29, 2005두4649].
2. 한약사 국가시험의 응시자격에 관하여 개정 전의 「약사법 시행령」제3조의2에서 '필수 한약관련 과목과 학점을 이수하고 대학을 졸업한 자'로 규정하고 있던 것을 '한약학과를 졸업한 자'로 응시자격을 변경하면서, 그 개정 이전에 이미 한약자원학과에 입학하여 대학에 재학 중인 자에게도 개정 시행령이 적용되게 한 개정 시행령 부칙은 헌법상 신뢰보호의 원칙과 평등의 원칙에 위배되어 허용될 수 없다[대판(전합) 2007.10.29, 2005두4649].
3. 법령의 개정시 입법자가 구 법령의 존속에 대한 당사자의 신뢰를 침해하여 신뢰보호원칙을 위배하였는지 여부의 판단기준은 이익형량[대판(전합) 2006.11.16, 2003두12899]
4. 변리사 제1차 시험을 절대평가제에서 상대평가제로 환원하는 내용의 「변리사법 시행령」 개정조항을 즉시 시행하도록 정한 부칙 부분은 헌법에 위반되어 무효이다[대판(전합) 2006.11.16, 2003두12899].

제5항 부당결부금지원칙

Ⅰ. 의의 및 법적 근거

부당결부금지원칙의 법률적 근거로는 행정기본법을 들 수 있다. 즉, 행정청은 행정작용을 할 때 상대방에게 해당 행정작용과 실질적인 관련이 없는 의무를 부과해서는 아니 된다(제13조).

Ⅱ. 부담

1. 65세대의 주택건설사업에 대한 사업계획승인 시 '진입도로 설치 후 기부채납, 인근주민의 기존 통행로 폐쇄에 따른 대체 통행로 설치 후 그 부지 일부 기부채납'을 조건으로 붙인 것은 비례·평등원칙 위반이 아니다(대판 1997.3.14, 96누16698).
2. 주택사업계획승인을 하면서 주택사업과는 아무런 관련이 없는 토지를 기부채납하도록 하는 내용의 부관은 부당결부금지의 원칙에 위반하여 위법하지만 그 하자가 당연무효라고 볼 수는 없다(대판 1997.3.11, 96다49650).
3. 고속국도관리청이 고속도로 부지와 접도구역에 송유관 매설을 허가하면서 상대방과 체결한 협약에 따라 송유관시설을 이전하게 될 경우 그 비용을 상대방에게 부담하도록 하였고, 그 후「도로법 시행규칙」이 개정되어 접도구역에는 관리청의 허가 없이도 송유관을 매설할 수 있게 된 사안에서, 위 협약이 효력을 상실하지 않을 뿐만 아니라 위 협약에 포함된 부관은 부당결부금지의 원칙에도 반하지 않는다(대판 2009.2.12, 2005다65500).

Ⅲ. 음주운전으로 인한 복수운전면허취소 관련사례

1. 부당결부금지원칙 위반 인정사례

1. 이륜자동차 음주운전, 제1종 대형면허나 보통면허의 취소나 정지(대판 1992.9.22, 91누8289) : 이륜자동차는 오직 2종소형면허로만 운전가능
2. 제1종 특수차인 레이카크레인이나 트레일러를 음주운전, 제1종 보통·대형면허의 취소(대판 1997.5.16, 97누1310) : 제1종 보통면허나 제1종 대형면허로는 레이카크레인이나 트레일러 운전불가
3. 제1종 보통·대형·특수면허를 가진 자가 12인승 승합자동차를 운전하다 운전면허취소사유가 발생한 경우, 제1종 특수면허까지 취소한 경우(대판 1998.3.24, 98두1031) : 제1종 특수면허로는 10인 이하의 승합차만 운전가능할 뿐, 12인승 승합차는 운전불가

2. 부당결부금지원칙 위반 부정사례

1. 음주운전을 한 당해 차량을 운전할 수 있는 면허까지 취소한 것은 적법
   ① 제1종 보통 운전면허로 운전할 수 있는 차(승합차)를 음주운전, 제1종 보통 및 대형 운전면허취소(대판 1997.3.11, 96누15176) : 제1종 대형면허는 제1종 보통면허로 운전할 수 있는 차량 운전가능
   ② 택시 음주운전, 제1종 특수면허의 취소(대판 1996.6.28, 96누4992) : 특수면허로 택시 운전가능
   ③ 배기량 125cc 이륜자동차를 운전하였다는 이유로 제1종 대형, 제1종 보통, 제1종 특수(대형견인·구난), 제2종 소형를 취소하는 처분(대판 2018.2.28, 2017두67476)
2. 취소되는 운전면허로 운전할 수 있는 차량을 운전할 수 있는 면허까지 취소한 것은 적법
   ① 제1종 보통면허로 운전할 수 있는 차량을 음주운전, 제1종 대형면허와 제1종 보통면허 외에 원동기장치자

전거면허까지 취소(대판 1996.11.8, 96누9959)
② 제1종 대형차량 음주운전, 제1종 보통면허까지 취소(대판 1997.2.28, 96누17578)
③ 제1종 대형면허로 운전할 수 있는 차량을 운전면허정지기간 중에 운전한 경우, 제1종 보통면허까지 취소 (대판 2005.3.11, 2004두12452)
④ 승용자동차를 면허 없이 운전한 사람에 대한 제2종 원동기장치자전거면허 취소(대판 2012.6.28, 2011두 358)

제6항 그 밖의 일반법원칙

I. 적법절차의 원칙(due process of law)

1. 헌법 제12조 제1항 및 제3항에 규정된 적법절차의 원칙은 일반적 헌법원리로서 모든 공권력의 행사에 적용되는바, 이는 절차의 적법성뿐만 아니라 절차의 적정성까지 보장되어야 한다는 뜻으로 이해된다. 즉, 형식적인 절차뿐만 아니라 실체적 법률내용이 합리성과 정당성을 갖춘 것이어야 한다는 실질적인 의미로 확대해석되고 있다(헌재결 2007.4.26, 2006헌바10).
2. 납세고지서에 해당 본세의 과세표준과 세액의 산출근거 등이 제대로 기재되지 않은 경우 과세처분의 적법 여부(원칙적 소극) 및 하나의 납세고지서에 의하여 복수의 과세처분을 하는 경우 납세고지서 기재의 방식 : 구 국세징수법과 개별 세법의 납세고지에 관한 규정들은 헌법상 적법절차의 원칙과 행정절차법의 기본 원리를 과세처분의 영역에도 그대로 받아들여, 과세관청으로 하여금 자의를 배제한 신중하고도 합리적인 과세처분을 하게 함으로써 조세행정의 공정을 기함과 아울러 납세의무자에게 과세처분의 내용을 자세히 알려주어 이에 대한 불복 여부의 결정과 불복신청의 편의를 주려는 데 그 근본취지가 있으므로, 이 규정들은 강행규정으로 보아야 한다. 따라서 납세고지서에 해당 본세의 과세표준과 세액의 산출근거 등이 제대로 기재되지 않았다면 특별한 사정이 없는 한 그 과세처분은 위법하다는 것이 판례의 확립된 견해이다. … 하나의 납세고지서에 의하여 복수의 과세처분을 함께 하는 경우에는 과세처분별로 그 세액과 산출근거 등을 구분하여 기재함으로써 납세의무자가 각 과세처분의 내용을 알 수 있도록 해야 하는 것 역시 당연하다고 할 것이다[대판(전합) 2012.10.18, 2010두12347].

II. 과소보호 금지원칙

기본권 보호의무 위반에 대한 심사기준 : 국가가 국민의 생명·신체의 안전에 대한 보호의무를 다하지 않았는지 여부를 헌법재판소가 심사할 때에는 국가가 이를 보호하기 위하여 적어도 적절하고 효율적인 최소한의 보호조치를 취하였는가 하는 이른바 '과소보호 금지원칙'의 위반 여부를 기준으로 삼아, 국민의 생명·신체의 안전을 보호하기 위한 조치가 필요한 상황인데도 국가가 아무런 보호조치를 취하지 않았든지 아니면 취한 조치가 법익을 보호하기에 전적으로 부적합하거나 매우 불충분한 것임이 명백한 경우에 한하여 국가의 보호의무의 위반을 확인하여야 한다(헌재결 2008.12.26, 2008헌마419).

제4절 행정법의 효력

Ⅰ. 시간적 효력

1. 효력발생시기(장래효)

1. 원칙(20일) : 법률은 특별한 규정이 없는 한 공포한 날부터 20일을 경과함으로써 효력을 발생한다(헌법 제53조 제7항). 대통령령, 총리령 및 부령(법규명령)은 특별한 규정이 없으면 공포한 날부터 '20일'(14일, 40일이 아님)이 경과함으로써 효력을 발생한다(「법령 등 공포에 관한 법률」 제13조). 한편, 조례와 규칙(법규명령의 일종임)은 특별한 규정이 없으면 공포한 날부터 20일이 지나면 효력을 발생한다(지방자치법 제32조 제8항). 그러나 국민에 대한 대외적 구속력이 없는 비법규인 행정규칙은 공포대상이 아니다.
2. 권리제한 의무부과와 직접 관련되는 경우(30일) : 다만, 국민의 권리제한 또는 의무부과와 직접 관련되는 법률, 대통령령, 총리령 및 부령은 긴급히 시행하여야 할 특별한 사유가 있는 경우를 제외하고는 공포일부터 적어도 '30일'이 경과한 날부터 시행되도록 하여야 한다(「법령 등 공포에 관한 법률」 제13조의2). 이 경우 30일 이상 경과한 날로부터 시행되기 위해서는 부칙에 특별규정을 두어야 하고, 특별한 규정을 두지 않으면 공포한 날로부터 20일을 경과함으로써 효력을 발생한다. 통상 특별한 규정을 두는 게 보통이다.
3. 법령 등 시행일의 기간 계산 : 법령 등(훈령·예규·고시·지침 등을 포함한다)의 시행일을 정하거나 계산할 때에는 다음 각 호의 기준에 따른다(행정기본법 제7조).

  1. 법령 등을 공포한 날부터 시행하는 경우에는 공포한 날을 시행일로 한다.
  2. 법령 등을 공포한 날부터 일정 기간이 경과한 날부터 시행하는 경우 법령 등을 공포한 날을 첫날에 산입하지 아니한다.
  3. 법령 등을 공포한 날부터 일정 기간이 경과한 날부터 시행하는 경우 그 기간의 말일이 토요일 또는 공휴일인 때에는 그 말일로 기간이 만료한다.

2. 공포한 날의 의미

1. 관보 또는 신문이 발행된 날
2. 공포·공고절차(원칙은 관보)
   ① 국회의장이 공포하는 경우 서울특별시에서 발행되는 일간신문 2 이상에 게재
      ▶ 관보가 아님에 유의
   ② 조례와 규칙의 공포는 당해 지방자치단체의 공보(관보×)에의 게재. 다만, 지방의회의 의장이 공포하는 경우에는 공보나 일간신문에의 게재 또는 게시판의 게시로써 한다.
3. 발행된 날의 의미

   ┤ 관 련 판 례 ├
   1. 발행된 날 = 최초구독가능시설(통설·판례)(대판 1969.11.25, 69누129)
   2. 관보일자보다 실제 인쇄일이 늦은 경우 : 실제 인쇄일(대판 1968.12.6, 68다1753)
   3. 관보가 정부간행물판매센터에 배치되거나 관보취급소에 발송된 날(대판 1970.7.21, 70누76)

3. 공포·공고절차

1. 헌법개정·법률·조약·대통령령·총리령 및 부령의 공포와 헌법개정안·예산 및 예산 외 국고부담계약의 공고는 관보에 게재함으로써 한다(「법령 등 공포에 관한 법률」 제11조 제1항). 관보는 종이로 발행되는 관보(종이관보)와 전자적인 형태로 발행되는 관보(전자관보)로 운영한다(같은 조 제3항). 관보의 내용 해석 및 적용 시기 등에 대하여 종이관보와 전자관보는 동일한 효력을 가진다(같은 조 제4항).
2. 국회의장의 법률 공포는(대통령이 공포를 하지 아니한 때에는 그 공포기일이 경과한 날로부터 5일 이내에 의장이 이를 공포한다) 서울특별시에서 발행되는 둘 이상의 일간신문(관보가 아님)에 게재함으로써 한다(같은 법 제11조 제2항).
3. 한편, 조례와 규칙의 공포는 해당 지방자치단체의 공보에 게재하는 방법으로 한다. 다만, 지방의회의 의장이 공포하는 경우에는 공보나 일간신문에 게재하거나 또는 게시판에 게시한다(「지방자치법 시행령」 제30조).

4. 소급효금지의 원칙(법률불소급의 원칙)

(1) 진정소급효

행정기본법도 진정소급입법은 원칙적으로 금지된다는 내용을 규정하고 있다. 즉, 새로운 법령 등은 법령 등에 특별한 규정이 있는 경우를 제외하고는 그 법령 등의 효력 발생 전에 완성되거나 종결된 사실관계 또는 법률관계에 대해서는 적용되지 아니한다(제14조 제1항).

1. 원칙 금지
   ① 행정법규의 소급적용은 원칙적으로 부정된다(대법원) : 법령의 소급적용, 특히 행정법규의 소급적용은 일반적으로는 법치주의의 원리에 반하고, 개인의 권리·자유에 부당한 침해를 가하며, 법률생활의 안정을 위협하는 것이어서, 이를 인정하지 않는 것이 원칙이다(법률불소급의 원칙 또는 행정법규불소급의 원칙)(대판 2005.5.13, 2004다8630).
   ② 조세법령의 폐지 또는 개정 전에 종결된 과세요건 사실에 대하여 폐지 또는 개정 전의 조세법령을 적용하는 것은 조세법률주의에 위배되지 않는다(대판 1993.5.11, 92누18399).
   ③ 법률에 예외규정이 없는데도 조례로 새로운 납세의무를 부과하는 요건에 관한 규정을 신설하면서 시행시기 이전에 종결한 과세요건사실에 소급하여 적용하도록 할 수 없다[대판(전합) 2011.9.2, 2008두17363].
   ④ 구 지방세법 제253조에서 정한 원자력발전에 대한 지역개발세의 경우, 부과요건의 하나인 부과지역에 관한 조례가 정해져야만 부과할 수 있다[대판(전합) 2011.9.2, 2008 두17363].
   ⑤ 2006.1.1.부터 시행된 구 지방세법 제258조 제1항 위임에 따라 경상북도는 2006.3.16, 전라남도는 2006.4.24. 각각 원자력발전을 지역개발세 과세대상으로 하고 부과대상지역을 해당 도내 전 지역으로 하는 내용의 조례 개정을 하였고, 부칙에서 그 부과시기를 "구 지방세법 시행 후 발전하는 분부터 적용한다."고 규정하였는데, 이에 따라 각 과세관청이 원자력발전사업을 영위하는 갑 주식회사에 구 지방세법 시행일인 2006.1.1.부터 소급하여 원자력발전에 대한 지역개발세 부과처분을 한 사안에서, 위 각 부칙은 원자력발전에 대한 지역개발세 부과요건에 관한 규정을 그 시행시기 이전에 이미 종결한 과세요건사실에 소급하여 적용하도록 한 것이므로 무효라고 한 사례[대판(전합) 2011.9.2, 2008두17363]
   ⑥ 개발제한구역법에 의한 이행강제금 부과의 근거가 되는 시정명령은 이행강제금 규정이 시행된 2010.2.7. 이후에 이루어져야 한다(대판 2013.12.12, 2012두19137).

2. 예외적 인정
   ① 신법이 관계자에게 유리한 경우
   ② 기득권을 어느 정도 침해해서라도 신법을 소급시킬 도덕적 내지 정책적 필요가 있을 경우(예 혁명의 경우, 새로운 이념에 의한 제도의 개혁 등)에는 예외적으로 인정

   ┤ 관 련 판 례 ├
   1. 진정소급효입법이 예외적으로 허용되는 경우(대법원) : 법령을 소급적용하더라도 일반국민의 이해에 직접 관계가 없는 경우, 오히려 그 이익을 증진하는 경우, 불이익이나 고통을 제거하는 경우 등의 특별한 사정이 있는 경우에 한하여 예외적으로 법령의 소급적용이 허용된다(대판 2005.5.13, 2004다8630).
   2. 진정소급효의 예외(헌법재판소) : ① 일반적으로 국민이 소급입법을 예상할 수 있었거나 ② 법적 상태가 불확실하고 혼란스러워 보호할 만한 신뢰이익이 적은 경우와 ③ 소급입법에 의한 당사자의 손실이 없거나 아주 경미한 경우 그리고 ④ 신뢰보호의 요청에 우선하는 심히 중대한 공익상의 사유가 소급입법을 정당화하는 경우(헌재결 1999.7.22, 97헌바76, 98헌바50·51·52·54·55)
   3. 친일재산은 취득·증여 등 원인행위 시에 국가의 소유로 한다고 정한 「친일반민족행위자 재산의 국가귀속에 관한 특별법」 제3조 제1항 본문은 진정소급입법이지만 소급입법금지 원칙 등을 위반하여 위헌이라고 할 수 없다(대판 2011.5.13, 2009다26831·26848·26855·26862).

(2) 부진정 소급효

원칙적 허용. 사익이 클 경우 예외적으로 금지. 이 경우 경과규정(적응조치, 유예조치)을 두는 것이 보통

┃ 관 련 판 례 ┃

1. 부진정 소급입법의 허용범위 : 부진정소급입법은 원칙적으로 허용되지만 소급효를 요구하는 공익상의 사유와 신뢰보호의 요청 사이의 교량과정에서 신뢰보호의 관점이 입법자의 형성권에 제한을 가하게 된다(헌재결 1998.11.26, 97헌바58).
2. 조세법령불소급의 원칙의 의의 : 조세법령불소급의 원칙이란, 그 조세법령의 효력발생 전에 종결한 과세요건 사실에 대하여 당해 법령을 적용할 수 없다는 취지일 뿐, 계속된 사실(부진정소급효)이나 이후에 발생한 과세 요건사실에 대한 새로운 법령적용(장래효)까지를 제한하는 것은 아니다(대판 1995.3.24, 94누6871).
3. 행정처분의 근거가 되는 개정 법령이 그 시행 전에 완성 또는 종결되지 않은 기존의 사실 또는 법률관계를 적용대상으로 하면서 국민의 재산권과 관련하여 종전보다 불리한 법률효과를 규정하고 있는 경우, 개정 법령의 적용은 소급입법에 의한 재산권 침해가 아니다(대판 2020.7.23, 2019두31839).
4. 2013. 4. 25. 국토교통부령 제5호로 개정된 「공익사업을 위한 토지 등의 취득 및 보상에 관한 법률 시행규칙」 시행일 전에 사업인정고시가 이루어졌으나 위 시행규칙 시행 후 보상계획의 공고·통지가 이루어진 공익사업에 대해서도 영농보상금액의 구체적인 산정방법·기준에 관한 위 시행규칙 제48조 제2항 단서 제1호를 적용하도록 규정한 위 시행규칙 부칙(2013.4.25.) 제4조 제1항은 진정소급입법에 해당하지 않는다(대판 2020.4.29, 2019두32696).

5. 법령의 개정과 부칙 규정의 효력

1. 법률이 전부 개정된 경우 : 개정 법률이 전부 개정인 경우에는 기존 법률을 폐지하고 새로운 법률을 제정하는 것과 마찬가지여서 원칙적으로 종전 법률의 본문 규정은 물론 부칙 규정도 모두 효력이 소멸되는 것으로 보아야 하므로 종전 법률 부칙의 경과규정도 실효되지만, 특별한 사정이 있는 경우에는 효력이 상실되지 않는다. 여기에서 말하는 '특별한 사정'은 전부 개정된 법률에서 종전 법률 부칙의 경과규정에 관하여 계속 적용한다는 별도의 규정을 둔 경우뿐만 아니라, 그러한 규정을 두지 않았다고 하더라도 종전의 경과규정이 실효되지 않고 계속 적용된다고 보아야 할 만한 예외적인 사정이 있는 경우도 포함한다. 이 경우 예외적인 '특별한 사정'이 있는지는 종전 경과규정의 입법 경위·취지, 전부 개정된 법령의 입법 취지 및 전반적 체계, 종전 경과규정이 실효된다고 볼 경우 법률상 공백상태가 발생하는지 여부, 기타 제반 사정 등을 종합적으로 고려하여 개별적·구체적으로 판단하여야 한다(대판 2019.10.31, 2017두74320).
2. 법을 일부 개정하면서 개정 법령에 경과규정을 두지 않은 경우, 기존 법령 부칙의 경과규정은 원칙적으로 실효되지 않는다(대판 2014.4.24, 2011두18229).

6. 처분시 적용법령

(1) 처분시법(원칙)

행정기본법도 처분시법을 원칙으로 한다. 당사자의 신청에 따른 처분은 법령 등에 특별한 규정이 있거나 처분 당시의 법령 등을 적용하기 곤란한 특별한 사정이 있는 경우를 제외하고는 처분 당시의 법령 등에 따른다(제14조 제2항).

┤ 관 련 판 례 ├

1. 행정처분은 원칙적으로 처분시의 법령에 근거하여 행하여져야 하고, 법령의 개정으로 그 기준이 변경된 경우에는 달리 특별한 정함이 없는 한 처분시의 개정법령에서 규정하고 있는 기준이 적용되어야 한다[대판 (전합) 2001.3.15, 99두4594].
2. 인허가신청 후 처분 전에 관계법령이 개정 시행된 경우 원칙적으로 새로운 법령 및 허가기준에 따라 처분해야 : 인허가신청 후 처분 전에 관계법령이 개정·시행된 경우 신법령 부칙에서 신법령 시행 전에 이미 허가신청이 있는 때에는 종전의 규정에 의한다는 취지의 경과규정을 두지 아니한 이상 당연히 허가신청 당시의 법령에 의하여 허가 여부를 판단하여야 하는 것은 아니며, 소관 행정청이 허가신청을 수리하고도 정당한 이유 없이 처리를 늦추어 그 사이에 법령 및 허가기준이 변경된 것이 아닌 한 새로운 법령 및 허가기준에 따라서 한 불허가처분이 위법하다고 할 수 없다(대판 2006.8.25, 2004두2974).
3. '정당한 이유 없이 처리를 지연하였는지' 여부를 판단하는 방법 : '정당한 이유 없이 처리를 지연하였는지'는 법정 처리기간이나 통상적인 처리기간을 기초로 당해 처분이 지연되게 된 구체적인 경위나 사정을 중심으로 살펴 판단하되, 개정 전 법령의 적용을 회피하려는 행정청의 동기나 의도가 있었는지, 처분지연을 쉽게 피할 가능성이 있었는지 등도 아울러 고려할 수 있다(대판 2014.7.24, 2012두23501).

(2) 예외

① 법률관계를 확인하는 처분(법률관계의 확정 시, 지급사유발생 시)

1. 사건의 발생 시 법령에 따라 법률관계가 확정되고 행정청이 이를 확인하는 처분을 하는 경우 처분시법(장해등급결정시법)이 아니라 법률관계 확정 시(장해급여 지급청구권 취득 시, 즉 지급사유 발생 시)의 법령을 적용하는 것이 원칙이지만, 흉터로 인한 장해등급을 결정함에 있어 개정동기가 위헌적 요소를 없애려는 반성적 고려에서 이루어졌기 때문에 예외적으로 개정 시행령을 적용해야 한다(대판 2007.2.22, 2004두12957).
2. 요양기관의 진료행위 이후 요양급여기준 등에 관한 법령이 개정된 경우, 요양기관이 진료행위의 대가로 지급받은 비용이 구 국민건강보험법 제43조의2 제1항·제2항에 의하여 과다본인부담금에 해당하는지를 판단하는 기준이 되는 법령은 진료행위 당시 시행 법령이고 진료행위 이후 개정된 요양급여기준 등에 관한 법령을 진료행위 당시로 소급하여 적용할 수 없다(대판 2012.8.17, 2011두3524).
3. 국민연금법상 장애연금 지급을 위한 장애등급 결정 시와 장애연금의 변경지급을 위한 장애등급 변경결정 시 각 적용할 법령은 장애연금 지급청구권을 취득할 당시, 즉 치료종결 후 신체 등에 장애가 있게 된 당시의 법령이다(대판 2014.10.15, 2012두15135).

② 법령위반에 대한 제재처분(위반행위시법)

행정기본법도 제재처분의 경우 원칙적으로 행위당시의 법령에 따른다고 규정함으로써 위반행위시법을 취하고 있다. 즉, 법령 등을 위반한 행위의 성립과 이에 대한 제재처분은 법령 등에 특별한 규정이 있는 경우를 제외하고는 법령 등을 위반한 행위 당시의 법령 등에 따른다. 다만, 법령 등을 위반한 행위 후 법령 등의 변경에 의하여 그 행위가 법령 등을 위반한 행위에 해당하지 아니하거나 제재처분 기준이 가벼워진 경우로서 해당 법령 등에 특별한 규정이 없는 경우에는 변경된 법령 등을 적용한다(제14조 제3항).

┤ **관 련 판 례** ├

1. 법규위반에 대한 제재처분에 있어서는 처분 시의 법령이 아니라 위반행위 시의 법령을 적용한다(대판 1987. 1.20, 86누63).
2. 건설업자가 시공자격 없는 자에게 전문공사를 하도급한 행위에 대하여 과징금 부과처분을 하는 경우, 구체적인 부과기준에 대하여 처분시의 법령이 행위 시의 법령보다 불리하게 개정되었고 어느 법령을 적용할 것인지에 대하여 특별한 규정이 없다면 행위 시의 법령을 적용하여야 한다(대판 2002.12.10, 2001두3228).
3. 적법한 용도변경절차를 마치지 아니한 위법상태의 법적 성격을 판단하는 기준이 되는 법령은 법적 성격 여하가 문제 되는 시점 당시에 시행되는 건축법령이다(대판 2017.5.31, 2017두30764).

③ 불합격처분(시험일자의 법령)

헌법재판소의 헌법불합치결정에 따라 개정된 「국가유공자 등 예우 및 지원에 관한 법률」 제31조 제1항·제2항 등의 적용 시기인 2007.7.1. 전에 실시한 공립 중등학교 교사 임용후보자 선정 경쟁시험에서, 위 법률 등의 개정 규정을 소급 적용하지 않고 개정 전 규정에 따른 가산점 제도를 적용하여 한 불합격처분은 적법하다(대판 2009.1. 15, 2008두15596).

④ 위법상태의 계속

건축법상의 용도변경행위에는 유형적인 용도변경행위뿐만 아니라 용도변경된 건축물을 사용하는 행위도 포함된다. 따라서 적법한 용도변경절차를 마치지 아니한 건축물은 원상회복되거나 적법한 용도변경절차를 마치기 전까지는 그 위법상태가 계속되고, 그 위법상태의 법적 성격은 특별한 사정이 없는 한 그 법적 성격 여하가 문제 되는 시점 당시에 시행되는 건축법령에 의하여 판단되어야 한다(대판 2017.5.31, 2017두30764).

II. 지역적 효력

「남극해양생물자원 보존에 관한 협약」의 체약국인 우리나라에 입항한 어획물 운반선은 위 협약과 그에 따른 남극해양생물자원 보존위원회의 보존조치에 의한 전재(轉載) 제한조치의 적용대상이다(대판 2007.12.27, 2007두11177).

III. 대인적 효력

1. 일본국에서 영주권을 취득한 재일교포는 대한민국 국민이므로 외국인토지법을 준용해서는 안 된다(대판 1981. 10.13, 80다2435).
2. 북한주민도 대한민국 국민(대판 1996.11.12, 96누1221)

제5절 행정법의 해석과 적용

1. 침익적 행정행위의 근거가 되는 행정법규의 해석 : 침익적 행정행위의 근거가 되는 행정법규는 엄격하게 해석·적용하여야 하고 그 행정행위의 상대방에게 불리한 방향으로 지나치게 확장해석하거나 유추해석하여서는 안 되며, 그 입법 취지와 목적 등을 고려한 목적론적 해석이 전적으로 배제되는 것은 아니라 하더라도 그 해석이 문언의 통상적인 의미를 벗어나서는 아니 된다(대판 2013.12.12, 2011두3388).
2. 사회복지법인 또는 사회복지시설에 대한 후원금의 용도 외 사용에 관한 규정은 엄격하게 해석하여야 한다(대판 2017.6.29, 2017두33824).

제3장
행정상의 법률관계

제1절 공법과 사법

Ⅰ. 공법(공법관계)과 사법(사법관계)의 구별실익

구분		공법관계	사법관계
실체법	적용법리	공법·공법원리의 적용	사법·사법원리의 적용
	손해배상	국가배상법에 의한 특례	민법상의 불법행위책임
	공정력	행정행위에만 공정력 인정	부정
	소멸시효	5년(국가재정법 제96조)	10년(민법 제162조 제1항)
행정절차법		처분 등의 절차에 적용	행정절차법의 적용대상이 아니라 사적 자치가 적용
쟁송법	행정심판	행정심판 인정(임의주의)	행정심판 없음
	소송종류	행정소송	민사소송
	소송제기기간	취소소송의 경우 단기의 제척기간	단기 제척기간 없음
	재판관할	1. 행정법원(서울) 2. 지방법원 본원합의부(기타 지역)	1. 지방법원본원 또는 지방법원 지원 2. 합의부 또는 단독부
	가구제	1. 집행부정지원칙, 예외적인 집행정지 인정 2. 본안소송 계속이 요구 3. 행정소송법에는 가처분에 대하여 명시적 규정이 없기 때문에 인정 여부에 견해대립. 다만, 행정심판법상 임시처분 인정(제31조)	1. 집행정지 부정 2. 본안소송 제기 전 가구제 가능 3. 가압류·가처분 인정(민사집행법)
	사정재결	취소심판과 의무이행심판에만 인정	사정재결 부정
	사정판결	취소소송에만 인정	사정판결 부정
집행법	행정강제	자력강제, 행정벌	타력강제, 행정벌 불가

II. 행정상의 공법관계와 사법관계

1. 국유재산 관련

공법관계	사법관계

1. 국유재산의 관리청이 무단점유자에 대하여 하는 변상금 부과처분(대판 1988.2.23, 87누1046·1047) : 기속행위, 처분성 인정
2. 귀속재산 불하처분(대판 1969.1.21, 68누190)
  ▶ 국유재산 불하는 사법관계
3. 「징발재산정리에 관한 특별조치법」에 의한 국방부장관의 징발재산 매수결정(처분성 인정)(대판 1991.10.22, 91다26690)·징발권자인 국가와 피징발자와의 관계
4. 국유재산 관리청의 행정재산의 사용·수익자에 대한 사용료부과처분(대판 1996.2.13, 95누11023) : 처분성 인정
5. 행정재산의 목적 외 사용(행정재산의 사용수익허가)(특허)(대판 2006.3.9, 2004다31074) 및 사용·수익허가취소(대판 1997.4.11, 96누17325), 사용·수익허가신청거부(대판 1998.2.27, 97누1105) : 모두 처분성 긍정
6. 국립의료원 부설 주차장에 관한 위탁관리용역운영계약의 실질은 행정재산에 대한 사용·수익허가로서 특허(대판 2006.3.9, 2004다31074)
	1. 국유재산 불하(대판 1960.1.27, 4290행상139)
	  ▶ 귀속재산 불하는 공법관계
	2. 철도국장이 관리하는 건물을 임대하는 계약(대판 1961.10.5, 4292행상6)
	3. 국유임야 대부·매각·양여행위, 국유임야 무상양여신청거부행위(대판 1983.9.27, 83누292)
	4. 국유잡종재산 매각행위, 매각신청 반려행위(대판 1986.6.24, 86누171)
	5. 국유잡종재산 대부행위 및 대부료의 납입고지(대판 2000.2.11, 99다61675), 국유임야 대부료부과 조치(대판 1993.12.7, 91누11612)
	6. 국유광업권매각(대판 1970.3.24, 69누286)
	7. 폐천부지를 양여하는 행위(대판 1988.5.10, 87누1219)(공용폐지 = 잡종재산)
	8. 시유지 분양처분의 결과로 매매목적물이 감평된 경우 그 대금액의 조정(대판 1989.9.12, 88누9763)
	9. 기부채납 받은 공유재산을 무상으로 기부자에게 사용을 허용하는 행위(대판 1994.1.25, 93누7365)
	  ▶ 기부채납 받은 행정재산의 사용·수익에 대한 허가는 공법관계(대판 2001.6.15, 99두509)
	10. 공유재산인 잡종재산 대부행위(대판 2010.11.11, 2010다59646)

2. 특별행정법관계 관련

공법관계	사법관계
1. 공공조합직원의 근무관계(단, 급여관계는 사법관계) 　① 토지개량조합과 직원의 복무관계로서 징계처분 　　(대판 1967.11.14, 67다2271) 　② 농지개량조합의 직원에 대한 징계처분(대판1995. 　　6.9, 94누10870) 　③ 도시재개발조합에 대한 조합원의 자격확인[대판 　　(전합) 1996.2.15, 94다31235] : 당사자소송 2. 유치원 교사의 자격이 있는 자에 대한 해임처분의 　시정 및 수령지체된 보수의 지급을 구하는 소송은 　행정소송(대판 1991.5.10, 90다10766) 3. 지방소방공무원의 근무관계와 보수에 관한 법률관계 　(대판 2013.3.28, 2012다102629) : 당사자소송 4. 기 타 　① 행정청인 국방부장관(대판 1996.2.27, 95누4360), 　　관악구청장(대판 1999.3.9, 98두18565), 서울특별 　　시장의 입찰참가자격제한처분(대판 1994.8.23, 9 　　4누3568)은 행정처분 　② 공기업·준정부기관이 법령에 근거하여 계약상대방 　　에게 한 입찰참가자격 제한 조치(대판 2018.10. 　　25, 2016두33537) : 처분성 인정 　③ 국가나 지방자치단체에 근무하는 청원경찰의 근 　　무관계(대판 1993.7.13, 92다47564) 　④ 공무원연금관리공단의 급여에 관한 결정(대판 199 　　6.12.6, 96누6417) : 처분성 인정 　　▶ 공무원연금관리공단이 퇴직연금 중 일부 금액에 대하 　　여 지급거부의 의사표시를 한 경우 미지급연금의 지급 　　을 구하는 소송은 당사자소송(대판 2004.7.8, 2004두 　　244)	1. 공공조합의 급여관계 : 토지개량조합 연합회직원의 　동 연합회에 대한 급여청구권(대판 1967.11.14, 67다 　2271) 2. 구 「도시 및 주거환경정비법」상 재개발조합과 조합 　장 또는 조합임원 사이의 선임·해임 등을 둘러싼 법 　률관계(대결 2009.9.24, 2009마168·169) 3. 공사·공단의 근무관계·급여관계 　① 한국조폐공사의 임원과 직원의 근무관계(파면행 　　위)(대판 1978.4.25, 78다414) 　② 서울특별시지하철공사의 임원과 직원의 근무관 　　계(대판 1989.9.12, 89누2103) 　③ 공무원 및 사립학교교직원의료보험관리공단과 　　직원의 근무관계(대판 1993.11.23, 93누15212) 　④ 한국전력공사가 정부투자기관회계규정에 의하여 　　행한 입찰참가자격을 제한하는 내용의 부정당업 　　자제재처분(대결 1999.11.26, 99부3)·한국토지개 　　발공사의 입찰참가자격 제한(부정당업자제재처분) 　　(대결 1995.2.28, 94두36)·수도권매립지관리공사 　　가 한 입찰참가자격을 제한하는 내용의 부정당 　　업자제재처분(대결 2010.11.26, 2010무137) 　　▶ 행정청에 의한 입찰참가자격제한은 공법관계로서 처 　　분성 인정 　⑤ 공기업·준정부기관이 계약에 근거하여 계약상대 　　방에게 한 입찰참가자격 제한 조치(대판 2018.10. 　　25, 2016두33537) 4. 종합유선방송위원회 소속 직원의 근로관계(임금과 퇴 　직금의 지급 청구)(대판 2001.12.24, 2001다54038) 5. 한국마사회가 조교사 또는 기수의 면허를 부여하거 　나 취소하는 것(대판 2008.1.31, 2005두8269) 6. 주택재건축정비사업조합과 조합 설립에 동의하지 않 　은 자 사이의 매도청구를 둘러싼 법률관계(대판 201 　0.7.15, 2009다63380)

3. 계약 관련

공법관계	사법관계
1. 공법상 계약(통설·판례 모두 공법상 실질적 당사자소송에 의한 구제 인정) 　① 학술 : 지방전문직공무원인 서울특별시의 경찰국 산하 서울대공전술연구소 소장 채용계약(대판 1993.9.14, 92누4611) 　② 예술단원 　　㉠ 서울시립무용단원의 위촉(대판 1995.12.22, 95누4636) 　　㉡ 국립중앙극장 전속합창단원의 채용(대판 1996.8.27, 95나35953) 　　㉢ 광주시립합창단원에 대한 재위촉(대판 2001.12.11, 2001두7794) 　③ 언론 : 국방일보의 발행책임자인 국방홍보원장으로 채용된 계약직공무원에 대한 채용계약(대판 2002.11.26, 2002두5948) 　④ 의사 : 전문직공무원인 공중보건의사 채용계약(대판 1996.5.31, 95누10617) 　⑤ 국책사업인 '한국형 헬기 개발사업'(Korean Helicopter Program)에 개발주관사업자 중 하나로 참여하여 국가 산하 중앙행정기관인 방위사업청과 한국항공우주산업 주식회사 간의 '한국형헬기 민군겸용 핵심구성품 개발협약'(대판 2017.11.9, 2015다215526) 2. 공기업이용관계 　① 수도료의 부과징수(학설상 처분성 인정)와 수도료의 납부관계(공법상의 법률관계로 당사소송 대상으로 해석)(대판 1977.2.22, 76다2517) 　② 단수처분(대판 1979.12.28, 79누218)(학설상 권력적 사실행위) : 판례는 권력적 사실행위라는 논거를 제시하지 않고 결론만 처분으로 인정 3. 공기업이용관계 관련사례 중 처분성 부정(행정지도) 　① 한국전력공사가 관할구청장에게 전기공급의 적법 여부를 조회한 데 대하여, 관할구청장이 전기공급이 불가하다는 내용의 회신(대판 1995.11.21. 95누9099) 　② 행정청이 전기·전화의 공급자에게 위법건축물에 대한 전기·전화공급을 하지 말아 줄 것을 요청한 행위(대판 1996.3.22, 96누433) 4. 중소기업 정보화지원사업에 따른 지원금 출연을 위하여 중소기업청장이 체결하는 협약(대판 2015.8.27, 2015두41449)	1. 공설시장 점포에 대한 부산시장의 사용허가 및 취소행위(대판 1962.2.22, 4294행상173) 2. 전화가입계약(대판 1982.12.28, 82누441) : 행정사법관계 3. 시의 물품구입계약(대판 1992.4.28, 91다46885) 4. 협의취득(다수설은 공법상 계약설) 　① 도시계획사업의 시행자가 그 사업에 필요한 토지를 협의취득하는 행위(대판 1992.10.27, 91누3871) 　② 토지수용법상 공공사업시행자의 협의매수에 의한 토지취득행위(대판 1996.2.13, 95다3510) 　③ 구「공공용지의 취득 및 손실보상에 관한 특례법」에 의한 협의취득 또는 보상합의(대판 2004.9.24, 2002다68713) 5. 국·공립병원(경찰병원)의 전공의(인턴, 레지던트) 임용(대판 1994.12.2, 94누8778) 6. 창덕궁 안내원의 채용계약(대판 1996.1.23, 95다5809) 7. 사립학교 교원과 학교법인의 관계(대판 1993.2.12, 92누13707)·사립대학의 등록금징수행위·사립대학생의 징계처분 8. 예산회계법(현 국가재정법) 또는 지방재정법에 따라 지방자치단체가 당사자가 되어 체결하는 계약과 손해배상예정으로서의 입찰보증금 국고귀속조치(대판 1996.12.20, 96누14708) 9. 기타 　① 국가계약법에 따라 지방자치단체가 당사자가 되는 공공계약(관급공사계약)(대판 2001.12.11, 2001다33604) 　② 「정부투자기관 관리기본법」의 적용 대상인 정부투자기관이 일방 당사자가 되는 계약(공공계약)(대판 2014.12.24, 2010다83182) 　③ 음식물류 폐기물의 수집·운반, 가로 청소, 재활용품의 수집·운반 업무의 대행을 위탁하고 그에 대한 대행료를 지급하는 것을 내용으로 하는 용역계약(대판 2018.2.13, 2014두11328) 　④ 을 회사가 고용노동부의 「청년취업인턴제 시행지침」 또는 구 「보조금 관리에 관한 법률」에 따라 보조금수령자에 대하여 거짓 신청이나 그 밖의 부정한 방법으로 지급받은 보조금을 반환하도록 요구하는 의사표시(대판 2019.8.30, 2018다242451) 　⑤ 지방자치단체와 사인과 체결한 자원회수시설과 부대시설에 관한 위·수탁 운영 협약(대판 2019.10.17, 2018두60588)

4. 권리관계

공법관계	사법관계
1. 별도의 불복방법에 관한 규정이 있는 경우의 손실보상청구권 ① 항고소송에 의하는 경우 　㉠ 공유수면매립법에 정한 권리를 가진 자가 취득한 손실보상청구권(대판 2001.6.29, 99다56468) 　㉡ 하천법 개정 후 하천법 본문에 따라 하천법상 준용하천의 제외지로 편입된 토지소유자의 손실보상청구는 토지수용위원회를 상대로 항고소송(대판 2003.4.25, 2001두1369) ② 실질적 당사자소송 　㉠ 하천법 개정 전 하천법 부칙 제2조 제1항 및 「법률 제3782호 하천법 중 개정법률 부칙 제2조의 규정에 의한 보상청구권의 소멸시효가 만료된 하천구역 편입토지 보상에 관한 특별조치법」 제2조 제1항에서 정하고 있는 손실보상청구권의 법적 성질은 공권이고, 그 쟁송절차는 행정소송(당사자소송)[대판(전합) 2006.5.18, 2004다6207] 　㉡ 주거이전비 보상청구에 대한 소송(대판 2008.5.29, 2007다8129) 　㉢ 구 「공익사업을 위한 토지 등의 취득 및 보상에 관한 법률」 제79조 제2항 등에 따른 사업폐지 등에 대한 보상청구권(대판 2012.10.11, 2010다23210) 　㉣ 구 하천법 부칙 제2조 제1항, 「하천편입토지 보상 등에 관한 특별조치법」 제2조 제2호에 의한 손실보상청구권(대판 2016.8.24, 2014두46966) ③ 형식적 당사자소송 　㉠ 「공익사업을 위한 토지 등의 취득 및 보상에 관한 법률」상 보상금증감청구소송(대판 1991.11.26, 91누285) 　㉡ 구 「공익사업을 위한 토지 등의 취득 및 보상에 관한 법률」에 의한 잔여지 수용청구를 받아들이지 않은 토지수용위원회의 재결에 대하여 토지소유자가 불복하여 제기하는 소송은 '보상금의 증감에 관한 소송'에 해당하여 사업시행자를 피고로 하여야(대판 2010.8.19, 2008두822) 2. 무허가건물의 강제철거와 관련하여 이루어지는 시나 구 등 지방자치단체의 철거건물 소유자에 대한 시영아파트 분양권 부여 및 세입자에 대한 지원대책	주요 권리에 대해 다수설은 공권·당사자소송, 판례는 사권·민사소송 1. 손실보상청구권 　① 별도의 불복방법에 관한 규정이 없는 경우의 손실보상청구권(대판 1998.1.20, 95다29161)·징발물보상청구권(대판 1970.3.24, 69다1561) 　② 구 「공익사업을 위한 토지 등의 취득 및 보상에 관한 법률」 제91조에 규정된 환매권의 존부에 관한 확인을 구하는 소송 및 같은 조 제4항에 따라 환매금액의 증감을 구하는 소송은 민사소송(대판 2013.2.28, 2010두22368) 2. 부당이득반환청구권(조세의 오납액, 초과납부액 또는 환급세액에 대한 납세의무자의 환급청구권)(대판 2004.3.25, 2003다64435) 3. 손해배상청구권(국가의 철도운행사업과 관련하여 공무원의 직무상 과실을 원인으로 발생한 사고로 인한 손해배상청구는 민법)(대판 1999.6.22, 99다7008) 　▶ 다만, 동판례에서 철도시설물(수원역 대합실과 승강장)의 설치 또는 관리의 하자로 인한 불법행위를 원인으로 하여 국가에 대하여 손해배상청구를 하는 경우에는 국가배상법이 적용(판례상 모두 사법관계는 동일) 4. 환매권(대판 1992.4.24, 92다4673 ; 헌재결 1994.2.24, 92헌마283) 5. 결과제거청구권(대판 1987.7.7, 853다카1383)

(대판 1994.9.30, 94다11767)
3. 부가가치세 환급세액 지급청구는 공법상의 법률관계로서 당사자소송의 대상[대판(전합) 2013.3.21, 2011다95564]
4. 토지구획정리사업에 따른 공공시설용지의 원시취득으로 형성되는 국가 또는 지방자치단체와 사업시행자 사이의 관계(대판 2016.12.15, 2016다221566)
5. 정비기반시설의 소유권 귀속에 관한 국가 또는 지방자치단체와 정비사업시행자 사이의 법률관계(대판 2018.7.26, 2015다221569)

5. 기 타

공법관계	사법관계
1. 지방자치단체가 공업단지 등의 조성을 목적으로 산업기지개발사업을 시행함에 있어서 그 일환으로 공유수면매립공사를 하는 경우(대판 1999.9.17, 98다5548) 2. 구 「남녀차별금지 및 구제에 관한 법률」상 국가인권위원회의 성희롱결정 및 시정조치권고(대판 2005.7.8, 2005두487) 3. 중학교 의무교육의 사립중학교 위탁관계(대판 2015.1.29, 2012두7387)	1. 국회의원이 재직 중 국가로부터 받게 될 세비, 거마비, 체류비, 보수금 등을 의원직을 그만둔 후에 국가에 대하여 청구하는 법률관계(대판 1966.9.20, 65다2506) 2. 이주택지의 공급조건에서 공공시설의 설치비용을 분양가에 포함시키는 내용이 있는 경우의 이주대책 시행공고(대판 2000.9.8, 99두1113)

제2절 행정법관계의 당사자

Ⅰ. 국가

시원적 행정주체, 행정객체가 될 수 없다.

Ⅱ. 공공단체

1. 지방자치단체

① 보통지방자치단체(포괄적 자치권)
　　㉠ 광역자치단체 : 특별시(서울특별시), 광역시(부산, 대구, 인천, 광주, 대전, 울산), 특별자치시(세종특별자치시), 도, 특별자치도(제주특별자치도, 강원특별자치도[시행 2023.6.11.])
　　㉡ 기초자치단체 : 시(특별시나 광역시·특별자치시가 아닌 시. 청주시, 전주시, 목포시, 안양시, 수원시 등)·군·자치구(특별시, 광역시, 특별자치시에 설치된 구만 포함. 서초구)
② 특별지방자치단체(지방자치단체조합) : 상·하수도, 쓰레기처리 등 특정 행정권을 담당
③ 지방자치단체가 아닌 경우
　　㉠ 자치구가 아닌 구(특별시, 광역시, 특별자치시 외에 인구 50만 이상의 시에 두는 구.행정구에 불과) : 수원시 권선구·팔달구·영통구·장안구, 안양시 동안구·만안구, 성남시 수정구·중원구·분당구, 청주시 상당구·흥덕구
　　㉡ 제주시, 서귀포시(행정시에 불과)
　　㉢ 읍(화성시 봉담읍)·면·동·리

　　　┤　관　련　판　례　├
　　민사소송에 있어 읍·면의 당사자능력 부정(대판 2002.3.29, 2001다83258)

2. 기타 공공단체

(1) 공공조합

1. 조합과 조합연합회
   ① 농지개량조합(헌재결 2000.11.30, 99헌마190)
   ② 도시재개발법에 의한 재개발조합(헌재결 1997.4.24, 96헌가3·96헌바70, 대판 2002. 12.10, 2001두6333), 「도시 및 주거환경정비법」상 정비사업조합(대판 2009.9.24, 2008다60568), 「도시 및 주거환경정비법」에 따른 주택재건축정비사업조합(대결 2009.11.2, 2009마596)
   ③ 도시개발조합
   ④ 농업협동조합·수산업협동조합·산림조합·임업협동조합·직장의료보험조합(헌재결 2000.6.29, 99헌마289)(현재는 국민건강보험공단)·중소기업협동조합·해운조합·건설공제조합·엽연초생산조합·인삼협동조합
2. 직능단체(이익단체, 이익집단, 압력단체)
   ① 대한변호사협회(헌재결 2019.11.28, 2017헌마759, 대판 2021.1.28, 2019다260197)
   ② 지방법무사회(대판 2020.4.9, 2015다34444)   ③ 대한의사협회
   ④ 대한약사회   ⑤ 한국공인회계사회
   ⑥ 대한민국재향군인회   ⑦ 대한교육연합회
   ⑧ 대한상공회의소   ⑨ 건축사회
   ⑩ 관세사협회   ⑪ 대한변리사회

   ┤ 관 련 판 례 ├
   변호사 등록사무를 수행하는 대한변호사협회의 법적 지위는 공법인이다
   변호사등록은 피고 대한변호사협회가 변호사법에 의하여 국가로부터 위탁받아 수행하는 공행정사무에 해당한다(대판 2021.1.28, 2019다260197).

(2) 영조물법인

1. 각종 공사 : 한국도로공사, 한국전력공사, 한국토지주택공사, 한국관광공사, 서울특별시지하철공사, 도시철도공사, 한국방송공사(KBS), 대한석탄공사, 한국조폐공사, 한국농어촌공사, 지방공사
2. 각종 공단 : 한국기술검정공단, 한국보훈복지공단, 국립공원관리공단, 시설관리공단
3. 특수은행(국책은행) : 한국은행, 한국산업은행
4. 국립대학교(원칙적으로 법인이 아니고 다음 3개만 법인임) : 국립울산과학기술대학교, 서울대학교(「국립대학법인 서울대학교 설립·운영에 관한 법률」 제3조 제1항), 국립인천대학교
5. 국립병원(국립중앙의료원·서울대학교병원·국립대학병원·적십자병원)
6. 한국과학기술원

(3) 공재단

1. 재 단
2. 한국학중앙연구원
3. 공무원연금관리공단
4. 총포·화약안전기술협회(대판 2021.12.30, 2018다241458)

III. 공무수탁사인

구분	내용
인정사례	1. 소득세 원천징수의무자 2. 별정우체국장(피지정인)의 체신업무(별정우체국법 제2조) 3. 선장·기장의 경찰·가족관계등록에 관한 사무(「사법경찰관리의 직무를 수행할 자와 그 직무범위에 관한 법률」 제7조, 「가족관계의 등록 등에 관한 법률」 제49조) 4. 「공익사업을 위한 토지 등의 취득 및 보상에 관한 법률」상의 사업시행자 5. 학위를 수여하는 사립대학교총장·교육부장관으로부터 교원자격검정과 교원자격증의 수여·재교부 등의 권한을 수탁받은 각종 학교장 6. 「민영교도소 등의 설치 운영에 관한 법률」 제3조 제1항에 따라 교정업무를 수행하는 교정법인 또는 민영교도소 7. 공증사무를 수행하는 공증인 8. 통장, 반장, 이장
부정사례	1. 공무집행에 자진하여 협력하는 사인 2. 행정보조인 : 행정권한을 자기 책임하에 수행함이 없이 행정임무의 순수한 기술적인 집행만을 담당 ① 아르바이트로 우편업무를 수행하는 사인 ② 사고현장에서 경찰의 부탁에 의해 경찰을 돕는 자 3. 행정을 대행하는 경우 : 차량등록의 대행자, 자동차검사의 대행자 4. 사법상 계약에 의하여 단순히 경영위탁을 받은 사인 ① 경찰과의 계약에 의해 주차위반차량을 견인하는 민간사업자 ② 생활폐기물(쓰레기) 처리대행업자(수거인) ③ 대집행을 실행하는 제3자 5. 공의무부담사인 : 법률에 의해 직접 행정임무수행의 의무가 부여되지만, 공무수탁사인과는 달리 공법상의 권한이 부여되지 않기 때문에 사법상으로만 활동을 할 수 있다. 6. 제한된 공법상 근무관계에 있는 자 : 국립대학의 시간강사(시간강사는 독립적으로 행위하지만 행정주체는 아니다)
제도의 취지	능률성과 전문성
법적 근거	공무의 위탁은 법적 권한이 행정기관에서 사인에게 이전되므로 반드시 법률의 근거를 요한다. 사인에 대한 공무위탁의 일반법적 근거로는 정부조직법과 지방자치법
권리구제	1. 항고소송 : 공무수탁사인은 행정행위라는 법형식에 의해 일방적 처분을 할 수 있는 경우가 있다. 공무수탁사인이 피고이다. 2. 당사자소송 : 공무수탁사인이 피고이다. 3. 손해배상 : 국가 또는 지방자치단체가 국가배상책임을 지는 것으로 보아야 한다는 견해 (다수설)와 공무수탁사인이 민법상 불법행위책임을 진다는 견해가 대립

제3절 행정법관계의 내용

I. 개인적 공권

1. 공권과 반사적 이익의 구별실익

행정심판(청구인적격), 항고소송(원고적격, 참가인적격, 소구가능성, 재판청구권 인정 여부, 소송법적 측면, 집행정지), 국가배상청구권(손해의 의미), 결과제거청구권

2. 개인적 공권의 특수성

(1) 이전성 제한

1. 양도·압류금지
   ① 생명·신체침해로 인한 국가배상청구권
      ▶ 재산권 침해에 대한 배상청구권은 양도가능
   ② 공무원연금청구권

   ┤ 관 련 판 례 ├
   장래 발생할 지방공무원의 명예퇴직수당 채권을 미리 압류할 수 있다(대판 2010.2.25, 2009다76799).

   ③ 「국민기초생활 보장법」상 수급품과 이를 받을 권리
   ④ 「국민기초생활 보장법」상 급여를 받을 권리
   ⑤ 국민연금수급권
   ⑥ 국민건강보험급여수급권
   ⑦ 의료급여를 받을 권리
   ⑧ 「근로자퇴직급여 보장법」상 퇴직연금채권(대판 2014.1.23, 2013다71180)

   ┤ 관 련 판 례 ├
   1. 「근로자퇴직급여 보장법」상 퇴직연금제도의 급여를 받을 권리에 대한 압류명령의 효력은 무효이다(대판 2014.1.23, 2013다71180).
   2. 제3채무자가 그 압류채권의 추심금 청구에 대하여 위 무효를 들어 지급을 거절할 수 있다(대판 2014.1.23, 2013다71180).
   3. 민사집행법 제246조 제1항 제4호에도 불구하고 「근로자퇴직급여 보장법」상 퇴직연금채권 전액에 관하여 압류가 금지된다(대판 2014.1.23, 2013다71180).

2. 압류제한 : 공무원의 봉급청구권
   ▶ 연금청구권은 압류금지
3. 상속금지(일신전속적 권리)
   ① 「국가유공자 등 예우 및 지원에 관한 법률」에 의하여 국가유공자와 유족으로 등록되어 보상금을 받고, 교육보호 등 각종 보호를 받을 수 있는 권리(대판 2003.8.19, 2003두5037)
   ② 공무원으로서의 지위(대판 2007.7.26, 2005두15748)
4. 강제집행제한

   ┤ 관 련 판 례 ├
   1. 보조금청구채권은 양도가 금지된 것으로 강제집행의 대상이 될 수 없다(대판 2008.4.24, 2006다33586).
   2. 국가나 지방자치단체가 중요무형문화재 보유자에게 지급하는 전승지원금채권은 강제집행의 대상이 되지 않는다(대판 2013.3.28, 2012다203461).

(2) 포기성 제한

1. 선거권
2. 소권(대판 1961.11.2, 4293행상60)

> **┨ 관 련 판 례 ┠**
>
> 행정소송에 관한 부제소특약은 공권인 소권을 당사자의 합의로 포기하는 것으로서 허용될 수 없다(대판 1998.8.21, 98두8919).

3. 「석탄산업법 시행령」상의 재해위로금청구권(대판 1998.12.23, 97누5046)
4. 봉급청구권
5. 연금청구권

(3) 기 타

구분	내용
비대체성	위임, 대리 부인, 선거권·피선거권
권리보호의 특수성	국가적 보호와 특전(세금감면, 보조금)을 받고, 위법한 행정작용으로 인하여 공권이 침해된 경우에는 행정쟁송(행정심판·행정소송) 및 손해전보(공법상 손해배상·공법상 손실보상)에 의해 구제
이전·포기 가능	경제적·재산적 이익을 주로 하는 개인적 공권은 이전·포기가 가능 1. 재산권 침해에 대한 국가배상청구권 　▶ 생명·신체침해로 인한 국가배상청구권은 부정 2. 손실보상청구권

Ⅱ. 공권과 기본권

구체적 공권성 인정사례(자유권, 원고적격 인정)	구체적 공권성 부정사례(사회적 기본권, 원고적격 부정)
1. 알 권리(헌재결 1991.5.13, 90헌마133) 2. 결사의 자유[대판(전합) 1989.12.26, 87누308] 3. 피고인 또는 피의자의 접견권(대판 1992.5.8, 91누7552) 4. 행복추구권(대판 1994.3.8, 92누1728) 5. 경쟁의 자유(헌재결 1998.4.30, 97헌마141)	1. 환경권(대판 1995.9.15, 95다23378) 2. 자연방위권(대결 2006.6.2, 2004마1148·1149) 3. 의료보험수급권(헌재결 2003.12.18, 2002헌바1) 4. 근로자가 퇴직급여를 청구할 수 있는 권리(헌재결 2011.7.28, 2009헌마408)

III. 공권과 공의무의 승계

구분	내용
법규에 의해 인정	일신전속적인 공권·공의무는 승계되지 않는다. 행정절차법에 의하면 포괄승계(자연인의 경우 상속, 법인의 경우 합병)의 경우에는 행정청의 승인 없이 당연히 권리의무가 승계(특정승계)되지만, 처분에 관한 권익승계(특정승계)의 경우에는 행정청의 승인을 요한다.
	행정절차법 제10조 [지위의 승계] ① 당사자 등이 사망하였을 때의 상속인과 다른 법령 등에 따라 당사자 등의 권리 또는 이익을 승계(포괄승계)한 자는 당사자 등의 지위를 승계한다. ② 당사자 등인 법인 등이 합병하였을 때에는 합병 후 존속하는 법인 등이나 합병 후 새로 설립된 법인 등이 당사자 등의 지위를 승계(포괄승계)한다. ③ 제1항 및 제2항에 따라 당사자 등의 지위를 승계한 자(포괄승계인)는 행정청에 그 사실을 통지하여야 한다. ④ 처분에 관한 권리 또는 이익을 사실상 양수(특정승계)한 자는 행정청의 승인을 받아 당사자 등의 지위를 승계할 수 있다. ⑤ 통지가 있을 때까지 사망자 또는 합병 전의 법인 등에 대하여 행정청이 한 통지는 당사자 등의 지위를 승계한 자에게도 효력이 있다.
학설	① 일신전속적 권리는 승계부정 ② 물적인 권리는 승계긍정
관련판례	1. 회사합병이 있는 경우 피합병회사의 권리·의무는 모두 합병으로 인하여 존속한 회사에 승계된다(대판 2019.12.12, 2018두63563). 2. 산림을 무단형질변경한 자가 사망한 경우, 당해 토지의 소유권 또는 점유권을 승계한 상속인이 그 복구의무를 부담(대판 2005.8.19, 2003두9817·9824) 3. 이행강제금 납부의무는 일신전속적 성질이므로 이행강제금을 부과받은 사람이 이행강제금사건의 계속 중 사망한 경우 강제절차는 종료(대결 2006.12.8, 2006마470) 4. 과징금이 부과되기 전 회사가 분할한 경우에는 과징금납부의무 자체가 없으므로, 분할 전 위반행위를 이유로 신설회사에 대하여 과징금을 부과하는 것은 허용되지 않는다(대판 2007.11.29, 2006두18928). 5. 합병으로 소멸한 법인이 종업원 등의 위법행위에 대하여 양벌 규정에 따라 부담하던 형사책임은 합병으로 존속하는 법인에 승계되지 않는다(대판 2015.12.24, 2015도13946).

IV. 공의무의 특수성

수인의 상속세 납세의무자들 중 일부 상속세 납세의무자에 대하여 상속세 전액을 부과한 경우, 일부 상속세 납세의무자가 납부하여야 할 세액을 초과하여 부과한 부분은 위법하다(대판 2014.10.15, 2012두22706).

V. 무하자재량행사청구권

1. 개설

구분		내용
의의		개인이 행정청에 대하여 하자 없는 적법한 재량처분을 청구할 수 있는 공권
기능		1. 재량행위 통제수단 2. 공권의 확대화 3. 재량행위에 대한 개인의 권리구제와 사법적 심사의 확장(원고적격의 확대)
법적 성질	적극적 공권	단순히 위법한 처분을 배제하는 소극적 또는 방어적 권리에 그치는 것이 아니라, 행정청에 대하여 적법한 재량처분을 할 것을 구하는 적극적 공권
	형식적 공권 / 절차적 공권설	무하자재량행사청구권은 종국처분의 형성과정에 있어 재량권의 법적 한계를 준수하면서 어떠한 처분을 구할 수 있을 따름이라는 점에서 절차적 청구권
	형식적 공권설 (다수설)	자신에게 '특정한 처분'을 해 줄 것을 청구하는 권리(실체적 권리)가 아니라 단지 행정청에 대해 재량권을 행사함에 있어 하자 없이 '어떠한 처분'(특정처분이 아님)을 행사할 것을 청구하는 것에 지나지 않으므로 형식적 권리라는 견해

2. 인정 여부

(1) 학설(긍정설)

부정설	긍정설(다수설)
1. 재량의 하자가 있는 경우에는 그로 인한 실체적 권리의 침해가 있는 경우에 한하여 실체와 관련시켜 권리구제를 인정하면 되므로 굳이 형식적 권리를 따로 인정할 필요가 없고, 2. 만약 실체적 권리의 침해가 없는데도 형식적 권리의 침해만으로 소익(원고적격)을 인정한다면 행정소송의 원고적격을 부당하게 넓혀 민중소송화할 우려가 있으며, 3. 법원이 너무 넓게 재량권의 행사과정에 개입함으로써 행정의 경직화를 초래할 우려가 있고, 4. 현행법상 근거를 찾을 수 없고, 5. 권리침해시 구제수단으로서의 의무이행소송제도가 인정되지 않는다.	1. 실체적인 권리하자를 주장하기 어려운 경우에 이를 주장할 실익이 있고, 2. 공권으로서의 성립요건(강행법규에 의한 의무부과, 사익보호성)이 충족된 당사자에게만 인정되므로 민중소송화될 우려가 없으며, 3. 행정청의 재량권에도 법적 한계를 준수할 의무가 있고 이에 대응하여 행정객체도 하자 없는 재량행사청구권이 인정되고, 4. 당해 재량수권규범의 해석을 통하여 도출될 수 있고, 5. 의무이행소송이 인정되지 않더라도 거부처분취소소송과 부작위위법확인소송 및 간접강제수단을 통한 권리구제가 가능하다.

(2) 판례(긍정설)

검사임용거부처분

검사지원자 중 한정된 수의 임용대상자에 대한 임용결정은 한편으로는 그 임용대상에서 제외한 자에 대한 임용거부결정이라는 양면성을 지니는 것이므로 임용대상자에 대한 임용의 의사표시는 동시에 임용대상에서 제외한 자에 대한 임용거부의 의사표시를 포함한 것으로 볼 수 있고, 이러한 임용거부의 의사표시는 본인에게 직접 고지되지 않았다고 하여도 본인이 이를 알았거나 알 수 있었을 때에 그 효력이 발생한 것으로 보아야 한다.

검사의 임용 여부는 임용권자의 자유재량에 속하는 사항이나, 임용권자가 동일한 검사신규임용의 기회에 원고를 비롯한 다수의 검사지원자들로부터 임용신청을 받아 전형을 거쳐 자체에서 정한 임용기준에 따라 이들 일부만을 선정하여 검사로 임용하는 경우에 있어서 법령상 검사임용신청 및 그 처리의 제도에 관한 명문규정이 없다고 하여도 조리상 임용권자는 임용신청자들에게 전형의 결과인 임용 여부의 응답을 해 줄 의무가 있다고 할 것이며, 응답할 것인지 여부조차도 임용권자의 편의재량사항이라고는 할 수 없다.

검사의 임용에 있어서 임용권자가 임용 여부에 관하여 어떠한 내용의 응답을 할 것인지는 임용권자의 자유재량에 속하므로 일단 임용거부라는 응답을 한 이상 설사 그 응답내용이 부당하다고 하여도 사법심사의 대상으로 삼을 수 없는 것이 원칙이나, 적어도 재량권의 한계일탈이나 남용이 없는 위법하지 않은 응답을 할 의무가 임용권자에게 있고 이에 대응하여 임용신청자로서도 재량권의 한계일탈이나 남용이 없는 적법한 응답을 요구할 권리가 있다고 할 것이며, 이러한 응답신청권에 기하여 재량권 남용의 위법한 거부처분에 대하여는 항고소송으로서 그 취소를 구할 수 있다고 보아야 하므로 임용신청자가 임용거부처분이 재량권을 남용한 위법한 처분이라고 주장하면서 그 취소를 구하는 경우에는 법원은 재량권 남용 여부를 심리하여 본안에 관한 판단으로서 청구의 인용 여부를 가려야 한다(대판 1991.2.12, 90누5825).

3. 권리구제

구분	내용
거부	의무이행심판, 취소심판, 취소소송
부작위	의무이행심판, 부작위위법확인소송

VI. 행정개입청구권

1. 개설

구분	내용
의의	행정개입청구권은 협의로는 타인(제3자)에 대해 행정기관의 행정권발동(개입)을 청구할 수 있는 공권을 의미하지만, 광의로는 행정개입청구권에 당사자가 자신을 위하여 자기 자신에 대한 발동청구권인 행정행위발급청구권을 포함한다.
연혁	경찰법분야(경찰개입청구권)에서 독일의 학설·판례(띠톱판결)
성질	1. 적극적 권리 2. 실체적 권리 : 무하자재량행사청구권과는 달리 형식적 공권이 아니라 실체적 공권의 성격을 갖는다. 즉, 특정처분을 할 것을 요구할 수 있는 공권이다. 3. 예방적 권리성 여부 : 사전예방적 성격 + 사후구제적 성격
인정 범위	1. 경찰행정에 국한 여부 : 행정의 전 영역에 걸쳐 인정 2. 기속행위의 경우 원칙적으로 인정 3. 재량행위의 경우 재량권이 0으로 수축되는 예외적인 경우에만 인정

2. 권리구제

(1) 항고소송

부정사례(주류적 판례)	인정사례
1. 시외완행버스업체들이 시외버스 공용정류장 운영회사의 정류장 사용 요금체계가 부당할 뿐만 아니라 사용요금 책정 후 사정변경이 있다는 이유로 구청장에게 사업개선명령을 내리도록 신청한 것을 거부한 행위(대판 1991.2.26, 90누5597) 2. 행정청이 인접 토지소유자의 장애물철거요구를 거부한 행위(대판 1996.1.23, 95누1378) 3. 산림훼손 용도변경신청을 반려한 행위(대판 1998.10.13, 97누13764) 4. 건축허가와 준공검사의 취소 및 제3자 소유의 건축물에 대한 철거명령신청거부(대판 1999.12.7, 97누17568) 5. 산림 복구설계승인 및 복구준공통보에 대한 이해관계인의 취소신청 거부(대판 2006.6.30, 2004두701)	1. 지방자치단체장의 건축회사에 대한 공사중지명령에 있어서 그 명령의 내용 자체 또는 그 성질상 그 원인사유가 해소되는 경우 건축회사에게 조리상 당해 공사중지명령의 해제를 요구할 수 있는 권리가 인정(대판 1997.12.26, 96누17745) 2. 공유수면매립면허의 취소·변경청구권[대판(전합) 2006.3.16, 2006두330]

(2) 국가배상청구소송 : 간접적으로 인정

> **┤ 관 련 판 례 ├**
>
> 무장공비색출체포를 위한 대간첩작전을 수행하기 위하여 파출소 소장, 순경 및 육군장교 수명 등이 파출소에서 합동대기하고 있던 중 그로부터 불과 60~70미터 거리에서 약 15분간에 걸쳐 주민들이 무장간첩과 격투하던 중 1인이 무장간첩의 발사권총탄에 맞아 사망하였다면 위 군경공무원들의 직무유기행위와 위 망인의 사망과의 사이에 인과관계가 있다고 봄이 상당하다(대판 1971.4.6, 71다124).

제4절 특별행정법관계

I. 특별행정법관계의 종류

구분	내용
근무관계	1. 공무원의 근무관계 2. 군복무관계 3. 육군3사관학교 사관생도(대판 2018.8.30, 2016두60591)
영조물이용관계	1. 국·공립대학 재학관계 2. 감염병환자의 국·공립병원 강제입원관계 3. 국·공립도서관 이용관계 4. 교도소 재소관계
특별감독관계	특허기업(허가기업에 대한 것은 일반권력관계)과 공공조합·공무수탁사인에 대한 국가의 감독관계
사단관계	공공조합과 조합원의 관계

II. 특별행정법관계 인정 여부

1. 제한적 긍정설(통설)

특별권력관계에도 일반권력관계에서 적용되는 기본권보호나 법률유보가 적용되어야 한다는 점에서 양자는 본질적인 차이가 없지만, 특별권력관계에서는 특별한 행정목적의 달성에 필요한 범위 내에서 법치주의가 완화되어 적용될 수 있다는 견해(폭넓은 재량권의 부여 등)

2. 특별권력관계 수정설(내부관계·외부관계구분론)

C. H. Ule : 기본관계와 경영수행관계를 나누어 기본관계는 사법심사대상이 되나 경영수행관계는 사법심사대상이 아니다.

기본관계	경영수행관계
특별권력 자체의 성립·변경·종료나 구성원의 법적 지위의 본질적 사항에 관한 법관계	경영수행상의 질서에 관계되는 행위
1. 공무원의 임명·승진·전직·퇴직·파면 2. 국공립대학생의 입학허가·정학·제적 3. 군인의 입대·제대 4. 교도소 입소·퇴소	1. 공무원에 대한 직무명령 2. 국공립학교에서의 과제물부과·시험평가·여학생에 대한 바지착용금지·특정행사에의 참가명령 3. 군인에 대한 훈련 4. 수형자에 대한 행형 등

3. 판례(제한적 긍정설)

┃ 관 련 판 례 ┃

1. 구 군인복무규율 제24조와 제25조를 군인에게 건의나 고충심사를 청구하여야 할 의무를 부과한 조항 내지 군인의 재판청구권 행사에 앞서 반드시 거쳐야 하는 군 내 사전절차로서의 의미를 갖는 것으로 볼 수 없다 [대판(전합) 2018.3.22, 2012두26401].
2. 구 군인복무규율 제13조 제1항에서 금지하는 '군무 외의 일을 위한 집단행위'의 의미 : 군인으로서 군복무에 관한 기강을 저해하거나 기타 본분에 배치되는 등 군무의 본질을 해치는 특정 목적을 위한 다수인의 행위[대판 (전합) 2018.3.22, 2012두26401]
3. 군인의 기본권 행사에 해당하는 행위가 이에 해당하는지 판단하는 방법 : 법령에 군인의 기본권 행사에 해당하는 행위를 금지하거나 제한하는 규정이 없는 이상, 그러한 행위가 군인으로서 군복무에 관한 기강을 저해하거나 기타 본분에 배치되는 등 군무의 본질을 해치는 특정 목적이 있다고 하기 위해서는 권리행사로서의 실질을 부인하고 이를 규범위반행위로 보기에 충분한 구체적·객관적 사정이 인정되어야 한다. 즉 군인으로서 허용된 권리행사를 함부로 집단행위에 해당하는 것이라고 단정하여서는 아니 된다[대판(전합) 2018.3.22, 2012두26401].
4. 육군3사관학교 사관생도의 경우 일반 국민보다 기본권이 더 제한될 수 있다(대판 2018.8.30, 2016두60591).
5. 「육군3사관학교 설치법」 및 시행령, 「육군3사관학교 학칙」 및 「사관생도 행정예규」 등에서 사관생도의 준수 사항과 징계를 규정할 수 있고 이러한 규율은 존중되어야 한다(대판 2018.8.30, 2016두60591).
6. 육군3사관학교 사관생도인 갑이 4회에 걸쳐 학교 밖에서 음주를 하여 「사관생도 행정예규」 제12조에서 정한 품위유지의무를 위반하였다는 이유로 육군3사관학교장이 교육운영위원회의 의결에 따라 갑에게 퇴학 처분을 한 사안에서, 위 <u>금주조항은 사관생도의 일반적 행동자유권, 사생활의 비밀과 자유 등 기본권을 과 도하게 제한하는</u> 것으로서 무효인데도 위 금주조항을 적용하여 내린 퇴학처분이 적법하다고 본 원심판결에 법리를 오해한 잘못이 있다고 한 사례(대판 2018.8.30, 2016두60591)
7. 국가기관과 공무원 간의 공법상 근무관계에도 고용관계에서 양성평등을 규정한 「남녀고용평등과 일·가정 양립 지원에 관한 법률」 제11조 제1항과 근로기준법 제6조가 적용된다(대판 2019.10.31, 2013두20011).
8. 교육공무원법 등에 따라 조교로 임용되어 교육공무원 내지 특정직공무원의 신분을 부여받는 경우, 기간의 정함이 없는 근로자로의 전환에 관한 「기간제 및 단시간근로자 보호 등에 관한 법률」 제4조 제1항, 제2항 을 국가와 공무원신분인 조교 간의 근무관계에 곧바로 적용할 수 없다(대판 2019.11.14, 2015두52531).

III. 특별행정법관계의 성립·소멸원인

구분		성립원인	소멸원인
직접 법률의 규정에 의한 경우		1. 감염병환자의 국·공립병원에의 강제입원 (임의이용은 사법관계임) 2. 공공조합에의 강제가입 3. 수형자의 수감 4. 징집대상자의 입대	1. 목적의 달성(국·공립학교의 졸업, 병역의무의 이행, 수형자의 형기만료) 2. 구성원 스스로의 탈퇴(공무원의 사임, 학생의 자퇴) 3. 권력주체에 의한 일방적인 해제(학생의 퇴학, 공무원의 파면)
동의	임의적 동의	1. 공무원 임명 2. 국·공립대학 입학 3. 국·공립도서관 이용 4. 별정우체국장의 지정	
	의무적 동의	학령아동의 취학(의무교육)	

IV. 특별행정법관계에서의 한계

수형자의 기본권 제한에 대한 구체적인 한계는 헌법 제37조 제2항에 따라 법률에 의하여, 구체적인 자유·권리의 내용과 성질, 그 제한의 태양과 정도 등을 교량하여 설정하게 되며, 수용시설 내의 안전과 질서를 유지하기 위하여 이들 기본권의 일부 제한이 불가피하다 하더라도 그 본질적인 내용을 침해하거나, 목적의 정당성, 방법의 적정성, 피해의 최소성 및 법익의 균형성 등을 의미하는 과잉금지의 원칙에 위배되어서는 안 된다(헌재결 2004.12.16, 2002헌마478).

V. 특별행정법관계에 대한 사법심사(전면적긍정설 : 통설·판례)

판례도 어떤 행위가 특별권력관계에서의 행위라는 이유만으로 사법심사에서 제외될 수 없다고 하는 전면적 긍정설을 취하고 있다. 즉, 판례는 '특별권력관계'라는 전통적인 용어를 사용하고 있지만, 사법심사를 긍정함으로써 현대적 의미의 '특별권력관계'라는 용어를 사용하고 있다.

1. 근무관계

서대문구청장의 역촌동장 직권면직(대판 1982.7.27, 80누86)

2. 영조물 이용관계

1. 국립서울교육대학 총학생회장 퇴학처분(대판 1991.11.22, 91누2144)
   ① 특별권력관계에도 사법심사 긍정(처분성 인정)
   ② 자유재량행위에 대하여도 사법심사 긍정
   ③ 국립 교육대학 교수회의 학생에 대한 무기정학처분의 징계의결에 대하여 학장이 징계의 재심을 요청하여 다시 개최된 교수회에서 표결을 거치지 아니한 채 학장이 직권으로 징계의결내용을 변경하여 퇴학처분을 한 것은 학칙에 규정된 교수회의 심의·의결을 거치지 아니한 것이어서 위법하다.
2. 서울대학교와 학생과의 관계는 공법상의 영조물이용관계로서 공법관계이다(헌재결 1992.10.1, 92헌마68·76).
3. 영조물이용관계인 교도소(구치소) 재소자관계
   ① 미결수용자(피의자, 피고인)의 변호인 접견에도 행형법 제18조 제3항에 따라서 교도관이 참여할 수 있게 한 것은 신체구속을 당한 미결수용자에게 보장된 변호인의 조력을 받을 권리를 침해하는 것이어서 헌법에 위반된다(헌재결 1992.1.28, 91헌마111).
   ② 헌법소원의 대상이 된 침해행위가 종료되었어도 심판청구의 이익이 있다고 인정한 사례 : 위 각 행위(서신 검열과 서신의 지연발송 및 지연교부행위)는 이른바 권력적 사실행위로서 행정심판이나 행정소송의 대상이 된다고 단정하기도 어려울 뿐 아니라 설사 그 대상이 된다고 하더라도 이미 종료된 행위로서 소의 이익이 부정될 가능성이 많아 헌법소원심판을 청구하는 외에 달리 효과적인 구제방법이 있다고 보기 어려우므로 보충성의 원칙에 대한 예외에 해당한다(헌재결 1995.7.21, 92헌마144).
   ③ 진주교도소장과 마산교도소장의 서신 검열행위는 권력적 사실행위이다(헌재결 2004.11.25, 2003헌마402).
   ④ 미결수용자와 변호인이 아닌 자 사이의 서신을 검열한 행위는 헌법에 위반되지 않는다(헌재결 1995.7.21, 92헌마144).
   ⑤ 미결수용자와 변호인 사이의 서신을 검열한 행위는 헌법에 위반된다(헌재결 1995.7.21, 92헌마144).
4. 국립대학의 학칙에 규정되어 있는 총장 후보자 선정방식인 직선제를 학칙 개정을 통하여 간선제로 변경하는 것은 교육의 본질이나 대학의 자율성을 침해하거나 교육 관계 법령을 위반하는 것이 아니다(대판 2015.6.24, 2013두26408).
5. 교원 또는 교수회의 동의 없이는 총장 후보자 선출을 위한 기존의 직선제 학칙을 간선제로 바꾸는 것은 허용된다(대판 2015.6.24, 2013두26408).

3. 사단관계

농지개량조합과 그 직원과의 관계는 사법상의 근로계약관계가 아닌 공법상의 특별권력관계이고, 그 조합의 직원에 대한 징계처분의 취소를 구하는 소송은 행정소송사항에 속한다(대판 1995.6.9, 94누10870).

제5절 행정법규정의 흠결과 사법규정의 적용(제한적 유추적용설)

구분	내용	권력관계	관리관계
일반법원리적· 법기술적 규정	1. 법원리적 규정 　① 신의성실의 원칙과 파생원칙(권리남용금지, 실권의 법리) 　② 권리주체 : 자연인, 법인 　③ 권리객체 : 물건 　④ 부관 : 조건, 기한, 부담 　⑤ 시효 : 소멸시효, 취득시효 　⑥ 법정채권 발생원인 : 사무관리, 부당이득, 불법행위 2. 법기술적 규정 　① 기간계산　　② 주　소	○	○
기타 사인 간의 이해조정적 규정		×	○
판례	1. 이해조정에 관한 규정은 권력관계에 적용될 수 없음(대판 1961.10.5, 4292행상6) 2. 법기술적 규정인 기간계산은 권력관계에도 적용(대판 1972.12.12, 71누149) 3. 일반법원리적 규정인 실권의 법리는 권력관계에도 적용(대판 1988.4.27, 87누915) 4. 조세법률주의의 원칙상 과세요건이거나 비과세요건 또는 조세감면요건을 막론하고 조세법규의 해석은 특별한 사정이 없는 한 법문대로 해석할 것이고 합리적 이유 없이 확장해석하거나 유추해석하는 것은 허용되지 아니하며, 특히 감면요건규정 가운데에 명백히 특혜규정이라고 볼 수 있는 것은 엄격하게 해석하는 것이 조세공평의 원칙에도 부합한다(대판 2004.5.28, 2003두7392).

제4장
행정법상의 법률요건과 법률사실

제1절 행정법상의 사건

Ⅰ. 기간

1. 기산점

1. 행정에 관한 기간의 계산
   행정에 관한 기간의 계산에 관하여는 이 법 또는 다른 법령 등에 특별한 규정이 있는 경우를 제외하고는 민법을 준용한다(행정기본법 제6조 제1항).
2. 초일불산입의 원칙

> ┤ **관 련 판 례** ├
> 1. 징계요구기간의 계산에 관하여는 민법에 따라 징계사유가 발생한 초일은 산입하지 않는다(대판 1972. 12.12, 71누149).
> 2. 병역법 제88조 제1항 제2호에 정한 '소집기일부터 3일'이라는 기간을 계산할 때에도 기간계산에 관한 민법의 규정이 적용되어 민법 제157조에 따라 기간의 초일은 산입하지 아니하고, 민법 제161조에 따라 기간의 말일이 토요일 또는 공휴일에 해당하는 때에는 기간은 그 익일로 만료한다고 보아야 한다(대판 2012.12.26, 2012도13215).

3. 초일불산입의 예외
   법령 등 또는 처분에서 국민의 권익을 제한하거나 의무를 부과하는 경우 권익이 제한되거나 의무가 지속되는 기간의 계산은 기간을 일, 주, 월 또는 연으로 정한 경우에는 기간의 첫날을 산입한다. 다만, 그 기준에 따르는 것이 국민에게 불리한 경우에는 그러하지 아니하다(행정기본법 제6조 제2항 제1호).

2. 만료점

기간을 일, 주, 월 또는 연으로 정한 때에는 기간말일의 종료로 기간이 만료한다(민법 제159조). 다만, 기간의 말일이 토요일 또는 공휴일에 해당한 때에는 기간은 그 익일(다음날)로 만료한다(같은 법 제161조). 그러나 행정기본법에서는 이에 관한 특칙을 두고 있다. 즉, 법령 등 또는 처분에서 국민의 권익을 제한하거나 의무를 부과하는 경우 권익이 제한되거나 의무가 지속되는 기간의 계산은 기간의 말일이 토요일 또는 공휴일인 경우에도 기간은 그 날로 만료한다. 다만, 그 기준에 따르는 것이 국민에게 불리한 경우에는 그러하지 아니하다(행정기본법 제6조 제항 제2호).

> ┤ **관 련 판 례** ├
> 광업법 제16조에 정한 출원제한기간을 계산할 때 기간계산에 관한 민법의 규정이 적용된다(대판 2009.11.26, 2009두12907).

II. 소멸시효

1. 시효기간

구분	내용
3년	국가배상청구권 : 불법행위로 인한 손해배상의 청구권은 피해자나 그 법정대리인이 그 손해 및 가해자를 안 날로부터 3년 간 이를 행사하지 아니하면 시효로 인하여 소멸한다(민법 제766조 제1항).
5년	1. 공법상 소멸시효의 원칙 2. 조세환급청구권 　① 국세환급금과 국세환급가산금반환청구권 　② 관세환급청구권 　③ 지방세과오납금반환청구권 3. 과태료부과 제척기간(질서위반행위규제법 제19조 제1항)·과태료 징수의 소멸시효(같은 법 제15조 제1항) 4. 조세부과 제척기간
관련판례	1. 적용대상 : 국가의 공권력발동으로 하는 행위는 물론, 국가의 사법상 행위에서 발생한 국가에 대한 금전채무도 포함된다(대판 1967.7.4, 67다751). 2. 다른 법률에 규정의 의미는 5년보다 짧은 기간(대판 1967.7.4, 67다751) 3. 구 군인연금법상 선순위 유족의 연금청구와 국방부장관의 지급결정으로 발생한 구체적인 유족연금수급권(기본권)은 독립적으로 구 군인연금법 제8조 제1항에서 정한 소멸시효의 적용 대상이 되지 않고, 이는 선순위 유족에게 유족연금수급권의 상실사유가 발생하여 동순위 또는 차순위 유족에게 구체적인 유족연금수급권이 같은 법 제29조 제2항 규정에 따라 이전되는 경우에도 마찬가지이다(대판 2019.12.27, 2018두46780). 4. 구 군인연금법상 선순위 유족이 구체적 유족연금수급권을 상실함에 따라 동순위 또는 차순위 유족이 구체적 유족연금수급권(기본권)을 취득한 경우 그로부터 발생하는 월별 수급권(지분권)의 소멸시효 기간과 기산점 / 국방부장관에게 유족연금수급권 이전 청구를 한 경우, 이전 청구 시부터 5년 이내의 월별 수급권은 소멸시효의 진행이 중단되는지 여부(적극) : 선순위 유족에게 구 군인연금법 제29조 제1항 각호에서 정한 사유가 발생하여 구체적 유족연금수급권을 상실함에 따라 동순위 또는 차순위 유족이 법 제29조 제2항 규정에 의하여 곧바로 구체적 유족연금수급권을 취득한 경우 그로부터 발생하는 월별 수급권은 매 연금지급일(매달 25일)부터 5년간 이를 행사하지 아니한 때에는 각 시효가 완성되어 소멸하게 되며, 국방부장관에게 구 「군인연금법 시행령」 제56조에 따라 유족연금수급권 이전 청구를 한 경우에는 이미 발생한 월별 수급권에 관하여 권리를 행사한다는 취지를 객관적으로 표명한 것이므로, 그 이전 청구 시부터 거꾸로 계산하여 5년 이내의 월별 수급권은 소멸시효의 진행이 중단되어 지급받을 수 있다(대판 2019.12.27, 2018두46780).

2. 국가배상청구권의 소멸시효

(1) 소멸시효기간

1. 손해 및 가해자를 안 경우(3년) : 불법행위를 원인으로 한 손해배상청구권은 손해 및 가해자를 안 날로부터 3년 간 행사하지 아니하면 시효로 인하여 소멸하지만(민법 제766조 제1항), 정리위원회로부터 진실규명결정을 받은 피해자 등은 특별한 사정이 없는 한 진실규명결정이 있었던 때에 손해 및 가해자를 알았다고 봄이 상당하므 로, 그때부터 3년이 경과하여야 위 단기소멸시효가 완성된다[대판(전합) 2013.5.16, 2012다202819].

2. 손해 및 가해자를 알지 못한 경우(5년) : 불법행위를 원인으로 한 국가에 대한 손해배상청구권은 불법행위일로 부터 5년 동안 이를 행사하지 아니하면 시효로 소멸하고, 이는 위 3년의 단기소멸시효 기간과 달리 불법행위 일로부터 바로 진행이 되므로 과거사정리법에 의하여 한국전쟁 전후 희생사건에 대하여 희생자임을 확인하는 진실규명결정이 있었던 경우에도 그 손해배상청구권의 소멸시효는 희생자에게 피해가 생긴 날로부터 5년이 경과한 때에 이미 완성되었다고 할 것이다[대판(전합) 2013.5.16, 2012다202819].

3. 민법 제166조 제1항, 제766조 제2항 중 「진실·화해를 위한 과거사정리 기본법」(과거사정리법) 제2조 제1항 제3호의 '민간인 집단 희생사건', 제4호의 '중대한 인권침해사건·조작의혹사건'에 적용되는 부분은 국가배상 청구권을 침해하여 위헌이다(헌재결 2018.8.30, 2014헌바148·162·219·466, 2015헌바50·440; 2014헌바223·290, 2016헌바419).

4. 헌법재판소가 2018. 8. 30. 선고한 '민법 제166조 제1항, 제766조 제2항 중 「진실·화해를 위한 과거사정리 기본법」 제2조 제1항 제3호(민간인 집단 희생사건), 제4호(중대한 인권침해사건·조작의혹사건)에 적용되는 부분은 헌법에 위반된다.'는 위헌결정의 효력은 위 제3호, 제4호 사건에서 공무원의 위법한 직무집행으로 입은 손해 에 대한 배상을 구하는 소송이 위헌결정 당시까지 법원에 계속되어 있는 경우에도 미치고, 위 손해배상청구권 에 대하여 민법 제166조 제1항, 제766조 제2항이나 국가재정법 제96조 제2항에 따른 '객관적 기산점을 기준 으로 하는 소멸시효'는 적용되지 않는다(대판 2019.11.14, 2018다233686).

(2) 기산점

1. 시효기간은 민법 제166조 제1항의 규정에 따라 권리를 행사할 수 있는 때로부터 진행하며, 여기서 "권리를 행사할 수 없다."라고 함은 그 권리행사에 법률상의 장애사유, 예컨대 기간의 미도래나 조건불성취 등이 있는 경우를 말하는 것이고, 사실상 그 권리의 존부나 권리행사의 가능성을 알지 못하였거나 알지 못함에 과실이 없다고 하여도 이러한 사유는 법률상 장애사유에 해당한다고 할 수 없다(대판 2011.7.28, 2009다92784).
2. 조세부과처분으로 인한 부당이득반환청구권의 소멸시효 기산점 : 취소사유 = 취소시, 무효사유 = 오납시(대판 1987.7.7, 87다카54)
3. '손해 및 가해자를 안 날'이란 불법행위의 요건사실에 대하여 현실적이고도 구체적으로 인식하였을 때를 의미한다(대판 2008.4.24, 2006다30440).
4. 단기소멸시효의 기산점인 '손해 및 가해자를 안 날'의 의미는 피해자나 그 법정대리인이 가해 공무원이 국가 또는 지방자치단체와 공법상 근무관계가 있다는 사실을 알고, 또한 일반인이 당해 공무원의 불법행위가 국가 또는 지방자치단체의 직무를 집행함에 있어서 행해진 것이라고 판단하기에 족한 사실까지 인식하는 것을 의미한다(대판 2008.5.29, 2004다33469).
5. 민법 제766조 제1항 소정의 손해를 안다는 것은 단순히 손해 발생의 사실을 아는 것만으로는 부족하고 가해행위가 불법행위로서 이를 원인으로 하여 손해배상을 소구할 수 있다는 것까지 아는 것을 의미한다(대판 2010.12.9, 2010다71592).
6. 변상금부과처분에 대한 취소소송의 진행 중이라도 부과권의 소멸시효가 진행한다(대판 2006.2.10, 2003두5686).
7. 진실·화해를 위한 과거사정리위원회가 「진실·화해를 위한 과거사정리 기본법」 제2조 제1항 제3호, 제4호 사건에 대하여 진실규명결정을 한 경우, 피해자와 유족들의 손해배상청구권에 대한 민법 제766조 제1항의 단기소멸시효의 기산점인 '손해 발생 및 가해자를 안 날'은 진실규명결정통지서가 송달된 날이다(대판 2020.12.10, 2020다205455)
8. 수사기관이 형사소송법 제130조 제2항, 제3항 및 제219조의 요건을 충족하지 않는데도 위법하게 압수물을 폐기한 이후 형사재판에서 무죄판결이 확정되어 위법한 폐기로 인해 압수물의 환부를 받지 못한 피압수자에게 손해가 발생한 경우, 수사기관의 위법한 폐기처분으로 인한 손해배상청구권에 관한 장기소멸시효의 기산점은 무죄의 형사판결이 확정되었을 때이다(대판 2022.1.14, 2019다282197).
9. 가해행위와 이로 인한 현실적인 손해의 발생 사이에 시간적 간격이 있는 불법행위에 기한 손해배상채권의 경우, 장기소멸시효의 기산점이 되는 '불법행위를 한 날의 의미 : 가해행위와 이로 인한 현실적인 손해의 발생 사이에 시간적 간격이 있는 불법행위에 기한 손해배상채권의 경우, 장기소멸시효의 기산점이 되는 '불법행위를 한 날'의 의미는 단지 관념적이고 부동적인 상태에서 잠재적으로만 존재하고 있는 손해가 그 후 현실화되었다고 볼 수 있는 때, 즉 손해의 결과발생이 현실적인 것으로 되었다고 할 수 있을 때로 보아야 한다(대판 2022.1.14, 2019다282197).

(3) 시효의 중단과 정지

1. 국세기본법상 시효중단사유(권리행사)
   ① 납부고지 ② 독촉 ③ 교부청구 ④ 압류
2. 관련판례

┤ **관 련 판 례** ├

1. 행정소송은 원칙적으로 사권에 대한 시효중단사유가 되지 못하나, 예외적으로 과세처분의 취소 또는 무효확인청구의 소는 조세환급을 구하는 부당이득반환청구권의 소멸시효 중단사유인 재판상 청구에 해당한다[대판(전합) 1992.3.31, 91다32053].
2. 채권의 발생원인이 공법상의 것이건 사법상의 것이건 중단효력발생(대판 2001.12.14, 2001다45539)
3. 납입고지에 의한 부과처분이 취소되더라도 납입고지에 의한 시효중단의 효력이 상실되지 않음(대판 2000.9.8, 98두19933)
4. 세무공무원이 체납자의 재산을 압류하기 위해 수색을 하였으나 압류할 목적물이 없어 압류를 실행하지 못한 경우에도 시효중단의 효력이 발생(대판 2001.8.21, 2000다12419)
5. 납세고지에 의하여 시효가 중단되는 부분은 납세고지된 부분 및 그 액수에 한정되고 남은 세액에 대한 조세부과권에 대하여는 시효가 중단됨이 없이 진행한다(대판 1985.2.13, 84누649).
6. 채권자가 동일한 목적을 달성하기 위하여 복수의 채권을 갖고 있는 경우, 어느 하나의 청구권을 행사하더라도 다른 채권에 대한 소멸시효 중단의 효력이 없다(대판 2002.5.10, 2000다39735).
7. 부당이득반환청구의 소를 제기한 경우 채무불이행으로 인한 손해배상청구권의 소멸시효가 중단되지 않는다(대판 2011.2.10, 2010다81285).
8. 한국자산관리공사가 국유재산의 무단점유자에 대하여 변상금 부과·징수권을 행사한 경우 민사상 부당이득반환청구권의 소멸시효가 중단되지 않는다(대판 2014.9.4, 2013다3576).
9. 시효중단 여부는 직권심리사항이다(대판 1987.1.20, 86누346).
10. 과세전 적부심사 청구에 따른 심리기간은 국세징수권의 소멸시효 정지기간에 해당하지 않는다(대판 2016.12.1, 2014두8650).
11. 과세예고통지는 소멸시효의 중단사유가 아니다(대판 2016.12.1, 2014두8650).
12. '압류'에 의한 시효중단의 종료 시점은 압류가 해제되거나 집행절차가 종료될 때이다(대판 2017.4.28, 2016다239840).
13. 체납처분에 의한 채권압류로 채권자의 채무자에 대한 채권의 시효가 중단된 후, 피압류채권이 기본계약관계의 해지·실효 또는 소멸시효 완성 등으로 소멸함으로써 압류의 대상이 존재하지 않게 되어 압류 자체가 실효된 경우, 시효중단사유가 종료한다(대판 2017.4.28, 2016다239840).
14. 민법 제168조 제1호에서 소멸시효의 중단사유로 규정하고 있는 '청구'도 허용될 수 있는 경우 국세징수권의 소멸시효 중단사유가 될 수 있다(대판 2020.3.2, 2017두41771).

(4) 소멸시효 완성의 효과

절대적 소멸설이 다수설·판례(대판 1991.7.26, 91다5631)

┤ **관 련 판 례** ├

1. 절대적 소멸설
   소멸시효에 있어서 그 시효기간이 만료되면 권리는 당연히 소멸하지만 그 시효의 이익을 받는 자가 소송에서 소멸시효의 주장을 하지 아니하면 그 의사에 반하여 재판할 수 없고, 그 시효이익을 받는 자는 시효기간 만료로 인하여 소멸하는 권리의 의무자를 말한다(대판 1991.7.26, 91다5631).
2. 조세채권의 소멸시효가 완성되어 부과권이 소멸된 후에 부과한 과세처분은 위법한 처분으로 그 하자가 중대하고도 명백하여 무효라 할 것이다(대판 1988.3.22, 87누1018).
3. 소멸시효 항변은 당사자의 주장이 있어야만 법원의 판단대상이 된다(대판 2017.3.22, 2016다258124).

(5) 시효완성의 주장과 권리남용

1. 국가의 소멸시효 완성 주장이 신의칙에 반하여 권리남용에 해당하는지 여부에 관한 판단기준 : 국가에게 국민을 보호할 의무가 있다는 사유만으로 국가가 소멸시효의 완성을 주장하는 것 자체가 신의성실의 원칙에 반하여 권리남용에 해당한다고 할 수는 없으므로, 국가의 소멸시효 완성 주장이 신의칙에 반하고 권리남용에 해당한다고 하려면 일반채무자의 소멸시효 완성 주장에서와 같은 특별한 사정이 인정되어야 할 것이고, 또한 그와 같은 일반적 원칙을 적용하여 법이 두고 있는 구체적인 제도의 운용을 배제하는 것은 법해석에 있어 또 하나의 대원칙인 법적 안정성을 해할 위험이 있으므로 그 적용에는 신중을 기하여야 한다[대판(전합) 2005.5.13, 2004다71881].

2. 채무자의 소멸시효 완성 주장이 신의칙에 반하여 허용되지 않는 경우 : 채무자가 시효완성 전에 채권자의 권리행사나 시효중단을 불가능 또는 현저히 곤란하게 하였거나 그러한 조치가 불필요하다고 믿게 하는 행동을 하였거나, 객관적으로 채권자가 권리를 행사할 수 없는 장애사유가 있었거나, 일단 시효완성 후에 채무자가 시효를 원용하지 아니할 것 같은 태도를 보여 권리자로 하여금 그와 같이 신뢰하게 하였거나, 채권자보호의 필요성이 크고 같은 조건의 다른 채권자가 채무의 변제를 수령하는 등의 사정이 있어 채무이행의 거절을 인정함이 현저히 부당하거나 불공평하게 되는 등의 특별한 사정이 있는 경우에는 채무자가 소멸시효의 완성을 주장하는 것이 신의성실의 원칙에 반하여 권리남용으로서 허용될 수 없다(대판 2008.9.25, 2006다18228).

3. 채무자가 소멸시효 이익을 원용하지 않을 것 같은 신뢰를 부여한 때로부터 '상당한 기간' 내에 채권자의 권리행사가 있었는지 판단하는 기준 및 불법행위로 인한 손해배상청구의 경우 '상당한 기간'의 범위 : 채무자가 소멸시효의 이익을 원용하지 않을 것 같은 신뢰를 부여한 경우에도 채권자는 그러한 사정이 있은 때로부터 상당한 기간 내에 권리를 행사하여야만 채무자의 소멸시효의 항변을 저지할 수 있는데, 여기에서 '상당한 기간' 내에 권리행사가 있었는지는 채권자와 채무자 사이의 관계, 신뢰를 부여하게 된 채무자의 행위 등의 내용과 동기 및 경위, 채무자가 그 행위 등에 의하여 달성하려고 한 목적과 진정한 의도, 채권자의 권리행사가 지연될 수밖에 없었던 특별한 사정이 있었는지 여부 등을 종합적으로 고려하여 판단할 것이다. 다만 신의성실의 원칙을 들어 시효 완성의 효력을 부정하는 것은 법적 안정성의 달성, 입증곤란의 구제, 권리행사의 태만에 대한 제재를 이념으로 삼고 있는 소멸시효 제도에 대한 대단히 예외적인 제한에 그쳐야 할 것이므로, 위 권리행사의 '상당한 기간'은 특별한 사정이 없는 한 민법상 시효정지의 경우에 준하여 단기간으로 제한되어야 한다. 그러므로 개별 사건에서 매우 특수한 사정이 있어 그 기간을 연장하여 인정하는 것이 부득이한 경우에도 불법행위로 인한 손해배상청구의 경우 그 기간은 아무리 길어도 민법 제766조 제1항이 규정한 단기소멸시효기간인 3년을 넘을 수는 없다고 보아야 한다[대판(전합) 2013.5.16, 2012다202819].

4. 근로복지공단으로부터 요양불승인처분을 받은 다음 그 취소를 구하는 행정소송을 제기하여 승소확정판결을 받은 근로자가 요양으로 인하여 취업하지 못한 기간 동안의 휴업급여를 청구한 사건에서, 그 휴업급여청구권이 시효완성으로 소멸하였다는 근로복지공단의 항변은 신의성실의 원칙에 반하여 허용되지 않는다[대판(전합) 2008.9.18, 2007두2173].

5. 한국전쟁 전후 민간인 희생사건들에 있어서 국가의 소멸시효항변이 권리남용에 해당하기 위한 요건 : 과거사정리법에 의한 진실규명신청이 있었고, 정리위원회도 망인들을 희생자로 확인 또는 추정하는 결정을 한 경우, 망인들의 유족인 원고들로서는 그 결정에 기초하여 상당한 기간 내에 권리를 행사할 경우 피고가 적어도 소멸시효의 완성을 들어 권리소멸을 주장하지는 않을 것이라는 데 대한 신뢰를 가질 만한 특별한 사정이 있다고 봄이 상당하다. 그럼에도 불구하고 피고가 원고들에 대하여 소멸시효의 완성을 주장하는 것은 신의성실 원칙에 반하는 권리남용에 해당한다 할 것이어서 이는 허용될 수 없다[대판(전합) 2013.5.16, 2012다202819].

6. '진실·화해를 위한 과거사정리위원회'가 피해자 등의 진실규명신청에 따라 진실규명신청 대상자를 희생자로 확인 또는 추정하는 진실규명결정을 하고 피해자 등이 그 결정에 기초하여 상당한 기간 내에 권리행사를 한 경우, 국가가 소멸시효 완성을 주장하는 것은 허용되지 않고 위 위원회가 「진실·화해를 위한 과거사정리 기본법」 제22조 제3항에 따라 직권으로 조사를 개시하여 진실규명결정을 한 경우에도 마찬가지이다(대판 2013.7.25, 2013다16602).

7. 수사과정에서 불법구금이나 고문을 당한 사람이 공판절차에서 유죄 확정판결을 받고 수사관들을 직권남용, 감금 등 혐의로 고소하였으나 검찰에서 '혐의 없음' 결정을 받은 경우, 재심절차에서 무죄판결이 확정될 때까

지는 국가를 상대로 불법구금이나 고문을 원인으로 한 손해배상청구를 할 것을 기대할 수 없는 장애사유가 있었다고 보아야 한다(대판 2019.1.31, 2016다258148).

(6) 소급효

소멸시효가 완성된 후에 부과한 과세처분은 무효(대판 1988.3.22, 87누1018)

III. 공물의 시효취득

1. 행정재산, 보존재산(현 보존용재산) : 불가

① 공용재산, 공공용재산, 기업용재산, 보존용재산(구 보존재산)
② 대부·매각·사권설정 금지(원칙)
③ 시효취득 불가

┨ 관 련 판 례 ┠
---

1. 행정목적을 위하여 공용되는 행정재산은 공용폐지가 되지 않는 한 사법상 거래의 대상이 될 수 없으므로 취득시효의 대상도 될 수 없다(대판 1983.6.14, 83다카181).
   ① 자연공물인 바다에 대해 묵시적 공용폐지가 가능하다(대판 2009.12.10, 2006다87538).
   ② 묵시적 공용폐지 의사의 판단기준 : 공물의 공용폐지에 관하여 국가의 묵시적인 의사표시가 있다고 인정되려면 공물이 사실상 본래의 용도에 사용되고 있지 않다거나 행정주체가 점유를 상실하였다는 정도의 사정만으로는 부족하고, 주위의 사정을 종합하여 객관적으로 공용폐지 의사의 존재가 추단될 수 있어야 할 것이다(대판 2009.12.10, 2006다87538).
   ③ 사실상 공물로서의 용도에 사용되지 아니하고 있다는 사실이나 무효인 매도행위는 용도폐지의 의사표시가 아니다(대판 1983.6.14, 83다카181).
   ④ 국유하천부지는 공공용재산이므로 그 일부가 사실상 대지화되어 그 본래의 용도에 공여되지 않는 상태에 놓여 있더라도 국유재산법령에 의한 용도폐지를 하지 않은 이상 당연히 잡종재산으로 된다고는 할 수 없다(대판 1997.8.22, 96다10737).
   ⑤ 도로 : 오랫동안 도로로서 사용되지 않는 토지가 일부에 건물이 세워져 있으며 그 주위에 담이 둘러져 있어 사실상 대지화되어 있다고 하더라도 관리청의 적법한 의사표시에 의한 것이 아니라 그 인접토지의 소유자들이 임의로 토지를 봉쇄하고 독점적으로 사용해 왔기 때문이라면, 관리청이 묵시적으로 토지의 도로로서의 용도를 폐지하였다고 볼 수는 없다(대판 1994.9.13, 94다12579).
   ⑥ 해면에 포락되어 사권이 소멸되고 해면 아래의 지반이 되었다가 매립면허구역을 초과하여 매립되면서 육지화가 된 매립지에 대하여 국(國)이 자연공물임을 전제로 한 아무런 조치를 취하지 않았고, 기존의 토지대장상 지목이 답으로 변경되었다는 등의 사정만으로는 공용폐지에 관한 국(國)의 의사가 객관적으로 추단된다고 보기에 부족하다(대판 2009.12.10, 2006다87538).
2. 보존재산(문화재보호구역 내의 국유토지)은 시효취득의 대상이 아니다(대판 1994.5.10, 93다23442).

④ 공물, 공법관계

2. 일반재산(구 잡종재산) : 가능

1. 대부·매각 가능
2. 시효취득 가능
3. 공물이 아닌 사물(私物)
4. 사법(私法)관계

┤ 관 련 판 례 ├

1. 국유잡종재산은 사경제적 거래의 대상으로서 사적 자치의 원칙이 지배되고 있으므로 시효제도의 적용에 있어서도 동일하게 보아야 하고, 국유잡종재산에 대한 시효취득을 부인하는 동 규정(국유재산법 제5조 제2항 ; 국가의 국민의 재산에 대한 시효취득은 인정)은 합리적 근거 없이 국가만을 우대하는 불평등한 규정으로서 헌법상의 평등의 원칙과 사유재산권 보장의 이념 및 과잉금지의 원칙에 반한다(헌재결 1991.5.13, 89헌가97).
2. 수리조합이 자연상태에서 전·답에 불과한 토지 위에 저수지를 설치한 경우 위 시설은 시효취득의 대상이다(대판 2010.11.25, 2010다37042).
3. 국유재산이 시효취득의 대상이 되는 잡종재산이라는 점에 대한 입증책임의 소재는 시효이익을 주장하는 자이다(대판 1995.6.16, 94다42655).

3. 시효취득과 손실보상청구권

┤ 관 련 판 례 ├

1. 국가가 토지를 20년간 점유하여 취득시효가 완성된 경우, 토지 소유자가 「하천편입토지 보상 등에 관한 특별조치법」에 따른 손실보상청구권을 행사할 수 있다(대판 2016.6.28, 2016두35243).
2. 위 법리는 하천구역 편입 당시 이미 국가가 토지의 소유권을 취득한 경우에는 적용되지 않는다(대판 2016.6.28, 2016두35243).

4. 자주점유의 추정

┤ 관 련 판 례 ├

1. 국가나 지방자치단체가 부동산을 점유하는 경우에도 자주점유의 추정이 적용된다(대판 2016.6.9, 2014두1369).
2. 점유자가 주장하는 자주점유의 권원이 인정되지 않는다는 사유만으로 자주점유의 추정이 번복되지 않는다(대판 2016.6.9, 2014두1369).
3. 점유자가 점유 개시 당시 소유권 취득의 원인이 될 수 있는 법률행위 기타 법률요건 없이 그와 같은 법률요건이 없다는 사실을 잘 알면서 다른 사람 소유의 부동산을 무단으로 점유한 경우, 자주점유의 추정이 깨어지고 이러한 법리는 국가나 지방자치단체가 점유하는 경우에도 적용된다(대판 2017.9.7, 2017다228342).
4. 취득시효에서 자주점유 여부에 대한 증명책임의 소재 : 점유자는 소유의 의사로 선의, 평온 및 공연하게 점유한 것으로 추정되므로(민법 제197조 제1항), 점유자가 취득시효를 주장할 때 자신이 소유의 의사로 점유하였음을 증명할 책임은 없고, 오히려 점유가 소유의 의사로 이루어진 것이 아님을 주장하여 점유자의 취득시효의 성립을 부정하려는 사람이 증명책임을 부담하는 것이 원칙이다(대판 2017.9.7, 2017다228342).
5. 국가나 지방자치단체가 취득시효의 완성을 주장하는 토지의 취득절차에 관한 서류를 제출하지 못하고 있다는 사정만으로 자주점유의 추정이 깨어지지 않는다(대판 2017.9.7, 2017다228342).

Ⅳ. 제척기간

Ⅴ. 공법상의 사무관리

구분	내용 및 사례
의의	법률상 의무 없이 타인의 사무를 관리하는 행위
종류	1. 행정주체의 사인을 위한 사무관리 　① 강제관리 : 특허기업(보호기업)에 대한 강제관리, 문제가 있는 학교재단에 대한 교육위원회의 강제관리, 압수물에 대한 국가기관의 환가처분 　② 보호관리 : 행려병사자의 보호관리·유류품 관리·시립병원이 행하는 행려병자 보호 　③ 역무제공 : 비상재해시 재화와 역무의 제공, 수난구호 2. 사인의 행정주체를 위한 사무관리 : 비상재해시 사인에 의한 행정사무의 관리, 사인이 행한 조난자의 구호조치·역무제공, 갑 주식회사(허베이 스피리트 선박 주식회사) 소유의 유조선에서 원유가 유출되는 사고가 발생하자 을 주식회사(주원환경 주식회사)가 피해 방지를 위해 해양경찰의 직접적인 지휘를 받아 방제작업을 보조한 사안(대판 2014.12.11. 2012다15602) ┤ 관 련 판 례 ├ 1. 사인이 국가의 사무를 처리한 경우, 사무관리가 성립하기 위한 요건 : 사무관리가 성립하기 위하여는 우선 사무가 타인의 사무이고 타인을 위하여 사무를 처리하는 의사, 즉 관리의 사실상 이익을 타인에게 귀속시키려는 의사가 있어야 하며, 나아가 사무의 처리가 본인에게 불리하거나 본인의 의사에 반한다는 것이 명백하지 아니할 것을 요한다. 다만 타인의 사무가 국가의 사무인 경우, 원칙적으로 사인이 법령상 근거 없이 국가의 사무를 수행할 수 없다는 점을 고려하면, 사인이 처리한 국가의 사무가 사인이 국가를 대신하여 처리할 수 있는 성질의 것으로서, 사무 처리의 긴급성 등 국가의 사무에 대한 사인의 개입이 정당화되는 경우에 한하여 사무관리가 성립하고, 사인은 그 범위 내에서 국가에 대하여 국가의 사무를 처리하면서 지출된 필요비 내지 유익비의 상환을 청구할 수 있다(대판 2014.12.11, 2012다15602). 2. 갑 주식회사(허베이 스피리트 선박 주식회사) 소유의 유조선에서 원유가 유출되는 사고가 발생하자 을 주식회사(주원환경 주식회사)가 피해 방지를 위해 해양경찰의 직접적인 지휘를 받아 방제작업을 보조한 사안에서, 을 회사는 사무관리에 근거하여 국가에 방제비용을 청구할 수 있다고 한 사례 : 갑 회사의 조치만으로는 원유 유출사고에 따른 해양오염을 방지하기 곤란할 정도로 긴급방제조치가 필요한 상황이었고, 위 방제작업은 을 회사가 국가를 위해 처리할 수 있는 국가의 의무 영역과 이익 영역에 속하는 사무이며, 을 회사가 방제작업을 하면서 해양경찰의 지시·통제를 받았던 점 등에 비추어 을 회사는 국가의 사무를 처리한다는 의사로 방제작업을 한 것으로 볼 수 있으므로, 을 회사는 사무관리에 근거하여 국가에 방제비용을 청구할 수 있다(대판 2014.12.11, 2012다15602).

VI. 공법상의 부당이득

1. 의의 및 성립요건

법률상 원인 없이 타인의 재산 또는 노무로 인하여 이익을 얻고 이로 인하여 타인에게 손해를 가하는 것

┤ 관 련 판 례 ├

1. 조세의 과오납이 부당이득이 되는 경우 : 납세 또는 조세의 징수가 실체법적으로나 절차법적으로 전혀 법률상의 근거가 없거나 과세처분의 하자가 중대하고 명백하여 당연무효이어야 하고, 과세처분의 하자가 단지 취소할 수 있는 정도에 불과할 때에는 과세관청이 이를 스스로 취소(직권취소)하거나 항고소송절차에 의하여 취소(쟁송취소)되지 않는 한 그로 인한 조세의 납부가 부당이득이 된다고 할 수 없다(대판 1994.11.11, 94다28000).

2. 신고납세방식의 조세인 취득세 및 등록세에 있어서는 납세의무자의 신고행위가 중대하고 명백한 하자로 인하여 당연무효로 되지 아니하는 한 그것이 바로 부당이득에 해당한다고 할 수 없다(대판 2005.5.12, 2003다43346).

3. 당연무효인 변상금부과처분에 의해 납부하거나 징수당한 오납금의 법적 성질은 부당이득이고 이 오납금에 대한 부당이득반환청구권의 소멸시효 기산점은 납부 또는 징수 시이다(대판 2005.1.27, 2004다50143).
   ▶ 취소할 수 있는 사유일 경우 취소시 소멸시효 진행

4. 국가 또는 상위 지방자치단체 등이 위임조례 등에 의하여 그 권한의 일부를 하위 지방자치단체의 장 등에게 기관위임을 하여 수임관청이 그 사무처리를 위하여 공원 등의 부지가 된 토지를 점유하는 경우, 위임관청이 그 토지를 간접점유하는 것이므로 위임관청이 부당이득반환의무를 부담한다(대판 2010.3.25, 2007다22897).

5. 국유재산의 무단점유자에 대하여 구 국유재산법 제51조 제1항·제4항·제5항에 의한 변상금 부과·징수권의 행사와 별도로 민사상 부당이득반환청구의 소를 제기할 수 있다[대판(전합) 2014.7.16, 2011다76402].

6. 잡종재산의 무단점유자가 반환하여야 할 부당이득의 범위는 구 국유재산법 제38조 제1항, 제25조 제1항에서 정한 방법에 따라 산출되는 대부료(조정대부료가 아님)이다[대판(전합) 2014.7.16, 2011다76402].

7. 국가 또는 지방자치단체의 이득액과 임용결격공무원 등이 입은 손해의 내용 : 국가 또는 지방자치단체는 공무원연금법이 적용될 수 있었던 임용결격공무원 등의 이 사건 근로 제공과 관련하여 매월 지급한 월 급여 외에 공무원연금법상 퇴직급여의 지급을 면하는 이익을 얻는데, 퇴직급여 가운데 임용결격공무원 등이 스스로 적립한 기여금 관련 금액은 임용기간 중의 이 사건 근로의 대가에 해당하고, 기여금을 제외한 나머지 금액 중 순수한 근로에 대한 대가로서 지급되는 부분(공무원의 지위에 대한 공로보상적, 사회보장적 차원에서 지급되는 부분을 제외하는 취지이다) 상당액이 퇴직에 따라 이 사건 근로의 대가로 지급되는 금액이라 할 수 있다(대판 2017.5.11, 2012다200486).

8. 임용결격공무원 등이 입은 손해가 국가 또는 지방자치단체의 이득액인 공무원연금법상 퇴직급여 상당액을 넘는 경우, 국가 또는 지방자치단체가 반환하여야 할 부당이득액은 공무원연금법상 퇴직급여 상당액으로 제한된다(대판 2017.5.11, 2012다200486).

9. 납세자가 조세환급금에 대하여 이행청구를 한 이후에는 환급가산금청구권과 지연손해금청구권이 경합적으로 발생한다[대판(전합) 2018.7.19, 2017다242409].

2. 행정주체의 부당이득

(1) 인정사례

1. 과세처분이 무효이거나 취소된 경우(대판 1994.11.11, 94다28000)
2. 당연무효인 변상금부과처분에 의해 납부하거나 징수당한 오납금(대판 2005.1.27, 2004다50143)
3. 신고납부방식의 조세에 관한 신고행위에 중대하고 명백한 하자로 인해 당연무효인 경우(대판 2014.1.16, 2012다23382)
4. 조세환급금(대판 2009.9.10, 2009다11808)
5. 소득금액변동통지를 처분으로 본 대법원 전합 판결 선고 이전에 이루어진 과세관청의 소득처분에 따른 소득금액변동통지에 의해 원천징수의무자가 근로소득세 원천징수분을 자진납부한 경우(대판 2009.12.24, 2007다25377)
6. 국가 또는 상위 지방자치단체 등이 위임조례 등에 의하여 그 권한의 일부를 하위 지방자치단체의 장 등에게 기관위임을 하여 수임관청이 그 사무처리를 위하여 공원 등의 부지가 된 토지를 점유하는 경우(대판 2010.3.25, 2007다22897)
7. 국가가 통제보호구역으로 지정된 토지를 군사시설 부지 등으로 계속적, 배타적으로 점유·사용하는 경우(대판 2012.12.26, 2011다73144)
8. 새로 설치한 정비기반시설의 설치비용이 용도폐지되는 정비기반시설의 평가가액을 초과하는데도 사업시행 인가관청이 용도폐지 정비기반시설 가액에 미달한다고 보아 정산금을 부과한 경우(대판 2014.2.21, 2012다82466)
9. 공익사업의 시행자가 자신이 부담하여야 하는 생활기본시설 설치비용을 이주대책대상자에게 전가한 경우(대판 2014.8.20, 2014다6572)
10. 국가의 재정 지원범위를 벗어나 지방자치단체가 국유재산을 학교부지로 임의 사용하는 경우(대판 2014.12.24, 2010다69704)
11. 농지개량사업 시행지역 내의 토지 등 소유자가 토지사용에 관한 승낙을 하였으나 농지개량사업 시행자가 토지 소유자 및 승계인에 대하여 보상 없이 타인의 토지를 점유·사용하는 것(대판 2016.6.23, 2016다206369)
12. 임용행위가 당연무효이거나 취소된 공무원의 임용 시부터 퇴직 시까지의 사실상 근로한 경우(대판 2017.5.11, 2012다200486)

(2) 부정사례

1. 국립대학의 기성회가 기성회비를 납부받은 것은 '법률상 원인 없이' 타인의 재산으로 이익을 얻은 경우에 해당한다고 볼 수 없다[대판(전합) 2015.6.23, 2014다5531]
2. 납세자가 납부하여야 할 지방세 등 지방자치단체의 징수금을 제3자가 납세자 명의로 납부한 경우(대판 2015.11.12, 2014다36221)
3. 국가나 지방자치단체가 어느 단체에게 시설의 관리 등을 위탁하여 이를 사용·수익하게 하고, 그 단체가 자신의 명의와 계산으로 재화 또는 용역을 공급하고 부가가치세를 납부한 경우, 그러한 사정만으로 위탁자인 국가나 지방자치단체가 법률상 원인 없이 채무를 면하는 등의 이익을 얻어 부당이득을 한 것이라 할 수 없다(대판 2019.1.17, 2016두60287).
4. 구 소하천정비법에 따라 소하천구역으로 편입된 토지의 소유자가 사용·수익에 관한 권리행사에 제한을 받아 손해를 입고 있는 경우(대판 2021.12.30, 2018다284608) : 소하천정비법 제24조에서 정한 절차에 따라 손실보상을 청구할 수 있음은 별론

3. 사인의 부당이득

(1) 성립요건

1. 재결에 대하여 불복절차를 취하지 아니함으로써 그 재결에 대하여 더 이상 다툴 수 없게 된 경우, 기업자(현 사업시행자)가 이미 보상금을 지급받은 자에 대하여 민사소송으로 부당이득의 반환을 구할 수 없다(대판 2001. 4.27, 2000다50237).
2. 국민건강보험공단이 요양급여비용 지급결정을 취소하지 않은 상태에서 요양기관을 상대로 위 결정에 따라 지급된 요양급여비용 상당의 부당이득반환을 구할 수 없다(대판 2020.9.3, 2015다230730).
3. 「공익사업을 위한 토지 등의 취득 및 보상에 관한 법률」 제78조 등에서 정한 주거이전비 등의 지급절차가 이루어지지 않은 경우, 주택재개발정비사업의 시행자가 종전 토지나 건축물을 사용·수익하고 있는 현금청산 대상자를 상대로 부당이득반환을 청구할 수 없다(대판 2021.7.29, 2019다300477).

(2) 인정사례

1. 공무원연금법상의 퇴직연금 수급자가 구 사립학교교원연금법상의 교직원으로 임용되어 급여를 받게 된 경우 (대판 2000.11.28, 99두5443)
2. 국민건강보험법상 보험급여 수급권자에게 가해자 등 제3자가 보험급여 항목과 관련된 재산상 손해액을 모두 변제하였음에도 수급권자가 보험급여를 받았고 국민건강보험공단이 보험급여와 관련하여 부담금을 지급한 경우(대판 2016.12.29, 2014두40340)

(3) 부정사례

1. 사업시행자가 주택건설사업계획 승인을 받음으로써 도로점용허가가 의제되었는데 관리청이 도로점용료를 부과하지 않은 경우(대판 2013.6.13, 2012다87010)
2. 국가배상소송에 따른 손해배상금을 지급받은 후 별도의 형사보상재판을 통하여 지급받은 형사보상금에 중복된 부분이 있는 경우(대판 2021.11.25, 2018다201207)

(4) 내용

1. 국유재산의 무단점유자에 대하여 구 국유재산법 제51조 제1항, 제4항, 제5항에 의한 변상금 부과·징수권의 행사와 별도로 민사상 부당이득반환청구의 소를 제기할 수 있다[대판(전합) 2014.7.16, 2011다76402].
2. 잡종재산의 무단점유자가 반환하여야 할 부당이득의 범위는 구 국유재산법 제38조 제1항, 제25조 제1항에서 정한 방법에 따라 산출되는 대부료이다[대판(전합) 2014.7.16, 2011다76402].

4. 법적 성질

1. 다수설(공권설) : 공법상 원인에 의해 발생한 것이므로 공권이고, 행정소송법상의 당사자소송에 의한다는 견해
2. 판례(사권설)(대판 1991.2.6, 90프2)

┤ 관 련 판 례 ├

납세자가 이미 존재와 범위가 확정되어 있는 과오납부액에 대하여 부당이득 반환을 구하는 민사소송으로 환급을 청구할 수 있다(대판 2015.8.27, 2013다212639).

5. 급부처분의 직권취소 후 환수처분과 부당이득

(1) 환수처분의 제한(이익형량)

판례에 따르면 공익상의 필요와 당사자가 입게 될 기득권과 신뢰보호 및 법률 생활의 안정성 등의 불이익을 비교교량한 후, 공익상 필요가 강할 경우메나 환수처분이 가능하다는 입장이다. 즉, 신뢰보호의 견지에서 부당이득의 환수를 제한하고 있다.

┤ 관 련 판 례 ├

1. 구 산업재해보상보험법 제84조 제1항 제3호에 따라 보험급여를 받은 당사자로부터 잘못 지급된 보험급여액에 해당하는 금액을 징수하는 처분을 할 수 있는 경우 : 잘못 지급된 보험급여액에 해당하는 금액을 징수하는 처분을 해야 할 공익상 필요와 그로 말미암아 당사자가 입게 될 기득권과 신뢰의 보호 및 법률생활 안정의 침해 등의 불이익을 비교·교량한 후, 공익상 필요가 당사자가 입게 될 불이익을 정당화할 만큼 강한 경우에 한하여 보험급여를 받은 당사자로부터 잘못 지급된 보험급여액에 해당하는 금액을 징수하는 처분을 해야 한다(대판 2014.4.10, 2011두31697).
2. 「특수임무수행자 보상에 관한 법률」 제18조 제1항 제2호에 따라 보상금 등을 받은 당사자로부터 잘못 지급된 부분을 환수하는 처분을 할 수 있는 경우 : 잘못 지급된 보상금 등에 해당하는 금액을 징수하는 처분을 해야 할 공익상 필요와 그로 인하여 당사자가 입게 될 기득권과 신뢰의 보호 및 법률생활 안정의 침해 등의 불이익을 비교·교량한 후, 공익상 필요가 당사자가 입게 될 불이익을 정당화할 만큼 강한 경우에 한하여 보상금 등을 받은 당사자로부터 잘못 지급된 보상금 등에 해당하는 금액을 환수하는 처분을 하여야 한다(대판 2014.10.27, 2012두17186).

(2) 급부처분의 취소변경처분과 징수처분의 독립성

이 경우 금전급부처분을 변경 또는 취소하는 처분이 적법하다고 하여 그에 터잡은 징수처분(환수처분)도 반드시 적법하다고 판단해야 하는 것은 아니고, 관련이익을 비교교량하여 징수할 금액을 결정해야 한다.

┤ 관 련 판 례 ├

산업재해보상보험법상 각종 보험급여 지급결정을 변경 또는 취소하는 처분이 적법한 경우, 그에 터 잡은 징수처분도 반드시 적법하다고 판단해야 하는 것은 아니다 : 산재보상법상 각종 보험급여 등의 지급결정을 변경 또는 취소하는 처분과 처분에 터 잡아 잘못 지급된 보험급여액에 해당하는 금액을 징수하는 처분이 적법한지를 판단하는 경우 비교·교량할 각 사정이 동일하다고는 할 수 없으므로, 지급결정을 변경 또는 취소하는 처분이 적법하다고 하여 그에 터 잡은 징수처분도 반드시 적법하다고 판단해야 하는 것은 아니다(대판 2014.7.24, 2013두27159).

제2절 행정법상의 행위

Ⅰ. 사인의 공법행위의 종류

1. 사인의 지위

행정주체의 기관의 지위	행정객체의 지위
1. 국가·공공단체의 기관구성원으로서 행하는 능동적 지위에서 행하는 행위 2. 선거(투표·서명)행위	1. 행정객체의 수동적 지위에서 행하는 행위 2. 각종 신고·신청·청약·협의·동의·의견서 제출, 통지, 행정심판의 제기

2. 행위의 효과

자족적 공법행위	행위요건적 공법행위
1. 합성행위(투표) 2. 합동행위(도시개발조합 등 공공조합 설립행위) 3. 통지행위 4. 자기완결적 신고	1. 신청 : ① 가신청, ② 등록신청, ③ 업허가신청 2. 청약 : 공법상 계약에서의 청약·토지수용에 있어서의 협의 3. 청구 : 행정심판청구·소송청구 4. 동의·승낙 : ① 방적 행정행위의 동의 또는 승낙, ② 공무원 임용에 있어서의 사인의 동의, ③ 5. 제출 : ① 국고시 응시원서(입학원서) 제출, ②사직원의 제출 6. 수리를 요하는 신고(행위요건적 신고)

II. 사인의 공법행위의 적용법리

구분	내용
의사능력	무효사유
행위능력	1. 재산관계는 중요한 법률관계이기 때문에 원칙적으로 행위능력이 필요. 그러나 납세신고는 재산법상의 행위이지만 단독으로 유효한 행위를 할 수 있다. 2. 신분법상의 행위(운전면허나 여권의 발급신청, 각종 인허가의 신청)의 경우에는 행위능력을 반드시 요하는 것은 아니다. 3. 재산관계 이외의 행위(우편물수발 등)의 경우에는 행위능력 불요 4. 행위무능력자에 의한 사인의 공법행위도 유효한 것이라고 보는 개별법 : 우편법, 우편환법
비진의(非眞意) 표시(진의 아닌 의사표시)	1. 민법의 법률행위에 관한 규정은 행위의 격식화를 특색으로 하는 공법행위에 당연히 타당하다고 말할 수 없으므로 공법행위인 영업재개업신고에 민법 제107조는 적용될 수 없다(대판 1978.7.25, 76누276). 2. 전역지원의 의사표시가 진의 아닌 의사표시라 하더라도 그 무효에 관한 법리를 선언한 민법 제107조 제1항 단서의 규정은 그 성질상 사인의 공법행위에는 적용되지 않는다 할 것이므로 그 표시된 대로 유효한 것으로 보아야 한다(대판 1994.1.11, 93누10057). 3. 공무원이 사직의 의사표시를 하여 의원면직된 경우, 그 사직의 의사표시에 민법 제107조가 준용되지 않는다(대판 1997.12.12, 97누13962).
강박에 의한 의사표시	단순강박에 의한 의사표시(의사결정의 자유를 제한하는 정도에 그친 경우)는 원칙 취소사유, 저항할 수 없는 강박(의사결정의 자유를 박탈할 정도)의 경우 무효사유(대판 1997.12.12, 97누13962)
대리	1. 대리를 금하는 규정 : 선거(공직선거법 제157조) 2. 성질상 금지되는 경우 : 귀화신청, 사직원의 제출·철회, 시험 3. 대리를 허용하는 규정 : 행정심판법
요식행위 (서면주의)	학설에 의하면 불요식 1. 법률상으로는 문서주의(서면주의)가 원칙 　　① 처분의 신청 　　② 민원의 신청·고충민원신청 　　③ 개인정보열람·정정청구 　　④ 행정심판청구 2. 문서 또는 말 : 정보공개청구
효력발생시기	도달주의가 원칙
부관	행정법관계의 명확성·신속한 확정의 필요상 특별한 규정이 없는 한 부관을 붙일 수 없다. ┤ 관 련 판 례 ├ 공무원이 일정시기까지 수리를 보류해 줄 것을 당부하면서 작성일자를 기재 않은 사직서를 제출한 경우 행정청이 바로 그 사직서를 수리하여 행한 면직처분은 적법하다(대판 1986.8.19, 86누81).

철회·보정	1. 사직의 의사표시 후 의원면직처분 전에 이를 철회할 수 있지만, 처분 전이라도 신의칙에 반할 경우에는 철회할 수 없다(대판 1993.7.27, 92누16942). 2. 일단 면직처분이 있고 난 이후에는 철회나 취소할 여지가 없다(대판 2001.8.24, 99두9971). 3. 구 도시재개발법상 재개발조합의 설립 및 사업시행에 대한 토지 또는 건축물 소유자의 동의나 동의 철회의 기한은 재개발조합의 설립 및 사업시행인가 처분시까지이다(대판 2001.6.15, 99두5566). 4. 공무원시험, 합성행위·합동행위는 단체성·형식성으로 인해 철회 제한

사인의 공법
행위의 하자
	1. 하자의 효력 : 납세신고의 경우 원칙상 중대명백설에 의하지만, 예외적으로 명백성 보충요건설을 취한 판례도 있다(대판 2009.2.12, 2008두11716).
	 ① 신고납부방식의 조세인 취득세 납세의무자의 신고행위의 하자가 중대하지만 명백하지는 않은 때 예외적으로 당연무효라고 할 수 있는 경우(납세신고의 경우 원칙상 중대명백설에 의하지만, 예외적으로 명백성 보충요건설을 취한 판례) : 취득세 신고행위의 존재를 신뢰하는 제3자의 보호가 특별히 문제되지 않아 그 신고행위를 당연무효로 보더라도 법적 안정성이 크게 저해되지 않는 반면, 과세요건 등에 관한 중대한 하자가 있고 그 법적 구제수단이 국세에 비하여 상대적으로 미비함에도 위법한 결과를 시정하지 않고 납세의무자에게 그 신고행위로 인한 불이익을 감수시키는 것이 과세행정의 안정과 그 원활한 운영의 요청을 참작하더라도 납세의무자의 권익구제 등의 측면에서 현저하게 부당하다고 볼 만한 특별한 사정이 있는 때에는 예외적으로 이와 같은 하자 있는 신고행위가 당연무효라고 함이 타당하다(대판 2009.2.12, 2008두11716).
	 ② 신고납세방식의 조세에서 납세사유가 없음에도 세관장의 형사고발 및 과세 전 통지를 받고 불이익을 피하기 위해 불가피하게 관세납부 신고행위(수정신고)를 하고 세금납부를 한 사안에서, 그 후 각종 구제절차에서 수정신고의 하자를 적극적으로 주장하였고 수정신고의 하자에 관하여 다른 구제수단이 없는 경우, 위 수정신고는 당연무효이다(대판 2009.9.10, 2009다11808).
	 2. 사인의 공법행위가 행정행위에 미치는 영향
	 ① 사인의 공법행위가 행정행위의 단순한 동기에 불과한 경우 행정행위는 유효
	 ② 사인의 공법행위가 행정행위의 전제요건인 경우
	    ㉠ 사인의 공법행위에 취소사유인 하자 : 행정행위는 유효
	    ㉡ 사인의 공법행위에 무효사유인 하자 : 행정행위도 무효
	
	 ┨ **관 련 판 례** ┠
	 과세관청이 취득세 납세의무자의 신고에 의하여 납세의무가 확정된 것으로 보고 그 이행을 명하는 징수처분으로 나아간 경우, 납세의무자의 신고행위의 하자가 당연무효가 아닌 한 후행처분인 징수처분에 그대로 승계되는 것은 아니다(대판 2006.9.8, 2005두14394).

III. 신고의 종류

1. 구별실익(수리·수리거부·수리취소의 처분성 인정 여부)

① 신고의 효과 ② 신고필증의 의미 ③ 신고수리의 의미 ④ 신고수리의 처분성 인정여부 등
자기완결적 신고의 경우에는 수리·수리거부·수리취소에 의해 당사자의 권리의무에 영향이 없으므로 수리·수리
거부·수리취소처분이 항고소송의 대상이 되지 않는 반면, 수리를 요하는 신고의 경우에는 행정청의 수리에 의해
비로소 사인이 적법한 행위를 할 수 있으므로 항고소송의 대상이 된다.

2. 신고와 등록

수산물품질관리법 제19조에 따라 수산물가공업 등록을 하고 해당 영업을 하는 경우, 식품제조·가공업 신고를
하지 않아도 된다(대판 2015.1.29, 2014도8448).

3. 효과에 의한 분류

수리를 요하지 않는(자기완결적) 신고	수리를 요하는(행위요건적) 신고
자기완결적(자체완성적, 자족적, 본래의 의미의, 통상적, 수리를 요하지 않는) 신고. 행정절차법에 명문규정 1. 의료법에 의한 의원·치과의원·한의원 또는 조산소의 개설신고(대판 1985.4.23, 84도2953) 2. 2륜 소형자동차의 사용신고(대판 1985.8.20, 85누329) 3. 「유선 및 도선업법」상 유선장의 경영신고와 변경신고(대판 1988.8.9, 86누889) 4. 「체육시설의 설치·이용에 관한 법률」 제18조에 의한 골프연습장 이용료 변경신고(대결 1993.7.6, 93마635) 5. 「공업배치 및 공장설립에 관한 법률」에 의한 공장설립신고(대판 1996.7.12, 95누11665) 6. 주택건설촉진법상의 건축물의 건축신고(대판 1999.4.27, 97누6780) 7. 건축법상 건축신고[대판(전합) 2011.1.20, 2010두14954] ▶ 건축주 명의변경신고는 행위요건적 신고(대판 1992.3.31, 91누4911) 8. 수산업법상의 수산제조업신고(대판 1999.12.24, 98다57419·57426) ▶ 어업신고는 수리를 요하는 신고(대판 2000.5.26, 99다37382) 9. 구 「체육시설의 설치·이용에 관한 법률」상 등록체육시설업에 대한 사업계획의 승인을 얻은 자가 제출한 사업시설의 착공계획서의 신고(대판 2001.5.29, 99두10292)	행정절차법에 규정 없음. 수리(거부, 취소)의 처분성 인정 1. 신고에 관한 근거 법률 외에 관계 법률에 심사권에 관한 규정이 있는 경우(학설은 자기완결적 신고로서의 성질이 변하지 않는다는 견해) ① 학교보건법상 학교환경위생정화구역 내에서의 체육시설업(당구장업)신고(대판 1991.7.12, 90누8350) ② 건축법상 무허가건물에서의 볼링장업 설치신고(대판 1996.2.27, 94누6062)·골프연습장업신고(대판 1983.4.27, 93누1374) ③ 도시계획법상 개발제한구역 내 골프연습장신고(대판 1995.9.29, 95누7215) ④ 개발제한구역 내 건축신고(대판 2007.3.15, 2006도9214) ⑤ 건축법상 무허가건물에서의 식품위생법상 영업신고(대판 2009.4.23, 2008도6829) ⑥ 인허가의제 효과를 수반하는 건축신고[대판(전합) 2011.1.20, 2010두14954] 2. 허가영업의 양도양수에 따른 지위승계신고 ① 「액화석유가스의 안전 및 사업관리법」에 의한 사업양수지위승계신고(대판 1993.6.8, 91누11544) ② 식품위생법에 의한 영업양도에 따른 지위승계신고(대판 1995.2.24, 94누9146) ▶ 자기완결적 신고영업의 양도양수신고는 자기완결적 신고 ③ 채석허가수허가자명의변경신고(대판 2005.12.23, 2005두3554)

10. 비산먼지배출사업신고(대판 2008.12.24, 2007두1707)
11. 축산물판매업신고(대판 2010.4.29, 2009다97925)
12. 구 평생교육법 제22조 제1항, 제2항에 따라 정보통신매체를 이용하여 원격평생교육을 불특정 다수인에게 학습비를 받고 실시하는 경우의 신고(대판 2011.7.28, 2005두11784)
13. 화물자동차운송주선사업자가 화물자동차운수사업법 소정의 자본금 또는 자산평가액 등 허가기준에 관해서 하는 신고(대판 2011.9.8, 2010도7034)
14. 화물자동차 운송사업자 상호 간에 각자가 보유한 화물자동차 운송사업을 상호 이전하는 내용으로 체결된 교환계약의 이행을 위한 화물자동차 운송사업의 양도·양수 신고(대판 2014.5.16, 2013다52233)

④ 관광사업의 양도양수에 의한 지위승계신고(대판 2007.6.29, 2006두4097)·관광진흥법 제8조 제4항에 의한 지위승계신고
⑤ 「체육시설의 설치·이용에 관한 법률」 제20조, 제27조에 의한 영업양수신고나 체육시설업의 시설 기준에 따른 필수시설인수신고(대판 2012.12.13, 2011두29144)
3. 중요행위의 신고
① 광업출원인 주소변경계 신고(대판 1962.2.15, 4294행상16)
② 건축주 명의변경신고(대판 1992.3.31, 91누4911)
③ 농지법 제37조에 의한 농지전용신고·농어촌발전특별조치법 제47조 제1항의 농지전용신고(대판 1993.9.14, 93누6959)
④ 토지거래신고(대판 1997.8.29, 96누6646)
⑤ 수산업법 소정의 어업신고(대판 2000.5.26, 99다37382)
　▶ 수산제조업의 신고는 자기완결적 신고임(대판 1999.12.24, 98다57419·57426).
⑥ 납골탑설치신고(대판 2005.2.25, 2004두4031)·납골당설치신고(대판 2011.9.8, 2009두6766)
　▶ 다만 유족편의시설, 산골시설 등 부대시설은 신고대상이 아니다.
⑦ 구 노인복지법에 의한 유료노인복지주택의 설치신고(대판 2007.1.11, 2006두14537)
⑧ 골재채취법상 골재선별·세척 또는 파쇄신고(대판 2009.6.11, 2008두18021)
⑨ 주민등록법상 전입신고(대판 2009.1.30, 2006다17850)
⑩ 체육시설의 회원을 모집하고자 하는 자의 회원모집계획서 제출(대판 2009.2.26, 2006두16243)
⑪ 노동조합 설립신고(대판 2014.4.10, 2011두6998)
⑫ 장기요양기관의 폐업신고와 노인의료복지시설의 폐지신고(대판 2018.6.12, 2018두33593)
⑬ 의료기관 개설신고(대판 2018.10.25, 2018두44302)
⑭ 유통산업발전법에 따른 대규모점포의 개설등록 신청 및 구 「재래시장 및 상점가 육성을 위한 특별법」에 따른 시장관리자 지정신청(대판 2019.9.10, 2019다208953)
4. 등록신청
① 「사회단체등록에 관한 법률」(폐지)에 의한 사회단체등록신청[대판(전합) 1989.12.26, 87누308]
② 사설강습소 설립에 관한 등록신청(대판 1990.8.10, 90도1062)
5. 혼인신고(대판 1991.12.10, 91므344)

Ⅳ. 영업자 지위승계신고(영업양도·양수신고)

1. 액화석유가스충전사업양도의 무효를 주장하는 양도자는 민사쟁송으로 양도행위의 무효를 구함이 없이 허가관청을 상대로 신고수리처분의 무효확인을 구할 법률상 이익이 있다(대판 1993.6.8, 91누11544).
2. 식품위생법 제25조 제3항에 의한 영업양도에 따른 지위승계신고 : 식품위생법 제25조 제3항에 의한 영업양도에 따른 지위승계신고를 수리하는 허가관청의 행위는 단순히 양도·양수인 사이에 이미 발생한 사법상의 사업양도의 법률효과에 의하여 양수인이 그 영업을 승계하였다는 사실의 신고를 접수하는 행위에 그치는 것이 아니라, 영업허가자의 변경이라는 법률효과를 발생시키는 행위라고 할 것이다(대판 1995.2.24, 94누9146).
3. 채석허가를 받은 자에 대한 관할행정청의 채석허가 취소처분에 대하여 수허가자의 지위를 양수한 양수인의 취소처분의 취소를 구할 법률상 이익 인정(대판 2003.7.11, 2001두6289).
4. 식품위생법 제39조 제1항, 제3항에 의한 영업양도에 따른 지위승계 신고를 할 때 양수인은 영업자 지위승계 신고서를 제출할 때 해당 영업장에서 적법하게 영업할 수 있는 요건을 갖추었다는 점에 관한 소명자료를 첨부해야 한다(대판 2020.3.26, 2019두38830).

Ⅴ. 신고와 신청의 요건·효과·하자

1. 신고의 요건

자기완결적 신고	수리를 요하는 신고
형식적 요건 1. 유선장의 경영신고와 변경신고에 대하여는 형식적 심사만 가능(대판 1988.8.9, 86누889) 2. 구 「공업배치 및 공장설립에 관한 법률」 제20조 제2항에 의한 공장설립 허가신청서가 공장설립 신고서의 형식요건을 갖추고 있는 경우에도 허가신청서의 수리 자체를 거부할 수 있다(대판 1999.7.23, 97누6261). 3. 허가대상 건축물의 양수인이 구 「건축법 시행규칙」에 규정되어 있는 형식적 요건을 갖추어 시장·군수 등 행정관청에 적법하게 건축주의 명의변경을 신고한 경우, 행정관청이 실체적인 이유를 내세워 신고 수리를 거부할 수 없다(대판 2014.10.15, 2014두37658).	실질적 요건을 요하는 경우도 존재 1. 혼인신고를 하였으나 이중호적에 등재된 경우 유효하게 혼인성립(대판 1991.12.10, 91므344) 2. 구 노인복지법에 의한 유료노인복지주택의 설치신고를 받은 행정관청은 유료노인복지주택의 시설 및 운영기준이 위 법령에 부합하는지와 아울러 그 유료노인복지주택이 적법한 입소대상자에게 분양되었는지와 설치신고 당시 부적격자들이 입소하고 있지는 않은지 여부까지 심사하여 그 신고의 수리 여부를 결정할 수 있다(대판 2007.1.11, 2006두14537). 3. 골재채취법 제32조 제1항에 의한 골재의 선별·세척·파쇄 신고에 대하여 행정기관이 실질적인 심사를 할 수 있다(대판 2009.6.11, 2008두18021). 4. 행정기관이 실질적인 심사를 할 때 골재채취법 외의 다른 법령의 제한까지도 심사할 수 있다(대판 2009.6.11, 2008두18021). 5. 전입신고수리 여부의 판단방법 : 시장 등의 주민등록 전입신고 수리 여부에 대한 심사는 주민등록법의 입법목적의 범위 내에서 제한적으로 이루어져야 하므로 부동산투기나 이주대책 요구 등을 방지할 목적으로 주민등록전입신고를 거부할 수 없다. 전입신고를 받은 시장 등의 심사대상은 전입신고자가 30일 이상 생활의 근거로서 거주할 목적으로 거주지를 옮기는지 여부만으로 제한된다[대판(전합) 2009.6.18, 2008두10997]. ▶ 주민등록의 대상이 되는 실질적 의미에서의 거주지인지 여

부를 심사하기 위하여 주민등록법의 입법목적과 주민등록
의 법률상 효과 이외에 지방자치법 및 지방자치의 이념까
지도 고려하여야 한다고 판시한 판결을 변경

6. 행정관청은 노동조합으로 설립신고를 한 단체가 「노
   동조합 및 노동관계조정법」 제2조 제4호 각 목에 해
   당하는지 여부를 실질적으로 심사할 수 있다(대판
   2014.4.10, 2011두6998).

7. 행정관청이 노동조합으로 설립신고를 한 단체가 「노
   동조합 및 노동관계조정법」 제2조 제4호 각 목에 해
   당하는지 여부를 실질적으로 심사할 경우의 기준 :
   행정관청은 일단 제출된 설립신고서와 규약의 내용
   을 기준으로 노동조합법 제2조 제4호 각 목의 해당
   여부를 심사하되, 설립신고서를 접수할 당시 그 해당
   여부가 문제된다고 볼 만한 객관적인 사정이 있는
   경우에 한하여 설립신고서와 규약 내용 외의 사항에
   대하여 실질적인 심사를 거쳐 반려 여부를 결정할
   수 있다(대판 2014.4.10, 2011두6998).

8. 허가권자가 양수인에게 '건축할 대지의 소유 또는 사
   용에 관한 권리를 증명하는 서류'의 제출을 요구하거
   나, 양수인에게 이러한 권리가 없다는 실체적인 이유
   를 들어 신고 수리를 거부할 수 없다(대판 2015.10.
   29, 2013두11475).

2. 신청의 요건

1. 의 의
   신청요건은 신청이 적법하기 위해 갖추어야 할 요건으로서 신청에 대한 행위인 처분요건과는 다르다.
2. 신청권의 존재
   신청이 적법하려면 신청인에게 법규상 또는 조리상의 신청권이 있어야 하고, 법령상 요구되는 구비서류 등의
   형식적 요건을 갖추어야 한다. 신청권은 행정청의 응답을 구하는 권리이며 신청된 대로의 처분을 구하는 권리
   는 아니다. 신청권은 실체법상의 적극적 청구권과는 구별되는 절차적 권리이다.
3. 법령상 요건
   ① 행정청에 처분을 구하는 신청은 문서로 하여야 한다. 다만, 다른 법령 등에 특별한 규정이 있는 경우와
      행정청이 미리 다른 방법을 정하여 공시한 경우에는 그러하지 아니하다(행정절차법 제17조 제1항).
   ② 민원의 신청은 문서(전자정부법 제2조 제7호에 따른 전자문서를 포함)로 하여야 한다. 다만, 기타민원은 구술(口
      述) 또는 전화로 할 수 있다(「민원처리에 관한 법률」 제8조).

   > **┤ 관 련 판 례 ├**
   > 행정청에 대하여 어떠한 처분을 구하는 사인의 문서상 의사표시가 신청행위에 해당하는지 여부의 판단 방법
   > 행정청에 대한 신청의 의사표시는 명시적이고 확정적인 것이어야 하고 문서로 이루어짐이 원칙이라
   > 할 것인데(행정절차법 제17조 제1항), 사인(私人)이 행정청에 대하여 어떠한 처분을 구하는 문서상의 의
   > 사표시가 이러한 신청행위에 해당하는지 여부는 그 문서의 내용과 작성 및 제출의 경위와 시점, 취지
   > 등 여러 사정을 종합하여 판단해야 할 것이다(대판 2008.10.23, 2007두6212·6229).

   ③ 행정청은 신청에 필요한 구비서류, 접수기관, 처리기간, 그 밖에 필요한 사항을 게시(인터넷 등을 통한 게시를
      포함한다)하거나 이에 대한 편람을 갖추어 두고 누구나 열람할 수 있도록 하여야 한다(행정절차법 제17조 제3
      항).

3. 적법한 신고의 효과

(1) 자기완결적 신고(수리의무)

적법한 요건을 갖춘 신고가 있으면 접수기관은 최소한 수리할 의무가 있다. 그러나 적법한 요건을 갖추지 못한 신고에 대해서는 수리를 거부할 수 있다. 이때 수리의 의미는 자기완결적 신고의 경우 단순한 접수행위로서 비권력적 사실행위에 불과하다.

┨ 관 련 판 례 ┠

1. 의료법에 의한 의원·치과의원·한의원 또는 조산소의 개설신고 : 의료법 제30조 제3항에 의하면 의원, 치과의원, 한의원 또는 조산소의 개설은 단순한 신고사항으로만 규정하고 있고 또 그 신고의 수리 여부를 심사·결정할 수 있게 하는 별다른 규정도 두고 있지 아니하므로 의원의 개설신고를 받은 행정관청으로서는 별다른 심사·결정 없이 그 신고를 당연히 수리하여야 한다(대판 1985.4.23, 84도2953).
2. 구 축산물가공처리법령에서 규정하는 시설기준을 갖추어 축산물판매업 신고를 한 경우, 행정관청은 당연히 그 신고를 수리하여야 하고 담당 공무원이 위 법령상의 시설기준이 아닌 사유로 그 신고 수리를 할 수 없다는 통보를 하고 미신고 영업으로 고발할 수 있다는 통지를 한 것은 위법한 직무집행이다(대판 2010.4.29, 2009다97925).
3. 행정청이 당초 신고된 용도대로 사용되지 아니한다는 사정을 이유로 가설건축물 존치기간 연장신고를 수리하지 아니할 수 있다(대판 2010.9.9, 2010두9334).

---

(2) 수리를 요하는 신고(수리의무)

수리를 요하는 신고의 경우 수리의 의미는 행정행위로서의 수리에 해당한다. 판례는 적법한 요건을 갖춘 신고서가 제출된 경우에는 수리의무를 인정하지만, 적법한 요건을 갖추지 못한 신고서가 제출되거나 '중대한 공익상의 필요'가 있는 경우에는 수리의무를 부정한다.

┃ 관 련 판 례 ┃

1. 건축주명의변경신고에 관한 행정관청의 수리의무 인정 : 건축주명의변경신고에 관한 「건축법 시행규칙」 제3조의2의 규정은 단순히 행정관청의 사무집행의 편의를 위한 것에 지나지 않는 것이 아니라, 허가대상건축물의 양수인에게 건축주의 명의변경을 신고할 수 있는 공법상의 권리를 인정함과 아울러 행정관청에게는 그 신고를 수리할 의무를 지게 한 것으로 봄이 상당하므로, 허가대상건축물의 양수인이 위 규칙에 규정되어 있는 형식적 요건을 갖추어 시장·군수에게 적법하게 건축주의 명의변경을 신고한 때에는 시장·군수는 그 신고를 수리하여야지 실체적인 이유를 내세워 그 신고의 수리를 거부할 수는 없다(대판 1992.3.31, 91누4911).

2. 토지거래신고를 받은 행정청이 그 신고에 형식적·절차적 하자가 없는데도 신고된 토지의 이용계획이 도시계획에 부적합하다는 등의 실체적 이유를 들어 신고의 수리를 거부할 수 없다(대판 1997.8.29, 96누6646).

3. 주유소등록신청을 관계 법령 소정의 제한사유 이외의 사유를 들어 거부할 수 있는지 여부(한정 적극) : 주유소등록신청을 받은 행정청은 주유소설치등록신청이 석유사업법, 같은 법 시행령, 혹은 위 시행령의 위임을 받은 시·도지사의 고시 등 관계 법규에 정하는 제한에 배치되지 않고, 그 신청이 법정등록 요건에 합치되는 경우에는 특별한 사정이 없는 한 이를 수리하여야 하고, 관계 법령에서 정하는 제한사유 이외의 사유를 들어 등록을 거부할 수는 없는 것이나, 심사결과 관계 법령상의 제한 이외의 '중대한 공익상 필요'가 있는 경우에는 그 수리를 거부할 수 있다(대판 1998.9.25, 98두7503).

4. 「국토의 계획 및 이용에 관한 법률」상의 개발행위허가로 의제되는 건축신고가 개발행위허가의 기준을 갖추지 못한 경우, 행정청이 수리를 거부할 수 있다[대판(전합) 2011.1.20, 2010두14954].

5. 숙박업을 하고자 하는 자가 법령이 정하는 시설과 설비를 갖추고 행정청에 신고를 한 경우, 원칙적으로 행정청은 수리해야 한다(대판 2017.5.30, 2017두34087).

6. 이러한 법리는 이미 다른 사람 명의로 숙박업 신고가 되어 있는 시설 등의 전부 또는 일부에서 새로 숙박업을 하려는 자가 신고한 경우에도 마찬가지이다(대판 2017.5.30, 2017두34087).

7. 관광숙박업 영업신고가 이루어진 숙박시설의 객실 일부를 매수한 원고가 별도의 숙박업 영업신고를 한 경우, 행정청이 중복신고를 이유로 그 수리를 거부할 수는 없으나, 객실·접객대·로비시설 등을 다른 용도의 시설 등과 분리되도록 갖추어 해당 시설의 영업주체를 분명히 인식할 수 있도록 하지 못하였다는 이유로 그 수리를 거부한 것은 적법하다(대판 2017.5.30, 2017두34087).

8. 가설건축물 존치기간을 연장하려는 건축주 등이 법령에 규정되어 있는 제반 서류와 요건을 갖추어 행정청에 연장신고를 한 경우, 행정청이 법령에서 요구하지 않은 '대지사용승낙서' 등의 서류가 제출되지 아니하였거나, 대지소유권자의 사용승낙이 없다는 등의 사유를 들어 연장신고의 수리를 거부할 수 없다(대판 2018.1.25, 2015두35116).

9. 정신과의원을 개설하려는 자가 법령에 규정되어 있는 요건을 갖추어 개설신고를 한 경우, 행정청이 법령에서 정한 요건 이외의 사유를 들어 의원급 의료기관 개설신고의 수리를 거부할 수 없다(대판 2018.10.25, 2018두44302).

10. 행정청이 「국토의 계획 및 이용에 관한 법률」에 따른 개발행위허가 기준에 부합하지 않는다는 점을 이유로 구 건축법상 가설건축물 축조신고의 수리를 거부할 수 없다(대판 2019.1.10, 2017두75606).

---

4. 적법한 신청의 효과

1. 접수의무

행정청은 신청을 받았을 때에는 다른 법령 등에 특별한 규정이 있는 경우를 제외하고는 그 접수를 보류 또는 거부하거나 부당하게 되돌려 보내서는 아니 되며, 신청을 접수한 경우에는 신청인에게 접수증을 주어야 한다. 다만, 대통령령으로 정하는 경우에는 접수증을 주지 아니할 수 있다(행정절차법 제17조 제4항). 행정기관의 장은 민원의 신청을 받았을 때에는 다른 법령에 특별한 규정이 있는 경우를 제외하고는 그 접수를 보류하거나 거부할 수 없으며, 접수된 민원문서를 부당하게 되돌려 보내서는 아니 된다(「민원처리에 관한 법률」 제9조 제1항).

2. 처리의무(응답의무)

적법한 신청(법규상 또는 조리상 신청권이 있는 경우)이 있으면 행정청은 상당한 기간 내에 신청에 대한 처리의무를 진다. 법규상 또는 조리상 신청권이 없는 경우에는 처리의무가 없다. 한편, 응답의무는 신청된 내용대로 처분할 의무(인용의무)와는 다르다. 신청에 따른 행정청의 처분이 기속행위일 때 뿐만 아니라 재량행위인 경우에도 행정청은 신청에 대한 응답의무를 진다. 요건을 갖춘 신청의 경우라도 인용의무는 신청에 대한 행정행위가 재량행위냐 기속행위냐에 따라 다르다. 즉, 당해 행정행위가 기속행위인 경우에는 행정청은 신청이 된 특정한 행정행위를 발급할 의무가 있으나, 재량행위의 경우에는 행정청은 재량의 한계 내에서 행정행위를 거부 또는 발급할 수 있다.

신청을 받아들이는 처분에는 신청을 전부 받아들이는 처분과 일부 받아들이는 처분이 있는데, 경우에 따라서는 신청을 일부 받아들이는 처분을 하여야 하는 경우도 있다.

3. 신청과 권리구제

신청에 따른 처분의 요건에 해당되지 않고 접수 당시 그 하자를 치유할 방법이 없다는 등의 실체적인 사유를 들어 신청을 접수하지 않거나 보완명령을 내리는 것은 거부처분이고 신청인의 절차적 신청권을 침해한 것으로 위법이다. 따라서 신청에 대한 거부처분에 대해서는 의무이행심판이나 취소심판 또는 취소소송으로, 부작위에 대해서는 의무이행심판 또는 부작위위법확인소송으로 다툴 수 있다. 신청기간이나 신청에 대한 처리기간이 정해진 경우 당해 기간의 성질은 강행규정이 아니라 훈시규정이라는 견해가 다수설·판례이다. 처리기간을 넘긴 경우 당연히 부작위가 되는 것은 아니고 부작위의 요소인 '상당한 기간의 경과'의 판단에 있어 하나의 고려사유가 된다.

5. 신고와 신청의 효과와 효력발생시기

(1) 자기완결적 신고

1. 신고시(접수시, 도달시, 신고서 제출시 ↔ 발송시) → 신고서의 수리나 수리거부는 권리의 행사와 신고의무해제에 직접적 관련이 없음 → 수리나 수리거부의 처분성 부정

행정절차법 제40조 제2항은 "신고가 일정한 요건을 갖춘 경우에는 신고서가 접수기관에 도달된 때에 신고의무가 이행된 것으로 본다."라고 규정함으로써 도달주의를 취하고 있다. 행정청이 신고서를 접수하지 않고 반려해도 신고의무는 이행된 것으로 보기 때문에, 행정청이 신고서를 수리하지 않은 경우에도 행정벌의 대상이 되지 않고, 적법하게 건축행위나 영업행위를 할 수 있다. 다만, 어떠한 이유로든 신고가 되지 않은 경우나 적법한 요건을 갖추지 못한 신고는 신고로서의 효력이 발생하지 않는다.

> ┤ 관 련 판 례 ├
>
> 1. 담당공무원이 법령에 규정되지 아니한 다른 사유를 들어 그 신고를 반려한 경우 신고의 효력발생시기는 신고서 제출 시이다(대판 1999.12.24, 98다57419·57426).
> 2. 담당공무원이 관계법령에 규정되지 아니한 서류를 요구하여 신고서를 제출하지 못했다면 신고효과 부정(대판 2002.3.12, 2000다73612)

2. 신고필증의 의미 : 신고한 사실이 있다는 것을 증명하는 의미

> **┨ 관 련 판 례 ┠**
>
> 1. 의원개설신고필증 교부(대판 1985.4.23, 84도2953)
> 2. 부가가치세법상 과세관청의 사업자등록 직권말소행위는 행정처분이 아니다(대판 2000.12.22, 99두690 3).

(2) 수리를 요하는 신고

1. 수리시 → 수리를 하지 않으면 신고의무가 해제되지 않으므로 신고서의 수리나 수리거부는 신고의무해제에 직접적 영향 → 처분성 인정
   법령 등으로 정하는 바에 따라 행정청에 일정한 사항을 통지하여야 하는 신고로서 법률에 신고의 수리가 필요하다고 명시되어 있는 경우(행정기관의 내부 업무 처리 절차로서 수리를 규정한 경우는 제외한다)에는 행정청이 수리하여야 효력이 발생한다(행정기본법 제34조). [시행일 : 2023.3.24.]
   수리를 요하는 신고의 경우에는 행정청이 수리함으로써 신고의 효과가 발생. 수리를 요하는 신고는 수리되지 않은 경우 그 신고에 따른 법적 효과가 발생하지 않고, 신고의 대상이 되는 행위를 할 경우 행정벌의 대상이 된다.

   > **┨ 관 련 판 례 ┠**
   >
   > 사실상 영업이 양도·양수되었지만 아직 승계신고 및 수리처분이 있기 이전의 경우나 양도인이 그의 의사에 따라 양수인에게 영업을 양도하면서 양수인으로 하여금 영업을 하도록 허락하였다면 행정제재처분사유 유무의 판단기준이 되는 대상자 및 위반행위에 대한 행정책임이 귀속되는 자는 양도인(대판 1995.2.24, 94누9146)

2. 신고필증의 의미 : 신고한 사실만이 아니라 적법한 수리가 있었다는 증명

   > **┨ 관 련 판 례 ┠**
   >
   > 납골당설치 신고는 '수리를 요하는 신고'이고 수리행위에 신고필증 교부 등 행위가 필요하지 않다(대판 2011.9.8, 2009두6766).

(3) 신청

처분을 신청할 때 전자문서로 하는 경우에는 행정청의 컴퓨터 등에 입력된 때[내용을 확인한 때(×)]에 신청한 것으로 본다(행정절차법 제17조 제2항). 행정청은 신청인의 편의를 위하여 다른 행정청에 신청을 접수하게 할 수 있다. 이 경우 행정청은 다른 행정청에 접수할 수 있는 신청의 종류를 미리 정하여 공시하여야 한다(같은 조 제7항).

6. 부적법한 신고의 효과

자기완결적 신고	수리를 요하는 신고
1. 어떠한 이유로든 신고가 되지 않은 경우나 부적법한 신고는 신고로서의 효력이 발생하지 않는다는 것이 판례(대판 2002.3.12, 2000다73612) 2. 요건미비의 부적법한 신고를 하고 신고영업을 영위한다면 무신고영업으로서 불법영업. 불법영업에 대해서는 취소처분이 아니라 영업장폐쇄조치(직접강제)로 위법상태 제거 가능 3. 요건을 갖추지 못한 체육시설업신고는 부적법으로 무신고 영업행위에 해당(대판 1998.4.24, 97도3121) 4. '영업을 하는 자'란 영업으로 인한 권리의무의 귀속주체가 되는 자를 의미하므로, 직원이나 보조자의 경우에는 영업을 하는 자에 포함되지 않는다(대판 2008.3.27, 2008도89). 5. 영업장 면적 변경에 관한 신고의무가 이행되지 않은 영업을 양수한 자가 그 신고의무를 이행하지 않은 채 영업을 계속하는 행위는 처벌대상이다(대판 2010.7.15, 2010도4869). 6. 배출시설 설치 당시 '신고대상이 아니었다가 그 후 법령 개정에 따라 신고대상에 해당하게 된 배출시설을 이용하여 가축을 사육한 자는 포함되지 않는다(대판 2015.7.23, 2014도15510). 7. 어떤 토지를 그 토지의 용도(지목)와 달리 이용하려는 경우, 해당 토지의 용도를 적법하게 변경하기 위하여 「국토의 계획 및 이용에 관한 법률」 제56조 제1항에 따른 개발행위(토지형질변경) 허가를 받아야 하고, 이는 그 토지의 실제 현황이 어느 시점에 공부상의 지목과 달라졌거나 또는 토지의 물리적인 형상을 변경하기 위한 공사가 필요하지 않은 경우에도 마찬가지이다(대판 2020.7.23, 2019두31839).	1. 부적법한 신고가 있었음에도 불구하고 행정청이 이를 수리하였다면, 수리행위는 하자 있는 위법한 수리행위. 2. 수리가 무효인 경우에는 신고의 효과가 발생하지 않기 때문에 무신고영업으로서 불법영업에 해당하므로 강제폐쇄가 가능 3. 수리가 취소할 수 있는 행위의 경우에는 신고의 효과가 발생하므로 수리가 취소되기까지는 불법영업이 아니다(공정력). 따라서 수리행위를 취소해야 불법영업이 된다. 4. 사설강습소 설립에 관한 등록을 사실상 수리하지 않고 있다 하여 등록 없이 사설강습소를 운영한 행위는 위법이다(대판 1990.8.10, 90도1062). 5. 수산업법 제44조 소정의 어업신고는 수리를 요하는 신고이므로 행정청이 어업신고를 수리하면서 공유수면매립구역을 조업구역에서 제외한 것이 위법한 경우 적법한 신고가 있는 것으로 볼 수 없다(대판 2000.5.26, 99다37382). 6. 수리대상인 사업양도·양수가 존재하지 아니하거나 무효인 때에는 수리를 하였다 하더라도 그 수리는 유효한 대상이 없는 것으로서 당연히 무효이다(대판 2005.12.23, 2005두3554). 7. 이미 고시된 실시계획에 포함된 상세계획으로 관리되는 토지 위의 건물의 용도를 상세계획 승인권자의 변경승인 없이 임의로 판매시설에서 상세계획에 반하는 일반목욕장으로의 변경신고한 것을 수리하지 않고 영업소를 폐쇄한 처분은 적법하다(대판 2008.3.27, 2006두3742·3759). 8. 배출시설 설치 당시 신고대상이 아니었으나 그 후 법령 개정에 따라 신고대상에 해당하게 된 배출시설을 운영하면서 업무상 과실로 가축분뇨를 공공수역에 유입시킨 자는 적용대상에 포함되지 않는다(대판 2016.6.23, 2014도7170). 9. 식품위생법 제37조 제4항, 「식품위생법 시행령」 제26조 제4호에 따른 영업장 면적 변경에 관한 신고의무가 이행되지 않은 영업을 양수한 자가 그 신고의무를 이행하지 않은 채 영업을 계속하는 경우, 시정명령 또는 영업정지 등 제재처분의 대상이 된다(대판 2020.3.26, 2019두38830).

7. 부적법한 신청의 효과

1. 보완요구의무

행정청은 신청에 구비서류의 미비 등 흠이 있는 경우에는 보완에 필요한 상당한 기간을 정하여 지체 없이 신청인에게 보완을 요구하여야 한다(행정절차법 제17조 제5항). 실무상으로는 신청서 보정명령이라고 표현하는데 이는 하명이 아니라 의사의 통지에 해당한다. 행정청은 신청인이 위 기간 내에 보완을 하지 아니하였을 때에는 그 이유를 구체적으로 밝혀 접수된 신청을 되돌려 보낼 수 있다(같은 조 제6항).

> ┤ **관 련 판 례** ├
>
> 행정절차법 제17조 제5항은 행정청으로 하여금 신청에 대하여 거부처분을 하기 전에 반드시 신청인에게 신청의 내용이나 처분의 실체적 발급요건에 관한 사항까지 보완할 기회를 부여하여야 할 의무를 정한 것이 아니다(대판 2020.7.23, 2020두36007).

행정기관의 장은 접수한 민원문서에 보완이 필요한 경우에는 상당한 기간을 정하여 지체 없이 민원인에게 보완을 요구하여야 한다(「민원처리에 관한 법률」 제22조 제1항).

2. 신청내용의 보완 등

신청인은 처분이 있기 전에는 그 신청의 내용을 보완하거나 변경 또는 취하할 수 있다. 다만, 다른 법령 등에 특별한 규정이 있거나 당해 신청의 성질상 보완·변경 또는 취하할 수 없는 경우에는 그러하지 아니하다(행정절차법 제17조 제8항).

민원인은 해당 민원의 처리가 종결되기 전에는 그 신청의 내용을 보완하거나 변경 또는 취하할 수 있다. 다만, 다른 법률에 특별한 규정이 있거나 그 민원의 성질상 보완·변경 또는 취하할 수 없는 경우에는 그러하지 아니하다(「민원처리에 관한 법률」 제22조 제2항).

> ┤ **관 련 판 례** ├
>
> 실질적인 요건에 관한 흠이 있는 경우라도 민원인의 단순한 착오나 일시적인 사정 등에 기한 경우에는 보완이 가능하다 : 보완의 대상이 되는 흠은 보완이 가능한 경우이어야 함은 물론이고, 그 내용 또한 형식적·절차적인 요건이거나, 실질적인 요건에 관한 흠이 있는 경우라도 그것이 민원인의 단순한 착오나 일시적인 사정 등에 기한 경우 등이라야 한다. 건축불허가처분을 하면서 그 사유의 하나로 소방시설과 관련된 소방서장의 건축부동의 의견을 들고 있으나 그 보완이 가능한 경우, 보완을 요구하지 아니한 채 곧바로 건축허가 신청을 거부한 것은 재량권의 범위를 벗어난 것이다(대판 2004.10.15, 2003두6573).

신고·신청 등 사인의 공법행위가 거부된 경우 당해 사인은 당초의 공법행위를 보완하거나 사정변경을 이유로 다시 같은 내용의 신고나 신청을 해도 무방하다. 사인의 공법행위에 보완할 수 있는 흠이 있는 때에는 당연히 그것을 보완할 기회를 주어야 하며, 거부처분이 불가쟁력이 발생되었다 하더라도 사정변경이 있는 경우에는 새로운 처분을 할 수 있기 때문이다.

> ┤ **관 련 판 례** ├
>
> 수익적 행정처분을 구하는 신청에 대한 거부처분이 있은 후 당사자가 새로운 신청을 하는 취지로 다시 신청을 하였으나 행정청이 이를 다시 거절한 경우, 새로운 거부처분이다(대판 2021.1.14, 2020두50324).

8. 신고의무위반과 사법상의 효력

신고의무위반이 사법적 효력의 부인까지 의미하는가는 신고의무를 규정하는 법조항이 단속규정인가, 효력규정인가의 여부에 따라 다르다.

> ┤ 관 련 판 례 ├
>
> 토지거래신고위반의 거래계약은 유효이다 : 국토이용관리법 제21조의2, 제21조의7, 제21조의3 제7항, 제33조 제4호의 각 규정을 종합하면 위 법 제21조의7 이하의 <u>신고구역에 관한 규정은 단속법규에 속하고 신고의무에 위반한 거래계약의 사법적 효력까지 부인되는 것은 아니다</u>(대판 1988.11.22, 87다카2777).

VI. 사인의 공법행위에 대한 행정절차법규정

1. 자기완결적 신고

자족적 신고이면서 의무적 신고에 대하여만 규정이 있고, 수리를 요하는 신고에 대하여는 규정이 없음
1. 편람비치·열람제공의무
   법령 등에서 행정청에 일정한 사항을 통지함으로써 의무가 끝나는 신고를 규정하고 있는 경우 신고를 관장하는 행정청은 신고에 필요한 구비서류, 접수기관, 그 밖에 법령 등에 따른 신고에 필요한 사항을 게시(인터넷 등을 통한 게시를 포함한다)하거나 이에 대한 편람을 갖추어 두고 누구나 열람할 수 있도록 하여야 한다(제40조 제1항).
2. 신고의 요건(형식적 요건)과 효력발생시기(도달된 때)
   제1항에 따른 신고가 다음 각 호의 요건을 갖춘 경우에는 신고서가 접수기관에 도달된 때에 신고 의무가 이행된 것으로 본다(같은 조 제2항).

   1. 신고서의 기재사항에 흠이 없을 것
   2. 필요한 구비서류가 첨부되어 있을 것
   3. 그 밖에 법령 등에 규정된 형식상의 요건에 적합할 것

3. 신고요건 흠결시 보완요구의무
   행정청은 제2항 각 호의 요건을 갖추지 못한 신고서가 제출된 경우에는 지체 없이 상당한 기간을 정하여 신고인에게 보완을 요구하여야 한다(같은 조 제3항).
4. 신고서 반려
   행정청은 신고인이 제3항에 따른 기간 내에 보완을 하지 아니하였을 때에는 그 이유를 구체적으로 밝혀 해당 신고서를 되돌려 보내야 한다(같은 조 제4항).

2. 신청

1. **문서주의**
   행정청에 처분을 구하는 신청은 문서로 하여야 한다. 다만, 다른 법령 등에 특별한 규정이 있는 경우와 행정청이 미리 다른 방법을 정하여 공시한 경우에는 그러하지 아니하다(제17조).

   > **관 련 판 례**
   >
   > 신청인의 행정청에 대한 신청의 의사표시는 명시적이고 확정적인 것이어야 한다고 할 것이므로 신청인이 신청에 앞서 행정청의 허가업무 담당자에게 신청서의 내용에 대한 검토를 요청한 것만으로는 다른 특별한 사정이 없는 한 명시적이고 확정적인 신청의 의사표시가 있었다고 하기 어렵다(대판 2004.9.24, 2003두13236).

2. **전자문서로 하는 경우 신청시 : 행정청의 컴퓨터 등에 입력된 때**
   제1항에 따라 처분을 신청할 때 전자문서로 하는 경우에는 행정청의 컴퓨터 등에 입력된 때에 신청한 것으로 본다(같은 조 제2항).

3. **게시·편람비치·열람제공의무**
   행정청은 신청에 필요한 구비서류, 접수기관, 처리기간, 그 밖에 필요한 사항을 게시(인터넷 등을 통한 게시를 포함한다)하거나 이에 대한 편람을 갖추어 두고 누구나 열람할 수 있도록 하여야 한다(같은 조 제3항).

4. **접수의무**
   행정청은 신청을 받았을 때에는 다른 법령 등에 특별한 규정이 있는 경우를 제외하고는 그 접수를 보류 또는 거부하거나 부당하게 되돌려 보내서는 아니 되며, 신청을 접수한 경우에는 신청인에게 접수증을 주어야 한다. 다만, 대통령령으로 정하는 경우에는 접수증을 주지 아니할 수 있다(같은 조 제4항).

5. **요건흠결시 보완요구의무 : 바로 되돌려 보낼 수 없다.**
   행정청은 신청에 구비서류의 미비 등 흠이 있는 경우에는 보완에 필요한 상당한 기간을 정하여 지체 없이 신청인에게 보완을 요구하여야 한다(같은 조 제5항).

   > **관 련 판 례**
   >
   > 1. 흠결 있는 민원서류를 제출받은 행정기관이 보완·보정을 요구하여야 할 대상이 되는 흠결은 보완이 가능한 경우이어야 하고, 내용 또한 형식적·절차적인 요건에 한하고 실질적인 요건에 대하여까지 보완 또는 보정요구를 하여야 한다고 볼 수 없다(대판 1996.10.25, 95누14244).
   > 2. 실질적인 요건에 관한 흠이 있는 경우라도 민원인의 단순한 착오나 일시적인 사정 등에 기한 경우에는 보완이 가능하다(대판 2004.10.15, 2003두6573).
   > 3. 행정절차법 제17조 제5항은 행정청으로 하여금 신청에 대하여 거부처분을 하기 전에 반드시 신청인에게 신청의 내용이나 처분의 실체적 발급요건에 관한 사항까지 보완할 기회를 부여하여야 할 의무를 정한 것이 아니다(대판 2020.7.23, 2020두36007).

6. **신청서 반려**
   행정청은 신청인이 제5항에 따른 기간 내에 보완을 하지 아니하였을 때에는 그 이유를 구체적으로 밝혀 접수된 신청을 되돌려 보낼 수 있다(같은 조 제6항).

7. **타기관을 이용한 신청**
   행정청은 신청인의 편의를 위하여 다른 행정청에 신청을 접수하게 할 수 있다. 이 경우 행정청은 다른 행정청에 접수할 수 있는 신청의 종류를 미리 정하여 공시하여야 한다(같은 조 제7항).

8. **보완·변경·취하**
   신청인은 처분이 있기 전에는 그 신청의 내용을 보완·변경하거나 취하(取下)할 수 있다. 다만, 다른 법령 등에 특별한 규정이 있거나 그 신청의 성질상 보완·변경하거나 취하할 수 없는 경우에는 그러하지 아니하다(같은 조 제8항).

9. **처리(응답, 인용)의무**
   적법한 신청(법규상 또는 조리상 신청권이 있는 경우)이 있으면 행정청은 상당한 기간 내에 신청에 대한 처리의무를 진다. 법규상 또는 조리상 신청권이 없는 경우에는 처리의무가 없다. 인용의무는 기속행위인 경우에는 인용의무가 있으나, 재량행위의 경우에는 인용의무가 없다.

VII. 수리(거부·취소)의 처분성 인정 여부

1. 처분성 인정사례

(1) 수리를 요하는 신고의 수리(수리거부, 수리취소)

1. 광업출원인 주소변경계 수리(대판 1962.2.15, 4294행상16)
2. 「건축법 시행규칙」에 의한 건축주명의변경신고수리거부(대판 1992.3.31, 91누4911)
3. 「액화석유가스의 안전 및 사업관리법」에 의한 사업양수지위승계신고수리(대판 1993.6.8, 91누11544)
4. 「사회단체등록에 관한 법률」(폐지)에 의한 사회단체등록[대판(전합) 1989.12.26, 87누308]
5. 체육시설의 회원을 모집하고자 하는 자의 회원모집계획서 제출에 대한 시·도지사 등의 검토결과 통보(대판 2009.2.26, 2006두16243)
6. 납골당설치 신고사항 이행통보(대판 2011.9.8, 2009두6766) : 이행통보를 신고수리로 보는 것이 타당
7. 구 관광진흥법 제8조 제4항에 의한 지위승계신고를 수리하는 허가관청의 행위 및 구 「체육시설의 설치·이용에 관한 법률」 제20조, 제27조에 의한 영업양수신고나 문화체육관광부령으로 정하는 체육시설업의 시설 기준에 따른 필수시설인수신고를 수리하는 관계 행정청의 행위(대판 2012.12.13, 2011두29144)

(2) 자기완결적 신고의 수리(수리거부, 수리취소)임에도 처분성 인정

1. 건축법상의 건축신고수리(수리거부, 수리취소)[대판(전합) 2010.11.18, 2008두167] : 건축주 등으로서는 신고제하에서도 건축신고가 반려될 경우 당해 건축물의 건축을 개시하면 시정명령, 이행강제금, 벌금의 대상이 되거나 당해 건축물을 사용하여 행할 행위의 허가가 거부될 우려가 있어 불안정한 지위에 놓이게 된다. 따라서 건축신고 반려행위가 이루어진 단계에서 당사자로 하여금 반려행위의 적법성을 다투어 그 법적 불안을 해소한 다음 건축행위에 나아가도록 함으로써 장차 있을지도 모르는 위험에서 미리 벗어날 수 있도록 길을 열어 주고, 위법한 건축물의 양산과 그 철거를 둘러싼 분쟁을 조기에 근본적으로 해결할 수 있게 하는 것이 법치행정의 원리에 부합한다. 그러므로 이 사건 건축신고 반려행위는 항고소송의 대상이 된다고 보는 것이 옳다.
   - ▶ **본 판례의 의미**
     1. 건축신고의 법적 성질은 여전히 자족적 신고이고, 이에 대한 판례변경은 없다.
     2. 다만, 건축신고의 수리(수리거부, 수리취소)의 처분성을 부정하던 기존입장을 변경하여 처분성을 인정했다.
     3. 건축신고의 수리(수리거부, 수리취소)의 처분성만 인정했지, 다른 자족적 신고의 처분성에 대해서는 파기한 바 없다.
2. 건축법상 착공신고 반려행위(대판 2011.6.10, 2010두7321)
3. 구 평생교육법 제22조 제1항·제2항에 따라 정보통신매체를 이용하여 원격평생교육을 불특정 다수인에게 학습비를 받고 실시하는 경우의 신고에 대한 반려처분(대판 2011.7.28, 2005두11784)

2. 처분성 부정사례

1. 자기완결적 신고의 수리(수리거부, 수리취소)
   ① 2륜 소형자동차의 사용신고를 수리하고 그 신고필증을 교부하는 행위(대판 1985.8.20, 85누329)
   ② 「체육시설의 설치·이용에 관한 법률」에 의한 골프연습장 이용료 변경신고수리(대결 1993.7.6, 93마635)
2. 신고를 요하지 않는 행위의 신고에 대한 수리(수리거부·수리취소)
   ① 공동주택(안산시 상록수현대2차아파트) 입주민의 옥외운동시설인 테니스장을 배드민턴장으로 변경한 사실의 신고수리(대판 2000.12.22, 99두455)
   ② 납골탑설치 신고는 수리를 요하는 신고로서 이에 대한 반려행위는 행정처분이지만, 관리사무실·유족편의 시설 등과 같은 부대시설에 관한 사항은 신고사항이 아니므로 이에 대한 반려행위는 처분이 아니다(대판 2005.2.25, 2004두4031).

3. 기타판례

행정행위 중 신청에 의한 처분의 경우, 신청에 대하여 일단 거부처분이 행하여진 후 그 거부처분이 적법한 절차에 의하여 취소되지 않은 상태에서 사유를 추가하여 반복하여 행한 거부처분의 효력은 무효이다(대판 1999.12.28, 98두1895).

ADMINISTRATION

02

행정작용법

제1장
행정입법

제1절 행정입법 개설

Ⅰ. 행정입법의 필요성

고도로 전문적이고 기술적인 영역에 대한 세부적·기술적 규율은 행정입법에 의하는 것이 적절하다(헌재결 2007.7.26, 2005헌바100).

Ⅱ. 행정입법의 기준

국가나 지방자치단체가 법령 등을 제정·개정·폐지하고자 하거나 그와 관련된 활동(법률안의 국회 제출과 조례안의 지방의회 제출을 포함하며, 이하 이 장에서 "행정의 입법활동"이라 한다)을 할 때에는 헌법과 상위 법령을 위반해서는 아니 되며, 헌법과 법령 등에서 정한 절차를 준수하여야 한다(행정기본법 제38조 제1항).

행정의 입법활동은 다음 각 호의 기준에 따라야 한다(같은 조 제2항).

1. 일반 국민 및 이해관계자로부터 의견을 수렴하고 관계 기관과 충분한 협의를 거쳐 책임 있게 추진되어야 한다.
2. 법령 등의 내용과 규정은 다른 법령 등과 조화를 이루어야 하고, 법령 등 상호 간에 중복되거나 상충되지 아니하여야 한다.
3. 법령 등은 일반 국민이 그 내용을 쉽고 명확하게 이해할 수 있도록 알기 쉽게 만들어져야 한다.

정부는 매년 해당 연도에 추진할 법령안 입법계획(정부입법계획)을 수립하여야 한다(같은 조 제3항).

Ⅲ. 행정법제의 개선

정부는 권한 있는 기관에 의하여 위헌으로 결정되어 법령이 헌법에 위반되거나 법률에 위반되는 것이 명백한 경우 등 대통령령으로 정하는 경우에는 해당 법령을 개선하여야 한다(같은 법 제39조 제1항). 정부는 행정 분야의 법제도 개선 및 일관된 법 적용 기준 마련 등을 위하여 필요한 경우 대통령령으로 정하는 바에 따라 관계 기관 협의 및 관계 전문가 의견 수렴을 거쳐 개선조치를 할 수 있으며, 이를 위하여 현행 법령에 관한 분석을 실시할 수 있다(같은 조 제2항).

Ⅳ. 법령해석

누구든지 법령 등의 내용에 의문이 있으면 법령을 소관하는 중앙행정기관의 장(법령소관기관)과 자치법규를 소관하는 지방자치단체의 장에게 법령해석을 요청할 수 있다(같은 법 제40조 제1항). 법령소관기관과 자치법규를 소관하는 지방자치단체의 장은 각각 소관 법령 등을 헌법과 해당 법령 등의 취지에 부합되게 해석·집행할 책임을 진다(같은 조 제2항). 법령소관기관이나 법령소관기관의 해석에 이의가 있는 자는 대통령령으로 정하는 바에 따라 법령해석업무를 전문으로 하는 기관에 법령해석을 요청할 수 있다(같은 조 제3항).

제2절 법규명령

I. 법규명령의 내용

위임명령	집행명령
법률 또는 상위명령에 의해 위임된 사항에 관하여 발하는 명령으로서, 위임의 범위 내에서는 법규사항(입법사항), 즉 국민의 권리·의무에 관한 사항을 새로이 설정할 수 있다.	법률의 범위 내에서 세부적 집행에 관한 구체적·기술적 사항을 규율하기 위해 발하는 명령으로서, 법률의 명시적 규정이 없더라도 발할 수 있는 대신 새로운 입법사항에 대해서는 규율할 수 없다.

II. 법규명령의 형식

구분	법규명령
헌법에서 직접 규정	대통령령(시행령), 총리령·부령(시행규칙), 중앙선거관리위원회규칙 1. 총리령과 부령과의 관계 : 총리령 우위설 2. 국무총리 직속기관인 처장 : 부령발령권이 없고, 총리령에 의함 ┤ 관 련 판 례 ├ 경찰공무원임용령은 법규명령에 해당한다(대판 2008.5.29, 2007두18321).
법률에서 규정	감사원규칙 : 법규명령설이 다수설. 단, 헌법은 행정규칙설이 다수설
법률에 근거 없는 법규명령	행정규칙설과 위헌무효설이 대립한다.

III. 위임명령과 집행명령, 행정규칙의 비교

구분	법규명령	행정규칙
법형식	대통령령, 총리령, 부령, 중앙선거관리위원회규칙(이상은 헌법에서 직접 규정), 감사원규칙(감사원법에서 규정)	훈령·지시·예규·일일명령(행정업무의 효율적 운영에 관한 규정에 의한 분류), 고시, 통첩, 각서, 지침, 시달, 규정, 원칙, 기본통칙, 계획, 요령, 편람(훈령·고시가 대표적)
권력의 기초	일반통치권(일반권력)	특별권력
법적 근거	위임명령○, 집행명령× ▶ 법률의 위임이 없어도 집행명령을 제정할 수 있다(대판 2006.10.27, 2004두12261).	× (행정권의 고유한 권능)
입법(법규)사항 규율	위임명령○, 집행명령×	× (행정조직 또는 특별권력관계 내부의 사항)
성격	타율적 행정입법	자율적 행정입법
법규성	○	×
효력	대외적(국민·법원) 구속력, 양면적(쌍면적) 구속력 (= 대내적 + 대외적 구속력)	대내적(일면적·편면적) 구속력
제정절차	1. 대통령령(법제처의 사전심사와 국무회의의 심의) 2. 총리령·부령(법제처의 사전심사) ▶ 법제업무운영규정(대통령령)에 규정이 있을 뿐, 행정절차법에 규정 없음	특별한 절차규정 없음
형식	조문형식의 문서	행정규칙에 고유한 형식이 있는 것은 아니므로 반드시 문서로 할 필요는 없고 이론상 구두로도 가능하지만, 행정실무는 보통 고시·훈령·예규·통첩·지시 등의 조문형식의 문서로 하고 있음
공포	○ (효력 발생을 위한 필수적 요건으로서의 성립요건, 공포 후 일정기간이 경과하면 효력 발생)	× (수명기관에 도달시 효력 발생)

Ⅳ. 위임입법의 한계

1. 헌법규정

헌법 제75조는 "대통령은 법률에서 구체적으로 범위를 정하여(총리령, 부령과 달리 명시적 규정) 위임받은 사항(위임명령)과 법률을 집행하기 위하여 필요한 사항(집행명령)에 관하여 대통령령을 발할 수 있다."라고 규정하고 있고, 제95조에서는 "국무총리 또는 행정각부의 장(처장, 청장은 제외)은 소관사무에 관하여 법률이나 대통령령의 위임(위임명령. 대통령령이 총리령·부령보다 상위) 또는 직권으로(집행명령) 총리령 또는 부령을 발할 수 있다."라고 규정하고 있다.

┤ 관 련 판 례 ├

1. 헌법 제75조의 의의는 위임입법의 근거와 한계를 제시하는 것이다(헌재결 2013.10.24, 2012헌바368).
2. 시행령의 위헌 여부와 위임규정의 위헌 여부의 관계 : <u>위임입법의 법리는 헌법의 근본원리인 권력분립주의와 의회주의 내지 법치주의에 바탕을 두는 것이기 때문에 행정부에서 제정된 대통령령에서 규정한 내용이 정당한 것인지 여부와 위임의 적법성에는 직접적인 관계가 없다.</u> 따라서 <u>대통령령으로 규정한 내용이 헌법에 위반될 경우라도 그 대통령령의 규정이 위헌으로 되는 것은 별론으로 하고 그로 인하여 정당하고 적법하게 입법권을 위임한 수권법률 조항까지도 위헌으로 되는 것은 아니다</u>(헌재결 1996.6.26, 93헌바2).
3. 특정 사안과 관련하여 법률에서 하위 법령에 위임을 한 경우, 모법의 위임범위를 확정하거나 하위 법령이 위임의 한계를 준수하고 있는지 판단하는 방법 : 하위 법령이 규정한 내용이 입법자가 형식적 법률로 스스로 규율하여야 하는 본질적 사항으로서 의회유보의 원칙이 지켜져야 할 영역인지, 당해 법률 규정의 입법 목적과 규정 내용, 규정의 체계, 다른 규정과의 관계 등을 종합적으로 고려하여야 하고, 위임 규정 자체에서 의미 내용을 정확하게 알 수 있는 용어를 사용하여 위임의 한계를 분명히 하고 있는데도 문언적 의미의 한계를 벗어났는지나, 하위 법령의 내용이 모법 자체로부터 위임된 내용의 대강을 예측할 수 있는 범위 내에 속한 것인지, 수권 규정에서 사용하고 있는 용어의 의미를 넘어 범위를 확장하거나 축소하여서 위임 내용을 구체화하는 단계를 벗어나 새로운 입법을 한 것으로 평가할 수 있는지 등을 구체적으로 따져 보아야 한다[대판(전합) 2015.8.20, 2012두23808].
4. 법률의 시행령이 형사처벌에 관한 사항을 규정하면서 법률의 명시적인 위임 범위를 벗어나 처벌 대상을 확장하는 경우, 위임입법의 한계를 벗어나 무효이다[대판(전합) 2017.2.16, 2015도16014].
5. 법규명령이 법률의 위임 범위를 벗어났는지 판단하는 방법 : 법규명령이 법률의 위임 범위를 벗어났는지는 직접적인 위임 법률조항의 형식과 내용뿐만 아니라 법률의 전반적인 체계와 목적 등도 아울러 고려하여 법률의 위임 범위나 한계를 객관적으로 확정한 다음 법규명령의 내용과 비교해서 판단해야 한다. 법규명령의 내용이 위와 같이 확정된 법률의 위임 범위 내에 있다고 인정되거나 법률이 예정하고 있는 바를 구체적으로 명확하게 한 것으로 인정되면 법규명령은 무효로 되지 않는다(대판 2021.7.29, 2020두39655).
---

2. 법적 근거

1. 법률의 위임이 없어도 집행명령을 제정할 수 있다(대판 2006.10.27, 2004두12261).
2. 의료법의 위임 없이 당직의료인의 수와 자격을 정하고 있는 「의료법 시행령」 제18조 제1항은 위임입법의 한계를 벗어나 무효이다[대판(전합) 2017.2.16, 2015도16014].
3. 법률의 시행령이나 시행규칙의 내용이 모법의 입법 취지와 관련 조항 전체를 유기적·체계적으로 살펴보아 모법의 해석상 가능한 것을 명시한 것에 지나지 않거나 모법 조항의 취지에 근거하여 이를 구체화하기 위한 것인 경우, 모법에 직접 위임하는 규정을 두지 않았다고 하여 무효라고 볼 수 없다(대판 2020.4.9, 2015다34444).

3. 위임형식

1. 법률이나 대통령령으로 규정할 사항을 규정한 부령은 무효(대판 1962.1.25, 4294민상9)
2. 입법사항을 대통령령이 아닌 총리령이나 부령에 위임할 수 있다(헌재결 1998.2.27, 97헌마64).
3. 상위법령에서 세부사항 등을 시행규칙으로 정하도록 위임하였음에도 이를 고시 등 행정규칙으로 정한 경우, 대외적 구속력을 가지는 법규명령으로서의 효력을 인정할 수 없다 : 행정규칙이나 규정이 상위법령의 위임범위를 벗어난 경우에는 법규명령으로서 대외적 구속력을 인정할 여지는 없다. 이는 행정규칙이나 규정 '내용'이 위임범위를 벗어난 경우뿐 아니라 상위법령의 위임규정에서 특정하여 정한 권한행사의 '절차'나 '방식'에 위배되는 경우도 마찬가지이므로, 상위법령에서 세부사항 등을 시행규칙으로 정하도록 위임하였음에도 이를 고시 등 행정규칙으로 정하였다면 그 역시 대외적 구속력을 가지는 법규명령으로서 효력이 인정될 수 없다(대판 2012.7.5, 2010다72076).

4. 위임의 범위

(1) 구체적·개별적 위임

1. 구체적·개별적 위임만 허용(대법원) ↔ 일반적·추상적(포괄적·전면적·백지) 위임, 백지수권·골격입법은 금지 : 위임명령은 법률이나 상위명령에서 구체적으로 범위를 정한 개별적인 위임이 있을 때에 가능하고, 구체적인 위임의 범위는 규제하고자 하는 대상의 종류와 성격에 따라 달라지는 것이어서 일률적 기준을 정할 수는 없지만, 적어도 위임명령에 규정될 내용 및 범위의 기본사항이 구체적으로 규정되어 있어서 누구라도 당해 법률이나 상위명령으로부터 위임명령에 규정될 내용의 대강을 예측할 수 있어야 하나, 이 경우 그 예측가능성의 유무는 당해 위임조항 하나만을 가지고 판단할 것이 아니라 그 위임조항이 속한 법률이나 상위명령의 전반적인 체계와 취지·목적, 당해 위임조항의 규정형식과 내용 및 관련 법규를 유기적·체계적으로 종합판단하여야 하고, 나아가 각 규제대상의 성질에 따라 구체적·개별적으로 검토함을 요한다(대판 2006.4.14, 2004두14793).
2. 구체적·개별적 위임만 허용(헌법재판소) : 법률의 위임은 반드시 구체적이고 개별적으로 한정된 사항에 대하여 하여져야 한다. 그렇지 아니하고 일반적이고 포괄적인 위임을 한다면 이는 사실상 입법권을 백지위임하는 것이나 다름없어 의회입법의 원칙이나 법치주의를 부인하는 것이 되고 행정권의 부당한 자의와 기본권행사에 대한 무제한적 침해를 초래할 위험이 있기 때문이다(헌재결 2013.6.27, 2011헌바386).
3. 총리령·부령도 명시적 규정은 없지만 구체적 위임만 가능하다 : 헌법 제95조에는 동 제75조와 같이 '구체적으로 범위를 정하여'라는 문구가 없지만 역시 마찬가지로 위임의 구체성과 명확성을 요구한다. 다만, 이러한 기준은 기본권의 성질 및 행정 분야에 따라서, 국민에 대한 영향력의 정도에 따라서, 현실적·입법기술적 곤란성에 따라서, 그리고 수임자의 민주적 정당성, 조직형태에 따라서 달리 적용된다(헌재결 1997.12.24, 95헌마390).

(2) 실질적 예측가능성

1. 실질적 예측(예견)가능성 : 유기적·체계적으로 종합 판단, 규제대상의 성질에 따라 구체적·개별적 검토(대판 2006.4.14, 2004두14793)
2. 실질적 예측(예견)가능성(헌법재판소) : 헌법 제75조는 위임입법의 근거조문임과 동시에 그 범위와 한계를 제시하고 있는바, 여기서 '법률에서 구체적인 범위를 정하여 위임받은 사항'이란 법률에 이미 대통령령으로 규정될 내용 및 범위의 기본사항이 구체적으로 규정되어 있어서 누구라도 당해 법률로부터 대통령령에 규정될 내용의 대강을 예측할 수 있어야 함을 의미한다(헌재결 2013.6.27, 2011헌바386).
3. 시행령 규정이 모법의 위임 범위를 벗어난 것인지 판단할 때 중요한 기준 중 하나인 '예측 가능성'의 의미 및 예측 가능성의 유무를 판단하는 방법 : 해당 시행령의 내용이 이미 모법에서 구체적으로 위임되어 있는 사항을 규정한 것으로서 누구라도 모법 자체로부터 위임된 내용의 대강을 예측할 수 있는 범위에 속한다는 것을 뜻한다. 이러한 예측 가능성의 유무는 해당 조항 하나만을 가지고 판단할 것은 아니고 법률의 입법 취지 등을 고려하여 관련 법조항 전체를 유기적·체계적으로 종합하여 판단하여야 한다(대판 2021.7.29, 2020두39655).
4. 외형에 의해서가 아니라 객관적으로 판단[대판(전합) 1996.3.21, 95누3640]
5. 일반적·추상적·개괄적인 규정이라도 법관의 법보충작용으로서의 해석을 통해 구체화·명확화될 수 있다면 합헌(대판 2001.4.27, 2000두9076)
6. 예시적 위임도 가능(대판 1994.1.28, 93누17218)
7. 법규명령의 내용이 확정된 모법의 위임내용, 범위에 있다고 인정되거나 모법이 예정하고 있는 바를 구체화·명확화한 것으로 인정되면 그 법규명령은 무효로 되지 아니한다(대판 2005.1.28, 2002도6931).

(3) 위임의 구체성과 명확성의 정도

① 위임의 구체성·명확성의 정도는 획일적인 것이 아니라 규제대상의 종류와 성격에 따라 다르다.

각 규제대상의 성질에 따라 구체적·개별적으로 검토
▶ 위임의 구체성·명확성의 요구 정도는 그 규율대상의 종류와 성격에 따라 달라진다(헌재결 1997.2.20, 95헌바27).

② 구체성·명확성의 요구 정도가 강화되는 영역

1. 형벌 : 사회현상의 복잡다기화와 국회의 전문적·기술적 능력의 한계 및 시간적 적응능력의 한계로 인하여 형사처벌에 관련된 모든 법규를 예외 없이 형식적 의미의 법률에 의하여 규정한다는 것은 사실상 불가능할 뿐만 아니라 실제에 적합하지도 아니하기 때문에, 특히 긴급한 필요가 있거나 미리 법률로써 자세히 정할 수 없는 부득이한 사정이 있는 경우에 한하여(보충성) 위임법률이 구성요건의 점에서는 처벌대상인 행위가 어떠한 것인지 이를 예측할 수 있을 정도로 구체적으로 정하고, 형벌의 점에서는 형벌의 종류 및 그 상한과 폭을 명확히 규정하는 것을 전제로 위임입법이 허용되며, 이러한 위임입법은 죄형법정주의에 반하지 않는다(대판 2013.3.28, 2012도16383).
2. 과세요건의 해석[대판(전합) 1996.3.21, 95누3640]
3. 국민의 기본권을 제한하거나 침해할 소지가 있는 사항에 관한 위임[대판(전합) 2000.10.19, 98두6265]
4. 의회전속입법사항 : 세부적 사항은 위임이 가능하다는 것이 다수설. 국적취득요건(헌법 제2조), 재산권의 내용 및 한계(제23조 제1항), 재산권의 수용 및 보상(제23조 제3항), 환경권의 내용과 행사(제35조 제2항), 행정각부의 설치(제96조), 지방자치단체의 종류(제117조 제2항)

③ 구체성·명확성의 요구 정도가 완화되는 영역

1. 다양한 사실관계를 규율하거나 사실관계가 수시로 변화될 것이 예상될 때(헌재결 1991.2.11, 90헌가27) : 중학교 의무교육의 구체적인 실시시기와 절차 등
2. 보건위생 등 급부행정 영역에서는 기본권침해 영역보다는 구체성의 요구가 다소 약화되어도 무방(대결 1995.12.8, 95카기16 ; 헌재결 1997.12.24, 95헌마390)
3. 특별행정법관계(제한적 긍정설)

④ 포괄적 위임이 허용되는 영역

┤ 관 련 판 례 ├

1. 조례
   ① 주민의 '권리의무에 관한 사항'을 규율하는 조례를 제정함에 있어서는 법률의 위임이 필요(헌재결 1995. 4.20, 92헌마264·279)
   ② 조례는 지방자치단체가 제정한 자주법이기 때문에 행정관청의 명령과 달리 포괄적 위임도 가능(대판 1991.8.27, 90누6613)
   ③ 자치사무와 단체위임사무에 관한 자치조례에 대하여는 위임입법의 한계가 적용되지 않는다(대판 2000.11.24, 2000추29).
   ④ 지방자치단체가 조례를 제정함에 있어 그 내용이 주민의 권리제한 또는 의무부과에 관한 사항이나 벌칙인 경우에는 법률의 위임이 있어야 하므로, 법률의 위임 없이 주민의 권리제한 또는 의무부과에 관한 사항을 정한 조례는 효력이 없다[대판(전합) 2012.11.22, 2010두19270].
   ⑤ 법률이 주민의 권리의무에 관한 사항에 관하여 구체적으로 범위를 정하지 않은 채 조례로 정하도록 포괄적으로 위임한 경우, 주민의 권리의무에 관한 사항을 조례로 제정할 수 있다(대판 2019.10.17, 2018두40744).
2. 공법적 단체의 정관에 자치법적 사항을 위임한 경우 : 법률이 공법적 단체 등의 정관에 자치법적 사항을 위임한 경우에는 헌법 제75조가 정하는 포괄적인 위임입법의 금지는 원칙적으로 적용되지 않는다(대판 2007.10.12, 2006두14476).
3. 위임입법이 대법원규칙인 경우(헌재결 2016.6.30, 2013헌바370·392·421, 2014헌바7·296, 2015헌바74)

5. 내용적 한계

1. 합법적 명령해석(합헌적 법률해석을 유추하여 필자가 붙인 이름) : 어느 시행령이나 조례의 규정이 모법에 저촉되는 지가 명백하지 않는 경우에는 모법과 시행령 또는 조례의 다른 규정들과 그 입법 취지, 연혁 등을 종합적으로 살펴 모법에 합치된다는 해석도 가능한 경우라면 그 규정을 모법위반으로 무효라고 선언해서는 안 된다. 이러한 법리는, 국가의 법체계는 그 자체 통일체를 이루고 있는 것이므로 상·하규범 사이의 충돌은 최대한 배제되어야 한다는 원칙과 더불어, 민주법치국가에서 규범은 일반적으로 상위규범에 합치할 것이라는 추정원칙에 근거하고 있을 뿐만 아니라, 실제적으로도 하위규범이 상위규범에 저촉되어 무효라고 선언되는 경우에는 그로 인한 법적 혼란과 법적 불안정은 물론, 그에 대체되는 새로운 규범이 제정될 때까지의 법적 공백과 법적 방황은 상당히 심각할 것이므로 이러한 폐해를 회피하기 위해서도 필요하다(대판 2014.1.16, 2011두6264).
2. 하위법령의 규정이 상위법령의 규정에 저촉되는지가 명백하지 않으나 하위법령의 의미를 상위법령에 합치되는 것으로 해석하는 것이 가능한 경우, 하위법령이 상위법령에 위반된다는 이유로 무효를 선언할 수 없다 : 국가의 법체계는 그 자체로 통일체를 이루고 있으므로 상·하규범 사이의 충돌은 최대한 배제하여야 하고, 또한 규범이 무효라고 선언될 경우에 생길 수 있는 법적 혼란과 불안정 및 새로운 규범이 제정될 때까지의 법적 공백 등으로 인한 폐해를 피하여야 할 필요성에 비추어 보면, 하위법령의 규정이 상위법령의 규정에 저촉되는지 여부가 명백하지 않은 경우에, 관련 법령의 내용과 입법 취지 및 연혁 등을 종합적으로 살펴 하위법령의 의미를 상위법령에 합치되는 것으로 해석하는 것이 가능한 경우라면, 하위법령이 상위법령에 위반된다는 이유로 쉽게 무효를 선언할 것은 아니다(대판 2019.7.10, 2016두61051).
3. 특정 사안과 관련하여 법령에서 조례에 위임을 한 경우, 조례가 위임의 한계를 준수하였는지 판단하는 방법 : 특정 사안과 관련하여 법령에서 조례에 위임을 한 경우 조례가 위임의 한계를 준수하였는지를 판단할 때는 당해 법령 규정의 입법 목적과 규정 내용, 규정의 체계, 다른 규정과의 관계 등을 종합적으로 살펴야 하고, 수권 규정에서 사용하고 있는 용어의 의미를 넘어 그 범위를 확장하거나 축소하여 위임 내용을 구체화하는 단계를 벗어나 새로운 입법을 하였는지 등도 아울러 고려하여야 한다(대판 2019.7.10, 2016두61051).
4. 집행명령의 사항적 한계 : 행정관청이 일반적 직권에 의하여 제정하는 집행명령은 상위법령이 규정한 범위 내에서 이를 현실적으로 집행하는 데 필요한 세부적인 사항만을 규정할 수 있을 뿐, 상위법령의 위임이 없는 한 상위법령이 규정한 개인의 권리의무에 관한 내용을 변경·보충하거나 상위법령에 규정되지 아니한 새로운 내용을 규정할 수는 없다(대판 2012.7.5, 2010다72076).

6. 재위임

1. 재위임의 한계(헌법재판소) : 법률에서 위임받은 사항을 전혀 규정하지 않고 모두 재위임하는 것은 "위임받은 권한을 그대로 다시 위임할 수 없다."는 복위임금지의 법리에 반할 뿐 아니라 수권법의 내용변경을 초래하는 것이 되고, 대통령령 이외의 법규명령의 제정·개정절차가 대통령령에 비하여 보다 용이한 점을 고려할 때 하위의 법규명령에 대한 재위임의 경우에도 대통령령에의 위임에 가하여지는 헌법상의 제한이 마땅히 적용되어야 할 것이다. 따라서 법률에서 위임받은 사항을 전혀 규정하지 아니하고 그대로 하위의 법규명령에 재위임하는 것은 허용되지 않으며 위임받은 사항에 관하여 대강을 정하고 그 중의 특정사항을 범위를 정하여 하위의 법규명령에 다시 위임하는 경우에만 재위임이 허용된다(헌재결 2002.10.31, 2001헌라1부).
2. 재위임의 한계(대법원) : 법률에서 위임받은 사항을 전혀 규정하지 않고 재위임하는 것은 백지재위임금지의 법리에 반할 뿐 아니라 수권법의 내용변경을 초래하는 것이 되므로 허용되지 아니한다 할 것이나 위임받은 사항에 관하여 대강을 정하고 그 중의 특정사항을 범위를 정하여 하위법령에 다시 위임하는 경우에는 재위임이 허용된다 할 것이다(대판 2013.3.28, 2012도16383).
3. 위임과 재위임의 한계에 관한 법리는 조례가 지방자치법 제22조 단서에 따라 주민의 권리제한 또는 의무부과에 관한 사항을 법률로부터 위임받은 후 다시 지방자치단체장이 정하는 규칙이나 고시 등에 재위임하는 경우에도 마찬가지 법리가 적용된다(대판 2015.1.15, 2013두14238).

V. 법규명령의 하자

1. 위법한 법규명령은 무효임이 원칙(대판 1979.2.27, 77누86)
2. 처분적 법규명령의 경우 취소사유도 가능(대판 1954.8.19, 4286행상37)
3. 위헌·위법인 행정입법에 근거한 행정처분의 효력 : 법규명령이 위법무효라고 선언한 대법원 판결이 선고되기 전에는 취소사유, 선고 후에는 무효사유(대판 1997.5.28, 95다15735)
4. 시행령의 본칙 규정이 무효인 경우 이를 소급적용하도록 한 부칙 규정 역시 무효이다[대판(전합) 2009.3.19, 2006두19693].

VI. 법규명령의 소멸

위임명령	집행명령
개념상 위임의 근거가 중요 1. 위임의 근거가 없어 무효였더라도 사후에 위임의 근거가 부여되면 그때부터 유효, 법개정으로 위임의 근거가 없어지게 되면 그때부터 무효. 어떤 법령의 위임근거 유무에 따른 유효여부를 심사하려면 법개정의 전·후에 걸쳐 모두 심사하여야만 그 법규명령의 시기에 따른 유효·무효를 판단할 수 있다(대판 1995.6.30, 93추83). 2. 법규명령이 개정된 법률에 규정된 내용을 함부로 유추·확장하는 내용의 해석규정이어서 위임의 한계를 벗어난 것으로 인정될 경우, 법규명령은 여전히 무효이다[대판(전합) 2017.4.20, 2015두45700].	개념상 집행필요 여부가 중요 1. 근거법령인 상위법령이 폐지되면 특별한 규정이 없는 이상 실효 2. 상위법령이 개정됨에 그친 경우에는 효력을 유지(대판 1989.9.12, 88누6962) ① 내용적 한계 : 개정법령과 성질상 모순·저촉되지 아니하고, 개정된 상위법령의 시행에 필요한 사항을 규정 ② 시간적 한계 : 개정법령의 시행을 위한 새로운 집행명령이 제정, 발효될 때까지
수권법률에 대한 위헌결정이 있으면 시행령의 효력도 실효(대판 2001.6.12, 2000다18547)	

VII. 법규명령에 대한 정치적·행정적 통제

1. 정치적 통제

(1) 국회통제

구분	내용
직접 통제	1. 원칙적으로 직접적 통제수단 부정 2. 국가긴급 시 예외적으로 인정 : 국회의 승인을 얻지 못한 때에는 그 처분 또는 명령(재정경제상의 처분 또는 명령이나 긴급명령)은 그때부터 효력을 상실한다(헌법 제76조 제4항).
간접 통제	1. 국정감사·조사, 국무총리 등에 대한 질문·감시·비판, 국무위원 해임건의·탄핵소추, 예산안 심의 2. 국회송부제도 : 간접적 통제라는 것이 다수설 ① 송부대상 : 법규명령 + 행정규칙 중앙행정기관의 장(예 각부장관, 처장, 청장)은 법률에서 위임한 사항이나 법률을 집행하기 위하여 필요한 사항을 규정한 대통령령·총리령·부령(법규명령)·훈령·예규·고시(행정규칙) 등이 제정·개정 또는 폐지된 때에는 10일[7일(×)] 이내에 이를 국회 소관상임위원회[본회의(×)]에 제출하여야 한다(의회송부대상은 행정규칙도 포함). 다만, 대통령령의 경우에는 입법예고를 할 때에도(입법예고를 생략하는 경우에는 법제처장에게 심사를 요청할 때를 말한다) 그 입법예고안을 10일 이내에 제출하여야 한다(국회법 제98조의2 제1항). 중앙행정기관의 장은 제1항의 기간 이내에 제출하지 못한 경우에는 그 이유를 소관 상임위원회에 통지하여야 한다(같은 조 제2항). ② 국회의 의견통보대상 : 법규명령에 한정 상임위원회는 위원회 또는 상설소위원회를 정기적으로 개회하여 그 소관 중앙행정기관이 제출한 대통령령·총리령 및 부령(대통령령등)의 법률 위반 여부 등을 검토하여야 한다(같은 조 제3항). 상임위원회는 제3항에 따른 검토 결과 대통령령 또는 총리령이 법률의 취지 또는 내용에 합치되지 아니한다고 판단되는 경우에는 검토의 경과와 처리 의견 등을 기재한 검토결과보고서를 의장에게 제출하여야 한다(같은 조 제4항). 의장은 제4항에 따라 제출된 검토결과보고서를 본회의에 보고하고, 국회는 본회의 의결로 이를 처리하고 정부에 송부한다(같은 조 제5항). 상임위원회는 제3항에 따른 검토 결과 부령이 법률의 취지 또는 내용에 합치되지 아니한다고 판단되는 경우에는 소관 중앙행정기관의 장(행정안전부장관이 아님)에게 그 내용을 통보할 수 있다(같은 조 제7항). 전문위원은 제3항에 따른 대통령령등을 검토하여 그 결과를 해당 위원회 위원에게 제공한다(같은 조 제9항). ③ 행정부의 조치 : 정부는 제5항에 따라 송부받은 검토결과에 대한 처리 여부를 검토하고 그 처리결과(송부받은 검토결과에 따르지 못하는 경우 그 사유를 포함한다)를 국회(소관상임위원회가 아님)에 제출하여야 한다(같은 조 제6항). 제7항에 따라 검토내용을 통보받은 중앙행정기관의 장은 통보받은 내용에 대한 처리 계획과 그 결과를 지체 없이 소관 상임위원회에 보고하여야 한다(같은 조 제8항).

(2) 민중통제

청문·공청회, 여론(언론의 감시·청원·압력단체)에 의한 통제. 간접적 통제로 실효성은 적다.

2. 행정적 통제

구분	내용
감독권	상급행정청의 하급행정청에 대한 감독, 국가의 지방자치단체에 대한 감독(훈령, 사전허가, 사전승인)
특정한 심사기관의 심사	1. 법제처 심사 법제처는 국무총리 직속기관으로 각부·처에서 국무회의에 상정할 모든 법령안을 심사한다(정부조직법 제23조). 2. 국민권익위원회의 법령 등에 대한 부패유발요인 검토 위원회는 다음 각 호에 따른 법령 등의 부패유발요인을 분석·검토하여 그 법령 등의 소관 기관의 장에게 그 개선을 위하여 필요한 사항을 권고할 수 있다(「부패방지 및 국민권익위원회의 설치와 운영에 관한 법률」 제28조 제1항). 　1. 법률·대통령령·총리령 및 부령 　2. 법령의 위임에 따른 훈령·예규·고시 및 공고 등 행정규칙 　3. 지방자치단체의 조례·규칙 　4. 「공공기관의 운영에 관한 법률」 제4조에 따라 지정된 공공기관 및 「지방공기업법」 제49조 ·제76조에 따라 설립된 지방공사·지방공단의 내부규정
절차적 통제	행정절차법은 행정입법절차에 대해서는 규정하고 있지 않고, 다만 ① 행정상 입법예고제(제41조), ② 입법안에 대한 공청회(제45조 제1항)에 대해서만 규정하고 있다. 그 밖에 행정입법에 대한 절차적 규제로는 ① 대통령령에 대한 법제처심사와 국무회의 심의, ② 총리령·부령에 대한 법제처심사, ③ 관계기관과의 협의 등이 있다.
행정심판	중앙행정심판위원회는 심판청구를 심리·재결할 때에 처분 또는 부작위의 근거가 되는 명령 등(대통령령·총리령·부령·훈령·예규·고시·조례·규칙 등을 말한다)이 법령에 근거가 없거나 상위 법령에 위배되거나(위법) 국민에게 과도한 부담을 주는 등 크게 불합리(현저한 부당)하면 관계행정기관에 그 명령 등의 개정·폐지 등 적절한 시정조치를 요청할 수 있다. 이 경우 중앙행정심판위원회는 시정조치를 요청한 사실을 법제처장에게 통보하여야 한다(행정심판법 제59조 제1항). 제1항에 따른 요청을 받은 관계 행정기관은 정당한 사유가 없으면 이에 따라야 한다(같은 조 제2항).

Ⅷ. 법규명령에 대한 사법적 통제

1. 일반법원에 의한 통제

(1) 구체적 규범통제

구분	내용
의의	행정입법에 대한 통제제도로는 추상적 규범인 행정입법의 위헌·위법을 직접 소송대상으로 다툴 수 있는 추상적 규범통제제도와 구체적 규율인 처분을 직접 소송대상으로 하는 재판에서 행정입법의 위헌·위법 여부가 '재판의 전제'가 된 경우에 행정입법을 간접적으로 심사하는 구체적 규범통제제도가 있다. 우리나라 헌법은 "명령·규칙 또는 처분이 헌법이나 법률에 위반되는 여부가 '재판의 전제'가 된 경우에는 대법원(헌법재판소가 아님)은 이를 최종적으로 심사할 권한을 가진다."(제107조 제2항)고 함으로써 구체적 규범통제(추상적 규범통제가 아님)를 취하고 있다. 따라서 법령을 소송의 대상으로 하여 항고소송으로 다툴 수 없는 것이 원칙이다. ┨ **관 련 판 례** ┠ 1. 법규명령에 대한 처분성 부정 그 자체로서 국민의 구체적인 권리의무에 직접적인 변동을 초래하는 것이 아닌 것은 그 대상이 될 수 없으므로 구체적인 권리의무에 관한 분쟁을 떠나서 재무부령 자체의 무효확인을 구하는 청구는 행정소송의 대상이 아닌 사항에 대한 것으로서 부적법하다(대판 1987.3.24, 86누656). 2. 법원이 법률 하위의 법규명령, 규칙, 조례, 행정규칙 등이 위헌·위법인지를 심사하기 위한 요건으로서 '재판의 전제성'의 의미 : '재판의 전제'란 구체적 사건이 법원에 계속 중이어야 하고, 위헌·위법인지가 문제 된 경우에는 규정의 특정 조항이 해당 소송사건의 재판에 적용되는 것이어야 하며, 그 조항이 위헌·위법인지에 따라 그 사건을 담당하는 법원이 다른 판단을 하게 되는 경우를 말한다(대판 2019.6.13, 2017두33985). 3. 법원이 구체적 규범통제를 통해 위헌·위법으로 선언할 심판대상은 원칙적으로 해당 규정 중 재판의 전제성이 인정되는 조항에 한정된다(대판 2019.6.13, 2017두33985).
주체 (각급법원)	구체적 규범통제의 주체는 각급법원이다. 대법원은 최종적 심사권을 가질 뿐, 대법원만 심사권을 갖는 것은 아니다.
대상 (법규명령)	구체적 규범통제의 대상은 명령과 규칙이다. 명령이란 법규명령을 의미한다. 규칙이란 국회규칙·대법원규칙·헌법재판소규칙·중앙선거관리위원회규칙 등 법규명령만을 말한다. 조례와 규칙도 법규명령에 해당하므로 구체적 규범통제의 대상이 될 수 있다. 그러나 행정규칙은 이에 해당하지 않는다. ┨ **관 련 판 례** ┠ 헌법 제107조 제2항의 '규칙'에는 지방자치단체의 조례와 규칙이 모두 포함된다[대판(전합) 1995.8.22, 94누5694].
위헌·위법명령의 효력 (무효)	1. 무효사유 위법한 법규명령은 이론적으로는 무효사유일 뿐 취소사유가 아니다. 판례도 위헌·위법명령을 무효라고 선언하고 있다. 그러나 제도적으로는 구체적 규범통제의 결과 위헌·위법으로 판정된 명령의 효력에 대하여는 실효되는 것이 아니고 오직 당해 사건에 대하여서만 적용이 거부될 뿐이라는 견해가 통설이다.

(2) 항고소송

① 처분성 관련 사례

처분성 인정	처분성 부정
1. 처분적 법규명령(대판 1954.8.19, 4286행상37) 2. 처분적 조례(두밀분교폐지에 관한 경기도 교육조례)(대판 1996.9.20, 95누8003) 　▶ 표준지(개별)공시지가의 처분성은 인정피고는 경기도 교육감 3. 「법무사법 시행규칙」(대법원규칙)에 대한 헌법소원(헌재결 1990.10.15, 89헌마178) 4. 부천시담배자동판매기설치금지조례에 대한 헌법소원(헌재결 1995.4.20, 92헌마264·279) 5. 진정입법부작위에 대하여는 권리구제형 헌법소원(헌재결 1998.7.16, 96헌마246), 부진정입법부작위에 대하여는 위헌소원(헌재결 1996.6.13, 94헌마118·95헌바39) 6. 재개발사업 시행자가 분양신청을 하지 아니한 토지의 소유자에 대하여 대지 및 건축시설을 분양하지도 아니하고 청산금도 지급하지 아니하기로 하는 분양처분고시(대판 2002.10.11, 2002다33502) 7. 항정신병 치료제의 요양급여 인정기준에 관한 보건복지부 고시(대결 2003.10.9, 2003무23) 8. 보건복지부 고시인 「약제급여·비급여목록 및 급여상한금액표(대판 2006.9.22, 2005두2506) : 다른 집행행위의 매개 없이 그 자체로서 국민건강보험가입자, 국민건강보험공단, 요양기관 등의 법률관계를 직접 규율 9. 청소년보호법에 따른 청소년유해매체물 결정·고시(대판 2007.6.14, 2004두619) : 청소년유해표시의무, 포장의무, 청소년에 대한 판매·대여·이용제공 등의 금지의무, 구분·격리의무 등 각종 의무를 발생하는 일반처분 10. 국립공주대학교 학칙의 별표2 모집단위별 입학정원을 개정한 학칙개정행위(대판 2009.1.30, 2008두19550)	1. 원칙상 처분성 부인(대판 1987.3.24, 86누656) 2. 대통령령 3. 법령에 대한 해석 4. 국토이용관리법에 근거한 건설부장관의 기준지가고시(대판 1979.4.24, 78누242) 　▶ 표준지(개별)공시지가의 처분성은 인정 5. 행정규칙(대판 1985.11.26, 85누394) 6. 서울특별시 자치구의 「철거민에 대한 국민주택특별공급지침」(대판 1997.3.14, 96누19079) : 행정규칙 7. 행정입법부작위(대판 1992.5.8, 91누11261) 8. 의료기관의 명칭표시판에 진료과목을 함께 표시하는 경우 글자 크기를 제한하고 있는 구 「의료법 시행규칙」(대판 2007.4.12, 2005두15168)

1. 처분적 법규명령에 대한 처분성 인정

   법령의 효력을 가진 명령이라도 그 효력이 다른 행정행위를 기다릴 것 없이 직접적으로 또 현실이 그 자체로서 국민의 권리훼손 기타 이익침해의 효과를 발생케 하는 성질의 것이라면 행정소송법상 처분이라 보아야 할 것이다(대판 1954.8.19, 4286행상37).

2. 처분적 조례에 대한 처분성 인정(경기도의 두밀분교폐교조례 ; 정식명칭은 경기도립학교설치조례)

   조례가 집행행위의 개입 없이도 그 자체로서 직접 국민의 구체적인 권리의무나 법적 이익에 영향을 미치는 등의 법률상 효과를 발생하는 경우 그 조례는 항고소송의 대상이 되는 행정처분에 해당한다(대판 1996.9.20, 95누8003).

3. 학교폐지 조례 공포 후 교육감이 한 분교장의 폐쇄, 직원의 인사이동, 급식학교의 변경은 처분성 부정

   공립초등학교 분교의 폐지는 지방의회가 이를 폐지하는 내용의 개정조례를 의결하고 교육감이 이를 공포하여 그 효력이 발생함으로써 완결되고, 그 조례 공포 후 교육감이 하는 분교장의 폐쇄, 직원에 대한 인사이동 및 급식학교의 변경지정 등 일련의 행위는 분교의 폐지에 따르는 사후적인 사무처리에 불과할 뿐이므로, 이를 독립하여 항고소송의 대상이 되는 행정처분으로서의 폐교처분이라고 할 수 없다(대판 1996.9.20, 95누7994).

② 행정입법부작위

1. 행정입법부작위가 되기 위하여는 행정기관에게 행정입법을 제정할 법적 의무가 있어야 한다.
2. 미국과 프랑스에선 일정한 요건하에 행정권에게 행정입법제정의무를 부과하고 있다.
3. 우리나라의 경우 행정권의 시행명령제정의무를 정하는 명시적인 법률규정은 없다. 그러나 삼권분립의 원칙, 법치행정의 원칙을 당연한 전제로 하고 있는 우리 헌법하에서 행정권의 행정입법 등 법집행의무는 헌법적 의무라고 보아야 한다(헌재결 1998.7.16, 96헌마246).
4. 대법원은 안동댐건설로 인한 주민들의 손실보상에 대한 부작위위법확인소송을 각하(대판 1992.5.8, 91누11261)
5. 구 사법시험령 제15조 제8항이 행정자치부장관에게 제2차시험 성적을 포함하는 종합성적의 세부산출방법 기타 최종합격에 필요한 사항을 정하도록 위임하더라도 행정자치부장관에게 그런 규정을 제정할 작위의무가 있는 것은 아니라고 한 사례(대판 2007.1.11, 2004두10432).

(3) 손해배상

구 군법무관임용법 제5조 제3항과 「군법무관임용 등에 관한 법률」 제6조가 군법무관의 보수의 구체적 내용을 시행령에 위임했음에도 불구하고 행정부가 정당한 이유 없이 시행령을 제정하지 않은 것은 불법행위에 해당한다(대판 2007.11.29, 2006다3561).

2. 헌법재판소에 의한 통제

1. 「법무사법 시행규칙」(대법원규칙)에 대한 헌법소원 예외적으로 인정 : 입법부에서 제정한 법률, 행정부에서 제정한 시행령이나 시행규칙 및 사법부에서 제정한 규칙 등은 그것들이 별도의 집행행위를 기다리지 않고 직접 기본권을 침해하는 것일 때에는 모두 헌법소원심판의 대상이 될 수 있는 것이다(헌재결 1990.10.15, 89헌마178).
2. 진정입법부작위에 대하여는 권리구제형 헌법소원 인정(헌재결 1998.7.16, 96헌마246). 부진정입법부작위에 대하여는 위헌소원 인정(헌재결 1996.6.13, 94헌마118·95헌바39 병합)
3. 조례에 대한 헌법소원(담배자동판매기 설치장소 제한에 관한 부천시·강남구조례 위헌확인) 예외적으로 인정(헌재결 1995.4.20, 92헌마264)

┤ **관 련 판 례** ├

> 헌법재판소법 제68조 제1항에서 말하는 '공권력'에는 입법작용이 포함되며, 지방자치단체에서 제정하는 조례도 불특정다수인에 대해 구속력을 가지는 법규이므로 조례제정행위도 입법작용의 일종으로서 헌법소원의 대상이 된다(헌재결 1994.12.29, 92헌마216).

4. 공무원임용령과 예규로 말미암아 직접 기본권을 침해받았다면, 이에 대하여 바로 헌법소원심판을 청구할 수 있다(헌재결 1992.6.26, 91헌마25).
5. 당구장 경영자인 청구인에게 당구장 출입문에 18세 미만자에 대한 출입금지 표시를 하게 하는 「체육시설의 설치·이용에 관한 법률 시행규칙」 제5조는 직업선택의 자유와 평등권을 침해하고 위임입법의 한계를 일탈한 것이어서 위헌이다(헌재결 1993.5.13, 92헌마80).
6. 구 군법무관임용법 제5조 제3항 및 「군법무관 임용 등에 관한 법률」 제6조가 군법무관의 봉급과 그 밖의 보수를 법관 및 검사의 예에 준하여 지급하도록 하는 대통령령을 제정할 것을 규정하였는데, 대통령이 지금까지 해당 대통령령을 제정하지 않는 것은 청구인들(군법무관들)의 재산권을 침해하는 것이다(헌재결 2004.2.26, 2001헌마718).

제3절 행정규칙

Ⅰ. 행정규칙의 법적 성질과 효력

1. 법규성

구분			내용
대내적 효력			행정규칙의 대내적인 법적 효력 인정 : 위반 시 징계책임 ┨ **관 련 판 례** ┠ 검찰청의 장이 출장 등의 사유로 근무지를 떠날 때에는 검찰총장의 승인을 얻어야 한다고 규정한 검찰근무규칙 제13조 제1항의 법적 성격은 행정규칙이고 그 위반행위는 직무상의 의무위반으로 징계사유에 해당한다(심재륜 고검장 항명사건)(대판 2001. 8.24, 2000두7704).
대외적 효력	사실적 효력		어느 학설이나 사실적 효력은 모두 인정
	법적 효력	법규설	1. 직접적인 법적 효력도 긍정 2. 행정의 민주적 정당성과 행정의 시원적 입법권(이원적 법권론)을 논거(Ossenbühl) 3. 법규성 인정(예외) 　① 「건축사사무소의 등록취소 및 폐쇄처분에 관한 규정」(대판 1984.9.11, 82누166) 　② 법령보충적 행정규칙(법령보충규칙)(대판 1987.9.29, 86누484)
		비법규설	법적 구속력은 직접적이든 간접적이든 일체 부정(대법원판례의 주류적 입장) ┨ **관 련 판 례** ┠ 상급행정기관이 소속 공무원이나 하급행정기관에 대하여 업무처리지침이나 법령의 해석·적용 기준을 정해 주는 '행정규칙'은 대외적으로 구속력이 없고, 처분이 행정규칙에 적합한지 여부에 따라 처분의 적법 여부를 판단할 수 없으며, 상급행정기관이 소속 공무원이나 하급행정기관에 하는 개별·구체적인 지시에 관하여도 마찬가지 법리가 적용된다(대판 2019.7.11, 2017두38874).
		준법규설	1. 법적 구속력은 간접적 효력(평등원칙, 자기구속원칙에 매개)만 인정 2. 다수설, 헌법재판소 3. 대법원의 예외판례 　① '설정된 기준이 객관적으로 합리적이 아니라거나 타당하지 않다고 보이는 경우 또는 그러한 기준을 설정하지 않은 채 구체적이고 합리적인 이유의 제시 없이 사업계획의 부적정 통보를 하거나 사업계획서를 반려하는 경우는 위법하다(대판 2004.5.28, 2004두961). 　② 기준이 객관적으로 보아 합리적이 아니라든가 타당하지 않은 경우가 아닌 이상 행정청의 의사는 가능한 한 존중되어야 한다(대판 2005.4.28, 2004두8910).

2. 처분성

구분	내용
다수설	부정
대법원	처분성 부정 : 「개인택시면허 우선순위에 관한 교통부장관의 시달」은 처분이 아님(대판 1985.11.26, 85누394)
헌법재판소	원칙 부정, 예외 인정 1. 법령보충규칙은 헌법소원의 대상(헌재결 2001.5.31, 99헌마413) 2. 법령보충규칙이나 재량준칙이 평등원칙이나 신뢰보호의 원칙에 따라 자기구속을 받아 대외적 구속력을 갖는 경우(헌재결 1990.9.3, 90헌마13) 3. 정책결정을 구체화시킨 지침의 내용이 국민의 기본권에 직접적으로 영향을 끼치고, 앞으로 법령 의 뒷받침에 의하여 그대로 실시될 것이 틀림없을 것으로 예상될 수 있을 때에는 예외적으로 헌법소원의 대상이 될 수도 있다(헌재결 2007.10.25, 2006헌마1236).

II. 행정규칙의 종류

1. 훈령

상급기관이 하급기관에 대하여 상당히 장기간에 걸쳐 권한의 행사를 일반적으로 지휘·감독하기 위하여 발하는 명령. 가장 대표적임

┃ 관 련 판 례 ┃

1. 행정관청 내부의 사무처리규정에 불과한 전결규정에 위반하여 원래의 전결권자 아닌 보조기관 등이 처분 권자인 행정관청의 이름으로 행정처분을 한 경우, 그 처분은 무효가 아니다(대판 1998.2.27, 97누1105).
2. 행정청 내부의 사무처리지침에 따랐다는 이유만으로 행정처분이 위법하게 되는 것은 아니다(대판 1992.5. 12, 91누8128).
3. 건강보험심사평가원이 「요양급여비용 심사·지급업무 처리기준」 제4조 제1항 제4호에 근거하여 제정한 심 사지침인 「방광내압 및 요누출압 측정 시 검사방법」(대판 2017.7.11, 2015두2864)
4. 한국수력원자력 주식회사의 「공급자관리지침」 중 등록취소 및 그에 따른 일정 기간의 거래제한조치에 관 한 규정(대판 2020.5.28, 2017두66541)

Ⅲ. 행정규칙의 적법요건과 효력발생요건

1. 적법요건

구분	내용
주체	행정규칙을 발할 수 있는 정당한 권한이 있는 행정기관이 발해야 한다.
내용	법률의 근거를 요하지는 않지만 법률우위의 원칙에 의해 상위법령에 반하지 않는 한 가능하고 명백한 내용으로 제정해야 한다. ┤ 관 련 판 례 ├ 행정규칙인 주세사무처리규정에는 법률유보원칙이 적용되지 않는다(대판 1984.11.13, 84누269).
절차	1. 일반법은 존재하지 않는다. 다만, 근래 행정규칙이 실제 행정운용과 국민생활에 미치는 영향의 중대성이 인식됨에 따라 절차적 통제에 관심을 두고 있다. 2. 행정절차법은 행정청이 필요한 처분기준을 설정·변경하는 경우 해당 처분의 성질에 비추어 되도록 구체적으로 정하여 공표(처분기준설정·공표)하여야 한다고 규정하고 있다. 또한 법령 등을 제정·개정 또는 폐지하려는 경우에는 행정상 입법예고절차를 거쳐야 한다(제41조 제1항).
형식	행정규칙은 보통 고시·훈령·예규·통첩·지시 등의 형식으로 행해지나, 고유한 형식이 있는 것은 아니므로 반드시 문서로 할 필요는 없고 이론상 구두로도 가능하다. 그러나 행정실무는 조문형식의 문서로 하고 있다.

2. 효력발생요건

성립요건을 갖추어 유효하게 성립한 행정규칙은 특별한 효력발생요건(국민에 공포)을 요하지 아니하며, 적당한 방법(관보게재·게시·사본배부·전문 등)으로 수명기관에 도달한 때로부터 효력을 발생한다. 다만, 재량준칙과 같이 사실상 국민의 권리의무에 영향을 미칠 수 있는 행정규칙은 대외적으로 공포될 필요가 있다.

┤ 관 련 판 례 ├
1. 국세청훈령은 행정규칙이므로 공포를 요하지 않는다 : 적당한 방법으로 이를 표시, 또는 통보하면 되는 것이지, 공포하거나 고시하지 아니하였다는 이유만으로 그 효력을 부인할 수 없다(대판 1990.5.22, 90누639).
2. 서울특별시 1995년 개인택시운송사업면허업무처리요령은 행정규칙에 불과하므로 공포를 요하지 않는다(대판 1997.9.26, 97누8878).

3. 하자의 효과

1. 상위법령을 위반한 행정규칙의 효력은 당연무효이고, 행정내부적 효력도 인정될 수 없다 : 행정규칙의 내용이 상위법령에 반하는 것이라면 법치국가원리에서 파생되는 법질서의 통일성과 모순금지 원칙에 따라 그것은 법질서상 당연무효이고, 행정내부적 효력도 인정될 수 없다. 이러한 경우 법원은 해당 행정규칙이 법질서상 부존재하는 것으로 취급하여 행정기관이 한 조치의 당부를 상위법령의 규정과 입법 목적 등에 따라서 판단하여야 한다(대판 2019.10.31, 2013두20011).
2. 행정규칙의 내용이 상위법령에 반하는 경우, 당연무효이다 : '행정규칙'은 상위법령의 구체적 위임이 있지 않는 한 행정조직 내부에서만 효력을 가질 뿐 대외적으로 국민이나 법원을 구속하는 효력이 없다. 다만 행정규칙이 이를 정한 행정기관의 재량에 속하는 사항에 관한 것인 때에는 그 규정 내용이 객관적 합리성을 결여하였다는 등의 특별한 사정이 없는 한 법원은 이를 존중하는 것이 바람직하다. 그러나 행정규칙의 내용이 상위법령에 반하는 것이라면 법치국가원리에서 파생되는 법질서의 통일성과 모순금지 원칙에 따라 그것은 법질서상 당연무효이고, 행정내부적 효력도 인정될 수 없다. 이러한 경우 법원은 해당 행정규칙이 법질서상 부존재하는 것으로 취급하여 행정기관이 한 조치의 당부를 상위법령의 규정과 입법 목적 등에 따라서 판단하여야 한다(대판 2020.11.26, 2020두42262).
3. '대부업자 등'이 금전대부계약과 관련하여 쌍방대리 형태의 촉탁행위를 할 경우 공증인에게 촉탁을 거절할 의무를 부과하고 있는 「집행증서 작성사무 지침」제4조는 무효이다(대판 2020.11.26, 2020두42262).

Ⅳ. 법규명령과 행정규칙의 소멸사유

법규명령의 소멸사유	행정규칙의 소멸사유
1. 폐지 2. 실효 　① 간접적 폐지 　② 법정부관의 성취 　③ 근거법령의 소멸·개정 　④ 수권법률에 대한 위헌결정	1. 명시적·묵시적 폐지 2. 종기의 도래 3. 해제조건의 성취

Ⅴ. 특수한 행정규칙

1. 법규명령형식의 행정규칙 내용

(1) 형식과 내용

구분	내용
형식	1. 시행규칙 : 부령 2. 시행령 : 대통령령
내용	1. [별표] : 행정처분기준에 관한 사항임 2. 행정처분기준, 사무처리준칙

(2) 법적 성질

① 학설

1. 법규명령설(다수설 : 형식설 = 형식적 기준설 = 형식 중시) : 논거로서는 ① 그 내용이 국민의 자유와 권리에 관계 없는 사항이라도 법령에 규정됨으로써 일국민을 구속하게 된다는 점, ② 부령에서 규정된 제재적 행정처분의 기준은 단순히 사무처리기준이 아니라 오히려 기본권 제한에 관련하는 사항으로 보는 것이 합당하다는 점, ③ 구체적 타당성에 대해서는 법원의 명령규칙심사권을 적극적으로 행사하여 도모할 수 있다는 점, ④ 법규명 령은 법제처의 심사 혹은 국무회의의 심의(대통령령), 입법예고, 공포 등 절차적 정당성이 부여된다는 점 등을 든다.
2. 행정규칙설(실질설 = 실질적 기준설 = 비법규설 = 내용 중시) : 논거로는 ① 법규명령이 반드시 법규만을 내용으로 하여야 할 필요는 없기 때문에 그 내용이 여전히 행정사무의 처리준칙임이 명백한 경우에는 행정규칙으로서 의 성질에 변함이 없다는 점, ② 행정규칙으로 파악해야 구체적 타당성을 기할 수 있다는 점, ③ 형식설을 취하면 법률에서 재량행위로 정한 것을 명령으로 기속행위로 바꾸게 되어 법률의 취지에 반한다는 점 등을 든다.

② 판례

㉠ 전체적 평가 : 내용 중시, 행정규칙설

㉡ 부령·지방자치단체규칙형식(행정규칙)

구분	내용
성질	1. 규정형식상 부령인 시행규칙 또는 지방자치단체의 규칙으로 정한 행정처분의 기준은 행정처분 등에 관한 사무처리기준과 처분절차 등 행정청 내의 사무처리준칙(행정규칙의 내용)을 규정한 것에 불과하므로 행정조직 내부에 있어서의 행정명령의 성격을 지닐 뿐 대외적으로 국민이나 법원을 구속하는 힘이 없고, 그 처분이 위 규칙에 위배되는 것이라 하더라도 위법의 문제는 생기지 아니하고, 또 위 규칙에서 정한 기준에 적합하다 하여 바로 그 처분이 적법한 것이라고도 할 수 없으며, 그 처분의 적법 여부는 위 규칙에 적합한지의 여부에 따라 판단할 것이 아니고 관계법령의 규정 및 그 취지에 적합한 것인지 여부에 따라 개별적·구체적으로 판단하여야 한다[대판(전합) 1995.10.17, 94누14148]. 2. 제재적 행정처분의 기준이 부령형식으로 규정된 경우 행정규칙이지만 법원은 당해 처분기준을 존중해야 한다(대판 2010.4.8, 2009두22997).
사례	1. 「식품위생법 시행규칙」 제53조 [별표 15]의 영업정지 등 행정처분기준(대판 1995.3.28, 94누 6925) 2. 「도로교통법 시행규칙」 제53조 제1항이 정한 [별표 16]의 운전면허행정처분기준(대판 1997.10. 24, 96누17288) 3. 「약사법 시행규칙」 제89조 [별표 6] 「행정처분의 기준」(대판 2007.9.20, 2007두6946) 4. 노동조합의 설립을 신고하려는 자가 설립신고서에 첨부하여 제출할 서류에 관한 구 「노동조합 및 노동관계조정법 시행규칙」 제2조 제4호[대판(전합) 2015.6.24, 2007두4995] ▶ 제재적 처분기준이 아닌 계획기준(특허의 인가기준)인 시외버스운송사업의 사업계획변경 기준 등에 관한 구 「여객자동차 운수사업법 시행규칙」(대판 2006.6.27, 2003두4355)은 법규명령이고, 「도시계획시설기준에 관한 규칙」(대판 2006.10.26, 2003두14840)은 법규로서의 성질

ⓒ 대통령령 형식 : 형식 중시, 법규명령설

1. 「주택건설촉진법 시행령」 제10조의3 제1항 [별표 1]은 법규명령이므로 영업정지처분은 기속행위(대판 1997. 12.26, 97누15418)
2. 구 「청소년보호법 시행령」 제40조 [별표 6]의 위반행위의 종별에 따른 과징금처분기준은 법규명령이고 과징금의 금액의 의미는 최고한도액(대판 2001.3.9, 99두5207)
3. 「국민건강보험법 시행령」 제61조 제1항 [별표 5]의 업무정지처분 및 과징금부과의 기준의 법적 성질은 법규명령이고 업무정지의 기간 내지 과징금의 금액의 의미는 최고한도(대판 2006.2.9, 2005두11982)

2. 행정규칙형식의 법규명령 내용(법령보충규칙)

(1) 형식과 내용

구분	내용
형식	훈령·지침·고시 등
내용	상위법령의 위임·수권(권한부여)·보충 + 법규사항

(2) 법적 성질 : 법규명령설(통설·대법원·헌재)

상급행정기관이 하급행정기관에 대하여 업무처리지침이나 법령의 해석적용에 관한 기준을 정하여 발하는 이른바 행정규칙은 일반적으로 행정조직 내부에서만 효력을 가질 뿐 대외적인 구속력을 갖지 않지만(원칙적으로 법규성 부정), 법령의 규정이 특정 행정기관에게 그 법령 내용의 구체적 사항을 정할 수 있는 권한을 부여하면서 그 권한 행사의 절차나 방법을 특정하고 있지 않아 수임행정기관이 행정규칙의 형식으로 그 법령의 내용이 될 사항을 구체적으로 정하고 있다면, 그와 같은 행정규칙은 행정규칙이 갖는 일반적 효력으로서가 아니라 행정기관에 법령의 구체적 내용을 보충할 권한을 부여한 법령 규정의 효력에 의하여 그 내용을 보충하는 기능을 갖게 되고, 따라서 이와 같은 행정규칙은 당해 법령의 위임 한계를 벗어나지 않는 한 그것들과 결합하여(행정규칙 자체의 독자적 효력으로서가 아니라 상위법령과 결합하여서만 법규적 효력을 가진다는 점에서, 행정규칙 자체로서 예외적으로 법규성이 인정되는 독일의 규범구체화행정규칙과 다름 ; 필자 주) 대외적인 구속력이 있는 법규명령으로서의 효력을 가진다(대판 2008.3.27, 2006두3742·3759).

(3) 사례

1. 국세청장훈령인 재산제세사무처리규정(대판 1988.5.10, 87누1028)
2. 「액화석유가스의 안전 및 사업관리법 시행령」 제3조 제2항에 의해 제정된 「액화석유가스판매사업 허가기준에 관한 구리시 고시」(대판 1991.4.23, 90누6460)
3. 식품위생법에 따라 보건사회부장관이 발한 보존음료수의 국내판매를 금지하는 내용의 식품제조영업허가기준고시[대판(전합) 1994.3.8, 92누1728]
4. 공업배치 및 공장설립에 관한 법률」에 따라 산업자원부장관이 정한 공장입지기준고시(대판 2004.5.28, 2002두4716)
5. 식품위생법에 따라 보건사회부장관이 발한 보존음료수의 국내판매를 금지하는 내용의 식품제조영업허가기준고시[대판(전합) 1994.3.8, 92누1728]
6. 주세법에 의해 국세청장이 제정한 주류도매면허제도개선업무지침(대판 1994.4.26, 93누21668)
7. 노령수당의 지급대상자의 선정기준 및 지급수준 등에 관한 권한을 부여한 노인복지법에 따라 보건사회부장관이 발한 노인복지사업지침(대판 1996.4.12, 95누7727)
8. 석유사업법 제9조 제1·3항, 「석유사업법 시행령」 제15조 [별표 2]의 규정에 따라 제정한 「전라남도 주유소등

록요건에 관한 고시」(대판 1998.9.25, 98두7503)

9. 국무총리훈령인 개별토지가격합동조사지침(대판 1994.2.8, 93누111) : 집행명령으로서 법률보충적인 구실을 하는 법규적 성질

10. 건축법 제80조 제1항 제2호, 지방세법 제4조 제2항, 「지방세법 시행령」 제4조 제1항 제1호의 위임에 따라 행정자치부장관이 정한 「2014년도 건물 및 기타물건 시가표준액 조정기준」(대판 2017.5.31, 2017두30764)

11. 피청구인의 「2019년도 제56회 변리사 국가자격시험 시행계획 공고(공고 제2018-151호)」 가운데 '2019년 제2차 시험과목 중 특허법과 상표법 과목에 실무형 문제를 각 1개씩 출제' 부분(헌재결 2019.5.30, 2018헌마1208·1227)

12. 국민건강보험법 제41조 제2항, 구 「국민건강보험 요양급여의 기준에 관한 규칙」 제5조 제1항 [별표 1] 제1호 마목, 제2항의 위임에 따라 보건복지부장관이 정하여 고시한 「요양급여의 적용기준 및 방법에 관한 세부사항」 I. '일반사항' 중 '요양기관의 시설·인력 및 장비 등의 공동이용 시 요양급여비용 청구에 관한 사항'(대판 2021.1.14, 2020두38171)

(4) 법적 근거 : 행정규제기본법

행정규칙은 법규명령과 같은 엄격한 제정 및 개정절차를 요하지 아니하므로, 재산권 등과 같은 기본권을 제한하는 작용을 하는 법률이 입법위임을 할 때에는 '대통령령', '총리령', '부령' 등 법규명령에 위임함이 바람직하고, 금융감독위원회의 고시와 같은 형식으로 입법위임을 할 때에는 적어도 행정규제기본법 제4조 제2항 단서에서 정한 바와 같이 법령이 전문적·기술적 사항이나 경미한 사항으로서 업무의 성질상 위임이 불가피한 사항에 한정된다 할 것이고, 그러한 사항이라 하더라도 포괄위임금지의 원칙상 법률의 위임은 반드시 구체적·개별적으로 한정된 사항에 대하여 행하여져야 한다(헌재결 2004.10.28, 99헌바91).

(5) 공포

법령보충규칙의 경우 다수설은 고시·훈령 등을 공포해야 한다는 견해이다. 판례는 부정설을 취한다.

┤ **관 련 판 례** ├

법령보충규칙은 그 자체가 법령은 아니고 행정규칙에 지나지 않으므로 공포를 요하지 않는다(대판 1993.11. 23, 93도662).

(6) 한계

1. 법률이 국민의 권리의무와 관련된 사항을 고시와 같은 행정규칙에 위임하는 경우 구체적·개별적으로 한정된 사항만 가능하다 : 헌법이 인정하고 있는 위임입법의 형식은 예시적인 것으로 보아야 할 것이고, 그것은 법률이 행정규칙에 위임하더라도 그 행정규칙은 위임된 사항만을 규율할 수 있으므로, 국회입법의 원칙과 상치되지도 않는다. 다만, 형식의 선택에 있어서 규율의 밀도와 규율영역의 특성이 개별적으로 고찰되어야 할 것이고, 그에 따라 입법자에게 상세한 규율이 불가능한 것으로 보이는 영역이라면 행정부에게 필요한 보충을 할 책임이 인정되고 극히 전문적인 식견에 좌우되는 영역에서는 행정기관에 의한 구체화의 우위가 불가피하게 있을 수 있다. 그러한 영역에서 행정규칙에 대한 위임입법이 제한적으로 인정될 수 있다(헌재결 2004.10.28, 99헌바91).

2. 법률이 입법사항을 고시와 같은 행정규칙의 형식으로 위임하는 것이 허용되는지 여부(한정적극) : 사회적 변화에 대응한 입법수요의 급증과 종래의 형식적 권력분립주의로는 현대사회에 대응할 수 없다는 기능적 권력분립론을 감안하여 헌법 제40조·제75조·제95조의 의미를 살펴보면, 국회가 입법으로 행정기관에게 구체적인 범위를 정하여 위임한 사항에 관하여는 당해 행정기관이 법 정립의 권한을 갖게 되고, 입법자가 그 규율의 형식도 선택할 수 있다고 보아야 하므로, 헌법이 인정하고 있는 위임입법의 형식은 예시적인 것으로 보아야 한다. 법률이 일정한 사항을 행정규칙에 위임하더라도 그 행정규칙은 위임된 사항만을 규율할 수 있으므로, 국회입법의 원칙과 상치되지 않는다. 다만, 행정규칙은 법규명령과 같은 엄격한 제정 및 개정절차를 필요로 하지 아니하므로, 기본권을 제한하는 내용의 입법을 위임할 때에는 법규명령에 위임하는 것이 원칙이고, 고시와

<u>같은 형식으로 입법위임을 할 때에는 법령이 전문적·기술적 사항이나 경미한 사항으로서 업무의 성질상 위임이 불가피한 사항에 한정된다</u>(헌재결 2014.7.24, 2013헌바183·202).

3. 법령보충규칙으로 처벌규정 위임 가능(대판 2006.4.27, 2004도1078)

4. 노령수당의 지급대상자를 '70세 이상'으로 규정한 [1]항의 지침은 '65세 이상'으로 규정한 노인복지법 제13조, 같은법 시행령 제17조의 위임한계를 벗어나 무효(대판 1996.4.12, 95누7727)

5. 행정 각부의 장이 정하는 고시의 규정 내용이 근거법령의 위임범위를 벗어난 경우, 법규명령으로서 대외적 구속력 부정(대결 2006.4.28, 2003마715)

6. 법령보충규칙은 헌법소원의 대상(헌재결 2004.1.29, 2001헌마894)

7. 법령상의 어떤 용어가 별도의 법률상의 의미를 가지지 않으면서 일반적으로 통용되는 의미를 가지고 있다면, 상위규범에 그 용어의 의미에 관한 별도의 정의규정을 두고 있지 않고 권한을 위임받은 하위규범에서 그 용어의 사용기준을 정하고 있다 하더라도 하위 규범이 상위규범에서 위임한 한계를 벗어났다고 볼 수 없으며, 행정규칙에서 사용하는 개념이 달리 해석할 여지가 있다 하더라도 행정청이 수권의 범위 내에서 법령이 위임한 취지 및 형평과 비례의 원칙에 기초하여 합목적적으로 기준을 설정하여 그 개념을 해석·적용하고 있다면, 개념이 달리 해석할 여지가 있다는 것만으로 이를 사용한 행정규칙이 법령의 위임 한계를 벗어났다고는 할 수 없다(대판 2008.4.10, 2007두4841).

8. 구 주택건설촉진법하에서 상위법령의 위임을 받아 제정된 행정규칙 등이 2003.5.29. 법률 제6916호로 전부개정된 주택법 상위법령의 위임한계를 벗어난 경우 주택법 부칙(2003.5.29.) 제2조에 따라 법규명령으로서 대외적 구속력이 있다고 할 수 없다(대판 2012.7.5, 2010다72076).

9. 재위임 : 산업자원부장관이 「공업배치 및 공장설립에 관한 법률」 제8조의 규정에 따라 공장입지의 기준을 구체적으로 정한 「산업자원부 고시 공장입지기준」 제5조의 법적 성질은 법규명령이고 「산업자원부 고시 공장입지기준」 제5조 제2호의 위임에 따라 공장입지의 보다 세부적인 기준을 정한 「김포시 고시 공장입지제한처리기준」 제5조 제1항의 법적 성질도 법규명령이다(대판 2004.5.28, 2002두4716).

10. 고시가 법령에 근거를 두었으나 규정 내용이 법령의 위임 범위를 벗어난 경우, 법규명령으로서의 대외적 구속력을 인정할 수 없다(대판 2016.8.17, 2015두51132).

11. 고시가 위임의 한계를 준수하고 있는지 판단하는 방법 : 특정 고시가 위임의 한계를 준수하고 있는지를 판단할 때에는, 법률 규정의 입법 목적과 규정 내용, 규정의 체계, 다른 규정과의 관계 등을 종합적으로 살펴야 하고, 법률의 위임 규정 자체가 의미 내용을 정확하게 알 수 있는 용어를 사용하여 위임의 한계를 분명히 하고 있는데도 고시에서 문언적 의미의 한계를 벗어났다든지, 위임 규정에서 사용하고 있는 용어의 의미를 넘어 범위를 확장하거나 축소함으로써 위임 내용을 구체화하는 단계를 벗어나 새로운 입법을 한 것으로 평가할 수 있다면, 이는 위임의 한계를 일탈한 것으로서 허용되지 아니한다(대판 2016.8.17, 2015두51132).

12. 전원합의체가 아닌 부판결

제2장
행정행위

제1절 행정행위의 종류

제1항 개설

Ⅰ. 대인적·대물적·혼합적 행정행위

1. 구 국민건강보험법 제85조 제1항 제1호에 따른 요양기관 업무정지처분의 법적 성격은 대물적 처분이고, 대상은 요양기관의 업무 자체이다(대판 2022.1.27, 2020두39365).
2. 속임수나 그 밖의 부당한 방법으로 보험자에게 요양급여비용을 부담하게 한 요양기관이 폐업한 경우, 그 요양기관 및 폐업 후 그 요양기관의 개설자가 새로 개설한 요양기관에 대하여 업무정지처분을 할 수 없다(대판 2022.1.27, 2020두39365).

Ⅱ. 일반처분(일반적·구체적 규율)

1. 횡단보도설치로 보행자의 통행방법을 결정하는 행위는 처분에 해당한다(대판 2000.10.27, 98두896).
   ▶ 학설은 횡단보도설치행위에 대하여 물적 행정행위로서 처분성을 인정함에 비해, 대법원은 대인적 행정행위설을 취하여 처분성을 인정하고 있다는 점에서 차이가 있다.
2. 횡단보도설치에 의해 침해되는 지하상가 상인의 영업상 이익에 대한 원고적격은 부정된다(대판 2000.10.27, 98두896).

Ⅲ. 행정의 자동결정

행정기본법은 '자동적 처분'이란 제목으로 행정의 자동결정의 법적 근거를 마련하고, 기속행위의 경우에만 허용하고 있다. 행정청은 법률로 정하는 바에 따라 완전히 자동화된 시스템(인공지능 기술을 적용한 시스템을 포함한다)으로 처분을 할 수 있다. 다만, 처분에 재량이 있는 경우는 그러하지 아니하다(제20조).

IV. 복효적(이중효과적) 행정행위

1. 실체법적 관계

1. 행정개입청구권
2. 복효적 행정행위의 직권취소 : 복효적 행정행위의 상대방은 부담을 받는 제3자의 취소심판이나 취소소송을 예견하고 있기 때문에 신뢰보호가 제약을 받는다. 다만, 불가쟁력이 발생한 경우에는 수익자의 신뢰보호가 형성된다.
3. 복효적 행정행위의 철회 : 행위의 존속이 제3자에게 불이익이 되는 경우 철회의무, 행위의 존속이 제3자에게 이익이 되는 경우 철회제한
4. 제3자의 동의 : 기속행위의 경우에 법적 근거 없이 제3자의 동의를 얻게 하는 것은 위법
5. 부관

2. 절차법적 관계

1. 제3자에 대한 통지 및 의견청취 : 행정청이 직권 또는 신청에 의하여 행정절차에 참여하게 된 이해관계인에 한정. 제3자에 대한 통지의무도 없고, 효력발생요건도 아님
2. 문서열람 및 복사

3. 집행법적 관계

원칙 재량. 그러나 제3자의 이익을 침해하는 상태를 존속시키는 결과가 될 경우 행정청의 집행이 의무화

4. 쟁송법적 관계

1. 제3자의 고지신청
2. 제3자의 쟁송제기기간 : 상대방과 동일
3. 제3자의 원고(청구인)적격 : 인인소송(이웃주민이 환경상 이익침해 등을 이유로 제기하는 소송), 경업자소송(경쟁업자에 대한 허가로 인해 영업상 이익을 침해당한 기존업자가 제기하는 소송), 경원자소송(신규출원자 중에서 면허를 거부당한 자가 제기하는 소송)에서 제3자의 원고적격을 인정하고 있다.
4. 행정심판전치주의 : 상대방과 동일
5. 형성력의 제3자효
6. 제3자의 소송참가
7. 제3자의 재심청구
8. 제3자의 집행정지 : 원고로서는 가능하나, 참가인의 지위에서는 불가

제2항 재량행위와 기속행위

I. 재량행위·기속행위 구별실익

1. 행정소송과의 관계(재판통제의 범위)

1. 기속행위에 대하여는 사법심사가 전면적
2. 재량행위
   ① 재량행위의 경우는 원칙적으로 당·부당의 문제로 사법심사의 대상에서 제외하고 예외적으로 재량 일탈·남용의 경우 사법심사대상. 반면 행정심판은 당·부당의 문제도 심판대상

   ┤ **관 련 판 례** ├
   > 재량권의 남용이나 재량권의 일탈의 경우에는 그 재량권이 기속재량이거나 자유재량이거나를 막론하고 사법심사의 대상이 된다(대판 1984.1.31, 83누451).

   ② 재량행위에 대해 취소소송이 제기된 경우 대상적격을 부정하여 각하하지 않고 기각판결. 행정소송법 제27조에서도 "행정청의 재량에 속하는 처분이라도 재량권의 한계를 넘거나 그 남용이 있는 때에는 법원은 이를 취소할 수 있다."고 명문으로 규정
3. 법원의 심사방식 : 기속행위의 경우 법원은 완전심사 및 판단대체방식, 재량행위의 경우 제한심사방식

   ┤ **관 련 판 례** ├
   > 행정행위를 기속행위와 재량행위로 구분하는 경우 양자에 대한 사법심사는, <u>전자(기속행위)의 경우</u> 그 법규에 대한 원칙적인 기속성으로 인하여 법원이 사실인정과 관련법규의 해석·적용을 통하여 일정한 결론을 도출한 후 그 결론에 비추어 행정청이 한 판단의 적법 여부를 독자의 입장에서 판정하는 방식(완전심사·판단대체방식)에 의하게 되나, <u>후자(재량행위)의 경우</u> 행정청의 재량에 기한 공익판단의 여지를 감안하여 법원은 독자의 결론을 도출함이 없이 당해 행위에 재량권의 일탈·남용이 있는지 여부만을 심사(제한심사방식)하게 된다(대판 2005.7.14, 2004두6181).

2. 부관의 가부

1. 종래의 학설·판례는 재량행위에만 부관을 붙일 수 있고, 기속행위에는 부관을 붙일 수 없다고 구별
   ① 재량행위에는 가능(대판 1982.12.28, 80다731·80다732)
   ② 기속행위와 기속재량행위에는 불가(무효사유)(대판 1993.7.27, 92누13998)
2. 재량행위에도 부관을 붙일 수 없는 경우가 있고(귀화허가), 기속행위에도 법령에 근거가 있는 경우나 법률요건 충족적 부관의 경우에는 부관을 붙일 수 있다는 견해가 다수설. 그러나 기속행위의 경우 법효과제한적 부관은 부가할 수 없다는 점에서는 구별실익

3. 공권의 성립

1. 공권이 성립하기 위해서는 강행법규가 존재해야 하므로, 임의법규에 의한 재량행위에는 공권이 성립될 수 없다는 것이 종래의 견해
2. 재량영역에서도 무하자재량행사청구권이 인정되며, 일정한 경우에는 재량권이 0으로 수축함으로써 예외적으로 행정개입청구권이 성립

4. 요건의 충족과 효과의 부여

1. 귀화신청인이 구 국적법 제5조 각호에서 정한 귀화요건을 갖추지 못한 경우, 법무부장관이 귀화 허부에 관한 재량권을 행사할 여지 없이 귀화불허처분을 하여야 한다(대판 2018.12.13, 2016두31616).
2. 도로점용허가를 받은 자가 구 도로법 제68조의 감면사유에 해당하는 경우, 도로관리청은 감면 여부에 관한 재량을 갖고, 도로관리청이 감면사유로 규정된 것 이외의 사유를 들어 점용료를 감면할 수 없다(대판 2019.1.17, 2016두56721, 56738).
3. 교육환경보호구역에서 건축법 제11조 제1항 단서 등에 따른 건축물을 건축하려는 자가 제출한 교육환경평가 서를 심사한 결과 그 내용 중에 교육환경 영향평가 결과와 교육환경 보호를 위한 조치 계획이 「교육환경 보호에 관한 법률 시행규칙」 제2조 [별표 1]에서 정한 '평가대상별 평가 기준'에 부합하거나 그 이상이 되도록 할 수 있는 구체적인 방안과 대책 등이 포함되어 있는 경우, 교육감은 제출된 교육환경평가서를 승인하여야 한다(대판 2020.10.15, 2019두45739).

II. 재량행위·기속행위 구별기준

1. 법문언기준설(개별화론 : 통설)

1. 일차적으로 법률규정, 입법취지 및 입법목적에 의한다는 견해로서 통설
   ① 법률이 "하여야 한다." 또는 "해서는 아니 된다.", "할 수 없다."라고 규정하고 있으면 기속행위
   ② 법률이 "할 수 있다." 또는 "하지 아니할 수 있다."로 규정하고 있으면 재량행위
2. 법률의 문언상 불분명할 경우
   ① 기본권회복의 의미를 갖는 경우(허가)에는 당사자의 기본권과의 관련하에서 강한 구속을 받게 되는 기속행위, 새로운 권리를 설정하는 경우(특허나 예외적 승인)에는 공익적 측면에서 검토할 가능성이 주어지므로 재량행위
   ② 효과재량설 : 수익적 행위는 재량행위, 침익적 행위는 기속행위

2. 판례(= 법문언 기준설)

판례는 법문언에 의한 판단을 우선으로 하면서도 효과재량설을 보충적인 기준으로 수용하는 입장
1. 기속행위와 재량행위를 구분하는 방법 : 행정행위가 재량성의 유무 및 범위와 관련하여 이른바 기속행위와 재량행위로 구분된다고 할 때, 그 구분은 해당 행위의 근거가 된 법규의 체재·형식과 문언, 해당 행위가 속하는 행정 분야의 주된 목적과 특성, 해당 행위 자체의 개별적 성질과 유형 등을 모두 고려하여 판단하여야 한다(대판 2020.10.15, 2019두45739).
2. 주택건설촉진법 제33조 제1항이 정하는 주택건설 사업계획의 승인은 상대방에게 권리나 이익을 부여하는 효과를 수반하는 이른바 수익적 행정처분으로서 법령에 행정처분의 요건에 관하여 일의적으로 규정되어 있지 아니한 이상 행정청의 재량행위에 속한다(대판 2002.6.14, 2000두10663).

III. 재량행위·기속행위 사례

1. 재량행위 사례

1. 「경찰관 직무집행법」상의 경찰권 발동수단(대판 1996.10.25, 95다45927)
2. 공무원징계행위(파면·해임·강등·정직·감봉·견책 ; 국가공무원법 제79조)
   ▶ 결정재량은 부정되고 선택재량만 인정
3. 자연공원사업의 시행허가(대판 2001.7.27, 99두5092)
4. 구 자동차관리법 제13조 제3항 제4호에 따른 직권말소 처분(대판 2013.5.9, 2010두28748)
5. 구 전염병예방법 제54조의2 제2항에 따른 예방접종으로 인한 질병, 장애 또는 사망의 인정 여부 결정(대판 2014.5.16, 2014두274)
6. 영유아보육법 제45조 제1항 각 호의 사유가 인정되는 경우, 행정청에 어린이집 운영정지 처분을 할 것인지 또는 이에 갈음하여 과징금을 부과할 것인지(대판 2015.6.24, 2015두39378)
7. 중요무형문화재 보유자의 추가인정 여부(대판 2015.12.10, 2013두20585)
8. 의료법 제59조 제1항에서 정한 지도와 명령의 요건에 해당하는지, 요건에 해당하는 경우 행정청이 어떠한 종류와 내용의 지도나 명령을 할 것인지의 판단(대판 2016.1.28, 2013두21120)
9. 법무부장관이 난민인정 결정의 취소 여부를 결정(대판 2017.3.15, 2013두16333)
10. 매장 유골을 '국립묘지 외의 장소로 이장하려는 경우' 국립묘지관리소장의 이장 신청의 적정성 심사(대판 2017.9.26, 2017두50690)
11. 「국토의 계획 및 이용에 관한 법률」 제56조에 따른 개발행위허가와 농지법 제34조에 따른 농지전용허가·협의의 요건에 해당하는지 여부(대판 2017.10.12, 2017두48956)
12. 여객자동차 운송사업자의 휴업허가를 위하여 필요한 기준을 정하는 것(대판 2018.2.28, 2017두51501)
13. 공무원 승진임용(대판 2018.3.27, 2015두47492)
14. 공정거래위원회의 「독점규제 및 공정거래에 관한 법률」 위반행위자에 대한 과징금 부과처분(대판 2018.4.24, 2016두40207)
15. 대학 총장 임용(대판 2018.6.15, 2016두57564)
16. 행정청이 복수의 민간공원추진자로부터 공원조성계획 입안 제안을 받은 후 도시·군계획시설사업 시행자지정 및 협약체결 등을 위하여 순위를 정하여 그 제안을 받아들이거나 거부하는 행위 또는 특정 제안자를 우선협상자로 지정하는 행위(대판 2019.1.10, 2017두43319)
17. 도로점용허가를 받은 자가 구 도로법 제68조의 감면사유에 해당하는 경우, 도로관리청의 감면 여부(대판 2019.1.17, 2016두56721·56738)
18. 여객자동차 운수사업자에게 「여객자동차 운수사업법」 운영개선지원금을 지급할지 여부 및 얼마를 지급할지(대판 2019.1.17, 2017두47137)
19. 재외동포에 대한 사증발급(대판 2019.7.11, 2017두38874)
20. 군인사법상 현역복무 부적합 여부 판단(대판 2019.12.27, 2019두37073)
21. 어떤 군수품을 조달할지 여부나 그 수량과 시기(대판 2020.1.16, 2019다264700)
22. 민간투자법 이외에 다른 개별 법률에 근거해서도 다른 방식으로 민간투자사업을 추진할 수 있는 재량(대판 2020.4.29, 2017두31064)
23. 국민건강보험법 제52조 제1항이 정한 부당이득징수(대판 2020.6.4, 2015두39996; 대판 2020.6.11, 2018두37250)
24. 여객자동차운송사업의 한정면허를 신규로 발급하는 때 및 한정면허의 갱신 여부를 결정하는 때에 관계 법규 내에서 한정면허의 기준이 충족되었는지를 판단하는 것(대판 2020.6.11, 2020두34384)
25. 「군사기지 및 군사시설 보호법」상 국방부장관 또는 관할부대장에 대한 관계 행정기관장의 협의 요청 대상인 행위가 군사작전에 지장을 초래하거나 초래할 우려가 있는지 여부에 대한 판단(대판 2020.7.9, 2017두39785)
26. 국민건강보험법 제57조 제1항, 제2항에서 정한 부당이득징수(대판 2020.7.9, 2018두44838)

27. 「국토의 계획 및 이용에 관한 법률」상 개발행위허가의 허가기준 및 금지요건에 해당하는지 여부(대판 2020.7.23, 2019두31839)
28. 행정청이 지정폐기물이 아닌 폐기물처리업 허가 신청에 앞서 제출된 폐기물처리사업계획서의 적합 여부를 판단(대판 2020.7.23, 2020두36007)
29. 「국토의 계획 및 이용에 관한 법률」상 개발행위허가의 허가기준 및 금지요건에 해당하는지 여부(대판 2021.3.25, 2020두51280)
30. 「가축분뇨의 관리 및 이용에 관한 법률」에 따른 가축분뇨 처리방법 변경허가(대판 2021.6.30, 2021두35681)

2. 기속행위 사례

1. 자동차운수사업법상 등록(대판 1993.7.27, 92누13998)
2. 화약류관리보안책임자면허 취소처분(대판 1996.8.23, 96누1665)
3. 지방재정법에 의한 변상금부과처분(대판 2000.1.14, 99두9735)
4. 국유재산의 무단점유 등에 대한 변상금의 징수(대판 2000.1.28, 97누4098)·변상금부과처분(대판 2000.1.14, 99두9735)
5. 출입국관리법상 법무부장관의 난민인정행위(대판 2008.7.24, 2007두3930)
6. 의무복무기간을 마친 장기복무장교(공군 조종사)의 전역허가(대판 2011.9.8, 2009다77280)
7. 구 국유재산법 제51조 제2항에 따른 변상금 연체료 부과처분(대판 2014.4.10, 2012두16787)
8. 국가공무원법 제73조 제2항에 따른 복직명령(대판 2014.6.12, 2012두4852)
9. 법인이 개설한 의료기관에서 거짓으로 진료비를 청구하였다는 범죄사실로 법인의 대표자가 금고 이상의 형을 선고받고 형이 확정된 경우, 해당 의료기관의 개설 허가 취소처분(또는 폐쇄명령)(대판 2021.3.11, 2019두57831)
10. 중소기업 판로지원법에 따른 직접생산확인 취소처분(대판 2020.10.15, 2020두35035)

IV. 재량하자의 유형

1. 재량의 일탈·남용 판단기준

재량권의 일탈·남용 여부에 대한 심사는 사실오인, 비례·평등의 원칙위배, 당해 행위의 목적위반이나 동기의 부정 유무 등을 그 판단대상으로 한다(대판 2001.2.9, 98두17593).

2. 재량의 일탈(逸脫)·유월(踰越)

행정청이 법이 허용하는 재량의 범위(외적 한계)를 넘어서 재량권을 행사한 경우

3. 재량의 남용

목적위배, 동기의 부정, 평등원칙·비례원칙 등 법의 일반원칙(내적 한계)에 위반하여 재량권을 행사한 경우, 사실 오인(견해대립)

4. 재량의 불행사·흠결·해태

행정기본법은 '재량행사의 기준'이란 제목으로 재량처분시 한계를 규정하고 있다. 행정청은 재량이 있는 처분을 할 때에는 관련 이익을 정당하게 형량하여야 하며, 그 재량권의 범위를 넘어서는 아니 된다(제21조).

┤ 관 련 판 례 ├

1. 행정청이 부주의 또는 재량행위를 기속행위로 오인하여 복수행위 간의 형량을 전혀 행하지 않은 경우
2. 행정행위를 함에 있어 이익형량을 전혀 하지 아니하거나 이익형량의 고려대상에 마땅히 포함시켜야 할 사항을 누락한 경우 또는 이익형량을 하였으나 정당성·객관성이 결여된 경우에는 그 행정행위는 재량권을 일탈·남용한 위법한 처분이라고 할 수밖에 없다(대판 2005.9.15, 2005두3257).
3. 행정청이 건설산업기본법 및 구「건설산업기본법 시행령」의 규정에 따라 건설업자에 대하여 영업정지 처분을 할 때 건설업자에게 영업정지 기간의 감경에 관한 참작 사유가 있음에도 이를 전혀 고려하지 않거나 감경 사유에 해당하지 않는다고 오인하여 영업정지 기간을 감경하지 아니한 경우, 영업정지 처분은 위법하다(대판 2016.8.29, 2014두45956).
4. 처분의 근거 법령이 행정청에 처분의 요건과 효과 판단에 일정한 재량을 부여하였는데도, 행정청이 처분으로 달성하려는 공익과 처분상대방이 입게 되는 불이익을 전혀 비교형량 하지 않은 채 처분을 한 경우, 재량권 일탈·남용으로 해당 처분을 취소해야 할 위법사유가 된다(대판 2019.7.11, 2017두38874).
5. 병무청장이 법무부장관에게 '가수 갑(스티브유)이 공연을 위하여 국외여행허가를 받고 출국한 후 미국 시민권을 취득함으로써 사실상 병역의무를 면탈하였다.'는 이유로 입국 금지를 요청함에 따라 법무부장관이 갑의 입국금지결정을 하였는데, 갑이 재외공관의 장(주로스엔젤레스총영사관 총영사)에게 재외동포(F-4) 체류자격의 사증발급을 신청하자 재외공관장이 처분이유를 기재한 사증발급 거부처분서를 작성해 주지 않은 채 갑의 아버지에게 전화로 사증발급이 불허되었다고 통보한 사안에서, 사증발급 거부처분에는 행정절차법 제24조 제1항을 위반한 하자가 있고, 재외공관장이 13년 7개월 전에 입국금지결정이 있었다는 이유만으로 그에 구속되어 사증발급 거부처분을 한 것이 비례의 원칙에 반하는 것인지 판단했어야 함에도, 입국금지결정에 따라 사증발급 거부처분을 한 것이 적법하다고 본 원심판단에 법리를 오해한 잘못이 있다고 한 사례(대판 2019.7.11, 2017두38874).
6. 처분상대방에게 법령에서 정한 임의적 감경사유가 있는데도, 행정청이 감경사유를 전혀 고려하지 않았거나 감경사유에 해당하지 않는다고 오인하여 개별처분기준에서 정한 상한으로 처분을 한 경우, 재량권을 일탈·남용한 것이다(대판 2020.6.25, 2019두52980).

V. 재량하자 인정사례 및 부정사례

1. 재량 일탈·남용 인정사례

1. 단원에게 지급될 급량비를 바로 지급하지 않고 모아두었다가 지급한 시립 무용단원에 대한 해촉처분(대판 1995.12.22, 95누4636)
2. 갑 지방자치단체가 을이 생전에 납입한 개발행위허가 이행보증금을 납부자별로 관리하기 위해 을 명의의 정기예금 계좌에 재예치해 달라고 요청함에 따라 병 은행이 이미 사망한 을 명의의 정기예금 계좌를 개설한 사실에 대하여, 금융위원회가 병 은행에 대하여 담당 직원 정 등이 실명확인의무를 이행하지 않았다는 등의 이유로, 정 등에게 제재조치를 할 것을 요구한 사안(대판 2021.6.10, 2020두55282)
3. 사실오인 : 육지로부터 7시간 이상 걸리는 거리에 떨어진 낙도근무자로서 학교회의에 참석하기 위하여 항해 도중 풍랑을 만나 현기증 등 병으로 입원 또는 병원치료하느라 임지에 들어가지 못한 교사에 대한 징계처분(대판 1969.7.22, 69누38)
4. 목적위반·동기의 부정 : 2종의 외국어고사에 합격되고 학위논문심사에 통과한 자에 대하여 정당한 이유 없이 학위수여를 부결한 행정처분(대판 1976.6.8, 75누63)

2. 재량 일탈·남용 부정사례

1. 교통사고를 일으킨 후 구호조치 없이 도주한 수사 담당 경찰관에 대한 해임처분(대판 1999.10.8, 99두6101)
2. 초음파 검사를 통하여 알게 된 태아의 성별을 고지한 의사에 대한 의사면허자격정지처분(대판 2002.10.25, 2002두482)
3. 문화재청장이, 국가지정문화재의 보호구역에 인접한 나대지에 건물을 신축하기 위한 국가지정문화재 현상변경신청을 허가하지 않은 경우(대판 2006.5.12, 2004두9920)
4. 제주해군기지 국방·군사시설사업의 부지 일부에 관한 절대보전지역변경(축소)결정[대판(전합) 2012.7.5, 2011두19239]
5. 국립서울대학교의 황우석 교수에 대한 파면처분(대판 2014.2.27, 2011두29540)
6. 승진후보자 명부에 포함된 후보자를 승진임용에서 제외하는 결정(대판 2018.3.27, 2015두47492)

VI. 재량행위에 대한 통제

1. 행정절차와 행정심판(실효적 수단)

행정절차와 행정심판은 부당한 재량행위와 판단여지에 대해서도 통제가 가능하기 때문에 위법통제에 국한되는 행정소송보다 실효적 통제수단이다.

2. 행정소송에 의한 통제

법원은 해당 심사기준의 해석에 관한 독자적인 결론을 도출하지 않은 채로 그 기준에 대한 행정청의 해석이 객관적인 합리성을 결여하여 재량권을 일탈·남용하였는지 여부만을 심사하여야 하고, 행정청의 심사기준에 대한 법원의 독자적인 해석을 근거로 그에 관한 행정청의 판단이 위법하다고 쉽사리 단정하여서는 아니 된다. 한편 이러한 재량권 일탈·남용에 관하여는 그 행정행위의 효력을 다투는 사람이 주장·증명책임을 부담한다(대판 2019. 1.10, 2017두43319).

3. 헌법재판에 의한 통제

법령의 집행행위가 재량행위인 경우 직접성요건의 충족 여부
법령에 근거한 구체적인 집행행위가 재량행위인 경우에는 법령은 집행관청에게 기본권침해의 가능성만을 부여할 뿐 법령 스스로가 기본권의 침해행위를 규정하고 행정청이 이에 따르도록 구속하는 것이 아니고, 이 때의 기본권의 침해는 집행기관의 의사에 따른 집행행위, 즉 재량권의 행사에 의하여 비로소 이루어지고 현실화되므로 이러한 경우에는 법령에 의한 기본권침해의 직접성이 인정될 여지가 없다(헌재결 1998.4.30, 97헌마141).

Ⅶ. 재량행위와 판단여지와의 관계

다수설은 구별긍정설이고, 판례는 구별부정설이다.

> **관 련 판 례**
>
> 1. 공무원임용시험령 제12조 제4항이 규정한 3급을류 공개경쟁채용시험에 있어서 제3차 시험인 면접시험 또는 실기시험에 의한 전문지식의 유무 내지 적격성의 적부판단은 오로지 시험위원의 자유재량에 속하는 것이다(대판 1972.11.28, 72누164).
> 2. 교과서검정은 재량행위이다(대판 1992.4.24, 91누6634).
> 3. 논술형시험인 사법시험 제2차시험의 채점위원이 하는 채점행위의 법적 성질은 재량행위이다(대판 2007.1. 11, 2004두10432).
> 4. 대학수학능력시험과 각 대학별 입학전형에 있어서 출제 및 배점, 채점이나 면접의 방식, 점수의 구체적인 산정방법 및 기준, 합격자의 선정 등은 시험시행자 또는 전형절차 주관자의 재량사항이다(대판 2007.12.13, 2005다66770).
> 5. 공무원 임용을 위한 면접전형에서 임용신청자의 능력이나 적격성 등에 관한 판단은 면접위원의 자유재량에 속한다(대판 2008.12.24, 2008두8970).

Ⅷ. 판단여지가 인정되는 영역

1. 개설

불확정개념이 사용되었다고 해서 모두 판단여지가 인정되는 것이 아니라 고도의 전문적·기술적·정책적 판단에 속하는 불확정개념의 적용에 한하여 극히 예외적(제한적)으로 인정. 바호프(Bachof)의 판단여지설이 최초, 판단수권설(규범적 수권론)이 독일 다수설

2. 비대체적 결정

1. 시험평가결정(예 실기시험, 면접시험, 졸업시험·사법시험·감정평가사시험 등의 논술시험)
2. 시험유사적이고 교육적인 판단(예 유급결정, 특별교육필요성 심사결정)
3. 공무원의 근무성적평정 및 승진결정 등 사람의 인격·적성·능력 등에 관한 결정(판단)들

3. 구속적 가치평가

1. 도서류의 청소년유해성판정
2. 영화의 공연적합성의 판정
3. 문화재보호법에 따른 문화재의 판정·보호대상문화재의 해당 여부의 판정
4. 유적발굴허가(대판 2000.10.27, 99두264)

┤ **관 련 판 례** ├

1. 중·고등학교 교과서 검정에 있어서 문교부장관은 내용의 교육적합 여부까지 심사 가능하지만, 법원이 위법 여부를 심사함에 있어서는 문교부장관과 동일한 입장에 서서 어떠한 처분을 하여야 할 것인가를 판단하고 그것과 동 처분과를 비교하여 당부를 논하는 것은 불가(대판 1988.11.8, 86누618)
2. 교과서검정은 재량행위이다(대판 1992.4.24, 91누6634)
3. 유적발굴허가(대판 2000.10.27, 99두264)
4. 행정청이 의료법 등 관계 법령이 정하는 바에 따라 신의료기술의 안전성·유효성 평가나 신의료기술의 시술로 국민보건에 중대한 위해가 발생하거나 발생할 우려가 있는지에 대하여 한 전문적인 판단은 원칙적으로 존중되어야 하고 행정청이 전문적인 판단에 기초하여 재량권의 행사로 한 처분은 원칙적으로 적법하다(대판 2016.1.28, 2013두21120).

4. 예측결정

1. '대한민국의 이익이나 공공의 안전 또는 경제질서를 해할 우려가 있어 그 출국이 적당하지 아니하다고 법무부령으로 정하는 사람'에 대한 법무부장관의 출국금지(출입국관리법 제4조 제1항 제6호)
2. '경제질서 또는 사회질서를 해치거나 선량한 풍속을 해치는 행동을 할 염려가 있다고 인정할 만한 상당한 이유가 있는 사람'에 대한 법무부장관의 입국금지(이른바, '스티브 유' 사건 ; 출입국관리법 제11조 제1항 제4호)
3. 환경행정에 있어서 위해의 평가

5. 형성적 결정

1. 계획결정
   ① 도시계획행정과 같이 행정기관에 대해 광범한 형성의 자유(계획재량)가 주어지는 경우
   ② 공무원인사를 위한 인력수급계획의 결정들
2. 정책결정
   ① 자금지원대상업체의 결정과 같은 경제정책
   ② 사회정책·교통정책 등 행정정책적인 결정

IX. 판단여지의 한계

교과서검정이 고도의 학술상·교육상의 전문적인 판단을 요한다는 특성에 비추어 보면, 교과용 도서를 검정함에 있어서 법령과 심사기준에 따라서 심사위원회의 심사를 거치고, 또 검정상 판단이 사실적 기초가 없다거나 사회통념상 현저히 부당하다는 등 현저히 재량권의 범위를 일탈한 것이 아닌 이상 그 검정을 위법하다고 할 수 없다(대판 1992.4.24, 91누6634).

제3항 다단계 행정결정

Ⅰ. 취지

대규모 장기사업의 시간·비용절감

Ⅱ. 예비결정

예비결정은 ① 건물의 건축허가에 있어 허가 그 자체는 아니고, 그와 관련되어서 충족 또는 해결되어야 하는 법적 문제들에 대한 결정인데, 부분허가는 건축허가 그 자체의 일부에 관한 허가라는 점에서 구별된다. ② 확약은 장래 종국적인 행정행위 등에 대한 약속인 데 반해, 예비결정은 그 자체가 하나의 완결적·종국적·구속적인 행정행위라는 점에서 구별된다.

> **┨ 관 련 판 례 ┠**
>
> 1. 폐기물처리사업계획서 적정·부적정통보는 행정처분(대판 1998.5.8, 98두4061)
> 2. 폐기물처리업 허가와 관련된 사업계획 적정여부는 재량행위이고 그에 관한 기준설정도 행정청의 재량(대판 2004.5.28, 2004두961)
> 3. 주택건설사업계획승인은 재량행위이므로 그 사전결정도 재량행위(대판 1998.4.24, 97누1501)
> 4. 건축법상 건축허가는 기속행위이므로 그 사전결정은 기속행위(대판 1996.3.12, 95누658)
> 5. 행정청이 건설폐기물 처리 사업계획서의 적합 여부 결정을 위하여 「건설폐기물의 재활용촉진에 관한 법률」 제21조 제2항 제4호에서 정한 '환경기준의 유지를 곤란하게 하는지 여부'를 검토할 때 생활환경과 자연환경에 미치는 영향을 두루 검토하여 적합 여부를 판단할 수 있다(대판 2017.10.31, 2017두46783).
> 6. 행정청의 건설폐기물 처리 사업계획서에 대한 적합 여부 결정은 공익에 관한 판단을 해야 하는 것으로서 행정청에 광범위한 재량권이 인정된다(대판 2017.10.31, 2017두46783).

Ⅲ. 부분허가

1. 건축허가·시설허가·영업허가신청의 경우에 우선 건축이나 시설의 설치만을 허가하는 경우
2. 다세대주택건축허가신청에 대해 전체에 대한 허가는 보다 구체적인 검토가 필요한 것으로 판단되는 경우 일단 가분적 일부에 대한 허가를 하는 것
3. 원자력법 제11조 제4항의 제한적 사전공사·원자력법상의 부지사전승인(대판 1998.9.4, 97누19588)
   ① 원자로시설부지 인근주민들에게 방사성물질 등에 의한 생명·신체의 안전침해를 이유로 부지사전승인처분의 취소를 구할 원고적격이 있다.
   ② 환경영향평가대상지역 안의 원자로 시설부지 인근주민들이 방사성물질 이외의 원인(온배수)에 의한 환경침해를 받지 아니하고 생활할 수 있는 이익은 직접적·구체적 이익이므로 원자로시설부지사전승인처분의 취소를 구할 원고적격이 있다.
   ③ 원자력부지사전승인은 행정처분이다.
   ④ 원자력건설허가처분이 있기 전에는 선행의 부지사전승인처분의 취소를 구할 소의 이익이 있다.
   ⑤ 원자력건설허가처분이 있은 후에는 선행의 부지사전승인처분의 취소를 구할 소의 이익이 없다.

Ⅳ. 가행정행위

1. 인정영역 : 주로 급부행정에 인정되지만 침해행정에도 인정
2. 특징 : ① 사실관계와 법률관계의 미확정성, ② 잠정적 규율성, ③ 종국적 결정에 의한 대체성을 특징으로 한다. 따라서 가행정행위에 있어서는 ④ 행정행위의 존속력 중 불가변력이 발생하지 않는다.
3. 법적 성질 : 일반적 행정행위설이 다수설
4. 사례
   ① 국가공무원법에 의거하여 징계의결이 요구 중인 자에게 잠정적으로 직위를 해제하는 경우

   ┤ **관 련 판 례** ├
   > 1. 직위해제는 잠정적 조치로서 보직의 해제를 의미하므로 징계와 성질이 다르다(대판 2003.10.10, 2003두5945).
   > 2. 동일사유로 직위해제처분하고 다시 감봉처분을 한 경우 일사부재리원칙위반이 아니다(대판 1983. 10.25, 83누184).

   ② 「국민기초생활 보장법」상 수급신청자에 대한 자력(資力)조사 전의 수급품지급
5. 권리구제
   가행정행위도 행정쟁송법상 처분개념에 해당한다. 따라서 가행정행위의 발령이나 불발령(부작위 또는 거부)으로 인해 법률상 이익이 위법하게 침해된 자는 의무이행심판이나 거부처분취소소송 및 부작위위법확인소송을 제기할 수 있다. 다만, 종국적 행정행위가 행해지면 잠정적 행정행위는 효력을 상실하므로 종국적 행정행위에 대해서만 다툴 수 있다.

   ┤ **관 련 판 례** ├
   > 공정거래위원회가 부당한 공동행위를 한 사업자에게 과징금 부과처분(선행처분)을 한 뒤, 다시 자진신고 등을 이유로 과징금 감면처분(후행처분)을 한 경우, 선행처분의 취소를 구하는 소는 부적법하다.
   > 후행처분은 자진신고 감면까지 포함하여 처분 상대방이 실제로 납부하여야 할 최종적인 과징금액을 결정하는 종국적 처분이고, 선행처분은 이러한 종국적 처분을 예정하고 있는 일종의 잠정적 처분으로서 후행처분이 있을 경우 선행처분은 후행처분에 흡수되어 소멸한다. 따라서 위와 같은 경우에 선행처분의 취소를 구하는 소는 이미 효력을 잃은 처분의 취소를 구하는 것으로 부적법하다(대판 2015.2.12, 2013두987).

제2절 행정행위의 내용

제1항 법률행위적 행정행위

제1목 개설

Ⅰ. 분류

구분		사례
법률행위적 행정행위	명령적 행정행위	1. 하명 2. 허가 3. 면제
	형성적 행정행위	1. 상대방을 위한 행위 : 특허 2. 제3자를 위한 행위 : 인가, 대리
준법률행위적 행정행위		1. 확인 2. 공증 3. 통지 4. 수리

Ⅱ. 명령적 행정행위의 처분성

1. 하 명
   ① 국유재산의 관리청이 무단점유자에 대하여 하는 변상금부과처분(대판 1988.2.23, 87누1046·1047)
   ② 노동조합규약의 변경보완시정명령(대판 1993.5.11, 91누10787) : 구체적 사실에 관한 법집행으로서 같은 명령권을 발동하여 조합규약의 해당 조항을 지적된 법률조항에 위반되지 않도록 적절히 변경보완할 것을 명하는 노동행정에 관한 행정관청의 의사를 조합에게 직접 표시한 것
   ③ 소속장관의 변상명령(대판 1994.12.2, 93누623)
   ④ 국유재산 관리청의 행정재산의 사용·수익자에 대한 사용료부과처분(대판 1996.2.13, 95누11023)
   ⑤ 공장입지 조정명령(대판 1996.7.12, 95누11665) : 공장배치법 제52조는 공장입지 조정명령에 위반한 자에 대한 벌칙을 규정하고 있으므로
   ⑥ 공유수면 및 하천점용료부과처분(대판 2004.10.15, 2002다68485)
   ⑦ 구 「여객자동차 운수사업법」 제51조 제3항에 규정된 유가보조금 반환명령(대판 2013.12.12, 2011두3388)
   ⑧ 근로복지공단의 사업종류 변경결정에 따라 국민건강보험공단이 사업주에 대하여 하는 각각의 산재보험료 부과처분(대판 2020.4.9, 2019두61137)
2. 허 가
   ① 주류제조면허변경처분(대판 1984.2.14, 82누370)
   ② 하천구역 내 자연석 채취허가 및 채취료 징수(대판 1994.1.11, 92다29528)
3. 면 제

제2목 명령적 행정행위

Ⅰ. 하명

1. 하명의 성질(기속행위)
   ① 구 「여객자동차 운수사업법」 제51조 제3항에 규정된 유가보조금 반환명령의 법적 성질은 기속행위이다 (대판 2013.12.12, 2011두3388).
   ② 하명의 대상 및 상대방 : 하명은 주로 사실행위(불법광고물이나 건물철거)에 대해 행해지나 법률상의 행위(물건의 매매계약이나 영업양도)에 대해 행해지는 경우도 있다. 허가와 마찬가지로 특정인만이 아니라 불특정다수인에 대해 행해지는 경우(일반처분의 일종으로서 심야통행금지의무의 부과)가 있다. 법규특허와 함께 법규하명이 가능하다.
2. 하명의 사례
   화약류 안정도시험 대상자가 총포·화약안전기술협회로부터 안정도시험을 받지 않는 경우, 경찰청장 또는 지방경찰청장이 일정 기한 내에 안정도시험을 받으라는 검사명령(대판 2021.12.30, 2018다241458) : 화약류 안정도시험의무는 안전한 화약류 관리를 통해 화약류로 인한 사고를 예방하고 국민의 생명과 신체를 보호하기 위하여 총포화약법 제32조에 따라 화약류를 취급하는 사람에게 부과된 공법상 의무
3. 하명의 효과
   ① 공중위생영업소에 대한 영업장폐쇄명령은 대물적 처분이므로 위법사유 승계가 가능하다(대판 2001.6.29, 2001두1611).
   ② 개발제한구역 안에서 그 구역지정의 목적에 위배되는 건축물이나 공작물을 양수한 자에 대하여 구 도시계획법 제78조 제1호에 의한 처분이나 원상회복 등의 조치명령을 할 수 없다(대판 2004.5.14, 2001도2841).
4. 하명 위반의 효과
   ① 승마투표권의 이동을 금지한 법의는 단지 경마로 인한 사행성을 단속하는 데 있을 뿐이고, 그 이동으로 인한 사법상의 법률적 효력의 발생까지를 방해하기 위한 규정이 아니다(대판 1954.3.30, 4282민상80).
   ② 외국환관리법의 제한규정에 위반한 행위가 민법상 불법행위나 무효행위가 되는 것은 아니다(대판 1987. 2.10, 86다카1288).

Ⅱ. 허가

1. 허가와 예외적 승인의 개념

허가	예외적 승인
법령에 의한 일반적·상대적·예방적 금지를 특정한 경우에 해제하여 자연적 자유를 회복할(적법하게 일정한 행위를 할) 수 있게 하는 명령적 행정행위	절대적·억제적·진압적·사후적 금지를 해제하여 주는 행위로서 예외적 승인은 '행위 그 자체가 사회적으로 해롭기 때문에' 법령에 의해 일반적으로 금지된 행위를 예외적으로 적법하게 행사할 수 있도록 하는 행위

2. 예외적 승인의 성질(=재량행위) 및 사례

1. 학교환경위생정화구역 내
   ① 학교보건법상 학교환경위생정화구역 '안'에서의 유흥주점 영업허가(대판 1996.10.29, 96누8253)·노래연습
      장업허가(대판 2007.3.15, 2006두15806)
   ▶ 학교환경위생정화구역 '밖'의 유흥주점 영업허가는 허가로서 기속행위
   ② 학교보건법 제6조 제1항 단서에 따라 시·도교육위원회 교육감 또는 교육감이 지정하는 사람이 학교환경
      위생정화구역 '안'에서의 금지행위 및 시설을 해제하는 조치(대판 2010.3.11, 2009두17643)
2. 문화재보호구역 내
   구 문화재보호법 제44조 제1항 단서 제3호의 규정에 의한 건설공사를 계속하기 위한 고분발굴허가(대판
   2000.10.27, 99두264) : 신라시대의 주요한 역사·문화적 유적이 다수 소재한 선도산에 위치한 고분에 대하여
   계명기독학원이 종합의료시설인 경주동산병원을 건축하기 위해 경주시 충효동 산 204의 28, 29 내의 고분발
   굴허가를 청구한 사건
   ▶ 학설상 판단여지와 관련한 판례임.
3. 개발제한구역 내
   ① 도시계획법상 개발제한구역 내에서의 건축·이축·용도변경·토지형질변경허가(대판 2004.7.22, 2003두7606),
      개발제한구역 내의 용도변경허가
      ▶ 개발제한구역 밖의 건축허가는 허가로서 기속행위
   ② 개발제한구역에서의 자동차용 액화석유가스충전사업 허가(대판 2016.1.28, 2015두52432)
4. 국토계획법상 용도지역 내
   「국토의 계획 및 이용에 관한 법률」이 정한 용도지역 안에서의 건축허가(대판 2017.3.15, 201655490)
5. 자연공원구역 내
   자연공원구역 내에서의 식품위생법상 단란주점영업허가(대판 2001.1.30, 99두3577)·개발허가·자연공원구역
   내에서의 산림훼손허가·산림형질변경허가·토지형질변경허가·입목벌채허가·토석채취허가·농지전용허가
6. 국제적 멸종위기종 및 그 가공품에 관한 용도변경승인(대판 2011.1.27, 2010두23033)

3. 허가의 명령적 성질 여부

1. 허가는 명령적 행위와 형성적 행위의 복합적 성질이라는 견해가 다수설이다. 예컨대, 단란주점영업허가의 경
   우 금지의 해제라는 소극적인 관점에서 보면 명령적 성질이고, 단란주점영업을 경영할 수 있는 법적 지위가
   창설된다는 적극적인 관점에서 보면 형성적 성질도 있다. 그러나 판례는 명령적 행위설에 따르고 있다.

   ┤ 관 련 판 례 ├
   공중목욕장업법은 공중목욕장업에 허가제를 실시하고 있으나 그 허가는 사업경영의 권리를 설정하는 형
   성적 행위가 아니고 경찰금지의 해제에 불과하며 그 허가의 효과는 영업자유의 회복을 가져오는 것이다
   (대판 1963.8.31, 63누101).

2. 허가는 개인이 종전에 갖고 있지 않은 새로운 권리·능력 기타 법률상의 힘을 새로이 설정하여 주는 것은 아니
   고 원래부터 갖고 있는 자유권을 회복시켜 준다는 점에서 특허와 구별

4. 허가의 재량행위성

(1) 기속행위(원칙)

1. 식품위생법상 대중(일반)음식점영업허가(대판 1993.5.27, 93누2216)
2. 개발제한구역 '외'에서의 건축허가(대판 1995.12.12, 95누9051)
   ▶ 개발제한구역 '내'의 건축허가는 예외적 승인으로서 재량행위(대판 2004.7.22, 2003두7606)

(2) 재량행위(예외)

1. 자연환경(사회적 환경)보전이나 기타 중대한 공익상의 필요가 있는 경우 거부가능
   ① 도시계획법상 토지형질변경허가(대판 1999.2.23, 98두17845)·「국토의 계획 및 이용에 관한 법률」에 의하여 지정된 도시지역 안에서 토지의 형질변경행위를 수반하는 건축허가(대판 2005.7.14, 2004두6181)
   ② 농지전용허가(대판 2000.5.12, 98두15382)
   ③ 자연공원법상 관광지조성사업(속리산 문장대온천조성사업)의 시행허가(대판 2001.7.27, 99두8589)
   ④ 입목굴채허가(대판 2001.11.30, 2001두5866)
   ⑤ 산림훼손허가(대판 2003.3.28, 2002두12113)
   ⑥ 산림 내에서의 토사채취허가(대판 2007.6.15, 2005두9736)
   ⑦ 「국토의 계획 및 이용에 관한 법률」상 개발행위허가의 대상인 토지분할(대판 2013.7.11, 2013두1621)
   ⑧ 주유소 설치허가(대판 1999.4.23, 97누14378) : 원칙은 기속행위이지만, 예외적으로 중대한 공익상의 필요가 있는 경우에는 재량행위
   ⑨ 구 대기환경보전법에서 정한 대기오염물질 배출시설 설치허가(대판 2013.5.9, 2012두22799) : 원칙은 기속행위이지만, 예외적으로 중대한 공익상의 필요가 있는 경우에는 재량행위
2. 기 타
   ① (전자)유기장업허가(대판 1985.2.8, 84누369)
   ② 프로판가스충전업허가(대판 1987.11.10, 87누462)
   ③ 「총포·도검·화약류 등 단속법」 제12조 소정의 총포 등 '소지'허가(대판 1993.5.14, 92도2179)
      ▶ 「총포·도검·화약류 등 단속법」상의 총포·도검·화약류'판매업 및 저장소 설치허가'는 기속행위(대판 1996.6.28, 96누3036)

┤ 관 련 판 례 ├
1. 구 「국토의 계획 및 이용에 관한 법률」상 개발행위허가의 대상인 토지분할에 관하여 신청인이 허가신청 시 공유물분할 판결 등의 확정판결을 제출한 경우에도 같은 법에서 정한 개발행위 허가 기준 등을 고려하여 거부처분을 할 수 있다(대판 2013.7.11, 2013두1621).
2. 건축허가신청이 시장이 수립하고 있는 도시·주거환경정비 기본계획에 배치될 가능성이 높다고 하여 바로 건축허가신청을 반려할 중대한 공익상의 필요가 있다고 보기 어렵다(대판 2009.9.24, 2009두8946).
3. 「국토의 계획 및 이용에 관한 법률」이 정한 용도지역 안에서 토지의 형질변경행위·농지전용행위를 수반하는 건축허가 역시 재량행위에 해당한다(대판 2017.10.12, 2017두48956).

5. 허가의 사례

(1) 대인적 허가

1. 자동차운전면허(대판 1997.5.16, 97누2313)
2. 의사면허, 치과의사면허, 약사면허, 한의사면허(대판 1998.3.10, 97누4289)
3. 해외여행허가

(2) 대물적 허가

1. 유기장(전자오락실)영업허가(대판 1990.7.13, 90누2284) : 재량행위
2. 건축법상의 건축(개축·대수선·용도변경)허가(대판 2002.4.26, 2000다16350)
3. 석유판매업(주유소)허가(대판 1999.4.23, 97누14378)
4. 식품위생법상 일반(대중)음식점영업허가(대판 2000.3.24, 97누12532)·단란주점영업허가(대판 2001.1.30, 99두 3577)·유흥접객업허가(대판 1993.2.12, 92누4390)
5. 채석허가(대판 2003.7.11, 2001두6289)
6. 폐기물중간처리업허가는 대물적 허가 내지는 대물적 요소가 강한 혼합적 허가(대판 2008.4.11, 2007두17113)
7. 「국토의 계획 및 이용에 관한 법률」에 의한 개발행위허가(대판 2014.7.24, 2013도10605)

┤ 관 련 판 례 ├

1. 석유판매업은 양도·권리의무승계·위법사유승계·귀책사유승계가 가능(대판 1986.7.22, 86누203)
2. 공중위생영업(퇴폐이발소인 명진이용원)에 있어 그 영업을 정지할 위법사유가 있는 경우, 그 영업이 양 도·양수되었다 하더라도 양수인에 대하여 영업정지처분을 할 수 있다(대판 2001.6.29, 2001두1611).
3. 채석허가를 받은 자에 대한 관할 행정청의 채석허가 취소처분에 대하여 수허가자의 지위를 양수한 양수인이 취소처분의 취소를 구할 법률상 이익을 가진다(대판 2003.7.11, 2001두6289).
4. 채석허가는 상속가능(대판 2005.8.19, 2003두9817·9824)
5. '체육시설업자의 영업의 양도'의 의미는 영리를 목적으로 체육시설을 설치·경영하는 업을 수행하기 위하여 조직화된 인적·물적 조직을 그 동일성을 유지하면서 일체로서 이전하는 것을 의미한다(대판 2004.10.28, 2004다10213).
6. 「국토의 계획 및 이용에 관한 법률」에 의한 개발행위허가를 받은 자가 사망한 경우, 상속인이 그 지위를 승계하고, 이러한 지위를 승계한 상속인은 같은 법 제133조 제1항 제5의2호에서 정한 개발행위허가기간 만료에 따른 원상회복명령의 수범자가 된다(대판 2014.7.24, 2013도10605).
7. 건축허가는 대물적 성질을 갖는 것이어서 행정청으로서는 허가를 할 때에 건축주 또는 토지 소유자가 누구인지 등 인적 요소에 관하여는 형식적 심사만 한다(대판 2017.3.15, 2014두41190).

(3) 혼합적 허가

1. 전당포영업허가, 고물상영업허가, 약국영업허가, 중개업영업허가
2. 총포·도검·화약류제조허가·판매업허가(대판 1996.6.28, 96누3036)
3. 도시가스사업허가

(4) 기 타

1. 한지 약종상허가(대판 1988.6.14, 87누873) : 법률상 이익 인정
2. 주류제조면허(대판 1989.12.22, 89누46) : 법률상 이익 인정
3. 공중위생법상의 위생접객업허가(대판 1995.7.28, 94누13497)
4. 담배일반소매인지정(대판 2008.4.10, 2008두402) : 담배일반소매인 간에는 법률상 이익 인정
5. 어업허가(대판 1999.11.23, 98다11529)
   ▶ 어업면허는 특허(대판 1999.5.14, 98다14030)

6. 허가의 법적 근거 등

(1) 법적 근거

1. 건축허가의 경우 관계 법규에서 정하는 제한사유 이외의 사유로 거부할 수 없다(대판 1995.12.12, 95누9051).
2. 산림훼손허가는 법규에 명문의 근거가 없더라도 거부할 수 있다 : 산림훼손행위는 국토의 유지와 환경의 보전에 직접적으로 영향을 미치는 행위이므로 법령이 규정하는 산림훼손 금지 또는 제한지역에 해당하는 경우는 물론 금지 또는 제한지역에 해당하지 않더라도 허가관청은 산림훼손허가신청 대상토지의 현상과 위치 및 주위의 상황 등을 고려하여 국토 및 자연의 유지와 환경의 보전 등 중대한 공익상 필요가 있다고 인정될 때에는 허가를 거부할 수 있고, 그 경우 법규에 명문의 근거가 없더라도 거부처분을 할 수 있으며, 산림훼손허가를 함에 있어서 고려하여야 할 공익침해의 정도, 예컨대 자연경관 훼손정도, 소음·분진의 정도, 수질오염의 정도 등에 관하여 반드시 수치에 근거한 일정한 기준을 정하여 놓고 허가·불허가 여부를 결정하여야 하는 것은 아니고, 산림훼손을 필요로 하는 사업계획에 나타난 사업의 내용, 규모, 방법과 그것이 환경에 미치는 영향 등 제반 사정을 종합하여 사회관념상 공익침해의 우려가 현저하다고 인정되는 경우에 불허가할 수 있다(대판 1997.9.12, 97누1228).

(2) 대상

허가의 대상은 일반적으로 사실행위(건축허가 등)가 원칙이나, 예외적으로 법률행위인 경우도 있다(무기양도허가 등).

(3) 허가요건의 추가

1. 법령에 근거가 없는 경우 시의 예규로써 양곡가공시설물 설치장소에 대한 거리제한을 할 수 없다(대판 1981.1.27, 79누433).
2. 총포·도검·화약류등단속법상의 총포·도검·화약류판매업허가의 경우 법령이 정한 요건을 충족했음에도 다른 법률에 따라 허가 여부를 결정한 것은 위법하다(대판 1996.6.28, 96누3036).

(4) 출원(신청)

원칙적으로 출원을 요하지만, 예외적으로 출원 없는 허가(통행금지해제)도 가능

┃ 관 련 판 례 ┃

출원을 요하는 경우에도 출원 없는 허가는 무효가 아닌 취소사유 : 개축허가신청에 대하여 행정청이 착오로 대수선 및 용도변경 허가를 하였다 하더라도 취소 등 적법한 조치 없이 그 효력을 부인할 수 없다(대판 1995.11.21, 94누10887).

(5) 효과

① 일반적 금지의 해제

1. 행정청에 의한 허가의 거부·취소·철회·정지 : 헌법상 직업의 자유(영업허가)나 토지재산권(건축허가)의 침해에 해당하기 때문에 원고적격 인정
2. 경업자에 대한 신규허가로 침해되는 영업상 이익 : 단순한 사실상의 경제적 이익에 불과하여 원고적격 부정(대판 1985.2.8, 84누369)
3. 예외적으로 법률상 이익 인정
   ① 보건·위생 : 한지약종상허가(대판 1988.6.14, 87누873), 한약업사허가(대판 1989.9.12, 89누1452)
   ② 국가재정 : 주류제조면허(대판 1989.12.22, 89누46), 적법한 담배소매인 지정기준으로서의 거리제한규정에 위반한 경우 침해되는 기존업자의 이익(대판 2008.3.27, 2007두23811)
   ▶ 담배 일반소매인으로 지정되어 영업을 하고 있는 기존업자의 신규 구내소매인에 대한 이익은 부정(대판 2008.4.10, 2008두402)
   ▶ 법령의 위임 없이 공중목욕장의 적정분포를 규정(거리제한규정)한 무효인 「공중목욕장 시행세칙」에 의해 신규허가를 발급한 경우 기존 공중목욕업자의 이익은 반사적 이익(대판 1963.8.31, 63누101)
   ③ 어업허가를 받은 자가 해당 어업을 할 수 있는 지위는 재산권(대판 1999.11.23, 98다11529)
4. 공법상 금지의 해제효과

② 근거법령상의 금지만 해제

1. 공원사업자 지정과 공원사업집행허가와 공원구역 안에서의 건축물 기타 공작물의 신축허가
   공원사업자 지정과 공원사업집행허가를 받았다고 하여 자연공원법 제23조 제1항 소정의 공원구역 안에서의 건축물 기타 공작물의 신축에 허가가 면제되는 것은 아니다(대판 1986.6.10, 86도440).
2. 운송사업계획변경허가와 건축법상의 증축허가 : 이 사건 단층건물의 소유자인 갑 운수회사가 그 건물 위에 2, 3층을 증축할 수 있도록 운송사업계획변경 허가를 받았다는 것만으로는 건축법에 따른 적법한 증축허가를 받아야 할 의무가 면제되는 것은 아니다(대판 1990.8.28, 89누8156).
3. 도로법상 개축허가를 받았더라도 건축법상의 개축허가를 다시 받아야 한다(대판 1991.4.12, 91도218).
4. 개발제한구역 내의 이축행위허가를 위하여는 이축대상 건축물의 적법요건 외에도 이축지에 건축될 건축물의 적법요건도 갖추어야 한다(대판 2002.10.11, 2000두987).

③ 지역적 효과

허가의 효과는 당해 허가행정청의 관할구역 내에서만 미치는 것이 원칙이다. 그러나 법령의 규정이 있거나 허가의 성질상 관할구역에 국한시킬 것이 아닌 경우(운전면허)에는 관할구역 외에까지 효과가 미친다.

④ 허가 효과의 승계

구분	허가효과(권리의무·위법사유·제재사유·귀책사유)의 승계	경찰책임의 승계
대인적	불가	불가(행위책임)
대물적	가능	가능(상태책임)
혼합적	제한	
관련판례	1. 건축허가는 대물허가로서 허가효과가 당연승계되므로 건축주 명의변경행위는 처분이 아니다(대판 1979.10.30, 79누190). 2. 석유판매업은 양도(권리의무승계, 위법사유승계, 귀책사유승계)가 가능하다(대판 1986.7.22, 86누203). 3. 공중위생영업(퇴폐이발소인 명진이용원)에 있어 그 영업을 정지할 위법사유가 있는 경우, 그 영업이 양도양수되었다 하더라도 양수인에 대하여 영업정지처분을 할 수 있다(대판 2001.6.29, 2001두1611). 4. 채석허가는 상속가능(대판 2005.8.19, 2003두9817·9824). 5. 체육시설업자의 '영업의 양도'의 의미 : 사업계획승인을 얻었으나 아직 체육시설의 설치공사를 완성하기 전 단계에서의 '영업의 양도'란 조직화된 인적·물적 조직을 그 동일성을 유지하면서 일체로서 이전하는 것을 의미한다(대판 2004.10.28, 2004다10213). 6. 폐기물중간처리업허가는 대물적 허가 내지는 대물적 요소가 강한 혼합적 허가이다(대판 2008.4.11, 2007두17113). 7. 「국토의 계획 및 이용에 관한 법률」에 의한 개발행위허가를 받은 자가 사망한 경우, 상속인이 그 지위를 승계하고, 이러한 지위를 승계한 상속인은 같은 법 제133조 제1항 제5의2호에서 정한 개발행위허가기간 만료에 따른 원상회복명령의 수범자가 된다(대판 2014.7.24, 2013도10605). 8. 건축허가는 대물적 성질을 갖는 것이어서 행정청으로서는 허가를 할 때에 건축주 또는 토지 소유자가 누구인지 등 인적 요소에 관하여는 형식적 심사만 한다(대판 2017.3.15, 2014두41190). 9. 법 제8조 본문 규정에 의해 사업정지처분의 효과는 새로운 석유정제업자에게 승계되는 것이 원칙이고 단서 규정은 새로운 석유정제업자가 그 선의를 증명한 경우에만 예외적으로 적용될 수 있을 뿐이다. 따라서 승계인의 종전 처분 또는 위반 사실에 관한 선의를 인정함에 있어서는 신중하여야 한다(대판 2017.9.7, 2017두41085).

(6) 허가의 갱신

1. 유료 직업소개사업의 허가갱신 후에 갱신 전의 법위반을 이유로 허가취소 가능(대판 1982.7.27, 81누174)
2. 건설업면허 갱신이 있더라도 갱신 전 건설업자의 위법사유가 치유되지 않는다(대판 1984.9.11, 83누658).
3. 종전 허가의 유효기간이 지난 후에 한 기간연장 신청은 갱신신청이 아닌 새로운 허가의 신청(대판 1995.11.10, 94누11866)
4. 갱신허가라 하더라도 관련법령의 변동이나 사정변경이 없는 한 반드시 갱신하여야 하는 것은 아니고 허가요건이나 공익 등을 고려하여 허가여부를 결정해야 한다(대판 1992.10.23, 92누4543).

(7) 허가의 소멸

1. 허가의 소멸사유 : 행정기관의 허가는 법령에 특별한 규정이 없으면 허가를 받은 자연인의 사망, 법인 또는 단체의 해산으로 인하여 그 효력이 소멸되며 기간의 허가인 경우에는 불가항력의 사유로 인한 경우라도 당연히 연장되는 것은 아니다(대판 1956.3.10, 4288민상495·496).
2. 2인 공동명의로 된 주류제조면허는 그 중 1인이 면허취소신청을 한 것만으로 2인 공동명의로 된 면허를 취소할 수 없다(대판 1975.3.11, 74누138).

(8) 인허가 의제제도

① 의의 및 취지

1. 인허가의제란 하나의 인허가(주된 인허가)를 받으면 법률로 정하는 바에 따라 그와 관련된 여러 인허가(관련 인허가)를 받은 것으로 보는 것을 말한다(행정기본법 제24조 제1항).
2. 대규모사업의 경우 절차간소화 취지

> **┨ 관 련 판 례 ┠**
>
> 1. 구 「주한미군 공여구역주변지역 등 지원 특별법」(구 지원특별법) 제29조의 인허가의제 조항은 목적사업의 원활한 수행을 위해 행정절차를 간소화하고자 하는 데 그 입법취지가 있다(대판 2012.2.9, 2009두16305).
> 2. 「중소기업창업 지원법」 제35조 제1항, 제4항에서 정한 인허가 의제 제도의 입법 취지 : 인허가 의제 제도는 목적사업의 원활한 수행을 위해 창구를 단일화하여 행정절차를 간소화하는 데 입법 취지가 있고 목적사업이 관계 법령상 인허가의 실체적 요건을 충족하였는지에 관한 심사를 배제하려는 취지는 아니다. 따라서 시장 등이 사업계획을 승인하기 전에 관계 행정청과 미리 협의한 사항에 한하여 사업계획승인처분을 할 때에 관련 인허가가 의제되는 효과가 발생할 뿐이다(대판 2021.3.11, 2020두42569).

② 유사개념과의 구별

1. 선승인후협의제 : 의제 대상 인허가에 대한 관계행정기관과의 모든 협의가 완료되기 전이라도 공익상 긴급한 필요가 있고 사업시행을 위한 중요한 사항에 대한 협의가 있는 경우에는 협의가 완료되지 않은 인허가에 대한 협의를 완료할 것을 조건으로 각종 공사 또는 사업의 시행승인이나 시행인가를 할 수 있도록 하는 제도이다.
2. 부분인허가의제제도 : 주된 인허가로 의제되는 것으로 규정된 인허가 중 일부에 대해서만 협의가 완료된 경우에도 민원인의 요청이 있으면 주된 인허가를 할 수 있고, 이 경우 협의가 완료된 일부 인허가만 의제되는 것을 말한다.

> **┨ 관 련 판 례 ┠**
>
> 1. 구 「주한미군 공여구역주변지역 등 지원 특별법」 제11조에 의한 사업시행승인을 함에 있어 같은 법 제29조 제1항에 규정된 사업 관련 모든 인허가의제 사항에 관하여 관계 행정기관의 장과 일괄하여 사전 협의를 거칠 것을 그 요건으로 하지 않는다 : 인허가의제 사항 중 일부만에 대하여도 관계 행정기관의 장과 협의를 거치면 인허가의제 효력이 발생할 수 있음을 명확히 하고 있는 점 등 위 각 규정의 내용, 형식 및 취지 등에 비추어 보면, 구 지원특별법 제11조에 의한 사업시행승인을 함에 있어 같은 법 제29조 제1항에 규정된 사업 관련 모든 인허가의제 사항에 관하여 관계 행정기관의 장과 일괄하여 사전 협의를 거칠 것을 그 요건으로 하는 것은 아니라 할 것이고, 사업시행승인 후 인허가의제 사항에 관하여 관계 행정기관의 장과 협의를 거치면 그때 해당 인허가가 의제된다고 봄이 상당하다(대판 2012.2.9, 2009두16305).
> 2. 공항개발사업 실시계획의 승인권자가 관계 행정청과 미리 협의한 사항에 한하여 그 승인처분을 할 때에 인허가 등이 의제된다고 보아야 한다(대판 2018.10.25. 2018두43095).

③ 법적 근거

다른 행정기관의 인허가권을 침해하는 것이기 때문에 반드시 법적 근거가 필요하다.

④ 신청

주된 인허가를 받기 원하는 신청인은 주된 인허가의 사무를 담당하는 주무관청에게 의제되는 모든 인허가의 관련서류 등을 구비하여 신청서를 제출하면 된다.

인허가의제를 받으려면 주된 인허가를 신청할 때 관련 인허가에 필요한 서류를 함께 제출하여야 한다. 다만, 불가피한 사유로 함께 제출할 수 없는 경우에는 주된 인허가 행정청이 별도로 정하는 기한까지 제출할 수 있다(행정기본법 제24조 제2항). [시행일 : 2023.3.24.]

> **┃ 관 련 판 례 ┃**
>
> 어떤 개발사업의 시행과 관련하여 인허가의 근거 법령에서 절차간소화를 위하여 관련 인허가를 의제 처리할 수 있는 근거 규정을 둔 경우, 사업시행자가 인허가를 신청하면서 반드시 관련 인허가 의제 처리를 신청할 의무는 없다(대판 2020.7.23, 2019두31839).

그러나 주무관청의 심사범위는 주된 인허가는 물론이고 의제되는 모든 인허가의 실체적 요건에까지 미친다. 따라서 주무관청은 의제되는 인허가의 요건을 충족하지 못했다는 이유로 주된 인허가의 신청을 거부할 수도 있다.

⑤ 심사기준

구분	내용
실체적 요건	실체적 규정들만 적용 내지 존중되어야 한다는 견해로서 다수설이다. 실체적 요건이 충족되지 않은 상태에서 허가를 의제하는 것은 특권이므로 인정될 수 없다. **┃ 관 련 판 례 ┃** 1. 「국토의 계획 및 이용에 관한 법률」상 건축물의 건축에 관한 개발행위허가가 의제되는 건축허가 신청이 국토의 계획 및 이용에 관한 법령이 정한 개발행위허가기준에 부합하지 아니하는 경우, 허가권자가 이를 거부할 수 있고 이는 건축법 제16조 제3항에 의하여 개발행위허가의 변경이 의제되는 건축허가사항의 변경허가에서도 마찬가지이다(대판 2016.8.24, 2016두35762). 2. 주택건설사업계획의 승인으로 주택건설 사업구역 밖의 토지에 설치될 도시·군계획시설 등에 대하여 지구단위계획결정 등 인허가가 의제되기 위한 요건 : 구 주택법 제17조 제1항의 인허가 의제 규정에는 인허가 의제가 가능한 공간적 범위를 제한하는 내용을 포함하고 있지 않으므로, 인허가 의제가 해당 주택건설 사업대상 토지(주택단지)에 국한하여 허용된다고 볼 수는 없다. 다만 주택건설사업을 시행하는 데 필요한 각종 인허가 절차를 간소화함으로써 주택의 건설·공급을 활성화하려는 인허가 의제 규정의 입법 취지를 고려할 때, 주택건설 사업구역 밖의 토지에 설치될 도시·군계획시설 등에 대하여 지구단위계획결정 등 인허가 의제가 되려면, 그 시설 등이 해당 주택건설사업계획과 '실질적인 관련성'이 있어야 하고 주택건설사업의 시행을 위하여 '부수적으로 필요한' 것이어야 한다(대판 2018.11.29, 2016두38792). 3. 「국토의 계획 및 이용에 관한 법률」 제65조에 따라 '공공시설을 관리할 관리청에 무상으로 귀속되는 공공시설을 설치하고자 하는 자'가 도시·군계획시설사업의 시행자로 지정 받기 위해서는 사인(私人)을 도시·군계획시설사업의 시행자로 지정하기 위한 별도의 소유 및 동의 요건이 요구되는 것은 아니다(대판 2018.11.29, 2016두38792). 4. 건축주가 '부지 확보' 요건을 완비하지는 못한 상태이더라도 가까운 장래에 '부지 확보' 요건을 갖출 가능성이 높은 경우, 건축행정청이 추후 별도로 「국토의 계획 및 이용에 관한 법률」상 개발행위(토지형질변경) 허가를 받을 것을 명시적 조건으로 하거나 또는 묵시적인 전제로 하여 건축주에 대하여 건축법상 건축허가를 발급하는 것은 위법하지 않다(대판 2020.7.23, 2019두31839). 5. 건축주가 건축법상 건축허가를 발급받은 후 위 개발행위 허가절차를 이행하기를 거부하거나 허가를 발급할 가능성이 사라진 경우, 건축행정청이 이미 발급한 건축허가를 직권으로 취소·철회하는 방법으로 회수할 필요가 있다(대판 2020.7.23, 2019두31839).

	6. 건축물의 건축을 위해서는 건축법상 건축허가절차에서 관련 인허가 의제 제도를 통해 건축법상 건축허가와 「국토의 계획 및 이용에 관한 법률」상 개발행위(건축물의 건축) 허가의 발급 여부가 동시에 심사·결정되어야 한다(대판 2020.7.23, 2019두31839). 7. 「국토의 계획 및 이용에 관한 법률」상 개발행위 허가기준 충족 여부에 관한 심사가 누락된 채 건축법상 건축허가가 발급된 경우, 건축허가를 취소할 수 있다(대판 2020.7.23, 2019두31839).
절차적 요건	제한적 긍정설＝절차집중설 1. 원칙 : 취지상 당연히 생략 가능(절차집중) 2. 예외 : 실체적 요건을 심사하기 위해 관계행정기관에 통보·협의절차는 필수적이고 제3자의 절차적 권리도 생략할 수 없다. 3. 행정기본법도 사전협의를 의무적 절차로 규정하고 있다. 즉, 주된 인허가 행정청은 주된 인허가를 하기 전에 관련 인허가에 관하여 미리 관련 인허가 행정청과 협의하여야 한다(같은 법 제24조 제3항). [시행일 : 2023.3.24.] 관련 인허가 행정청은 제3항에 따른 협의를 요청받으면 그 요청을 받은 날부터 20일 이내(제5항 단서에 따른 절차에 걸리는 기간은 제외한다)에 의견을 제출하여야 한다. 이 경우 전단에서 정한 기간(민원처리 관련 법령에 따라 의견을 제출하여야 하는 기간을 연장한 경우에는 그 연장한 기간을 말한다) 내에 협의 여부에 관하여 의견을 제출하지 아니하면 협의가 된 것으로 본다(같은 조 제4항). [시행일 : 2023.3.24.] 제3항에 따라 협의를 요청받은 관련 인허가 행정청은 해당 법령을 위반하여 협의에 응해서는 아니 된다. 다만, 관련 인허가에 필요한 심의, 의견 청취 등 절차에 관하여는 법률에 인허가의제 시에도 해당 절차를 거친다는 명시적인 규정이 있는 경우에만 이를 거친다(같은 조 제5항). [시행일 : 2023.3.24.] ┨ 관 련 판 례 ┠ 관련 인허가 사항에 관한 사전 협의가 이루어지지 않은 채 「중소기업창업 지원법」 제33조 제3항에서 정한 20일의 처리기간이 지난 날의 다음 날에 사업계획승인처분이 이루어진 것으로 의제된 경우, 창업자는 관련 인허가를 관계 행정청에 별도로 신청하는 절차를 거쳐야 한다(대판 2021.3.11, 2020두42569).

⑥ 효과

제24조 제3항·제4항에 따라 협의가 된 사항에 대해서는 주된 인허가를 받았을 때 관련 인허가를 받은 것으로 본다(행정기본법 제25조 제1항). [시행일 : 2023.3.24.] 따라서 의제되는 인허가의 경우 전부가 아니라 협의를 마친 범위 내에서 의제(부분인허가의제)될 수 있다. 인허가의제의 효과는 주된 인허가의 해당 법률에 규정된 관련 인허가에 한정된다(같은조 제2항). [시행일 : 2023.3.24.] 한편, 주된 인허가가 거부된 경우에는 의제된 인허가가 거부된 것으로 의제되지는 않는다.

┨ 관 련 판 례 ┠
주된 인허가에 관한 사항을 규정하고 있는 법률에서 주된 인허가가 있으면 다른 법률에 의한 인허가를 받은 것으로 의제한다는 규정을 둔 경우, 주된 인허가가 있으면 다른 법률에 의하여 인허가를 받았음을 전제로 하는 그 다른 법률의 모든 규정들이 적용되는 것은 아니다(대판 2016.11.24, 2014두47686).

⑦ 인허가의제의 사후관리 등

인허가의제의 경우 관련 인허가 행정청은 관련 인허가를 직접 한 것으로 보아 관계 법령에 따른 관리·감독 등 필요한 조치를 하여야 한다(행정기본법 제26조 제1항). 주된 인허가가 있은 후 이를 변경하는 경우에는 제24조(인허가의제의 기준)·제25조(인허가의제의 효과) 및 이 조 제1항을 준용한다(같은 조 제2항).

⑧ 쟁송대상

㉠ 주된 인허가 거부의 경우

1. 주된 인허가가 거부된 경우에는 의제되는 인허가 거부처분이 존재하지 않기 때문에, 판례는 주된 인허가에 대한 불허가처분만을 대상으로 쟁송을 제기할 수 있되, 의제되는 인허가의 불허가사유를 다툴 수 있다는 입장이다.
2. 불허가사유(본안판단)

> **┤ 관 련 판 례 ├**
>
> 1. 행정청이 주된 인허가를 불허하는 처분을 하면서 주된 인허가사유와 의제되는 인허가의 사유를 함께 제시한 경우 주된 인허가에 대한 불허가처분을 대상으로 쟁송을 제기해야 한다 : 건축불허가처분을 하면서 그 처분사유로 건축불허가 사유뿐만 아니라 형질변경불허가 사유나 농지전용불허가 사유를 들고 있다고 하여 그 건축불허가처분 외에 별개로 형질변경불허가처분이나 농지전용불허가처분이 존재하는 것이 아니므로, 건축불허가처분에 관한 쟁송에서 건축법상의 건축불허가 사유뿐만 아니라 같은 도시계획법상의 형질변경불허가 사유나 농지법상의 농지전용불허가 사유에 관하여도 다툴 수 있는 것이지, 그 건축불허가처분에 관한 쟁송과는 별개로 형질변경불허가처분이나 농지전용불허가처분에 관한 쟁송을 제기하여 이를 다투어야 하는 것은 아니며, 그러한 쟁송을 제기하지 아니하였어도 형질변경불허가 사유나 농지전용불허가 사유에 관하여 불가쟁력이 생기지 아니한다(대판 2001.1.16, 99두10988).
> 2. 건축불허가처분을 하면서 건축불허가 사유뿐만 아니라 소방서장의 건축부동의 사유를 들고 있는 경우, 그 건축불허가처분에 관한 쟁송에서 건축법상의 건축불허가 사유뿐만 아니라 소방서장의 부동의 사유에 관하여도 다툴 수 있다(대판 2004.10.15, 2003두6573).

㉡ 주된 인허가처분이 있는 경우

1. 주된 인허가가 발급된 경우 의제되는 인허가의 요건의 결여나 재량권의 일탈·남용을 주장하는 경우이다. 판례는 의제된 인허가가 위법함을 다투고자 하는 경우 원칙적으로 주된 처분이 아니라 의제된 인허가처분을 항고소송의 대상으로 삼아야 한다는 입장이다(대판 2018.11.29, 2016두38792).
2. 또한 판례에 따르면 주된 인허가로 의제되는 인허가는 통상적인 인허가와 동일한 효력을 가지므로, 의제된 인허가의 취소나 철회가 허용된다. 또한 의제된 인허가의 직권취소나 철회는 항고소송의 대상이 되는 처분에 해당한다고 본다(대판 2018.7.12, 2017두48734).

> **┤ 관 련 판 례 ├**
>
> 1. 주택건설사업계획 승인처분에 따라 의제된 인허가에 하자가 있어 이해관계인이 위법함을 다투고자 하는 경우, 취소를 구할 대상은 의제된 인허가이고, 의제된 인허가는 주택건설사업계획 승인처분과 별도로 항고소송의 대상이 되는 처분에 해당한다(대판 2018.11.29, 2016두38792).
> 2. 구 중소기업창업 지원법에 따른 사업계획승인의 경우, 의제된 인허가만 취소 내지 철회함으로써 사업계획에 대한 승인의 효력은 유지하면서 해당 의제된 인허가의 효력만을 소멸시킬 수 있다(대판 2018.7.12, 2017두48734).
> 3. 구 주택법 제17조 제1항에 따라 인허가 의제대상이 되는 처분의 공시방법에 관한 하자가 있다는 사정은 주택건설사업계획 승인처분 자체의 위법사유가 될 수 없다(대판 2017.9.12, 2017두45131).

(9) 허가·특허·인가의 비교

구분		허가	특허	인가
목적		소극적 질서유지	적극적 공공복리	적극적 공공복리
법적 성질	같은 점	1. 법률행위적 행정행위 2. 쌍방적 행정행위 3. 수익적 행정행위		
	다른 점	1. 명령적 행위(반사적 이익) 2. 기속행위 3. 직접 상대방을 위한 행위	1. 형성적 행위(설권행위) : 법률상 이익 2. 재량행위 3. 직접 상대방을 위한 행위	1. 형성적 행위(보충행위) 2. 제3자를 위한 행위
대상		사실행위(주된 대상)+법률행위		법률행위만(공·사법행위 불문) 대상으로 할 수 있고, 사실행위를 대상으로 할 수 없음. 법률행위의 경우 공·사법행위, 계약·합동행위를 불문
대상사업		개인적, 영리사업	공익사업	공익사업
보호·감독		1. 질서유지를 위한 소극적 감독 2. 특별한 보호와 특전 없음	1. 공익상 적극적·포괄적 감독 2. 특별한 보호와 특전 　(세금감면, 보조금 지급)	
상대방		• 원칙 : 특정인 • 예외 : 불특정다수인	특정인	특정인
수정가능성		• 원칙 금지 • 예외적으로 수정허가 가능	수정특허 불가	수정인가 불가
상대방의 출원(신청)		1. 원칙 출원, 예외적으로 출원에 의하지 않는 허가 가능 2. 출원 없는 허가는 취소사유 3. 선원주의(先願主義) 적용	1. 언제나 출원(신청)을 요함 2. 출원 없는 특허는 무효 3. 선원주의(先願主義) 적용되지 않음 ▶ 광업허가는 선원주의 적용	1. 언제나 출원(신청)을 요함 2. 출원 없는 인가는 무효
효과		1. 자연적 자유의 회복(금지해제행위), 반사적 이익 2. 이전 가능(대물적 허가) 3. 공법상 금지의 해제라는 공법적 효과	1. 권리 등(공권+사권)의 발생 (설권행위) 2. 이전 가능(대물적 특허) 3. 공법적 효과+사법적 효과	1. 사인의 법률행위의 효력 완성(보충행위) 2. 이전 불가 ▶ 판례는 승계 긍정(대판 2010. 4.8, 2009두17018)
위반행위의 사법적 효력		1. 유효(적법요건), 예외적 무효(특별규정이 있는 경우) 2. 행정벌이나 강제집행 (단속규정)	1. 무효(효력·유효요건) 2. 강제집행 등의 대상 아님 (효력규정)	1. 무효(효력·유효요건) 2. 행정강제, 행정벌 등의 대상 아님(효력규정). 예외적으로 처벌·강제

제3목 형성적 행정행위

Ⅰ. 처분성 인정

1. 특허
   ① 행정재산의 사용수익허가(특허)(대판 2006.3.9, 2004다31074), 행정재산의 사용·수익허가취소(대판 1997.4. 11, 96누17325)
      ▶ 국유잡종재산 대부신청거부(대판 1998.9.22, 98두7602), 잡종재산인 국유림에 관한 대부료의 납입고지(대판 1995.5.12, 94 누5281), 국유잡종재산의 매각은 사법관계이므로 처분성 부인
   ② 토지수용·사업인정(대판 1995.12.5, 95누4889)
2. 인가 : 주택건설사업계획의 승인
3. 대리 : 토지수용재결

Ⅱ. 특허

1. 사례

(1) 공익사업

1. 자동차·선박 등 운수사업면허
   ① 선박운항사업면허(대판 1969.12.30, 69누106)·해상여객운송사업 면허(대판 2008.12.11, 2007두18215)
   ② 장의자동차운송사업면허(대판 1992.4.28, 91누13700)
   ③ 자동차운수사업법에 의한 화물자동차운송사업면허(대판 1992.7.10, 91누9107)
   ④ 여객자동차운수사업법에 의한 개인택시운송사업면허(대판 2005.4.28, 2004두8910)
   ⑤ 마을버스운송사업면허(대판 2002.6.28, 2001두10028)
   ⑥ 「여객자동차 운수사업법」(여객자동차법)에 따른 여객자동차 운송사업면허나 운송사업계획 변경인가 여부(대 판 2018.9.13, 2017두33176)
2. 분뇨 등 관련 영업허가(대판 2006.7.28, 2004두6716)
3. 중계유선방송사업허가(대판 2007.5.11, 2004다11162)

(2) 특권설정

1. 구 「수도권 대기환경개선에 관한 특별법」에서 정한 대기오염물질 총량관리사업장 설치의 허가 또는 변경허가 (대판 2013.5.9, 2012두22799)
2. 개발촉진지구 안에서 시행되는 지역개발사업에서 지정권자의 실시계획승인처분(대판 2014.9.26, 2012두5619)
3. 출입국관리법상 체류자격 변경허가(대판 2016.7.14, 2015두48846)
4. 도시·군계획시설사업에 관한 실시계획인가처분(대판 2018.7.24, 2016두48416)
5. 사업인정(대판 2019.2.28, 2017두71031) : 수용권을 설정하여 주는 형성행위
   ▶ 사업인정고시는 관념의 통지
6. 공증인 인가·임명행위(대판 2019.12.13, 2018두41907)
7. 「신문 등의 진흥에 관한 법률」상 등록에 따라 인정되는 신문사업자의 지위는 사법상 권리인 '특정 명칭의 사용권'과 구별되는 직접적·구체적인 이익이다(대판 2019.8.30, 2018두47189).
8. 「신문 등의 진흥에 관한 법률」상 관할 시·도지사가 하는 신문 등록은 행정처분이다(대판 2019.8.30, 2018두 47189).

(3) 공물의 특허사용

계속적 사용 ; 일시적 사용은 허가
1. 보세구역의 설영(설치경영)특허(대판 1989.5.9, 88누4188)
2. 하천유수인용(河川流水引用)허가(대판 1998.10.2, 96누5445)
3. 공유수면매립면허(대판 1989.9.12, 88누9206)·공유수면매립허가
4. 어업면허(대판 1999.5.14, 98다14030)
   ▶ 어업허가는 허가(대판 1999.11.23, 98다11529)
5. 사도개설허가(대판 2004.11.25, 2004두7023)
6. 행정재산의 사용·수익허가(대판 2006.3.9, 2004다31074)
7. 하천점용허가는 대물적 특허처분(대판 2011.1.13, 2009다21058)
8. 비관리청 항만공사 시행허가(대판 2011.1.27, 2010두20508)
9. 「공유수면 관리 및 매립에 관한 법률」에 따른 공유수면의 점용·사용허가(대판 2017.4.28, 2017두30139)
10. 도로점용허가(대판 2019.1.17, 2016두56721·56738) : 특별사용권을 설정
    ▶ 도로사용허가는 허가
11. 광업허가

(4) 법률상의 지위 설정

1. 토지구획정리사업 시행인가(대판 2004.10.14, 2002두424) : 사업지구에 편입될 목적물의 범위를 확정하고 시행자로 하여금 목적물에 관한 현재 및 장래의 권리자에게 대항할 수 있는 법적 지위를 설정해 주는 행정처분의 성격
2. 토지 등 소유자들이 조합을 따로 설립하지 않고 직접 시행하는 도시환경정비사업에서 사업시행인가처분(대판 2013.6.13, 2011두19994) : 도시정비법상 정비사업을 시행할 수 있는 권한을 가지는 행정주체로서의 지위를 부여하는 일종의 설권적 처분의 성격
3. 「국토의 계획 및 이용에 관한 법률」상 도시계획시설사업에서 사업시행자 지정(대판 2022.3.17, 2021다283520) : 특정인에게 도시계획시설사업을 시행할 수 있는 권한을 부여하는 처분

(5) 권리(행위)능력 설정(공법인의 설립)

1. 「도시 및 주거환경정비법」상 재건축조합설립인가처분(대판 2009.9.24, 2008다60568), 재건축조합의 조합설립변경인가처분(대판 2013.2.28, 2012다34146), 「도시 및 주거환경정비법」이 시행되기 전 구 주택건설촉진법에 의하여 조합설립인가처분을 받은 주택재건축정비사업조합이 「도시 및 주거환경정비법」 시행 후 부칙 (2002.12.30.) 제10조 제1항에 따라 설립등기를 마친 경우, 조합설립인가처분(대판 2014.2.27, 2011두11570)
2. 재개발조합설립인가처분(대판 2010.12.9, 2009두4555)

2. 성질

(1) 형성적 행위

특허는 상대방에게 권리 등을 설정해 주는 행위인 점에서 형성적 행위에 속한다.

┤ 관 련 판 례 ├

1. 「도시 및 주거환경정비법」상 재건축조합설립인가처분은 단순히 사인들의 조합설립행위에 대한 보충행위로서의 성질을 갖는 것에 그치는 것이 아니라 법령상 요건을 갖출 경우 도시정비법상 주택재건축사업을 시행할 수 있는 권한을 갖는 행정주체(공법인)로서의 지위를 부여하는 일종의 설권적 처분의 성격을 갖는다(대판 2009.9.24, 2008다60568).

2. 조합설립결의는 조합설립인가처분이라는 행정처분을 하는 데 필요한 요건 중 하나에 불과한 것이어서, 조합설립결의에 하자가 있다면 그 하자를 이유로 직접 항고소송의 방법으로 조합설립인가처분의 취소 또는 무효확인을 구하여야 한다(대판 2009.9.24, 2008다60568).

3. 구 「도시 및 주거환경정비법」상 행정청의 재개발조합설립인가처분이 있은 이후에 조합설립결의의 하자를 이유로 민사소송으로 조합설립결의에 대한 무효확인을 구할 확인의 이익은 없다(대판 2009.9.24, 2009마168·169).

4. 도시환경정비사업을 직접 시행하려는 토지 등 소유자들이 사업시행인가를 받기 전에 작성한 사업시행계획은 항고소송의 대상이 되는 독립된 행정처분에 해당하지 않는다(대판 2013.6.13, 2011두19994).

5. 「도시 및 주거환경정비법」이 시행되기 전 구 주택건설촉진법에 의하여 조합설립인가처분을 받은 주택재건축정비사업조합이 「도시 및 주거환경정비법」 시행 후 부칙 제10조 제1항에 따라 설립등기를 마친 경우, 주택재건축정비사업조합을 행정주체로 볼 수 있고 조합설립인가처분의 당부를 항고소송으로 다툴 수 있다(대판 2014.2.27, 2011두11570).

6. 재건축조합의 조합설립변경인가처분도 조합설립인가처분과 다를 바 없다 : 조합설립변경인가처분도 정비사업조합에 정비사업을 시행할 수 있는 권한을 설정하여 주는 처분인 점에서는 당초 조합설립인가처분과 다를 바 없으므로, 조합설립인가처분의 위법 여부 또는 효력 유무에 관한 다툼이 있어 조합이 처음부터 다시 조합설립인가에 관한 절차를 밟아 조합설립변경인가를 받았고, 그 조합설립변경인가처분이 새로운 조합설립인가처분으로서의 요건을 갖춘 경우에는 그에 따른 효과가 있다 할 것이다. 여기에서 새로운 조합설립인가처분의 요건을 갖춘 경우에 해당하려면 그와 같은 조합설립인가에 필요한 실체적·절차적 요건을 모두 갖추어야 한다고 해석함이 타당하다(대판 2013.2.28, 2012다34146).

7. 조합설립인가처분 후에 토지 등 건축물의 매매 등으로 조합원의 권리가 이전되어 토지 등 소유자의 수가 변경되고, 추가로 동의서를 제출받아 조합설립 동의자 수가 변경되었음을 이유로 조합설립변경인가처분을 한 경우, 당초의 조합설립인가처분이 변경인가처분에 흡수되어 존재하지 않게 되는 것은 아니다(대판 2010.12.9, 2009두4555).

8. 특허는 법적 지위를 나타내는 것이지, 그 자체가 환가가 가능한 재산권은 아니라는 것이 판례이다. 자동차운수사업면허를 민사소송법 제584조에 의한 강제집행의 방법으로 압류 환가할 수 없다(대결 1996.9.12, 96마1088·1089).

(2) 재량행위

1. 공유수면매립면허는 특허로서 자유재량행위이고 실효된 공유수면매립면허의 효력을 회복시키는 처분도 자유재량행위이다(대판 1989.9.12, 88누9206).
2. 사업인정은 형성행위·재량행위이다(대판 1992.11.13, 92누596).
3. 마을버스운송사업면허와 마을버스 한정면허시 확정되는 마을버스 노선을 정함에 있어서 기존 일반노선버스의 노선과의 중복 허용 정도에 대한 판단은 재량(대판 2002.6.28, 2001두10028)
4. 개인택시운송사업면허와 면허에 필요한 기준을 정하는 것은 수익적 행정행위로서 재량행위이다(대판 2007. 2.8, 2006두13886).
5. 도로점용허가의 법적 성질은 설권행위·재량행위이다(대판 2002.10.25, 2002두5795).
6. 교과서 국정 또는 검·인정은 특허로서 재량행위이다(헌재결 1992.11.12, 89헌마88).
   ▶ 다수설은 교과서 검정에 대하여 확인행위로 분류
7. 귀화허가는 특허로서 재량행위이다(대판 2010.7.15, 2009두19069).
8. 비관리청 항만공사 시행허가는 특허로서 재량행위이다(대판 2011.1.27, 2010두20508).
9. 구「수도권 대기환경개선에 관한 특별법」에서 정한 대기오염물질 총량관리사업장 설치의 허가 또는 변경허가는 재량행위이다(대판 2013.5.9, 2012두22799).
10. 「공유수면 관리 및 매립에 관한 법률」에 따른 공유수면의 점용·사용허가 처분 여부 및 내용의 결정은 행정청의 재량에 속한다(대판 2017.4.28, 2017두30139).
11. 공유수면에 대한 점용·사용허가를 신청하는 자가 위 설계도서 등을 첨부하지 아니한 채 허가신청서를 제출한 경우, 공유수면관리청이 허가요건을 충족하지 못한 것으로 보아 거부처분을 할 수 있다(대판 2017.4.28, 2017두30139).
12. 출입국관리법이 난민 인정 거부 사유를 서면으로 통지하도록 규정한 취지 및 난민 인정에 관한 신청을 받은 행정청이 법령이 정한 난민 요건과 무관한 다른 사유만을 들어 난민 인정을 거부할 수 없다(대판 2017.12.5, 2016두42913).

3. 기 타

1. 같은 업무구역 안의 중복된 어업면허는 당연무효이다(대판 1978.4.25, 78누42).
2. 광업권의 존속 중 그 광업권이 설정된 광물과 동일광상에 부존하는 다른 광물에 대한 광업권을 설정할 수 없다(대판 1986.2.25, 85누712).
3. 대인적 특허는 이전성이 인정되지 않지만(귀화허가 등), 대물적 특허(상표전 부여 등)는 이전성이 인정된다.

┤ **관 련 판 례** ├
상표권부여의 형성처분의 법적 성질은 대물적 처분이므로 행위의 책임은 법원의 경매절차에서 등록상표들에 대한 상표권을 승계취득한 자에게도 미친다(대판 2000.9.8, 98후3057·3064·3071·3088·3095·3101·3118).

4. 종전 토지소유자가 아닌 타인을 권리자로 지정한 환지처분의 경우 종전 토지소유자가 환지소유권을 취득한다(대판 1987.2.10, 86다카285).

III. 인가

1. 사례

인가	승인	허가
1. 매립준공인가(대판 1975.8.29, 75 누23) ▶ 개간허가의 준공인가는 확인행위(대판 1985.2.8, 83누625) 2. 외자도입법 제19조에 따른 기술도입계약에 대한 인가(대판 1983.12.27, 82누491) 3. 상호신용금고의 정관의 변경인가(대판 1985.3.26, 84누181) 4. 채광계획인가(대판 1993.5.27, 92 누19477) 5. 자동차운송사업계획변경(기점연장, 노선 및 운행시간)인가(대판 1995.11.7, 95누9730) 6. 공기업 사업양도의 인가, 자동차운송사업양도양수계약에 기한 양도양수인가(대판 1997.9.26, 97누8878) 7. 하천점용권 양도의 인가·허가 8. 도시재개발법 제34조에 의한 행정청의 관리처분계획 인가처분(대판 2001.12.11, 2001두7541) 9. 「도시 및 주거환경정비법」에 기초한 주택재개발정비사업조합의 사업시행계획에 대한 인가처분(대판 2010.12.9, 2009두4913) 10. 관리처분계획에 대한 행정청의 인가(대판 2012.8.30, 2010두24951) 11. 구 「도시 및 주거환경정비법」 제20조 제3항에서 정한 정관변경 인가(대판 2014.7.10, 2013도11532) 12. 비영리법인(사립대학, 학교법인) 설립·정관변경인가 13. 특허기업의 요금 인가 14. 하천점유권의 양도인가 ▶ 토지구획정리사업 시행인가는 사업지구에 편입될 목적물의 범위를 확정하고 시행자로 하여금 목적물에 관한 현재 및 장래의 권리자에게 대항할 수 있는 법적 지위를 설정해 주는 행정처분(대판 2004.10.14, 2002두424)	1. 학교(의료)법인의 임원에 대한 감독청의 취임승인(대판 1987.8.18, 86누152) 2. 종교법인(재단법인 예수병원유지재단)의 임원취임에 대한 주무관청의 승인(대판 2000.1.28, 98두16996) 3. 사립학교법에 의한 감독청의 이사소집승인(대판 1988.4.27, 87누1106) 4. 중소기업 창업사업계획 승인(대판 1994.6.24, 94누1289) 5. 자연공원사업의 시행에 있어 그 공원시설기본설계 및 변경설계 승인(대판 2001.7.27, 99두2970) 6. 주택건설사업계획의 승인(대판 2002.6.14, 2000두10663) 7. 공유수면매립목적 변경 승인처분(대판 2012.6.28, 2010두2005) 8. 재개발조합설립추진위원회 구성승인 처분(대판 2013.12.26, 2011두8291) 9. 지방채기채승인·인가·허가 10. 공공조합 정관승인 11. 사립대학총장취임승인 12. 전기용품 형식승인 ▶ 건축법상 사용승인은 확인행위 ▶ 택지개발계획승인은 수용권을 설정하여 주는 처분으로서 특허(대판 1996.12.6, 95누8409) 13. 조합설립추진위원회 구성승(대판 2014.2.27, 2011두2248) ▶ 개발촉진지구 안에서 시행되는 지역개발사업에서 지정권자의 실시계획승인처분은 설권적 처분(대판 2014.9.26, 2012두5619) ▶ 건축법상 사용승인은 확인행위 ▶ 임대주택법 제21조에 따른 분양전환승인처분은 확인행위(대판 2020.7.23, 2015두48129)	1. 하천공사 권리의무양수도에 관한 허가(대판 1980.5.27, 79누196) 2. 토지거래계약허가(대판(전합) 1991.12.24, 90다12243] 3. 재단법인(비영리법인) 정관변경허가[대판(전합) 1996.5.16, 95누4810], 사회복지법인의 정관변경허가(대판 2002.9.24, 2000두5661) 4. 학교법인이 해산되어 기본재산 처분 시 관할관청의 허가(대판 2010.4.8, 2009두93329) 5. 특허기업 양도허가 ▶ 특허기업의 특허는 특허

▶ 「학원의 설립·운영에 관한 법률」상 학원의 설립인가는 허가(대판 1992.4. 14, 91다39986) ▶ 「도시 및 주거환경정비법」상 재건축 조합설립인가처분은 설권적 행위로 서 특허(대판 2009.9.24, 2008다 60568) ▶ 토지 등 소유자들이 조합을 따로 설 립하지 않고 직접 시행하는 도시환경 정비사업에서 사업시행인가처분은 설 권적 행위로서 특허(대판 2013.6.13, 2011두19994)		

2. 인가의 대상

인가는 성질상 반드시 법률적 행위만을 대상으로 하므로 사실행위는 제외된다. 기본행위에는 공법상의 행위와 사법상의 행위, 합동행위와 계약 모두 포함된다.

3. 인가의 효과

인가에 의해 기본행위는 효력을 발생한다.

┤ 관 련 판 례 ├

정관변경의 효력은 인가가 있는 날로부터 발생한다(대판 1985.3.26, 84누181).

인가의 효과는 사법적인 것(예 특허기업의 운임인가)도 있고, 공법적인 것(예 비영리법인설립인가)도 있다는 점에서 허가와 구별되고 특허와 같다.

4. 기본행위와 인가와의 관계

1. 기본행위의 사유 : 인가에 영향을 미침
   ① 기본행위가 불성립·무효인 경우 인가도 무효(대판 1980.5.27, 79누196)
   ② 구 주택건설촉진법상 조합설립인가처분의 기본행위였던 조합설립행위가 무효여서 그에 대한 인가처분이 무효인 경우, 그 후 「도시 및 주거환경정비법」의 시행 등으로 인가처분이 설권적 처분으로 의제되더라도 무효(대판 2014.2.27, 2011두11570)
   ③ 기본행위가 사후에 실효되면 인가도 실효(대판 1983.12.27, 82누491)
   ④ 자동차운송사업의 양수도계약이 취소된 경우 위 계약에 대한 행정청의 인가처분의 효력은 무효[대판(전합) 1979.2.13, 78누428]
   ⑤ 주택재건축조합이 재건축결의에서 결정된 내용과 다르게 사업시행계획을 작성하여 사업시행인가를 받았다면 인가처분이 근거조항상의 적법요건을 갖추고 있는 경우 그 사업시행인가는 적법(대판 2008.1.10, 2007두16691)
2. 인가의 사유 : 기본행위에 영향을 미치지 못함
   ① 수정인가(기본행위의 내용을 수정하는 인가) 불가
   ② 기본행위가 불성립·무효인 경우 인가로 기본행위가 유효한 것으로 전환되지 않는다(대판 1987.8.18, 86누152)
   ③ 재단법인의 정관변경 결의의 하자를 이유로 정관변경 인가처분의 취소·무효 확인을 소구할 수 없다(대판 1996.5.16, 95누4810).
3. 하자에 대한 쟁송(협의의 소익) : 하자가 있는 행위에 대해서만 소송제기 가능
   ① 기본행위는 적법유효하나 보충행위인 인가처분에만 하자가 있는 경우에는 그 인가처분의 취소나 무효확인 소송 제기 가능
   ② 기본행위에만 하자가 있고 인가는 적법한 경우 기본행위를 다투어야 하고 인가의 무효확인이나 취소청구 불가(협의의 소익 부정)(대판 2000.9.5, 99두1854)
   ③ 기본행위인 주택재개발정비사업조합이 수립한 사업시행계획에 하자가 있는데 보충행위인 관할 행정청의 사업시행계획 인가처분에는 고유한 하자가 없는 경우, 사업시행계획의 무효를 주장하면서 곧바로 그에 대한 인가처분의 무효확인이나 취소를 구할 수 없다(대판 2021.2.10, 2020두48031).

5. 무인가행위의 효과

(1) 원칙 무효

1. 면허관청의 인가를 받지 않은 공유수면매립면허로 인한 권리의무양도약정은 무효이다(대판1991.6.25, 90누5184).
2. 인가의 유무에 따라 기본행위의 효력이 문제되는 것은 주택건설촉진법과 관련한 공법상의 관계에서이지 주택조합과 조합원, 또는 조합원들 사이의 내부적인 사법관계에까지 영향을 미치는 것은 아니므로, 이 법조항에 따라 설립인가를 받아야 함에도 설립인가를 받지 아니한 채 주택조합을 설립한 결과, 그 조합이 주택건설촉진법의 적용을 받지 못하게 되었다 하더라도, 이로써 그 조합의 단체로서의 실체가 변하는 것은 아니다(대판 2002.3.11, 2002그12).
3. 주무관청의 허가 없는 공익법인의 기본재산에 대한 처분의 효력은 무효이다(대판 2005.9.28, 2004다50044).
4. 구 사회복지사업법 제23조 제3항 제2호의 법적 성질은 강행규정이고 사회복지법인이 보건복지부장관의 허가를 받지 아니한 장기차입계약의 효력은 무효이다(대판 2014.4.10, 2013다98710·98727).
5. 구 「도시 및 주거환경정비법」 제20조 제3항에서 정한 정관변경 인가의 법적 성질은 인가이고 이러한 인가를 받지 못한 경우, 변경된 정관의 효력은 무효이고 시장 등이 변경된 정관을 인가한 경우, 정관변경의 효력은 총회의 의결이 있었던 때로 소급하여 발생하지 않는다(대판 2014.7.10, 2013도11532).

(2) 토지거래계약허가의 경우 유동적 무효(절대적 무효가 아님)

허가를 받지 아니하고 체결한 토지거래계약은 그 효력이 발생하지 아니한다(제118조 제6항). 판례에 의하면 허가를 받지 않은 동안은 무효이나 이후에 허가를 받으면 소급하여 계약 당시부터 유효로 된다. 그러나 ① 처음부터 허가를 배제하거나 잠탈(潛脫)하는 내용의 계약일 경우[대판(전합) 1991.12.24, 90다12243], ② 관할관청에 의하여 불허가된 경우, ③ 당사자 일방이 허가신청협력의무의 이행거절의사를 명백히 표시한 경우(대판 1993.6.22, 91다 21435), ④ 당사자 쌍방이 허가신청을 하지 아니하기로 의사표시를 명백히 한 경우(대판 1993.7.27, 91다3376)에는 확정적으로 무효이다.

> **┃ 관 련 판 례 ┃**
>
> 1. 허가를 받지 않은 토지거래계약은 유동적 무효이다 : <u>토지의 소유권 등 권리를 이전 또는 설정하는 내용의 거래계약은 관할관청의 허가를 받아야만 그 효력이 발생하고 허가를 받기 전에는 물권적 효력은 물론 채권적 효력도 발생하지 아니하여 무효라고 보아야 할 것인바, 다만 허가를 받기 전의 거래계약이 처음부터 허가를 배제하거나 잠탈하는 내용의 계약일 경우에는 확정적으로 무효로서 유효화될 여지가 없으나 이와 달리 허가받을 것을 전제로 한 거래계약(허가를 배제하거나 잠탈하는 내용의 계약이 아닌 계약은 여기에 해당하는 것으로 본다)일 경우에는 허가를 받을 때까지는 법률상 미완성의 법률행위로서 소유권 등 권리의 이전 또는 설정에 관한 거래의 효력이 전혀 발생하지 않음은 위의 확정적 무효의 경우와 다를 바 없지만, 일단 허가를 받으면 그 계약은 소급하여 유효한 계약이 되고 이와 달리 불허가가 된 때에는 무효로 확정되므로 허가를 받기까지는 유동적 무효의 상태에 있다고 보는 것이 타당하므로 허가받을 것을 전제로 한 거래계약은 허가받기 전의 상태에서는 거래계약의 채권적 효력도 전혀 발생하지 않으므로 권리의 이전 또는 설정에 관한 어떠한 내용의 이행청구도 할 수 없으나 일단 허가를 받으면 그 계약은 소급해서 유효화되므로 허가 후에 새로이 거래계약을 체결할 필요는 없다[대판(전합) 1991.12.24, 90다12243].</u>
> 2. 토지거래허가구역 내의 토지에 관한 매매계약이 토지거래허가를 배제 또는 잠탈할 목적으로 이루어져 무효인 경우 예외적으로 양도소득세의 과세대상으로 볼 수 있다[대판(전합) 2011.7.21, 2010두23644].
> 3. 토지거래 허가구역 내의 토지 매매계약이 토지거래 허가를 받지 아니하여 유동적 무효 상태에 있는 경우 취득세 신고·납부의무가 없다(대판 2012.11.29, 2012두16695).
> 4. 구 「국토의 계획 및 이용에 관한 법률」에 의한 토지거래허가구역 내에 있는 토지를 매수한 사람이 토지거래허가를 받지 않은 경우, 「부동산 실권리자명의 등기에 관한 법률」 제10조 제1항이 정하는 기간 내에 소유권이전등기를 신청하지 않았다는 이유로 과징금을 부과할 수 없다(대판 2017.5.17, 2016두53050).
> 5. 구 「국토의 계획 및 이용에 관한 법률」에서 정한 토지거래계약 허가구역 내 토지에 관하여 허가를 배제하거나 잠탈하는 내용으로 체결된 매매계약의 효력은 확정적 무효이고, 계약체결 후 허가구역 지정이 해제되거나 허가구역 지정기간 만료 이후 재지정을 하지 아니한 경우, 확정적으로 무효로 된 계약이 유효로 되지 않는다(대판 2019.1.31, 2017다228618).

6. 인가 전 위법사유의 승계

1. 개인택시운송사업의 양도·양수가 있고 그에 대한 인가가 있은 후 그 양도·양수 이전에 있었던 양도인에 대한 운송사업면허취소사유를 들어 양수인의 사업면허를 취소할 수 있다(대판 1998.6.26, 96누18960).
2. 관할 관청이 개인택시운송사업의 양도·양수에 대한 인가를 하는 경우, 양수인에 대하여 양도인이 가지고 있던 면허와 동일한 내용의 면허를 부여하는 처분이 포함되어 있다(대판 2010.11.11, 2009두14934).

7. 인가와 변경인가처분과의 관계

사업시행인가처분 후 정비사업비만을 소폭 변경하는 내용의 사업시행변경인가처분을 한 경우 당초의 사업시행인가처분이 변경인가처분에 흡수되어 존재하지 않게 되는 것은 아니다(대판 2010.12.9, 2009두4913).

8. 인가와 특허와의 관계

재개발조합추진위원회 구성승인 처분에 하자가 있는 경우 원칙적으로 조합설립인가 처분의 효력에 영향을 미치지 않는다(대판 2013.12.26, 2011두8291).

IV. 대리

1. 공익적·감독적 견지
   ① 감독청에 의한 공법인의 정관작성
   ② 임시이사의 임명
2. 당사자 간의 협의불성립 시 조정적 입장 : 토지수용재결
   ▶ 이의재결은 확인행위
3. 타인을 보호 : 행려병사자의 유류품 매각
4. 국가 자신의 행정목적 달성 : 압류물건의 공매

제2항 준법률행위적 행정행위

Ⅰ. 확인

1. 의의

확인이란 특정한 사실 또는 법률관계에 대하여 의문이나 다툼이 있는 경우에 행정청이 공적으로 그 존부(存否)나 정부(正否)를 확정하는 행위이다(판단표시행위).

2. 사례

1. 발명특허
2. 결정
   ① 친일반민족행위자재산조사위원회의 친일재산 국가귀속결정(대판 2008.11.13, 2008두13491)
   ② 군인연금법상 선순위 유족이 유족연금수급권을 상실함에 따라 동순위 또는 차순위 유족이 유족연금수급권 이전 청구를 한 경우, 이에 관한 국방부장관의 결정(대판 2019.12.27, 2018두46780)
   ③ 사업관리기관에 의한 연구개발확인서 발급 여부 결정(대판 2020.1.16, 2019다264700)
   ④ 근로복지공단의 개별 사업장에 대한 사업종류 결정(대판 2020.4.9, 2019두61137)
3. 재결 : 이의재결(토지수용재결은 대리임)·행정심판재결
4. 재정 : 연금액재정
5. 심결 : 특허심판원의 심결
6. 검사 : 병역법상 신체검사, 건축법상 준공검사(현행 건축법상으로는 사용승인)
7. 판정 : 공상(公傷)판정, 귀속재산소청심의회의 판정
8. 사정 : 토지경계사정
9. 검인정 : 교과서의 검인정
   ▶ 헌법재판소는 교과서로서의 지위를 부여하는 특허라고 판시(헌재결 1992.11.12, 89헌마88)
10. 확인 : 금전지급청구권확인, 시영아파트 입주권확인
11. 인가 : 개간허가의 준공인가(대판 1985.2.8, 83누625)
12. 승인 : 임대주택법 제21조에 따른 분양전환승인처분(대판 2020.7.23, 2015두48129)

3. 처분성

처분성 인정사례	처분성 부정사례
1. 감사원의 재심의판정(대판 1984.4.10, 84누91) 　▶ 원처분인 '변상판정'이 소송대상이 아니라 재결인 '재심의 판정'이 소의 대상인 재결주의사례 2. 도로구역결정 　▶ 형성적 행정행위가 아님. 3. 행정심판재결 4. 친일반민족행위자재산조사위원회의 국가귀속결정 (대판 2008.11.13, 2008두13491) 5. 군인연금법상 선순위 유족이 유족연금수급권을 상실함에 따라 동순위 또는 차순위 유족이 유족연금수급권 이전 청구를 한 경우, 이에 관한 국방부장관의 결정(대판 2019.12.27, 2018두46780) : 선순위 유족의 수급권 상실로 청구인에게 유족연금수급권 이전이라는 법률효과가 발생하였는지를 '확인'하는 행정행위에 해당하고, 이는 월별 유족연금액 지급이라는 후속 집행행위의 기초 6. 국방전력발전업무훈령에 따른 연구개발확인서 발급 및 그 거부(대판 2020.1.16, 2019다264700) : 국방조달계약을 체결할 수 있는 지위(경쟁입찰의 예외사유)가 있음을 인정해 주는 '확인적 행정행위' 7. 근로복지공단의 개별 사업장에 대한 사업종류 결정 (대판 2020.4.9, 2019두61137) 8. 임대주택법 제21조에 따른 분양전환승인처분(대판 2020.7.23, 2015두48129) : 분양전환에 따른 분양계약의 매매대금 산정의 기준이 되는 분양전환가격의 적정성을 심사하여 그 분양전환가격이 적법하게 산정된 것임을 확인하고 임대사업자로 하여금 승인된 분양전환가격을 기준으로 분양전환을 하도록 하는 처분	「공업배치 및 공장 설립에 관한 법률」에 의한 공장입지기준확인(대판 2003.2.11, 2002두10735)

4. 성질 및 효과

구분	내용
성질	1. 확인행위인 준공검사는 기속행위이다 : 준공검사는 건축허가를 받아 건축한 건물이 건축허가사항대로 건축행정목적에 적합한가의 여부를 확인하고 준공검사필증을 교부하여 주는 것이므로 허가관청으로서는 건축허가사항대로 시공되었다면 준공을 거부할 수 없는 것이다(대판 1999.12.21, 98다29797). 2. 건축허가내용대로 완성된 건물에 대한 사용승인처분의 성질은 확인으로서 기속행위이다(대판 2009. 3.12, 2008두18052). 3. 개발업체가 국방전력발전업무훈령에서 정한 연구개발확인서 발급 요건을 충족한 경우, 사업관리기관이 관련 국방예산을 배정받지 못했다거나 해당 품목이 군수품 양산 우선순위에서 밀려 곧바로 수의계약을 체결하지는 않을 예정이라는 이유만으로 위 확인서 발급을 거부할 수 없다(대판 2020.1.16, 2019다264700).
효과	불가변력이 발생

II. 공증

1. 의의

공증이란 특정한 사실 또는 법률관계의 존부(存否)나 정부(正否)를 공적으로 증명하여 공적 증거력을 부여하는 행위를 말한다(인식표시행위).

2. 사례

1. 각종증명서(합격증, 공무원증, 재직증명서, 운전면허증, 허가증, 인가증, 면허증, 납세완납증명서)의 발급·교부, 토지이용계획확인서 발급행위, 건설업면허증 및 건설업면허수첩의 재교부(대판 1994.10.25, 93누21231), 출입국관리법상의 사증발급(대판 2018.5.15, 2014두42506)
   ▶ 국방전력발전업무훈령에 따른 연구개발확인서 발급 및 그 거부는 확인행위(대판 2020.1.16, 2019다264700)
2. 등기 : 부동산등기부에의 등기
3. 등록 : 광업원부등록, 외국인등록, 차량등록, 주민등록, 병원개업을 위한 등록, 출판업등록, 특허등록
4. 등재 : 토지대장, 가옥대장(현 건축물대장), 임야대장, 선거인명부
5. 기재 : 의사록, 회의록, 국회속기록

> **┨ 관 련 판 례 ┠**
> 출입국관리법상의 사증발급의 성질 : 외국인이 이미 사증을 발급받은 경우에도 출입국항에서 입국심사가 면제되지는 않는다. 사증발급은 외국인에게 대한민국에 입국할 권리를 부여하거나 입국을 보장하는 완전한 의미에서의 입국허가결정이 아니라, 외국인이 대한민국에 입국하기 위한 예비조건 내지 입국허가의 추천으로서의 성질을 가진다고 봄이 타당하다(대판 2018.5.15, 2014두42506).

3. 처분성

(1) 토지대장

처분성 인정사례	처분성 부정사례
1. 토지분할신청 거부행위(대판 1992.12.8, 92누7542) 2. 지적등록사항 정정신청을 반려한 행위는 헌법소원의 대상인 공권력의 행사에 해당(헌재결 1999.6.24, 97헌마315) 3. 지적공부 소관청의 지목변경신청 반려행위[대판(전합) 2004.4.22, 2003두9015] 4. 평택~시흥 간 고속도로 건설공사 사업시행자인 한국도로공사가 구 지적법 제24조 제1항, 제28조 제1호에 따라 고속도로 건설공사에 편입되는 토지소유자들을 대위하여 토지면적등록 정정신청을 하였으나 화성시장이 이를 반려한 반려처분(대판 2011.8.25, 2011두3371) 5. 지적공부 소관청이 토지대장을 직권으로 말소한 행위(대판 2013.10.24, 2011두13286)	1. 토지대장등재행위(대판 1980.2.26, 79누439) 2. 등기부상 소유자가 토지대장에의 소유자 기재가 잘못되었다는 이유로 토지대장 정정신청을 한 것에 대하여 행정청이 등기부 기재가 착오로 잘못 기재된 것으로 보인다는 이유로 이를 거부한 행위(대판 2012.1.12, 2010두12354)

(2) 건축물대장

처분성 인정사례	처분성 부정사례
1. 건축물대장상의 용도를 '창고'에서 '위험물저장 및 처리시설'로 변경하여 달라는 원고의 신청을 거부한 행위(대판 2009.1.30, 2007두7277) 2. 건축물대장 작성신청에 대한 거부행위(대판 2009.2.12, 2007두17359) 3. 구분소유 건축물을 하나의 건축물로 건축물대장을 합병한 처분(대판 2009.5.28, 2007두19775) 4. 행정청이 건축물에 관한 건축물대장을 직권말소한 행위(대판 2010.5.27, 2008두22655)	1. 가옥대장(현 건축물대장)등재(대판 1982.10.26, 82누411) 2. 건축물관리대장등재(대판 1998.2.24, 96누5612) 3. 무허가건물관리대장의 등재를 삭제한 행위(대판 2009.3.12, 2008 두11525)

(3) 지적도

처분성 인정사례	처분성 부정사례
지적도등본교부신청거부행위(대판 1992.5.26, 91누5952) : 지적법(현 「공간정보의 구축 및 관리 등에 관한 법률」) 제12조 제1항은 일반국민에게 지적공부의 열람과 등본의 교부신청을 할 권리가 있음을 규정	1. 지적도의 경계를 직권으로 정정한 행위(대판 1990.5.8, 90누554) 2. 멸실된 지적도의 복구신청을 거부한 행위(대판 1991.12.24, 91누8357) 3. 지적도의 경계를 현재의 도로경계선에 따라 정정해 달라는 지적정리요청을 거부하는 내용의 회신(대판 2002.4.26, 2000두7612)

(4) 기 타

처분성 인정사례	처분성 부정사례
1. 의료유사업자 자격증 갱신발급행위(대판 1977.5.24, 76누295) 2. 특허청장의 상표사용권설정등록 행위(대판 1991.8.13, 90누9414) 3. 지적도등본교부신청거부행위(대판 1992.5.26, 91누5952) 4. 건설업면허증 및 건설업면허수첩의 재교부(대판 1994.10.25, 93누21231) 5. 실용신안권이 특허청장의 직권에 의하여 불법 또는 착오로 소멸등록된 경우 특허청장에 대하여 한 실용신안권의 회복등록신청거부(대판 2002.11.22, 2000두9229) : 권리를 표창하지 못하고 처분이나 담보제공 불가	1. 부가가치세법상 사업자등록(사실상 등록) 　① 부가가치세법상 과세관청의 사업자등록 직권말소행위(대판 2000.12.22, 99두6903) 　② 과세관청이 사업자등록을 관리하는 과정에서 위장사업자의 사업자명의를 직권으로 실사업자의 명의로 정정하는 행위(대판 2011.1.27, 2008두2200) 2. 기 타 　① 광업원부상 등록말소행위(대판 1966.4.6, 65누145) 　② 변호사명부상 등록취소행위(대판 1980.2.12, 79누121) 　③ 도지사의 어업권 설정 및 소멸에 관한 등록행위(대판 1989.9.12, 87누868) 　④ 임야도를 정정하는 행위(대판 1989.11.28, 89누3700) 　⑤ 자동차운전면허대장 등재(대판 1991.9.24, 91누1400) 　⑥ 하천대장기재(등재)(대판 1991.10.22, 90누9896) 　⑦ 측량성과도가 토지의 분할을 위한 측량신청의 취지와는 달리 잘못 작성된 것임을 이유로 위 측량성과도의 오류 정정신청을 한 데 대한 소관청의 등재사항에 대한 정정신청 거부행위(대판 1993.12.14, 93누555) 　⑧ 농지조성비 및 전용부담금의 자진납부 시 관할청이 농지조성비 등 내역확인서를 발급·교부하는 행위(대판 1997.3.14, 95누13708) 　⑨ 전통사찰의 등록말소신청 거부행위(대판 1999.9.3, 97누13641) : 법규상 또는 조리상 신청권 부정 　⑩ 인감증명발급(대판 2001.7.10, 2000두2136) 　⑪ 온천관리대장등재(대판 2002.2.26, 2001다53622) 　⑫ 상표권자인 법인에 대한 청산종결등기가 되었음을 이유로 한 상표권의 말소등록행위(대판 2015.10.29, 2014두2362)

Ⅲ. 통지

1. 의의 및 사례

통지란 행정청이 특정인 또는 불특정다수인에게 특정사실을 알리는 행위를 말한다. 그 자체가 독립된 하나의 행정행위라는 점에서 행정행위의 효력발생요건으로서의 통지 또는 고지와 구별된다.

1. 고시·공고
    ① 토지수용상 토지세목의 공고·통지와 사업인정의 고시
    ② 특허출원공고·고시
    ③ 예비군훈련공고
    ④ 의회소집공고
2. 강제집행 관련
    ① 대집행의 계고
    ② 대집행영장에 의한 통지
    ③ 납세의 독촉
    ④ 제2차납세의무자에 대한 납부최고
3. 기 타
    ① 신청서에 대한 보완(보정)명령
        ▶ 하명이 아니라 의사의 통지라고 보는 것이 다수설
    ② 기간제교원 임용기간만료통지

2. 처분성

처분성 인정사례	처분성 부정사례
1. 대집행의 계고(대판 1966.10.31, 66누25) 　▶ 제1차의 철거명령 및 계고처분에 대한 의무불이행으로 새로이 발한 제2·3차 철거명령 및 대집행계고는 처분성 부인 2. 대집행영장에 의한 통지 3. 재개발사업 시행자가 분양신청을 하지 아니한 토지의 소유자에 대하여 대지 및 건축시설을 분양하지도 아니하고 청산금도 지급하지 아니하기로 하는 분양처분고시(대판 2002.10.11, 2002다33502) 4. 건축법상 이행강제금 납부의 최초 독촉(대판 2009.12.24, 2009두14507) 5. 독촉(강제징수) 6. 농지법상 농지처분의무통지(대판 2003.11.14, 2001두8742) 7. 구 공무원연금법 제47조 각 호에 정한 급여제한사유가 있음에도 수급자에게 퇴직연금이 잘못 지급된 경우 과다하게 지급된 급여의 환수를 위한 행정청의 환수통지(대판 2009.5.14, 2007두16202)	1. 정년퇴직 발령(대판 1983.2.8, 81누263). 2. 공무원연금관리공단이 공무원연금법령의 개정사실과 퇴직연금 수급자가 퇴직연금 중 일부 금액의 지급정지대상자가 되었다는 사실의 통보(대판 2004.7.8, 2004두244)

Ⅳ. 수리

타인의 행정청에 대한 행위를 유효한 행위로서 수령하는 행위(사실행위로서의 수리·도달·접수는 제외)

┨ 관 련 판 례 ┠

1. 사실증명서의 첨부 없는 광업출원인 주소변경계 수리는 일종의 독립적인 행정처분으로서 취소사유 있는 처분에 속한다(대판 1962.2.15, 4294행상16).
2. 사설강습소설립에 관한 등록을 사실상 수리하지 않고 있다 하여 등록 없이 사설강습소를 운영한 행위는 위법이다(대판 1990.8.10, 90도1062).
3. 구 관광진흥법에 따른 관광사업의 양도양수에 의한 지위승계신고 수리처분은 기속행위이다(대판 2007.6. 29, 2006두4097).

제3절 행정행위의 부관

Ⅰ. 법정부관

1. 부관이 아니다.
2. 부관의 한계에 관한 규정이 적용되지 않는다.
3. 구체적 규범통제에 의한다.

╟─────── ▌ 관 련 판 례 ▌ ───────

1. 고시에 정한 허가기준에 따라 보존음료수제조업허가에 제품전량수출 등의 조건을 붙인 것은 법정부관이므로 부관의 한계에 관한 일반원칙이 적용되지 않는다[대판(전합) 1994.3.8, 92누1728].
2. 관할 행정청이 사회복지법인의 임시이사를 선임하면서 임기를 '후임 정식이사가 선임될 때까지'로 기재한 경우, 후임 정식이사가 선임되었다는 사유만으로 임시이사의 임기가 자동적으로 만료되어 임시이사의 지위가 상실되지 않고, 임시이사의 지위가 상실되는 시점은 관할 행정청의 임시이사 해임처분 시이다(대판 2020.10.29, 2017다269152).

Ⅱ. 부관의 종류

1. 판단기준

1. 부관의 종류에 대한 판단기준 : 부관의 법적 성격을 판단함에 있어서는 위 부관의 필요성, 부관 부가시 행정청인 피고의 의사나 위와 같은 내용의 부관 불이행시 행정청이 취하여 온 행정관행 등이 어떠한 것인지 등을 더 심리하여야 한다(대판 2000.2.11, 98누7527).
2. 부관의 종류에 대한 판단기준 : 구체적인 경우에 그것이 조건, 기한, 부담, 철회권의 유보 중 어느 종류의 부관에 해당하는지는 당해 부관의 내용, 경위 기타 제반 사정을 종합하여 판단하여야 할 것이다(대판 2005.9.8, 2004다50044).

2. 조건

(1) 의의

행정행위의 효과의 발생 또는 소멸을 장래의 '불확실한 사실'에 의존시키는 부관

(2) 사례

정지조건	해제조건
1. 공유수면점용허가를 함에 있어서 규사채취는 해수의 침수 영향을 방지할 사전 예방조치를 하고 당국의 확인을 받은 후 실시할 것(대판 1976.3.23, 76다253) 2. 주차시설을 완비할 것을 조건으로 한 건축허가·주차시설의 완비를 조건으로 하는 호텔영업허가	1. 일정기간 내에 공사에 착수하지 않으면 실효된다는 것을 조건으로 하는(일정기간 내에 공사착수를 조건으로 한) 공유수면매립면허 2. 일정기간 내에 시설을 완공하지 아니하면 실효된다는 의약품제조업허가(대학설립인가)

3. 기한

(1) 의의

행정행위의 효과의 발생 또는 소멸을 도래가 '확실한 장래의 사실'에 의존하게 하는 부관

(2) 사례

시 기	종 기
1. 공무원임용행위의 효력발생을 특정일자로 정하는 경우 2. ○○년 ○○월 ○○일부터 도로점용을 허가한다(도로사용허가).	1. 어업면허 유효기간(대판 1986.8.19. 86누202)·어업면허처분을 함에 있어 그 면허의 유효기간을 1년으로 정한 경우 2. 기부채납 받은 행정재산 사용·수익허가기간(대판 2001.6.15. 99두509)

(3) 종기의 성질(원칙 존속기간)

원칙적으로 종기가 도래하면 행정행위의 효력이 소멸(실효사유)된다. 그러나 내용상 장기계속성이 예정되는 행정행위(예 일반음식점영업허가 등)에 부당하게 짧은 종기가 붙여진 경우에는 행정행위의 효력의 존속기간이 아니라 갱신기간으로 보아야 한다는 견해가 다수설·판례이다.

> **┤ 관 련 판 례 ├**
> 1. 기간연장 등의 특별한 사정이 없는 한 기간경과 후에는 장래에 향하여 당연히 소멸한다(실효사유)(대판 1985.2.8. 83누625).
> 2. 사업의 성질상 부당하게 짧은 기한의 경우 갱신기간(허가 또는 특허의 '조건'의 존속기간이다) : 일반적으로 행정처분에 효력기간이 정하여져 있는 경우에는 그 기간의 경과로 그 행정처분의 효력은 상실되고(효력존속기간), 다만 허가에 붙은 기한이 그 허가된 사업의 성질상 부당하게 짧은 경우에는 이를 그 '허가 자체'의 존속기간(존속기간)이 아니라 그 '허가조건'의 존속기간(갱신기간 또는 조건존속기간)으로 보아 그 기한이 도래함으로써 그 조건의 개정을 고려한다는 뜻으로 해석할 수는 있지만, 그와 같은 경우라 하더라도 그 허가기간이 연장되기 위하여는 그 종기가 도래하기 전에 그 허가기간의 연장에 관한 신청이 있어야 하며, 만일 그러한 연장신청이 없는 상태에서 허가기간이 만료하였다면 그 허가의 효력은 상실된다(대판 2007.10.11. 2005두12404).

(4) 종기의 갱신

갱신은 말 그대로 단순한 기간연장에 불과하기 때문에 갱신에 의해 갱신 전의 위법사유가 치유되지 않고, 기간경과 후의 갱신신청은 새로운 허가의 신청으로 보아야 한다. 판례도 같은 입장이다. 갱신되지 않는다고 해도 당사자가 신뢰보호를 주장할 수는 없다.

> ┤ **관 련 판 례** ├
>
> 1. 건설업면허 갱신이 있더라도 갱신 전 건설업자의 위법사유가 치유되지 않는다.
>   건설업면허의 갱신이 있으면 기존면허의 효력은 동일성을 유지하면서 장래에 향하여 지속한다 할 것이고 갱신에 의하여 갱신 전의 면허는 실효되고 새로운 면허가 부여된 것이라고 볼 수는 없으므로 면허갱신에 의하여 갱신 전의 건설업자의 모든 위법사유가 치유된다거나 일정한 시일의 경과로서 그 위법사유가 치유된다고 볼 수 없다(대판 1984.9.11, 83누658).
> 2. 유료 직업소개사업의 허가갱신 후에 갱신 전의 법위반을 이유로 허가를 취소할 수 있다(대판 1982.7.27, 81누174).
> 3. 종전 허가의 유효기간이 지난 후에 한 기간연장신청은 새로운 허가의 신청이다(대판 1995.11.10, 94누11866).
> 4. 갱신허가라 하더라도 관련 법령의 변동이나 사정변경이 없는 한 반드시 갱신하여야 하는 것은 아니고 허가 요건이나 공익 등을 고려하여 허가 여부를 결정해야 한다(대판 1992.10.23, 92누4543).
> 5. 연장된 기간을 포함해 사업의 성질상 부당하게 짧은 경우가 아닌 경우에는 기간연장을 불허가할 수 있다(대판 2004.3.25, 2003두12837).
> 6. 허가조건의 존속기간의 경우 갱신신청이 있으면 허가기간이 경과하더라도 허가권이 소멸하지 않는다(대판 2005.11.10, 2004다7873).
> 7. 어업에 관한 허가 또는 신고의 유효기간이 경과한 후 재차 허가를 받거나 신고를 한 경우, 종전 어업허가나 신고의 효력 또는 성질이 계속되지 않고, 이러한 법리는 수산업법상 어장이용개발계획에 따른 대체개발 등을 이유로 종전 어업권을 포기하고 다른 어장에 새로운 어업권을 등록한 경우에도 마찬가지이다(대판 2019.4.11, 2018다284400).

4. 부담

(1) 의의 및 성질

1. 행정행위의 주된 내용에 부가하여 상대방에게 작위·부작위·급부·수인의무를 명하는 부관. 특허나 허가 등 수익적 행정행위에 붙여진다(혼합효 행정행위 = 혼효적 행정행위). 주된 행정행위의 효력과는 무관하므로 그 자체가 독립된 행정행위이고, 부담에 한해서만 독립쟁송·강제집행이 가능(다수설·판례)
2. 조건인가 부담인가 불분명한 경우 원칙적으로 상대방에 대한 침익성이 적은 부담으로 해석

(2) 사례

1. 기성매립지로서 도시계획공사완료지역은 공사실비로써 연고자에게 분양할 것을 조건으로 한 공유수면매립면허(대판 1982.12.28, 80다731·732)
2. 임야에 대한 개간허가처분을 하면서 그 지역 내에 있는 사설분묘와 건축물을 이장 내지 철거토록 한 부관(대판 1985.2.8, 83누625)
3. 토지형질변경허가를 하면서 떼붙임공사와 조경공사를 철저히 하도록 의무를 부과하고, 공사기간을 1986. 10. 20.부터 1987. 9. 30.까지로 한정한 경우의 공사기간(대판 1989.10.24, 89누2431), 공사기간을 2000.8.5.부터 2000.12.31.까지로 변경하는 사도변경허가처분에 부가된 공사기간(대판 2004.11.25, 2004두7023)
4. 행정청이 도시환경정비사업 시행자에게 '무상양도되지 않는 구역 내 국유지를 착공신고 전까지 매입'하도록 한 부관을 붙인 경우(대판 2008.11.27, 2007두24289)

(3) 부담과 다른 부관과의 구별

구 분	행정행위의 효력발생시기	행정행위의 효력소멸시기	비 고
부 담	행정행위의 효력발생 시(처음부터 효력발생) ▶ 행정행위의 효과제한과 무관	부담의 불이행 시가 아니라, 그를 이유로 한 행정행위의 철회 시(별도의 의사표시 필요) : 철회사유	독립쟁송·강제집행 가능
정지조건·시기	조건의 성취 시·기한의 도래 시		독립쟁송·강제집행 불가능
해제조건·종기	행정행위의 효력발생 시(처음부터 효력발생)	조건의 성취 시·종기의 도래 시(별도의 의사표시 불요) : 실효사유	
철회권유보	행정행위의 효력발생 시(처음부터 효력발생)	유보된 사유의 발생 시가 아닌 행정행위의 철회 시(별도의 의사표시 필요) : 철회사유	

(4) 부담의 불이행

부담의 불이행의 경우 ① 실효사유는 아니고 철회사유, ② 후행 행정행위에 대한 거부사유, ③ 강제집행사유, ④ 행정벌의 대상이 될 수 있을 뿐이다.

┨ 관 련 판 례 ┠

부관의 불이행은 개간준공인가의 거부사유가 될 수 있다(대판 1985.2.8, 83누625).

(5) 부담과 부담의 이행으로 인한 사법상 법률행위의 관계(상호 독립)

행정처분에 붙인 부담인 부관이 무효가 되면 그 부담의 이행으로 한 사법상 법률행위도 당연히 무효가 되는 것은 아니고, 행정처분에 붙인 부담인 부관이 제소기간 도과로 불가쟁력이 생긴 경우에도 그 부담의 이행으로 한 사법상 법률행위의 효력을 다툴 수 있다(대판 2009.6.25, 2006다18174).

(6) 협약의 형식에 의한 부담

수익적 행정처분에 있어서는 법령에 특별한 근거규정이 없다고 하더라도 그 부관으로서 부담을 붙일 수 있고, 그와 같은 부담은 행정청이 행정처분을 하면서 일방적으로 부가할 수도 있지만 부담을 부가하기 이전에 상대방과 협의하여 부담의 내용을 협약의 형식으로 미리 정한 다음 행정처분을 하면서 이를 부가할 수도 있다(대판 2009.2.12, 2005다65500).

(7) 근거법령의 개정과 부담의 효력

행정청이 수익적 행정처분을 하면서 사전에 상대방과 체결한 협약상의 의무를 부담으로 부가하였는데 부담의 전제가 된 주된 행정처분의 근거법령이 개정되어 부관을 붙일 수 없게 된 경우, 위 협약의 효력은 소멸하지 않는다(대판 2009.2.12, 2005다65500).

5. 부담유보

행정청이 행정행위를 발하면서 사후에 부담을 부가하거나 이미 부과된 부담의 내용을 변경·보충할 권한을 유보하는 내용의 부관. 행정행위의 사후변경의 유보라고도 표현. 사회적·경제적 변화 및 기술적 발전에 대처하여 내용을 변경시킬 필요에 대응

6. 철회권의 유보

(1) 의의

일정한 경우에 행정행위를 철회할 수 있는 권한을 유보하는 내용의 부관

(2) 사례

1. 행정청이 종교단체에 대하여 기본재산전환인가를 함에 있어 인가조건(부담)을 부가하고 그 불이행 시 인가를 취소할 수 있도록 한 경우(대판 2003.5.30, 2003다6422), 인가조건을 정하고 위반하면 인가를 취소할 수 있게 하는 것
2. 노래방영업허가를 함에 있어서 소음으로 수면을 방해하면 허가를 철회한다는 부관

(3) 철회권의 행사 제한

철회사유가 발생한 경우에도 행정청은 자유로이 철회할 수 있는 것은 아니고 철회권 제한법리가 적용. 그러나 철회권이 유보된 경우 상대방은 철회가능성을 예견할 수 있으므로 신뢰보호원칙의 주장에 제한. 따라서 철회의 제한이나 철회로 인한 손실보상을 청구할 수 없게 된다는 점에서 존재 의의

> **┫ 관 련 판 례 ┣**
>
> 철회권이 유보된 경우에도 철회권 행사는 비례원칙에 의해 제한 : 취소권의 유보의 경우에 있어서도 무조건으로 취소권을 행사할 수 있는 것이 아니고 취소를 필요로 할 만한 공익상의 필요가 있는 때에 한하여 취소권을 행사할 수 있는 것이다(대판 1962.2.22, 4293행상42).

7. 법률효과의 일부 배제

(1) 의의 및 법적 근거

법적 효과발생의 일부를 배제하는 내용의 부관. 법령상 규정되어 있는 효과를 일부 배제하는 것이라는 점에서 관계법령에 명시적 근거가 있는 경우에만 허용

(2) 사례

1. 격일제운행을 조건으로 하는 택시사업면허관광객수송용에 국한된 조건부 면세수입허가(대판 1972.5.31, 72누 94)
2. 한약업사 허가(대판 1989.9.12, 89누1452)
3. 공유수면매립준공인가 중 매립지 일부에 대한 국가귀속처분(대판 1991.12.13, 90누8503)

(3) 성질

부관이 아니라 행정행위의 내용적 제한에 지나지 않는다는 부정설도 있으나, 다수설과 판례(대판 1991.12.13, 90 누8503)는 명시적으로 법률효과의 일부배제를 부관으로 인정

> **관 련 판 례**
> 공유수면매립준공인가 중 매립지 일부에 대한 국가귀속처분은 법률효과의 일부배제로서 독립한 처분이 아니다(대판 1991.12.13, 90누8503).

8. 수정부담

1. 행정행위의 내용 자체를 수정·변경하는 내용의 부관. 실제로는 부관이 아니라 수정허가에 해당
2. 사례 : A국으로부터의 쇠고기수입허가신청에 대하여 행정청이 B국으로부터의 쇠고기 수입을 허가하는 경우
3. 신청된 허가는 거부하고 다른 내용의 새로운 허가를 하는 경우
4. 수정부담으로 인해 권리가 침해된 경우의 구제수단으로 취소소송은 적합하지 않고 의무이행소송이 실효적

9. 부관이 아닌 것

1. 도로보수공사를 필요로 하게 한 전기회사에 그 공사비를 부담시키는 것(부담이 아닌 하명)
2. 법정부관
3. 기간
   ▶ 기한과 구별
4. 수정부담

Ⅲ. 부관의 가능성

1. 수익적 행정행위

1. 수익적 행정행위에 있어서는 법령에 특별한 근거 규정이 없다고 하더라도 그 부관으로서 부담을 붙일 수 있다 (대판 1997.3.11, 96다49650).
2. 인가에도 조건을 붙일 수 있다(대판 2005.9.8, 2004다50044).
3. 주택재건축사업시행 인가의 법적 성질은 재량행위이므로 이에 대하여 법령상의 제한에 근거하지 않은 조건(부담)을 부과할 수 있다(대판 2007.7.12, 2007두6663).

2. 법률행위적 행정행위와 준법률행위적 행정행위

1. 종래의 통설 : 부관을 '주된 의사표시'에 붙여진 '종된 의사표시'라 하여 부관은 법률행위적 행정행위에만 가능하고, 준법률행위적 행정행위는 의사표시를 구성요소로 하지 아니하므로 성질상 붙일 수 없다.
2. 새로운 견해(현재 다수설) : 법률행위적 행정행위 가운데도 부관을 붙일 수 없는 경우(귀화허가, 공무원임명, 입학허가 등 신분설정행위)가 있고, 준법률행위적 행정행위에도 부관으로서의 기한을 붙일 수 있는 경우(공증인 여권·인감증명·자동차검사증의 유효기간, 조건부수리)가 있으므로, 획일적으로 부관의 가능성을 논함은 무의미하고 개별적으로 검토해야 한다는 견해이다.

3. 재량행위와 기속행위

(1) 학설

1. 종래의 통설 : 종래의 통설은 행정행위의 부관은 재량행위에만 붙일 수 있고 기속행위에는 붙일 수 없다고 한다.
2. 새로운 견해(현재 다수설) : 다수설은 기속행위라 하더라도 ① 부관을 붙일 수 있다는 법적 근거가 있는 경우, ② 법률요건충족적 부관의 경우에는 부관을 붙일 수 있고, 귀화허가는 재량행위지만 성질상 부관을 붙일 수 없으므로, 획일적으로 부관의 가능성을 논함은 무의미하고 개별적으로 검토해야 한다는 견해이다. 다만, 이 견해에 의하더라도 기속행위의 경우 법효과제한적 부관에 대해서는 부관의 부가가 불가능하다.
3. 행정기본법 : 행정청은 처분에 재량이 있는 경우에는 부관(조건, 기한, 부담, 철회권의 유보 등을 말한다)을 붙일 수 있다(같은 법 제17조 제1항). 행정청은 처분에 재량이 없는 경우에는 법률에 근거가 있는 경우에 부관을 붙일 수 있다(같은 조 제2항). 행정기본법은 부관의 종류와 가능성 외에도 사후부관, 부관의 사후변경, 부관의 한계 등을 명문으로 규정하고 있다.

(2) 판례

판례는 종래의 통설과 마찬가지로 기속행위 외에 기속재량행위에도 부관을 부가할 수 없고, 부가하였다면 무효라는 입장이다.

┤ 관 련 판 례 ├

1. 일반적으로 기속행위나 기속적 재량행위에는 부관을 붙일 수 없고 가사 부관을 붙였다 하더라도 이는 무효의 것이다. 건축허가를 하면서 일정토지를 기부채납하도록 하는 내용의 허가조건(부담)은 부관을 붙일 수 없는 기속행위 내지 기속적 재량행위인 건축허가에 붙인 부담이거나 또는 법령상 아무런 근거가 없는 부관이어서 무효이다(대판 1995.6.13, 94다56883).
2. 재량행위에 대한 부관의 부가는 법적 근거가 없다고 하더라도 부관을 붙일 수 있다(대판 1997.3.14, 96누16698).
3. 학교법인의 이사회소집승인을 함에 있어 부관으로 시기·장소를 지정할 수 없고, 부관을 붙였다 하더라도 이는 무효의 것으로서 당초부터 부관이 붙지 아니한 소집승인 행위가 있었던 것으로 보아야 한다(대판 1988.4.27, 87누1106).
4. 채광계획인가로 산림훼손허가가 의제될 경우 부관을 붙일 수 있다(대판 1997.8.29, 96누15213).
5. 구 도시계획법상 개발제한구역 내에서의 건축허가의 법적 성질은 재량행위 내지 자유재량행위이므로 부관을 붙일 수 있다(대판 2004.3.25, 2003두12837).
6. 주택재건축사업시행 인가의 법적 성질은 재량행위이므로 이에 대하여 법령상의 제한에 근거하지 않은 조건(부담)을 부과할 수 있다(대판 2007.7.12, 2007두6663).
7. 하천부지 점용허가는 재량행위이므로 법적 근거가 없어도 부관을 붙일 수 있다(대판 2008.7.24, 2007두25930·25947·25954).
8. 보조금 교부결정에 관하여 행정청에 광범위한 재량이 부여되어 있으므로 행정청이 보조금을 교부할 때 보조금의 교부 목적을 달성하는 데 필요한 조건을 붙일 수 있다(대판 2021.2.4, 2020두48772).

4. 사후부관

1. 제한적 긍정설(통설) : 원칙적으로 사후부관을 부인하지만, ① 법령에서 사후부관을 허용하거나, ② 상대방의 동의가 있거나, ③ 부담이 유보되어 있는 경우에는 가능하다는 견해이다.
2. 행정기본법 : 행정청은 부관을 붙일 수 있는 처분이 다음 각 호의 어느 하나에 해당하는 경우에는 그 처분을 한 후에도 부관을 새로 붙이거나(사후부관) 종전의 부관을 변경(부관의 사후변경)할 수 있다(행정기본법 제17조 제3항).

> 1. 법률에 근거가 있는 경우
> 2. 당사자의 동의가 있는 경우
> 3. 사정이 변경되어 부관을 새로 붙이거나 종전의 부관을 변경하지 아니하면 해당 처분의 목적을 달성할 수 없다고 인정되는 경우

3. 판례(제한적 긍정설) : 판례도 통설과 마찬가지로 제한적 긍정설을 취하지만, 예외적으로 사정변경의 경우를 추가함으로써 통설보다 인정범위가 넓다.

┤ 관 련 판 례 ├

1. 제한적 긍정설 : 행정처분에 이미 부담이 부가되어 있는 상태에서 그 의무의 범위 또는 내용 등을 변경하는 부관의 사후변경은 법률에 명문의 규정이 있거나 그 변경이 미리 유보되어 있는 경우 또는 상대방의 동의가 있는 경우에 한하여 허용되는 것이 원칙이지만, 사정변경으로 인하여 당초에 부담을 부가한 목적을 달성할 수 없게 된 경우에도 그 목적달성에 필요한 범위 내에서 예외적으로 허용된다(대판 1997.5.30, 97누2627).
2. 관할 행정청이 여객자동차운송사업자에 대한 면허 발급 이후 운송사업자의 동의하에 운송사업자가 준수할 의무를 정하고 이를 위반할 경우 감차명령을 할 수 있다는 내용의 면허 조건을 붙일 수 있고, 조건을 위반한 경우 「여객자동차 운수사업법」 제85조 제1항 제38호에 따라 감차명령을 할 수 있으며, 감차명령은 항고소송의 대상이 되는 처분에 해당한다(대판 2016.11.24, 2016두45028).

Ⅳ. 부관의 한계

1. 법규상 한계

부관은 법령에 위배되지 않는 한도에서 붙일 수 있다. 내용이 적법해야 하고, 형식도 법령에 위배돼서는 안 된다. 부관은 다음 각 호의 요건에 적합하여야 한다(행정기본법 제17조 제3항).

1. 해당 처분의 목적에 위배되지 아니할 것
2. 해당 처분과 실질적인 관련이 있을 것
3. 해당 처분의 목적을 달성하기 위하여 필요한 최소한의 범위일 것

2. 내용상 한계

부관의 내용은 명확하고 실현가능해야 한다.

> **│ 관 련 판 례 │**
>
> 1. 도매시장법인으로 지정하면서 지정기간 중 지정취소 또는 폐쇄지시에도 일체의 소송을 청구할 수 없다는 부관을 붙이는 것은 허용되지 아니한다(대판 1998.8.21, 98두8919).
> 2. 하나 이상의 필지의 일부를 하나의 대지로 삼으려는 건축허가 신청에서 <u>토지분할이 관계 법령상 제한에 해당되어 명백히 불가능하다고 판단되는 경우, 건축행정청이 토지분할 조건부 건축허가를 거부하여야 하고, 토지분할이 재량행위인 개발행위허가의 대상이 되는 경우, 건축행정청이 자신의 심사 결과 토지분할에 대한 개발행위허가를 받기 어렵다고 판단되면 토지분할 조건부 건축허가를 거부할 수 있으며, 건축허가행정청이 건축법 등 관계 법령에서 정하는 제한사유 이외의 사유를 들어 요건을 갖춘 자에 대한 건축허가를 거부할 수 없다</u>(대판 2018.6.28, 2015두47737).

3. 목적상 한계

1. 목적적 관련성 : 부관은 행정행위가 추구하는 목적에 위배할 수 없다. 예컨대, 도로점용허가의 부관은 오직 도로관리적 견지에서만 붙일 수 있고, 경찰허가에 붙이는 부관은 경찰목적에 비추어 필요한 범위 내의 것이어야 한다.
2. 부관은 행정행위의 목적달성을 사실상 불가능하게 해서는 안 된다 : 수산업법 제15조에 의하여 어업의 면허 또는 허가에 붙이는 부관은 그 성질상 허가된 어업의 본질적 효력을 해하지 않는 한도의 것이어야 하고 허가된 어업의 내용 또는 효력 등에 대하여는 행정청이 임의로 제한 또는 조건을 붙일 수 없다. …… 기선선망어업의 허가를 하면서 운반선, 등선 등 부속선을 사용할 수 없도록 제한한 부관은 그 어업허가의 목적달성을 사실상 어렵게 하여 그 본질적 효력을 해하는 것일 뿐만 아니라 위 시행령의 규정에도 어긋나는 것이며, 더욱이 어업조정이나, 기타 공익상 필요하다고 인정되는 사정이 없는 이상 위법한 것이다(대판 1990.4.27, 89누6808).

4. 일반법원칙상의 한계

부관은 비례원칙·평등원칙 등 행정법의 일반원칙에 위반해서는 안 된다. 특히, 부관이 필요로 하는 공익과 상대방의 불이익을 비교하여 구체적으로 결정하여야 할 것이다.

1. 형질변경허가 시 행정청이 부과하는 기부채납 부관의 한계 : 부담내용이 주변토지와의 관계에서 형평의 이념에 반하거나, 기부채납의 대상이 된 공공시설의 규모가 도시기능의 유지 및 증진에 기여할 수 있는 「도시계획시설기준에 관한 규칙」 소정의 적정규모를 초과하였거나 또는 형질변경공사착수 전의 전체 토지가격에 그 공사비를 합산한 가격이 공사완료 후의 기부채납 부분을 제외한 나머지 토지의 가격을 초과하는 경우 등에는 위법을 면치 못한다(대판 1999.2.23, 98두17845).

2. 65세대의 주택건설사업에 대한 사업계획승인 시 '진입도로 설치 후 기부채납, 인근 주민의 기존 통행로 폐쇄에 따른 대체 통행로 설치 후 그 부지 일부 기부채납'을 조건(부담)으로 붙인 것은 비례원칙이나 평등원칙 위반이 아니므로 적법하다(대판 1997.3.14, 96누16698).

3. 행정처분과 실제적 관련성이 없어 부관으로 붙일 수 없는 부담을 사법상 계약의 형식으로 행정처분의 상대방에게 부과할 수 없다(대판 2009.12.10, 2007다63966).

4. 갑 주식회사의 실질적 경영자인 피고인이, 전(前) 대표이사 을이 지방자치단체에 기부금을 납부하기로 약정하고 골프장사업을 승인받으면서 그 이행을 위해 약속어음을 발행·교부한 사실을 잘 알고 있음에도, 위 어음을 분실하였다는 허위 사유를 들어 법원을 기망하고 제권판결을 선고받음으로써 어음금 상당의 재산상 이익을 편취하였다는 공소사실에 대하여, 위 기부금 증여계약은 지방자치단체장의 공무수행과 결부된 금전적 대가로서 그 조건이나 동기가 사회질서에 반하여 무효이므로 지방자치단체(대전)로서는 위 어음금의 지급을 청구할 수 없다(대판 2010.1.28, 2007도9331).

V. 위법한 부관에 대한 행정쟁송

1. 독립쟁송가능성

구분	내용
문제	소송요건 중 부관만 행정행위로부터 독립적으로 대상적격(처분성)을 인정할 수 있는지의 여부
학설	1. 부담 : 부담만 독립쟁송이 가능 2. 기타 부관 : 부관부 행정행위 전부를 대상
판례	1. 부담 : 독립쟁송 가능 　행정행위의 부관은 행정행위의 일반적인 효력이나 효과를 제한하기 위하여 의사표시의 주된 내용에 부가되는 종된 의사표시이지 그 자체로서 직접 법적 효과를 발생하는 독립된 처분이 아니므로 현행 행정쟁송제도 아래서는 부관 그 자체만을 독립된 쟁송의 대상으로 할 수 없는 것이 원칙이나, 행정행위의 부관 중에서도 행정행위에 부수하여 그 행정행위의 상대방에게 일정한 의무를 부과하는 행정청의 의사표시인 부담의 경우에는 다른 부관과는 달리 행정행위의 불가분적인 요소가 아니고 그 존속이 본체인 행정행위의 존재를 전제로 하는 것일 뿐이므로 부담 그 자체로서 행정쟁송의 대상이 될 수 있다(대판 1992.1.21, 91누1264). 2. 기타 부관 : 독립쟁송 불가 　① 어업면허 유효기간(대판 1986.8.19, 86누202) 　② 기부채납받은 행정재산 사용·수익허가기간(대판 2001.6.15, 99두509) 　③ 법률효과의 일부배제(대판 1991.12.13, 90누8503)

2. 쟁송형태

구분	내용
부담	진정일부취소소송
기타 부관	부진정일부취소소송(다수설은 인정, 판례는 부정). 판례에 따르면 위법한 부담 이외의 부관으로 인해 권리를 침해당한 자는 부관부 행정행위 전체의 취소를 구하든지, 아니면 먼저 행정청에 부관이 없는 처분으로 변경해 줄 것을 청구한 다음 그것이 거부된 경우에 거부처분취소소송을 제기하는 수밖에 없다.

3. 독립취소가능성(중요요소 여부에 따라 판단)

구분	내용
문제	소송요건을 충족했다는 전제하에 본안판단에서 부관에만 위법사유가 존재할 때 판결주문에서 부관만 행정행위로부터 독립하여 취소할 수 있는가의 문제
판례	1. 도로점용허가의 점용기간은 행정행위의 본질적인 요소에 해당한다고 볼 것이어서 부관인 점용기간을 정함에 있어서 위법사유가 있다면 이로써 도로점용허가 처분 전부가 위법하게 된다(대판 1985.7.9, 84누604). 2. 기부채납받은 공원시설의 사용·수익허가에서 그 허가기간은 행정행위의 본질적 요소에 해당한다고 볼 것이어서, 부관인 허가기간에 위법사유가 있다면 이로써 이 사건 허가 전부가 위법하게 될 것이다(대판 2001.6.15, 99두509).

VI. 부관의 하자와 행정행위 또는 민법상 법률행위의 효력

1. 부관 자체의 하자

1. 하자가 명백하고 중대한 때에는 부관은 무효이다(대판 1985.2.8, 83누625).
2. 임야에 대한 개간허가처분을 하면서 그 지역 내에 있는 사설분묘와 건축물을 이장 내지 철거토록 한 부관은 무효가 아니다(대판 1985.2.8, 83누625).

2. 행정행위와의 관계

1. 부관의 무효는 원칙적으로 부관만 무효이지만, 부관이 행정행위를 행함에 있어서 중요한 요소(본질적 요소)인 경우, 부관을 붙이지 않았더라면 주된 행정행위를 하지 않았을 것이라고 판단되는 경우에는 행정행위 전체가 무효
2. 판례 : 도로점용허가의 점용기간은 행정행위의 본질적인 요소에 해당한다고 볼 것이어서 부관인 점용기간을 정함에 있어서 위법사유가 있다면 이로써 도로점용허가처분 전부가 위법하게 된다(대판 1985.7.9, 84누604).
3. 해산처분에 부가된 부관이 해산의 효력을 소급시킨 것으로 무효라 할지라도 본질적 요소가 아닌 경우 해산처분은 무효가 아니다(대판 1962.7.19, 62누49).

3. 기부채납부담의 하자와 기부채납의 효력(상호 독립)

부관 자체의 하자와 법률행위의 효력은 전혀 별개라는 것이 판례의 입장이다.

┤ 관 련 판 례 ├

1. 무효인 건축허가조건을 유효한 것으로 믿고 토지를 증여하였더라도 이는 동기의 착오에 불과하여 그 소유권이전등기의 말소를 청구할 수 없다(대판 1995.6.13, 94다56883).
2. 주택건설사업계획 승인에 붙여진 기부채납조건에 취소사유인 하자가 있는 경우 조건에 근거한 기부채납 행위는 당연무효이거나 또는 취소사유는 아니다(대판 1996.1.23, 95다3541).
3. 기부채납의 부관이 당연무효이거나 취소되지 않은 상태에서 그 부관으로 인하여 증여계약의 중요 부분에 착오가 있음을 이유로 증여계약을 취소할 수 없다(대판 1999.5.25, 98다53134).
4. 행정처분에 붙인 부담인 부관이 무효가 되면 그 부담의 이행으로 한 사법상 법률행위도 당연히 무효가 되는 것은 아니고 행정처분에 붙인 부담인 부관이 제소기간 도과로 불가쟁력이 생긴 경우에도 그 부담의 이행으로 한 사법상 법률행위의 효력을 다툴 수 있다(대판 2009.6.25, 2006다18174).

제4절 행정행위의 성립 및 효력발생요건

I. 행정행위의 성립 및 적법요건

1. 구 「국토의 계획 및 이용에 관한 법률」상 도시계획시설사업 시행자 지정 처분은 '고시'의 방법으로만 성립하거나 효력이 생기는 것은 아니다(대판 2017.7.11, 2016두35120).
2. 과세관청이 납세의무자의 기한 후 신고에 대한 내부적인 결정을 납세의무자에게 공식적인 방법으로 통지하지 않은 경우, 항고소송의 대상이 되는 처분으로서 기한 후 신고에 대한 결정이 외부적으로 성립하였다고 볼 수 없다(대판 2020.2.27, 2016두60898).
3. 처분의 존재가 인정되기 위해서는 처분이 주체·내용·절차와 형식의 요건을 모두 갖추고 외부에 표시되어야 한다(대판 2021.12.16, 2019두45944).
4. 처분이 성립하는 시점 및 그 성립 여부를 판단하는 기준 : 행정의사가 외부에 표시되어 행정청이 자유롭게 취소·철회할 수 없는 구속을 받게 되는 시점에 처분이 성립하고, 그 성립 여부는 행정청이 행정의사를 공식적인 방법으로 외부에 표시하였는지를 기준으로 판단해야 한다(대판 2021.12.16, 2019두45944).

II. 행정행위의 효력발생요건

1. 개설

송달은 우편·교부 또는 정보통신망 이용 등의 방법으로 하되, 송달받을 자(대표자 또는 대리인을 포함)의 주소·거소·영업소·사무소 또는 전자우편주소로 한다. 다만, 송달받을 자가 동의하는 경우에는 그를 만나는 장소에서 송달할 수 있다(행정절차법 제14조 제1항).

2. 도달주의 [⇔ 요지주의(了知主義)·발신주의]가 원칙

송달은 다른 법령 등에 특별한 규정이 있는 경우를 제외하고는 해당 문서가 송달받을 자에게 도달됨으로써 그 효력이 발생한다(행정절차법 제15조 제1항) : 도달주의 ⇔ 요지주의(了知主義)·발신주의

> **│ 관 련 판 례 │**
>
> 1. 도달주의 : 상대방에게 고지를 요하는 행정행위는 객관적으로 보아서 상대방이 양지(인식)할 수 있는 상태하에 두는 방법으로 고지함으로써 비로소 그 효력이 발생한다(대판 1976.6.8, 75누63).
> 2. 상대방 있는 행정처분의 경우 그 효력 발생의 요건 : 상대방이 있는 행정처분의 경우 특별한 규정이 없는 한 의사표시의 일반적 법리에 따라 그 행정처분이 상대방에게 고지되어야 효력을 발생하는 것이다. 학사장교로 임용되어 복무를 마치고 전역하여 예비역에 편입된 사람에게 학력 위조를 이유로 임관무효처분을 한 후 그에 따라 현역병입영처분을 한 사안에서, 임관무효처분이 당사자에게 고지되지 않아 무효인 이상 그 신분이 예비역에 편입된 장교로서 현역병입영대상자가 아니므로 현역병입영처분은 위법하다(대판 2009.11.12, 2009두11706).
> 3. 상대방 있는 행정처분은 상대방에게 고지되어야 효력이 발생하고, 상대방 있는 행정처분이 상대방에게 고지되지 않았으나 상대방이 다른 경로를 통해 행정처분의 내용을 알게 된 경우, 행정처분의 효력이 발생하지 않는다(대판 2019.8.9, 2019두38656).
> 4. 행정처분의 효력발생요건으로서 도달의 의미 : 행정처분의 효력발생요건으로서의 도달이란 처분상대방이 처분서의 내용을 현실적으로 알았을 필요까지는 없고 처분상대방이 알 수 있는 상태에 놓임으로써 충분하며,

처분서가 처분상대방의 주민등록상 주소지로 송달되어 처분상대방의 사무원 등 또는 그 밖에 우편물 수령권한을 위임받은 사람이 수령하면 처분상대방이 알 수 있는 상태가 되었다고 할 것이다(대판 2017.3.9, 2016두60577).

5. 공무원에 대한 해임행위는 그 의사표시가 상대방에게 도달됨으로써 그 효력이 생기므로 그 의사표시가 도달되기까지는 그 공무원은 그 권한에 속한 직무를 수행할 수 있다(대판 1962.11.8, 62누163).

6. 송달이 부적법하면 효력을 발생하지 않는다(대판 1988.3.22, 87누986).

7. 효력발생 요건인 적법한 통지가 없거나 법정방법에 의하지 아니하고 한 통지는 효력이 없다(대판 1998.9.8, 98두9653).

8. 처에게 도달한 경우에도 남편에 대한 도달 인정(대판 1989.1.31, 88누940).

9. 납세의무자가 거주하지 아니하는 주민등록상 주소지로 납세고지서를 등기우편으로 발송한 후 반송된 사실이 없는 경우 송달된 것으로 볼 수 없다(대판 1998.2.13, 97누8977).

10. 과세처분의 상대방인 납세의무자 등 서류의 송달을 받을 자가 다른 사람에게 우편물 기타 서류의 수령권한을 명시적 또는 묵시적으로 위임한 경우, 그 수임자가 해당 서류를 수령하면 위임인에게 적법하게 송달된 것으로 보아야 한다(대판 2000.7.4, 2000두1164).

11. 묵시적 위임관계인 아파트 경비원을 통한 납세고지서 송달도 적법하다(대판 2000.7.4, 2000두1164).
   ▶ 그러나 아파트 경비원이 과징금부과처분의 납부고지서를 수령한 날이 그 납부의무자가 '부과처분이 있음을 안 날'은 아니다(대판 2002.8.27, 2002두3850).

12. 납세고지서의 수령권한을 묵시적으로 위임하였다고 본 경우 : 국세기본법 제10조 제4항 소정의 동거인이라고 함은 송달을 받을 자와 동일 세대에 속하여 생활을 같이 하는 자를 의미하므로 송달받을 사람과 같은 집에 거주하더라도 세대를 달리하는 사람은 동거인이라고 할 수 없다. 한편, 과세처분의 상대방인 납세의무자 등 서류의 송달을 받을 자가 다른 사람에게 우편물 기타 서류의 수령권한을 명시적 또는 묵시적으로 위임한 경우에는 그 수임자가 해당 서류를 수령함으로써 그 송달받을 자 본인에게 해당 서류가 적법하게 송달된 것으로 보아야 하고, 그러한 수령권한을 위임받은 자는 반드시 위임인의 종업원이거나 동거인일 필요가 없다. 원고의 주민등록지로 발송한 이 사건 납세고지서를 주민등록지에서 방 1칸을 임차하여 거주하는 소외인이 수령한 사안에서, 실제 원고는 주민등록지에 거주하지 않고 고등학교와 중학교에 다니는 두 딸들만이 소외인이 거주하는 방의 옆 방 1칸을 임차하여 거주하고 있었으며 소외인이 평소 원고에게 온 우편물을 대신 수령하여 온 사실이 인정된다면 원고가 이 사건 납세고지서의 수령권한을 소외인에게 묵시적으로 위임한 것으로 봄이 상당하다(대판 2011.5.13, 2010다108876).

13. 망인에게 수여된 서훈을 취소하는 경우, 유족이 서훈취소 처분의 상대방이 되는지 여부(소극) 및 망인에 대한 서훈취소 결정의 효력이 발생하기 위한 요건 : 서훈은 서훈대상자의 특별한 공적에 의하여 수여되는 고도의 일신전속적 성격을 가지는 것이다. 서훈은 어디까지나 서훈대상자 본인의 공적과 영예를 기리기 위한 것이므로 비록 유족이라고 하더라도 제3자는 서훈수여 처분의 상대방이 될 수 없고, 구 상훈법 제33조, 제34조 등에 따라 망인을 대신하여 단지 사실행위로서 훈장 등을 교부받거나 보관할 수 있는 지위에 있을 뿐이다. 이러한 서훈의 일신전속적 성격은 서훈취소의 경우에도 마찬가지이므로, 망인에게 수여된 서훈의 취소에서도 유족은 그 처분의 상대방이 되는 것이 아니다. 이와 같이 망인에 대한 서훈취소는 유족에 대한 것이 아니므로 유족에 대한 통지에 의해서만 성립하여 효력이 발생한다고 볼 수 없고, 그 결정이 처분권자의 의사에 따라 상당한 방법으로 대외적으로 표시됨으로써 행정행위로서 성립하여 효력이 발생한다고 봄이 타당하다(대판 2014.9.26, 2013두2518).

14. 우편물이 등기취급의 방법으로 발송된 경우 그 무렵 수취인에게 배달되었다고 추정할 수 있다(대판 2017. 3.9, 2016두60577).

15. 상대방이 부당하게 등기취급 우편물의 수취를 거부함으로써 우편물의 내용을 알 수 있는 객관적 상태의 형성을 방해한 경우, 그러한 상태가 형성되지 아니하였다는 사정만으로 발송인의 의사표시 효력을 부정할 수 없다(대판 2020.8.20, 2019두34630).

16. 이 경우 의사표시의 효력 발생 시기는 수취 거부 시이다(대판 2020.8.20, 2019두34630).

17. 우편물의 수취 거부가 신의성실의 원칙에 반하는지 판단하는 방법 : 우편물의 수취 거부가 신의성실의

원칙에 반하는지는 발송인과 상대방과의 관계, 우편물의 발송 전에 발송인과 상대방 사이에 우편물의 내용과 관련된 법률관계나 의사교환이 있었는지, 상대방이 발송인에 의한 우편물의 발송을 예상할 수 있었는지 등 여러 사정을 종합하여 판단하여야 한다(대판 2020.8.20, 2019두34630).
18. 우편물의 수취를 거부한 것에 정당한 사유가 있는지에 관한 증명책임의 소재 = 수취 거부를 한 상대방(대판 2020.8.20, 2019두34630)

3. 송달방법

(1) 개설

송달은 우편, 교부 또는 정보통신망 이용 등의 방법으로 하되 송달받을 자의 주소·거소·영업소·사무소 또는 전자우편주소(주소등)로 한다. 다만, 송달받을 자가 동의하는 경우에는 그를 만나는 장소에서 송달할 수 있다(행정절차법 제14조 제1항).

(2) 우편송달(원칙)

우편에 의한 송달의 경우에는 상대방에의 도달을 입증해야 하므로 통상 등기우편에 의한다. 내용증명우편이나 등기우편의 경우 도달이 추정되는데, 보통우편의 경우에는 도달이 추정되지 않는다. 우편송달의 경우 상대방의 동의를 요하지 않는다.

┃ **관 련 판 례** ┃

1. 보통우편의 경우 도달이 추정되지 않는다(대판 2002.7.26, 2000다25002).
2. 우편물이 등기취급의 방법으로 발송된 경우 그 무렵 수취인에게 배달되었다고 추정할 수 있다(대판 2017.3.9, 2016두60577).
   ▶ 등기우편의 경우라 하더라도 도달이 추정(반증에 의해 번복이 가능)되는 것이지 간주(반증에 의해서는 번복되지 않고 재판에 의해서만 번복이 가능)되는 것은 아님에 유의할 것
3. 납세고지서의 교부송달 및 우편송달에 있어서는 반드시 납세의무자 또는 그와 일정한 관계에 있는 사람의 현실적인 수령행위를 전제로 하고 있다고 보아야 하며, 납세자가 과세처분의 내용을 이미 알고 있는 경우에도 납세고지서의 송달이 불필요하다고 할 수는 없다(대판 2004.4.9, 2003두13908).
4. 면허관청이 임의로 출석한 상대방의 편의를 위하여 구두로 면허정지사실을 알린 경우 면허정지처분으로서의 효력이 없다(대판 1996.6.14, 95누17823).
5. 사리를 분별할 지능이 있다는 의미 : 송달받을 사람의 동거인에게 송달할 서류가 교부되고 그 동거인이 사리를 분별할 지능이 있는 이상 송달받을 사람이 그 서류의 내용을 실제로 알지 못한 경우에도 송달의 효력은 있다. 이 경우 사리를 분별할 지능이 있다고 하려면, 사법제도 일반이나 소송행위의 효력까지 이해할 수 있는 능력이 있어야 한다고 할 수는 없을 것이지만 적어도 송달의 취지를 이해하고 그가 영수한 서류를 송달받을 사람에게 교부하는 것을 기대할 수 있는 정도의 능력은 있어야 한다(대판 2011.11.10, 2011재두148).

(3) 교부송달

교부에 의한 송달은 수령확인서를 받고 문서를 교부함으로써 하며, 송달하는 장소에서 송달받을 자를 만나지 못한 경우에는 그 사무원·피용자(被傭者) 또는 동거인으로서 사리를 분별할 지능이 있는 사람(사무원 등)에게 문서를 교부할 수 있다. 다만, 문서를 송달받을 자 또는 그 사무원 등이 정당한 사유 없이 송달받기를 거부하는 때에는 그 사실을 수령확인서에 적고, 문서를 송달할 장소에 놓아둘 수 있다(행정절차법 제14조 제2항).

(4) 정보통신망을 이용한 송달

1. 정보통신망을 이용한 송달은 송달받을 자가 동의하는 경우에만 한다. 이 경우 송달받을 자는 송달받을 전자우편주소 등을 지정하여야 한다(같은 법 제14조 제3항).
2. 정보통신망을 이용한 송달의 경우(송달받을 자가 지정한 컴퓨터에 입력된 때) : 정보통신망을 이용하여 전자문서로 송달하는 경우에는 송달받을 자가 지정한 컴퓨터 등에 입력된 때(확인한 때가 아님)에 도달된 것으로 본다(제15조 제2항).

4. 공시송달

(1) 불특정 다수인(원칙)

1. 구 청소년보호법에 따른 청소년유해매체물 결정 및 고시처분은 당해 유해매체물의 소유자 등 특정인만을 대상으로 한 행정처분이 아니라 일반 불특정다수인을 상대방으로 하여 일률적으로 표시의무, 포장의무, 청소년에 대한 판매·대여 등의 금지의무 등 각종 의무를 발생시키는 행정처분(일반처분)으로서, 정보통신윤리위원회가 특정 인터넷 웹사이트를 청소년유해매체물로 결정하고 청소년보호위원회가 효력발생시기를 명시하여 고시함으로써 그 명시된 시점에 효력이 발생하였다고 봄이 상당하다(대판 2007.6.14, 2004두619).
2. 주택법상의 사업계획승인의 효력은 사업계획승인권자의 고시가 있은 후 5일이 경과한 날부터 발생한다(대판 2013.3.28, 2012다57231).

(2) 특정인(특칙)

1. 송달받을 자의 주소등을 통상적인 방법으로 확인할 수 없는 경우나 송달이 불가능한 경우(공고일부터 14일 경과 후) 다음 각 호의 어느 하나에 해당하는 경우에는 송달받을 자가 알기 쉽도록 관보, 공보, 게시판, 일간신문 중 하나 이상에 공고하고 인터넷에도 공고하여야 한다(행정절차법 제14조 제4항).

> 1. 송달받을 자의 주소등을 통상적인 방법으로 확인할 수 없는 경우
> 2. 송달이 불가능한 경우

┃ 관 련 판 례 ┃

'송달할 장소'가 여러 곳이어서 각각의 장소에 송달을 시도할 수 있었는데도 세무공무원이 그중 일부 장소에만 방문하여 수취인이 부재 중인 것으로 확인된 경우, 국세기본법 제11조 제1항 제3호, 「국세기본법 시행령」 제7조의2 제2호에 따라 납세고지서를 공시송달할 수 있는 경우에 해당하지 않는다(대판 2015. 10.29, 2015두43599).

2. 제4항에 따른 공고를 할 때에는 민감정보 및 고유식별정보 등 송달받을 자의 개인정보를 「개인정보 보호법」에 따라 보호하여야 한다(같은 조 제5항). 〈신설 2022.1.11. 시행 2022.7.12.〉
3. 제14조 제4항의 경우에는 다른 법령 등에 특별한 규정이 있는 경우를 제외하고는 공고일부터 14일(5일, 7일, 20일이 아님)이 지난 때에 그 효력이 발생한다. 다만, 긴급히 시행하여야 할 특별한 사유가 있어 효력 발생 시기를 달리 정하여 공고한 경우에는 그에 따른다(제15조 제3항).

┃ 관 련 판 례 ┃

피고인이 운전면허대장기재 주소지에 거주하지 아니하면서도 주민등록은 같은 주소지로 되어 있는 경우, 피고인에 대한 통지에 갈음하여 행해진 면허관청의 운전면허정지처분의 공고가 적법하므로, 그 정지기간 중의 자동차 운전행위는 무면허운전에 해당한다(대판 2005.6.10, 2004도8508).

4. 행정청은 송달하는 문서의 명칭, 송달받는 자의 성명 또는 명칭, 발송방법 및 발송 연월일을 확인할 수 있는 기록을 보존하여야 한다(같은 조 제6항). 〈개정 2022.1.11. 시행 2022.7.12.〉

5. 기간 및 기한의 특례

1. 천재지변이나 그 밖에 당사자 등에게 책임이 없는 사유로 기간 및 기한을 지킬 수 없는 경우에는 그 사유가 끝나는 날까지 기간의 진행이 정지된다(행정절차법 제16조 제1항).
2. 외국에 거주하거나 체류하는 자에 대한 기간 및 기한은 행정청이 그 우편이나 통신에 걸리는 일수(日數)를 고려하여(30일 경과 후 효력발생이 아님) 정하여야 한다(같은 조 제2항).

제5절 행정행위의 효력

Ⅰ. 공정력과 구성요건적 효력의 관계

구분	공정력	구성요건적 효력
법적 성질	절차적 구속력	실체적 구속력
대상	국민(행정행위의 상대방과 이해관계인인 제3자)	타 국가기관
이론적 근거	행정목적의 신속한 달성과 행정의 능률성 및 실효성 확보, 행정법관계의 안정과 그에 대한 상대방과 제3자의 신뢰보호	헌법상의 권력분립의 원칙, 행정기관 상호 간의 권한존중과 불가침(권한분배의 체계)

Ⅱ. 공정력의 근거와 한계

구분	내용
법적 근거	1. 이론적 근거만으로 공정력을 인정할 수는 없고 실정법상의 근거가 필요 2. 직접적·명시적 근거는 존재하지 않는다. 3. 간접적 근거 : 행정심판법 및 행정소송법의 ① 쟁송취소에 관한 규정(취소심판·취소소송), ② 직권취소에 관한 규정, ③ 행정대집행법상의 자력집행에 관한 규정, ④ 행정기본법 제15조를 간접적 근거로 들 수 있다. 처분은 권한이 있는 기관이 취소 또는 철회하거나 기간의 경과 등으로 소멸되기 전까지는 유효한 것으로 통용된다. 다만, 무효인 처분은 처음부터 그 효력이 발생하지 아니한다(행정기본법 제15조).
한계	1. 무효인 행정행위 : 취소할 수 있는 행정행위에만 잠정적으로 인정되므로 무효·부존재인 행정행위에는 인정되지 않는다. 2. 타 행정작용 : 공정력은 행정행위·재결 등 권력작용에만 인정되므로 ① 사법행위(국유재산의 매각관계), ② 비권력적 사실행위, ③ 공법상 계약, ④ 사인의 공법행위, ⑤ 관리관계, ⑥ 확약(판례상)에는 인정되지 않는다.

Ⅲ. 공정력과 무관

공정력에는 적법성이 추정되지 않으므로 공정력과 입증책임은 별개이기 때문에 법률요건분류설에 의한다는 것이 통설·판례이다. 집행부정지원칙 또한 공정력과 무관하고 입법정책의 문제이다.

Ⅳ. 구성요건적 효력과 선결문제

1. 선결문제의 의미

민사소송	형사소송
권리성립요건의 충족 여부가 선결문제 ① 권리성립요건 충족 : 인용판결 ② 권리성립요건 흠결 : 기각판결 ③ 행정소송법 제11조 제1항은 "처분 등의 효력 유무(유효·무효·실효) 또는 존재 여부(존재·부존재)가 민사소송의 선결문제로 되어 당해 민사소송의 수소법원이 이를 심리·판단하는 경우에는 제17조, 제25조, 제26조 및 제33조의 규정을 준용한다."라고 규정하여 행정행위가 무효이거나 부존재인 경우에는 선결문제로 심사할 수 있음을 명문으로 규정하고 있다.	범죄성립요건의 충족 여부가 선결문제 ① 범죄성립요건 충족 : 유죄판결 ② 범죄성립요건 흠결 : 무죄판결 ┃ **관련판례** ┃ 1. 하자 있는 병역처분에 의해 입대한 경우에도 당연무효가 아닌 이상 현역군인이라는 요건을 충족한 것으로 판단해야 한다(대판 2002.4.26, 2002도740). 2. 행정행위가 무효인 경우 형사법원은 행정행위의 무효를 확인하여 무죄판결을 할 수 있다(대판 1971.5.31, 71도742). 3. 의무이행을 명하는 행정처분이 무효인 경우 그 행정처분에 불응하였음을 이유로 행정형벌을 부과할 수 없다(대판 2011.11.10, 2011도11109).

2. 판례

(1) 위법성 여부

1. 선결문제로 위법성 여부에 대한 심리 가능
2. 민사소송(손해배상청구소송)의 경우 : 인용(기각)판결 모두 가능
   ① 위법 → 손해배상청구권의 성립요건 충족 → 인용판결
   ② 적법 → 손해배상청구권의 성립요건 흠결 → 기각판결
   > ┃ **관련판례** ┃
   > 1. 위법한 행정대집행이 완료되면 그 처분의 무효확인 또는 취소를 구할 소의 이익은 없다 하더라도, 미리 그 행정처분의 취소판결이 있어야만 그 행정처분의 위법임을 이유로 한 손해배상청구를 할 수 있는 것은 아니다(대판 1972.4.28, 72다337).
   > 2. 물품세 과세대상이 아닌 것을 세무공무원이 직무상 과실로 과세대상으로 오인하여 과세처분을 행함으로 인하여 손해가 발생된 경우에는, 동 과세처분이 취소되지 아니하였다 하더라도, 국가는 이로 인한 손해를 배상할 책임이 있다(대판 1979.4.10, 79다262).
   > 3. 재개발사업 시행자가 분양신청을 하지 아니한 재개발구역 내의 토지소유자에 대하여 대지 및 건축시설을 분양하지도 아니하고 청산금도 지급하지 아니한 채 분양처분고시를 함으로써 토지의 소유권을 상실시킨 경우 토지소유자에 대하여 불법행위의 책임을 진다(대판 2002.10.11, 2002다33502).
3. 형사소송(명령위반죄 : 도시계획법상 원상회복명령위반죄, 온천법상 시설개선명령위반죄)의 경우 : 무죄(유죄)판결 모두 가능
   ① 명령이 위법 → 범죄성립요건 흠결 → 무죄판결
   ② 명령이 적법 → 범죄성립요건 충족 → 유죄판결

1. 도시계획구역 안에서 허가 없이 토지의 형질을 변경한 경우 행정청이 도시계획법 제78조 제1항에 의하여 행하는 처분이나 원상회복 등 조치명령의 대상자는 그 토지의 형질을 변경한 자이고 토지의 형질을 변경하지 않은 자에 대하여 한 원상복구의 시정명령은 위법하다(대판 1992.8.18, 90도1709).

2. 구 도시계획법 제78조 제1항에 정한 처분이나 조치명령을 받은 자가 이에 위반한 경우, 같은 법 제92조에 정한 처벌을 하기 위하여는 그 처분이나 조치명령이 적법할 것을 요한다(대판 2004.5.14, 2001도2841).

3. 조세심판원이 재조사결정을 하고 그에 따라 과세관청이 후속처분으로 당초 부과처분을 취소한 경우, 형사소송법 제420조 제5호에 정한 재심사유에 해당한다(대판 2015.10.29, 2013도14716).

4. 「개발제한구역의 지정 및 관리에 관한 특별조치법」 제30조 제1항에 의하여 행정청으로부터 시정명령을 받은 자가 이를 위반한 경우, 같은 법 제32조 제2호에 정한 처벌을 하기 위하여는 시정명령이 적법하여야 하고, 시정명령이 당연무효는 아니지만 위법한 것으로 인정되는 경우, 같은 법 제32조 제2호 위반죄가 성립하지 않는다(대판 2017.9.21, 2017도7321).

5. 피고인 갑 주식회사의 대표이사 피고인 을이 개발제한구역 내에 무단으로 고철을 쌓아 놓은 행위 등에 대하여 관할관청으로부터 원상복구를 명하는 시정명령을 받고도 이행하지 아니하였다고 하여 「개발제한구역의 지정 및 관리에 관한 특별조치법」 위반으로 기소된 사안에서, 관할관청이 침해적 행정처분인 시정명령을 하면서 적법한 사전통지를 하거나 의견제출 기회를 부여하지 않았고 이를 정당화할 사유도 없어 시정명령은 절차적 하자가 있어 위법하므로, 피고인 을에 대하여 같은 법 제32조 제2호 위반죄가 성립하지 않는다고 한 사례(대판 2017.9.21, 2017도7321)

6. 「국토의 계획 및 이용에 관한 법률」 제133조 제1항에 정한 처분이나 조치명령을 받은 자가 이에 위반한 경우, 같은 법 제142조에 정한 처벌을 하기 위하여는 그 처분이나 조치명령이 적법할 것이 필요하고, 지구단위계획에 적합하지 않은 건축물을 건축하거나 용도변경한 경우, 위 건축물을 양수한 사람에 대하여 「국토의 계획 및 이용에 관한 법률」 제133조 제1항에 의한 처분이나 원상회복 등의 조치명령을 할 수 없다(대판 2021.11.25, 2021두41686).

(2) 효력 부인

1. 선결문제심리로 효력 부인 불가
2. 민사소송(부당이득반환청구소송)의 경우 : 인용판결은 불가하고 이송결정이나 기각판결만 가능
   ① 취소불가 → 취소소송이 제기되어 있을 경우 이송결정 → 취소소송 수소법원에 의한 취소와 인용판결 가능
   ② 취소불가 → 취소소송 제기가 불가능할 경우(제소기간 경과) → 부당이득반환청구권의 요건 흠결 → 기각
   판결

> **┤ 관 련 판 례 ├**
>
> 1. 국세 등의 부과 및 징수처분과 같은 행정처분이 당연무효임을 전제로 하여 민사소송을 제기한 때에는
>   그 행정처분이 당연무효인지의 여부가 선결문제이므로 법원은 이를 심사하여 그 행정처분의 하자가
>   중대하고도 명백하여 당연무효라고 인정될 경우에는 이를 전제로 하여 판단할 수 있으나, 그 하자가
>   단순한 취소사유에 그칠 때에는 법원은 그 효력을 부인(취소)할 수 없다(대판 1973.7.10, 70다1439).
> 2. 행정처분이 아무리 위법하다고 하여도 그 하자가 중대하고 명백하여 당연무효라고 보아야 할 사유가
>   있는 경우를 제외하고는 아무도 그 하자를 이유로 무단히 그 효과를 부정하지 못하는 것으로, 이러한
>   행정행위의 공정력은 판결의 기판력과 같은 효력은 아니지만 그 공정력의 객관적 범위에 속하는 행정
>   행위의 하자가 취소사유에 불과한 때에는 그 처분이 취소되지 않는 한 처분의 효력을 부정하여 그로
>   인한 이득을 법률상 원인 없는 이득(부당이득)이라고 말할 수 없는 것이다(대판 2007.3.16, 2006다8380
>   2).
> 3. 불복절차를 취하지 않음으로써 그 재결에 대하여 더 이상 다툴 수 없게 된 경우에는 기업자는 그 재결
>   이 당연무효이거나 취소되지 않는 한 재결에서 정한 손실보상금의 산정에 있어서 위 하자가 반영되지
>   않았다는 이유로 민사소송절차로 토지소유자에게 부당이득의 반환을 구할 수는 없다(대판 2001.1.16,
>   98다58511).

3. 형사소송(무면허죄 : 무면허운전죄, 무면허수입죄, 무면허어업죄)의 경우 : 무죄판결만 가능
   취소불가 → 범죄성립요건 흠결 → 무죄판결

> **┤ 관 련 판 례 ├**
>
> 1. 연령미달의 결격자인 피고인이 소외인의 이름으로 운전면허시험에 응시, 합격하여 교부받은 운전면허
>   는 당연무효가 아니고 도로교통법 제65조 제3호의 사유(운전면허취소사유)에 해당함에 불과하여 취소되
>   지 않는 한 유효하므로 피고인의 운전행위는 무면허운전에 해당하지 아니한다(대판 1982.6.8, 80도
>   2646).
> 2. 형사소송에서 행정행위의 효력이 인정되어야만 범죄구성요건이 충족될 수 있는 경우(조세포탈죄) 행정행
>   위의 효력을 부인할 수 없어 유죄판결을 하여야 하나 당해 행정행위가 판결로 취소된 경우 재심사유에
>   해당한다(대판 1985.10.22, 83도2933).
> 3. 일단 수입면허를 받고 물품을 통관한 경우 관세법상 무면허수입죄가 성립되지 않는다(대판 1989.3.28,
>   89도149).
> 4. 어업면허를 받은 피고인 갑과 어장시설의 복구·증설비용을 부담하기로 한 피고인 을이 동업계약을 맺고
>   어류를 양식하던 중 어업면허가 취소되었으나 그 후 판결로 그 처분이 취소되기까지 사이에 어장을 그
>   대로 유지한 행위는 어업권의 임대 및 무면허어업행위가 되지 않는다(대판 1991.5.14, 91도627).
> 5. 조세의 부과처분을 취소하는 행정판결이 확정된 경우, 확정된 행정판결이 조세포탈에 대한 무죄 내지
>   원심판결이 인정한 죄보다 경한 죄를 인정할 명백한 증거에 해당한다(대판 2015.10.29, 2013도14716).
> 6. 조세심판원이 재조사결정을 하고 그에 따라 과세관청이 후속처분으로 당초 부과처분을 취소한 경우,
>   형사소송법 제420조 제5호에 정한 재심사유에 해당한다(대판 2015.10.29, 2013도14716).

V. 불가쟁력과 불가변력

1. 불가쟁력

구분	내용
성질	절차적 효력(형식적 존속력) ┤ 관 련 판 례 ├ 1. 행정처분이나 행정심판 재결이 불복기간의 경과로 확정된 경우, 확정력의 의미 : 행정처분이나 행정심판 재결이 불복기간의 경과로 인하여 확정될 경우 확정력은 처분으로 인하여 법률상 이익을 침해받은 자가 처분이나 재결의 효력을 더 이상 다툴 수 없다는 의미일 뿐(처분이나 행정심판의 재결에) 판결에 있어서와 같은 기판력(실질적 확정력)이 인정되는 것은 아니어서 처분의 기초가 된 사실관계나 법률적 판단이 확정되고 당사자들이나 법원이 이에 기속되어 모순되는 주장이나 판단을 할 수 없게 되는 것은 아니다(대판 1993.4.13, 92누17181). 2. 취소사유로서 확정력이 발생한 행정처분에 대한 무효확인청구는 기각하여야 한다(대판 1994.10.28, 92누9463). 2. 불가쟁력이 발생해도 직권취소가 가능하다(대판 1995.9.15, 95누6311). 3. 이미 취소소송의 제기기간을 경과하여 확정력이 발생한 행정처분의 경우에는 위헌결정의 소급효가 미치지 않는다(대판 2002.11.8, 2001두3181). 4. 피재해자에게 이루어진 요양승인처분이 불복기간의 경과로 확정되었다 하더라도 사업주는 피재해자가 재해발생 당시 자신의 근로자가 아니라는 사정을 들어 보험급여액징수처분의 위법성을 주장할 수 있다(대판 2008.7.24, 2006두20808). 5. 행정처분의 근거가 되는 법률이 헌법에 위반된다는 사정은 원칙적으로 행정처분의 당연무효 사유가 아니고, 취소소송의 제기기간을 경과하여 불가쟁력이 발생한 행정처분에 위헌결정의 소급효가 미치지 않는다(대판 2021.12.30, 2018다241458).
대상	국민(처분의 상대방이나 이해관계인인 제3자)
양자의 관계	불가쟁력이 발생한 행정행위라도 불가변력이 없는 한 행정청이 직권으로 취소 가능(대판 1995. 9.15, 95누6311)
목적	행정의 능률성, 법적 평화, 법적 안정성
사유	쟁송제기기간의 도과(경과), 심급의 종료
한계	1. 무효인 행정행위에는 부정 2. 불가쟁력이 발생하면 취소소송은 제기할 수 없지만, 무효확인소송이나 국가배상청구소송까지 제기할 수 없는 것은 아니다. 불가쟁력이 발생한 행정행위에 대한 취소심판 및 취소소송의 제기는 부적법 각하
인정영역	모든 종류의 행정행위
불가쟁력과 위헌결정의 소급효	위헌인 법률에 근거한 행정처분이 당연무효인지의 여부는 위헌결정의 소급효와는 별개의 문제로서, 위헌결정의 소급효가 인정된다고 하여 위헌인 법률에 근거한 행정처분이 당연무효가 된다고는 할 수 없고, 오히려 이미 취소소송의 제기기간을 경과하여 확정력이 발생한 행정처분에는 위헌결정의 소급효가 미치지 않는다고 보아야 한다. 어느 행정처분에 대하여 그 행정처분의 근거가 된 법률이 위헌이라는 이유로 무효확인청구의 소가 제기된 경우에는 다른 특별한 사정이 없는 한 법원으로서는 그 법률이 위헌인지 여부에 대하여는 판단할 필요 없이 그 무효확인청구를 기각하여야 한다(대판 1994.10.28, 92누9463).

| 재심사 | 1. 불가쟁력이 발생한 행정행위도 특별한 사유가 있으면 예외적으로 재심사될 수 있다. 행정기본법은 '처분의 재심사'란 제목으로 상세하게 규정하고 있다.
2. 당사자는 처분(제재처분 및 행정상 강제는 제외한다)이 행정심판, 행정소송 및 그 밖의 쟁송을 통하여 다툴 수 없게 된 경우(법원의 확정판결이 있는 경우는 제외한다)라도 다음 각 호의 어느 하나에 해당하는 경우에는 해당 처분을 한 행정청에 처분을 취소·철회하거나 변경하여 줄 것을 신청할 수 있다(같은 법 제37조 제1항).
  1. 처분의 근거가 된 사실관계 또는 법률관계가 추후에 당사자에게 유리하게 바뀐 경우
  2. 당사자에게 유리한 결정을 가져다주었을 새로운 증거가 있는 경우
  3.「민사소송법」제451조에 따른 재심사유에 준하는 사유가 발생한 경우 등 대통령령으로 정하는 경우
3. 제1항에 따른 신청은 해당 처분의 절차, 행정심판, 행정소송 및 그 밖의 쟁송에서 당사자가 중대한 과실 없이 제1항 각 호의 사유를 주장하지 못한 경우에만 할 수 있다(같은 조 제2항).
4. 제1항에 따른 신청은 당사자가 제1항 각 호의 사유를 안 날부터 60일 이내에 하여야 한다. 다만, 처분이 있은 날부터 5년이 지나면 신청할 수 없다(같은 조 제3항).
5. 제1항에 따른 신청을 받은 행정청은 특별한 사정이 없으면 신청을 받은 날부터 90일(합의제행정기관은 180일) 이내에 처분의 재심사 결과(재심사 여부와 처분의 유지·취소·철회·변경 등에 대한 결정을 포함한다)를 신청인에게 통지하여야 한다. 다만, 부득이한 사유로 90일(합의제행정기관은 180일) 이내에 통지할 수 없는 경우에는 그 기간을 만료일 다음 날부터 기산하여 90일(합의제행정기관은 180일)의 범위에서 한 차례 연장할 수 있으며, 연장 사유를 신청인에게 통지하여야 한다(같은 조 제4항).
6. 제4항에 따른 처분의 재심사 결과 중 처분을 유지하는 결과에 대해서는 행정심판, 행정소송 및 그 밖의 쟁송수단을 통하여 불복할 수 없다(같은 조 제5항). 행정청의 제18조에 따른 취소와 제19조에 따른 철회는 처분의 재심사에 의하여 영향을 받지 아니한다(같은 조 제6항).
7. 다음 각 호의 어느 하나에 해당하는 사항에 관하여는 이 조를 적용하지 아니한다(같은 조 제8항).
  1. 공무원 인사 관계 법령에 따른 징계 등 처분에 관한 사항
  2.「노동위원회법」제2조의2에 따라 노동위원회의 의결을 거쳐 행하는 사항
  3. 형사, 행형 및 보안처분 관계 법령에 따라 행하는 사항
  4. 외국인의 출입국·난민인정·귀화·국적회복에 관한 사항
  5. 과태료 부과 및 징수에 관한 사항
  6. 개별 법률에서 그 적용을 배제하고 있는 경우

[시행일 : 2023.3.24.] 제37조 |

2. 불가변력

구분	내용
성질	실체적 효력(실질적 존속력)
대상	처분청 자신
양자의 관계	불가변력이 발생한 행정행위라도 불가쟁력이 발생하기 전에는 이해관계인은 행정쟁송절차를 통하여 효력을 다툴 수 있다(쟁송취소 가능).
목적	법적 안정성
한계	1. 무효인 행정행위에는 부정 2. 당해 행정행위에 대하여서만 인정되는 것이고, 동종의 행정행위라 하더라도 그 대상을 달리할 때는 인정할 수 없다(대판 1974.12.10, 73누129).
인정영역	1. 특정한 행정행위(확인행위, 준사법적 행위)에만 인정하는 것이 통설 ┤ 관 련 판 례 ├ 1. 귀속재산에 관한 지방관재기관의 귀속재산처리에 대한 소청심의회 결정이 원래 행정처분의 성격을 가진 것이라 할 것이나 실질적인 면에서 본다면 본질상 쟁송의 절차를 통한 준재판이라 할 것인 만큼 이러한 성질을 가진 소청 재결청의 판정은 일반 행정처분과는 달리 재심 기타 특별한 규정이 없는 한 재결청인 소청심의회 자신이 취소변경할 수는 없다[대판(전합) 1965.4.22, 63누200]. 2. 불가쟁력이 발생해도 직권취소 가능 2. 광의로 이해하는 견해 : 협의의 불가변력에 수익적 행정행위의 취소·철회의 제한을 추가하는 견해

VI. 일부 행정행위에만 인정되는 효력

1. 불가변력 : 확인행위(준사법적 행위)
2. 자력집행력 : 하명

제6절 행정행위의 하자

Ⅰ. 하자의 개념

1. 행정행위가 성립은 하였으나 발령 당시에 적법요건을 갖추지 못해 완전한 효력을 발생하지 못하는 경우를 하자 있는 행정행위라 한다. 하자는 광의로는 위법과 부당(공익판단위배·합목적성 위배)을 포함하지만, 협의로는 위법만을 의미한다. 하자유형으로는 대체로 무효인 행정행위와 취소할 수 있는 행정행위로 나눈다.
2. 행정기본법도 "무효인 처분은 처음부터 그 효력이 발생하지 아니한다"(행정기본법 제15조)라고 규정하고 있다. 다만, 무효와 취소의 구별기준에 관해서는 규정하고 있지 않다.
3. 처분의 위법은 처분별로 판단된다. 위법사유는 문제가 된 처분의 위법사유이어야 한다. 원칙상 다른 처분의 위법사유는 처분의 위법사유가 되지 않는다. 다만, 하자의 승계가 인정되는 경우, 선행행위의 구속력의 예외가 인정되는 경우, 인허가가 의제되는 경우 등은 예외이다.

> ┤ 관 련 판 례 ├
> 행정처분에 있어 수개의 처분사유 중 일부가 적법하지 않다고 하더라도 다른 처분사유로써 그 처분의 정당성이 인정되는 경우에는 그 처분을 위법하다고 할 수 없다(대판 2013.10.24, 2013두963).

4. 문제가 된 처분 이전의 절차라 하더라도 해당 처분의 사전절차가 아닌 경우에는 그 절차의 하자는 해당 처분의 하자가 아니다.

> ┤ 관 련 판 례 ├
> 광업권을 허가할 때와 채광계획을 인가할 때 고려하고 비교·형량할 공익과 사익에 관한 여러 사정들이 구체적 내용에서 서로 다름에도, 광업권설정허가처분의 위법성을 판단하면서 채광계획인가에서 고려해야 할 요소들을 이유로 광업권설정허가처분이 위법하다고 판단한 원심판결에 심리를 다하지 않은 위법이 있다는 이유로 파기한 사례(대판 2009.5.14, 2009두638)

II. 행정행위의 무효와 취소

1. 무효와 취소의 구별실익

구분	무효사유	취소사유
효력	처음부터 효력을 발생하지 않음	권한 있는 기관에 의해 취소될 때까지는 효력 인정(일단 유효)
공정력 (구성요건적 효력)	×	○
존속력 (불가쟁력, 불가변력)	×	○
제소기간 제한 규정(제척기간)의 적용	× (무효선언을 구하는 의미의 취소소송은 적용)	○
필요적 행정 심판전치주의	× (무효선언을 구하는 의미의 취소소송, 선거·당선무효소송은 예외)	○ (특별규정 있는 경우)
선결문제심리	○ (행정소송법 제11조에 명문규정)	△ (위법성확인은 가능, 효력 부인은 불가)
하자의 치유	×	○
하자의 전환	○	×
하자의 승계	선행행위는 언제나 쟁송제기 가능, 후행행위도 당연무효(당연승계)	△ 일정한 경우(동일한 목적과 효과) 승계 인정
행정쟁송의 형태	1. 무효확인심판·소송(원칙) 2. 무효선언을 구하는 의미의 취소소송	취소심판·소송
부당이득반환청구	○	×
국가배상청구	○	○
집행부정지원칙	○	○
사정재결·사정판결	×	○
복종의무	× (위법명령의 실질적 심사 가능)	○ (형식적 심사만 가능)

2. 무효와 취소의 구별기준

(1) 중대명백설(외견상 일견명백설 : 통설·판례)

1. 중대하고도 명백한 하자만 무효사유. 중대하지만 명백하지 않거나, 명백하지만 중대하지 않은 하자의 경우, 중대하지도 명백하지도 않은 하자의 경우는 취소사유
2. 명백성 판단기준
    ① 법지식이 가장 낮은 평균적 일반인(국민)을 기준 : 하자발견능력이 가장 낮으므로 무효사유 인정범위가 가장 좁음
    ② 외견상 일견명백설 : 공무원의 성실한 조사를 통해 밝혀질 수 있는 하자는 명백한 하자가 아님
3. 공익과 사익과의 조화, 신뢰보호원칙의 적용영역

> ┨ 관 련 판 례 ┠
>
> 1. 중대명백설(대판 2002.2.8, 2000두4057)
> 2. 명백성은 목적론적으로 고찰함과 동시에 구체적 사안의 특수성도 합리적으로 고려하여 판단(대판 2006. 6.30, 2005두14363)
> 3. 외견상 일견명백설(대판 1991.10.22, 91다26690)
> 4. 조사의무설 부정 : 행정처분의 대상이 되는 법률관계나 사실관계가 전혀 없는 사람에게 행정처분을 한 때에는 그 하자가 중대하고도 명백하다 할 것이나, 행정처분의 대상이 되지 아니하는 어떤 법률관계나 사실관계에 대하여 이를 처분의 대상이 되는 것으로 오인할 만한 객관적인 사정이 있는 경우로서 그것이 처분대상이 되는지의 여부가 그 사실관계를 정확히 조사하여야 비로소 밝혀질 수 있는 때에는 비록 이를 오인한 하자가 중대하다고 할지라도 외관상 명백하다고 할 수는 없다(대판 2004.10.15, 2002다 68485).
> 5. 행정청이 어느 법률관계나 사실관계에 대하여 어느 법률 규정을 적용하여 행정처분을 한 경우에 그 법률관계나 사실관계에 대하여는 그 법률 규정을 적용할 수 없다는 법리가 명백히 밝혀져 해석에 다툼의 여지가 없음에도 행정청이 위 규정을 적용하여 처분을 한 때에는 하자가 중대하고도 명백하지만, 그 법률관계나 사실관계에 대하여 그 법률 규정을 적용할 수 없다는 법리가 명백히 밝혀지지 않아 해석에 다툼의 여지가 있는 때에는 행정관청이 이를 잘못 해석하여 행정처분을 했더라도 이는 처분 요건사실을 오인한 것에 불과하여 하자가 명백하다고 할 수 없다(대판 2012.8.23, 2010두13463).
> 6. 법령 규정의 문언만으로는 처분 요건의 의미가 분명하지 않지만 그에 관하여 법원이나 헌법재판소의 분명한 판단이 있고, 행정청이 판단 내용에 따라 법령 규정을 해석·적용하는 데에 아무런 법률상 장애가 없는데도 합리적 근거 없이 사법적 판단과 어긋나게 행정처분을 한 경우, 하자가 객관적으로 명백하다(대판 2017.12.28, 2017두30122).
> 7. 과세관청이 법령 규정의 문언상 과세처분 요건의 의미가 분명함에도 합리적인 근거 없이 그 의미를 잘못 해석한 결과, 과세처분 요건이 충족되지 아니한 상태에서 해당 처분을 한 경우에는 법리가 명백히 밝혀지지 아니하여 그 해석에 다툼의 여지가 있다고 볼 수 없다(대판 2019.4.23, 2018다287287).

(2) 조사의무설

1. 중대하고도 명백한 하자만 무효사유
2. 명백성 판단기준
    ① 행정청(공무원)을 기준 : 국민보다는 법지식이 높기 때문에 하자발견가능성이 높고 무효사유 인정범위가 중대명백설보다 넓음
    ② 외견상 일견명백한 경우만이 아니라 공무원의 성실한 조사를 통해 밝혀질 수 있는 하자도 명백성 인정

(3) 명백성 보충요건설

1. 중대성은 필수적인 요건이지만, 명백성은 필수적 요건이 아니라 보충적으로 요구될 수도 있고 아닐 수도 있는 보충적 요건
2. 중대 + 명백
3. 중대 : 명백하지 않아도 중대성만으로 무효가 되는 경우
   ① 제3자나 공공의 신뢰보호필요성이 없는 경우
   ② 하자가 워낙 중대하여 그와 같은 필요에 비하여 처분 상대방의 권익을 구제하고 위법한 결과를 시정할 필요가 훨씬 더 큰 경우

(4) 중대 또는 명백설

중대하거나 명백하거나 둘 중의 하나만 충족해도 무효사유

Ⅲ. 행정행위의 하자의 치유와 전환

1. 하자의 치유

(1) 인정 여부 및 근거

제한적 긍정설(통설·판례)
1. 하자 있는 행정행위의 치유나 전환은 행정행위의 성질이나 법치주의의 관점에서 볼 때 원칙적으로 허용될 수 없는 것이지만, 행정행위의 무용한 반복을 피하고 당사자의 법적 안정성을 위해 이를 허용하는 때에도 국민의 권리와 이익을 침해하지 않는 범위에서 구체적 사정에 따라 합목적적으로 인정해야 할 것이다(대판 1983.7.26, 82누420).
2. 경원자관계의 경우 하자치유 부정(대판 1992.5.8, 91누13274)
3. 치유를 인정하면 개발부담금 납부의무자로서는 위법한 처분에 대한 가산금 납부의무를 부담하게 되는 등 불이익이 있는 경우 하자의 치유 부정(대판 2001.6.26, 99두11592)
4. 구 「법인세법 시행령」 제109조 제1항 후문에서 납세고지서에 부기하여야 한다고 정한 '납세지 관할 지방국세청장이 조사·결정하였다는 뜻'이 납세고지서의 필요적 기재사항은 아니고, 과세관청이 과세처분에 앞서 납세자에게 보낸 세무조사결과통지 등에 납세고지서의 필요적 기재사항이 제대로 기재되어 있어 처분에 대한 불복 여부의 결정 등에 지장을 받지 않았음이 명백한 경우, 납세고지서의 하자가 보완되거나 치유될 수 있다(대판 2020.10.29, 2017두51174).

(2) 사유·요건

인정사례	부정사례
1. 상대방에게 불이익하지 않은 경우 　① 청문서 도달기간을 어겼더라도 영업자가 이의하지 아니한 채 스스로 청문일에 출석하여 의견을 진술하고 변명하는 등 방어의 기회를 충분히 가진 경우(대판 1992.10.23, 92누2844) 　② 단체협약에 규정된 여유기간을 두지 않고 징계회부 사실을 통보하였으나 피징계자가 징계위원회에 출석하여 통지절차에 대한 이의 없이 충분한 소명을 한 경우(대판 1999.3.26, 98두4672) 　③ 압류처분의 단계에서 독촉의 흠결과 같은 절차상의 하자가 있었다고 하더라도 그 이후에 이루어진 공매절차에서 공매통지서가 적법하게 송달된 경우(대판 2006.5.12, 2004두14717) 2. 사전에 필요한 사항을 알려준 경우 　① 납부고지서에 기재사항의 일부가 누락되었지만 부과처분 전 부담금예정통지서에 필요적 기재사항이 기재되어 있는 경우(대판 1997.12.26, 97누9390) 　② 납세고지서의 기재사항 일부 등이 누락된 경우라도 앞서 보낸 과세예고통지서 등에 필요적 기재사항이 제대로 기재된 경우(대판 2001.3.27, 99두8039) 　③ 과세관청이 과세처분에 앞서 납세자에게 보낸 세무조사결과통지 등에 납세고지서의 필요적 기재사항이 제대로 기재되어 있어 처분에 대한 불복 여부의 결정 등에 지장을 받지 않았음이 명백한 경우(대판 2020.10.29, 2017두51174) 3. 주된 납세의무자에 대한 과세처분의 효력 발생 전에 한 제2차 납세의무자에 대한 납부고지처분의 절차상의 하자가 그 후 주된 납세의무자에 대한 과세처분의 효력 발생으로 치유되었다고 본 사례(대판 1998.10.27, 98두4535)	1. 상대방이나 제3자에게 손해가 되는 경우 　① 경원자관계(대판 1992.5.8, 91누13274). 　② 치유를 인정하면 개발부담금 납부의무자로서는 위법한 처분에 대한 가산금(연체이자) 납부의무를 부담하게 되는 등 불이익이 있는 경우(대판 2001.6.26, 99두11592) 　③ 주택재개발정비사업조합 설립추진위원회가 주택재개발정비사업조합 설립인가처분의 취소소송에 대한 1심 판결 이후 정비구역 내 토지 등 소유자의 4분의 3을 초과하는 조합설립동의서를 새로 받은 경우(대판 2010.8.26, 2010두2579) 2. 행정청의 치유나 보완행위가 전혀 없는 경우 　① 납세의무자가 부과된 세금을 자진납부하였다 하여 세액산출근거가 누락된 납세고지서에 의한 부과처분의 하자가 치유되지 않는다(대판 1985.4.9, 84누431). 　② 환지변경처분 후에 이의를 유보함이 없이 변경처분에 따른 청산금을 교부받은 경우(대판 1992.11.10, 91누8227) 　③ 시정조치 및 과징금납부명령에 불복하여 이의신청을 하면서 뒤늦게 '판매가격 합의' 부분에 대한 의견을 제출한 경우(대판 2001.5.8, 2000두10212) 　④ 납세의무자가 나름대로 산출근거를 알고 있다거나 사실상 이를 알고서 쟁송에 이른 경우(대판 2002.11.13, 2001두1543) 3. 상대방의 귀책사유로 보호가치가 없는 경우 : 사위의 방법으로 면허를 받은 후 면허관청의 사정으로 면허자격을 완화한 경우(대판 1985.6.11, 84누700) 4. 과세관청이 사전에 납세의무회사의 직원에게 과세근거와 세액산출근거 등을 <u>사실상 알려준 경우</u>(대판 1988.2.9, 83누404) 5. 처분청이 처분 이후에 추가한 새로운 사유를 보태어 처분 당시의 흠을 치유시킬 수는 없다(대판 1996.12.20, 96누9799).

(3) 대상

1. 취소할 수 있는 행정행위만, 내용은 제외하고 형식·절차하자만 인정
2. 징계처분이 중대하고 명백한 흠 때문에 당연무효의 것이라면 징계처분을 받은 자가 이를 용인하였다 하여 그 흠이 치료되는 것은 아니다(대판 1989.12.12, 88누8869).
3. 환지처분 확정 후 새로운 환지절차를 밟지 않고 한 환지변경처분은 무효이므로 원고가 이의를 유보함이 없이 청산금을 교부받았더라도 흠이 치유되지 않는다(대판 1992.11.10, 91누8227).
4. 토지등급결정의 통지가 없어 토지등급결정이 무효인 경우 하자치유 부정(대판 1997.5.28, 96누5308)

(4) 가능시기

1. 행정심판단계 : 학설과 판례해석 모두 상대적
2. 행정소송단계 : 불가(통설·판례)

┤ 관 련 판 례 ├

1. 상대방의 불복 여부의 결정 및 불복신청에 편의를 줄 수 있는 상당한 기간 내(대판 1983.7.26, 82누420)
2. 소송단계에서 하자의 치유 부정(대판 1988.2.9, 83누404)
3. 징계재심절차라는 행정심판단계에서 하자의 치유 인정 : 징계처분에 대한 재심절차는 원래의 징계절차와 함께 전부가 하나의 징계처분절차를 이루는 것으로서 그 절차의 정당성도 징계과정 전부에 관하여 판단되어야 할 것이므로, 원래의 징계과정에 절차위반의 하자가 있더라도 재심과정에서 보완되었다면 그 절차위반의 하자는 치유된다(대판 1999.3.26, 98두4672).

(5) 효과 : 소급효

2. 하자의 전환

(1) 인정 여부

전환을 인정하는 것이 통설. 판례는 제한적 긍정설

┤ 관 련 판 례 ├

귀속재산을 불하받은 자가 사망한 후에 그 수불하자에 대하여 한 그 불하취소처분은 사망자에 대한 행정처분이므로 무효이지만 그 취소처분을 수불하자의 상속인에게 송달한 때에는 그 송달시에 그 상속인에 대하여 다시 그 불하처분을 취소한다는 새로운 행정처분을 한 것이라고 할 것이다(대판 1969.1.21, 68누190).

(2) 사유 ·요건

적극적 요건	소극적 요건(전환의 제한사유)
1. 양 행정행위의 요건·목적·효과 사이에 실질적 공통성이 있을 것 2. 양 행정행위의 처분청과 절차 및 형식이 동일할 것 3. 당사자가 전환을 의욕하는 것으로 인정될 것 4. 전환되는 행위는 적법한 성립·발효요건을 갖추고 있을 것 5. 행위의 중복을 회피하는 의미가 있을 것	1. 전환이 행정청의 의도에 명확히 반하지 않을 것 2. 전환이 상대방에게 원행정행위보다 불이익하지 않을 것 3. 제3자의 이익을 침해하지 않을 것 4. 기속행위의 재량행위로의 전환이 아닐 것 5. 하자 있는 행정행위의 취소가 금지되지 않을 것

(3) 성질

전환은 그 자체가 독립된 행정행위라는 견해가 일반적이다. 따라서 소송계속 중 행정행위의 전환이 이루어지면 처분변경으로 인한 소의 변경이 가능하다.

(4) 대상 : 무효인 행정행위에 대해서만

(5) 효과 : 소급효

이미 사망한 자를 제3채무자로 표시한 압류 및 전부명령이 있었다고 하더라도 이러한 오류는 위와 같은 경정결정에 의하여 시정될 수 있다고 할 것이므로, 채권압류 및 전부명령의 제3채무자의 표시를 사망자에서 그 상속인으로 경정하는 결정이 있고 그 경정결정이 확정되는 경우에는 당초의 압류 및 전부명령 정본이 제3채무자에게 송달된 때에 소급하여 제3채무자가 사망자의 상속인으로 경정된 내용의 압류 및 전부명령의 효력이 발생한다(대판 1998.2.13, 95다15667).

Ⅳ. 하자의 승계

1. 취지

원칙적으로 권리구제가 불가능한 것을 예외적으로 권리구제를 인정하자는 취지

2. 논의의 전제

구분	내용
선행행위	1. 불가쟁력 발생 : 불가쟁력이 발생하지 않으면 선행행위를 대상으로 제기하면 됨 2. 취소사유 : 무효사유이면 불가쟁력이 발생하지 않음 ┃ 관 련 판 례 ┃ 1. 선행행위인 원상복구명령이 당연무효이면 후행행위인 계고처분도 당연무효이다(대판 1996.6.28, 96누4374). 2. 선행행위인 철거명령이 당연무효이면 후행행위인 대집행 계고처분도 당연무효이다(대판 1999.4.27, 97누6780). 3. 소송제기 시 각하판결
후행행위	1. 적법 : 후행행위가 위법이면 후행행위를 다툼으로써 권리구제 가능 2. 소송제기 시 기각판결
공통	선행행위와 후행행위가 처분일 것

3. 승계요건

1. 밀접한 관련 : 양 행정행위가 동일한 하나의 목적·효과
2. 동일한 목적 하나의 효과일 때만 하자승계 인정

   동일한 행정목적을 달성하기 위하여 단계적인 일련의 절차로 연속하여 행하여지는 선행처분과 후행처분이 서로 결합하여 하나의 법률효과를 발생시키는 경우(승계요건), 선행처분이 하자가 있는 위법한 처분이라면, 비록 하자가 중대하고도 명백한 것이 아니어서 선행처분을 당연무효의 처분이라고 볼 수 없고, 행정쟁송으로 효력이 다투어지지도 아니하여 이미 불가쟁력이 생겼으며, 후행처분 자체에는 아무런 하자가 없다고 하더라도(논의의 전제), 선행처분을 전제로 하여 행하여진 후행처분도 선행처분과 같은 하자가 있는 위법한 처분으로 보아 항고소송으로 취소를 청구할 수 있다(승계효과)(대판 1993.2.9, 92누4567).
3. 선행처분인 도시계획시설사업 시행자 지정 처분이 처분 요건을 충족하지 못하여 당연무효인 경우, 후행처분인 도시계획시설사업의 시행자가 작성한 실시계획을 인가하는 처분도 무효이다(대판 2017.7.11, 2016두35120).
4. 선행처분과 후행처분이 서로 독립하여 별개의 법률효과를 발생시키는 때에 선행처분에 불가쟁력이 생겨 그 효력을 다툴 수 없게 된 경우, 원칙적으로 선행처분의 하자를 이유로 후행처분의 효력을 다툴 수 없다(대판 2017.7.18, 2016두49938).
5. 선행처분과 후행처분이 서로 독립하여 별개의 효과를 목적으로 하는 경우에도 선행처분의 하자를 이유로 후행처분의 효력을 다툴 수 있는 경우

   선행처분과 후행처분이 서로 독립하여 별개의 효과를 목적으로 하는 경우에도 <u>선행처분의 불가쟁력이나 구속력</u>이 그로 인하여 불이익을 입게 되는 자에게 수인한도를 넘는 가혹함을 가져오며, 그 결과가 당사자에게 예측가능한 것이 아닌 경우에는 국민의 재판받을 권리를 보장하고 있는 헌법의 이념에 비추어 <u>선행처분의 후행처분에 대한 구속력은 인정될 수 없다</u>(대판 2013.3.14, 2012두6964).
6. 후행행위 하자의 선행행위에 대한 승계 부정

   계고처분의 후속절차인 대집행에 위법이 있다고 하더라도, 그와 같은 후속절차에 위법성이 있다는 점을 들어 선행절차인 계고처분이 부적법하다는 사유로 삼을 수는 없다(대판 1997.2.14, 96누15428).

4. 승계효과

후행행위가 위법이 됨 → 후행행위에 대한 취소(인용)판결이 가능
cf) 선행행위의 후행행위에 대한 구속력 인정 → 후행행위에 대한 취소(인용)판결 불가

5. 하자승계 인정사례

구 분		사 례
하명과 강제집행	인정	**강제집행절차 상호 간** 1. 대집행절차 상호 간(계고처분 ⇨ 대집행영장에 의한 통지 ⇨ 대집행의 실행 ⇨ 대집행에 요한 비용의 납부명령 사이)(대판 1996.2.9, 95누12507) 2. 강제징수절차 상호 간[독촉 ⇨ 체납처분(압류 ⇨ 매각(공매) ⇨ 청산)] 　㉠ 독촉과 가산금·중가산금징수처분(대판 1986.10.28, 86누147) 　㉡ 압류와 공매처분 　㉢ 독촉과 압류
	부정	**의무부과(하명)와 강제집행절차 상호 간** 1. 건물철거명령과 대집행계고처분(대판 1982.7.27, 81누293) 2. 과세처분과 체납처분(대판 1987.9.22, 87누383)
공시지가	인정	1. 개별공시지가결정과 과세처분(대판 1994.1.25, 93누8542) 　▶ 별개의 목적·효과임에도 하자의 승계를 인정한 예외판례임. 2. 표준지공시지가와 수용재결(대판 2008.8.21, 2007두13845) 　▶ 별개의 목적·효과임에도 하자의 승계를 인정한 예외판례임.
	부정	1. 개별토지가격 결정에 대한 재조사 청구에 따른 감액조정에 대하여 더 이상 불복하지 아니한 경우(대판 1998.3.13, 96누6059) 2. 표준지공시지가결정과 개별토지가격결정(조세부과처분) 사이 　① 표준지공시지가결정과 개별토지가격(개별공시지가)결정(대판 1995.3.28, 94누12920) 　② 표준지공시지가결정과 조세부과처분(대판 1997.2.28, 96누10225)
기타	인정	1. 시 험 　① 한지의사시험자격인정과 한지의사면허처분(대판 1975.12.9, 75누123) 　② 안경사시험의 합격무효처분과 안경사면허취소처분(대판 1993.2.9, 92누4567) 2. 암매장분묘개장명령과 계고처분(대판 1961.12.21, 4293행상31) 　▶ 하명과 강제집행 간의 하자승계 긍정한 예외판례임. 3. 귀속재산임대처분과 매각처분(대판 1963.2.7, 62누215) 4. 기준지가고시처분과 토지수용처분(대판 1979.4.24, 78누227) 5. 친일반민족행위진상규명위원회의 최종발표(선행처분)와 「독립유공자 예우에 관한 법률」 적용배제자 결정(후행처분)(대판 2013.3.14, 2012두6964) 6. 근로복지공단의 산재보험 사업종류 변경결정과 그에 따른 국민건강보험공단의 보험료 부과처분(대판 2020.4.9, 2019두61137) : 행정절차법에서 정한 처분절차를 준수함으로써 사업주에게 방어권행사 및 불복의 기회가 보장된 경우에는 부정, 실질적으로 행정절차법에서 정한 처분절차를 준수하지 않아 사업주에게 방어권행사 및 불복의 기회가 보장되지 않은 경우에는 예외적 인정

V. 무효사유와 취소사유

1. 주체

(1) 정당한 권한을 가진 행정기관이 아닌 자의 행위

1. 공무원이 아닌 자의 행위
   ① 적법하게 선임되지 않은 자(임용결격자), 행위 당시 신분을 상실한 자(정년퇴직, 당연퇴직, 면직)의 행위는 원칙적으로 무효
   ② 다만, 국민의 신뢰보호를 위해 사실상 공무원의 행위이론에 의해 유효로 취급되는 경우 있음
2. 대리권이 없는 자 또는 권한의 위임을 받지 않은 자의 행위는 원칙적으로 무효. 정당한 대리권자라고 믿을 만한 상당한 이유가 있는 때에는 민법상의 표현대리의 법리에 따라 유효
   ① 위임의 근거가 없는 경우나 적법한 위임이 없는 경우

무효사유	취소사유
폐기물처리시설 설치승인권한을 환경관리청장에게 위임할 수 있는 근거도 없으므로, 환경관리청장의 폐기물처리시설 설치승인처분은 권한 없는 기관에 의한 행정처분으로서 그 하자가 중대하고 명백하여 당연무효이다(대판 2004.7.22, 2002두10704).	적법한 권한 위임 없이 세관출장소장에 의하여 행하여진 관세부과처분은 그 하자가 중대하기는 하지만 객관적으로 명백하다고 할 수 없어 당연무효는 아니다(대판 2004.11.26, 2003두2403).

   ② 권한이 위임된 경우 수임자가, 내부위임의 경우에는 위임자가 권한을 가진 기관이다. 따라서 내부위임을 받은 수임기관이 자신의 명의로 처분을 한 경우는 무효사유이다(대판 1993.5.27, 93누6621).
   ▶ 다만, 피고는 명의기관인 수임기관이라는 것이 판례
   ③ 대통령에게 한국방송공사 사장 해임권한이 있다(대판 2012.2.23, 2011두5001).
   ④ 대통령의 권한인 서훈취소 처분을 국가보훈처장이 통지한 경우 주체나 형식에 하자가 있다고 보기 어렵다(대판 2014.9.26, 2013두2518).
3. 적법하게 구성되지 않은 합의제기관의 행위 : 적법한 소집절차에 따르지 않은 경우, 의사 또는 의결정족수를 결한 경우, 결격자를 참가시킨 경우 등 적법하게 구성되지 않은 합의제 행정기관의 행위는 무효사유
   ▶ 표결과정에서 표결권이 없는 광역교통실장이 참석하여 다른 표결권자 대신 표결한 경우 개발제한구역 해제결정은 적법(대판 2007.4.12, 2005두2544)

(2) 무권한의 행위(권한 외의 행위, 권한 없는 자의 행위)는 원칙적으로 무효(대판 1996.6.28, 96누4374)

1. 사항적 무권한
   ① 음주운전을 단속한 경찰관 명의로 행한 운전면허정지처분(대판 1997.5.16, 97누2313) : 경찰서장의 권한
   ② 개별 시·도지사가 관할 지역의 운송업체에 대하여 직행형 시외버스운송사업의 면허를 부여한 후 실질적으로 고속형 시외버스운송사업에 해당하는 운송사업을 할 수 있도록 사업계획변경을 인가하는 것은 국토교통부장관의 권한이므로 시·도지사의 권한을 넘은 것으로 위법한 처분이다(대판 2010.11.11, 2010두4179).
   ③ 개별 시·도지사가 관할 지역의 운송업체에 대하여 직행형 시외버스운송사업의 면허를 부여한 후 사실상 고속형 시외버스운송사업에 해당하는 운송사업을 할 수 있도록 사업계획변경을 인가하는 것은 위법한 처분이고, 이러한 위법한 인가처분이 존속하게 된 결과, 사실상 고속형 시외버스운송사업을 하게 된 직행형 시외버스운송사업자에 대하여 위법상태의 일부라도 유지하는 내용의 새로운 사업계획변경을 재차 인가하는 시·도지사의 처분은 위법하며, 위 처분은 전체적으로 위법하다(대판 2018.4.26, 2015두53824).
2. 대인적 무권한 : 비조합원에 대한 토지개량조합비 부과처분(대판 1965.2.9, 64누112)
3. 지역적 무권한 : 구 「소득세법 시행령」 제192조 제1항 단서에 따른 소득금액변동통지를 납세지 관할 세무서장 또는 관할 지방국세청장이 아닌 다른 세무서장 또는 지방국세청장이 한 경우, 관할 없는 과세관청의 통지로서 흠이 있는 통지이다(대판 2015.1.29, 2013두4118).
4. 국세부과의 제척기간이 경과된 후에 이루어진 과세처분(대판 2019.8.30, 2016두62726)
5. 조세채권의 소멸시효기간이 완성된 후에 부과한 과세처분(대판 1988.3.22, 87누1018)

(3) 행정기관의 의사에 결함이 있는 경우

1. 의사능력 없는 자의 행위 : 공무원의 심신상실 중의 행위 등 의사무능력자의 행위 및 저항할 수 없을 정도의 강박에 의한 행위는 무효
2. 행위능력 없는 자의 행위
   ① 미성년자의 행위 : 미성년자도 공무원이 될 수 있으므로 그 행위의 효력은 적법·유효
   ② 제한능력자의 행위 : 피성년후견인 또는 피한정후견인(제한능력자)는 공무원이 될 수 없는 결격사유에 해당하므로(국가공무원법 제33조) 원칙적으로 무효. 그러나 사실상 공무원이론에 의해 유효로 되는 경우가 있음
3. 착오로 인한 행위 : 단순한 착오는 그것만으로 위법이 되지 않고, 착오에 의한 행위 자체에 위법이 있을 때(착오의 결과 불능이 된 경우 등) 무효 또는 취소사유
4. 착오 자체는 하자가 아니다(대판 1979.6.26, 79누43).

착오의 결과 무효사유	착오의 결과 취소사유
착오에 의한 행정재산 매각 처분(대판 1967.6.27, 67다806)	징발재산이 실제로 갑의 소유이고 불법한 절차에 의하여 을 앞으로 소유권이전등기가 경료된 것이라 하더라도 당연무효라고 할 수는 없다(대판 1991.10.22, 91다26690).

5. 사기·강박·증수뢰에 의한 행위(취소사유)

2. 내용

(1) 내용이 실현불가능한 경우 무효

내용이 실현불능인 행위는 사실상 불능, 법률상 불능을 막론하고 무효
1. 사실상 불능
2. 법률상 불능
  ① 사람(人)에 관한 불능 : 법원의 행정처분 집행정지결정에 위배한 처분(대판 1961.11.23, 4294행상3), 비사업자에 대한 사업소득세 부과처분(대판 1969.11.11, 69누83), 비영리법인에 대한 사업소득세 부과징수처분(대판 1969.11.11, 69누122), 부동산을 양도한 사실이 없음에도 세무당국의 착오로 인한 양도소득세 부과(대판 1983.8.23, 83누179), 남편이 무허가로 건물을 축조함에 있어 도와 준 처에 대하여 한 철거계고처분(대판 1991.10.11, 91누896)
  ② 물건(物)에 관한 불능 : 명백하게 행정행위의 목적이 될 수 없는 물건을 목적으로 하는 행위 : 적법한 건물에 대한 대집행(대판 1999.4.27, 97누6780), 체납자 아닌 제3자 소유물건에 대한 압류처분(대판 1993.4.27, 92누12117), 납세의무자 또는 특별징수의무자가 아닌 제3자의 재산을 대상으로 한 압류처분(대판 2013.1.24, 2010두27998), 과세관청이 납세자에 대한 체납처분으로서 국내은행 해외지점에 예치된 예금에 대한 반환채권을 대상으로 한 압류처분(대판 2014.11.27, 2013다205198)

(2) 내용이 불명확한 경우

1. 행정행위의 내용이 사회통념상 인식할 수 없을 정도로 불명확하거나 확정되지 아니한 경우에는 원칙적으로 무효(대판 1964.5.26, 63누136)
2. 목적물의 특정 없는 귀속재산 임대처분은 당연무효(대판 1961.3.13, 4292행상92)
   ▶ '이익제공 강요' 및 '불이익제공'의 내용이 구체적으로 명확하게 특정되어야 하고, 그러하지 아니한 상태에서 이루어진 그 시정명령은 위법하다(대판 2007.1.12, 2004두7146).

> ┤ 관 련 판 례 ├
> 노동위원회가 사용자에게 "부당한 징계 및 해고기간 동안 정상적으로 근무하였다면 받을 수 있었던 임금상당액을 지급하라."는 구제명령을 하고 구제명령 불이행을 이유로 이행강제금을 부과한 사안에서, 위 구제명령에서 지급의무의 대상이 되는 '임금상당액'의 액수를 구체적으로 특정하지 않았다고 하더라도 구제명령의 이행이 불가능할 정도로 불특정하여 위법·무효라고 할 수 없으므로, 이행강제금 부과처분이 적법하다고 한 원심의 판단을 수긍한 사례(대판 2010.10.28, 2010두12682)

(3) 기 타

1. 헌법·법률·일반법원칙에 위반한 명령·조례·규칙(무효사유)(대판 1995.8.22, 94누5694)
2. 위헌무효인 법률에 근거한 행정처분의 효력
   ① 최근의 주류적 판례 : 위헌법률에 근거한 행정처분(위헌결정 전에 한 처분)은 중대한 하자이지만 명백하지 않으므로 취소사유(대판 1998.4.10, 96다52359)
   ② 위헌결정 이후에 행해진 행정처분(체납처분)은 중대하고도 위헌여부가 헌법재판소에 의해 명백히 밝혀짐으로써 객관적으로 명백한 하자이므로 무효(대판 2002.11.22, 2002다46102)
   ③ 위헌결정 이전에 이미 부담금 부과처분과 그 징수를 위한 압류처분이 확정되었다고 하더라도 납부가 자기의 자유로운 의사에 반하여 이루어진 것으로 볼 수 있는 사정이 있는 때에는 위헌결정 이후 납부한 부담금의 부당이득반환 긍정(대판 2003.9.2, 2003다14348)
   ④ 위헌법률에 근거한 행정처분의 집행이나 집행력을 유지하기 위한 행위는 허용되지 않는다(대판 2002.8.23, 2001두2959).
   ⑤ 부담금의 물납허가처분 이행을 위한 등기촉탁이 택상법에 대한 위헌결정이 있는 날인 1999.4.29. 이루어진 것은 법률의 근거 없이 이루어진 것으로서 무효라고 본 사례(대판 2005.4.15, 2004다58123)
   ⑥ 과세처분 이후 그 근거가 되었던 법률규정에 대하여는 위헌결정이 있었으나 그 조세채권의 집행을 위한 후속 체납처분의 근거규정에 대하여는 따로 위헌결정이 없었던 경우에도 그 체납처분의 하나인 압류처분은 당연무효이다[대판(전합) 2012.2.16, 2010두10907].
   ⑦ 법률상 정해진 처분 요건에 따라 부담금을 부과·징수하는 침익적 처분의 근거 법령에 대한 헌법불합치결정이 있은 후 개선입법이 없는 경우, 행정청이 사법적 판단에 따라 위헌이라고 판명된 내용과 동일한 취지로 부담금 부과처분을 하여서는 안 되고, 행정청에 위헌적 내용의 법령을 계속 적용할 의무가 없으며 행정청이 위와 같이 부담금 처분을 하지 않는 데에 법률상 장애가 없다(대판 2017.12.28, 2017두30122).
3. 시행령이나 시행규칙에 대하여 위헌·위법무효 선언한 대법원판결 전에 내려진 처분은 취소사유, 판결 후에 내려진 처분은 무효사유(대판 1997.5.28, 95다15735)
4. 무효인 조례·규칙에 근거한 행정처분의 효력 : 취소사유[대판(전합) 1995.7.11, 94누4615]
5. 공서양속(미풍양속)에 반하는 행위는 취소사유(대판 2002.4.26, 2002두1465)
6. 법률유보원칙위반(당연무효)
   ① 구 「개발이익환수에 관한 법률」 시행 당시 주택조합의 조합원에 대하여 한 개발부담금부과처분은 법적 근거가 없는 것으로서 당연무효이다(대판 1998.5.8, 95다30390).
   ② 법적 근거 없는 공매처분은 당연무효이다(대판 2002.11.22, 2002다46102).
   ③ 부담금의 물납허가처분 이행을 위한 등기촉탁이 택상법에 대한 위헌결정이 있는 날인 1999.4.29. 이루어진 것은 법률의 근거 없이 이루어진 것으로서 무효라고 본 사례(대판 2005.4.15, 2004다58123)
   ④ 국민건강보험공단이 처방전을 발급한 요양기관인 의료기관을 상대로 약국이 지급받은 약제비용에 관하여 한 구 국민건강보험법 제52조 제1항 등에 근거한 부당이득징수처분의 효력은 법적 근거가 없는 것으로서 당연무효이다(대판 2013.3.28, 2009다78214).
7. 개발부담금 부과처분을 하면서 납부고지서에 납부기한을 법정납부기한보다 단축하여 기재한 경우 적법(대판 2002.7.23, 2000두9946)
8. 복개도로의 관리청이 도로점용허가를 해 주고도 공유수면 또는 하천의 점용에 따른 점용료 부과처분을 한 경우 무효사유(대판 2004.10.15, 2002다68485)
9. 군무원에 대하여 기여금과 부담금이 적립되지 않았으며 이미 미군측으로부터 퇴직금 명목의 금원을 수령하였다는 이유로 공무원연금법에 따른 퇴직금지급을 거부한 처분은 당연무효에 해당한다(대판 2009.2.26, 2006두2572).
10. 건축물대장 합병처분상의 하자가 중대하고 명백하여 당연무효라고 본 사례 : 건축물대장규칙 제6조 제2항 제2호의 규정에 의하면 건축물대장의 합병신청시 건축물의 소유자 또는 건축주는 '합병하고자 하는 건축물의 소유권을 증명하는 서류'를 제출하여야 하므로, 피고 구청장 소속 담당공무원은 이 사건 각 건물에 관한 등기부등본만으로도 이 사건 각 건물의 전부 또는 일부에 가압류 등기가 마쳐져 있는 사실을 쉽게 알 수 있는

점, 이 사건 각 건물에는 등기원인 및 그 연원일과 접수번호가 동일한 근저당권설정등기 및 가압류등기 외에도 그 중 일부 건물들에 대해서는 또 다른 가압류등기가 마쳐져 있었던 점 등을 종합해 보면, 이 사건 각 건물의 건축물대장을 합병한 이 사건 처분은 그 하자가 중대할 뿐만 아니라 객관적으로도 명백하다(대판 2009.5.28, 2007두19775)

11. 피고가 한 주택재개발정비사업 조합설립추진위원회 설립승인처분이 정비구역의 지정·고시 전에 정비예정지역에 의하여 확정된 토지 등 소유자의 과반수 동의를 얻어 구성된 추진위원회에 대하여 이루어진 것이라고 하더라도, 그 하자가 중대하거나 명백하다고 할 수 없다(대판 2010.9.30, 2010두9358).

12. 사단법인 한국토지보상관리회가 한국직업능력개발원에 보상관리사(보) 자격을 민간자격으로 등록해줄 것을 신청하였으나 한국직업능력개발원이 거부처분을 한 사안에서, 보상관리사(보) 자격은 그 직무내용 중 일부가 국가자격 관련 법령인 구 변호사법 등에 따라 금지되는 경우로서 자격기본법 제17조 제1항 제1호의 민간자격 제한분야에 속한다는 이유로, 위 처분이 적법하다고 본 원심의 결론을 정당하다고 한 사례(대판 2013.4.26, 2011두9874)

13. 공유수면에 대한 적법한 사용인지 무단 사용인지의 여부에 관한 판단을 그르쳐 변상금부과처분을 할 것을 사용료부과처분을 하거나 반대로 사용료부과처분을 할 것을 변상금부과처분을 한 경우, 그 부과처분의 하자는 중대한 하자가 아니다(대판 2013.4.26, 2012두20663).

14. 구 사회복지사업법상 사회복지법인에 대한 관할 시·도지사의 임원 해임명령만 있고 이사회의 해임결의 등 법인의 후속조치가 없는 경우, 해임명령만 내려진 상태에서 관할 시·도지사가 임시이사를 선임한 경우 그 처분의 효력은 취소사유이다(대판 2013.6.13, 2012다40332).

15. 개별공시지가가 감정가액이나 실제 거래가격을 초과한다는 사유만으로 가격 결정이 위법하다고 단정할 수는 없다(대판 2013.10.11, 2013두6138).

16. 정비구역이 지정·고시되기 전의 정비예정구역을 기준으로 한 토지 등 소유자 과반수의 동의를 얻어 구성된 추진위원회에 대하여 구성 승인처분이 이루어진 후 지정된 정비구역이 정비예정구역보다 면적이 축소되었다는 사정만으로 승인처분은 당연무효라고 할 수 없다(대판 2013.10.24, 2011두28455).

17. 표준지를 특정하여 선정하지 않거나 「부동산 가격공시 및 감정평가에 관한 법률」 제9조 제2항에 따른 비교표에 의하지 아니한 채 개별공시지가가 없는 토지의 가액을 평가하고 기준시가를 정하는 것은 위법하다(대판 2014.4.10, 2013두2570).

18. 행정청이 법령 규정의 문언상 처분 요건의 의미가 분명함에도 합리적인 근거 없이 그 의미를 잘못 해석한 결과, 처분 요건이 충족되지 아니한 상태에서 해당 처분을 한 경우 하자는 명백한 하자에 해당한다(대판 2014.5.16, 2011두27094).

19. 정비사업조합에 관한 조합설립인가처분 또는 선행 조합설립변경인가처분이 쟁송에 의하여 취소되거나 무효로 확정된 경우, 이에 기초하여 이루어진 조합설립변경인가처분 또는 후행 조합설립변경인가처분의 효력은 원칙적으로 무효이다(대판 2014.5.29, 2011다46128·2013다69057).

20. 정비사업조합에 관한 조합설립인가처분 또는 선행 조합설립변경인가처분이 쟁송에 의하여 취소되거나 무효로 확정된 경우, 이에 기초하여 이루어진 후행 조합설립변경인가처분의 효력이 인정되는 경우 : 다만, 조합설립변경인가처분도 조합에 정비사업을 시행할 수 있는 권한을 설정하여 주는 처분인 점에서는 당초 조합설립인가처분과 다르지 아니하므로, 선행 조합설립변경인가처분이 쟁송에 의하여 취소되었거나 무효인 경우라도 후행 조합설립변경인가처분이 선행 조합설립변경인가처분에 의해 변경된 사항을 포함하여 새로운 조합설립변경인가처분의 요건을 갖추고 있는 경우에는 그에 따른 효과가 인정될 수 있다. 이러한 경우에 조합은 당초 조합설립인가처분과 새로운 조합설립변경인가처분의 요건을 갖춘 후행 조합설립변경인가처분의 효력에 의하여 정비사업을 계속 진행할 수 있으므로, 그 후행 조합설립변경인가처분을 무효라고 할 수는 없다(대판 2014.5.29, 2011다46128·2013다69057).

21. 유선장을 설치하여 수상레저사업을 운영하기 위해 하천점용허가를 받은 갑이 을로부터 돈을 차용하면서 을과 하천점용허가 및 유선장을 매도하는 계약을 체결하였는데, 그 후 을이 하천점용허가의 권리의무승계 신고를 하자 관할 시장이 하천 점·사용허가 권리의무승계처분을 한 사안에서, 위 처분에는 하자가 중대·명백하여 무효에 해당하는 위법이 없다고 한 사례(대판 2015.1.29, 2012두27404)

22. 도시계획시설사업에 관한 실시계획의 인가 요건을 갖추지 못한 인가처분의 경우, 그 하자는 중대하다(대판

2015.3.20, 2011두3746).

23. 농업협동조합이나 농업협동조합중앙회의 업무 및 재산에 대하여 농지보전부담금을 부과한 처분에 법규의 중요한 부분을 위반한 중대한 하자가 있다(대판 2015.6.23, 2013다209008).

24. 분양대상자별 종전자산가격 평가기준일을 당연무효인 조합설립인가처분에 터 잡은 사업시행계획에 대한 인가일로 하여 수립된 관리처분계획의 하자는 중대·명백하다고 볼 수 없다(대판 2016.12.15, 2015두51309).

25. 세무조사가 과세자료의 수집 또는 신고내용의 정확성 검증이라는 본연의 목적이 아니라 부정한 목적을 위하여 행하여진 경우, 세무조사에 의하여 수집된 과세자료를 기초로 한 과세처분은 위법하다(대판 2016.12.15, 2016두47659).

26. 사인(私人)인 사업시행자가 도시·군계획시설사업의 대상인 토지를 사업시행기간 중에 제3자에게 매각하고 제3자로 하여금 해당 시설을 설치하도록 하는 내용이 포함된 실시계획은 허용되지 않고, 그와 같은 실시계획을 인가하는 처분은 하자가 중대하지만 명백하지는 않다(대판 2017.7.11, 2016두35120).

27. 주택건설 사업부지에 관한 선행 도시·군관리계획결정이 존재하지 않거나 그 결정에 하자가 있는 경우, 그것만으로 곧바로 주택건설사업계획 승인처분의 위법사유를 구성하지 않는다(대판 2017.9.12, 2017두45131).

28. 임용 당시 구 군인사법 제10조 제2항 제5호에 따른 임용결격사유가 있는데도 장교·준사관 또는 하사관으로 임용된 경우, 임용행위는 당연무효이다(대판 2019.2.14, 2017두62587).

28. 그 밖의 취소사유
   ① 공익위반인 경우, 자유재량을 잘못 행사한 부당한 운수사업면허취소, 부당한 하자 : 직권취소·취소심판의 대상
   ② 신뢰보호원칙(과잉금지원칙) 등 일반법원칙 위반, 재량권을 남용한 경우에는 위법으로 취소사유이다.

3. 절차

(1) 일반적 기준

1. 통설(개별적 고찰설)
   ① 절차를 정한 취지나 목적이 상호 대립하는 당사자 사이의 이해를 조정함을 목적으로 하는 경우, 또는 이해관계인의 권리·이익의 보호를 목적으로 하는 경우 등 필요불가결한 중요한 절차를 결여한 행위는 무효사유
   ② 절차의 취지·목적이 단순히 행정의 적정·원활한 운영을 위하는 등 행정상의 편의에 있을 경우는 취소사유
2. 판례 : 주류적 판례는 취소사유

(2) 법률상 필요한 상대방의 신청 또는 동의를 결여한 행위

1. 법령이 일정한 행정행위에 대하여 상대방의 신청 또는 동의를 필요적 절차로 규정하고 있는 경우에 상대방의 신청 또는 동의를 결하는 행위는 무효

2. 광업권자의 동의 없이 한 공유수면매립면허는 적법, 공유수면에 관하여 권리를 가진 자의 동의 없이 공유수면매립면허를 한 경우 무효가 아니다(대판 1992.11.13, 92누596).

3. 당해 공무원의 동의 없는 지방공무원법 제29조의3의 규정에 의한 전출명령은 위법하여 취소되어야 하므로, 그 전출명령이 적법함을 전제로 내린 징계처분은 징계양정에 있어 재량권을 일탈하여 위법하다(대판 2001.12.11, 99두1823).

4. 주택재개발사업의 사업시행자인 정비사업조합은 관할 행정청의 조합설립인가와 등기에 의해 설립되고, 조합설립에 대한 토지 등 소유자의 동의는 조합설립인가처분이라는 행정처분을 하는 데 필요한 절차적 요건 중 하나에 불과하므로, 조합설립 동의에 흠이 있다 하더라도 그 흠이 중대·명백하지 않다면 조합설립인가처분이 당연무효라고 할 수 없다(대판 2010.12.23, 2010두16578).

5. 구 「도시 및 주거환경정비법」상의 요건을 갖춘 추진위원회 설립승인신청이 있는 경우 원칙적으로 시장·군수는 이를 승인하여야 하고, 정비구역이 정해지기 전의 토지소유자등의 동의에 기초한 설립승인처분은 나중에

확정된 실제 사업구역이 위 동의 당시 예정한 사업구역과 사이에 동일성을 인정할 수 없을 정도로 달라진 때에 한해 위법하다(대판 2011.7.28, 2011두2842).

6. 추진위원회 설립동의 당시 예정한 사업구역과 나중에 확정된 실제 사업구역 사이에 동일성이 인정되지 않아 위 동의를 실제 사업구역을 기반으로 하는 추진위원회의 설립에 대한 동의로 볼 수 없는 경우 그 동의의 하자는 추진위원회 설립승인처분의 당연무효 사유가 아니다(대판 2011.7.28, 2011두2842).

7. 추진위원회 설립동의를 받을 당시 추진위원 명단이 첨부되지 않았으나 설립승인 신청서에는 추진위원회 명단이 첨부된 경우 그 신청에 대한 설립승인처분은 당연무효가 아니다(대판 2011.7.28, 2011두2842).

8. 주택 재건축조합이 구 「도시 및 주거환경정비법」 시행 전에 재건축결의가 이루어졌으나 위 법률 시행 후 재건축결의 시와 비교하여 용적률, 세대수, 신축아파트 규모 등이 대폭 변경된 내용의 사업시행계획을 정기총회에서 단순 다수결로 의결한 사안에서, 사업시행계획 수립에 조합원 3분의 2 이상의 동의를 얻지 못한 하자는 취소사유에 불과하고 이를 들어 관리처분계획의 적법 여부를 다툴 수 없다는 이유로, 관리처분계획이 적법하다고 본 원심의 결론은 정당하다고 한 사례(대판 2012.8.23, 2010두13463)

9. 도시개발구역지정처분이 적법한 제안권자가 아닌 자가 제안했거나 제안에 필요한 동의요건을 갖추지 못한 제안에 기초하여 이루어진 경우 그 처분이 위법하다고 할 수 없다(대판 2012.9.27, 2010두16219).

10. 갑 주택재개발정비사업조합설립 추진위원회가 토지 등 소유자로부터 '신축건물의 설계 개요' 등이 공란으로 된 조합설립동의서를 제출받은 다음 위임받은 보충권을 행사하여 공란에 조합설립총회에서 가결된 내용을 보충한 후 이를 첨부하여 조합설립인가신청을 하고, 관할 관청이 조합설립인가처분을 한 경우 위 처분은 적법하다(대판 2013.1.10, 2010두16394).

11. 갑 주식회사가 2001.12.22. 주택재건축정비사업 시행구역에 있는 전체 토지 등 소유자의 과반수가 참석한 주택재건축정비사업조합 창립총회에서 참석인원 과반수의 동의로 시공자로 선정된 다음 2002.8.9. 이후 전체 토지 등 소유자 2분의 1 이상이 되도록 토지 등 소유자로부터 추가로 동의를 받아 주택재건축사업의 시공자 선정 신고를 하자 관할 구청장이 구 「도시 및 주거환경정비법」 부칙 제7조 제2항에 따라 수리한 사안에서, 위 수리처분은 하자가 중대·명백하여 당연무효라고 본 원심판단을 정당하다고 한 사례(대판 2013.2.14, 2012두9000)

12. 주택재개발사업 조합설립추진위원회가 조합의 정관 또는 정관 초안을 첨부하지 않은 채 구 「도시 및 주거환경정비법 시행규칙」 제7조 제3항 [별지 제4호의2] 서식에 따른 동의서에 의하여 조합설립 동의를 받는 것은 적법이고 동의서에 비용분담의 기준이나 소유권의 귀속에 관한 사항이 더 구체적이지 않다는 이유로 무효라고 할 수 없다(적법)(대판 2013.12.26, 2011두8291).

(3) 필요한 공고 또는 통지를 결여한 행위

다수설에 따르면 원칙적으로 무효

1. 독촉절차 없이 한 압류처분은 취소사유(대판 1988.6.28, 87누1009)

2. 재외국민이 거주용여권 무효확인서를 첨부하지 아니하였음을 이유로 최고·공고의 절차를 거치지 않고 한 주민등록말소처분은 취소사유이다(대판 1994.8.26, 94누3223).

3. 열람을 위한 공고나 개별통지를 하지 않은 토지등급결정은 무효이고, 그에 기초한 종합토지세 등의 부과처분은 당연무효가 아닌 취소사유이다(대판 1998.7.24, 98다10854).

4. 구 「폐기물처리시설 설치촉진 및 주변지역 지원 등에 관한 법률」상의 입지선정위원회가 주민의 의견이 반영된 전문연구기관의 재조사결과에 관하여 새로이 공람·공고 절차를 거치지 않고 입지를 선정한 경우 적법이다(대판 2002.5.28, 2001두8469).

5. 재개발구역 내 토지 등 소유자들에게 구 도시재개발법 제33조 제1항에서 정한 분양신청기간의 통지 등 절차를 이행하지 아니한 채 한 수용재결은 위법이다(대판 2007.3.29, 2004두6235).

6. 사전통지를 거치지 않은 직권면직처분은 취소사유이다(대판 2007.9.21, 2005두11937).

7. 감사원이 한국방송공사에 대한 감사를 실시한 결과 사장 갑에게 부실 경영 등 문책사유가 있다는 이유로 한국방송공사 이사회에 갑에 대한 해임제청을 요구하였고, 이사회가 대통령에게 갑의 사장직 해임을 제청함에 따

라 대통령이 갑을 한국방송공사 사장직에서 해임한 사안에서, 대통령의 해임처분에 재량권 일탈·남용의 하자가 존재한다고 하더라도 그것이 중대·명백하지 않고, 행정절차법을 위반한 위법이 있으나 절차나 처분형식의 하자가 중대하고 명백하다고 볼 수 없어 당연무효가 아닌 취소 사유에 해당한다(대판 2012.2.23, 2011두5001).

8. 갑 주택재개발정비사업조합이 관할 구청장으로부터 인가받은 관리처분계획 및 인가처분에 대하여 을 등이 구「도시 및 주거환경정비법」제48조 제1항 제4호, 제5호에 정한 사항을 통지하지 않았다는 이유 등으로 무효 확인을 청구한 사안에서, 사업시행자가 관리처분계획의 수립을 위한 총회 개최 이전에 조합원들에게 위 제4호 및 제5호에서 정한 사항을 통지해야 하는 것은 아니라고 한 사례(대판 2014.2.13, 2011두21652)

(4) 필요한 이해관계인의 참여 또는 협의를 결여한 행위

이해관계인의 이익의 보호 또는 조정을 목적으로 한 이해관계인의 입회 또는 협의 등을 결한 행정행위는 원칙적으로 무효

1. 토지소유자 등에게 입회를 요구하지 아니하고 작성한 토지조서는 절차상의 하자가 인정되지만, 토지조서에 실제 현황에 관한 기재가 되어 있지 아니하다거나 토지소유자의 입회나 서명날인이 없었다든지 하는 사유만으로는 수용재결이나 이의재결이 위법이 되는 것은 아니다(대판 1990.1.23, 87누947).

2. 구「폐기물처리시설 설치촉진 및 주변지역 지원 등에 관한 법률」 및 그 시행령상의 입지선정위원회의 구성방법과 절차가 주민대표나 주민대표 추천에 의한 전문가의 참여 없이 이루어지는 등 위법한 경우, 그 의결에 터잡아 이루어진 폐기물처리시설 입지결정처분은 위법이다(대판 2007.4.12., 2006두20150).

3. 「폐기물처리시설 설치촉진 및 주변지역 지원 등에 관한 법률」에 정한 입지선정위원회가 그 구성방법 및 절차에 관한 같은법 시행령의 규정에 위배하여 군수와 주민대표가 선정·추천한 전문가를 포함시키지 않은 채 임의로 구성되어 의결을 한 경우, 그에 터잡아 이루어진 폐기물처리시설 입지결정처분의 하자는 중대한 것이고 객관적으로도 명백하므로 무효사유(대판 2007.4.12, 2006두20150)

4. 기업자가 토지수용을 하면서 협의나 통지절차를 이행하지 않으면 위법하다(대판 2011.7.28, 2009다35842).

(5) 필요한 청문 또는 변명의 기회를 주지 아니한 행위

판례는 취소사유
1. 청문절차 없이 행한 영업소 폐쇄명령(대판 1983.6.14, 83누14)
2. 구 도시계획법에 의한 청문을 거치지 않은 사업시행자 지정처분취소(대판 2004.7.8, 2002두8350)

(6) 환경영향평가 관련

1. 환경영향평가를 거치지 아니하였음에도 승인 등 처분을 하였다면 그 처분은 위법이지만, 환경영향평가의 내용이 다소 부실하다 하더라도, 그 부실의 정도가 환경영향평가제도를 둔 입법취지를 달성할 수 없을 정도이어서 환경영향평가를 하지 아니한 것과 다를 바 없는 정도의 것이 아닌 이상 적법이다[대판(전합) 2006.3.16, 2006두330].

2. 구 환경영향평가법상 환경영향평가를 실시하여야 할 사업에 대하여 환경영향평가를 거치지 아니하였음에도 승인 등 처분을 한 경우, 그 행정처분은 당연무효이다(예외판례)(대판 2006.6.30, 2005두14363).

3. 「국방·군사시설 사업에 관한 법률」 및 구 산림법에서 보전임지를 다른 용도로 이용하기 위한 사업에 대하여 승인 등 처분을 하기 전에 미리 산림청장과 협의를 거치지 아니한 승인처분은 당연무효가 아니다(대판 2006.6.30, 2005두14363).

4. 국립공원 관리청이 국립공원 집단시설지구개발사업과 관련하여 그 시설물기본설계 변경승인처분을 함에 있어서 환경부장관과의 협의를 거친 이상 환경부장관의 환경영향평가에 대한 의견에 반하는 처분을 하였다고 하여 그 처분이 위법하다고 할 수 없다(대판 2001.7.27, 99두2970).

5. 사전에 교통영향평가를 거치지 아니한 채 '건축허가 전까지 교통영향평가 심의필증을 교부받을 것'을 부관으로 붙여 한 실시계획승인처분은 무효가 아니다(대판 2010.2.25, 2009두102).
6. 제주해군기지 국방·군사시설사업에 관한 환경영향평가의 부실 정도가 환경영향평가제도를 둔 입법 취지를 달성할 수 없을 만큼 심하여 환경영향평가를 하지 아니한 것과 다를 바 없는 정도에 해당하지 않는다[대판(전합) 2012.7.5, 2011두19239].
7. 환경영향평가절차가 완료되기 전에 공사시행을 금지하고, 위반행위에 대하여 형사처벌을 하도록 한 환경영향평가법 제28조 제1항 본문, 제51조 제1호 및 제52조 제2항 제2호의 규정 취지 및 사업자가 사전 공사시행 금지규정을 위반한 경우 승인기관의 장이 한 사업계획 등에 대한 승인 등의 처분이 위법하게 되지 않는다(대판 2014.3.13, 2012두1006).

(7) 법령상 필요한 타 기관의 협력을 받지 않고 행한 행위

1. 무효사유
   ① 학교법인 이사회의 승인의결 없이 한 기존재산교환허가신청에 대한 감독청(시교육위원회)의 교환허가처분 [대판(전합) 1984.2.28, 81누275]
   ② 도지사의 인사교류안 작성과 그에 따른 인사교류의 권고가 전혀 이루어지지 않은 상태에서 행하여진 관할 구역 내 시장의 인사교류에 관한 처분(대판 2005.6.24, 2004두10968)
2. 취소사유
   ① 2 이상의 시·도에 걸친 노선업종에 있어서의 노선신설이나 변경 또는 노선과 관련되는 사업계획변경인가처분이 미리 관계 도지사와 협의를 거치지 아니하고 행해진 경우(대판 1995.11.7, 95누9730)
   ② 건설부장관이 관계 중앙행정기관의 장과 협의를 거치지 아니하고 한 택지개발예정지구 지정처분(대판 2000.10.13, 99두653)
   ③ 구 학교보건법상 학교환경위생정화구역에서의 금지행위 및 시설의 해제 여부에 관한 행정처분을 함에 있어 학교환경위생정화위원회의 심의절차를 누락한 행정처분(대판 2007.3.15, 2006두15806)
   ④ 민간투자법 제6조에 따른 민간투자심의위원회(심의위원회)의 심의를 거치지 아니한 하자(대판 2009.4.23, 2007두13159)
   ⑤ 교수위원들이 위원회 제15차 회의에 관여한 하자(대판 2009.12.10, 2009두8359)
3. 적법
   ① 법학전문대학원의 설치인가 심사기준 중 법원행정처장 등에 대한 의견수렴절차 후에 추가·변경된 법조인 배출실적 등의 사항에 대하여 다시 위 의견수렴절차를 거치지 않은 것이 법학전문대학원의 설치·운영에 관한 법률 제21조의 절차에 위배되었다고 할 수 없고, 그 심사기준들이 교육과학기술부장관이 재정지원을 하여 제출된 용역보고서에 제시되지 않았었다고 하더라도 설치인가 심사기준을 설정함에 있어 신뢰이익을 침해하였거나 재량권을 일탈·남용한 위법이 없다고 한 사례(대판 2009.12.10, 2009두8359)
   ② 개발행위허가에 관한 사무를 처리하는 행정기관의 장이 개발행위허가신청을 불허가한 경우, 도시계획위원회의 심의를 거치지 않았다는 사정만으로 곧바로 불허가처분에 취소사유에 이를 정도의 절차상 하자가 있다고 볼 수 없다(대판 2015.10.29, 2012두28728).

(8) '협의'의 실질이 '동의'인 경우

문화재보호법의 입법목적과 문화재의 보존·관리 및 활용은 원형유지라는 문화재보호의 기본원칙 등에 비추어, 건설공사시 문화재보존의 영향 검토에 관한 문화재보호법 제74조 제2항 및 같은 법 시행령 제43조의2 제1항에서 정한 '문화재청장과 협의'는 '문화재청장의 동의'를 말한다(대판 2006.3.10, 2004추119).

(9) 기 타

1. 새로운 사업시행자 지정절차를 거치지 않은 채 종전의 사업시행자를 사업시행자로 하여 새로이 실시계획승인처분을 한 경우 무효가 아니다(대판 2010.2.25, 2009두102).

2. 경찰공무원에 대한 징계위원회의 심의과정에 감경사유에 해당하는 공적 사항이 제시되지 아니한 경우에는 그 징계양정이 결과적으로 적정한지와 상관없이 이는 관계 법령이 정한 징계절차를 지키지 않은 것으로서 위법하다(대판 2012.10.11, 2012두13245).

3. 도시·주거환경정비기본계획에서 정한 정비예정구역의 범위 안에서 정비구역을 지정하는 경우, 정비구역의 지정을 위한 절차를 거치는 외에 따로 기본계획을 먼저 변경해야 한다거나 그 변경절차를 거치지 않고 곧바로 정비구역을 지정하는 것은 위법하지 않다(대판 2013.10.24, 2011두28455).

4. 토석채취허가신청에 대하여 시장·군수·구청장이 지방산지관리위원회 심의를 거치지 않은 채 불허가할 수 있는 경우 및 지방산지관리위원회의 심의를 거쳐야 함에도 거치지 않고 처분을 한 경우, 처분은 위법하다(대판 2015.11.26, 2013두765).

5. 갑 등이 '4대강 살리기 사업' 중 한강 부분에 관한 각 하천공사시행계획 및 각 실시계획승인처분에 보의 설치와 준설 등에 대한 구 국가재정법 제38조 등에서 정한 예비타당성조사를 하지 않은 절차상 하자가 있다는 이유로 각 처분의 취소를 구한 사안에서, 예산이 각 처분 등으로써 이루어지는 '4대강 살리기 사업' 중 한강 부분을 위한 재정 지출을 내용으로 하고 있고 예산의 편성에 절차상 하자가 있다는 사정만으로 곧바로 각 처분에 취소사유에 이를 정도의 하자가 존재한다고 보기 어렵다고 한 사례(대판 2015.12.10, 2011두32515)

6. 과세관청이 과세예고 통지 후 과세전적부심사 청구나 그에 대한 결정이 있기 전에 과세처분을 한 경우, 절차상 하자가 중대·명백하여 과세처분은 무효이다(대판 2016.12.27, 2016두49228).

7. 갑 재건축조합이 재건축한 공동주택에 관하여 을 구청장으로부터 준공인가 전 사용허가를 받은 후 동·호수 추첨이 무효라는 확정판결이 있었는데도 당초의 추첨 결과에 따른 집합건축물대장 작성절차를 강행하였는데, 조합원들이 '기존의 동·호수 추첨 결과에 따라 배정된 주택에 잠정적으로 입주하는 것을 허용하되, 이로 인하여 입주한 동·호수를 분양받은 것으로 의제되는 것은 아니다'라는 취지의 가처분결정을 받은 후 입주하고 소유권보존등기를 마치자, 을 구청장이 사용승인 이후부터 조합원들이 소유권보존등기를 마치기 전까지 기간 동안 갑 조합이 공동주택의 사실상 소유자라고 보아 갑 조합에 재산세를 부과하는 처분을 한 사안에서, 처분은 하자가 중대하고 명백하여 당연무효라고 한 사례(대판 2016.12.29, 2014두2980, 2997).

8. 음주운전 여부에 대한 조사 과정에서 운전자 본인의 동의를 받지 아니하고 법원의 영장도 없이 한 혈액 채취 조사 결과를 근거로 한 운전면허 정지·취소 처분은 원칙적으로 위법하다(대판 2016.12.27, 2014두46850).

9. 일정한 법규 위반 사실이 행정처분의 전제사실이자 형사법규의 위반 사실이 되는 경우, 형사판결 확정에 앞서 일정한 위반사실을 들어 행정처분을 하였다고 하여 절차적 위반이 있다고 할 수 없다(대판 2017.6.19, 2015두59808).

10. 도시관리계획결정·고시와 그 도면에 특정 토지가 도시관리계획에 포함되지 않았음이 명백한데도 도시관리계획을 집행하기 위한 후속 계획이나 처분에서 그 토지가 도시관리계획에 포함된 것처럼 표시되어 있는 경우, 표시된 부분은 무효이다(대판 2019.7.11, 2018두47783).

11. 과세전적부심사 계속 중 부과제척기간이 임박한 경우 과세전적부심사 결정 전에 한 과세처분은 당연무효이다(대판 2020.4.9, 2018두57490).

12. 과세관청이 법인에 대하여 세무조사결과통지를 하면서 익금누락 등으로 인한 법인세 포탈에 관하여 「조세범처벌법」 위반으로 고발 또는 통고처분을 한 경우, 소득처분에 따른 소득금액변동통지와 관련된 조세포탈에 대하여도 과세전적부심사의 예외사유인 '고발 또는 통고처분'을 한 것으로 볼 수 없고, 이 경우 세무조사결과통지 후 과세전적부심사 청구 또는 그에 대한 결정이 있기 전에 이루어진 소득금액변동통지의 효력은 원칙적으로 무효이다(대판 2020.10.29, 2017두51174).

4. 형식

(1) 문서에 의하지 않은 행위

법령상 서면에 의하도록 되어 있는 행정행위를 서면에 의하지 않은 경우는 무효사유
1. 적법한 납세고지가 이루어진 과세처분에 관하여 감액경정결정일로부터 2개월여가 경과한 후 경정결정을 통지하면서 '납세고지서'라는 명칭을 사용하지 않았더라도 적법(대판 2005.1.13, 2003두14116)
2. 행정청의 처분의 방식에 관하여 규정한 행정절차법 제24조에 위반하여 행하여진 행정청의 처분은 그 하자가 중대하고 명백하여 원칙적으로 무효이다(대판 2011.11.10, 2011도11109).

(2) 필요적 기재(이유·일자)가 없는 행위

1. 세액의 산출근거가 기재되지 아니한 물품세 납세고지서에 의한 부과처분(대판 1984.5.9, 84누116)
2. 납부고지서에 납부금액 및 산출근거, 납부기한과 납부장소의 기재가 누락된 개발부담금부과처분은 취소사유(대판 1994.3.25, 93누19542)
3. 재개발조합의 설립추진위원회가 토지 등 소유자로부터 받아 행정청에 제출한 동의서에 구 '도시 및 주거환경정비법 시행령' 제26조 제1항 제1호와 제2호에 정한 '건설되는 건축물의 설계의 개요'와 '건축물의 철거 및 신축에 소요되는 비용의 개략적인 금액'에 관하여 그 내용의 기재가 누락되어 있음에도 이를 유효한 동의로 처리하여 재개발조합의 설립인가를 한 처분은 위법하고 그 하자가 중대하고 명백하여 무효라고 한 사례(대판 2010.1.28, 2009두4845)
4. 국유재산 무단 점유자에 대한 변상금부과처분에 있어서 그 납부고지서 또는 사전통지서에 변상금 산출근거를 명시하지 않은 경우, 그 부과처분은 위법하다(대판 2001.12.14, 2000두86).
5. 납세고지서에 해당 본세의 과세표준과 세액의 산출근거 등이 제대로 기재되지 않은 경우 그 징수처분은 위법하다(2019.7.4, 2017두38645).
6. 납세자가 납세고지서에 기재된 세율이 명백히 잘못된 오기임을 알 수 있고 납세자의 불복 여부의 결정이나 불복신청에 지장을 초래하지 않을 정도인 경우, 납세고지서의 세율이 잘못 기재되었다는 사정만으로 그에 관한 징수처분을 위법하다고 볼 수 없다(2019.7.4, 2017두38645).

5. 무효의 주장방법

1. 취소소송의 제소요건을 갖추어야 한다 : 행정처분의 당연무효를 선언하는 의미에서 그 취소를 청구하는 행정소송을 제기한 경우에도 전심절차와 제소기간의 준수 등 취소소송의 제소요건을 갖추어야 한다(대판 1990.12.26, 90누6279).
2. 취소소송의 요건을 갖추지 못한 경우 행정처분의 취소의 소를 무효확인의 소로 변경한 경우 취소를 구하는 취지는 포함되지 않는다 : 일반적으로 행정처분의 무효확인을 구하는 소에는 원고가 그 처분의 취소는 구하지 아니한다고 밝히고 있지 아니하는 이상 그 처분이 만약 당연무효가 아니라면 그 취소를 구하는 취지도 포함되어 있는 것으로 볼 것이나, 행정심판절차를 거치지 아니한 까닭에 행정처분 취소의 소를 무효확인의 소로 변경한 경우에는 무효확인을 구하는 취지 속에 그 처분이 당연무효가 아니라면 그 취소를 구하는 취지까지 포함된 것으로 볼 여지가 전혀 없다고 할 것이므로 법원으로서는 그 처분이 당연무효인가 여부만 심리판단하면 족하다고 할 것이다(대판 1987.4.28, 86누887).

VI. 행정행위의 취소, 철회, 실효

1. 취소와 철회의 비교

구분	취소	철회
대상	일단 유효한 행정행위	완전히 유효한 행정행위
사유	원시적 하자(행정행위 성립 시)	후발적 사유(하자가 아님)
인정취지	위법의 시정	변화된 사정에 적합
권한자	1. 처분청 2. 감독청 : 소극설과 적극설이 대립	1. 처분청 2. 감독청 불가
소멸효과	소급효(수익적 행정행위는 장래효가 원칙)	장래효
제한	수익적 행정행위의 취소·철회의 제한법리(과잉금지원칙과 신뢰보호원칙) : 취소·철회의 상대화	

2. 직권취소와 쟁송취소

구분	직권취소	쟁송취소
목적·기능	1. 적법성·합목적성의 확보(공익)가 1차적 기능 2. 당사자의 권리구제인 사익보호는 부차적 기능	1. 행정심판 : 적법성 확보가 1차적, 당사자의 권익구제는 부수적 기능 2. 행정소송 : 당사자의 권익구제인 사익보호가 1차적, 행정행위의 적법성 확보는 부수적 기능
성질	형식적·실질적 행정	1. 행정심판 : 형식적 행정·실질적 사법 2. 행정소송 : 형식적·실질적 사법
취소권자	1. 행정청(처분청과 감독청) 2. 권한 없는 행정기관이 한 당연무효인 처분의 취소권자는 당해 처분청이지 적법한 행정청이 아니다(대판 1984.10.10, 84누463). 3. 사인의 취소신청권 부정 : 산림 복구설계승인 및 복구준공통보에 대한 이해관계인의 취소신청을 거부한 행위는 항고소송의 대상이 되는 행정처분에 해당하지 않는다(대판 2006.6.30, 2004두701).	1. 행정심판 : 행정심판위원회(재결청이 아님) 2. 행정소송 : 법원
대상	수익적 행정행위(주된 대상) + 부담적 행정행위 + 복효적 행정행위	침익적(부담적) 행정행위 + 복효적 행정행위
법적 근거	1. 법적 근거 불요(통설·판례) 2. 행정행위를 한 처분청은 그 행위에 하자가 있는 경우에는 별도의 법적 근거가 없더라도 스스로 이를 취소할 수 있다(대판 2006.5.25, 2003두4669).	행정심판법·행정소송법
취소사유	위법 + 부당(합목적성 위반, 공익판단 위반)	1. 행정심판 : 위법 + 부당 2. 행정소송 : 위법

취소권의 제한	공익과 사익 간의 이익형량 필요(비례원칙)	원칙으로 취소해야 하고 이익형량 불요(기속성). 단, 사정재결이나 사정판결의 경우에는 공익과의 이익형량 필요
취소기간	법정기간은 없으나 실권의 법리 적용	제기기간 등의 법정(행정심판법 제18조, 행정소송법 제20조)
절차	일반적인 행정행위의 절차에 따름(행정절차법상 처분절차)	행정심판법이나 행정소송법의 규정
형식	형식성 요구되지 않음(행정절차법상 문서주의)	재결(행정심판), 판결(행정소송) 등의 형식(문서주의)
내용(범위)	적극적 변경(면허취소를 면허정지로) 가능	1. 행정심판 : 적극적 변경 가능 2. 행정소송 : 적극적 변경 불가 = 소극적 변경으로서의 일부취소(면허정지 3월을 1월로)만 가능
효과(효력)	1. 부담적 행정행위의 경우는 소급효 인정. 수익적 행정행위는 원칙적으로 장래효(예외적으로 당사자의 귀책사유가 있는 경우만 소급효 인정) 2. 불가변력 인정되지 않음	1. 소급효(장래효는 부정) 2. 불가변력 인정
양자의 관계	취소소송이 진행 중일 경우에도 직권취소할 수 있다.	

3. 취소사유와 제한

(1) 취소사유

1. 행정행위의 '취소'와 '철회'의 구별 및 행정행위의 '취소 사유'와 '철회 사유'의 구별 : 행정행위의 '취소'는 일단 유효하게 성립한 행정행위를 그 행위에 위법한 하자가 있음을 이유로 소급하여 효력을 소멸시키는 별도의 행정처분을 의미함이 원칙이다. 반면, 행정행위의 '철회'는 적법요건을 구비하여 완전히 효력을 발하고 있는 행정행위를 사후적으로 효력의 전부 또는 일부를 장래에 향해 소멸시키는 별개의 행정처분이다. 그리고 행정행위의 '취소 사유'는 원칙적으로 행정행위의 성립 당시에 존재하였던 하자(원시적 하자)를 말하고, '철회 사유'는 행정행위가 성립된 이후에 새로이 발생한 것으로서 행정행위의 효력을 존속시킬 수 없는 사유(후발적 사유)를 말한다(대판 2018.6.28, 2015두58195).
2. 구 사회복지사업법상 관할 행정청의 임시이사 선임에 하자가 존재하더라도 그 하자가 중대·명백하지 않은 경우, 임시이사 해임처분이 있기 전까지는 임시이사의 지위가 유효하게 존속한다(대판 2020.10.29, 2017다269152).

4. 취소의 제한사유

(1) 쟁송취소

쟁송취소는 주로 부담적 행정행위가 대상이 되므로 원칙적으로 자유이다. 그러나 불가쟁력이 발생한 경우, 사정재결(행정심판법 제33조)이나 사정판결(행정소송법 제28조)의 경우에는 취소권 행사가 제한된다.
　▶ 불가쟁력 : 쟁송취소의 제한사유
　　불가변력 : 직권취소·철회의 제한사유

(2) 직권취소

1. 부담적 행정행위 : 부담적 행정행위의 취소는 상대방에게 이익을 주는 <u>수익적인 결과가 되므로 자유</u>
2. 수익적 행정행위 : 행정청은 당사자에게 권리나 이익을 부여하는 처분을 취소하려는 경우에는 취소로 인하여 당사자가 입게 될 불이익을 취소로 달성되는 공익과 <u>비교·형량</u>(衡量)하여야 한다. 다만, 다음 각 호의 어느 하나에 해당하는 경우에는 그러하지 아니하다(행정기본법 제18조 제2항).

   1. 거짓이나 그 밖의 부정한 방법으로 처분을 받은 경우
   2. 당사자가 처분의 위법성을 알고 있었거나 중대한 과실로 알지 못한 경우

> **┃ 관 련 판 례 ┃**
>
> 일정한 행정처분으로 국민이 일정한 이익과 권리를 취득하였을 경우에 종전 행정처분에 하자가 있음을 전제로 직권으로 이를 취소하는 행정처분은 이미 취득한 국민의 기존 이익과 권리를 박탈하는 별개의 행정처분으로, <u>취소될 행정처분에 하자가 있어야</u> 하고, 나아가 행정처분에 하자가 있다고 하더라도 <u>취소해야 할 공익상 필요</u>와 취소로 당사자가 입게 될 기득권과 신뢰보호 및 법률생활 안정의 침해 등 불이익을 비교·교량한 후 공익상 필요가 당사자가 입을 불이익을 정당화할 만큼 강한 경우에 한하여 취소할 수 있는 것이며, 하자나 <u>취소해야 할 필요성에 관한 증명책임은 기존 이익과 권리를 침해하는 처분을 한 행정청에 있다.</u> 이러한 신뢰보호와 이익형량의 취지는 구「산업집적활성화 및 공장설립에 관한 법률」에 따른 <u>입주계약 또는 변경계약을 취소하는 경우에도 마찬가지로 적용될 수 있다</u>(대판 2017.6.15, 2014두46843).

(3) 취소가 제한되지 않는 경우

1. 위험방지 : 위험방지를 위해 취소가 불가피한 경우
2. 우월한 공익상의 필요
3. 수익자의 귀책사유

> **┃ 관 련 판 례 ┃**
>
> 수익적 행정처분의 하자가 당사자의 사실은폐나 기타 사위의 방법에 의한 신청행위에 기인한 것이라면 당사자는 처분에 의한 이익이 위법하게 취득되었음을 알아 취소가능성도 예상하고 있었다 할 것이므로, 그 자신이 처분에 관한 신뢰이익을 원용할 수 없음은 물론 행정청이 이를 고려하지 아니하였더라도 재량권의 남용이 되지 아니한다. 한편 당사자의 사실은폐나 기타 사위의 방법에 의한 신청행위가 있었는지 여부는 행정청의 상대방과 그로부터 신청행위를 위임받은 수임인 등 관계자 모두를 기준으로 판단하여야 한다(대판 2014.11.27, 2013두16111).

① 수익자의 주관적 책임(당사자의 신뢰가 보호할 가치가 없는 경우) : 수익적 행정행위의 당사자가 사기(사실은폐, 사위, 허위)·강박·증뢰(대판 2003.7.22, 2002두11066), 허위나 부실기재로 인한 신청에 의한 경우, 당해 행정행위의 위법성을 알고 있었거나(악의) 중대한 과실로 알지 못한 경우
② 사실은폐에 의한 옥외광고물표시허가(대판 1996.10.25, 95누14190)
③ 행정처분의 성립과정에서 뇌물이 수수되었다는 사유로 이를 직권취소하는 경우, 직권취소의 예외가 인정되기 위한 요건 및 그에 대한 입증책임의 소재(= 주장하는 자) : 행정처분의 성립과정에서 그 처분을 받아내기 위한 뇌물이 수수되었다면 특별한 사정이 없는 한 그 행정처분에는 직권취소사유가 있는 것으로 보아야 할 것이고, 이러한 이유로 직권취소하는 경우에는 처분 상대방측에 귀책사유가 있기 때문에 신뢰보호의 원칙도 적용될 여지가 없다 할 것이며, 다만 행정처분의 성립과정에서 뇌물이 수수되었다고 하더라도 그 행정처분이 기속적 행정행위이고 그 처분의 요건이 충족되었음이 객관적으로 명백하여 다른 선택의 여지가 없었던 경우에는 직권취소의 예외가 될 수 있을 것이지만, 그 경우 이에 대한 입증책임은 이를 주장하는 측에게 있다(대판 2003.7.22, 2002두11066).
④ 산업기능요원에 대한 복무만료처분이 있은 후 산업기능요원편입처분을 취소할 수 있다(대판 2008.8.21, 2008두5414).

⑤ 구 출입국관리법 제76조의3 제1항 제3호(거짓 진술이나 사실은폐)에 따라 난민인정 결정을 취소하는 경우 당사자가 난민인정 결정에 관한 신뢰를 주장할 수 없고 행정청이 이를 고려하지 않은 경우 재량권을 일탈·남용한 것이 아니다(대판 2017.3.15, 2013두16333).

⑥ 갑이 「국토의 계획 및 이용에 관한 법률」에 따라 농림지역 및 농업진흥구역으로 지정된 지목이 '답'인 토지 중 7,457㎡ 부분에서 돼지 축사 10개 동을 건축하기 위하여 건축허가를 신청하였고, 관할 건축행정청이 갑의 의뢰에 따라 축사를 설계한 건축사 을이 제출한 '건축허가조사 및 검사조서'의 기재를 그대로 믿고 건축허가를 발급하였는데, 이후 건축허가에 대한 민원이 제기되자 건축허가를 직권으로 취소한 사안에서, 제반 사정에 비추어 건축행정청이 직권으로 건축허가를 취소할 수 있는 사유가 인정되고, 위 직권취소 처분이 수익적 행정처분 직권취소 제한 법리에 위배되지 않는다고 한 사례(대판 2020.7.23, 2019두31839)

⑦ 수익자의 객관적 책임(수익자의 고용인·대리인 등의 부정 또는 부실신고에 의한 경우)

(4) 쟁송취소

취소소송에 의한 행정처분 취소의 경우에는 수익적 행정처분의 취소·철회 제한에 관한 법리가 적용되지 않는다 : 수익적 행정처분에 대한 취소권 등의 행사는 기득권의 침해를 정당화할 만한 중대한 공익상의 필요 또는 제3자의 이익보호의 필요가 있는 때에 한하여 허용될 수 있다는 법리는, 처분청이 수익적 행정처분을 직권으로 취소·철회하는 경우에 적용되는 법리일 뿐 쟁송취소의 경우에는 적용되지 않는다(대판 2019.10.17, 2018두104).

5. 취소의 효과

(1) 쟁송취소

쟁송취소는 당사자의 권리구제가 목적이므로 권리보호를 위하여 소급효가 인정된다. 쟁송취소는 직권취소에 비해 소급효가 더 강하게 요구된다.

┃ **관 련 판 례** ┃

피고인이 행정청으로부터 자동차 운전면허취소처분을 받았으나 나중에 그 행정처분 자체가 행정쟁송절차에 의하여 취소되었다면, 위 운전면허취소처분은 그 처분 시에 소급하여 효력을 잃게 되고, 피고인은 위 운전면허취소처분에 복종할 의무가 원래부터 없었음이 후에 확정되었다고 봄이 타당할 것이고, 행정행위에 공정력의 효력이 인정된다고 하여 행정소송에 의하여 적법하게 취소된 운전면허취소처분이 단지 장래에 향하여서만 효력을 잃게 된다고 볼 수는 없다(대판 1999.2.5, 98도4239).

(2) 직권취소

행정청은 위법 또는 부당한 처분의 전부나 일부를 소급하여 취소할 수 있다. 다만, 당사자의 신뢰를 보호할 가치가 있는 등 정당한 사유가 있는 경우에는 장래를 향하여 취소할 수 있다(행정기본법 제18조 제1항).

┃ **관 련 판 례** ┃

자동차 운전면허 취소처분을 받은 사람이 자동차를 운전하였으나 운전면허 취소처분의 원인이 된 교통사고 또는 법규 위반에 대하여 범죄사실의 증명이 없는 때에 해당한다는 이유로 무죄판결이 확정된 경우, 취소처분이 취소되지 않았더라도 도로교통법에 규정된 무면허운전의 죄로 처벌할 수 없다(대판 2021.9.16, 2019도11826).

(3) 손실보상·원상회복

수익적 행정행위가 상대방의 귀책사유로 취소되는 경우가 아닌 한, 그로 인한 손실에 대해서는 상대방에게 보상하거나 원상회복조치를 취하여야 한다. 한편, 행정청은 그 행정행위와 관련하여 부여한 문서(허가증 등), 물건의 반환을 청구할 수 있다.

(4) 일부취소

행정행위의 일부에만 하자가 존재하는 경우에는 일부만의 취소도 가능하다.

> ┨ 관 련 판 례 ┠
> 1. 전부취소 대신 감액경정처분이라는 일부취소도 허용된다 : 감액경정처분은 당초처분의 일부취소로서의 성질을 가지고 있으므로, 당초처분에 취소사유인 하자가 있는 경우 그것이 처분 전체에 영향을 미치는 절차상 사유에 해당하는 등의 사정이 없는 한 당초처분 자체를 취소하고 새로운 과세처분을 하는 대신 하자가 있는 해당부분 세액을 감액하는 경정처분에 의해 당초처분의 하자를 시정할 수 있다(대판 2006.3.9, 2003두 2861).
> 2. 여러 개의 상병에 대한 요양불승인처분 취소소송에서 일부 상병만이 요양의 대상으로 인정되는 경우, 불승인처분 전부를 취소할 수 없다(대판 2010.12.9, 2010두15803).

6. 취소의 취소

취소의 취소에 대하여 통설은 긍정설을, 판례는 취소의 취소로 원처분이 소생하지 않고 따라서 새로운 처분을 해야 한다는 부정설을 취하고 있다(판례 해석은 견해대립).

(1) 다수설

긍정설 : 원처분이 소생하므로 새로운 처분을 요하지 않는다는 견해

(2) 판례

구분	판례
평가	1. 일정하지 않다는 견해(김남진, 정하중, 홍준형) 2. 소극설(부정설)의 입장이라는 견해(김성수, 류지태, 홍정선)
부정사례	침익적 처분 1. 조세부과취소처분의 취소(대판 1995.3.10, 94누7027) 2. 현역병입영대상편입취소처분의 취소(대판 2002.5.28, 2001두9653) 3. 수익적 처분의 경우 이해관계인이 생긴 경우 광업권 취소의 취소 ┨ 관 련 판 례 ┠ 피고가 본건 취소처분을 한 후에 원고가 1966.1.19.에 본건 광구에 대하여 선출원을 적법히 함으로써 이해관계인이 생긴 이 사건에 있어서, 피고가 1966.8.24.자로 1965.12.30.자의 취소처분을 취소하여, 소외인 명의의 광업권을 복구시키는 조처는, 원고의 선출원 권리를 침해하는 위법한 처분이라고 하지 않을 수 없다(대판 1967.10.23, 67누126).
긍정사례	이사취임승인취소처분의 취소(대판 1997.1.21, 96누3401) : 엄밀히 말하면 철회의 취소임

7. 행정행위의 철회

(1) 범위(일부철회)

1. 외형상 하나의 행정처분이라 하더라도 가분성이 있거나 그 처분대상의 일부가 특정될 수 있는 경우, 일부철회 가능[대판(전합) 1995.11.16, 95누8850]
2. 한 사람이 여러 종류의 자동차운전면허를 취득하는 경우뿐 아니라 이를 취소 또는 정지하는 경우에도 서로 별개의 것으로 취급하는 것이 원칙(일부철회가 원칙)이고, 다만 취소사유가 특정 면허에 관한 것이 아니고 다른 면허와 공통된 것이거나 운전면허를 받은 사람에 관한 것일 경우에는 여러 면허를 전부 취소할 수도 있다(대판 2012.5.24, 2012두1891).
3. 제1종 대형, 제1종 보통 자동차운전면허를 가지고 있는 갑이 배기량 400cc의 오토바이를 절취하였다는 이유로 지방경찰청장이 갑의 제1종 대형, 제1종 보통 자동차운전면허를 모두 취소한 사안에서, 위 오토바이를 훔쳤다는 사유만으로 제1종 대형면허나 보통면허를 취소할 수 없다고 본 원심판단을 정당하다고 한 사례(대판 2012.6.28, 2011두358)
4. 국고보조조림결정에서 정한 조건에 일부만 위반했음에도 그 조림결정 전부를 취소한 것은 위법하다(대판 1986.12.9, 86누276).
5. 원고가 교부받은 직장보육시설 보조금의 일부가 정상적으로 집행되었다고 볼 수 있는 사정 등을 제대로 감안하지 아니하고 보조금교부결정을 전부 취소한 행정청의 처분이 재량권의 한계를 일탈·남용한 것이라고 한 사례(대판 2003.5.16, 2003두1288)

(2) 철회권자

1. 처분청만 : 감독청의 철회권 부정
2. 사인의 철회청구권
① 원칙 부정

┤ **관 련 판 례** ├─
철회·변경의 권한을 처분청에게 부여하는 데 그치는 것일 뿐 상대방 등에게 그 철회·변경을 요구할 신청권까지를 부여하는 것은 아니다(대판 1997.9.12, 96누6219).

② 예외적 인정

┤ **관 련 판 례** ├─
건축주가 토지 소유자로부터 토지사용승낙서를 받아 토지 위에 건축물을 건축하는 대물적(對物的) 성질의 건축허가를 받았다가 착공에 앞서 건축주의 귀책사유로 해당 토지를 사용할 권리를 상실한 경우, 토지 소유자가 건축허가의 철회를 신청할 수 있고 토지 소유자의 신청을 거부한 행위가 항고소송의 대상이 된다(대판 2017.3.15, 2014두41190).

(3) 법적 근거(수익적 행정행위)

1. 근거필요설(철회부자유설 : 다수설) : 법치주의의 원리와 헌법상의 기본권 보장의 뜻에 비추어 볼 때, 법령의 근거 없이 단순히 공익상의 필요만을 이유로 침익적 행정행위를 할 수 없는 것과 같이 새로운 행정행위인 행정행위의 철회 역시 법령의 근거 등이 있을 때만 행사할 수 있다고 보아야 한다는 점을 논거로 한다.
2. 소극설(철회자유설) : 법적 근거 없이 철회를 할 수 있다는 의미의 자유일 뿐, 철회권 행사가 자유라는 의미는 아니다.
3. 판례(소극설)

> **┤ 관 련 판 례 ├**
> 행정행위를 한 처분청은 비록 그 처분 당시에 별다른 하자가 없었고, 또 그 처분 후에 이를 취소(강학상 철회 : 필자 주)할 별도의 법적 근거가 없다 하더라도 원래의 처분을 존속시킬 필요가 없게 된 사정변경이 생겼거나 또는 중대한 공익상의 필요가 발생한 경우에는 그 효력을 상실케 하는 별개의 행정행위로 이를 취소할 수 있다(대판 2004.11.26, 2003두10251·10268).

(4) 철회사유

① 행정기본법

행정청은 적법한 처분이 다음 각 호의 어느 하나에 해당하는 경우에는 그 처분의 전부 또는 일부를 장래를 향하여 철회할 수 있다(행정기본법 제19조 제1항).

1. 법률에서 정한 철회 사유에 해당하게 된 경우
2. 법령 등의 변경이나 사정변경으로 처분을 더 이상 존속시킬 필요가 없게 된 경우
3. 중대한 공익을 위하여 필요한 경우

② 법령에 철회사유에 관한 명시적 규정이 있는 경우

도로 외의 곳에서의 음주운전·음주측정거부 등에 대해서 운전면허의 취소·정지 처분을 부과할 수 없다(대판 2021.12.10, 2018두42771).

③ 법령에 명시적 규정이 없는 경우(후발적 사유)

1. 사정변경
   ① 사실관계의 변화(도로의 폐지에 따른 도로점용허가의 철회, 사후에 국민기초생활 보장법상 요건을 갖추지 못한 경우 등)
   ② 근거법령의 변경(법령의 개폐로 더 이상 원래의 행정행위를 존속시킬 수 없게 된 경우)
   ③ 특례보충역편입처분 후 국외여행허가를 받아 출국하였다가 귀국을 지연한 경우(대판 1995.2.28, 94누7713)
2. 철회권이 유보된 경우 유보된 사실의 발생
3. 상대방의 의무위반
   ① 음주운전으로 인한 운전면허 효력상실

> **┤ 관 련 판 례 ├**
> 1. 개인택시운송사업자가 음주운전교통사고로 자동차운전면허를 취소당한 경우 운송사업면허취소사유에 해당한다(대판 1990.6.26, 89누5713).
> 2. 개인택시운송사업자에게 운전면허취소사유가 있으나 그에 따른 운전면허취소처분이 이루어지지는 않은 경우 관할관청은 개인택시운송사업면허를 취소할 수 없다(대판 2008.5.15, 2007두26001).

② 사립학교법 제20조의2 제1항에서 정한 임원취임승인 취소의 사유가 발생하였다는 객관적인 사실이 인정되면, 임원취임승인 취소처분의 처분사유가 존재하고, 같은 조 제2항에 따라 시정요구를 받은 학교법인이 시정을 하지 아니한 사정만으로 임원취임승인 취소의 요건이 충족된다(대판 2017.12.28, 2015두56540).

③ 사립학교법 제20조의2가 정한 임원취임승인 취소처분은 재량행위에 해당한다(대판 2017.12.28, 2015두56540).

④ 학교법인 임원 간의 분쟁이 발생하지 않도록 진지한 타협안과 양보안을 제시하고, 중재를 위하여 적극 노력하였다는 등의 특별한 사정이 있는 임원의 경우, 임원취임승인 취소사유에 해당하지 않는다(대판 2018.1.25, 2017두53361).

4. 부담의 불이행
  ① 부담부 행정처분의 상대방이 부담을 이행하지 않음을 이유로 철회가능(대판 1989.10.24, 89누2431)
  ② 사실상 시정이 불가능하여 시정요구가 무의미한 경우 임원취임승인취소처분을 할 수 있다(대판 2014.9.4, 2011두6431).
  ③ 사립학교법 제20조의2에서 정한 '시정요구에 응하지 아니한 경우'에 시정에 응한 결과가 관할청의 시정요구를 이행하였다고 보기에 미흡한 경우가 포함된다(대판 2014.9.4, 2011두6431).
  ④ 허가취소 유예기간에 관한 고지를 받고 유예기간 내에 출국하였다가 재입국한 경우, 국외여행허가를 취소할 수 없다(대판 2014.9.4, 2014두36624).

5. 중대한 공익상의 필요
  ① 하천에 댐을 건설하게 되어 부득이 기존 하천점용허가를 철회할 경우와 같이 더 큰 공익상의 필요
  ② 음주운전을 예방할 공익상의 필요로 운전면허 취소가능(대판 1997.12.26, 97누17216)

6. 행정행위의 철회와 관계 없는 것
  ① 임용신청서상의 허위사실기재로 인한 공무원임용행위의 효력 상실 : 무효사유 또는 취소사유
  ② 해제조건의 성취·종기의 도래 : 실효사유

(5) 철회권의 제한

1. 철회가 제한되는 경우
행정청은 처분을 철회하려는 경우에는 철회로 인하여 당사자가 입게 될 불이익을 철회로 달성되는 공익과 비교·형량하여야 한다(행정기본법 제19조 제2항).
  ① 기득권익의 존중   ② 복효적 행정행위
  ③ 불가변력 있는 행정행위   ④ 실권(시간경과)
  ⑤ 포괄적 신분설정행위(귀화허가, 공무원임명)
      ▶ 철회권 제한사유가 아닌 것 : 불가쟁력 있는 행정행위

2. 철회가 제한되지 않는 경우
  ① 위험방지
  ② 수익자의 책임

(6) 철회의 효과(원칙 장래효)

영유아보육법 제30조 제5항 제3호에 따른 평가인증 취소의 법적 성격은 평가인증의 철회이고, 행정청이 평가인증이 이루어진 이후에 새로이 발생한 사유를 들어 영유아보육법 제30조 제5항에 따라 평가인증을 철회하는 처분을 하면서, 별도의 법적 근거 없이 평가인증의 효력을 과거로 소급하여 상실시킬 수 없다(대판 2018.6.28, 2015두58195).

(7) 하자 있는 철회의 쟁송취소의 소급효

수익적 행정행위 철회의 쟁송취소는 소급효 : 영업의 금지를 명한 영업허가취소처분 자체가 나중에 행정쟁송절차에 의하여 취소되었다면 그 영업허가취소처분은 그 처분시에 소급하여 효력을 잃게 되며, 그 영업허가취소처분에 복종할 의무가 원래부터 없었음이 확정되었다고 봄이 타당하고, 영업허가취소처분이 장래에 향하여서만 효력을 잃게 된다고 볼 것은 아니므로 그 영업허가취소처분 이후의 영업행위를 무허가영업이라고 볼 수는 없다(대판 1993.6.25, 93도277).

8. 처분(행정행위)의 변경

(1) 처분변경의 의의

처분변경은 기존의 처분을 다른 처분으로 변경하는 것을 말한다. 처분은 ① 당사자, ② 처분사유, ③ 처분내용으로 구성된다. 따라서 처분변경도 당사자의 변경, 처분사유의 변경, 처분내용의 변경으로 나눌 수 있다.

(2) 처분변경의 종류

1. 처분 당사자의 변경
2. 처분사유의 추가·변경 : 처분사유의 추가·변경이 처분변경이 되려면 처분사유의 추가·변경이 종전처분의 처분 사유와 기본적 사실관계의 동일성이 없는 사유이어야 한다. 처분청은 스스로 당해 처분의 적법성과 합목적성을 확보하고자 행하는 자신의 내부시정절차에서는 당초 처분의 근거로 삼은 사유와 기본적 사실관계의 동일성이 인정되지 않는 사유라 하더라도 처분사유로 추가·변경할 수 있다.

┤ 관 련 판 례 ├
> 1. 산업재해보상보험법상 심사청구에 관한 절차의 성격은 근로복지공단 내부의 시정절차이고 그 절차에서는 근로복지공단이 당초 처분의 근거로 삼은 사유와 기본적 사실관계의 동일성이 인정되지 않는 사유를 처분사유로 추가·변경할 수 있다(대판 2012.9.13, 2012두3859).
> 2. 근로복지공단이 '우측 감각신경성 난청'으로 장해보상청구를 한 근로자 갑에 대하여 소멸시효 완성을 이유로 장해보상급여부지급결정을 하였다가, 갑이 불복하여 심사청구를 하자 갑의 상병이 업무상 재해인 소음성 난청으로 보기 어렵다는 처분사유를 추가하여 심사청구를 기각한 사안에서, 갑의 상병과 업무 사이의 상당인과관계 부존재를 처분사유 중 하나로 본 원심판단을 정당하다고 한 사례(대판 2012.9.13, 2012두3859)

(3) 처분내용의 변경

1. 의의 : 처분의 내용을 적극적으로 변경하는 것을 말한다. 처분의 소극적 변경, 즉 일부취소는 처분변경이 아니다.
2. 종류 및 효력
   ① 실질적 변경처분 : 처분내용을 상당한 정도로 변경하는 처분이다. 이 경우 종전 처분은 변경처분으로 대체되고 장래에 향하여 효력을 상실한다.

   ┤ **관 련 판 례** ├
   관리처분계획의 주요 부분을 실질적으로 변경하는 내용으로 새로운 관리처분계획을 수립하여 시장·군수의 인가를 받은 경우, 당초 관리처분계획은 효력을 상실한다[대판(전합) 2012.3.22, 2011두6400].

   ② 일부변경처분 : 선행처분의 내용 중 일부만을 소폭 변경하는 등 선행처분과 분리가능한 변경처분이다. 이 경우 종전 선행처분은 일부 변경된 채로 효력을 유지하고 일부변경처분도 별도로 존재한다.

   ┤ **관 련 판 례** ├
   선행처분의 주요 부분을 실질적으로 변경하는 내용으로 후행처분을 한 경우에 선행처분은 특별한 사정이 없는 한 효력을 상실하지만, 후행처분이 선행처분의 내용 중 일부만을 소폭 변경하는 정도에 불과한 경우에는 선행처분은 소멸하는 것이 아니라 후행처분에 의하여 변경되지 아니한 범위 내에서는 그대로 존속한다(대판 2020.4.9, 2019두49953).

(4) 절 차

1. 실질적 변경처분 : 명문의 규정이 없는 한 선행처분과 동일한 절차에 따라 행해진다.
2. 일부변경처분 : 선행처분보다 간소한 절차로 행해질 수 있다.

9. 실효사유

1. 대상의 소멸
   ① 대인적 허가의 경우 운전면허나 의사면허를 받은 사람의 사망으로 인한 면허의 실효
   ② 대물적 허가의 경우 물건의 소멸·물적 시설의 철거 : 유기장의 영업허가를 받은 자가 영업장소를 명도하고 유기시설을 모두 매각함으로써 유기장업을 폐업한 경우(대판 1990.7.13, 90누2284)
   ③ 허가영업의 자진폐업
      ㉠ 종전의 결혼예식장영업을 자진폐업(대판 1985.7.9, 83누412)
      ㉡ 청량음료 제조업허가의 폐업(대판 1981.7.14, 80누593)
2. 해제조건의 성취·종기의 도래
3. 목적의 달성

제3장
그 밖의 행정의 행위형식

제1절 행정상의 확약

Ⅰ. 의의

1. 확약(약속대상이 행정행위에 한정) : 행정청이 자기구속을 할 의도로써 국민에 대해 장래 특정한 행정행위를 하거나(발급) 하지 않을 것(불발급)을 약속하는 의사표시. 확언의 일부
2. 확언 : 일체의 약속

Ⅱ. 종류

1. 각종 인허가의 발급약속
2. 내인가·내허가
3. 공무원임용내정(내락)·공무원 승진약속
4. 어업면허 우선순위결정(대판 1995.1.20, 94누6529)

Ⅲ. 근거

1. 본처분권한포함(내재)설(통설) : 신뢰보호원칙이 아님
2. 행정절차법에 확약의 가능성, 형식, 절차, 기속력에 관해 규율하고 있다. [시행 2022.7.12.]
   법령 등에서 당사자가 신청할 수 있는 처분을 규정하고 있는 경우 행정청은 당사자의 신청에 따라 장래에 어떤 처분을 하거나 하지 아니할 것을 내용으로 하는 의사표시(확약)를 할 수 있다(행정절차법 제40조의2 제1항). [본조신설 2022.1.11. 시행 2022.7.12.] 행정절차법도 본처분권한 포함(내재)설을 취하고 있다.

Ⅳ. 법적 성질

1. 행정행위설(다수설) : 행정청에 대하여 장래에 일정한 행위의 의무를 부과한다는 점에서 행정행위라는 견해로서 다수설이다.
2. 판례 : 판례는 확약 자체의 처분성은 부정하지만, 확약(내인가)의 취소에 대해서는 처분성을 인정한다.

┨ 관 련 판 례 ┠

1. 확약인 어업면허우선순위결정(행정행위성 부인, 처분성 부인) : 어업권면허에 선행하는 우선순위결정은 행정청이 우선권자로 결정된 자의 신청이 있으면 어업권면허처분을 하겠다는 것을 약속하는 행위로서 강학상 확약에 불과하고 행정처분은 아니므로, 우선순위결정에 공정력이나 불가쟁력과 같은 효력은 인정되지 아니하며, 따라서 우선순위결정이 잘못되었다는 이유로 종전의 어업권면허처분이 취소되면 행정청은 종전의 우선순위결정을 무시하고 다시 우선순위를 결정한 다음, 새로운 우선순위결정에 기하여 새로운 어업권면허를 할 수 있다(대판 1995.1.20, 94누6529).
2. 내인가(확약)의 취소(처분성 인정) : 내인가를 취소함으로써 다시 본인가에 대하여 따로 인가 여부의 처분을 한다는 사정이 보이지 않는다면 위 내인가 취소를 인가신청을 거부하는 처분으로 보아야 할 것이다(대판 1991.6.28, 90누4402).

Ⅴ. 한계

1. 기속행위에 대한 확약가능성(긍정) : 준비이익·기대이익·예지이익·대처이익
2. 요건사실의 완성 후의 확약가능성(긍정) : 준비이익·기대이익·예지이익·대처이익

Ⅵ. 확약의 요건

구분	내용
절차	행정청은 다른 행정청과의 협의 등의 절차를 거쳐야 하는 처분에 대하여 확약을 하려는 경우에는 확약을 하기 전에 그 절차를 거쳐야 한다(행정절차법 제40조의2 제3항). [본조신설 2022.1.11. 시행 2022.7.12.]
형식	확약은 문서로 하여야 한다(행정절차법 제40조의2 제2항). [본조신설 2022.1.11. 시행 2022.7.12.]

Ⅶ. 확약의 효과

① 내용적 구속력 : 구속력의 근거는 확약의 허용성의 근거와는 달리 신뢰보호의 원칙
② 사정변경 : 확약의 실효사유(대판 1996.8.20, 95누10877)
행정청은 다음 각 호의 어느 하나에 해당하는 경우에는 확약에 기속되지 아니한다(행정절차법 제40조의2 제4항).

1. 확약을 한 후에 확약의 내용을 이행할 수 없을 정도로 법령 등이나 사정이 변경된 경우
2. 확약이 위법한 경우

행정청은 확약이 제4항 각 호의 어느 하나에 해당하여 확약을 이행할 수 없는 경우에는 지체 없이 당사자에게 그 사실을 통지하여야 한다(같은 조 제5항). [본조신설 2022.1.11. 시행 2022.7.12.]
▶ 사정변경은 행정행위의 경우 철회사유임

제2절 행정계획

Ⅰ. 행정계획의 의의

행정계획은 도시의 건설·정비·개량 등과 같은 특정한 행정목표를 달성하기 위하여 행정에 관한 전문적·기술적 판단을 기초로 관련되는 행정수단을 종합·조정함으로써 장래의 일정한 시점에 일정한 질서를 실현하기 위하여 설정한 활동기준이나 그 설정행위를 말한다(대판 2020.6.25, 2019두56135).

Ⅱ. 행정계획의 종류

구분	내용
구속적 계획	1. 수범자를 법적으로 구속하는 계획, 행정기관 사이에서만 구속력을 가지는 계획과 국민에 대해서도 구속력을 갖는 계획으로 구분 2. 국민에 대해 구속력을 가지는 계획 　① 도시·군관리계획 　② 도시개발법상 환지계획(판례는 처분성 부정) 　③ 환권계획(관리처분계획[대판(전합) 2009.9.17, 2007다2428], 분양계획) 　④ 「도시 및 주거환경정비법」에 따른 주택재건축정비사업시행계획(대결 2009.11.2, 2009마596) 3. 타 계획에 대해 구속력을 가지는 계획 : 국토종합계획, 광역도시계획, 도시기본계획 ┤ 관 련 판 례 ├ 1. 도시기본계획은 일반국민에 대한 직접적인 구속력은 없다(대판 2002.10.11, 2000두8226). 2. 도시기본계획은 행정청에 대한 직접적 구속력이 없다(대판 2007.4.12, 2005두1893).
비구속적 계획	1. 대외적으로 일반국민에 대해서, 대내적으로 행정기관에 대해서도 구속력을 가지지 않는 계획 2. 산업교육진흥계획, 교육진흥계획, 체육진흥계획, 인구계획

Ⅲ. 행정계획의 법적 성질, 법적 근거, 절차

구분	내용
법적 성질	행정계획 가운데는 법률의 형식에 의한 행정계획(독일의 예산), 행정입법(법규명령·행정규칙·조례)의 형식, 행정행위의 형식에 의한 행정계획, 사실행위의 형식에 의한 행정계획(홍보적·정보제공적 행정계획)이 있을 수 있다는 복수성질성(다수설)
법적 근거	일반법에 해당하는 행정기본법에는 행정계획에 관한 규정이 존재하지 않고, 행정절차법은 "행정청은 행정청이 수립하는 계획 중 국민의 권리·의무에 직접 영향을 미치는 계획을 수립하거나 변경·폐지할 때에는 관련된 여러 이익을 정당하게 형량하여야 한다(제40조의4)."라고 하여 형량명령과 계획의 행정예고와 처분성을 갖는 계획의 경우 처분에 관한 절차규정에 대해서만 규정하고, 계획수립절차에 관해서는 규정하고 있지 않다. 따라서 현행법상 계획수립(확정)절차에 대하여는 일반법에 규정이 없고 「국토의 계획 및 이용에 관한 법률」 등 개별법에만 규정이 있다.
절차	1. 공람·공고절차를 위배한 도시계획변경결정처분은 위법하다(대판 1988.5.24, 87누388). 2. 기초조사절차를 거치지 아니한 도시계획결정은 취소사유(대판 1990.6.12, 90누2178) 3. 공청회를 거치지 않은 도시계획결정은 취소사유(대판 1990.1.23, 87누947) 4. 공람 및 공청회절차를 거치지 않은 도시계획결정은 취소사유(대판 2000.3.23, 98두2768) 5. 「도시 및 주거환경정비법」 제46조 제1항에서 정한 분양신청기간의 통지 등 절차를 제대로 거치지 않고 이루어진 관리처분계획은 위법하다(대판 2011.1.27, 2008두14340). 6. 주택재개발정비사업조합이 새로 조합설립인가처분을 받는 것과 동일한 요건과 절차로 조합설립변경인가처분을 받은 후 종전의 조합설립인가처분이 당연무효이거나 취소되는 경우, 조합이 관리처분계획을 새롭게 수립하여 인가를 받아야 하고, 이때 조합이 종전 분양신청 현황에 따라 관리처분계획을 수립한 경우, 관리처분계획은 원칙적으로 위법하다(대판 2016.12.15, 2015두51309).

Ⅳ. 행정계획의 처분성

처분성 인정	처분성 부정
1. 도시계획결정(현재는 도시·군관리계획결정)(대판 1982. 3.9, 80누105) 2. 개발제한구역의 지정·고시(헌재결 1991.7.22, 89헌마 174) 3. 택지개발예정지구의 지정(대판 1996.3.22, 95누10075) 4. 관리처분계획(환권계획, 분양계획)(대판 2002.12.10, 2001두6333) 5. 「국토의 계획 및 이용에 관한 법률」상 토지거래허가구역의 지정(대판 2006.12.22, 2006두12883) 6. 「도시 및 주거환경정비법」에 따른 주택재건축정비사업시행계획(대결 2009.11.2, 2009마596)	1. 기본계획 　① 도시기본계획(대판 1997.9.26, 96누10096) 　② 농어촌도로기본계획(대판 2000.9.5, 99두974) 　③ 대학입시기본계획(헌재결 1997.7.16, 97헌마70) 　④ 하수도정비기본계획(대판 2002.5.17, 2001두10578) 2. 종합계획 3. 광역도시계획 4. 환지계획(대판 1999.8.20, 97누6889)(학설은 처분성 인정) 　▶ 환지처분이 확정된 후 별도로 행하여진 환지청산금 교부처분은 사법적 심사의 대상인 행정처분이 아님(대판 1987.3. 24, 85누926) : 환지청산금 교부처분도 환지계획에 따른 환지처분에 포함되는 것이므로

V. 행정작용별 기능

구분	내용

행정계획	1. 개념에서
	    ① 목표설정기능
	    ② 행정수단의 종합화기능
	2. 행정의 미래의 청사진을 제공함으로써
	    ③ 정보제공기능
	    ④ 국민에 대한 예측가능성 부여기능
	    ⑤ 행정과 국민 간의 매개적 기능
	    ⑥ 국민에 대한 유도적·지침적 기능

공법상 계약	1. 비권력적 공법행위이므로 법적 근거를 요하지 않기 때문에
	    ① 개별·구체적 사정에 즉응한 탄력적 행정목적 달성가능
	2. 상대방과의 협상과정을 통해
	    ② 합의에 의한 행정으로 마찰회피
	    ③ 법적 근거가 없이도 당사자의 협의에 의해 체결할 수 있기 때문에 법의 흠결 보완 및 사실관계나 법률관계가 불명확할 때 문제해결이 용이
	    ④ 법률지식이 없는 자에 대해서도 교섭이나 협상을 통하여 문제를 이해시킴

행정지도	1. 비권력적 사실행위이므로 법적 근거를 요하지 않으므로
	    ① 신축적·탄력적인 행정(현실의 행정수요에 대응)
	2. 상대방의 임의적 동의나 협력을 전제로 하므로
	    ② 공권력발동으로 야기될 수 있는 마찰이나 저항의 방지
	    ③ 분쟁의 사전회피(임의적 수단에 의한 편의성)
	    ④ 법률흠결에 대한 보완
	3. 행정지도의 기능에 따른 종류
	    ⑤ 조성적(촉진적) 행정지도 : 최신의 지식·기술·정보를 제공
	    ⑥ 조정적 행정지도 : 조정적·유도적 기능
	    ⑦ 억제적(규제적) 행정지도 : 규제기능

비공식적
행정작용
	1. 비권력적 사실행위이므로 법적 근거를 요하지 않기 때문에
	    ① 탄력성 있는 행정
	2. 상대방과의 협의나 합의를 통해
	    ② 법적 불명확성 제거
	    ③ 노력·비용의 절감

행정절차	1. 인간의 존엄과 가치의 존중 2. 행정의 민주성 실현 3. 법치주의의 보장(행정작용의 적정화, 공정성, 객관화) 4. 행정의 능률화(↔ 신속성) 5. 사전적 권리구제

| 이유부기 | 1. 명료화기능(사안을 설명하며 명확하게 하는 기능)
2. 설득기능·충족기능·동의기능(당사자를 양해시키고 만족시켜 공동의 동의를 가져오는 기능)
3. 정당화기능·결정기능(정당한 결론의 도출을 가능하게 하는 기능)
4. 권리구제기능(상대방의 불복 여부의 결정과 불복신청에 편의제공)
5. 통제기능(처분 전에 상대방의 불복가능성을 고려하여 자의를 배제, 신중하고 합리적이며 공정한 처분을 가능하게 하는 기능)
6. 외부적 통제기능(외부기관에 의한 통제기능)
7. 부담완화기능(사후통제시 부담의 완화기능)
　　▶ 방어기능은 인정되지 않음 |
|---|---|

┤ 관 련 판 례 ├

국세징수법 제9조 제1항(납세고지서)은 단순히 세무행정상의 편의를 위한 훈시규정이 아니라 조세행정에 있어 자의를 배제하고 신중하고 합리적인 처분을 행하게 함으로써 공정을 기함과 동시에 납세의무자에게 부과처분의 내용을 상세히 알려 불복 여부의 결정과 불복신청에 편의를 제공하려는 데서 나온 강행규정이다(대판 1985.5.28, 84누289).

VI. 행정계획의 효력

1. 효력발생 요건

도시·군관리계획 결정의 효력은 지형도면을 고시한 날부터 발생한다(「국토의 계획 및 이용에 관한 법률」 제31조 제1항).

┤ 관 련 판 례 ├

1. 도시관리계획 결정·고시를 하지 않으면 효력발생하지 않음(대판 1985.12.10, 85누186)
2. 도시계획결정의 효력발생요건은 도시계획결정고시이고, 지형도면의 결정·고시로 구체적·개별적 범위 확정(대판 2000.3.23, 99두11851)

2. 집중효

구분	내용
의의 및 취지	행정계획이 확정(승인)되면 다른 법령에 의해 받아야 하는 인가·승인허가 등을 받은 것으로 의제되는 효력(대체효)
법적 근거	집중효는 행정기관의 권한에 변경을 가져오므로 행정조직법정주의의 원리상 반드시 개별법률에서 명시적으로 규정된 경우에만 인정
기능	절차간소화
집중효의 정도	절차집중설(다수설·판례) : 절차법은 적용되지 않지만, 실체법은 적용된다는 견해 ┨ **관 련 판 례** ┠ 채광계획인가로 공유수면점용허가가 의제될 경우, 공유수면 점용불허사유로써 채광계획을 인가하지 아니할 수 있다(대판 2002.10.11, 2001두151).
절차	1. 관계기관과의 협의 : 의제되는 인허가의 실체적 요건을 심사할 수 있도록 하기 위해 의무적 규정으로 두고 있는 것이 일반적 ┨ **관 련 판 례** ┠ 내부협의나 공고가 없었다 하여 사업주체가 도로법상 도로점용허가를 얻은 것으로 간주되는 주택건설촉진법 제33조 제4항의 적용이 배제되지 않는다(대판 2002.2.26, 2000두4323). 2. 이해관계 있는 제3자의 절차적 보호 : 의제되는 인허가의 관계법률이 정하고 있는 이해관계인의 권익보호절차는 존중되어야 한다. 그러나 판례는 의제되는 법률에 규정된 이해관계인의 의견청취절차를 생략할 수 있다는 입장(대판 1992.11.10, 92누1162) ┨ **관 련 판 례** ┠ 1. 건설부장관이 관계기관의 장과의 협의를 거쳐 주택건설사업계획 승인을 한 경우 별도로 도시계획법 소정의 중앙도시계획위원회의 의결이나 주민의 의견청취 등의 절차를 거칠 필요는 없다(대판 1992.11.10, 92누1162). 2. 주택건설사업계획 승인권자가 도시·군관리계획 결정권자와 협의를 거쳐 주택건설사업계획을 승인함으로써 도시·군관리계획결정이 이루어진 것으로 의제되기 위해서는 협의 절차와 별도로 「국토의 계획 및 이용에 관한 법률」 제28조 등에 따른 주민 의견청취 절차를 거쳐야 하는 것은 아니다(대판 2018.11.29, 2016두38792).
권리구제	계획 승인시 부관을 이행하지 않아 의제되는 인허가가 취소된 경우 항고소송의 대상은 의제되는 인허가취소처분이다. ┨ **관 련 판 례** ┠ 괴산군수가 갑 주식회사에 구 「중소기업창업 지원법」 제35조에 따라 산지전용허가 등이 의제되는 사업계획을 승인하면서 산지전용허가와 관련하여 재해방지 등 명령을 이행하지 아니한 경우 산지전용허가를 취소할 수 있다는 조건을 첨부하였는데, 갑 회사가 재해방지 조치를 이행하지 않았다는 이유로 산지전용허가 취소를 통보하고, 이어 토지의 형질변경 허가 등이 취소되어 공장설립 등이 불가능하게 되었다는 이유로 갑 회사에 사업계획승인을 취소한 사안에서, <u>의제된 산지전용허가 취소가 항고소송의 대상이 되는 처분에 해당하고, 산지전용허가를 제외한 나머지 인허가 사항만 의제된 사업계획승인 취소와 별도로 산지전용허가 취소를 다툴 필요가 있는데도,</u> 이와 달리 본 원심판단에 법리를 오해한 위법이 있다고 한 사례(대판 2018.7.12, 2017두48734).

Ⅶ. 행정계획과 권리구제

1. 사후적 권리구제

구분	내용
행정쟁송	1. 처분성 : 소송요건상 처분성 인정 여부에 대한 논란. 일부계획만 처분성 인정 2. 계획재량 : 본안판단에서 계획재량으로 인해 위법성 인정 곤란 3. 기성사실의 문제 : 행정계획 또는 도시계획은 상호 연관이 있기 때문에 어느 부분만을 취소 또는 변경하기가 어렵다. 따라서 문제된 행정계획의 위법성이 인정된다 하더라도 사정판결·사정재결의 가능성이 많다. ┤ 관 련 판 례 ├ 도시계획시설결정 후 장기간 그 사업이 시행되지 아니하였더라도 일단 그 도시계획사업이 시행되어 토지수용에까지 나아간 이상 토지에 대한 도시계획결정의 취소를 청구할 법률상 이익이 인정되지 않는다(헌재결 2002.5.30, 2000헌바58·2001헌바3).
손해전보	1. 손해배상 : 행정계획의 위법성이나 과실을 인정하기 곤란한 문제가 있다. 2. 손실보상 : 특별한 재산적 손실에 해당함에도 관계법령이 손실보상규정을 두고 있지 않은 경우에 그 권리구제를 어떻게 할 것인지가 문제가 된다.
헌법소원	1. 비구속적 행정계획안이나 행정지침이라도 국민의 기본권에 직접적으로 영향을 끼치고, 앞으로 법령의 뒷받침에 의하여 그대로 실시될 것이 틀림없을 것으로 예상될 수 있을 때에는 공권력행위로서 예외적으로 헌법소원의 대상이 될 수 있다(헌재결 2000.6.1, 99헌마538). 2. 서울대학교가 「94학년도 대학입학고사주요요강」을 제정하여 발표한 것에 대하여 제기된 헌법소원심판청구는 적법(헌재결 1992.10.1, 92헌마 68·76)

2. 사전적 권리구제

행정계획에 대한 사후구제가 어렵기 때문에 다른 어떤 행정작용보다 사전적 권리구제절차인 계획수립절차의 중요성이 더욱 크다. 그러나 현행 행정절차법은 계획수립절차에 관한 규정이 없어 문제점으로 지적된다. 다만, 형량명령과 처분성이 인정되는 계획에 대한 처분절차에 관한 규정과 계획에 대한 행정예고제가 이에 관한 간접적 규정이라고 할 수 있다.

Ⅷ. 계획재량

1. 의의

계획재량이란 행정주체가 행정계획을 입안·결정[계획수립·확정(계획집행이 아님)]함에 있어서 가지는 비교적 광범위한 형성의 자유를 말한다(대판 2000.3.23, 98두2768).

2. 규범구조

목적프로그램, 목적수단의 정식

3. 재량의 대상

장래에 이루고자 하는 목적사항, 즉 형성적 사항 → 형성의 자유

4. 범위

판단의 자유의 범위가 상대적으로 넓다.

> **┤ 관 련 판 례 ├**
>
> 1. 계획재량은 불확정적인 개념 사용의 필요성이 행정재량보다 더 크다(헌재결 2007.10.4, 2006헌바91).
> 2. 도시기반시설인 노외주차장의 설치를 위한 도시·군관리계획 입안·결정에 관하여 행정청이 가지는 재량의 범위 : 특히 노후·불량주택 자체를 효율적으로 개량하기 위한 목적이 아닌 공익사업을 시행하는 과정에서 다수의 기존 주택을 철거하여야 하는 경우에는 단순히 재산권 제한에 그치는 것이 아니라 매우 중요한 기본권인 '주거권'이 집단적으로 제한될 수 있으므로, 이를 정당화하려면 그 공익사업에 중대한 공익상 필요가 분명하게 인정되어야 한다. 이러한 중대한 공익상 필요는 신뢰할 수 있는 자료를 기초로 앞서 본 제반 사정을 종합하여 신중하게 판단하여야 한다. 나아가 설치하려는 주차장 자체의 경제성·효율성과 주차장을 설치한 후 운영하는 과정에서 발생하게 될 인근 주민의 불편이나 해당 지역의 교통에 미칠 영향 등을 함께 비교·형량하여야 한다(대판 2018.6.28, 2018두35490·35506).
> 3. 용도지역 지정·변경행위의 법적 성질은 행정계획으로서 재량행위이다(대판 2005.3.10, 2002두5474).
> 4. 어떤 개발사업이 '자연환경·생활환경에 미치는 영향'과 같이 장래에 발생할 불확실한 상황과 파급효과에 대한 예측이 필요한 요건에 관한 행정청의 재량적 판단은 폭넓게 존중되어야 한다(대판 2020.9.3, 2020두34346).
> 5. 이 경우 행정청의 당초 예측이나 평가와 일부 다른 내용의 감정의견이 제시되었다는 사정만으로 행정청의 판단을 위법하다고 할 수 없다(대판 2020.9.3, 2020두34346).
> 6. 개발사업의 적합 여부 판단과 관련한 행정청의 재량권 일탈·남용 여부를 심사하는 방법과 대상 : 이때 해당 개발사업 자체가 독자적으로 생활환경과 자연환경에 미칠 수 있는 영향을 분리하여 심사대상으로 삼을 것이 아니라, 기존의 주변 생활환경과 자연환경 상태를 기반으로 그에 더하여 해당 개발사업까지 실현될 경우 주변 환경에 총량적·누적적으로 어떠한 악영향을 초래할 우려가 있는지를 심사대상으로 삼아야 한다(대판 2020.9.3, 2020두34346).

5. 행사절차

형량명령의 준수

6. 통제

절차적 통제만 의의

IX. 형량명령과 형량하자

1. 형량명령

형량명령의 법리는 학설·판례상 인정되어 온 것인데 2022. 1. 11. 행정절차법 개정으로 행정절차법에도 규정이 있다. 즉, 행정청은 행정청이 수립하는 계획 중 국민의 권리·의무에 직접 영향을 미치는 계획을 수립하거나 변경·폐지할 때에는 관련된 여러 이익을 정당하게 형량하여야 한다(제40조의4). [본조신설 2022. 1. 11. 시행 2022. 7. 12.]

1. 의의 : 행정주체가 가지는 형성의 자유는 무제한적인 것이 아니라 그 행정계획에 관련되는 자들의 이익을 공익과 사익 사이에서는 물론이고 공익 상호 간과 사익 상호 간에도 정당하게 비교·교량하여야 한다는 제한이 있는 것이다(대판 2006.4.28, 2003두11056).
2. 이러한 법리는 행정청이「국토의 계획 및 이용에 관한 법률」(국토계획법)에 따라 주민 등의 도시관리계획 입안 제안을 받아들여 도시관리계획결정을 할 것인지를 결정하는 경우에도 마찬가지로 적용된다(대판 2020.6.25, 2019두56135).
3. 「산업입지 및 개발에 관한 법률」상 산업단지개발계획 변경권자가 산업단지 입주업체 등의 신청에 따라 산업단지개발계획을 변경할 것인지를 결정하는 경우에도 마찬가지 법리가 적용된다(대판 2021.7.29, 2021두33593).
4. 환경의 훼손이나 오염을 발생시킬 우려가 있다는 점을 처분사유로 하는 산업단지개발계획 변경신청 거부처분과 관련하여 재량권의 일탈·남용 여부를 판단하는 방법 : 환경의 훼손이나 오염을 발생시킬 우려가 있다는 점을 처분사유로 하는 산업단지개발계획 변경신청 거부처분과 관련하여 재량권의 일탈·남용 여부를 심사할 때에는 「산업입지 및 개발에 관한 법률」의 입법 취지와 목적, 인근 주민들의 토지이용실태와 생활환경 등 구체적 지역 상황, 환경권의 보호에 관한 각종 규정의 입법 취지 및 상반되는 이익을 가진 이해관계자들 사이의 권익 균형 등을 종합하여 신중하게 판단하여야 한다(대판 2021.7.29, 2021두33593).
5. 행정주체가 기반시설을 조성하기 위하여 도시·군계획시설결정을 하거나 실시계획인가처분을 할 때 행사하는 재량권은 재량통제의 대상이 된다(대판 2018.7.24, 2016두48416).

2. 형량하자

구분	내용
형량의 탈락·해태·조사결함	이익형량을 전혀 행하지 아니한 경우
형량의 흠결·부전 (不全)	이익형량의 고려대상에 마땅히 포함시켜야 할 사항을 누락한 경우
오형량 (형량과오, 형량불비례)	이익형량을 하였으나 정당성·객관성이 결여된 경우
판례	1. 평가 : 판례는 행정계획결정에 있어 광범위한 형성의 자유를 인정하고, 이에 대한 한계원리로서 형량명령의 법리를 반영하고 '형량하자'라는 용어를 사용하면서도 뒤에서는 '재량권의 일탈·남용'이라고 판시하고 있다. 이에 대해 판례는 부정설을 취하고 있다고 해석하는 견해가 제기된다. 2. 형량하자 인정사례 ① 대학시설을 유치하기 위한 울산광역시의 도시계획시설결정은 공익과 사익의 이익형량에 정당성과 객관성을 결여한 하자가 있어 위법하다(대판 2006.9.8, 2003두5426). ② 청계산 도시자연공원 인근에 휴게광장을 조성하기 위한 구청장의 도시계획결정은 공익과 사익에 관한 이익형량을 그르쳐 위법하다(대판 2007.1.25, 2004두12063). 3. 행정주체가 구체적인 행정계획을 입안·결정할 때 가지는 형성의 자유의 한계에 관한 법리는 장기간 미집행 도시계획시설의 변경신청에 관한 결정을 함에 있어서도 적용된다(대판 2012.1.12, 2010두5806).

X. 계획보장청구권과 계획변경청구권

1. 계획보장청구권

구분	내용
의의	행정청의 행정계획 폐지·변경에 대하여 당사자가 그 계획의 존속, 계획의 이행(준수 + 집행), 경과조치 및 손실보상 등을 요구할 수 있는 청구권
계획존속청구권	1. 계획의 변경 또는 폐지에 대항하여 계획의 존속을 주장하는 권리이다. 일반적인 계획존속청구권은 개인의 신뢰보호가 공익에 대하여 일방적인 우선권을 가지는 경우를 전제로 하기 때문에 원칙적으로 인정되지 않는다. 2. 다만, 예외적으로 법률의 형식에 의한 행정계획은 부진정소급효의 경우 경과규정이나 적응조치를 통해, 행정행위의 형식에 의한 행정계획의 경우에는 행정행위의 취소와 철회의 제한의 원칙에 의해 잠정적인 계획보장청구권이 고려될 수 있다.

계획이행청구권	1. 기존 행정계획과 다르게 계획이 집행되는 경우에 기존의 계획에 따라 집행해 줄 것을 요구하는 권리를 계획준수청구권, 수립된 계획이 집행되지 않을 때 집행을 요구하는 권리를 계획집행청구권, 양자를 합하여 계획이행청구권이라고 한다. 일반적 계획이행청구권은 부인하는 것이 다수설이다.
	2. 다만, 「국토의 계획 및 이용에 관한 법률」 제47조는 도시계획시설부지로 지정한 후 10년 이내에 도시계획을 시행하지 않는 경우에 해당 토지소유자는 관련 지방자치단체장에 대하여 매수청구권을 행사할 수 있도록 하고 있는바, 이는 계획이행청구권을 갈음하는 청구권이라고 할 수 있다.
	3. 도시계획시설부지에 대한 헌법재판소결정
	  ① 도시계획시설부지로 지정하고 장기간 도시계획사업을 시행하지 않은 경우 구제조치(매수청구권이나 수용신청권의 부여, 지정의 해제, 금전적 보상 등)가 필요(헌재결 1999.10.21, 97헌바26)
	  ② 장기미집행 도시계획시설결정의 실효제도는 법률상 권리일 뿐 재산권으로부터 도출되는 권리는 아니다(헌재결 2005.9.29, 2002헌바84·89, 2003헌마678·943).
	  ③ 도시계획시설부지가 나대지인 경우와 달리 지목이 대 이외의 토지의 경우는 매수청구권을 인정하지 않더라도 평등원칙 위반이 아니다(헌재결 2005.9.29, 2002헌바84·89, 2003헌마678·943).

경과조치청구권	계획의 존속을 신뢰하여 조치를 취한 자가 행정계획의 변경 또는 폐지로 인하여 받게 될 불이익을 방지하기 위하여 행정청에 대하여 경과조치 또는 적응조치(적합원조청구권)를 청구할 수 있는 권리로서 일반적 경과조치청구권은 부인된다.
손해전보청구권	행정상 손해배상이나 손실보상에 관한 일반원리에 따라 손해전보를 청구하는 권리로서, 계획보장청구권에 손해전보청구권도 포함됨에 유의해야 한다.

2. 계획변경청구권

1. 계획의 변경은 권한 있는 기관에 의해 행해져야 적법하게 변경된다.

> **┤ 관 련 판 례 ├**
>
> 1. 후행 도시계획에 선행 도시계획과 서로 양립할 수 없는 내용이 포함되어 있다면 특별한 사정이 없는 한 선행 도시계획은 후행 도시계획과 같은 내용으로 변경되는 것이나, 후행 도시계획의 결정을 하는 행정청이 선행 도시계획의 결정·변경 등에 관한 권한을 가지고 있지 아니한 경우에는 선행 도시계획과 양립할 수 없는 내용이 포함된 후행 도시계획결정의 효력은 무효(대판 2000.9.8, 99두11257)
> 2. 당초 관리처분계획의 주요 부분을 실질적으로 변경하는 내용으로 새로운 관리처분계획을 수립하여 시장·군수의 인가를 받은 경우, 당초 관리처분계획은 원칙적으로 효력을 상실한다(대판 2016.6.23, 2014다16500).
> 3. 효력을 상실한다는 것의 의미는 변경 시점을 기준으로 장래를 향하여 실효된다는 의미이다(대판 2016.6.23, 2014다16500).
> 4. 변경된 관리처분계획이 당초 관리처분계획의 주요 부분을 실질적으로 변경하는 정도에 이르지 않는 경우, 당초 관리처분계획 중 변경되는 부분은 장래를 향하여 실효된다(대판 2016.6.23, 2014다16500).

2. 법규상 또는 조리상 신청권 관련사례

신청권 인정사례(예외)	신청권 부정사례(원칙)
1. 구 국토이용관리법상의 국토이용계획변경신청에 대한 거부(대판 2003.9.23, 2001두10936) : 장래 일정한 기간 내에 관계 법령이 규정하는 시설 등을 갖추어 일정한 행정처분을 구하는 신청을 할 수 있는 법률상 지위에 있는 자의 국토이용계획변경신청을 거부하는 것이 실질적으로 당해 행정처분 자체를 거부하는 결과가 되는 경우 예외적으로 신청권 인정	1. 도시계획시설인 시장 및 아파트지구결정 변경신청 거부(대판 1984.10.23, 84누227)
2. 문화재청장이 국가지정문화재의 보호구역에 인접한 나대지에 건물을 신축하기 위한 국가지정문화재 현상변경신청을 허가하지 않은 경우(대판 2006.5.12, 2004두9920)	2. 도시계획시설인 부산시 남구 수영공원조성계획 취소신청거부(대판 1989.10.24, 89누725)
3. 「산림법 시행규칙」 제44조 제1항 제4호 가목의 '제1종 수원함양보안림'으로 지정된 토지의 보안림 해제신청에 대한 행정청의 반려처분(대판 2006.6.2, 2006두2046) 산업단지개발계획상 산업단지 안의 토지 소유자로서 산업단지개발계획에 적합한 시설을 설치하여 입주하려는 자의 산업단지개발계획의 변경거부행위(대판 2017.8.29, 2016두44186)	3. 경산시 백천동 도시계획도로 폐지 또는 변경신청 거부(대판 1994.1.28, 93누22029)
	4. 종로구의 노외주차장시설부지를 여객자동차정류장으로 변경한 도시계획시설 변경·폐지신청거부(대판 1994.12.9, 94누8433)
	5. 임야의 국토이용계획상 용도지역을 사설묘지를 설치할 수 있는 용도지역으로 변경해 달라는 신청의 거부(대판 1995.4.28, 95누627)
	6. 재개발사업지구 내 토지 등의 소유자의 재개발사업계획 변경신청에 대한 불허통지(대판 1999.8.24, 97누7004)
	7. 도시계획폐지신청 내지 도시계획결정으로 인한 보상청구에 대한 행정청의 거부(헌재결 1999.10.21, 98헌마407)

3. 계획입안청구권

1. 도시계획구역 내 토지소유자의 도시계획입안 신청에 대한 도시계획 입안권자의 거부(대판 2004.4.28, 2003두180
   6) : 도시계획의 입안을 제안할 수 있고, 위 입안제안을 받은 입안권자는 그 처리결과를 제안자에게 통보하도
   록 규정하고 있는 점 등과 헌법상 개인의 재산권 보장의 취지
2. 군수가 도시관리계획 구역 내 토지 등을 소유하고 있는 주민의 납골시설에 관한 도시관리계획의 입안제안을
   반려한 처분(대판 2010.7.22, 2010두5745)

제3절 공법상 계약

I. 공법상 계약의 의의 및 성질, 근거

구분	내용
의의 및 성질	1. 공법상 계약이란 행정주체 상호 간 또는 행정주체와 국민 간에 공법상의 효과발생을 목적으로 복수의 대등한 당사자 간에 반대방향의 의사의 합치에 의해 성립되는 비권력적·쌍방적 공법행위를 말한다. ┃ **관 련 판 례** ┃ 공법상 계약의 의미 : 공법상 계약이란 공법적 효과의 발생을 목적으로 하여 대등한 당사자 사이의 의사표시의 합치로 성립하는 공법행위를 말한다(대판 2021.2.4, 2019다277133). 2. 공법상 계약은 비권력적 공법행위이기 때문에 공정력이 인정되지 않는다. 공법상 계약은 학문상 확립된 개념이며, 실정법상의 개념이 아니다(행정절차법에 규정 없음).
사법상 계약	「국가를 당사자로 하는 계약에 관한 법률」에 의해 규율 구 「국가를 당사자로 하는 계약」에 관한 법률상의 요건과 절차를 거치지 않고 체결한 국가와 사인 간의 사법상 계약의 효력은 무효이다(대판 2015.1.15, 2013다215133).
가능성	오늘날 국가의 본질적 우월성은 부정되고 따라서 공법상 계약의 가능성을 부인하는 견해는 없다. 행정청은 법령 등을 위반하지 아니하는 범위에서 행정목적을 달성하기 위하여 필요한 경우에는 공법상 법률관계에 관한 계약(공법상 계약)을 체결할 수 있다. 이 경우 계약의 목적 및 내용을 명확하게 적은 계약서를 작성하여야 한다(행정기본법 제27조 제1항). 행정청은 공법상 계약의 상대방을 선정하고 계약 내용을 정할 때 공법상 계약의 공공성과 제3자의 이해관계를 고려하여야 한다(같은 조 제2항).
법적 근거	통설은 법률의 근거가 없는 경우에도 체결할 수 있다는 입장이다(계약자유설).

II. 공법상 계약의 종류

1. 행정주체 상호 간

1. 공공단체 상호 간의 사무위탁
   ① 지방자치단체 간의 교육사무위탁
   ② 농지개량조합의 구·시·군에 대한 공공조합비의 징수위탁
2. 지방자치단체 간에 행해지는 도로·하천 등 공물의 관리 및 경비분담에 관한 협의·지방자치단체 간의 도로관리에 관한 협의·지방자치단체 상호 간의 하천의 경비부담에 관한 협의

2. 행정주체와 사인 간

1. 준비행정에서의 계약
   ① 협의취득 : 판례는 사법상의 계약(대판 1999.11.26, 98다47245)
   ② 토지 등의 협의취득에 기한 손실보상금의 환수통보는 행정처분에 해당하지 않는다(대판 2010.11.11, 2010 두14367).
2. 급부행정에서의 계약
   ① 국공영의 전기·수도·가스공급계약 : 주로 사법상 계약
   ② 보조금지원 교부계약
3. 규제행정(권력행정분야)에서의 계약 : 당사자 간의 합의에 의한 방식은 원칙적으로 활용되지 않음
   ① 지방자치단체와 사기업 사이의 환경보전·관리협정
   ② 공해방지협정
4. 계약직 공무원의 채용계약·계약직 공무원 임용
   ① 학술 : 지방전문직공무원인 서울특별시의 경찰국 산하 서울대공전술연구소 소장 채용계약(대판 1993.9.14, 92누4611)
   ② 예술단원
      ㉠ 서울특별시립무용단 단원의 위촉은 공법상의 계약이라고 할 것이고, 따라서 그 단원의 해촉에 대하여 는 공법상의 당사자소송으로 그 무효확인을 청구할 수 있다(대판 1995.12.22, 95누4636).
      ㉡ 국립중앙극장 전속합창단원의 채용(대판 1996.8.27, 95나35953)
      ㉢ 시립합창단원에 대한 재위촉 거부는 항고소송의 대상인 처분에 해당하지 않는다(대판 2001.12.11, 2001두7794).
   ③ 언론 : 국방일보의 발행책임자인 국방홍보원장으로 채용된 계약직공무원에 대한 채용계약(대판 2002.11. 26, 2002두5948)
   ④ 의사 : 공중보건의사 채용계약의 법적 성질은 공법상 계약이므로 채용계약 해지에 관한 쟁송방법은 당사 자소송이다(대판 1996.5.31, 95누10617).

3. 사인 상호 간

토지보상법상 사인인 사업시행자와 토지소유자 간의 협의취득[판례는 사법상의 계약(대판 1996.2.13, 95다3510 ; 대판 1999.11.26, 98다47245)]

III. 공법상 계약의 특수성

1. 실체법적 특수성

1. 법적합성
   ① 법률유보원칙은 적용되지 않지만 법률우위의 원칙은 적용. 특별한 규정이 없으면 민법의 계약법리가 준용되나 평등원칙이나 비례원칙 등에 의해 사적 자치가 제한. 따라서 공법상 계약에서는 대등당사자가 자유롭게 의사형성을 하기보다는 법규에 근거하여 행정청만이 보다 많은 형성의 자유를 가질 수 있다.
   ② 지방전문직공무원 채용계약에서 정한 채용기간이 만료한 경우 채용계약을 갱신하거나 채용기간을 연장할 것인지 여부는 지방자치단체장의 재량에 맡겨져 있는 것으로 보아야 할 것이므로 지방전문직공무원 채용계약에서 정한 기간이 형식적인 것에 불과하고 그 채용계약은 기간의 약정이 없는 것이라고 볼 수 없다(대판 1993.9.14, 92누4611).
2. 계약내용이 정형화(부종계약, 부합계약)
3. 계약의 절차·형식 : 판례는 공법상 계약은 처분이 아니기 때문에 국방일보의 발행책임자인 국방홍보원장으로 채용된 자가 부하직원에 대한 지휘·감독을 소홀히 함으로써 북한의 혁명가극인 '피바다'에 관한 기사가 국방일보에 게재되어 사회적 물의를 야기한 경우 채용계약 해지를 함에 있어서는 처분절차의 하나인 이유부기를 할 필요가 없다고 판시(대판 2002.11.26, 2002두5948)
4. 계약의 하자 : 취소소송의 대상이 아니므로 유효 아니면 무효일 뿐 취소할 수 있는 계약은 없다.

   ┤ 관 련 판 례 ├
   1. 구 지방재정법 및 구 예산회계법령상의 요건과 절차를 거치지 아니하고 체결된 지방자치단체와 사인 간의 사법상 계약 및 예약의 효력은 무효이다(대판 2004.1.27, 2003다14812).
   2. 지방자치단체가 사인과 사법상의 계약을 체결할 때 따라야 할 요건과 절차를 규정한 법령의 법적 성격은 강행규정이고 강행규정에 위반된 계약의 성립을 부정하거나 무효를 주장하는 것은 신의칙에 반하지 않는다(대판 2004.1.27, 2003다14812).

5. 사정변경 : 계속적 급부의 경우 행정주체 측에서는 공익상 일방적인 해제·해지가 가능하지만 사인 측에서는 제한, 다만 귀책사유가 없는 당사자에게 손실보상을 하여야 한다. 따라서 민법상의 계약해제에 관한 규정은 원칙적으로 적용되지 않는다.

   ┤ 관 련 판 례 ├
   1. 계속적 계약은 당사자 상호 간의 신뢰관계를 그 기초로 하는 것이므로, 당해 계약의 존속 중에 당사자의 일방이 그 계약상의 의무를 위반함으로써 그로 인하여 계약의 기초가 되는 신뢰관계가 파괴되어 계약관계를 그대로 유지하기 어려운 정도에 이르게 된 경우에는 상대방은 그 계약관계를 막바로 해지함으로써 그 효력을 장래에 향하여 소멸시킬 수 있다(대판 2002.11.26, 2002두5948).
   2. 국방일보의 발행책임자인 국방홍보원장으로 채용된 자가 부하직원에 대한 지휘·감독을 소홀히 함으로써 북한의 혁명가극인 '피바다'에 관한 기사가 국방일보에 게재되어 사회적 물의를 야기한 경우, 그 채용계약의 기초가 되는 신뢰관계가 파괴되어 채용계약을 그대로 유지하기 어려운 정도에 이르렀다고 한 사례(대판 2002.11.26, 2002두5948)

6. 계약강제의 경우 사업자의 공급의무

2. 집행법적 특수성

계약의무불이행시 명문규정이 있을 경우에만 예외적 자력강제

3. 절차법적 특수성

(1) 법률관계에 관한 분쟁은 공법상 당사자소송(통설·판례)

1. 공기업·준정부기관의 계약상대방에 대한 입찰참가자격 제한 조치가 법령에 근거한 행정처분인지 계약에 근거한 권리행사인지 판단하는 방법

┤ 관 련 판 례 ├

1. 행정청이 자신과 상대방 사이의 법률관계를 일방적인 의사표시로 종료시켰다고 하더라도 곧바로 의사표시가 행정청으로서 공권력을 행사하여 행하는 행정처분이라고 단정할 수는 없고, 관계 법령이 상대방의 법률관계에 관하여 구체적으로 어떻게 규정하고 있는지에 따라 의사표시가 항고소송의 대상이 되는 행정처분에 해당하는지 아니면 공법상 계약관계의 일방 당사자로서 대등한 지위에서 행하는 의사표시인지를 개별적으로 판단하여야 한다(대판 2015.8.27, 2015두41449).
2. 공기업·준정부기관이 법령 또는 계약에 근거하여 선택적으로 입찰참가자격 제한 조치를 할 수 있는 경우, 계약상대방에 대한 입찰참가자격 제한 조치가 법령에 근거한 행정처분인지 아니면 계약에 근거한 권리행사인지는 원칙적으로 의사표시의 해석 문제이다. 이때에는 공기업·준정부기관이 계약상대방에게 통지한 문서의 내용과 해당 조치에 이르기까지의 과정을 객관적·종합적으로 고찰하여 판단하여야 한다. 그럼에도 불구하고 공기업·준정부기관이 법령에 근거를 둔 행정처분으로서의 입찰참가자격 제한 조치를 한 것인지 아니면 계약에 근거한 권리행사로서의 입찰참가자격 제한 조치를 한 것인지가 여전히 불분명한 경우에는, 그에 대한 불복방법 선택에 중대한 이해관계를 가지는 그 조치 상대방의 인식가능성 내지 예측가능성을 중요하게 고려하여 규범적으로 이를 확정함이 타당하다(대판 2018.10.25, 2016두33537).
3. 서울특별시립무용단 단원의 위촉은 공법상의 계약이라고 할 것이고, 따라서 그 단원의 해촉에 대하여는 공법상의 당사자소송으로 그 무효확인을 청구할 수 있다(대판 1995.12.22, 95누4636).
4. 중소기업기술정보진흥원장이 갑 주식회사와 중소기업 정보화지원사업 지원대상인 사업의 지원에 관한 협약을 체결하였는데, 협약이 갑 회사에 책임이 있는 사업실패로 해지되었다는 이유로 협약에서 정한 대로 지급받은 정부지원금을 반환할 것을 통보한 사안에서, 협약의 해지 및 그에 따른 환수통보는 행정청이 우월한 지위에서 행하는 공권력의 행사로서 행정처분에 해당한다고 볼 수 없다고 한 사례(대판 2015.8.27, 2015두41449)
5. 공법상 계약의 한쪽 당사자가 다른 당사자를 상대로 효력을 다투거나 이행을 청구하는 소송은 공법상 당사자소송이다(대판 2021.2.4, 2019다277133).

2. 판례는 항고소송의 일종인 무효확인소송에는 확인의 이익(즉시확정의 이익, 보충성)을 요하지 않지만, 당사자소송의 일종으로서의 무효확인소송을 제기할 경우에는 확인의 이익을 요한다.

┤ 관 련 판 례 ├

지방자치단체와 채용계약에 의하여 채용된 계약직공무원이 그 계약기간 만료 이전에 채용계약 해지 등의 불이익을 받은 후 그 계약기간이 만료된 경우, 채용계약 해지의사표시의 무효확인을 구할 소의 이익이 없다(대판 2002.11.26, 2002두1496).

(2) 항고소송의 대상이 되는 경우

행정청에 의한 공법상 계약의 체결 여부 또는 계약상대방의 결정은 행정소송법상 처분에 해당하는 경우가 많다.
1. 민간투자법상 민간투자시설사업시행자지정처분은 행정처분이다(대판 2009.4.23, 2007두13159).
2. 구 「산업집적활성화 및 공장설립에 관한 법률」에 따른 산업단지 입주계약의 해지통보는 행정처분이다(대판 2011.6.30, 2010두23859).
3. 지방계약직공무원에 대하여 지방공무원법 등에 정한 징계절차에 의하지 않고 보수를 삭감할 수 없다(대판 2008.6.12, 2006두16328).
4. 지방계약직공무원에 대하여 지방공무원법의 징계에 관한 규정에 따라 징계처분을 할 수 있다(대판 2008.6.12, 2006두16328).

제4절 행정사법

구분	내용
취지	1. 행정주체가 사법형식으로 활동하는 경우에도 사적 자치를 완전히 누리지 못하고 일정한 공법적 규율을 받는다(사법으로의 도피현상 억제). 2. 헌법상의 제한 : 자유권이나 재산권규정, 평등원칙, 비례원칙, 신뢰보호원칙 3. 법률상의 제한 : 사법상의 행위능력에 관한 규정, 의사표시에 관한 규정 등이 수정. 우편법상 무능력자의 행위를 능력자의 행위로 간주하는 규정, 공기업이용관계에 있어서의 계약강제, 공기업법에 있어서 획일·정형성(부종계약·부합계약), 강제성, 외형성, 해제·해지의 제한, 요금의 국가에 의한 승인
인정영역	1. 급부행정 　① 운수사업(공영철도·시영버스사업) 　② 공급사업(전기·수도·가스 등) 　③ 우편·전신·전화사업 　④ 하수도·쓰레기(오물)처리사업 2. 유도행정, 경제행정 : 경기대책, 고용대책의 일환으로서의 보조금 지급, 대부 등의 수단에 의한 행정영역 3. 경찰행정이나 조세 등과 같이 선택의 가능성이 인정되지 않는 영역은 부정 　① 국유재산의 무단점유로 인한 변상금징수권(대판 1989.11.24, 89누787) 　② 조세채권(대판 1986.12.23, 83누715)
권리구제	민사소송, 민법상의 손해배상청구권 : 전화가입계약의 성질은 사법상의 계약관계에 불과하다고 할 것이므로, 전화가입계약을 해지하였다 하여도 이는 사법상의 계약의 해지와 성질상 다른 바가 없다 할 것이고 이를 항고소송의 대상이 되는 행정처분으로 볼 수 없다(대판 1982.12.28, 82누441).

제5절 행정상 사실행위

I. 사실행위의 처분성

1. 권력적 사실행위(인정)

1. 단수처분(대판 1979.12.28, 79누218) : 다만, 판례는 별다른 논거 없이 결론만 제시
2. 체납처분에 기한 압류처분(대판 2003.5.16, 2002두3669)
3. 강제적 행정조사
4. 직접강제 : 영업소폐쇄조치
5. 즉시강제
6. 대집행실행
7. 교도소 재소자 이송조치(이송결정)(대결 1992.8.7, 92두30)
8. 구속된 피의자가 검사조사실에서 수갑 및 포승을 시용한 상태로 피의자신문을 받도록 한 수갑 및 포승 사용행위(2005.5.26, 2001헌마728).

2. 비권력적 사실행위(부정)

(1) 사실행위로서의 통지·통보

1. 인사발령
   ① 정년퇴직 발령(대판 1983.2.8, 81누263)·당연퇴직의 통보·인사발령(대판 1995.11.14, 95누2036)
   ② 공무원임용결격사유자에 대한 공무원 임용취소(대판 1987.4.14, 86누459)
2. 상훈대상자를 결정할 권한이 없는 국가보훈처장이 기포상자에게 훈격재심사계획이 없다고 한 회신(대판 1989.1.24, 88누3116)
3. 원처분에 대한 형성적 취소재결이 확정된 후 처분청의 원처분에 대한 취소처분(대판 1998.4.24, 97누17131)
4. 학교당국이 미납공납금을 완납하지 아니할 경우에 졸업증의 교부와 증명서를 발급하지 않겠다고 통고한 것(헌재결 2001.10.25, 2001헌마113)
5. 제1차 철거명령 및 계고처분에 대한 의무불이행으로 새로이 발한 제2·3차 철거명령 및 대집행계고(대판 2000.2.22, 98두4665)
   ▶ 1차 계고는 당연히 처분성이 인정됨에 주의할 것. 또한 거부처분의 경우는 동일한 내용을 수차 신청한 경우 그에 대한 거부처분은 수 회 있을 수 있으므로 각 거부처분은 독립적인 처분성 인정(대판 2002.3.29, 2000두6084)
6. 공무원연금관리공단이 공무원연금법령의 개정사실과 퇴직연금 수급자가 퇴직연금 중 일부 금액의 지급정지대상자가 되었다는 사실을 통보한 행위(대판 2004.7.8, 2004두244)
7. 「소득세법 시행령」 제192조 제1항 단서에 따른 소득의 귀속자에 대한 소득금액변동통지(대판 2015.1.29, 2013두4118)
   ▶ 과세관청의 법인에 대한 소득처분에 따른 소득금액변동통지는 처분[대판(전합) 2006.4.20, 2002두1878]
8. 성업공사(한국자산관리공사)의 공매(재공매)통지(대판 1998.6.26, 96누12030 ; 대판 2007.7.27, 2006두8464)
9. 「민원사무 처리에 관한 법률」 제18조 제1항에서 정한 '거부처분에 대한 이의신청'을 받아들이지 않는 취지의 기각결정 또는 그 취지의 통지(대판 2012.11.15, 2010두8676) : 행정청과 별도의 행정심판기관에 대하여 불복할 수 있도록 한 절차인 행정심판과는 달리, 민원사무처리법에 의하여 민원사무 처리를 거부한 처분청이 민원인의 신청 사항을 다시 심사하여 잘못이 있는 경우 스스로 시정하도록 한 절차
10. 국민건강보험공단(국민건강보험공단 인천부평지사장)이 갑 등에게 '직장가입자 자격상실 및 자격변동 안내' 통보 및 '사업장 직권탈퇴에 따른 가입자 자격상실 안내' 통보(대판 2019.2.14, 2016두41729) : 갑 등의 가입자 자격의 변동 여부 및 시기를 확인하는 의미에서 한 사실상 통지행위에 불과

(2) 그 밖의 사실행위

1. 측백나무 식재행위(대판 1979.7.24, 79누173)
2. 군수가 대리경작자로 지정한 행위는 행정처분이지만, 그에 따른 읍면장의 영농세대 선정행위는 행정처분이 아니다(대판 1980.9.9, 80누308)
3. 국가보훈처장의 서훈추천서의 행사·불행사(대판 1990.11.23, 90누3553) : 과거의 역사적 사실관계의 존부나 공법상의 구체적인 법률관계가 아닌 사실관계에 관한 것들을 확인의 대상으로 하는 것이거나 행정청의 단순한 부작위를 대상으로 하는 것
4. 건설부장관이 행한 국립공원지정처분에 따라 공원관리청이 행한 경계측량 및 표지의 설치(대판 1992.10.13, 92누2325)
5. 추첨방식에 의하여 운수사업면허 대상자를 선정하는 경우에 있어서의 추첨(대판 1993.5.11, 92누15987)
6. 지적측량성과검사(대판 1997.3.28, 96누19000) : 측량성과에 관한 자료의 정확성을 검사하는 행위로 측량성과에 의하여 지적공부를 정리하기 위한 것이고, 실체상의 권리관계에 변동을 가져오는 것은 아님.
7. 신고납세방식인 관세를 과세관청이 납세의무자의 신고에 따라 수령한 것(대판 1997.7.22, 96누8321) : 사실행위에 불과할 뿐 이를 부과처분으로 볼 수는 없다.
8. 비공식 행정작용
9. 명단공표

(3) 사법상의 통지

한국철도시설공단이 갑 주식회사에 대하여 시설공사 입찰참가 당시 허위 실적증명서를 제출하였다는 이유로 한 향후 2년간 공사낙찰적격심사 시 종합취득점수의 10/100을 감점한다는 내용의 통보(대판 2014.12.24, 2010두6700)

Ⅱ. 기타 권리구제

구분	내용
예방적 부작위 청구소송	권력적 사실행위로 인해 국민의 권익이 현실적으로 침해되고 난 후에는 협의의 소익이 부정되기 때문에 권리구제에 어려움이 있다. 따라서 예방적 부작위청구소송이 효과적인 구제방법으로 논의되는데, 판례는 부정하는 입장이다.
손해배상	위법·유책한 사실행위로 인해 권익을 침해당한 경우 국가배상법에 따라 손해배상청구가 가능하다.
손실보상	적법한 권력적 사실행위로 인해 국민이 특별한 희생을 당한 경우에는 손실보상이 인정된다. 그러나 비권력적 사실행위는 공권력 행사가 아니므로 '공권적 침해'에 해당하지 않기 때문에 손실보상이 곤란하다.
결과제거청구권	위법한 사실행위는 결과제거청구권에 의해 구제될 수 있다.
헌법소원	헌법재판소는 권력적 사실행위를 행정소송법상의 처분으로 보면서도 보충성원칙에 대한 예외에 해당하는 경우 헌법소원의 대상이 된다고 보고 있다. ┤ 관 련 판 례 ├ 마약류 관련 수형자에 대하여 마약류반응검사를 위하여 소변을 받아 제출하게 한 것은 헌법재판소법 제68조 제1항의 공권력의 행사에 해당한다(헌재결 2006.7.27, 2005헌마277).

제6절 행정지도

Ⅰ. 행정지도의 의의 및 법적 성질

구분	내용
개념적 징표	① 지도 ② 권고(권유·권장·조언) ③ 요망(요청·요구·촉구)
법적 성질	행정주체가 조언·권고 등의 방법으로 국민이나 기타 관계자의 행동을 유도하여 의도하는 바를 실현하기 위하여 행하는 비권력적 사실행위로서 상대방의 임의적 동의나 협력을 전제로 행해진다.
근거	비권력적 사실행위이기 때문에 법적 근거를 요하지 않는다는 부정설이 다수설

Ⅱ. 판례상의 행정지도

1. 지도

세무지도(조세상담 ; 대판 1990.10.10, 88누5280)

2. 권고·권유·권장

공장입지 변경권고(대판 1996.7.12, 95누11665)
▶ 국가인권위원회의 성희롱 결정 및 시정조치권고는 행정지도가 아니므로 처분성 인정(대판 2005.7.8, 2005두487)
▶ 공정거래위원회의 '표준약관 사용권장행위'는 행정지도가 아니므로 처분성 인정(대판 2010.10.14, 2008두23184)

3. 요망·요청·요구

1. 세무당국의 주류거래중지요청(대판 1980.10.27, 80누395)
2. 위법건축물에 대한 단전 및 전화통화 단절조치 요청행위(대판 1996.3.22, 96누433)
3. 한국전력공사가 전기공급의 적법 여부를 조회한 데 대해 전기공급이 불가하다는 내용의 관할 구청장의 회신(대판 1995.11.21, 95누9099)
4. 학교법인이 사립학교법상 부동산 매각과 관련된 관할청의 시정요구사항을 이행하지 아니하여 관할청이 임원취임승인을 취소함과 동시에 임시이사를 선임하고 당초의 시정요구사항을 변경하는 통보를 한 경우, 당초의 시정요구 및 그 시정요구 변경통보(대판 2002.2.5, 2001두7138)
5. 교육인적자원부장관(현 교육부장관)의 대학총장들에 대한 학칙시정요구(헌재결 2003.6.26, 2002헌마337, 2003헌마7·8)
6. 재단법인 한국연구재단이 갑 대학교 총장에게 연구개발비의 부당집행을 이유로 '해양생물유래 고부가식품·향장·한약 기초소재 개발 인력양성사업에 대한 2단계 두뇌한국(BK)21 사업' 협약을 해지하고 연구팀장 을에 대한 대학 자체 징계 요구 등을 통보한 사안에서, 을에 대한 대학 자체 징계 요구(대판 2014.12.11, 2012두28704)
   ▶ 방송통신심의위원회의 시정요구는 항고소송의 대상이다(헌재결 2012.2.23, 2011헌가13).

4. 경고

행정지도로 처분성 부정	처분성 인정
1. 소속공무원에 대한 장관의 서면에 의한 경고(대판 1991.11.12, 91누2700) 2. 유흥전문음식점에 대하여 시장이 한 주간영업금지지시 (대판 1982.12.28, 82누366) : 새로운 의무를 부과하는 것이 아니라 이미 허가조건에 부쳐진 사항의 이행을 지시경고하는 것 3. 「서울특별시 교육·학예에 관한 감사규칙」 제11조 「서울특별시교육청 감사결과 지적사항 및 법률위반 공무원처분기준」에 정해진 경고(대판 2004.4.23, 2003두13687) 4. 금융감독원장이 종합금융주식회사의 전 대표이사에게 재직 중 위법·부당행위 사례를 첨부하여 금융 관련법규를 위반하고 신용질서를 심히 문란하게 한 사실이 있다는 내용으로 '문책경고장(상당)'을 보낸 행위(대판 2005.2.17, 2003두10312)	1. 행정규칙에 의한 불문경고조치(대판 2002.7.26, 2001두3532) 2. 금융기관의 임원에 대한 금융감독원장의 문책경고 (대판 2005.2.17, 2003두14765) 3. 「표시·광고의 공정화에 관한 법률」(표시·광고법) 위반을 이유로 한 공정거래위원회의 경고(헌재결 2012.6.27, 2010헌마508) 4. 검찰총장이 검사에 대하여 하는 '경고조치'(대판 2021.2.10, 2020두47564) : 검사가 검찰총장의 경고를 받으면 1년 이상 감찰관리 대상자로 선정되어 특별관리를 받을 수 있고, 경고를 받은 사실이 인사자료로 활용되어 복무평정, 직무성과금 지급, 승진·전보인사에서도 불이익을 받게 될 가능성이 높아지며, 향후 다른 징계사유로 징계처분을 받게 될 경우에 징계양정에서 불이익을 받게 될 가능성이 높아지므로, 검사의 권리 의무에 영향을 미치는 행위

5. 촉구

구청장이 도시재개발구역 내의 건물소유자에게 '지장물철거촉구'라는 제목으로 건물의 자진철거를 요청하는 내용의 공문을 발송한 행위(대판 1989.9.12, 88누8883)

6. 지시

1. 구청장이 사회복지법인에 특별감사 결과 지적사항에 대한 시정지시와 그 결과를 관계서류와 함께 보고하도록 지시한 경우, 시정지시(대판 2008.4.24, 2008두3500)
2. 교육감이 학교법인에 대한 감사 실시 후 처리지시를 하고 그와 함께 그 시정조치에 대한 결과를 증빙서를 첨부한 문서로 보고하도록 한 것(대판 2008.9.11, 2006두18362) : 행정지도가 아님

III. 행정지도에 대한 행정절차법규정

1. 행정지도의 원칙(실체적 규정)

1. 과잉금지원칙(필요성의 원칙만 명시적 규정), 임의성의 원칙 : 행정지도는 그 목적 달성에 필요한 최소한도에 그쳐야 하며, 행정지도의 상대방의 의사에 반하여 부당하게 강요하여서는 아니 된다(제48조 제1항).
2. 불이익조치금지원칙 : 행정기관은 행정지도의 상대방이 행정지도에 따르지 아니하였다는 것을 이유로 불이익한 조치를 하여서는 아니 된다(제48조 제2항).

2. 행정지도의 방식

1. 명확성의 원칙, 행정지도실명제(처분절차에도 실명제 규정) : 행정지도를 하는 자는 그 상대방에게 그 행정지도의 취지 및 내용과 신분을 밝혀야 한다(제49조 제1항).
2. 원칙적 구술주의, 서면교부 요구시 서면주의(서면교부청구권) : 행정지도가 말로 이루어지는 경우에 상대방이 서면의 교부를 요구하면 그 행정지도를 하는 자는 직무 수행에 특별한 지장이 없으면 이를 교부하여야 한다(제49조 제2항).

3. 의견제출

처분절차로서 의견제출 외에 행정지도에 대한 별도규정 존재 : 행정지도의 상대방은 해당 행정지도의 방식·내용 등에 관하여 행정기관에 의견제출을 할 수 있다(제50조).

4. 다수인을 대상으로 하는 행정지도

행정지도의 명확성과 공평성(평등원칙) 확보 : 행정기관이 같은 행정목적을 실현하기 위하여 많은 상대방에게 행정지도를 하려는 경우에는 특별한 사정이 없으면 행정지도에 공통적인 내용이 되는 사항을 공표하여야 한다(제51조).

5. 행정지도에 관해 규정이 없는 사항

1. 행정절차법에 전혀 규정이 없는 경우
   ① 손실보상청구권
   ② 부당결부금지의 원칙
   ③ 법률유보의 원칙
2. 행정절차법에는 규정이 있지만 행정지도에 관한 규정이 아닌 경우
   ① 신뢰보호의 원칙
   ② 신의성실의 원칙

IV. 행정지도에 대한 권리구제

1. 행정쟁송

항고소송상의 처분성 부인(대판 1980.10.27, 80누395). 다만, 행정지도에 불응한 것을 이유로 부담적 행정행위(불이익조치)가 행하여진 경우 이를 대상으로 한 항고소송 제기는 가능

1. 세무당국이 소외 회사에 대하여 원고와의 주류거래를 일정기간 중지하여 줄 것을 요청한 행위(대판 1980.10.27, 80누395)
2. 관광안내업체에 대한 보험요율의 일률적용통지(대판 1982.9.14, 82누161)
3. 유흥전문음식점업의 소관관서인 시장이 한 허가에 부쳐진 영업시간의 준수지시(대판 1982.12.28, 82누366)
4. 택시운송사업자에 대한 사업용자동차 증차배정조치(대판 1993.9.24, 93누11999) : 자동차운송사업자에 대하여 증차를 수반하는 자동차운송사업계획의 변경인가신청을 권유하는 내용을 결정·통보한 것에 불과
5. 위법한 행정지도에 따른 사인의 행위의 위법성 조각(부정)(대판 1994.6.14, 93도3247)

2. 손해전보

(1) 손해배상

1. 직무행위에는 해당(광의설)
2. 위법성 인정곤란 : 상대방의 임의적 동의 → 동의는 불법을 조각한다는 불법행위법상의 법언(法諺)
3. 상당인과관계 인정곤란
   ① 재무부장관이 부실채권의 정리에 관하여 금융기관에 대하여 행정지도를 함에 있어 사전에 대통령에게 보고하여 지시를 받는다고 하여 위법하다고 할 수는 없으며, 다만 재무부장관이 대통령의 지시에 따라 정해진 정부의 방침을 행정지도라는 방법으로 금융기관에 전달함에 있어 실제에 있어서는 통상의 행정지도의 방법과는 달리 사실상 지시하는 방법으로 행한 경우에 그것이 헌법상의 법치주의 원리, 시장경제의 원리에 반하게 되는 것일 뿐이다(대판 1999.7.23, 96다21706).
   ② 행정지도가 강제성을 띠지 않은 비권력적 작용으로서 행정지도의 한계를 일탈하지 아니하였다면, 그로 인하여 상대방에게 어떤 손해가 발생하였다 하더라도 행정기관은 그에 대한 손해배상책임이 없다(대판 2008.9.25, 2006다18228).
   ③ 행정기관의 위법한 행정지도로 일정기간 어업권을 행사하지 못하는 손해를 입은 자가 그 어업권을 타인에게 매도하여 매매대금 상당의 이득을 얻은 경우, 손해배상액의 산정에서 그 이득을 손익상계할 수 없다(대판 2008.9.25, 2006다18228).
   ④ 위법한 행정지도로 상대방에게 일정기간 어업권을 행사하지 못하는 손해를 입힌 행정기관이 "어업권 및 시설에 대한 보상문제는 관련 부서와의 협의 및 상급기관의 질의, 전문기관의 자료에 의하여 처리해야 하므로 처리기간이 지연됨을 양지하여 달라."는 취지의 공문을 보낸 사유만으로 자신의 채무를 승인한 것으로 볼 수 없다(대판 2008.9.25, 2006다18228).

(2) 손실보상

비권력적 사실행위이므로 공권적 침해요건을 충족시킬 수가 없기 때문에 손실보상 부인

(3) 부당이득

무효인 조례 규정에 터잡은 행정지도에 따라 스스로 납세의무자로 믿고 자진신고 납부하였다 하더라도, 신고행위가 없어 부과처분에 의해 조세채무가 확정된 경우에 조세를 납부한 자와의 균형을 고려하건대, 그 신고행위의 하자가 중대하고 명백한 것이라고 단정할 수 없다(대판 1995.11.28, 95다18185).

3. 헌법소원

행정지도에 대한 헌법소원 예외적 긍정 : 교육인적자원부장관의 대학총장들에 대한 이 사건 학칙시정요구는 고등교육법 제6조 제2항, 동법 시행령 제4조 제3항에 따른 것으로서 그 법적 성격은 대학총장의 임의적인 협력을 통하여 사실상의 효과를 발생시키는 행정지도의 일종이지만, 그에 따르지 않을 경우 일정한 불이익조치를 예정하고 있어 사실상 상대방에게 그에 따를 의무를 부과하는 것과 다를 바 없으므로 단순한 행정지도로서의 한계를 넘어 규제적·구속적 성격을 상당히 강하게 갖는 것으로서 헌법소원의 대상이 되는 공권력의 행사라고 볼 수 있다(헌재결 2003.6.26, 2002헌마337, 2003헌마7·8).

제4장
행정기본법

1. 목적

이 법은 행정의 원칙과 기본사항을 규정하여 행정의 민주성과 적법성을 확보하고 적정성과 효율성을 향상시킴으로써 국민의 권익 보호에 이바지함을 목적으로 한다(제1조).

2. 정의

이 법에서 사용하는 용어의 뜻은 다음과 같다(제2조).

1. "법령 등"이란 다음 각 목의 것을 말한다.
   가. 법령 : 다음의 어느 하나에 해당하는 것
      1) 법률 및 대통령령·총리령·부령
      2) 국회규칙·대법원규칙·헌법재판소규칙·중앙선거관리위원회규칙 및 감사원규칙
      3) 1) 또는 2)의 위임을 받아 중앙행정기관(「정부조직법」 및 그 밖의 법률에 따라 설치된 중앙행정기관을 말한다. 이하 같다)의 장이 정한 훈령·예규 및 고시 등 행정규칙
   나. 자치법규 : 지방자치단체의 조례 및 규칙
2. "행정청"이란 다음 각 목의 자를 말한다.
   가. 행정에 관한 의사를 결정하여 표시하는 국가 또는 지방자치단체의 기관
   나. 그 밖에 법령 등에 따라 행정에 관한 의사를 결정하여 표시하는 권한을 가지고 있거나 그 권한을 위임 또는 위탁받은 공공단체 또는 그 기관이나 사인(私人)
3. "당사자"란 처분의 상대방을 말한다.
4. "처분"이란 행정청이 구체적 사실에 관하여 행하는 법 집행으로서 공권력의 행사 또는 그 거부와 그 밖에 이에 준하는 행정작용을 말한다.
5. "제재처분"이란 법령 등에 따른 의무를 위반하거나 이행하지 아니하였음을 이유로 당사자에게 의무를 부과하거나 권익을 제한하는 처분을 말한다. 다만, 제30조제1항 각 호에 따른 행정상 강제는 제외한다.

3. 국가와 지방자치단체의 책무

1. 국가와 지방자치단체는 국민의 삶의 질을 향상시키기 위하여 적법절차에 따라 공정하고 합리적인 행정을 수행할 책무를 진다(제3조 제1항).
2. 국가와 지방자치단체는 행정의 능률과 실효성을 높이기 위하여 지속적으로 법령 등과 제도를 정비·개선할 책무를 진다(같은 조 제2항).

4. 행정의 적극적 추진

1. 행정은 공공의 이익을 위하여 적극적으로 추진되어야 한다(제4조 제1항).
2. 국가와 지방자치단체는 소속 공무원이 공공의 이익을 위하여 적극적으로 직무를 수행할 수 있도록 제반 여건을 조성하고, 이와 관련된 시책 및 조치를 추진하여야 한다(같은 조 제2항).
3. 제1항 및 제2항에 따른 행정의 적극적 추진 및 적극행정 활성화를 위한 시책의 구체적인 사항 등은 대통령령으로 정한다(같은 조 제3항).

5. 다른 법률과의 관계

1. 행정에 관하여 다른 법률에 특별한 규정이 있는 경우를 제외하고는 이 법에서 정하는 바에 따른다.
2. 행정에 관한 다른 법률을 제정하거나 개정하는 경우에는 이 법의 목적과 원칙, 기준 및 취지에 부합되도록 노력하여야 한다(같은 조 제2항).

6. 결격사유

1. 자격이나 신분 등을 취득 또는 부여할 수 없거나 인가, 허가, 지정, 승인, 영업등록, 신고 수리 등(인허가)을 필요로 하는 영업 또는 사업 등을 할 수 없는 사유(결격사유)는 법률로 정한다(제16조 제1항).
2. 결격사유를 규정할 때에는 다음 각 호의 기준에 따른다(같은 조 제2항).

   1. 규정의 필요성이 분명할 것
   2. 필요한 항목만 최소한으로 규정할 것
   3. 대상이 되는 자격, 신분, 영업 또는 사업 등과 실질적인 관련이 있을 것
   4. 유사한 다른 제도와 균형을 이룰 것

7. 수수료 및 사용료

1. 행정청은 특정인을 위한 행정서비스를 제공받는 자에게 법령으로 정하는 바에 따라 수수료를 받을 수 있다(제35조 제1항).
2. 행정청은 공공시설 및 재산 등의 이용 또는 사용에 대하여 사전에 공개된 금액이나 기준에 따라 사용료를 받을 수 있다(같은 조 제2항).
3. 제1항 및 제2항에도 불구하고 지방자치단체의 경우에는 「지방자치법」에 따른다(같은 조 제3항).

8. 행정기본법과 행정절차법 비교

구분	행정기본법	행정절차법
통론	1. 기간의 계산 2. 법령 등 시행일의 기간 계산 3. 법치행정의 원칙(법률우위원칙과 법률유보원칙) 4. 평등의 원칙 5. 비례의 원칙 6. 성실의무 및 권한남용금지의 원칙 7. 신뢰보호의 원칙 8. 부당결부금지의 원칙 9. 수수료 및 사용료	1. 신의성실의 원칙 2. 신뢰보호의 원칙 3. 투명성 4. 행정업무 혁신
당사자 등		1. 당사자 등의 자격 2. 지위의 승계 3. 대표자 4. 대리인 5. 대표자·대리인의 통지
사인의 공법행위	수리 여부에 따른 신고의 효력(수리를 요하는 신고)	자기완결적 신고
행정입법	1. 행정의 입법활동 2. 행정법제의 개선 3. 법령해석	행정상 입법예고
행정예고	×	○
처분	1. 법 적용의 기준 2. 처분의 효력 3. 결격사유 4. 부관 5. 위법 또는 부당한 처분의 취소 6. 적법한 처분의 철회 7. 자동적 처분 8. 재량행사의 기준 9. 제재처분의 제척기간 10. 처분에 대한 이의신청 및 재심사	1. 처분의 신청 2. 다수의 행정청이 관여하는 처분 3. 처리기간의 설정·공표 4. 처분기준의 설정·공표 5. 처분의 사전 통지 6. 처분의 이유 제시 7. 처분의 방식 8. 처분의 정정 9. 고지
인허가의제	1. 인허가의제의 기준 2. 인허가의제의 효과 3. 인허가의제의 사후관리 등	×
송달 및 기간·기한 의 특례	×	1. 송달 2. 송달의 효력 발생 3. 기간 및 기한의 특례
확약	×	1. 확약의 가능성 2. 형식 3. 절차 4. 기속력

공법상 계약	공법상 계약의 체결	×
행정지도	×	1. 행정지도의 원칙 2. 행정지도의 방식 3. 의견제출 4. 다수인을 대상으로 하는 행정지도
의견제출 및 청문	×	1. 의견제출 2. 제출 의견의 반영 등 3. 청문 주재자 4. 청문 주재자의 제척·기피·회피 5. 청문의 공개 6. 청문의 진행 7. 청문의 병합·분리 8. 증거조사 9. 청문조서 10. 청문 주재자의 의견서 11. 청문의 종결 12. 청문결과의 반영 13. 청문의 재개 14. 문서의 열람 및 비밀유지
공청회	×	1. 공청회 개최의 알림 2. 온라인공청회 3. 공청회의 주재자 및 발표자의 선정 4. 공청회의 진행 5. 공청회 및 온라인공청회 결과의 반영 6. 공청회의 재개최
행정상 강제	1. 행정상 강제의 의의 및 종류 2. 이행강제금의 부과 3. 직접강제 4. 즉시강제	×
과징금	1. 과징금의 기준 2. 과징금의 납부기한 연기 및 분할 납부	×
위반사실 등의 공표	×	○
행정청의 관할 및 협조	×	1. 관할 2. 행정청 간의 협조 등 3. 행정응원

제5장
행정절차법

제1절 행정절차법 개설

Ⅰ. 행정절차의 헌법적 근거

구분	내용
학설 (헌법원리성인정)	1. 적법절차조항근거설 2. 헌법원리근거설 : 행정절차의 근거를 민주국가원리·법치국가원리 또는 인간의 존엄과 가치에 　관한 헌법 제10조 등에서 찾는 견해이다.
대법원	헌법원리성 부정 1. 개별법률이나 대통령령에 규정된 청문절차 결여시 위법(대판 1991.7.9, 91누971) 2. 행정처분의 근거법령 등에서 청문의 실시를 규정하고 있는 경우, 청문절차를 결여한 처분은 　위법(대판 2007.11.16, 2005두15700) 3. 부령형식의 행정규칙에 정한 청문절차 결여시 적법(대판 1987.2.10, 84누350) 4. 행정규칙에 규정된 청문절차 결여시 적법(대판 1994.8.9, 94누3414) 5. 개별법령에 명문규정이 없을 경우는 적법(대판 1994.3.22, 93누18969)
헌법재판소	적법절차조항을 근거로 헌법원리성을 인정 ┤ 관 련 판 례 ├ 법 제12조 제3항 본문은 동조 제1항과 함께 적법절차원리의 일반조항에 해당하는 것으로서, 형사절차상의 영역에 한정되지 않고 입법, 행정 등 국가의 모든 공권력의 작용에는 절차상의 적법성뿐만 아니라 법률의 구체적 내용도 합리성과 정당성을 갖춘 실체적인 적법성이 있어 야 한다는 적법절차의 원칙을 헌법의 기본원리로 명시하고 있는 것이다(헌재결 1992.12.24, 92헌가8).

II. 적용범위

1. 적용대상

처분, 신고, 확약, 위반사실 등의 공표, 행정계획, 행정상 입법예고, 행정예고 및 행정지도의 절차(행정절차)에 관하여 다른 법률에 특별한 규정이 있는 경우를 제외하고는 이 법에서 정하는 바에 따른다(제3조 제1항). 〈시행 2022.7.12.〉

┨ 관 련 판 례 ┠
> 어린이집 평가인증의 취소절차에 관하여 특별한 절차규정이 있음을 이유로 행정절차법의 적용이 배제되지 않는다(대판 2016.11.9, 2014두1260).

2. 적용 배제 사항(행정절차법 제3조 제2항)

1. 국회 또는 지방의회의 의결을 거치거나 동의 또는 승인을 받아 행하는 사항
2. 법원 또는 군사법원의 재판에 의하거나 그 집행으로 행하는 사항
3. 헌법재판소의 심판을 거쳐 행하는 사항헌법재판소의 심판을 거쳐 행하는 사항
4. 각급 선거관리위원회의 의결을 거쳐 행하는 사항
5. 감사원이 감사위원회의의 결정을 거쳐 행하는 사항
6. 형사(刑事), 행형(行刑) 및 보안처분 관계 법령에 따라 행하는 사항
7. 국가안전보장·국방·외교 또는 통일에 관한 사항 중 행정절차를 거칠 경우 국가의 중대한 이익을 현저히 해칠 우려가 있는 사항
8. 심사청구, 해양안전심판, 조세심판, 특허심판, 행정심판, 그 밖의 불복절차에 따른 사항
9. 병역법에 따른 징집·소집, 외국인의 출입국·난민인정·귀화, 공무원 인사 관계 법령에 따른 징계와 그 밖의 처분, 이해 조정을 목적으로 하는 법령에 따른 알선·조정·중재(仲裁)·재정(裁定) 또는 그 밖의 처분 등 해당 행정작용의 성질상 행정절차를 거치기 곤란하거나 거칠 필요가 없다고 인정되는 사항과 행정절차에 준하는 절차를 거친 사항으로서 대통령령으로 정하는 사항

┨ 관 련 판 례 ┠
> 1. 산업기능요원 편입취소처분은 행정절차법의 적용이 배제되는 사항인 행정절차법 제3조 제2항 제9호, 같은 법 시행령 제2조 제1호에서 규정하는 '병역법에 의한 소집에 관한 사항'에 해당되지 않으므로 행정절차법상의 '처분의 사전통지'와 '의견제출 기회의 부여' 등의 절차를 거쳐야 한다(대판 2002.9.6, 2002두554).
> 2. 출입국관리법규정은 난민인정 거부처분의 이유제시에 관한 한 행정절차법 중 이유제시에 대한 특별규정이다(헌재결 2009.1.13, 2008헌바161).
> 3. 행정절차법 제3조 제2항 제9호, 「행정절차법 시행령」 제2조 제2호에서 정한 행정절차법의 적용이 제외되는 '외국인의 출입국에 관한 사항'의 경우 행정절차를 거칠 필요가 당연히 부정되는 것은 아니다(대판 2019.7.11, 2017두38874).
> 4. 공무원 인사관계 법령에 의한 처분에 관한 사항에 대하여 행정절차법의 적용이 배제되는 범위
> ① 행정과정에 대한 국민의 참여와 행정의 공정성, 투명성 및 신뢰성을 확보하고 국민의 권익을 보호함을 목적으로 하는 행정절차법의 입법목적과 행정절차법 제3조 제2항 제9호의 규정 내용 등에 비추어 보면, 공무원 인사관계 법령에 의한 처분에 관한 사항 전부에 대하여 행정절차법의 적용이 배제되는 것이 아니라 성질상 행정절차를 거치기 곤란하거나 불필요하다고 인정되는 처분이나 행정절차에 준하는 절차를 거치도록 하고 있는 처분의 경우에만 행정절차법의 적용이 배제된다.
> ② 군인사법령에 의하여 진급예정자명단에 포함된 자에 대하여 의견제출의 기회를 부여하지 아니한 채 진급선발을 취소하는 처분을 한 것은 절차상 하자가 있어 위법하다(대판 2007.9.21, 2006두20631).

5. 정규공무원으로 임용된 사람에게 시보임용처분 당시 지방공무원법 제31조 제4호에 정한 공무원임용 결격 사유가 있어 시보임용처분을 취소하고 그에 따라 정규임용처분을 취소한 사안에서, 정규임용처분을 취소하는 처분은 성질상 행정절차를 거치는 것이 불필요하여 행정절차법의 적용이 배제되는 경우에 해당하지 않으므로, 그 처분을 하면서 사전통지나 의견제출의 기회를 부여하지 않은 것은 위법하다(대판 2009.1.30, 2008두16155).

6. 대통령의 한국방송공사 사장 해임에 행정절차법이 적용된다(대판 2012.2.23, 2011두5001).

7. 공무원 인사관계 법령에 의한 처분에 관한 사항에 대하여 행정절차법의 적용이 배제되는 범위 및 그 법리는 별정직 공무원(대통령기록관장)에 대한 직권면직 처분에도 적용된다(대판 2013.1.16, 2011두30687).

8. 국가공무원법상 직위해제처분에 처분의 사전통지 및 의견청취 등에 관한 행정절차법 규정이 적용되지 않는다(대판 2014.5.16, 2012두26180).

9. 행정절차법의 적용이 제외되는 공무원 인사관계 법령에 의한 처분에 관한 사항의 의미 : 행정절차법 제3조 제2항, 「행정절차법 시행령」 제2조 등 행정절차법령 관련 규정들의 내용을 행정의 공정성, 투명성 및 신뢰성을 확보하고 국민의 권익보호를 목적으로 하는 행정절차법의 입법 목적에 비추어 보면, 행정절차법의 적용이 제외되는 공무원 인사관계 법령에 의한 처분에 관한 사항이란 성질상 행정절차를 거치기 곤란하거나 불필요하다고 인정되는 처분이나 행정절차에 준하는 절차를 거치도록 하고 있는 처분에 관한 사항만을 말하는 것으로 보아야 한다(대판 2018.3.13, 2016두33339).

10. 이러한 법리는 육군3사관학교 생도에 대한 퇴학처분에도 적용된다(대판 2018.3.13, 2016두33339).

11. 생도에 대한 퇴학처분과 같이 신분을 박탈하는 징계처분은 행정절차법의 적용이 제외되는 경우인 「행정절차법 시행령」 제2조 제8호에 해당하지 않는다(대판 2018.3.13, 2016두33339).

※ 적용제외대상이 아닌 것
  1. 상대방에게 상당한 불이익을 줄 우려가 있는 처분
  2. 공중위생, 식품위생 및 보건에 관한 사항
  3. 과징금 부과처분

Ⅲ. 행정절차법상 관할·협조·행정응원

1. 관할

1. 행정청이 그 관할에 속하지 아니하는 사안을 접수하였거나 이송받은 경우에는 지체 없이 이를 관할 행정청에 이송하여야 하고 그 사실을 신청인에게 통지하여야 한다. 행정청이 접수하거나 이송받은 후 관할이 변경된 경우에도 또한 같다(제6조 제1항).
2. 행정청의 관할이 분명하지 아니한 경우에는 해당 행정청을 공통으로 감독하는 상급 행정청이 그 관할을 결정하며, 공통으로 감독하는 상급 행정청이 없는 경우에는 각 상급 행정청이 협의(당해 행정청의 협의나 법원이 결정하는 것이 아님)하여 그 관할을 결정한다(같은 조 제2항).

2. 행정청 간의 협조 등

행정청은 행정의 원활한 수행을 위하여 서로 협조하여야 한다(제7조 제1항). 행정청은 업무의 효율성을 높이고 행정서비스에 대한 국민의 만족도를 높이기 위하여 필요한 경우 행정협업(다른 행정청과 공동의 목표를 설정하고 행정청 상호 간의 기능을 연계하거나 시설·장비 및 정보 등을 공동으로 활용하는 것을 말한다)의 방식으로 적극적으로 협조하여야 한다(같은 조 제2항). 행정청은 행정협업을 활성화하기 위한 시책을 마련하고 그 추진에 필요한 행정적·재정적 지원방안을 마련하여야 한다(같은 조 제3항). [전문개정 2022.1.11. 시행 2022.7.12.]

3. 행정응원(제8조)

(1) 응원요청 사유

1. 법령 등의 이유로 독자적인 직무 수행이 어려운 경우
2. 인원·장비의 부족 등 사실상의 이유로 독자적인 직무 수행이 어려운 경우
3. 다른 행정청에 소속되어 있는 전문기관의 협조가 필요한 경우
4. 다른 행정청이 관리하고 있는 문서(전자문서를 포함한다)·통계 등 행정자료가 직무 수행을 위하여 필요한 경우
5. 다른 행정청의 응원을 받아 처리하는 것이 보다 능률적이고 경제적인 경우

(2) 응원거부사유

1. 다른 행정청이 보다 능률적이거나 경제적으로 응원할 수 있는 명백한 이유가 있는 경우
2. 행정응원으로 인하여 고유의 직무 수행이 현저히 지장받을 것으로 인정되는 명백한 이유가 있는 경우

(3) 절차

행정응원은 해당 직무를 직접 응원할 수 있는 행정청에 요청하여야 한다. 행정응원을 요청받은 행정청은 응원을 거부하는 경우 그 사유를 응원을 요청한 행정청에 통지하여야 한다.

(4) 지휘·감독

행정응원을 위하여 파견된 직원은 응원을 요청한 행정청(원소속행정청이 아님)의 지휘·감독을 받는다. 다만, 해당 직원의 복무에 관하여 다른 법령 등에 특별한 규정이 있는 경우에는 그에 따른다.

(5) 비용부담

행정응원에 드는 비용은 응원을 요청한 행정청이 부담하며, 그 부담금액 및 부담방법은 응원을 요청한 행정청과 응원을 하는 행정청이 협의하여 결정한다.

Ⅳ. 행정절차법상 당사자 등

1. 의의

당사자 등이란 행정청의 처분에 대하여 직접 그 상대가 되는 당사자(상대방), 행정청이 직권으로 또는 신청에 따라 행정절차에 참여하게 한 이해관계인(제3자)을 말한다.

> ─────┨ 관 련 판 례 ┠─────
>
> 1. 불이익처분의 직접 상대방인 당사자 또는 행정청이 참여하게 한 이해관계인이 아닌 제3자에 대하여는 사전통지 및 의견제출에 관한 같은 법 제21조, 제22조가 적용되지 않는다(대판 2009.4.23. 2008두686).
> 2. 영업시간 제한 등 처분의 대상인 대규모점포 중 개설자의 직영매장 이외에 개설자에게서 임차하여 운영하는 임대매장이 병존하는 경우, 임대매장의 임차인은 개설자와 별도로 처분상대방이 되지 않는다[대판(전합) 2015.11.19. 2015두295].

2. 당사자 등의 자격

다음 각 호의 어느 하나에 해당하는 자는 행정절차에서 당사자 등이 될 수 있다(제9조).

1. 자연인
2. 법인, 법인이 아닌 사단 또는 재단(법인 등)
3. 그 밖에 다른 법령 등에 따라 권리·의무의 주체가 될 수 있는 자

3. 대표자

1. 다수의 당사자 등이 공동으로 행정절차에 관한 행위를 할 때에는 대표자를 선정할 수 있다(제11조 제1항).
2. 행정청은 제1항에 따라 당사자 등이 대표자를 선정하지 아니하거나 대표자가 지나치게 많아 행정절차가 지연될 우려가 있는 경우에는 그 이유를 들어 상당한 기간 내에 3인 이내의 대표자를 선정할 것을 요청할 수 있다. 이 경우 당사자 등이 그 요청에 따르지 아니하였을 때에는 행정청이 직접 대표자를 선정할 수 있다(같은 조 제2항).
3. 당사자 등은 대표자를 변경하거나 해임할 수 있다(같은 조 제3항).
4. 대표자는 각자 그를 대표자로 선정한 당사자 등을 위하여 행정절차에 관한 모든 행위를 할 수 있다. 다만, 행정절차를 끝맺는 행위에 대하여는 당사자 등의 동의를 받아야 한다(같은 조 제4항).
5. 대표자가 있는 경우에는 당사자 등은 그 대표자를 통하여서만 행정절차에 관한 행위를 할 수 있다(같은 조 제5항).
6. 다수의 대표자가 있는 경우 그중 1인에 대한 행정청의 행위는 모든 당사자 등에게 효력이 있다. 다만, 행정청의 통지는 대표자 모두(1인이 아님)에게 하여야 그 효력이 있다(같은 조 제6항).
7. 당사자 등이 대표자 또는 대리인을 선정하거나 선임하였을 때에는 지체 없이 그 사실을 행정청에 통지하여야 한다. 대표자 또는 대리인을 변경하거나 해임하였을 때에도 또한 같다(제13조 제1항).
8. 제1항에도 불구하고 제12조 제1항 제4호에 따라 청문 주재자가 대리인의 선임을 허가한 경우에는 청문 주재자가 그 사실을 행정청에 통지하여야 한다(같은 조 제2항).

4. 대리인

당사자 등은 다음 각 호의 어느 하나에 해당하는 자를 대리인으로 선임할 수 있다(제12조 제1항).

1. 당사자 등의 배우자, 직계 존속·비속 또는 형제자매
2. 당사자 등이 법인 등인 경우 그 임원 또는 직원
3. 변호사
4. 행정청 또는 청문 주재자(청문의 경우만 해당한다)의 허가를 받은 자
5. 법령 등에 따라 해당 사안에 대하여 대리인이 될 수 있는 자

┤ 관 련 판 례 ├

1. 행정청은 징계와 같은 불이익처분절차에서 징계심의대상자가 선임한 변호사가 징계위원회에 출석하여 징계심의대상자를 위하여 필요한 의견을 진술하는 것을 거부할 수 없다(대판 2018.3.13, 2016두33339).
2. 육군3사관학교 사관생도에 대한 징계절차에서 징계심의대상자가 대리인으로 선임한 변호사가 징계위원회 심의에 출석하여 진술하는 것을 막은 경우, 징계처분이 위법하여 취소되어야 한다(대판 2018.3.13, 2016두33339).

5. 지위의 승계

구분	내용
포괄승계	당연승계 ① 자연인의 경우 상속 ② 법인의 경우 합병
특정승계	특정처분에 관한 권익승계 : 행정청의 승인 ▶ 행정심판의 경우 행정심판위원회의 허가

제2절 처분절차

I. 행정절차법상 처분절차의 의무성

수익적·침익적 처분의 공통	수익적 처분에만 적용	불이익처분에만 적용
1. 처분기준의 설정·공표(제20조) 2. 처분의 이유제시(강학상 이유부기) (제23조) 3. 처분의 방식 : 문서주의(제24조) 4. 처분의 정정(명백한 오기·오산)(제25조) 5. 고지제도	1. 처분의 신청(제17조) 2. 다수의 행정청이 관여하는 처분 (제18조) 3. 처리기간 설정·공표(제19조)	1. 처분의 사전통지(제21조 제1항·제3항) 2. 의견청취 　① 의견제출(약식청문) 　② 청문(정식청문) 　③ 공청회

1. 정식절차인 청문과 공청회는 개별법에 근거가 있거나, 행정청 스스로 필요 인정 시에만 실시의무(행정절차법상 실시의무 없음)
2. 이유부기와 의견제출은 행정절차법상 의무적 절차. 단, 예외사항 있음.

II. 처분절차

1. 다수의 행정청이 관여하는 처분

행정청은 다수의 행정청이 관여하는 처분을 구하는 신청을 접수한 경우에는 관계 행정청과의 신속한 협조를 통하여 그 처분이 지연되지 아니하도록 하여야 한다(제18조).

2. 처리기간의 설정·공표의무

1. 행정청은 신청인의 편의를 위하여 처분의 처리기간을 종류별로 미리 정하여 공표하여야 한다(제19조 제1항).
2. 행정청은 부득이한 사유로 제1항에 따른 처리기간 내에 처분을 처리하기 곤란한 경우에는 해당 처분의 처리기간의 범위에서 한 번만 그 기간을 연장할 수 있다(같은 조 제2항).
3. 행정청은 제2항에 따라 처리기간을 연장할 때에는 처리기간의 연장 사유와 처리 예정 기한을 지체 없이 신청인에게 통지하여야 한다(같은 조 제3항).
4. 행정청이 정당한 처리기간 내에 처리하지 아니하였을 때에는 신청인은 해당 행정청 또는 그 감독 행정청에 신속한 처리를 요청할 수 있다(같은 조 제4항).

> **┤ 관 련 판 례 ├**
> 행정절차법이나 「민원처리에 관한 법률」상 처분·민원의 처리기간에 관한 규정은 강행규정이 아니고, 행정청이 처리기간을 지나 처분을 한 경우 및 「민원처리에 관한 법률 시행령」 제23조에 따른 민원처리진행상황 통지를 하지 않은 경우, 처분을 취소할 절차상 하자로 볼 수 없다(대판 2019.12.13. 2018두41907).

3. 처분기준의 설정·공표의무

1. 행정청은 필요한 처분기준을 해당 처분의 성질에 비추어 되도록 구체적으로 정하여 공표하여야 한다. 처분기준을 변경하는 경우에도 또한 같다(제20조 제1항).
2. 「행정기본법」 제24조에 따른 인허가의제의 경우 관련 인허가 행정청은 관련 인허가의 처분기준을 주된 인허가 행정청에 제출하여야 하고, 주된 인허가 행정청은 제출받은 관련 인허가의 처분기준을 통합하여 공표하여야 한다. 처분기준을 변경하는 경우에도 또한 같다(같은 조 제2항). 〈신설 2022.1.11. 시행 2023.3.24.〉
3. 제1항에 따른 처분기준을 공표하는 것이 해당 처분의 성질상 현저히 곤란하거나 공공의 안전 또는 복리를 현저히 해치는 것으로 인정될 만한 상당한 이유가 있는 경우에는 처분기준을 공표하지 아니할 수 있다(같은 조 제3항). 〈개정 2022.1.11. 시행 2023.3.24.〉
4. 당사자 등은 공표된 처분기준이 명확하지 아니한 경우 해당 행정청에 그 해석 또는 설명을 요청할 수 있다. 이 경우 해당 행정청은 특별한 사정이 없으면 그 요청에 따라야 한다. 〈개정 2022.1.11. 시행 2023.3.24.〉

┤ 관 련 판 례 ├

1. 행정절차법 제20조 제1항에서 행정청으로 하여금 처분기준을 구체적으로 정하여 공표할 의무를 부과한 취지 및 처분기준 사전공표 의무의 예외를 정한 같은 조 제2항에 따라 처분기준을 따로 공표하지 않거나 개략적으로만 공표할 수 있는 경우 : 행정청으로 하여금 처분기준을 구체적으로 정하여 공표하도록 한 것은 해당 처분이 가급적 미리 공표된 기준에 따라 이루어질 수 있도록 함으로써 해당 처분의 상대방으로 하여금 결과에 대한 예측가능성을 높이고 이를 통하여 행정의 공정성, 투명성, 신뢰성을 확보하며 행정청의 자의적인 권한행사를 방지하기 위한 것이다. 그러나 처분의 성질상 처분기준을 미리 공표하는 경우 행정목적을 달성할 수 없게 되거나 행정청에 일정한 범위 내에서 재량권을 부여함으로써 구체적인 사안에서 개별적인 사정을 고려하여 탄력적으로 처분이 이루어지도록 하는 것이 오히려 공공의 안전 또는 복리에 더 적합한 경우도 있다. 그러한 경우에는 행정절차법 제20조 제2항에 따라 처분기준을 따로 공표하지 않거나 개략적으로만 공표할 수도 있다(대판 2019.12.13, 2018두41907).
2. 행정청이 행정절차법 제20조 제1항의 처분기준 사전공표 의무를 위반하여 미리 공표하지 아니한 기준을 적용하여 처분을 하였다는 사정만으로 해당 처분에 취소사유에 이를 정도의 흠이 존재한다고 할 수 없고, 해당 처분에 적용한 기준이 상위법령의 규정이나 법의 일반원칙을 위반하였거나 객관적으로 합리성이 없다고 볼 수 있는 구체적인 사정이 있는 경우, 해당 처분은 위법하다(대판 2020.12.24, 2018두45633).
3. 행정청이 관계 법령의 규정이나 자체적인 판단에 따라 처분상대방에게 특정한 권리나 이익 또는 지위 등을 부여한 후 일정한 기간마다 심사하여 갱신여부를 판단하는 이른바 '갱신제'를 채택하여 운용하는 경우, 처분상대방은 갱신 여부에 관하여 합리적인 기준에 의한 공정한 심사를 요구할 권리를 가진다(대판 2020.12. 24, 2018두45633).
4. '공정한 심사'의 의미 : '공정한 심사'란 갱신 여부가 행정청의 자의가 아니라 객관적이고 합리적인 기준에 의하여 심사되어야 할 뿐만 아니라, 처분상대방에게 사전에 심사기준과 방법의 예측가능성을 제공하고 사후에 갱신 여부 결정이 합리적인 기준에 의하여 공정하게 이루어졌는지를 검토할 수 있도록 심사기준이 사전에 마련되어 공표되어 있어야 함을 의미한다(대판 2020.12.24, 2018두45633).
5. 사전에 공표한 심사기준을 심사대상기간이 이미 경과하였거나 상당 부분 경과한 시점에서 처분상대방의 갱신 여부를 좌우할 정도로 중대하게 변경하는 것은 원칙적으로 허용되지 않는다[피고(문화체육관광부장관)가 '중국 단체관광객 유치 전담여행사' 지정과 관련하여 원고(주식회사 한중네트웍)에 대한 2년의 갱신제 심사대상기간이 만료된 후 갱신심사 도중에 심사기준을 변경하여 변경된 심사기준에 따라 갱신 거부처분을 하여 다투어진 사안](대판 2020.12.24, 2018두45633).

4. 처분의 방식

1. 행정청이 처분을 할 때에는 다른 법령 등에 특별한 규정이 있는 경우를 제외하고는 문서로 하여야 하며, 다음 각 호의 어느 하나에 해당하는 경우에는 전자문서로 할 수 있다(제24조 제1항). 〈개정 2022.1.11. 시행 2022.7.12.〉

   1. 당사자 등의 동의가 있는 경우
   2. 당사자가 전자문서로 처분을 신청한 경우

2. 제1항에도 불구하고 공공의 안전 또는 복리를 위하여 긴급히 처분을 할 필요가 있거나 사안이 경미한 경우에는 말, 전화, 휴대전화를 이용한 문자 전송, 팩스 또는 전자우편 등 문서가 아닌 방법으로 처분을 할 수 있다. 이 경우 당사자가 요청하면 지체 없이 처분에 관한 문서를 주어야 한다(같은 조 제2항). 〈신설 2022.1.11. 시행 2022.7.12.〉

3. 처분을 하는 문서에는 그 처분 행정청과 담당자의 소속·성명 및 연락처(전화번호, 팩스번호, 전자우편주소 등을 말한다)를 적어야 한다(같은 조 제3항). 〈개정 2022.1.11. 시행 2022.7.12.〉

┃ **관 련 판 례** ┃

1. 행정청이 문서로 처분을 한 경우, 어떤 처분을 하였는지는 문언에 따라 확정하여야 하고, 처분서의 문언만으로도 행정청이 어떤 처분을 하였는지 분명한 경우, 다른 사정을 고려하여 처분서의 문언과 달리 다른 처분까지 포함되어 있는 것으로 해석할 수 없다(대판 2017.8.29, 2016두44186).

2. 행정청이 문서로 처분을 하였으나 처분서의 문언만으로는 행정처분의 내용이 불분명한 경우, 처분 경위와 목적, 처분 이후 상대방의 태도 등을 고려하여 처분서의 문언과 달리 처분의 내용을 해석할 수 있고, 행정청이 행정처분을 하면서 논리적으로 당연히 수반되어야 하는 의사표시를 명시적으로 하지 않았으나 그것이 행정청의 추단적 의사에도 부합하고 상대방도 이를 알 수 있는 경우, 행정처분에 위와 같은 의사표시가 묵시적으로 포함되어 있다고 볼 수 있다(대판 2021.2.4, 2017다207932).

3. 지방소방사시보 발령을 취소한다고만 기재되어 있는 인사발령통지서에 정규공무원인 지방소방사 임용행위까지 취소한다는 취지가 포함되어 있다고 볼 수 없다(대판 2005.7.28, 2003두469).

4. 행정청의 처분의 방식에 관하여 규정한 행정절차법 제24조에 위반하여 행하여진 행정청의 처분은 그 하자가 중대하고 명백하여 원칙적으로 무효이다(대판 2011.11.10, 2011도11109).

5. 공익근무요원 소집통지를 받고 육군훈련소로 입영하여 교육소집을 받다가 교육시간 부족과 질병 등 사유로 퇴영조치된 갑에게 관할 지방병무청장이 다시 공익근무요원 소집통지를 한 사안에서, 처분 경위 등 모든 사정을 종합하여 위 처분은 새로운 '공익근무요원소집처분'이라기보다 이미 공익근무요원으로 소집된 갑에 대하여 「병역법 시행령」 제111조의 교육소집처분이라고 본 원심판단을 정당하다고 한 사례(대판 2013.5.9, 2012두5985)

6. 명예전역 선발을 취소하는 처분은 행정절차법 제24조 제1항에 따라 문서로 해야 한다(대판 2019.5.30, 2016두49808).

7. 외국인(스티브유)의 사증발급 신청에 대한 거부처분이 행정절차법 제24조에서 정한 '처분서 작성·교부'를 할 필요가 없거나 곤란하다고 인정되는 사항이거나 행정절차법 제24조에 정한 절차를 따르지 않고 '행정절차에 준하는 절차'로 대체할 수 없다(대판 2019.7.11, 2017두38874).

8. 행정처분의 처분 방식에 관한 행정절차법 제24조 제1항을 위반한 처분은 무효이다(대판 2019.7.11, 2017두38874).

9. 행정청이 행정처분을 하면서 논리적으로 당연히 수반되어야 하는 의사표시를 명시적으로 하지 않았으나 그것이 행정청의 추단적 의사에도 부합하고 상대방도 이를 알 수 있는 경우, 행정처분에 위와 같은 의사표시가 묵시적으로 포함되어 있다고 볼 수 있다(대판 2020.10.29, 2017다269152).

10. 관할 행정청이 사회복지법인의 정식이사 선임보고를 수리하는 처분에 종전 임시이사 해임처분이 포함된 것으로 보아야 한다(대판 2020.10.29, 2017다269152).

4. 이유제시, 사전통지, 의견청취(의견제출, 청문, 공청회) : 후술

Ⅲ. 이유부기

1. 의의 및 취지

이유부기란 처분을 함에 있어 근거가 되는 법적·사실적 근거와 이유를 구체적으로 명시하는 것으로(이유명시·이유강제) 행정절차법상으로는 이유제시라고 규정

┤ **관 련 판 례** ├
1. 이유제시의 취지 : 국세징수법의 납세고지에 관한 규정은 헌법상 적법절차의 원칙과 행정절차법의 기본 원리를 과세처분의 영역에도 그대로 받아들여, 과세관청으로 하여금 자의를 배제한 신중하고도 합리적인 과세처분을 하게 함으로써 조세행정의 공정을 기함과 아울러 납세의무자에게 과세처분의 내용을 자세히 알려주어 이에 대한 불복 여부의 결정과 불복신청의 편의를 주려는 데 그 근본취지가 있다(대판 2014.1.16, 2013두17305).
2. 과세관청이 소득금액변동통지서에 소득의 귀속자나 소득의 귀속자별 소득금액을 특정하여 기재하지 아니한 채 소득금액변동통지를 한 경우에는 특별한 사정이 없는 한 소득금액변동통지는 위법하나, 과세관청이 소득금액변동통지서에 기재하여야 할 사항을 일부 누락하거나 잘못 기재하였더라도 그것이 사소한 누락 또는 명백한 착오에 해당함이 소득금액변동통지서상 분명하거나 소득금액변동통지에 앞서 이루어진 세무조사결과통지 등에 의하여 원천징수의무자가 그러한 사정을 충분히 알 수 있어서 소득종류, 소득자, 소득금액 및 그에 따른 원천징수세액을 특정하고 원천징수의무자가 불복신청을 하는 데 지장을 초래하지 아니하는 경우라면 소득금액변동통지를 위법하다고 볼 것은 아니다(대판 2014.8.20, 2012두23341).

2. 법적 근거

행정절차법 제23조에서 행정행위의 이유부기에 관한 일반적인 규정을 두고 있다. 행정절차법상 이유부기는 의견제출과 마찬가지로 행정청의 의무사항이다.

┤ **관 련 판 례** ├
계약직공무원에 관한 현행 법령의 규정에 비추어 볼 때, 계약직공무원 채용계약해지의 의사표시는 일반공무원에 대한 징계처분과는 달라서 항고소송의 대상이 되는 처분 등의 성격을 가진 것으로 인정되지 아니하고, 행정처분과 같이 행정절차법에 의하여 근거와 이유를 제시하여야 하는 것은 아니다(대판 2002.11.26, 2002두5948).

3. 예외사유

1. 신청 내용을 모두 그대로 인정하는 처분인 경우
2. 단순·반복적인 처분 또는 경미한 처분으로서 당사자가 그 이유를 명백히 알 수 있는 경우
3. 긴급히 처분을 할 필요가 있는 경우
4. 행정청은 2, 3의 경우에 처분 후 당사자가 요청하는 경우에는 그 근거와 이유를 제시하여야 한다.

4. 정도

이유부기의 정도는 처분사유를 이해할 수 있을 정도로 구체적으로 행정청이 결정에 이르게 된 사실상이나 법률상의 근거를 제시하여야 한다.

━━┫ 관 련 판 례 ┣━━

1. 세무서장인 피고가 주류도매업자인 원고에 대하여 한 이 사건 일반주류도매업면허취소통지에 "상기 주류도매장은 무면허 주류판매업자에게 주류를 판매하여 주세법 제11조 및 국세법사무처리규정 제26조에 의거 지정조건위반으로 주류판매면허를 취소합니다."라고만 되어 있어서 원고의 영업기간과 거래상대방 등에 비추어 원고가 어떠한 거래행위로 인하여 이 사건 처분을 받았는지 알 수 없게 되어 있다면 이 사건 면허취소처분은 위법하다(대판 1990.9.11, 90누1786).

2. 일반적으로 당사자가 근거규정 등을 명시하여 신청하는 인허가 등을 거부하는 처분을 함에 있어 당사자가 그 근거를 알 수 있을 정도로 상당한 이유를 제시한 경우에는 당해 처분의 근거 및 이유를 구체적 조항 및 내용까지 명시하지 않았더라도 그로 말미암아 그 처분이 위법한 것이 된다고 할 수 없다. 행정청이 토지형질변경허가신청을 불허하는 근거규정으로 「도시계획법 시행령」 제20조를 명시하지 아니하고 '도시계획법'이라고만 기재하였으나, 신청인이 자신의 신청이 개발제한구역의 지정목적에 현저히 지장을 초래하는 것이라는 이유로 구 「도시계획법 시행령」 제20조 제1항 제2호에 따라 불허된 것임을 알 수 있었던 경우, 그 불허처분은 위법하지 아니하다(대판 2002.5.17, 2000두8912).

3. '이유를 제시한 경우'의 의미 : '이유를 제시한 경우'는 처분서에 기재된 내용과 관계 법령 및 당해 처분에 이르기까지의 전체적인 과정 등을 종합적으로 고려하여, 처분 당시 당사자가 어떠한 근거와 이유로 처분이 이루어진 것인지를 충분히 알 수 있어서 그에 불복하여 행정구제절차로 나아가는 데 별다른 지장이 없었다고 인정되는 경우를 뜻한다(대판 2017.8.29, 2016두44186).

4. 구체적이고 합리적인 이유의 제시 없이 사업계획의 부적정 통보를 하거나 사업계획서를 반려하는 경우에는 재량권의 일탈·남용에 해당하여 위법하다(대판 2004.5.28, 2004두961).

5. "귀하의 소유 우리시 과천동 535-61번5 지상의 이축 전 기존건축물이 신축건물사용승인 전에 철거하여야 함에도 이행되지 않아 통보하오니 2007.7.15.까지 철거하시고 전·후 사진을 제출하시기 바랍니다."라고 기재되어 있을 뿐 그 근거법령은 기재되어 있지 않더라도 이유부기의 하자가 아니다(대판 2011.1.13, 2009두20755).

6. 행정절차법 제23조 제1항의 규정 취지 및 처분서에 처분의 근거와 이유가 구체적으로 명시되어 있지 않은 처분이라도 절차상 위법하지 않은 경우 : 처분서에 기재된 내용과 관계 법령 및 당해 처분에 이르기까지 전체적인 과정 등을 종합적으로 고려하여, 처분 당시 당사자가 어떠한 근거와 이유로 처분이 이루어진 것인지를 충분히 알 수 있어서 그에 불복하여 행정구제절차로 나아가는 데에 별다른 지장이 없었던 것으로 인정되는 경우에는 처분서에 처분의 근거와 이유가 구체적으로 명시되어 있지 않았다고 하더라도 그로 말미암아 그 처분이 위법한 것으로 된다고 할 수는 없다(대판 2013.11.14, 2011두18571).

7. 교육부장관이 부적격사유가 없는 후보자들 사이에서 어떤 후보자를 상대적으로 총장 임용에 더 적합하다고 판단하여 임용제청하는 경우, 임용제청 행위 자체로서 행정절차법상 이유제시의무를 다한 것이고, 나아가 교육부장관에게 개별 심사항목이나 고려요소에 대한 평가 결과를 자세히 밝힐 의무는 없다(대판 2018.6.15, 2016두57564).

8. 납세고지서상 세액산출근거 기재의 정도 : 납세고지서에 과세대상과 그에 대한 과세표준액, 세율, 세액산출방법 등 세액산출의 구체적 과정과 기타 필요한 사항이 상세히 기재되어 있어 납세의무자가 당해 부과처분의 내용을 확연하게 파악할 수 있고 과세표준액과 세율에 관한 근거법령이 기재되어 있다면 그 근거법령이 다소 총괄적으로 기재되어 있다 하여도 특별한 사정이 없는 한 법률이 요구하는 세액산출근거의 기재요건을 충족한 것으로 보아야 한다(대판 2008.11.13, 2007두160).

9. 납세고지서에 과세대상과 그에 대한 과세표준액, 세액, 세액산출방법 등은 상세히 기재하면서 구체적 근거법령인 '지방세법 시행령'과 조례의 규정을 누락한 경우 부과처분은 적법하다(대판 2008.11.13, 2007두160).

10. 시설 종목마다 각각 다른 공동시설세 세율 중 구 지방세법 제240조 제1항 제1호·제2호에 정한 '소방시설

에 요하는 공동시설세'의 세율은 납세고지서에 상세히 기재하였으나 시설 종목을 표시하는 세목은 기재하지 않은 경우, 공동시설세 부과처분은 적법하다(대판 2008.11.13, 2007두160).

11. 납세고지서의 하자 여부의 판단방법 및 그 하자를 사전에 보완할 수 있는 요건 : 과세관청이 과세처분에 앞서 납세의무자에게 보낸 과세예고통지서 등에 납세고지서의 필요적 기재사항이 제대로 기재되어 있어 납세의무자가 그 처분에 대한 불복 여부의 결정 및 불복신청에 전혀 지장을 받지 않았음이 명백하다면, 이로써 납세고지서의 하자가 보완되거나 치유될 수 있다(대판 2010.11.11, 2008두5773).

12. 납세고지서에 해당 본세의 과세표준과 세액의 산출근거 등이 제대로 기재되지 않은 경우 과세처분은 원칙적으로 위법하고, 하나의 납세고지서에 의하여 복수의 과세처분을 하는 경우에는 과세처분별로 그 세액과 산출근거 등을 구분하여 기재함으로써 납세의무자가 각 과세처분의 내용을 알 수 있도록 해야 한다[대판(전합) 2012.10.18, 2010두12347].

13. 하나의 납세고지서에 의하여 본세와 가산세를 함께 부과할 때에는 납세고지서에 본세와 가산세 각각의 세액과 산출근거 등을 구분하여 기재하여야 하고, 여러 종류의 가산세를 함께 부과하는 경우에는 가산세 상호 간에도 종류별로 세액과 산출근거 등을 구분하여 기재하여야 한다. 본세와 가산세 각각의 세액과 산출근거 및 가산세 상호 간의 종류별 세액과 산출근거 등을 제대로 구분하여 기재하지 않은 채 본세와 가산세의 합계액 등만을 기재한 경우에도 과세처분은 위법하다(대판 2018.12.13, 2018두128).

14. 납세고지에 관한 구 국세징수법 제9조 제1항의 규정이나 개별 세법의 규정 취지는 가산세의 납세고지에도 적용된다[대판(전합) 2012.10.18, 2010두12347].

15. 납세의무자가 부과처분이나 세액 징수처분과 구별되는 초과환급금 환수처분이라는 점과 환수를 요하는 구체적인 사유 등을 알 수 있을 정도인 경우, 납세고지서에 국세기본법 제51조 제7항과 같은 근거 규정을 적시하지 않았다거나 초과환급금 액수의 구체적 계산내역을 기재하지 않았다는 사정만으로 환수처분이 위법하다고 볼 수 없다(대판 2014.1.16, 2013두17305).

Ⅳ. 사전통지

1. 실시사유

행정청은 당사자에게 의무를 부과하거나 권익을 제한하는 처분을 하는 경우에는 미리 다음 각 호의 사항을 당사자 등에게 통지하여야 한다(제21조 제1항).

1. 처분의 제목
2. 당사자의 성명 또는 명칭과 주소
3. 처분하려는 원인이 되는 사실과 처분의 내용 및 법적 근거
4. 제3호에 대하여 의견을 제출할 수 있다는 뜻과 의견을 제출하지 아니하는 경우의 처리방법
5. 의견제출기관의 명칭과 주소
6. 의견제출기한
7. 그 밖에 필요한 사항

┤ 관 련 판 례 ├

의무를 부과하거나 현재의 권익을 침해하는 불이익처분에 한정

1. 행정청이 구 식품위생법상의 영업자지위승계신고 수리처분을 하는 경우, 종전의 영업자가 행정절차법 제2조 제4호 소정의 '당사자'에 해당하므로 수리처분 시 종전의 영업자에게 행정절차법 소정의 행정절차를 실시하여야 한다(대판 2003.2.14, 2001두7015).
2. 특별한 사정이 없는 한 신청에 대한 거부처분은 현재의 권익침해가 아니므로 사전통지대상이 되지 않는다(대판 2003.11.28, 2003두674).
3. 행정청이 구 관광진흥법 또는 구 「체육시설의 설치·이용에 관한 법률」의 규정에 의하여 유원시설업자 또는 체육시설업자 지위승계신고를 수리하는 처분을 하는 경우, 종전 유원시설업자 또는 체육시설업자에 대하여 행정절차법 제21조 제1항 등에서 정한 처분의 사전통지 등 절차를 거쳐야 한다(대판 2012.12.13, 2011두29144).

---

2. 예외사유

1. 다음 각 호의 어느 하나에 해당하는 경우에는 제1항에 따른 통지를 하지 아니할 수 있다(같은 조 제4항).
   1. 공공의 안전 또는 복리를 위하여 긴급히 처분을 할 필요가 있는 경우
   2. 법령 등에서 요구된 자격이 없거나 없어지게 되면 반드시 일정한 처분을 하여야 하는 경우에 그 자격이 없거나 없어지게 된 사실이 법원의 재판 등에 의하여 객관적으로 증명된 경우
   3. 해당 처분의 성질상 의견청취가 현저히 곤란하거나 명백히 불필요하다고 인정될 만한 상당한 이유가 있는 경우

┤ 관 련 판 례 ├

1. 예외사유에 해당하는 경우 사전통지를 결하면 적법, 예외사유에 해당하지 않을 경우에는 위법 : 행정청이 침해적 행정처분을 함에 있어서 당사자에게 사전통지를 하거나 의견제출의 기회를 주지 아니하였다면 사전통지를 하지 않거나 의견제출의 기회를 주지 아니하여도 되는 예외적인 경우에 해당하지 아니하는 한 그 처분은 위법하여 취소를 면할 수 없다(대판 2004.5.28, 2004두1254).
2. 사전고지나 그에 따른 당사자의 자진 폐공의 약속 등의 사유는 사전통지의 예외사유가 아니다(대판 2000.11.14, 99두5870).
3. 사전통지를 하고 의견제출의 기회를 준다면 많은 액수의 손실보상금을 기대하여 공사를 강행할 우려가

있다는 사정은 사전통지 및 의견제출절차의 예외사유에 해당하지 아니한다(대판 2004.5.28, 2004두1254). 처분상대방이 이미 행정청에 위반사실을 시인하였다거나 처분의 사전통지 이전에 의견을 진술할 기회가 있었다는 사정을 고려하여야 하는 것은 아니다(대판 2016.10.27, 2016두41811).

보조금 반환명령 당시 사전통지 및 의견제출 기회가 부여된 경우에도 뒤이은 평가인증취소처분에 대해서 사전통지의 예외를 인정할 수 없다(대판 2016.11.9, 2014두1260).

2. 처분의 전제가 되는 사실이 법원의 재판 등에 의하여 객관적으로 증명된 경우 등 제4항에 따른 사전통지를 하지 아니할 수 있는 구체적인 사항은 대통령령으로 정한다(같은 조 제5항). 법 제21조 제4항 및 제5항에 따라 사전 통지를 하지 아니할 수 있는 경우는 다음 각 호의 어느 하나에 해당하는 경우로 한다(같은 법 시행령 제13조 제1항).

1. 급박한 위해의 방지 및 제거 등 공공의 안전 또는 복리를 위하여 긴급한 처분이 필요한 경우
2. 법원의 재판 또는 준사법적 절차를 거치는 행정기관의 결정 등에 따라 처분의 전제가 되는 사실이 객관적으로 증명되어 처분에 따른 의견청취가 불필요하다고 인정되는 경우
3. 의견청취의 기회를 줌으로써 처분의 내용이 미리 알려져 현저히 공익을 해치는 행위를 유발할 우려가 예상되는 등 해당 처분의 성질상 의견청취가 현저하게 곤란한 경우
4. 법령 또는 자치법규(법령 등)에서 준수하여야 할 기술적 기준이 명확하게 규정되고, 그 기준에 현저히 미치지 못하는 사실을 이유로 처분을 하려는 경우로서 그 사실이 실험, 계측, 그 밖에 객관적인 방법에 의하여 명확히 입증된 경우
5. 법령 등에서 일정한 요건에 해당하는 자에 대하여 점용료·사용료 등 금전급부를 명하는 경우 법령 등에서 규정하는 요건에 해당함이 명백하고, 행정청의 금액산정에 재량의 여지가 없거나 요율이 명확하게 정하여져 있는 경우 등 해당 처분의 성질상 의견청취가 명백히 불필요하다고 인정될 만한 상당한 이유가 있는 경우

┤ 관 련 판 례 ├
1. 처분의 전제가 되는 '일부' 사실만 증명된 경우이거나 의견청취에 따라 행정청의 처분 여부나 처분 수위가 달라질 수 있는 경우, 위 예외사유에 해당하지 않는다(대판 2020.7.23, 2017두66602).
2. 관할 시장(서산시장)이 갑에게 구 폐기물관리법 제48조 제1호에 따라 토지에 장기보관 중인 폐기물을 처리할 것을 명령하는 1차, 2차 조치명령을 각각 하였고, 갑이 위 각 조치명령을 불이행하였다고 하여 구 폐기물관리법 위반죄로 유죄판결이 각각 선고·확정되었는데, 이후 관할 시장이 폐기물 방치 실태를 확인하고 별도의 사전 통지와 의견청취 절차를 밟지 않은 채 갑에게 폐기물 처리에 관한 3차 조치명령을 한 사안에서, 3차 조치명령은 재량행위로서 「행정절차법 시행령」 제13조 제2호에서 정한 사전 통지, 의견청취의 예외사유에 해당하지 않는다고 한 사례(대판 2020.7.23, 2017두66602)
3. 불이익처분의 직접 상대방인 당사자 또는 행정청이 참여하게 한 이해관계인이 아닌 제3자에 대하여는 사전통지 및 의견제출에 관한 같은 법 제21조, 제22조가 적용되지 않는다(대판 2009.4.23, 2008두686).
4. 보조금 반환명령 당시 사전통지 및 의견제출 기회가 부여된 경우에도 뒤이은 평가인증취소처분에 대해서 사전통지의 예외를 인정할 수 없다(대판 2016.11.9, 2014두1260).

3. 특별규정이 있는 경우 행정절차법이 적용되지 않는다.

┤ 관 련 판 례 ├
1. 사립학교법 제20조의2 제2항은 행정절차법의 특별규정이다(대판 2002.2.5, 2001두7138).
2. 도로구역변경고시는 사전통지나 의견청취의 대상이 되는 처분에 해당되지 않는다(대판 2008.6.12, 2007두1767).
3. 사회복지시설에 대하여 특별감사를 실시한 후 행한 감사결과 지적사항에 대한 시정지시에는 사전통지나 의견진술의 기회를 부여할 필요가 없다(대판 2009.2.12, 2008두14999).

4. 제4항에 따라 사전통지를 하지 아니하는 경우 행정청은 처분을 할 때 당사자 등에게 통지를 하지 아니한 사유를 알려야 한다. 다만, 신속한 처분이 필요한 경우에는 처분 후 그 사유를 알릴 수 있다(같은 조 제6항).
5. 제6항에 따라 당사자 등에게 알리는 경우에는 제24조를 준용한다(같은 조 제7항).

V. 의견청취

1. 개설

의견청취 = ① 의견제출(약식청문) ② 청문(정식청문) ③ 공청회

2. 의견제출

(1) 의의

의견제출이란 행정청이 어떠한 행정작용을 하기 전에 당사자 등이 의견을 제시하는 절차로서 청문이나 공청회에 해당하지 아니하는 절차를 말한다(제2조 제7호).

(2) 실시사유와 대상

행정청이 당사자에게 의무를 부과하거나 권익을 제한하는 처분(불이익처분에 한정)을 할 때 청문 또는 공청회를 실시하는 경우 외에는 당사자 등에게 의견제출의 기회를 주어야 한다(제22조 제3항).

> **┤ 관 련 판 례 ├**
> 1. 퇴직연금의 환수결정은 당사자에게 의무를 과하는 처분이기는 하나, 관련 법령에 따라 당연히 환수 금액이 정하여지는 것이므로, 퇴직연금의 환수결정에 앞서 당사자에게 의견진술의 기회를 주지 아니하여도 행정절차법 제22조 제3항이나 신의칙에 어긋나지 아니한다(대판 2000.11.28, 99두5443).
> 2. 행정청이 의무를 부과하거나 권익을 제한하는 처분을 할 때 구 행정절차법 제22조 제3항에 따라 의견제출의 기회를 주어야 하는 '당사자'의 의미 : 구 행정절차법 제22조 제3항에 따라 행정청이 의무를 부과하거나 권익을 제한하는 처분을 할 때 의견제출의 기회를 주어야 하는 '당사자'는 '행정청의 처분에 대하여 직접 그 상대가 되는 당사자'(구 행정절차법 제2조 제4호)를 의미한다(대판 2014.10.27, 2012두7745).
> 3. '고시'의 방법으로 불특정 다수인을 상대로 의무를 부과하거나 권익을 제한하는 처분에서도 상대방에게 의견제출의 기회를 주어야 하는 것은 아니다(대판 2014.10.27, 2012두7745).

(3) 내용

1. 서면·말 또는 정보통신망 : 당사자 등은 처분 전에 그 처분의 관할행정청에 서면이나 말로 또는 정보통신망을 이용하여 의견제출을 할 수 있다(제27조 제1항). 당사자 등은 제1항에 따라 의견제출을 하는 경우 그 주장을 입증하기 위한 증거자료 등을 첨부할 수 있다(같은 조 제2항). 행정청은 당사자 등이 말로 의견제출을 하였을 때에는 서면으로 그 진술의 요지와 진술자를 기록하여야 한다(같은 조 제3항).
2. 당사자 등이 정당한 이유 없이 의견제출기한까지 의견제출을 하지 아니한 경우에는 의견이 없는 것으로 본다(같은 조 제4항).

(4) 제출의견의 반영

1. 행정청은 처분을 할 때에 당사자 등이 제출한 의견이 상당한 이유가 있다고 인정하는 경우에는 이를 반영하여야 한다(제27조의2 제1항).
2. 행정청은 당사자 등이 제출한 의견을 반영하지 아니하고 처분을 한 경우 당사자 등이 처분이 있음을 안 날부터 90일 이내에 그 이유의 설명을 요청하면 서면으로 그 이유를 알려야 한다. 다만, 당사자 등이 동의하면 말, 정보통신망 또는 그 밖의 방법으로 알릴 수 있다(같은 조 제2항).
   ▶ 구속력이 없음

3. 청문

(1) 의의

청문이란 행정청이 어떠한 처분을 하기 전에 당사자 등의 의견을 직접 듣고 증거를 조사하는 절차를 말한다(제2조 제5호).

┤ 관 련 판 례 ├
1. 청문제도의 취지는 처분으로 말미암아 불이익을 받게 될 영업자에게 미리 변명과 유리한 자료를 제출할 기회를 부여하려는 데에 있다(대판 1992.10.23, 92누2844).
2. 행정절차법이 당사자에게 의무를 부과하거나 권익을 제한하는 처분을 하는 경우에 사전통지 및 의견청취를 하도록 규정한 것은 불이익처분 상대방의 방어권 행사를 실질적으로 보장하기 위함이다(대판 2020.4.29, 2017두31064).

(2) 사전통지의무

행정청은 청문을 하려면 청문이 시작되는 날부터 10일 전(공청회는 14일 전)까지 일정한 사항을 당사자 등에게 통지하여야 한다(제21조 제2항). 의견제출기한은 의견제출에 필요한 기간을 10일 이상으로 고려하여 정하여야 한다(같은 조 제3항).

(3) 실시사유

행정청이 처분을 할 때 다음 각 호의 어느 하나에 해당하는 경우에는 청문을 한다(제22조 제1항).
1. 다른 법령 등에서 청문을 하도록 규정하고 있는 경우

┤ 관 련 판 례 ├
1. 사학분쟁조정위원회가 학교법인의 정상화를 심의하는 과정에서 반드시 설립자나 종전이사의 의견을 청취하여야 하는 것은 아니다(대판 2014.1.23, 2012두6629).
2. 행정청이 침해적 행정처분을 할 때 처분의 근거 법령 등에서 청문을 실시하도록 규정하고 있는 경우, 반드시 청문을 실시하여야 하고, 청문절차를 결여한 처분은 위법한 처분으로 취소사유에 해당한다(대판 2017.4.7, 2016두63224).
3. 지방자치단체의 장이 「공유재산 및 물품관리법」에 근거하여 민간투자사업을 추진하던 중 우선협상대상자 지위를 박탈하는 처분을 하는 경우, 반드시 청문을 실시할 의무는 없다(대판 2020.4.29, 2017두31064).
4. 지방자치단체의 장이 「공유재산 및 물품관리법」에 근거하여 민간투자사업을 추진하던 중 우선협상대상자 지위를 박탈하는 처분을 하는 경우, 반드시 청문을 실시할 의무는 없다. 행정청이 당사자에게 의무를 부과하거나 권익을 제한하는 처분을 하는 경우에는 원칙적으로 행정절차법 제21조 제1항에 따른 사전통지를 하고, 제22조 제3항에 따른 의견제출 기회를 주는 것으로 족하며, 다른 법령 등에서 반드시 청문을 실시하도록 규정한 경우이거나 행정청이 필요하다고 인정하는 경우 등에 한하여 청문을 실시할 의무가 있다(대판 2020.4.29, 2017두31064).

2. 행정청이 필요하다고 인정하는 경우
3. 다음 각 목의 처분을 하는 경우〈개정 2022.1.11. 시행 2022.7.12.〉
　가. 인허가 등의 취소
　나. 신분·자격의 박탈
　다. 법인이나 조합 등의 설립허가의 취소

(4) 예외사유

의견청취의 공통적 예외사유임

> **┤ 관 련 판 례 ├**
> 행정청이 침해적 행정처분을 하면서 당사자에게 구 행정절차법에서 정한 사전통지를 하거나 의견제출의 기회를 주지 않은 경우, 처분은 원칙적으로 위법하다(대판 2013.1.16, 2011두30687).

1. 공공의 안전 또는 복리를 위하여 긴급히 처분을 할 필요가 있는 경우
2. 법령 등에서 요구된 자격이 없거나 없어지게 되면 반드시 일정한 처분을 하여야 하는 경우에 그 자격이 없거나 없어지게 된 사실이 법원의 재판 등에 의하여 객관적으로 증명된 경우

> **┤ 관 련 판 례 ├**
> 기소유예처분에 대한 진정이 안동지청에서 공람종결된 경우는 예외사유가 아니다(대판 2004.3.12, 2002두7517).

3. 해당 '처분의 성질'상 의견청취가 현저히 곤란하거나 명백히 불필요하다고 인정될 만한 상당한 이유가 있는 경우

> **┤ 관 련 판 례 ├**
> 1. 청문통지서의 반송 여부, 청문통지의 방법, 행정처분의 상대방이 청문일시에 불출석하였다는 이유는 청문의 예외사유가 아니다(대판 2001.4.13, 2000두3337).
> 2. 행정처분 시 의견청취 예외사유에 관한 행정절차법 제22조 제4항, 제21조 제4항 제3호에서 '의견청취가 현저히 곤란하거나 명백히 불필요하다고 인정될 만한 상당한 이유가 있는 경우'에 해당하는지 판단할 때 처분상대방이 이미 행정청에 위반사실을 시인하였다거나 처분의 사전통지 이전에 의견을 진술할 기회가 있었다는 사정을 고려하여야 하는 것은 아니다(대판 2017.4.7, 2016두63224).

4. 당사자가 의견진술의 기회를 포기한다는 뜻을 명백히 표시한 경우

> **┤ 관 련 판 례 ├**
> 행정청과 당사자 사이의 의견청취절차배제협약은 예외사유가 아니다(대판 2004.7.8, 2002두8350).

(5) 청문 주재자

1. 행정청은 소속 직원 또는 대통령령으로 정하는 자격을 가진 사람 중에서 청문 주재자를 공정하게 선정하여야 한다(제28조 제1항).
2. 행정청은 다음 각 호의 어느 하나에 해당하는 처분을 하려는 경우에는 청문 주재자를 2명 이상으로 선정할 수 있다. 이 경우 선정된 청문 주재자 중 1명이 청문 주재자를 대표한다(같은 조 제2항). [신설 2022.1.11. 시행 2022.7.12.]

   1. 다수 국민의 이해가 상충되는 처분
   2. 다수 국민에게 불편이나 부담을 주는 처분
   3. 그 밖에 전문적이고 공정한 청문을 위하여 행정청이 청문 주재자를 2명 이상으로 선정할 필요가 있다고 인정하는 처분

3. 행정청은 청문이 시작되는 날부터 7일 전까지 청문 주재자에게 청문과 관련한 필요한 자료를 미리 통지하여야 한다(같은 조 제3항). [개정 2022.1.11. 시행 2022.7.12.]
4. 청문 주재자는 독립하여 공정하게 직무를 수행하며, 그 직무 수행을 이유로 본인의 의사에 반하여 신분상 어떠한 불이익도 받지 아니한다(같은 조 제4항). [개정 2022.1.11. 시행 2022.7.12.]
5. 제1항 또는 제2항에 따라 선정된 청문 주재자는 「형법」이나 그 밖의 다른 법률에 따른 벌칙을 적용할 때에는 공무원으로 본다(같은 조 제5항). [개정 2022.1.11. 시행 2022.7.12.]

(6) 청문 주재자의 제척·기피·회피

구 분	행정절차법	행정심판법
제척 (당연배제)	청문 주재자가 다음 각 호의 어느 하나에 해당하는 경우에는 청문을 주재할 수 없다(제29조 제1항). 1. 자신이 당사자 등이거나 당사자 등과 민법 제777조 각 호의 어느 하나에 해당하는 친족관계에 있거나 있었던 경우 2. 자신이 해당 처분과 관련하여 증언이나 감정을 한 경우 3. 자신이 해당 처분의 당사자 등의 대리인으로 관여하거나 관여하였던 경우 4. 자신이 해당 처분업무를 직접 처리하거나 처리하였던 경우 5. 자신이 해당 처분업무를 처리하는 부서에 근무하는 경우. 이 경우 부서의 구체적인 범위는 대통령령으로 정한다.	위원회의 위원은 다음 각 호의 어느 하나에 해당하는 경우에는 그 사건의 심리·의결에서 제척(除斥)된다(제10조 제1항). 1. 위원 또는 그 배우자나 배우자이었던 사람이 사건의 당사자이거나 사건에 관하여 공동 권리자 또는 의무자인 경우 2. 위원이 사건의 당사자와 친족이거나 친족이었던 경우 3. 위원이 사건에 관하여 증언이나 감정을 한 경우 4. 위원이 당사자의 대리인으로서 사건에 관여하거나 관여하였던 경우 5. 위원이 사건의 대상이 된 처분 또는 부작위에 관여한 경우
기 피	청문 주재자에게 공정한 청문 진행을 할 수 없는 사정이 있는 경우 당사자 등은 행정청에 기피신청을 할 수 있다. 이 경우 행정청은 청문을 정지하고 그 신청이 이유가 있다고 인정 할 때에는 해당 청문 주재자를 지체 없이 교체하여야 한다(같은 조 제2항).	당사자는 위원에게 공정한 심리·의결을 기대하기 어려운 사정이 있으면 위원장에게 기피신청을 할 수 있다(같은 조 제2항).
회 피	청문 주재자는 제척 또는 기피사유에 해당하는 경우에는 행정청의 승인을 받아 스스로 청문의 주재를 회피할 수 있다(같은 조 제3항).	위원회의 회의에 참석하는 위원이 제척사유 또는 기피사유에 해당되는 것을 알게 되었을 때에는 스스로 그 사건의 심리·의결에서 회피할 수 있다. 이 경우 회피하고자 하는 위원은 위원장에게 그 사유를 소명하여야 한다(같은 조 제7항).

(7) 청문의 공개

비공개주의 : 청문은 당사자가 공개를 신청하거나 청문 주재자가 필요하다고 인정하는 경우 공개할 수 있다. 다만, 공익 또는 제3자의 정당한 이익을 현저히 해칠 우려가 있는 경우에는 공개하여서는 아니 된다(제30조).
▶ 행정심판도 비공개주의. 다만, 행정소송의 심리와 판결은 공개주의

(8) 청문의 진행

1. 청문 주재자가 청문을 시작할 때에는 먼저 예정된 처분의 내용, 그 원인이 되는 사실 및 법적 근거 등을 설명하여야 한다(제31조 제1항).
2. 당사자 등은 의견을 진술하고 증거를 제출할 수 있으며, 참고인이나 감정인 등에게 질문할 수 있다(같은 조 제2항).
3. 당사자 등이 의견서를 제출한 경우에는 그 내용을 출석하여 진술한 것으로 본다(같은 조 제3항).
4. 청문 주재자는 청문의 신속한 진행과 질서유지를 위하여 필요한 조치를 할 수 있다(같은 조 제4항).
5. 청문을 계속할 경우에는 행정청은 당사자 등에게 다음 청문의 일시 및 장소를 서면으로 통지하여야 하며, 당사자 등이 동의하는 경우에는 전자문서로 통지할 수 있다. 다만, 청문에 출석한 당사자 등에게는 그 청문일에 청문 주재자가 말로 통지할 수 있다(같은 조 제5항).

(9) 청문의 병합·분리

행정청은 직권으로 또는 당사자의 신청에 따라 여러 개의 사안을 병합하거나 분리하여 청문을 할 수 있다(제32조).

(10) 직권증거조사

청문 주재자는 직권으로 또는 당사자의 신청에 따라 필요한 조사를 할 수 있으며, 당사자 등이 주장하지 아니한 사실에 대하여도 조사할 수 있다(제33조).

(11) 청문조서

청문 주재자는 청문조서를 작성하여야 한다(제34조 제1항). 당사자 등은 청문조서의 내용을 열람·확인할 수 있으며, 이의가 있을 때에는 그 정정을 요구할 수 있다(같은 조 제2항).

(12) 청문 주재자의 의견서

청문 주재자는 청문 주재자의 의견서를 작성하여야 한다(제34조의2).

(13) 청문의 종결

1. 청문 주재자는 해당 사안에 대하여 당사자 등의 의견진술, 증거조사가 충분히 이루어졌다고 인정하는 경우에는 청문을 마칠 수 있다(제35조 제1항).
2. 청문 주재자는 당사자 등의 전부 또는 일부가 정당한 사유 없이 청문기일에 출석하지 아니하거나 의견서를 제출하지 아니한 경우에는 이들에게 다시 의견진술 및 증거제출의 기회를 주지 아니하고 청문을 마칠 수 있다(같은 조 제2항).
3. 청문 주재자는 당사자 등의 전부 또는 일부가 정당한 사유로 청문기일에 출석하지 못하거나 제31조 제3항에 따른 의견서를 제출하지 못한 경우에는 상당한 기간을 정하여 이들에게 의견진술 및 증거제출을 요구하여야 하며, 해당 기간이 지났을 때에 청문을 마칠 수 있다(같은 조 제3항).
4. 청문 주재자는 청문을 마쳤을 때에는 청문조서, 청문 주재자의 의견서, 그 밖의 관계 서류 등을 행정청에 지체 없이 제출하여야 한다(같은 조 제4항).

(14) 청문결과의 반영

행정청은 처분을 할 때에 제35조 제4항에 따라 받은 청문조서, 청문 주재자의 의견서, 그 밖의 관계 서류 등을 충분히 검토하고 상당한 이유가 있다고 인정하는 경우에는 청문결과를 반영하여야 한다(제35조의2).
▶ 구속력이 없음

┤ 관 련 판 례 ├

광업법 제88조 제2항에서 처분청이 광업용 토지수용을 위한 사업인정을 하고자 할 때에 토지소유자와 토지에 관한 권리를 가진 자의 의견을 들어야 한다고 한 것은 그 사업인정 여부를 결정함에 있어서 소유자나 기타 권리자가 의견을 반영할 기회를 주어 이를 참작하도록 하고자 하는 데 있을 뿐, 처분청이 그 의견에 기속되는 것은 아니다(대판 1995.12.22, 95누30).

(15) 청문의 재개

행정청은 청문을 마친 후 처분을 할 때까지 새로운 사정이 발견되어 청문을 재개(再開)할 필요가 있다고 인정할 때에는 제35조 제4항에 따라 받은 청문조서 등을 되돌려 보내고 청문의 재개를 명할 수 있다(제36조).

(16) 문서의 열람 및 비밀유지

1. 당사자 등은 의견제출의 경우에는 처분의 사전 통지가 있는 날부터 의견제출기한까지, 청문의 경우에는 청문의 통지가 있는 날부터 청문이 끝날 때까지 행정청에 해당 사안의 조사결과에 관한 문서와 그 밖에 해당 처분과 관련되는 문서의 열람 또는 복사를 요청할 수 있다. 이 경우 행정청은 다른 법령에 따라 공개가 제한되는 경우를 제외하고는 그 요청을 거부할 수 없다(제37조 제1항). 〈개정 2022.1.11. 시행 2022.7.12.〉
2. 행정청은 열람 또는 복사의 요청에 따르는 경우 그 일시 및 장소를 지정할 수 있다(같은 조 제2항).
3. 행정청은 열람 또는 복사의 요청을 거부하는 경우에는 그 이유를 소명(疎明)하여야 한다(같은 조 제3항).
4. 행정청은 복사에 드는 비용을 복사를 요청한 자에게 부담시킬 수 있다(같은 조 제4항).
5. 누구든지 의견제출 또는 청문을 통하여 알게 된 사생활이나 경영상 또는 거래상의 비밀을 정당한 이유 없이 누설하거나 다른 목적으로 사용하여서는 아니 된다(같은 조 제5항). 〈개정 2022.1.11. 시행 2022.7.12.〉

(17) 신속한 처분의무

행정청은 청문·공청회 또는 의견제출을 거쳤을 때에는 신속히 처분하여 해당 처분이 지연되지 아니하도록 하여야 한다. 행정청은 처분 후 1년 이내에 당사자 등이 요청하는 경우에는 청문·공청회 또는 의견제출을 위하여 제출받은 서류나 그 밖의 물건을 반환하여야 한다(제22조 제5항).

4. 공청회

(1) 의의

공청회란 행정청이 공개적인 토론을 통하여 어떠한 행정작용에 대하여 당사자 등, 전문지식과 경험을 가진 사람, 그 밖의 일반인으로부터 의견을 널리 수렴하는 절차를 말한다(제2조 제6호).

> **관 련 판 례**
>
> 묘지공원과 화장장의 후보지를 선정하는 과정에서 행정청이 아닌 추모공원건립추진협의회가 후보지 주민들의 의견을 청취하기 위하여 그 명의로 개최한 공청회는 행정절차법에서 정한 절차를 준수하여야 하는 것은 아니다(대판 2007.4.12, 2005두1893).

(2) 실시사유

1. 행정청이 처분을 할 때 다음 각 호의 어느 하나에 해당하는 경우에는 공청회를 개최한다(제22조 제2항).
   1. 다른 법령 등에서 공청회를 개최하도록 규정하고 있는 경우
   2. 해당 처분의 영향이 광범위하여 널리 의견을 수렴할 필요가 있다고 행정청이 인정하는 경우
   3. 국민생활에 큰 영향을 미치는 처분으로서 대통령령으로 정하는 처분에 대하여 대통령령으로 정하는 수 이상의 당사자 등이 공청회 개최를 요구하는 경우

2. 법 제22조 제2항 제3호에서 "대통령령으로 정하는 처분"이란 다음 각 호의 어느 하나에 해당하는 처분을 말한다. 다만, 행정청이 해당 처분과 관련하여 이미 공청회를 개최한 경우는 제외한다(같은 법 시행령 제13조의3 제1항).

1. 국민 다수의 생명, 안전 및 건강에 큰 영향을 미치는 처분
2. 소음 및 악취 등 국민의 일상생활과 관계되는 환경에 큰 영향을 미치는 처분

3. 제1항에 따른 처분에 대하여 당사자 등은 그 처분 전(해당 처분에 대하여 행정청이 의견제출 기한을 정한 경우에는 그 기한까지를 말한다)에 행정청에 공청회의 개최를 요구할 수 있다(같은 조 제2항).

(3) 공청회 개최의 알림

행정청은 공청회를 개최하려는 경우에는 공청회 개최 14일(10일, 20일이 아님) 전까지 다음 각 호의 사항을 당사자 등에게 통지하고 관보, 공보, 인터넷 홈페이지 또는 일간신문 등에 공고하는 등의 방법으로 널리 알려야 한다. 다만, 공청회 개최를 알린 후 예정대로 개최하지 못하여 새로 일시 및 장소 등을 정한 경우에는 공청회 개최 7일 전까지 알려야 한다(제38조 제1항).

1. 제목
2. 일시 및 장소
3. 주요 내용
4. 발표자에 관한 사항
5. 발표신청 방법 및 신청기한
6. 정보통신망을 통한 의견제출
7. 그 밖에 공청회 개최에 필요한 사항

(4) 공청회의 주재자 및 발표자의 선정

1. 행정청은 해당 공청회의 사안과 관련된 분야에 전문적 지식이 있거나 그 분야에 종사한 경험이 있는 사람으로서 대통령령으로 정하는 자격을 가진 사람 중에서 공청회의 주재자를 선정한다(제38조의3 제1항).
2. 공청회의 발표자는 발표를 신청한 사람(관련전문가가 아님) 중에서 행정청이 선정한다. 다만, 발표를 신청한 사람이 없거나 공청회의 공정성을 확보하기 위하여 필요하다고 인정하는 경우에는 다음 각 호의 사람 중에서 지명하거나 위촉할 수 있다(같은 조 제2항).

   1. 해당 공청회의 사안과 관련된 당사자 등
   2. 해당 공청회의 사안과 관련된 분야에 전문적 지식이 있는 사람
   3. 해당 공청회의 사안과 관련된 분야에 종사한 경험이 있는 사람

3. 행정청은 공청회의 주재자 및 발표자를 지명 또는 위촉하거나 선정할 때 공정성이 확보될 수 있도록 하여야 한다(같은 조 제3항).
4. 공청회의 주재자, 발표자, 그 밖에 자료를 제출한 전문가 등에게는 예산의 범위에서 수당 및 여비와 그 밖에 필요한 경비를 지급할 수 있다(같은 조 제4항).

(5) 공청회의 진행

1. 공청회의 주재자는 공청회를 공정하게 진행하여야 하며, 공청회의 원활한 진행을 위하여 발표 내용을 제한할 수 있고, 질서유지를 위하여 발언 중지 및 퇴장 명령 등 행정안전부장관이 정하는 필요한 조치를 할 수 있다(제39조 제1항).
2. 발표자는 공청회의 내용과 직접 관련된 사항에 대하여만 발표하여야 한다(같은 조 제2항).
3. 공청회의 주재자는 발표자의 발표가 끝난 후에는 발표자 상호 간에 질의 및 답변을 할 수 있도록 하여야 하며, 방청인에게도 의견을 제시할 기회를 주어야 한다(같은 조 제3항).

(6) 공청회 및 온라인공청회 결과의 반영

행정청은 처분을 할 때에 공청회, 온라인공청회 및 정보통신망 등을 통하여 제시된 사실 및 의견이 상당한 이유가 있다고 인정하는 경우에는 이를 반영하여야 한다(제39조의2). 〈개정 2022.1.11. 시행 2022.7.12.〉
▶ 구속력이 없음

(7) 공청회의 재개최

행정청은 공청회를 마친 후 처분을 할 때까지 새로운 사정이 발견되어 공청회를 다시 개최할 필요가 있다고 인정할 때에는 공청회를 다시 개최할 수 있다(제39조의3).

(8) 온라인공청회

1. 행정청은 제38조에 따른 공청회와 병행하여서만 정보통신망을 이용한 공청회(온라인공청회)를 실시할 수 있다(제38조의2 제1항). 〈개정 2022.1.11. 시행 2022.7.12.〉
2. 제1항에도 불구하고 다음 각 호의 어느 하나에 해당하는 경우에는 온라인공청회를 단독으로 개최할 수 있다(같은 조 제2항). 〈신설 2022.1.11. 시행 2022.7.12.〉

   1. 국민의 생명·신체·재산의 보호 등 국민의 안전 또는 권익보호 등의 이유로 제38조에 따른 공청회를 개최하기 어려운 경우
   2. 제38조에 따른 공청회가 행정청이 책임질 수 없는 사유로 개최되지 못하거나 개최는 되었으나 정상적으로 진행되지 못하고 무산된 횟수가 3회 이상인 경우
   3. 행정청이 널리 의견을 수렴하기 위하여 온라인공청회를 단독으로 개최할 필요가 있다고 인정하는 경우. 다만, 제22조 제2항 제1호 또는 제3호에 따라 공청회를 실시하는 경우는 제외한다.

3. 행정청은 온라인공청회를 실시하는 경우 의견제출 및 토론 참여가 가능하도록 적절한 전자적 처리능력을 갖춘 정보통신망을 구축·운영하여야 한다(같은 조 제3항). 〈개정 2022.1.11. 시행 2022.7.12.〉
4. 온라인공청회를 실시하는 경우에는 누구든지 정보통신망을 이용하여 의견을 제출하거나 제출된 의견 등에 대한 토론에 참여할 수 있다(같은 조 제4항). 〈개정 2022.1.11. 시행 2022.7.12.〉 [제목개정 2022.1.11.]

VI. 행정상 입법예고와 행정예고

1. 행정상 입법예고

(1) 예고대상

1. 법령 등을 제정·개정 또는 폐지(입법)하려는 경우에는 해당 입법안을 마련한 행정청은 이를 예고하여야 한다. 다만, 다음 각 호의 어느 하나에 해당하는 경우에는 예고를 하지 아니할 수 있다(제41조 제1항).

   1. 신속한 국민의 권리 보호 또는 예측 곤란한 특별한 사정의 발생 등으로 입법이 긴급을 요하는 경우
   2. 상위 법령 등의 단순한 집행을 위한 경우
   3. 입법내용이 국민의 권리·의무 또는 일상생활과 관련이 없는 경우
   4. 단순한 표현·자구를 변경하는 경우 등 입법내용의 성질상 예고의 필요가 없거나 곤란하다고 판단되는 경우
   5. 예고함이 공공의 안전 또는 복리를 현저히 해칠 우려가 있는 경우

2. 법제처장은 입법예고를 하지 아니한 법령안의 심사 요청을 받은 경우에 입법예고를 하는 것이 적당하다고 판단할 때에는 해당 행정청에 입법예고를 권고하거나 직접 예고할 수 있다(같은 조 제3항).
3. 입법안을 마련한 행정청은 입법예고 후 예고내용에 국민생활과 직접 관련된 내용이 추가되는 등 대통령령으로 정하는 중요한 변경이 발생하는 경우에는 해당 부분에 대한 입법예고를 다시 하여야 한다. 다만, 제1항 각 호의 어느 하나에 해당하는 경우에는 예고를 하지 아니할 수 있다(제41조 제4항).

   ┤ **관 련 판 례** ├
   법령 개정시 입법예고나 홍보가 없어도 무효는 아니다(대판 1990.6.8, 90누2420).

(2) 예고기간

입법예고기간은 예고할 때 정하되, 특별한 사정이 없으면 <u>40일(자치법규는 20일) 이상</u>으로 한다(제43조).

(3) 예고방법

1. 행정청은 입법안의 취지, 주요 내용 또는 전문(全文)을 다음 각 호의 구분에 따른 방법으로 공고하여야 하며, 추가로 인터넷, 신문 또는 방송 등을 통하여 공고할 수 있다(제42조 제1항).

   1. 법령의 입법안을 입법예고하는 경우 : 관보 및 법제처장이 구축·제공하는 정보시스템을 통한 공고
   2. 자치법규의 입법안을 입법예고하는 경우 : 공보를 통한 공고

2. 행정청은 대통령령을 입법예고하는 경우 국회 소관 상임위원회에 이를 제출하여야 한다(같은 조 제2항).
3. 행정청은 입법예고를 할 때에 입법안과 관련이 있다고 인정되는 중앙행정기관(부·처·청), 지방자치단체, 그 밖의 단체 등이 예고사항을 알 수 있도록 예고사항을 통지하거나 그 밖의 방법으로 알려야 한다(같은 조 제3항).
4. 행정청은 제1항에 따라 예고된 입법안에 대하여 온라인공청회 등을 통하여 널리 의견을 수렴할 수 있다. 이 경우 제38조의2 제3항부터 제5항까지의 규정을 준용한다(같은 조 제4항). 〈개정 2022.1.11. 시행 2022.7.12.〉
5. 행정청은 예고된 입법안의 전문에 대한 열람 또는 복사를 요청받았을 때에는 특별한 사유가 없으면 그 요청에 따라야 한다(같은 조 제5항). 행정청은 복사에 드는 비용을 복사를 요청한 자에게 부담시킬 수 있다(같은 조 제6항).

(4) 의견제출 및 처리

1. 누구든지[당사자 등에 한정(×)] 예고된 입법안에 대하여 의견을 제출할 수 있다(제44조 제1항).
2. 행정청은 의견접수기관, 의견제출기간, 그 밖에 필요한 사항을 해당 입법안을 예고할 때 함께 공고하여야 한다(같은 조 제2항).
3. 행정청은 해당 입법안에 대한 의견이 제출된 경우 특별한 사유가 없으면 이를 존중하여 처리하여야 한다(같은 조 제3항).
4. 행정청은 의견을 제출한 자에게 그 제출된 의견의 처리결과를 통지하여야 한다(같은 조 제4항).

(5) 공청회(재량)

행정청은 입법안에 관하여 공청회를 개최할 수 있다(제45조).

(6) 재입법예고

입법안을 마련한 행정청은 입법예고 후 예고내용에 국민생활과 직접 관련된 내용이 추가되는 등 대통령령으로 정하는 중요한 변경이 발생하는 경우에는 해당 부분에 대한 입법예고를 다시 하여야 한다. 다만, 제1항 각 호의 어느 하나에 해당하는 경우에는 예고를 하지 아니할 수 있다(제41조 제4항).

2. 행정예고

(1) 예고대상

1. 행정청은 다음 각 호의 어느 하나에 해당하는 사항에 대한 정책, 제도 및 계획을 수립·시행하거나 변경하려는 경우에는 이를 예고하여야 한다. 다만, 예고로 인하여 공공의 안전 또는 복리를 현저히 해칠 우려가 있거나 그 밖에 예고하기 곤란한 특별한 사유가 있는 경우에는 예고하지 아니할 수 있다(제46조 제1항).
   1. 국민생활에 매우 큰 영향을 주는 사항
   2. 많은 국민의 이해가 상충되는 사항
   3. 많은 국민에게 불편이나 부담을 주는 사항
   4. 그 밖에 널리 국민의 의견을 수렴할 필요가 있는 사항
2. 제1항에도 불구하고 법령 등의 입법을 포함하는 행정예고는 입법예고로 갈음할 수 있다(같은 조 제2항).

(2) 예고기간

1. 행정예고기간은 예고 내용의 성격 등을 고려하여 정하되, 20일 이상으로 한다(같은 조 제3항). 〈개정 2022.1.11. 시행 2022.7.12.〉
2. 제3항에도 불구하고 행정목적을 달성하기 위하여 긴급한 필요가 있는 경우에는 행정예고기간을 단축할 수 있다. 이 경우 단축된 행정예고기간은 10일 이상으로 한다(같은 조 제4항). 〈신설 2022.1.11. 시행 2022.7.12.〉

(3) 행정예고 통계 작성 및 공고

행정청은 매년 자신이 행한 행정예고의 실시 현황과 그 결과에 관한 통계를 작성하고, 이를 관보·공보 또는 인터넷 등의 방법으로 널리 공고하여야 한다(제46조의2).

(4) 예고방법 등

1. 행정청은 정책등안(案)의 취지, 주요 내용 등을 관보·공보나 인터넷·신문·방송 등을 통하여 공고하여야 한다(제47조 제1항).
2. 행정예고의 방법, 의견제출 및 처리, 공청회 및 온라인공청회에 관하여는 제38조, 제38조의2, 제38조의3, 제39조, 제39조의2, 제39조의3, 제42조(제1항·제2항 및 제4항은 제외한다), 제44조 제1항부터 제3항까지 및 제45조 제1항을 준용한다. 이 경우 "입법안"은 "정책등안"으로, "입법예고"는 "행정예고"로, "처분을 할 때"는 "정책등을 수립·시행하거나 변경할 때"로 본다(같은 조 제2항). 〈개정 2022.1.11. 시행 2022.7.12.〉.

Ⅶ. 국민참여의 확대

1. 국민참여 활성화

1. 행정청은 행정과정에서 국민의 의견을 적극적으로 청취하고 이를 반영하도록 노력하여야 한다(제52조 제1항).
2. 행정청은 국민에게 다양한 참여방법과 협력의 기회를 제공하도록 노력하여야 하며, 구체적인 참여방법을 공표하여야 한다(같은 조 제2항).
3. 행정청은 국민참여 수준을 향상시키기 위하여 노력하여야 하며 필요한 경우 국민참여 수준에 대한 자체진단을 실시하고, 그 결과를 행정안전부장관에게 제출하여야 한다(같은 조 제3항).
4. 행정청은 제3항에 따라 자체진단을 실시한 경우 그 결과를 공개할 수 있다(같은 조 제4항).
5. 행정청은 국민참여를 활성화하기 위하여 교육·홍보, 예산·인력 확보 등 필요한 조치를 할 수 있다(같은 조 제5항).
6. 행정안전부장관은 국민참여 확대를 위하여 행정청에 교육·홍보, 포상, 예산·인력 확보 등을 지원할 수 있다(같은 조 제6항). [전문개정 2022.1.11. 시행 2022.7.12.]

2. 국민제안의 처리

행정청(국회사무총장·법원행정처장·헌법재판소사무처장 및 중앙선거관리위원회사무총장은 제외한다)은 정부시책이나 행정제도 및 그 운영의 개선에 관한 국민의 창의적인 의견이나 고안(국민제안)을 접수·처리하여야 한다(제52조의2 제1항). [본조신설 2022.1.11. 시행 2022.7.12.]

3. 국민참여 창구

행정청은 주요 정책 등에 관한 국민과 전문가의 의견을 듣거나 국민이 참여할 수 있는 온라인 또는 오프라인 창구를 설치·운영할 수 있다(제52조의3). [본조신설 2022.1.11. 시행 2022.7.12.]

4. 온라인 정책토론

1. 행정청은 국민에게 영향을 미치는 주요 정책 등에 대하여 국민의 다양하고 창의적인 의견을 널리 수렴하기 위하여 정보통신망을 이용한 정책토론(이하 이 조에서 "온라인 정책토론"이라 한다)을 실시할 수 있다(제53조 제1항).〈개정 2022.1.11. 시행 2022.7.12.〉
2. 행정청은 효율적인 온라인 정책토론을 위하여 과제별로 한시적인 토론 패널을 구성하여 해당 토론에 참여시킬 수 있다. 이 경우 패널의 구성에 있어서는 공정성 및 객관성이 확보될 수 있도록 노력하여야 한다(같은 조 제2항).〈개정 2022.1.11. 시행 2022.7.12.〉
3. 행정청은 온라인 정책토론이 공정하고 중립적으로 운영되도록 하기 위하여 필요한 조치를 할 수 있다(같은 조 제3항).〈개정 2022.1.11. 시행 2022.7.12.〉

VIII. 보 칙

1. 비용의 부담

행정절차에 드는 비용은 행정청이 부담한다. 다만, 당사자 등이 자기를 위하여 스스로 지출한 비용은 그러하지 아니하다(제54조).

2. 참고인 등에 대한 비용 지급

행정청은 행정절차의 진행에 필요한 참고인이나 감정인 등에게 예산의 범위에서 여비와 일당을 지급할 수 있다(제55조 제1항).

3. 협조요청 등(행정안전부장관)

행정안전부장관(행정상 입법예고의 경우에는 법제처장)은 이 법의 효율적인 운영을 위하여 노력하여야 하며, 필요한 경우에는 그 운영 상황과 실태를 확인할 수 있고, 관계행정청에 관련 자료의 제출 등 협조를 요청할 수 있다(제56조).

IX. 절차하자

1. 절차하자의 독자적 위법사유 인정여부

기속행위의 경우 행정청은 관계법령이 정한 실체법상의 요건이 충족된 경우에 당해 처분을 하여야 할 법적 기속을 받게 되므로 다시 적법한 절차를 거쳐 절차상의 흠을 시정하여 다시 처분을 하여도 결국 동일한 처분을 반복할 것이므로 행정경제 또는 소송경제에 반한다는 점에서 절차상의 흠이 독자적 취소사유가 될 수 있는지의 문제가 제기된다.

적극설(다수설·판례) : 취소판결을 인정	소극설 : 치유로 해결
1. 적정한 절차는 적정한 결정의 전제가 된다는 점 2. 행정의 법률적합성의 원칙에 따라 행정행위는 내용상뿐만 아니라 절차상으로 적법해야 되며 3. 취소 후에 행정청이 재처분을 하는 경우에 반드시 전과 동일한 결정에 이르게 되는 것은 아니라는 점(사실오인의 경우) 4. 취소소송의 기속력이 절차의 위법을 이유로 하는 경우에 준용된다는 점(행정소송법 제30조 제3항) 5. 소극설을 취하는 경우에는 기속행위에 대해서는 절차적 담보수단이 없어지고 규제가 유명무실해질 우려가 있다는 점에서 행정절차의 실효성을 보장하기 위해서는 독자적 위법사유로 보아야 한다는 점	1. 절차규정이란 적정한 행정결정을 확보하기 위한 수단에 불과하다는 점 2. 절차상의 하자가 있더라도 실체법상으로 적법하면 절차상의 하자로 당해 행정처분이 취소되더라도 다시 적법한 소정의 절차를 거쳐서 동일한 처분을 하여야 하는 경우(기속행위나 재량권이 0으로 수축된 경우)에는 행정경제 및 소송경제에 반한다는 점

┨ 관 련 판 례 ┠

1. 기속행위의 경우
   부과처분의 실체가 적법한 이상 납세고지서의 기재사항 누락이라는 경미한 형식상의 하자 때문에 부과처분을 취소한다면 소득이 있는데 세금을 부과하지 못하는 불공평이 생긴다거나, 다시 납세부과처분이나 보완통지를 하는 등 무용한 처분을 되풀이한다 하더라도 이로 인하여 경제적, 시간적, 정신적인 낭비만 초래하게 된다는 사정만으로는 과세처분을 취소하는 것이 행정소송법 제12조에서 말하는 현저히 공공복리에 적합하지 않거나 납세의무자에게 실익이 전혀 없다고 할 수 없다(대판 1984.5.9, 84누116).

2. 재량행위의 경우
   식품위생법 제64조, 같은 법 시행령 제37조 제1항 소정의 청문절차를 전혀 거치지 아니하거나 거쳤다고 하여도 그 절차적 요건을 제대로 준수하지 아니한 경우에는 가사 영업정지사유 등 위 법 제58조 등 소정 사유가 인정된다고 하더라도 그 처분은 위법하여 취소를 면할 수 없다(대판 1991.7.9, 91누971).

3. 공람공고절차를 위배한 도시계획변경결정처분의 효력 : 도시계획법 제16조의2 제2항 및 동시행령 제14조의2 제6항, 제7항, 제8항의 규정을 종합하여 보면 공람·공고절차를 위배한 도시계획변경결정신청은 위법하다고 아니할 수 없고 행정처분에 위와 같은 법률이 보장한 절차의 흠결이 있는 위법사유가 존재하는 이상 그 내용에 있어 재량권의 범위 내이고 변경될 가능성이 없다 하더라도 그 행정처분은 위법하다(대판 1988.5.24, 87누388).

2. 위법성의 정도

대법원은 개별적 사안에 따라 구체적으로 판단하기 때문에 일정하지는 않으나, 청문과 이유부기의 하자에 관하여 대체로 취소사유로 보고 있다.

3. 절차하자와 국가배상

판례는 절차법적 위법이 있다 해도, 이로 인해 바로 구체적 위법성이 인정되는 것이 아니라 가해행위의 위반내용 등 제반사정을 종합적으로 검토하여 개별·구체적으로 정해야 한다는 입장이다(대판 2004.12.9, 2003다50184).

┤ 관 련 판 례 ├

1. 건축불허가처분을 하면서 그 사유의 하나로 소방시설과 관련된 소방서장의 건축부동의 의견을 들고 있으나 그 보완이 가능한 경우, 보완을 요구하지 아니한 채 곧바로 건축허가신청을 거부한 것은 재량권의 범위를 벗어난 것이다(대판 2004.10.15, 2003두6573).

2. 징벌처분의 절차상 하자와 국가배상책임의 성립 여부 : 국가배상책임을 인정하기 위하여는 징벌처분이 있게 된 규율위반행위의 내용, 징벌혐의내용의 조사·징벌혐의자의 의견 진술 및 징벌위원회의 의결 등 징벌절차의 진행경과, 징벌의 내용 및 그 집행경과 등 제반 사정을 종합적으로 고려하여 징벌처분이 객관적 정당성을 상실하고 이로 인하여 손해의 전보책임을 국가에게 부담시켜야 할 실질적인 이유가 있다고 인정되어야 할 것이다(대판 2004.12.9, 2003다50184).

3. 국가나 지방자치단체가 행정절차를 진행하는 과정에서 주민들의 의견제출 등 절차적 권리를 보장하지 않은 위법이 있더라도 절차적 권리 침해로 인한 정신적 고통에 대한 배상이 인정되지 않는 경우 : 법령에서 주민들의 행정절차 참여에 관하여 정하는 것은 어디까지나 주민들에게 자신의 의사와 이익을 반영할 기회를 보장하고 행정의 공정성, 투명성과 신뢰성을 확보하며 국민의 권익을 보호하기 위한 것일 뿐, 행정절차에 참여할 권리 그 자체가 사적 권리로서의 성질을 가지는 것은 아니다. 이와 같이 행정절차는 그 자체가 독립적으로 의미를 가지는 것이라기보다는 행정의 공정성과 적정성을 보장하는 공법적 수단으로서의 의미가 크므로, 관련 행정처분의 성립이나 무효·취소 여부 등을 따지지 않은 채 주민들이 일시적으로 행정절차에 참여할 권리를 침해받았다는 사정만으로 곧바로 국가나 지방자치단체가 주민들에게 정신적 손해에 대한 배상의무를 부담한다고 단정할 수 없다. 이와 같은 행정절차상 권리의 성격이나 내용 등에 비추어 볼 때, 국가나 지방자치단체가 행정절차를 진행하는 과정에서 주민들의 의견제출 등 절차적 권리를 보장하지 않은 위법이 있다고 하더라도 그 후 이를 시정하여 절차를 다시 진행한 경우, 종국적으로 행정처분 단계까지 이르지 않거나 처분을 직권으로 취소하거나 철회한 경우, 행정소송을 통하여 처분이 취소되거나 처분의 무효를 확인하는 판결이 확정된 경우 등에는 주민들이 절차적 권리의 행사를 통하여 환경권이나 재산권 등 사적 이익을 보호하려던 목적이 실질적으로 달성된 것이므로 특별한 사정이 없는 한 절차적 권리 침해로 인한 정신적 고통에 대한 배상은 인정되지 않는다(대판 2021.7.29, 2015다221668).

4. 주민들의 절차적 권리 침해로 인한 정신적 고통이 여전히 남아 있다고 볼 특별한 사정이 있는 경우, 국가나 지방자치단체는 그로 인한 손해를 배상할 책임이 있다(대판 2021.7.29, 2015다221668).

5. 특별한 사정이 있다는 사실에 대한 주장·증명책임은 이를 청구하는 주민들에게 있고, 특별한 사정이 있는지는 주민들에게 행정절차 참여권을 보장하는 취지, 행정절차 참여권이 침해된 경위와 정도, 해당 행정절차 대상사업의 시행경과 등을 종합적으로 고려해서 판단해야 한다(대판 2021.7.29, 2015다221668).

제6장
「민원처리에 관한 법률」

I. 총칙

1. 개념정의

(1) 민원

민원이란 민원인이 행정기관에 대하여 처분 등 특정한 행위를 요구하는 것을 말하며, 그 종류는 다음 각 목과 같다(제2조 제1호).

가. 일반민원
　　1) 법정민원 : 법령·훈령·예규·고시·자치법규 등(관계법령 등)에서 정한 일정 요건에 따라 인가·허가·승인·특허·면허 등을 신청하거나 장부·대장 등에 등록·등재를 신청 또는 신고하거나 특정한 사실 또는 법률관계에 관한 확인 또는 증명을 신청하는 민원
　　2) 질의민원 : 법령·제도·절차 등 행정업무에 관하여 행정기관의 설명이나 해석을 요구하는 민원
　　3) 건의민원 : 행정제도 및 운영의 개선을 요구하는 민원
　　4) 기타민원 : 법정민원, 질의민원, 건의민원 및 고충민원 외에 행정기관에 단순한 행정절차 또는 형식요건 등에 대한 상담·설명을 요구하거나 일상생활에서 발생하는 불편사항에 대하여 알리는 등 행정기관에 특정한 행위를 요구하는 민원
나. 고충민원 : 「부패방지 및 국민권익위원회의 설치와 운영에 관한 법률」 제2조 제5호에 따른 고충민원

(2) 복합민원

복합민원이란 하나의 민원목적을 실현하기 위하여 법령·훈령·예규·고시 등(관계법령 등)에 따라 여러 관계 기관(민원과 관련된 단체·협회 등을 포함) 또는 관계 부서의 허가·인가·승인·추천·협의 또는 확인 등을 거쳐 처리되는 민원사무를 말한다(같은 법 제2조 제5호).

> **┫ 관 련 판 례 ┣**
>
> 하나의 민원 목적을 실현하기 위하여 관계 법령 등에 의하여 다수 관계기관의 허가·인가·승인·추천·협의·확인 등의 인허가를 받아야 하는 복합민원에 있어서 필요한 인허가를 일괄하여 신청하지 아니하고 그중 어느 하나의 인허가만을 신청한 경우에도 그 근거 법령에서 다른 법령상의 인허가에 관한 규정을 원용하고 있거나 그 대상 행위가 다른 법령에 의하여 절대적으로 금지되고 있어 그 실현이 객관적으로 불가능한 것이 명백한 경우에는 이를 고려하여 그 인허가 여부를 결정할 수 있다(대판 2000.3.24. 98두8766).

(3) 민원인

1. 민원인의 의의 : 민원인이란 행정기관에 민원을 제기하는 개인·법인 또는 단체를 말한다(제2조 제2호). 다만, 행정기관(사경제의 주체로서 제기하는 경우는 제외한다), 행정기관과 사법(私法)상 계약관계(민원과 직접 관련된 계약관계만 해당한다)에 있는 자, 성명·주소 등이 불명확한 자 등 대통령령으로 정하는 자는 제외한다(같은 조 제2호 단서).
2. 「민원처리에 관한 법률」 제2조 제2호 단서에서 "행정기관(사경제의 주체로서 제기하는 경우는 제외한다), 행정기관과 사법(私法)상 계약관계(민원과 직접 관련된 계약관계만 해당한다)에 있는 자, 성명·주소 등이 불명확한 자 등 대통령령으로 정하는 자"란 다음 각 호의 어느 하나에 해당하는 자를 말한다(같은 법 시행령 제2조 제1항).
   1. 행정기관에 처분 등 특정한 행위를 요구하는 행정기관[행정기관이 사경제(私經濟)의 주체로서 요구하는 경우는 제외한다]
   2. 행정기관과 사법(私法)상의 계약관계가 있는 자로서 계약관계와 직접 관련하여 행정기관에 처분 등 특정한 행위를 요구하는 자
   3. 행정기관에 처분 등 특정한 행위를 요구하는 자로서 성명·주소(법인 또는 단체의 경우에는 그 명칭, 사무소 또는 사업소의 소재지와 대표자의 성명) 등이 불명확한 자

3. 민원인의 권리와 의무 : 민원인은 행정기관에 민원을 신청하고 신속·공정·친절·적법한 응답을 받을 권리가 있다(제5조 제1항). 민원인은 민원을 처리하는 담당자의 적법한 민원처리를 위한 요청에 협조하여야 하고, 행정기관에 부당한 요구를 하거나 다른 민원인에 대한 민원처리를 지연시키는 등 공무를 방해하는 행위를 하여서는 아니 된다(같은 조 제2항).

(4) 행정기관

"행정기관"이란 다음 각 목의 자를 말한다.
가. 국회·법원·헌법재판소·중앙선거관리위원회의 행정사무를 처리하는 기관, 중앙행정기관(대통령 소속 기관과 국무총리 소속 기관을 포함한다. 이하 같다)과 그 소속 기관, 지방자치단체와 그 소속 기관
나. 공공기관
   1) 「공공기관의 운영에 관한 법률」 제4조에 따른 법인·단체 또는 기관
   2) 「지방공기업법」에 따른 지방공사 및 지방공단
   3) 특별법에 따라 설립된 특수법인
   4) 「초·중등교육법」·「고등교육법」 및 그 밖의 다른 법률에 따라 설치된 각급 학교
   5) 그 밖에 대통령령으로 정하는 법인·단체 또는 기관
다. 법령 또는 자치법규에 따라 행정권한이 있거나 행정권한을 위임 또는 위탁받은 법인·단체 또는 그 기관이나 개인

2. 적용범위

민원사무에 관하여 다른 법률에 특별한 규정이 있는 경우를 제외하고는 이 법에서 정하는 바에 따른다(제3조 제1항). 제2조 제3호 가목의 국회·법원·헌법재판소·중앙선거관리위원회의 행정사무를 처리하는 기관에 대해서는 제36조 제3항, 제37조, 제38조, 제39조 제2항부터 제6항까지 및 제42조를 적용하지 아니한다(같은 조 제2항).

┤ 관 련 판 례 ├
사업계획승인 신청 민원의 처리기간과 승인 의제에 관한 「중소기업창업 지원법」 제33조 제3항은 「민원처리에 관한 법률」 제3조 제1항에서 정한 '다른 법률에 특별한 규정이 있는 경우'에 해당하고, 사업계획승인 신청을 받은 시장 등에게 「민원처리에 관한 법률 시행령」 제21조 제1항 본문에 따라 처리기간을 임의로 연장할 수 있는 재량이 없다(대판 2021.3.11, 2020두42569).

3. 민원처리의 원칙

(1) 민원처리 담당자의 의무와 보호

1. 민원을 처리하는 담당자는 담당 민원을 <u>신속·공정·친절·적법</u>하게 처리하여야 한다(제4조 제1항). 〈개정 2022.1.11. 시행 2022.7.12.〉
2. 행정기관의 장은 민원인 등의 폭언·폭행, 목적이 정당하지 아니한 반복 민원 등으로부터 민원처리 담당자를 보호하기 위하여 민원처리 담당자의 신체적·정신적 피해의 예방 및 치료 등 대통령령으로 정하는 필요한 조치를 하여야 한다(같은 조 제2항). 〈신설 2022.1.11. 시행 2022.7.12.〉
3. 민원처리 담당자는 행정기관의 장에게 제2항에 따른 조치를 요구할 수 있다(같은 조 제3항). 〈신설 2022.1.11. 시행 2022.7.12.〉
4. 행정기관의 장은 제3항에 따른 민원처리 담당자의 요구를 이유로 해당 민원처리 담당자에게 불이익을 주어서는 아니 된다(같은 조 제4항). 〈신설 2022.1.11. 시행 2022.7.12.〉

(2) 민원처리의 원칙(우선처리, 부당지연금지, 부당결부금지, 절차강화금지원칙)

행정기관의 장은 관계법령 등에서 정한 처리기간이 남아 있다거나 그 민원과 관련 없는 공과금 등을 미납하였다는 이유로 민원처리를 지연시켜서는 아니 된다(부당결부금지원칙). 다만, 다른 법령에 특별한 규정이 있는 경우에는 그에 따른다(제6조 제1항). 행정기관의 장은 법령의 규정 또는 위임이 있는 경우를 제외하고는 민원처리의 절차 등을 강화하여서는 아니 된다(같은 조 제2항).

(3) 정보 보호

행정기관의 장은 민원처리와 관련하여 알게 된 민원의 내용과 민원인 및 민원의 내용에 포함되어 있는 특정인의 개인정보 등이 누설되지 아니하도록 필요한 조치를 강구하여야 하며, 수집된 정보가 민원처리의 목적 외의 용도로 사용되지 아니하도록 하여야 한다(제7조).

(4) 민원의 날

1. 민원에 대한 이해와 인식 및 민원처리 담당자의 자긍심을 높이기 위하여 매년 11월 24일을 민원의 날로 정한다(제7조의2 제1항).
2. 국가와 지방자치단체는 민원의 날의 취지에 적합한 기념행사를 할 수 있다(같은 조 제2항). [본조신설 2022.1.11. 시행 2022.7.12.]

Ⅱ. 민원의 처리

1. 민원의 신청 및 접수 등

(1) 민원의 신청

민원의 신청은 문서(전자정부법 제2조 제7호)에 따른 전자문서를 포함 하여야 한다. 다만, 기타민원은 구술(口述) 또는 전화로 할 수 있다(제8조).

(2) 증명서류 또는 구비서류의 전자적 제출

민원인은 민원의 처리에 필요한 증명서류나 구비서류를 「전자정부법」 제2조 제7호에 따른 전자문서(전자문서)나 같은 조 제8호에 따른 전자화문서로 제출할 수 있다. 다만, 행정기관이 전자문서나 전자화문서로 증명서류나 구비서류를 받을 수 있는 정보시스템을 구축하지 아니한 경우 등 대통령령으로 정하는 사유가 있는 경우에는 그러하지 아니하다(제8조의2 제1항). [본조신설 2022.1.11. 시행 2022.7.12.]

(3) 민원의 접수

행정기관의 장은 민원의 신청을 받았을 때에는 다른 법령에 특별한 규정이 있는 경우를 제외하고는 그 접수를 보류하거나 거부할 수 없으며, 접수된 민원문서를 부당하게 되돌려 보내서는 아니 된다(제9조 제1항). 행정기관의 장은 민원을 접수하였을 때에는 해당 민원인에게 접수증을 내주어야 한다. 다만, 기타민원과 민원인이 직접 방문하지 아니하고 신청한 민원 및 처리기간이 '즉시'인 민원 등 대통령령으로 정하는 경우에는 접수증 교부를 생략할 수 있다(같은 조 제2항).

(4) 불필요한 서류 요구의 금지

1. 행정기관의 장은 민원을 접수·처리할 때에 민원인에게 관계법령 등에서 정한 구비서류 외의 서류를 추가로 요구하여서는 아니 된다(제10조 제1항).
2. 행정기관의 장은 동일한 민원서류 또는 구비서류를 복수로 받는 경우에는 특별한 사유가 없으면 원본과 함께 그 사본의 제출을 허용하여야 한다(같은 조 제2항).
3. 행정기관의 장은 민원을 접수·처리할 때에 다음 각 호의 어느 하나에 해당하는 경우에는 민원인에게 관련 증명서류 또는 구비서류의 제출을 요구할 수 없으며, 그 민원을 처리하는 담당자가 직접 이를 확인·처리하여야 한다(같은 조 제3항). 〈개정 2022.1.11. 시행 2022.7.12.〉
    1. 민원인이 소지한 주민등록증·여권·자동차운전면허증 등 행정기관이 발급한 증명서로 그 민원의 처리에 필요한 내용을 확인할 수 있는 경우
    2. 해당 행정기관의 공부(公簿) 또는 행정정보로 그 민원의 처리에 필요한 내용을 확인할 수 있는 경우
    3. 「전자정부법」 제36조 제1항에 따른 행정정보의 공동이용을 통하여 그 민원의 처리에 필요한 내용을 확인 수 있는 경우
    4. 행정기관이 증명서류나 구비서류를 다른 행정기관으로부터 전자문서로 직접 발급받아 그 민원의 처리에 요한 내용을 확인할 수 있는 경우로서 민원인이 행정기관에 미리 해당 증명서류 또는 구비서류에 대하 관계법령 등에서 정한 수수료 등을 납부한 경우
4. 행정기관의 장이 제3항에 따라 증명서류나 구비서류를 확인·처리한 경우에는 관계법령 등에서 정한 절차에 따라 증명서류나 구비서류를 확인·처리한 것으로 본다(같은 조 제4항). 〈신설 2022.1.11. 시행 2022.7.12.〉
5. 행정기관의 장은 제3항 제3호에 따라 행정정보의 공동이용을 통하여 민원인의 증명서류 또는 구비서류 제출을 갈음하는 경우에는 증명서류나 구비서류의 발급기관의 장과 협의하여 해당 증명서류나 구비서류에 대한

수수료를 감면할 수 있다(같은 조 제5항). 〈신설 2022.1.11. 시행 2022.7.12.〉

6. 행정기관의 장은 제3항제3호에 따라 행정정보의 공동이용을 통하여 그 내용을 확인할 수 있는 민원의 종류·범위와 그 밖에 필요한 사항을 인터넷 홈페이지 등을 통하여 공표하여야 한다(같은 조 제6항). 〈신설 2022.1.11. 시행 2022.7.12.〉

7. 행정기관의 장은 원래의 민원의 내용 변경 또는 갱신 신청을 받았을 때에는 특별한 사유가 없으면 이미 제출되어 있는 관련 증명서류 또는 구비서류를 다시 요구하여서는 아니 된다(같은 조 제7항). 〈개정 2022.1.11. 시행 2022.7.12.〉

(5) 민원인의 요구에 의한 본인정보 공동이용

1. 민원인은 행정기관이 컴퓨터 등 정보처리능력을 지닌 장치에 의하여 처리가 가능한 형태로 본인에 관한 행정정보를 보유하고 있는 경우 민원을 접수·처리하는 기관을 통하여 행정정보 보유기관의 장에게 본인에 관한 증명서류 또는 구비서류 등의 행정정보(법원의 재판사무·조정사무 및 그 밖에 이와 관련된 사무에 관한 정보는 제외한다)를 본인의 민원처리에 이용되도록 제공할 것을 요구할 수 있다. 이 경우 민원을 접수·처리하는 기관의 장은 민원인에게 관련 증명서류 또는 구비서류의 제출을 요구할 수 없으며, 행정정보 보유기관의 장으로부터 해당 정보를 제공받아 민원을 처리하여야 한다(제10조의2 제1항).

2. 제1항에 따른 요구를 받은 행정정보 보유기관의 장은 다음 각 호의 어느 하나에 해당하는 법률의 규정에도 불구하고 해당 정보를 컴퓨터 등 정보처리능력을 지닌 장치에 의하여 처리가 가능한 형태로 본인 또는 본인이 지정한 민원처리기관에 지체 없이 제공하여야 한다. 다만, 「개인정보 보호법」 제35조 제4항에 따른 제한 또는 거절의 사유에 해당하는 경우에는 그러하지 아니다(같은 조 제2항).

1. 전자정부법 제39조
2. 국세기본법 제81조의13
3. 관세법 제116조
4. 지방세기본법 제86조
5. 「가족관계의 등록 등에 관한 법률」 제13조
6. 부동산등기법 제109조의2
7. 주민등록법 제30조
8. 「공간정보의 구축 및 관리 등에 관한 법률」 제76조
9. 자동차관리법 제69조
10. 건축법 제32조
11. 상업등기법 제21조
12. 그 밖에 제1호부터 제11호까지의 규정과 유사한 규정으로서 대통령령으로 정하는 법률의 관련 규정

3. 행정안전부장관은 제1항 및 제2항에 따라 민원인이 행정정보 보유기관의 장에게 요구할 수 있는 본인에 관한 행정정보의 종류를 보유기관의 장과 협의하여 정하고, 이를 국민에게 공표하여야 한다(같은 조 제3항).

4. 행정안전부장관은 전자정부법 제37조에 따른 행정정보 공동이용센터를 통하여 안전하고 신뢰할 수 있는 방법으로 같은 법 제2조 제13호에 따른 정보시스템을 연계하는 등 해당 행정정보의 위조·변조·훼손·유출 또는 오용·남용을 방지하여야 한다(같은 조 제4항).

5. 행정기관의 장은 제1항부터 제3항까지의 규정에 따라 컴퓨터 등 정보처리능력을 지닌 장치에 의하여 처리가 가능한 형태로 행정정보를 제공하는 경우에는 다른 법률에도 불구하고 수수료를 감면할 수 있다(같은 조 제5항).

6. 민원인은 제1항에 따라 본인에 관한 행정정보의 공동이용을 요구하는 경우 다음 각 호의 어느 하나에 해당하는 방법으로 해당 행정정보가 본인에 관한 것임을 증명하여야 한다(같은 조 제6항).

1. 전자정부법 제10조에 따른 민원인의 본인 확인 방법
2. 행정기관이 보유하고 있는 지문 등의 생체정보를 이용하는 방법
3. 주민등록법 제35조 제2호, 도로교통법 제137조 제5항, 여권법 제23조의2 제2항에 따라 신분증명서의 진위를 확인하는 방법

7. 제1항에 따라 다른 기관으로부터 행정정보를 제공받아 이용하는 행정기관의 장은 해당 행정정보가 위조·변조·훼손·유출 또는 오용·남용되지 아니하도록 적절한 보안대책을 마련하여야 하며, 행정안전부장관은 이에 대한 실태를 점검할 수 있다(같은 조 제7항).

(6) 민원취약계층에 대한 편의제공

1. 행정기관의 장은 민원의 신청 및 접수·처리 과정에서 민원취약계층(장애인, 임산부, 노약자 및 「지능정보화 기본법」 제2조 제13호에 따른 정보격차로 인하여 민원의 신청 등에 제약을 받는 사람을 말한다)에 대한 편의를 제공하기 위하여 노력하여야 한다(제11조 제1항). 〈개정 2022.1.11. 시행 2022.7.12.〉
2. 행정기관의 장은 민원취약계층에 대하여 민원처리에 따른 수수료를 감면할 수 있다(같은 조 제2항). 〈신설 2022.1.11. 시행 2022.7.12.〉 [제목개정 2022.1.11. 시행 2022.7.12.]

(7) 민원실의 설치(재량)

행정기관의 장은 민원을 신속히 처리하고 민원인에 대한 안내와 상담의 편의를 제공하기 위하여 민원실을 설치할 수 있다(제12조).

(8) 전자민원창구 및 통합전자민원창구의 운영 등

1. 행정기관의 장은 민원인이 해당 기관을 직접 방문하지 아니하고도 민원을 처리할 수 있도록 관계법령 등을 개선하고 민원의 전자적 처리를 위한 시설과 정보시스템을 구축하는 등 필요한 조치를 하여야 한다(제12조의2 제1항).
2. 행정기관의 장은 제1항에 따른 조치로서 인터넷을 통하여 민원을 신청·접수받아 처리할 수 있는 정보시스템(전자민원창구)을 구축·운영할 수 있다. 다만, 전자민원창구를 구축하지 아니한 경우에는 제3항에 따른 통합전자민원창구를 통하여 민원을 신청·접수받아 처리할 수 있다(같은 조 제2항).
3. 행정안전부장관은 전자민원창구의 구축·운영을 지원하고 각 행정기관의 전자민원창구를 연계하기 위하여 통합전자민원창구를 구축·운영할 수 있다(같은 조 제2항).
4. 민원인이 전자민원창구나 통합전자민원창구를 통하여 민원을 신청한 경우에는 관계법령 등에 따라 해당 민원을 소관하는 행정기관에 민원을 신청한 것으로 본다(같은 조 제2항).
5. 행정기관의 장은 전자민원창구나 통합전자민원창구를 통하여 민원을 처리하는 경우에는 다른 법률에도 불구하고 수수료를 감면할 수 있다(같은 조 제2항).
6. 행정기관의 장은 전자민원창구나 통합전자민원창구를 통하여 민원을 신청한 민원인이 정보통신망을 이용한 전자화폐·전자결제 등의 방법으로 수수료를 납부하는 경우에는 해당 수수료 외에 별도의 업무처리비용을 함께 청구할 수 있다(같은 조 제2항).

[본조신설 2022.1.11. 시행 2022.7.12.]

(9) 민원 신청의 편의 제공(의무)

행정기관의 장은 민원실(민원실이 설치되지 아니한 기관의 경우에는 문서의 접수·발송을 주관하는 부서를 말한다)에 민원 관련 법령·편람과 민원의 처리 기준과 절차 등 민원의 신청에 필요한 사항을 게시하고 이를 인터넷 홈페이지를 통하여 제공하는 등 민원인에게 민원 신청의 편의를 제공하여야 한다(제13조). 〈개정 2022.1.11. 시행 2022.7.12.〉
[제목개정 2022.1.11.]

(10) 다른 행정기관 등을 이용한 민원의 접수·교부(재량)

행정기관의 장은 민원인의 편의를 위하여 그 행정기관이 접수하고 처리결과를 교부하여야 할 민원을 다른 행정기관이나 특별법에 따라 설립되고 전국적 조직을 가진 법인 중 대통령령으로 정하는 법인으로 하여금 접수·교부하게 할 수 있다(제14조 제1항). 제1항에 따라 민원을 접수·교부하는 법인의 임직원은 형법이나 그 밖의 법률에 따른 벌칙을 적용할 때에는 공무원으로 본다(같은 조 제3항).

(11) 정보통신망을 이용한 다른 행정기관 소관 민원의 접수·교부(재량)

행정기관의 장은 정보통신망을 이용하여 다른 행정기관 소관의 민원을 접수·교부할 수 있는 경우에는 이를 직접 접수·교부할 수 있다(제15조 제1항). 제1항에 따라 접수·교부할 수 있는 민원의 종류는 행정안전부장관이 관계 중앙행정기관의 장과 협의를 거쳐 결정·고시한다(같은 조 제2항).

(12) 민원문서의 이송(의무)

행정기관의 장은 접수한 민원이 다른 행정기관의 소관인 경우에는 접수된 민원문서를 지체 없이 소관 기관에 이송하여야 한다(제16조 제1항).

2. 민원의 처리기간·처리방법 등

(1) 법정민원의 처리기간 설정·공표

1. 행정기관의 장은 법정민원을 신속히 처리하기 위하여 행정기관에 법정민원의 신청이 접수된 때부터 처리가 완료될 때까지 소요되는 처리기간을 법정민원의 종류별로 미리 정하여 공표하여야 한다(제17조 제1항).
2. 행정기관의 장은 제1항에 따른 처리기간을 정할 때에는 접수기관·경유기관·협의기관(다른 기관과 사전협의가 필요한 경우만 해당한다) 및 처분기관 등 각 기관별로 처리기간을 구분하여 정하여야 한다(같은 조 제2항).
3. 행정기관의 장은 제1항 및 제2항에 따른 처리기간을 민원편람에 수록하여야 한다(같은 조 제3항).

(2) 처리기간의 계산

1. 민원의 처리기간을 5일 이하로 정한 경우에는 민원의 접수시각부터 "시간" 단위로 계산하되, 공휴일과 토요일은 산입(算入)하지 아니한다. 이 경우 1일은 8시간의 근무시간을 기준으로 한다(제19조 제1항).
2. 민원의 처리기간을 6일 이상으로 정한 경우에는 "일" 단위로 계산하고 첫날을 산입하되, 공휴일과 토요일은 산입하지 아니한다(같은 조 제2항). 민원의 처리기간을 주·월·연으로 정한 경우에는 첫날을 산입하되, 민법 제159조부터 제161조까지의 규정을 준용한다(같은 조 제2항).

(3) 관계 기관·부서 간의 협조

1. 민원을 처리하는 주무부서는 민원을 처리할 때 관계 기관·부서의 협조가 필요한 경우에는 민원을 접수한 후 지체 없이 그 민원의 처리기간 내에서 회신기간을 정하여 협조를 요청하여야 하며, 요청받은 기관·부서는 그 회신기간 내에 이를 처리하여야 한다(제20조 제1항).
2. 협조를 요청받은 기관·부서는 제1항에 따른 회신기간 내에 그 민원을 처리할 수 없는 특별한 사정이 있는 경우에는 그 회신기간의 범위에서 한 차례만 기간을 연장할 수 있다(같은 조 제2항).
3. 협조를 요청받은 기관·부서가 제2항에 따라 기간을 연장하려는 경우에는 제1항에 따른 회신기간이 끝나기 전에 그 연장사유·처리진행상황 및 회신예정일 등을 협조를 요청한 민원처리 주무부서에 통보하여야 한다(같은 조 제3항).

(4) 민원처리의 예외

행정기관의 장은 접수된 민원(법정민원을 제외한다)이 다음 각 호의 어느 하나에 해당하는 경우에는 그 민원을 처리하지 아니할 수 있다. 이 경우 그 사유를 해당 민원인에게 통지하여야 한다(제21조).

1. 고도의 정치적 판단을 요하거나 국가기밀 또는 공무상 비밀에 관한 사항
2. 수사, 재판 및 형집행에 관한 사항 또는 감사원의 감사가 착수된 사항
3. 행정심판, 행정소송, 헌법재판소의 심판, 감사원의 심사청구, 그 밖에 다른 법률에 따라 불복구제절차가 진행 중인 사항
4. 법령에 따라 화해·알선·조정·중재 등 당사자 간의 이해 조정을 목적으로 행하는 절차가 진행 중인 사항
5. 판결·결정·재결·화해·조정·중재 등에 따라 확정된 권리관계에 관한 사항
6. 감사원이 감사위원회의의 결정을 거쳐 행하는 사항
7. 각급 선거관리위원회의 의결을 거쳐 행하는 사항
8. 사인 간의 권리관계 또는 개인의 사생활에 관한 사항
9. 행정기관의 소속 직원에 대한 인사행정상의 행위에 관한 사항

(5) 민원문서의 보완·취하 등

1. 행정기관의 장은 접수한 민원문서에 보완이 필요한 경우에는 상당한 기간을 정하여 지체 없이 민원인에게 보완을 요구하여야 한다(제22조 제1항).

> **┤ 관 련 판 례 ├**
>
> 민원사무처리규정 제11조 제1항 소정의 보완 또는 보정의 대상이 되는 흠결 및 흠결서류의 접수를 거부 또는 반려할 정당한 사유가 있는 경우 : 민원사무처리규정 제11조 제1항 소정의 보완 또는 보정의 대상이 되는 흠결은 보완 또는 보정할 수 있는 경우이어야 함은 물론이고, 그 내용 또한 형식적, 절차적인 요건에 한하고 실질적인 요건에 대하여까지 보완 또는 보정요구를 하여야 한다고 볼 수 없으며, 또한 흠결된 서류의 보완 또는 보정을 하면 이미 접수된 주요서류의 대부분을 새로 작성함이 불가피하게 되어 사실상 새로운 신청으로 보아야 할 경우에는 그 흠결서류의 접수를 거부하거나 그것을 반려할 정당한 사유가 있는 경우에 해당하여 이의 접수를 거부하거나 반려하여도 위법이 되지 않는다(대판 1991.6.11, 90누8862).

2. 민원인은 해당 민원의 처리가 종결되기 전에는 그 신청의 내용을 보완하거나 변경 또는 취하할 수 있다. 다만, 다른 법률에 특별한 규정이 있거나 그 민원의 성질상 보완·변경 또는 취하할 수 없는 경우에는 그러하지 아니하다(같은 조 제2항).

(6) 반복 및 중복 민원의 처리

1. 행정기관의 장은 민원인이 동일한 내용의 민원(법정민원을 제외)을 정당한 사유 없이 3회 이상 반복하여 제출한 경우에는 2회 이상 그 처리결과를 통지하고, 그 후에 접수되는 민원에 대하여는 종결처리할 수 있다(제23조 제1항).
2. 행정기관의 장은 민원인이 2개 이상의 행정기관에 제출한 동일한 내용의 민원을 다른 행정기관으로부터 이송받은 경우에도 제1항을 준용하여 처리할 수 있다(같은 조 제2항).
3. 행정기관의 장은 제1항 및 제2항에 따른 동일한 내용의 민원인지 여부에 대하여는 해당 민원의 성격, 종전 민원과의 내용적 유사성·관련성 및 종전 민원과 동일한 답변을 할 수 밖에 없는 사정 등을 종합적으로 고려하여 결정하여야 한다(같은 조 제3항).

(7) 다수인관련민원의 처리

1. 다수인관련민원을 신청하는 민원인은 연명부(連名簿)를 원본으로 제출하여야 한다(제24조 제1항).
2. 행정기관의 장은 다수인관련민원이 발생한 경우에는 신속·공정·적법하게 해결될 수 있도록 조치하여야 한다 (같은 조 제2항).

(8) 민원심사관의 지정(의무)

행정기관의 장은 민원처리상황의 확인·점검 등을 위하여 소속 직원 중에서 민원심사관을 지정하여야 한다(제25조 제1항).

(9) 처리민원의 사후관리

행정기관의 장은 처리한 민원에 대하여 민원인의 만족 여부 및 개선사항 등을 조사하여 업무에 반영할 수 있다 (제26조).

3. 민원처리결과의 통지 등

(1) 처리결과의 통지

1. 행정기관의 장은 접수된 민원에 대한 처리를 완료한 때에는 그 결과를 민원인에게 문서로 통지하여야 한다. 다만, 기타민원의 경우와 통지에 신속을 요하거나 민원인이 요청하는 등 대통령령으로 정하는 경우에는 구술, 전화, 문자메시지, 팩시밀리 또는 전자우편 등으로 통지할 수 있다(제27조 제1항). 〈개정 2022.1.11. 시행 2022.7.12.〉
2. 행정기관의 장은 다음 각 호의 어느 하나에 해당하는 경우에는 제1항 본문의 규정에 따른 통지를 전자문서로 통지하는 것으로 갈음할 수 있다. 다만, 제2호에 해당하는 경우에는 민원인이 요청하면 지체 없이 민원처리 결과에 관한 문서를 교부하여야 한다(같은 조 제2항). 〈신설 2022.1.11. 시행 2022.7.12.〉
   1. 민원인의 동의가 있는 경우
   2. 민원인이 전자민원창구나 통합전자민원창구를 통하여 전자문서로 민원을 신청하는 경우
3. 행정기관의 장은 제1항 또는 제2항에 따라 민원의 처리결과를 통지할 때에 민원의 내용을 거부하는 경우에는 거부 이유와 구제절차를 함께 통지하여야 한다(같은 조 제3항). 〈개정 2022.1.11. 시행 2022.7.12.〉
4. 행정기관의 장은 제1항에 따른 민원의 처리결과를 허가서·신고필증·증명서 등의 문서(전자문서 및 전자화문서는 제외한다)로 민원인에게 직접 교부할 필요가 있는 때에는 그 민원인 또는 그 위임을 받은 자임을 확인한 후에 이를 교부하여야 한다(같은 조 제4항). 〈개정 2022.1.11. 시행 2022.7.12.〉

(2) 무인민원발급창구를 이용한 민원문서의 발급(재량)

1. 행정기관의 장은 무인민원발급창구를 통하여 민원문서(다른 행정기관 소관의 민원문서를 포함한다)를 발급할 수 있다(제28조 제1항).
2. 제1항에 따라 민원문서를 발급하는 경우에는 다른 법률에도 불구하고 수수료를 감면할 수 있다(같은 조 제2항).
3. 제1항에 따라 발급할 수 있는 민원문서의 종류는 행정안전부장관이 관계 행정기관의 장과의 협의를 거쳐 결정·고시한다(같은 조 제3항).

(3) 전자증명서의 발급

1. 행정기관의 장은 전자민원창구 또는 통합전자민원창구를 통하여 전자증명서(행정기관의 장이 특정한 사실이나 관계 등을 증명하기 위하여 전자문서 및 전자화문서로 발급하는 민원문서를 말한다)를 발급할 수 있다(제28조의2 제1항).
2. 제1항에 따라 전자증명서를 발급하는 경우 관계법령 등에 특별한 규정이 있는 경우를 제외하고는 수수료를 감면할 수 있다(같은 조 제2항).
3. 제1항에 따라 발급할 수 있는 전자증명서의 종류는 행정안전부장관이 관계 행정기관의 장과의 협의를 거쳐 결정·고시한다(같은 조 제3항). [본조신설 2022.1.11. 시행 2022.7.12.]

(4) 민원수수료 등의 납부방법

행정기관의 장은 민원인의 편의를 위하여 민원인이 현금·수입인지·수입증지 외에 정보통신망을 이용한 전자화폐·전자결제 등 다양한 방법으로 민원처리에 따른 수수료 등을 납부할 수 있도록 조치하여야 한다(제29조). 〈개정 2022. 1. 11. 시행 2022. 7. 12.〉

4. 법정민원

(1) 사전심사의 청구 등

1. 민원인은 법정민원 중 신청에 경제적으로 많은 비용이 수반되는 민원 등 대통령령으로 정하는 민원에 대하여는 행정기관의 장에게 정식으로 민원을 신청하기 전에 미리 약식의 사전심사를 청구할 수 있다(제30조 제1항).
2. 행정기관의 장은 제1항에 따라 사전심사가 청구된 법정민원이 다른 행정기관의 장과의 협의를 거쳐야 하는 사항인 경우에는 미리 그 행정기관의 장과 협의하여야 한다(같은 조 제2항).
3. 행정기관의 장은 사전심사 결과를 민원인에게 문서로 통지하여야 하며, 가능한 것으로 통지한 민원의 내용에 대하여는 민원인이 나중에 정식으로 민원을 신청한 경우에도 동일하게 결정을 내릴 수 있도록 노력하여야 한다. 다만, 민원인의 귀책사유 또는 불가항력이나 그 밖의 정당한 사유로 이를 이행할 수 없는 경우에는 그러하지 아니하다(같은 조 제3항).
4. 행정기관의 장은 제1항에 따른 사전심사 제도를 효율적으로 운영하기 위하여 필요한 법적·제도적 장치를 마련하여 시행하여야 한다(같은 조 제4항).

> **┤ 관 련 판 례 ├**
> 구 「민원처리에 관한 법률」 제19조 제1항에서 정한 사전심사결과 통보는 항고소송의 대상이 되는 행정처분에 해당하지 않는다(대판 2014.4.24, 2013두7834).

(2) 복합민원의 처리(재량)

행정기관의 장은 복합민원을 처리할 주무부서를 지정하고 그 부서로 하여금 관계 기관·부서 간의 협조를 통하여 민원을 한꺼번에 처리하게 할 수 있다(제31조 제1항).

(3) 민원 1회방문 처리제의 시행(의무)

1. 행정기관의 장은 복합민원을 처리할 때에 그 행정기관의 내부에서 할 수 있는 자료의 확인, 관계 기관·부서와의 협조 등에 따른 모든 절차를 담당 직원이 직접 진행하도록 하는 민원 1회방문 처리제를 확립함으로써 불필요한 사유로 민원인이 행정기관을 다시 방문하지 아니하도록 하여야 한다(제32조 제1항).

2. 행정기관의 장은 제1항에 따른 민원 1회방문 처리에 관한 안내와 상담의 편의를 제공하기 위하여 민원 1회방문 상담창구를 설치하여야 한다(같은 조 제2항).
3. 제1항에 따른 민원 1회방문 처리제는 다음 각 호의 절차에 따라 시행한다(같은 조 제3항).

> 1. 제2항에 따른 민원 1회방문 상담창구의 설치·운영
> 2. 제33조에 따른 민원후견인의 지정·운영
> 3. 복합민원을 심의하기 위한 실무기구의 운영
> 4. 제3호의 실무기구의 심의결과에 대한 제34조에 따른 민원조정위원회의 재심의(再審議)
> 5. 행정기관의 장의 최종 결정

┤ 관 련 판 례 ├

1. 민원사무를 처리하는 행정기관이 민원 1회방문 처리제를 시행하는 절차의 일환으로 민원사항의 심의·조정 등을 위한 민원조정위원회를 개최하면서 민원인에게 회의일정 등을 사전에 통지하지 않은 경우, 민원사항에 대한 행정기관의 장의 거부처분에 취소사유에 이를 정도의 흠이 존재하지 않는다(대판 2015.8.27, 2013두1560).
2. 위 거부처분이 위법한 경우 : 다만 행정기관의 장의 거부처분이 재량행위인 경우에, 위와 같은 사전통지의 흠결로 민원인에게 의견진술의 기회를 주지 아니한 결과 민원조정위원회의 심의과정에서 고려대상에 마땅히 포함시켜야 할 사항을 누락하는 등 재량권의 불행사 또는 해태로 볼 수 있는 구체적 사정이 있다면, 거부처분은 재량권을 일탈·남용한 것으로서 위법하다(대판 2015.8.27, 2013두1560).

(4) 민원후견인의 지정·운영(재량)

행정기관의 장은 민원 1회방문 처리제의 원활한 운영을 위하여 민원처리에 경험이 많은 소속 직원을 민원후견인으로 지정하여 민원인을 안내하거나 민원인과 상담하게 할 수 있다(제33조).

(5) 민원조정위원회의 설치·운영(의무)

행정기관의 장은 다음 각 호의 사항을 심의하기 위하여 민원조정위원회를 설치·운영하여야 한다(제34조 제1항).

1. 장기 미해결 민원, 반복 민원 및 다수인관련민원에 대한 해소·방지 대책
2. 거부처분에 대한 이의신청
3. 민원처리 주무부서의 법규적용의 타당성 여부와 제32조 제3항 제4호에 따른 재심의
4. 그 밖에 대통령령으로 정하는 사항

(6) 거부처분에 대한 이의신청

1. 법정민원에 대한 행정기관의 장의 거부처분에 불복하는 민원인은 그 거부처분을 받은 날부터 60일 이내에 그 행정기관의 장에게 문서로 이의신청을 할 수 있다(제35조 제1항).
2. 행정기관의 장은 이의신청을 받은 날부터 10일 이내에 그 이의신청에 대하여 인용 여부를 결정하고 그 결과를 민원인에게 지체 없이 문서로 통지하여야 한다. 다만, 부득이한 사유로 정하여진 기간 이내에 인용 여부를 결정할 수 없을 때에는 그 기간의 만료일 다음 날부터 기산(起算)하여 10일 이내의 범위에서 연장할 수 있으며, 연장 사유를 민원인에게 통지하여야 한다(같은 조 제2항).
3. 민원인은 제1항에 따른 이의신청 여부와 관계없이 행정심판법에 따른 행정심판 또는 행정소송법에 따른 행정소송을 제기할 수 있다(같은 조 제3항).

Ⅲ. 민원제도의 개선 등

1. 민원처리기준표의 고시 등

1. 행정안전부장관은 민원인의 편의를 위하여 관계법령 등에 규정되어 있는 민원의 처리기관, 처리기간, 구비서류, 처리절차, 신청방법 등에 관한 사항을 종합한 민원처리기준표를 작성하여 관보에 고시하고 통합전자민원창구에 게시하여야 한다(제36조 제1항). 〈개정 2022.1.11. 시행 2022.7.12.〉
2. 행정기관의 장은 관계법령 등의 제정·개정 또는 폐지 등으로 제1항에 따라 고시된 민원처리기준표를 변경할 필요가 있으면 즉시 그 내용을 행정안전부장관에게 통보하여야 하며, 행정안전부장관은 그 내용을 관보에 고시하고 통합전자민원창구에 게시한 후 제1항에 따른 민원처리기준표에 반영하여야 한다(같은 조 제2항). 〈개정 2017.7.26. 시행 2022.7.12.〉
3. 행정안전부장관은 민원의 간소화를 위하여 필요하다고 인정하는 경우에는 관계 행정기관의 장에게 관계법령 등에 규정되어 있는 처리기간, 구비서류, 처리절차, 신청방법 등의 개정을 요청할 수 있다(같은 조 제3항).

2. 민원처리기준표의 조정 등

1. 행정안전부장관은 제36조에 따라 민원처리기준표를 작성·고시할 때에 민원의 간소화를 위하여 필요하다고 인정하는 경우에는 관계 행정기관의 장과 협의를 거쳐 관계법령 등이 개정될 때까지 잠정적으로 관계법령 등에 규정되어 있는 처리기간과 구비서류를 줄이거나 처리절차·신청방법을 변경할 수 있다(제37조 제1항).
2. 행정기관의 장은 제1항에 따라 민원처리기준표가 조정·고시된 경우에는 이에 따라 민원을 처리하여야 하며, 중앙행정기관의 장은 민원처리기준표의 조정 또는 변경된 내용에 따라 관계법령 등을 지체 없이 개정·정비하여야 한다(같은 조 제2항).

3. 민원행정 및 제도개선 계획 등

1. 행정안전부장관은 매년 민원행정 및 제도개선에 관한 기본지침을 작성하여 행정기관의 장에게 통보하여야 한다(제38조 제1항).
2. 행정기관의 장은 제1항에 따른 기본지침에 따라 그 기관의 특성에 맞는 민원행정 및 제도개선 계획을 수립·시행하여야 한다(같은 조 제2항).

4. 민원제도의 개선

1. 행정기관의 장은 민원제도에 대한 개선안을 발굴·개선하도록 노력하여야 한다(제39조 제1항).
2. 행정기관의 장은 제1항에 따라 개선한 내용을 대통령령으로 정하는 바에 따라 행정안전부장관에게 통보하여야 한다(같은 조 제2항).
3. 행정기관의 장과 민원을 처리하는 담당자는 민원제도에 대한 개선안을 행정안전부장관 또는 그 민원의 소관 행정기관의 장에게 제출할 수 있다(같은 조 제3항).
4. 행정안전부장관은 제3항에 따라 제출받은 개선안을 검토하여 필요한 경우에는 그 소관 행정기관의 장에게 통보하여 검토하도록 하여야 한다(같은 조 제4항).
5. 제3항 및 제4항에 따라 개선안을 제출·통보받은 소관 행정기관의 장은 그 수용 여부를 결정하여야 하며, 행정안전부장관은 행정기관의 장이 수용하지 아니하기로 한 사항 중 개선할 필요성이 있다고 인정되는 사항에

대하여는 소관 행정기관의 장에게 개선을 권고할 수 있다(같은 조 제5항).

6. 행정기관의 장이 제5항에 따라 행정안전부장관으로부터 권고 받은 사항을 수용하지 아니하는 경우 행정안전부장관은 제40조에 따른 민원제도개선조정회의에 심의를 요청할 수 있다(같은 조 제6항).

5. 민원제도개선조정회의

1. 여러 부처와 관련된 민원제도 개선사항을 심의·조정하기 위하여 국무총리 소속으로 민원제도개선조정회의를 둔다(설치의무)(제40조 제1항).
2. 조정회의는 여러 부처와 관련된 민원제도 개선사항, 제39조 제6항에 따른 심의요청 사항 등 대통령령으로 정하는 사항을 심의·조정한다(같은 조 제2항).

6. 민원의 실태조사 및 간소화(의무)

1. 중앙행정기관의 장은 매년 그 기관이 관장하는 민원의 처리 및 운영 실태를 조사하여야 한다(제41조 제1항).
2. 중앙행정기관의 장은 제1항에 따른 조사 결과에 따라 소관 민원의 구비서류, 처리절차 등의 간소화 방안을 마련하여야 한다(같은 조 제2항).

7. 확인·점검·평가 등(재량)

1. 행정안전부장관은 효과적인 민원행정 및 제도의 개선을 위하여 필요하다고 인정할 때에는 행정기관에 대하여 민원의 개선 상황과 운영 실태를 확인·점검·평가하고 그 결과를 해당 행정기관의 장에게 통보할 수 있다(제42조 제1항). 〈개정 2022.1.11. 시행 2022.7.12.〉
2. 행정기관의 장은 제1항에 따른 확인·점검·평가 결과를 통보받은 경우에는 이를 해당 행정기관의 인터넷 홈페이지에 공개하여야 한다(같은 조 제2항). 〈신설 2022.1.11. 시행 2022.7.12.〉
3. 행정안전부장관은 제1항에 따른 확인·점검·평가 결과 민원의 개선에 소극적이거나 이행 상태가 불량하다고 판단되는 경우 국무총리에게 이를 시정하기 위하여 필요한 조치를 건의할 수 있다(같은 조 제3항). 〈개정 2022.1.11. 시행 2022.7.12.〉

8. 행정기관의 협조(의무)

행정기관의 장은 이 법에 따라 행정안전부장관이 실시하는 민원 관련 자료수집과 민원제도 개선사업에 적극 협조하여야 한다(제43조).

9. 민원행정에 관한 여론 수집(재량)

행정안전부장관은 행정기관의 민원처리에 관하여 필요한 경우 국민들의 여론을 수집하여 민원행정제도 및 그 운영의 개선에 반영할 수 있다(제44조 제1항).

제7장
「공공기관의 정보공개에 관한 법률」

I. 개설

1. 행정법상 소속기관

구분	내용
규제개혁위원회	대통령
정보공개심의회	국가기관, 지방자치단체, 「공공기관의 운영에 관한 법률」 제5조에 따른 공기업 및 준정부기관, 「지방공기업법」에 따른 지방공사 및 지방공단(국가기관 등)
정보공개위원회	국무총리
개인정보 보호위원회	국무총리
국민권익위원회	국무총리
국가배상 본부심의회	법무부
국가배상 특별심의회	국방부
중앙행정심판위원회	국민권익위원회

2. 정보공개청구권·알 권리

1. 알 권리의 핵심은 일반적 정보공개청구권이다(헌재결 1989.9.4, 88헌마22).
2. 알 권리에는 일반적 정보공개청구권이 포함된다(대판 1999.9.21, 97누5114).
3. 국회예산결산특별위원회 계수조정소위원회의 성격, 국회관행 등을 이유로 동 위원회 회의에 대한 시민단체의 방청을 불허한 것은 알 권리를 침해한 것이 아니다(헌재결 2000.6.29, 98헌마443·99헌마583).
4. 알 권리는 법률의 제정이 없더라도 헌법 제21조에 의해 가능하다(헌재결 1989.9.4, 88헌마22).
5. 알 권리는 자유권적 기본권과 청구권적 기본권, 생활권적 기본권의 복합적 성질을 공유하는 권리이다(헌재결 1991.5.13, 90헌마133).

3. 정보공개의 원칙

공공기관이 보유·관리하는 정보는 국민의 알권리 보장 등을 위하여 이 법에서 정하는 바에 따라 적극적으로 공개하여야 한다(제3조).

4. 적용범위

1. 정보의 공개에 관하여는 다른 법률에 특별한 규정이 있는 경우를 제외하고는 이 법에서 정하는 바에 따른다(제4조 제1항).

> **┤ 관 련 판 례 ├**
>
> 1. 다른 법률에 특별한 규정의 의미 : 특별한 규정이 '법률'이어야 하고, 내용이 정보공개의 대상 및 범위, 정보공개의 절차, 비공개대상정보 등에 관하여 정보공개법과 달리 규정하고 있는 것이어야 한다(대판 2007.6.1, 2007두2555).
> 2. 형사재판확정기록의 공개에 관하여 「공공기관의 정보공개에 관한 법률」에 의한 공개청구는 허용되지 않고, 형사재판확정기록의 열람·등사신청 거부나 제한 등에 대한 불복 방법은 준항고이며, 불기소처분으로 종결된 기록의 정보공개청구 거부나 제한 등에 대한 불복 방법은 항고소송이다(대결 2022.2.11, 2021모3175).

2. 지방자치단체는 그 소관사무에 관하여 법령의 범위에서 정보공개에 관한 조례를 정할 수 있다(제4조 제2항).

> **┤ 관 련 판 례 ├**
>
> 청주시정보공개조례안 : 청주시의회에서 의결한 청주시행정정보공개조례안은 행정에 대한 주민의 알 권리의 실현을 그 근본내용으로 하면서도 이로 인한 개인의 권익침해 가능성을 배제하고 있으므로 이를 들어 주민의 권리를 제한하거나 의무를 부과하는 조례라고는 단정할 수 없고, 따라서 그 제정에 있어서 반드시 법률의 개별적 위임이 따로 필요한 것은 아니다(대판 1992.6.23, 92추17).

3. 국가안전보장에 관련되는 정보 및 보안 업무를 관장하는 기관에서 국가안전보장과 관련된 정보의 분석을 목적으로 수집하거나 작성한 정보에 대해서는 이 법을 적용하지 아니한다. 다만, 제8조 제1항에 따른 정보목록의 작성·비치 및 공개에 대해서는 그러하지 아니한다(같은 조 제3항).

Ⅱ. 정보공개 청구권자와 공공기관의 의무

1. 정보공개 청구권자(모든 국민과 일정한 범위의 외국인)

1. 모든 국민은 정보의 공개를 청구할 권리를 가진다(제5조 제1항).

┤ 관 련 판 례 ├

1. 국민에는 자연인은 물론 법인, 권리능력 없는 사단·재단도 포함되고, 법인, 권리능력 없는 사단·재단 등의 경우에는 설립목적을 불문한다(대판 2003.12.12, 2003두8050).
2. 정보공개청구의 목적에 특별한 제한이 없으므로, 오로지 상대방을 괴롭힐 목적으로 정보공개를 구하고 있다는 등의 특별한 사정이 없는 한 정보공개의 청구가 신의칙에 반하거나 권리남용에 해당한다고 볼 수 없다(대판 2006.8.24, 2004두2783).
3. 정보공개청구권의 행사가 권리의 남용에 해당하는 경우 : 일반적인 정보공개청구권의 의미와 성질, 구 「공공기관의 정보공개에 관한 법률」(정보공개법)의 규정 내용과 입법 목적, 정보공개법이 정보공개청구권의 행사와 관련하여 정보의 사용 목적이나 정보에 접근하려는 이유에 관한 어떠한 제한을 두고 있지 아니한 점 등을 고려하면, 국민의 정보공개청구는 정보공개법 제9조에 정한 비공개 대상정보에 해당하지 아니하는 한 원칙적으로 폭넓게 허용되어야 하지만, 실제로는 해당 정보를 취득 또는 활용할 의사가 전혀 없이 정보공개 제도를 이용하여 사회통념상 용인될 수 없는 부당한 이득을 얻으려 하거나, 오로지 공공기관의 담당공무원을 괴롭힐 목적으로 정보공개청구를 하는 경우처럼 권리의 남용에 해당하는 것이 명백한 경우에는 정보공개청구권의 행사를 허용하지 아니하는 것이 옳다(대판 2014.12.24, 2014두9349).
4. 지방자치단체는 정보공개청구권자인 '국민'에 포함되지 않는다(서울행판 2005.10.12, 2005구합10484).

2. 외국인(일정한 범위의 외국인에 한정)

1. 국내에 일정한 주소를 두고 거주하거나 학술·연구를 위하여 일시적으로 체류하는 사람
2. 국내에 사무소를 두고 있는 법인 또는 단체

2. 공공기관의 의무(관련 법령 및 정보관리체계 정비의무)

1. 공공기관은 정보의 공개를 청구하는 국민의 권리가 존중될 수 있도록 이 법을 운영하고 소관 관계 법령을 정비하며, 정보를 투명하고 적극적으로 공개하는 조직문화 형성에 노력하여야 한다(제6조 제1항).
2. 공공기관은 정보의 적절한 보존 및 신속한 검색과 국민에게 유용한 정보의 분석 및 공개 등이 이루어지도록 정보관리체계를 정비하고, 정보공개 업무를 주관하는 부서 및 담당하는 인력을 적정하게 두어야 하며, 정보통신망을 활용한 정보공개시스템 등을 구축하도록 노력하여야 한다(같은 조 제2항).
3. 행정안전부장관은 공공기관의 정보공개에 관한 업무를 종합적·체계적·효율적으로 지원하기 위하여 통합정보공개시스템을 구축·운영하여야 한다(같은 조 제3항).
4. 공공기관(국회·법원·헌법재판소·중앙선거관리위원회는 제외한다)이 제2항에 따른 정보공개시스템을 구축하지 아니한 경우에는 제3항에 따라 행정안전부장관이 구축·운영하는 통합정보공개시스템을 통하여 정보공개 청구 등을 처리하여야 한다(같은 조 제4항).
5. 공공기관은 소속 공무원 또는 임직원 전체를 대상으로 국회규칙·대법원규칙·헌법재판소규칙·중앙선거관리위원회규칙 및 대통령령으로 정하는 바에 따라 이 법 및 정보공개 제도 운영에 관한 교육을 실시하여야 한다(같은 조 제5항).

3. 정보공개 담당자의 의무

공공기관의 정보공개 담당자(정보공개 청구 대상 정보와 관련된 업무 담당자를 포함한다)는 정보공개 업무를 성실하게 수행하여야 하며, 공개 여부의 자의적인 결정, 고의적인 처리 지연 또는 위법한 공개 거부 및 회피 등 부당한 행위를 하여서는 아니 된다(제6조의2).

4. 정보의 사전적 공개 등

1. 특정정보에 대한 공개청구가 없었던 경우 일반적인 정보공개의무는 없다는 게 헌법재판소의 견해이다. 그러나 정보공개법상으로는 정기적 공표의무에 관한 규정을 두고 있다. 즉, 공공기관은 다음 각 호의 어느 하나에 해당하는 정보에 대해서는 공개의 구체적 범위, 주기, 시기 및 방법 등을 미리 정하여 정보통신망 등을 통하여 알리고, 이에 따라 정기적으로 공개하여야 한다. 다만, 제9조 제1항 각 호의 어느 하나에 해당하는 정보에 대해서는 그러하지 아니하다(제7조 제1항).

   1. 국민생활에 매우 큰 영향을 미치는 정책에 관한 정보
   2. 국가의 시책으로 시행하는 공사(工事) 등 대규모 예산이 투입되는 사업에 관한 정보
   3. 예산집행의 내용과 사업평가 결과 등 행정감시를 위하여 필요한 정보
   4. 그 밖에 공공기관의 장이 정하는 정보

2. 공공기관은 제1항에 규정된 사항 외에도 국민이 알아야 할 필요가 있는 정보를 국민에게 공개하도록 적극적으로 노력하여야 한다(같은 조 제2항).

   ┤ **관 련 판 례** ├

   특정정보에 대한 공개청구가 없었던 경우 일반적인 정보공개의무는 없다(헌재결 2004.12.16, 2002헌마579).

5. 정보목록의 작성·비치·공개의무, 정보공개장소·시설확보의무

1. 공공기관은 그 기관이 보유·관리하는 정보에 대하여 국민이 쉽게 알 수 있도록 정보목록을 작성하여 갖추어 두고, 그 목록을 정보통신망을 활용한 정보공개시스템 등을 통하여 공개하여야 한다. 다만, 정보목록 중 제9조 제1항에 따라 공개하지 아니할 수 있는 정보(비공개대상정보)가 포함되어 있는 경우에는 해당 부분을 갖추어 두지 아니하거나 공개하지 아니할 수 있다(제8조 제1항).
2. 공공기관은 정보의 공개에 관한 사무를 신속하고 원활하게 수행하기 위하여 정보공개 장소를 확보하고 공개에 필요한 시설을 갖추어야 한다(같은 조 제2항).

6. 공개대상 정보의 원문공개

1. 공공기관 중 중앙행정기관 및 대통령령으로 정하는 기관은 전자적 형태로 보유·관리하는 정보 중 공개대상으로 분류된 정보를 국민의 정보공개 청구가 없더라도 정보통신망을 활용한 정보공개시스템 등을 통하여 공개하여야 한다(제8조의2).
2. 법 제8조의2에서 '대통령령으로 정하는 기관'이란 다음 각 호의 기관을 말한다(같은 법 시행령 제5조의2).

   1. 중앙행정기관의 소속 기관
   2. 「행정기관 소속 위원회의 설치·운영에 관한 법률」에 따른 위원회
   3. 지방자치단체
   4. 초·중등교육법 제2조에 따른 각급 학교
   5. 「공공기관의 운영에 관한 법률」 제5조에 따른 공기업 및 준정부기관

Ⅲ. 공개대상정보 및 공공기관

1. 정보의 의의

"정보"란 공공기관(공공기관에 한정)이 직무상 작성 또는 취득하여 관리하고 있는 문서(전자문서를 포함한다) 및 전자매체를 비롯한 모든 형태의 매체 등에 기록된 사항을 말한다(제2조 제1호).

> ┤ **관 련 판 례** ├
>
> 1. 공개를 구하는 정보를 공공기관이 보유·관리하고 있을 상당한 개연성이 있다는 점에 대한 증명책임의 소재는 공개청구자이고, 그 정보를 더 이상 보유·관리하고 있지 아니하다는 점에 대한 증명책임은 공공기관이 부담한다(대판 2004.12.9, 2003두12707).
> 2. 구 「공공기관의 정보공개에 관한 법률」상 당해 정보를 공공기관이 보유·관리하고 있다는 점에 관한 증명책임은 공개청구자이고 입증정도는 개연성만 증명하면 족하다(대판 2007.6.1, 2006두20587).
> 3. 사경제의 주체라는 지위에서 행한 사업과 관련된 정보라 하더라도 공공기관이 직무상 작성·관리하는 정보라면 정보공개법의 적용대상인 정보에 해당한다(대판 2007.6.1, 2006두20587).

2. 공공기관의 의의

(1) 공공기관이란 다음 각 목의 기관을 말한다(제2조 제3호).

가. 국가기관
    1) 국회, 법원, 헌법재판소, 중앙선거관리위원회
    2) 중앙행정기관(대통령 소속 기관과 국무총리 소속 기관을 포함한다) 및 그 소속 기관
    3) 「행정기관 소속 위원회의 설치·운영에 관한 법률」에 따른 위원회
나. 지방자치단체
다. 「공공기관의 운영에 관한 법률」 제2조에 따른 공공기관
라. 지방공기업법에 따른 지방공사 및 지방공단
마. 그 밖에 대통령령으로 정하는 기관

(2) 「공공기관의 정보공개에 관한 법률」 제2조 제3호 라목에서 '그 밖에 대통령령으로 정하는 기관'이란 다음 각 호의 기관 또는 단체를 말한다(동시행령 제2조).

1. 「유아교육법」, 「초·중등교육법」, 「고등교육법」에 따른 각급 학교 또는 그 밖의 다른 법률에 따라 설치된 학교

> ┤ **관 련 판 례** ├
>
> 구 「공공기관의 정보공개에 관한 법률 시행령」 제2조 제1호가 정보공개의무를 지는 공공기관의 하나로 사립대학교를 들고 있는 것이 모법의 위임 범위를 벗어났다거나 사립대학교(계명대학교)가 국비의 지원을 받는 범위 내에서만 공공기관의 성격을 가진다고 볼 수 없다(대판 2006.8.24, 2004두2783).

2. 지방공기업법에 따른 지방공사 및 지방공단[삭제 〈2021. 6. 22.〉]
3. 「지방자치단체 출자·출연 기관의 운영에 관한 법률」 제2조제1항에 따른 출자기관 및 출연기관
4. 특별법에 따라 설립된 특수법인

> ┤ 관 련 판 례 ├
>
> 1. '공공기관의 정보공개에 관한 법률 시행령' 제2조 제4호가 정보공개 대상기관으로 규정한 '특별법에 의하여 설립된 특수법인'의 의미 및 판단기준 : 문언상 당해 법인의 설립 및 규율을 목적으로 특별히 제정된 법률에 의하여 설립된 법인에 한정할 것은 아니고, 법인의 설립 및 규율 외의 다른 목적을 위하여 제정된 법률 가운데 특정 법인의 설립근거를 둔 법률에 의하여 설립된 법인도 포함된다고 볼 것이나, 그중 특히 국가기관·지방자치단체·정부투자기관에 준할 정도로 공동체 전체의 이익에 중요한 역할이나 기능을 수행하는 공공기관으로서의 특수성을 갖는 법인을 말한다(대판 2010.4.29, 2008두5643).
> 2. '한국증권업협회'는 「공공기관의 정보공개에 관한 법률 시행령」 제2조 제4호의 '특별법에 의하여 설립된 특수법인'에 해당한다고 보기 어렵다(대판 2010.4.29, 2008두5643).
> 3. 한국방송공사는 정보공개법에 따라 정보를 공개할 의무가 있는 '특별법에 의하여 설립된 특수법인'에 해당한다(대판 2010.12.23, 2008두13101).

5. 「사회복지사업법」 제42조 제1항에 따라 국가나 지방자치단체로부터 보조금을 받는 사회복지법인과 사회복지사업을 하는 비영리법인
6. 제5호 외에 「보조금 관리에 관한 법률」 제9조 또는 「지방재정법」 제17조 제1항 각 호 외의 부분 단서에 따라 국가나 지방자치단체로부터 연간 5천만 원 이상의 보조금을 받는 기관 또는 단체. 다만, 정보공개 대상 정보는 해당 연도에 보조를 받은 사업으로 한정한다.

Ⅳ. 정보공개절차

1. 정보공개의 청구방법(문서 또는 말)

1. 정보의 공개를 청구하는 자(청구인)는 해당 정보를 보유하거나 관리하고 있는 공공기관에 다음 각 호의 사항을 적은 정보공개 청구서를 제출하거나 말로써 정보의 공개를 청구할 수 있다(제10조 제1항).

   1. 청구인의 성명·생년월일·주소 및 연락처(전화번호·전자우편주소 등을 말한다). 다만, 청구인이 법인 또는 단체인 경우에는 그 명칭, 대표자의 성명, 사업자등록번호 또는 이에 준하는 번호, 주된 사무소의 소재지 및 연락처를 말한다. ▶ 인적사항이 포함되므로 익명이 아님.
   2. 청구인의 주민등록번호(본인임을 확인하고 공개 여부를 결정할 필요가 있는 정보를 청구하는 경우로 한정한다)
   3. 공개를 청구하는 정보의 내용 및 공개방법

   > ┤ 관 련 판 례 ├
   >
   > 1. 「공공기관의 정보공개에 관한 법률」상 청구대상정보의 내용과 범위를 특정하는 방법
   >   ① 정보공개법 제10조 제1항 제2호는 정보의 공개를 청구하는 자는 정보공개청구서에 '공개를 청구하는 정보의 내용' 등을 기재할 것을 규정하고 있는바, 청구대상정보를 기재함에 있어서는 사회일반인의 관점에서 청구대상정보의 내용과 범위를 확정할 수 있을 정도로 특정함을 요한다고 할 것이다.
   >   ② 정보비공개결정의 취소를 구하는 사건에 있어서, 만일 원고가 공개를 청구한 정보의 내용 중 너무 포괄적이거나 막연하여서 사회일반인의 관점에서 그 내용과 범위를 확정할 수 있을 정도로 특정되었다고 볼 수 없는 부분이 포함되어 있다면, 이를 심리하는 법원으로서는 마땅히 정보공개법 제20조 제2항의 규정에 따라 피고에게 그가 보유·관리하고 있는 공개청구정보를 제출하도록 하여 이를 비공개로 열람·심사하는 등의 방법으로 공개청구정보의 내용과 범위를 특정시켜야 할 것이고,
   >   ③ 나아가 위와 같은 방법으로도 특정이 불가능한 경우에는 특정되지 않은 부분과 나머지 부분을 분리할 수 있고 나머지 부분에 대한 비공개결정이 위법한 경우라고 하여도 원고의 청구 중 특정되지 않은 부분에 대한 비공개결정의 취소를 구하는 부분은 나머지 부분과 분리하여서 이를 기각하여야

할 것이다(대판 2007.6.1, 2007두2555).

2. 구 「공공기관의 정보공개에 관한 법률」에 따라 청구인이 청구대상정보를 기재할 때 청구대상정보 특정의 정도 : 청구대상정보를 기재할 때에는 사회일반인의 관점에서 청구대상정보의 내용과 범위를 확정할 수 있을 정도로 특정하여야 한다(대판 2018.4.12, 2014두5477).

3. 정보비공개결정의 취소를 구하는 사건에서 공개를 청구한 정보의 내용과 범위를 확정할 수 있을 정도로 특정되었다고 볼 수 없는 부분이 포함되어 있는 경우 법원이 취해야 할 조치 : 정보비공개결정의 취소를 구하는 사건에서, 청구인이 공개를 청구한 정보의 내용 중 너무 포괄적이거나 막연하여 사회일반인의 관점에서 그 내용과 범위를 확정할 수 있을 정도로 특정되었다고 볼 수 없는 부분이 포함되어 있다면, 이를 심리하는 법원으로서는 마땅히 정보공개법 제20조 제2항의 규정에 따라 공공기관에 그가 보유·관리하고 있는 청구대상정보를 제출하도록 하여, 이를 비공개로 열람·심사하는 등의 방법으로 청구대상정보의 내용과 범위를 특정시켜야 한다(대판 2018.4.12, 2014두5477).

4. 정보공개를 청구하는 자가 공공기관에 대해 정보의 사본 또는 출력물의 교부의 방법으로 공개방법을 선택하여 정보공개청구를 한 경우, 공개청구를 받은 공공기관은 그 공개방법을 선택할 재량권이 없다(대판 2003.12.12, 2003두8050).

5. 정보공개 청구인에게 특정한 정보공개방법을 지정하여 청구할 수 있는 법령상 신청권이 있다(대판 2016.11.10, 2016두44674).

6. 공공기관이 공개청구의 대상이 된 정보를 청구인이 신청한 공개방법 이외의 방법으로 공개하기로 하는 결정을 한 경우, 정보공개방법에 관한 부분에 대하여 일부 거부처분을 한 것이고 이에 대하여 항고소송으로 다툴 수 있다(대판 2016.11.10, 2016두44674).

2. 청구인이 말로써 정보의 공개를 청구할 때에는 담당 공무원 또는 담당 임직원(담당공무원등)의 앞에서 진술하여야 하고, 담당공무원등은 정보공개 청구조서를 작성하여 이에 청구인과 함께 기명날인하거나 서명하여야 한다(같은 조 제2항).

2. 정보공개 여부의 결정

1. 공공기관은 정보공개의 청구를 받으면 그 청구를 받은 날부터 10일 이내에 공개 여부를 결정하여야 한다(제11조 제1항).

2. 공공기관은 부득이한 사유로 제1항에 따른 기간 이내에 공개 여부를 결정할 수 없을 때에는 그 기간이 끝나는 날의 다음 날부터 기산(起算)하여 10일의 범위에서 공개 여부 결정기간을 연장할 수 있다. 이 경우 공공기관은 연장된 사실과 연장 사유를 청구인에게 지체 없이 문서로 통지하여야 한다(같은 조 제2항).

3. 공공기관은 공개 청구된 공개 대상 정보의 전부 또는 일부가 제3자와 관련이 있다고 인정할 때에는 그 사실을 제3자에게 지체 없이 통지하여야 하며, 필요한 경우에는 그의 의견을 들을 수 있다(같은 조 제3항).

4. 공공기관은 다른 공공기관이 보유·관리하는 정보의 공개 청구를 받았을 때에는 지체 없이 이를 소관 기관으로 이송하여야 하며, 이송한 후에는 지체 없이 소관 기관 및 이송 사유 등을 분명히 밝혀 청구인에게 문서로 통지하여야 한다(같은 조 제4항).

5. 공공기관은 정보공개 청구가 다음 각 호의 어느 하나에 해당하는 경우로서 「민원처리에 관한 법률」에 따른 민원으로 처리할 수 있는 경우에는 민원으로 처리할 수 있다(같은 조 제5항).

   1. 공개 청구된 정보가 공공기관이 보유·관리하지 아니하는 정보인 경우
   2. 공개 청구의 내용이 진정·질의 등으로 이 법에 따른 정보공개 청구로 보기 어려운 경우

3. 반복 청구 등의 처리

1. 공공기관은 제11조에도 불구하고 제10조 제1항 및 제2항에 따른 정보공개 청구가 다음 각 호의 어느 하나에 해당하는 경우에는 정보공개 청구 대상 정보의 성격, 종전 청구와의 내용적 유사성·관련성, 종전 청구와 동일한 답변을 할 수밖에 없는 사정 등을 종합적으로 고려하여 해당 청구를 종결 처리할 수 있다. 이 경우 종결 처리 사실을 청구인에게 알려야 한다(제11조의2 제1항).

  1. 정보공개를 청구하여 정보공개 여부에 대한 결정의 통지를 받은 자가 정당한 사유 없이 해당 정보의 공개를 다시 청구하는 경우
  2. 정보공개 청구가 제11조 제5항에 따라 민원으로 처리되었으나 다시 같은 청구를 하는 경우

2. 공공기관은 제11조에도 불구하고 제10조제1항 및 제2항에 따른 정보공개 청구가 다음 각 호의 어느 하나에 해당하는 경우에는 다음 각 호의 구분에 따라 안내하고, 해당 청구를 종결 처리할 수 있다(같은 조 제2항).

  1. 제7조 제1항에 따른 정보 등 공개를 목적으로 작성되어 이미 정보통신망 등을 통하여 공개된 정보를 청구하는 경우 : 해당 정보의 소재(所在)를 안내
  2. 다른 법령이나 사회통념상 청구인의 여건 등에 비추어 수령할 수 없는 방법으로 정보공개 청구를 하는 경우 : 수령이 가능한 방법으로 청구하도록 안내

4. 정보공개심의회

(1) 설치 및 운영

국가기관, 지방자치단체, 「공공기관의 운영에 관한 법률」 제5조에 따른 공기업 및 준정부기관, 「지방공기업법」에 따른 지방공사 및 지방공단(국가기관 등)은 제11조에 따른 정보공개 여부 등을 심의하기 위하여 정보공개심의회(심의회다)를 설치·운영한다. 이 경우 국가기관 등의 규모와 업무성격, 지리적 여건, 청구인의 편의 등을 고려하여 소속 상급기관(지방공사·지방공단의 경우에는 해당 지방공사·지방공단을 설립한 지방자치단체를 말한다)에서 협의를 거쳐 심의회를 통합하여 설치·운영할 수 있다(제12조 제1항).

(2) 구성

심의회는 위원장 1명을 포함하여 5명 이상 7명 이하의 위원으로 구성한다(같은 조 제2항).

(3) 위원의 위촉

1. 심의회의 위원은 소속 공무원, 임직원 또는 외부 전문가로 지명하거나 위촉하되, 그 중 3분의 2는 해당 국가기관 등의 업무 또는 정보공개의 업무에 관한 지식을 가진 외부 전문가로 위촉하여야 한다. 다만, 제9조 제1항 제2호 및 제4호에 해당하는 업무를 주로 하는 국가기관은 그 국가기관의 장이 외부 전문가의 위촉 비율을 따로 정하되, 최소한 3분의 1 이상은 외부 전문가로 위촉하여야 한다(같은 조 제3항).
2. 심의회의 위원에 대해서는 제23조 제4항 및 제5항을 준용한다(같은 조 제5항).

(4) 위원장

심의회의 위원장은 위원 중에서 국가기관 등의 장이 지명하거나 위촉한다(같은 조 제4항).

5. 정보공개 여부 결정의 통지의무

1. 공공기관은 정보의 공개를 결정한 경우에는 공개의 일시 및 장소 등을 분명히 밝혀 청구인에게 통지하여야 한다(제13조 제1항).
2. 공공기관은 청구인이 사본 또는 복제물의 교부를 원하는 경우에는 이를 교부하여야 한다(같은 조 제2항).

6. 정보공개의 의의와 방법

(1) 정보공개의 의의

공개란 공공기관이 이 법에 따라 정보를 열람하게 하거나 그 사본·복제물을 제공하는 것 또는 전자정부법 제2조 제10호에 따른 정보통신망을 통하여 정보를 제공하는 것 등을 말한다(제2조 제2호).

┤ **관 련 판 례** ├
> 정보공개거부처분의 취소를 구하는 소송에서 공공기관이 청구정보를 증거 등으로 법원에 제출하여 법원을 통하여 그 사본을 청구인에게 교부 또는 송달되게 하여 청구인에게 정보를 공개하게 된 경우, 정보 비공개결정의 취소를 구할 소의 이익이 소멸하지 않는다(대판 2016.12.15, 2012두11409, 11416).

(2) 정보공개의 방법

1. 공공기관은 공개 대상 정보의 양이 너무 많아 정상적인 업무수행에 현저한 지장을 초래할 우려가 있는 경우에는 해당 정보를 일정 기간별로 나누어 제공하거나 사본·복제물의 교부 또는 열람과 병행하여 제공할 수 있다(제13조 제3항).

┤ **관 련 판 례** ├
> 정보공개청구의 대상이 이미 널리 알려진 사항이거나 청구량이 과다하여 정상적인 업무수행에 현저한 지장을 초래할 우려가 있더라도 청구된 정보의 사본 또는 복제물의 교부를 제한할 수는 없다(대판 2009.4.23, 2009두2702).

2. 공공기관은 제1항에 따라 정보를 공개하는 경우에 그 정보의 원본이 더럽혀지거나 파손될 우려가 있거나 그 밖에 상당한 이유가 있다고 인정할 때에는 그 정보의 사본·복제물을 공개할 수 있다(같은 조 제4항).

┤ **관 련 판 례** ├
> 「공공기관의 정보공개에 관한 법률」상 공개청구의 대상이 되는 정보에 해당하는 문서가 원본일 필요는 없다(대판 2006.5.25, 2006두3049).

3. 공공기관은 제11조에 따라 정보의 비공개 결정을 한 경우에는 그 사실을 청구인에게 지체 없이 문서로 통지하여야 한다. 이 경우 제9조 제1항 각 호 중 어느 규정에 해당하는 비공개 대상 정보인지를 포함한 비공개 이유와 불복(不服)의 방법 및 절차를 구체적으로 밝혀야 한다(같은 조 제5항).

┤ **관 련 판 례** ├
> 갑이 재판기록 일부의 정보공개를 청구한 데 대하여 서울행정법원장이 민사소송법 제162조를 이유로 소송기록의 정보를 비공개한다는 결정을 전자문서로 통지한 사안에서, 비공개결정 당시 정보의 비공개결정은 구 「공공기관의 정보공개에 관한 법률」 제13조 제4항에 의하여 전자문서로 통지할 수 있다고 본 사례(대판 2014.4.10, 2012두17384)

(3) 부분 공개

공개 청구한 정보가 비공개대상정보에 해당하는 부분과 공개 가능한 부분이 혼합되어 있는 경우로서 공개 청구의 취지에 어긋나지 아니하는 범위에서 두 부분을 분리할 수 있는 경우에는 비공개대상정보를 제외하고 공개하여야 한다(제14조). 즉, 부분 공개는 공공기관의 의무사항이지 재량사항이 아니다.

> ─┨ **관 련 판 례** ┠─
>
> 1. 비공개대상정보에 해당하는 부분과 공개가 가능한 부분이 구별되고 이를 분리할 수 있는 경우, 판결주문에 공개가 가능한 부분을 특정하고 판결주문에 공개가 가능한 부분만 취소한다고 표시하여야 한다(일부취소판결)(대판 2003.3.11, 2001두6425).
> 2. '비공개대상 정보에 해당하는 부분과 공개가 가능한 부분을 분리할 수 있다'는 의미 : 두 부분이 물리적으로 분리가능한 경우를 의미하는 것이 아니고 당해 정보의 공개방법 및 절차에 비추어 당해 정보에서 비공개대상정보에 관련된 기술 등을 제외 내지 삭제하고 그 나머지 정보만을 공개하는 것이 가능하고 나머지 부분의 정보만으로도 공개의 가치가 있는 경우를 의미한다고 해석하여야 한다(대판 2004.12.9, 2003두12707).
> 3. 행정청이 공개를 거부한 정보 중 법인의 계좌번호, 개인의 주민등록번호, 계좌번호 등에 해당하는 정보를 제외한 나머지 부분의 정보를 공개하는 것이 타당하다고 하면서 판결 주문에서 정보공개거부처분 전부를 취소한 것은 위법하다(대판 2009.4.23, 2009두2702).

(4) 정보의 전자적 공개

1. 전자적 형태로 보유·관리하는 정보(의무) : 공공기관은 전자적 형태로 보유·관리하는 정보에 대하여 청구인이 전자적 형태로 공개하여 줄 것을 요청하는 경우에는 그 정보의 성질상 현저히 곤란한 경우를 제외하고는 청구인의 요청에 따라야 한다(제15조 제1항).

> ─┨ **관 련 판 례** ┠─
>
> 정보가 전자적 형태로 보유·관리되는 경우 공공기관이 공개청구대상정보를 보유·관리하고 있는 것으로 볼 수 있는지 여부의 판단기준 : 전자적 형태로 보유·관리되는 정보의 경우에는, 그 정보가 청구인이 구하는 대로는 되어 있지 않다고 하더라도, 공개청구를 받은 공공기관이 공개청구대상정보의 기초자료를 전자적 형태로 보유·관리하고 있고, 당해 기관에서 통상 사용되는 컴퓨터 하드웨어 및 소프트웨어와 기술적 전문지식을 사용하여 그 기초자료를 검색하여 청구인이 구하는 대로 편집할 수 있으며, 그러한 작업이 당해 기관의 컴퓨터 시스템 운용에 별다른 지장을 초래하지 아니한다면, 그 공공기관이 공개청구대상정보를 보유·관리하고 있는 것으로 볼 수 있고, 이러한 경우에 기초자료를 검색·편집하는 것은 새로운 정보의 생산 또는 가공에 해당한다고 할 수 없다(대판 2010.2.11, 2009두6001).

2. 전자적 형태로 보유·관리하지 아니하는 정보(재량) : 공공기관은 전자적 형태로 보유·관리하지 아니하는 정보에 대하여 청구인이 전자적 형태로 공개하여 줄 것을 요청한 경우에는 정상적인 업무수행에 현저한 지장을 초래하거나 그 정보의 성질이 훼손될 우려가 없으면 그 정보를 전자적 형태로 변환하여 공개할 수 있다(같은 조 제2항).

(5) 즉시 처리가 가능한 정보의 공개

다음 각 호의 어느 하나에 해당하는 정보로서 즉시 또는 말로 처리가 가능한 정보에 대하여는 제11조에 따른 절차를 거치지 아니하고 공개하여야 한다(제16조).

1. 법령 등에 따라 공개를 목적으로 작성된 정보
2. 일반국민에게 알리기 위하여 작성된 각종 홍보자료
3. 공개하기로 결정된 정보로서 공개에 오랜 시간이 걸리지 아니하는 정보
4. 그 밖에 공공기관의 장이 정하는 정보

(6) 비용 부담

1. 정보의 공개 및 우송 등에 드는 비용은 실비(實費)의 범위에서 청구인(공공기관, 행정청이 아님)이 부담한다(무료가 아님)(제17조 제1항).
2. 공개를 청구하는 정보의 사용 목적이 공공복리의 유지·증진을 위하여 필요하다고 인정되는 경우에는 제1항에 따른 비용을 감면할 수 있다(같은 조 제2항).

V. 정보공개의 제한(비공개 대상 정보)

1. 개설

공공기관이 보유·관리하는 정보는 공개 대상이 된다. 다만, 다음 각 호의 어느 하나에 해당하는 정보는 공개하지 아니할 수 있다(제9조 제1항). 즉, 비공개대상정보에 대하여는 공공기관이 공개하지 않을 수 있는 재량행위이기 때문에 공개하지 않아야 하는 의무가 있는 것은 아니다. 한편, 공공기관은 비공개사유에 대한 입증책임을 부담한다. 공공기관은 제1항 각 호의 어느 하나에 해당하는 정보가 기간의 경과 등으로 인하여 비공개의 필요성이 없어진 경우에는 그 정보를 공개 대상으로 하여야 한다(같은 조 제2항). 공공기관은 제1항 각 호의 범위에서 해당 공공기관의 업무 성격을 고려하여 비공개 대상 정보의 범위에 관한 세부 기준(비공개 세부 기준)을 수립하고 이를 정보통신망을 활용한 정보공개시스템 등을 통하여 공개하여야 한다(같은 조 제3항). 공공기관(국회·법원·헌법재판소 및 중앙선거관리위원회는 제외한다)은 제3항에 따라 수립된 비공개 세부 기준이 제1항 각 호의 비공개 요건에 부합하는지 3년마다 점검하고 필요한 경우 비공개 세부 기준을 개선하여 그 점검 및 개선 결과를 행정안전부장관에게 제출하여야 한다(같은 조 제4항).

┤ 관 련 판 례 ├

1. 정보공개를 요구받은 공공기관이 「공공기관의 정보공개에 관한 법률」 제7조 제1항 몇 호 소정의 비공개사유에 해당하는지를 주장·입증하지 아니한 채 개괄적인 사유만을 들어 그 공개를 거부할 수 없다(대판 2003.12.11, 2001두8827).
2. 여기에 해당하는지의 여부는 비공개에 의하여 보호되는 업무수행의 공정성 등의 이익과 공개에 의하여 보호되는 국민의 알권리의 보장과 국정에 대한 국민의 참여 및 국정운영의 투명성 확보 등의 이익을 비교·교량하여 구체적인 사안에 따라 개별적으로 판단하여야 한다(대판 2009.12.10, 2009두12785).
3. 정보공개 청구권자의 권리구제 가능성 등은 정보의 공개 여부 결정에 영향을 미치지 못한다(대판 2017.9.7, 2017두44558).

2. 판례상 공개 대상 정보

1. 외무부장관이 1996. 3.경 미국정부로부터 당시 미국 정보공개법에 따라 비밀이 해제된 바 있는 1979년 및 1980년의 우리나라 정치상황과 관련한 미국 정부로부터 제공받아 보관하고 있는 문서사본(대판 1999.9.21, 97누5114)
2. 지방자치단체의 도시공원에 관한 조례에서 규정된 도시공원위원회의 심의사항에 관하여 위 위원회의 심의를 거친 후 시장이나 구청장이 위 사항들에 대한 결정을 대외적으로 공표한 후(대판 2000.5.30, 99추85)
   ▶ 다만, 대외적 공표행위가 있기 전까지는 비공개대상정보
3. 형사소송법 제47조의 공개금지는 일반에게 공표를 금지하려는 취지이지, 당해사건의 고소인에게 공소제기내용을 알려주는 것을 금지하는 취지가 아니다(대판 2006.5.25, 2006두3049).
4. 수용자자비부담물품의 판매수익금총액과 교도소장에게 배당된 수익금액 및 사용내역 등에 관한 정보(대판 2004.12.9, 2003두12707)
5. 사법시험 제2차 답안지(대판 2003.3.14, 2000두6114)
   ▶ 다만, 사법시험 채점위원별 채점결과는 비공개대상정보임.
6. 아파트재건축주택조합의 조합원들에게 제공될 무상보상평수의 사업수익성 등을 검토한 자료(대판 2006.1.13, 2003두9459)
   ▶ 다만, 개인의 인적사항, 재산에 관한 내용이 포함되어 있어서 공개될 경우에는 타인의 사생활의 비밀과 자유를 침해할 우려가 있고, 자료의 분량이 합계 9,029매에 달하는 재개발사업에 관한 자료는 비공개대상정보임(대판 1997.5.23, 96누2439).
7. 교육공무원의 근무성적평정의 결과(대판 2006.10.26, 2006두11910)
8. 사면대상자들의 사면실신건의서와 그와 관련된 국무회의 안건자료에 관한 정보(대판 2006.12.7, 2005두241)
9. 대한주택공사의 아파트 분양원가 산출내역에 관한 정보(대판 2007.6.1, 2006두20587)
10. 한국방송공사의 '수시집행 접대성 경비의 건별 집행서류 일체'에 관한 정보(대판 2008.10.23, 2007두1798)
    ▶ 다만, 지방자치단체장의 업무추진비는 비공개대상정보임(대판 2003.3.11, 2001두6425).
11. 교도관이 직무 중 발생한 사유에 관하여 작성하는 근무보고서는 정보공개대상이고, 징벌위원회 회의록 중 비공개 심사·의결 부분은 비공개사유에 해당하지만, 징벌절차 진행 부분은 비공개사유에 해당하지 않으므로 분리공개가 허용된다(대판 2009.12.10, 2009두12785).
12. '2002학년도부터 2005학년도까지의 대학수학능력시험 원데이터'를 연구목적으로 그 정보의 공개를 청구하는 경우(대판 2010.2.25, 2007두9877)
13. 금융위원회의 2003. 9. 26.자 론스타에 대한 동일인 주식보유한도 초과보유 승인과 관련하여 '론스타 측이 제출한 동일인 현황 등 자료' 등(대판 2011.11.24, 2009두19021)
14. 장기요양등급판정과 관련된 자료로서 장기요양인정조사표(조사원 수기 작성분)(대판 2012.2.9, 2010두14268)
15. 수사기록 중의 의견서, 보고문서, 메모, 법률검토, 내사자료 등(의견서 등) 중 개인 인적사항 부분을 제외한 나머지 부분인 범죄사실, 적용법조, 증거관계, 고소인 및 피고소인의 진술, 수사결과 및 의견 등(대판 2012. 7.12, 2010두7048)
16. 갑 단체(민주사회를 위한 변호사 모임)가 국세청장에게 '을 외국법인(론스타펀드가 대한민국에 투자할 목적으로 벨기에와 룩셈부르크에 설립한 8개 법인) 등이 대한민국을 상대로 국제투자분쟁해결센터(ICSID)에 제기한 국제중재사건에서 중재신청인들이 주장·청구하는 손해액 중 대한민국이 중재신청인들에게 부과한 과세·원천징수세액의 총합계액과 이를 청구하는 중재신청인들의 명단 등'의 공개를 청구한 정보(대판 2020.5.14, 2017두49652)
    ▶ 국세기본법 제81조의13 제1항 본문의 과세정보는 「공공기관의 정보공개에 관한 법률」 제9조 제1항 제1호의 '다른 법률에 의하여 비밀 또는 비공개 사항으로 규정한 정보'에 해당

3. 다른 법률 또는 법률에서 위임한 명령(국회규칙·대법원규칙·헌법재판소규칙·중앙선거관리위원회규칙·대령령 및 조례로 한정한다)에 따라 비밀이나 비공개 사항으로 규정된 정보(법령비정보)(제1호)

┤ 관 련 판 례 ├

1. '법률에 의한 명령'은 법률의 위임규정에 의하여 제정된 대통령령, 총리령, 부령 전부를 의미한다기보다는 정보의 공개에 관하여 법률의 구체적인 위임 아래 제정된 법규명령(위임명령)을 의미한다(대판 2010.6.10, 2010두2913).
2. 검찰보존사무규칙(법무부령) 제22조의 법적 성질은 행정기관 내부의 사무처리준칙이므로 같은 규칙상의 열람·등사의 제한이 「공공기관의 정보공개에 관한 법률」 제9조 제1항 제1호의 '다른 법률 또는 법률에 의한 명령에 의하여 비공개사항으로 규정된 경우'에 해당하지 않는다(대판 2006.5.25, 2006두3049).
3. 형사소송법 제47조의 공개금지(소송에 관한 서류는 공판의 개정 전에는 공익상 필요 기타 상당한 이유가 없으면 공개하지 못한다)는 일반에게 공표를 금지하려는 취지이지, 당해 사건의 고소인에게 공소제기내용을 알려주는 것을 금지하는 취지가 아니다(대판 2006.5.25, 2006두3049).
4. 구체적인 법률의 위임 없이 교육공무원의 근무성적평정의 결과를 공개하지 아니한다고 규정하고 있는 교육공무원승진규정(대통령령) 제26조를 근거로 정보공개청구를 거부할 수 없다(대판 2006.10.26, 2006두11910).
5. 국방부의 한국형 다목적 헬기(KMH) 도입사업에 대한 감사원장의 감사결과보고서가 군사2급비밀에 해당하는 이상 「공공기관의 정보공개에 관한 법률」 제9조 제1항 제1호에 의하여 공개하지 아니할 수 있다(대판 2006.11.10, 2006두9351).
6. 공직자윤리법상의 등록의무자가 구 「공직자윤리법 시행규칙」 제12조 관련 [별지 14호 서식]에 따라 제출한, '자신의 재산등록사항의 고지를 거부한 직계존비속의 본인과의 관계, 성명, 고지거부사유, 서명(날인)'이 기재되어 있는 문서는 구 「공공기관의 정보공개에 관한 법률」 제7조 제1항 제1호에 정한 법령비정보에 해당하지 않는다(대판 2007.12.13, 2005두13117).
7. 학교폭력대책자치위원회 회의록은 「공공기관의 정보공개에 관한 법률」 제9조 제1항 제1호의 비공개대상정보에 해당한다(대판 2010.6.10, 2010두2913).
8. 국가정보원이 직원에게 지급하는 현금급여 및 월초수당에 관한 정보는 「공공기관의 정보공개에 관한 법률」 제9조 제1항 제1호의 비공개대상정보인 '다른 법률에 의하여 비공개 사항으로 규정된 정보'에 해당한다(대판 2010.12.23, 2010두14800).
9. 국가정보원의 조직·소재지 및 정원에 관한 정보는 원칙적으로 「공공기관의 정보공개에 관한 법률」 제9조 제1항 제1호에서 말하는 '다른 법률에 의하여 비공개 사항으로 규정된 정보'에 해당한다(대판 2013.1.24, 2010두18918).

4. 국가안전보장·국방·통일·외교관계 등에 관한 사항으로서 공개될 경우 국가의 중대한 이익을 현저히 해할 우려가 있다고 인정되는 정보(제2호)

┤ 관 련 판 례 ├

1. 외무부장관이 1996.3.경 미국정부로부터 당시 미국 정보공개법에 따라 비밀이 해제된 바 있는 1979년 및 1980년의 우리나라 정치상황과 관련한 미국 정부로부터 제공받아 보관하고 있는 문서사본은 비공개대상정보가 아니다(대판 1999.9.21, 97누5114).
2. 보안관찰법 소정의 보안관찰 관련 통계자료는 비공개대상정보[대판(전합) 2004.3.18, 2001두8254]
3. 갑이 외교부장관에게 한·일 군사정보보호협정 및 한·일 상호군수지원협정과 관련하여 각종 회의자료 및 회의록 등의 정보에 대한 공개를 청구하였으나, 외교부장관이 공개 청구 정보 중 일부를 제외한 나머지 정보들에 대하여 비공개 결정을 한 사안에서, 위 정보는 구 공공기관의 정보공개에 관한 법률 제9조 제1항 제2호, 제5호에 정한 비공개대상정보에 해당하고, 공개가 가능한 부분과 공개가 불가능한 부분을 쉽게 분리하는 것이 불가능하여 같은 법 제14조에 따른 부분공개도 가능하지 않다고 본 원심판단이 정당하다고 한 사례(대판 2019.1.17. 2015두46512)

5. 공개될 경우 국민의 생명·신체 및 재산의 보호에 현저한 지장을 초래할 우려가 있다고 인정되는 정보 (제3호)

6. 진행중인 재판에 관련된 정보와 범죄의 예방, 수사, 공소의 제기 및 유지, 형의 집행, 교정(矯正), 보안 처분에 관한 사항으로서 공개될 경우 그 직무수행을 현저히 곤란하게 하거나 형사피고인의 공정한 재판을 받을 권리를 침해한다고 인정할 만한 상당한 이유가 있는 정보(제4호)

┤ 관 련 판 례 ├

1. 법원 이외의 공공기관이 '진행중인 재판에 관련된 정보'에 해당한다는 사유로 정보공개를 거부할 수 있는 정보의 범위 : '진행중인 재판에 관련된 정보'에 해당한다는 사유로 정보공개를 거부하기 위하여는 반드시 그 정보가 진행중인 재판의 소송기록 그 자체에 포함된 내용의 정보일 필요는 없으나, 재판에 관련된 일체의 정보가 그에 해당하는 것은 아니고 진행중인 재판의 심리 또는 재판결과에 구체적으로 영향을 미칠 위험이 있는 정보에 한정된다고 봄이 상당하다(대판 2011.11.24, 2009두19021).

2. 「공공기관의 정보공개에 관한 법률」 제9조 제1항 제4호에서 '수사'에 관한 사항으로서 공개될 경우 직무수행을 현저히 곤란하게 한다고 인정할 만한 상당한 이유가 있는 정보를 비공개대상정보의 하나로 규정한 취지와 그에 해당하는 정보 및 수사기록 중 의견서 등이 비공개대상정보에 해당하기 위한 요건 : 그 취지는 수사의 방법 및 절차 등이 공개되어 수사기관의 직무수행에 현저한 곤란을 초래할 위험을 막고자 하는 것으로서, 수사기록 중의 의견서, 보고문서, 메모, 법률검토, 내사자료 등(의견서 등)이 이에 해당한다고 할 수 있으나, 공개청구 대상인 정보가 의견서 등에 해당한다고 하여 곧바로 정보공개법 제9조 제1항 제4호에 규정된 비공개대상 정보라고 볼 것은 아니고, 의견서 등의 실질적인 내용을 구체적으로 살펴 수사의 방법 및 절차 등이 공개됨으로써 수사기관의 직무수행을 현저히 곤란하게 한다고 인정할 만한 상당한 이유가 있어야만 위 비공개대상정보에 해당한다고 봄이 타당하다(대판 2012.7.12, 2010두7048).

3. 구 「공공기관의 정보공개에 관한 법률」 제7조 제1항 제4호에서 규정하고 있는 '공개될 경우 그 직무수행을 현저히 곤란하게 한다고 인정할 만한 이유가 있는 정보'의 의미 및 판단방법 : 당해 정보가 공개될 경우 범죄의 예방 및 수사 등에 관한 직무의 공정하고 효율적인 수행에 직접적이고 구체적으로 장애를 줄 고도의 개연성이 있고, 그 정도가 현저한 경우를 의미한다(대판 2008.11.27, 2005두15694).

4. 수용자자비부담물품의 판매수익금총액과 교도소장에게 배당된 수익금액 및 사용내역 등에 관한 정보는 비공개대상정보가 아니다(대판 2004.12.9, 2003두12707).

5. 교도관이 직무 중 발생한 사유에 관하여 작성하는 근무보고서는 정보공개대상이고, 징벌위원회 회의록 중 비공개 심사·의결 부분은 비공개사유에 해당하지만, 징벌절차 진행 부분은 비공개사유에 해당하지 않는다고 보아 분리공개가 허용된다(대판 2009.12.10, 2009두12785).

6. 수사기록 중의 의견서, 보고문서, 메모, 법률검토, 내사자료 등(의견서등) 중 개인 인적사항 부분을 제외한 나머지 부분인 범죄사실, 적용법조, 증거관계, 고소인 및 피고소인의 진술, 수사결과 및 의견 등은 공개대상정보이다(대판 2012.7.12, 2010두7048).

7. 「공공기관의 정보공개에 관한 법률」 제9조 제1항 제4호에서 '수사'에 관한 사항으로서 공개될 경우 직무수행을 현저히 곤란하게 한다고 인정할 만한 상당한 이유가 있는 정보'를 비공개대상정보의 하나로 규정한 취지와 그에 해당하는 정보 및 수사기록 중 의견서 등이 위 비공개대상정보에 해당하기 위한 요건 / 이때 '공개될 경우 그 직무수행을 현저히 곤란하게 한다고 인정할 만한 상당한 이유가 있는 정보'의 의미 및 이에 해당하는지 판단하는 방법 : 그 취지는 수사의 방법 및 절차 등이 공개되어 수사기관의 직무수행에 현저한 곤란을 초래할 위험을 막고자 하는 것으로서, 수사기록 중의 의견서, 보고문서, 메모, 법률검토, 내사자료 등(의견서 등)이 이에 해당하나, 공개청구대상인 정보가 의견서 등에 해당한다고 하여 곧바로 정보공개법 제9조 제1항 제4호에 규정된 비공개대상정보라고 볼 것은 아니고, 의견서 등의 실질적인 내용을 구체적으로 살펴 수사의 방법 및 절차 등이 공개됨으로써 수사기관의 직무수행을 현저히 곤란하게 한다고 인정할 만한 상당한 이유가 있어야만 위 비공개대상정보에 해당한다. 여기에서 '공개될 경우 그 직무수행을 현저히 곤란하게 한다고 인정할

만한 상당한 이유가 있는 정보'란 당해 정보가 공개될 경우 수사 등에 관한 직무의 공정하고 효율적인 수행에 직접적이고 구체적으로 장애를 줄 고도의 개연성이 있고 그 정도가 현저한 경우를 의미하며, 여기에 해당하는지는 비공개에 의하여 보호되는 업무수행의 공정성 등의 이익과 공개에 의하여 보호되는 국민의 알 권리의 보장과 수사절차의 투명성 확보 등의 이익을 비교·교량하여 구체적 사안에 따라 신중히 판단하여야 한다(대판 2017.9.7, 2017두44558).

8. 공공기관의 정보공개에 관한 법률 제9조 제1항 제4호에서 비공개대상정보로 정하고 있는 '진행 중인 재판에 관련된 정보'의 범위 : 반드시 그 정보가 진행 중인 재판의 소송기록 그 자체에 포함된 내용의 정보일 필요는 없으나, 재판에 관련된 일체의 정보가 그에 해당하는 것은 아니고 진행 중인 재판의 심리 또는 재판 결과에 구체적으로 영향을 미칠 위험이 있는 정보에 한정된다고 보는 것이 타당하다(대판 2018.9.28, 2017두69892).

7. 감사 · 감독 · 검사 · 시험 · 규제 · 입찰계약 · 기술개발 · 인사관리에 관한 사항이나 의사결정 과정 또는 내부검토 과정에 있는 사항 등으로서 공개될 경우 업무의 공정한 수행이나 연구 · 개발에 현저한 지장을 초래한다고 인정할 만한 상당한 이유가 있는 정보. 다만, 의사결정 과정 또는 내부검토 과정을 이유로 비공개할 경우에는 제13조 제5항에 따라 통지를 할 때 의사결정 과정 또는 내부검토 과정의 단계 및 종료 예정일을 함께 안내하여야 하며, 의사결정 과정 및 내부검토 과정이 종료되면 제10조에 따른 청구인에게 이를 통지하여야 한다(제5호).

1. 공공기관이 보유·관리하는 인사관리에 관한 정보로서 공개될 경우 업무의 공정한 수행에 현저한 지장을 초래한다고 인정할 만한 상당한 이유가 있는 경우에는 공개하지 아니할 수 있도록 정하고 있는 「공공기관의 정보공개에 관한 법률」 제9조 제1항 제5호의 '인사관리'에 관한 부분은 명확성원칙에 위반되지 않는다(헌재결 2014.3.27, 2012헌바373).
2. 판단을 할 때에는 공개청구의 대상이 된 당해 정보의 내용뿐 아니라 그것을 공개함으로써 장래 동종 업무의 공정한 수행에 현저한 지장을 가져올지도 아울러 고려해야 한다(대판 2012.10.11, 2010두18758).
3. 「공공기관의 정보공개에 관한 법률」 제9조 제1항 제5호에서 정한 '공개될 경우 업무의 공정한 수행에 현저한 지장을 초래한다고 인정할 만한 상당한 이유가 있는 경우'의 의미와 판단기준 : 공개될 경우 업무의 공정한 수행이 객관적으로 현저하게 지장을 받을 것이라는 고도의 개연성이 존재하는 경우를 의미한다고 할 것이고, 여기에 해당하는지 여부는 비공개에 의하여 보호되는 업무수행의 공정성 등의 이익과 공개에 의하여 보호되는 국민의 알 권리의 보장과 국정에 대한 국민의 참여 및 국정운영의 투명성 확보 등의 이익을 비교·교량하여 구체적인 사안에 따라 신중하게 판단되어야 할 것이다(대판 2012.2.9, 2010두14268).

(2) 공개대상정보

1. 갑이 자신의 모 을의 장기요양등급판정과 관련된 자료로서 장기요양인정조사표(조사원 수기 작성분) 등에 대한 정보공개를 청구하였으나 국민건강보험공단이 전자문서 외에 수기로 작성된 원본이 없다는 등의 이유로 비공개결정처분을 한 사안에서, 수기 작성 조사표는 국민건강보험공단이 직무와 관련하여 작성하여 관리하고 있는 문서라고 보는 것이 타당하고, 단순히 공개해야 할 필요성이 없다고 하여 비공개대상정보가 되는 것이 아니라는 이유로, 이와 달리 본 원심판결에 법리를 오해한 위법이 있다고 한 사례(대판 2012.2.9, 2010두14268)
2. 외국 또는 외국 기관으로부터 비공개를 전제로 정보를 입수하였다는 이유만으로 이를 공개할 경우 업무의 공정한 수행에 현저한 지장을 받을 것이라고 단정할 수 없다 : 한편 외국 또는 외국 기관으로부터 비공개를 전제로 정보를 입수하였다는 이유만으로 이를 공개할 경우 업무의 공정한 수행에 현저한 지장을 받을 것이라고 단정할 수는 없다. 다만 위와 같은 사정은 정보 제공자와의 관계, 정보 제공자의 의사, 정보의 취득 경위, 정보의 내용 등과 함께 업무의 공정한 수행에 현저한 지장이 있는지를 판단할 때 고려하여야 할 형량 요소이다(대판 2018.9.28, 2017두69892).

(3) 비공개 대상 정보

1. 도시공원위원회의 회의관련자료 및 회의록 : 대외적으로 공표하기 전에 위 위원회의 회의관련자료 및 회의록이 공개된다면 업무의 공정한 수행에 현저한 지장을 초래한다고 할 것이므로, 위 위원회의 심의 후 그 심의사항 들에 대한 시장 등의 결정의 대외적 공표행위가 있기 전까지는 위 위원회의 회의관련자료 및 회의록은 「공공 기관의 정보공개에 관한 법률」 제7조 제1항 제5호에서 규정하는 비공개대상정보에 해당한다고 할 것이고, 다만 시장 등의 결정의 대외적 공표행위가 있은 후에는 이를 의사결정과정이나 내부검토과정에 있는 사항이 라고 할 수 없고 위 위원회의 회의관련자료 및 회의록을 공개하더라도 업무의 공정한 수행에 지장을 초래할 염려가 없으므로, 시장 등의 결정의 대외적 공표행위가 있은 후에는 위 위원회의 회의관련자료 및 회의록은 같은법 제7조 제2항에 의하여 공개대상이 된다(대판 2000.5.30, 99추85).

2. 의사결정과정에 제공된 회의관련자료나 의사결정과정이 기록된 회의록 등 : 의사결정과정 또는 내부검토과정에 있는 사항'은 비공개대상정보를 예시적으로 열거한 것이라고 할 것이므로 의사결정과정에 제공된 회의관련자 료나 의사결정과정이 기록된 회의록 등은 의사가 결정되거나 의사가 집행된 경우에는 더 이상 의사결정과정 에 있는 사항 그 자체라고는 할 수 없으나, 의사결정과정에 있는 사항에 준하는 사항으로서 비공개대상정보에 포함될 수 있다(대판 2003.8.22, 2002두12946).

3. 학교환경위생구역 내 금지행위(숙박시설) 해제결정에 관한 학교환경위생정화위원회의 회의록에 기재된 발언내 용에 대한 해당 발언자의 인적사항 부분에 관한 정보(대판 2003.8.22, 2002두12946)

4. 시험문항에 대한 채점위원별 채점결과(답안지열람거부처분취소)(대판 2003.3.14, 2000두6114)

5. 문제은행 출제방식을 채택하고 있는 치과의사 국가시험의 문제지와 정답지(대판 2007.6.15, 2006두15936)

6. 갑이 자신의 모 을의 장기요양등급판정과 관련된 자료로서 장기요양등급판정위원회 회의록 등에 대한 정보공 개를 청구하였으나 국민건강보험공단이 등급판정과 관련된 자료 일체는 「공공기관의 정보공개에 관한 법률」 제9조 제1항 제5호의 '공개될 경우 업무의 공정한 수행에 현저한 지장을 초래한다고 인정할 만한 상당한 이유 가 있는 경우'에 해당한다는 이유로 비공개결정처분을 한 사안에서, 회의록은 의사결정과정이 기록된 것으로 서 의사결정과정에 있는 사항에 준하는 것에 해당하고 공개될 경우 위원회 심의업무의 공정한 수행에 현저한 지장을 가져온다고 인정할 만한 타당한 이유가 있다는 이유로 비공개결정처분이 위법하지 않다고 본 원심판 단을 수긍한 사례(대판 2012.2.9, 2010두14268).

7. 고소인이, 자신이 고소하였다가 불기소처분된 사건기록의 피의자신문조서, 진술조서 중 피의자 등 개인의 인 적사항을 제외한 부분의 정보공개를 청구하였으나 해당 검찰청 검사장이 「공공기관의 정보공개에 관한 법률」 제9조 제1항 제6호에 해당한다는 이유로 비공개결정을 한 사안에서, 비공개결정한 정보 중 개인에 관한 정보 가 포함된 부분은 비공개대상정보에 해당한다[대판(전합) 2012.6.18, 2011두2361].

8. 갑이 친족인 망 을 등에 대한 독립유공자 포상신청을 하였다가 독립유공자서훈 공적심사위원회의 심사를 거 쳐 포상에 포함되지 못하였다는 내용의 공적심사 결과를 통지받자 국가보훈처장에게 '망인들에 대한 독립유 공자서훈 공적심사위원회의 심의·의결 과정 및 그 내용을 기재한 회의록' 등의 공개를 청구하였는데, 국가보 훈처장이 위 회의록은 「공공기관의 정보공개에 관한 법률(정보공개법) 제9조 제1항 제5호에 따라 공개할 수 없다는 통보를 한 사안에서, 위 회의록은 「공공기관의 정보공개에 관한 법률」 제9조 제1항 제5호에서 정한 '공개될 경우 업무의 공정한 수행에 현저한 지장을 초래한다고 인정할 만한 상당한 이유가 있는 정보'에 해당 한다고 한 사례(대판 2014.7.24, 2013두20301)

(4) 해당 정보에 포함되어 있는 성명ㆍ주민등록번호 등 「개인정보 보호법」 제2조 제1호에 따른 개인정보로서 공개될 경우 사생활의 비밀 또는 자유를 침해할 우려가 있다고 인정되는 정보.

┤ 관 련 판 례 ├
---

1. 「공공기관의 정보공개에 관한 법률」 제9조 제1항 제6호 본문에서 정한 '당해 정보에 포함되어 있는 이름ㆍ주민등록번호 등 개인에 관한 사항으로서 공개될 경우 개인의 사생활의 비밀 또는 자유를 침해할 우려가 있다고 인정되는 정보'의 의미와 범위 : 정보공개법 제9조 제1항 제6호 본문의 규정에 따라 비공개대상이 되는 정보에는 구 「공공기관의 정보공개에 관한 법률」의 이름ㆍ주민등록번호 등 정보 형식이나 유형을 기준으로 비공개대상정보에 해당하는지를 판단하는 <u>개인식별정보</u>'뿐만 아니라 그 외에 정보의 내용을 구체적으로 살펴 '개인에 관한 사항의 공개로 개인의 내밀한 내용의 비밀 등이 알려지게 되고, 그 결과 인격적ㆍ정신적 내면생활에 지장을 초래하거나 자유로운 사생활을 영위할 수 없게 될 위험성이 있는 정보'도 포함된다고 새겨야 한다. 따라서 불기소처분 기록 중 피의자신문조서 등에 기재된 피의자 등의 인적사항 이외의 진술내용 역시 개인의 사생활의 비밀 또는 자유를 침해할 우려가 인정되는 경우 정보공개법 제9조 제1항 제6호 본문 소정의 비공개대상에 해당한다[대판(전합) 2012.6.18, 2011두2361].
2. 「공공기관의 정보공개에 관한 법률 제9조」 제1항 제6호 단서 다목에서 정한 '공개하는 것이 개인의 권리구제를 위하여 필요하다고 인정되는 정보'에 해당하는지 판단하는 방법: '공개하는 것이 개인의 권리구제를 위하여 <u>필요하다고 인정되는 정보'에 해당하는지는 비공개에 의하여 보호되는 개인의 사생활의 비밀 등의 이익과 공개에 의하여 보호되는 개인의 권리구제 등의 이익을 비교ㆍ교량하여 구체적 사안에 따라 신중히 판단하여</u>야 한다(대판 2017.9.7, 2017두44558).
3. 기관이 아닌 개인이 타인에 관한 정보의 공개를 청구하는 경우에는 구 「공공기관의 개인정보보호에 관한 법률」이 아닌 「공공기관의 정보공개에 관한 법률」 제9조 제1항 제6호에 따라 개인에 관한 정보의 공개 여부를 판단하여야 한다(대판 2010.2.25, 2007두9877).
4. 개인의 사생활의 비밀과 자유를 침해할 우려가 있다는 등의 이유로 재개발사업에 관한 정보공개청구를 배척한 사례 : 재개발사업에 관한 이해관계인이 공개를 청구한 자료 중 일부는 개인의 인적사항, 재산에 관한 내용이 포함되어 있어서 공개될 경우에는 타인의 사생활의 비밀과 자유를 침해할 우려가 있으며, 그 자료의 분량이 합계 9,029매에 달하기 때문에 이를 공개하기 위하여는 행정업무에 상당한 지장을 초래할 가능성이 있고, 그 자료의 공개로 공익이 실현된다고 볼 수도 없으므로 재개발사업에 관한 정보공개청구를 배척하여 원고의 청구를 기각한다(대판 1997.5.23, 96누2439).
5. 고소인이, 자신이 고소하였다가 불기소처분된 사건기록의 피의자신문조서, 진술조서 중 피의자 등 개인의 인적사항을 제외한 부분의 정보공개를 청구하였으나 해당 검찰청 검사장이 「공공기관의 정보공개에 관한 법률」 제9조 제1항 제6호에 해당한다는 이유로 비공개결정을 한 사안에서, 비공개결정한 정보 중 개인에 관한 정보가 포함된 부분이 비공개대상정보에 해당한다고 본 원심판단을 수긍한 사례[대판(전합) 2012.6.18, 2011두2361]
6. 불기소처분 기록 중 피의자신문조서 등에 기재된 피의자 등의 인적사항 외의 진술내용이 개인의 사생활 비밀 또는 자유를 침해할 우려가 인정되는 경우, 「공공기관의 정보공개에 관한 법률」 제9조 제1항 제6호에서 정한 비공개대상에 해당한다(대판 2012.6.28, 2011두16735).
7. 불기소처분 기록이나 내사기록 중 피의자신문조서 등 조서에 기재된 피의자 등의 인적사항 이외의 진술내용이 개인의 사생활의 비밀 자유를 침해할 우려가 인정되는 경우 「공공기관의 정보공개에 관한 법률」 제9조 제1항 제6호 본문에서 정한 비공개대상정보에 해당한다(대판 2017.9.7, 2017두44558).

다만, 다음 각 목에 열거한 사항은 제외한다(제6호).

가. 법령에서 정하는 바에 따라 열람할 수 있는 정보

나. 공공기관이 공표를 목적으로 작성하거나 취득한 정보로서 사생활의 비밀 또는 자유를 부당하게 침해하지 아니하는 정보

다. 공공기관이 작성하거나 취득한 정보로서 공개하는 것이 공익이나 개인의 권리 구제를 위하여 필요하다고 인정되는 정보

━━┃ 관 련 판 례 ┃━━

1. 구 「공공기관의 정보공개에 관한 법률」 제7조 제1항 제6호 단서 다목에 정한 '공개하는 것이 공익을 위하여 필요하다고 인정되는 정보'에 해당하는지 여부는 비공개에 의하여 보호되는 개인의 사생활 보호 등의 이익과 공개에 의하여 보호되는 국정운영의 투명성 확보 등의 공익을 비교·교량하여 구체적 사안에 따라 신중히 판단하여야 한다(대판 2007.12.13, 2005두13117).

2. 공개하는 것이 개인의 권리구제를 위하여 필요하다고 인정되는 정보에 해당하는지 여부의 판단기준 : 관련자들의 이름은 수사기록의 공개를 구하는 필요성이나 유용성, 즉 개인의 권리구제라는 관점에서 특별한 사정이 없는 한 원칙적으로 공개되어야 할 것이고, 관련자들의 주민등록번호는 동명이인의 경우와 같이 동일성이 문제되는 등의 특별한 사정이 있는 경우를 제외하고는 개인의 권리구제를 위하여 필요하다고 볼 수는 없으므로 원칙적으로 비공개하여야 할 것이며, 관련자들의 주소·연락처는 공개될 경우 악용될 가능성이나 사생활이 침해될 가능성이 높은 반면, 증거의 확보 등 개인의 권리구제라는 관점에서는 그 공개가 필요하다고 볼 수 있는 경우도 있을 것이므로 개인식별정보는 비공개라는 원칙을 염두에 두고서 구체적 사안에 따라 개인의 권리구제의 필요성과 비교·교량하여 개별적으로 공개 여부를 판단하여야 할 것이고, 그 외 직업, 나이 등의 인적사항은 특별한 경우를 제외하고는 개인의 권리구제를 위하여 필요하다고 볼 수는 없다고 할 것이다(대판 2003.12.26, 2002두1342).

3. 지방자치단체(경상북도 칠곡군)의 업무추진비(속칭 판공비) 세부항목별 집행내역 및 그에 관한 증빙서류에 포함된 개인에 관한 정보는 '공개하는 것이 공익을 위하여 필요하다고 인정되는 정보'에 해당하지 않는다(대판 2003.3.11, 2001두6425).

4. 공무원이 직무와 관련 없이 개인적인 자격으로 간담회·연찬회 등 행사에 참석하고 금품을 수령한 정보는 '공개하는 것이 공익을 위하여 필요하다고 인정되는 정보'에 해당하지 않는다(충북참여자치시민연대의 원고적격을 인정한 판례)(대판 2003.12.12, 2003두8050).

5. 사면대상자들의 사면실시건의서와 그와 관련된 국무회의 안건자료에 관한 정보는 비공개사유에 해당하지 않는다(대판 2006.12.7, 2005두241).

6. 공직자윤리법상의 등록의무자가 구 「공직자윤리법 시행규칙」 제12조 관련 [별지 14호 서식]에 따라 정부공직자윤리위원회에 제출한 문서에 포함되어 있는 고지거부자의 인적사항은, 구 「공공기관의 정보공개에 관한 법률」 제7조 제1항 제6호 단서 다목에 정한 '공개하는 것은 공익을 위하여 필요하다고 인정되는 정보'에 해당하지 않는다(대판 2007.12.13, 2005두13117).

7. 개인의 성명의 비공개에 의하여 보호되는 해당 개인의 사생활비밀 등의 이익은 국정운영의 투명성 확보 등의 공익보다 더 중하다(오송분기역 유치와 관련한 유치위원회의 보조금 집행내역에 관한 정보공개를 청구한 사안)(대판 2009.10.29, 2009두14224).

라. 직무를 수행한 공무원의 성명·직위

마. 공개하는 것이 공익을 위하여 필요한 경우로서 법령에 따라 국가 또는 지방자치단체가 업무의 일부를 위탁 또는 위촉한 개인의 성명·직업

(5) 법인·단체 또는 개인(법인 등)의 경영상·영업상 비밀에 관한 사항으로서 공개될 경우 법인 등의 정당한 이익을 현저히 해칠 우려가 있다고 인정되는 정보. 다만, 다음 각 목에 열거한 정보는 제외한다(제7호).

가. 사업활동에 의하여 발생하는 위해(危害)로부터 사람의 생명·신체 또는 건강을 보호하기 위하여 공개할 필요가 있는 정보

나. 위법·부당한 사업활동으로부터 국민의 재산 또는 생활을 보호하기 위하여 공개할 필요가 있는 정보

1. 공공기관의 정보공개에 관한 법률」 제9조 제1항 제7호에 정한 '법인 등의 경영·영업상 비밀'의 의미 : 정보공개법 제9조 제1항 제7호 소정의 '법인 등의 경영·영업상 비밀'은 부정경쟁방지법 제2조 제2호 소정의 '영업비밀'에 한하지 않고, '타인에게 알려지지 아니함이 유리한 사업활동에 관한 일체의 정보' 또는 '사업활동에 관한 일체의 비밀사항'으로 해석함이 상당하다(대판 2008.10.23, 2007두1798).

2. 구 「공공기관의 정보공개에 관한 법률」 제9조 제1항 제7호에서 정한 '법인 등의 경영·영업상 비밀'의 의미 및 그 공개 여부를 판단하는 기준과 방법 : 정보공개법 제9조 제1항 제7호에서 정한 '법인 등의 경영·영업상 비밀'은 '타인에게 알려지지 아니함이 유리한 사업활동에 관한 일체의 정보' 또는 '사업활동에 관한 일체의 비밀사항'을 의미하는 것이고, 그 공개 여부는 공개를 거부할 만한 정당한 이익이 있는지에 따라 결정되어야 한다. 이러한 정당한 이익이 있는지는 정보공개법의 입법 취지에 비추어 이를 엄격하게 판단하여야 한다(대판 2018.4.12, 2014두5477).

3. 「공공기관의 정보공개에 관한 법률」 제9조 제1항 제7호에 정한 공개를 거부할 만한 '정당한 이익'이 있는지 여부는 정보공개법의 입법 취지에 비추어 이를 엄격하게 해석하여야 할 뿐만 아니라 국민에 의한 감시의 필요성이 크고 이를 감수하여야 하는 면이 강한 공익법인에 대하여는 다른 법인 등에 대하여 보다 소극적으로 해석할 수밖에 없다고 할 것이다(대판 2008.10.23, 2007두1798).

4. 구 「공공기관의 정보공개에 관한 법률」 제9조 제1항 제7호에서 공개 여부의 기준이 되는 공개를 거부할 만한 정당한 이익 유무를 판단하는 방법 : 정당한 이익 유무를 판단할 때에는 국민의 알권리를 보장하고 국정에 대한 국민의 참여와 국정 운영의 투명성을 확보함을 목적으로 하는 구 정보공개법의 입법 취지와 아울러 당해 법인 등의 성격, 당해 법인 등의 권리, 경쟁상 지위 등 보호받아야 할 이익의 내용·성질 및 당해 정보의 내용·성질 등에 비추어 당해 법인 등에 대한 권리보호의 필요성, 당해 법인 등과 행정과의 관계 등을 종합적으로 고려해야 한다(대판 2014.7.24, 2012두12303).

5. 법인 등이 거래하는 금융기관의 계좌번호에 관한 정보는 비공개대상정보에 해당한다(대판 2004.8.20, 2003두8302).

6. 대한주택공사의 아파트 분양원가 산출내역에 관한 정보는, 그 공개로 위 공사의 정당한 이익을 현저히 해할 우려가 있다고 볼 수 없어 구 「공공기관의 정보공개에 관한 법률」 제7조 제1항 제7호에서 정한 비공개대상정보에 해당하지 않는다(대판 2007.6.1, 2006두20587).

7. 한국방송공사의 '수시집행 접대성 경비의 건별 집행서류 일체'에 관한 정보는 비공개대상정보가 아니다(대판 2008.10.23, 2007두1798).

8. 방송프로그램의 기획·편성·제작 등에 관한 정보로서 한국방송공사가 공개하지 아니한 것이 정보공개법 제9조 제1항 제7호의 비공개대상정보에 해당하는지 여부(한정적극) : 개인 또는 집단의 가치관이나 이해관계에 따라 방송프로그램에 대한 평가가 크게 다를 수밖에 없는 상황에서, 정보공개법에 의한 정보공개청구의 방법으로 피고가 가지고 있는 방송프로그램의 기획·편성·제작 등에 관한 정보 등을 제한 없이 모두 공개하도록 강제하는 것은 피고로 하여금 정보공개의 결과로서 야기될 수 있는 각종 비난이나 공격에 노출되게 하여 결과적으로 방송프로그램 기획 등 방송활동을 위축시킴으로써 피고의 경영·영업상의 이익을 해하고 나아가 방송의 자유와 독립을 훼손할 우려가 있다. …… 한국방송공사 소속 프로듀서인 A가 황우석 박사의 논문조작 사건에 관하여 60분 분량의 가제 '새튼은 특허를 노렸나'라는 방송용 가편집본 테이프를 제작한 후 그 방송이 무산되자 이를 가지고 잠적하여 여기에 임의로 더빙 및 자막 처리를 한 이 사건 정보는 방송프로그램의 기획·편성·제작 등에 관한 정보로서 정보공개법 제9조 제1항 제7호에 비공개대상정보로 규정되어 있는 '법인 등의 경영·영업상 비밀에 관한 사항으로서 공개될 경우 법인 등의 정당한 이익을 현저히 해할 우려가 있다고 인정되는 정보'에 해당한다(대판 2010.12.23, 2008두13101).

VI. 권리구제

1. 상대방(알 권리)

(1) 이의신청(임의주의)

상대방(알 권리 침해자)
1. 청구인이 정보공개와 관련한 공공기관의 <u>비공개 결정 또는 부분 공개 결정</u>에 대하여 불복이 있거나(구법상 '법률상 이익의 침해를 받은 때'는 '불복이 있는 때'로 개정) 정보공개 청구 후 20일이 경과하도록 정보공개 결정이 <u>없는 때</u>에는 공공기관으로부터 <u>정보공개 여부의 결정 통지를 받은 날 또는 정보 공개 청구 후 20일이 경과한 날부터 30일</u> 이내에 해당 공공기관에 문서로 이의신청을 할 수 있다(제18조 제1항).
2. 국가기관 등은 제1항에 따른 이의신청이 있는 경우에는 심의회를 개최하여야 한다. 다만, 다음 각 호의 어느 하나에 해당하는 경우에는 심의회를 개최하지 아니할 수 있으며 개최하지 아니하는 사유를 청구인에게 문서로 통지하여야 한다(같은 조 제2항).
1. 심의회의 심의를 이미 거친 사항
2. 단순·반복적인 청구
3. 법령에 따라 비밀로 규정된 정보에 대한 청구
3. 공공기관은 이의신청을 받은 날부터 <u>7일(14일이 아님)</u> 이내에 그 이의신청에 대하여 결정하고 그 결과를 청구인에게 지체 없이 문서로 통지하여야 한다. 다만, 부득이한 사유로 정하여진 기간 이내에 결정할 수 없을 때에는 그 기간이 끝나는 날의 <u>다음 날부터 기산하여 7일</u>의 범위에서 연장할 수 있으며, 연장 사유를 청구인에게 통지하여야 한다(같은 조 제3항).
4. 공공기관은 이의신청을 각하(却下) 또는 기각(棄却)하는 결정을 한 경우에는 청구인에게 행정심판 또는 행정소송을 제기할 수 있다는 사실을 제3항에 따른 결과 통지와 함께 알려야 한다(같은 조 제4항).

(2) 행정심판(임의주의)

1. 청구인이 정보공개와 관련한 공공기관의 결정에 대하여 불복이 있거나(구법상 '법률상 이익의 침해를 받은 때'는 '불복이 있는 때'로 개정) 정보공개 청구 후 20일이 경과하도록 정보공개 결정이 없는 때에는 행정심판법에서 정하는 바에 따라(정보공개청구에 관한 특별행정심판은 인정되지 않음) 행정심판을 청구할 수 있다. 이 경우 국가기관 및 지방자치단체 외의 공공기관의 결정에 대한 감독행정기관은 관계 중앙행정기관의 장 또는 지방자치단체의 장으로 한다(제19조 제1항).
2. 청구인은 이의신청 절차를 거치지 아니하고 행정심판을 청구할 수 있다(제19조 제2항).
3. 행정심판위원회의 위원 중 정보공개 여부의 결정에 관한 행정심판에 관여하는 위원은 재직 중은 물론 퇴직 후에도 그 직무상 알게 된 비밀을 누설하여서는 아니 된다(같은 조 제3항).

(3) 행정소송

구분	내용 및 관련판례
원고적격	청구인이 정보공개와 관련한 공공기관의 결정에 대하여 불복이 있거나(구법상 '법률상 이익의 침해를 받은 때'는 '불복이 있는 때'로 개정) 정보공개 청구 후 20일이 경과하도록 정보공개 결정이 없는 때에는 행정소송법에서 정하는 바에 따라(별도의 정보공개청구소송은 인정되지 않음) 행정소송을 제기할 수 있다(제20조 제1항). ┥ 관 련 판 례 ┝ 정보공개청구권은 법률상 보호되는 구체적인 권리이므로 청구인이 공공기관에 대하여 정보공개를 청구하였다가 거부처분을 받은 것 자체가 법률상 이익의 침해에 해당한다고 할 것이고, 거부처분을 받은 것 이외에 추가로 어떤 법률상의 이익을 가질 것을 요구하는 것은 아니다(대판 2004.9.23, 2003두1370).
협의의 소익	1. 공공기관이 공개를 구하는 정보를 보유·관리하고 있지 아니한 경우, 정보공개거부처분의 취소를 구할 법률상의 이익이 없다(대판 2006.1.13, 2003두9459). 2. 공개청구의 대상이 되는 정보가 이미 다른 사람에게 공개되어 널리 알려져 있다거나 인터넷이나 관보 등을 통하여 공개되어 인터넷 검색이나 도서관에서의 열람 등을 통하여 쉽게 알 수 있다고 하여 소의 이익이 없다거나 비공개결정이 정당화될 수 없다(대판 2008.11.27, 2005두15694).
피고적격	공개 청구된 정보의 공개 여부를 결정하는 법적인 의무와 권한을 가진 주체는 공공기관의 장이다(대판 2002.3.15, 2001추95).
대상적격	1. 경찰서장의 수사기록사본교부거부처분은 처분에 해당(헌재결 2001.2.22, 2000헌마620) 2. 지방자치단체인 원고는 피고에 대하여 이 사건 각 정보의 공개를 청구할 권리가 없으므로, 이 사건 처분은 행정소송의 대상이 되는 거부처분에 해당하지 아니한다(서울행판 2005.10.12, 2005구합10484).
심리	1. 재판장은 필요하다고 인정하면 당사자를 참여시키지 아니하고 제출된 공개 청구 정보를 비공개로 열람·심사할 수 있다(제20조 제2항). ┥ 관 련 판 례 ┝ 정보공개법 제20조 제2항은 "재판장은 필요하다고 인정되는 때에는 당사자를 참여시키지 아니하고 제출된 공개청구정보를 비공개로 열람·심사할 수 있다."고 규정하고 있는바, 사실심 법원은 해당 정보의 성질, 당해 사건의 증거관계 등에 비추어 필요하다고 판단한 경우 위 규정에 따라 공개청구정보를 제출받아 비공개로 열람·심사할 권한이 있다고 할 것이나, 특별한 사정이 없는 한, 사실심 법원에 그와 같은 의무가 있다고 할 수는 없다(대판 2008.10.23, 2007두1798). 2. 재판장은 행정소송의 대상이 제9조 제1항 제2호에 따른 정보 중 국가안전보장·국방 또는 외교관계에 관한 정보의 비공개 또는 부분 공개 결정처분인 경우에 공공기관이 그 정보에 대한 비밀지정의 절차, 비밀의 등급·종류 및 성질과 이를 비밀로 취급하게 된 실질적인 이유 및 공개를 하지 아니하는 사유 등을 입증하면 해당 정보를 제출하지 아니하게 할 수 있다(같은 조 제3항).
국가배상	정보공개청구에 대하여 공공기관이 정보공개법에 위반하여 정보공개를 거부한 경우 청구인은 국가배상을 청구할 수 있다. 그러나 청구인이 당해 정보의 직접적인 이해관계인이 아니라면 일반적 정보공개청구권의 침해만을 이유로 승소하는 것은 사실상 어렵다. ┥ 관 련 판 례 ┝ 수사기관의 피의사실 공표행위가 위법성을 조각하는지의 여부를 판단함에 있어서는 공표 목적의 공익성과 공표 내용의 공공성, 공표의 필요성, 공표된 피의사실의 객관성 및 정확성, 공표의 절차와 형식, 그 표현 방법, 피의사실의 공표로 인하여 생기는 피침해이익의 성질, 내용 등을 종합적으로 참작하여야 한다(대판 2001.11.30, 2000다68474).

2. 제3자(사생활의 비밀과 자유)

(1) 비공개 요청권

1. 공공기관은 공개 청구된 공개 대상 정보의 전부 또는 일부가 제3자와 관련이 있다고 인정할 때에는 그 사실을 제3자에게 지체 없이(7일 이내가 아님) 통지하여야 하며, 필요한 경우에는 그의 의견을 들을 수 있다(제11조 제3항).
2. 공개 청구된 사실을 통지받은 제3자는 그 통지를 받은 날부터 3일 이내에 해당 공공기관에 대하여 자신과 관련된 정보를 공개하지 아니할 것을 요청할 수 있다(제21조 제1항).

> ┤ **관 련 판 례** ├
>
> 공공기관이 보유·관리하고 있는 제3자 관련정보의 경우, 제3자의 비공개요청은 정보공개법상 비공개사유에 해당하지 않는다(대판 2008.9.25, 2008두8680).

(2) 이의신청·행정심판·행정소송

비공개 요청에도 불구하고 공공기관이 공개 결정을 할 때에는 공개 결정 이유와 공개 실시일을 분명히 밝혀 지체 없이 문서로 통지하여야 하며, 제3자는 해당 공공기관에 문서로 이의신청을 하거나 행정심판 또는 행정소송을 제기할 수 있다. 이 경우 이의신청은 통지를 받은 날부터 7일 이내에 하여야 한다(같은 조 제2항).

(3) 정보공개의 유예기간

공공기관은 제2항에 따른 공개 결정일과 공개 실시일 사이에 최소한 30일(20일이 아님)의 간격을 두어야 한다(같은 조 제3항).

VII. 정보공개위원회 등

1. 정보공개위원회의 설치

다음 각 호의 사항을 심의·조정하기 위하여 국무총리(대통령, 행정안전부장관이 아님) 소속으로 정보공개위원회(위원회)를 둔다(설치의무)(제22조).

1. 정보공개에 관한 정책 수립 및 제도 개선에 관한 사항
2. 정보공개에 관한 기준 수립에 관한 사항
3. 제12조에 따른 심의회 심의결과의 조사·분석 및 심의기준 개선 관련 의견제시에 관한 사항
4. 제24조 제2항 및 제3항에 따른 공공기관의 정보공개 운영실태 평가 및 그 결과 처리에 관한 사항
5. 정보공개와 관련된 불합리한 제도·법령 및 그 운영에 대한 조사 및 개선권고에 관한 사항
6. 그 밖에 정보공개에 관하여 대통령령으로 정하는 사항

2. 위원회의 구성 등

1. 위원회는 성별을 고려하여 위원장과 부위원장 각 1명을 포함한 11명의 위원으로 구성한다(제23조 제1항).
2. 위원장·부위원장 및 위원(제2항제1호의 위원은 제외한다)의 임기는 2년으로 하며, 연임할 수 있다(같은 조 제3항).

3. 제도 총괄(행정안전부장관) 등

제8장
「개인정보 보호법」

Ⅰ. 개 설

1. 의의 및 근거

개인의 사생활 활동이 타인으로부터 침해되거나 사생활이 함부로 공개되지 아니할 소극적인 권리는 물론, 오늘날 고도로 정보화된 현대사회에서 자신에 대한 정보를 자율적으로 통제할 수 있는 적극적인 권리까지도 보장하려는 데에 그 취지가 있는 것으로 해석된다(대판 1998.7.24, 96다42789).

2. 보호의 한계

1. 진술에 대한 녹취를 허용하는 경우에도 녹취를 허용하여야 할 공익상의 필요와 진술인의 인격보호의 이익을 비교형량하여 공익적 요청이 더욱 큰 경우에 한하여 이를 허용하여야 한다(헌재결 1995.12.28, 91헌마114).
2. 개인정보자기결정권을 제한하는 공권력의 행사는 반드시 법률에 그 근거가 있어야 한다(헌재결 2005.5.26, 99헌마513).
3. 정보주체의 동의 없이 개인정보를 공개함으로써 침해되는 인격적 법익과 정보주체의 동의 없이 자유롭게 개인정보를 공개하는 표현행위로서 보호받을 수 있는 법적 이익이 하나의 법률관계를 둘러싸고 충돌하는 경우, 그 행위의 위법성에 관한 판단 방법(이익형량) : 개인정보에 관한 인격권 보호에 의하여 얻을 수 있는 이익(비공개 이익)과 표현행위에 의하여 얻을 수 있는 이익(공개 이익)을 구체적으로 비교형량하여, 어느 쪽 이익이 더욱 우월한 것으로 평가할 수 있는지에 따라 그 행위의 최종적인 위법성 유무를 판단하여야 한다[대판(전합) 2011.9.2, 2008다42430].

3. 개인정보자기결정권

(1) 의 의

1. 개인정보자기결정권의 의의 : 인간의 존엄과 가치, 행복추구권을 규정한 헌법 제10조 제1문에서 도출되는 일반적 인격권 및 헌법 제17조의 사생활의 비밀과 자유에 의하여 보장되는 개인정보자기결정권은 자신에 관한 정보가 언제 누구에게 어느 범위까지 알려지고 또 이용되도록 할 것인지를 그 정보주체가 스스로 결정할 수 있는 권리이다. 즉, 정보주체가 개인정보의 공개와 이용에 관하여 스스로 결정할 권리를 말한다(헌재결 2005.7.21, 2003헌마282·425).
2. 개인정보자기결정권의 보호대상이 되는 개인정보에는 공적 생활에서 형성되었거나 이미 공개된 개인정보가 포함된다(대판 2014.7.24, 2012다49933).
3. 「주민등록법 시행령」 제33조 제2항(개인의 지문정보 수집, 보관, 전산화 및 범죄수사 목적 이용)은 개인정보자기결정권을 과잉제한하는 것이 아니다(헌재결 2005.5.26, 99헌마513).
4. 변호사 정보 제공 웹사이트 운영자가 변호사들의 개인신상정보를 기반으로 변호사들의 '인맥지수'를 산출하여 공개하는 서비스를 제공한 사안에서, 위 인맥지수 서비스 제공행위는 변호사들의 개인정보에 관한 인격권을 침해하는 위법한 것이다[대판(전합) 2011.9.2, 2008다42430].
5. 변호사 정보 제공 웹사이트 운영자가 대법원 홈페이지에서 제공하는 '나의 사건검색' 서비스를 통해 수집한

사건정보를 이용하여 변호사들의 '승소율이나 전문성 지수 등'을 제공하는 서비스를 한 사안에서, 위 행위는 변호사들의 개인정보에 관한 인격권을 침해하는 위법한 행위로 평가할 수 없다고 한 사례[대판(전합) 2011.9.2, 2008다42430].

6. 국회의원 갑(새누리당 조전혁 전 의원) 등이 '각급학교 교원의 교원단체 및 교원노조 가입현황 실명자료'를 인터넷을 통하여 공개한 행위는 해당 교원들의 개인정보자기결정권 등을 침해하는 것으로 위법하다(대판 2014.7. 24, 2012다49933).

7. 개인정보자기결정권이나 익명표현의 자유는 헌법 제37조 제2항에 따라 법률로써 제한될 수 있다(대판 2016. 3.10, 2012다105482).

8. 전기통신사업자가 검사 또는 수사관서의 장의 요청에 따라 구 전기통신사업법 제54조 제3항, 제4항에서 정한 형식적·절차적 요건을 심사하여 이용자의 통신자료를 제공한 경우, 원칙적으로 이용자의 개인정보자기결정권이나 익명표현의 자유 등을 위법하게 침해한 것으로 볼 수 없다(대판 2016.3.10, 2012다105482).

9. 개인정보를 대상으로 한 조사·수집·보관·처리·이용 등의 행위는 개인정보자기결정권에 대한 제한에 해당한다 (대판 2016.8.17, 2014다235080).

10. 법률정보 제공 사이트를 운영하는 갑 주식회사가 공립대학교인 을 대학교 법과대학 법학과 교수로 재직 중인 병의 사진, 성명, 성별, 출생연도, 직업, 직장, 학력, 경력 등의 개인정보를 위 법학과 홈페이지 등을 통해 수집하여 위 사이트 내 '법조인' 항목에서 유료로 제공한 사안에서, 갑 회사의 행위를 병의 개인정보자기결정권을 침해하는 위법한 행위로 평가하거나, 갑 회사가 「개인정보 보호법」 제15조나 제17조를 위반하였다고 볼 수 없다고 한 사례(대판 2016.8.17, 2014다235080)

(2) 법적 근거

1. 헌법적 근거

개인정보보호는 헌법상 정보상 자기결정권에 근거를 두고 있다. 다수설은 자기결정권의 근거를 사생활의 비밀과 자유에서 찾는다. 대법원은 정보상 자기결정권의 근거를 헌법 제10조와 제17조에서 도출하는 입장이다. 헌법재판소는 정보상 자기결정권은 헌법에 명시되지 아니한 독자적 기본권으로 보기도 하고(헌재결 2005.5. 26, 2004헌마190), 헌법 제10조의 인격권과 제17조의 사생활의 비밀과 자유에 의해 보장된다고 판시(헌재결 2005.7.21, 2003헌마282·425)하기도 한다.

> ┤ **관 련 판 례** ├
>
> 1. 사생활의 비밀과 자유는 헌법 제10조 및 제17조에 근거한다(대법원)(대판 1998.7.24, 96다42789).
> 2. 개인정보자기결정권은 독자적 기본권으로서 헌법에 명시되지 아니한 기본권이다(헌법재판소)(헌재결 2005.5.26, 2004헌마190).
> 3. 개인정보자기결정권은 인간의 존엄과 가치, 행복추구권을 규정한 헌법 제10조 제1문에서 도출되는 일반적 인격권 및 헌법 제17조의 사생활의 비밀과 자유에 의하여 보장된다(헌법재판소)(헌재결 2005.7.21, 2003헌마282·425).
> 4. 공판정에서 진술을 하는 피고인·증인 등도 인간으로서의 존엄과 가치를 가지며(헌법 제10조), 사생활의 비밀과 자유를 침해받지 아니할 권리를 가지고 있으므로(헌법 제17조), 본인이 비밀로 하고자 하는 사적인 사항이 일반에 공개되지 아니하고 자신의 인격적 징표가 타인에 의하여 일방적으로 이용당하지 아니할 권리가 있다. 따라서 모든 진술인은 원칙적으로 자기의 말을 누가 녹음할 것인지와 녹음된 기기의 음성이 재생될 것인지 여부 및 누가 재생할 것인지 여부에 관하여 스스로 결정할 권리가 있다(헌재결 1995.12.28, 91헌마114).

2. 「개인정보 보호법」

「개인정보 보호법」은 개인정보 보호에 관한 일반법이다. 개인정보 보호에 관하여는 다른 법률에 특별한 규정이 있는 경우를 제외하고는 이 법에서 정하는 바에 따른다(제6조).

4. 보호대상정보

(1) 살아 있는 개인에 관한 정보

개인정보란 살아 있는 개인에 관한 정보로서 다음 각 목의 어느 하나에 해당하는 정보를 말한다(제2조 제1호). 즉, 살아 있는 개인의 정보에 한정되므로 사자(死者)와 단체(법인, 법인 아닌 사단·재단)의 정보는 보호대상이 아니다.

가. 성명, 주민등록번호 및 영상 등을 통하여 개인을 알아볼 수 있는 정보

나. 해당 정보만으로는 특정 개인을 알아볼 수 없더라도 다른 정보와 쉽게 결합하여 알아볼 수 있는 정보. 이 경우 쉽게 결합할 수 있는지 여부는 다른 정보의 입수 가능성 등 개인을 알아보는 데 소요되는 시간, 비용, 기술 등을 합리적으로 고려하여야 한다.

다. 가목 또는 나목을 제1호의2에 따라 가명처리함으로써 원래의 상태로 복원하기 위한 추가 정보의 사용·결합 없이는 특정 개인을 알아볼 수 없는 정보(가명정보)

> **관 련 판 례**
> 1. 지문에 관한 정보(지문날인)는 개인정보에 해당한다(헌재결 2005.5.26, 2004헌마190).
> 2. 개인정보자기결정권의 보호대상이 되는 개인정보는 개인의 신체, 신념, 사회적 지위, 신분 등과 같이 개인의 인격주체성을 특징짓는 사항으로서 개인의 동일성을 식별할 수 있게 하는 일체의 정보이고, 반드시 개인의 내밀한 영역에 속하는 정보에 국한되지 아니하며 공적 생활에서 형성되었거나 이미 공개된 개인정보까지 포함한다(대판 2016.8.17, 2014다235080).

(2) 공공기관 및 비영리단체에 의해서 처리되는 정보

공공기관뿐만 아니라 비영리단체 등 업무상 개인정보파일을 운용하기 위하여 개인정보를 처리하는 자는 모두이 법에 따른 개인정보 보호규정을 준수하도록 하고 있다.
"공공기관"이란 다음 각 목의 기관을 말한다(제2조 제6호).

가. 국회, 법원, 헌법재판소, 중앙선거관리위원회의 행정사무를 처리하는 기관, 중앙행정기관(대통령 소속 기관과 국무총리 소속 기관을 포함한다) 및 그 소속 기관, 지방자치단체

나. 그 밖의 국가기관 및 공공단체 중 대통령령으로 정하는 기관

5. 개인정보보호의 원칙

1. 목적명확성의 원칙·과잉금지원칙 : 개인정보처리자는 개인정보의 처리 목적을 명확하게 하여야 하고 그 목적에 필요한 범위에서 최소한의 개인정보만을 적법하고 정당하게 수집하여야 한다(제3조 제1항).
2. 목적 외 활용금지원칙 : 개인정보처리자는 개인정보의 처리 목적에 필요한 범위에서 적합하게 개인정보를 처리하여야 하며, 그 목적 외의 용도로 활용하여서는 아니 된다(같은 조 제2항).
3. 정확성·완전성·최신성 : 개인정보처리자는 개인정보의 처리 목적에 필요한 범위에서 개인정보의 정확성, 완전성 및 최신성이 보장되도록 하여야 한다(같은 조 제3항).
4. 안전관리 : 개인정보처리자는 개인정보의 처리 방법 및 종류 등에 따라 정보주체의 권리가 침해받을 가능성과 그 위험 정도를 고려하여 개인정보를 안전하게 관리하여야 한다(같은 조 제4항).
5. 정보주체의 권리보장의무 : 개인정보처리자는 개인정보 처리방침 등 개인정보의 처리에 관한 사항을 공개하여야 하며, 열람청구권 등 정보주체의 권리를 보장하여야 한다(같은 조 제5항).
6. 사생활침해의 최소화 : 개인정보처리자는 정보주체의 사생활 침해를 최소화하는 방법으로 개인정보를 처리하여야 한다(같은 조 제6항).
7. 익명 또는 가명처리의 원칙 : 개인정보처리자는 개인정보를 익명 또는 가명으로 처리하여도 개인정보 수집목적을 달성할 수 있는 경우 익명처리가 가능한 경우에는 익명에 의하여, 익명처리로 목적을 달성할 수 없는 경우에는 가명에 의하여 처리될 수 있도록 하여야 한다(같은 조 제7항).
8. 정보주체의 신뢰획득의무 : 개인정보처리자는 이 법 및 관계 법령에서 규정하고 있는 책임과 의무를 준수하고 실천함으로써 정보주체의 신뢰를 얻기 위하여 노력하여야 한다(같은 조 제8항).

6. 정보주체의 권리

정보주체는 자신의 개인정보 처리와 관련하여 다음 각 호의 권리를 가진다(제4조).

1. 개인정보의 처리에 관한 정보를 제공받을 권리
2. 개인정보의 처리에 관한 동의 여부, 동의 범위 등을 선택하고 결정할 권리
3. 개인정보의 처리 여부를 확인하고 개인정보에 대하여 열람(사본의 발급을 포함)을 요구할 권리
4. 개인정보의 처리 정지, 정정·삭제 및 파기를 요구할 권리
5. 개인정보의 처리로 인하여 발생한 피해를 신속하고 공정한 절차에 따라 구제받을 권리

II. 개인정보 보호정책의 수립 등

1. 개인정보 보호위원회

(1) 설치

개인정보 보호에 관한 사무를 독립적으로 수행하기 위하여 국무총리(대통령, 행정안전부장관이 아님) 소속으로 개인정보 보호위원회(보호위원회)(개인정보심의위원회가 아님)를 둔다(제7조 제1항).

(2) 보호위원회의 구성 등

보호위원회는 상임위원 2명(위원장 1명, 부위원장 1명)을 포함한 9명의 위원으로 구성한다(제7조의2 제1항).

(3) 위원의 임기

위원의 임기는 3년으로 하되, 한 차례만 연임할 수 있다(제7조의4 제1항).

2. 개인정보 침해요인 평가

1. 중앙행정기관의 장은 소관 법령의 제정 또는 개정을 통하여 개인정보 처리를 수반하는 정책이나 제도를 도입·변경하는 경우에는 보호위원회에 개인정보 침해요인 평가를 요청하여야 한다(제8조의2 제1항).
2. 보호위원회가 제1항에 따른 요청을 받은 때에는 해당 법령의 개인정보 침해요인을 분석·검토하여 그 법령의 소관기관의 장에게 그 개선을 위하여 필요한 사항을 권고할 수 있다(같은 조 제2항).

3. 개인정보 보호지침

1. 보호위원회는 개인정보의 처리에 관한 기준, 개인정보 침해의 유형 및 예방조치 등에 관한 표준 개인정보 보호지침(표준지침)을 정하여 개인정보처리자에게 그 준수를 권장할 수 있다(제12조 제1항).
2. 중앙행정기관의 장은 표준지침에 따라 소관 분야의 개인정보 처리와 관련한 개인정보 보호지침을 정하여 개인정보처리자에게 그 준수를 권장할 수 있다(같은 조 제2항).
3. 국회, 법원, 헌법재판소 및 중앙선거관리위원회는 해당 기관(그 소속 기관을 포함한다)의 개인정보 보호지침을 정하여 시행할 수 있다(같은 조 제3항).

4. 자율규제의 촉진 및 지원

보호위원회는 개인정보처리자의 자율적인 개인정보 보호활동을 촉진하고 지원하기 위하여 다음 각 호의 필요한 시책을 마련하여야 한다(제13조).

1. 개인정보 보호에 관한 교육·홍보
2. 개인정보 보호와 관련된 기관·단체의 육성 및 지원
3. 개인정보 보호 인증마크의 도입·시행 지원
4. 개인정보처리자의 자율적인 규약의 제정·시행 지원
5. 그 밖에 개인정보처리자의 자율적 개인정보 보호활동을 지원하기 위하여 필요한 사항

Ⅲ. 개인정보의 처리(개인정보의 수집, 이용, 제공 등)

1. 개인정보의 수집 · 이용

1. '처리'란 개인정보의 수집, 생성, 연계, 연동, 기록, 저장, 보유, 가공, 편집, 검색, 출력, 정정(訂正), 복구, 이용, 제공, 공개, 파기(破棄), 그 밖에 이와 유사한 행위를 말한다(제2조 제2호). '가명처리'란 개인정보의 일부를 삭제하거나 일부 또는 전부를 대체하는 등의 방법으로 추가 정보가 없이는 특정 개인을 알아볼 수 없도록 처리하는 것을 말한다(같은 조 1의2).
2. '개인정보처리자'란 업무를 목적으로 개인정보파일을 운용하기 위하여 스스로 또는 다른 사람을 통하여 개인정보를 처리하는 공공기관, 법인, 단체 및 개인 등을 말한다(제2조 제5호). '개인정보파일'이란 개인정보를 쉽게 검색할 수 있도록 일정한 규칙에 따라 체계적으로 배열하거나 구성한 개인정보의 집합물(集合物)을 말한다(제2조 제4호).
3. '정보주체'란 처리되는 정보에 의하여 알아볼 수 있는 사람으로서 그 정보의 주체가 되는 사람을 말한다(제2조 제3호).
4. 개인정보처리자는 다음 각 호의 어느 하나에 해당하는 경우에는 개인정보를 수집할 수 있으며 그 수집 목적의 범위에서 이용할 수 있다(제15조 제1항).

   1. 정보주체의 동의를 받은 경우
   2. 법률에 특별한 규정이 있거나 법령상 의무를 준수하기 위하여 불가피한 경우
   3. 공공기관이 법령 등에서 정하는 소관 업무의 수행을 위하여 불가피한 경우
   4. 정보주체와의 계약의 체결 및 이행을 위하여 불가피하게 필요한 경우
   5. 정보주체 또는 그 법정대리인이 의사표시를 할 수 없는 상태에 있거나 주소불명 등으로 사전 동의를 받을 수 없는 경우로서 명백히 정보주체 또는 제3자의 급박한 생명, 신체, 재산의 이익을 위하여 필요하다고 인정되는 경우
   6. 개인정보처리자의 정당한 이익을 달성하기 위하여 필요한 경우로서 명백하게 정보주체의 권리보다 우선하는 경우. 이 경우 개인정보처리자의 정당한 이익과 상당한 관련이 있고 합리적인 범위를 초과하지 아니하는 경우에 한한다.

┨ 관 련 판 례 ┠

1. 개인정보자기결정권을 침해·제한한다고 주장되는 행위의 내용이 이미 정보주체의 의사에 따라 공개된 개인정보를 별도의 동의 없이 영리 목적으로 수집·제공하였다는 것인 경우, 정보처리 행위의 위법성 여부를 판단하는 기준 및 정보처리자에게 영리 목적이 있었다는 사정만으로 곧바로 정보처리 행위를 위법하다고 할 수 있는지 여부(소극) : 개인정보자기결정권이라는 인격적 법익을 침해·제한한다고 주장되는 행위의 내용이 이미 정보주체의 의사에 따라 공개된 개인정보를 그의 별도의 동의 없이 영리 목적으로 수집·제공하였다는 것인 경우에는, 정보처리 행위로 침해될 수 있는 정보주체의 인격적 법익과 그 행위로 보호받을 수 있는 정보처리자 등의 법적 이익이 하나의 법률관계를 둘러싸고 충돌하게 된다. 이때는 정보주체가 공적인 존재인지, 개인정보의 공공성과 공익성, 원래 공개한 대상 범위, 개인정보 처리의 목적·절차·이용형태의 상당성과 필요성, 개인정보 처리로 침해될 수 있는 이익의 성질과 내용 등 여러 사정을 종합적으로 고려하여, 개인정보에 관한 인격권 보호에 의하여 얻을 수 있는 이익과 정보처리 행위로 얻을 수 있는 이익 즉 정보처리자의 '알 권리'와 이를 기반으로 한 정보수용자의 '알 권리' 및 표현의 자유, 정보처리자의 영업의 자유, 사회 전체의 경제적 효율성 등의 가치를 구체적으로 비교 형량하여 어느 쪽 이익이 더 우월한 것으로 평가할 수 있는지에 따라 정보처리 행위의 최종적인 위법성 여부를 판단하여야 하고, 단지 정보처리자에게 영리 목적이 있었다는 사정만으로 곧바로 정보처리 행위를 위법하다고 할 수는 없다(대판 2016.8.17, 2014다235080).
2. 이미 공개된 개인정보를 정보주체의 동의가 있었다고 객관적으로 인정되는 범위 내에서 수집·이용·제공 등 처리를 할 때 정보주체의 별도의 동의가 필요하지 않고, 동의를 받지 아니한 경우, 「개인정보

보호법」 제15조나 제17조를 위반한 것이 아니다(대판 2016.8.17, 2014다235080).

3. 정보주체의 동의가 있었다고 인정되는 범위 내인지 판단하는 기준 : 정보주체의 동의가 있었다고 인정되는 범위 내인지는 공개된 개인정보의 성격, 공개의 형태와 대상 범위, 그로부터 추단되는 정보주체의 공개 의도 내지 목적뿐만 아니라, 정보처리자의 정보제공 등 처리의 형태와 정보제공으로 공개의 대상 범위가 원래의 것과 달라졌는지, 정보제공이 정보주체의 원래의 공개 목적과 상당한 관련성이 있는지 등을 검토하여 객관적으로 판단하여야 한다(대판 2016.8.17, 2014다235080).

4. 정보주체의 동의가 있었다고 인정되는 범위 내인지는 공개된 개인정보의 성격, 공개의 형태와 대상 범위, 그로부터 추단되는 정보주체의 공개 의도 내지 목적뿐만 아니라, 정보처리자의 정보제공 등 처리의 형태와 정보제공으로 공개의 대상 범위가 원래의 것과 달라졌는지, 정보제공이 정보주체의 원래의 공개 목적과 상당한 관련성이 있는지 등을 검토하여 객관적으로 판단하여야 한다(대판 2016.8.17, 2014다235080).

5. 개인정보처리자는 제1항 제1호에 따른 동의를 받을 때에는 다음 각 호의 사항을 정보주체에게 알려야 한다. 다음 각 호의 어느 하나의 사항을 변경하는 경우에도 이를 알리고 동의를 받아야 한다(같은 조 제2항).

  1. 개인정보의 수집·이용 목적
  2. 수집하려는 개인정보의 항목
  3. 개인정보의 보유 및 이용 기간
  4. 동의를 거부할 권리가 있다는 사실 및 동의 거부에 따른 불이익이 있는 경우에는 그 불이익의 내용

6. 개인정보처리자는 당초 수집 목적과 합리적으로 관련된 범위에서 정보주체에게 불이익이 발생하는지 여부, 암호화 등 안전성 확보에 필요한 조치를 하였는지 여부 등을 고려하여 대통령령으로 정하는 바에 따라 정보주체의 동의 없이 개인정보를 이용할 수 있다(같은 조 제3항).

2. 개인정보의 수집 제한

1. 개인정보처리자는 개인정보를 수집하는 경우에는 그 목적에 필요한 최소한의 개인정보를 수집하여야 한다. 이 경우 최소한의 개인정보 수집이라는 입증책임은 개인정보처리자가 부담한다(제16조 제1항).

2. 개인정보처리자는 정보주체의 동의를 받아 개인정보를 수집하는 경우 필요한 최소한의 정보 외의 개인정보 수집에는 동의하지 아니할 수 있다는 사실을 구체적으로 알리고 개인정보를 수집하여야 한다(같은 조 제2항).

3. 개인정보처리자는 정보주체가 필요한 최소한의 정보 외의 개인정보 수집에 동의하지 아니한다는 이유로 정보주체에게 재화 또는 서비스의 제공을 거부하여서는 아니 된다(같은 조 제3항).

3. 개인정보의 제공

1. 개인정보처리자는 다음 각 호의 어느 하나에 해당되는 경우에는 정보주체의 개인정보를 제3자에게 제공(공유를 포함한다)할 수 있다(제17조 제1항).

   1. 정보주체의 동의를 받은 경우
   2. 제15조제1항제2호·제3호·제5호 및 제39조의3제2항제2호·제3호에 따라 개인정보를 수집한 목적 범위에서 개인정보를 제공하는 경우

2. 개인정보처리자는 동의를 받을 때에는 다음 각 호의 사항을 정보주체에게 알려야 한다. 다음 각 호의 어느 하나의 사항을 변경하는 경우에도 이를 알리고 동의를 받아야 한다(같은 조 제2항).

   1. 개인정보를 제공받는 자
   2. 개인정보를 제공받는 자의 개인정보 이용 목적
   3. 제공하는 개인정보의 항목
   4. 개인정보를 제공받는 자의 개인정보 보유 및 이용 기간
   5. 동의를 거부할 권리가 있다는 사실 및 동의 거부에 따른 불이익이 있는 경우에는 그 불이익의 내용

3. 개인정보처리자가 개인정보를 국외의 제3자에게 제공할 때에는 제2항 각 호에 따른 사항을 정보주체에게 알리고 동의를 받아야 하며, 이 법을 위반하는 내용으로 개인정보의 국외 이전에 관한 계약을 체결하여서는 아니 된다(같은 조 제3항).

4. 개인정보의 목적 외 이용 · 제공 제한

1. 개인정보처리자는 개인정보를 제15조 제1항 및 제39조의3 제1항 및 제2항에 따른 범위를 초과하여 이용하거나 제17조 제1항 및 제3항에 따른 범위를 초과하여 제3자에게 제공하여서는 아니 된다(제18조 제1항).
2. 제1항에도 불구하고 개인정보처리자는 다음 각 호의 어느 하나에 해당하는 경우에는 정보주체 또는 제3자의 이익을 부당하게 침해할 우려가 있을 때를 제외하고는 개인정보를 목적 외의 용도로 이용하거나 이를 제3자에게 제공할 수 있다. 다만, 이용자(「정보통신망 이용촉진 및 정보보호 등에 관한 법률」 제2조 제1항 제4호에 해당하는 자를 말한다. 이하 같다)의 개인정보를 처리하는 정보통신서비스 제공자(「정보통신망 이용촉진 및 정보보호 등에 관한 법률」 제2조 제1항 제3호에 해당하는 자를 말한다)의 경우 제1호·제2호의 경우로 한정하고, 제5호부터 제9호까지의 경우는 공공기관의 경우로 한정한다(같은 조 제2항).

   1. 정보주체로부터 별도의 동의를 받은 경우
   2. 다른 법률에 특별한 규정이 있는 경우
   3. 정보주체 또는 그 법정대리인이 의사표시를 할 수 없는 상태에 있거나 주소불명 등으로 사전 동의를 받을 수 없는 경우로서 명백히 정보주체 또는 제3자의 급박한 생명, 신체, 재산의 이익을 위하여 필요하다고 인정되는 경우
   4. 삭제
   5. 개인정보를 목적 외의 용도로 이용하거나 이를 제3자에게 제공하지 아니하면 다른 법률에서 정하는 소관 업무를 수행할 수 없는 경우로서 보호위원회의 심의·의결을 거친 경우
   6. 조약, 그 밖의 국제협정의 이행을 위하여 외국정부 또는 국제기구에 제공하기 위하여 필요한 경우
   7. 범죄의 수사와 공소의 제기 및 유지를 위하여 필요한 경우
   8. 법원의 재판업무 수행을 위하여 필요한 경우
   9. 형(刑) 및 감호, 보호처분의 집행을 위하여 필요한 경우

3. 개인정보처리자는 제2항 제1호에 따른 동의를 받을 때에는 다음 각 호의 사항을 정보주체에게 알려야 한다. 다음 각 호의 어느 하나의 사항을 변경하는 경우에도 이를 알리고 동의를 받아야 한다(같은 조 제3항).

1. 개인정보를 제공받는 자
2. 개인정보의 이용 목적(제공 시에는 제공받는 자의 이용 목적을 말한다)
3. 이용 또는 제공하는 개인정보의 항목
4. 개인정보의 보유 및 이용 기간(제공 시에는 제공받는 자의 보유 및 이용 기간을 말한다)
5. 동의를 거부할 권리가 있다는 사실 및 동의 거부에 따른 불이익이 있는 경우에는 그 불이익의 내용

4. 공공기관은 제2항 제2호부터 제6호까지, 제8호 및 제9호에 따라 개인정보를 목적 외의 용도로 이용하거나 이를 제3자에게 제공하는 경우에는 그 이용 또는 제공의 법적 근거, 목적 및 범위 등에 관하여 필요한 사항을 행정자치부령으로 정하는 바에 따라 관보 또는 인터넷 홈페이지 등에 게재하여야 한다(같은 조 제4항).
5. 개인정보처리자는 제2항 각 호의 어느 하나의 경우에 해당하여 개인정보를 목적 외의 용도로 제3자에게 제공하는 경우에는 개인정보를 제공받는 자에게 이용 목적, 이용 방법, 그 밖에 필요한 사항에 대하여 제한을 하거나, 개인정보의 안전성 확보를 위하여 필요한 조치를 마련하도록 요청하여야 한다. 이 경우 요청을 받은 자는 개인정보의 안전성 확보를 위하여 필요한 조치를 하여야 한다(같은 조 제5항).

5. 개인정보를 제공받은 자의 이용·제공 제한의무

개인정보처리자로부터 개인정보를 제공받은 자는 다음 각 호의 어느 하나에 해당하는 경우를 제외하고는 개인정보를 제공받은 목적 외의 용도로 이용하거나 이를 제3자에게 제공하여서는 아니 된다(제19조).

1. 정보주체로부터 별도의 동의를 받은 경우
2. 다른 법률에 특별한 규정이 있는 경우

6. 정보주체 이외로부터 수집한 개인정보의 수집 출처 등 고지의무

1. 개인정보처리자가 정보주체 이외로부터 수집한 개인정보를 처리하는 때에는 정보주체의 요구가 있으면 즉시 다음 각 호의 모든 사항을 정보주체에게 알려야 한다(제20조 제1항).

   1. 개인정보의 수집 출처
   2. 개인정보의 처리 목적
   3. 제37조에 따른 개인정보 처리의 정지를 요구할 권리가 있다는 사실

2. 제1항에도 불구하고 처리하는 개인정보의 종류·규모, 종업원 수 및 매출액 규모 등을 고려하여 대통령령으로 정하는 기준에 해당하는 개인정보처리자가 제17조제1항제1호에 따라 정보주체 이외로부터 개인정보를 수집하여 처리하는 때에는 제1항 각 호의 모든 사항을 정보주체에게 알려야 한다. 다만, 개인정보처리자가 수집한 정보에 연락처 등 정보주체에게 알릴 수 있는 개인정보가 포함되지 아니한 경우에는 그러하지 아니하다(같은 조 제2항).
3. 제1항과 제2항 본문은 다음 각 호의 어느 하나에 해당하는 경우에는 적용하지 아니한다. 다만, 이 법에 따른 정보주체의 권리보다 명백히 우선하는 경우에 한한다(같은 조 제4항).

   1. 고지를 요구하는 대상이 되는 개인정보가 제32조 제2항 각 호의 어느 하나에 해당하는 개인정보파일에 포함되어 있는 경우
   2. 고지로 인하여 다른 사람의 생명·신체를 해할 우려가 있거나 다른 사람의 재산과 그 밖의 이익을 부당하게 침해할 우려가 있는 경우

7. 개인정보의 파기의무

1. 개인정보처리자는 보유기간의 경과, 개인정보의 처리 목적 달성 등 그 개인정보가 불필요하게 되었을 때에는 지체 없이 그 개인정보를 파기하여야 한다. 다만, 다른 법령에 따라 보존하여야 하는 경우에는 그러하지 아니하다(제21조 제1항).
2. 개인정보처리자가 개인정보를 파기할 때에는 복구 또는 재생되지 아니하도록 조치하여야 한다(같은 조 제2항).
3. 개인정보처리자가 개인정보를 파기하지 아니하고 보존하여야 하는 경우에는 해당 개인정보 또는 개인정보파일을 다른 개인정보와 분리하여서 저장·관리하여야 한다(같은 조 제3항).

8. 동의를 받는 방법

1. 개인정보처리자는 이 법에 따른 개인정보의 처리에 대하여 정보주체(제6항에 따른 법정대리인을 포함한다)의 동의를 받을 때에는 각각의 동의 사항을 구분하여 정보주체가 이를 명확하게 인지할 수 있도록 알리고 각각 동의를 받아야 한다(제21조 제1항).
2. 개인정보처리자는 제1항의 동의를 서면(「전자문서 및 전자거래 기본법」 제2조제1호에 따른 전자문서를 포함한다)으로 받을 때에는 개인정보의 수집·이용 목적, 수집·이용하려는 개인정보의 항목 등 대통령령으로 정하는 중요한 내용을 보호위원회가 고시로 정하는 방법에 따라 명확히 표시하여 알아보기 쉽게 하여야 한다(같은 조 제2항).
3. 개인정보처리자는 제15조 제1항 제1호, 제17조 제1항 제1호, 제23조 제1항 제1호 및 제24조 제1항 제1호에 따라 개인정보의 처리에 대하여 정보주체의 동의를 받을 때에는 정보주체와의 계약 체결 등을 위하여 정보주체의 동의 없이 처리할 수 있는 개인정보와 정보주체의 동의가 필요한 개인정보를 구분하여야 한다. 이 경우 동의 없이 처리할 수 있는 개인정보라는 입증책임은 개인정보처리자가 부담한다(같은 조 제3항).
4. 개인정보처리자는 정보주체에게 재화나 서비스를 홍보하거나 판매를 권유하기 위하여 개인정보의 처리에 대한 동의를 받으려는 때에는 정보주체가 이를 명확하게 인지할 수 있도록 알리고 동의를 받아야 한다(같은 조 제4항).
5. 개인정보처리자는 정보주체가 제3항에 따라 선택적으로 동의할 수 있는 사항을 동의하지 아니하거나 제4항 및 제18조 제2항 제1호에 따른 동의를 하지 아니한다는 이유로 정보주체에게 재화 또는 서비스의 제공을 거부하여서는 아니 된다(같은 조 제5항).
6. 개인정보처리자는 만 14세 미만 아동의 개인정보를 처리하기 위하여 이 법에 따른 동의를 받아야 할 때에는 그 법정대리인의 동의를 받아야 한다. 이 경우 법정대리인의 동의를 받기 위하여 필요한 최소한의 정보는 법정대리인의 동의 없이 해당 아동으로부터 직접 수집할 수 있다(같은 조 제6항).

IV. 개인정보의 처리 제한

1. 민감정보의 처리 제한

1. 개인정보처리자는 사상·신념, 노동조합·정당의 가입·탈퇴, 정치적 견해, 건강, 성생활 등에 관한 정보, 그 밖에 정보주체의 사생활을 현저히 침해할 우려가 있는 개인정보로서 대통령령으로 정하는 정보를 처리하여서는 아니 된다. 다만, 다음 각 호의 어느 하나에 해당하는 경우에는 그러하지 아니하다(제23조 제1항).

   1. 정보주체에게 제15조 제2항 각 호 또는 제17조 제2항 각 호의 사항을 알리고 다른 개인정보의 처리에 대한 동의와 별도로 동의를 받은 경우
   2. 법령에서 민감정보의 처리를 요구하거나 허용하는 경우

2. 개인정보처리자가 제1항 각 호에 따라 민감정보를 처리하는 경우에는 그 민감정보가 분실·도난·유출·위조·변조 또는 훼손되지 아니하도록 제29조에 따른 안전성 확보에 필요한 조치를 하여야 한다(같은 조 제2항).

2. 고유식별정보의 처리 제한

1. 개인정보처리자는 다음 각 호의 경우를 제외하고는 법령에 따라 개인을 고유하게 구별하기 위하여 부여된 식별정보로서 대통령령으로 정하는 정보(고유식별정보)를 처리할 수 없다(제24조 제1항).

   1. 정보주체에게 제15조 제2항 각 호 또는 제17조 제2항 각 호의 사항을 알리고 다른 개인정보의 처리에 대한 동의와 별도로 동의를 받은 경우
   2. 법령에서 구체적으로 고유식별정보의 처리를 요구하거나 허용하는 경우

2. 개인정보처리자가 고유식별정보를 처리하는 경우에는 그 고유식별정보가 분실·도난·유출·변조 또는 훼손되지 아니하도록 대통령령으로 정하는 바에 따라 암호화 등 안전성 확보에 필요한 조치를 하여야 한다(같은 조 제3항).
3. 보호위원회는 처리하는 개인정보의 종류·규모, 종업원 수 및 매출액 규모 등을 고려하여 대통령령으로 정하는 기준에 해당하는 개인정보처리자가 제3항에 따라 안전성 확보에 필요한 조치를 하였는지에 관하여 대통령령으로 정하는 바에 따라 정기적으로 조사하여야 한다(같은 조 제4항).

3. 주민등록번호 처리의 제한

1. 제24조 제1항에도 불구하고 개인정보처리자는 다음 각 호의 어느 하나에 해당하는 경우를 제외하고는 주민등록번호를 처리할 수 없다(제24조의2 제1항).

   1. 법률·대통령령·국회규칙·대법원규칙·헌법재판소규칙·중앙선거관리위원회규칙 및 감사원규칙에서 구체적으로 주민등록번호의 처리를 요구하거나 허용한 경우
   2. 정보주체 또는 제3자의 급박한 생명, 신체, 재산의 이익을 위하여 명백히 필요하다고 인정되는 경우
   3. 제1호 및 제2호에 준하여 주민등록번호 처리가 불가피한 경우로서 보호위원회가 고시로 정하는 경우

2. 개인정보처리자는 제24조 제3항에도 불구하고 주민등록번호가 분실·도난·유출·위조·변조 또는 훼손되지 아니하도록 암호화 조치를 통하여 안전하게 보관하여야 한다. 이 경우 암호화 적용 대상 및 대상별 적용 시기 등에 관하여 필요한 사항은 개인정보의 처리 규모와 유출 시 영향 등을 고려하여 대통령령으로 정한다(같은 조 제2항).
3. 개인정보처리자는 제1항 각 호에 따라 주민등록번호를 처리하는 경우에도 정보주체가 인터넷 홈페이지를 통하여 회원으로 가입하는 단계에서는 주민등록번호를 사용하지 아니하고도 회원으로 가입할 수 있는 방법을 제공하여야 한다(같은 조 제3항).
4. 보호위원회는 개인정보처리자가 제3항에 따른 방법을 제공할 수 있도록 관계 법령의 정비, 계획의 수립, 필요한 시설 및 시스템의 구축 등 제반 조치를 마련·지원할 수 있다(같은 조 제4항).

4. 영상정보처리기기의 설치·운영 제한

1. 영상정보처리기기란 일정한 공간에 지속적으로 설치되어 사람 또는 사물의 영상 등을 촬영하거나 이를 유·무선망을 통하여 전송하는 장치로서 대통령령으로 정하는 장치를 말한다(제2조 제7호). 누구든지 다음 각 호의 경우를 제외하고는 공개된 장소에 영상정보처리기기를 설치·운영하여서는 아니 된다(제25조 제1항).

   1. 법령에서 구체적으로 허용하고 있는 경우
   2. 범죄의 예방 및 수사를 위하여 필요한 경우
   3. 시설안전 및 화재 예방을 위하여 필요한 경우
   4. 교통단속을 위하여 필요한 경우
   5. 교통정보의 수집·분석 및 제공을 위하여 필요한 경우

2. 누구든지 불특정 다수가 이용하는 목욕실, 화장실, 발한실(發汗室), 탈의실 등 개인의 사생활을 현저히 침해할 우려가 있는 장소의 내부를 볼 수 있도록 영상정보처리기기를 설치·운영하여서는 아니 된다. 다만, 교도소, 정신보건 시설 등 법령에 근거하여 사람을 구금하거나 보호하는 시설로서 대통령령으로 정하는 시설에 대하여는 그러하지 아니하다(같은 조 제2항).

3. 영상정보처리기기를 설치·운영하려는 공공기관의 장과 제2항 단서에 따라 영상정보처리기기를 설치·운영하려는 자는 공청회·설명회의 개최 등 대통령령으로 정하는 절차를 거쳐 관계 전문가 및 이해관계인의 의견을 수렴하여야 한다(같은 조 제3항).

4. 제1항 각 호에 따라 영상정보처리기기를 설치·운영하는 자(영상정보처리기기운영자)는 정보주체가 쉽게 인식할 수 있도록 다음 각 호의 사항이 포함된 안내판을 설치하는 등 필요한 조치를 하여야 한다. 다만, 「군사기지 및 군사시설 보호법」 제2조 제2호에 따른 군사시설, 통합방위법 제2조 제13호에 따른 국가중요시설, 그 밖에 대통령령으로 정하는 시설에 대하여는 그러하지 아니하다(같은 조 제4항).

   1. 설치 목적 및 장소
   2. 촬영 범위 및 시간
   3. 관리책임자 성명 및 연락처
   4. 그 밖에 대통령령으로 정하는 사항

5. 영상정보처리기기운영자는 영상정보처리기기의 설치 목적과 다른 목적으로 영상정보처리기기를 임의로 조작하거나 다른 곳을 비춰서는 아니 되며, 녹음기능은 사용할 수 없다(같은 조 제5항).

6. 영상정보처리기기운영자는 개인정보가 분실·도난·유출·위조·변조 또는 훼손되지 아니하도록 제29조에 따라 안전성 확보에 필요한 조치를 하여야 한다(같은 조 제6항).

7. 영상정보처리기기운영자는 대통령령으로 정하는 바에 따라 영상정보처리기기 운영·관리 방침을 마련하여야 한다. 이 경우 개인정보 처리방침을 정하지 아니할 수 있다(같은 조 제7항).

8. 영상정보처리기기운영자는 영상정보처리기기의 설치·운영에 관한 사무를 위탁할 수 있다. 다만, 공공기관이 영상정보처리기기 설치·운영에 관한 사무를 위탁하는 경우에는 대통령령으로 정하는 절차 및 요건에 따라야 한다(같은 조 제8항).

5. 업무위탁에 따른 개인정보의 처리 제한

1. 개인정보처리자가 제3자에게 개인정보의 처리 업무를 위탁하는 경우에는 다음 각 호의 내용이 포함된 문서에 의하여야 한다(제26조 제1항).

   1. 위탁업무 수행 목적 외 개인정보의 처리 금지에 관한 사항
   2. 개인정보의 기술적·관리적 보호조치에 관한 사항
   3. 그 밖에 개인정보의 안전한 관리를 위하여 대통령령으로 정한 사항

2. 개인정보의 처리 업무를 위탁하는 개인정보처리자(위탁자)는 위탁하는 업무의 내용과 개인정보 처리 업무를 위탁받아 처리하는 자(수탁자)를 정보주체가 언제든지 쉽게 확인할 수 있도록 대통령령으로 정하는 방법에 따라 공개하여야 한다(같은 조 제2항).
3. 위탁자가 재화 또는 서비스를 홍보하거나 판매를 권유하는 업무를 위탁하는 경우에는 대통령령으로 정하는 방법에 따라 위탁하는 업무의 내용과 수탁자를 정보주체에게 알려야 한다. 위탁하는 업무의 내용이나 수탁자가 변경된 경우에도 또한 같다(같은 조 제3항).
4. 위탁자는 업무 위탁으로 인하여 정보주체의 개인정보가 분실·도난·유출·위조·변조 또는 훼손되지 아니하도록 수탁자를 교육하고, 처리 현황 점검 등 대통령령으로 정하는 바에 따라 수탁자가 개인정보를 안전하게 처리하는지를 감독하여야 한다(같은 조 제4항).
5. 수탁자는 개인정보처리자로부터 위탁받은 해당 업무 범위를 초과하여 개인정보를 이용하거나 제3자에게 제공하여서는 아니 된다(같은 조 제5항).
6. 수탁자가 위탁받은 업무와 관련하여 개인정보를 처리하는 과정에서 이 법을 위반하여 발생한 손해배상책임에 대하여는 수탁자를 개인정보처리자의 소속 직원으로 본다(같은 조 제6항).
7. 수탁자에 관하여는 제15조부터 제25조까지, 제27조부터 제31조까지, 제33조부터 제38조까지 및 제59조를 준용한다(같은 조 제7항).

> **┥ 관 련 판 례 ┝**
>
> 1. 「개인정보 보호법」 제17조와 「정보통신망 이용촉진 및 정보보호 등에 관한 법률」 제24조의2에서 말하는 개인정보의 '제3자 제공'의 의미 및 「개인정보 보호법」 제26조와 「정보통신망 이용촉진 및 정보보호 등에 관한 법률」 제25조에서 말하는 개인정보의 '처리위탁'의 의미 : 「개인정보 보호법」 제17조와 정보통신망법 제24조의2에서 말하는 개인정보의 '제3자 제공'은 본래의 개인정보 수집·이용 목적의 범위를 넘어 정보를 제공받는 자의 업무처리와 이익을 위하여 개인정보가 이전되는 경우인 반면, 「개인정보 보호법」 제26조와 정보통신망법 제25조에서 말하는 개인정보의 '처리위탁'은 본래의 개인정보 수집·이용 목적과 관련된 위탁자 본인의 업무 처리와 이익을 위하여 개인정보가 이전되는 경우를 의미한다(대판 2017.4.7, 2016도13263).
> 2. 개인정보 처리위탁에 있어 수탁자는 「개인정보 보호법」 제17조와 「정보통신망 이용촉진 및 정보보호 등에 관한 법률」 제24조의2에 정한 '제3자'에 해당하지 않는다 : 개인정보 처리위탁에 있어 수탁자는 위탁자로부터 위탁사무 처리에 따른 대가를 지급받는 것 외에는 개인정보 처리에 관하여 독자적인 이익을 가지지 않고, 정보제공자의 관리·감독 아래 위탁받은 범위 내에서만 개인정보를 처리하게 되므로, 「개인정보 보호법」 제17조와 정보통신망법 제24조의2에 정한 '제3자'에 해당하지 않는다(대판 2017.4.7, 2016도13263).
> 3. 어떠한 행위가 개인정보의 제공인지 아니면 처리위탁인지 판단하는 기준 : 한편 어떠한 행위가 개인정보의 제공인지 아니면 처리위탁인지는 개인정보의 취득 목적과 방법, 대가 수수 여부, 수탁자에 대한 실질적인 관리·감독 여부, 정보주체 또는 이용자의 개인정보 보호 필요성에 미치는 영향 및 이러한 개인정보를 이용할 필요가 있는 자가 실질적으로 누구인지 등을 종합하여 판단하여야 한다(대판 2017.4.7, 2016도13263).

6. 영업양도 등에 따른 개인정보의 이전 제한

1. 개인정보처리자는 영업의 전부 또는 일부의 양도·합병 등으로 개인정보를 다른 사람에게 이전하는 경우에는 미리 다음 각 호의 사항을 대통령령으로 정하는 방법에 따라 해당 정보주체에게 알려야 한다(제27조 제1항).

   1. 개인정보를 이전하려는 사실
   2. 개인정보를 이전받는 자(영업양수자 등)의 성명(법인의 경우에는 법인의 명칭을 말한다), 주소, 전화번호 및 그 밖의 연락처
   3. 정보주체가 개인정보의 이전을 원하지 아니하는 경우 조치할 수 있는 방법 및 절차

2. 영업양수자 등은 개인정보를 이전받았을 때에는 지체 없이 그 사실을 대통령령으로 정하는 방법에 따라 정보주체에게 알려야 한다. 다만, 개인정보처리자가 그 이전 사실을 이미 알린 경우에는 그러하지 아니하다(같은 조 제2항).
3. 영업양수자 등은 영업의 양도·합병 등으로 개인정보를 이전받은 경우에는 이전 당시의 본래 목적으로만 개인정보를 이용하거나 제3자에게 제공할 수 있다. 이 경우 영업양수자 등은 개인정보처리자로 본다(같은 조 제3항).

7. 개인정보취급자에 대한 감독

1. 개인정보처리자는 개인정보를 처리함에 있어서 개인정보가 안전하게 관리될 수 있도록 임직원, 파견근로자, 시간제근로자 등 개인정보처리자의 지휘·감독을 받아 개인정보를 처리하는 자(개인정보취급자)에 대하여 적절한 관리·감독을 행하여야 한다(제28조 제1항).
2. 개인정보처리자는 개인정보의 적정한 취급을 보장하기 위하여 개인정보취급자에게 정기적으로 필요한 교육을 실시하여야 한다(같은 조 제2항).

V. 가명정보의 처리에 관한 특례

1. 가명정보의 처리 등

1. 개인정보처리자는 통계작성, 과학적 연구, 공익적 기록보존 등을 위하여 정보주체의 동의 없이 가명정보를 처리할 수 있다(제28조의2 제1항).
2. 개인정보처리자는 제1항에 따라 가명정보를 제3자에게 제공하는 경우에는 특정 개인을 알아보기 위하여 사용될 수 있는 정보를 포함해서는 아니 된다(같은 조 제2항).

2. 가명정보의 결합 제한

1. 제28조의2에도 불구하고 통계작성, 과학적 연구, 공익적 기록보존 등을 위한 서로 다른 개인정보처리자 간의 가명정보의 결합은 보호위원회 또는 관계 중앙행정기관의 장이 지정하는 전문기관이 수행한다(제28조의3 제1항).
2. 결합을 수행한 기관 외부로 결합된 정보를 반출하려는 개인정보처리자는 가명정보 또는 제58조의2에 해당하는 정보로 처리한 뒤 전문기관의 장의 승인을 받아야 한다(같은 조 제2항).

3. 가명정보에 대한 안전조치의무 등

1. 개인정보처리자는 가명정보를 처리하는 경우에는 원래의 상태로 복원하기 위한 추가 정보를 별도로 분리하여 보관·관리하는 등 해당 정보가 분실·도난·유출·위조·변조 또는 훼손되지 않도록 대통령령으로 정하는 바에 따라 안전성 확보에 필요한 기술적·관리적 및 물리적 조치를 하여야 한다(제28조의4 제1항).
2. 개인정보처리자는 가명정보를 처리하고자 하는 경우에는 가명정보의 처리 목적, 제3자 제공 시 제공받는 자 등 가명정보의 처리 내용을 관리하기 위하여 대통령령으로 정하는 사항에 대한 관련 기록을 작성하여 보관하여야 한다(같은 조 제2항).

4. 가명정보 처리 시 금지의무 등

1. 누구든지 특정 개인을 알아보기 위한 목적으로 가명정보를 처리해서는 아니 된다(제28조의5 제1항).
2. 개인정보처리자는 가명정보를 처리하는 과정에서 특정 개인을 알아볼 수 있는 정보가 생성된 경우에는 즉시 해당 정보의 처리를 중지하고, 지체 없이 회수·파기하여야 한다(같은 조 제2항).

5. 가명정보 처리에 대한 과징금 부과 등

1. 보호위원회는 개인정보처리자가 제28조의5제1항을 위반하여 특정 개인을 알아보기 위한 목적으로 정보를 처리한 경우 전체 매출액의 100분의 3 이하에 해당하는 금액을 과징금으로 부과할 수 있다. 다만, 매출액이 없거나 매출액의 산정이 곤란한 경우로서 대통령령으로 정하는 경우에는 4억원 또는 자본금의 100분의 3 중 큰 금액 이하로 과징금을 부과할 수 있다(제28조의6 제1항).
2. 과징금의 부과·징수 등에 필요한 사항은 제34조의2 제3항부터 제5항까지의 규정을 준용한다(같은 조 제2항).

6. 적용범위

가명정보는 제20조, 제21조, 제27조, 제34조 제1항, 제35조부터 제37조까지, 제39조의3, 제39조의4, 제39조의6부터 제39조의8까지의 규정을 적용하지 아니한다(제28조의7).

VI. 개인정보의 안전한 관리

1. 안전조치의무

개인정보처리자는 개인정보가 분실·도난·유출·위조·변조 또는 훼손되지 아니하도록 내부 관리계획 수립, 접속기록 보관 등 대통령령으로 정하는 바에 따라 안전성 확보에 필요한 기술적·관리적 및 물리적 조치를 하여야 한다(제29조).

2. 개인정보 처리방침의 수립 및 공개의무

1. 개인정보처리자는 다음 각 호의 사항이 포함된 개인정보의 처리 방침(개인정보 처리방침)을 정하여야 한다. 이 경우 공공기관은 제32조에 따라 등록대상이 되는 개인정보파일에 대하여 개인정보 처리방침을 정한다(제30조 제1항).

> 1. 개인정보의 처리 목적
> 2. 개인정보의 처리 및 보유 기간
> 3. 개인정보의 제3자 제공에 관한 사항(해당되는 경우에만 정한다)
> 3의2. 개인정보의 파기절차 및 파기방법(제21조 제1항 단서에 따라 개인정보를 보존하여야 하는 경우에는 그 보존근거와 보존하는 개인정보 항목을 포함한다)
> 4. 개인정보처리의 위탁에 관한 사항(해당되는 경우에만 정한다)
> 5. 정보주체와 법정대리인의 권리·의무 및 그 행사방법에 관한 사항
> 6. 제31조에 따른 개인정보 보호책임자의 성명 또는 개인정보 보호업무 및 관련 고충사항을 처리하는 부서의 명칭과 전화번호 등 연락처
> 7. 인터넷 접속정보파일 등 개인정보를 자동으로 수집하는 장치의 설치·운영 및 그 거부에 관한 사항(해당하는 경우에만 정한다)
> 8. 그 밖에 개인정보의 처리에 관하여 대통령령으로 정한 사항

2. 개인정보처리자가 개인정보 처리방침을 수립하거나 변경하는 경우에는 정보주체가 쉽게 확인할 수 있도록 대통령령으로 정하는 방법에 따라 공개하여야 한다(같은 조 제2항). 개인정보 처리방침의 내용과 개인정보처리자와 정보주체 간에 체결한 계약의 내용이 다른 경우에는 정보주체에게 유리한 것을 적용한다(같은 조 제3항).
3. 보호위원회는 개인정보 처리방침의 작성지침을 정하여 개인정보처리자에게 그 준수를 권장할 수 있다(같은 조 제4항).

3. 개인정보 보호책임자의 지정의무

1. 개인정보처리자는 개인정보의 처리에 관한 업무를 총괄해서 책임질 개인정보 보호책임자를 지정하여야 한다(제31조 제1항).
2. 개인정보 보호책임자는 다음 각 호의 업무를 수행한다(같은 조 제2항).

> 1. 개인정보 보호 계획의 수립 및 시행
> 2. 개인정보 처리 실태 및 관행의 정기적인 조사 및 개선
> 3. 개인정보 처리와 관련한 불만의 처리 및 피해 구제
> 4. 개인정보 유출 및 오용·남용 방지를 위한 내부통제시스템의 구축
> 5. 개인정보 보호 교육 계획의 수립 및 시행
> 6. 개인정보파일의 보호 및 관리·감독
> 7. 그 밖에 개인정보의 적절한 처리를 위하여 대통령령으로 정한 업무

3. 개인정보 보호책임자는 제2항 각 호의 업무를 수행함에 있어서 필요한 경우 개인정보의 처리 현황, 처리 체계 등에 대하여 수시로 조사하거나 관계 당사자로부터 보고를 받을 수 있다(같은 조 제3항).
4. 개인정보 보호책임자는 개인정보 보호와 관련하여 이 법 및 다른 관계 법령의 위반 사실을 알게 된 경우에는 즉시 개선조치를 하여야 하며, 필요하면 소속 기관 또는 단체의 장에게 개선조치를 보고하여야 한다(같은 조 제4항).
5. 개인정보처리자는 개인정보 보호책임자가 제2항 각 호의 업무를 수행함에 있어서 정당한 이유 없이 불이익을 주거나 받게 하여서는 아니 된다(같은 조 제5항).

4. 개인정보파일의 등록 및 공개의무

1. 공공기관의 장이 개인정보파일을 운용하는 경우에는 다음 각 호의 사항을 보호위원회에 등록하여야 한다. 등록한 사항이 변경된 경우에도 또한 같다(제32조 제1항).

    1. 개인정보파일의 명칭
    2. 개인정보파일의 운영 근거 및 목적
    3. 개인정보파일에 기록되는 개인정보의 항목
    4. 개인정보의 처리방법
    5. 개인정보의 보유기간
    6. 개인정보를 통상적 또는 반복적으로 제공하는 경우에는 그 제공받는 자
    7. 그 밖에 대통령령으로 정하는 사항

2. 다음 각 호의 어느 하나에 해당하는 개인정보파일에 대하여는 제1항을 적용하지 아니한다(같은 조 제2항).

    1. 국가 안전, 외교상 비밀, 그 밖에 국가의 중대한 이익에 관한 사항을 기록한 개인정보파일
    2. 범죄의 수사, 공소의 제기 및 유지, 형 및 감호의 집행, 교정처분, 보호처분, 보안관찰처분과 출입국관리에 관한 사항을 기록한 개인정보파일
    3. 조세범처벌법에 따른 범칙행위 조사 및 관세법에 따른 범칙행위 조사에 관한 사항을 기록한 개인정보파일
    4. 공공기관의 내부적 업무처리만을 위하여 사용되는 개인정보파일
    5. 다른 법령에 따라 비밀로 분류된 개인정보파일

3. 보호위원회는 필요하면 제1항에 따른 개인정보파일의 등록사항과 그 내용을 검토하여 해당 공공기관의 장에게 개선을 권고할 수 있다(같은 조 제3항).
4. 보호위원회는 제1항에 따른 개인정보파일의 등록 현황을 누구든지 쉽게 열람할 수 있도록 공개하여야 한다(같은 조 제4항).
5. 국회, 법원, 헌법재판소, 중앙선거관리위원회(그 소속 기관을 포함한다)의 개인정보파일 등록 및 공개에 관하여는 국회규칙, 대법원규칙, 헌법재판소규칙 및 중앙선거관리위원회규칙으로 정한다(같은 조 제6항).

5. 개인정보 보호 인증

1. 보호위원회는 개인정보처리자의 개인정보 처리 및 보호와 관련한 일련의 조치가 이 법에 부합하는지 등에 관하여 인증할 수 있다(제32조의2 제1항).
2. 제1항에 따른 인증의 <u>유효기간은 3년</u>으로 한다(같은 조 제2항).
3. 보호위원회는 다음 각 호의 어느 하나에 해당하는 경우에는 대통령령으로 정하는 바에 따라 제1항에 따른 인증을 취소할 수 있다. 다만, 제1호에 해당하는 경우에는 취소하여야 한다(같은 조 제3항).

    1. 거짓이나 그 밖의 부정한 방법으로 개인정보 보호 인증을 받은 경우
    2. 제4항에 따른 사후관리를 거부 또는 방해한 경우
    3. 제8항에 따른 인증기준에 미달하게 된 경우
    4. 개인정보 보호 관련 법령을 위반하고 그 위반사유가 중대한 경우

4. 보호위원회는 개인정보 보호 인증의 실효성 유지를 위하여 연 1회 이상 사후관리를 실시하여야 한다(같은 조 제4항).
5. 보호위원회는 대통령령으로 정하는 전문기관으로 하여금 제1항에 따른 인증, 제3항에 따른 인증 취소, 제4항에 따른 사후관리 및 제7항에 따른 인증 심사원 관리 업무를 수행하게 할 수 있다(같은 조 제5항).
6. 제1항에 따른 인증을 받은 자는 대통령령으로 정하는 바에 따라 인증의 내용을 표시하거나 홍보할 수 있다(같은 조 제6항).

6. 개인정보 영향평가

1. 공공기관의 장은 대통령령으로 정하는 기준에 해당하는 개인정보파일의 운용으로 인하여 정보주체의 개인정보 침해가 우려되는 경우에는 그 위험요인의 분석과 개선 사항 도출을 위한 평가(영향평가)를 하고 그 결과를 보호위원회에 제출하여야 한다. 이 경우 공공기관의 장은 영향평가를 보호위원회가 지정하는 기관(평가기관) 중에서 의뢰하여야 한다(제33조 제1항).
2. 이 경우 공공기관의 장은 영향평가를 행정안전부장관이 지정하는 기관 중에서 의뢰하여야 한다. 영향평가를 하는 경우에는 다음 각 호의 사항을 고려하여야 한다(같은 조 제2항).

   1. 처리하는 개인정보의 수
   2. 개인정보의 제3자 제공 여부
   3. 정보주체의 권리를 해할 가능성 및 그 위험 정도
   4. 그 밖에 대통령령으로 정한 사항

3. 보호위원회는 제1항에 따라 제출받은 영향평가 결과에 대하여 의견을 제시할 수 있다(같은 조 제3항).
4. 공공기관의 장은 영향평가를 한 개인정보파일을 등록할 때에는 영향평가 결과를 함께 첨부하여야 한다(같은 조 제4항).
5. 보호위원회는 영향평가의 활성화를 위하여 관계 전문가의 육성, 영향평가 기준의 개발·보급 등 필요한 조치를 마련하여야 한다(같은 조 제5항).
6. 국회, 법원, 헌법재판소, 중앙선거관리위원회(그 소속 기관을 포함한다)의 영향평가에 관한 사항은 국회규칙, 대법원규칙, 헌법재판소규칙 및 중앙선거관리위원회규칙으로 정하는 바에 따른다(같은 조 제7항).
7. 공공기관 외의 개인정보처리자는 개인정보파일 운용으로 인하여 정보주체의 개인정보 침해가 우려되는 경우에는 영향평가를 하기 위하여 적극 노력하여야 한다(같은 조 제8항).

7. 개인정보 유출 통지 등 의무

1. 개인정보처리자는 개인정보가 유출되었음을 알게 되었을 때에는 지체 없이 해당 정보주체에게 다음 각 호의 사실을 알려야 한다(제34조 제1항).

   1. 유출된 개인정보의 항목
   2. 유출된 시점과 그 경위
   3. 유출로 인하여 발생할 수 있는 피해를 최소화하기 위하여 정보주체가 할 수 있는 방법 등에 관한 정보
   4. 개인정보처리자의 대응조치 및 피해 구제절차
   5. 정보주체에게 피해가 발생한 경우 신고 등을 접수할 수 있는 담당부서 및 연락처

2. 개인정보처리자는 개인정보가 유출된 경우 그 피해를 최소화하기 위한 대책을 마련하고 필요한 조치를 하여야 한다(같은 조 제2항).

3. 개인정보처리자는 대통령령으로 정한 규모 이상의 개인정보가 유출된 경우에는 제1항에 따른 통지 및 제2항에 따른 조치 결과를 지체 없이 보호위원회 또는 대통령령으로 정하는 전문기관에 신고하여야 한다. 이 경우 보호위원회 또는 대통령령으로 정하는 전문기관은 피해 확산방지, 피해 복구 등을 위한 기술을 지원할 수 있다(같은 조 제3항).

┣ **관 련 판 례** ┫

1. 「정보통신망 이용촉진 및 정보보호 등에 관한 법률」로 보호되는 개인정보 누출의 개념 : 「정보통신망 이용촉진 및 정보보호 등에 관한 법률」로 보호되는 개인정보의 누출이란 개인정보가 해당 정보통신서비스 제공자의 관리·통제권을 벗어나 제3자가 그 내용을 알 수 있는 상태에 이르게 된 것을 의미하는바, 어느 개인정보가 정보통신서비스 제공자의 관리·통제하에 있고 그 개인정보가 제3자에게 실제 열람되거나 접근되지 아니한 상태라면, 정보통신서비스 제공자의 기술적·관리적 보호조치에 미흡한 점이 있어서 제3자가 인터넷상 특정 사이트를 통해 정보통신서비스 제공자가 보관하고 있는 개인정보에 접근할 수 있는 상태에 놓여 있었다고 하더라도 그것만으로 바로 개인정보가 정보통신서비스 제공자의 관리·통제권을 벗어나 제3자가 그 내용을 알 수 있는 상태에 이르게 되었다고 할 수는 없다(대판 2014.5.16, 2011다24555·2011다24562).

2. 갑 주식회사가 개인휴대통신서비스를 제공하는 을 주식회사로부터 웹사이트의 시스템 점검을 위하여 아이디와 비밀번호를 임시로 부여받았다가 시스템 점검 후 아이디와 비밀번호를 삭제하지 아니하여 위 웹사이트에 휴대폰번호를 입력하면 가입자의 개인정보가 서버로부터 전송되는 상태에 있었음을 이유로 을 회사의 서비스에 가입한 병 등이 을 회사 등을 상대로 개인정보 누출로 인한 손해배상을 구한 사안에서, 병 등의 개인정보가 을 회사의 관리·통제권을 벗어나 제3자가 내용을 알 수 있는 상태에 이르게 되었다고 볼 수 없다고 한 사례 : 웹사이트의 폰정보 조회 페이지에 병 등의 휴대폰번호를 입력하기 전에는 병 등의 개인정보는 서버에 그대로 보관된 채 아무런 접근이 이루어지지 않으며 을 회사가 관리·통제권을 행사하여 위 웹사이트와 서버가 더 이상 연동하지 않도록 함으로써 병 등의 개인정보에 대한 접근과 전송 가능성을 없앨 수 있었던 상태에 있었으므로, 병 등의 휴대폰번호가 위 웹사이트의 폰정보 조회 페이지에 입력되었는지가 확인되지 않은 상황에서 위 웹사이트와 서버가 연동하고 있었다 하더라도 병 등의 개인정보가 을 회사의 관리·통제권을 벗어나 제3자가 내용을 알 수 있는 상태에 이르게 되었다고 볼 수 없다고 한 사례(대판 2014.5.16, 2011다24555·24562)

Ⅶ. 정보주체의 권리 보장

1. 개인정보의 열람

1. 정보주체는 개인정보처리자가 처리하는 자신의 개인정보에 대한 열람을 해당 개인정보처리자에게 요구할 수 있다(제35조 제1항).
2. 제1항에도 불구하고 정보주체가 자신의 개인정보에 대한 열람을 공공기관에 요구하고자 할 때에는 공공기관에 직접 열람을 요구하거나 대통령령으로 정하는 바에 따라 보호위원회를 통하여 열람을 요구할 수 있다(같은 조 제2항).
3. 개인정보처리자는 열람을 요구받았을 때에는 대통령령으로 정하는 기간 내에 정보주체가 해당 개인정보를 열람할 수 있도록 하여야 한다. 이 경우 해당 기간 내에 열람할 수 없는 정당한 사유가 있을 때에는 정보주체에게 그 사유를 알리고 열람을 연기할 수 있으며, 그 사유가 소멸하면 지체 없이 열람하게 하여야 한다(같은 조 제3항).
4. 개인정보처리자는 다음 각 호의 어느 하나에 해당하는 경우에는 정보주체에게 그 사유를 알리고 열람을 제한하거나 거절할 수 있다(같은 조 제4항).

   1. 법률에 따라 열람이 금지되거나 제한되는 경우
   2. 다른 사람의 생명·신체를 해할 우려가 있거나 다른 사람의 재산과 그 밖의 이익을 부당하게 침해할 우려가 있는 경우
   3. 공공기관이 다음 각 목의 어느 하나에 해당하는 업무를 수행할 때 중대한 지장을 초래하는 경우
      가. 조세의 부과·징수 또는 환급에 관한 업무
      나. 「초·중등교육법」 및 고등교육법에 따른 각급 학교, 평생교육법에 따른 평생교육시설, 그 밖의 다른 법률에 따라 설치된 고등교육기관에서의 성적 평가 또는 입학자 선발에 관한 업무
      다. 학력·기능 및 채용에 관한 시험, 자격 심사에 관한 업무
      라. 보상금·급부금 산정 등에 대하여 진행 중인 평가 또는 판단에 관한 업무
      마. 다른 법률에 따라 진행 중인 감사 및 조사에 관한 업무

2. 개인정보의 정정·삭제

1. 자신의 개인정보를 열람한 정보주체는 개인정보처리자에게 그 개인정보의 정정 또는 삭제를 요구할 수 있다. 다만, 다른 법령에서 그 개인정보가 수집 대상으로 명시되어 있는 경우에는 그 삭제를 요구할 수 없다(제36조 제1항).
2. 개인정보처리자는 정보주체의 요구를 받았을 때에는 개인정보의 정정 또는 삭제에 관하여 다른 법령에 특별한 절차가 규정되어 있는 경우를 제외하고는 지체 없이 그 개인정보를 조사하여 정보주체의 요구에 따라 정정·삭제 등 필요한 조치를 한 후 그 결과를 정보주체에게 알려야 한다(같은 조 제2항).
3. 개인정보처리자가 개인정보를 삭제할 때에는 복구 또는 재생되지 아니하도록 조치하여야 한다(같은 조 제3항).
4. 개인정보처리자는 정보주체의 요구가 제1항 단서에 해당될 때에는 지체 없이 그 내용을 정보주체에게 알려야 한다(같은 조 제4항).
5. 개인정보처리자는 조사를 할 때 필요하면 해당 정보주체에게 정정·삭제 요구사항의 확인에 필요한 증거자료를 제출하게 할 수 있다(같은 조 제5항).

3. 개인정보의 처리정지 등

1. 정보주체는 개인정보처리자에 대하여 자신의 개인정보 처리의 정지를 요구할 수 있다. 이 경우 공공기관에 대하여는 등록 대상이 되는 개인정보파일 중 자신의 개인정보에 대한 처리의 정지를 요구할 수 있다(제37조 제1항).
2. 개인정보처리자는 요구를 받았을 때에는 지체 없이 정보주체의 요구에 따라 개인정보 처리의 전부를 정지하거나 일부를 정지하여야 한다. 다만, 다음 각 호의 어느 하나에 해당하는 경우에는 정보주체의 처리정지 요구를 거절할 수 있다(같은 조 제2항).

   1. 법률에 특별한 규정이 있거나 법령상 의무를 준수하기 위하여 불가피한 경우
   2. 다른 사람의 생명·신체를 해할 우려가 있거나 다른 사람의 재산과 그 밖의 이익을 부당하게 침해할 우려가 있는 경우
   3. 공공기관이 개인정보를 처리하지 아니하면 다른 법률에서 정하는 소관 업무를 수행할 수 없는 경우
   4. 개인정보를 처리하지 아니하면 정보주체와 약정한 서비스를 제공하지 못하는 등 계약의 이행이 곤란한 경우로서 정보주체가 그 계약의 해지 의사를 명확하게 밝히지 아니한 경우

3. 개인정보처리자는 처리정지 요구를 거절하였을 때에는 정보주체에게 지체 없이 그 사유를 알려야 한다(같은 조 제3항).
4. 개인정보처리자는 정보주체의 요구에 따라 처리가 정지된 개인정보에 대하여 지체 없이 해당 개인정보의 파기 등 필요한 조치를 하여야 한다(같은 조 제4항).

4. 권리행사의 방법 및 절차

1. 정보주체는 열람, 정정·삭제, 처리정지 등의 요구(열람 등 요구)를 문서 등 대통령령으로 정하는 방법·절차에 따라 대리인에게 하게 할 수 있다(제38조 제1항).
2. 만 14세 미만 아동의 법정대리인은 개인정보처리자에게 그 아동의 개인정보 열람 등 요구를 할 수 있다(같은 조 제2항).
3. 개인정보처리자는 열람 등 요구를 하는 자에게 대통령령으로 정하는 바에 따라 수수료와 우송료(사본의 우송을 청구하는 경우에 한한다)를 청구할 수 있다(같은 조 제3항).
4. 개인정보처리자는 정보주체가 열람 등 요구를 할 수 있는 구체적인 방법과 절차를 마련하고, 이를 정보주체가 알 수 있도록 공개하여야 한다(같은 조 제4항).
5. 개인정보처리자는 정보주체가 열람 등 요구에 대한 거절 등 조치에 대하여 불복이 있는 경우 이의를 제기할 수 있도록 필요한 절차를 마련하고 안내하여야 한다(같은 조 제5항).

5. 손해배상책임

1. 정보주체는 개인정보처리자가 이 법을 위반한 행위로 손해를 입으면 개인정보처리자에게 손해배상을 청구할 수 있다. 이 경우 그 개인정보처리자는 고의 또는 과실이 없음을 입증하지 아니하면 책임을 면할 수 없다(제39조 제1항).

> ┨ 관 련 판 례 ┠
>
> 개인정보를 처리하는 자가 수집한 개인정보를 피용자가 해당 정보주체의 의사에 반하여 유출한 경우, 그로 인하여 정보주체에게 위자료로 배상할 만한 정신적 손해가 발생하였는지 판단하는 기준 : 개인정보를 처리하는 자가 수집한 개인정보를 그 피용자가 해당 개인정보의 정보주체의 의사에 반하여 유출한 경우, 그로 인하여 그 정보주체에게 위자료로 배상할 만한 정신적 손해가 발생하였는지 여부는, 유출된 개인정보의 종류와 성격이 무엇인지, 개인정보의 유출로 정보주체를 식별할 가능성이 발생하였는지, 제3자가 유출된 개인정보를 열람하였는지 또는 제3자의 열람 여부가 밝혀지지 않았다면 제3자의 열람 가능성이 있었거나 앞으로 그 열람 가능성이 있는지, 유출된 개인정보가 어느 범위까지 확산되었는지, 개인정보의 유출로 추가적인 법익침해의 가능성이 발생하였는지, 개인정보를 처리하는 자가 개인정보를 관리해온 실태와 개인정보가 유출된 구체적인 경위는 어떠한지, 개인정보의 유출로 인한 피해의 발생 및 확산을 방지하기 위하여 어떠한 조치가 취하여졌는지 등 여러 사정을 종합적으로 고려하여 구체적 사건에 따라 개별적으로 판단하여야 한다(대판 2012.12.26, 2011다60797·60803·60810·60827·60834).

2. 개인정보처리자의 고의 또는 중대한 과실로 인하여 개인정보가 분실·도난·유출·위조·변조 또는 훼손된 경우로서 정보주체에게 손해가 발생한 때에는 법원은 그 손해액의 3배를 넘지 아니하는 범위에서 손해배상액을 정할 수 있다. 다만, 개인정보처리자가 고의 또는 중대한 과실이 없음을 증명한 경우에는 그러하지 아니하다(같은 조 제3항).

3. 법원은 제3항의 배상액을 정할 때에는 다음 각 호의 사항을 고려하여야 한다(같은 조 제4항).

    1. 고의 또는 손해 발생의 우려를 인식한 정도
    2. 위반행위로 인하여 입은 피해 규모
    3. 위법행위로 인하여 개인정보처리자가 취득한 경제적 이익
    4. 위반행위에 따른 벌금 및 과징금
    5. 위반행위의 기간·횟수 등
    6. 개인정보처리자의 재산상태
    7. 개인정보처리자가 정보주체의 개인정보 분실·도난·유출 후 해당 개인정보를 회수하기 위하여 노력한 정도
    8. 개인정보처리자가 정보주체의 피해구제를 위하여 노력한 정도

6. 법정손해배상의 청구

1. 제39조 제1항에도 불구하고 정보주체는 개인정보처리자의 고의 또는 과실로 인하여 개인정보가 분실·도난·유출·위조·변조 또는 훼손된 경우에는 300만원 이하의 범위에서 상당한 금액을 손해액으로 하여 배상을 청구할 수 있다. 이 경우 해당 개인정보처리 자는 고의 또는 과실이 없음을 입증하지 아니하면 책임을 면할 수 없다(제39조의2 제1항). 법원은 제1항에 따른 청구가 있는 경우에 변론 전체의 취지와 증거조사의 결과를 고려하여 제1항의 범위에서 상당한 손해액을 인정할 수 있다(같은 조 제2항).

2. 제39조에 따라 손해배상을 청구한 정보주체는 사실심(事實審)의 변론이 종결되기 전까지 그 청구를 제1항에 따른 청구로 변경할 수 있다(같은 조 제3항).

Ⅷ. 정보통신서비스 제공자 등의 개인정보 처리 등 특례

1. 개인정보의 수집·이용 동의 등에 대한 특례

1. 정보통신서비스 제공자는 제15조 제1항에도 불구하고 이용자의 개인정보를 이용하려고 수집하는 경우에는 다음 각 호의 모든 사항을 이용자에게 알리고 동의를 받아야 한다. 다음 각 호의 어느 하나의 사항을 변경하려는 경우에도 또한 같다(제39조의3 제1항).

   1. 개인정보의 수집·이용 목적
   2. 수집하는 개인정보의 항목
   3. 개인정보의 보유·이용 기간

2. 정보통신서비스 제공자는 다음 각 호의 어느 하나에 해당하는 경우에는 제1항에 따른 동의 없이 이용자의 개인정보를 수집·이용할 수 있다(같은 조 제2항).

   1. 정보통신서비스(「정보통신망 이용촉진 및 정보보호 등에 관한 법률」 제2조 제1항 제2호에 따른 정보통신서비스)의 제공에 관한 계약을 이행하기 위하여 필요한 개인정보로서 경제적·기술적인 사유로 통상적인 동의를 받는 것이 뚜렷하게 곤란한 경우
   2. 정보통신서비스의 제공에 따른 요금정산을 위하여 필요한 경우
   3. 다른 법률에 특별한 규정이 있는 경우

3. 정보통신서비스 제공자는 이용자가 필요한 최소한의 개인정보 이외의 개인정보를 제공하지 아니한다는 이유로 그 서비스의 제공을 거부해서는 아니 된다. 이 경우 필요한 최소한의 개인정보는 해당 서비스의 본질적 기능을 수행하기 위하여 반드시 필요한 정보를 말한다(같은 조 제3항).
4. 정보통신서비스 제공자는 만 14세 미만의 아동으로부터 개인정보 수집·이용·제공 등의 동의를 받으려면 그 법정대리인의 동의를 받아야 하고, 대통령령으로 정하는 바에 따라 법정대리인이 동의하였는지를 확인하여야 한다(같은 조 제4항).
5. 정보통신서비스 제공자는 만 14세 미만의 아동에게 개인정보 처리와 관련한 사항의 고지 등을 하는 때에는 이해하기 쉬운 양식과 명확하고 알기 쉬운 언어를 사용하여야 한다(같은 조 제5항).
6. 보호위원회는 개인정보 처리에 따른 위험성 및 결과, 이용자의 권리 등을 명확하게 인지하지 못할 수 있는 만 14세 미만의 아동의 개인정보 보호 시책을 마련하여야 한다(같은 조 제6항).

2. 개인정보 유출등의 통지·신고에 대한 특례

1. 제34조 제1항 및 제3항에도 불구하고 정보통신서비스 제공자와 그로부터 제17조 제1항에 따라 이용자의 개인정보를 제공받은 자(정보통신서비스 제공자 등)는 개인정보의 분실·도난·유출(유출 등) 사실을 안 때에는 지체 없이 다음 각 호의 사항을 해당 이용자에게 알리고 보호위원회 또는 대통령령으로 정하는 전문기관에 신고하여야 하며, 정당한 사유 없이 그 사실을 안 때부터 24시간을 경과하여 통지·신고해서는 아니 된다. 다만, 이용자의 연락처를 알 수 없는 등 정당한 사유가 있는 경우에는 대통령령으로 정하는 바에 따라 통지를 갈음하는 조치를 취할 수 있다(제39조의4 제1항).

   1. 유출 등이 된 개인정보 항목
   2. 유출 등이 발생한 시점
   3. 이용자가 취할 수 있는 조치
   4. 정보통신서비스 제공자 등의 대응 조치
   5. 이용자가 상담 등을 접수할 수 있는 부서 및 연락처

2. 제1항의 신고를 받은 대통령령으로 정하는 전문기관은 지체 없이 그 사실을 보호위원회에 알려야 한다(같은 조 제2항).
3. 정보통신서비스 제공자 등은 제1항에 따른 정당한 사유를 보호위원회에 소명하여야 한다(같은 조 제3항).

3. 개인정보의 보호조치에 대한 특례

정보통신서비스 제공자 등은 이용자의 개인정보를 처리하는 자를 최소한으로 제한하여야 한다(제39조의5).

4. 개인정보의 파기에 대한 특례

1. 정보통신서비스 제공자 등은 정보통신서비스를 1년의 기간 동안 이용하지 아니하는 이용자의 개인정보를 보호하기 위하여 대통령령으로 정하는 바에 따라 개인정보의 파기 등 필요한 조치를 취하여야 한다. 다만, 그 기간에 대하여 다른 법령 또는 이용자의 요청에 따라 달리 정한 경우에는 그에 따른다(제39조의6 제1항).
2. 정보통신서비스 제공자 등은 제1항의 기간 만료 30일 전까지 개인정보가 파기되는 사실, 기간 만료일 및 파기되는 개인정보의 항목 등 대통령령으로 정하는 사항을 전자우편 등 대통령령으로 정하는 방법으로 이용자에게 알려야 한다(같은 조 제2항).

5. 이용자의 권리 등에 대한 특례

1. 이용자는 정보통신서비스 제공자 등에 대하여 언제든지 개인정보 수집·이용·제공 등의 동의를 철회할 수 있다(제39조의7 제1항).
2. 정보통신서비스 제공자 등은 제1항에 따른 동의의 철회, 제35조에 따른 개인정보의 열람, 제36조에 따른 정정을 요구하는 방법을 개인정보의 수집방법보다 쉽게 하여야 한다(같은 조 제2항).
3. 정보통신서비스 제공자 등은 제1항에 따라 동의를 철회하면 지체 없이 수집된 개인정보를 복구·재생할 수 없도록 파기하는 등 필요한 조치를 하여야 한다(같은 조 제3항).

6. 개인정보 이용내역의 통지

정보통신서비스 제공자 등으로서 대통령령으로 정하는 기준에 해당하는 자는 제23조, 제39조의3에 따라 수집한 이용자의 개인정보의 이용내역(제17조에 따른 제공을 포함한다)을 주기적으로 이용자에게 통지하여야 한다. 다만, 연락처 등 이용자에게 통지할 수 있는 개인정보를 수집하지 아니한 경우에는 그러하지 아니한다(제39조의8 제1항).

7. 손해배상의 보장

정보통신서비스 제공자 등은 제39조 및 제39조의2에 따른 손해배상책임의 이행을 위하여 보험 또는 공제에 가입하거나 준비금을 적립하는 등 필요한 조치를 하여야 한다(제39조의9 제1항).

8. 노출된 개인정보의 삭제·차단

1. 정보통신서비스 제공자 등은 주민등록번호, 계좌정보, 신용카드정보 등 이용자의 개인정보가 정보통신망을 통하여 공중에 노출되지 아니하도록 하여야 한다(제39조의10 제1항).
2. 제1항에도 불구하고 공중에 노출된 개인정보에 대하여 보호위원회 또는 대통령령으로 지정한 전문기관의 요청이 있는 경우 정보통신서비스 제공자 등은 삭제·차단 등 필요한 조치를 취하여야 한다(같은 조 제2항).

9. 국내대리인의 지정

1. 국내에 주소 또는 영업소가 없는 정보통신서비스 제공자 등으로서 이용자 수, 매출액 등을 고려하여 대통령령으로 정하는 기준에 해당하는 자는 다음 각 호의 사항을 대리하는 자(국내대리인)를 서면으로 지정하여야 한다(제39조의11 제1항).
    1. 제31조에 따른 개인정보 보호책임자의 업무
    2. 제39조의4에 따른 통지·신고
    3. 제63조 제1항에 따른 관계 물품·서류 등의 제출
2. 국내대리인은 국내에 주소 또는 영업소가 있는 자로 한다(같은 조 제2항).
3. 제1항에 따라 국내대리인을 지정한 때에는 다음 각 호의 사항 모두를 제30조에 따른 개인정보 처리방침에 포함하여야 한다(같은 조 제3항).
    1. 국내대리인의 성명(법인의 경우에는 그 명칭 및 대표자의 성명을 말한다)
    2. 국내대리인의 주소(법인의 경우에는 영업소 소재지를 말한다), 전화번호 및 전자우편 주소
4. 국내대리인이 제1항 각 호와 관련하여 이 법을 위반한 경우에는 정보통신서비스 제공자 등이 그 행위를 한 것으로 본다(같은 조 제4항).

10. 국외 이전 개인정보의 보호

1. 정보통신서비스 제공자 등은 이용자의 개인정보에 관하여 이 법을 위반하는 사항을 내용으로 하는 국제계약을 체결해서는 아니 된다(제39조의12 제1항).
2. 제17조 제3항에도 불구하고 정보통신서비스 제공자 등은 이용자의 개인정보를 국외에 제공(조회되는 경우를 포함한다)·처리위탁·보관(이전)하려면 이용자의 동의를 받아야 한다. 다만, 제3항 각 호의 사항 모두를 제30조 제2항에 따라 공개하거나 전자우편 등 대통령령으로 정하는 방법에 따라 이용자에게 알린 경우에는 개인정보 처리위탁·보관에 따른 동의절차를 거치지 아니할 수 있다(같은 조 제2항).
3. 정보통신서비스 제공자 등은 제2항 본문에 따른 동의를 받으려면 미리 다음 각 호의 사항 모두를 이용자에게 고지하여야 한다(같은 조 제3항).

   1. 이전되는 개인정보 항목
   2. 개인정보가 이전되는 국가, 이전일시 및 이전방법
   3. 개인정보를 이전받는 자의 성명(법인인 경우에는 그 명칭 및 정보관리책임자의 연락처를 말한다)
   4. 개인정보를 이전받는 자의 개인정보 이용목적 및 보유·이용 기간

4. 정보통신서비스 제공자 등은 제2항 본문에 따른 동의를 받아 개인정보를 국외로 이전하는 경우 대통령령으로 정하는 바에 따라 보호조치를 하여야 한다(같은 조 제4항).
5. 이용자의 개인정보를 이전받는 자가 해당 개인정보를 제3국으로 이전하는 경우에 관하여는 제1항부터 제4항까지의 규정을 준용한다. 이 경우 "정보통신서비스 제공자 등"은 "개인정보를 이전받는 자"로, "개인정보를 이전받는 자"는 "제3국에서 개인정보를 이전받는 자"로 본다(같은 조 제5항).

11. 상호주의

제39조의12에도 불구하고 개인정보의 국외 이전을 제한하는 국가의 정보통신서비스 제공자 등에 대하여는 해당 국가의 수준에 상응하는 제한을 할 수 있다. 다만, 조약 또는 그 밖의 국제협정의 이행에 필요한 경우에는 그러하지 아니하다(제39조의13).

12. 방송사업자등에 대한 특례

방송법 제2조제3호가목부터 마목까지와 같은 조 제6호·제9호·제12호 및 제14호에 해당하는 자(방송사업자등)가 시청자의 개인정보를 처리하는 경우에는 정보통신서비스 제공자에게 적용되는 규정을 준용한다. 이 경우 "방송 사업자등"은 "정보통신서비스 제공자" 또는 "정보통신서비스 제공자 등"으로, "시청자"는 "이용자"로 본다(제39조 의14).

Ⅸ. 개인정보 분쟁조정위원회

1. 설치 및 구성

1. 개인정보에 관한 분쟁의 조정을 위하여 개인정보 분쟁조정위원회(분쟁조정위원회)를 둔다(제40조 제1항).
2. 분쟁조정위원회는 위원장 1명을 포함한 20명 이내의 위원으로 구성하며, 위원은 당연직위원과 위촉위원으로 구성한다(같은 조 제2항).
3. 위원장은 위원 중에서 공무원이 아닌 사람으로 보호위원회 위원장이 위촉한다(같은 조 제4항).
4. 위원장과 위촉위원의 임기는 2년으로 하되, 1차에 한하여 연임할 수 있다(같은 조 제5항).
5. 분쟁조정위원회는 분쟁조정 업무를 효율적으로 수행하기 위하여 필요하면 대통령령으로 정하는 바에 따라 조정사건의 분야별로 5명 이내의 위원으로 구성되는 조정부를 둘 수 있다. 이 경우 조정부가 분쟁조정위원회에서 위임받아 의결한 사항은 분쟁조정위원회에서 의결한 것으로 본다(같은 조 제6항).
6. 분쟁조정위원회 또는 조정부는 재적위원 과반수의 출석으로 개의하며 출석위원 과반수의 찬성으로 의결한다(같은 조 제7항).
7. 보호위원회는 분쟁조정 접수, 사실 확인 등 분쟁조정에 필요한 사무를 처리할 수 있다(같은 조 제8항).

2. 조정의 신청 등

1. 개인정보와 관련한 분쟁의 조정을 원하는 자는 분쟁조정위원회에 분쟁조정을 신청할 수 있다(제43조 제1항).
2. 분쟁조정위원회는 당사자 일방으로부터 분쟁조정 신청을 받았을 때에는 그 신청내용을 상대방에게 알려야 한다(같은 조 제2항).
3. 공공기관이 분쟁조정의 통지를 받은 경우에는 특별한 사유가 없으면 분쟁조정에 응하여야 한다(같은 조 제3항).

3. 처리기간

1. 분쟁조정위원회는 분쟁조정 신청을 받은 날부터 60일 이내에 이를 심사하여 조정안을 작성하여야 한다. 다만, 부득이한 사정이 있는 경우에는 분쟁조정위원회의 의결로 처리기간을 연장할 수 있다(제44조 제1항).
2. 분쟁조정위원회는 처리기간을 연장한 경우에는 기간연장의 사유와 그 밖의 기간연장에 관한 사항을 신청인에게 알려야 한다(같은 조 제2항).

4. 조정 전 합의 권고(재량)

분쟁조정위원회는 분쟁조정 신청을 받았을 때에는 당사자에게 그 내용을 제시하고 조정 전 합의를 권고할 수 있다(제46조).

5. 분쟁의 조정

1. 분쟁조정위원회는 다음 각 호의 어느 하나의 사항을 포함하여 조정안을 작성할 수 있다(제47조 제1항).

   1. 조사 대상 침해행위의 중지
   2. 원상회복, 손해배상, 그 밖에 필요한 구제조치
   3. 같거나 비슷한 침해의 재발을 방지하기 위하여 필요한 조치

2. 분쟁조정위원회는 조정안을 작성하면 지체 없이 각 당사자에게 제시하여야 한다(같은 조 제2항).
3. 조정안을 제시받은 당사자가 제시받은 날부터 15일 이내에 수락 여부를 알리지 아니하면 조정을 거부한 것으로 본다(같은 조 제3항).
4. 당사자가 조정내용을 수락한 경우 분쟁조정위원회는 조정서를 작성하고, 분쟁조정위원회의 위원장과 각 당사자가 기명날인하여야 한다(같은 조 제4항).
5. 제4항에 따른 조정의 내용은 재판상 화해와 동일한 효력을 갖는다(같은 조 제5항).

6. 조정의 거부 및 중지

1. 분쟁조정위원회는 분쟁의 성질상 분쟁조정위원회에서 조정하는 것이 적합하지 아니하다고 인정하거나 부정한 목적으로 조정이 신청되었다고 인정하는 경우에는 그 조정을 거부할 수 있다. 이 경우 조정거부의 사유 등을 신청인에게 알려야 한다(제48조 제1항).
2. 분쟁조정위원회는 신청된 조정사건에 대한 처리절차를 진행하던 중에 한 쪽 당사자가 소를 제기하면 그 조정의 처리를 중지하고 이를 당사자에게 알려야 한다(같은 조 제2항).

7. 집단분쟁조정

1. 국가 및 지방자치단체, 개인정보 보호단체 및 기관, 정보주체, 개인정보처리자는 정보주체의 피해 또는 권리 침해가 다수의 정보주체에게 같거나 비슷한 유형으로 발생하는 경우로서 대통령령으로 정하는 사건에 대하여는 분쟁조정위원회에 일괄적인 분쟁조정(집단분쟁조정)을 의뢰 또는 신청할 수 있다(제49조 제1항).
2. 집단분쟁조정을 의뢰받거나 신청받은 분쟁조정위원회는 그 의결로써 집단분쟁조정의 절차를 개시할 수 있다. 이 경우 분쟁조정위원회는 대통령령으로 정하는 기간 동안 그 절차의 개시를 공고하여야 한다(같은 조 제2항).
3. 분쟁조정위원회는 집단분쟁조정의 당사자가 아닌 정보주체 또는 개인정보처리자로부터 그 분쟁조정의 당사자에 추가로 포함될 수 있도록 하는 신청을 받을 수 있다(같은 조 제3항).
4. 분쟁조정위원회는 그 의결로써 집단분쟁조정의 당사자 중에서 공동의 이익을 대표하기에 가장 적합한 1인 또는 수인을 대표당사자로 선임할 수 있다(같은 조 제4항).
5. 분쟁조정위원회는 개인정보처리자가 분쟁조정위원회의 집단분쟁조정의 내용을 수락한 경우에는 집단분쟁조정의 당사자가 아닌 자로서 피해를 입은 정보주체에 대한 보상계획서를 작성하여 분쟁조정위원회에 제출하도록 권고할 수 있다(같은 조 제5항).
6. 분쟁조정위원회는 집단분쟁조정의 당사자인 다수의 정보주체 중 일부의 정보주체가 법원에 소를 제기한 경우에는 그 절차를 중지하지 아니하고, 소를 제기한 일부의 정보주체를 그 절차에서 제외한다(같은 조 제6항).
7. 집단분쟁조정의 기간은 공고가 종료된 날의 다음 날부터 60일 이내로 한다. 다만, 부득이한 사정이 있는 경우에는 분쟁조정위원회의 의결로 처리기간을 연장할 수 있다(같은 조 제7항).

8. 조정절차 등

1. 제43조부터 제49조까지의 규정에서 정한 것 외에 분쟁의 조정방법, 조정절차 및 조정업무의 처리 등에 필요한 사항은 대통령령으로 정한다(제50조 제1항).
2. 분쟁조정위원회의 운영 및 분쟁조정 절차에 관하여 이 법에서 규정하지 아니한 사항에 대하여는 민사조정법을 준용한다(같은 조 제2항).

X. 개인정보 단체소송

1. 단체소송의 대상 등

다음 각 호의 어느 하나에 해당하는 단체는 개인정보처리자가 집단분쟁조정을 거부하거나 집단분쟁조정의 결과를 수락하지 아니한 경우에는 법원에 권리침해 행위의 금지·중지를 구하는 소송(단체소송)을 제기할 수 있다(제51조).

1. 소비자기본법 제29조에 따라 공정거래위원회에 등록한 소비자단체로서 다음 각 목의 요건을 모두 갖춘 단체
   가. 정관에 따라 상시적으로 정보주체의 권익증진을 주된 목적으로 하는 단체일 것
   나. 단체의 정회원수가 1천명 이상일 것
   다. 소비자기본법 제29조에 따른 등록 후 3년이 경과하였을 것
2. 「비영리민간단체 지원법」 제2조에 따른 비영리민간단체로서 다음 각 목의 요건을 모두 갖춘 단체
   가. 법률상 또는 사실상 동일한 침해를 입은 100명 이상의 정보주체로부터 단체소송의 제기를 요청받을 것
   나. 정관에 개인정보 보호를 단체의 목적으로 명시한 후 최근 3년 이상 이를 위한 활동실적이 있을 것
   다. 단체의 상시 구성원수가 5천명 이상일 것
   라. 중앙행정기관에 등록되어 있을 것

2. 전속관할

1. 단체소송의 소는 피고의 주된 사무소 또는 영업소가 있는 곳, 주된 사무소나 영업소가 없는 경우에는 주된 업무담당자의 주소가 있는 곳의 지방법원 본원 합의부의 관할에 전속한다(제52조 제1항).
2. 제1항을 외국사업자에 적용하는 경우 대한민국에 있는 이들의 주된 사무소·영업소 또는 업무담당자의 주소에 따라 정한다(같은 조 제2항).

3. 소송대리인의 선임(변호사 강제주의)

단체소송의 원고는 변호사를 소송대리인으로 선임하여야 한다(제53조).

4. 소송허가신청

1. 단체소송을 제기하는 단체는 소장과 함께 다음 각 호의 사항을 기재한 소송허가신청서를 법원에 제출하여야 한다(제54조 제1항).

    1. 원고 및 그 소송대리인
    2. 피고
    3. 정보주체의 침해된 권리의 내용

2. 제1항에 따른 소송허가신청서에는 다음 각 호의 자료를 첨부하여야 한다(같은 조 제2항).

    1. 소제기단체가 제51조 각 호의 어느 하나에 해당하는 요건을 갖추고 있음을 소명하는 자료
    2. 개인정보처리자가 조정을 거부하였거나 조정결과를 수락하지 아니하였음을 증명하는 서류

5. 소송허가요건 등

1. 법원은 다음 각 호의 요건을 모두 갖춘 경우에 한하여 결정으로 단체소송을 허가한다(제55조 제1항).
    1. 개인정보처리자가 분쟁조정위원회의 조정을 거부하거나 조정결과를 수락하지 아니하였을 것
    2. 제54조에 따른 소송허가신청서의 기재사항에 흠결이 없을 것

2. 단체소송을 허가하거나 불허가하는 결정에 대하여는 즉시항고할 수 있다(같은 조 제2항).

6. 확정판결의 효력

원고의 청구를 기각하는 판결이 확정된 경우 이와 동일한 사안에 관하여는 제51조에 따른 다른 단체는 단체소송을 제기할 수 없다. 다만, 다음 각 호의 어느 하나에 해당하는 경우에는 그러하지 아니하다(제56조).

1. 판결이 확정된 후 그 사안과 관련하여 국가·지방자치단체 또는 국가·지방자치단체가 설립한 기관에 의하여 새로운 증거가 나타난 경우
2. 기각판결이 원고의 고의로 인한 것임이 밝혀진 경우

7. 민사소송법의 적용 등

1. 단체소송에 관하여 이 법에 특별한 규정이 없는 경우에는 민사소송법을 적용한다(제57조 제1항).
2. 단체소송의 허가결정이 있는 경우에는 민사집행법 제4편에 따른 보전처분을 할 수 있다(같은 조 제2항).

XI. 보 칙

1. 적용의 일부 제외

1. 다음 각 호의 어느 하나에 해당하는 개인정보에 관하여는 제3장부터 제7장까지를 적용하지 아니한다(제58조 제1항).

   1. 공공기관이 처리하는 개인정보 중 통계법에 따라 수집되는 개인정보
   2. 국가안전보장과 관련된 정보 분석을 목적으로 수집 또는 제공 요청되는 개인정보
   3. 공중위생 등 공공의 안전과 안녕을 위하여 긴급히 필요한 경우로서 일시적으로 처리되는 개인정보
   4. 언론, 종교단체, 정당이 각각 취재·보도, 선교, 선거 입후보자 추천 등 고유 목적을 달성하기 위하여 수집·이용하는 개인정보

2. 제25조 제1항 각 호에 따라 공개된 장소에 영상정보처리기기를 설치·운영하여 처리되는 개인정보에 대하여는 제15조, 제22조, 제27조 제1항·제2항, 제34조 및 제37조를 적용하지 아니한다(같은 조 제2항).

3. 개인정보처리자가 동창회, 동호회 등 친목 도모를 위한 단체를 운영하기 위하여 개인정보를 처리하는 경우에는 제15조, 제30조 및 제31조를 적용하지 아니한다(같은 조 제3항).

4. 개인정보처리자는 개인정보를 처리하는 경우에도 그 목적을 위하여 필요한 범위에서 최소한의 기간에 최소한의 개인정보만을 처리하여야 하며, 개인정보의 안전한 관리를 위하여 필요한 기술적·관리적 및 물리적 보호조치, 개인정보의 처리에 관한 고충처리, 그 밖에 개인정보의 적절한 처리를 위하여 필요한 조치를 마련하여야 한다(같은 조 제4항).

2. 금지행위

개인정보를 처리하거나 처리하였던 자는 다음 각 호의 어느 하나에 해당하는 행위를 하여서는 아니 된다(제59조).

1. 거짓이나 그 밖의 부정한 수단이나 방법으로 개인정보를 취득하거나 처리에 관한 동의를 받는 행위
2. 업무상 알게 된 개인정보를 누설하거나 권한 없이 다른 사람이 이용하도록 제공하는 행위
3. 정당한 권한 없이 또는 허용된 권한을 초과하여 다른 사람의 개인정보를 훼손, 멸실, 변경, 위조 또는 유출하는 행위

┨ 관 련 판 례 ┠

1. 구 「개인정보 보호법」 제71조 제5호의 적용대상자로서 제59조 제2호의 의무주체인 '개인정보를 처리하거나 처리하였던 자'에 제2조 제5호의 '개인정보처리자' 외에 업무상 알게 된 제2조 제1호의 '개인정보'를 제2조 제2호의 방법으로 처리하거나 처리하였던 자가 포함된다(대판 2016.3.10, 2015도8766).

2. 개인정보를 처리하거나 처리하였던 자가 업무상 알게 된 개인정보를 누설하거나 권한 없이 다른 사람이 이용하도록 제공한 것이라는 사정을 알면서도 영리 또는 부정한 목적으로 개인정보를 제공받은 자라면, 개인정보를 처리하거나 처리하였던 자로부터 직접 개인정보를 제공받지 아니하더라도 「개인정보 보호법」 제71조 제5호의 '개인정보를 제공받은 자'에 해당한다(대판 2018.1.24, 2015도16508).
---

3. 침해 사실의 신고 등

1. 개인정보처리자가 개인정보를 처리할 때 개인정보에 관한 권리 또는 이익을 침해받은 사람은 보호위원회에 그 침해 사실을 신고할 수 있다(제62조 제1항).
2. 보호위원회는 제1항에 따른 신고의 접수·처리 등에 관한 업무를 효율적으로 수행하기 위하여 대통령령으로 정하는 바에 따라 전문기관을 지정할 수 있다. 이 경우 전문기관은 개인정보침해 신고센터(이하 "신고센터"라 한다)를 설치·운영하여야 한다(같은 조 제2항).
3. 신고센터는 다음 각 호의 업무를 수행한다(같은 조 제3항).

   1. 개인정보 처리와 관련한 신고의 접수·상담
   2. 사실의 조사·확인 및 관계자의 의견 청취
   3. 제1호 및 제2호에 따른 업무에 딸린 업무

4. 보호위원회는 제3항 제2호의 사실 조사·확인 등의 업무를 효율적으로 하기 위하여 필요하면 국가공무원법 제32조의4에 따라 소속 공무원을 제2항에 따른 전문기관에 파견할 수 있다(같은 조 제4항).

4. 시정조치 등

1. 보호위원회는 개인정보가 침해되었다고 판단할 상당한 근거가 있고 이를 방치할 경우 회복하기 어려운 피해가 발생할 우려가 있다고 인정되면 이 법을 위반한 자(중앙행정기관, 지방자치단체, 국회, 법원, 헌법재판소, 중앙선거관리위원회는 제외한다)에 대하여 다음 각 호에 해당하는 조치를 명할 수 있다(제64조 제1항).

   1. 개인정보 침해행위의 중지
   2. 개인정보 처리의 일시적인 정지
   3. 그 밖에 개인정보의 보호 및 침해 방지를 위하여 필요한 조치

2. 관계 중앙행정기관의 장은 개인정보가 침해되었다고 판단할 상당한 근거가 있고 이를 방치할 경우 회복하기 어려운 피해가 발생할 우려가 있다고 인정되면 소관 법률에 따라 개인정보처리자에 대하여 제1항 각 호에 해당하는 조치를 명할 수 있다(같은 조 제2항).
3. 지방자치단체, 국회, 법원, 헌법재판소, 중앙선거관리위원회는 그 소속 기관 및 소관 공공기관이 이 법을 위반하였을 때에는 제1항 각 호에 해당하는 조치를 명할 수 있다(같은 조 제3항).
4. 보호위원회는 중앙행정기관, 지방자치단체, 국회, 법원, 헌법재판소, 중앙선거관리위원회가 이 법을 위반하였을 때에는 해당 기관의 장에게 제1항 각 호에 해당하는 조치를 하도록 권고할 수 있다. 이 경우 권고를 받은 기관은 특별한 사유가 없으면 이를 존중하여야 한다(같은 조 제4항).

5. 결과의 공표

1. 보호위원회는 제61조에 따른 개선권고, 제64조에 따른 시정조치 명령, 제65조에 따른 고발 또는 징계권고 및 제75조에 따른 과태료 부과의 내용 및 결과에 대하여 공표할 수 있다(제66조 제1항).
2. 관계 중앙행정기관의 장은 소관 법률에 따라 제1항에 따른 공표를 할 수 있다(같은 조 제2항).

6. 연차보고

보호위원회는 관계 기관 등으로부터 필요한 자료를 제출받아 매년 개인정보 보호시책의 수립 및 시행에 관한 보고서를 작성하여 정기국회 개회 전까지 국회에 제출(정보통신망에 의한 제출을 포함한다)하여야 한다(제67조 제1항).

7. 벌 칙

법인의 대표자나 법인 또는 개인의 대리인, 사용인, 그 밖의 종업원이 그 법인 또는 개인의 업무에 관하여 제71조부터 제73조까지의 어느 하나에 해당하는 위반행위를 하면 그 행위자를 벌하는 외에 그 법인 또는 개인에게도 해당 조문의 벌금형을 과(科)한다. 다만, 법인 또는 개인이 그 위반행위를 방지하기 위하여 해당 업무에 관하여 상당한 주의와 감독을 게을리하지 아니한 경우에는 그러하지 아니하다(같은 조 제2항).

┥ 관 련 판 례 ┝

1. 「개인정보 보호법」 제72조 제2호에 규정된 '거짓이나 그 밖의 부정한 수단이나 방법'의 의미 및 거짓이나 그 밖의 부정한 수단이나 방법으로 개인정보를 취득하거나 그 처리에 관한 동의를 받았는지 판단하는 방법 : 개인정보자기결정권의 법적 성질, 개인정보 보호법의 입법 목적, 개인정보 보호법상 개인정보 보호 원칙 및 개인정보처리자가 개인정보를 처리함에 있어서 준수하여야 할 의무의 내용 등을 고려하여 볼 때, 「개인정보 보호법」 제72조 제2호에 규정된 '거짓이나 그 밖의 부정한 수단이나 방법'이란 개인정보를 취득하거나 또는 그 처리에 관한 동의를 받기 위하여 사용하는 위계 기타 사회통념상 부정한 방법이라고 인정되는 것으로서 개인정보 취득 또는 그 처리에 동의할지에 관한 정보주체의 의사결정에 영향을 미칠 수 있는 적극적 또는 소극적 행위를 뜻한다. 그리고 거짓이나 그 밖의 부정한 수단이나 방법으로 개인정보를 취득하거나 그 처리에 관한 동의를 받았는지를 판단할 때에는 개인정보처리자가 그에 관한 동의를 받는 행위 자체만을 분리하여 개별적으로 판단하여서는 안 되고, 개인정보처리자가 개인정보를 취득하거나 처리에 관한 동의를 받게 된 전 과정을 살펴보아 거기에서 드러난 개인정보 수집 등의 동기와 목적, 수집 목적과 수집 대상인 개인정보의 관련성, 수집 등을 위하여 사용한 구체적인 방법, 「개인정보 보호법」 등 관련 법령을 준수하였는지 및 취득한 개인정보의 내용과 규모, 특히 민감정보·고유식별정보 등의 포함 여부 등을 종합적으로 고려하여 사회통념에 따라 판단하여야 한다(대판 2017.4.7, 2016도13263).
2. 구 「개인정보 보호법」 제74조 제2항 양벌규정에 의하여 개인정보처리자 아닌 행위자도 같은 법 제71조 제2호, 제18조 제1항 벌칙규정의 적용대상이 된다(대판 2021.10.28, 2020도1942).
3. '법인격 없는 공공기관'을 위 양벌규정에 의하여 처벌할 수 없고, 이 경우 행위자를 위 양벌규정으로 처벌할 수 없다(대판 2021.10.28, 2020도1942).

ADMINISTRATION

03

행정상 실효성확보수단

제1장
행정상 실효성확보수단(의무이행확보수단) 개관

구분			내용
전통적 강제	행정강제		의무이행의 '직접적' 확보수단(이행강제금만 간접적 수단)
	제재(행정벌)		의무이행의 '간접적' 확보수단
새로운 의무이행확보수단			과거의 잘못에 대한 제재의 성질, '간접적'인 의무이행확보수단
행정 강제	강제 집행	의의	행정법상의 의무불이행에 대해 행정기관이 장래에 향해서 의무자에게 심리적 압박을 가하거나 또는 신체·재산에 실력을 가하여 그 의무를 이행시키거나 이행된 것과 같은 상태를 실현하는 행정작용
		대집행	1. 의무자가 '대체적 작위의무'를 이행하지 않는 경우에 행정청이 의무자가 할 일을 스스로 행하거나 또는 제3자로 하여금 행하게 함으로써 의무의 이행이 있었던 것과 같은 상태를 실현시킨 후 그 비용을 의무자로부터 징수하는 작용 2. 무허가 불법건축물의 강제철거
		이행강제 (집행벌)	1. '부작위의무 또는 비대체적 작위의무' 불이행시 이행을 강제하기 위한 수단으로서 부과하는 금전부담 2. 의무이행이 있기까지 반복적으로 부과가능(일사부재리원칙이 적용 안 됨) 3. 강제집행 중 유일한 간접적 강제수단
		직접강제	1. '행정상의 의무불이행' 시 직접 의무자의 '신체나 재산' 또는 그 둘에 실력을 가해 의무의 이행이 있었던 것과 같은 상태를 실현하는 작용. 강제집행수단 가운데 가장 강력한 수단 2. 무허가영업소의 강제폐쇄, 불법체류외국인의 강제퇴거
		강제징수	1. 행정법상의 '금전급부의무' 불이행 시 의무자의 '재산'에 실력을 가해 의무의 이행이 있었던 것과 같은 상태를 실현하는 작용 2. 조세의 강제징수
	즉시강제		목전에 급박한 행정상의 장해를 제거할 필요가 있으나 미리 의무를 명할 시간적 여유가 없을 때 또는 성질상 의무를 명해서는 목적달성이 곤란한 때에 즉시 국민의 '신체 또는 재산'에 실력을 가해 행정상 필요한 상태를 실현하는 작용
제재	행정벌	행정형벌	형법총칙 적용, 형법상의 형벌 적용, 형사소송법상 형사소송절차에 의한 과벌
		행정질서벌	형법총칙 적용 안 됨. 과태료, 질서위반행위규제법에 의한 과벌

새로운 의무이행 확보수단	과징금	행정법상의 의무위반에 대해 행정청이 의무자에게 부과·징수하는 금전적 제재
	가산세	가산세란 세법에서 규정하는 의무의 성실한 이행을 확보하기 위하여 그 세법에 따라 산출한 세액에 가산하여 징수하는 금액을 말한다. 다만, 가산금은 포함하지 아니한다(국세기본법 제2조 제4호). 세금형식
	부당이득세	국세청장이 정하는 가격을 초과하여 거래를 함으로써 부당한 이득을 얻는 자에 대하여 실제거래가격에서 기준가격을 제한 금액 전부를 징수. 최고가격규제정책과 관련. 그러나 부당이득세법은 2007.7.19. 법률 제8521호로 폐지
	공급거부	1. 행정법상의 의무위반자에 대하여 행정상의 재화나 용역(역무)의 공급을 거부 2. 대기환경보전법은 1999.4.15.에 삭제, 수질환경보전법(현 「수질 및 수생태계 보전에 관한 법률」)은 1999.2.8. 삭제, 건축법위반자에 대한 전기·전화·수도의 공급거부(건축법 제69조 제2항·제3항)는 2006.5.9. 개정으로 삭제 　▶ 부당결부금지원칙위반이라는 비판
	명단공표	1. 행정법상의 의무위반이나 불이행사실을 일반에게 공표함으로써 사회적 비난이라는 간접적·심리적 강제에 의해 의무이행을 확보하는 제도 2. 고액조세체납자 등에 대한 명단공표 　▶ 부당결부금지원칙위반이라는 비판
	관허사업제한	1. 특정 관허사업의 제한 　① 위법건축물에 의한 영업허가를 제한(건축법 제79조 제2항·제3항) 　② 해당사업과 관련된 질서위반행위로 부과받은 과태료 체납자에 대한 영업정지·허가취소(질서위반행위규제법 제52조 제1항) 2. 일반적 관허사업의 제한 : 국세(지방세)체납자에 대한 신규허가 제한, 기존허가사업의 정지나 허가의 취소 　▶ 부당결부금지원칙위반이라는 비판
	출국금지	국세청장은 정당한 사유 없이 5천만 원 이상으로서 대통령령으로 정하는 금액 이상의 국세를 체납한 자에 대하여 법무부장관에게 출국금지를 요청하여야 한다(국세징수법 제7조의4 제1항).

제2장
행정상 강제집행

Ⅰ. 강제집행의 근거

1. 별도의 법적 근거 필요(통설)

강제집행	즉시강제
강제집행은 의무부과보다 더 침익적이기 때문에 의무부과에 대한 근거규정 외에 강제집행의 근거규정이 별도로 존재해야 한다는 데 이견이 없다.	실질적 법치국가에서는 기본권을 침해할 소지가 큰 권력적 사실행위이므로 이론적 근거만으로는 정당화될 수 없고, 엄격한 법적 근거하에서만 인정된다는 게 일반적 견해이다.

2. 실정법적 근거

구분		내용
일반법이 존재하는 경우	행정상 대집행	행정대집행법
	이행강제금 (집행벌)	행정기본법
	강제징수	국세기본법이 아닌 국세징수법(명문규정은 없지만 사실상 강제징수의 일반법으로 기능) ▶ 고액국세체납자에 대한 명단공표의 법적 근거 : 국세기본법이 아닌 국세징수법
	즉시강제	「경찰관 직무집행법」
	행정조사	행정조사기본법
	과태료부과	질서위반행위규제법
일반법이 존재하지 않는 경우		1. 직접강제 2. 과징금

행정강제의 일반법 (행정기본법)		1. 행정상 강제에 대해 행정기본법이 일반적인 사항을 규정하고 있다.
		2. 행정청은 행정목적을 달성하기 위하여 필요한 경우에는 법률로 정하는 바에 따라 필요한 최소한의 범위에서 다음 각 호의 어느 하나에 해당하는 조치를 할 수 있다 (행정기본법 제30조 제1항).
		
		  1. 행정대집행 : 의무자가 행정상 의무(법령 등에서 직접 부과하거나 행정청이 법령 등에 따라 부과한 의무를 말한다)로서 타인이 대신하여 행할 수 있는 의무를 이행하지 아니하는 경우 법률로 정하는 다른 수단으로는 그 이행을 확보하기 곤란하고 그 불이행을 방치하면 공익을 크게 해칠 것으로 인정될 때에 행정청이 의무자가 하여야 할 행위를 스스로 하거나 제3자에게 하게 하고 그 비용을 의무자로부터 징수하는 것
		  2. 이행강제금의 부과 : 의무자가 행정상 의무를 이행하지 아니하는 경우 행정청이 적절한 이행기간을 부여하고, 그 기한까지 행정상 의무를 이행하지 아니하면 금전급부의무를 부과하는 것
		  3. 직접강제 : 의무자가 행정상 의무를 이행하지 아니하는 경우 행정청이 의무자의 신체나 재산에 실력을 행사하여 그 행정상 의무의 이행이 있었던 것과 같은 상태를 실현하는 것
		  4. 강제징수 : 의무자가 행정상 의무 중 금전급부의무를 이행하지 아니하는 경우 행정청이 의무자의 재산에 실력을 행사하여 그 행정상 의무가 실현된 것과 같은 상태를 실현하는 것
		  5. 즉시강제 : 현재의 급박한 행정상의 장해를 제거하기 위한 경우로서 다음 각 목의 어느 하나에 해당하는 경우에 행정청이 곧바로 국민의 신체 또는 재산에 실력을 행사하여 행정목적을 달성하는 것
		    가. 행정청이 미리 행정상 의무 이행을 명할 시간적 여유가 없는 경우
		    나. 그 성질상 행정상 의무의 이행을 명하는 것만으로는 행정목적 달성이 곤란한 경우
		
		3. 행정상 강제 조치에 관하여 이 법에서 정한 사항 외에 필요한 사항은 따로 법률로 정한다(같은 조 제2항). 형사(刑事), 행형(行刑) 및 보안처분 관계 법령에 따라 행하는 사항이나 외국인의 출입국·난민인정·귀화·국적회복에 관한 사항에 관하여는 이 절을 적용하지 아니한다(같은 조 제3항).[시행일 : 2023.3.24.] 제30조

II. 행정상 대집행

1. 개설

행정상 대집행은 대체적 작위의무불이행의 경우에 행정청이 의무자가 할 일을 스스로 행하거나 제3자로 하여금 행하게 함으로써 의무의 이행이 있었던 것과 동일한 상태를 실현시킨 후 비용을 의무자로부터 징수하는 강제집행을 말한다. 대집행은 행정상 강제집행의 일반적 수단에 해당한다.

┤ 관 련 판 례 ├

1. 행정청이 행정대집행의 방법으로 건물의 철거 등 대체적 작위의무의 이행을 실현할 수 있는 경우, 민사소송의 방법으로 그 의무의 이행을 구할 수 없고, 건물의 점유자가 철거의무자인 경우 별도로 퇴거를 명하는 집행권원이 필요하지 않다(대판 2017.4.28, 2016다213916).
2. 「공유재산 및 물품 관리법」 제83조에 따라 지방자치단체장이 행정대집행의 방법으로 공유재산에 설치한 시설물을 철거할 수 있는 경우, 민사소송의 방법으로 시설물의 철거를 구하는 것은 허용되지 않는다(대판 2017.4.13, 2013다207941).
3. 관리권자인 보령시장으로서는 행정대집행의 방법으로 이 사건 시설물을 철거할 수 있고, 이러한 행정대집행의 절차가 인정되는 경우에는 따로 민사소송의 방법으로 피고들에 대하여 이 사건 시설물의 철거를 구하는 것은 허용되지 않는다. 다만, 관리권자인 보령시장이 행정대집행을 실시하지 아니하는 경우 국가에 대하여 이 사건 토지 사용청구권을 가지는 원고로서는 위 청구권을 보전하기 위하여 국가를 대위하여 피고들을 상대로 민사소송의 방법으로 이 사건 시설물의 철거를 구하는 이외에는 이를 실현할 수 있는 다른 절차와 방법이 없어 그 보전의 필요성이 인정되므로, 원고는 국가를 대위하여 피고들을 상대로 민사소송의 방법으로 이 사건 시설물의 철거를 구할 수 있다(대판 2009.6.11, 2009다1122).

2. 주체

1. 당해 행정청과 수임청만

┤ 관 련 판 례 ├

군수로부터 대집행권한을 위임받은 읍장은 계고처분을 할 권한이 있다(대판 1997.2.14, 96누15428).

2. 감독청(×)
3. 행정청의 위임을 받아 대집행을 실행하는 제3자(×)

3. 대상

1. 법령 또는 법령에 의거한 행정청의 처분에 의하여 부과된 의무

> **┤ 관 련 판 례 ├**
>
> 철거명령이 없었다면 계고처분은 위법하다(대판 1966.2.28, 65누141).

2. 대체적 작위의무에 한정 : 무허가·위법건축물·불법점유 공작물·불법광고물·도로장애물의 철거의무, 건물의 수리의무, 가옥의 청소·소독의무, 불법개간산림의 원상회복의무, 온천법상 시설개선의무

> **┤ 관 련 판 례 ├**
>
> 1. 공유재산 대부계약의 해지에 따라 원상회복을 위하여 실시하는 지상물철거의무는 대집행의 대상이다(대판 2001.10.12, 2001두4078).
> 2. 전국공무원노동조합 지부사무실 폐쇄 행정대집행은 적법한 공무집행이다(대판 2011.4.28, 2007도7514).

3. 비대체적 작위의무(일신전속적 의무)는 제외 : 토지·주택의 인도(명도, 퇴거)·점유이전의무 등 일신전속적 의무

> **┤ 관 련 판 례 ├**
>
> 1. 관악산 도시공원점유자의 퇴거 및 명도의무(대판 1998.10.23, 97누157)
> 2. 명도의무는 그것을 강제적으로 실현하면서 직접적인 실력행사가 필요한 것이지 대체적 작위의무라고 볼 수 없으므로 특별한 사정이 없는 한 행정대집행법에 의한 대집행의 대상이 될 수 있는 것이 아니다 (대판 2005.8.19, 2004다2809).

4. 부작위의무는 제외 : 토지형질변경금지의무, 시설설치금지의무

> **┤ 관 련 판 례 ├**
>
> 1. 허가 없는 부대시설 훼손행위금지의무(인천광역시 남구 용현동 유치원놀이터설치사건) : 법치주의의 원리에 비추어 볼 때 부작위의무로부터 그 의무를 위반함으로써 생긴 결과를 시정하기 위한 작위의무를 당연히 끌어낼 수는 없으며, 또 위 금지규정(특히, 허가를 유보한 상대적 금지규정)으로부터 작위의무, 즉 위반결과의 시정을 명하는 권한이 당연히 추론되는 것도 아니다(대판 1996.6.28, 96누4374).
>   ▶ 금지규정만 있고 명령규정은 없는 경우 원상회복명령은 무효이고, 이에 근거한 후행처분인 계고처분도 당연무효
> 2. 하천유수인용행위 중단의무(대판 1998.10.2, 96누5445)
> 3. 장례식장 영업을 하고 있는 자의 장례식장 사용 중지의무는 비대체적 부작위의무(대판 2005.9.28, 2005두7464)

5. 공법상의 의무에 한정

> **┤ 관 련 판 례 ├**
>
> 1. 모든 국유재산(일반재산 포함)에 대해서는 행정재산 등 공용재산인 여부나 그 철거의무가 공법상의 의무인 여부에 관계없이 대집행을 할 수 있다(대판 1992.9.8, 91누13090).
> 2. 구 「공공용지의 취득 및 손실보상에 관한 특례법」에 의한 협의취득시 건물소유자가 매매대상 건물에 대한 철거의무를 부담하겠다는 취지의 약정을 한 경우, 그 철거의무는 행정대집행법에 의한 대집행의 대상이 되지 않는다(대판 2006.10.13, 2006두7096).

4. 불이행을 방치함이 심히 공익을 해(害)하는 것일 것

① 불이행을 방치함이 심히 공익을 해(害)하는 것일 것
② 요건판단에 대해 학설은 판단여지설, 판례는 재량행위설

┤ 관 련 판 례 ├

1. 공유재산에 대하여는 공익저해우려 요건은 불요(대판 1996.10.11, 95누10020)
2. 공유재산일지라도 대체적 작위의무 요건은 필요(대판 1998.10.23, 97누157)

5. 기타 요건

구분	내용
보충성	다른 수단으로는 그 이행확보가 곤란할 것, 무의미한 규정
요건충족의 입증책임	대집행 요건의 주장입증책임은 처분 행정청에 있다(대판 1993.9.14, 92누16690).

6. 대집행 절차

(1) 개설

대집행의 계고 → 대집행영장의 통지 → 대집행의 실행 → 비용납부명령

(2) 대집행 계고

대집행을 하려면 상당한 이행기간을 정해 그 기한까지 이행하지 않을 때에는 대집행을 한다는 뜻을 문서로써 계고하여야 한다.

1. 처분성

┃ 관 련 판 례 ┃

1. 대집행계고는 처분성 인정(대판 1966.10.31, 66누25)
2. 제2, 3차 계고의 처분성 부정(대판 1994.10.28, 94누5144)
   ▶ 반복된 거부의 처분성 인정(대판 2002.3.29, 2000두6084)
3. 제1차로 창고건물의 철거 및 하천부지에 대한 원상복구명령을 하였음에도 이에 불응하므로 대집행계고를 하면서 다시 자진철거 및 토사를 반출하여 하천부지를 원상복구할 것을 명한 경우, 대집행계고서에 기재된 자진철거 및 원상복구명령은 취소소송의 대상이 되는 독립한 행정처분에 해당하지 않는다(대판 2004.6.10, 2002두12618).

2. 상당한 기간(사회통념상 이행에 필요한 기한)

┃ 관 련 판 례 ┃

대집행영장으로써 대집행할 시기 등을 통지하기 위하여는 의무이행을 할 수 있는 상당한 기간을 부여할 것을 요구하고 있으므로, 행정청이 상당한 기간을 부여하지 않은 경우에는 비록 대집행의 시기를 늦추었더라도 위법한 처분이다(대판 1990.9.14, 90누2048).

3. 계고 내용의 특정(실질에 의해 판단)

┃ 관 련 판 례 ┃

대집행의 내용 및 범위가 구체적으로 특정되어야 하지만, 반드시 철거명령서나 대집행계고서에 의하여서만 특정되어야 하는 것은 아니고, 그 처분 전후에 송달된 문서나 기타 사정을 종합하여 이를 특정할 수 있으면 족하다(대판 1994.10.28, 94누5144).

4. 대집행요건의 충족시점(의무부과와 계고의 결합가능 여부)
   ① 부정설(다수설) : 대집행의 요건은 계고시에 충족되어야 하므로 의무를 과하는 행정행위와 계고와는 결합시킬 수 없다.
   ② 긍정설 : 요건충족시는 대집행실행 시이므로 의무이행에 필요한 상당한 기간이 주어진 경우 결합이 가능
   ③ 판례 : 철거명령에 주어진 기간이 상당한 기간이라면 예외적으로 결합이 가능하다는 입장이다.

┃ 관 련 판 례 ┃

계고서라는 명칭의 1장의 문서로써 일정기간 내에 위법건축물의 자진철거를 명함과 동시에 그 소정기한 내에 자진철거를 하지 아니할 때에는 대집행할 뜻을 미리 계고한 경우라도 위 건축법에 의한 철거명령과 행정대집행법에 의한 계고처분은 독립하여 있는 것으로서 각 그 요건이 충족되었다고 볼 것이고, 이 경우 철거명령에서 주어진 일정기간이 자진철거에 필요한 상당한 기간이라면 그 기간 속에는 계고시에 필요한 '상당한 이행기간'도 포함되어 있다고 보아야 할 것이다(대판 1996.10.11, 96누8086).

5. 생략 : 예외적으로 비상 시 또는 위험이 절박한 경우에 있어서 당해 행위의 급속한 실시를 요하여 계고절차를 취할 여유가 없을 때에는 계고를 생략할 수 있다.

(3) 대집행영장에 의한 통지

계고를 받고도 지정된 기한까지 그 의무를 이행하지 않을 때에는 당해 행정청은 행정대집행영장으로써 대집행을 할 시기, 대집행책임자의 성명 및 대집행비용의 개산액을 의무자에게 통지하여야 한다. 다만, 법률에 다른 규정이 있는 경우 및 비상 시 또는 위험이 절박하여 통지할 여유가 없을 때에는 대집행영장에 의한 통지절차를 생략할 수 있다. 영장통지도 의사의 통지로서 처분에 해당한다.

(4) 대집행의 실행

1. 성질 : 권력적 사실행위
2. 실력행사 부정 : 대집행과 행정조사 모두 직접적인 실력행사는 인정되지 않는다는 것이 다수설·판례이다. 신체에 대한 직접적 실력행사가 허용되는 것은 직접강제와 즉시강제이다.

> ┤ 관 련 판 례 ├
>
> 행정청이 건물철거 대집행 과정에서 부수적으로 건물의 점유자들에 대한 퇴거 조치를 할 수 있고, 이 경우 필요하면 경찰의 도움을 받을 수 있다 : 행정청이 행정대집행의 방법으로 건물철거의무의 이행을 실현할 수 있는 경우에는 건물철거 대집행 과정에서 부수적으로 건물의 점유자들에 대한 퇴거 조치를 할 수 있고, 점유자들이 적법한 행정대집행을 위력을 행사하여 방해하는 경우 형법상 공무집행방해죄가 성립하므로, 필요한 경우에는 「경찰관 직무집행법」에 근거한 위험발생 방지조치 또는 형법상 공무집행방해죄의 범행방지 내지 현행범체포의 차원에서 경찰의 도움을 받을 수도 있다(대판 2017.4.28, 2016다213916).

(5) 비용징수

대집행에 소요되는 비용은 의무자(국가·지방자치단체·행정청이 아님)가 부담한다. 납부기일까지 납부하지 않을 때에는 국세체납처분의 예에 의하여 강제징수할 수 있다(행정대집행법 제5조·제6조).

> ┤ 관 련 판 례 ├
>
> 사업시행자인 한국토지주택공사는 민사소송절차에서 행정대집행비용을 청구할 수 없다(대판 2011.9.8, 2010다48240).

7. 권리구제

1. 협의의 소의 이익 : 대집행실행 전에는 협의의 소익이 인정되지만, 대집행이 실행된 후에는 취소소송을 제기해 보아야 철거된 건물이 되살아나는 것이 아니기 때문에 협의의 소익이 없다(대판 1993.6.8, 93누6164).
2. 하자의 승계 : 의무부과인 철거명령과 강제집행인 대집행 사이에는 하자승계가 부정되지만(대판 1982.7.27, 81누293), 강제집행절차 상호 간인 대집행절차 사이에는 하자승계가 인정된다(대판 1993.11.9, 93누14271).
3. 손해배상청구소송의 선결문제 : 위법한 행정대집행이 완료되면 그 처분의 무효확인 또는 취소를 구할 소의 이익은 없다 하더라도, 미리 그 행정처분의 취소판결이 있어야만 그 행정처분의 위법임을 이유로 한 손해배상청구를 할 수 있는 것은 아니다(대판 1972.4.28, 72다337).
4. 위법한 대집행계고처분의 효력

> ┤ 관 련 판 례 ├
>
> 1. 의무위반자인 남편이 아닌 처에 대한 계고처분은 당연무효(대판 1991.10.11, 91누896)
> 2. 적법한 건축물에 대한 철거명령과 후행행위인 건축물철거 대집행계고처분은 당연무효(대판 1999.4.27, 97누6780)

Ⅲ. 이행강제금

1. 의의 및 법적 성격

이행강제금이란 주로 비대체적 작위의무 또는 부작위의무(예 야간소음금지, TV에 여성노출광고금지) 또는 수인의무를 이행하지 않는 경우에 장래에 향하여 그 의무를 간접적으로 이행하기 위한 수단으로 부과하는 금전부담이다. 이행강제금은 강제집행의 일종으로서 처벌·행정벌·과태료나 제재와는 무관하다.

> ┤ **관 련 판 례** ├
>
> 1. 건축법상 이행강제금의 법적 성격은 행정상 간접강제이다 : 건축법상의 이행강제금은 <u>시정명령의 불이행이라는 과거의 위반행위에 대한 제재가 아니라,</u> 의무자에게 시정명령을 받은 의무의 이행을 명하고 그 이행기간 안에 의무를 이행하지 않으면 이행강제금이 부과된다는 사실을 고지함으로써 <u>의무자에게 심리적 압박을 주어 의무의 이행을 간접적으로 강제하는 행정상의 간접강제 수단에 해당한다</u>(대판 2018.1.25, 2015두35116).
> 2. 위반행위를 한 시기가 개정건축법 전이라면 구 건축법에 따라 과태료를 부과해야 하고 개정 건축법상 이행강제금을 부과할 수 없다(대결 2000.3.8, 99마317).
> 3. 형사처벌과 별도로 시정명령 위반에 대하여 이행강제금을 부과하는 건축법 제83조 제1항은 이중처벌에 해당하지 않고, 시정명령 이행 시까지 반복하여 이행강제금을 부과·징수할 수 있도록 규정하는 같은 조 제4항은 과잉금지원칙에 위반하지 않는다(대결 2005.8.19, 2005마30).
> 4. 이행강제금과 형사처벌은 이중처벌에 해당하지 않는다(대결 2005.8.19, 2005마30).

2. 이행강제금의 대상

이행강제금은 주로 비대체적 작위의무나 부작위의무에 대해 행해진다. 한편 대체적 작위의무에 대해서는 경우에 따라 이행강제금이 대집행보다 의무를 이행시키는 데 더 실효성 있는 수단이 될 수 있으므로 대체적 작위의무에 대해서도 이행강제금을 인정하는 것이 타당하다는 견해가 다수설이다.

> ┤ **관 련 판 례** ├
>
> 1. 전통적으로 행정대집행은 대체적 작위의무에 대한 강제집행수단으로, 이행강제금은 부작위의무나 비대체적 작위의무에 대한 강제집행수단으로 이해되어 왔으나, 이는 이행강제금제도의 본질에서 오는 제약은 아니며, 이행강제금은 대체적 작위의무의 위반에 대하여도 부과될 수 있다(헌재결 2004.2.26, 2001헌바80·84·102·103, 2002헌바26).
> 2. 현행 건축법상 위법건축물에 대한 이행강제수단으로 대집행과 이행강제금(제83조 제1항)이 인정되고 있는데, 양 제도는 각각의 장·단점이 있으므로 행정청은 개별사건에 있어서 위반내용, 위반자의 시정의지 등을 감안하여 대집행과 이행강제금을 선택적으로 활용할 수 있으며, 이처럼 그 합리적인 재량에 의해 선택하여 활용하는 이상 중첩적인 제재에 해당한다고 볼 수 없다(헌재결 2004.2.26, 2001헌바80·84·102·103, 2002헌바26).

3. 법적 근거

1. 법적 근거의 필요와 신중성

┤ **관 련 판 례** ├

행정청이 1991. 5. 31. 법률 제4381호로 전부 개정된 구 건축법 시행 이전에 신축된 건축물에 대하여 2008. 3. 21. 법률 제8941호로 전부 개정된 현행 건축법 시행 이후 시정명령을 하고, 건축물의 소유자 등이 시정명령에 응하지 않은 경우, 현행 건축법에 따라 이행강제금을 부과할 수 있다(대판 2012.3.29, 2011두27919).

2. 일반법

① 이행강제금에 관한 일반법적 근거는 행정기본법이고, 개별법적 근거로 건축법 제80조, 농지법 제63조, 「연구개발특구의 육성에 관한 특별법」 제70조 제1항 및 「부동산 실권리자명의 등기에 관한 법률」 제6조, 「장사 등에 관한 법률」 제43조 등이 있다.

② 이행강제금 부과의 근거가 되는 법률에는 이행강제금에 관한 다음 각 호의 사항을 명확하게 규정하여야 한다. 다만, 제4호 또는 제5호를 규정할 경우 입법목적이나 입법취지를 훼손할 우려가 크다고 인정되는 경우로서 대통령령으로 정하는 경우는 제외한다(행정기본법 제31조 제1항).

1. 부과·징수 주체
2. 부과 요건
3. 부과 금액
4. 부과 금액 산정기준
5. 연간 부과 횟수나 횟수의 상한

③ 행정청은 다음 각 호의 사항을 고려하여 이행강제금의 부과 금액을 가중하거나 감경할 수 있다(같은 조 제2항).

1. 의무 불이행의 동기, 목적 및 결과
2. 의무 불이행의 정도 및 상습성
3. 그 밖에 행정목적을 달성하는 데 필요하다고 인정되는 사유

④ 행정청은 이행강제금을 부과하기 전에 미리 의무자에게 적절한 이행기간을 정하여 그 기한까지 행정상 의무를 이행하지 아니하면 이행강제금을 부과한다는 뜻을 문서로 계고(戒告)하여야 한다(같은 조 제3항). 행정청은 의무자가 제3항에 따른 계고에서 정한 기한까지 행정상 의무를 이행하지 아니한 경우 이행강제금의 부과 금액·사유·시기를 문서로 명확하게 적어 의무자에게 통지하여야 한다(같은 조 제4항). 행정청은 의무자가 행정상 의무를 이행할 때까지 이행강제금을 반복하여 부과할 수 있다. 다만, 의무자가 의무를 이행하면 새로운 이행강제금의 부과를 즉시 중지하되, 이미 부과한 이행강제금은 징수하여야 한다(같은 조 제5항). 행정청은 이행강제금을 부과받은 자가 납부기한까지 이행강제금을 내지 아니하면 국세강제징수의 예 또는 「지방행정제재·부과금의 징수 등에 관한 법률」에 따라 징수한다(같은 조 제6항). [시행일 : 2023.3.24.] 제31조

4. 건축법상 이행강제금의 부과요건 및 절차

(1) 시정명령

허가권자는 이 법 또는 이 법에 따른 명령이나 처분에 위반되는 대지나 건축물에 대하여 이 법에 따른 허가 또는 승인을 취소하거나 그 건축물의 건축주·공사시공자·현장관리인·소유자·관리자 또는 점유자(건축주등)에게 공사의 중지를 명하거나 상당한 기간을 정하여 그 건축물의 해체·개축·증축·수선·용도변경·사용금지·사용제한, 그 밖에 필요한 조치를 명할 수 있다(제79조 제1항).

┤ 관 련 판 례 ├
1. 건축법 위반 건축물에 대해 건축주 명의를 갖는 자가 실제 건축주가 아니라고 하더라도, 원칙적으로 건축법 제79조 제1항에 의한 시정명령의 상대방이 되는 건축주에 해당한다(대판 2010.10.14, 2010두13340).
2. 건물에 대한 건축허가를 받은 갑이 건축 중이던 건물 및 대지를 을에게 양도하였으나 을이 명의를 변경하지 아니한 채 사용승인을 받지 않고 건물을 사용하자, 행정청이 건물에 관한 소유권보존등기 명의자인 갑에게 시정명령을 한 후 이행강제금을 부과한 사안에서, 위 처분이 부적법하다고 판단한 원심에 시정명령의 상대방인 건축주 또는 소유자 등에 관하여 법리를 오해한 위법이 있다고 한 사례(대판 2010.10.14, 2010두13340)
3. 「개발제한구역의 지정 및 관리에 관한 특별조치법」상 이행강제금을 부과·징수할 때마다 그에 앞서 시정명령 절차를 다시 거쳐야 하는 것은 아니다(대판 2013.12.12, 2012두20397).

(2) 시정명령의 불이행

허가권자는 제79조 제1항에 따라 시정명령을 받은 후 시정기간 내에 시정명령을 이행하지 아니한 건축주등에 대하여는 그 시정명령의 이행에 필요한 상당한 이행기한을 정하여 그 기한까지 시정명령을 이행하지 아니하면 다음 각 호의 이행강제금을 부과한다(제80조 제1항).

(3) 상당한 이행기한

시정명령의 이행에 필요한 상당한 이행기간을 부여하였어야 한다(건축법 제80조 제1항).

┤ 관 련 판 례 ├
1. 건축법 제80조에서 정한 이행강제금을 부과하기 위한 요건 : 건축법 제79조 제1항 및 제80조 제1항에 의하면, 허가권자는 먼저 건축주 등에 대하여 상당한 기간을 정하여 시정명령을 하고, 건축주 등이 그 시정기간 내에 시정명령을 이행하지 아니하면, 다시 그 시정명령의 이행에 필요한 상당한 이행기한을 정하여 그 기한까지 시정명령을 이행할 수 있는 기회를 준 후가 아니면 이행강제금을 부과할 수 없다(대판 2010.6.24, 2010두3978).
2. 건축주 등이 장기간 시정명령을 이행하지 아니하였으나 그 기간 중에 시정명령의 이행 기회가 제공되지 아니하였다가 뒤늦게 이행 기회가 제공된 경우, 이행 기회가 제공되지 아니한 과거의 기간에 대한 이행강제금까지 한꺼번에 부과할 수 없고, 이를 위반하여 이루어진 이행강제금 부과처분의 하자가 중대·명백하여 당연무효이다(대판 2016.7.14, 2015두46598).

(4) 계고처분

허가권자는 제1항 및 제2항에 따른 이행강제금을 부과하기 전에 이행강제금을 부과·징수한다는 뜻을 미리 문서로써 계고(戒告)하여야 한다(같은 조 제3항).

> **━┃ 관 련 판 례 ┃━**
>
> 사용자가 이행하여야 할 행정법상 의무의 내용을 초과하는 것을 '불이행 내용'으로 기재한 이행강제금 부과 예고서에 의하여 이행강제금 부과 예고를 한 다음 이행강제금을 부과한 경우, 이행강제금 부과 예고 및 이행 강제금 부과처분은 원칙적으로 위법하다(대판 2015.6.24, 2011두2170).

(5) 이유부기

이행강제금부과처분과 계고처분은 행정행위의 성질이다. 따라서 처분절차인 이유부기의 예외에 해당하지 않는 경우 이유를 알려야 한다. 허가권자는 제1항 및 제2항에 따른 이행강제금을 부과하는 경우 금액, 부과 사유, 납부기한, 수납기관, 이의제기 방법 및 이의제기 기관 등을 구체적으로 밝힌 문서로 하여야 한다(같은 조 제4항).

(6) 이행강제금의 부과·징수

1. 허가권자는 최초의 시정명령이 있었던 날을 기준으로 하여 1년에 2회 이내의 범위에서 해당 지방자치단체의 조례로 정하는 횟수만큼 그 시정명령이 이행될 때까지 반복하여 제1항 및 제2항에 따른 이행강제금을 부과·징수할 수 있다(같은 조 제5항).
2. 허가권자는 제79조 제1항에 따라 시정명령을 받은 자가 이를 이행하면 새로운 이행강제금의 부과를 즉시 중지하되, 이미 부과된 이행강제금은 징수하여야 한다(같은 조 제6항).

┤ 관 련 판 례 ├

1. 건축법상 위법건축물 완공 후에도 시정명령을 할 수 있고 그 불이행에 대한 이행강제금의 부과는 헌법 제37조 제2항에 위배되지 않는다(대결 2002.8.16, 2002마1022).
2. 「국토의 계획 및 이용에 관한 법률」상 토지의 이용 의무 불이행에 따른 이행명령을 받은 의무자가 이행명령에서 정한 기간을 지나서 그 명령을 이행한 경우, 이행명령 불이행에 따른 최초의 이행강제금을 부과할 수 없다(대판 2014.12.11, 2013두15750).
3. 「부동산 실권리자명의 등기에 관한 법률」상 장기미등기자가 같은 법 제6조 제2항에 규정된 기간이 지나서 등기신청의무를 이행한 경우, 이행강제금을 부과할 수 없다(대판 2016.6.23, 2015두36454).
4. 시정명령을 받은 의무자가 시정명령에서 정한 기간이 지났으나 이행강제금이 부과되기 전에 의무를 이행한 경우, 이행강제금을 부과할 수 없다(대판 2018.1.25, 2015두35116).
5. 시정명령을 받은 의무자가 시정명령의 취지에 부합하는 의무를 이행하기 위한 정당한 방법으로 행정청에 신청 또는 신고를 하였으나 행정청이 위법하게 이를 거부 또는 반려함으로써 그 처분이 취소된 경우, 시정명령의 불이행을 이유로 이행강제금을 부과할 수 없다(대판 2018.1.25, 2015두35116).
6. 「독점규제 및 공정거래에 관한 법률」 제16조에 따른 시정조치를 그 정한 기간 내에 이행하지 아니하는 자에 대하여 같은 법 제17조의3에 따라 이행강제금을 부과할 수 있고, 시정조치가 같은 법 제16조 제1항 제7호에 따른 부작위 의무를 명하는 내용인 경우에도 마찬가지이며, 이행강제금이 부과되기 전에 시정조치를 이행하거나 부작위 의무를 명하는 시정조치 불이행을 중단한 경우 과거의 시정조치 불이행 기간에 대하여 이행강제금을 부과할 수 있다(대판 2019.12.12, 2018두63563).

3. 허가권자는 제4항에 따라 이행강제금 부과처분을 받은 자가 이행강제금을 납부기한까지 내지 아니하면 「지방행정제재·부과금의 징수 등에 관한 법률」에 따라 징수한다(같은 조 제6항).

┤ 관 련 판 례 ├

1. 건축법상 이행강제금 납부의 최초 독촉은 항고소송의 대상이 되는 행정처분에 해당한다(대판 2009.12.24, 2009두14507).
2. 건축법상의 이행강제금은 허가 대상 건축물뿐만 아니라 신고 대상 건축물에 대해서도 부과할 수 있다(대판 2013.1.24, 2011두10164).
3. 행정청에 「국토의 계획 및 이용에 관한 법률 시행령」 제124조의3 제3항에서 정한 토지이용의무를 위반한 자에게 부과할 이행강제금 부과기준과 다른 이행강제금액을 결정할 재량권이 없다(대판 2014.11.27, 2013두8653).

5. 이행강제금에 대한 불복

(1) 과태료의 불복절차유형(처분성 부정)

1. 구 건축법상 이행강제금부과처분은 행정처분이 아니다 : 건축법 제83조의 규정에 의하여 부과된 이행강제금부과처분의 당부는 최종적으로 비송사건절차법에 의한 절차에 의하여만 판단되어야 한다고 보아야 할 것이므로 위와 같은 이행강제금부과처분은 행정소송의 대상이 되는 행정처분이라고 볼 수 없다(대판 2000.9.22, 2000두5722).
2. 농지법 제62조 제1항에 따른 이행강제금 부과처분에 대한 불복절차는 비송사건절차법에 따른 재판이므로 위 이행강제금 부과처분은 행정소송법상 항고소송의 대상이 되지 않는다(대판 2019.4.11, 2018두42955).
3. 관할청이 위 이행강제금 부과처분을 하면서 재결청에 행정심판을 청구하거나 관할 행정법원에 행정소송을 할 수 있다고 잘못 안내한 경우, 행정법원의 항고소송 재판관할이 생기지 않는다(대판 2019.4.11, 2018두42955).

(2) 과징금의 불복절차유형(처분성 인정)

해당법률에서 특별한 불복방법을 규정하고 있지 아니한 경우로서 건축법 등 대부분의 법률에 의한 이행강제금은 일반적인 행정심판과 행정소송절차에 의한다. 2005.11.8. 개정 건축법(시행일 2006.5.9.)은 과태료부과절차에 관한 준용규정을 삭제함으로써 이행강제금부과처분과 계고처분은 성질이 행정행위이므로 행정소송(명시적 규정은 없음)에 의해 구제를 받을 수 있게 되었다.

IV. 직접강제

1. 법적 근거

직접강제에 관해서는 행정기본법에서 보충성과 증표제시의무, 직접강제의 계고 및 통지에 관해 규정하고 있다. 그 외에 개별법에서 예외적으로 인정되고 있다.

2. 한계

직접강제는 행정대집행이나 이행강제금 부과의 방법으로는 행정상 의무 이행을 확보할 수 없거나 그 실현이 불가능한 경우에 실시하여야 한다(행정기본법 제32조 제1항). 직접강제를 실시하기 위하여 현장에 파견되는 집행책임자는 그가 집행책임자임을 표시하는 증표를 보여 주어야 한다(행정기본법 제32조 제2항). 직접강제의 계고 및 통지에 관하여는 제31조 제3항 및 제4항을 준용한다(같은 조 제3항). [시행일 : 2023.3.24.] 제32조

V. 강제징수

1. 의 의

행정상 강제징수란 공법상의 금전급부의무를 이행하지 않은 경우에 행정기관이 의무자의 재산에 실력을 가해 의무가 이행된 것과 같은 상태를 실현하는 강제집행을 말한다.

행정상 강제징수는 행정상 강제집행으로서 강제징수가 가능한 경우 민사상 강제집행이나 공법상 당사자소송은 인정되지 않는 것이 원칙이다.

┤ 관 련 판 례 ├

1. 국유 일반재산의 대부료 등의 지급을 민사소송의 방법으로 구할 수 없다(대판 2014.9.4, 2014다203588).
2. 체납처분에 의하여 압류된 채권에 대하여도 민사집행법에 따라 압류 및 추심명령을 할 수 있고, 그 압류 및 추심명령을 받은 채권자는 추심의 소를 제기할 수 있다(대판 2015.7.9, 2013다60982).
3. 구 법인세법 제72조의 결손금 소급공제에 의하여 법인세를 환급받은 법인이 후에 결손금 소급공제 대상 법인이 아닌 것으로 밝혀진 경우, 납세지 관할 세무서장이 착오환급한 환급세액에 대하여 민사소송의 방법 으로 부당이득반환을 구할 수 없다(대판 2016.2.18, 2013다206610).
4. 공유 일반재산의 대부료의 지급을 민사소송으로 구할 수 없다(대판 2017.4.13, 2013다207941).
5. 「도시 및 주거환경정비법」상 시장·군수가 아닌 사업시행자가 분양받은 자를 상대로 공법상 당사자소송의 방법으로 청산금 청구를 할 수 없다(대판 2017.4.28, 2016두39498).

2. 법적 근거

강제징수에 관한 일반법으로 국세징수법이 있다.

3. 강제징수의 절차

독촉 ⇨ 체납처분(압류 ⇨ 매각·추심 ⇨ 청산)

(1) 독촉(의사의 통지)

1. 독촉은 의무자에 대하여 의무의 이행을 최고하고, 불이행 시에 체납처분을 할 것을 예고하는 준법률행위적 행정행위로서의 의사의 통지행위이다.
2. 관할 세무서장은 납세자가 국세를 지정납부기한까지 완납하지 아니한 경우 지정납부기한이 지난 후 10일 이내에 체납된 국세에 대한 독촉장을 발급하여야 한다(국세징수법 제10조 제1항).
3. 관할 세무서장은 제1항 본문에 따라 독촉장을 발급하는 경우 독촉을 하는 날부터 20일 이내의 범위에서 기한을 정하여 발급한다(같은 조 제2항).
4. 독촉은 소멸시효의 중단사유

> ┤ **관 련 판 례** ├
>
> 1. 독촉절차 없이 한 압류처분의 효력은 취소사유(대판 1987.9.22, 87누383)
> 2. 동일한 내용의 반복된 독촉은 처분이 아니다(대판 1999.7.13, 97누119).
> 3. 제2차 납세의무자가 주된 납세의무의 위법 여부에 대한 확정과 무관하게 자신에 대한 제2차 납세의무 부과처분 취소소송에서 주된 납세의무자에 대한 부과처분의 하자를 주장할 수 있다(대판 2009.1.15, 2006두14926).

(2) 압류

1. 압류의 의의 및 성질 : 압류란 의무자의 재산에 대하여 사실상 및 법률상의 처분을 금지시키고 처분권을 확보하는 강제집행절차(권력적 사실행위)이다.
2. 압류의 요건 : 원칙적으로 의무자가 독촉장 또는 납부최고서를 받고도 지정된 기한까지 국세를 완납하지 않아야 한다.
3. 압류대상재산 : 의무자의 소유로서 금전적 가치가 있고 양도성이 있는 모든 재산으로서, 동산·부동산·무체재산권을 불문한다.

> ┤ **관 련 판 례** ├
>
> 1. 체납자 아닌 제3자 소유물건에 대한 압류처분의 효력은 당연무효이다(대판 1993.4.27, 92누12117).
> 2. 과세관청이 납세자에 대한 체납처분으로서 국내은행 해외지점에 예치된 예금에 대한 반환채권을 대상으로 한 압류처분은 무효이다(대판 2014.11.27, 2013다205198).

4. 압류의 효력(처분금지) : 의무자는 압류된 재산에 대해 법률상 또는 사실상의 처분을 할 수 없다. 처분금지의 효력은 상대적이다.

> ┤ **관 련 판 례** ├
>
> 1. 구 국세징수법 제47조 제2항에 의한 압류의 효력 범위 : 국세징수법 제45조의 규정에 의한 압류는 압류 당시의 체납액이 납부되었다고 하여 당연히 실효되지 아니하고, 그 압류가 유효하게 존속하는 한 압류 등기 이후에 발생한 체납액에 대하여도 효력이 미친다(대판 2012.7.26, 2010다50625).
> 2. 국세징수법상 체납처분에 의한 채권압류에서 압류조서가 작성되지 않은 경우, 채권압류 자체가 무효이고, 제3채무자에 대한 채권압류통지서에 피압류채권이 특정되지 않거나 체납자에 대한 채무이행 금지의 문언이 기재되지 않은 경우, 채권압류의 효력은 무효이며, 이러한 법리는 「지방세외수입금의 징수 등에 관한 법률」의 적용을 받는 지방자치단체의 과징금, 이행강제금, 부과금 등의 압류절차에도 그대로 적용된다(대판 2017.6.15, 2017다213678).

5. 압류의 해제

> **┤ 관 련 판 례 ├**
>
> 국세징수법에 의한 체납처분으로 채무자의 제3채무자에 대한 채권을 압류하였다가 압류를 해제한 경우, 그 압류채권에 관한 추심권능과 소송수행권은 채무자에게 복귀한다(대판 2009.11.12, 2009다48879).

(3) 매각

1. **의의 및 법적 성질** : 매각은 체납자의 재산을 금전으로 바꾸는 것이다. 매각의 법적 성질에 관하여 학설은 형성적 행정행위 중 대리로 보고 있다.

> **┤ 관 련 판 례 ├**
>
> 1. 공매처분은 처분에 해당한다(대판 1984.9.25, 84누201).
> 2. 공매결정은 내부행위로서 처분이 아니다(대판 1998.6.26, 96누12030).
> 3. 한국자산공사의 재공매(입찰)결정은 내부적인 의사결정에 불과하여 처분이 아니다(대판 2007.7.27, 2006 두8464).
> 4. 국세징수법이 압류재산의 공매통지를 하도록 한 이유는 절차적인 적법성 확보에 있고, 공매통지 자체는 항고소송의 대상이 되는 행정처분이 아니다(대판 2011.3.24, 2010두25527).

2. **방법과 절차**(공매가 원칙) : 원칙적으로 공매에 의하고, 예외적으로 거래상대방을 임의로 선택하는 수의계약에 의한다.

> **┤ 관 련 판 례 ├**
>
> 1. 공고기간이 경과되지 아니한 공매는 위법하다(대판 1974.2.26, 73누186).
> 2. 세무서장이 공매통지서에 압류처분의 체납세액뿐만 아니라 이전에 결손처분한 부분까지 체납세액으로 잘못 기재한 경우, 그 공매처분은 적법하다(대판 2008.3.13, 2006두7706).
> 3. 체납자 등에 대한 공매통지에 하자가 있는 경우 공매처분은 위법하다[대판(전합) 2008.11.20, 2007두18154].
> 4. 공매통지 없이 한 부동산 공매처분은 취소사유이다(대판 2012.7.26, 2010다50625).

3. **매각결정과 취소**

> **┤ 관 련 판 례 ├**
>
> 1. 보증금의 국가귀속을 규정한 국세징수법 제78조 제2항은 평등원칙에 위반된다(헌재결 2009.4.30, 2007 헌가8).
> 2. 세무서장의 공매권한을 성업공사에 위임한 경우 피고는 성업공사(대판 1997.2.28, 96누1757)
> 3. 세무서장을 피고로 소송이 잘못 제기된 경우 바로 각하해서는 안 되고, 피고를 경정하여 소송을 진행해야 한다(대판 1997.2.28, 96누1757).

(4) 청산

1. 배분방법 : 강제징수비(강제집행비용) ⇨ 국세(원금. 단, 가산세 제외) ⇨ 가산세

┤ **관 련 판 례** ├

1. 국세와 다른 채권 간의 우선순위는 압류재산의 매각대금을 배분하기 위하여 국세징수법상의 배분계산 서를 작성함으로써 체납처분이 종료되는 때에 비로소 확정된다(대판 1992.1.17, 91다42524).
2. 매각대금 납부 이후에 성립·확정된 조세채권은 당해 공매절차의 매각대금 등의 배분대상에 포함되지 않는다(대판 2016.11.24, 2014두4085).
3. 공매대금배분처분의 직접 상대방이 아닌 압류재산의 원소유자는 그 처분의 취소를 구할 법률상 이익이 있다(대판 2016.11.25, 2014두5316).
4. 체납처분절차에서 배분계산서에 대한 이의가 취하되는 경우 당초의 배분계산서가 그대로 확정되지 않고, 세무서장이 당초의 배분계산서 중 이의의 제기로 확정되지 아니한 부분에 관하여 다른 사유를 고려하여 배분계산서를 수정할 수 있다(대판 2018.6.15, 2018두33784).

2. 결손처분 : 결손처분은 2011.12.31, 국세징수법의 일부개정으로 삭제되어 2013년 1월 1일부터 폐지되었다.

┤ **관 련 판 례** ├

1. '결손처분' 또는 '결손처분의 취소'는 항고소송의 대상이 되는 행정처분이 아니다 : 개정 국세징수법 아래에서 결손처분은 체납처분절차의 종료라는 의미만 가지게 되었고, 결손처분의 취소도 종료된 체납처분절차를 다시 시작하는 행정절차로서의 의미만을 가질 뿐이다(대판 2011.3.24, 2010두25527).
2. 지방세의 결손처분과 그 취소는 행정처분이 아니다(대판 2019.8.9, 2018다272407).

3. 교부청구

┤ **관 련 판 례** ├

1. 국세징수법 제56조에 규정된 교부청구의 법적 성질 : 국세징수법 제56조에 규정된 교부청구는 과세관청이 이미 진행 중인 강제환가절차에 가입하여 체납된 조세의 배당을 구하는 것으로서 강제집행에 있어서의 배당요구와 같은 성질의 것이므로, 해당 조세는 교부청구 당시 체납되어 있음을 요한다(대판 2019.7.25, 2019다206933).
2. 세무서장이 국세징수법상 교부청구를 한 경우 교부청구 사실을 체납자에게 알리는 것은 국세징수권에 관한 소멸시효 중단의 요건이 아니다(대판 2010.5.27, 2009다69951).
3. 공매절차에서 세무서장 등이 매각대금이 완납되어 압류재산이 매수인에게 이전되기 전까지 성립·확정된 조세채권에 관해서만 교부청구할 수 있다(대판 2016.11.24, 2014두4085).
4. 납세자에게 국세징수법 제14조 제1항 제1호 내지 제6호의 사유가 발생하고 납부고지가 된 국세의 납부기한도 도과하여 체납 상태에 있는 경우, 과세관청이 독촉장을 발급하거나 이미 발급한 독촉장에 기재된 납부기한의 도과를 기다릴 필요 없이 해당 국세에 대하여 교부청구를 할 수 있다(대판 2019.7.25, 2019다206933).

4. 강제징수와 권리구제

(1) 행정심판

① 이의신청

1. 이의신청은 대통령령으로 정하는 바에 따라 불복의 사유를 갖추어 해당 처분을 하였거나 하였어야 할 세무서장에게 하거나 세무서장을 거쳐(행정심판법과 달리 처분청경유주의를 채택) 관할 지방국세청장에게 하여야 한다. 다만, 다음 각 호의 경우에는 관할 지방국세청장에게 하여야 하며, 세무서장에게 한 이의신청은 관할 지방국세청장에게 한 것으로 본다(같은 법 제66조 제1항).

   1. 지방국세청장의 조사에 따라 과세처분을 한 경우
   2. 세무서장에게 제81조의15에 따른 과세전적부심사를 청구한 경우

2. 이의신청은 임의적 절차이다.
3. 이의신청에 대한 결정은 이의신청을 받은 날부터 30일 이내에 하여야 한다(같은 조 제7항).

② 심사청구

1. 심사청구는 해당 처분이 있음을 안 날(처분의 통지를 받은 때에는 그 받은 날)부터 90일 이내에 제기하여야 한다(같은 법 제61조 제1항).
2. 이의신청을 거친 후 심사청구를 하려면 이의신청에 대한 결정의 통지를 받은 날부터 90일 이내에 제기하여야 한다. 다만, 제66조 제7항에 따른 결정기간 내에 결정의 통지를 받지 못한 경우에는 결정의 통지를 받기 전이라도 그 결정기간이 지난 날부터 심사청구를 할 수 있다(같은 조 제2항).
3. 심사청구는 대통령령으로 정하는 바에 따라 불복의 사유를 갖추어 해당 처분을 하였거나 하였어야 할 세무서장을 거쳐(행정심판법과 달리 처분청경유주의를 채택) 국세청장에게 하여야 한다(같은 법 제62조 제1항).
4. 제61조에 따른 심사청구기간을 계산할 때에는 제1항에 따라 세무서장에게 해당 청구서가 제출된 때에 심사청구를 한 것으로 한다. 해당 청구서가 제1항의 세무서장 외의 세무서장, 지방국세청장 또는 국세청장에게 제출된 때에도 또한 같다(같은 조 제2항).

③ 심판청구

1. 심판청구를 하려는 자는 대통령령으로 정하는 바에 따라 불복의 사유 등이 기재된 심판청구서를 그 처분을 하였거나 하였어야 할 세무서장이나 조세심판원장에게 제출하여야 한다. 이 경우 심판청구서를 받은 세무서장은 이를 지체 없이 조세심판원장에게 송부하여야 한다(같은 법 제68조 제1항).
2. 제68조에 따른 심판청구기간을 계산할 때에는 심판청구서가 제1항 전단에 따른 세무서장 외의 세무서장, 지방국세청장 또는 국세청장에게 제출된 경우에도 심판청구를 한 것으로 본다. 이 경우 심판청구서를 받은 세무서장, 지방국세청장 또는 국세청장은 이를 지체 없이 조세심판원장에게 송부하여야 한다(같은 조 제2항).
3. 조세심판원장은 제1항 전단 또는 제2항 후단에 따라 심판청구서를 받은 경우에는 지체 없이 그 부본을 그 처분을 하였거나 하였어야 할 세무서장에게 송부하여야 한다(같은 조 제3항).

④ 재조사결정

1. 국세기본법에서는 심사청구 또는 심판청구에 대한 결정으로 각하결정, 기각결정, 취소·경정 결정이나 필요한 처분의 결정과 재조사결정을 규정하고 있다. 즉, 심사청구가 이유 있다고 인정될 때에는 그 청구의 대상이 된 처분의 취소·경정 결정을 하거나 필요한 처분의 결정을 한다. 다만, 취소·경정 또는 필요한 처분을 하기 위하여 사실관계 확인 등 추가적으로 조사가 필요한 경우에는 처분청으로 하여금 이를 재조사하여 그 결과에 따라 취소·경정하거나 필요한 처분을 하도록 하는 재조사 결정을 할 수 있다(국세기본법 제65조 제1항 제3호).

┤ 관 련 판 례 ├

1. 조세심판원이 재조사결정을 하고 그에 따라 과세관청이 후속처분으로 당초 부과처분을 취소한 경우, 형사소송법 제420조 제5호에 정한 재심사유에 해당한다(대판 2015.10.29, 2013도14716).
2. 재조사결정의 취지에 따른 후속 처분이 심판청구를 한 당초 처분보다 청구인에게 불리한 경우, 국세기본법 제79조 제2항의 불이익변경금지원칙에 위배되어 후속 처분 중 당초 처분의 세액을 초과하는 부분은 위법하다(대판 2016.9.28, 2016두39382).

2. 재조사 결정이 있는 경우 처분청은 재조사 결정일로부터 60일 이내에 결정서 주문에 기재된 범위에 한정하여 조사하고, 그 결과에 따라 취소·경정하거나 필요한 처분을 하여야 한다. 이 경우 처분청은 제81조의7 및 제81조의8에 따라 조사를 연기하거나 조사기간을 연장하거나 조사를 중지할 수 있다(같은 조 제5항).

┤ 관 련 판 례 ├

1. 과세관청이 과세처분에 관한 불복절차과정에서 그 불복사유가 옳다고 인정하여 그에 따라 필요한 처분을 하였음에도 동일사항에 관하여 특별한 사유 없이 이를 번복하고 다시 종전의 처분을 되풀이 할 수 없다(대판 2010.6.24, 2007두18161).
2. 재조사 결정의 주문 및 그 전제가 된 요건사실의 인정과 판단, 즉 처분의 구체적 위법사유에 관한 판단에도 불구하고, 처분청이 재조사 결정의 취지에 따라 재조사를 한 후 그 내용을 보완하는 후속 처분을 하지 아니한 채 당초 처분을 그대로 유지하는 것은 재조사 결정의 기속력에 저촉된다 : 심판청구 등에 대한 결정의 한 유형으로 실무상 행해지고 있는 재조사 결정은 재결청의 결정에서 지적된 사항에 관하여 처분청의 재조사결과를 기다려 그에 따른 후속 처분의 내용을 심판청구 등에 대한 결정의 일부분으로 삼겠다는 의사가 내포된 변형결정에 해당하므로, 처분청은 재조사 결정의 취지에 따라 재조사를 한 후 그 내용을 보완하는 후속 처분만을 할 수 있다고 보아야 한다. 따라서 처분청이 재조사 결정의 주문 및 그 전제가 된 요건사실의 인정과 판단, 즉 처분의 구체적 위법사유에 관한 판단에 반하여 당초 처분을 그대로 유지하는 것은 재조사 결정의 기속력에 저촉된다고 할 것이다(대판 2017.5.11, 2015두37549).

3. 심사청구 또는 심판청구에 대한 처분에 대해서는 이의신청, 심사청구 또는 심판청구를 제기할 수 없다. 다만, 제65조 제1항 제3호 단서(제81조에서 준용하는 경우를 포함한다)의 재조사 결정에 따른 처분청의 처분에 대해서는 해당 재조사 결정을 한 재결청에 대하여 심사청구 또는 심판청구를 제기할 수 있다(같은 법 제55조 제5항).
4. 동일한 처분에 대하여는 심사청구와 심판청구를 중복하여 제기할 수 없다(같은 조 제9항).

┤ 관 련 판 례 ├

재결청의 재조사결정에 따라 처분청이 감액경정처분이나 당초 처분을 유지하는 등의 후속 처분을 한 경우 불복청구기간의 기산점은 재조사결정통지를 받은 날이 아니라 후속 처분의 통지를 받은 날이다[대판(전합) 2010.6.25, 2007두12514].

⑤ 감사원에 대한 심사청구

1. 감사원의 감사를 받는 자의 직무에 관한 처분이나 그 밖에 감사원규칙으로 정하는 행위에 관하여 이해관계가 있는 자는 감사원에 그 심사의 청구를 할 수 있다(감사원법 제43조 제1항).
2. 심사청구는 청구의 취지와 이유를 적은 심사청구서로서 하되 청구의 원인이 되는 처분이나 그 밖의 행위를 행한 기관의 장을 거쳐(행정심판법과 달리 처분청경유주의를 채택) 이를 제출하여야 한다(같은 조 제2항).

> ┤ **관 련 판 례** ├
>
> 조세의 부과징수처분에 대하여 감사원법 제43조 제1항에 정한 심사청구절차를 거친 경우에는 위 처분의 취소소송 제기에 앞서 필요한 요건으로서의 행정심판을 거친 것으로 보아야 한다(대판 1991.2.26, 90누 7944).

(2) 행정소송

1. 국세기본법·관세법 및 지방세기본법은 행정심판·제소기관과 관련하여 특칙을 규정하고 있다.
2. <u>제55조에 규정된 위법한 처분에 대한 행정소송은 행정소송법 제18조 제1항 본문, 제2항 및 제3항에도 불구하고 이 법에 따른 심사청구 또는 심판청구와 그에 대한 결정을 거치지 아니하면 제기할 수 없다.</u> 다만, 심사 청구 또는 심판청구에 대한 제65조 제1항 제3호 단서(제81조에서 준용하는 경우를 포함한다)의 <u>재조사 결정에 따른 처분청의 처분에 대한 행정소송은 그러하지 아니하다</u>(국세기본법 제56조 제2항).

> ┤ **관 련 판 례** ├
>
> 1. 이의신청 및 심사청구를 거치지 아니하고서는 지방세부과처분에 대하여 행정소송을 제기할 수 없도록 한 지방세법 제78조 제2항은 행정심판에 사법절차를 준용하도록 한 헌법 제107조 제3항 및 재판청구 권을 보장하는 헌법 제27조에 위반된다(헌재결 2001.6.28, 2000헌바30).
> 2. 지방세부과처분에 대하여 이의신청 및 심사청구를 거치지 아니하고도 바로 취소소송을 제기할 수 있다 (대판 2003.8.22, 2001두3525).

제3장
행정상 즉시강제 및 행정조사

I. 행정상 즉시강제의 의의

행정상 즉시강제란 행정강제의 일종으로서 목전의 급박한 행정상 장해를 제거할 필요가 있는 경우에, 미리 의무를 명할 시간적 여유가 없을 때 또는 그 성질상 의무를 명하여 가지고는 목적달성이 곤란할 때에, 직접 국민의 신체 또는 재산에 실력을 가하여 행정상 필요한 상태를 실현하는 작용이며, 법령 또는 행정처분에 의한 선행의 구체적 의무의 존재와 그 불이행을 전제로 하는 행정상 강제집행과 구별된다(헌재결 2002.10.31, 2000헌가12).

II. 행정상 즉시강제의 종류(수단)

1. 대인적 강제

사람의 신체에 실력을 가하여 행정상 필요한 상태를 실현시키는 행정작용이다.

「경찰관 직무집행법」(일반법)	개별법(특별법)
1. 보호조치(대판 2012.12.13, 2012도11162)(제4조) : 정신착란을 일으키거나 술에 취하여 자신 또는 다른 사람의 생명·신체·재산에 위해를 끼칠 우려가 있는 사람, 자살을 시도하는 사람, 미아, 병자, 부상자 등으로서 적당한 보호자가 없으며 응급구호가 필요하다고 인정되는 사람(다만, 본인이 구호를 거절하는 경우는 제외) 2. 위험발생방지조치(경고, 억류, 피난, 접근 또는 통행의 제한이나 금지)(제5조) 3. 범죄예방·제지(대판 2021.10.14, 2018도2993)(제6조) 4. 장구·무기사용(제10조, 제10조의2, 제10조의3, 제10조의4)	1. 「감염병의 예방 및 관리에 관한 법률」에 의한 감염병에 감염되었으리라고 의심되는 충분한 이유 있는 자 또는 감염병에 감염되기 쉬운 환경에 있는 자에 대한 강제건강진단, 강제입원·강제치료 2. 「마약류관리에 관한 법률」상의 마약류중독자의 치료보호 3. 소방기본법상 원조강제 4. 출입국관리법상 불법체류외국인의 보호조치·무기사용 ▶ 불법체류외국인의 강제퇴거는 직접강제(즉시강제라는 견해로는 박균성, 장태주) 5. 「집회 및 시위에 관한 법률」상의 시위진압 6. 「재난 및 안전관리기본법」에 의한 응급조치

│ 관 련 판 례 │

1. 구 「경찰관 직무집행법」 제6조 제1항에 따른 경찰관의 제지 조치는 범죄의 예방을 위한 경찰 행정상 즉시강제에 해당한다(대판 2021.10.14, 2018도2993).

2. 피고인들을 포함한 '갑 주식회사 희생자 추모와 해고자 복직을 위한 범국민대책위원회'(약칭 '대책위')가 덕수궁 대한문 화단 앞 인도('농성 장소')를 불법적으로 점거한 뒤 천막·분향소 등을 설치하고 농성을 계속하다가 관할 구청이 행정대집행으로 농성 장소에 있던 물건을 치웠음에도 대책위 관계자들이 이에 대한 항의의 일환으로 기자회견 명목의 집회를 개최하려고 하자, 출동한 경찰 병력이 농성 장소를 둘러싼 채 대책위 관계자들의 농성 장소 진입을 제지하는 과정에서 피고인들이 경찰관을 밀치는 등으로 공무집행을 방해하였다는 내용으로 기소된 사안에서, 경찰의 농성 장소에 대한 점거와 대책위의 집회 개최를 제지한 직무집행이 '위법한 공무집행'이라고 본 원심판단에 법리오해의 잘못이 있다고 한 사례(대판 2021.10.14, 2018도2993)

2. 대물적 강제

타인의 물건에 실력을 가하여 필요한 상태를 실현시키는 행정작용이다.

「경찰관 직무집행법」(일반법)	개별법(특별법)
1. 무기·흉기의 임시영치(제4조 제3항) 2. 위험발생방지조치	1. 식품위생법·약사법·검역법, 「형의 집행 및 수용자의 처우에 관한 법률」에 의한 물건의 폐기·압수·압류 2. 불법비디오물·등급분류가 거부된 게임물 등 수거·폐기(헌재결 2002.10.31, 2000헌가12)(게임산업진흥에 관한 법률)

┤ 관 련 판 례 ├

불법게임물 수거·폐기는 대물적 강제이다(헌재결 2002.10.31, 2000헌가12).

3. 대가택강제

소유자 또는 점유자·관리자의 의사와 무관하게 가택·창고·영업소 등에 출입하여 행정상 필요한 상태를 실현하는 작용을 말한다. 종래에는 가택출입·조사행위를 행정상 즉시강제의 일종으로 보았으나, 현재는 「경찰관 직무집행법」상의 위험방지를 위한 가택출입, 임검·검사 및 수색(제7조)만 제외하고, 행정조사로 분류하고 있다.

Ⅲ. 행정상 즉시강제의 한계

1. 실체적 한계

1. 급박성(시간적 한계)
2. 보충성(최후수단성) : 즉시강제는 다른 수단으로는 행정목적을 달성할 수 없는 경우에만 허용되며, 이 경우에도 최소한으로만 실시하여야 한다(행정기본법 제33조 제1항). 즉시강제를 실시하기 위하여 현장에 파견되는 집행책임자는 그가 집행책임자임을 표시하는 증표를 보여 주어야 하며, 즉시강제의 이유와 내용을 고지하여야 한다(같은 조 제2항). [시행일 : 2023.3.24.] 제33조

   ┤ 관 련 판 례 ├

   행정강제는 행정상 강제집행을 원칙으로 하며, 법치국가적 요청인 예측가능성과 법적 안정성에 반하고, 기본권침해의 소지가 큰 권력작용인 행정상 즉시강제는 어디까지나 예외적인 강제수단이라고 할 것이다(헌재결 2002.10.31, 2000헌가12).

3. 소극성 : 소극적으로 공공의 안녕질서를 유지하기 위해 발동해야 하고, 적극적인 행정목적 달성을 위해 발동되어서는 안 된다.
4. 비례성

2. 절차적 한계

1. 영장불요설(소극설) : 헌법재판소

┤ 관 련 판 례 ├

행정상 즉시강제는 상대방의 임의이행을 기다릴 시간적 여유가 없을 때 하명 없이 바로 실력을 행사하는 것으로서, 그 본질상 급박성을 요건으로 하고 있어 법관의 영장을 기다려서는 그 목적을 달성할 수 없다고 할 것이므로, 원칙적으로 영장주의가 적용되지 않는다고 보아야 할 것이다(헌재결 2002.10.31, 2000헌가12).

2. 절충설(통설·대법원)
   ① 원칙 적용
   ② 행정강제의 특질을 고려하여 예외 인정
   ③ 형사책임의 추궁과 관련이 있거나, 개인의 신체·재산·가택에 중대한 침해를 가할 수 있는 경우에는 예외 부정

┤ 관 련 판 례 ├

헌법 제12조 제3항 단서도 사전영장주의의 예외를 인정하고 있는 것처럼 사전영장주의를 고수하다가는 도저히 행정목적을 달성할 수 없는 지극히 예외적인 경우에는 형사절차에서와 같은 예외가 인정된다(대판 1997.6.13, 96다56115).

IV. 행정조사의 하자문제

행정조사에 위법이 있는 경우 이를 기초로 한 행정결정이 위법한 것으로 되는가의 문제이다. 다수설은 행정조사의 하자가 행정행위에 승계되지 않는다는 견해인데, 판례는 적극설을 취하고 있다.

1. 과세관청 내지 그 상급관청이나 수사기관의 강요로 합리적이고 타당한 근거도 없이 작성된 과세자료에 터잡은 과세처분의 하자는 중대하고 명백한 것이다[대판(전합) 1992.3.31, 91다32053].
2. 납세자에 대한 부가가치세부과처분이, 종전의 부가가치세 경정조사와 같은 세목 및 같은 과세기간에 대하여 중복하여 실시된 위법한 세무조사에 기초하여 이루어진 것이어서 위법하다(대판 2006.6.2, 2004두12070).
3. 토양오염실태조사가 감사원 소속 감사관의 주도하에 실시되었다는 사정만으로 이 사건 토양정밀조사명령에 이를 위법한 것으로서 취소해야 할 정도의 하자가 있다고 볼 수는 없다(대판 2009.1.30, 2006두9498).

V. 즉시강제와 행정조사에 대한 권리구제

1. 적법한 즉시강제와 행정조사에 대한 권리구제(손실보상)

1. 적법한 즉시강제와 권력적 행정조사 : 손실이 특별한 희생에 해당한다면 법이 정하는 바에 따라 손실보상을 해야 한다.

   ┤ **관 련 판 례** ├
   1. 가축전염병예방법상 살처분의 법적 성격은 사회적 제약이다(헌재결 2014.4.24, 2013헌바110).
   2. 살처분 보상금을 대통령령으로 정하도록 위임한 구 가축전염병예방법 제48조 제1항 제2호는 포괄위임 입법금지원칙에 위배되지 않는다(헌재결 2014.4.24, 2013헌바110).

2. 비권력적 행정조사 : 공권력의 행사가 아니므로 손실보상은 불가

2. 위법한 즉시강제와 행정조사에 대한 권리구제

1. 행정쟁송
   ① 즉시강제나 권력적 행정조사 : 권력적 사실행위이므로 행정심판과 행정소송의 대상인 처분성 인정. 그러나 권력적 사실행위는 단기간의 행위로서 종료하는 경우가 보통이므로 협의의 소의 이익(권리보호의 필요성)이 부인되는 경우가 많다.
   ② 비권력적 행정조사 : 처분성이 인정되지 않으므로 항고소송을 통한 구제는 불가능
2. 손해배상 : 즉시강제가 이미 종료하여 행정쟁송이 불가능한 통상적인 경우에는 손해배상이 실효적

   ┤ **관 련 판 례** ├
   경찰관이 범인을 검거하면서 가스총을 근접 발사하여 가스와 함께 발사된 고무마개가 범인의 눈에 맞아 실명한 경우 국가배상책임이 인정된다(대판 2003.3.14, 2002다57218).

3. 정당방위
4. 기타 : ① 감독권에 의한 취소·정지, ② 공무원의 징계, ③ 공무원의 형사책임, ④ 청원 및 소원 등이 있으나, 이는 간접적 내지는 우회적인 구제수단에 지나지 않는다.

   ┤ **관 련 판 례** ├
   1. 대한민국 입국이 불허되어 대한민국 공항에 머무르고 있는 외국인에게 인신보호법상 구제청구권이 인정되고 대한민국 입국이 불허된 외국인을 외부와 출입이 통제되는 한정된 공간에 장기간 머무르도록 강제하는 것은 인신보호법상 구제대상인 위법한 수용에 해당한다(대결 2014.8.25, 2014인마5).
   2. 인신보호법에 의한 구제청구절차 진행 중 피수용자에 대한 수용이 해제된 경우, 원칙적으로 구제청구의 이익이 소멸한다(대결 2014.8.25, 2014인마5).
   3. 인신보호법 제2조 제1항 단서 중 "「출입국관리법」에 따라 보호된 자는 제외한다." 부분은 청구인들의 평등권을 침해하지 않는다(헌재결 2014.8.28, 2012헌마686).

VI. 행정조사기본법 주요내용

1. 행정조사의 의의

행정기관이 정책을 결정하거나 직무를 수행하는 데 필요한 정보나 자료를 수집하기 위하여 현장조사·문서열람·시료채취 등을 하거나 조사대상자에게 보고요구·자료제출요구 및 출석·진술요구를 행하는 활동(제2조 제1호)

2. 적용범위

1. 행정조사에 관한 일반법(제3조 제1항)
2. 적용배제사항(같은 조 제2항)
   1. 행정조사를 한다는 사실이나 조사내용이 공개될 경우 국가의 존립을 위태롭게 하거나 국가의 중대한 이익을 현저히 해칠 우려가 있는 국가안전보장·통일 및 외교에 관한 사항
   2. 국방 및 안전에 관한 사항 중 다음 각 목의 어느 하나에 해당하는 사항
      가. 군사시설·군사기밀보호 또는 방위사업에 관한 사항
      나. 「병역법」·「예비군법」·「민방위기본법」·「비상대비자원 관리법」에 따른 징집·소집·동원 및 훈련에 관한 사항
   3. 「공공기관의 정보공개에 관한 법률」 제4조 제3항의 정보에 관한 사항
   4. 「근로기준법」 제101조에 따른 근로감독관의 직무에 관한 사항
   5. 조세·형사·행형 및 보안처분에 관한 사항
   6. 금융감독기관의 감독·검사·조사 및 감리에 관한 사항
   7. 「독점규제 및 공정거래에 관한 법률」, 「표시·광고의 공정화에 관한 법률」, 「하도급거래 공정화에 관한 법률」, 「가맹사업거래의 공정화에 관한 법률」, 「방문판매 등에 관한 법률」, 「전자상거래 등에서의 소비자보호에 관한 법률」, 「약관의 규제에 관한 법률」 및 「할부거래에 관한 법률」에 따른 공정거래위원회의 법률위반행위 조사에 관한 사항

3. 행정조사의 기본원칙

1. 비례원칙과 조사남용금지원칙 : 행정조사는 조사목적을 달성하는 데 필요한 최소한의 범위 안에서 실시하여야 하며, 다른 목적 등을 위하여 조사권을 남용하여서는 아니 된다.
2. 중복조사금지원칙
3. 법령준수 유도 : 행정조사는 법령 등의 위반에 대한 처벌보다는 법령 등을 준수하도록 유도하는 데 중점을 두어야 한다.
4. 비밀누설금지원칙
5. 목적 외 용도로 이용(제공) 금지

4. 행정조사의 근거

행정기관은 법령 등에서 행정조사를 규정하고 있는 경우에 한하여 행정조사를 실시할 수 있다(강제조사). 다만, 조사대상자의 자발적인 협조를 얻어 실시하는 행정조사(임의조사)의 경우에는 그러하지 아니하다(제5조).

> **┤ 관 련 판 례 ├**
>
> 개별 법령 등에서 행정조사를 규정하고 있는 경우, 행정기관이 행정조사기본법 제5조 단서에서 정한 '조사대상자의 자발적인 협조를 얻어 실시하는 행정조사'를 실시할 수 있다(대판 2016.10.27, 2016두41811).

5. 조사계획의 수립 및 조사대상의 선정

1. 조사의 주기(정기조사원칙) : 행정조사는 법령 등 또는 행정조사운영계획으로 정하는 바에 따라 정기적으로 실시함을 원칙으로 한다. 다만, 다음 각 호 중 어느 하나에 해당하는 경우에는 수시조사를 할 수 있다(제7조).

   1. 법률에서 수시조사를 규정하고 있는 경우
   2. 법령 등의 위반에 대하여 혐의가 있는 경우
   3. 다른 행정기관으로부터 법령 등의 위반에 관한 혐의를 통보 또는 이첩받은 경우
   4. 법령 등의 위반에 대한 신고를 받거나 민원이 접수된 경우

2. 조사대상의 선정 : 행정기관의 장은 행정조사의 목적, 법령준수의 실적, 자율적인 준수를 위한 노력, 규모와 업종 등을 고려하여 명백하고 객관적인 기준에 따라 행정조사의 대상을 선정하여야 한다(제8조 제1항). 조사대상자는 조사대상 선정기준에 대한 열람을 행정기관의 장에게 신청할 수 있다(같은 조 제2항). 행정기관의 장이 제2항에 따라 열람신청을 받은 때에는 다음 각 호의 어느 하나에 해당하는 경우를 제외하고 신청인이 조사대상 선정기준을 열람할 수 있도록 하여야 한다(같은 조 제3항).

   1. 행정기관이 당해 행정조사업무를 수행할 수 없을 정도로 조사활동에 지장을 초래하는 경우
   2. 내부고발자 등 제3자에 대한 보호가 필요한 경우

> **┤ 관 련 판 례 ├**
>
> 1. 구 국세기본법 제81조의5가 마련된 이후에는 개별 세법이 정한 질문·조사권은 위 규정이 정한 요건과 한계 내에서만 허용된다(대판 2014.6.26, 2012두911).
> 2. 구 국세기본법 제81조의5가 정한 세무조사대상 선정사유가 없음에도 세무조사대상으로 선정하여 과세자료를 수집하고 과세처분을 하는 것은 위법하다(대판 2014.6.26, 2012두911).

6. 조사방법

(1) 출석·진술 요구

1. 행정기관의 장이 조사대상자의 출석·진술을 요구하는 때에는 출석요구서를 발송하여야 한다(제9조 제1항).
2. 조사대상자는 지정된 출석일시에 출석하는 경우 업무 또는 생활에 지장이 있는 때에는 행정기관의 장에게 출석일시를 변경하여 줄 것을 신청할 수 있으며, 변경신청을 받은 행정기관의 장은 행정조사의 목적을 달성할 수 있는 범위 안에서 출석일시를 변경할 수 있다(같은 조 제2항).
3. 출석한 조사대상자가 출석요구서에 기재된 내용을 이행하지 아니하여 행정조사의 목적을 달성할 수 없는 경우를 제외하고는 조사원은 조사대상자의 1회 출석으로 당해 조사를 종결하여야 한다(같은 조 제3항).

(2) 보고요구와 자료제출의 요구

1. 행정기관의 장은 조사대상자에게 조사사항에 대하여 보고를 요구하는 때에는 보고요구서를 발송하여야 한다(제10조 제1항).
2. 행정기관의 장은 조사대상자에게 장부·서류나 그 밖의 자료를 제출하도록 요구하는 때에는 자료제출요구서를 발송하여야 한다(같은 조 제2항).

(3) 현장조사

1. 조사원이 가택·사무실 또는 사업장 등에 출입하여 현장조사를 실시하는 경우에는 행정기관의 장은 다음 각 호의 사항이 기재된 현장출입조사서 또는 법령 등에서 현장조사시 제시하도록 규정하고 있는 문서를 조사대상자에게 발송하여야 한다(제11조 제1항).

   1. 조사목적
   2. 조사기간과 장소
   3. 조사원의 성명과 직위
   4. 조사범위와 내용
   5. 제출자료
   6. 조사거부에 대한 제재(근거 법령 및 조항 포함)

2. 현장조사는 해가 뜨기 전이나 해가 진 뒤에는 할 수 없다. 다만, 다음 각 호의 어느 하나에 해당하는 경우에는 그러하지 아니하다(같은 조 제2항).

   1. 조사대상자(대리인 및 관리책임이 있는 자를 포함한다)가 동의한 경우
   2. 사무실 또는 사업장 등의 업무시간에 행정조사를 실시하는 경우
   3. 해가 뜬 후부터 해가 지기 전까지 행정조사를 실시하는 경우에는 조사목적의 달성이 불가능하거나 증거인멸로 인하여 조사대상자의 법령 등의 위반 여부를 확인할 수 없는 경우

3. 현장조사를 하는 조사원은 그 권한을 나타내는 증표를 지니고 이를 조사대상자에게 내보여야 한다(같은 조 제3항).

(4) 시료채취

1. 조사원이 조사목적의 달성을 위하여 시료채취를 하는 경우에는 그 시료의 소유자 및 관리자의 정상적인 경제활동을 방해하지 아니하는 범위 안에서 최소한도로 하여야 한다(제12조 제1항).
2. 행정기관의 장은 시료채취로 조사대상자에게 손실을 입힌 때에는 대통령령으로 정하는 절차와 방법에 따라 그 손실을 보상하여야 한다(같은 조 제2항).

(5) 자료 등의 영치

1. 조사원이 현장조사 중에 자료·서류·물건 등을 영치하는 때에는 조사대상자 또는 그 대리인을 입회시켜야 한다(제13조 제1항).
2. 조사원이 자료 등을 영치하는 경우에 조사대상자의 생활이나 영업이 사실상 불가능하게 될 우려가 있는 때에는 조사원은 자료 등을 사진으로 촬영하거나 사본을 작성하는 등의 방법으로 영치에 갈음할 수 있다. 다만, 증거인멸의 우려가 있는 자료 등을 영치하는 경우에는 그러하지 아니하다(같은 조 제2항).
3. 조사원이 영치를 완료한 때에는 영치조서 2부를 작성하여 입회인과 함께 서명날인하고 그중 1부를 입회인에게 교부하여야 한다(같은 조 제3항).
4. 행정기관의 장은 영치한 자료등이 다음 각 호의 어느 하나에 해당하는 경우에는 이를 즉시 반환하여야 한다(같은 조 제4항).

   1. 영치한 자료등을 검토한 결과 당해 행정조사와 관련이 없다고 인정되는 경우
   2. 당해 행정조사의 목적의 달성 등으로 자료등에 대한 영치의 필요성이 없게 된 경우

(6) 공동조사의무

1. 행정기관의 장은 다음 각 호의 어느 하나에 해당하는 행정조사를 하는 경우에는 공동조사를 하여야 한다(제14조 제1항).

   1. 당해 행정기관 내의 2 이상의 부서가 동일하거나 유사한 업무분야에 대하여 동일한 조사대상자에게 행정조사를 실시하는 경우
   2. 서로 다른 행정기관이 대통령령으로 정하는 분야에 대하여 동일한 조사대상자에게 행정조사를 실시하는 경우

2. 행정조사의 사전통지를 받은 조사대상자는 관계 행정기관의 장에게 공동조사를 실시하여 줄 것을 신청할 수 있다. 이 경우 조사대상자는 신청인의 성명·조사일시·신청이유 등이 기재된 공동조사신청서를 관계 행정기관의 장에게 제출하여야 한다(같은 조 제2항).
3. 공동조사를 요청받은 행정기관의 장은 이에 응하여야 한다(같은 조 제3항).
4. 국무조정실장은 행정기관의 장이 제출한 행정조사운영계획의 내용을 검토한 후 관계 부처의 장에게 공동조사의 실시를 요청할 수 있다(같은 조 제4항).

(7) 중복조사의 제한

1. 정기조사 또는 수시조사를 실시한 행정기관의 장은 동일한 사안에 대해 동일한 조사대상자를 재조사해서는 아니 된다. 다만, 당해 행정기관이 이미 조사를 받은 조사대상자에 대해 위법행위가 의심되는 새로운 증거를 확보한 경우에는 그러하지 아니하다(제15조 제1항).
2. 행정조사를 실시할 행정기관의 장은 행정조사를 실시하기 전에 다른 행정기관에서 동일한 조사대상자에게 동일하거나 유사한 사안에 대해 행정조사를 실시하였는지 여부를 확인할 수 있다(같은 조 제2항).
3. 행정조사를 실시할 행정기관의 장이 사실을 확인하기 위해 행정조사의 결과에 대한 자료를 요청하는 경우 요청받은 행정기관의 장은 특별한 사유가 없는 한 관련자료를 제공해야 한다(같은 조 제3항).

7. 조사실시

(1) 조사의 사전 통지

1. 행정조사를 실시하고자 하는 행정기관의 장은 출석요구서, 보고요구서·자료제출요구서 및 현장출입조사서를 조사개시 <u>7일 전</u>(3일 전이 아님)까지 조사대상자에게 서면으로 통지하여야 한다. 다만, 다음 각 호의 어느 하나에 해당하는 경우에는 행정조사의 개시와 동시에 출석요구서등을 조사대상자에게 제시하거나 행정조사의 목적 등을 조사대상자에게 구두로 통지할 수 있다(제17조 제1항).

   1. 행정조사를 실시하기 전에 관련 사항을 미리 통지하는 때에는 증거인멸 등으로 행정조사의 목적을 달성할 수 없다고 판단되는 경우
   2. 「통계법」 제3조 제2호에 따른 지정통계의 작성을 위하여 조사하는 경우
   3. 제5조 단서에 따라 조사대상자의 자발적인 협조를 얻어 실시하는 행정조사의 경우

2. 행정기관의 장이 출석요구서 등을 조사대상자에게 발송하는 경우 출석요구서 등의 내용이 외부에 공개되지 아니하도록 필요한 조치를 하여야 한다(같은 조 제2항).

(2) 조사의 연기신청

1. 출석요구서 등을 통지받은 자가 천재지변이나 그 밖에 대통령령으로 정하는 사유로 인하여 행정조사를 받을 수 없는 때에는 당해 행정조사를 연기하여 줄 것을 행정기관의 장에게 요청할 수 있다(제18조 제1항).
2. 연기요청을 하고자 하는 자는 연기하고자 하는 기간과 사유가 포함된 연기신청서를 행정기관의 장에게 제출하여야 한다(같은 조 제2항).
3. 행정기관의 장은 행정조사의 연기요청을 받은 때에는 연기요청을 받은 날부터 7일 이내에 조사의 연기 여부를 결정하여 조사대상자에게 통지하여야 한다(같은 조 제3항).

(3) 제3자에 대한 보충조사

1. 행정기관의 장은 조사대상자에 대한 조사만으로는 당해 행정조사의 목적을 달성할 수 없거나 조사대상이 되는 행위에 대한 사실 여부 등을 입증하는 데 과도한 비용 등이 소요되는 경우로서 다음 각 호의 어느 하나에 해당하는 경우에는 제3자에 대하여 보충조사를 할 수 있다(제19조 제1항).

   1. 다른 법률에서 제3자에 대한 조사를 허용하고 있는 경우
   2. 제3자의 동의가 있는 경우

2. 행정기관의 장은 제3자에 대한 보충조사를 실시하는 경우에는 조사개시 7일 전까지 보충조사의 일시·장소 및 보충조사의 취지 등을 제3자에게 서면으로 통지하여야 한다(같은 조 제2항).
3. 행정기관의 장은 제3자에 대한 보충조사를 하기 전에 그 사실을 원래의 조사대상자에게 통지하여야 한다. 다만, 제3자에 대한 보충조사를 사전에 통지하여서는 조사목적을 달성할 수 없거나 조사목적의 달성이 현저히 곤란한 경우에는 제3자에 대한 조사결과를 확정하기 전에 그 사실을 통지하여야 한다(같은 조 제3항).
4. 원래의 조사대상자는 통지에 대하여 의견을 제출할 수 있다(같은 조 제4항).

(4) 자발적인 협조에 따라 실시하는 행정조사

1. 행정기관의 장이 조사대상자의 자발적인 협조를 얻어 행정조사를 실시하고자 하는 경우 조사대상자는 문서·전화·구두 등의 방법으로 당해 행정조사를 거부할 수 있다(제20조 제1항).
2. 행정조사에 대하여 조사대상자가 조사에 응할 것인지에 대한 응답을 하지 아니하는 경우에는 법령 등에 특별한 규정이 없는 한 그 조사를 거부한 것으로 본다(간주거부이지 동의가 아님)(같은 조 제2항).
3. 행정기관의 장은 조사거부자의 인적 사항 등에 관한 기초자료는 특정 개인을 식별할 수 없는 형태로 통계를 작성하는 경우에 한하여 이를 이용할 수 있다(같은 조 제3항).

(5) 의견제출

1. 조사대상자는 사전통지의 내용에 대하여 행정기관의 장에게 의견을 제출할 수 있다(제21조 제1항).
2. 행정기관의 장은 조사대상자가 제출한 의견이 상당한 이유가 있다고 인정하는 경우에는 이를 행정조사에 반영하여야 한다(같은 조 제2항).

(6) 조사원 교체신청

1. 조사대상자는 조사원에게 공정한 행정조사를 기대하기 어려운 사정이 있다고 판단되는 경우에는 행정기관의 장에게 당해 조사원의 교체를 신청할 수 있다(제22조 제1항).
2. 교체신청은 그 이유를 명시한 서면으로 행정기관의 장에게 하여야 한다(같은 조 제2항).
3. 교체신청을 받은 행정기관의 장은 즉시 이를 심사하여야 한다(같은 조 제3항).
4. 행정기관의 장은 교체신청이 타당하다고 인정되는 경우에는 다른 조사원으로 하여금 행정조사를 하게 하여야 한다(같은 조 제4항).
5. 행정기관의 장은 교체신청이 조사를 지연할 목적으로 한 것이거나 그 밖에 교체신청에 타당한 이유가 없다고 인정되는 때에는 그 신청을 기각하고 그 취지를 신청인에게 통지하여야 한다(같은 조 제5항).

(7) 조사권 행사의 제한

1. 조사원은 사전에 발송된 사항에 한하여 조사대상자를 조사하되, 사전통지한 사항과 관련된 추가적인 행정조사가 필요할 경우에는 조사대상자에게 추가조사의 필요성과 조사내용 등에 관한 사항을 서면이나 구두로 통보한 후 추가조사를 실시할 수 있다(제23조 제1항).
2. 조사대상자는 법률·회계 등에 대하여 전문지식이 있는 관계 전문가로 하여금 행정조사를 받는 과정에 입회하게 하거나 의견을 진술하게 할 수 있다(같은 조 제2항).
3. 조사대상자와 조사원은 조사과정을 방해하지 아니하는 범위 안에서 행정조사의 과정을 녹음하거나 녹화할 수 있다. 이 경우 녹음·녹화의 범위 등은 상호 협의하여 정하여야 한다(같은 조 제3항).
4. 조사대상자와 조사원이 녹음이나 녹화를 하는 경우에는 사전에 이를 당해 행정기관의 장에게 통지하여야 한다(같은 조 제4항).

(8) 조사결과의 통지의무

행정기관의 장은 법령 등에 특별한 규정이 있는 경우를 제외하고는 행정조사의 결과를 확정한 날부터 7일 이내에 그 결과를 조사대상자에게 통지하여야 한다(제24조).

8. 자율관리체제의 구축 등

(1) 자율신고제도운영(재량)

1. 행정기관의 장은 법령 등에서 규정하고 있는 조사사항을 조사대상자로 하여금 스스로 신고하도록 하는 제도를 운영할 수 있다(제25조 제1항).
2. 행정기관의 장은 조사대상자가 신고한 내용이 거짓의 신고라고 인정할 만한 근거가 있거나 신고내용을 신뢰할 수 없는 경우를 제외하고는 그 신고내용을 행정조사에 갈음할 수 있다(같은 조 제2항).

(2) 자율관리체제의 구축지원의무

1. 행정기관의 장은 조사대상자가 자율적으로 행정조사사항을 신고·관리하고, 스스로 법령준수사항을 통제하도록 하는 체제의 기준을 마련하여 고시할 수 있다(제26조 제1항).
2. 조사대상자나 조사대상자가 법령 등에 따라 설립하거나 자율적으로 설립한 단체 또는 협회는 자율관리체제를 구축하여 행정기관의 장에게 신고할 수 있다(같은 조 제2항).
3. 국가와 지방자치단체는 행정사무의 효율적인 집행과 법령 등의 준수를 위하여 조사대상자의 자율관리체제 구축을 지원하여야 한다(같은 조 제3항).

(3) 자율관리에 대한 혜택의 부여(재량)

행정기관의 장은 자율신고를 하는 자와 자율관리체제를 구축하고 자율관리체제의 기준을 준수한 자에 대하여는 법령 등으로 규정한 바에 따라 행정조사의 감면 또는 행정·세제상의 지원을 하는 등 필요한 혜택을 부여할 수 있다(제27조).

9. 보칙

(1) 정보통신수단을 통한 행정조사(재량)

1. 행정기관의 장은 인터넷 등 정보통신망을 통하여 조사대상자로 하여금 자료의 제출 등을 하게 할 수 있다(제28조 제1항).
2. 행정기관의 장은 정보통신망을 통하여 자료의 제출 등을 받은 경우에는 조사대상자의 신상이나 사업비밀 등이 유출되지 아니하도록 제도적·기술적 보안조치를 강구하여야 한다(같은 조 제2항).

(2) 행정조사의 점검과 평가(국무조정실장)

제4장
행정벌

I. 행정벌·집행벌(이행강제금)·징계벌의 구별

구별기준	집행벌(이행강제금)	행정벌	징계벌
상대방	일반국민	일반국민	행정조직의 내부구성원(공무원)
권력의 기초	일반권력(일반통치권)	일반권력(일반통치권)	특별권력
목 적	장래에 대한 의무이행의 확보	1. 일반사회의 질서유지 2. 과거의 의무위반에 대한 제재	공무원관계 내부의 질서유지
성 질	간접적 의무이행확보수단	간접적 의무이행확보수단	
대 상	주로 부작위의무·비대체적 작위의무의 불이행	행정법상의 비행 즉, 행정범	공무원법상의 의무위반
법적 근거	반드시 법적 근거가 있어야	반드시 법적 근거가 있어야	반드시 법적 근거가 있어야
내 용	의무 불이행 시 이행강제를 위해 부과하는 금전부담	생명·자유·재산 등을 제한 박탈	신분적 이익의 전부(파면·해임) 또는 일부(강등·정직·감봉·견책)의 박탈
고의·과실	불 요	원칙적으로 요구됨.	불 요
부과권자	행정청	법 원	특별권력주체
반복부과	반복부과 가능(일사부재리원칙이 적용 안 되는 유일한 작용)	반복부과 불가(일사부재리원칙 위반)	반복부과 불가(일사부재리원칙 위반)
절 차	1. 과태료의 불복절차유형(구 건축법상의 판례) 행정기관에 의한 부과 ⇨ 이의제기 ⇨ 법원에 통보 ⇨ 법원이 비송사건절차법에 의해 재판 2. 과징금의 불복절차유형(현행 건축법) : 일반행정쟁송으로 권리구제	1. 행정형벌 : 형사소송법에 따라 법원이 부과(원칙). 통고처분·즉결심판(예외) 2. 행정질서벌(과태료) : 질서위반행위규제법에 따라 행정청이 부과(원칙)	징계위원회의 의결(국가공무원법 제82조 제1항)

II. 행정법상 고의·과실요건

필요	불요
1. 행정형벌 2. 공무원의 위법한 직무집행행위로 인한 국가배상책임 　(국가배상법 제2조) 3. 행정질서벌 　① 질서위반행위규제법 제7조 : 고의 또는 과실이 없 　　는 질서위반행위는 과태료를 부과하지 아니한다. 　② 최근 대법원판례(대결 2011.7.14, 2011마364)	1. 조물의 설치 또는 관리의 하자로 인한 국가배상책임 　(국가배상법 제5조) 　▶ 그러나 최신판례는 주관설에 따름. 2. 이행강제금 3. 가산세 4. 징계벌 5. 결과제거청구권 6. 수용적 침해 7. 경찰책임

Ⅲ. 일사부재리원칙 위반 여부

구 분	일사부재리(이중처벌금지)원칙 위반 여부
형사벌과 행정형벌	○
행정형벌과 행정질서벌	1. 긍정설(다수설) : 행정형벌과 행정질서벌은 모두 행정벌의 일종이므로 병과하면 일사부재리원칙에 위반된다는 견해 2. 부정설 : 행정형벌과 행정질서벌은 목적이나 성질이 다르므로 병과해도 일사부재리원칙 위반이 아니라는 견해 3. 대법원판례는 부정설(대판 1989.6.13, 88도1983) : 행정형벌과 행정질서벌의 실질적 차이를 전제로 병과가능하다는 입장 ┃ 관 련 판 례 ┃ 일사부재리의 효력은 확정재판이 있을 때에 발생하는 것이고 과태료는 행정법상의 질서벌에 불과하므로 과태료처분을 받고 이를 납부한 일이 있더라도 그 후에 형사처벌을 한다고 해서 일사부재리의 원칙에 어긋난다고 할 수 없다(대판 1989.6.13, 88도1983). 4. 헌법재판소(헌재결 1994.6.30, 92헌바38) ┃ 관 련 판 례 ┃ 1. 이중처벌금지원칙을 정한 헌법 제13조 제1항 소정의 '처벌'은 원칙적으로 국가의 형벌권 실행으로서의 과벌을 의미하는 것이고, 국가가 행하는 일체의 제재나 불이익처분을 모두 그에 포함된다고 할 수는 없다(헌재결 1994.6.30, 92헌바38). 2. 과태료는 행정형벌과 목적·기능이 중복되는 면이 없지 않으므로, 동일한 행위를 대상으로 하여 형벌을 부과하면서 아울러 행정질서벌로서의 과태료까지 부과한다면 이중처벌금지의 기본정신에 배치되어 국가 입법권의 남용으로 인정될 여지가 있다(헌재결 1994.6.30, 92헌바38). 3. 무허가건축행위로 구 건축법 제54조 제1항에 의하여 형벌을 받은 자가 그 위법건축물에 대한 시정명령에 위반한 경우 그에 대하여 과태료를 부과할 수 있도록 한 동법 제56조의2 제1항의 규정은 이중처벌금지원칙에 위배되지 않는다(헌재결 1994.6.30, 92헌바38).
형사벌과 행정질서벌	×(대판 1989.6.13, 88도1983)
집행벌(이행강제금)과 행정벌	×(대결 2005.8.19, 2005마30)
행정벌(형사벌)과 행정처분(운행정지처분)	×(대판 1983.6.14, 82누439)
행정질서벌과 행정처분	×
행정벌과 징계벌(징계처분)	×
동일한 사유로 인한 직위해제처분과 감봉처분	×(대판 1983.10.25, 83누184)

Ⅳ. 행정형벌과 행정질서벌의 비교

구분	행정형벌	행정질서벌
벌의 종류	형벌(사형·징역·금고·자격상실·자격정지·벌금·구류·과료·몰수)	과태료
	벌의 선택(입법재량) : 어떤 행정법규 위반행위에 대하여, 이를 단지 간접적으로 행정상의 질서에 장해를 줄 위험성이 있음에 불과한 경우(단순한 의무태만 내지 의무위반)로 보아 행정질서벌인 과태료를 과할 것인가, 아니면 직접적으로 행정목적과 공익을 침해한 행위로 보아 행정형벌을 과할 것인가, 그리고 행정형벌을 과할 경우 그 법정형의 형종과 형량을 어떻게 정할 것인가는, 당해 위반행위가 위의 어느 경우에 해당하는가에 대한 법적 판단을 그르친 것이 아닌 한 그 처벌내용은 기본적으로 입법권자가 제반사정을 고려하여 결정할 그 입법재량에 속하는 문제라고 할 수 있다(헌재결 1994.4.28, 91헌바14).	
대상행위	직접적인 행정목적 침해행위	간접적인 행정목적달성 장해행위
형법총칙	원칙적으로 적용(고의 또는 과실 필요)	1. 적용 안 됨(고의 또는 과실 불요) : 다수설 ▶ 그러나 질서위반행위규제법과 최신판례(대결 2011.7.14, 2011마364)에 의하면 고의 또는 과실 필요 2. 죄형법정주의 : 다수설은 적용긍정설, 헌법재판소는 부정설 ┤ **관련판례** ├ 과태료는 행정상의 질서유지를 위한 행정질서벌에 해당할 뿐 형벌이라고 할 수 없어 죄형법정주의의 규율대상에 해당하지 아니한다(헌재결 1998. 5.28, 96헌바83).
과벌절차	형사소송법(예외 : 통고처분, 즉결심판)	질서위반행위규제법에 따라 행정청이 결정(원칙)
추세	행정벌의 행정질서벌화(행정범의 탈범죄화, 비범죄화) : 단기자유형과 벌금을 질서벌인 과태료로 전환	

V. 행정형벌의 실체법적 특수성

1. 행정형벌의 근거

범죄와 형벌은 법률로써 규정되어 있어야 한다는 법원칙인 죄형법정주의의 원칙은 형사벌뿐만 아니라 행정벌에도 적용된다. 한편, 지방자치단체는 조례로써 조례위반행위에 대하여 1,000만 원 이하의 과태료[형벌(×)]를 정할 수 있으며(지방자치법 제34조), 부정한 방법으로 사용료 등을 면한 자에게는 면한 금액의 5배 이내의 과태료를 그리고 공공시설의 부정사용자에 대하여는 50만 원 이하의 과태료를 부과하는 규정을 정할 수 있다(제156조 제2항).

> **관 련 판 례**
>
> 형벌법규의 해석은 엄격하여야 하고 명문규정의 의미를 피고인에게 불리한 방향으로 지나치게 확장해석하거나 유추해석하는 것은 죄형법정주의의 원칙에 어긋나는 것으로서 허용되지 않으며, 이러한 법해석의 원리는 그 형벌법규의 적용대상이 행정법규가 규정한 사항을 내용으로 하고 있는 경우에 있어서 그 행정법규의 규정을 해석하는 데에도 마찬가지로 적용된다(대판 2007.6.29, 2006도4582).

2. 고의

원칙적으로 고의 필요

3. 위법성의 인식

행정범은 형사범과 달리 법정범이기 때문에 행위자가 구체적인 행정법규위반의 인식이 없으면 범죄가 성립하지 않는 경우도 있다.

> **관 련 판 례**
>
> 허가를 담당하는 공무원이 허가를 요하지 않는다고 잘못 알려 준 것을 믿은 경우 자기의 행위가 죄가 되지 않는 것으로 오인한 데 정당한 이유 인정(대판 1992.5.22, 91도2525)

4. 과실범

다수설·판례는 행정범을 처벌하는 명문규정이 있는 경우뿐만 아니라 해석상 과실범의 처벌도 인정되는 경우에도 벌할 수 있다는 입장이다.

> **관 련 판 례**
>
> 1. 행정상의 단속을 주안으로 하는 법규라 하더라도 명문규정이 있거나 해석상 과실범도 벌할 뜻이 명확한 경우를 제외하고는 형법의 원칙에 따라 고의가 있어야 벌할 수 있다(대판 1986.7.22, 85도108).
> 2. 법정의 배출허용기준을 초과하는 배출가스를 배출하면서 자동차를 운행하는 행위를 처벌하는 위 법 제57조 제6호의 규정은 자동차의 운행자가 그 자동차에서 배출되는 배출가스가 소정의 운행자동차 배출허용기준을 초과한다는 점을 실제로 인식하면서 운행한 고의범의 경우는 물론 과실로 인하여 그러한 내용을 인식하지 못한 과실범의 경우도 함께 처벌하는 규정이다(대판 1993.9.10, 92도1136).

5. 양벌규정

1. 양벌규정은 영업주의 종업원 등에 대한 감독태만을 처벌하려는 취지이다(대판 2007.11.29, 2007도7920).
2. 종업원의 미성년자보호법 위반죄의 구성요건상 자격흠결시에도 영업주의 범죄성립 가능(대판 1987.11.10, 87도1213)
3. 영업주 스스로 고용한 자가 아니고 타인의 고용인으로서 타인으로부터 보수를 받고 있다 하더라도 객관적 외형상으로 영업주의 업무를 처리하고 영업주의 종업원을 통하여 간접적으로 감독통제를 받는 자라면 위에 포함된다(대판 1987.11.10, 87도1213).
4. 종업원의 위법행위의 동기가 영업주의 책임에 영향을 미치지 않는다(대판 1987.11.10, 87도1213).
5. 양벌규정에 의한 영업주의 처벌에 있어서 종업원의 범죄성립이나 처벌이 전제조건은 아니다(대판 2006.2.24, 2005도7673).
6. 양벌규정에 의하여 사용자가 벌금을 납부하여야 하는 경우, 원칙적으로 위법행위를 한 종업원이나 그 종업원의 실질적인 사용자에게 배상을 구할 수 없다(대판 2007.11.16, 2005다3229).
7. 종업원의 위반행위에 대하여 양벌조항으로서 개인인 영업주에게도 동일하게 무기 또는 2년 이상의 징역형의 법정형으로 처벌하도록 규정하고 있는「보건범죄단속에 관한 특별조치법」제6조 중 제5조에 의한 처벌부분은 형사법상 책임원칙에 반한다.
   ① 책임 없는 자에게 형벌을 부과 : 이 사건 법률조항이 종업원의 업무 관련 무면허의료행위가 있으면 이에 대해 영업주가 비난받을 만한 행위가 있었는지 여부와는 관계없이 자동적으로 영업주도 처벌하도록 규정하고 있으므로, 다른 사람의 범죄에 대해 그 책임 유무를 묻지 않고 형벌을 부과함으로써, 형사법의 기본원리인 "책임없는 자에게 형벌을 부과할 수 없다."는 책임주의에 반한다.
   ② 책임 정도보다 무거운 법정형 : 일정한 범죄에 대해 형벌을 부과하는 법률조항이 정당화되기 위해서는 범죄에 대한 귀책사유를 의미하는 책임이 인정되어야 하고, 그 법정형 또한 책임의 정도에 비례하도록 규정되어야 하는데, 이 사건 법률조항은 과실밖에 없는 영업주를 고의의 본범(종업원)과 동일하게 '무기 또는 2년 이상의 징역형'이라는 법정형으로 처벌하는 것은 그 책임의 정도에 비해 지나치게 무거운 법정형을 규정하는 것이므로, 두 가지 점을 모두 고려하면 형벌에 관한 책임원칙에 반한다(헌재결 2007.11.29, 2005헌가10).
8. 「사행행위 등 규제 및 처벌특례법」제31조는 위헌이다(헌재결 2009.7.30, 2008헌가14).
9. 청소년보호법 제54조는 위헌이다(헌재결 2009.7.30, 2008헌가10).
10. 개인의 대리인, 사용인, 그 밖의 종업원이 무면허의료행위를 하면 그 개인도 행위자와 같이 처벌하는 의료법 제91조 제2항 부분은 책임주의에 반하여 헌법에 위반된다(헌재결 2009.10.29, 2009헌가6).

6. 법인의 범죄능력

형사범에 있어서 법인의 범죄능력을 부정하는데, 행정범은 법인의 대표자 또는 법인의 대리인·사용인 기타의 종업원이 법인의 업무에 관하여 의무를 위반한 경우에 행위자뿐만 아니라 법인에 대해서도 처벌(양벌규정·쌍벌규정)하는 경우가 많다. 다수설은 법인을 처벌한다는 특별규정을 요한다고 해석하는데, 판례는 일관되지 않다.

━━┃ 관 련 판 례 ┃━━

1. 특별규정 없이도 법인을 처벌할 수 있다는 판례(대판 1961.6.7, 4293형상923)
2. 특별규정 없으면 법인을 처벌할 수 없다는 판례(대판 1968.2.20, 67도1683)
3. 양벌규정인 자동차운수사업법 제74조를 법인격 없는 사단이나 그 구성원 개개인에 적용할 수 없다(대판 1995.7.28, 94도3325).
4. 지방자치단체가 국가사무를 기관위임받아 수행하는 경우에는 양벌규정의 적용대상이 되지 않고, 자치(고유)사무를 수행하는 경우에는 양벌규정의 적용대상이 된다(대판 2005.11.10, 2004도2657).
5. 지방자치단체(부산광역시 서구) 소속 공무원이 압축트럭 청소차를 운전하여 고속도로를 운행하던 중 제한축중을 초과적재 운행함으로써 도로관리청의 차량운행제한을 위반한 경우 해당 지방자치단체는 도로법 제86조의 양벌규정에 따른 처벌대상이 된다(대판 2005.11.10, 2004도2657).
6. 「사행행위 등 규제 및 처벌특례법」 제31조는 위헌이다 : '책임 없는 자에게 형벌을 부과할 수 없다'는 형벌에 관한 책임주의는 형사법의 기본원리로서, 헌법상 법치국가의 원리에 내재하는 원리인 동시에, 헌법 제10조의 취지로부터 도출되는 원리이다. 오늘날 법인의 사회적 활동이 증가함에 따라 법인에 의한 반사회적 법익 침해 또한 증가하고 있고, 이에 대처하기 위하여는 법인에게 직접 제재를 가할 필요가 있다. 그러나 형벌은 국가가 가지고 있는 가장 강력한 제재수단이므로 입법자가 일단 법인에 대한 제재수단으로 '형벌'을 선택한 이상, 그 적용에 있어서는 형벌에 관한 헌법상 원칙, 즉 법치주의와 죄형법정주의로부터 도출되는 책임주의 원칙이 준수되어야 한다(헌재결 2009.7.30, 2008헌가14).
7. 산지관리법의 양벌규정 중 법인의 대표자에 사실상 대표자도 포함한다(대판 2011.3.24, 2010도14817).
8. 산지관리법의 양벌규정 중 법인의 대표자 부분은 형벌의 자기책임원칙에 반하지 않는다 : 법인은 기관을 통하여 행위하므로 법인의 대표자의 행위로 인한 법률효과는 법인에게 귀속되어야 하고, 법인 대표자의 범죄행위에 대하여는 법인 자신이 책임을 져야 하는바, <u>법인 대표자의 법규위반행위에 대한 법인의 책임은 법인 자신의 법규위반행위로 평가될 수 있는 행위에 대한 법인의 직접책임으로서, 대표자의 고의에 의한 위반행위에 대하여는 법인 자신의 고의에 의한 책임을, 대표자의 과실에 의한 위반행위에 대하여는 법인 자신의 과실에 의한 책임을 지는 것이다.</u> 따라서 이 사건 법률조항 중 법인의 대표자 관련 부분은 대표자의 책임을 요건으로 하여 법인을 처벌하는 것이므로 위 양벌규정에 근거한 형사처벌이 형벌의 자기책임원칙에 반하여 헌법에 위반된다고 볼 수 없다(대판 2011.3.24, 2010도14817).
9. 갑 교회의 총회 건설부장인 피고인이 관할시청의 허가 없이 건물 옥상층에 창고시설을 건축하는 방법으로 건물을 불법 증축하여 건축법 위반으로 기소된 사안에서, 갑 교회는 을을 대표자로 한 법인격 없는 사단이고, 피고인은 갑 교회에 고용된 사람이므로, 을을 구 건축법 제112조 제4항 양벌규정의 '개인'의 지위에 있다고 보아 피고인을 같은 조항에 의하여 처벌할 수는 없다고 한 사례(대판 2017.12.28, 2017도13982)

VI. 행정벌의 과벌절차

구분		과벌절차
행정형벌	원칙	형사소송법이 정하는 바에 따라 법원이 결정
	통고처분 (간이과벌절차)	1. 행위자의 이행시 : 처벌절차 종료. 일사부재리에 의해 거듭 처벌금지 2. 불이행시 : 통고처분 효력상실 → 세무서장 등의 고발 → 형사소송절차로 이행 　(20만원 이하의 벌금, 구류, 과료에 해당할 경우 즉결심판)
행정질서벌 (과태료)	법률 / 행정청이 부과(원칙)	1. 과태료부과의 실효성 확보와 법원과 국민의 부담경감을 위해 최근에 도입 2. 행정청에 의한 부과 → 처분청에 이의제기(납부 시는 종결) → 처분청이 관할법원에 통보 → 질서위반행위규제법에 따라 법원이 결정
	조례 / 지방자치법 제34조	지방자치단체는 조례를 위반한 행위에 대하여 조례로써 1천만원 이하의 과태료를 정할 수 있다(제34조 제1항). 과태료는 해당 지방자치단체의 장이나 그 관할 구역 안의 지방자치단체의 장이 부과·징수한다(같은 조 제2항). 비송사건절차법에 의한다는 조항은 2009.4.1. 삭제되었기 때문에 일반법인 질서위반행위규제법에 의한다.
	지방자치법 제156조 제2항	사기나 그 밖의 부정한 방법으로 사용료·수수료 또는 분담금의 징수를 면한 자에 대하여는 그 징수를 면한 금액의 5배 이내의 과태료를, 공공시설을 부정사용한 자에 대하여는 50만원 이하의 과태료를 부과하는 규정을 조례로 정할 수 있다(제156조 제2항). 과태료의 부과·징수, 재판 및 집행 등의 절차에 관한 사항은 질서위반행위규제법에 따른다(같은 조 제3항).

VII. 통고처분

1. 의의 및 법적 성질

1. 조세범·관세범·출입국사범·교통사범 및 경범죄사범 등에 대하여 형사소송에 대신하여 행정청이 벌금 또는 과료에 해당하는 금액(범칙금)의 납부를 명(통고)하는 것(범칙금 부과)
2. 범칙금의 법적 성질 : ① 행정제재금 ② 벌금 또는 과료에 상당하는 금액

┤ 관 련 판 례 ├

1. 통고처분을 행정심판이나 행정소송의 대상에서 제외하고 있는 관세법 제38조 제3항 제2호는 재판청구권이나 적법절차에 위반이 아니다(헌재결 1998.5.28, 96헌바4).
2. 통고처분제도의 근거조항인 도로교통법 제118조 본문은 적법절차원칙이나 권력분립원칙에 위배된다거나, 재판청구권 침해가 아니다(헌재결 2003.10.30, 2002헌마275).
3. 조세범칙사건의 조사 결과에 따른 국세청장 등의 후속조치로서 '통고처분'의 성격 : 통고처분은 조세범칙자에게 벌금 또는 과료에 해당하는 금액 등을 납부할 것을 통고하는 처분일 뿐 벌금 또는 과료의 면제를 통고하는 처분이 아니며, 통고서는 범칙자별로 작성된다(대판 2014.10.15, 2013도5650).
4. 「경범죄 처벌법」상 범칙금제도의 의의 : 「경범죄 처벌법」상 범칙금제도는 범칙행위에 대하여 형사절차에 앞서 경찰서장의 통고처분에 따라 범칙금을 납부할 경우 이를 납부하는 사람에 대하여는 기소를 하지 않는 처벌의 특례를 마련해 둔 것으로 법원의 재판절차와는 제도적 취지와 법적 성질에서 차이가 있다(대판 2020.4.29, 2017도13409).

2. 대상

조세범(조세범처벌절차법)·관세범(관세법)·출입국관리사범(출입국관리법)·도로교통사범(도로교통법)·경범죄처벌사범(「경범죄 처벌법」)

3. 법적 성질

1. 학설 : 통고처분의 법적 성질에 대하여는 정식재판에 갈음하여 신속 간편하게 범칙금의 납부를 명하는 준사법적 행정행위·사법행정처분·준사법작용이라는 다수설

   [틀린지문] 행정처분, 통지행위, 대리행위, 사실행위, 판결, 벌금

2. 대법원판례 : 처분성 부정(대판 1962.1.31, 4294행상40)
3. 헌재결정 : 처분성 부정(헌재결 1998.5.28, 96헌바4)

4. 통고처분권자

1. 행정청 : 국세청장·지방국세청장 또는 세무서장·경찰서장·관세청장 또는 세관장(관세법 제311조)·경찰서장 또는 해양경찰서장·출입국관리사무소장·출장소장 또는 외국인보호소장, 제주특별자치도지사
2. 검사(×)·법원(×)

5. 효과

1. 공소시효중단
2. 납부시 일사부재리원칙 적용

┤ 관 련 판 례 ├

1. "범칙금을 납부한 사람은 범칙행위에 대하여 다시 벌받지 아니한다."는 경범죄처벌법 제7조 제3항, 제8조 제3항의 규정 취지 : 통고처분에 의한 범칙금의 납부에 확정판결에 준하는 효력을 인정한 것이고, 형사소송법 제326조 제1호는 '확정판결이 있는 때'를 면소사유로 규정하고 있으므로 확정판결이 있는 사건과 동일사건에 대하여 공소가 제기된 경우에는 판결로써 면소의 선고를 하여야 하며, 여기에서 공소사실이나 범칙행위의 동일성 여부는 사실의 동일성이 갖는 법률적 기능을 염두에 두고 피고인의 행위와 그 사회적인 사실관계를 기본으로 하되 그 규범적 요소도 아울러 고려하여 판단하여야 한다(대판 2011.1.27, 2010도11987).
2. 경범죄처벌법상 범칙금제도의 의의 및 범칙금의 납부에 따라 확정판결에 준하는 효력이 인정되는 범위 : 범칙금의 납부에 따라 확정판결에 준하는 효력이 인정되는 범위는 범칙금 통고의 이유에 기재된 당해 범칙행위 자체 및 범칙행위와 동일성이 인정되는 범칙행위에 한정된다. 따라서 범칙행위와 같은 시간과 장소에서 이루어진 행위라 하더라도 범칙행위의 동일성을 벗어난 형사범죄행위에 대하여는 범칙금의 납부에 따라 확정판결에 준하는 일사부재리의 효력이 미치지 아니한다(대판 2012.9.13, 2012도6612).
3. 이미 범칙금을 납부한 범칙행위와 같은 일시·장소에서 이루어진 별개의 형사범죄행위에 대하여 범칙금의 납부로 인한 불처벌의 효력이 미치지 않는다(대판 2007.4.12, 2006도4322).
4. 인근소란으로 인한 경범죄처벌법위반죄로 통고처분을 받아 범칙금을 납부한 사람을 다시 흉기휴대상해죄로 처벌하는 것은 이중처벌에 해당하지 않는다(대판 2011.4.28, 2009도12249).
5. 피고인이 경범죄처벌법상 '음주소란' 범칙행위로 범칙금 통고처분을 받아 이를 납부하였는데, 이와 근

접한 일시·장소에서 위험한 물건인 과도(果刀)를 들고 피해자를 쫓아가며 "죽여 버린다."고 소리쳐 협박하였다는 내용의 폭력행위 등 처벌에 관한 법률 위반으로 기소된 사안에서, 범칙행위인 '음주소란'과 공소사실인 '흉기휴대협박행위'는 기본적 사실관계가 동일하다고 볼 수 없다는 이유로, 범칙금 납부의 효력이 공소사실에 미치지 않는다고 한 사례(대판 2012.9.13, 2012도6612)

3. 고발 : 사무소장·출장소장 또는 외국인보호소장은 출입국사범이 기간 내에 범칙금을 납부하지 아니한 때에는 고발하여야 한다. 다만, 고발하기 전에 납부한 때에는 그러하지 아니하다(출입국관리법 제105조 제2항).

┤ 관 련 판 례 ├

1. 통고처분권자의 고발이 없는 공소제기는 공소기각사유(대판 1971.11.30, 71도1736)
2. 관세법상 통고처분 여부는 행정청의 재량이므로 통고처분 없이 이루어진 고발의 효력은 유효하다(대판 2007.5.11, 2006도1993).
3. 조세범칙사건에 대한 세무공무원의 즉시고발이 있는 경우, 고발사유를 명기하지 않더라도 소추요건이 충족되고 법원이 즉시고발 사유에 대하여 심사할 수 없다(대판 2014.10.15, 2013도5650).
4. 조세범칙사건에 대한 고발의 효력 범위 및 수 개의 범칙사실 중 일부만을 범칙사건으로 하는 고발의 효력 범위 : 고발은 범죄사실에 대한 소추를 요구하는 의사표시로서 그 효력은 고발장에 기재된 범죄사실과 동일성이 인정되는 사실 모두에 미치므로, 「조세범 처벌절차법」에 따라 범칙사건에 대한 고발이 있는 경우 고발의 효력은 범칙사건에 관련된 범칙사실의 전부에 미치고 한 개의 범칙사실의 일부에 대한 고발은 전부에 대하여 효력이 생긴다. 그러나 수 개의 범칙사실 중 일부만을 범칙사건으로 하는 고발이 있는 경우 고발장에 기재된 범칙사실과 동일성이 인정되지 않는 다른 범칙사실에 대해서까지 고발의 효력이 미칠 수는 없다(대판 2014.10.15, 2013도5650).
5. 지방국세청장 또는 세무서장이 조세범칙행위에 대하여 고발을 한 후에 동일한 조세범칙행위에 대하여 한 통고처분의 효력은 원칙적으로 무효이고 조세범칙행위자가 이러한 통고처분을 이행한 경우, 「조세범 처벌절차법」 제15조 제3항에서 정한 일사부재리의 원칙이 적용되지 않는다(대판 2016.9.28, 2014도10748).
6. 출입국사범 사건에서 지방출입국·외국인관서의 장의 적법한 고발이 있었는지 판단하는 방법 : 출입국사범 사건에서 지방출입국·외국인관서의 장의 적법한 고발이 있었는지 여부가 문제 되는 경우에 법원은 증거조사의 방법이나 증거능력의 제한을 받지 아니하고 제반 사정을 종합하여 적당하다고 인정되는 방법에 의하여 자유로운 증명으로 그 고발 유무를 판단하면 된다(대판 2021.10.28, 2021도404).

6. 즉결심판

1. 즉결심판의 대상 : 통고처분과 달리 자유형에 대해서도 가능
   지방법원, 지원 또는 시·군법원의 판사는 즉결심판절차에 의하여 피고인에게 20만 원 이하의 벌금, 구류(자유형) 또는 과료(과태료가 아님)에 처할 수 있다.
2. 즉결심판의 청구(경찰서장)

┤ 관 련 판 례 ├

1. 범칙금 통고처분을 받고도 납부기간 이내에 범칙금을 납부하지 아니한 사람에 대하여 행정청에 대한 이의제기나 의견진술 등의 기회를 주지 않고 경찰서장이 곧바로 즉결심판을 청구하도록 한 구 도로교통법 제165조 제1항 본문 제2호(즉결심판청구 조항)는 적법절차원칙에 위배되지 않는다(합헌)(헌재결 2014.8.28, 2012헌바433).
2. 경찰서장이 범칙행위에 대하여 통고처분을 하였는데 통고처분에서 정한 범칙금 납부기간이 경과하지 아니한 경우, 원칙적으로 즉결심판을 청구할 수 없고, 검사도 동일한 범칙행위에 대하여 공소를 제기할 수 없다(대판 2020.4.29, 2017도13409).

3. 정식재판의 청구(피고 또는 경찰서장) : 정식재판을 청구하고자 하는 피고인은 즉결심판의 선고·고지를 받은 날부

터 7일 이내에 정식재판청구서를 경찰서장에게 제출하여야 한다.
4. 형의 집행 : 형의 집행은 경찰서장이 하고 그 집행결과를 지체 없이 검사에게 보고하여야 한다. 구류는 경찰서 유치장·구치소 또는 교도소에서 집행하며 구치소 또는 교도소에서 집행할 때에는 검사가 지휘한다.

Ⅷ. 질서위반행위규제법

1. 개설

(1) 다른 법률과의 관계

과태료의 부과·징수, 재판 및 집행 등의 절차에 관한 다른 법률의 규정 중 이 법의 규정에 저촉되는 것은 이 법으로 정하는 바에 따른다(제5조).

(2) 법 적용의 시간적 범위

1. 질서위반행위의 성립과 과태료처분은 행위 시의 법률에 따른다(제3조 제1항).
2. 질서위반행위 후 법률이 변경되어 그 행위가 질서위반행위에 해당하지 아니하게 되거나 과태료가 변경되기 전의 법률보다 가볍게 된 때에는 법률에 특별한 규정이 없는 한 변경된 법률을 적용한다(같은 조 제2항).
3. 행정청의 과태료처분이나 법원의 과태료재판이 확정된 후 법률이 변경되어 그 행위가 질서위반행위에 해당하지 아니하게 된 때에는 변경된 법률에 특별한 규정이 없는 한 과태료의 징수 또는 집행을 면제한다(같은 조 제3항).

┨ 관 련 판 례 ┠
1. 질서위반행위에 대하여 과태료 부과의 근거 법률이 개정되어 행위 시의 법률에 의하면 과태료 부과대상 이었지만 재판 시의 법률에 의하면 과태료 부과대상이 아니게 된 경우, 과태료를 부과할 수 없다(대결 2020.12.18, 2020마6912).
2. 2018. 12. 31. 이전에 이루어진 현금영수증 발급의무 위반행위에 대하여는 행위 시의 법률인 구「조세 범 처벌법」제15조 제1항을 적용하여 과태료를 부과하여야 한다(대결 2020.12.18, 2020마6912).
3. 국가경찰공무원으로서 경감 직위에서 퇴직한 갑이 '철도건널목 안전관리 및 경비' 등의 업무를 담당하 는 경비사업소장으로 을 주식회사에 취업한 후 취업제한 여부 확인요청서를 제출하였는데, 갑에 대하여 취업 전에 취업제한 여부 확인요청을 하지 않았다는 이유로 과태료가 부과되었고, 이에 갑이 항고하였 으나 항고심법원이 2019. 12. 3. 법률 제16671호로 개정된 공직자윤리법이 공포된 상태임에도 시행일 까지 기다리지 아니한 채 항고기각 결정을 한 사안에서, <u>과태료 재판 계속 중에 개정·시행된 공직자윤 리법령에 의하면 갑이 취업제한 여부 확인요청대상자의 범위에서 제외될 여지가 있으므로 이 경우 재판 시의 법률에 따라 과태료를 부과할 수 없게 된다</u>는 이유로 원심결정을 파기한 사례(대결 2020.11.3, 2020마5594)
4. 2018. 12. 31. 이전에 이루어진 현금영수증 발급의무 위반행위에 대하여는 행위 시의 법률인 구「조세 범 처벌법」제15조 제1항을 적용하여 과태료를 부과하여야 한다(대결 2020.12.18, 2020마6912).

(3) 법 적용의 장소적 범위

1. 이 법은 대한민국 영역 안에서 질서위반행위를 한 자에게 적용한다(제4조 제1항).
2. 이 법은 대한민국 영역 밖에서 질서위반행위를 한 대한민국의 국민에게 적용한다(같은 조 제2항).
3. 이 법은 대한민국 영역 밖에 있는 대한민국의 선박 또는 항공기 안에서 질서위반행위를 한 외국인에게 적용한 다(같은 조 제3항).

2. 과태료 부과요건

(1) 부과대상(질서위반행위)

'질서위반행위'란 법률(지방자치단체의 조례를 포함)상의 의무를 위반하여 과태료를 부과하는 행위를 말한다. 다만, 대통령령으로 정하는 사법(私法)상·소송법상 의무를 위반하여 과태료를 부과하는 행위, 대통령령으로 정하는 법률에 따른 징계사유에 해당하여 과태료를 부과하는 행위를 제외한다.

(2) 고의·과실

고의 또는 과실이 없는 질서위반행위는 과태료를 부과하지 아니한다(제7조).

┨ **관 련 판 례** ┠

1. 과태료 부과대상 질서위반행위를 한 자가 자신의 책임 없는 사유로 위반행위에 이르렀다고 주장하는 경우, 법원이 취하여야 할 조치 : 질서위반행위규제법은 과태료의 부과대상인 질서위반행위에 대하여도 책임주의 원칙을 채택하여 제7조에서 "고의 또는 과실이 없는 질서위반행위는 과태료를 부과하지 아니한다."고 규정하고 있으므로, 질서위반행위를 한 자가 자신의 책임 없는 사유로 위반행위에 이르렀다고 주장하는 경우 법원으로서는 그 내용을 살펴 행위자에게 고의나 과실이 있는지를 따져보아야 한다(대결 2011.7.14, 2011마364).
2. 과태료 재판은 관할관청이 부과한 과태료처분에 대한 당부를 심판하는 행정소송절차가 아니라 법원의 직권으로 개시·결정하는 것이므로, 원칙적으로 과태료 재판에서는 행정소송에서와 같은 신뢰보호의 원칙 위반 여부가 문제로 되지 아니한다(대결 2006.4.28, 2003마715).
3. 주택건설촉진법의 규정을 위반하여 주택을 공급한 자에게 과태료를 부과한다고 하여 사법적 효력까지 부인되지는 않는다(대판 2007.8.23, 2005다59475·59482·59499).

(3) 위법성의 착오

자신의 행위가 위법하지 아니한 것으로 오인하고 행한 질서위반행위는 그 오인에 정당한 이유가 있는 때에 한하여 과태료를 부과하지 아니한다(제8조).

(4) 책임연령

14세가 되지 아니한 자의 질서위반행위는 과태료를 부과하지 아니한다. 다만, 다른 법률에 특별한 규정이 있는 경우에는 그러하지 아니하다(제9조).

(5) 심신장애

1. 심신(心神)장애로 인하여 행위의 옳고 그름을 판단할 능력이 없거나 그 판단에 따른 행위를 할 능력이 없는 자의 질서위반행위는 과태료를 부과하지 아니한다(제10조 제1항).
2. 심신장애로 인하여 능력이 미약한 자의 질서위반행위는 과태료를 감경한다(같은 조 제2항).
3. 스스로 심신장애 상태를 일으켜 질서위반행위를 한 자에 대하여는 제1항 및 제2항을 적용하지 아니한다(같은 조 제3항).

(6) 법인의 처리 등(양벌규정)

1. 법인의 대표자, 법인 또는 개인의 대리인·사용인 및 그 밖의 종업원이 업무에 관하여 법인 또는 그 개인에게 부과된 법률상의 의무를 위반한 때에는 법인 또는 그 개인에게 과태료를 부과한다(제11조 제1항).
2. 제7조부터 제10조까지의 규정은 도로교통법 제56조 제1항(차의 운전자를 고용하고 있는 사람이나 직접 이를 관리하는 지위에 있는 사람 또는 차의 사용자는 운전자에게 이 법이나 이 법에 의한 명령을 지키도록 항상 주의시키고 감독하여야 한다)에 따른 고용주 등을 같은 법 제160조 제3항에 따라 과태료를 부과하는 경우에는 적용하지 아니한다(같은 조 제2항).

(7) 다수인의 질서위반행위 가담

1. 2인 이상이 질서위반행위에 가담한 때에는 각자가 질서위반행위를 한 것으로 본다(제12조 제1항).
2. 신분에 의하여 성립하는 질서위반행위에 신분이 없는 자가 가담한 때에는 신분이 없는 자에 대하여도 질서위반행위가 성립한다(같은 조 제2항).
3. 신분에 의하여 과태료를 감경 또는 가중하거나 과태료를 부과하지 아니하는 때에는 그 신분의 효과는 신분이 없는 자에게는 미치지 아니한다(같은 조 제3항).

(8) 수개의 질서위반행위의 처리

1. 하나의 행위가 2 이상의 질서위반행위에 해당하는 경우에는 각 질서위반행위에 대하여 정한 과태료 중 가장 중한 과태료를 부과한다(제13조 제1항).
2. 2 이상의 질서위반행위가 경합하는 경우에는 각 질서위반행위에 대하여 정한 과태료를 각각 부과한다. 다만, 다른 법령(지방자치단체의 조례를 포함한다)에 특별한 규정이 있는 경우에는 그 법령으로 정하는 바에 따른다(같은 조 제2항).

(9) 과태료의 산정 시 고려사항

행정청 및 법원은 과태료를 정함에 있어서 다음 각 호의 사항을 고려하여야 한다(제14조).

1. 질서위반행위의 동기·목적·방법·결과
2. 질서위반행위 이후의 당사자의 태도와 정황
3. 질서위반행위자의 연령·재산상태·환경
4. 그 밖에 과태료의 산정에 필요하다고 인정되는 사유

(10) 과태료부과와 사법적 효력

주택건설촉진법의 규정을 위반하여 주택을 공급한 자에게 과태료를 부과한다고 하여 사법적 효력까지 부인되지는 않는다는 것이 판례의 입장이다.

┤ 관 련 판 례 ├

구 주택건설촉진법 제52조의3 제1항 제6호는 '제32조 제2호의 규정을 위반하여 주택을 공급한 자'를 과태료에 처하도록 규정하고 있으나, 주택공급계약이 위 법 제32조, 위 규칙 제27조 제4항, 제3항에 위반하였다고 하더라도 그 사법적 효력까지 부인된다고 할 수는 없다(대판 2007.8.23, 2005다59475·59482·59499).

3. 행정청의 과태료 부과 및 징수(원칙)

(1) 사전통지 및 의견제출의무 등

1. 행정청이 질서위반행위에 대하여 과태료를 부과하고자 하는 때에는 미리 당사자(고용주 등을 포함한다)에게 일정한 사항을 통지하고, 10일 이상의 기간을 정하여 의견을 제출할 기회를 주어야 한다. 이 경우 지정된 기일까지 의견제출이 없는 경우에는 의견이 없는 것으로 본다(제16조 제1항).
2. 당사자는 의견제출 기한 이내에 행정청에 의견을 진술하거나 필요한 자료를 제출할 수 있다(같은 조 제2항).
3. 행정청은 당사자가 제출한 의견에 상당한 이유가 있는 경우에는 과태료를 부과하지 아니하거나 통지한 내용을 변경할 수 있다(같은 조 제3항).

(2) 과태료의 부과(행정청)

1. 행정청은 의견제출절차를 마친 후에 서면(당사자가 동의하는 경우에는 전자문서를 포함한다)으로 과태료를 부과하여야 한다(제17조 제1항).
2. 위 서면에는 질서위반행위, 과태료 금액 등을 명시하여야 한다(같은 조 제2항).

> ┤ **관 련 판 례** ├
>
> 「서울특별시 수도조례」 및 「서울특별시 하수도사용조례」에 근거한 과태료부과처분은 행정소송의 대상이 되는 행정처분이 아니다 : 수도조례 및 하수도사용조례에 기한 과태료의 부과 여부 및 그 당부는 최종적으로 질서위반행위규제법에 의한 절차에 의하여 판단되어야 한다고 할 것이므로, 그 과태료부과처분은 행정청을 피고로 하는 행정소송의 대상이 되는 행정처분이라고 볼 수 없다(대판 2012.10.11, 2011두19369).

(3) 신용카드 등에 의한 과태료의 납부

1. 당사자는 과태료, 제24조에 따른 가산금, 중가산금 및 체납처분비를 대통령령으로 정하는 과태료 납부대행기관을 통하여 신용카드, 직불카드 등(신용카드 등)으로 낼 수 있다(제17조의2 제1항).
2. 제1항에 따라 신용카드 등으로 내는 경우에는 과태료 납부대행기관의 승인일을 납부일로 본다(같은 조 제2항).
3. 과태료 납부대행기관은 납부자로부터 신용카드 등에 의한 과태료 납부대행 용역의 대가로 납부대행 수수료를 받을 수 있다(같은 조 제3항).

(4) 자진납부자에 대한 과태료 감경(재량)

1. 행정청은 당사자가 의견제출 기한 이내에 과태료를 자진하여 납부하고자 하는 경우에는 과태료를 감경할 수 있다(제18조 제1항).
2. 당사자가 감경된 과태료를 납부한 경우에는 해당 질서위반행위에 대한 과태료 부과 및 징수절차는 종료한다(같은 조 제2항).

(5) 과태료 부과의 제척기간·징수의 소멸시효

1. 행정청은 질서위반행위가 종료된 날(다수인이 질서위반행위에 가담한 경우에는 최종행위가 종료된 날을 말한다)부터 5년이 경과한 경우에는 해당 질서위반행위에 대하여 과태료를 부과할 수 없다(제19조 제1항).
2. 행정청은 법원의 결정이 있는 경우에는 그 결정이 확정된 날부터 1년이 경과하기 전까지는 과태료를 정정부과 하는 등 해당 결정에 따라 필요한 처분을 할 수 있다(같은 조 제2항).
3. 과태료는 행정청의 과태료부과처분이나 법원의 과태료재판이 확정된 후 5년 간 징수하지 아니하거나 집행하지 아니하면 시효로 인하여 소멸한다(제15조 제1항).
4. 소멸시효의 중단·정지 등에 관하여는 국세기본법 제28조를 준용한다(같은 조 제2항).
5. 그러나 구법시대의 판례는 과태료의 제재는 형벌이 아니므로 공소시효나 형의 시효가 적용되지 않고, 과태료 부과권(처벌권)은 금전채권이 아니므로 소멸시효도 적용되지 않지만, 과태료 징수에는 5년의 소멸시효가 적용된다고 판시한 바 있다.

> **┤ 관 련 판 례 ├**
>
> 과태료는 형벌이 아니므로 공소시효나 형의 시효가 적용되지 않고, 과태료 처벌권은 금전채권이 아니므로 소멸시효도 적용되지 않지만, 과태료 징수에는 5년의 소멸시효가 적용된다(대결 2000.8.24, 2000마1350).

(6) 이의제기

1. 행정청의 과태료 부과에 불복하는 당사자는 과태료 부과 통지를 받은 날부터 60일 내에 해당 행정청에 서면으로 이의제기를 할 수 있다(제20조 제1항).
2. 이의제기가 있는 경우에는 행정청의 과태료부과처분은 그 효력을 상실(집행정지가 아님)한다(같은 조 제2항).

> **┤ 관 련 판 례 ├**
>
> 상대방의 이의제기가 법원에 통지되면 과태료부과처분은 효력을 상실한다(헌재결 1998.9.30, 98헌마18).

3. 당사자는 행정청으로부터 통지를 받기 전까지는 행정청에 대하여 서면으로 이의제기를 철회할 수 있다(같은 조 제3항).

(7) 법원에의 통보

1. 이의제기를 받은 행정청은 이의제기를 받은 날부터 14일 이내에 이에 대한 의견 및 증빙서류를 첨부하여 관할법원에 통보하여야 한다. 다만, 다음 각 호의 어느 하나에 해당하는 경우에는 그러하지 아니하다(제21조 제1항).

   1. 당사자가 이의제기를 철회한 경우
   2. 당사자의 이의제기에 이유가 있어 과태료를 부과할 필요가 없는 것으로 인정되는 경우

2. 행정청은 사실상 또는 법률상 같은 원인으로 말미암아 다수인에게 과태료를 부과할 필요가 있는 경우에는 다수인 가운데 1인에 대한 관할권이 있는 법원에 이의제기 사실을 통보할 수 있다(같은 조 제2항).
3. 행정청이 관할법원에 통보를 하거나 통보하지 아니하는 경우에는 그 사실을 즉시 당사자에게 통지하여야 한다(같은 조 제3항).

(8) 질서위반행위의 조사

1. 행정청은 질서위반행위가 발생하였다는 합리적 의심이 있어 그에 대한 조사가 필요하다고 인정할 때에는 다음 각 호의 조치를 할 수 있다(제22조 제1항).

   1. 당사자 또는 참고인의 출석 요구 및 진술의 청취
   2. 당사자에 대한 보고 명령 또는 자료 제출의 명령

2. 행정청은 질서위반행위가 발생하였다는 합리적 의심이 있어 그에 대한 조사가 필요하다고 인정할 때에는 그 소속 직원으로 하여금 당사자의 사무소 또는 영업소에 출입하여 장부·서류 또는 그 밖의 물건을 검사하게 할 수 있다(같은 조 제2항).
3. 검사를 하고자 하는 행정청 소속 직원은 당사자에게 검사 개시 7일 전까지 검사 대상 및 검사 이유 등을 통지하여야 한다. 다만, 긴급을 요하거나 사전통지의 경우 증거인멸 등으로 검사목적을 달성할 수 없다고 인정되는 때에는 그러하지 아니하다(같은 조 제3항).
4. 검사를 하는 직원은 그 권한을 표시하는 증표를 지니고 이를 관계인에게 내보여야 한다(같은 조 제4항).
5. 조치 또는 검사는 그 목적 달성에 필요한 최소한에 그쳐야 한다(같은 조 제5항).

(9) 자료제공의 요청

행정청은 과태료의 부과·징수를 위하여 필요한 때에는 관계 행정기관, 지방자치단체, 그 밖에 대통령령으로 정하는 공공기관의 장에게 그 필요성을 소명하여 자료 또는 정보의 제공을 요청할 수 있으며, 그 요청을 받은 공공기관 등의 장은 특별한 사정이 없는 한 이에 응하여야 한다(제23조).

(10) 가산금 징수 및 체납처분 등

1. 행정청은 당사자가 납부기한까지 과태료를 납부하지 아니한 때에는 납부기한을 경과한 날부터 체납된 과태료에 대하여 '100분의 3'에 상당하는 가산금을 징수한다(제24조 제1항).
2. 체납된 과태료를 납부하지 아니한 때에는 납부기한이 경과한 날부터 매 1개월이 경과할 때마다 체납된 과태료의 1천분의 12에 상당하는 가산금(중가산금)을 가산금에 가산하여 징수한다. 이 경우 중가산금을 가산하여 징수하는 기간은 60개월을 초과하지 못한다(같은 조 제2항).
3. 행정청은 당사자가 기한 이내에 이의를 제기하지 아니하고 가산금을 납부하지 아니한 때에는 국세 또는 지방세 체납처분의 예에 따라 징수한다(같은 조 제3항).

(11) 상속재산 등에 대한 집행

1. 과태료는 당사자가 과태료부과처분에 대하여 이의를 제기하지 아니한 채 제20조 제1항에 따른 기한(과태료 부과통지를 받은 날부터 60일 이내)이 종료한 후 사망한 경우에는 그 상속재산에 대하여 집행할 수 있다(제24조의2 제1항).
2. 법인에 대한 과태료는 법인이 과태료부과처분에 대하여 이의를 제기하지 아니한 채 제20조 제1항에 따른 기한(과태료 부과통지를 받은 날부터 60일 이내)이 종료한 후 합병에 의하여 소멸한 경우에는 합병 후 존속한 법인 또는 합병에 의하여 설립된 법인에 대하여 집행할 수 있다(같은 조 제2항).

(12) 과태료의 징수유예 등

1. 행정청은 당사자가 다음 각 호의 어느 하나에 해당하여 과태료(체납된 과태료와 가산금, 중가산금 및 체납처분비를 포함한다)를 납부하기가 곤란하다고 인정되면 1년의 범위에서 대통령령으로 정하는 바에 따라 과태료의 분할 납부나 납부기일의 연기(징수유예 등)를 결정할 수 있다(제24조의3 제1항).

    1. 「국민기초생활 보장법」에 따른 수급권자
    2. 「국민기초생활 보장법」에 따른 차상위계층 중 다음 각 목의 대상자
        가. 의료급여법에 따른 수급권자
        나. 한부모가족지원법에 따른 지원대상자
        다. 자활사업 참여자
    3. 장애인복지법 제2조 제2항에 따른 장애인
    4. 본인 외에는 가족을 부양할 사람이 없는 사람
    5. 불의의 재난으로 피해를 당한 사람
    6. 납부의무자 또는 그 동거 가족이 질병이나 중상해로 1개월 이상의 장기 치료를 받아야 하는 경우
    7. 「채무자 회생 및 파산에 관한 법률」에 따른 개인회생절차개시결정자
    8. 「고용보험법」에 따른 실업급여수급자
    9. 그 밖에 제1호부터 제8호까지에 준하는 것으로서 대통령령으로 정하는 부득이한 사유가 있는 경우

2. 제1항에 따라 징수유예 등을 받으려는 당사자는 대통령령으로 정하는 바에 따라 이를 행정청에 신청할 수 있다(같은 조 제2항).
3. 행정청은 제1항에 따라 징수유예 등을 하는 경우 그 유예하는 금액에 상당하는 담보의 제공이나 제공된 담보의 변경을 요구할 수 있고, 그 밖에 담보보전에 필요한 명령을 할 수 있다(같은 조 제3항).
4. 행정청은 제1항에 따른 징수유예 등의 기간 중에는 그 유예한 과태료 징수금에 대하여 가산금, 중가산금의 징수 또는 체납처분(교부청구는 제외한다)을 할 수 없다(같은 조 제4항).
5. 행정청은 다음 각 호의 어느 하나에 해당하는 경우 그 징수유예 등을 취소하고, 유예된 과태료 징수금을 한꺼번에 징수할 수 있다. 이 경우 그 사실을 당사자에게 통지하여야 한다(같은 조 제5항).

    1. 과태료 징수금을 지정된 기한까지 납부하지 아니하였을 때
    2. 담보의 제공이나 변경, 그 밖에 담보보전에 필요한 행정청의 명령에 따르지 아니하였을 때
    3. 재산상황이나 그 밖의 사정의 변화로 유예할 필요가 없다고 인정될 때
    4. 제1호부터 제3호까지에 준하는 대통령령으로 정하는 사유에 해당되어 유예한 기한까지 과태료 징수금의 전액을 징수할 수 없다고 인정될 때

(13) 결손처분

1. 행정청은 당사자에게 다음 각 호의 어느 하나에 해당하는 사유가 있을 경우에는 결손처분을 할 수 있다(제24조의4 제1항).

    1. 제15조 제1항에 따라 과태료의 소멸시효가 완성된 경우
    2. 체납자의 행방이 분명하지 아니하거나 재산이 없는 등 징수할 수 없다고 인정되는 경우로서 대통령령으로 정하는 경우

2. 행정청은 제1항 제2호에 따라 결손처분을 한 후 압류할 수 있는 다른 재산을 발견하였을 때에는 지체 없이 그 처분을 취소하고 체납처분을 하여야 한다(같은 조 제2항).

4. 질서위반행위의 재판 및 집행

(1) 관할법원

1. 과태료 사건은 다른 법령에 특별한 규정이 있는 경우를 제외하고는 <u>당사자</u>(질서위반행위를 한 자연인 또는 법인, 법인이 아닌 사단 또는 재단으로서 대표자 또는 관리인이 있는 것을 포함)의 <u>주소지의 지방법원 또는 그 지원의 관할</u>로 한다(제25조).
2. 법원 관할은 행정청이 이의제기 사실을 통보한 때를 표준으로 정한다(같은 법 제26조).

(2) 행정청에 대한 출석 요구 등

1. 법원은 행정청의 참여가 필요하다고 인정하는 때에는 행정청으로 하여금 심문기일에 출석하여 의견을 진술하게 할 수 있다(제32조 제1항).
2. 행정청은 법원의 허가를 받아 소속 공무원으로 하여금 심문기일에 출석하여 의견을 진술하게 할 수 있다(같은 조 제2항).

(3) 직권에 의한 사실탐지와 증거조사

1. 법원은 직권으로 사실의 탐지와 필요하다고 인정하는 증거의 조사를 하여야 한다(제33조 제1항).
2. 증거조사에 관하여는 민사소송법에 따른다(같은 조 제2항).

> **┤ 관 련 판 례 ├**
> 과태료재판의 심판 범위는 행정청의 과태료부과처분사유와 기본적 사실관계에서 동일성이 인정되는 한도 내이다(대결 2012.10.19, 2012마1163).

(4) 재판

1. 과태료재판은 이유를 붙인 <u>결정</u>으로써 한다(제36조 제1항).
2. 결정서의 원본에는 판사가 서명날인하여야 한다. 다만, 이의제기서 또는 조서에 재판에 관한 사항을 기재하고 판사가 이에 서명날인함으로써 원본에 갈음할 수 있다(같은 조 제2항).
3. 결정서의 정본과 등본에는 법원사무관 등이 기명날인하고, 정본에는 법원인을 찍어야 한다(같은 조 제3항).
4. 서명날인은 기명날인으로 갈음할 수 있다(같은 조 제4항).

> **┤ 관 련 판 례 ├**
> 비송사건절차법에 따라 과태료 액수를 정함에 있어 법원이 가지는 재량의 범위 : 법원이 비송사건절차법에 따라 과태료 재판을 함에 있어서는 관계법령에서 규정하는 과태료 상한의 범위 내에서 그 동기, 위반의 정도, 결과 등 여러 인자를 고려하여 재량으로 그 액수를 정할 수 있고, 원심이 정한 과태료 액수가 법령이 정한 범위 내에서 이루어진 이상 그것이 현저히 부당하여 재량권남용에 해당하지 않는 한 그 액수가 많다고 다투는 것은 적법한 재항고이유가 될 수 없다(원심은 재항고인의 규모, 거래의 규모, 내용, 횟수 등을 고려하여 제1심이 공정거래위원회가 정한 과태료의 50%를 감액하여 부과한 과태료 액수가 부당하지 않다고 판단)(대결 2007.4.12, 2006마731).

(5) 결정의 고지

1. 결정은 <u>당사자와 검사에게 고지함으로써 효력</u>이 생긴다(제37조 제1항).
2. 결정의 고지는 법원이 적당하다고 인정하는 방법으로 한다. 다만, 공시송달을 하는 경우에는 민사소송법에 따라야 한다(같은 조 제3항).

(6) 항고

1. 당사자와 검사는 과태료재판에 대하여 즉시항고를 할 수 있다. 이 경우 항고는 집행정지의 효력이 있다(제38조 제1항).
2. 검사는 필요한 경우에는 즉시항고 여부에 대한 행정청의 의견을 청취할 수 있다(같은 조 제2항).
3. 항고법원의 과태료재판에는 이유를 적어야 한다(같은 법 제39조).
4. 민사소송법의 항고에 관한 규정은 특별한 규정이 있는 경우를 제외하고는 이 법에 따른 항고에 준용한다(같은 법 제40조).

(7) 재판비용(패소자부담의 원칙)

1. 과태료재판절차의 비용은 과태료에 처하는 선고가 있는 경우에는 그 선고를 받은 자의 부담으로 하고, 그 외의 경우에는 국고의 부담으로 한다(제41조 제1항).
2. 항고법원이 당사자의 신청을 인정하는 과태료재판을 한 때에는 항고절차의 비용과 전심에서 당사자의 부담이 된 비용은 국고의 부담으로 한다(같은 조 제2항).

(8) 과태료재판의 집행

1. 과태료재판은 검사의 명령으로써 집행한다. 이 경우 그 명령은 집행력 있는 집행권원과 동일한 효력이 있다(제42조 제1항).
2. 과태료재판의 집행절차는 민사집행법에 따르거나 국세 또는 지방세 체납처분의 예에 따른다. 다만, 민사집행법에 따를 경우에는 집행을 하기 전에 과태료재판의 송달은 하지 아니한다(같은 조 제2항).
3. 과태료 재판의 집행에 대하여는 제24조(가산금 징수 및 체납처분 등) 및 제24조의2(상속재산 등에 대한 집행)를 준용한다. 이 경우 제24조의2 제1항 및 제2항 중 '과태료부과처분에 대하여 이의를 제기하지 아니한 채 제20조 제1항에 따른 기한이 종료한 후'는 '과태료 재판이 확정된 후'로 본다(같은 조 제3항).
4. 검사는 과태료재판을 집행한 경우 그 결과를 해당 행정청에 통보하여야 한다(같은 조 제4항).
5. 검사는 과태료를 최초 부과한 행정청에 대하여 과태료재판의 집행을 위탁할 수 있고, 위탁을 받은 행정청은 국세 또는 지방세 체납처분의 예에 따라 집행한다(같은 법 제43조 제1항).
6. 지방자치단체의 장이 집행을 위탁받은 경우에는 그 집행한 금원(金員)은 당해 지방자치단체(국고가 아님)의 수입으로 한다(같은 조 제2항).

(9) 약식재판

법원은 상당하다고 인정하는 때에는 심문 없이 과태료재판을 할 수 있다(제44조).

┤ 관 련 판 례 ├
약식재판은 당사자의 이의신청에 의하여 그 효력을 잃고 법원은 당사자의 진술을 듣고 다시 재판을 하여야 한다(대결 2010.1.29, 2009마2050).

5. 과태료의 실효성확보수단

(1) 특정관허사업의 제한

1. 요건 : 행정청은 허가·인가·면허·등록 및 갱신을 요하는 사업을 경영하는 자로서 다음 각 호의 사유에 모두 해당하는 체납자에 대하여는 사업의 정지 또는 허가 등의 취소를 할 수 있다(제52조 제1항).

   1. 해당 사업과 관련된 질서위반행위로 부과받은 과태료를 3회 이상 체납하고 있고, 체납발생일부터 각 1년이 경과하였으며, 체납금액의 합계가 500만 원 이상인 체납자 중 대통령령으로 정하는 횟수와 금액 이상을 체납한 자
   2. 천재지변이나 그 밖의 중대한 재난 등 대통령령으로 정하는 특별한 사유 없이 과태료를 체납한 자

2. 허가 등을 요하는 사업의 주무관청이 따로 있는 경우에는 행정청은 당해 주무관청에 대하여 사업의 정지 또는 허가 등의 취소를 요구할 수 있다(같은 조 제2항).
3. 행정청은 사업의 정지 또는 허가 등을 취소하거나 주무관청에 대하여 그 요구를 한 후 당해 과태료를 징수한 때에는 지체 없이 사업의 정지 또는 허가 등의 취소나 그 요구를 철회하여야 한다(같은 조 제3항).
4. 행정청의 요구가 있는 때에는 당해 주무관청은 정당한 사유가 없는 한 이에 응하여야 한다(같은 조 제4항).

(2) 신용정보의 제공 등

1. 행정청은 과태료 징수 또는 공익목적을 위하여 필요한 경우 「국세징수법」 제110조를 준용하여 「신용정보의 이용 및 보호에 관한 법률」 제25조 제2항 제1호에 따른 종합신용정보집중기관의 요청에 따라 체납 또는 결손처분자료를 제공할 수 있다. 이 경우 국세징수법 제110조를 준용할 때 "체납자"는 "체납자 또는 결손처분자"로, "체납자료"는 "체납 또는 결손처분 자료"로 본다(제53조 제1항).
2. 행정청은 당사자에게 과태료를 납부하지 아니할 경우에는 체납 또는 결손처분자료를 신용정보집중기관에게 제공할 수 있음을 미리 알려야 한다(같은 조 제2항).
3. 행정청은 체납 또는 결손처분자료를 제공한 경우에는 해당 체납자에게 그 제공사실을 통보하여야 한다(같은 조 제3항).

(3) 고액·상습체납자에 대한 제재로서의 감치(監置)

1. 법원은 검사의 청구에 따라 결정으로 30일의 범위 이내에서 과태료의 납부가 있을 때까지 다음 각 호의 사유에 모두 해당하는 경우 체납자(법인인 경우에는 대표자를 말한다)를 감치(監置)에 처할 수 있다(제54조 제1항).

   1. 과태료를 3회 이상 체납하고 있고, 체납발생일부터 각 1년이 경과하였으며, 체납금액의 합계가 1천만 원 이상인 체납자 중 대통령령으로 정하는 횟수와 금액 이상을 체납한 경우
   2. 과태료 납부능력이 있음에도 불구하고 정당한 사유 없이 체납한 경우

2. 행정청은 과태료 체납자가 제1항 각 호의 사유에 모두 해당하는 경우에는 관할 지방검찰청 또는 지청의 검사에게 체납자의 감치를 신청할 수 있다(같은 조 제2항).
3. 위의 결정에 대하여는 즉시항고를 할 수 있다(같은 조 제3항).
4. 감치에 처하여진 과태료 체납자는 동일한 체납사실로 인하여 재차 감치되지 아니한다(같은 조 제4항).

(4) 자동차 관련 과태료 체납자에 대한 자동차 등록번호판의 영치

1. 행정청은 자동차관리법 제2조 제1호에 따른 자동차의 운행·관리 등에 관한 질서위반행위 중 대통령령으로 정하는 질서위반행위로 부과받은 과태료(자동차 관련 과태료)를 납부하지 아니한 자에 대하여 체납된 자동차 관련 과태료와 관계된 그 소유의 자동차의 등록번호판을 영치할 수 있다(제55조 제1항).
2. 자동차 등록업무를 담당하는 주무관청이 아닌 행정청이 등록번호판을 영치한 경우에는 지체 없이 주무관청에 등록번호판을 영치한 사실을 통지하여야 한다(같은 조 제2항).
3. 자동차 관련 과태료를 납부하지 아니한 자가 체납된 자동차 관련 과태료를 납부한 경우 행정청은 영치한 자동차 등록번호판을 즉시 내주어야 한다(같은 조 제3항).
4. 행정청은 제1항에 따라 자동차의 등록번호판이 영치된 당사자가 해당 자동차를 직접적인 생계유지 목적으로 사용하고 있어 자동차 등록번호판을 영치할 경우 생계유지가 곤란하다고 인정되는 경우 자동차 등록번호판을 내주고 영치를 일시 해제할 수 있다. 다만, 그 밖의 다른 과태료를 체납하고 있는 당사자에 대하여는 그러하지 아니하다(같은 조 제4항).

(5) 자동차 관련 과태료 납부증명서의 제출

자동차 관련 과태료와 관계된 자동차가 그 자동차 관련 과태료의 체납으로 인하여 압류등록된 경우 그 자동차에 대하여 소유권 이전등록을 하려는 자는 압류등록의 원인이 된 자동차 관련 과태료(제24조에 따른 가산금 및 중가산금을 포함한다)를 납부한 증명서를 제출하여야 한다. 다만, 전자정부법 제36조 제1항에 따른 행정정보의 공동이용을 통하여 납부사실을 확인할 수 있는 경우에는 그러하지 아니하다(제56조).

제5장
새로운 의무이행확보수단

Ⅰ. 가산금과 가산세

1. 가산금

세금의 납부지연에 부과하던 구 국세기본법상의 납부불성실가산세와 구 국세징수법상의 가산금은 2020. 1. 1. 부터 국세기본법상의 납부지연가산세로 통합되었다.

│ 관 련 판 례 │

1. 국세체납에 따른 가산금, 중가산금의 독촉처분에 대한 취소소송에 의한 불복이 가능하다(대판 1986.10.28, 86누147).
2. 행정재산의 사용·수익 허가에 따른 사용료를 납부기한까지 납부하지 않은 경우에 부과되는 가산금과 중가산금의 법적 성질은 지연이자의 의미로 부과되는 부대세의 일종이다(대판 2006.3.9, 2004다31074).
3. 국세징수법상 가산금 또는 중가산금의 고지는 항고소송의 대상인 처분이 아니다 : 국세징수법 제21조, 제22조가 규정하는 가산금 또는 중가산금은 국세를 납부기한까지 납부하지 아니하면 <u>과세청의 확정절차 없이도 법률 규정에 의하여 당연히 발생하는 것</u>이므로 가산금 또는 중가산금의 고지가 항고소송의 대상이 되는 처분이라고 볼 수 없다(대판 2005.6.10, 2005다15482).
4. 가산금의 법정기일은 고지된 납부기한을 도과한 때이다(대판 2010.12.9, 2010두70605).
5. 기반시설부담금 부과처분에 처분 당시부터 위법사유가 있어 부과처분이 당연무효이거나 부과처분을 소급적으로 취소하는 경우, 행정청이 납부의무자에게 기반시설부담금과 함께 지체가산금도 환급해야 한다(대판 2018.6.28, 2016두50990).
6. 기반시설부담금 부과처분이 처분 당시에는 적법하였고 납부의무자의 납부의무 이행지체에도 정당한 사유가 없어 행정청이 지체가산금을 정당하게 징수한 후 납부의무자에게 구 「기반시설부담금에 관한 법률」제17조 제1항, 같은 법 시행령 제15조 제2항 각호의 환급사유가 발생한 경우, 행정청이 당초 정당하게 징수한 지체가산금까지 납부의무자에게 환급하여야 하는 것은 아니다(대판 2018.6.28, 2016두50990).

---

2. 가산세

(1) 의의

가산세란 이 법 및 세법에서 규정하는 의무의 성실한 이행을 확보하기 위하여 세법에 따라 산출한 세액에 가산하여 징수하는 금액을 말한다(국세기본법 제2조 제4호).

│ 관 련 판 례 │

1. 가산세의 법적 성질은 행정상 제재이고, 가산세 부과처분은 본세의 부과처분과 별개의 과세처분이다(대판 2005.9.30, 2004두2356).
2. 본세의 산출세액이 없더라도 가산세만 독립하여 부과·징수할 수 있다(대판 2007.3.15, 2005두12725).
3. 가산세부과에도 비례원칙이 적용된다(헌재결 2005.2.24, 2004헌바26).
4. 본세의 납세의무가 성립하지 아니한 경우 납부불성실가산세를 부과·징수할 수 없고 위 법리는 불복기간 등의 경과로 본세의 납세의무를 다툴 수 없게 된 경우에도 마찬가지이다(대판 2014.4.24, 2013두27128).

---

(2) 가산세의 부과요건

1. 가산세 부과에 고의·과실을 요하지는 않지만 정당한 사유가 있을 경우에는 부과할 수 없다(대판 2011.4.28, 2010두16622).
2. 납세의무자가 신고·납세의무를 알지 못한 것에 책임을 귀속시킬 수 없는 합리적인 이유가 있을 때 또는 그 의무를 게을리한 점을 비난할 수 없는 정당한 사유가 있는 경우, 국세기본법에 따른 가산세를 부과할 수 없다 (대판 2017.7.11, 2017두36885).
3. 신고·납부할 본세의 납세의무가 인정되지 않는 경우 본세의 세액이 유효하게 확정되어 있을 것을 전제로 하는 무신고·과소신고·납부불성실 가산세 등을 부과할 수 없고, 이는 관세의 경우에도 마찬가지이다(대판 2019.2. 14, 2015두52616).
4. 관세법 제42조 제1항에 따른 관세 가산세의 부과의 기초가 되는 '부족한 관세액'이 없는 경우 가산세 납세의 무가 인정되지 않는다(대판 2019.2.14, 2015두52616).
5. 가산세를 면할 정당한 사유가 있는지는 개별 세법에 따른 신고·납부기한을 기준으로 판단하여야 한다(대판 2022.1.14, 2017두41108).

II. 과징금

1. 의의

1. 과징금 : 일정한 행정법상 의무위반 또는 의무불이행에 대하여 행정청이 부과하는 금전적인 제재
2. 변형과징금 : 조업정지가 주민의 생활, 대외적인 신용·고용·물가 등 국민경제 기타 공익에 현저한 지장을 초래 할 우려가 있다고 인정되는 경우 사업정지(조업정지)를 하는 대신 사업을 계속함으로써 얻은 이익을 박탈하는 제도

┨ 관 련 판 례 ┠
1. 구 「영유아보육법」 제45조 제1항 각 호의 사유가 인정되는 경우, 행정청에 어린이집 운영정지 처분을 할 것인지 또는 이에 갈음하여 과징금(변형과징금)을 부과할 것인지를 선택할 수 있는 재량이 인정된다(대판 2015.6.24, 2015두39378).
2. 「화물자동차 운수사업법」 제21조 제2항의 위임에 따라 사업정지처분을 갈음하여 과징금을 부과할 수 있 는 위반행위의 종류와 과징금의 금액을 정한 구 「화물자동차 운수사업법 시행령」 제7조 제1항 [별표 2] '과징금을 부과하는 위반행위의 종류와 과징금의 금액'에 열거되지 않은 위반행위의 종류에 대해서 사업 정지처분을 갈음하여 과징금을 부과할 수 없다(대판 2020.5.28, 2017두73693).

2. 과징금의 성질

(1) 급부하명으로서 행정행위

1. 구 「독점규제 및 공정거래에 관한 법률」상 부당지원행위를 한 지원주체에 대한 과징금규정이 이중처벌금지원 칙이나 무죄추정원칙에 위반되거나 사법권이나 재판청구권을 침해한다고 볼 수 없고, 비례원칙에 반한다고 할 수도 없다(대판 2004.4.9, 2001두6197).
2. 구 「여객자동차 운수사업법」 제88조 제1항의 과징금을 현실적인 행위자가 아닌 법령상 책임자에게 부과할 수 있고 위반자의 의무 해태를 탓할 수 없는 정당한 사유가 있는 경우 과징금을 부과할 수 없다(대판 2014.10.15, 2013두5005).

(2) 재량행위

1. 공정거래위원회가 행하는 부당지원행위에 대한 과징금납부명령은 재량행위이다(대판 2010.3.11, 2008두 15176).
2. 취소의 범위(과징금 전부) : 처분을 할 것인지 여부(결정재량)와 처분의 정도에 관하여 재량(선택재량)이 인정되는 과징금 납부명령에 대하여 그 명령이 재량권을 일탈하였을 경우 법원으로서는 재량권의 일탈 여부만 판단할 수 있을 뿐이지 재량권의 범위 내에서 어느 정도가 적정한 것인지에 관하여 판단할 수 없으므로 그 전부를 취소할 수밖에 없고, 법원이 적정하다고 인정되는 부분을 초과한 부분만 취소할 수는 없는 것이며, 또한 수개의 위반행위에 대하여 하나의 과징금 납부명령을 하였으나 수개의 위반행위 중 일부의 위반행위만이 위법하지만, 소송상 그 일부의 위반행위를 기초로 한 과징금액을 산정할 수 있는 자료가 없는 경우에는 하나의 과징금 납부명령 전부를 취소할 수밖에 없다(대판 2007.10.26, 2005두3172).
3. 공정거래위원회가 부당한 공동행위에 대한 과징금을 부과함에 있어 여러 개의 위반행위에 대하여 하나의 과징금 납부명령을 하였으나 여러 개의 위반행위 중 일부의 위반행위에 대한 과징금 부과만이 위법하고 소송상 그 일부의 위반행위를 기초로 한 과징금액을 산정할 수 있는 자료가 있는 경우에는, 하나의 과징금 납부명령 일지라도 그 일부의 위반행위에 대한 과징금액에 해당하는 부분만을 취소하여야 한다(대판 2009.10.29, 2009두 11218).
4. 조세포탈 또는 법령제한 회피목적이 아닌 명의신탁임이 입증되어 과징금 감경사유가 있는 경우, 법원이 적정한 과징금을 초과하는 부분만 취소할 수 없다(대판 2010.7.15, 2010두7031).
5. 「부동산 실권리자명의 등기에 관한 법률」상 명의신탁자에 대하여 과징금을 부과할 것인지 여부는 기속행위에 해당하므로, 과징금부과처분을 하지 않거나 전액 감면하는 것은 허용되지 아니한다(대판 2007.7.12, 2005두 17287).
6. 「독점규제 및 공정거래에 관한 법률 시행령」 제35조 제1항 제4호를 근거로 한 추가감면 신청에서 당해 공동행위와 다른 공동행위가 모두 여럿인 경우, 공정거래위원회가 과징금 부과처분을 하면서 적용한 기준이 위법한지 판단하는 기준 : 기준이 과징금제도와 추가감면제도의 입법 취지에 반하지 않고 불합리하거나 자의적이지 않으며, 나아가 그러한 기준을 적용한 과징금 부과처분에 과징금 부과의 기초가 되는 사실을 오인하였거나 비례·평등의 원칙에 위배되는 등의 사유가 없다면, 그 과징금 부과처분에 재량권을 일탈·남용한 위법이 있다고 보기 어렵다(대판 2013.11.14, 2011두28783).

(3) 과징금의 성격

1. 승계(상속)가능(대판 1999.5.14, 99두35)
2. 과징금은 '행정상 제재금'으로서의 기본적 성격에 부당이득환수적 요소도 부가(대판 2004. 3.12, 2001두7220)
3. 「하도급거래 공정화에 관한 법률」상의 과징금 부과의 성격은 기본적으로는 「하도급거래 공정화에 관한 법률」 위반행위에 의하여 얻은 '불법적인 경제적 이익을 박탈'하기 위하여 부과되는 것이다(대판 2010.1.14, 2009두 11843).

3. 법적 근거

1. 과징금은 제재적 행정처분이므로 반드시 법적 근거가 있는 경우에만 인정된다. <u>행정기본법</u>에서 과징금의 기준과 과징금의 납부기한 연기 및 분할 납부에 대해 규정하고 있다.
2. 과징금의 기준 : 행정청은 법령 등에 따른 의무를 위반한 자에 대하여 법률로 정하는 바에 따라 그 위반행위에 대한 제재로서 과징금을 부과할 수 있다(행정기본법 제28조 제1항). 과징금의 근거가 되는 법률에는 과징금에 관한 다음 각 호의 사항을 명확하게 규정하여야 한다(같은 조 제2항).

   1. 부과·징수 주체
   2. 부과 사유
   3. 상한액
   4. 가산금을 징수하려는 경우 그 사항
   5. 과징금 또는 가산금 체납 시 강제징수를 하려는 경우 그 사항

3. 과징금의 납부기한 연기 및 분할 납부 : 과징금은 한꺼번에 납부하는 것을 원칙으로 한다. 다만, 행정청은 과징금을 부과받은 자가 다음 각 호의 어느 하나에 해당하는 사유로 과징금 전액을 한꺼번에 내기 어렵다고 인정될 때에는 그 납부기한을 연기하거나 분할 납부하게 할 수 있으며, 이 경우 필요하다고 인정하면 담보를 제공하게 할 수 있다(같은 법 제29조).

   1. 재해 등으로 재산에 현저한 손실을 입은 경우
   2. 사업 여건의 악화로 사업이 중대한 위기에 처한 경우
   3. 과징금을 한꺼번에 내면 자금 사정에 현저한 어려움이 예상되는 경우
   4. 그 밖에 제1호부터 제3호까지에 준하는 경우로서 대통령령으로 정하는 사유가 있는 경우

   > **┤ 관 련 판 례 ├**
   > 1. 구 「독점규제 및 공정거래에 관한 법률」 제24조의2 제1항에 의한 과징금을 부과하면서 추후 부과금 산정 기준인 새로운 자료가 나올 경우 과징금액을 변경할 수 있다고 유보하거나 실제로 새로운 자료가 나왔다는 이유로 새로운 부과처분을 할 수 없다(대판 1999.5.28, 99두1571).
   > 2. 「국토의 계획 및 이용에 관한 법률」상 토지거래허가구역 내에 있는 토지를 매수한 사람이 「부동산 실권리자명의 등기에 관한 법률」 제10조 제1항이 정하는 기간 내에 소유권이전등기를 신청하지 않은 경우, 원칙적으로 과징금을 부과할 수 없다(대판 2009.10.15, 2009두8090).

4. 과징금에 대한 권리구제

1. 면허받은 장의자동차운송사업구역에 위반하였음을 이유로 한 행정청의 과징금부과처분에 의하여 동종업자의 영업이 보호되는 결과는 사업구역제도의 반사적 이익에 불과하기 때문에 그 과징금부과처분을 취소한 재결에 대하여 처분의 상대방 아닌 제3자는 그 취소를 구할 법률상 이익이 없다(대판 1992.4.28, 91누10220).
2. 공정거래위원회의 과징금 납부명령 등의 취소를 구하는 행정소송도 회생절차 개시결정으로 중단된다(대판 2012.9.27, 2012두11546).
3. 행정청이 과징금 부과처분을 한 후 부과처분의 하자를 이유로 감액처분을 한 경우, 감액된 부분에 대한 부과처분 취소청구는 부적법하다(대판 2017.1.12, 2015두2352).
4. 명의신탁등기 과징금 부과처분과 장기미등기 과징금 부과처분 중 어느 하나의 처분사유에 의한 과징금 부과처분에 대하여 당해 처분사유가 아닌 다른 처분사유가 존재한다는 이유로 적법하다고 판단할 수 없다(대판 2017.5.17, 2016두53050).

Ⅲ. 공급거부

1. 법적 근거

공급거부는 국민의 권익을 침해하는 행위이므로 법치국가의 원칙상 반드시 법률의 근거를 요한다. 현행법상 이를 인정하고 있는 실정법으로는 건축법이 있었으나 2006.5.9. 개정으로 삭제되었다.

2. 한계

1. 공역무계속성의 원칙과 평등원칙에 의한 한계 : 급부는 모든 국민에게 균등한 조건하에서 제공되어야 하고, 정당한 이유 없이 그 급부를 거부하거나 중단할 수는 없다. 수도법도 "일반수도사업자는 정당한 이유 없이 수도물의 공급을 원하는 자에 대하여 그 공급을 거절하여서는 아니 된다."라고 규정하고 있다.
2. 부당결부금지원칙에 의한 한계
3. 비례원칙에 의한 한계

3. 권리구제

1. 문제점 : 공급거부의 성질을 규명하여 그에 따라 구제절차를 정하여야 한다.
2. 급부관계가 사법관계일 경우 : 공기업 이용관계는 대부분 사법관계이므로 민사소송을 제기해야 한다. 판례는 전화가입계약을 사법관계로 본다(대판 1982.12.28, 82누441).
3. 급부관계가 공법관계일 경우
   ① 행정쟁송
      ㉠ 단수처분은 항고소송의 대상이 되는 행정처분에 해당한다(대판 1979.12.28, 79누218).
         ▶ 판례는 권력적 사실행위라는 논거를 밝히지 않고 결론만 제시하고 있음에 유의
      ㉡ 수도법에 의하여 지방자치단체인 수도사업자가 수도물의 공급을 받는 자에 대하여 하는 수도료의 부과징수와 이에 따른 수도료의 납부관계는 공법상의 권리의무관계라 할 것이므로 이에 관한 소송은 행정소송절차에 의하여야 한다(대판 1977.2.22, 76다2517).
   ② 국가배상 : 국가 또는 지방자치단체의 위법한 공급거부조치에 의해 재산상의 손해를 입은 사인은 국가배상법상의 손해배상청구를 할 수 있다.

Ⅳ. 명단공표

1. 기능

① 새로운 의무이행확보수단 ② 국민의 알 권리 실현수단

┤ 관 련 판 례 ├

공표제도의 목적 : 공표를 규정하고 있는 목적은 일반공중이나 관련사업자들에게 널리 경고함으로써 계속되는 공공의 손해를 종식시키고 위법행위가 재발하는 것을 방지하고자 함에 있는바(대판 2006.5.12, 2004두12315).

2. 법적 성질(비권력적 사실행위)

3. 법적 근거

(1) 학설(적극설)

1. 공표는 현실적으로 행정상 제재 내지 의무이행확보수단으로서의 기능을 수행하며, 상대방의 인격권과 사생활 등의 기본권을 침해할 우려가 있으므로 법적 근거가 필요하다는 적극설이 통설이다.
2. 현행법상 위반사실 등의 공표에 관한 일반조항을 규정한 법률은 행정절차법이다〈개정 2022.1.11. 시행 2022.7. 12.〉. 그 밖에 명단공표에 관해 규정이 있는 개별법으로는 ① 국세기본법, ② 국세징수법, ③ 공직자윤리법 등이 있다.

> ┤ 관 련 판 례 ├
>
> 1. 「독점규제 및 공정거래에 관한 법률」 제27조[(시정조치) 공정거래위원회는 제26조(사업자단체의 금지행위) 의 규정에 위반하는 행위가 있을 때에는 당해 사업자단체(필요한 경우 관련 구성사업자를 포함한다)에 대하 여 당해 행위의 중지, 정정광고, 법위반사실의 공표 기타 시정을 위한 필요한 조치를 명할 수 있다] 중 '법위반사실의 공표' 부분은 헌법에 위반된다(일부위헌결정)(헌재결 2002.1.31, 2001헌바43).
> 2. 공정거래위원회는 구 「독점규제 및 공정거래에 관한 법률」 제24조 소정의 '법위반사실의 공표' 부분이 위헌결정으로 효력을 상실하였다 하더라도 '기타 시정을 위하여 필요한 조치'로서 '법위반을 이유로 공 정거래위원회로부터 시정명령을 받은 사실의 공표'명령을 할 수 있다(대판 2003.2.28, 2002두6170).

(2) 행정절차법

1. 재량 : 행정청은 법령에 따른 의무를 위반한 자의 성명·법인명, 위반사실, 의무 위반을 이유로 한 처분사실 등(위반사실등)을 법률로 정하는 바에 따라 일반에게 공표할 수 있다(제40조의3 제1항).
2. 공표 전 확인의무 : 행정청은 위반사실등의 공표를 하기 전에 사실과 다른 공표로 인하여 당사자의 명예·신용 등이 훼손되지 아니하도록 객관적이고 타당한 증거와 근거가 있는지를 확인하여야 한다(같은 조 제2항).
3. 사전통지와 의견제출 : 행정청은 위반사실등의 공표를 할 때에는 미리 당사자에게 그 사실을 통지하고 의견제 출의 기회를 주어야 한다. 다만, 다음 각 호의 어느 하나에 해당하는 경우에는 그러하지 아니하다(같은 조 제3 항).

   1. 공공의 안전 또는 복리를 위하여 긴급히 공표를 할 필요가 있는 경우
   2. 해당 공표의 성질상 의견청취가 현저히 곤란하거나 명백히 불필요하다고 인정될 만한 타당한 이유가 있는 경우
   3. 당사자가 의견진술의 기회를 포기한다는 뜻을 명백히 밝힌 경우

   제3항에 따라 의견제출의 기회를 받은 당사자는 공표 전에 관할 행정청에 서면이나 말 또는 정보통신망을 이용하여 의견을 제출할 수 있다(같은 조 제4항). 제4항에 따른 의견제출의 방법과 제출 의견의 반영 등에 관하 여는 제27조 및 제27조의2를 준용한다. 이 경우 "처분"은 "위반사실등의 공표"로 본다(같은 조 제5항).
4. 공표의 실시 : 위반사실등의 공표는 관보, 공보 또는 인터넷 홈페이지 등을 통하여 한다(같은 조 제6항). 행정 청은 위반사실등의 공표를 하기 전에 당사자가 공표와 관련된 의무의 이행, 원상회복, 손해배상 등의 조치를 마친 경우에는 위반사실등의 공표를 하지 아니할 수 있다(같은 조 제7항).
5. 공표의 정정과 재공표 : 행정청은 공표된 내용이 사실과 다른 것으로 밝혀지거나 공표에 포함된 처분이 취소된 경우에는 그 내용을 정정하여, 정정한 내용을 지체 없이 해당 공표와 같은 방법으로 공표된 기간 이상 공표하 여야 한다. 다만, 당사자가 원하지 아니하면 공표하지 아니할 수 있다(같은 조 제8항). [본조신설 2022.1.11.시행 2022.7.12.]

(3) 국세기본법(불성실기부금수령단체 등의 명단 공개)

국세기본법은 불성실기부금수령단체 등의 명단 공개를, 국세징수법은 고액국세체납자에 대한 명단공개를 규정하고 있다.

1. 공개 요건 : 국세청장은 제81조의13과 「국제조세조정에 관한 법률」 제57조에도 불구하고 다음 각 호의 어느 하나에 해당하는 자의 인적사항 등을 공개할 수 있다. 다만, 체납된 국세가 이의신청·심사청구 등 불복청구 중에 있거나 그 밖에 대통령령으로 정하는 사유가 있는 경우에는 그러하지 아니하다(같은 법 제85조의5).

   1. 삭제 〈2020.12.22.〉
   2. 대통령령으로 정하는 불성실기부금수령단체의 인적사항, 국세추징명세 등
   3. 「조세범 처벌법」 제3조 제1항, 제4조 및 제5조에 따른 범죄로 유죄판결이 확정된 자로서 「조세범 처벌법」 제3조 제1항에 따른 포탈세액 등이 연간 2억 원 이상인 자(조세포탈범)의 인적사항, 포탈세액 등
   4. 「국제조세조정에 관한 법률」 제53조 제1항에 따른 계좌신고의무자로서 신고기한 내에 신고하지 아니한 금액이나 과소 신고한 금액이 50억 원을 초과하는 자(해외금융계좌신고의무위반자)의 인적사항, 신고의무 위반금액 등
   5. 「특정범죄 가중처벌 등에 관한 법률」 제8조의2에 따른 범죄로 유죄판결이 확정된 사람(세금계산서발급의무 등위반자)의 인적사항, 부정 기재한 공급가액 등의 합계액 등[시행 2022.1.1] [법률 제18586호, 2021.12.21, 일부개정]

2. 공개 여부 심의 및 결정 : 불성실기부금수령단체, 조세포탈범 또는 해외금융계좌 신고의무 위반자의 인적사항, 국세추징명세, 포탈세액, 신고의무 위반금액 등 등에 대한 공개 여부를 심의하고 국세징수법 제115조 제1항 제3호에 따른 체납자에 대한 감치 필요성 여부를 의결하기 위하여 국세청에 국세정보위원회를 둔다(같은 조 제2항). 국세청장은 위원회의 심의를 거친 공개 대상자에게 불성실기부금수령단체 또는 해외금융계좌 신고의무 위반자 명단공개 대상자임을 통지하여 소명 기회를 주어야 하며, 통지일부터 6개월이 지난 후 위원회로 하여금 기부금영수증 발급명세의 작성·보관 의무 이행 또는 해외금융계좌의 신고의무 이행 등을 고려하여 불성실기부금수령단체 또는 해외금융계좌 신고의무 위반자 명단 공개 여부를 재심의하게 한 후 공개대상자를 선정한다(같은 조 제4항).

3. 공개방법 : 공개는 관보에 게재하거나 국세정보통신망 또는 관할세무서 게시판에 게시하는 방법으로 한다(같은 조 제5항).

(4) 국세징수법(고액 · 상습체납자의 명단 공개)

1. 국세청장은 「국세기본법」 제81조의13에도 불구하고 체납 발생일부터 1년이 지난 국세의 합계액이 2억원 이상인 경우 체납자의 인적사항 및 체납액 등을 공개할 수 있다. 다만, 체납된 국세와 관련하여 심판청구등이 계속 중이거나 그 밖에 대통령령으로 정하는 경우에는 공개할 수 없다(제114조 제1항).

2. 제1항에 따른 명단 공개 대상자의 선정 절차, 명단 공개 방법, 그 밖에 명단 공개와 관련하여 필요한 사항은 「국세기본법」 제85조의5 제2항부터 제6항까지의 규정을 준용한다(같은 조 제2항).

(5)「아동 · 청소년의 성보호에 관한 법률」: 성범죄로 유죄판결이 확정된 자의 신상정보 공개

1. 청소년의 성보호에 관한 법률 제20조 제2항 제1호, 제5항은 헌법에 위반되지 아니한다(헌재결 2003.6.26, 2002헌가14).
2. 2010.7.23. 법률 제10391호로 개정된 「아동·청소년의 성보호에 관한 법률」이 공개명령 제도가 시행된 2010.1.1. 이전에 범한 범죄에 대하여도 공개명령 제도를 적용하도록 한 것은 소급입법금지 원칙에 반하지 않는다 : 「아동·청소년의 성보호에 관한 법률」에 정한 공개명령 제도는 아동·청소년 대상 성범죄자의 성명, 나이, 주소 및 실제 거주지(읍·면·동까지로 한다), 신체정보(키와 몸무게), 사진 및 아동·청소년 대상 성범죄 요지(공개정보)를 일정기간 정보통신망을 이용하여 공개하도록 하는 조치를 취하여 성인인증 및 본인 확인을 거친 사람은 누구든지 인터넷을 통해 공개명령 대상자의 공개정보를 열람할 수 있도록 함으로써 아동·청소년 대상 성범죄를 효과적으로 예방하고 성범죄로부터 아동·청소년을 보호함을 목적으로 하는 일종의 보안처분이다. 이러한 공개명령 제도의 목적과 성격, 그 운영에 관한 위 법률의 규정 내용 및 취지 등을 종합해 보면, 공개명령 제도는 범죄행위를 한 자에 대한 응보 등을 목적으로 그 책임을 추궁하는 사후적 처분인 형벌과 구별되어 그 본질을 달리하는 것으로서 형벌에 관한 소급입법금지의 원칙이 그대로 적용되지 않으므로, 공개명령 제도가 시행된 2010.1.1. 이전에 범한 범죄에도 공개명령 제도를 적용하도록 「아동·청소년의 성보호에 관한 법률」이 2010.7.23. 법률 제10391호로 개정되었다고 하더라도 그것이 소급입법금지의 원칙에 반한다고 볼 수 없다. 이 부분 상고이유의 주장은 이유 없다(대판 2011.3.24, 2010도14393·2010전도120).

4. 공표의 한계

1. 법률우위의 원칙 : 공표와 개인의 사생활 침해 사이에 적정한 균형이 유지되어야 함
2. 공표의 공공성 : 개인의 사생활에 대한 공표는 원칙적으로 금지

┤ 관 련 판 례 ├

인격권으로서의 개인의 명예의 보호와 표현의 자유의 보장이라는 두 법익이 충돌하였을 때 그 조정은 이익형량에 의한다(대판 1998.7.14, 96다17257).

3. 공표의 진실성

┤ 관 련 판 례 ├

1. 적시된 사실의 내용이 진실이라는 증명이 없더라도 국가기관이 공표 당시 이를 진실이라고 믿었고 또 그렇게 믿을 만한 상당한 이유가 있다면 위법성이 없는 것이고, 이 점은 언론을 포함한 사인에 의한 명예훼손의 경우에서와 마찬가지이다(대판 1993.11.26, 93다18389).
2. 상당한 이유의 존부의 판단에 있어서는 그 사실이 의심의 여지없이 확실히 진실이라고 믿을 만한 객관적이고도 타당한 확증과 근거가 있는 경우가 아니라면 그러한 상당한 이유가 있다고 할 수 없다(대판 1993.11.26, 93다18389).
3. 수사기관의 피의사실 공표행위가 허용되기 위한 요건 및 그 위법성 조각 여부의 판단 기준 : 수사기관의 피의사실 공표행위는 공권력에 의한 수사 결과를 바탕으로 한 것으로 국민들에게 그 내용이 진실이라는 강한 신뢰를 부여함은 물론 그로 인하여 피의자나 피해자 나아가 주변 인물들에 대하여 큰 피해를 가할 수도 있다는 점을 고려할 때, 수사기관의 발표는 원칙적으로 일반 국민들의 정당한 관심의 대상이 되는 사항에 관하여 객관적이고도 충분한 증거나 자료를 바탕으로 한 사실 발표에 한정되어야 하고, 이를 발표할 때에도 정당한 목적하에 수사 결과를 발표할 수 있는 권한을 가진 자에 의하여 공식의 절차에 따라 행하여져야 하며, 무죄추정의 원칙에 반하여 유죄를 속단하게 할 우려가 있는 표현이나 추측 또는 예단을 불러일으킬 우려가 있는 표현을 피하는 등 내용이나 표현 방법에 대하여도 유념하여야 할 것이므로, 수사기관의 피의사실 공표행위가 위법성을 조각하는지를 판단할 때에는 공표 목적의 공익성과 공표 내용의 공공성, 공표의 필요성, 공표된 피의사실의 객관성 및 정확성, 공표의 절차와 형식, 표현 방법, 피의사실의 공표로 침해되는 이익의 성질, 내용 등을 종합적으로 참작하여야 한다(대판 2022.1.14, 2019다282197).
4. 수사기관이 발표한 피의사실에 '범죄를 구성하지 않는 사실관계'까지 포함되어 있고, 발표 내용에 비추어 피의사실은 부수적인 것에 불과하고 '범죄를 구성하지 않는 사실관계'가 주된 것인 경우, 피의사실 공표행위가 위법하다고 보아야 한다(대판 2022.1.14, 2019다282197).

V. 제재처분

1. 법적 근거

제재적 행정처분은 권익침해의 효과를 가져오므로 법률의 명시적 근거가 있어야 한다. 행정기본법에서는 제재처분의 기준과 제척기간에 대해 규정하고 있다.

1. 제재처분의 기준

제재처분의 근거가 되는 법률에는 제재처분의 주체, 사유, 유형 및 상한을 명확하게 규정하여야 한다. 이 경우 제재처분의 유형 및 상한을 정할 때에는 해당 위반행위의 특수성 및 유사한 위반행위와의 형평성 등을 종합적으로 고려하여야 한다(행정기본법 제22조 제1항).

행정청은 재량이 있는 제재처분을 할 때에는 다음 각 호의 사항을 고려하여야 한다(같은 조 제2항).

1. 위반행위의 동기, 목적 및 방법
2. 위반행위의 결과
3. 위반행위의 횟수
4. 그 밖에 제1호부터 제3호까지에 준하는 사항으로서 대통령령으로 정하는 사항

2. 제재처분의 제척기간

1. 행정청은 법령 등의 위반행위가 종료된 날부터 5년이 지나면 해당 위반행위에 대하여 제재처분(인허가의 정지·취소·철회, 등록 말소, 영업소 폐쇄와 정지를 갈음하는 과징금 부과를 말한다)을 할 수 없다(같은 법 제23조 제1항). 다음 각 호의 어느 하나에 해당하는 경우에는 제1항을 적용하지 아니한다(같은 조 제2항).

1. 거짓이나 그 밖의 부정한 방법으로 인허가를 받거나 신고를 한 경우
2. 당사자가 인허가나 신고의 위법성을 알고 있었거나 중대한 과실로 알지 못한 경우
3. 정당한 사유 없이 행정청의 조사·출입·검사를 기피·방해·거부하여 제척기간이 지난 경우
4. 제재처분을 하지 아니하면 국민의 안전·생명 또는 환경을 심각하게 해치거나 해칠 우려가 있는 경우

2. 행정청은 제1항에도 불구하고 행정심판의 재결이나 법원의 판결에 따라 제재처분이 취소·철회된 경우에는 재결이나 판결이 확정된 날부터 1년(합의제행정기관은 2년)이 지나기 전까지는 그 취지에 따른 새로운 제재처분을 할 수 있다(같은 조 제3항).
3. 다른 법률에서 제1항 및 제3항의 기간보다 짧거나 긴 기간을 규정하고 있으면 그 법률에서 정하는 바에 따른다(같은 조 제4항). [시행일 : 2023.3.24.] 제23조

2. 일반적 관허사업의 제한

1. 관허사업의 제한 가운데 의무 위반사항과 실질적 관련이 없는 사업에 대한 제한을 일반적 관허사업의 제한이라고 한다. 대표적인 법률이 병역법이다. 일반적 관허사업 제한의 경우 실질적 관련이 없는 결부이기 때문에 부당결부금지원칙 위반 여부가 논란이 되고 있다.
2. 국가기관, 지방자치단체의 장 또는 고용주는 다음 각 호의 어느 하나에 해당하는 사람을 공무원이나 임직원으로 임용하거나 채용할 수 없으며, 재직 중인 경우에는 해직하여야 한다(병역법 제76조 제1항).

   1. 병역판정검사, 재병역판정검사 또는 확인신체검사를 기피하고 있는 사람
   2. 징집·소집을 기피하고 있는 사람
   3. 군복무 및 사회복무요원 또는 대체복무요원 복무를 이탈하고 있는 사람

3. 국가기관 또는 지방자치단체의 장은 제1항 각 호의 어느 하나에 해당하는 사람에 대하여는 각종 관허업(官許業)의 특허·허가·인가·면허·등록 또는 지정 등(특허등)을 하여서는 아니 되며, 이미 이를 받은 사람에 대하여는 취소하여야 한다(같은 조 제2항).

   ┤ 관 련 판 례 ├
   1. 관허사업의 의미 : 국세징수법 제23조의 관허사업이란 널리 허가·인가·면허 등을 얻어 경영하는 사업 모두가 포함된다(대판 1976.4.27, 74누284).
   2. 국세징수법 제7조에 따른 등록취소처분이 있은 경우 국세체납에 정당한 사유가 있었다는 점에 대한 주장·입증책임의 소재는 납세의무자(대판 1992.10.13, 92누8071)

3. 특정 관허사업의 제한

관허사업의 제한 가운데 의무 위반사항과 실질적 관련이 있는 사업에 대한 제한을 특정 관허사업의 제한이라고 한다. 현행법상 이에 해당하는 대표적인 법률로 건축법, 질서위반행위규제법, 국세징수법이 있다.

(1) 건축법상의 관허사업제한

허가권자는 제1항에 따라 허가나 승인이 취소된 건축물 또는 제1항에 따른 시정명령을 받고 이행하지 아니한 건축물에 대하여는 다른 법령에 따른 영업이나 그 밖의 행위를 허가·면허·인가·등록·지정 등을 하지 아니하도록 요청할 수 있다. 다만, 허가권자가 기간을 정하여 그 사용 또는 영업, 그 밖의 행위를 허용한 주택과 대통령령으로 정하는 경우에는 그러하지 아니하다(제79조 제2항).

(2) 질서위반행위규제법상의 관허사업제한

행정청은 허가·인가·면허·등록 및 갱신을 요하는 사업을 경영하는 자로서 다음 각 호의 사유에 모두 해당하는 체납자에 대하여는 사업의 정지 또는 허가 등의 취소를 할 수 있다(같은 법 제52조 제1항).

1. 해당 사업과 관련된 질서위반행위로 부과받은 과태료를 3회 이상 체납하고 있고, 체납발생일부터 각 1년이 경과하였으며, 체납금액의 합계가 500만 원 이상인 체납자 중 대통령령으로 정하는 횟수와 금액 이상을 체납한 자
2. 천재지변이나 그 밖의 중대한 재난 등 대통령령으로 정하는 특별한 사유 없이 과태료를 체납한 자

(3) 국세징수법상의 관허사업제한

종래 국세징수법상의 일반적 관허사업의 제한에 대해서는 납세의무와 전혀 실질적 관련성이 없는 내용의 제재가 가해진다는 점에서 부당결부금지원칙의 위반문제가 제기되었다. 이에 따라 2020.12.29. 국세징수법 전부개정으로 사업과 관련된 조세를 체납한 경우로 제한하였다.

1. 관할 세무서장은 납세자가 허가·인가·면허 및 등록 등(허가 등)을 받은 <u>사업과 관련된 소득세, 법인세 및 부가가치세를 체납한 경우</u> 해당 사업의 주무관청에 그 납세자에 대하여 허가 등의 갱신과 그 허가 등의 근거 법률에 따른 신규 허가 등을 하지 아니할 것을 요구할 수 있다. 다만, 재난, 질병 또는 사업의 현저한 손실, 그 밖에 대통령령으로 정하는 사유가 있는 경우에는 그러하지 아니하다(국세징수법 제112조 제1항).

2. 관할 세무서장은 허가 등을 받아 사업을 경영하는 자가 해당 사업과 관련된 소득세, 법인세 및 부가가치세를 3회 이상 체납하고 그 체납된 금액의 합계액이 500만원 이상인 경우 해당 주무관청에 사업의 정지 또는 허가 등의 취소를 요구할 수 있다. 다만, 재난, 질병 또는 사업의 현저한 손실, 그 밖에 대통령령으로 정하는 사유가 있는 경우에는 그러하지 아니하다(같은 조 제2항).

3. 관할 세무서장은 제1항 또는 제2항의 요구를 한 후 해당 국세를 징수한 경우 즉시 그 요구를 철회하여야 한다(같은 조 제3항).

4. 해당 주무관청은 제1항 또는 제2항에 따른 관할 세무서장의 요구가 있는 경우 정당한 사유가 없으면 요구에 따라야 하며, 그 조치 결과를 즉시 관할 세무서장에게 알려야 한다(같은 조 제4항).

VI. 출국금지

1. 국세청장은 정당한 사유 없이 5천만 원 이상으로서 대통령령으로 정하는 금액 이상의 국세를 체납한 자 중 대통령령으로 정하는 자에 대하여 법무부장관에게 출입국관리법 제4조 제3항에 따라 출국금지를 요청하여야 한다(국세징수법 제113조 제1항).

   1. 법 제113조 제1항에서 "대통령령으로 정하는 금액"이란 5천만 원을 말한다(같은 법 시행령 제103조 제1항).
   2. 법 제113조 제1항에서 "대통령령으로 정하는 자"란 다음 각 호의 어느 하나에 해당하는 사람으로서 관할 세무서장이 압류·공매, 담보 제공, 보증인의 납세보증서 등으로 조세채권을 확보할 수 없고, 강제징수를 회피할 우려가 있다고 인정하는 사람을 말한다(같은 조 제2항).

      1. 배우자 또는 직계존비속이 국외로 이주(국외에 3년 이상 장기체류 중인 경우를 포함한다)한 사람
      2. 출국금지 요청일 현재 최근 2년간 미화 5만달러 상당액 이상을 국외로 송금한 사람
      3. 미화 5만 달러 상당액 이상의 국외자산이 발견된 사람
      4. 법 제114조제1항에 따라 명단이 공개된 고액·상습체납자
      5. 출국금지 요청일을 기준으로 최근 1년간 체납된 국세가 5천만 원 이상인 상태에서 사업 목적, 질병 치료, 직계존비속의 사망 등 정당한 사유 없이 국외 출입 횟수가 3회 이상이거나 국외 체류 일수가 6개월 이상인 사람
      6. 법 제25조에 따라 사해행위(詐害行爲) 취소소송 중이거나 「국세기본법」 제35조 제6항에 따라 제3자와 짜고 한 거짓계약에 대한 취소소송 중인 사람

   3. 국세청장은 법 제113조 제1항에 따라 법무부장관에게 체납자에 대한 출국금지를 요청하는 경우 해당 체납자가 제2항 각 호의 어느 하나에 해당하는지와 조세채권을 확보할 수 없고 강제징수를 회피할 우려가 있다고 인정하는 사유를 구체적으로 밝혀야 한다(같은 조 제3항).

2. 법무부장관은 출국금지를 한 경우 국세청장에게 그 결과를 정보통신망 등을 통하여 통보하여야 한다(같은 조 제2항).
3. 국세청장은 체납액 징수, 체납자 재산의 압류 및 담보 제공 등으로 출국금지 사유가 없어진 경우 즉시 법무부장관에게 출국금지의 해제를 요청하여야 한다(같은 조 제3항).

┤ 관 련 판 례 ├

1. 국세체납을 이유로 한 출국금지처분의 요건과 판단기준 : 국민의 출국의 자유는 헌법이 기본권으로 보장한 거주·이전의 자유의 한 내용을 이루는 것이므로 그에 대한 제한은 필요 최소한에 그쳐야 하고 그 본질적인 내용을 침해할 수 없고, 출입국관리법 등 출국금지에 관한 법령 규정의 해석과 운용도 같은 원칙에 기초하여야 한다. 구 출입국관리법 제4조 제1항, 그 시행령 제1조의3 제2항은, 5천만 원 이상의 '국세·관세 또는 지방세를 정당한 사유 없이 그 납부기한까지 내지 아니한 사람'에 대하여는 기간을 정하여 출국을 금지할 수 있다고 규정하고 있다. 그러나 위와 같은 조세 미납을 이유로 한 출국금지는 그 미납자가 출국을 이용하여 재산을 해외에 도피시키는 등으로 강제집행을 곤란하게 하는 것을 방지함에 주된 목적이 있는 것이지 조세 미납자의 신병을 확보하거나 출국의 자유를 제한하여 심리적 압박을 가함으로써 미납 세금을 자진납부하도록 하기 위한 것이 아니다. 따라서 재산을 해외로 도피할 우려가 있는지 여부 등을 확인하지 아니한 채 단순히 일정 금액 이상의 조세를 미납하였고 그 미납에 정당한 사유가 없다는 사유만으로 바로 출국금지 처분을 하는 것은 위와 같은 헌법상의 기본권 보장 원리 및 과잉금지의 원칙에 비추어 허용되지 아니한다. 나아가 재산의 해외 도피 가능성 여부에 관한 판단에 있어서도 재량권을 일탈하거나 남용하여서는 아니 되므로, 조세 체납의 경위, 조세 체납자의 연령과 직업, 경제적 활동과 수입 정도 및 재산상태, 그간의 조세 납부 실적 및 조세 징수처분의 집행과정, 종전에 출국했던 이력과 목적·기간·소요 자금의 정도, 가족관계 및 가족의 생활정도·재산상태 등을 두루 고려하여, 출국금지로써 달성하려는 공익목적과 그로 인한 기본권 제한에 따라 당사자가 받게 될 불이익을 비교형량하

---

436 | 제3편 행정상 실효성확보수단

여 합리적인 재량권의 범위 내에서 출국금지 여부를 결정하여야 한다(대판 2013.12.26, 2012두18363).
2. 국세청장의 출국금지요청이 요건을 갖추지 못하였다는 이유만으로 이에 기한 법무부장관의 출국금지처분이 위법하다고 할 수 없다 : 구 출입국관리법 제4조 제1항, 그 시행령 제2조, 제2조의3 등의 규정을 종합해 보면, 위와 같이 국세청장 등의 출국금지 요청이 있는 경우에도 법무부장관은 이에 구속되지 않고 출국 금지의 요건이 갖추어졌는지를 따져서 처분 여부를 결정할 수 있다. 따라서 국세청장 등의 출국금지 요 청이 요건을 구비하지 못하였다는 사유만으로 출국금지 처분이 당연히 위법하게 되는 것은 아니고, 앞서 본 재산의 해외 도피 가능성 등 출국금지 처분의 요건이 갖추어졌는지 여부에 따라 그 적법 여부가 가려 져야 할 것이다(대판 2013.12.26, 2012두18363).

2. 시정명령

(1) 의의

시정명령은 행정법규 위반에 의해 초래된 위법상태를 제거하는 것을 명하는 행정행위로서 강학상 하명에 해당한 다. 시정명령을 받은 자는 시정의무를 부담하고, 의무를 이행하지 않으면 행정강제의 대상이 되고 행정벌이 부과 된다.

(2) 대상

시정명령의 대상은 원칙적으로 과거의 의무위반행위로 야기되어 현재까지 존재하는 위법상태이다. 그러나 판례 는 예외적으로 장래의 위반행위도 시정명령의 대상이 되는 것으로 본다[대판(전합) 2003.2.20, 2001두5347].

┤ 관 련 판 례 ├

1. 「독점규제 및 공정거래에 관한 법률」에 의한 시정명령의 명확성 정도 : 「독점규제 및 공정거래에 관한 법률」에 의한 시정명령이 지나치게 구체적인 경우 매일 매일 다소간의 변형을 거치면서 행해지는 수많은 거래에서 정합성이 떨어져 결국 무의미한 시정명령이 되므로 그 본질적인 속성상 다소간의 포괄성·추상성을 띨 수밖 에 없다 할 것이고, 한편 시정명령 제도를 둔 취지에 비추어 시정명령의 내용은 과거의 위반행위에 대한 중지는 물론 가까운 장래에 반복될 우려가 있는 동일한 유형의 행위의 반복금지까지 명할 수 있는 것으로 해석함이 상당하다[대판(전합) 2003.2.20, 2001두5347].
2. 구 「하도급거래 공정화에 관한 법률」 제13조 제8항에 따라 공정거래위원회가 정하여 고시한 고시이율에 의한 지연손해금의 지급을 명하는 공정거래위원회의 시정명령 이후에 수급사업자의 원사업자에 대한 하도 급대금 청구소송에서 법정이율에 의한 지연손해금의 지급을 명하는 판결이 확정된 경우, 시정명령 중 고시 이율과 법정이율의 차액에 해당하는 지연손해금의 지급을 명하는 부분이 위법하게 되고, 이는 법정이율에 의한 지연손해금의 지급을 명하는 판결이 확정된 후에 공정거래위원회가 시정명령을 하는 경우에도 마찬 가지이다(대판 2015.12.10, 2013두35013).
3. 구 「하도급거래 공정화에 관한 법률」 제13조 등의 위반행위가 있었으나 위반행위의 결과가 더 이상 존재 하지 않는 경우, 같은 법 제25조 제1항에 의한 시정명령을 할 수 없다(대판 2015.12.10, 2013두35013).

(3) 적용법령

시정명령의 경우 행정법규 위반여부는 위반행위시법에 따라야 하지만, 시정명령은 장래에 향해 행해지는 적극적 행정행위이므로 원칙상 행위시법을 적용해야 한다.

> **┃ 관 련 판 례 ┃**
>
> 구 건축법상 용도변경신고의 대상은 아니지만 건축물대장 기재사항의 변경을 신청해야 하는 근린생활시설에서 원룸으로 용도변경된 건물을 취득한 갑이 그 용도변경에 대하여 위 변경신청을 하지 않고 있던 중, 구 건축법이 개정되어 위 건물의 용도변경이 용도변경신고의 대상으로 됨에 따라 행정청이 갑에게 위 건물이 용도변경신고의무 위반의 위법건축물에 해당한다는 이유로 시정명령을 하고, 시정명령불이행에 따른 이행강제금을 부과한 사안에서, 그 처분이 적법함에도 이와 달리 본 원심판단에 법리오해의 위법이 있다고 한 사례(대판 2010.8.19, 2010두8072)

(4) 상대방

건축법 위반 건축물에 대해 건축주 명의를 갖는 자가 실제 건축주가 아니라고 하더라도, 건축법 제79조 제1항에 의한 시정명령의 상대방이 되는 건축주에 해당한다(대판 2010.10.14, 2010두13340).

ADMINISTRATION

04

행정구제론

제1장
개설

Ⅰ. 권리구제수단의 종류

구분		내용
사전적 권리구제 수단	행정절차	행정처분이 내려지기 전에 이해관계인의 의견진술을 듣도록 하는 등의 절차를 통해 국민의 권익에 대한 부당한 침해를 사전에 예방하는 기능
	예방적 부작위 청구소송	1. 판례는 부정 2. 의무이행소송은 사후적 구제수단임
	청원	국민이 국가나 지방자치단체에 대하여 자신의 의견·불만 또는 희망을 개진하거나 시정을 요구하는 헌법상의 기본권
사후적 권리구제 수단	손해 전보 · 손해배상	위법·유책
	손해 전보 · 손실보상	적법·무책
	행정 쟁송 · 행정심판	행정기관이 심판
	행정 쟁송 · 행정소송	법원이 심판

Ⅱ. 「부패방지 및 국민권익위원회의 설치와 운영에 관한 법률」

1. 국민권익위원회 설치(국무총리 소속, 의무)

고충민원의 처리와 이에 관련된 불합리한 행정제도를 개선하고, 부패의 발생을 예방하며 부패행위를 효율적으로 규제하도록 하기 위하여 국무총리 소속으로 국민권익위원회를 둔다(제11조 제1항).

2. 구성

국민권익위원회는 위원장 1명을 포함한 15명의 위원(부위원장 3명과 상임위원 3명을 포함)으로 구성한다. 다만, 중앙행정심판위원회의 구성에 관한 사항은 행정심판법에서 정하는 바에 따른다(제13조 제1항).

3. 관할 및 기능

(1) 부패방지를 위한 제도개선의 권고

위원회는 필요하다고 인정하는 경우 공공기관의 장에게 부패방지를 위한 제도의 개선을 권고할 수 있다(제27조 제1항).

(2) 법령 등에 대한 부패유발요인 검토

위원회는 다음 각 호에 따른 법령 등의 부패유발요인을 분석·검토하여 그 법령 등의 소관 기관의 장에게 그 개선을 위하여 필요한 사항을 권고할 수 있다(제28조 제1항).

1. 법률·대통령령·총리령 및 부령
2. 법령의 위임에 따른 훈령·예규·고시 및 공고 등 행정규칙
3. 지방자치단체의 조례·규칙
4. 「공공기관의 운영에 관한 법률」 제4조에 따라 지정된 공공기관 및 지방공기업법 제49조·제76조에 따라 설립된 지방공사·지방공단의 내부규정

4. 고충민원

(1) 의의 및 성질

고충민원이란 행정기관 등의 위법·부당하거나 소극적인 처분(사실행위 및 부작위를 포함한다) 및 불합리한 행정제도로 인하여 국민의 권리를 침해하거나 국민에게 불편 또는 부담을 주는 사항에 관한 민원(현역장병 및 군 관련 의무복무자의 고충민원을 포함)을 말한다(제2조 제5호).

┤ **관 련 판 례** ├
1. 국민고충처리위원회에 대한 고충민원의 신청은 원칙적으로 행정심판청구가 아니다(대판 1995.9.29, 95누5332).
2. 다만, 국민고충처리위원회에 접수된 신청서가 행정기관의 처분에 대하여 시정을 구하는 취지임이 내용상 분명한 것으로서 국민고충처리위원회가 이를 당해 처분청 또는 그 재결청에 송부한 경우에 한하여 신청서가 국민고충처리위원회에 접수된 때에 행정심판청구가 제기된 것으로 볼 수 있다(대판 1995.9.29, 95누5332).

(2) 신청 및 접수

1. 주체 : 누구든지(국내에 거주하는 외국인 포함)
2. 중복신청 가능 : 위원회 또는 시민고충처리위원회에 고충민원을 신청할 수 있다. 이 경우 하나의 권익위원회에 대하여 고충민원을 제기한 신청인은 다른 권익위원회에 대하여도 고충민원을 신청할 수 있다.
3. 문서주의
4. 접수보류·거부·부당반려금지. 보류·거부 또는 반려하는 경우에는 지체 없이 그 사유를 신청인에게 통보하여야 한다.

(3) 시정권고 등

국민권익위원회는 시정권고·제도개선권고 및 의견표명권만 갖고 시정조치권(취소권)은 인정되지 않는다.

1. **시정권고 및 의견표명(재량)**: 권익위원회는 고충민원에 대한 조사결과 처분 등이 위법·부당하다고 인정할 만한 상당한 이유가 있는 경우에는 관계 행정기관 등의 장에게 적절한 시정을 권고할 수 있다(제46조 제1항). 권익위원회는 고충민원에 대한 조사결과 신청인의 주장이 상당한 이유가 있다고 인정되는 사안에 대하여는 관계 행정기관 등의 장에게 의견을 표명할 수 있다(제2항).
2. **제도개선의 권고 및 의견의 표명(재량)**: 권익위원회는 고충민원을 조사·처리하는 과정에서 법령 그 밖의 제도나 정책 등의 개선이 필요하다고 인정되는 경우에는 관계 행정기관 등의 장에게 이에 대한 합리적인 개선을 권고하거나 의견을 표명할 수 있다(제47조).
3. **의견제출기회의 부여(의무)**: 권익위원회는 제46조 또는 제47조에 따라 관계 행정기관 등의 장에게 권고 또는 의견표명을 하기 전에 그 행정기관 등과 신청인 또는 이해관계인에게 미리 의견을 제출할 기회를 주어야 한다(제48조 제1항).

(4) 결정의 통지(의무)

권익위원회는 고충민원의 결정내용을 지체 없이 신청인 및 관계 행정기관 등의 장에게 통지하여야 한다(제49조).

(5) 처리결과의 통보

1. 권고 또는 의견을 받은 관계 행정기관 등의 장은 이를 존중하여야 하며, 그 권고 또는 의견을 받은 날부터 30일 이내에 그 처리결과를 권익위원회에 통보하여야 한다(권고나 의견의 존중처리와 처리결과통보의무는 있지만 시정권고나 제도개선권고에 따라야 할 의무는 없음)(제50조 제1항).
2. 권고를 받은 관계 행정기관 등의 장이 그 권고내용을 이행하지 아니하는 경우에는 그 이유를 권익위원회에 문서로 통보하여야 한다(제2항).
3. 권익위원회는 통보를 받은 경우에는 신청인에게 그 내용을 지체 없이 통보하여야 한다(제3항).

(6) 감사의뢰·공표

1. 고충민원의 조사·처리과정에서 관계 행정기관 등의 직원이 고의 또는 중대한 과실로 위법·부당하게 업무를 처리한 사실을 발견한 경우 위원회는 감사원에, 시민고충처리위원회는 당해 지방자치단체[상급지방자치단체(×)]에 감사를 의뢰할 수 있다(제51조).
2. 권익위원회는 ⓐ 권고 또는 의견표명의 내용, ⓑ 권고나 의견에 따른 처리결과, ⓒ 권고내용의 불이행사유 등을 공표할 수 있다. 다만, 다른 법률의 규정에 따라 공표가 제한되거나 개인의 사생활의 비밀이 침해될 우려가 있는 경우에는 그러하지 아니하다(제53조).

---

1. 고충민원의 조사·처리과정에서 관계 행정기관 등의 직원이 고의 또는 중대한 과실로 위법·부당하게 업무를 처리한 사실을 발견한 경우 위원회는 <u>감사원 또는 관계 행정기관 등의 감독기관(감독기관이 없는 경우에는 해당 행정기관 등을 말한다)</u>에, 시민고충처리위원회는 <u>해당</u> 지방자치단체[상급지방자치단체(×)]에 감사를 의뢰할 수 있다(제51조 제1항). 〈개정 2022.1.4. 시행 2022.7.5.〉
2. 감사원, 관계 행정기관 등의 감독기관 또는 지방자치단체는 제1항에 따라 감사를 의뢰받은 경우 그 처리결과를 감사를 의뢰한 위원회 또는 시민고충처리위원회에 통보하여야 한다(같은 조 제2항). 〈신설 2022.1.4. 시행 2022.7.5.〉
3. 권익위원회는 ① 권고 또는 의견표명의 내용, ② 권고나 의견에 따른 처리결과, ③ 권고내용의 불이행사유 등을 공표할 수 있다. 다만, 다른 법률의 규정에 따라 공표가 제한되거나 개인의 사생활의 비밀이 침해될 우려가 있는 경우에는 그러하지 아니하다(제53조).

제2장
행정상 손해전보

제1절 행정상 손해배상

제1항 개설

Ⅰ. 행정상 손해배상과 손실보상

구 분	손해배상	손실보상
기본이념	1. 개인주의적·도의적 책임주의 2. 평균적 정의	1. 단체주의적 책임주의·공적 부담 앞의 평등원칙(정의와 형평) 2. 배분적 정의
제도의 기초	민법상 불법행위책임을 공법적으로 유리하게 수정	공법상 법률관계에 특유한 제도
헌법적 근거	헌법 제29조 국가배상청구권	헌법 제23조 제3항 손실보상청구권
근거 법률	일반법(국가배상법)의 존재	일반법은 없고 개별법만 존재
침해원인	위법·유책(고의·과실)	적법·무책
과실 여부	과실책임주의	무과실책임주의
손 해	재산적 침해 + 비재산적(생명·신체·정신적 침해) 손해인 위자료 유일하게 인정(영조물책임 포함)	1. 재산적 손실만 인정 2. 비재산적(생명·신체·자연적·학술적·문화적·정신적) 손실은 제외
양도·압류	1. 생명·신체의 침해로 인한 국가배상청구권은 양도 및 압류 금지 2. 재산권 침해로 인한 국가배상청구권은 양도 및 압류 가능	재산권 침해에 한정되기 때문에 양도 및 압류 가능
공통점	1. 실체적 행정구제제도(절차적 구제가 아님) 2. 손해전보(금전적 구제)제도 3. 사후적 구제제도 4. 실질적 법치주의의 구현	

Ⅱ. 손해배상 개설

1. 규범적 구조

(1) 헌법

청구권적 기본권, 직접적 효력(대판 1971.6.22, 70다1010)

(2) 국가배상법(일반법)

특별법 → 국가배상법(일반법) → 민법

공법설(다수설)	사법설(판례)
1. 공법적 원인에 의해 발생한 손해에 대한 배상규정인 국가배상법은 공법 2. 행정소송법 제3조 제2호의 행정청의 처분 등을 원인으로 하는 법률관계에 관한 소송에는 당연히 손해배상청구소송이 포함 3. 생명·신체의 침해로 인한 국가배상을 받을 권리는 압류와 양도의 대상이 되지 아니한다는 점	1. 국가배상책임도 민법상 불법행위책임의 한 종류에 불과한 것이기 때문에 국가배상법은 민법의 특별법(대판 1972.10.10, 69다701) 2. 국가의 특권적 지위, 즉 국가무책임의 원칙을 포기하고 국가나 지방자치단체 등도 사인과 같은 지위에서 책임을 지겠다는 것이 헌법의 태도 3. 국가배상법 제8조가 민법이 보충적으로 준용됨을 규정

(3) 특별법

① 차량사고와 국가배상

국가나 지방자치단체는 공무원 또는 공무를 위탁받은 사인(공무원)이 직무를 집행하면서 고의 또는 과실로 법령을 위반하여 타인에게 손해를 입히거나, 「자동차손해배상 보장법」에 따라 손해배상의 책임이 있을 때에는 이 법에 따라 그 손해를 배상하여야 한다(국가배상법 제2조 제1항).

1. 국가의 배상책임
   ① 「자동차손해배상 보장법」에 의한 국가배상책임 : 자기를 위하여 자동차를 운행하는 자는 그 운행으로 다른 사람을 사망하게 하거나 부상하게 한 경우에는 그 손해를 배상할 책임을 진다. 다만, 다음 각 호의 어느 하나에 해당하면 그러하지 아니하다(「자동차손해배상 보장법」 제3조).

   1. 승객이 아닌 자가 사망하거나 부상한 경우에 자기와 운전자가 자동차의 운행에 주의를 게을리 하지 아니하였고, 피해자 또는 자기 및 운전자 외의 제3자에게 고의 또는 과실이 있으며, 자동차의 구조상의 결함이나 기능상의 장해가 없었다는 것을 증명한 경우
   2. 승객이 고의나 자살행위로 사망하거나 부상한 경우

   ┤ 관 련 판 례 ├
   1. 운행자는 운행지배와 운행이익을 향수하는 자를 뜻한다(대판 1994.12.27, 94다31860).
   2. 자동차가 관용차량인 경우 국가 또는 지방자치단체의 책임이다(대판 1992.2.25, 91다12356).

   ② 국가배상법에 의한 국가배상책임 : 공무원이 공무수행을 위하여 차량을 운전 중 사고로 타인에게 손해를 발생시킨 경우 자배법이 적용되지 않는 경우에는 국가배상법이 적용된다.

1. 공무원이 자신의 승용차를 운전하여 공무를 수행하고 돌아오던 중 교통사고로 동승한 다른 공무원을 사망하게 한 경우 국가배상책임이 성립된다[대판(전합) 1998.11.19, 97다36873].
2. 다른 공무원의 불법행위로 사망한 공무원에 대한 국가 또는 지방자치단체의 손해배상액에서 공무원연금법에 의하여 지급된 유족보상금을 공제할 수 있다[대판(전합) 1998.11.19, 97다36873].

2. 공무원의 배상책임
① 국가 등의 「자동차손해배상 보장법」상의 책임이 인정되는 경우 : 공무원에게 「자동차손해배상 보장법」상의 책임이 발생할 여지는 없다. 다만, 배상책임의 내용은 국가배상법에 따르므로 판례에 의하면 고의 또는 중과실이 있는 경우 민사책임을 지게 된다.
② 국가 등의 「자동차손해배상 보장법」상의 책임이 부정되는 경우 : 공무원이 「자동차손해배상 보장법」상의 운행자가 되므로 민사책임에 관해서도 「자동차손해배상 보장법」이 국가배상법에 우선하여 적용된다. 따라서 고의, 중과실, 경과실을 가리지 않고 공무원의 배상책임이 인정된다.

차량이 공무원 개인소유인 경우 공무원이 「자동차손해배상 보장법」상 배상책임을 부담한다 : 공무원의 개인책임에 관하여도 「자동차손해배상 보장법」이 민법이나 국가배상법에 우선하여 적용된다. 따라서 일반적으로 공무원의 공무집행상의 위법행위로 인한 공무원의 개인책임은 고의 또는 중과실의 경우에만 인정되지만, 공무원이 자기를 위하여 자동차를 운행하는 자인 때에는 그 사고가 자동차를 운전한 공무원의 경과실에 의한 것인지 중과실 또는 고의에 의한 것인지를 가리지 않고, 「자동차손해배상 보장법」상의 손해배상책임을 부담한다(대판 1996.3.8, 94다23876).

3. 「자동차손해배상 보장법」에 의해 성립된 책임의 범위와 절차 : 국가나 지방자치단체는 「자동차손해배상 보장법」에 따라 손해배상의 책임이 있을 때에는 이 법에 따라 그 손해를 배상하여야 한다(국가배상법 제2조 제1항). 즉 배상책임의 성립요건은 「자동차손해배상 보장법」에 의하고, 배상책임의 범위와 절차는 국가배상법에 의하게 된다. 따라서 이중배상금지규정이 적용되고, 피해자는 배상심의회에 배상신청을 할 수 있다.
4. 국가배상법 제5조와의 관계 : 자동차도 국가배상법 제5조상의 영조물에 해당하지만, 특별법인 「자동차손해배상 보장법」만 적용되고, 국가배상법 제5조는 적용되지 않는다.

② 「실화책임에 관한 법률」

1. 일반 불법행위에 대한 과실책임주의의 예외로서 경과실로 인한 실화의 경우 실화피해자의 손해배상청구권을 전면 부정하고 있는 「실화책임에 관한 법률」(실화책임법)은 헌법에 합치되지 아니한다(헌법불합치)(헌재결 2007.8.30, 2004헌가25).
2. 2007. 8. 30. 이전에 발생한 실화에 대하여 2009. 5. 8. 법률 제9648호로 전부 개정된 「실화책임에 관한 법률」이 적용될 수 있다(대판 2010.6.24, 2006다61499).
3. 헌법재판소의 헌법불합치결정 당시 구 「실화책임에 관한 법률」이 재판의 전제가 되어 법원에 계속 중이었던 사건에도 위 헌법불합치결정에 따라 개정된 「실화책임에 관한 법률」이 적용된다(대판 2010.7.22, 2009다57910).

③ 학교안전법에 의한 공제제도

1. 「학교안전사고 예방 및 보상에 관한 법률」에 의한 공제급여 지급책임에 과실책임 원칙이나 과실상계 이론이 적용되지 않고, 민사상 손해배상 사건에서 기왕증이 손해의 확대 등에 기여한 경우 손해배상책임의 범위를 제한하는 법리도 원칙적으로 공제급여에 적용되지 않는다[대판(전합) 2016.10.19, 2016다208389].
2. 피공제자가 경과실로 학교안전사고를 일으킨 경우, 학교안전공제회가 수급권자에게 공제급여를 지급한 후 피공제자를 상대로 구상권을 행사할 수 없다(대판 2019.12.13, 2018다287010).
3. 경과실로 학교안전사고를 일으킨 피공제자가 먼저 피해자에게 손해배상을 한 경우, 학교안전공제회를 상대로 구상권을 행사할 수 있다(대판 2019.12.13, 2018다287010).

2. 배상청구권의 주체

손해배상청구권은 위법한 공무집행으로 인해 손해를 입은 국민이 주체가 된다. 다만, 군인 등에 관하여는 국가배상청구권을 제한하는 특례규정이 있다(헌법 제29조 제2항, 국가배상법 제2조 제1항 단서). 이때 국민은 대한민국국적을 갖는 자연인과 법인이 포함되며, 외국인이나 외국법인은 상호보증이 있는 경우에만 국가배상법이 적용된다(국가배상법 제7조). 상호보증이란 한국인도 피해자인 외국인의 본국에서 손해배상을 청구할 수 있어야 한다는 의미이다.

┃ 관 련 판 례 ┃

1. 국가배상법 제7조에서 정한 '상호보증'이 있는지 판단하는 기준 : 해당 국가에서 외국인에 대한 국가배상청구권의 발생요건이 우리나라의 그것과 동일하거나 오히려 관대할 것을 요구하는 것은 지나치게 외국인의 국가배상청구권을 제한하는 결과가 되어 국제적인 교류가 빈번한 오늘날의 현실에 맞지 아니할 뿐만 아니라 외국에서 우리나라 국민에 대한 보호를 거부하게 하는 불합리한 결과를 가져올 수 있는 점을 고려할 때, 우리나라와 외국 사이에 국가배상청구권의 발생요건이 현저히 균형을 상실하지 아니하고 외국에서 정한 요건이 우리나라에서 정한 그것보다 전체로서 과중하지 아니하여 중요한 점에서 실질적으로 거의 차이가 없는 정도라면 국가배상법 제7조가 정하는 상호보증의 요건을 구비하였다고 봄이 타당하다. 그리고 상호보증은 외국의 법령, 판례 및 관례 등에 의하여 발생요건을 비교하여 인정되면 충분하고 반드시 당사국과의 조약이 체결되어 있을 필요는 없으며, 당해 외국에서 구체적으로 우리나라 국민에게 국가배상청구를 인정한 사례가 없더라도 실제로 인정될 것이라고 기대할 수 있는 상태이면 충분하다(대판 2015.6.11, 2013다208388).
2. 중화민국 민법 제188·192·197조에 외국인도 중화민국을 상대로 피용인의 직무집행시의 불법행위로 인한 재산상 및 정신상 손해를 배상하도록 규정되어 있으므로 중화민국과 우리나라 사이에 국가배상법 본조에 이른바 외국인이 피해자인 경우에 상호의 보증이 있는 때에 해당한다(대판 1968.12.3, 68다1929).
3. 일본인 갑이 대한민국 소속 공무원의 위법한 직무집행에 따른 피해에 대하여 국가배상청구를 한 사안에서, 우리나라와 일본 사이에 국가배상법 제7조가 정하는 상호보증이 있다고 한 사례(대판 2015.6.11, 2013다208388)
4. 공무집행 중인 미합중국 군대의 구성원이나 고용원의 작위나 부작위 또는 사고에 대한 소송은 대한민국을 상대로 하는 것이 원칙이지만, '계약에 의한 청구권'의 실현을 위한 소송의 상대방은 미합중국이다(대판 1997.12.12, 95다29895).

Ⅲ. 헌법과 국가배상법 비교

구 분	헌 법	국가배상법
배상책임의 종류	공무원의 위법한 직무집행행위로 인한 국가배상책임만 규정	1. 공무원의 위법한 직무집행행위로 인한 국가배상책임(제2조) 2. 영조물의 설치나 관리의 하자로 인한 국가배상책임도 규정(제5조)
손해배상책임자	국가 또는 공공단체(지방자치단체 + 기타 공공단체)	국가 또는 지방자치단체
군인 등의 특례	1. 군인, 2. 군무원, 3. 경찰공무원만 명시적 규정	1. 군인, 2. 군무원, 3. 경찰공무원에 4. 향토예비군대원 추가
구상권 조항	규정 없음	규정 있음

Ⅳ. 손해배상책임의 확대 법리

구분		내용
공무원	공무원 범위의 확대	1. 공무원법상의 신분개념에 국한되지 않는 기능적·최광의의 개념 2. 공무수탁사인과 사실상의 공무원 포함
직무행위	직무행위의 범위 확대	1. 직무행위에 부작위 포함(재량권의 영으로의 수축이론 + 사익보호성 = 행정개입청구권) 2. '직무를 집행하면서'의 해석은 외형주의(외관론) ↔ 실질, 주관
과실	과실의 객관화 (추상화)	1. 행위공무원 개개인의 주의력을 기준으로 하지 않고, 평균적 공무원의 주의력을 기준. 추상적 경과실 ↔ 구체적 경과실 2. 가해공무원의 특정 불요. 독일의 조직과실, 프랑스의 공역무과실
	무과실책임	1. 영조물책임(다수설. 판례는 최근 주관설) 2. 「자동차손해배상 보장법」상의 배상책임
	위험책임	1. 국가의 행위는 비록 과실이 없이 수행되어도 일정한 상황에서는 위험의 창조를 가져올 수 있고, 그 위험이 현실화되어 개인이 피해를 입으면 그것만으로 국가는 피해자에게 보상해야 한다는 이론 2. 공무원의 직무행위의 적법·위법을 불문하고 고의·과실을 묻지 않는 데 특성 무과실책임의 일종
입증책임	일응 추정법리	피해자가 공무원의 직무상의 불법행위로 손해가 발생하였음을 입증하면, 일단 공무원에게 과실이 있는 것으로 추정. 판례는 부정
	입증책임의 전환	원고의 과실입증책임을 피고가 과실이 없다는 것을 증명하는 것으로 전환. 판례는 부정

V. 국가배상법 제2조와 민법 제756조의 사용자책임

구분	국가배상책임	민법상 손해배상책임
가해자 특정	공무원의 행위라는 사실만 입증되면 되고 가해공무원의 특정은 필요하지 않다.	가해자와 가해자의 불법행위, 손해발생, 불법행위와 손해발생 간의 인과관계를 입증해야 한다.
국가의 면책	국가의 면책부정	사용자의 면책긍정

제2항 공무원의 직무상 불법행위로 인한 손해배상

제1목 배상책임의 요건

국가나 지방자치단체는 <u>공무원 또는 공무를 위탁받은 사인</u>이 직무를 집행하면서 고의 또는 과실로 법령을 위반하여 타인에게 손해를 입히거나, 「자동차손해배상 보장법」에 따라 손해배상의 책임이 있을 때에는 이 법에 따라 그 손해를 배상하여야 한다(국가배상법 제2조 제1항).

Ⅰ. 공무원 또는 공무수탁사인

1. 의의

공무원이란 국가공무원법 및 지방공무원법상의 공무원으로서의 신분을 가진 자에 국한되지 않고, 널리 공무를 위탁받아 실질적으로 공무에 종사하는 일체의 자(공무수탁사인)를 포함하는 기능적·최광의의 개념이며, 조직법적인 개념이 아니다. 또한 공무의 위탁이 일시적이고 한정적인 사항에 관한 활동이라도 무방하다(대판 2001.1.5, 98다39060). 행정관청(보조기관·의결기관·자문기관)을 구성하는 자, 기관 그 자체(국회·지방의회나 선거관리위원회 등의 합의체기관)와 임용결격자임이 사후에 발견된 임용무효의 사실상의 공무원도 포함한다. 또한 과실유무는 평균적 공무원을 기준으로 하므로 불법행위를 한 공무원의 특정은 불필요하다는 것이 통설과 판례의 입장이다.

> ┤ **관 련 판 례** ├
>
> 국가배상법 제2조 소정의 '공무원'이라 함은 국가공무원법이나 지방공무원법에 의하여 공무원으로서의 신분을 가진 자에 국한하지 않고, 널리 공무를 위탁받아 실질적으로 공무에 종사하고 있는 일체의 자를 가리키는 것으로서, 공무의 위탁이 일시적이고 한정적인 사항에 관한 활동을 위한 것이어도 달리 볼 것은 아니다(대판 2001.1.5, 98다39060).

2. 사례

공무원 인정사례	공무원 부정사례

1. 공무원법상의 공무원
  ① 국회의원(대판 1997.6.13, 96다56115)
  ② 판사·법관(대판 2001.10.12, 2001다47290)·검사
   (대판 2002.2.22, 2001다23447)·헌법재판소 재판
   관(대판 2003.7.11, 99다24218)
2. 공무수탁사인
  ① 집달사(집달리 ; 현행은 집행관)(대판 1966.7.26, 66
   다854)
  ② 군무수행을 위해 채용된 민간인(군무원)(대판
   1970.11.24, 70다2253)
  ③ 통장(대판 1991.7.9, 91다5570)
  ④ 동장에 의해 선정된 교통할아버지(대판 2001.1.5,
   98다39060)
  ⑤ 지방자치단체에 근무하는 청원경찰
3. 미합중국군대에 파견되어 있는 한국증원군대의 구성
 원(KAT- USA)의 운전병(대판 1969.2.18, 68다2346)
4. 소집 중인 향토예비군(대판 1970.5.26, 70다471)
5. 육군병기계공작창 내규에 의해 군무수행을 위하여
 채용되어 소속부대 차량의 운전업무에 종사하는 자
 (대판 1970.11.24, 70다2253)
6. 서울특별시 산하 구청 청소차량 운전수(대판 1980.
 9.24, 80다1051)
7. 전투경찰(대판 1995.11.10, 95다23897)
8. 공법인 (대한변호사협회)이 국가로부터 위탁받은 공행
 정사무를 집행하는 경우 공법인의 임직원(대한변호사
 협회장)이나 피용인(대판 2021.1.28, 2019다260197)
	1. 의용소방대원(대판 1978.7.11, 78다584) : 소방공무원
	 과 구별
	2. 법령에 의해 대집행권한을 위탁받은 한국토지공사
	 (대판 2010.1.28, 2007다82950)
	3. 「부동산소유권 이전등기 등에 관한 특별조치법」상
	 보증인(대판 2019.1.31, 2013다14217)

Ⅱ. 직무를 집행하면서

1. 직무행위

(1) 범위

1. 광의설(다수설) : 공권력작용 + 비권력적 공행정작용(즉, 관리작용)까지도 포함(공행정작용에 한정)
2. 판례(광의설)

> **┤ 관 련 판 례 ├**
>
> 국가배상법이 정한 손해배상청구의 요건인 '공무원의 직무'에는 국가나 지방자치단체의 권력적 작용뿐만 아니라 비권력적 작용도 포함되지만 단순한 사경제의 주체로서 하는 작용은 포함되지 않는다(대판 2004. 4.9, 2002다10691).

(2) 내용

직무행위에는 국가의 입법작용·사법작용·행정작용이 모두 포함되고, 공행정작용에 해당하면 법적 행위(행정행위, 확약 등)·사실행위, 작위·부작위를 불문. 이 가운데 입법작용과 사법작용의 위법성 및 부작위에 대하여는 특별한 논의가 전개

(3) 입법작용

1. 국회의원은 입법에 관하여 원칙적으로 국민 전체에 대한 관계에서 정치적 책임을 질 뿐, 국민 개개인의 권리에 대응하여 법적 의무를 지는 것은 아니므로 국회의원의 입법행위는 그 입법내용이 헌법의 문언에 명백히 위반됨에도 불구하고 국회가 굳이 당해 입법을 한 것과 같은 특수한 경우가 아닌 한 국가배상법 제2조 제1항 소정의 위법행위에 해당된다고 볼 수 없다(대판 1997.6.13, 96다56115).
2. 구 의료법 제55조 등 관련 법률 자체로 보건복지부장관에게 사실상 전공의 수련과정을 마친 치과의사들에 대한 치과의사전문의 자격시험 응시자격 부여 등 경과조치에 관한 사항과 관련한 행정입법 의무가 곧바로 도출되지 않고, 이는 국민권익위원회가 보건복지부장관에게 그러한 경과조치를 마련하라는 의견표명을 하였더라도 마찬가지이다(대판 2018.6.15, 2017다249769).

(4) 재판작용

① 법관의 재판에 대한 국가배상책임이 인정되기 위한 요건

1. 법관의 재판에 법령 규정을 따르지 않은 잘못이 있더라도 이로써 바로 재판상 직무행위가 국가배상법 제2조 제1항에서 말하는 위법한 행위로 되어 국가의 손해배상책임이 발생하는 것은 아니다. 법관의 오판으로 인한 국가배상책임이 인정되려면 법관이 위법하거나 부당한 목적을 가지고 재판을 하였다거나 법이 법관의 직무수행상 준수할 것을 요구하고 있는 기준을 현저하게 위반하는 등 법관이 그에게 부여된 권한의 취지에 명백히 어긋나게 이를 행사하였다고 인정할 만한 특별한 사정이 있어야 한다(대판 2022.3.17, 2019다226975).
2. 재판에 대한 불복절차 내지 시정절차의 유무와 부당한 재판으로 인한 국가배상책임 인정 여부 : 재판에 대하여 따로 불복절차 또는 시정절차가 마련되어 있는 경우에는 재판의 결과로 불이익 내지 손해를 입었다고 여기는 사람은 그 절차에 따라 자신의 권리 내지 이익을 회복하도록 함이 법이 예정하는 바이므로, 불복에 의한 시정을 구할 수 없었던 것 자체가 법관이나 다른 공무원의 귀책사유로 인한 것이라거나 그와 같은 시정을 구할

수 없었던 부득이한 사정이 있었다는 등의 특별한 사정이 없는 한, 스스로 그와 같은 시정을 구하지 아니한 결과 권리 내지 이익을 회복하지 못한 사람은 원칙적으로 국가배상에 의한 권리구제를 받을 수 없다고 봄이 상당하다고 하겠으나, 재판에 대하여 불복절차 내지 시정절차 자체가 없는 경우에는 부당한 재판으로 인하여 불이익 내지 손해를 입은 사람은 국가배상 이외의 방법으로는 자신의 권리 내지 이익을 회복할 방법이 없으므로, 이와 같은 경우에는 배상책임의 요건이 충족되는 한 국가배상책임을 인정하지 않을 수 없다(대판 2003.7. 11, 99다24218).

3. 이러한 법리는 보전재판의 경우에도 마찬가지이다(대판 2022.3.17, 2019다226975).

② 재판에 대한 불복절차 내지 시정절차의 유무와 부당한 재판으로 인한 국가배상책임 인정 여부

불복에 의한 시정을 구할 수 없었던 것 자체가 법관이나 다른 공무원의 귀책사유로 인한 것이라거나 그와 같은 시정을 구할 수 없었던 부득이한 사정이 있었다는 등의 특별한 사정이 없는 한, 스스로 그와 같은 시정을 구하지 아니한 결과 권리 내지 이익을 회복하지 못한 사람은 원칙적으로 국가배상에 의한 권리구제를 받을 수 없다고 봄이 상당하다고 하겠으나, 재판에 대하여 불복절차 내지 시정절차 자체가 없는 경우에는 부당한 재판으로 인하여 불이익 내지 손해를 입은 사람은 국가배상 이외의 방법으로는 자신의 권리 내지 이익을 회복할 방법이 없으므로, 이와 같은 경우에는 배상책임의 요건이 충족되는 한 국가배상책임을 인정하지 않을 수 없다(대판 2003.7.11, 99다24218).

③ 국가배상 인정사례

1. 헌법소원 제기기간의 계산착오로 각하한 경우(대판 2003.7.11, 99다24218)

2. 등기관이 같은 부동산에 관하여 접수된 두개의 근저당권설정등기신청 가운데 등기필증을 구비하지 못한 선(先) 등기신청의 흠결을 임의로 후(後) 등기신청에 첨부된 등기필증으로 보완함으로써 후(後) 등기신청한 근저당권자가 후순위로 밀려나 임의경매절차에서 배당을 받지 못하는 손해를 입은 경우(대판 2007.11.15, 2004다2786)

3. 경매 담당 공무원이 이해관계인에게 기일통지를 잘못한 것이 원인이 되어 경락허가결정이 취소된 사안에서, 그 사이 경락대금을 완납하고 소유권이전등기를 마친 경락인에 대하여 국가는 배상책임을 진다(대판 2008.7. 10, 2006다23664).

4. 환지 과정에서 등기관이 새로운 등기부를 편제하면서 근저당권설정등기 및 압류등기의 이기를 누락하였고, 그 등기부를 신뢰하여 부동산을 매수한 매수인이 매매대금을 전부 지급한 후 위 근저당권설정등기 및 압류등기가 이기된 사안(대판 2009.3.12, 2007다76580).

5. 집행법원이나 경매담당 공무원이 매각물건명세서 작성에 관한 직무상의 의무를 위반한 경우(대판 2010.6.24, 2009다40790)

6. 매각물건명세서를 작성하면서 매각으로 소멸되지 않는 최선순위 전세권이 매수인에게 인수된다는 취지의 기재를 하지 아니한 경매담당 공무원 등의 직무집행상의 과실로 인하여 매수인이 입은 손해에 대하여 국가배상책임을 인정한 사례(대판 2010.6.24, 2009다40790)

7. 국가기관이 수사과정에서 한 위법행위로 수집한 증거에 기초하여 공소가 제기되고 유죄의 확정판결까지 받았으나 재심절차에서 형사소송법 제325조 후단의 '피고사건이 범죄사실의 증명이 없는 때'에 해당하여 무죄판결이 확정된 경우(대판 2014.10.27, 2013다217962)

④ 국가배상 부정사례

1. 임의경매절차에서 경매담당 법관의 오인에 의해 배당표 원안이 잘못 작성되고 그에 대해 불복절차가 제기되지 않아 실체적 권리관계와 다른 배당표가 확정된 경우(대판 2001.4.24, 2000다16114)
2. 압수수색할 물건의 기재가 누락된 압수수색영장을 발부한 경우(대판 2001.10.12, 2001다47290)
3. 등기신청의 첨부 서면으로 제출한 판결서의 일부 기재사항 및 기재 형식이 일반적인 판결서의 작성 방식과 다른 경우에 담당 등기관이 자세한 확인절차를 거치지 않은 경우(대판 2005.2.25, 2003다13048)
4. 경매절차에서 공동주택에 대한 임대차관계의 현황조사를 하는 집행관이 그 공동주택의 외벽에 건축물관리대장 등에 표시된 명칭과 다른 명칭이 표시되어 있다고 하여 그 공동주택의 주민등록전입세대의 열람을 함에 있어서 외벽 표시에 좇아서도 열람을 할 의무가 없다(대판 2010.4.29, 2009다40615).
5. 위헌·무효인 긴급조치에 근거하여 유죄판결을 받은 후 형사소송법 제325조 전단에 의한 재심무죄판결이 확정된 경우(대판 2014.10.27, 2013다217962)

(5) 검사의 공소제기·불기소처분

1. 형사재판과정에서 범죄사실의 존재를 증명함에 충분한 증거가 없다는 이유로 무죄판결이 확정되었다고 하더라도 그러한 사정만으로 바로 검사의 구속 및 공소제기가 위법하다고 할 수 없고, 그 구속 및 공소제기에 관한 검사의 판단이 그 당시의 자료에 비추어 경험칙이나 논리칙상 도저히 합리성을 긍정할 수 없는 정도에 이른 경우에만 그 위법성을 인정할 수 있다(대판 2002.2.22, 2001다23447).
2. 수사기관이 피의자를 수사하여 공소를 제기하였으나 법원에서 무죄판결이 확정된 경우, 수사기관에 불법행위책임이 인정되기 위한 요건 : 사법경찰관이나 검사는 수사기관으로서 피의사건을 조사하여 진상을 명백히 하고, 수집·조사된 증거를 종합하여 피의자가 유죄판결을 받을 가능성이 있는 정도의 혐의를 가지게 된 데에 합리적인 이유가 있다고 판단될 때에는 소정의 절차에 의하여 기소의견으로 검찰청에 송치하거나 법원에 공소를 제기할 수 있으므로, 객관적으로 보아 사법경찰관이나 검사가 당해 피의자에 대하여 유죄의 판결을 받을 가능성이 있다는 혐의를 가지게 된 데에 상당한 이유가 있는 때에는 후일 재판과정을 통하여 그 범죄사실의 존재를 증명함에 족한 증거가 없다는 이유로 그에 관하여 무죄의 판결이 확정되더라도, 수사기관의 판단이 경험칙이나 논리칙에 비추어 도저히 그 합리성을 긍정할 수 없는 정도에 이른 경우에만 귀책사유가 있다고 할 것이다(대판 2013.2.15, 2012다203096).
3. 국가배상책임을 인정한 사례 : 강도강간의 피해자가 제출한 팬티에 대한 국립과학수사연구소의 유전자검사결과와 그 팬티에서 범인으로 지목되어 기소된 원고나 피해자의 남편과 다른 남자의 유전자형이 검출되었다는 감정결과를 검사가 공판과정에서 입수한 경우 그 감정서는 원고의 무죄를 입증할 수 있는 결정적인 증거에 해당하는데도 검사가 그 감정서를 법원에 제출하지 아니하고 은폐하였다면 검사의 그와 같은 행위는 위법하다(대판 2002.2.22, 2001다23447).

(6) 부작위

① 성립요건

공무원의 부작위로 인한 국가배상책임을 인정하기 위하여는 공무원의 작위로 인한 국가배상책임을 인정하는 경우와 마찬가지로 '공무원이 그 직무를 집행함에 당하여 고의 또는 과실로 법령에 위반하여 타인에게 손해를 가한 때'라고 하는 국가배상법 제2조 제1항의 요건이 충족되어야 할 것이다(대판 2012.7.26, 2010다95666).

② 작위의무의 존재

재량행위의 경우 원칙적으로 의무 부정, 예외적으로 재량권이 0으로 수축되는 경우 작위의무 인정

1. 경찰관이 구체적 상황하에서 그 인적·물적 능력의 범위 내에서의 적절한 조치라는 판단에 따라 범죄의 진압 및 수사에 관한 직무를 수행한 경우, 그와 다른 조치를 취하지 아니한 부작위를 이유로 국가배상책임을 인정하기 위한 기준 : 범죄의 예방·진압 및 수사는 경찰관의 직무에 해당하며(「경찰관 직무집행법」 제2조 제1호 참조), 그 직무행위의 구체적 내용이나 방법 등이 경찰관의 전문적 판단에 기한 합리적인 재량에 위임되어 있으므로, 경찰관이 구체적 상황하에서 그 인적·물적 능력의 범위 내에서의 적절한 조치라는 판단에 따라 범죄의 진압 및 수사에 관한 직무를 수행한 경우, 경찰관에게 그와 같은 권한을 부여한 취지와 목적, 경찰관이 다른 조치를 취하지 아니함으로 인하여 침해된 국민의 법익 또는 국민에게 발생한 손해의 심각성 내지 그 절박한 정도, 경찰관이 그와 같은 결과를 예견하여 그 결과를 회피하기 위한 조치를 취할 수 있는 가능성이 있는지 여부 등을 종합적으로 고려하여 볼 때, 그것이 객관적 정당성을 상실하여 현저하게 불합리하다고 인정되지 않는다면 그와 다른 조치를 취하지 아니한 부작위를 내세워 국가배상책임의 요건인 법령 위반에 해당한다고 할 수 없다(대판 2007.10.25, 2005다23438).

2. 경찰관의 권한 불행사가 직무상 의무를 위반하여 위법하게 되는 경우 : 구체적인 사정에 따라 경찰관이 권한을 행사하여 필요한 조치를 하지 아니하는 것이 현저하게 불합리하다고 인정되는 경우에는 권한의 불행사는 직무상 의무를 위반한 것이 되어 위법하게 된다(대판 2016.4.15, 2013다20427).

3. 교장 또는 교사의 학생에 대한 보호·감독의무 : 교장이나 교사의 보호·감독의무는 학교 내에서의 학생의 모든 생활관계에 미치는 것은 아니지만, 학교에서의 교육활동 및 이와 밀접 불가분의 관계에 있는 생활관계에 속하고, 교육활동의 때와 장소, 가해자의 분별능력, 가해자의 성행 등을 고려하여 사고가 학교생활에서 통상 발생할 수 있다고 하는 것이 예측되거나 또는 예측가능성(사고발생의 구체적 위험성)이 있는 경우에는 교장이나 교사는 보호·감독의무 위반에 대한 책임을 진다(대판 2007.4.26, 2005다24318).

4. 집단따돌림으로 인하여 피해학생이 자살한 경우, 자살의 결과에 대하여 교장이나 교사에게 보호감독의무 위반책임을 묻기 위한 요건 및 그 판단기준 : 집단따돌림으로 인하여 피해학생이 자살한 경우, 자살의 결과에 대하여 학교의 교장이나 교사의 보호감독의무 위반의 책임을 묻기 위하여는 피해학생이 자살에 이른 상황을 객관적으로 보아 교사 등이 예견하였거나 예견할 수 있었음이 인정되어야 한다(대판 2007.11.15, 2005다16034).

5. 소방공무원이 그 권한을 행사하지 않은 것이 현저하게 합리성을 잃어 사회적 타당성이 없는 경우에는 소방공무원의 직무상 의무를 위반한 것으로서 위법하게 된다(대판 2008.4.10, 2005다48994).

6. 구금시설 관리자의 피구금자에 대한 안전확보의무의 내용과 정도 : 시설의 관리자는 피구금자의 생명, 신체의 안전을 확보할 의무가 있는바, 그 안전확보의무의 내용과 정도는 피구금자의 신체적·정신적 상황, 시설의 물적·인적 상황, 시간적·장소적 상황 등에 따라 일의적이지는 않고 사안에 따라 구체적으로 확정하여야 한다. 망인에게 발병한 급성정신착란증의 증세가 과중한 수준에 이르고, 사고 당일은 발병일로부터 불과 10여 일 경과된 때로서 지속적인 약물 투여 및 계구의 사용이 이루어지고 있었으며, 망인의 자살위험이 발병일 당시보다 줄어들었다고 볼만한 특별한 사정은 보이지 아니한 점 등에 비추어, 교도소의 담당 근무자가 자살사고의 발생 위험에 대비하여 계구의 사용을 그대로 유지하거나 또는 계구의 사용을 일시 해제하는 경우에는 CCTV상으로 보다 면밀히 관찰하여야 하는 등의 직무상 주의의무가 있다(대판 2010.1.28, 2008다75768).

7. 교육감이 사립학교의 교육관계 법령 등 위반에 대하여 시정·변경명령 등 권한을 행사하지 않은 것이 직무상 의무를 위반한 것으로 위법하다고 인정되기 위한 요건 : 의무 위반이 직무에 충실한 보통 일반의 공무원을 표준으로 할 때 객관적 정당성을 상실하였다고 인정될 정도에 이르러야 한다. 또한 교육감의 장학지도나 시정·변경명령 권한의 행사 등이 교육감의 재량에 맡겨져 있는 위 법률의 규정 형식과 교육감에게 그러한 권한을 부여한 취지와 목적에 비추어 볼 때 구체적인 상황 아래에서 교육감이 그 권한을 행사하지 않은 것이 현저하게 합리성을 잃어 사회적 타당성이 없는 경우에 해당하여야만 교육감의 직무상 의무를 위반한 것으로서 위법하게 된다[대판(전합) 2010.4.22, 2008다38288].

③ 작위의무의 근거

작위의무는 법령에서 명문으로 인정하는 경우 외에도 해석상으로도 인정하는 것이 다수설·판례이다.

┤ 관 련 판 례 ├

1. 관련 공무원에 대하여 작위의무를 명하는 법령의 규정이 없는 경우, 공무원의 부작위로 인한 국가배상책임을 인정할 것인지 판단하는 방법 : 국민의 생명·신체·재산 등에 대하여 절박하고 중대한 위험상태가 발생하였거나 발생할 상당한 우려가 있어서 국민의 생명 등을 보호하는 것을 본래적 사명으로 하는 국가가 초법규적·일차적으로 그 위험의 배제에 나서지 아니하면 국민의 생명 등을 보호할 수 없는 경우에는 형식적 의미의 법령에 근거가 없더라도 국가나 관련 공무원에 대하여 그러한 위험을 배제할 작위의무를 인정할 수 있다. 그러나 그와 같은 절박하고 중대한 위험상태가 발생하였거나 발생할 상당한 우려가 있는 경우가 아닌 한, 원칙적으로 공무원이 관련 법령에서 정하여진 대로 직무를 수행하였다면 그와 같은 공무원의 부작위를 가지고 '고의 또는 과실로 법령을 위반'하였다고 할 수는 없다. 따라서 공무원의 부작위로 인한 국가배상책임을 인정할 것인지가 문제 되는 경우에 관련 공무원에 대하여 작위의무를 명하는 법령의 규정이 없는 때라면 공무원의 부작위로 인하여 침해되는 국민의 법익 또는 국민에게 발생하는 손해가 어느 정도 심각하고 절박한 것인지, 관련 공무원이 그와 같은 결과를 예견하여 그 결과를 회피하기 위한 조치를 취할 수 있는 가능성이 있는지 등을 종합적으로 고려하여 판단하여야 한다(대판 2021.7.21, 2021두33838).

2. 법규상 또는 조리상의 의무도 인정 : 경찰관은 그 직무를 수행하면서 헌법과 법률에 따라 국민의 자유와 권리를 존중하고 범죄피해자의 명예와 사생활의 평온을 보호할 법규상 또는 조리상의 의무가 있고, 특히 이 사건과 같이 성폭력범죄의 피해자가 나이 어린 학생인 경우에는 수사과정에서 또 다른 심리적·신체적 고통으로 인한 가중된 피해를 입지 않도록 더욱 세심하게 배려할 직무상 의무가 있다. 그런데 이 사건 성폭력범죄의 담당 경찰관은 그 경찰서에 설치되어 있는 범인식별실을 사용하지 않은 채 공개된 장소인 형사과 사무실에서 피의자 41명을 한꺼번에 세워 놓고 피해자인 원고들로 하여금 범행일시와 장소별로 범인을 지목하게 하였다는 것인바, 경찰관의 이와 같은 행위는 위에서 본 직무상 의무를 소홀히 하여 원고들에게 불필요한 수치심과 심리적 고통을 느끼도록 하는 행위로서 법규상 또는 조리상의 한계를 위반한 것임이 분명하고, 수사상의 편의라는 동기나 목적에 의해 정당화될 수는 없다(대판 2008.6.12, 2007다64365).

3. 갑이 경주보훈지청에 국가유공자에 대한 주택구입대부제도에 관하여 전화로 문의하고 대부신청서까지 제출하였으나, 담당공무원에게서 지급보증서제도에 관한 안내를 받지 못하여 대부제도 이용을 포기하고 시중은행에서 대출을 받아 주택을 구입함으로써 결과적으로 더 많은 이자를 부담하게 되었다고 주장하며 국가를 상대로 정신적 손해의 배상을 구한 사안에서, 담당공무원에게 지급보증서제도를 안내하거나 설명할 의무가 있음을 전제로 그 위반에 대한 국가배상책임을 인정한 원심판결에 법리오해의 위법이 있다고 한 사례(대판 2012.7.26, 2010다95666)

4. 구 「개발제한구역의 지정 및 관리에 관한 특별조치법 시행령」 제22조 [별표 2] 제4호 마목을 관련 공무원에 대하여 건축물 이축에 있어 종전 토지의 지목을 건축물의 건축을 위한 용도가 아닌 지목으로 변경하여야 할 적극적인 작위의무를 명하는 규정으로 볼 수 없다(대판 2021.7.21, 2021두33838).

④ 법률상 보호이익의 존재

공무원의 직무상 의무 위반행위에 대해 국가 또는 지방자치단체가 손해배상책임을 지기 위한 요건. 분류와 관련해서 판례는 위법성의 문제로 보는 판례와 상당인과관계의 문제로 보는 판례가 혼재되어 있는데, 최근의 경향은 상당인과관계의 문제로 다룬다.

> **┤ 관 련 판 례 ├**
>
> 1. 공무원이 직무를 수행하면서 그 근거되는 법령의 규정에 따라 구체적으로 의무를 부여받아도 그것이 국민의 이익과는 관계없이 순전히 행정기관 내부의 질서를 유지하기 위한 것이거나, 또는 국민의 이익과 관련된 것이라도 직접 국민 개개인의 이익을 위한 것이 아니라 전체적으로 공공 일반의 이익을 도모하기 위한 것이라면 그 의무에 위반하여 국민에게 손해를 가하여도 국가 또는 지방자치단체는 배상책임을 부담하지 아니한다(대판 2006.4.14, 2003다41746).
> 2. 국가배상책임의 상당인과관계가 인정되기 위하여는 공무원에게 부과된 직무상 의무의 내용이 개인의 안전과 이익을 보호하기 위한 것이어야 한다(대판 2010.9.9, 2008다77795).

법률상 보호이익 인정사례	법률상 보호이익 부정사례
1. 선박안전법이나 「유선 및 도선업법」의 규정(대판 1993.2.12, 91다43466) 2. 주민등록사무를 담당하는 공무원이 개명과 같은 사유로 주민등록상 성명을 정정한 경우 본적지 관할청에 그 변경사항을 통보할 직무상 의무(대판 2003.4.25, 2001다59842) 3. 하천의 유지·관리 및 점용허가 관련업무를 맡고 있는 지방자치단체 담당공무원의 직무상 의무(대판 2006.4.14, 2003다41746) 4. 화재를 예방·경계·진압하고 재난·재해 및 그 밖의 위급한 상황에서의 구조·구급활동을 통하여 국민의 생명·신체 및 재산을 보호함으로써 공공의 안녕질서의 유지와 복리증진에 이바지함을 목적으로 하여 제정된 소방법의 규정(대판 2008.4.10, 2005다48994) 5. 식품의약품안전청장 등으로 하여금 식품 또는 식품첨가물의 제조 등의 방법과 성분, 용기와 포장의 제조 방법과 그 원재료, 표시 등에 대하여 일정한 기준 및 규격 등을 마련하도록 하고, 그와 같은 기준 및 규격 등을 준수하는지 여부를 확인할 필요가 있거나 위생상 위해가 발생할 우려나 국민보건상의 필요가 있을 경우 수입신고 시 식품 등을 검사하도록 규정하고 있는 식품위생법의 관련 규정(대판 2010.9.9, 2008다77795) 6. 공직선거법이 후보자가 되고자 하는 자와 그 소속 정당에게 전과기록을 조회할 권리를 부여하고 수사기관에 회보의무를 부과한 것(대판 2011.9.8, 2011다34521)	1. 구 「풍속영업의 규제에 관한 법률」에서 규정하고 있는 풍속영업의 신고 및 이에 대한 수리행위(대판 2001.4.13, 2000다34891) 2. 국가 등에게 일정한 기준에 따라 상수원수의 수질을 유지하여야 할 의무를 부과하고 있는 법령의 규정(대판 2001.10.23, 99다36280) 3. 공공기관이 구 산업기술혁신 촉진법령에서 정한 인증신제품 구매의무를 위반한 경우(대판 2015.5.28, 2013다41431)

⑤ 국가배상 인정사례

1. 주택가에 돌출하여 붕괴위험이 예견되는 자연암벽에 대한 사전제거의무를 해태한 부작위로 인한 붕괴사고로 주민들이 손해를 입은 사안(대판 1980.2.26, 79다2341)

2. 충무시의 극동호(유람선)에 대한 수선명령, 사용 및 운행제한·금지명령의 불이행과 국가의 시정명령의 불이행으로 인한 선박화재사고(대판 1993.2.12, 91다43466)

3. 경찰관이 농민들의 시위를 진압하고 시위과정에 도로상에 방치된 트랙터 1대를 도로 밖으로 옮기거나 후방에 안전표지판을 설치하는 등 위험발생방지조치를 취하지 아니한 채 그대로 방치하고 철수하여 버린 결과, 야간에 그 도로를 진행하던 운전자가 위 방치된 트랙터를 피하려다가 다른 트랙터에 부딪혀 상해를 입은 사안(대판 1998.8.25, 98다16890)

4. 헌병대 영창에서 탈주한 군인들이 민가에 침입하여 저지른 강도와 강제추행(대판 2003.2.14, 2002다62678)

5. 경찰관의 직무상 의무위반행위로 인한 윤락업소화재사건으로 인한 윤락녀(매매춘녀) 사망사건(군산시 대명동 소재 윤락업소 집중지역인 속칭 '쉬파리골목' 내에 위치한 상호 없는 윤락업소화재사건)(대판 2004.9.23, 2003다49009)

6. 유흥주점에 감금된 채 윤락을 강요받으며 생활하던 여종업원들이 유흥주점에 화재가 났을 때 미처 피신하지 못하고 유독가스에 질식해 사망한 경우(군산시 유흥주점인 '대가'와 '아방궁' 화재로 인한 사망사건)(대판 2008.4.10, 2005 다48994)

7. 초등학교 6학년인 피해자가 가해학생들로부터 수개월에 걸쳐 이유 없이 폭행 등 괴롭힘을 당한 결과 충격 후 스트레스 장애 등의 증상에 시달리다 자살한 사건(대판 2007.4.26, 2005다24318)

8. 여자중학교 학생이 자신의 아파트 16층에서 투신자살한 사건에서 '<u>집단따돌림으로 인한 피해</u>'(대판 2007.11.15, 2005다16034)

9. 성폭력범죄의 수사를 담당하거나 수사에 관여하는 경찰관이 피해자의 인적사항 등을 공개 또는 누설함으로써 피해자가 손해를 입은 경우(대판 2008.6.12, 2007다64365)

10. 형사재판의 공판검사가 증인으로 소환된 자로부터 신변보호요청을 받았음에도 아무런 조치를 취하지 않아 그 증인이 공판기일에 법정에서 공판 개정을 기다리던 중 피고인의 칼에 찔려 상해를 입은 사안(대판 2009.9.24, 2006다82649).

11. 자살우려자 식별과 신상파악·관리·처리의 책임이 있는 각급 부대의 지휘관 등 관계자가 장병의 자살 등의 사고를 방지하기 위해 취할 조치를 취하지 않은 상황에서 소속 장병의 자살 사고가 발생한 경우(대판 2020.5.28, 2017다211559)

12. 해군교육사령부에서 받은 인성검사에서 '부적응, 관심, 자살예측'이라는 결과가 나왔음에도 「자살예방 및 생명존중문화 조성을 위한 법률」 및 장병의 자살예방 대책과 관련한 부대관리훈령 등에 따른 자살우려자 식별과 신상파악 등의 조치가 이루어지지 아니한 경우(대판 2020.5.28, 2017다211559)

⑥ **국가배상 부정사례**

1. 국립 전남대학교에서 한총련 산하 남총련의 간부들이 엉뚱한 사람을 경찰프락치라고 속단하여 감금·폭행하여 사망(대판 2002.12.10, 2000다55126)
2. 사업시행자가 인가조건에 위반하여 사전분양행위를 한 경우, 행정청이 사업인가를 취소하지 아니한 것(대판 2005.11.10, 2003다18876)
3. 여자중학교 학생이 자신의 아파트 16층에서 투신자살한 사건에서 '자살피해'(대판 2007.11.15, 2005다16034)
4. 합성 교감신경흥분제인 페닐프로판올아민(Phe- nylprophanolamine) 함유 일반의약품인 감기약 '콘택600'을 복용한 사람이 사망한 사안에서, 당시의 제반 사정에 비추어 식품의약품안전청 공무원 등이 위 의약품의 복용에 따르는 위험을 배제하기 위한 조치를 취하지 아니한 과실이 있다고 보기 어렵다는 이유로 국가배상책임의 성립을 부정한 사례(대판 2008.2.28, 2007다52287)
5. 경찰관이 음주운전 단속 시 운전자의 요구에 따라 곧바로 채혈을 실시하지 않은 채 호흡측정기에 의한 음주측정을 하고 1시간 12분이 경과한 후에야 채혈을 하였다는 사정만으로는 위 행위가 법령에 위배된다거나 객관적 정당성을 상실하여 운전자가 음주운전 단속과정에서 받을 수 있는 권익이 현저하게 침해되었다고 단정하기 어렵다고 본 사례(대판 2008.4.24, 2006다32132)
6. 서울특별시 교육감과 담당공무원이 취한 일부 시정조치들만으로는 종립학교의 위법한 종교교육이나 퇴학처분을 막기에는 부족하여 결과적으로 학생의 인격적 법익에 대한 침해가 발생하였다고 하더라도, 교육감이 더 이상의 시정·변경명령 권한 등을 행사하지 아니한 것이 객관적 정당성을 상실하였다거나 현저하게 합리성을 잃어 사회적 타당성이 없다고 볼 수 있는 정도에까지 이르렀다고 하기는 어렵다고 한 사례[대판(전합) 2010.4.22, 2008다38288]

(7) 준법률행위적 행정행위

준법률행위적 행정행위도 허위의 인감증명서발급과 같이 손해배상의 원인행위가 되는 경우에는 직무행위에 포함된다.

┃ 관 련 판 례 ┃
1. 공무원의 직무상 과실로 허위의 주민등록표와 인감대장이 비치된 결과 허위의 인감증명서가 발급됨으로써 부실의 근저당권설정등기를 마친 저당권자가 그 저당권의 불성립으로 손해를 입었다면 공무원의 그와 같은 직무상 과실과 그와 같은 손해 사이에는 상당인과관계가 있다(대판 1991.7.9, 91다5570).
2. 위조인장에 의하여 타인 명의의 인감증명서가 발급되고 이를 토대로 소유권이전등기가 경료된 부동산을 담보로 금전을 대여한 자가 손해를 입게 된 경우, 인감증명 발급업무 담당공무원의 직무집행상의 과실이 인정된다(대판 2004.3.26, 2003다54490).

(8) 군종장교의 종교활동

1. 군대 내에서 군종장교는 국가공무원인 참모장교로서의 신분뿐 아니라 성직자로서의 신분을 함께 가지고 소속 종단으로부터 부여된 권한에 따라 설교·강론 또는 설법을 행하거나 종교의식 및 성례를 할 수 있는 종교의 자유를 가지는 것이므로, 군종장교가 최소한 성직자의 신분에서 주재하는 종교활동을 수행함에 있어 소속종단의 종교를 선전하거나 다른 종교를 비판하였다고 할지라도 그것만으로 종교적 중립을 준수할 의무를 위반한 직무상의 위법이 있다고 할 수 없다(대판 2007.4.26, 2006다87903).
2. 공군참모총장이 군종장교로 하여금 교계에 널리 알려진 특정 종교(기존교단에 속하지 않는 독립침례교회)에 대한 비판적 정보를 담은 책자를 발행·배포하게 한 행위가 정교분리의 원칙에 위반하는 위법한 직무집행에 해당하지 않는다(대판 2007.4.26, 2006다87903).

2. 직무행위의 판단기준(직무를 집행하면서, 직무관련성)

(1) 의의 및 판단기준

1. 직무행위 및 밀접하게 관련된 행위와 부수적 행위 포함 : 국가배상법 제2조 소정의 '공무원이 그 직무를 집행함에 당하여'라고 함은 직무의 범위 내에 속한 행위이거나 직무수행의 수단으로써 또는 직무행위에 부수하여 행하여지는 행위로서 그 임무를 수행하기 위해 실질적·객관적으로 그 직무와 밀접한 관련이 있는 것도 포함되는 것이다(대판 1994.5.27, 94다6741).
2. 외관설
   ① 행위 자체의 외관을 객관적으로 관찰하여 공무원의 직무행위로 보여질 때에는 비록 그것이 실질적으로 직무행위가 아니거나 또는 행위자로서는 주관적으로 공무집행의 의사가 없었다고 하더라도 그 행위는 공무원이 '직무를 집행함에 당하여' 한 것으로 보아야 한다(대판 1995.4.21, 93다14240).
   ② 실질적으로 공무집행행위가 아니라는 사정을 피해자가 알았더라도 무방하다(대판 1966.6.28, 66다781).
   ③ 본래의 직무와 관련이 없는 행위이고 외형상으로도 직무범위 내에 속하는 행위라고 볼 수 없는 경우는 제외된다(대판 1993.1.15, 92다8514).

(2) 구체적 사례

인정사례	부정사례
1. 미군부대 소속 선임하사관이 공무차 예하부대로 출장을 감에 있어 개인소유의 차량을 빌려 직접 운전하여 예하부대에 가서 공무를 보고나자 퇴근시간이 되어서 위 차량을 운전하여 집으로 운행하던 중 교통사고가 발생(대판 1988.3.22, 87다카1163) 2. 인사업무담당 공무원이 다른 공무원의 공무원증 등을 위조한 행위(대판 2005.1.14, 2004다26805)	1. 세무과에 근무하는 구청 공무원 갑이 주택정비계장으로 부임하기 이전에 그의 처 등과 공모하여 을에게 무허가건물철거 세입자들에 대한 시영아파트입주권 매매행위를 한 경우(대판 1993.1.15, 92다8514) 2. 공무원이 통상적으로 근무하는 근무지로 출근하기 위하여 자기소유의 자동차를 운행하다가 자신의 과실로 교통사고를 일으킨 경우(대판 1996.5.31, 94다15271)

III. 고의 또는 과실

1. 고의·과실의 의의

1. 국가배상법은 공무원의 고의나 과실을 배상책임의 요건으로 하고 있기 때문에 원칙적으로 과실책임주의에 입각하고 있다. 여기서 고의란 자신의 행위로 일정한 결과의 발생을 인식하면서 그 결과의 발생을 용인하고 그 행위를 하는 심리상태를, 과실이란 자신의 행위로 일정한 결과발생을 예견할 수 있었고(예견가능성) 회피할 수 있었음에도(회피가능성) 부주의로 결과의 발생을 막지 못한 것(주의의무위반)을 말한다. 통상 과실은 중과실만이 아니라 경과실을 포함한 개념으로 사용한다.
2. 공무원의 고의·과실을 의미하는 것이지 국가의 선임·감독상의 주의의무위반으로서의 고의과실을 의미하는 것은 아니다. 즉, 국가배상책임은 공무원의 과실을 요하는 과실책임이지만, 국가의 선임·감독상의 과실은 요하지 않는 무과실책임

2. 추상적 경과실(평균적 공무원의 주의의무를 기준)

1. 평균적 공무원의 주의의무를 기준(추상적 경과실) : 공무원의 직무집행상의 과실이라 함은 공무원이 그 직무를 수행함에 있어 당해 직무를 담당하는 평균인이 보통(통상) 갖추어야 할 주의의무를 게을리 한 것을 말한다(대판 1987.9.22, 87다카1164).

2. 경찰관이 난동을 부리던 범인을 검거하면서 가스총을 근접 발사하여 가스와 함께 발사된 고무마개가 범인의 오른쪽 눈에 맞아 안구파열상으로 실명한 경우 과실 인정 : 사람에게 근접하여 발사하는 경우에는 고무마개가 가스와 함께 발사되어 인체에 위해를 가할 가능성이 있으므로, 이를 사용하는 경찰관으로서는 인체에 대한 위해를 방지하기 위하여 상대방과 근접한 거리에서 상대방의 얼굴을 향하여 이를 발사하지 않는 등 가스총 사용 시 요구되는 최소한의 안전수칙을 준수함으로써 장비 사용으로 인한 사고 발생을 미리 막아야 할 주의의무가 있다(대판 2003.3.14, 2002다57218).

3. 학교 교사의 학생에 대한 보호·감독의무가 미치는 범위 : 학교 교사의 학생에 대한 보호·감독의무는 교육 관련 법률에 따라 학생을 친권자 등 법정 감독의무자에 대신하여 보호·감독을 하여야 하는 의무로서 학교에서의 교육활동 및 이와 밀접 불가분의 관계에 있는 생활관계에 대하여 미친다(대판 2008.5.8, 2008다5417).

4. 체육수업을 받던 학생이 쓰러져 위급한 상태에 처한 경우, 체육교사의 보호·감독의무의 내용 : 체육수업 시간에 학교 운동장에서 체력검사를 실시하던 도중에 수업을 받던 학생이 쓰러져 위와 같은 위급한 상태를 보이고 있다면 체육교사로서는 가능한 범위 안에서 유효적절한 응급조치를 즉각 시행함으로써 그 학생의 생명과 건강에 대한 위험을 제거하거나 최소화할 의무가 있다 할 것이다(대판 2008.5.8, 2008다5417).

5. 체육수업 시간에 체력검사를 위한 팔굽혀펴기를 하던 학생이 갑자기 의식을 잃고 쓰러진 사안에서, 체육교사가 응급조치 등 필요한 조치를 취하지 아니한 채 5분가량 시간을 지체한 과실로 인하여 심장정지를 일으킨 위 학생의 상태가 악화되었다고 본 원심의 판단을 수긍한 사례(대판 2008.5.8, 2008다5417)

6. 과거 정신분열증의 병력이 있던 자가 소방공무원으로 복직하여 근무하던 중 동료 소방관을 살해한 사안에서, 당해 공무원의 복직 과정과 이후 정신분열증 재발 여부의 지속적인 관리·감독 및 조치 등에 있어서 임용권자나 관리·감독자로서 지방자치단체의 주의의무 위반이 없다고 본 사례(대판 2009.1.15, 2008다63192)

7. 특별송달우편물의 배달업무에 종사하는 우편집배원이 압류 및 전부명령 결정 정본을 부적법하게 송달한 경우 집행채권자가 그로 인해 손해를 입게 될 것에 대하여 예견가능성이 있다고 볼 수 있다(대판 2009.7.23, 2006다87798).

8. 우편집배원이 압류 및 전부명령 결정 정본을 특별송달함에 있어 부적법한 송달을 하고도 적법한 송달을 한 것처럼 보고서를 작성하였으나 압류 및 전부의 효력이 발생하지 않아 집행채권자가 피압류채권을 전부받지 못한 경우, 국가가 집행채권자의 손해에 대하여 배상책임을 부담한다(대판 2009.7.23, 2006다87798).

9. 경찰관이 폭행사고 현장에 도착한 후 가해자를 피해자와 완전히 격리하고, 흉기의 소지 여부를 확인하는 등 적절한 다른 조치를 하지 않은 것은 피해자에게 발생한 피해의 심각성 및 절박한 정도 등에 비추어 현저하게 불합리하여 위법하므로, 국가는 위 경찰관의 직무상 과실로 말미암아 발생한 후속 살인사고로 인하여 피해자 및 그 유족들이 입은 손해를 배상할 책임이 있다(대판 2010.8.26, 2010다37479).

10. 구 교육공무원법에 의하여 기간제로 임용되어 임용기간이 만료된 국·공립대학의 교원이 재임용 여부에 관하여 심사를 요구할 신청권을 가지는지 여부(적극) 및 국공립대학의 교원에 대한 재임용거부처분이 불법행위가 됨을 이유로 국·공립대학 교원 임용권자에게 재산적 손해배상을 묻기 위한 요건과 그 판단기준 : 국·공립대학 교원에 대한 재임용거부처분이 재량권을 일탈·남용한 것으로 평가되어 그것이 불법행위가 됨을 이유로 국·공립대학 교원 임용권자에게 재산적 손해배상책임을 묻기 위해서는 당해 재임용거부가 국·공립대학 교원 임용권자의 고의 또는 과실로 인한 것이라는 점이 인정되어야 한다. 나아가 위와 같은 고의·과실이 인정되려면 국·공립대학 교원 임용권자가 객관적 주의의무를 결하여 그 재임용거부처분이 객관적 정당성을 상실하였다고 인정될 정도에 이르러야 한다(대판 2011.1.27, 2009다30946).

11. 대법원 2004.4.22, 선고 2000두7735 전합 판결이 선고되기 이전에 기간제로 임용된 국·공립대학 교원에 대하여 재임용이 거부된 경우에 그것이 부당하다는 이유로 국·공립대학 교원 임용권자에게 손해배상책임을 물을 수 없다(대판 2011.1.27, 2009다30946).

12. 위법한 재임용거부로 인한 국·공립대학 교원 임용권자의 손해배상책임은 당해 교원의 재심사신청의사가 객

관적으로 확인된 시점 이후에만 물을 수 있다(대판 2011.1.27, 2009다30946).

13. 건축물관리대장 등 공부상 건물용도가 '유치원'으로 등재되어 있는 부동산에 관하여 근저당권설정등기신청이 있는 경우, 등기관이 부담하는 주의의무의 내용 : 공부상 건물용도가 '유치원'으로 등재되어 있는 부동산에 관하여 근저당권설정등기신청이 있는 경우, 등기관은 그 부동산이 실제로 유치원 교육에 사용되지 않고 있거나, 그 소유자가 유치원경영자가 아닌 사실이 소명되는 경우에 한하여 그 등기신청을 수리하여야 할 직무상의 주의의무가 있다(대판 2011.9.29, 2010다5892).

14. 등기부 표제부 건물내역란에 건물용도가 '유치원'으로 기재되어 있는 부동산에 관하여 근저당권설정등기신청을 받은 등기관이 부동산 소유자인 등기의무자가 유치원 경영자가 아니거나 위 부동산이 실제로 유치원 교육에 사용되지 않고 있다는 소명자료를 요구하지 않은 채 등기신청을 수리하여 근저당권설정등기를 마친 사안에서, 등기관에게 등기업무를 담당하는 평균적 등기관이 갖추어야 할 통상의 주의의무를 다하지 않은 직무집행상 과실이 있다고 본 원심판단을 정당하다고 한 사례(대판 2011.9.29, 2010다5892)

15. 행정청이 관리처분계획을 인가하는 경우, 정비구역 내 토지 등 소유자의 명단과 관리처분계획상 분양대상자, 현금청산대상자 명단을 대조하여 현금청산대상자 중 누락된 사람이 있는지 확인할 의무가 없고 행정청이 현금청산대상자를 누락하는 등의 하자가 있는 관리처분계획을 그대로 인가한 경우, 누락된 현금청산대상자에 대하여 불법행위로 인한 손해배상책임을 지지 않는다(대판 2014.3.13, 2013다27220).

16. 분배농지를 관리하는 공무원이 구 농지개혁법에 따라 국가가 매수·취득한 농지임을 제대로 확인하지 아니한 채 이를 제3자에게 처분함으로써 수분배자 또는 원소유자에게 손해를 발생하게 한 경우, 국가배상법 제2조 제1항에 정한 공무원의 고의·과실에 의한 위법행위에 해당한다(대판 2016.11.10, 2014다229009).

17. 국가가 구 농지개혁법에 따라 농지를 매수하였으나 분배하지 않아 그 농지가 원소유자의 소유로 환원되었는데도 담당 공무원이 이를 제대로 확인하지 않은 채 제3자에게 처분하여 원소유자에게 손해를 입힌 경우, 국가배상법 제2조 제1항에서 정한 공무원의 고의 또는 과실에 의한 위법행위에 해당한다(대판 2019.10.31, 2016다243306).

18. 자살우려자 식별과 신상파악·관리·처리의 책임이 있는 각급 부대의 지휘관 등 관계자가 장병의 자살 등의 사고를 방지하기 위해 취할 조치를 취하지 않은 상황에서 소속 장병의 자살 사고가 발생한 경우, 자살 사고가 발생할 수 있음을 예견할 수 있었고 그러한 조치를 취했다면 자살 사고의 결과를 회피할 수 있었다면 국가배상책임이 인정된다(대판 2020.5.28, 2017다211559).

19. 갑이 하사로 임관하여 해군교육사령부 정보통신학교 등에서 교육을 받고 함선에서 근무하던 중 자살한 사안에서, 갑이 해군교육사령부에서 받은 인성검사에서 '부적응, 관심, 자살예측'이라는 결과가 나왔음에도 「자살예방 및 생명존중문화 조성을 위한 법률」 및 장병의 자살예방 대책과 관련한 부대관리훈령 등에 따른 자살우려자 식별과 신상파악 등의 조치가 이루어지지 아니한 사정 등을 이유로 국가의 배상책임을 인정한 사례(대판 2020.5.28, 2017다211559).

20. 해양수산부 산하 어업관리단의 불법어로행위 특별합동단속 중 갑 등이 승선하고 있던 선박이 단속정의 추적을 피해 도주하는 과정에서 암초와 충돌하였고, 인근에서 갑이 익사한 상태로 발견되었는데, 갑의 유족들이 단속정에 승선하고 있던 감독공무원들의 구조의무 위반 등을 주장하며 국가를 상대로 손해배상을 구한 사안에서, 감독공무원들에게 직무집행상 과실이 있다고 단정하기 어렵고, 이들의 행위와 갑의 사망 사이에 상당인과관계가 있다고 볼 수도 없다고 한 사례(대판 2021.6.10, 2017다286874)

21. 갑 주식회사(주식회사 여양건설)가 고층 아파트 신축사업을 계획하고 토지를 매수한 다음 을 지방자치단체(여수시)와 협의하여 사업계획 승인신청을 하였고, 수개월에 걸쳐 을 지방자치단체의 보완 요청에 응하여 사업계획 승인에 필요한 요건을 갖추었는데, 을 지방자치단체의 장이 위 사업계획에 관하여 부정적인 의견을 제시한 후, 을 지방자치단체가 갑 회사에 주변 경관 등을 이유로 사업계획 불승인처분을 한 사안에서, 을 지방자치단체의 국가배상책임이 인정된다고 볼 여지가 있는데도, 이와 달리 본 원심판결에 법리오해 등의 잘못이 있다고 한 사례(대판 2021.6.30, 2017다249219)

22. 공무원의 행위가 국가배상책임을 인정할 수 있을 정도로 객관적 정당성을 잃었는지 판단하는 기준 : 보통 일반의 공무원을 표준으로 공무원이 객관적 주의의무를 소홀히 하고 그로 말미암아 객관적 정당성을 잃었다고 볼 수 있으면 국가배상법 제2조가 정한 국가배상책임이 성립할 수 있다. 객관적 정당성을 잃었는지는 행위의 양태와 목적, 피해자의 관여 여부와 정도, 침해된 이익의 종류와 손해의 정도 등 여러 사정을 종합하여 판단

하되, 손해의 전보책임을 국가가 부담할 만한 실질적 이유가 있는지도 살펴보아야 한다(대판 2021.10. 28, 2017다219218).

23. 「집회 및 시위에 관한 법률」 제20조 제1항 제5호에 따른 집회 또는 시위에 대한 해산명령이 객관적 정당성을 잃은 것인지 판단할 때 고려할 사항 : 집회·시위의 경우 많은 사람이 관련되고 시위 장소 주변의 사람이나 시설에 적지 않은 영향을 줄 수 있으므로 집회 장소에서 예상치 못한 행동이 발생했을 때 경찰공무원이 집회를 허용할 것인지는 많은 시간을 두고 심사숙고하여 결정할 수 있는 것이 아니고, 현장에서 즉시 허용 여부를 결정하여 이에 따른 조치를 신속하게 취해야 할 사항이다(대판 2021.10.28, 2017다219218).

24. 갑 등이 그들이 속한 단체가 개최한 집회와 기자회견에서 있었던 을 등 경찰의 집회 장소 점거 행위와 을의 해산명령이 위법한 공무집행에 해당하고 이로 인해 집회의 자유가 침해되었다며 국가와 을을 상대로 손해배상을 구한 사안에서, 제반 사정에 비추어 위 점거 행위와 해산명령이 객관적 정당성을 잃은 것이라고 볼 수 없는데도, 이를 법적 요건을 갖추지 못한 위법한 경찰력의 행사로 보아 국가와 을의 손해배상책임을 인정한 원심판단에는 법리오해 등 잘못이 있다고 한 사례[집회의 자유 침해로 인한 국가배상청구 사건] : 사건 당일 발생한 상황뿐만 아니라 위 집회 장소에서 점거와 농성이 시작된 이후 천막 등 철거의 행정대집행에 이르기까지 다수의 공무집행방해와 손괴행위가 발생하였고 장기간 불법적으로 물건이 설치되었던 일련의 과정을 고려하여 보면, 을 등 경찰의 집회 장소 점거 행위는 불법적인 사태가 반복되는 것을 막기 위한 필요 최소한도의 조치로 볼 수 있고, 경찰이 집회참가자들을 향하여 유형력을 행사하지 않고 소극적으로 자리를 지키고서 있었을 뿐인데도 일부 집회참가자들이 경찰을 밀치는 행위를 하는 등 당시의 현장 상황에 비추어 보면, 을로서는 집회참가자들이 경찰에 대항하여 공공의 질서유지를 해치는 행위를 하는 것으로 판단할 수 있는 상황이었으므로, 당시 해산명령이 객관적 정당성을 잃은 것이라고 단정할 수 없는데도, 위 집회 장소 점거 행위와 해산명령을 법적 요건을 갖추지 못한 위법한 경찰력의 행사로 보아 국가와 을의 손해배상책임을 인정한 원심판단에는 국가배상책임의 성립 요건과 위법성 여부에 관한 법리오해 등 잘못이 있다고 사례(대판 2021.10.28, 2017다219218)

3. 가해공무원의 특정 불필요

1. 국가배상책임은 공무원에 의한 가해행위의 태양이 확정될 수 있으면 성립되고 구체적인 행위자가 반드시 특정될 것을 요하지 않는다(대판 2011.1.27, 2010다6680).

2. 피고는 그 소속공무원인 전투경찰들(본 사안에서 판례는 전투경찰 중의 누가 불법행위자인지를 특정하지 않고도 국가배상책임을 인정하였다)의 직무집행상의 과실로 발생한 이 사건 사고로 인하여 소외 망 김귀정 및 그 가족들인 원고들이 입은 손해를 배상할 책임이 있다(대판 1995.11.10, 95다23897).

4. 기 타

1. 행정규칙의 기준에 따른 영업허가취소처분이 행정심판에 의하여 재량권 일탈로 취소된 경우, 그 처분을 한 행정청 공무원에게 직무집행상 과실이 있다고 할 수 없다(대판 1994.11.8, 94다26141).
2. 행정처분이 항고소송에서 위법하다고 판단되어 취소된 것만으로 행정처분이 공무원의 고의나 과실로 인한 불법행위를 구성한다고 단정할 수 없다(대판 2021.6.30, 2017다249219).
3. 확정판결에서 인정된 사실에 반하는 행정처분을 함으로써 그 처분에 이해관계가 있는 제3자가 그 처분의 취소를 구하는 소송을 제기하여 그 처분이 취소되는 것으로 확정된 경우, 제3자에 대하여 국가배상법 제2조 소정의 국가배상책임을 인정한 사례 : 당해 근로자가 당사자가 되어 진행된 민사사건에서 신체장해의 존부가 다투어지고 신체감정절차를 거쳐 그러한 장해를 인정하지 않는 내용의 판결이 확정되었음에도 산재심사위원회가 특별한 합리적 근거도 없이 객관적으로 확정판결의 내용에 명백히 배치되는 사실인정을 하였다면 이러한 재결은 전문적 판단의 영역에서 행정청에게 허용되는 재량을 넘어 객관적 정당성을 상실한 것으로서 국가배상법 제2조 소정의 국가배상책임의 요건을 충족할 수 있다고 하겠다. 이 사건 재결 당시 이미 관련 민사소송에서 소외인의 후유장해를 인정하지 않는 내용의 판결이 확정되어 최초 재결 당시 그 판정의 근거가 되었던 주요 증거들이 모두 배척되어 산재심사위원회로서는 확정된 민사판결의 내용을 뒤집을 만한 새로운 자료가 제출되는 등의 특별한 사정이 없는 한 그 후유장해를 인정하여서는 안 될 것임에도 그러한 사정 없이 이에 명백히 배치되는 사실인정에 기초하여 위 확정판결의 취지에 따른 근로복지공단의 처분을 취소하는 내용의 이 사건 재결을 한 것은 산업재해보상보험에 관한 업무를 처리하는 보통 일반의 공무원을 표준으로 하여 볼 때 객관적 주의의무를 결하여 그 재결이 객관적 정당성을 상실한 경우로서 국가배상책임의 요건을 충족하였고, 원고는 이 사건 재결로 인하여 다시 그 취소를 구하는 행정소송의 제기와 응소를 강요당함으로써 승소하더라도 회복할 수 없는 정신적 고통을 입게 되었다고 봄이 상당하다(대판 2011.1.27, 2008다30703).
4. 법원이 형사소송법 등 관련 법령에 근거하여 검사에게 어떠한 조치를 이행할 것을 명하였고, 관련 법령의 해석상 법원의 결정에 따르는 것이 당연하고 그와 달리 해석될 여지가 없는데도 검사가 관련 법령의 해석에 관하여 대법원판례 등의 선례가 없다는 이유 등으로 법원의 결정에 어긋나는 행위를 한 경우, 당해 검사에게 직무상 의무를 위반한 과실이 있다(대판 2012.11.15, 2011다48452).
5. 갑 등이 을 지방검찰청 검사에게 수사서류의 열람·등사를 신청하였으나 거부당하자 법원에 형사소송법 제266조의4 제1항에 따라 수사서류의 열람·등사를 허용하도록 해줄 것을 신청하였고, 이에 대하여 법원이 서류에 대한 열람·등사를 허용할 것을 명하는 결정을 하였는데도 검사가 일부 서류의 열람·등사를 거부한 사안에서, 열람·등사 거부 행위 당시 검사에게 국가배상법 제2조 제1항에서 정한 과실이 인정된다고 한 사례(대판 2012.11.15, 2011다48452)

5. 중과실

1. 공무원의 중과실이란 공무원에게 통상 요구되는 정도의 상당한 주의를 하지 않더라도 약간의 주의를 한다면 손쉽게 위법·유해한 결과를 예견할 수 있는 경우임에도 만연히 이를 간과한 경우와 같이, 거의 고의에 가까운 현저한 주의를 결여한 상태를 의미한다(대판 2021.1.28, 2019다260197).
2. 중과실 인정사례 : 10개월 이상 개인용 및 공직선거 후보용의 범죄경력조회 회보서의 발급업무를 담당하던 경찰공무원이 공직선거 후보자용 범죄경력조회서에는 금고 이상의 형은 실효되었더라도 이를 기재하여야 한다는 것을 알고 있었음에도 2008년 총선 당시 이 사건 국회의원 후보자에게 실효된 4건의 금고형 이상의 전과가 있음을 확인하고도 공직선거 후보자용 범죄경력조회 회보서에 이를 기재하지 않은 사안에서, 위 경찰공무원에게 중과실을 인정하여 국가배상 외에 공무원 개인의 배상책임까지도 인정한 원심을 수긍한 사례(대판 2011.9.8, 2011다34521)

6. 고의·과실의 입증책임의 완화

구 국세징수법 제24조 제2항에 따라 국세 확정 전 보전압류를 한 후 보전압류에 의하여 징수하려는 국세의 전부 또는 일부가 확정되지 못한 경우, 국가가 부당한 보전압류로 납세자가 입은 손해를 배상할 책임이 있고, 이러한 법리는 보전압류 후 과세처분에 의해 일단 국세가 확정되었으나 과세처분이 취소되어 국세의 전부 또는 일부가 확정되지 못한 경우에도 마찬가지로 적용된다(대판 2015.10.29, 2013다209534).

7. 법령해석의 잘못과 공무원의 과실

(1) 원칙적으로 긍정

공무원은 법률을 해석하여 집행할 의무가 있으므로 법령해석을 잘못해서 법령의 부당집행이라는 결과를 빚었다면 원칙적으로 과실이 인정된다.

> ┤ **관 련 판 례** ├
>
> 1. 원칙적으로 관계 법규를 알지 못해 잘못된 처분을 했어도 과실 인정 : 일반적으로 공무원이 직무를 집행함에 있어서 관계 법규를 알지 못하거나 필요한 지식을 갖추지 못하여 법규의 해석을 그르쳐 잘못된 행정처분을 하였다면 그가 법률전문가가 아닌 행정직 공무원이라고 하여 과실이 없다고 할 수 없다(대판 1995.10.13, 95다32747).
> 2. 원칙적으로 관계 법규를 알지 못해 위법한 시행령을 제정했어도 과실 인정 : 일반적으로 행정입법에 관여하는 공무원이 시행령이나 시행규칙을 제정함에 있어서 관계 법규를 알지 못하거나 필요한 지식을 갖추지 못하여 법률 등 상위법규의 해석을 그르치는 바람에 상위법규에 위반된 시행령 등을 제정하게 되었다면 그가 법률전문가가 아닌 행정공무원이라고 하여 과실이 없다고 할 수는 없다(대판 1997.5.28, 95다15735).
> 3. 피고 서울특별시 광진구 소속 공무원들이 원고와 사이에 이 사건 실시협약을 체결함에 있어 이 사건 사업이 광진구의회의 의결을 필요로 하는지 여부에 관하여 관련 행정기관에 질의를 하는 등 신중을 다함으로써 원고에게 이 사건 실시협약의 무효로 인한 불의의 손해가 발생하지 않도록 하여야 할 직무상 의무를 위반하였으므로, 피고 서울특별시 광진구는 원고가 이 사건 실시협약이 유효한 것으로 믿고 이 사건 사업의 실시계획을 준비하는 데 지출한 비용 상당의 손해를 배상할 책임이 있다(대판 2012.6.28, 2011다88313).

(2) 법령해석 및 실무취급례가 있는 경우(긍정)

공무원이 법령을 해석하는 데 있어서는 먼저 당해 법령에 대한 실무관행·학설·판례 등을 신중하게 검토하여야 할 것이며, 이에 대해 확립된 실무관행·학설·판례 등이 있는 경우 이에 저촉되는 행위를 하였다면 특별한 사정이 없는 한 과실이 있다고 할 것이다.

> ┤ **관 련 판 례** ├
>
> 행정청이 확립된 법령의 해석에 어긋나는 견해를 고집하여 계속하여 위법한 행정처분을 하거나 이에 준하는 행위로 평가될 수 있는 불이익을 처분상대방에게 계속 주는 경우 과실 인정 : 대법원의 판단으로 관계 법령의 해석이 확립되고 이어 상급 행정기관 내지 유관 행정부서로부터 시달된 업무지침이나 업무연락 등을 통하여 이를 충분히 인식할 수 있게 된 상태에서, 확립된 법령의 해석에 어긋나는 견해를 고집하여 계속하여 위법한 행정처분을 하거나 이에 준하는 행위로 평가될 수 있는 불이익을 처분상대방에게 주게 된다면, 이는 그 공무원의 고의 또는 과실로 인한 것이 되어 그 손해를 배상할 책임이 있다(대판 2007.5.10, 2005다31828).

(3) 법령해석 및 실무취급례가 없는 경우(부정)

확립된 실무관행·학설·판례 등이 없는 경우에는 일반적으로 인정될 수 있는 합리적인 법규해석방법과 근거에 따라 행위를 했다면 설령 나중에 그것이 위법한 것으로 판단되었다고 하더라도 법령해석상의 주의의무는 다했다고 해야 할 것이다.

┃ 관 련 판 례 ┃

1. 법령에 대한 해석이 복잡·미묘하여 워낙 어렵고 학설·판례조차 귀일되지 못하여 의의가 없을 수 없는 경우 과실 부정 : 법령에 대한 해석이 복잡·미묘하여 워낙 어렵고 이에 대한 학설·판례조차 귀일되지 못하여 의의가 없을 수 없는 경우에 공무원이 그 나름대로 신중을 다 하여 합리적인 근거를 찾아 그중 어느 한 설을 취하여 내린 해석이 대법원이 가린 그것과 같지 않아 결과적으로 잘못된 해석에 돌아가고 그에 따른 처리가 역시 결과적으로 위법하게 되어 그 법령의 부당집행이란 결과를 빚었다고 하더라도 그와 같은 처리방법 이상의 것을 성실한 평균적 공무원에게 기대하기란 어려운 일이므로 다른 특별한 사정이 없으면 그 한 설을 취한 처리가 공무원의 과실에 의한다고 일컬을 수 없다 할 것이다(대판 1973.10.10, 72다2583).

2. 법령해석을 잘못하여 행한 처분의 위법성 정도는 취소사유 : 법령해석을 잘못하여 행한 처분이 위법한 경우 그 하자가 명백하다고 할 수 없으므로 무효사유에 해당하지 않는다(대판 1997.5.9, 95다46722).

3. 담당공무원이 같은 장소에 대하여 사업자를 달리하는 축산물판매업 중복신고는 허용되지 않는다고 축산물가공처리법령을 해석·적용한 결과 기존 영업자가 휴업신고만 하고 폐업신고를 하지 않았음을 이유로 신규 영업신고를 수리하지 않은 사안에서, 담당공무원의 과실을 인정할 수 없다고 한 사례(대판 2010.4.29, 2009다97925)

4. 대법원판결이 형사소송법 등 법령에 명시되지 아니한 피의자의 권리를 헌법적 해석을 통하여 혹은 형사소송법의 규정 등을 유추적용하여 최초로 인정한 경우, 그 대법원판결 전에 이와 달리 법령을 해석하여 조치한 수사검사에게 국가배상법 제2조 제1항 소정의 과실이 있는지 여부(원칙적 소극) 및 그 판단기준 : 형사소송법 및 관계 법령이 형사소송절차에서 피의자가 갖는 권리에 관하여 명문의 규정을 두고 있지 아니하여 그 해석에 관하여 여러 가지 견해가 있을 수 있고, 이에 대하여 대법원판례 등 선례가 없고 학설도 귀일된 바 없어 의의(疑義)가 있을 수 있는 경우에는, 검사로서는 그 나름대로 신중을 다하여 그 당시의 실무관행을 파악하고 각 견해의 근거의 합리성을 검토하여 어느 한 견해를 따라 조치를 취할 수밖에 없다. 이 경우 그러한 조치 후에 대법원이 형사소송법 등 법령에 명시되지 아니한 피의자의 권리를 헌법적 해석을 통하여 인정하거나 피의자의 다른 권리에 관한 형사소송법의 규정 등을 유추적용하여 인정함으로써, 사후적으로 피의자에게 그러한 권리가 존재하지 않는 것으로 해석한 검사의 조치가 잘못된 것으로 판명되고 이에 따른 처리가 결과적으로 위법하게 되어 법령의 부당집행이라는 결과를 가져오게 되었다고 하더라도, 그 검사의 조치 당시 그 검사가 내린 판단 이상의 것을 성실하고 합리적인 평균적 검사에게 기대하기 어렵다고 인정된다면, 특별한 사정이 없는 한 이러한 경우에까지 당해 검사에게 국가배상법 제2조 제1항에서 규정하는 과실이 있다고 할 수 없다(대판 2010.6.24, 2006다58738).

5. 법령 해석에 관한 공무원의 과실 부정사례 : 한국철도공사법 부칙 제7조의 규정에 의하더라도 '공무원 신분을 계속 유지하고자 하는 자'에 대하여 그 의사에 따라 계속 공무원 신분을 유지한다거나 철도청장이 이들을 철도공사 직원으로 임용하지 못하도록 하는 규정이 없을 뿐만 아니라 '공무원 신분을 계속 유지하고자 하는 자'의 처리방안에 관하여도 아무런 규정이 없고, 더욱이 법 부칙 제7조 제2항은 제1항과 달리 '공무원 신분을 계속 유지하는 자'를 제외한 철도청 직원을 철도공사의 직원으로 임용한다고 규정하고 있어서 '공무원 신분을 계속 유지하고자 하는 자' 중에서 '공무원 신분을 계속 유지하는 자'를 선별할 수 있는 것처럼 해석할 여지를 두고 있으므로, 그 문언상의 의미가 반드시 명확하다고 하기 어렵다. …… 또한 철도청장이 망인 등의 공무원 잔류의사에도 불구하고 망인 등을 철도공사 직원으로 임용되도록 하고 결과적으로 공무원에서 당연퇴직한 것으로 처리한 이유는, 만약 망인 등의 의사대로 공무원 신분을 계속 유지하게 하더라도 철도청 직제의 폐지로 인하여 망인 등은 과원이 될 것이 명백하고, 그 경우 국가공무원법 제70조 제1항 제3호에 의하여 직권면직될 가능성이 크므로, 그로 인한 불이익을 막기 위한 의도에서라고 할 것이어서, 철도청장이 법 부칙 제7조를 해석·적용함에 있어서 그중 망인 등에게 유리하다고 생각하는 해석방법

을 택한 것을 비난하기도 어렵다고 할 것이다(대판 2011.2.24, 2010다83298).
6. 행정입법에 관여한 공무원이 나름대로 합리적 근거를 찾아 어느 하나의 견해에 따라 경과규정을 두는 등의 조치 없이 새 법령을 그대로 시행 또는 적용하였으나 그 판단이 나중에 대법원이 내린 판단과 달라 결과적으로 신뢰보호원칙 등을 위반하게 된 경우, 국가배상책임의 성립요건인 공무원의 과실이 있다고 볼 수 없다(대판 2013.4.26, 2011다14428).
7. 2002.3.25. 개정된 「변리사법 시행령」 제4조 제1항이 변리사 제1차 시험을 '절대평가제'에서 '상대평가제'로 변경함에 따라 2002. 5. 26. 실시된 시험에서 불합격처분을 받았다가 그 후 위 조항을 즉시 시행한 부분이 헌법에 위배되어 무효라는 대법원판결이 내려져 추가합격처분을 받은 갑 등이 국가배상책임을 물은 사안에서, 국가배상책임을 인정한 원심판결에 법리오해 등 위법이 있다고 한 사례(대판 2013.4.26, 2011다14428)

(4) 위헌법률에 근거한 행정작용과 공무원의 과실(부정)

통설은 공무원에게는 법률의 위헌 여부를 심사할 수 있는 권한이 없으므로 당해 행정작용이 결과적으로 위법하게 되었다고 하더라도 법률을 집행한 공무원의 과실을 인정할 수는 없다고 한다. 헌법재판소도 같은 입장이다.

┨ 관 련 판 례 ┠

행위 근거가 된 법률에 대하여 나중에 헌법재판소가 위헌결정을 하였다고 행위자의 고의 또는 과실이 있었다고 인정할 수는 없다(헌재결 2011.11.24, 2010헌바353).

8. 행정규칙에 따라 처분한 경우(부정)

영업허가취소처분이 나중에 행정심판에 의하여 재량권을 일탈한 위법한 처분임이 판명되어 취소되었다고 하더라도 그 처분이 당시 시행되던 「공중위생법 시행규칙」에 정하여진 행정처분의 기준에 따른 것인 이상 그 영업허가취소처분을 한 행정청 공무원에게 그와 같은 위법한 처분을 한 데 있어 어떤 직무집행상의 과실이 있다고 할 수는 없다(대판 1994.11.8, 94다26141).

Ⅳ. 위법성

1. 법령의 범위(광의설)

엄격한 의미의 법령뿐만 아니라 인권존중·권력남용금지·신의성실·공서양속을 포함하여 널리 그 행위가 객관적인 정당성을 결여하고 있음을 의미한다는 광의설(다수설)이다.

┃ 관 련 판 례 ┃

1. 위법성 여부는 전체 법질서 차원에서 판단(대판 1995.7.14, 93다16819)

2. '법령을 위반하여'의 의미 : '법령을 위반하여'란 엄격하게 형식적 의미의 법령에 명시적으로 공무원의 작위의무가 정하여져 있음에도 이를 위반하는 경우만을 의미하는 것은 아니고, 인권존중·권력남용금지·신의성실과 같이 공무원으로서 마땅히 지켜야 할 준칙이나 규범을 지키지 아니하고 위반한 경우를 포함하여 널리 그 행위가 객관적인 정당성을 결여하고 있는 경우도 포함한다(대판 2021.7.21, 2021두33838).

3. 수사기관이 범죄수사를 하면서 지켜야 할 법규상 또는 조리상의 한계를 위반한 것은 '법령 위반'에 해당한다(대판 2020.4.29, 2015다224797).

4. 불이익한 전보인사조치가 인사대상자에 대하여 정신적 고통을 가하는 것으로서 불법행위를 구성하기 위한 요건 : 공무원에 대한 전보인사가 법령이 정한 기준과 원칙에 위반하거나 인사권을 다소 부적절하게 행사한 것으로 볼 여지가 있다 하더라도 그러한 사유만으로 그 전보인사가 당연히 불법행위를 구성한다고 볼 수는 없고, 인사권자가 당해 공무원에 대한 보복감정 등 다른 의도를 가지고 인사재량권을 일탈·남용하여 객관적 정당성을 상실하였음이 명백한 전보인사를 한 경우 등 전보인사가 우리의 건전한 사회통념이나 사회상규상 도저히 용인될 수 없음이 분명한 경우에, 그 전보인사는 위법하게 상대방에게 정신적 고통을 가하는 것이 되어 당해 공무원에 대한 관계에서 불법행위를 구성한다. 그리고 이러한 법리는 구 부패방지법에 따라 다른 공직자의 부패행위를 부패방지위원회에 신고한 공무원에 대하여 위 신고행위를 이유로 불이익한 전보인사가 행하여진 경우에도 마찬가지이다. 시청 소속 공무원이 시장을 부패방지위원회에 부패혐의자로 신고한 후 동사무소로 전보된 사안에서, 그 전보인사가 사회통념상 용인될 수 없을 정도로 객관적 상당성을 결여하였다고 단정할 수 없어 불법행위를 구성하지 않는다고 한 사례(대판 2009.5.28, 2006다16215)

5. 수사과정에서 여자 경찰관이 실시한 여성 피의자에 대한 신체검사가 그 방식 등에 비추어 피의자에게 큰 수치심을 느끼게 하였을 것으로 보이는 등 피의자의 신체의 자유를 침해하였다고 본 사례 : 자신 또는 타인에게 신체적 위해를 가할 만한 특이한 증상을 보인 적이 없었고, 신체검사가 이루어진 날인 2006.8.27.에도 자진 출석하여 조사에 응하였던 점, 그와 같은 상황에서 원고로 하여금 팬티를 벗고 가운을 입도록 한 다음 손으로 그 위를 두드리는 방식으로 한 신체검사는 원고에게 큰 수치심을 느끼도록 했을 것으로 보이는 점 등에 비추어 원고에 대한 신체검사가 남자 경찰관들이 없는 곳에서 여경에 의해 행하여졌다고 하더라도, 이는 공무원이 직무집행을 함에 있어 적정성 및 피해의 최소성, 과잉금지의 원칙을 위배하여 헌법 제12조가 보장하는 원고의 신체의 자유를 침해하였다고 봄이 상당하다(대판 2009.12.24, 2009다70180).

6. 식품의약품안전청장 등 관계공무원이 재량에 맡겨진 권한을 행사하지 않은 것이 직무상 의무를 위반하여 위법한 것이 되고 과실이 있다고 인정되기 위한 요건 : 식약청장 등이 그 권한을 행사하지 아니한 것이 직무상 의무를 위반하여 위법한 것으로 되는 경우에는 특별한 사정이 없는 한 과실도 인정된다고 할 것이다. 어린이가 '미니컵 젤리'를 먹다가 질식사한 사안에서, 당시의 미니컵 젤리에 대한 외국의 규제수준, 그 이전에 피고가 실시한 규제조치 등에 비추어 식품의약품안전청장 등 관계공무원으로서는 미니컵 젤리로 인한 질식의 위험을 인식하거나 예견하기 어려웠던 사정 등을 종합하면 식품의약품안전청장 등이 미니컵 젤리의 수입·유통 등을 금지하거나 그 기준과 규격, 표시 등을 강화하고 그에 필요한 검사 등을 실시하지 아니하였다고 하여 이를 위법하다고 보기 어렵고, 과실이 있다고 할 수도 없다(대판 2010.9.9, 2008다77795).

7. 의무복무기간을 마친 공군 조종사들 중 전역희망자가 예년에 비해 크게 증가하자, 공군본부가 국가안보 내지 군 전투력 유지에 차질을 초래할 수 있다는 판단하에 전역희망자 중 비 공군사관학교 출신과 생년월일이 앞선 자를 우선하여 전역 허가하는 방식으로 전역제한처분을 한 사안에서, 위 전역제한처분이 위법하지 않다고 본

원심판단을 수긍한 사례 : 생년월일을 전역제한자 선별 기준으로 삼은 것은 민간항공사 취업가능연령의 하향화 추세로 전역 후 취업가능 기간을 고려하였기 때문인 점과 공군 조종사의 인력 부족은 국가안보에 공백이 생기는 중대한 결과를 초래할 수 있는 데 비하여 전역제한처분으로 전역이 지연되는 기간이 1년 정도일 것으로 예상되는 점 등을 고려하여 위 전역제한처분이 위법하지 않다(대판 2011.9.8, 2009다77280).

8. 지적공부에 소유자 기재가 없는 미등기 토지에 관하여 국가가 국가 명의의 소유권보존등기를 마치자, 토지를 사정받은 갑의 상속인들이 국가를 상대로 불법행위에 따른 손해배상을 구한 사안에서, 국가가 토지의 진정한 소유자가 따로 있음을 알았다는 등의 특별한 사정이 없는 한 토지의 사정명의인 또는 상속인에 대한 관계에서 불법행위가 성립하지 않는다고 한 사례 : 미등기 부동산에 대한 국가의 권리보전조치의 경위와 내용, 토지조사부에 소유자로 등재된 자의 지위에 관한 판례변경 경위 및 광복 이후 농지개혁과 6·25동란 등을 거치면서 토지소유권에 관하여도 극심한 변동이 있었던 점 등을 감안하여 보면, 국가가 지적공부에 소유자 기재가 없는 미등기 토지에 관하여 국가 명의로 소유권보존등기를 하는 권리보전조치를 취한 것은 위법한 행위라고 볼 수 없고, 국가가 권리보전조치를 하는 과정에서 토지의 진정한 소유자가 따로 있음을 알고 있음에도 소유권보존등기를 마쳤다는 등의 특별한 사정이 없는 한 토지의 사정명의인 또는 상속인에 대한 관계에서 불법행위가 성립하지 않는다(대판 2014.12.11, 2011다38219).

9. 행정청의 처분 여부 결정의 지체로 국가배상책임이 성립하기 위한 요건 : 행정청의 처분을 구하는 신청에 대하여 상당한 기간 처분 여부 결정이 지체되었다고 하여 곧바로 공무원의 고의 또는 과실에 의한 불법행위를 구성한다고 단정할 수는 없고, 행정처분의 담당공무원이 보통 일반의 공무원을 표준으로 하여 볼 때 객관적 주의의무를 결하여 처분 여부 결정을 지체함으로써 객관적 정당성을 상실하였다고 인정될 정도에 이른 경우에 비로소 국가배상법 제2조가 정한 국가배상책임의 요건을 충족한다(대판 2015.11.27, 2013다6759).

10. 처분 여부 결정의 지체가 객관적 정당성을 상실하였는지 판단하는 기준 및 여기서 정당한 이유 없이 처리를 지연하였는지 판단하는 기준 : 객관적 정당성을 상실하였는지는 신청의 대상이 된 처분이 기속행위인지 재량행위인지 등 처분의 성질, 처분의 지연에 따라 신청인이 입은 불이익의 내용과 정도, 행정처분의 담당공무원이 정당한 이유 없이 처리를 지연하였는지 등을 종합적으로 고려하되, 손해의 전보책임을 국가 또는 지방자치단체에게 부담시킬 만한 실질적인 이유가 있는지도 살펴서 판단하여야 한다. 여기서 정당한 이유 없이 처리를 지연하였는지는 법정 처리기간이나 통상적인 처리기간을 기초로 처분이 지연된 구체적인 경위나 사정을 중심으로 살펴 판단하되, 처분을 아니하려는 행정청의 악의적인 동기나 의도가 있었는지, 처분 지연을 쉽게 피할 가능성이 있었는지 등도 아울러 고려할 수 있다(대판 2015.11.27, 2013다6759).

11. 구「공무원수당 등에 관한 규정」제7조의2 제1항이 정한 성과상여금 지급대상 교육공무원으로서 '공무원보수규정 [별표 11]을 적용받는 교원'이란 호봉 승급에 따른 급여체계의 적용을 받는 정규 교원만을 의미하고 기간제교원은 포함되지 아니한다(대판 2017.2.9, 2013다205778).

12. 교육부장관이 갑 등을 비롯한 국·공립학교 기간제교원을 구「공무원수당 등에 관한 규정」에 따른 성과상여금 지급대상에서 제외하는 내용의 '교육공무원 성과상여금 지급 지침'을 발표한 사안에서, 국가가 갑 등에 대하여 불법행위로 인한 손해배상책임을 진다고 볼 수 없다고 한 사례(대판 2017.2.9, 2013다205778)

13. 정부에 대한 비판 자체를 원천적으로 배제하려는 공권력의 행사에 정당성을 인정할 수 없다(대판 2020.6.4, 2015다233807).

14. 국가기관이 자신이 관리·운영하는 홈페이지에 게시된 글에 대하여 정부의 정책에 찬성 또는 반대하는 내용인지에 따라 선별적으로 삭제 여부를 결정하는 것은 허용되지 않는다(대판 2020.6.4, 2015다233807).

15. 해군본부가 해군 홈페이지 자유게시판에 게시된 '제주해군기지 건설사업에 반대하는 취지의 항의글' 100여 건을 삭제하는 조치를 취하자, 항의글을 게시한 갑 등이 국가를 상대로 손해배상을 구한 사안에서, 위 삭제 조치가 객관적 정당성을 상실한 위법한 직무집행에 해당한다고 보기 어렵다고 한 사례 : 해군 홈페이지 자유게시판이 정치적 논쟁의 장이 되어서는 안 되는 점, 위와 같은 항의글을 게시한 행위는 정부정책에 대한 반대의사 표시이므로「해군 인터넷 홈페이지 운영규정」에서 정한 게시글 삭제 사유인 '정치적 목적이나 성향이 있는 경우'에 해당하는 점, 해군본부가 집단적 항의글이 위 운영규정 등에서 정한 삭제 사유에 해당한다고 판단한 것이 사회통념상 합리성이 없다고 단정하기 어려운 점, 반대의견을 표출하는 항의 시위의

1차적 목적은 달성되었고 현행법상 국가기관으로 하여금 인터넷 공간에서의 항의 시위의 결과물인 게시글을 영구히 또는 일정 기간 보존하여야 할 의무를 부과하는 규정은 없는 점 등에 비추어 위 삭제 조치가 객관적 정당성을 상실한 위법한 직무집행에 해당한다고 보기 어려운데도, 이와 달리 본 원심판단에 법리오해의 잘못이 있다고 한 사례(대판 2020.6.4, 2015다233807).

2. 행위위법설(다수설)

판례도 기본적으로 행위위법설의 입장이다.

┨ 관 련 판 례 ┠

1. 공무원의 직무집행이 법령이 정한 요건과 절차에 따라 이루어진 것이라면 특별한 사정이 없는 한 법령에 적합하다(행위위법설에 따른 판례) : 국가배상책임은 공무원의 직무집행이 법령에 위반한 것임을 요건으로 하는 것으로서, 공무원의 직무집행이 법령이 정한 요건과 절차에 따라 이루어진 것이라면 특별한 사정이 없는 한 이는 법령에 적합한 것이고 그 과정에서 개인의 권리가 침해되는 일이 생긴다고 하여 그 법령 적합성이 곧바로 부정되는 것은 아니라고 할 것인바, 불법시위를 진압하는 경찰관들의 직무집행이 법령에 위반한 것이라고 하기 위하여는 그 시위진압이 불필요하거나 또는 불법시위의 태양 및 시위 장소의 상황 등에서 예측되는 피해 발생의 구체적 위험성의 내용에 비추어 시위진압의 계속 수행 내지 그 방법 등이 현저히 합리성을 결하여 이를 위법하다고 평가할 수 있는 경우이어야 한다(대판 1997.7.25, 94다2480).
2. 상대적 위법성설을 취한 판례(예외판례) : 어떠한 행정처분이 후에 항고소송에서 취소되었다고 할지라도 그 기판력에 의하여 당해 행정처분이 곧바로 공무원의 고의 또는 과실로 인한 것으로서 불법행위를 구성한다고 단정할 수는 없는 것이고, 그 행정처분의 담당공무원이 보통 일반의 공무원을 표준으로 하여 볼 때 객관적 주의의무를 결하여 그 행정처분이 객관적 정당성을 상실하였다고 인정될 정도에 이른 경우에 국가배상법 제2조 소정의 국가배상책임의 요건을 충족하였다고 봄이 상당할 것이며, 이때에 객관적 정당성을 상실하였는지 여부는 피침해이익의 종류 및 성질, 침해행위가 되는 행정처분의 태양 및 그 원인, 행정처분의 발동에 대한 피해자측의 관여의 유무, 정도 및 손해의 정도 등 제반 사정을 종합하여 손해의 전보책임을 국가 또는 지방자치단체에게 부담시켜야 할 실질적인 이유가 있는지 여부에 의하여 판단하여야 한다(대판 2000.5.12, 99다70600).

3. 국가배상법상 위법의 유형

(1) 행위 자체의 법위반

허가취소처분, 영업정지처분의 위법과 같이 공권력 행사 자체가 가해행위인 경우에는 공권력행사 자체의 법위반 여부가 위법의 판단기준이 된다.

┃ 관 련 판 례 ┃

1. 국가가 한센병 환자의 치료 및 격리수용을 위하여 운영·통제해 온 국립 소록도병원 등에 소속된 의사 등이 한센인들에게 시행한 정관절제수술과 임신중절수술을 정당한 공권력의 행사라고 인정하기 위한 요건 : 국가가 한센병 환자의 치료 및 격리수용을 위하여 운영·통제해 온 국립 소록도병원 등에 소속된 의사나 간호사 또는 의료보조원 등이 한센인들에게 시행한 정관절제수술과 임신중절수술은 신체에 대한 직접적인 침해행위로서 그에 관한 동의 내지 승낙을 받지 아니하였다면 헌법상 신체를 훼손당하지 아니할 권리와 태아의 생명권 등을 침해하는 행위이다. 또한 한센인들의 임신과 출산을 사실상 금지함으로써 자손을 낳고 단란한 가정을 이루어 행복을 추구할 권리는 물론이거니와 인간으로서의 존엄과 가치, 인격권 및 자기결정권, 내밀한 사생활의 비밀 등을 침해하거나 제한하는 행위임이 분명하다. 더욱이 위와 같은 침해행위가 정부의 정책에 따른 정당한 공권력의 행사라고 인정받으려면 법률에 그에 관한 명시적인 근거가 있어야 하고, 과잉금지의 원칙에 위배되지 아니하여야 하며, 침해행위의 상대방인 한센인들로부터 '사전에 이루어진 설명에 기한 동의(prior informed consent)'가 있어야 한다(대판 2017.2.15, 2014다230535).

2. 국가가 요건을 갖추지 아니한 채 한센인들을 상대로 정관절제수술이나 임신중절수술을 시행한 경우, 민사상 불법행위가 성립한다(대판 2017.2.15, 2014다230535).

3. 한센병을 앓은 적이 있는 갑 등이 국가가 한센병 환자의 치료 및 격리수용을 위하여 운영·통제해 온 국립 소록도병원 등에 입원해 있다가 위 병원 등에 소속된 의사 등으로부터 정관절제수술 또는 임신중절수술을 받았음을 이유로 국가를 상대로 손해배상을 구한 사안에서, 국가배상책임을 인정한 사례(대판 2017.2.15, 2014다230535)

4. 수사기관이 법령에 의하지 않고 처분 등으로 변호인의 접견교통권을 제한할 수 없다(대판 2018.12.27, 2016다266736).

5. 피의자 등이 헌법상 변호인의 조력을 받을 권리의 의미와 범위를 정확히 이해하면서도 이성적 판단에 따라 자발적으로 그 권리를 포기한 경우, 변호인의 접견이 강제될 수 없고, 위와 같은 요건이 갖추어지지 않았는데도 수사기관이 접견을 허용하지 않는 경우, 변호인의 접견교통권 침해로 인한 국가배상책임이 성립한다(대판 2018.12.27, 2016다266736).

6. 북한에서 태어나고 자란 중국 국적의 화교인 갑(서울시 공무원 간첩사건으로 기소되었던 유우성의 여동생)이 대한민국에 입국한 후 국가정보원장이 「북한이탈주민의 보호 및 정착지원에 관한 법률」에 따라 설치·운영하는 임시보호시설인 중앙합동신문센터에 수용되어 조사를 받았는데, 변호사인 을 등이 갑에 대한 변호인 선임을 의뢰받고 9차례에 걸쳐 갑에 대한 변호인접견을 신청하였으나, 국가정보원장과 국가정보원 소속 수사관이 을 등의 접견신청을 모두 불허하였고, 이에 을 등이 국가를 상대로 변호인 접견교통권 침해를 이유로 손해배상을 구한 사안에서, 국가정보원장이나 국가정보원 수사관이 변호인인 을 등의 갑에 대한 접견교통신청을 허용하지 않은 것은 변호인의 접견교통권을 침해한 위법한 직무행위에 해당하므로, 국가는 을 등이 입은 정신적 손해를 배상할 책임이 있다고 본 원심판단이 정당하다고 한 사례(대판 2018.12.27, 2016다266736)

7. 구 농촌근대화촉진법에 따른 구획정리사업의 시행자가 사유지에 대하여 환지를 지정하지 아니하고 청산금도 지급하지 아니하는 내용으로 환지계획을 작성하여 그 계획이 인가·고시됨으로써 위 토지의 소유권을 상실시킨 경우, 이로 인한 토지 소유자의 손해를 배상할 책임이 있고, 이 경우 배상할 손해액은 토지 소유권을 상실하는 경우의 청산금 상당액이며, 그 손해배상청구권의 소멸시효 기산점은 환지처분 고시일의 다음 날이다(대판 2019.1.31, 2018다255105).

8. 피의자가 소년 등 사회적 약자인 경우, 수사기관은 수사과정 중 피의자의 방어권 행사에 불이익이 발생하지 않도록 더욱 세심하게 배려할 직무상 의무를 부담하고, 수사기관이 고의 또는 과실로 위 직무상 의무를

위반하여 피의자신문조서를 작성함으로써 피의자의 방어권이 실질적으로 침해된 경우, 국가배상책임이 성립한다(대판 2020.4.29, 2015다224797).
9. 공익사업의 시행자가 토지소유자와 관계인에게 보상액을 지급하지 않고 승낙도 받지 않은 채 공사에 착수하여 토지소유자와 관계인이 손해를 입은 경우, 사업시행자가 손해배상책임을 진다(대판 2021.11.11, 2018다204022).
10. 피고인의 변호인으로부터 조력을 받을 권리와 변호인의 피고인에 대한 접견교통권이 침해된 경우 국가배상책임이 인정된다(대판 2021.11.25, 2019다235450).
11. 부패의 염려가 있거나 보관하기 어려운 압수물에 대하여 형사소송법 제130조 제3항에서 정한 요건을 갖추지 않은 폐기처분은 위법하다(대판 2022.1.14, 2019다282197).

(2) 행위의 집행방법상 위법

행위 자체는 적법하나 그 집행방법에 있어 위법이 인정되는 경우이다. 집행방법에 관한 명문규정이 있을 경우 그에 위반하면 위법이 되고, 명문규정이 없는 경우에도 손해방지의무가 있으면 위법이 인정된다.

┤ **관 련 판 례** ├

경찰관이 교통법규 등을 위반하고 도주하는 차량을 순찰차로 추적하는 직무를 집행하는 중에 그 도주 차량의 주행에 의하여 제3자가 손해를 입은 경우, 경찰관의 추적행위는 위법한 것이 아니다(대판 2000.11.10, 2000다 26807·26814).

4. 행정규칙위반

행정규칙의 법규성을 부인하고 국가배상법상의 위법개념을 엄격한 의미의 법령위반으로 보는 입장에서 행정규칙위반은 법령위반에 해당되지 않는다고 보는 견해가 일반적이다.

┤ **관 련 판 례** ├

1. 국가배상법 제2조에 이른바 '법령에 위반하여'라 함은 일반적으로 위법행위를 함을 말하는 것이고, 단순한 행정적인 내부규칙에 위배하는 것을 포함하지 아니한다(대판 1973.1.30, 72다2062).
2. 상급행정기관이 소속 공무원이나 하급행정기관에 대하여 업무처리지침이나 법령의 해석·적용 기준을 정해 주는 '행정규칙'은 대외적으로 국민이나 법원을 구속하는 효력이 없고 공무원의 조치가 행정규칙에 적합한지 여부에 따라 공무원의 조치의 적법 여부를 판단할 수 없다(대판 2020.5.28, 2017다211559).
3. 「피의자 유치 및 호송규칙」은 경찰청장이 관련 행정기관 및 그 직원에 대하여 그 직무권한행사의 지침을 발한 행정조직 내부에서의 행정명령의 성질을 가지는 것에 불과하고 법규명령의 성질을 가진 것이라고는 볼 수 없으므로, 이에 따른 처분이라고 하여 당연히 적법한 처분이라고는 할 수 없고, 또한 위법하거나 부당한 공권력의 행사가 오랜 기간 반복되어 왔고 그 동안에 그에 대한 이의가 없었다고 하여 그 공권력 행사가 적법하거나 정당한 것으로 되는 것도 아니다(대판 2013.5.9, 2013다200438).

5. 재량행위

재량행위를 그르치면 원칙적으로 부당이 되어 위법에 해당하지 않는다. 그러나 예외적으로 재량행위라도 재량권을 일탈·남용하면 법령위반, 즉 위법이 된다.

┨ 관 련 판 례 ┠

1. 긴급구호권한과 같은 경찰관의 조치권한은 일반적으로 경찰관의 전문적 판단에 기한 합리적인 재량에 위임되어 있는 것이나, 그렇다고 하더라도 구체적 상황하에서 경찰관에게 그러한 조치권한을 부여한 취지와 목적에 비추어 볼 때 그 불행사가 현저하게 불합리하다고 인정되는 경우에는, 그러한 불행사는 법령에 위반하는 행위에 해당하게 되어 국가배상법상의 다른 요건이 충족되는 한, 국가는 그로 인하여 피해를 입은 자에 대하여 국가배상책임을 부담한다(대판 1996.10.25, 95다45927).
2. 대학수학능력시험에 있어 '반올림에 의한 소수점 폐지' 정책과 그에 따라 반올림된 점수를 대학에 통보한 행위는 교육인적자원부장관 등의 재량 범위 내에 속하는 업무처리이므로 위법한 행위에 해당하지 않는다(대판 2007.12.13, 2005다66770).

6. 수익적 행정처분의 위법

1. 수익적 행정처분이 신청인에 대한 관계에서 국가배상법 제2조 제1항의 위법성이 있는 것으로 평가되기 위한 요건 : 수익적 행정처분은 그 성질상 특별한 사정이 없는 한 그 처분이 이루어지는 것이 신청인의 이익에 부합하고, 이에 대한 법규상의 제한은 공공의 이익을 위한 것이어서 그러한 법규상의 제한 사유가 없는 한 원칙적으로 이를 허용할 것이 요청된다고 할 것이므로, 수익적 행정처분이 신청인에 대한 관계에서 국가배상법 제2조 제1항의 위법성이 있는 것으로 평가되기 위하여는 당해 행정처분에 관한 법령의 내용, 그 성질과 법률적 효과, 그로 인하여 신청인이 무익한 비용을 지출할 개연성에 관한 구체적 사정 등을 종합적으로 고려하여 객관적으로 보아 그 행위로 인하여 신청인이 손해를 입게 될 것임이 분명하다고 할 수 있어 신청인을 위하여도 당해 행정처분을 거부할 것이 요구되는 경우이어야 할 것이다(대판 2001.5.29, 99다37047).
2. 수익적 행정처분인 허가 등을 신청한 사안에서 공무원이 신청인의 목적 달성에 필요한 안내나 배려 등을 하지 않았다는 사정만으로 직무집행에 있어 위법한 행위를 한 것이라고 볼 수 없다(대판 2017.6.29, 2017다211726).
3. 갑 주식회사(아시아 주식회사)가 을 지방자치단체(서울특별시 강남구)에 하천부지에 잔디실험연구소를 설치하는 내용이 포함된 사업계획서를 제출하면서 하천점용허가를 신청하여 점용허가를 받은 후 하천부지에 컨테이너를 설치하였는데, 을 지방자치단체가 하천부지가 개발제한구역에 해당함에도 갑 회사가 「개발제한구역의 지정 및 관리에 관한 특별조치법」 제12조에서 정한 행위허가를 받지 않은 채 컨테이너를 설치하였다는 이유로 하천점용허가를 취소한 사안에서, 을 지방자치단체의 손해배상책임을 인정한 원심판단에 법리오해의 잘못이 있다고 한 사례(대판 2017.6.29, 2017다211726)

7. 위법성의 입증책임(원고)

위법성에 대한 입증책임은 원칙적으로 원고(피해자)에게 있다는 것이 통설이다.

8. 선결문제로서의 행정행위의 위법성 문제

행정상 손해배상의 선결문제로서 행정행위의 위법성을 심리할 수 있느냐에 관해 다수설과 판례는 행정행위의 효력을 부인하지 않는 한 위법성을 심사할 수 있다는 입장이다.

┤ **관 련 판 례** ├

위법한 행정대집행이 완료되면 그 처분의 무효확인 또는 취소를 구할 소의 이익은 없다 하더라도, 미리 그 행정처분의 취소판결이 있어야만 그 행정처분의 위법임을 이유로 한 손해배상청구를 할 수 있는 것은 아니다 (대판 1972.4.28, 72다337).

9. 형사책임과 국가배상의 위법성 문제

형사책임과 국가배상책임은 각각 지도원리가 다르므로 각각 별개의 관점에서 인정 여부를 검토하여야 한다.

┤ **관 련 판 례** ├

형사상 범죄를 구성하지 아니하는 침해행위가 민사상 불법행위를 구성할 수 있다(대판 2008.2.1, 2006다6713).

V. 타인에 손해발생

1. 타인

(1) 타인의 의미

타인이란 가해공무원과 그의 위법한 직무행위에 가담한 자 이외의 모든 사람을 의미하며, 자연인과 법인을 불문한다. 피해자가 가해자인 공무원과 동일 또는 동종의 기관에 근무하는지 여부는 문제되지 않는다. 따라서 공무원의 신분을 가진 자도 피해자로서 타인에 해당할 수 있다. 다만, 군인·군무원·경찰·향토예비군 대원은 특례조항이 적용된다.

(2) 군인 등의 특례

① 법률규정

군인·군무원·경찰공무원 또는 향토예비군대원이 전투·훈련 등 직무 집행과 관련하여 전사·순직하거나 공상을 입은 경우에 본인이나 그 유족이 다른 법령에 따라 재해보상금·유족연금·상이연금 등의 보상을 지급받을 수 있을 때에는 이 법 및 민법에 따른 손해배상을 청구할 수 없다(국가배상법 제2조 제1항 단서).

② 위헌 여부

국가배상법 제2조 제1항 단서 중 '경찰공무원' 부분은 합헌(헌재결정) : '법률'이라고 함은 국회의 의결을 거쳐 제정된 이른바 형식적 의미의 법률을 의미하므로 헌법의 개별규정 자체는 헌법소원에 의한 위헌심사의 대상이 아니다. 이념적·논리적으로는 헌법규범 상호 간의 우열을 인정할 수 있는 것이 사실이다. 그러나 이때 인정되는 헌법규범 상호 간의 우열은 추상적 가치규범의 구체화에 따른 것으로서 헌법의 통일적 해석에 있어서는 유용할 것이지만, 그것이 헌법의 어느 특정규정이 다른 규정의 효력을 전면적으로 부인할 수 있을 정도의 개별적 헌법규정 상호 간에 효력상의 차등을 의미하는 것이라고는 볼 수 없다(헌재결 1996.6.13, 94헌마118·95헌바39).

③ 요건

㉠ 군인, 군무원, 경찰공무원(헌법에 명시) 또는 향토예비군 대원(국가배상법)

인정사례	부정사례
1. 향토예비군(헌재결 1996.6.13, 94헌바20) 2. 전투경찰순경(헌재결 1996.6.13, 94헌마118·95헌바39) 3. 의무경찰순경[대판(전합) 2001.2.15, 96다42420]	1. 공익근무요원(대판 1997.3.28, 97다4036) 2. 현역병으로 입영하여 경비교도로 전임 임용된 자(대판 1998.2.10, 97다45914)

㉡ 전투·훈련 등 직무집행과 관련하여 전사·순직 또는 공상을 입었을 것

1. 군인의 사망이 국가배상법 제2조 제1항 단서 소정의 '순직'에 해당하는지 여부에 대한 판단기준 : 군인 등이 그 직무수행과 관련하여 피해를 입게 되었는지 여부에 따라 가려져야 할 것이고 가해자인 군대 상급자의 구타행위나 소위 얼차려행위 등이 그 징계권 또는 훈계권의 한계를 넘어 불법행위를 구성하는지 여부는 순직 여부를 판단하는 데에 직접적인 관계가 없다(대판 1991.8.13, 90다16108).
2. 경찰서 지서의 숙직실은 국가배상법 제2조 제1항 단서에서 말하는 전투·훈련에 관련된 시설이라고 볼 수 없다[대판(전합) 1979.1.30, 77다2389].
3. 국가배상법 제2조 제1항 단서는 전투·훈련 또는 이에 준하는 직무집행뿐만 아니라 일반 직무집행(경찰공무원이 낙석사고 현장 주변 교통정리를 위하여 사고현장 부근으로 순찰차를 운전하고 가다가 산에서 떨어진 대형 낙석이 순찰차를 덮쳐 사망한 사안)에 관하여도 국가나 지방자치단체의 배상책임을 제한하는 것이다(대판 2011.3.10, 2010다85942).

㉢ 본인 또는 그 유족이 다른 법령의 규정에 의하여 재해보상금, 유족연금, 상이연금 등의 보상을 지급받을 수 있었을 것

1. 공상을 입은 군인·경찰공무원 등이 별도의 국가보상을 받을 수 없는 경우 국가배상법 제2조 제1항 단서는 적용되지 않는다(대판 1997.2.14, 96다28066).
2. 다른 법령 인정
   ① 「국가유공자 예우 등에 관한 법률」 및 군인연금법의 각 보상규정은 국가배상법 제2조 제1항 단서 소정의 '다른 법령의 규정'에 해당한다(대판 1993.5.14, 92다33145).
   ② 망인에게 군인연금법상의 유족에 해당하는 사람이 없는 경우에도 국가배상법조항 단서가 적용된다(대판 1991.8.13, 90다16108).
   ③ 군인·경찰공무원이 공상을 입고 전역·퇴직하였으나 그 상이(傷痍) 정도가 「국가유공자예우 등에 관한 법률」의 적용대상인 상이등급에 해당하지 않는 경우 국가배상청구가 가능하다(대판 1996.12.20, 96다42178).
   ④ 공상을 입은 군인이 국가배상법에 의한 손해배상청구소송 도중에 「국가유공자 등 예우 및 지원에 관한 법률」에 의한 국가유공자 등록신청을 하였다가 인과관계가 없어 공상군경 요건에 해당되지 않는다는 이유로 비해당결정 통보를 받고 이에 불복하지 아니한 후 위 법률에 의한 보상금청구권과 군인연금법에 의한

재해보상금청구권이 모두 시효완성된 경우, 국가배상청구를 할 수 없다(대판 2002.5.10, 2000다39735).
⑤ 군인 등이 직무집행과 관련하여 공상을 입는 등의 이유로 구 「국가유공자 등 예우 및 지원에 관한 법률」이 정한 국가유공자 요건에 해당하여 보상금 등 보훈급여금을 지급받을 수 있는 경우, 국가를 상대로 국가배상을 청구할 수 없다(대판 2017.2.3, 2014두40012).
⑥ 직무집행과 관련하여 공상을 입은 군인 등이 먼저 국가배상법에 따라 손해배상금을 지급받은 다음 구 「국가유공자 등 예우 및 지원에 관한 법률」이 정한 보상금 등 보훈급여금의 지급을 청구하는 경우, 국가배상법에 따라 손해배상을 받았다는 이유로 그 지급을 거부할 수 없다(대판 2017.2.3, 2014두40012).
⑦ 군인 등이 직무집행과 관련하여 공상을 입는 등의 이유로 「보훈보상대상자 지원에 관한 법률」이 정한 보훈보상대상자 요건에 해당하여 보상금 등 보훈급여금을 지급받을 수 있는 경우, 국가를 상대로 국가배상을 청구할 수 없다(대판 2017.2.3, 2015두60075).
⑧ 직무집행과 관련하여 공상을 입은 군인 등이 먼저 국가배상법에 따라 손해배상금을 지급받은 다음 「보훈보상대상자 지원에 관한 법률」이 정한 보상금 등 보훈급여금의 지급을 청구하는 경우, 국가배상법에 따라 손해배상을 받았다는 이유로 그 지급을 거부할 수 없다(대판 2017.2.3, 2015두60075).
⑨ 「국가유공자 등 예우 및 지원에 관한 법률」은 국가배상법 제2조 제1항 단서의 '다른 법령'에 해당하고, 국민의 생명·재산 보호와 직접적인 관련이 있는 직무수행 중 상이를 입은 군인 등이 전역하거나 퇴직하지 않은 경우, 업무용 자동차종합보험계약의 관용차 면책약관이 적용될 수 없고, 이는 국민의 생명·재산 보호와 직접적인 관련이 없는 직무수행 중 상이를 입은 군인 등이 전역하거나 퇴직하지 않은 경우도 마찬가지이다(대판 2019.5.30, 2017다16174).

3. 다른 법령 부정
① 구 공무원연금법상의 장해보상금지급규정은 국가배상법 제2조 제1항 단서 소정의 '다른 법령의 규정'에 해당하지 않는다(대판 1988.12.27, 84다카796).
② 경찰공무원인 피해자가 구 공무원연금법에 따라 공무상 요양비를 지급받는 것은 국가배상법 제2조 제1항 단서에서 정한 '다른 법령의 규정'에 따라 보상을 지급받는 것에 해당하지 않는다(대판 2019.5.30, 2017다16174).

4. 국가배상법 제2조 제1항 단서에 해당하는 경우에는 위자료청구도 할 수 없다 할 것이다(대판 1991.8.13, 90다16108).

5. 업무용 자동차종합보험계약의 관용차 면책약관은 군인 등의 피해자가 다른 법령에 의하여 보상을 지급받을 수 있어 국가나 지방자치단체가 국가배상법 제2조 제1항 단서에 따라 손해배상책임을 부담하지 않는 경우에 한하여 적용된다(대판 2019.5.30, 2017다16174).

④ **적용범위(공동불법행위 관련 구상권행사의 가능 여부)**

1. 헌법재판소(한정위헌) : 전액배상책임 인정, 구상권 인정(헌재결 1994.12.29, 93헌바21)
2. 대법원판례
① 헌법재판소의 한정위헌 결정의 의미 및 그 기속력 : 한정위헌 결정에 표현되어 있는 헌법재판소의 법률해석에 관한 견해는 법률의 의미·내용과 그 적용범위에 관한 헌법재판소의 견해를 일응 표명한 데 불과하여 이와 같이 법원에 전속되어 있는 법령의 해석·적용 권한에 대하여 어떠한 영향을 미치거나 기속력도 가질 수 없다(대판 1996.4.9, 95누11405).
② 내부적인 관계에서 부담하여야 할 부분으로 배상책임이 감경되고, 구상권 부정[대판(전합) 2001.2.15, 96다42420]
③ 내부적인 관계에서 부담하여야 할 부분을 제외한 나머지 자신의 부담부분에 한하여 손해배상의무를 부담하고, 한편 국가 등에 대하여는 그 귀책부분의 구상을 청구할 수 없다[대판(전합) 2001.2.15, 96다42420].

2. 손해발생

1. 국가배상법 제2조 제1항에 따른 국가배상책임이 성립하기 위해서 공무원의 위법한 직무집행으로 타인의 권리·이익이 침해되어 구체적 손해가 발생하여야 한다(대판 2016.8.30, 2015두60617).

2. 불법행위로 재산권이 침해된 경우 원칙적으로 위자료 부정 : 일반적으로 타인의 불법행위로 인하여 재산권이 침해된 경우에는 특별한 사정이 없는 한 그 재산적 손해의 배상에 의하여 정신적 고통도 회복된다고 보아야 할 것이고 재산적 손해의 배상만으로는 회복할 수 없는 정신적 손해가 있다면 그 위자료를 인정할 수 있다(대판 2003.7.25, 2003다22912).

3. 특별한 사정이 있는 경우 재산권 침해에 대한 위자료 인정 : 국가배상법 제3조 제5항에 생명, 신체에 대한 침해로 인한 위자료의 지급을 규정하였을 뿐이고 재산권 침해에 대한 위자료의 지급에 관하여 명시한 규정을 두지 아니하였으나 같은 법조 제4항의 규정이 재산권 침해로 인한 위자료의 지급의무를 배제하는 것이라고 볼 수는 없다(대판 1990.12.21, 90다6033·6040·6057).

4. 불법행위로 인한 손해배상채무의 지체책임 발생시기는 원칙적으로 채무성립 시이다(대판 2011.1.13, 2009다103950).

5. 불법행위로 인한 위자료배상채무의 지체책임 발생시기를 예외적으로 사실심 변론 종결시로 보아야 한다는 이유에서 그 지연손해금 부분에 관한 법리오해의 위법이 있는 원심판결을 파기환송한 사례(불법구금 상태에서 고문을 당한 후 간첩방조 등의 범죄사실로 유죄판결을 받고 형집행을 당한 사람에 대하여 국가배상책임을 인정) : 피고 소속 공무원들에 의하여 원고 ○○○에 대한 불법구금이 개시된 1975.2.13.로부터 원심의 변론종결일인 2009.9.25.까지 34년 이상의 오랜 세월이 경과하여 그 사이에 우리나라의 물가와 국민소득수준 등이 몇 곱절 상승함으로 말미암아 이를 반영하여 증액된 위자료에 대하여 이 사건 불법행위가 저질러진 시기와 가까운 무렵인 1975.4.1.부터 지연손해금이 발생한다고 보는 경우에는, 합리적인 이유 없이 현저하게 과잉된 지연배상을 허용하는 결과가 된다. 따라서 이처럼 불법행위 시와 변론 종결시 사이에 장기간의 세월이 경과됨으로써 위자료를 산정함에 있어 반드시 참작해야 할 변론 종결시의 통화가치 등에 불법행위 시와 비교하여 상당한 변동이 생긴 때에는, 예외적으로라도 불법행위로 인한 위자료배상채무의 지연손해금은 그 위자료 산정의 기준시인 사실심 변론종결 당일로부터 발생한다고 보아야만 할 것이다(대판 2011.1.13, 2009다103950).

6. 이른바 과거사 관련 위자료청구사건에서 재심대상판결(대판 2011.1.27, 선고 2010다6680 판결)이 불법행위로 인한 손해배상채무의 지연손해금 기산일에 관하여 표시한 예외적 변론종결시설의 견해는 대법관 전원의 3분의 2 이상으로 구성된 전원합의체에 의한 판례변경절차를 요하는 법원조직법 제7조 제1항 제3호 소정의 종전에 대법원에서 판시한 법령의 해석적용에 관한 의견을 '변경한 경우'에 해당하지 않으므로 그에 따라 대법원 전원합의체가 아니라 소부에서 선고된 재심대상판결에 민사소송법 제451조 제1항 제1호의 '법률에 의하여 판결법원을 구성하지 아니한 때'의 재심사유가 있다고 할 수 없다[대판(전합) 2011.7.21, 2011재다199].

7. 한국전쟁 전후 민간인 희생 사건의 위자료액 산정기준 : 한국전쟁 전후 희생사건은 그 피해가 발생한 때로부터 무려 약 60년이 경과되었고, 과거사정리법도 그 피해의 일률적인 회복을 지향하고 있으며, 피해자의 숫자도 매우 많을 뿐 아니라 전국적으로 분포되어 있는 등 특수한 사정이 있다. 따라서 그에 대한 위자료의 액수를 정함에 있어서는 피해자들 상호 간의 형평도 중요하게 고려하여야 할 것이고 손해배상을 청구하는 희생자 유족의 숫자 등에 따른 적절한 조정도 필요하다고 할 것이다[대판(전합) 2013.5.16, 2012다202819].

8. 불법행위로 입은 비재산적 손해에 대한 위자료 액수의 확정에 관한 사실심법원의 재량과 그 한계의 판단기준 불법행위로 입은 비재산적 손해에 대한 위자료 액수에 관하여는 사실심법원이 여러 사정을 참작하여 그 직권에 속하는 재량에 의하여 이를 확정할 수 있는 것이나, 이것이 위자료의 산정에 법관의 자의가 허용된다는 것을 의미하는 것은 물론 아니다. 위자료의 산정에도 그 시대와 일반적인 법감정에 부합될 수 있는 액수가 산정되어야 한다는 한계가 당연히 존재하고, 따라서 그 한계를 넘어 손해의 공평한 분담이라는 이념과 형평의 원칙에 현저히 반하는 위자료를 산정하는 것은 사실심법원이 갖는 재량의 한계를 일탈한 것이 된다(대판 2014.1.16, 2011다108057).

9. 재산적 손해액의 확정이 가능한 경우 재산상 손해의 발생에 대한 증명이 부족한데도 위자료의 명목으로 사실상 재산적 손해의 전보를 꾀하는 것은 허용되지 않는다(대판 2014.1.16, 2011다108057).

10. 불법구금 등에 따른 손해배상액을 산정하는 과정에서 먼저 받은 형사보상금을 공제하는 방법 : 손해배상액을 산

정하는 과정에서 위 관련규정에 의하여 먼저 받은 형사보상금을 공제함에 있어서는 이를 손해배상채무의 변제액 공제에 준하여 민법에서 정한 변제충당의 일반 원칙에 따라 형사보상금을 지급받을 당시의 손해배상 채무의 지연손해금과 원본의 순서로 충당하여 공제하는 것이 상당하다 할 것이고, 형사보상금을 곧바로 손해배상액의 원본에서 공제할 것은 아니지만, 예외적으로 불법행위로 인한 위자료 배상채무의 지연손해금이 사실심 변론종결일부터 기산되는 이 사건과 같은 경우에 있어서 형사보상금의 수령일을 기준으로 지연손해금이 발생하지 아니한 위자료 원본의 액수가 이미 수령한 형사보상금 액수 이상인 때에는 계산의 번잡을 피하기 위하여 이미 지급받은 형사보상금을 그 위자료 원본에서 우선 공제하여도 무방하다(대판 2012.3.29, 2011다38325).

11. 국가가 소속 경찰관의 직무집행상의 과실로 피해자에게 손해를 배상할 책임이 있는 경우, 손해배상의 범위를 판단하는 방법 및 이때 책임감경사유에 관한 사실인정이나 비율을 정하는 것은 사실심의 전권사항이다(대판 2017.11.9, 2017다228083).

12. 불법행위로 입은 정신적 고통에 대한 위자료 액수 결정은 사실심 법원의 재량사항이다(대판 2017.11.9, 2017다228083).

13. 「범죄피해자 보호법」 제17조 제2항에 규정한 유족구조금의 법적 성격 : 범죄행위로 인한 손실 또는 손해를 전보하기 위하여 지급된다는 점에서 불법행위로 인한 소극적 손해의 배상과 같은 종류의 금원이라고 봄이 타당하다(대판 2017.11.9, 2017다228083).

14. 「범죄피해자 보호법」 제20조, 같은 법 시행령 제16조의 규정 취지 : 수급권자가 동일한 범죄로 「범죄피해자 보호법」 소정의 구조금과 국가배상법에 의하여 국가 또는 지방자치단체의 부담으로 되는 같은 종류의 급여를 모두 지급받음으로써 급여가 중복하여 지급되는 것을 방지하기 위한 조정조항이라 할 것이다(대판 2017.11.9, 2017다228083).

15. 국가배상법에 따른 손해배상 급여와 「범죄피해자 보호법」에서 정한 유족구조금과의 관계 : 구조대상 범죄피해를 받은 구조피해자가 사망한 경우, 사망한 구조피해자의 유족들이 국가배상법에 의하여 국가 또는 지방자치단체로부터 사망한 구조피해자의 소극적 손해에 대한 손해배상금을 지급받았다면 지구심의회는 유족들에게 같은 종류의 급여인 유족구조금에서 그 상당액을 공제한 잔액만을 지급하면 되고, 유족들이 지구심의회로부터 「범죄피해자 보호법」 소정의 유족구조금을 지급받았다면 국가 또는 지방자치단체는 유족들에게 사망한 구조피해자의 소극적 손해액에서 유족들이 지급받은 유족구조금 상당액을 공제한 잔액만을 지급하면 된다고 봄이 타당하다(대판 2017.11.9, 2017다228083).

16. 가해자가 행한 불법행위로 피해자가 채무를 부담하게 된 경우, 그 채무액 상당의 손해배상을 구하기 위한 요건 및 이때 현실적으로 손해가 발생하였는지 판단하는 방법 : 불법행위를 이유로 배상하여야 할 손해는 현실로 입은 확실한 손해에 한하므로, 가해자가 행한 불법행위로 인하여 피해자가 채무를 부담하게 된 경우 피해자가 가해자에게 그 채무액 상당의 손해배상을 구하기 위해서는 채무의 부담이 현실적·확정적이어서 실제로 변제하여야 할 성질의 것이어야 하고, 현실적으로 손해가 발생하였는지 여부는 사회통념에 비추어 객관적이고 합리적으로 판단하여야 한다(대판 2020.10.15, 2017다278446).

17. 가해자가 행한 불법행위로 인하여 피해자에게 행정처분이 부과되고 확정되어 그 이행에 비용이 발생하는 경우, 행정처분 당시 위 비용 상당의 손해가 현실적으로 발생하였다고 볼 수 있다(대판 2020.10.15, 2017다278446).

18. 행정처분이 있은 후 행정처분을 이행하기 어려운 장애사유가 있어 오랫동안 이행이 이루어지지 않았고 행정관청에서도 이러한 사정을 참작하여 이행을 강제하기 위한 조치를 취하지 않고 불이행된 상태를 방치하는 등 특별한 사정이 있는 경우, 행정처분의 이행에 따른 비용 상당의 손해가 현실적·확정적으로 발생하였다고 보기 위해서는 행정처분의 존재뿐만 아니라 행정처분의 이행가능성과 이행필요성이 인정되어야 한다(대판 2020.10.15, 2017다278446).

19. 갑 등이 토지 위에 건축물을 신축하면서 을 지방자치단체(김포시)에 건축신고를 하였는데, 을 지방자치단체 소속 공무원이 위 토지가 「군사기지 및 군사시설 보호법」상 폭발물 관련 제한보호구역으로 지정되어 있었음에도 관할부대장에게 협의요청을 하지 않은 채 건축신고를 수리하였고, 이후 관할부대장이 공사중지 등을 요청하여 을 지방자치단체가 갑에게 건축물 신축을 중지하라는 명령을 내리자, 갑 등이 을 지방자치단체를 상대로 건축신고 수리가 적법하게 이루어진 것으로 믿고 건축물의 신축에 이르렀다가 이를 철거해야 할 의

무를 지게 되었다는 이유로 손해배상을 구한 사안에서, 을 지방자치단체 소속 공무원의 과실은 인정되나, 원심 변론종결 시점까지 위 건축물에 관한 사용승인이 반려된 상태가 지속되고 있다는 점만으로 갑 등에게 가까운 장래에 위 건축물의 철거 내지 이를 전제로 하는 손해의 결과가 현실적·확정적으로 발생하였다고 단정하기 어렵다고 한 사례(대판 2020.10.15, 2017다278446)

20. 불법행위로 인한 위자료를 산정할 때 참작하여야 할 요소 : 불법행위로 인한 위자료를 산정할 경우, 피해자의 연령, 직업, 사회적 지위, 재산과 생활상태, 피해로 입은 고통의 정도, 피해자의 과실 정도 등 피해자 측의 사정과 아울러 가해자의 고의·과실의 정도, 가해행위의 동기와 원인, 불법행위 후의 가해자의 태도 등 가해자 측의 사정까지 함께 참작하는 것이 손해의 공평부담이라는 손해배상의 원칙에 부합하고, 법원은 이러한 여러 사정을 참작하여 그 직권에 속하는 재량에 의하여 위자료 액수를 확정할 수 있다(대판 2020.11.26, 2019다276307).

21. 불법행위 시와 변론종결 시 사이에 장기간의 세월이 지나 통화가치 등에 상당한 변동이 생긴 경우, 불법행위로 인한 위자료 배상채무의 지연손해금은 위자료 산정의 기준시인 사실심 변론종결일부터 발생한다고 보아야 하고, 이 경우 사실심 변론종결 시의 위자료 원금도 배상이 지연된 사정을 참작하여 산정할 필요가 있으며, 제1심판결에서 배상이 지연된 사정을 참작하여 제1심 변론종결일을 기준으로 위자료를 산정하였는데 항소심이 이를 그대로 유지한 경우, 위자료 배상채무의 지연손해금은 제1심 변론종결일부터 발생한다(대판 2020.11.26, 2019다276307).

22. 손해가 발생한 사실이 인정되나 구체적인 손해의 액수를 증명하는 것이 어려운 경우, 법원이 취하여야 할 조치 및 이때 고려할 사항 : 법원은 손해배상청구를 쉽사리 배척해서는 안 되고, 적극적으로 석명권을 행사하여 증명을 촉구하는 등으로 구체적인 손해액에 관하여 심리하여야 한다. 그 후에도 구체적인 손해액을 알 수 없다면 민사소송법 제202조의2에 따라 법원은 변론 전체의 취지와 증거조사의 결과에 의하여 인정되는 모든 사정을 종합하여 상당하다고 인정되는 금액을 손해배상 액수로 정할 수 있다. 이때 고려할 사정에는 당사자들 사이의 관계, 불법행위로 인한 손해가 발생하게 된 경위, 손해의 성격, 손해가 발생한 이후의 정황 등이 포함된다(대판 2021.6.30, 2017다249219).

23. 공익사업의 시행자가 사전보상을 하지 않은 채 공사에 착수하여 토지소유자와 관계인이 손해를 입은 경우, 사업시행자의 손해배상 범위는 손실보상금이다(대판 2021.11.11, 2018다204022).

24. 이때 토지소유자와 관계인에게 손실보상금에 해당하는 손해 외에 별도의 손해가 발생한 경우, 사업시행자가 이를 배상할 책임이 있고, 그 증명책임의 소재는 이를 주장하는 자이다(대판 2021.11.11, 2018다204022).

25. 전통시장 공영주차장 설치사업의 시행자인 갑 지방자치단체(인천광역시 계양구)가 「공익사업을 위한 토지 등의 취득 및 보상에 관한 법률」에 따른 사업인정 절차를 거치지 않고 위 사업부지의 소유자들로부터 토지와 건물을 매수하여 협의취득하였고, 위 토지상의 건물을 임차하여 영업한 을 등이 갑 지방자치단체에 영업손실 보상금을 지급해달라고 요청하였으나, 갑 지방자치단체가 아무런 보상 없이 위 사업을 시행하자, 을 등이 갑 지방자치단체를 상대로 영업손실 보상액 상당의 손해배상금과 정신적 손해에 대한 위자료 지급을 구한 사안에서, 을 등이 입은 손해는 원칙적으로 위 법률 제77조 등이 정한 영업손실 보상금이고, 손실보상금의 지급이 지연되었다는 사정만으로 손실보상금에 해당하는 손해 외에 을 등에게 별도의 손해가 발생하였다고 볼 수 없는데도, 이와 달리 본 원심판결에 법리오해의 잘못이 있다고 한 사례(대판 2021.11.11, 2018다204022)

26. 군 복무 중 사망한 사람의 유족이 국가배상을 받은 경우, 국가보훈처장 등이 사망보상금에서 정신적 손해배상금까지 공제할 수 있는지 문제 된 사안에서, 사망보상금에서 소극적 손해배상금 상당액을 공제할 수 있을 뿐 이를 넘어 정신적 손해배상금까지 공제할 수 없다(대판 2021.12.16, 2019두45944).

3. 상당인과관계

(1) 판단기준

공무원이 법령에서 부과된 직무상 의무를 위반한 것을 계기로 제3자가 손해를 입은 경우, 제3자에게 손해배상청구권이 인정되기 위한 요건으로서 공무원의 직무상 의무 위반행위와 제3자의 손해 사이에 상당인과관계가 있는지 판단하는 기준 : 공무원이 법령에서 부과된 직무상 의무를 위반한 것을 계기로 제3자가 손해를 입은 경우에 제3자에게 손해배상청구권이 인정되기 위하여는 <u>공무원의 직무상 의무 위반행위와 제3자의 손해 사이에 상당인과관계가 있어야 하고, 상당인과관계의 유무를 판단할 때 일반적인 결과발생의 개연성은 물론 직무상 의무를 부과한 법령 기타 행동규범의 목적이나 가해행위의 태양 및 피해의 정도 등을 종합적으로 고려하여야 한다.</u> 공무원에게 직무상 의무를 부과한 법령의 목적이 사회 구성원 개인의 이익과 안전을 보호하기 위한 것이 아니고 단순히 공공일반의 이익이나 행정기관 내부의 질서를 규율하기 위한 것이라면, 설령 공무원이 그 직무상 의무를 위반한 것을 계기로 하여 제3자가 손해를 입었다고 하더라도 공무원이 직무상 의무를 위반한 행위와 제3자가 입은 손해 사이에 상당인과관계가 있다고 할 수 없다(대판 2020.7.9, 2016다268848).

(2) 관련사례

① 인정사례

1. 직접증명방식에서 간접증명방식으로 개정된 인감증명법하에서 허위의 인감증명서의 발급과 이를 믿고 거래하여 발생한 손해 사이의 인과관계가 인정된다(대판 2008.7.24, 2006다63273).
2. 우편역무종사자에 고의 또는 중과실이 있는 경우 발송인 등이 통상손해로서 위자료를 청구할 수 있다(대판 2009.7.23, 2006다81325).
3. 공무원의 개별공시지가 결정이 개인의 재산권을 침해한 경우 그 공무원이 소속된 지방자치단체는 상당인과관계가 있는 범위 내에서 배상책임을 진다(대판 2010.7.22, 2010다13527).
4. 기업자(현 사업시행자)의 잘못으로 1차 토지수용이 무효가 된 경우 기업자가 2차 토지수용을 하면서 1차 수용목적물에 대하여 물상대위권을 행사한 근저당권자에게 협의나 통지절차를 이행하지 않고 위와 같은 무효사실 등을 알리지도 않았으므로 기업자의 불법행위가 성립할 수 있다(대판 2011.7.28, 2009다35842).
5. 지방자치단체장의 갑에 대한 건축허가신청 반려처분이 확정판결에 의하여 취소되었음에도 담당공무원들이 판결 취지에 따른 재처분을 지체하고, 그 후 건축허가를 하면서 위법한 내용의 부관을 부가한 다음 부관의 이행을 요구하면서 갑이 한 착공신고의 수리를 지체한 사안에서, 위 행정처분은 객관적 정당성을 상실한 것으로서 위와 같은 불법행위와 갑이 건물 준공이 지체된 기간 동안 얻지 못한 건물 차임 상당의 손해 사이에 상당인과관계가 인정된다고 본 원심판단을 수긍한 사례(대판 2012.5.24, 2012다11297)
6. 주점에서 발생한 화재로 사망한 갑 등의 유족들이 부산광역시를 상대로 손해배상을 구한 사안에서, 소방공무원들이 업주들에 대하여 적절한 지도·감독을 하지 않는 등 직무상 의무를 위반한 경우(대판 2016.8.25, 2014다225083)

② 부정사례

1. 우편역무종사자의 직무상 의무위반으로 내용증명 우편이 수취인에게 도달하지 아니하거나 그 도달에 대한 증명기능이 발휘하지 못하게 된 경우, 그 직무상 의무 위반과 발송인 등이 제3자와 맺은 거래관계의 성립·이행·소멸 등과 관련하여 입게 된 손해 사이에는 원칙적으로 상당인과관계가 있다고 볼 수 없다(대판 2009.7.23, 2006다81325).
2. 피고 소속 담당공무원 등의 토지에 관한 개별공시지가 산정에 관한 직무상 위반행위와 원고가 이 사건 토지의 담보가치가 충분하다고 믿고 추가로 물품을 공급하였다가 입은 손해 사이에 상당인과관계가 있다고 보기 어렵다(대판 2010.7.22, 2010다13527).
3. 자살한 초임하사가 근무한 부대의 지휘관 등이 영내 거주 등에 관한 육군규정에 위반한 잘못과 망인의 사망 사이에 상당인과관계가 인정되지 않는다(대판 2011.1.27, 2010다74416).
4. 담당공무원이 위법하게 집행문을 부여하여 갑이 을과 공유인 토지 중 을의 지분에 관하여 원인무효의 등기를 마쳤는데, 을이 담당공무원의 과실로 임대지연으로 인한 차임 상당의 손해를 입었다고 주장하면서 대한민국을 상대로 손해배상을 구한 사안에서, 담당공무원의 과실에 기초한 갑 명의의 소유권이전등기와 을이 입은 차임 상당의 손해 사이에 상당인과관계가 있다고 단정할 수 없다고 한 사례(대판 2014.7.24, 2014다200305)

제2목 배상책임

I. 배상책임자(국가 또는 지방자치단체)

헌법은 '국가 또는 공공단체'를 배상책임자로 하고 있으나, 국가배상법이 '국가 또는 지방자치단체'로 한정하고 있으므로 지방자치단체 이외의 공공단체(공공조합, 영조물법인, 공재단)의 배상책임에 대하여는 민법에 맡기고 있다는 것이 다수설이다. 이에 대하여는 합헌설이 다수설인데, 위헌설도 주장된다. 판례는 국가배상법에 의하기도 하고 민법에 의하기도 한다.

> **┃ 관 련 판 례 ┃**
> 법령에 의해 대집행권한을 위탁받은 한국토지공사가 대집행을 행할 때 국가배상법 제2조 소정의 공무원의 지위에 있다고 할 수 없다 : 한국토지공사는 이러한 법령의 위탁에 의하여 이 사건 대집행을 수권 받은 자로서 공무인 대집행을 실시함에 따르는 권리의무 및 책임이 귀속되는 행정주체의 지위에 있다고 볼 것이지 지방자치단체 등의 기관으로서 국가배상법 제2조 소정의 공무원에 해당한다고 볼 것은 아니다(대판 2010.1.28, 2007다82950).

II. 국가배상책임의 성질과 공무원 개인의 배상책임(선택적 청구권 인정 문제)

구분	국가배상책임의 성질	공무원 개인책임
대위책임설	공무원의 위법행위로 인한 손해배상책임은 원래 공무원이 지는 것이지만, 피해자보호를 위해 국가 등이 공무원을 대신하여 지는 책임	국민의 피해구제를 위해 재력이 풍부한 국가가 공무원을 대신하여 손해배상책임을 지면 되므로 공무원책임 부정(헌법교수들은 긍정)
자기책임설 (다수설)	공무원의 위법행위로 인한 손해배상책임은 원래 공무원이 지는 것이지만, 피해자보호를 위해 국가 등이 공무원을 대신하여 지는 책임	국민의 피해구제를 위해 재력이 풍부한 국가가 공무원을 대신하여 손해배상책임을 지면 되므로 공무원책임 부정(헌법교수들은 긍정)
절충설 (신자기책임설)	1. 경과실(자기책임) 2. 고의·중과실(자기책임)	1. 고의·중과실(긍정) 2. 경과실(부정)
판례	판례는 국가배상책임의 성질에 대하여 명시적인 입장을 표명하고 있지 않기 때문에 견해가 대립 1. 자기책임으로 보는 입장을 취한다고 해석하는 견해(박균성, 홍정선) 2. 종래 대위책임설의 입장에서 근래 절충설의 입장을 취한다는 견해(장태주) 3. 대위책임설에 입각하고 있다는 견해(이상규)	1. 종전의 판례 : 긍정 → 부정 → 절충설 2. 최근의 전합 판결은 절충설[대판(전합) 1996.2. 15, 95다38677] 　① 헌법 제29조 제1항 단서는 공무원 개인의 구체적인 손해배상책임의 범위까지 규정한 것으로 보기는 어렵다. 　② 국가배상법 제2조 제1항 본문 및 제2항(내부적 구상책임)의 입법취지 : 경과실의 경우 국가만이 배상책임, 고의 또는 중과실의 경우는 공무원 개인, 다만 외형상 직무집행행위로서 국가와 공무원이 중첩적 책임을 지는 경우 공무원에게 구상권을 인정하여 궁극적으로 공무원 개인의 배상책임 　③ 공무원의 피해자에 대한 민사상의 불법행위책임 : 고의 또는 중과실의 경우에만 배상책임 인정, 경과실의 경우는 불법행위책임 부정

III. 배상책임의 내용

1. 배상의 범위

(1) 원 칙

헌법 제29조 제1항은 "공무원의 직무상 불법행위로 손해를 받은 국민은 법률이 정하는 바에 의하여 국가 또는 공공단체에 정당한 배상을 청구할 수 있다. 이 경우 공무원 자신의 책임은 면제되지 아니한다."라고 규정하고 있다. 생명·신체에 대한 침해와 물건의 멸실·훼손으로 인한 손해 외의 손해는 불법행위와 상당한 인과관계가 있는 범위에서 배상한다. 가해행위와 상당인과관계가 있는 모든 손해, 즉 재산적·정신적 손해(위자료)를 배상하여야 한다(국가배상법 제3조 제4항).

(2) 공 제

① 손익공제(손익상계)

타인의 신체를 해한 때에 피해자가 손해를 입은 동시에 이익을 얻은 경우에는 손해배상액에서 그 이익에 상당하는 금액을 빼야 한다(손익공제, 국가배상법 제3조의2 제1항). 유족배상액을 산정함에 있어서는 월급액이나 월실수액 또는 평균임금에서 별표7에 의한 생활비를 공제하여야 한다(「국가배상법 시행령」 제6조 제1항).

② 중간이자공제

유족배상과 장해배상 및 장래에 필요한 요양비 등을 한꺼번에 신청하는 경우에는 중간이자를 빼야 하며(같은 법 같은 조 제2항), 중간이자를 빼는 방식은 대통령령으로 정한다(같은 법 같은 조 제3항). 대통령령에서는 판례와 동일하게 호프만방식[라이프니쯔식(×)]으로 규정하고 있다.
법 제3조의2 제3항의 규정에 의한 중간이자 공제방식은 법정이율에 의한 단할인법인 호프만방식에 의한다(같은 법 시행령 제6조 제3항).

③ 과실상계

피해자에게 과실이 있는 경우에는 피해자의 과실에 의해 확대된 손해의 한도 내에서 국가 등의 책임이 부분적으로 감면된다.

┨ 관 련 판 례 ┠
1. 불법행위로 인한 손해배상 청구사건에서 과실상계사유에 관한 사실인정이나 그 비율을 정하는 것은 그것이 형평의 원칙에 비추어 현저히 불합리하다고 인정되지 않는 한 사실심의 전권에 속하는 사항이다(대판 2010.7.22. 2010다33354·33361).
2. 피해자의 단순한 부주의가 손해의 발생이나 확대의 원인이 된 경우 과실상계를 할 수 있고 손해배상의무자가 과실상계를 주장하지 않는 경우에도 법원이 이를 직권으로 심리·판단하여야 한다(대판 2010.8.26. 2010다37479).
3. 공동불법행위자 중 일부에게 피해자의 부주의를 이용하여 고의로 불법행위를 저지른 사유가 있더라도, 그러한 사유가 없는 다른 불법행위자는 과실상계의 주장을 할 수 있다(대판 2010.8.26. 2010다37479).
4. 불법행위로 인한 손해배상의 책임과 그 범위를 정함에 있어 참작하여야 하는 피해자의 과실에는 피해자 본인의 과실뿐 아니라 그와 신분상 내지 사회생활상 일체를 이루는 관계에 있는 자의 과실도 포함된다(대판 2010.8.26. 2010다37479).
5. 사고현장에 출동한 직후의 경찰관들이 당시 상황을 충분히 파악하지 못하고 추가 범행을 막지 못한 잘못에는 남편인 가해자로부터 심하게 구타를 당한 사실을 경찰관들에게 설명하지 않은 피해자의 과실도 기여하였으므로 국가의 손해배상책임 범위를 산정함에 있어 그 과실도 고려되어야 하고, 가해자가 피해자와 동거하던 부부 사이로서 신분상 내지 생활관계상 일체를 이루는 관계에 있으므로 가해자의 책임도 국가의 손해배상책임 범위를 감경하는 요소로 고려되어야 한다고 한 사례(대판 2010.8.26. 2010다37479)

(3) 생명 · 신체에 대한 특례(제3조)

① 기준액설(통설·판례)

생명·신체에 대한 국가배상법상의 배상기준은 단순한 기준에 불과하고 구체적 사안에 따라 배상액 증감이 가능하다는 견해로서, 통설·판례이다.

┨ 관 련 판 례 ┠

구 국가배상법 제3조 제1항과 제3항의 손해배상의 기준은 배상심의회의 배상금지급기준을 정함에 있어서의 하나의 기준을 정한 것에 지나지 아니하는 것이고 이로써 배상액의 상한을 제한한 것으로 볼 수 없다 할 것이며 따라서 법원이 국가배상법에 의한 손해배상액을 산정함에 있어서 그 기준에 구애되는 것이 아니라 할 것이니 이 규정은 국가 또는 공공단체에 대한 손해배상청구권을 규정한 구 헌법(1962.12.26. 개정헌법) 제26조에 위반된다고 볼 수 없다(대판 1970.1.29, 69다1203).

② 한정액설

배상기준은 손해배상액의 상한(하한이 아님)을 규정한 제한규정으로 보는 견해이다. 논거로는 ① 동 기준은 배상의 범위를 객관적으로 명백히 하여 당사자 사이의 분쟁의 소지를 없애기 위한 것이라는 점, ② 배상의 범위를 법정화한 것은 곧 그에 의한 배상액의 산정을 요구한 것이라고 할 수 있기 때문이라는 것이다.

(4) 손해배상청구권의 양도 · 압류의 금지

생명·신체의 침해로 인한 국가배상을 받을 권리는 양도하거나 압류하지 못한다(국가배상법 제4조). 배상청구권은 재산권적 성질의 권리이므로 본래 양도나 압류가 가능하지만, 유족이나 신체의 침해를 받은 자를 보호하기 위해 사회보장적 견지에서 특히 금지한 것이다.

2. 배상책임과 구상

(1) 공무원에 대한 구상

국가배상법은 "공무원에게 고의 또는 중대한 과실이 있으면 국가나 지방자치단체는 그 공무원에게 구상할 수 있다."(제2조 제2항)라고 규정하고 있으므로, 공무원은 고의 또는 중과실이 있는 경우에 한하여(경과실의 경우 구상 책임 부정) 국가 등에 대해 책임을 진다.

이 경우 국가 등의 구상의무는 성립하지 않으며, 구상권 행사는 신의칙상 상당하다고 인정되는 한도 내에서만 당해 공무원에게 할 수 있다(대판 1991.5.10, 91다6764).

┤ 관 련 판 례 ├

1. 국가배상법 제2조 제2항에 따라 국가 또는 지방자치단체가 공무원에게 구상권을 행사할 수 있는 범위 : 국가나 지방자치단체는 해당 공무원의 직무내용, 불법행위의 상황과 손해발생에 대한 해당 공무원의 기여 정도, 평소 근무태도, 불법행위의 예방이나 손실분산에 관한 국가 또는 지방자치단체의 배려의 정도 등 제반 사정을 참작하여 <u>손해의 공평한 분담이라는 견지에서 신의칙상 상당하다고 인정되는 한도 내에서 구상권을 행사할 수 있다</u>(대판 2016.6.9, 2015다200258).
2. 구상권자인 공동불법행위자 측에 과실이 없는 경우, 나머지 공동불법행위자들이 구상권자에게 부담하는 구상채무의 성질은 부진정연대채무이다(대판 2012.3.15, 2011다52727).
3. 공무원의 불법행위로 손해를 입은 피해자가 갖는 국가배상청구권의 소멸시효 기간이 지났으나 국가가 소멸시효 완성을 주장하는 것이 신의성실의 원칙에 반하는 권리남용으로 허용될 수 없어 배상책임을 이행한 경우, 국가가 공무원에게 구상권을 행사할 수 없다(대판 2016.6.9, 2015다200258).

(2) 공무원의 선임·감독자와 비용부담자가 다른 경우의 구상

양쪽 모두가 피해자에게 배상책임을 지며, 손해를 배상한 자는 내부관계에서 그 손해를 배상할 책임이 있는 자에게 구상할 수 있다(국가배상법 제6조 제2항). 여기서 '내부관계에서 손해를 배상할 책임이 있는 자'는 공무원의 선임·감독자를 의미한다는 것이 통설이다.

3. 손해배상의 청구절차

(1) 행정절차에 의할 경우

① 임의적 결정전치주의 채택

국가배상법은 "이 법에 따른 손해배상의 소송은 배상심의회에 배상신청을 하지 아니하고도 제기할 수 있다."라고 규정(제9조)하여 종래 배상금청구에 있어서 행정절차를 사법절차에 우선시키는 필요적 결정전치주의 원칙을 임의적 결정전치주의로 변경하였다. 그러나 위헌결정으로 인한 개정이 아닌 자진개정이다.

┤ 관 련 판 례 ├

결정전치주의를 규정한 국가배상법 제9조 본문은 합헌이다(대결 1990.8.24, 90카72).

② 배상심의회

1. 성질(합의제 행정관청) : 배상심의회는 국가배상에 관해 심의·결정하고 이를 신청인에게 송달하는 권한을 가진 합의제 행정관청이다(국가배상법 제10·13·14조).

> **┤ 관 련 판 례 ├**
>
> 국가배상심의회의 결정은 행정처분이 아니다 : 배상심의회의 위 결정을 거치는 것은 위 민사상의 손해배상 청구를 하기 전의 전치요건에 불과하다고 할 것이므로 위 배상심의회의 결정은 이를 행정처분이라고 할 수 없어 도시 행정소송의 대상이 아니라고 할 것이다(대판 1981.2.10, 80누317).

2. 구성 : 국가나 지방자치단체에 대한 배상신청사건을 심의하기 위하여 법무부에 본부심의회를 둔다. 다만, 군인 이나 군무원이 타인에게 입힌 손해에 대한 배상신청사건을 심의하기 위하여 국방부에 특별심의회를 둔다(국가 배상법 제10조 제1항). 본부심의회와 특별심의회와 지구심의회는 법무부장관의 지휘를 받아야 한다(같은 법 제10 조 제3항).

3. 배상결정의 효력 : 배상심의회의 결정은 법적 구속력을 갖지 않는다. 따라서 신청인과 지방자치단체도 그 결정 에 따른 동의나 지급 여부를 결정할 수 있다(박균성). "신청인의 동의가 있거나 지방자치단체가 신청인의 청구 에 따라 배상금을 지급한 때에는 민사소송법에 의한 재판상 화해가 이루어진 것으로 간주된다."(제16조)는 구 국가배상법 규정은 헌법재판소에 의해 위헌결정을 받아(헌재결 1995.5.25, 91헌가7) 삭제되었다. 그에 따라 신 청인의 동의가 있는 배상심의회의 배상결정은 민법상 화해와 같은 효력만 인정된다.

> **┤ 관 련 판 례 ├**
>
> 국가배상법 제16조는 위헌이다 : 이 사건 심판대상조항부분은 국가배상에 관한 분쟁을 신속히 종결·이행시 키고 배상결정에 안정성을 부여하여 국고의 손실을 가능한 한 경감하려는 입법목적을 달성하기 위하여 동 의된 배상결정에 재판상의 화해의 효력과 같은, 강력하고도 최종적인 효력을 부여하여 재심의 소에 의하여 취소 또는 변경되지 않는 한 그 효력을 다툴 수 없도록 하고 있는바, 사법절차에 준한다고 볼 수 있는 각종 중재·조정절차와는 달리 배상결정절차에 있어서는 심의회의 제3자성·독립성이 희박한 점, 심의절차의 공 정성·신중성도 결여되어 있는 점, 심의회에서 결정되는 배상액이 법원의 그것보다 하회하는 점 및 부제소 합의의 경우와는 달리 신청인의 배상결정에 대한 동의에 재판청구권을 포기할 의사까지 포함되는 것으로 볼 수도 없는 점을 종합하여 볼 때, 이는 신청인의 재판청구권을 과도하게 제한하는 것이어서 헌법 제37조 제2항에서 규정하고 있는 기본권제한입법에 있어서의 과잉입법금지의 원칙에 반할 뿐 아니라, 권력을 입 법·행정 및 사법 등으로 분립한 뒤 실질적 의미의 사법작용인 분쟁해결에 관한 종국적인 권한은 원칙적으 로 이를 헌법과 법률에 의한 법관으로 구성되는 사법부에 귀속시키고 나아가 국민에게 그러한 법관에 의한 재판을 청구할 수 있는 기본권을 보장하고자 하는 헌법의 정신에도 충실하지 못한 것이다(헌재결 1995.5. 25, 91헌가7).

4. 재심신청 : 지구심의회에서 배상신청이 기각(일부기각된 경우를 포함한다) 또는 각하된 신청인은 결정정본이 송달 된 날로부터 2주일 이내에 그 심의회를 거쳐 본부심의회 또는 특별심의회에 재심을 신청할 수 있다(국가배상법 제15조의2 제1항). 본부심의회나 특별심의회는 신청에 대해 심의를 거쳐 4주일 이내에 다시 배상결정을 해야 한다(같은 법 같은 조 제3항).

(2) 사법절차

배상심의회의 결정에 불복하는 경우에는 일반적인 재판절차를 거치게 된다. 이에는 국가배상청구 자체를 소송대상으로 하는 일반절차와, 다른 소송제기에 배상청구소송을 병합하는 특별절차의 방법이 있다.

1. 일반절차에 의한 경우 : 국가배상법을 공법으로 보느냐 사법으로 보느냐에 따라 행정소송이냐 민사소송이냐가 결정된다고 할 수 있다. 통설은 당사자소송에 의한다는 입장이지만, 판례는 민사소송에 의한다는 입장이다.
2. 특별절차에 의한 경우 : 손해배상청구소송을 당해 행정작용에 대한 취소소송과 병합하여 제기하는 것을 말한다 (행정소송법 제10조 제1항). 예컨대, 위법한 영업허가취소처분으로 손해를 입은 개인이 당해 처분에 대한 취소소송과 손해배상청구소송을 병합하여 제기하는 경우로서, 이는 위법한 행정처분에 관련된 분쟁을 동시에 해결함으로써 심리의 중복을 피하고 소송경제를 도모하기 위한 것이다.

제3항 공공시설 등의 설치나 관리의 하자로 인한 손해배상

I. 국가배상법 제5조의 공공시설책임과 민법 제758조의 공작물책임

구분	영조물책임	공작물책임
대상물	인공적 작업에 의해 제작된 공작물 등에 한정되지 않고 하천 등 자연공물을 포함	인공적 작업에 의해 제작된 공작물에 한정
국가의 면책	국가는 소유자인 경우만이 아니라 점유자인 경우에도 면책부정	공작물 점유자의 면책사유 인정

II. 영조물

1. 영조물의 의의

1. 본래 영조물이란 특정한 공적 목적을 달성하기 위한 '인적·물적 시설의 종합체', 국가배상법 제5조에서의 영조물은 행정주체가 직접적으로 공적 목적을 달성하기 위하여 제공한 물건인 '공물'을 의미한다. 도로와 같은 인공공물만이 아니라 하천 등 자연공물도 포함한다.
2. 국가배상법 제5조상의 영조물은 국가나 지방자치단체가 관리주체가 되는 공물에 한한다. 국가배상법은 국가와 지방자치단체의 배상책임만을 규율하고 있기 때문이다.

   > ┤ 관 련 판 례 ├
   >
   > 국가배상법 제5조 제1항 소정의 '공공의 영조물'이라 함은 국가 또는 지방자치단체에 의하여 특정 공공의 목적에 공여된 유체물 내지 물적 설비를 지칭하며, 특정 공공의 목적에 공여된 물이라 함은 일반공중의 자유로운 사용에 직접적으로 제공되는 공공용물에 한하지 아니하고, 행정주체 자신의 사용에 제공되는 공용물도 포함하며 국가 또는 지방자치단체가 소유권, 임차권 그 밖의 권한에 기하여 관리하고 있는 경우뿐만 아니라 사실상의 관리를 하고 있는 경우도 포함한다(대판 1995.1.24, 94다45302).

3. 국가·지방자치단체 소유라도 일반재산은 제외 : 국·공유재산일지라도 직접 행정목적에 제공된 공물이 아닌 일반재산(구 잡종재산, 국·공유사물)은 제외된다. 따라서 일반재산의 관리하자로 인해 타인에게 손해가 발생한 경우에는 민법 제758조에 의한 공작물책임을 지게 된다. 반면에 국가와 지방자치단체가 관리하지만 사인의 소유에 속하는 타유공물(他有公物)에 대해서는 국가배상법 제5조가 적용된다.

2. 영조물의 종류

(1) 학설상 종류

1. 개개의 물건(관용차 등)과 물건의 집합체인 공공시설(국립도서관)
2. 부동산[공립학교교사(校舍)·국립병원]·동산(소방차, 경찰차 등의 관용자동차·항공기·군견·경찰견·경찰마·경찰관의 총기 등)
3. 인공공물(도로·상하수도·정부청사·교량 등)과 자연공물(하천·호수·해면 등)
4. 자유공물(自有公物)·타유공물(他有公物)
5. 공공용물(일반공중의 자유로운 사용에 직접적으로 제공)·공용물(행정주체 자신의 사용에 제공)을 포함

(2) 영조물 인정사례

1. 교통시설
   ① 철도건널목 자동경보기(대판 1998.5.22, 97다57528)
   ② 도로상 맨홀(대판 1971.11.15, 71다1952)
   ③ 육교(대판 1981.12.8, 80다3282)
   ④ 도로(대판 2000.4.25, 99다54998)
   ⑤ 지하차도(서울고법 1997.8.27, 96나45704)
   ⑥ 교통신호기(대판 2000.2.25, 99다54004)
   ⑦ 도로와 일체가 되어 그 효용을 다하게 하는 시설인 여의도광장(대판 1995.2.24, 94다57671)
   ⑧ 수원역 대합실과 승강장(대판 1999.6.22, 99다7008)
2. 군부대의 병사(兵舍)(대판 1967.2.21, 66다1723)
3. 공중변소(대판 1971.8.31, 71다1331)
4. 하천 등 자연재해관련시설
   ① 제방과 하천(대판 1981.9.22, 80다3011)
   ② 저수지(대판 1993.8.24, 93다22050)
   ③ 홍수조절에 관한 다목적댐(대판 1998.2.13, 95다44658)
5. 태종대 유원지(대판 1995.9.15, 94다31662)
6. 매향리 사격장(대판 2004.3.12, 2002다14242)

(3) 영조물 부정사례

1. 잡종재산(재정재산, 일반재산)·국유림·국유임야·국유광산·폐천부지 : 국가배상법 제5조가 아닌 민법 제758조에 의한 공작물책임
2. 형체적 요소와 의사적 요소를 갖추지 못한 경우 : 공사 중이며 아직 완성되지 않아 일반공중의 이용에 제공되지 않는 옹벽(대판 1998.10.23, 98다17381)
3. 의사적 요소(공용지정, 공용개시)를 갖추지 못한 경우 : 사실상 군민의 통행에 제공되고 있던 도로(대판 1981.7.7, 80다2478)
4. 예정공물 : 시명의의 종합운동장 예정부지나 그 지상의 자동차경주를 위한 안전시설(대판 1995.1.24, 94다45302)

III. 설치나 관리의 하자

1. 설치나 관리의 하자의 의의

국가배상법 제5조의 책임이 인정되려면 영조물의 설치나 관리에 하자가 있어야 한다. '설치'의 하자란 설계의 불비·불량재료의 사용 등 설계·건조에 완전하지 못한 점이 있는 것을 말하며(건조까지의 하자), '관리'의 하자란 건조 후의 영조물의 유지·수선에 불완전한 점이 있는 것을 말한다.

> **┥ 관 련 판 례 ┝**
>
> 영조물의 관리라 함은 국가 기타 행정주체가 영조물을 사실상 직접 지배하는 상태에 있음을 의미하므로, 군이나 기타 지방자치단체가 주민들이 왕래 하는 사실상의 도로에다 하수도나 포장공사를 위하여 세멘트나 기타 공사비의 일부를 보조한 사실만으로 당해 지방자치단체가 그 도로를 점유 관리하고 있다고 할 수 없다(대판 1981.7.7, 80다2478).

2. 설치나 관리의 '하자'의 판단기준

(1) 객관설적 판례

1. 객관적 견지에서 본 안전성(군대 막사 붕괴사건) : 영조물 설치의 '하자'라 함은 영조물의 축조에 불완전한 점이 있어 이 때문에 영조물 자체가 통상 갖추어야 할 안전성을 갖추지 못한 상태에 있음을 말한다고 할 것인바 그 '하자' 유무는 객관적 견지에서 본 안전성의 문제이고, 재정사정이나 사용목적에 의한 사정은, 안전성을 요구하는데 대한 정도문제로서의 참작사유에는 해당할지언정, 안전성을 결정지을 절대적 요건에는 해당하지 아니한다(대판 1967.2.21, 66다1723).
2. 도로결빙사건 : 지방자치단체가 관리하는 도로 지하에 매설되어 있는 상수도관에 균열이 생겨 그 틈으로 새어 나온 물이 도로 위까지 유출되어 노면이 결빙되었다면 도로로서의 안전성에 결함이 있는 상태로서 설치·관리상의 하자가 있다(대판 1994.11.22, 94다32924).

(2) 주관설적 판례(최신판례)

1. 방호조치의무, 예견가능성·회피가능성, 관리행위 : 국가배상법 제5조 제1항 소정의 영조물의 설치 또는 관리의 하자라 함은 영조물이 그 용도에 따라 통상 갖추어야 할 안전성을 갖추지 못한 상태에 있음을 말하는 것으로서, 영조물이 완전무결한 상태에 있지 아니하고 그 기능상 어떠한 결함이 있다는 것만으로 영조물의 설치 또는 관리에 하자가 있다고 할 수 없는 것이고, 위와 같은 안전성의 구비 여부를 판단함에 있어서는 당해 영조물의 용도, 그 설치장소의 현황 및 이용 상황 등 제반 사정을 종합적으로 고려하여 설치·관리자가 그 영조물의 위험성에 비례하여 사회통념상 일반적으로 요구되는 정도의 방호조치의무를 다하였는지 여부를 그 기준으로 삼아야 할 것이며, 객관적으로 보아 시간적·장소적으로 영조물의 기능상 결함으로 인한 손해발생의 예견가능성과 회피가능성이 없는 경우, 즉 그 영조물의 결함이 영조물의 설치·관리자의 관리행위가 미칠 수 없는 상황 아래에 있는 경우에는 영조물의 설치·관리상의 하자를 인정할 수 없다(대판 2001.7.27, 2000다56822).
2. 하천법 제7조 제2항에 의하여 지정되는 국가하천의 관리에 있어서 익사사고를 방지하기 위하여 요구되는 방호조치 의무의 정도 : 유역의 광범위성과 유수(流水)의 상황에 따른 하상의 가변성 등으로 인하여 익사사고에 대비한 하천 자체의 위험관리에는 일정한 한계가 있을 수밖에 없겠지만, 국가하천 주변에 체육공원이 있어 다양한 이용객이 왕래하는 곳으로서 과거 동종 익사사고가 발생하고, 또한 그 주변 공공용물로부터 사고지점인 하천으로의 접근로가 그대로 존치되어 있기 때문에 이를 이용한 미성년자들이 하천에 들어가 물놀이를 할 수 있는 상황이라고 한다면, 특별한 사정이 없는 한 그 사고지점인 하천으로의 접근을 막기 위하여 방책을 설치하는 등의 적극적 방호조치를 취하지 아니한 채 하천 진입로 주변에 익사사고의 위험을 경고하는 표지판을 설치한

것만으로는 국가하천에서 성인에 비하여 사리 분별력이 떨어지는 미성년자인 아이들의 익사사고를 방지하기 위하여 그 관리주체로서 사회통념상 일반적으로 요구되는 정도의 방호조치의무를 다하였다고 할 수는 없다(대판 2010.7.22, 2010다33354·33361).

3. 하자의 입증책임(원고)

하자의 입증책임은 원칙적으로 원고인 피해자에게 있다.

4. 안전성의 정도

안전성의 정도는 완전무결한 정도를 요하는 것이 아니라 사회통념상 일반적으로 요구되는 정도를 말한다. 또한 통상적인 용법에 따라 구비해야 할 안전성을 말하므로 영조물을 비정상적으로 이용하다가 발생한 사고에 대해서는 배상책임을 지지 않는다.

┤ 관 련 판 례 ├
영조물의 설치 및 관리에 있어서 항상 완전무결한 상태를 유지할 정도의 고도의 안전성을 갖추지 아니하였다고 하여 영조물의 설치 또는 관리에 하자가 있다고 단정할 수 없는 것이고, 영조물의 설치자 또는 관리자에게 부과되는 방호조치의무는 영조물의 위험성에 비례하여 사회통념상 일반적으로 요구되는 정도의 것을 의미하므로 영조물인 도로의 경우도 다른 생활필수시설과의 관계나 그것을 설치하고 관리하는 주체의 재정적, 인적, 물적 제약 등을 고려하여 그것을 이용하는 자의 상식적이고 질서 있는 이용방법을 기대한 상대적인 안전성을 갖추는 것으로 족하다(대판 2002.8.23, 2002다9158).

5. 물적 하자와 기능적 하자

영조물의 설치나 관리의 하자는 영조물을 구성하는 물적 시설 자체에 있는 물리적·외형적인 흠결이나 불비로 인한 물적 하자만이 아니라, 영조물의 이용이 일정한 한도를 초과하여 제3자에게 사회통념상 참을 수 없는 피해를 입히는 경우인 기능상 하자까지 포함한다.

┤ 관 련 판 례 ├
1. 안전성을 갖추지 못한 상태에는 제3자에게 사회통념상 수인할 것이 기대되는 한도를 넘는 경우(기능상 하자)도 포함된다(대판 2005.1.27, 2003다49566).
2. 수인한도의 기준 : '영조물 설치 또는 하자'에 관한 제3자의 수인한도의 기준을 결정함에 있어서는 일반적으로 침해되는 권리나 이익의 성질과 침해의 정도뿐만 아니라 침해행위가 갖는 공공성의 내용과 정도, 그 지역환경의 특수성, 공법적인 규제에 의하여 확보하려는 환경기준, 침해를 방지 또는 경감시키거나 손해를 회피할 방안의 유무 및 그 난이 정도 등 여러 사정을 종합적으로 고려하여 구체적 사건에 따라 개별적으로 결정하여야 한다(대판 2005.1.27, 2003다49566).
3. 적법하게 가동하거나 공용에 제공한 시설로부터 발생하는 유해배출물로 인하여 제3자가 손해를 입은 경우, 그 위법성의 판단기준 : 불법행위 성립요건으로서의 위법성은 관련 행위 전체를 일체로만 판단하여 결정하여야 하는 것은 아니고, 문제가 되는 행위마다 개별적·상대적으로 판단하여야 할 것이므로 어느 시설을 적법하게 가동하거나 공용에 제공하는 경우에도 그로부터 발생하는 유해배출물로 인하여 제3자가 손해를 입은 경우에는 그 위법성을 별도로 판단하여야 하며, 이러한 경우의 판단기준은 그 유해의 정도가 사회생활상 통상의 수인한도를 넘는 것인지 여부인데, 그 수인한도의 기준을 결정함에 있어서는 일반적으로 침해되는 권리나 이익의 성질과 침해의 정도뿐만 아니라 침해행위가 갖는 공공성의 내용과 정도, 그 지역환경의 특

수성, 공법적인 규제에 의하여 확보하려는 환경기준, 침해를 방지 또는 경감시키거나 손해를 회피할 방안
의 유무 및 그 난이 정도 등 여러 사정을 종합적으로 고려하여 구체적 사건에 따라 개별적으로 결정하여야
한다(대판 2010.7.15, 2006다84126).

4. 소음 등을 포함한 공해 등의 위험지역으로 이주하여 거주하는 경우 이를 손해배상액의 산정에 있어 감경
또는 면제사유로 고려하여야 한다(대판 2010.11.11, 2008다57975).

5. 소음 등을 포함한 공해 등의 위험지역으로 이주하여 거주하는 경우, 가해자의 면책 여부 및 손해배상액 감액에
대한 판단기준 : 소음 등을 포함한 공해 등의 위험지역으로 이주하여 들어가서 거주하는 경우와 같이 위험
의 존재를 인식하면서 그로 인한 피해를 용인하며 접근한 것으로 볼 수 있는 경우에, 그 피해가 직접 생명
이나 신체에 관련된 것이 아니라 정신적 고통이나 생활방해의 정도에 그치고 그 침해행위에 고도의 공공성
이 인정되는 때에는, 위험에 접근한 후 실제로 입은 피해 정도가 위험에 접근할 당시에 인식하고 있었던
위험의 정도를 초과하는 것이거나 위험에 접근한 후에 그 위험이 특별히 증대하였다는 등의 특별한 사정이
없는 한 가해자의 면책을 인정하여야 하는 경우도 있을 수 있다. 특히 소음 등의 공해로 인한 법적 쟁송이
제기되거나 그 피해에 대한 보상이 실시되는 등 피해지역임이 구체적으로 드러나고 또한 이러한 사실이
그 지역에 널리 알려진 이후에 이주하여 오는 경우에는 위와 같은 위험에의 접근에 따른 가해자의 면책
여부를 보다 적극적으로 인정할 여지가 있을 것이다. 다만 일반인이 공해 등의 위험지역으로 이주하여 거
주하는 경우라고 하더라도 위험에 접근할 당시에 그러한 위험이 존재하는 사실을 정확하게 알 수 없는 경
우가 많고, 그 밖에 위험에 접근하게 된 경위와 동기 등의 여러 가지 사정을 종합하여 그와 같은 위험의
존재를 인식하면서도 위험으로 인한 피해를 용인하면서 접근하였다고 볼 수 없는 경우에는 손해배상액의
산정에 있어 형평의 원칙상 과실상계에 준하여 감액사유로 고려하는 것이 상당하다(대판 2010.11.25, 2007
다74560).

6. 매향리 주한미공군사격장에서 발생하는 소음 등으로 지역 주민들이 입은 피해는 사회통념상 참을 수 있는
정도를 넘는 것으로서 사격장의 설치 또는 관리에 하자가 있다(대판 2004.3.12, 2002다14242).

7. 김포공항에서 발생하는 소음 등으로 인근 주민들이 입은 피해는 사회통념상 수인한도를 넘는 것으로서 김
포공항의 설치·관리에 하자가 있다고 본 사례(대판 2005.1.27, 2003다49566).

8. 국가가 공군 전투기 비행훈련장으로 설치·사용하고 있는 공군기지의 활주로 북쪽 끝으로부터 4.5km 떨어
진 곳에 위치한 양돈장에서 모돈(母豚)이 유산하는 손해가 발생한 사안에서, 그 손해는 공군기지에서 발생
한 소음으로 인한 것으로, 당시의 소음배출행위와 그 결과가 양돈업자의 수인한도를 넘는 위법행위라고
판단한 원심판결을 수긍한 사례(대판 2010.7.15, 2006다84126)

9. 충남 보령시 웅천 전투비행장에서 발생하는 항공기소음에 대한 국가배상 인정(소음이 적은 농촌의 경우 80웨클 이
상인 경우 인정) : 원심이 피고가 이 사건 비행장을 설치·관리함에 있어 여러 가지 소음대책을 시행하였음에
도 이 사건 비행장을 전투기 비행훈련이라는 공공의 목적에 이용하면서 여기에서 발생한 소음 등의 침해가
인근 주민들에게 통상의 수인한도를 넘는 피해를 발생하게 하였다면 이 사건 비행장의 설치·관리상 하자가
있다고 보아야 할 것이라고 전제한 다음, 이 사건 항공기소음으로 인한 피해의 내용 및 정도, 이 사건 비행
장 및 군용항공기 운항이 가지는 공공성과 아울러 원고 및 선정자들 거주지역이 농촌지역으로서 가지는
지역적 환경적 특성 등의 여러 사정을 종합적으로 고려하여 원고및 선정자들 거주지역 소음피해가 적어도
소음도 80웨클(WECPNL) 이상인 경우에는 사회생활상 통상의 수인한도를 넘어 위법하다고 판단한 것은
위 법리에 따른 것으로 정당하므로, 이에 관한 피고의 상고이유의 주장도 이유 없다(대판 2010.11.25, 2007
다20112).

10. K-6 비행장의 경우에는 헬리콥터기 운항으로 인하여 소음이 노출되는 시간이 길다는 점을 감안하여 그
주변의 소음 피해가 적어도 70Ldn 이상인 경우에 각각 사회생활상 통상의 수인한도를 넘어 위법하다고
판단하였는바, 이러한 원심의 판단은 위 법리에 비추어 정당한 것으로 수긍할 수 있다(대판 2010.12.23,
2009다10928·10935·10942·10959).

11. 대구비행장과 그 주변지역의 주민들이 입은 피해에 대한 하자를 인정한 사례(소음이 많은 도시의 경우 85웨
클 이상인 경우 인정)(대판 2010.11.25, 2007다74560)

12. 전차포 사격장 주변 지역의 소음 피해가 사격 시의 1시간 등가소음도 69dB 이상이고 최고소음도 100dB

이상인 경우 사회통념상 수인한도를 초과한 것으로 위법성을 띤다(대판 2010.12.9, 2007다42907).

13. 대구비행장 인근 주민들이 국가를 상대로 항공기 소음 피해에 대한 손해배상을 구한 사안에서, 다른 주민들이 제기한 종전 소송에서 국가의 배상책임을 인정한 대법원판결 내용이 언론보도 등을 통하여 널리 알려졌다고 보이는 2011. 1. 1. 이후 전입한 주민들에 대하여 손해액을 50% 감액한 원심판단을 수긍한 사례(대판 2012.6.14, 2012다13569)

14. 철도소음·진동을 규제하는 행정법규에서 정하는 기준을 넘는 철도소음·진동이 있다고 하여 참을 한도를 넘는 위법한 침해행위가 있다고 단정할 수 없고, 철도소음·진동이 행정법규에서 정하는 기준을 넘는지를 참을 한도를 정하는 데 고려해야 한다(대판 2017.2.15, 2015다23321).

15. 원고가 운영하는 한우사육농장 주변에 피고 한국철도시설공단이 철로를 개설하고 피고 한국철도공사가 위 철로를 이용해 열차를 운행하면서 사회통념상 '참을 한도'를 넘는 소음·진동이 발생하여 원고가 사육하던 한우들에 유·사산, 성장지연, 수태율 저하 등의 피해가 발생하였으므로, 피고들(한국철도시설공단 외 1인)은 구 환경정책기본법상 사업자 내지 환경정책기본법상 오염원인자로서 연대하여 원고가 입은 손해를 배상할 책임이 있다고 판단한 원심이 옳다고 보아 상고기각한 사안(대판 2017.2.15, 2015다23321)

16. 고속도로에 인접한 과수원의 운영자인 갑이 과수원에 식재된 과수나무 중 고속도로에 접한 1열과 2열에 식재된 과수나무의 생장과 결실이 다른 곳에 식재된 과수나무에 비해 현격하게 부진하자 과수원의 과수가 고사하는 등의 피해는 고속도로에서 발생하는 매연과 한국도로공사의 제설제 사용 등으로 인한 것이라고 주장하며 한국도로공사를 상대로 손해배상을 구한 사안에서, 한국도로공사가 설치·관리하는 고속도로에서 발생한 매연과 한국도로공사가 살포한 제설제의 염화물 성분 등이 갑이 운영하는 과수원에 도달함으로써, 과수가 고사하거나 성장과 결실이 부족하고 상품판매율이 떨어지는 피해가 발생하였을 뿐만 아니라, 이는 통상의 참을 한도를 넘는 것이어서 위법성이 인정된다고 보아 한국도로공사의 손해배상책임을 인정한 사례(대판 2019.11.28, 2016다233538, 2016다233545)

17. 지방공기업인 갑 공단(서울특별시성동구도시관리공단)이 관리·운영하는 수영장은 하나의 수영조에 깊이가 다른 성인용 구역과 어린이용 구역이 수면 위에 떠있는 코스로프(course rope)만으로 구분되어 함께 설치되어 있고, 수심 표시가 「체육시설의 설치·이용에 관한 법률 시행규칙」 제8조 [별표 4]에서 정한 수영조의 벽면이 아니라 수영조의 각 구역 테두리 부분에 되어 있는데, 을(사고 당시 만 6세)이 어머니 병, 누나 정과 함께 어린이용 구역에서 물놀이를 하고 밖으로 나와 쉰 다음 다시 물놀이를 하기 위해 혼자서 수영조 쪽으로 뛰어갔다가 튜브 없이 성인용 구역에 빠져 의식을 잃은 채 발견되는 사고로 무산소성 뇌손상을 입어 사지마비, 양안실명 등의 상태에 이르자, 을, 병, 정 및 아버지 戊가 갑 공단을 상대로 수영장에 설치·보존상 하자가 있다고 주장하면서 민법 제758조 제1항에 따른 손해배상을 구한 사안에서, 위 수영장에는 성인용 구역과 어린이용 구역을 동일한 수영조에 두었다는 점과 수심 표시를 제대로 하지 않은 점 등의 하자가 있고, 이러한 하자 때문에 위 사고가 발생하였다고 볼 수 있는 이상 갑 공단에 책임이 없다고 할 수 없으며, 을에 대한 보호감독의무를 부담하는 병 등의 주의의무 위반이 사고 발생의 공동원인이 되었더라도 이것이 갑 공단에 대하여 수영장의 설치·보존상 하자로 인한 책임을 인정하는 데 장애가 되지 않는데도, 이와 달리 보아 을 등의 주장을 배척한 원심판단에는 공작물책임에 관한 법리오해 등의 잘못이 있다고 한 사례(대판 2019.11.28, 2017다14895)

6. 인공공물과 자연공물

인공공물은 당해 영조물이 통상 갖추어야 할 안전성이 확보된 상태하에서 공적 목적에 제공되어야 하므로 영조물의 하자가 넓게 인정될 수 있다.

━━━┫ 관 련 판 례 ┣━━━

1. 자연영조물로서의 하천의 관리상의 특질과 특수성 및 계획홍수위를 넘고 있는 하천의 제방이 그 후 새로운 하천시설을 설치할 때 기준으로 삼기 위하여 제정한 '하천시설기준'이 정한 여유고를 확보하지 못한 경우, 안전성이 결여된 하자가 있다고 볼 수 있는지 여부(한정 소극) : 자연영조물로서의 하천은 원래 이를 설치할 것인지 여부에 대한 선택의 여지가 없고, 위험을 내포한 상태에서 자연적으로 존재하고 있으며, 간단한 방법으로 위험 상태를 제거할 수 없는 경우가 많고, 유수라고 하는 자연현상을 대상으로 하면서도 그 유수의 원천인 강우의 규모, 범위, 발생시기 등의 예측이나 홍수의 발생 작용 등의 예측이 곤란하고, 실제로 홍수가 어떤 작용을 하는지는 실험에 의한 파악이 거의 불가능하고 실제 홍수에 의하여 파악할 수밖에 없어 결국 과거의 홍수 경험을 토대로 하천관리를 할 수밖에 없는 특질이 있고, 또 국가나 하천관리청이 목표로 하는 하천의 개수작업을 완성함에 있어서는 막대한 예산을 필요로 하고, 대규모 공사가 되어 이를 완공하는 데 장기간이 소요되며, 치수의 수단은 강우의 특성과 하천 유역의 특성에 의하여 정해지는 것이므로 그 특성에 맞는 방법을 찾아내는 것은 오랜 경험이 필요하고 또 기상의 변화에 따라 최신의 과학기술에 의한 방법이 효용이 없을 수도 있는 등 그 관리상의 특수성도 있으므로 이와 같은 관리상의 특질과 특수성을 감안한다면, 하천의 관리청이 관계규정에 따라 설정한 계획홍수위를 변경시켜야 할 사정이 생기는 등 특별한 사정이 없는 한, 이미 존재하는 하천의 제방이 계획홍수위를 넘고 있다면 그 하천은 용도에 따라 통상 갖추어야 할 안전성을 갖추고 있다고 보아야 하고, 그와 같은 하천이 그 후 새로운 하천시설을 설치할 때 기준으로 삼기 위하여 제정한 '하천시설기준'이 정한 여유고를 확보하지 못하고 있다는 사정만으로 바로 안전성이 결여된 하자가 있다고 볼 수는 없다(대판 2003.10.23, 2001다48057).

2. 자연영조물로서의 하천의 관리상의 특질과 특수성 및 하천관리를 위한 시설의 설치상 하자 유무의 판단기준 : 하천 수해와 관련하여 하천관리를 위한 시설의 설치상 하자 유무를 판단함에 있어서는 해당 하천과 관련하여 과거에 발생한 수해의 규모, 발생빈도, 발생원인, 피해의 성질, 강우상황, 유역의 지형 기타 자연적 조건, 토지의 이용 상황 기타 사회적 조건, 개수를 요하는 긴급성의 유무 및 그 정도 등 제반 사정을 종합적으로 검토하고, 하천관리에 있어서의 재정적, 기술적 및 사회적 제약하에서 같은 종류 및 규모의 하천관리의 일반수준 및 사회통념에 비추어 시인할 수 있는 안전성을 구비하고 있는지, 그리고 해당 하천관리시설이 설치 당시의 기술수준에 비추어 그 예정한 규모의 홍수에 있어서의 통상의 작용으로부터 예측된 재해를 방지함에 족한 안전성을 갖추고 있는지 여부를 기준으로 한다. 피고 서울특별시가 1999년경 마련한 빗물펌프장에 관한 시설기준이 잘못되었다거나 그 후 이를 시급히 변경시켜야 할 사정이 있었음에도 담당공무원이 이를 해태하였다는 등의 특별한 사정이 없는 이상 이 사건 휘경빗물펌프장 및 신이문빗물펌프장의 설치가 위 시설기준에 부합한다면 그 용도에 따라 통상 갖추어야 할 안전성을 갖추고 있는 것으로 보아 설치상 하자는 없다고 할 것이다(대판 2007.10.25, 2005다62235).

3. 관리청이 하천법 등 관련 규정에 의해 책정한 하천정비기본계획 등에 따라 개수를 완료한 하천이 위 기본계획 등에서 정한 계획홍수량 등을 충족하여 관리되고 있는 경우 원칙적으로 안전성을 인정할 수 있다(대판 2007.9.21, 2005다65678).

4. 자연영조물인 하천의 관리주체가 익사사고를 방지하기 위하여 부담하는 방호조치의무의 정도 : 자연영조물로서 하천은 이를 설치할 것인지 여부에 대한 선택의 여지가 없고, 위험을 내포한 상태에서 자연적으로 존재하고 있으며, 그 유역의 광범위성과 유수(流水)의 상황에 따른 하상의 가변성 등으로 인하여 익사사고에 대비한 하천 자체의 위험관리에는 일정한 한계가 있을 수밖에 없어, 하천 관리주체로서는 익사사고의 위험성이 있는 모든 하천구역에 대해 위험관리를 하는 것은 불가능하므로, 당해 하천의 현황과 이용 상황, 과거에 발생한 사고 이력 등을 종합적으로 고려하여 하천구역의 위험성에 비례하여 사회통념상 일반적으로 요구되는 정도의 방호조치의무를 다하였다면 하천의 설치·관리상의 하자를 인정할 수 없다(대판 2014. 1.23, 2013다211865).

5. 교회 수련회에 참석한 미성년자 갑이 하천을 가로질러 수심이 깊은 맞은 편 바위(황새바위) 위에서 다이빙을 하며 놀다가 익사하자, 갑의 유족들이 하천 관리주체인 지방자치단체(강원도)를 상대로 손해배상을 구한 사안에서, 지방자치단체의 손해배상책임을 인정한 원심판결에 법리오해의 위법이 있다고 한 사례 : 하천 관리자인 지방자치단체가 유원지(강원도 정선군 여량면 유천리 소재 흥터유원지) 입구나 유원지를 거쳐 하천에 접근하는 길에 수영금지의 경고표지판과 현수막을 설치함으로써 하천을 이용하는 사람들의 안전을 보호하기 위하여 통상 갖추어야 할 시설을 갖추었다고 볼 수 있고, 지방자치단체에게 사고지점에 각별한 주의를 촉구하는 내용의 위험표지나 부표를 설치하는 것과 같은 방호조치를 취하지 않은 과실이 인정되더라도 익사사고와 상당인과관계가 있다고 보기 어려운데도 지방자치단체의 손해배상책임을 인정한 원심판결에 하천의 설치 또는 관리상 하자책임에 관한 법리오해의 위법이 있다(대판 2014.1.23, 2013다211865).

7. 도로의 설치·관리의 하자

도로의 설치·관리의 하자는 도로의 통상의 용법에 따른 이용에 있어서 통상 갖추어야 할 안전성의 유무를 기준으로 한다.

┤ 관 련 판 례 ├

1. 도로의 설치·관리상의 하자 유무에 관한 판단기준 : 공작물인 도로의 설치·관리상의 하자는 도로의 위치 등 장소적인 조건, 도로의 구조, 교통량, 사고 시에 있어서의 교통 사정 등 도로의 이용 상황과 그 본래의 이용목적 등 여러 사정과 물적 결함의 위치, 형상 등을 종합적으로 고려하여 사회통념에 따라 구체적으로 판단하여야 한다(대판 2008.3.13, 2007다29287·29294).

2. 도로 설치 후 제3자의 행위에 의하여 도로의 통행상의 안전에 결함이 생긴 경우, 도로의 관리·보존상의 하자 여부에 관한 판단기준 : 도로의 설치 후 제3자의 행위에 의하여 그 본래의 목적인 통행상의 안전에 결함이 발생한 경우에는 도로에 그와 같은 결함이 있다는 것만으로 성급하게 도로의 보존상 하자를 인정하여서는 안 되고, 당해 도로의 구조, 장소적 환경과 이용 상황 등 제반 사정을 종합하여 그와 같은 결함을 제거하여 원상으로 복구할 수 있는데도 이를 방치한 것인지 여부를 개별적·구체적으로 심리하여 하자의 유무를 판단하여야 한다. 편도 2차선 도로의 1차선 상에 교통사고의 원인이 될 수 있는 크기의 돌멩이가 방치되어 있는 경우, 도로의 점유·관리자가 그에 대한 관리 가능성이 없다는 입증을 하지 못하는 한 이는 도로의 관리·보존상의 하자에 해당한다(대판 1998.2.10, 97다32536).

3. 고속도로의 관리자가 강설에 대처하기 위하여 부담하는 관리의무의 내용 : 강설에 대처하기 위하여 완벽한 방법으로 도로 자체에 융설설비를 갖추는 것이 현대의 과학기술 수준이나 재정사정에 비추어 사실상 불가능하다고 하더라도, 최저속도의 제한이 있는 고속도로의 경우에 있어서는 도로관리자가 도로의 구조, 기상예보 등을 고려하여 사전에 충분한 인적·물적 설비를 갖추어 강설 시 신속한 제설작업을 하고 나아가 필요한 경우 제때에 교통통제 조치를 취함으로써 고속도로로서의 기본적인 기능을 유지하거나 신속히 회복할 수 있도록 하는 관리의무가 있다(대판 2008.3.13, 2007다29287·29294).

4. 고속도로의 점유관리자가 도로의 관리상 하자로 인한 손해배상책임을 면하기 위한 요건 : 고속도로의 관리상 하자가 인정되는 이상 고속도로의 점유관리자는 그 하자가 불가항력에 의한 것이거나 손해의 방지에 필요한 주의를 해태하지 아니하였다는 점을 주장·입증하여야 비로소 그 책임을 면할 수 있다(대판 2008.3.13, 2007다29287·29294).

5. 피해자가 운전하던 트럭의 앞바퀴가 고속도로 상에 떨어져 있는 타이어에 걸려 중앙분리대를 넘어가 맞은 편에서 오던 트럭과 충돌하여 부상을 입었는데, 위 타이어가 사고지점 고속도로 상에 떨어진 것은 사고가 발생하기 10분 내지 15분 전인 경우 국가배상책임을 물을 수 없다(대판 1992.9.14, 92다3243).

6. 관광버스를 타고 가다가 고속도로 비상주차대에서 하차한 갑이 도로를 따라 설치된 방음벽과 가드레일 사이에 있는 30cm 정도의 틈을 통하여 빠져나가 고속도로 옆 경사면을 내려가던 중 미끄러지면서 옹벽 밑 도로에 추락하여 사망한 사안에서, 위 도로에 도로가 통상 갖추어야 할 안전성이 결여된 설치·관리상의 하자가 있다고 볼 수 없음에도, 이와 달리 본 원심판결에 법리오해 등의 위법이 있다고 한 사례(대판 2012. 2.9, 2011다95267)

7. 갑이 차량을 운전하여 지방도 편도 1차로를 진행하던 중 커브길에서 중앙선을 침범하여 반대편 도로를 벗어나 도로 옆 계곡으로 떨어져 동승자인 을이 사망한 사안에서, 도로에 통상 갖추어야 할 안전성이 결여된 설치·관리상의 하자가 있다고 보기 어려운데도, 이와 달리 본 원심판결에 법리오해의 위법이 있다고 한 사례(대판 2013.10.24, 2013다208074)

8. 교통신호기 설치·관리의 하자

1. 신호기의 고장이 천재지변인 낙뢰로 인한 것이고 신호기를 찾지 못하여 고장 수리가 지연되었을 뿐 임의로 방치한 것이 아닌 경우에도 국가배상책임이 인정된다(대판 1999.6.25, 99다11120).
2. 편도 4차선의 간선도로를 따라 오다가 편도 1차선의 지선도로가 좌측에서 합류하는 삼거리 교차로를 지나 우측으로 굽은 간선도로를 따라 계속 진행하는 차량에 대하여 신호기가 우측 화살표 신호가 아닌 직진 신호를 표시한 경우, 그 신호기의 신호가 도로의 실제 상황과 일치하지 않는 잘못된 신호로서 신호기의 설치·관리에 하자가 있다고 할 수 없다(대판 2000.1.14, 99다24201).
3. 차로의 진행방향 신호기의 정지신호가 단선으로 소등되어 있는 상태에서 그대로 진행하다가 다른 방향의 진행신호에 따라 교차로에 진입한 차량과 충돌한 경우, 신호기의 적색신호가 소등된 기능상 결함이 있었다는 사정만으로 신호기의 설치 또는 관리상의 하자를 인정할 수 없다(대판 2000.2.25, 99다54004).
4. 가변차로 신호등 오작동 : 가변차로에 설치된 두 개의 신호등에서 서로 모순되는 신호가 들어오는 오작동이 발생하였고 그 고장이 현재의 기술수준상 부득이한 것이라고 가정하더라도 그와 같은 사정만으로 손해발생의 예견가능성이나 회피가능성이 없어 영조물의 하자를 인정할 수 없는 경우라고 단정할 수 없다(대판 2001.7.27, 2000다56822).
5. 보행자 신호기가 고장난 횡단보도 상에서 교통사고가 발생한 사안에서, 적색등의 전구가 단선되어 있었던 위 보행자 신호기는 그 용도에 따라 통상 갖추어야 할 안전성을 갖추지 못한 관리상의 하자가 있어 지방자치단체의 배상책임이 인정된다고 한 사례(대판 2007.10.26, 2005다51235)

IV. 타인에게 손해 발생

1. 타인의 범위

타인에는 '공무원'도 포함되지만, 군인 등 일정한 공무원에 대해서는 국가배상법 제2조의 경우와 마찬가지로 특례가 인정된다.

2. 손해의 발생

손해란 공무원의 직무상 불법행위로 인한 손해와 마찬가지로 법익침해에 의한 불이익을 의미하며 재산적 손해·정신적 손해 또는 적극적 손해·소극적 손해를 불문한다.

┤ 관 련 판 례 ├

영조물책임에도 위자료 인정 : 원심은 피고에게 국가배상법 제5조 제1항의 규정에 의하여 이 사건 사고로 인한 위자료 지급의무를 지우고 있는데 같은 법 제3조 제1항 내지 제5항에 의하더라도 이 사건과 같은 경우에 원고들의 위자료청구권이 반드시 배제되는 것으로는 해석되지 아니한다(대판 1990.11.13, 90다카25604).

3. 상당인과관계

영조물의 설치나 관리상 하자와 손해발생 사이에는 상당인과관계가 있어야 하며, 설령 자연현상이나 제3자 또는 피해자의 행위가 그 손해의 원인으로서 가세된 경우에도 하자와 손해발생 사이에 상당인과관계가 있는 한 국가 등은 그 한도 내에서 책임을 져야 한다.

┨ 관 련 판 례 ┠

1. 다른 자연적 사실이나 제3자 또는 피해자의 행위와 경합하여 발생한 손해도 영조물의 설치·관리상의 하자에 의해 발생한 것으로 볼 것인지 여부 : 영조물의 설치 또는 관리상의 하자로 인한 사고라 함은 영조물의 설치 또는 관리상의 하자만이 손해발생의 원인이 되는 경우만을 말하는 것이 아니고, 다른 자연적 사실이나 제3자의 행위 또는 피해자의 행위와 경합하여 손해가 발생하더라도 영조물의 설치 또는 관리상의 하자가 공동 원인의 하나가 되는 이상 그 손해는 영조물의 설치 또는 관리상의 하자에 의하여 발생한 것이라고 해석함이 상당하다(대판 1994.11.22, 94다32924).

2. 피해자가 입은 손해가 특수한 자연적 조건 아래 발생한 것이라 하더라도 자연력의 기여분을 인정하여 가해자의 배상범위를 제한할 수 없는 경우 : 판례에 의하면 불법행위에 기한 손해배상 사건에 있어서 피해자가 입은 손해가 자연력과 가해자의 과실행위가 경합되어 발생된 경우 가해자의 배상 범위는 손해의 공평한 부담이라는 견지에서 손해 발생에 대하여 자연력이 기여하였다고 인정되는 부분을 공제한 나머지 부분으로 제한하여야 함이 상당한 것이지만, 다른 한편, 피해자가 입은 손해가 통상의 손해와는 달리 특수한 자연적 조건 아래 발생한 것이라 하더라도, 가해자가 그와 같은 자연적 조건이나 그에 따른 위험의 정도를 미리 예상할 수 있었고 또 과도한 노력이나 비용을 들이지 아니하고도 적절한 조치를 취하여 자연적 조건에 따른 위험의 발생을 사전에 예방할 수 있었다면, 그러한 사고방지 조치를 소홀히 하여 발생한 사고로 인한 손해배상의 범위를 정함에 있어서 자연력의 기여분을 인정하여 가해자의 배상 범위를 제한할 것은 아니다(대판 2001.2.23, 99다61316).

3. 도로설치 후 제3자의 행위나 집중호우 등 자연력에 의하여 도로의 통행상의 안전에 결함이 생긴 경우, 도로의 관리·보존상의 하자 여부에 관한 판단기준 : 도로의 설치 후 집중호우 등 자연력이 작용하여 본래 목적인 통행상의 안전에 결함이 발생한 경우에는 그 결함이 제3자의 행위에 의하여 발생한 경우와 마찬가지로, 도로에 그와 같은 결함이 있다는 것만으로 성급하게 도로의 보존상 하자를 인정하여서는 안 되고, 당해 도로의 구조, 장소적 환경과 이용상황 등 제반사정을 종합하여 그와 같은 결함을 제거하여 원상으로 복구할 수 있는데도 이를 방치한 것인지 여부를 개별적·구체적으로 심리하여 하자의 유무를 판단하여야 한다(대판 1998.2.13, 97다49800).

V. 면책사유

1. 불가항력의 의의

사회통념상 일반적으로 갖추어야 할 안전성을 갖추었음에도 불구하고 손해가 발생한 경우에는 불가항력으로서 국가 등은 책임을 지지 않는다. 불가항력이란 천재지변과 같이 인간의 능력으로는 예견할 수 없거나, 예견할 수 있어도 회피할 수 없는 외부의 힘에 의하여 손해가 발생한 경우를 말하며 면책사유에 해당한다.

2. 천재지변(자연재해)

(1) 집중호우(100년 기준)

판례는 집중호우의 경우 계획홍수위(치수 공사를 할 때 설계의 기준이 되는 유량인 계획고수위, 계획 홍수량에 해당하는 물의 높이)의 산정을 100년 간의 강우량을 기준으로 판단한다. 즉, 계획홍수위가 50년 빈도의 최대강우량의 경우 면책을 부정하지만(대판 2000.5.26, 99다53247), 600~1,000년 빈도의 강우량일 경우 면책을 인정한다(대판 2003. 10.23, 2001다48057).

> **┤ 관 련 판 례 ├**
>
> 1. 50년 빈도의 경우 불가항력 부정(충북 청원군 미원면 소재 제방도로 유실로 주부가 강물에 휩쓸려 익사한 사건) : 집중호우로 제방도로가 유실되면서 그곳을 걸어가던 보행자가 강물에 휩쓸려 익사한 경우, 사고 당일의 집중호우가 <u>50년 빈도의 최대강우량에 해당</u>한다는 사실만으로 불가항력에 기인한 것으로 볼 수 없다(대판 2000.5.26, 99다53247).
> 2. 600~1,000년 빈도의 경우 불가항력 인정(동부간선도로건설로 인한 중랑천 범람사건) : 100년 발생빈도의 강우량을 기준으로 책정된 계획홍수위를 초과하여 <u>600년 또는 1,000년 발생빈도의 강우량에 의한 하천의 범람은 예측가능성 및 회피가능성이 없는 불가항력적인 재해</u>로서 그 영조물의 관리청에게 책임을 물을 수 없다(대판 2003.10.23, 2001다48057).

(2) 강설(降雪)

판례에 의하면 강설의 경우 적설지대에 속하는 지역의 도로라든가 최저속도의 제한이 있는 고속도로 등 특수목적을 갖고 있는 도로는 면책 부정, 기타 일반 보통의 도로의 경우는 면책된다(대판 2000.4.25, 99다54998).

> **┤ 관 련 판 례 ├**
>
> 1. 적설지대도로와 고속도로 등 특수목적도로는 면책 부정, 기타도로는 면책 긍정 : 적설지대에 속하는 지역의 도로라든가 최저속도의 제한이 있는 고속도로 등 특수목적을 갖고 있는 도로가 아닌 일반 보통의 도로까지도 도로관리자에게 완전한 인적·물적 설비를 갖추고 제설작업을 하여 도로통행상의 위험을 즉시 배제하여 그 안전성을 확보하도록 하는 관리의무를 부과하는 것은 도로의 안전성의 성질에 비추어 적당하지 않고, 오히려 그러한 경우의 도로통행의 안전성은 그와 같은 <u>위험에 대면하여 도로를 이용하는 통행자 개개인의 책임으로 확보하여야 한다.</u> 강설의 특성, 기상적 요인과 지리적 요인, 이에 따른 도로의 상대적 안전성을 고려하면 겨울철 산간지역에 위치한 도로에 강설로 생긴 빙판을 그대로 방치하고 도로상황에 대한 경고나 위험표지판을 설치하지 않았다는 사정만으로 도로관리상의 하자가 있다고 볼 수 없다고 한 사례(대판 2000. 4.25, 99다54998)
> 2. 폭설로 차량 운전자 등이 고속도로에서 장시간 고립된 경우, 고속도로의 관리상 하자를 인정
>   폭설로 차량 운전자 등이 고속도로에서 장시간 고립된 사안에서, 고속도로의 관리자가 <u>고립구간의 교통정체를 충분히 예견할 수 있었음에도 교통제한 및 운행정지 등 필요한 조치를 충실히 이행하지 아니하였으므로 고속도로의 관리상 하자가 있다</u>(대판 2008.3.13, 2007다29287·29294).

3. 재정사정이나 영조물의 사용목적에 의한 사정

대법원은 집중호우와 관련하여 재정사정은 안전성을 요구하는 데 대한 참작사유에 해당할지언정, 안전성을 결정지을 절대적 요건은 되지 못한다고 판시하였다(대판 1967.2.21. 66다1723). 그러나 최근에는 막대한 예산을 필요로 하는 경우 재정적 제약이 면책사유가 될 수 있는 가능성을 제한적으로나마 인정한 바 있다(대판 2000.4.25, 99다54998).

┤ 관 련 판 례 ├

1. 원칙적으로 면책 부정 : 설치자의 재정사정이나 영조물의 사용목적에 의한 사정은 안전성을 요구하는 데 대한 정도문제로서 참작사유에는 해당할지언정 안전성을 결정지을 절대적 요건에는 해당하지 아니한다 할 것이다(대판 1967.2.21, 66다1723).
2. 천문학적인(막대한) 예산을 필요로 하는 경우 예외적으로 면책 긍정
   ① 강설 : 특히 강설은 기본적 환경의 하나인 자연현상으로서 그것이 도로교통의 안전을 해치는 위험성의 정도나 그 시기를 예측하기 어렵고 통상 광범위한 지역에 걸쳐 일시에 나타나고 일정한 시간을 경과하면 소멸되는 일과성을 띠는 경우가 많은 점에 비하여, 이로 인하여 발생되는 도로상의 위험에 대처하기 위한 완벽한 방법으로서 도로 자체에 융설설비를 갖추는 것은 현대의 과학기술의 수준이나 재정사정에 비추어 사실상 불가능하다(대판 2000.4.25, 99다54998).
   ② 하천 : 국가나 하천관리청이 목표로 하는 하천의 개수작업을 완성함에 있어서는 막대한 예산을 필요로 하고, 대규모 공사가 되어 이를 완공하는 데 장기간이 소요되며 …… '하천시설기준'이 정한 여유고를 확보하지 못하고 있다는 사정만으로 바로 안전성이 결여된 하자가 있다고 볼 수는 없다(대판 2003.10.23, 2001다48057).

VI. 배상책임자

1. 원 칙

영조물 설치나 관리의 하자로 인한 손해배상책임자는 사무관리주체로서의 국가 또는 지방자치단체가 지는 것이 원칙이다. 따라서 영조물 설치나 관리가 국가사무인 경우 국가가, 지방자치단체의 사무인 경우에는 지방자치단체가 배상책임을 진다.

┤ 관 련 판 례 ├

1. 구 하천법 제28조 제1항에 따라 국토해양부장관이 하천(전북 완주군 운주면에 위치한 장선천)공사를 대행하던 중 지방하천의 관리상 하자로 손해가 발생한 경우, 피고 대한민국은 장선천의 점유 및 관리자로서뿐만 아니라 장선천 제방공사의 비용부담자로서도 국가배상법 제6조 제1항에 따라 장선천의 관리상 하자로 인한 손해를 배상할 책임을 지고, 나아가 이 사건 수해가 천재지변에 의한 불가항력적인 재해라고 하기 어렵다(대판 2014.6.26, 2011다85413).
2. 구 하천법 제28조 제1항에 따라 국토해양부장관이 하천(전북 완주군 운주면에 위치한 장선천)공사를 대행하던 중 지방하천의 관리상 하자로 손해가 발생한 경우, 하천관리청이 속한 지방자치단체는 국가와 함께 국가배상법 제5조 제1항에 따라 지방하천의 관리자로서 손해배상책임을 부담한다(대판 2014.6.26, 2011다85413).

2. 영조물의 설치·관리자와 비용부담자가 다른 경우의 대외적 배상책임자

(1) 비용부담자의 의의

1. 국가배상법 제6조 제1항 소정의 비용부담자란 '공무원의 봉급·급여 기타의 비용을 부담하는 자'이다. 기타의 비용이란 공무원의 인건비만을 가리키는 것이 아니라 당해 사무에 필요한 일체의 경비를 의미한다(대판 1994.12.9, 94다38137).
2. 사무관리주체와 비용부담자가 다른 경우(위임사무) : 기관위임사무는 사무가 이전되지 않으므로 위임기관이 속한 국가나 상급지방자치단체가, 단체위임사무는 사무가 이전되어 지방자치단체의 사무가 되므로 지방자치단체가 사무관리주체이다.

> ┤ 관 련 판 례 ├
>
> 1. 국가사무를 시장에 기관위임한 경우 국가가 사무관리주체(대판 1993.1.26, 92다2684)
> 2. 지방자치단체사무를 국가기관에 기관위임한 경우 지방자치단체가 사무관리주체(대판 1999.6.25, 99다11120)

(2) 범위(병합설)

형식적 비용부담자와 실질적 비용부담자의 구분이 곤란하고, 피해자인 국민을 두텁게 보호할 필요가 있으므로 형식적 비용부담자 외에 실질적 비용부담자도 포함된다는 견해로서 다수설·판례이다.

> ┤ 관 련 판 례 ├
>
> 1. 형식적 비용부담자에 관한 판례 : 구 지방재정법 제16조 제2항(현행 제18조 제2항)의 규정상, 지방자치단체의 장이 기관위임된 국가행정사무를 처리하는 경우 그에 소요되는 경비의 실질적·궁극적 부담자는 국가라고 하더라도 당해 지방자치단체는 국가로부터 내부적으로 교부된 금원으로 그 사무에 필요한 경비를 대외적으로 지출하는 자(형식적 비용부담자)이므로, 이러한 경우 지방자치단체는 국가배상법 제6조 제1항 소정의 비용부담자로서 공무원의 불법행위로 인한 같은 법에 의한 손해를 배상할 책임이 있다(대판 1994.12.9, 9다38137).
> 2. 실질적 비용부담자를 포함한 판례(여의도광장 광란의 살인질주사건) : 서울특별시는 여의도광장을 도로법 제2조 제2항 소정의 '도로와 일체가 되어 그 효용을 다하게 하는 시설'로 보고 같은 법의 규정을 적용하여 관리하고 있으며, 그 관리사무 중 일부를 영등포구청장에게 권한위임하고 있어, 여의도광장의 관리청이 본래 서울특별시장이라 하더라도 그 관리사무의 일부가 영등포구청장에게 위임되었다면, 그 위임된 관리사무에 관한 한 여의도광장의 관리청은 영등포구청장이 되고, 같은 법 제56조에 의하면 도로에 관한 비용은 건설부장관(현 국토교통부장관)이 관리하는 도로 이외의 도로에 관한 것은 관리청이 속하는 지방자치단체의 부담으로 하도록 되어 있어 여의도광장의 관리비용부담자는 그 위임된 관리사무에 관한 한 관리를 위임받은 영등포구청장이 속한 영등포구(실질적 비용부담자)가 되므로, 영등포구는 여의도광장에서 차량진입으로 일어난 인신사고에 관하여 국가배상법 제6조 소정의 비용부담자로서의 손해배상책임이 있다(대판 1995.2.24, 94다57671).

(3) 최종적 배상책임자

1. 기여도설 내지 종합설에 따른 판례(광주광역시 페아스콘더미 도로 방치로 인한 사망사고) : <u>광역시와 국가 모두가 도로의 점유자 및 관리자, 비용부담자로서의 책임을 중첩적으로 지는 경우에는, 광역시와 국가 모두가 국가배상법 제6조 제2항 소정의 궁극적으로 손해를 배상할 책임이 있는 자라고 할 것이고, 결국 광역시와 국가의 내부적인 부담부분은, 그 도로의 인계·인수경위, 사고의 발생경위, 광역시와 국가의 그 도로에 관한 분담비용 등 제반사정을 종합하여 결정함이 상당하다</u>(대판 1998.7.10, 96다42819).

2. 사무관리주체설에 따른 판례 : 교통신호기의 관리사무는 지방자치단체가 설치하여 안산경찰서장에게 그 권한을 기관위임한 사무로서 피고인 국가소속 경찰공무원들은 원고의 사무를 처리하는 지위에 있으므로, <u>원고인 안산시가 그 사무에 관하여 선임·감독자에 해당하고, 그 교통신호기시설은 지방자치법 제132조 단서의 규정에 따라 원고인 안산시의 비용으로 설치·관리되고 있으므로, 그 신호기의 설치·관리의 비용을 실질적으로 부담하는 비용부담자의 지위도 아울러 지니고 있는 반면, 피고인 국가는 단지 그 소속 경찰공무원에게 봉급만을 지급하고 있을 뿐이므로, 원고와 피고 사이에서 이 사건 손해배상의 궁극적인 책임은 전적으로 원고인 안산시에게 있다고 봄이 상당하다</u>(대판 2001.9.25, 2001다41865).

3. 시가 국도의 관리상 비용부담자로서 책임을 지는 경우 국가배상법 제6조 제2항의 규정을 들어 구상권자인 공동불법행위자에게 대항할 수 없다 : <u>시가 국도의 관리상 비용부담자로서 책임을 지는 것은 국가배상법이 정한 자신의 고유한 배상책임이므로 도로의 하자로 인한 손해에 대하여 시는 부진정연대채무자인 공동불법행위자와의 내부관계에서 배상책임을 분담하는 관계에 있으며 국가배상법 제6조 제2항의 규정은 도로의 관리주체인 국가와 그 비용을 부담하는 경제주체인 시 상호 간에 내부적으로 구상의 범위를 정하는데 적용될 뿐 이를 들어 구상권자인 공동불법행위자에게 대항할 수 없다</u>(대판 1993.1.26, 92다2684).

3. 비용부담자 관련 쟁점 정리

구분	사무관리주체	실질적 비용부담자	형식적 비용부담자
기관위임사무(국가사무 → 서울특별시장)	국가	국가	서울특별시
단체위임사무(국가사무 → 서울특별시)	서울특별시	국가	서울특별시
도로법의 특칙(국가사무 → 서울특별시장)	국가	서울특별시	서울특별시

제2절 행정상 손실보상

제1항 개설

Ⅰ. 행정상 손실보상의 의의

행정상 손실보상이란 적법한 공권력 행사에 의해 사유재산에 가해진 특별한 희생에 대해 사유재산권의 보장과 공평부담의 견지에서 행정주체가 행하는 조절적인 재산적 보상을 말한다.

Ⅱ. 손실보상의 개념적 징표

1. '적법'한 공권력 행사로 인한 손실보상

손실보상은 원인이 '적법'한 공권력 행사라는 점에서 '위법'한 공권력 행사의 경우인 행정상 손해배상과 구별된다. 그러나 오늘날 양 제도는 점차 접근하는 경향이 있다.

2. 적법한 '공권력 행사'로 인한 손실보상

공권력 행사에 의한 것인 점에서 '비권력작용', 즉 토지보상법상 협의취득 또는 사용에 수반된 보상과 구별된다.

3. '재산상의 손실'에 대한 보상

손실보상은 재산상의 손실을 전보하는 제도이기 때문에 사람의 '생명 또는 신체'에 대한 보상은 포함하지 않는다는 점에서 손해배상과 구별된다.

4. '특별한 희생'에 대한 보상

손실보상은 특별한 희생에 대한 조절적인 보상인 점에서 일반적인 부담 또는 재산권에 내재하는 '사회적 제약(내재적 제약)'과 구별된다. 예컨대, 감염병에 오염된 건물의 철거에 따른 손실에 대해 보상하도록 규정하는 경우 정책적 견지에서 규정하고 있는 것일 뿐 손실보상과는 구별된다.

> **┨ 관 련 판 례 ┠**
>
> 간척사업의 시행으로 종래의 관행어업권자에게 구 공유수면매립법에서 정하는 손실보상청구권이 인정되기 위해서는 매립면허고시 후 매립공사가 실행되어 관행어업권자에게 <u>실질적이고 현실적인 피해가 발생해야 한</u>다(대판 2010.12.9, 2007두6571).

Ⅲ. 손실보상의 법적 근거(개별법에 손실보상에 관한 근거규정이 흠결된 경우)

1. 학설

1. 방침규정설(입법지침설) : 손실보상에 관한 구체적인 사항이 법률로써 정해져야만 사인(私人)은 손실보상청구권을 갖게 된다.
2. 위헌무효설(입법자에 대한 직접효력설 = 입법자구속설) : 당사자는 행정소송을 제기할 수 있고, 재산상 손해를 받은 경우에는 국가배상청구를 제기할 수 있다는 견해이다. 논리적인 면에서는 타당하지만 국가배상법상의 과실요건의 충족이 어려우므로 국민의 권리보호에 미흡하다는 비판
3. 직접효력설(국민에 대한 직접효력설) : 국민의 권익구제에 바람직하다. 법원이 일반보상의 법리에 따라 보상액을 정하여 보상을 결정. 입법자가 아니라 법원에서 배상 여부를 결정하게 되므로 권력분립원리에 반하고 논리적으로 무리라는 비판
4. 유추적용설(간접효력규정설) : 법률에 손실보상규정이 없는 경우에는 헌법 제23조 제1항(재산권 보장)과 제11조(평등원칙)를 직접적인 근거로, 헌법 제23조 제3항 및 관계규정의 유추적용을 통하여 보상을 청구할 수 있다는 견해이다. 수용유사침해이론을 도입하여 해결하려는 견해이다.

2. 대법원판례

일관되지 않다.
1. 불법행위를 인정(대판 1966.10.18, 66다1715)
2. 직접효력설(대판 1967.11.2, 67다1334)
3. 방침규정설(대판 1976.10.12, 76다1443)
4. 관련 공법규정 유추적용(대판 1985.9.10, 85다카571)
5. 개발제한구역에 대해서는 사회적 제약(대판 1996.6.28, 94다54511)
6. 제방부지 및 제외지가 법률 제2292호 하천법 개정법률 시행일(1971.7.20.)부터 법률 제3782호 하천법 중 개정법률의 시행일(1984.12.31.) 전에 국유로 된 경우, 명시적인 보상규정이 없더라도 관할관청이 소유자가 입은 손실을 보상하여야 한다(대판 2011.8.25, 2011두2743).

3. 헌법재판소

1. 위헌무효설, 헌법불합치결정
   ① 토지를 종전의 용도대로 사용할 수 있는 경우에 개발제한구역 지정으로 인한 지가의 하락은 토지재산권에 내재하는 사회적 제약에 해당한다 : 개발제한구역의 지정으로 인한 개발가능성의 소멸과 그에 따른 지가의 하락이나 지가상승률의 상대적 감소는 토지소유자가 감수해야 하는 사회적 제약의 범주에 속하는 것으로 보아야 한다. 자신의 토지를 장래에 건축이나 개발목적으로 사용할 수 있으리라는 기대가능성이나 신뢰 및 이에 따른 지가상승의 기회는 원칙적으로 재산권의 보호범위에 속하지 않는다. 구역지정 당시의 상태대로 토지를 사용·수익·처분할 수 있는 이상, 구역지정에 따른 단순한 토지이용의 제한은 원칙적으로 재산권에 내재하는 사회적 제약의 범주를 넘지 않는다(헌재결 1998.12.24, 89헌마214·90헌바16·97헌바78).
   ② 도시계획법 제21조는 위헌 : 도시계획법(현 국토의 계획 및 이용에 관한 법률) 제21조에 의한 재산권의 제한은 개발제한구역으로 지정된 토지를 원칙적으로 지정 당시의 지목과 토지현황에 의한 이용방법에 따라 사용할 수 있는 한, 재산권에 내재하는 사회적 제약을 비례의 원칙에 합치하게 합헌적으로 구체화한 것이라고 할 것이나, 종래의 지목과 토지현황에 의한 이용방법에 따른 토지의 사용도 할 수 없거나 실질적으로 사용·수익을 전혀 할 수 없는 예외적인 경우에도 아무런 보상 없이 이를 감수하도록 하고 있는 한, 비례의 원칙에 위반되어 당해 토지소유자의 재산권을 과도하게 침해하는 것으로서 헌법에 위반된다(헌재결 1998.12.24, 89헌마214·90헌바16·97헌바78).
   ③ 보상입법의 의미 및 법적 성격 : 재산권의 침해와 공익 간의 비례성을 다시 회복하기 위한 방법은 헌법상 반드시 금전보상만을 해야 하는 것은 아니다. 입법자는 지정의 해제 또는 토지매수청구권제도와 같이 금전보상에 갈음하거나 기타 손실을 완화할 수 있는 제도를 보완하는 등 여러 가지 다른 방법을 사용할 수 있다(헌재결 1998.12.24, 89헌마214·90헌바16·97헌바78).
2. 우리 헌법은 제헌 이래 현재까지 일관하여 재산의 수용, 사용 또는 제한에 대한 보상금을 지급하도록 규정하면서 이를 법률이 정하도록 위임함으로써 국가에게 명시적으로 수용 등의 경우 그 보상에 관한 입법의무를 부과하여 왔다(헌재결 1994.12.29, 89헌마2).

제2항 손실보상청구권의 요건

Ⅰ. 공공필요

1. 요건

1. 체육시설을 도시계획시설사업의 대상이 되는 기반시설의 한 종류로 규정한 「국토의 계획 및 이용에 관한 법률」 제2조 제6호 라목 중 '체육시설' 부분은 포괄위임금지원칙에 위배된다(시행령에서 골프장을 공용수용이 가능한 체육시설로 규정)(헌재결 2011.6.30. 2008헌바166·2011헌바35).

2. 행정청이 골프장에 관하여 한 도시계획시설결정과 그에 관한 실시계획 인가처분의 적법성이 인정되기 위한 요건 및 체육시설이 운영방식 등에서 일반인의 이용에 제공하기 위한 시설에 해당하는지 판단하는 기준 : 행정청이 골프장에 관하여 한 <u>도시계획시설결정은 특별한 사정이 없는 한 일반인의 이용에 제공하기 위하여 설치하는 체육시설인 경우에 한하여 적법한 것으로 인정될 수 있고</u>, 행정청이 그 도시계획시설결정에 관한 실시계획을 인가할 때에는 그 실시계획이 법령이 정한 도시계획시설(체육시설)의 결정·구조 및 설치의 기준은 물론이고, 운영방식 등에서 <u>일반인의 이용에 제공하기 위한 체육시설에 해당하는지도 함께 살펴 이를 긍정할 수 있을 때에 한하여 인가할 수 있다고 보아야 한다.</u> 그리고 체육시설이 운영방식 등에서 일반인의 이용에 제공하기 위한 시설에 해당하는지는 그 종류의 시설을 이용하여 체육활동을 하는 일반인의 숫자, 당해 시설의 운영상의 개방성, 시설 이용에 드는 경제적 부담의 정도, 시설의 규모와 공공적 요소 등을 종합적으로 고려하여 그 시설의 이용 가능성이 불특정 다수에게 실질적으로 열려 있는지를 중심으로 판단해야 한다(대판 2013.9.12. 2012두12884).

3. 골프장에 관한 도시계획시설결정에 따라 관할 시장이 갑 주식회사를 사업시행자로 하여 회원제 골프장을 설치하는 내용의 도시계획시설사업 실시계획인가 고시를 한 사안에서, 위 인가처분은 위법하지만, 그 흠이 중대·명백하여 당연무효로 볼 수는 없다고 한 사례(대판 2013.9.12. 2012두12884)

2. 공공필요의 확대화경행[공공적 사용수용(私用收用)]

1. 민간기업을 수용의 주체로 규정한 「산업입지 및 개발에 관한 법률」 제22조 제1항의 '사업시행자' 부분 중 '제16조 제1항 제3호'에 관한 부분은 헌법 제23조 제3항에 위반되지 않는다(헌재결 2009.9.24, 2007헌바114).
2. 민간기업이 도시계획시설사업의 시행자로서 도시계획시설사업에 필요한 토지 등을 수용할 수 있도록 규정한 국토계획법 제95조 제1항의 '도시계획시설사업의 시행자' 중 '제86조 제7항'의 적용을 받는 부분(이 사건 수용 조항)은 헌법 제23조 제3항 소정의 '공공필요성' 요건을 결여하거나 과잉금지원칙을 위반하여 재산권을 침해하는 것이 아니다(헌재결 2011.6.30, 2008헌바166·2011헌바35).
3. 산업단지개발사업을 시행함에 있어 필요한 경우 사업시행자인 지방공기업에 수용권을 부여한 구 「산업입지 및 개발에 관한 법률」 제22조 제1항의 '사업시행자' 부분 중 제16조 제1항 제1호의 지방공기업에 관한 부분은 헌법 제23조 제3항 및 제37조 제2항에 위반되지 않는다(합헌)(헌재결 2012.3.29, 2010헌바370).
4. 행정기관이 개발촉진지구 지역개발사업으로 실시계획을 승인하고 이를 고시하기만 하면 고급골프장 사업과 같이 공익성이 낮은 사업에 대해서까지도 시행자인 민간개발자에게 수용권한을 부여하는 구 「지역균형개발 및 지방중소기업 육성에 관한 법률」 제19조 제1항의 '시행자' 부분 중 '제16조 제1항 제4호'에 관한 부분은 헌법 제23조 제3항에 위배된다(헌법불합치) : 헌법 제23조 제3항에서 규정하고 있는 '공공필요'는 '국민의 재산권을 그 의사에 반하여 강제적으로라도 취득해야 할 공익적 필요성'으로서, '공공필요'의 개념은 '공익성'과 '필요성'이라는 요소로 구성되어 있는바, '공익성'의 정도를 판단함에 있어서는 공용수용을 허용하고 있는 개별법의 입법목적, 사업내용, 사업이 입법목적에 이바지하는 정도는 물론, 특히 그 사업이 대중을 상대로 하는 영업인 경우에는 그 사업 시설에 대한 대중의 이용·접근가능성도 아울러 고려하여야 한다. 그리고 '필요성'이 인정되기 위해서는 공용수용을 통하여 달성하려는 공익과 그로 인하여 재산권을 침해당하는 사인의 이익 사이의 형량에서 사인의 재산권침해를 정당화할 정도의 공익의 우월성이 인정되어야 하며, 사업시행자가 사인인 경우에는 그 사업 시행으로 획득할 수 있는 공익이 현저히 해태되지 않도록 보장하는 제도적 규율도 갖추어져 있어야 한다. 그런데 이 사건에서 문제된 지구개발사업의 하나인 '관광휴양지 조성사업' 중에는 고급골프장, 고급리조트 등(고급골프장 등)의 사업과 같이 입법목적에 대한 기여도가 낮을 뿐만 아니라, 대중의 이용·접근가능성이 작아 공익성이 낮은 사업도 있다. 또한 고급골프장 등 사업은 그 특성상 사업 운영 과정에서 발생하는 지방세수 확보와 지역경제 활성화는 부수적인 공익일 뿐이고, 이 정도의 공익이 그 사업으로 인하여 강제수용 당하는 주민들의 기본권침해를 정당화할 정도로 우월하다고 볼 수는 없다. 따라서 이 사건 법률조항은 공익적 필요성이 인정되기 어려운 민간개발자의 지구개발사업을 위해서까지 공공수용이 허용될 수 있는 가능성을 열어두고 있어 헌법 제23조 제3항에 위반된다(헌재결 2014.10.30, 2011헌바129·172).

II. 재산권에 대한 공권적 침해

1. 재산권의 의의

재산권은 소유권뿐만 아니라 법에 의하여 보호되고 있는 일체의 재산적 가치 있는 권리를 의미한다. 이에는 사법 상의 권리(예 물권·채권·공유수면매립권·재산적 가치 있는 회원권·저작권 등)만이 아니라, 공법상의 권리도 포함한다. 그러나 현존하는 구체적인 재산가치이어야 하므로 지가상승의 기대이익은 제외된다. 또한 비재산적 가치인 생 명·신체, 자연적·문화적·학술적·정신적 가치(위자료)는 원칙적으로 손실보상의 대상이 되지 않는다.

┤ 관 련 판 례 ├

1. 공공사업의 시행으로 손해를 입었다고 주장하는 자가 보상받을 권리를 가졌는지 판단하는 기준 시점은 공 공사업 시행 당시이다(대판 2013.6.14, 2010다9658).
2. 문화적, 학술적 가치는 특별한 사정이 없는 한 그 토지의 부동산으로서의 경제적, 재산적 가치를 높여 주는 것이 아니므로 토지수용법 제51조 소정의 손실보상의 대상이 될 수 없으니, 이 사건 토지가 철새 도래지로 서 자연문화적인 학술가치를 지녔다 하더라도 손실보상의 대상이 될 수 없다(대판 1989.9.12, 88누11216).
3. 면허를 받아 도선사업을 영위하던 갑 농협협동조합이 연륙교 건설 때문에 항로권을 상실하였다며 연륙교 건설사업을 시행한 지방자치단체를 상대로 구 '공공용지의 취득 및 손실보상에 관한 특례법 시행규칙' 제 23조, 제23조의6 등을 유추적용하여 손실보상할 것을 구한 사안에서, 위 항로권은 도선사업의 영업권과 별도로 손실보상의 대상이 되는 권리가 아니라고 본 원심판단을 정당하다고 한 사례(대판 2013.6.14, 2010 다9658)

---

2. 공권적 침해(공용침해)

1. 헌법 제23조 제3항 : 수용(소유권의 박탈)·사용(수용에 이르지 않은 일시적 사용) 또는 제한(사용이나 수익의 제한)

┤ 관 련 판 례 ├

정비기반시설의 소유권 귀속은 수용에 해당하지 않는다(헌재결 2013.10.24, 2011헌바355).

---

2. 도시개발법상 도시개발사업으로 인한 공용환지
3. 「도시 및 주거환경정비법」상 정비사업으로 인한 공용환권

3. 기타 요건

구분	내용
침해의 직접성	결과적(비의도적·비전형적·간접적·부수적)으로 야기된 침해(수용적 침해)는 제외
적법성(법률의 근거)	'적법한 것'이라고 함은 법률에 근거한 것임을 의미한다.
보상규정	보상규정이 흠결된 경우는 수용유사침해가 된다.
특별한 희생	

4. 특별한 희생과 사회적 제약의 구별기준(경계이론의 핵심쟁점)

구분	내용
복수기준설 (절충설 = 개별구체적 검토설 : 통설)	실질적 기준설의 공통적 문제점은 내용이 불확정적이기 때문에 실질적 기준만으로는 불충분하고 보충적으로 형식적 기준도 동시에 고려하여 결정
대법원	1. 공공용물에 대한 일반사용이 적법한 개발행위로 제한됨으로 인한 불이익은 특별한 손실이 아니다(대판 2002.2.26, 99다35300). 2. 국토 및 자연의 보전 등의 중대한 공익상 필요가 있을 때에는 재량으로 산림 내에서의 토석채취허가를 거부할 수 있는 것이다. 따라서 그 자체로 중대한 공익상의 필요가 있는 공익사업이 시행되어 토석채취허가를 연장받지 못하게 되었다고 하더라도 토석채취허가가 연장되지 않게 됨으로 인한 손실과 공익사업 사이에 상당인과관계가 있다고 할 수 없을 뿐 아니라, 특별한 사정이 없는 한 그러한 손실이 적법한 공권력의 행사로 가하여진 재산상의 특별한 희생으로서 손실보상의 대상이 된다고 볼 수도 없다(대판 2009.6.23, 2009두2672).
헌법재판소	1. 언제 이 사건 법률조항에 의한 제한이 토지재산권의 내재적 한계로서 허용되는 사회적 제약의 범위를 넘어 감수하라고 할 수 없는 특별한 재산적 손해가 발생하였는가의 문제는 일률적으로 확정할 수는 없고 당해 토지가 놓여 있는 <u>객관적 상황</u>(공부상 지목, 토지의 <u>구체적 현황 등)</u>을 종합적으로 고려하여 판단(상황구속성설 : 필자 주)해야 할 것이나, 토지소유자가 보상 없이 수인해야 할 한계를 설정함에 있어서 일반적으로 다음의 두 가지 관점이 중요한 기준이 된다고 하겠다. 첫째, 토지를 합법적인 용도대로 계속 사용할 수 있는 가능성이 있는가 하는 것이다. …… <u>토지를 종래 합법적으로 행사된 토지이용의 목적으로도 사용할 수 없는 경우</u>(목적위배설 : 필자 주), 토지재산권의 이러한 제한은 국민 누구나<u>가 수인해야 하는</u>(수인한도설 : 필자 주) 사회적 제약의 범위를 넘는 것으로 판단해야 한다. 둘째, 토지에 대한 이용방법의 제한으로 말미암아 <u>토지소유자에게 법적으로 전혀 이용방법이 없기 때문에 실질적으로 토지에 대한 사용·수익을 전혀 할 수 없는 경우</u>(사적 효용설 : 필자 주)에도, 수인의 한계를 넘는 특별한 재산적 손해가 발생하였다고 보아야 한다(헌재결 1998.12.24, 89헌마214·90헌바16·97헌바78). 2. 분리이론을 채택 : 입법자가 도시계획법(현 「국토의 계획 및 이용에 관한 법률」) 제21조를 통하여 국민의 재산권을 비례의 원칙에 부합하게 합헌적으로 제한하기 위해서는, 수인의 한계를 넘어 가혹한 부담이 발생하는 예외적인 경우에는 이를 완화하는 보상규정을 두어야 한다. 이러한 <u>보상규정은 입법자가 헌법 제23조 제1항 및 제2항</u>(헌법 제23조 제3항이 <u>아님)</u>에 의하여 재산권의 내용을 구체적으로 형성하고 공공의 이익을 위하여 재산권을 제한하는 과정에서 이를 합헌적으로 <u>규율하기 위하여 두어야 하는 규정</u>(분리이론을 판시한 <u>부분 ; 필자 주)</u>이다(헌재결 1998.12.24, 89헌마214·90헌바16·97헌바78).

제3항 손실보상의 대상

제1목 개설

1. 개설 : 대인적 보상 → 대물적 보상(원칙) → 생활보상(보충적)
2. 생활보상의 법적 근거
   ① 헌법적 근거 : 헌법 제23조 제3항(토지수용 등에 대한 손실보상규정)은 재산권보상의 규정이므로 헌법 제34조 (인간다운 생활을 할 권리)와 결합해야 생활보상의 근거가 된다고 보는 견해가 다수설이다.
   ② 법률적 근거 : 생활보상은 헌법규정만에 근거해서 직접 청구할 수는 없고, 법률의 근거가 있어야 한다.

제2목 생활보상

Ⅰ. 생활재건조치

1. 의 의

생활재건조치란 사업시행자가 피보상자에게 지급하는 보상금이 아니라, 보상금이 피보상자의 생활재건을 위해 가장 유용하게 쓰여지도록 유도하는 각종의 조치를 말한다.

2. 내 용

(1) 주거대책

주거대책이란 피수용자가 종전과 같은 주거를 획득하는 것을 보상하는 것을 말한다. 주거대책의 내용으로는 ① 이주대책의 수립·시행(아파트 수분양권 부여), ② 이주정착지의 조성과 분양, ③ 주거비 지급 등과 정착자금지원, ④ 주거이전비의 보상, ⑤ 공영주택의 알선, ⑥ 국민주택자금의 지원, ⑦ 대체지의 알선(간척지의 알선, 국·공유지의 알선 등), ⑧ 개간비보조·융자, 가산금 등이 있다.

(2) 생계대책(생활대책)

생계대책은 생활대책이라고도 하는데 종전과 같은 경제수준을 유지할 수 있도록 하는 조치를 말한다. 생계대책의 내용으로는 ① 생활비보상, ② 상업용지·공업용지 등 용지의 공급, ③ 직업훈련 실시, ④ 고용 또는 고용알선, ⑤ 고용상담, ⑥ 보상금에 대한 세제 혜택 등이 있다.

> ┤ **관 련 판 례** ├
>
> 1. 사업시행자 스스로 공익사업의 원활한 시행을 위하여 필요하다고 인정함으로써 생활대책을 수립·실시할 수 있도록 하는 내부규정을 두고 있고 내부규정에 따라 생활대책대상자 선정기준을 마련하여 생활대책을 수립·실시하는 경우에는, 이러한 <u>생활대책 역시 헌법 제23조 제3항에 따른 정당한 보상에 포함된다</u>(대판 2011.10.13, 2008두17905).
> 2. 생활대책은 <u>입법정책적 재량의 영역에 속한다</u>(헌재결 2013.7.25, 2012헌바71).
> 3. 사업시행자가 갑은 주거대책 및 생활대책에서 정한 '이주대책 기준일 3개월 이전부터 사업자등록을 하고 영업을 계속한 화훼영업자'에 해당하지 않는다는 이유로 화훼용지 공급대상자에서 제외한 사안에서, 갑이 동생 명의를 빌려 사업자등록을 하다가 기준일 이후에 자신 명의로 사업자등록을 마쳤다 하더라도 위 대책에서 정한 화훼용지 공급대상자에 해당한다고 본 원심판단을 정당하다고 한 사례(대판 2011.10.13, 2008두17905)

II. 이주대책

1. 주거용 건축물에 대한 이주대책

(1) 이주대책의 의의와 취지

이주대책은 공익사업의 시행으로 인해 생활의 근거를 상실하게 되는 자(이주대책대상자)를 종전의 생활상태를 유지할 수 있도록 다른 지역으로 이주시키는 것을 말한다.

> ┤ **관 련 판 례** ├
>
> 공익사업법에 의한 이주대책은 공익사업의 시행에 필요한 토지 등을 제공함으로 인하여 생활의 근거를 상실하게 되는 이주대책대상자들을 위하여 사업시행자가 '기본적인 생활시설이 포함된' 택지를 조성하거나 그 지상에 주택을 건설하여 이주대책대상자들에게 이를 '그 투입비용 원가만의 부담하에' 개별 공급하는 것으로서, 그 본래의 취지가 이주대책대상자들에 대하여 종전의 생활상태를 원상으로 회복시키면서 동시에 인간다운 생활을 보장하여 주기 위한 이른바 생활보상의 일환으로 국가의 적극적이고 정책적인 배려에 의하여 마련된 제도이다(대판 2011.2.24, 2010다43498).

(2) 이주대책 수립·실시의무

사업시행자는 공익사업의 시행으로 인하여 주거용 건축물을 제공함에 따라 생활의 근거를 상실하게 되는 자(이주대책대상자)를 위하여 이주대책을 수립·실시하거나 이주정착금을 지급하여야 한다(토지보상법 제78조 제1항). 즉, 이주대책수립은 법적 의무사항이다. 이주대책 수립의무가 없는 경우에도 이주대책을 실시할 수 있다.

┤ 관 련 판 례 ├

1. 사업시행자의 이주대책 수립·실시의무를 정하고 있는 구 공익사업법 제78조 제1항은 물론 그 이주대책의 내용에 관하여 규정하고 있는 같은 법 제78조 제4항 본문 역시 당사자의 합의 또는 사업시행자의 재량에 의하여 그 적용을 배제할 수 없는 강행법규이다[대판(전합) 2011.6.23, 2007다63089·63096].
2. 재개발사업의 경우에도 이주대책을 수립해야 한다 : 재개발사업으로 인하여 주택이 철거되는 주민들을 위하여 재개발사업이 완료되어 입주하기까지 사이의 기간 동안 임시로 거처할 시설 등을 제공하도록 한 임시수용시설의 설치에 관한 규정인 구 도시재개발법(현 도시 및 주거환경정비법) 제27조 제1항은 재개발사업으로 인하여 생활근거를 상실하는 자에 대하여 시행하도록 규정하고 있는 이주대책과는 별개의 내용을 규정한 것이므로, 위 규정을 이유로 재개발사업의 경우 이주대책을 세우지 않아도 된다고 할 수는 없다(대판 2004.10.27, 2003두858).
3. 사업시행자가 택지개발촉진법 또는 주택법 등 관계 법령에 의하여 이주대책대상자에게 택지 또는 주택을 공급한 경우에도 사업시행자가 도로·급수시설·배수시설 그 밖의 공공시설 등 당해 지역조건에 따른 생활기본시설을 설치하여 이주대책대상자들에게 제공하여야 한다[대판(전합) 2011.6.23, 2007다63089·63096].

(3) 이주대책의 재량행위성 및 이주대책기준

사업시행자는 법령에서 정한 일정한 경우 이주대책을 수립할 의무를 지지만, 이주대책의 내용결정에 있어서는 재량권을 갖는다.

┤ 관 련 판 례 ├

1. 구 「공공용지의 취득 및 손실보상에 관한 특례법」 제8조 제1항과 같은 법 시행령 제5조 제5항에 정한 사업시행자의 특별공급주택의 수량·특별공급대상자의 선정은 재량행위이다(대판 2007.2.22, 2004두7481).
2. 도시개발사업의 사업시행자가 이주대책기준을 정하여 이주대책대상자 가운데 이주대책을 수립·실시하여야 할 자를 선정하여 그들에게 공급할 택지 등을 정하는 데 재량을 가진다(대판 2009.3.12, 2008두12610).
3. 「주택공급에 관한 규칙」 제19조 제1항 제3호에서 정한 철거 주택의 소유자를 대상으로 하는 국민주택 등의 특별공급의 경우, 사업시행자가 공급 국민주택의 수량 및 대상자 결정 등에 관하여 재량을 가진다(대판 2009.11.12, 2009두10291).

(4) 이주대책 수립요건

이주대책은 국토교통부령이 정하는 부득이한 사유가 있는 경우를 제외하고는 이주대책대상자 중 이주정착지에 이주를 희망하는 자가 10호 이상인 경우에 수립·실시한다. 다만, 사업시행자가 택지개발촉진법 또는 주택법 등 관계 법령에 의하여 이주대책대상자에게 택지 또는 주택을 공급한 경우(사업시행자의 알선에 의하여 공급한 경우를 포함한다)에는 이주대책을 수립·실시한 것으로 본다(동 시행령 제40조 제2항).

(5) 이주대책수립자

1. 이주대책을 수립하는 자는 '사업시행자'이다. 사인이 사업시행자인 경우 당해 사인은 공무수탁사인에 해당한다.
2. 사업시행자는 이주대책을 수립하려면 미리 관할 지방자치단체의 장과 협의하여야 한다(제78조 제2항).
3. 국가나 지방자치단체는 이주대책의 실시에 따른 주택지의 조성 및 주택의 건설에 대하여는 주택도시기금법에 따른 주택도시기금을 우선적으로 지원하여야 한다(같은 조 제3항).

(6) 이주대책대상자

이주대책대상자는 이주대책의 대상에 포함되어야 하는 자를 말한다. 다만, 사업시행자는 법률상 이주대책대상자가 아닌 자(세입자)도 임의로 이주대책대상자에 포함시킬 수 있다.

① 법령으로 정한 이주대책대상자

법률에서 이주대책대상자는 공익사업의 시행으로 인하여 주거용 건축물을 제공함에 따라 생활의 근거를 상실하게 되는 자를 말한다(제78조 제1항).

┃ **관 련 판 례** ┃

1. 사업시행자가 「공익사업을 위한 토지 등의 취득 및 보상에 관한 법률」 제78조 제1항, 같은 법 시행령 제 40조 제2항, 「주택공급에 관한 규칙」 제19조 제1항 제3호에서 정한 이주대책대상자를 선정하면서 공부상 기재된 건물의 용도를 기준으로 그 대상자를 선정한 것은 위법하다고 볼 수 없다(대판 2009.11.12, 2009두 10291).
2. 사업부지 내 철거 건축물의 건축물대장상 용도가 '주거용'이 아닌 '근린생활시설'인 경우 '이주대책대상자' 에 해당하지 않는다(대판 2009.11.12, 2009두10291).
3. 주거환경개선지구 내 주거용 건축물의 소유자로서 주거환경개선사업으로 건설되는 주택에 관한 분양계약 을 체결한 자들은 구 「공익사업을 위한 토지 등의 취득 및 보상에 관한 법률」 제78조 제1항에서 정한 '이 주대책대상자'에 해당하지 않는다(대판 2011.11.24, 2010다80749). : 생활의 근거를 상실하게 되는 자에 해 당하지 않으므로
4. 갑 지방자치단체(서울특별시)가 진행한 노후화된 시민아파트 철거사업에 따라 을 등이 시민아파트를 관할 자치구에 매도하고 병 공사가 공급하는 아파트를 분양받은 사안에서, 을 등은 이주대책대상자에 해당하지 아니하고, 을 등과 병 공사가 체결한 아파트분양계약 중 분양대금에 생활기본시설 설치비용을 포함시킨 부분이 강행법규에 위배되어 무효가 된다거나 사업시행자가 부담하여야 할 생활기본시설 설치비용의 지출 을 면하였다고 볼 수 없다고 한 사례(대판 2015.6.11, 2012다58920) : 공익사업이 아니므로
5. 이주대책 수립대상 가옥에 관한 공동상속인 중 1인에 해당하는 공유자가 그 가옥에서 계속 거주하여 왔고 그가 사망한 이후 대상 가옥에 관하여 나머지 상속인들 사이에 상속재산분할협의가 이루어진 경우, 사망한 공유자는 이주대책대상자 선정 특례에 관한 한국토지주택공사의 「이주 및 생활대책 수립지침」 제8조 제2 항 전문의 '종전의 소유자'에 해당한다(대판 2020.7.9, 2020두34841).
6. 상속재산분할에 소급효가 인정된다고 하더라도, 사망한 공유자가 생전에 공동상속인 중 1인으로서 대상 가옥을 공유하였던 사실 자체가 부정된다고 볼 수 없으므로, 사망한 공유자는 피고의 「이주 및 생활대책 수립지침」 제8조 제2항 전문의 '종전의 소유자'에 해당한다고 해석하는 것이 타당하다고 판시한 사안(대판 2020.7.9, 2020두34841).

② 법정 제외자

1. 당해 건물에 계속하여 거주하지 아니하던 자(대판 1994.2.22, 93누15120)
2. 이주대책기준일 이후에 적법절차에 따르지 않고 주거용으로 용도변경된 경우에는 수용재결 내지 협의계약 체결 당시 주거용으로 사용된 건물이라 할지라도 이주대책대상이 되는 주거용 건축물이 될 수 없다(대판 2009.2.26, 2008두5124).
3. 사업시행자가 이주 및 생활대책 준칙에서 기준일 이전부터 사업지구 내에 사용승인을 받은 주택을 소유하고 있으면서 그 주택에 계속 거주하여 온 자를 이주대책대상자로 정한 후, 타인 명의로 근린생활시설 증축신고를 하고 사용승인을 받은 건물부분에서 거주해오다가 기준일이 지난 다음에야 자신의 명의로 소유권이전등기를 경료한 경우(대판 2010.3.25, 2009두23709)
4. 농업용 창고를 용도변경절차 없이 주거용으로 사용하는 경우(대판 2011.6.10, 2010두26216)
5. 관할 행정청으로부터 건축허가를 받아 택지개발사업구역 안에 있는 토지 위에 주택을 신축하였으나 사용승인 을 받지 않은 주택의 소유자 갑이 한국토지주택공사에 이주자택지 공급대상자 선정신청을 하였는데 위 주택

이 사용승인을 받지 않았다는 이유로 한국토지주택공사가 이주자택지 공급대상자 제외 통보를 한 사안에서, 위 처분이 위법하다고 본 원심판단을 정당하다고 한 사례(대판 2013.8.23, 2012두24900)

③ 시혜적인 이주대책대상자

사업시행자는 법상 이주대책대상자가 아닌 자(세입자 등)도 임의로 이주대책대상자에 포함시킬 수 있다.

┨ **관 련 판 례** ┠

1. 같은 법 시행령 제5조 제5항 단서와 「주택공급에 관한 규칙」 제15조와의 관계
   같은 법 시행령 제5조 제5항 단서의 규정에 따라 같은 법상의 이주대책대상자에게 구 「주택공급에 관한 규칙」 제15조의 규정에 의하여 주택을 특별공급한 경우에는 별도의 이주대책을 수립 시행하지 아니하여도 되는 것이지만, 같은 법상의 이주대책과 같은 규칙에 의한 주택의 특별공급은 각기 그 요건과 절차를 달리하는 것이므로 사업시행자가 이주대책으로서 같은 규칙에 의한 주택특별공급방법을 정하였다 하더라도 그 이주대책상 대상자에 해당하지 아니하는 자에게도 당연히 같은 규칙에 의하여 주택을 특별공급하여야 한다거나 그와 같은 자를 이주대책대상자에서 제외한 조치의 위법 여부를 같은 법이 아닌 같은 규칙의 규정을 근거로 하여 판단하여야 하는 것은 아니다(대판 1994.2.22, 93누15120).
2. 「공익사업을 위한 토지 등의 취득 및 보상에 관한 법률 시행령」 제40조 제3항 제3호가 이주대책의 대상자에서 세입자를 제외하고 있는 것은 세입자의 재산권과 평등권을 침해하지 않는다(헌재결 2006.2.23, 2004헌마19).
3. 주거환경개선사업 및 주택재개발사업의 시행으로 철거되는 주택의 소유자에 대해서는 임시수용시설의 설치 등을 사업시행자의 의무로 규정한 반면, 도시환경정비사업의 경우에는 이와 같은 규정을 두지 아니한 「도시 및 주거환경정비법」 제36조 제1항 본문 중 '소유자'에 관한 부분은 평등원칙에 위반되지 않는다(합헌)(헌재결 2014.3.27, 2011헌바396).
4. 주거환경개선사업 및 주택재개발사업의 시행으로 철거되는 주택의 소유자에 대해서는 임시수용시설의 설치 등을 사업시행자의 의무로 규정한 반면, 도시환경정비사업의 경우에는 이와 같은 규정을 두지 아니한 「도시 및 주거환경정비법」 제36조 제1항 본문 중 '소유자'에 관한 부분은 헌법 제23조 제3항의 정당한 보상원칙에 위반되지 않는다(합헌)(헌재결 2014.3.27, 2011헌바396).
5. 공익사업의 시행자는 법정 이주대책대상자를 포함하여 그 밖의 이해관계인에게까지 대상자를 넓혀 이주대책 수립 등을 시행할 수 있다(대판 2015.7.23, 2012두22911).
6. 이주대책의 내용으로서 사업시행자가 생활기본시설을 설치하고 비용을 부담하도록 강제한 「공익사업을 위한 토지 등의 취득 및 보상에 관한 법률」 제78조 제4항은 시혜적인 이주대책대상자에게까지 적용되지 않는다(대판 2015.7.23, 2012두22911).
7. 공익사업의 시행자가 구 공익사업을 위한 토지 등의 취득 및 보상에 관한 법률 제78조 제1항, 같은 법 시행령 제40조 제3항이 정한 이주대책대상자의 범위를 넘어 미거주 소유자까지 이주대책대상자에 포함시킨 경우, 미거주 소유자에 대하여도 같은 법 제78조 제4항에 따라 생활기본시설을 설치하여 줄 의무를 부담하지 않는다(대판 2015.10.29, 2014다14641).
8. 사업시행자가 구 「공익사업을 위한 토지 등의 취득 및 보상에 관한 법률」 제78조 제1항, 구 공익사업법 시행령 제40조 제3항이 정한 이주대책대상자의 범위를 넘어 미거주 소유자까지 이주대책대상자에 포함시킨다고 하더라도, 법령에서 정한 이주대책대상자가 아닌 미거주 소유자에게 제공하는 이주대책은 법령에 의한 의무로서가 아니라 시혜적인 것으로 볼 것이므로, 사업시행자가 이러한 미거주 소유자에 대하여도 공익사업법 제78조 제4항에 따라 생활기본시설을 설치하여 줄 의무를 부담한다고 볼 수는 없다(대판 2015.10.29, 2014다14641).

④ 법령이 정하는 이주대책대상자를 정하는 기준일(공람공고일)

1. 도시개발사업에서 '공익사업을 위한 관계 법령에 의한 고시 등이 있은 날'에 해당하는 법정 이주대책기준일은 도시개발구역의 지정에 관한 공람공고일이고, 이를 기준으로 「공익사업을 위한 토지 등의 취득 및 보상에 관한 법률 시행령」 제40조 제3항 본문에 따라 법이 정한 이주대책대상자인지를 가려야 한다(대판 2015.7.23, 2012두22911).
2. 구 공익사업법 시행령 제40조 제3항의 법정 이주대책대상자 선정의 기준일은 공람공고일이다(대판 2015.10. 29, 2014다14641).

(7) 이주대책의 내용

이주대책의 내용은 법률에 규정된 것을 제외하고는 사업시행자의 재량으로 정한다. 그러나 통상적으로 ① 집단 이주, ② 특별분양, ③ 아파트수분양권의 부여, ④ 개발제한구역 내 주택건축허가, ⑤ 대체상가, ⑥ 점포, ⑦ 건축 용지의 분양, ⑧ 이주정착금 지급, ⑨ 생활안정지원금 지급, ⑩ 직업훈련 및 취업알선, ⑪ 대토알선 등이 있다. 그러나 법률과 시행령에는 이주대책의 내용으로 생활기본시설에 관해 규정하고 있다.

(8) 생활기본시설

이주대책의 내용에는 이주정착지(이주대책의 실시로 건설하는 주택단지를 포함)에 대한 도로, 급수시설, 배수시설 그 밖의 공공시설 등 통상적인 수준의 생활기본시설이 포함되어야 하며, 이에 필요한 비용은 '사업시행자'가 부담한다. 다만, 행정청이 아닌 사업시행자가 이주대책을 수립·실시하는 경우에 지방자치단체는 비용의 일부를 보조할 수 있다(같은 법 제78조 제4항).

① 생활기본시설의 범위

㉠ 판단기준

구 공익사업법 제78조 제4항 본문의 생활기본시설의 범위 : 구 공익사업법 제78조 제4항의 취지는 이주대책대상자 들에게 생활의 근거를 마련해 주고자 하는 데 그 목적이 있으므로, 위 규정의 '도로·급수시설·배수시설 그 밖의 공공시설 등 당해 지역조건에 따른 생활기본시설'이라 함은 주택법 제23조 등 관계 법령에 의하여 주택건설사업 이나 대지조성사업을 시행하는 사업주체가 설치하도록 되어 있는 도로 및 상하수도시설, 전기시설·통신시설·가 스시설 또는 지역난방시설 등 간선시설을 의미한다고 보아야 한다. 따라서 만일 이주대책대상자들과 사업시행자 또는 그의 알선에 의한 공급자와 사이에 체결된 택지 또는 주택에 관한 특별공급계약에서 구 공익사업법 제78조 제4항에 규정된 생활기본시설 설치비용을 분양대금에 포함시킴으로써 이주대책대상자들이 생활기본시설 설치비 용까지 사업시행자 등에게 지급하게 되었다면, 사업시행자가 직접 택지 또는 주택을 특별공급한 경우에는 특별 공급계약 중 분양대금에 생활기본시설 설치비용을 포함시킨 부분이 강행법규인 구 공익사업법 제78조 제4항에 위배되어 무효이고, 사업시행자의 알선에 의하여 다른 공급자가 택지 또는 주택을 공급한 경우에는 사업시행자 가 위 규정에 따라 부담하여야 할 생활기본시설 설치비용에 해당하는 금액의 지출을 면하게 되어, 결국 사업시행 자는 법률상 원인 없이 생활기본시설 설치비용 상당의 이익을 얻고 그로 인하여 이주대책대상자들이 같은 금액 상당의 손해를 입게 된 것이므로, 사업시행자는 그 금액을 부당이득으로 이주대책대상자들에게 반환할 의무가 있다 할 것이다. 다만, 위에서 본 바와 같이 구 공익사업법 제78조 제4항에 따라 사업시행자의 부담으로 이주대 책대상자들에게 제공하여야 하는 것은 위 조항에서 정한 생활기본시설에 국한되므로, 이와 달리 사업시행자가 이주대책으로서 이주정착지를 제공하거나 택지 또는 주택을 특별공급하는 경우 사업시행자는 이주대책대상자들 에게 택지의 소지(素地)가격 및 택지조성비 등 투입비용의 원가만을 부담시킬 수 있고 이를 초과하는 부분은 생활 기본시설 설치비용에 해당하는지 여부를 묻지 않고 그 전부를 이주대책대상자들에게 전가할 수 없다는 취지로 판시한 대법원 1994. 5.24. 선고 92다35783 전합 판결, 대법원 2002.3.15. 선고 2001다67126 판결, 대법원 2003.7.25. 선고 2001다57778 판결과 그 밖에 이 판결과 다른 취지의 대법원 판결들은 이 판결의 견해에 배치 되는 범위 안에서 모두 변경하기로 한다[대판(전합) 2011.6.23, 2007다63089·63096].

ⓛ 구체적 사례

인정사례	부정사례
'주택단지 안의 도로를 해당 주택단지 밖에 있는 동종의 도로에 연결시키는 도로', 해당 사업지구 안의 주택단지 등의 입구와 사업지구 밖에 있는 도로를 연결하는 기능을 담당하는 도로'(대판 2019.3.28, 2015다49804)	1. 공익사업지구 안에 설치된 도로가 사업지구 안의 주택단지 등의 기능 달성 및 전체 주민들의 통행을 위한 필수적인 시설이라고 볼 수 없는 경우(대판 2015.10.15, 2014다89997) 2. 중수도시설(대판 2015.10.29, 2014다78683) 3. 고속도로 등 고속국도(대판 2017.12.5, 2015다1277).

② 사업시행자 비용부담

이주대책의 내용에는 이주정착지(이주대책의 실시로 건설하는 주택단지를 포함한다)에 대한 도로, 급수시설, 배수시설, 그 밖의 공공시설 등 통상적인 수준의 생활기본시설이 포함되어야 하며, 이에 필요한 비용은 사업시행자가 부담한다. 다만, 행정청이 아닌 사업시행자가 이주대책을 수립·실시하는 경우에 지방자치단체는 비용의 일부를 보조할 수 있다(「공익사업을 위한 토지 등의 취득 및 보상에 관한 법률」 제78조 제4항).

┃ 관 련 판 례 ┃

1. 「공익사업을 위한 토지 등의 취득 및 보상에 관한 법률」 소정의 이주대책으로서 이주정착지에 택지를 조성하거나 주택을 건설하여 공급하는 경우, 이주정착지에 대한 공공시설 등의 설치비용을 당사자들의 합의로 이주자들에게 부담시킬 수 없다(대판 2011.2.24, 2010다43498).
2. 공익사업지구 밖에 설치하는 도로 등 시설에 관한 부담금 등 비용은 구 「공익사업을 위한 토지 등의 취득 및 보상에 관한 법률」 제78조 제4항의 생활기본시설 설치비용에 원칙적으로 포함되지 않는다(대판 2013.9.12, 2012다203799).
3. 구 「대도시권 광역교통 관리에 관한 특별법」 제11조에서 정한 광역교통시설부담금은 이주대책대상자에게 생활의 근거로 제공되어야 하는 생활기본시설의 설치비용에 해당하지 않는다(대판 2013.9.12, 2012다203799).
4. 개발사업 시행자가 주택지 조성 및 주택 건설 과정에서 실제로 지출한 광역교통시설부담금을 비용으로 산정하여 분양대금을 정함에 따라 이주대책대상자와 체결한 분양계약의 분양대금에 위 부담금 상당액이 포함된 경우, 원칙적으로 개발사업 시행자가 부담금 상당의 분양대금을 부당이득하였다거나 분양대금에 이를 전가한 행위를 불법행위라고 할 수 없다(대판 2013.9.26, 2012다30823).
5. 공익사업의 시행자가 자신이 부담하여야 하는 생활기본시설 설치비용을 이주대책대상자에게 전가한 경우, 이를 부당이득으로 반환할 의무가 있다(대판 2014.8.20, 2014다6572).
6. 공익사업의 사업주체가 재량 범위 내에서 격차율을 적용하여 이주자택지의 분양대금을 개별적으로 결정한 경우, 개별 이주자택지에 대한 조성원가 및 생활기본시설 설치비용과 그에 따른 정당한 분양대금을 산정할 때 해당 격차율을 반영한 금액으로 산정하여야 한다(대판 2014.8.20, 2014다6572).
7. 공익사업에서 생활기본시설 용지비 등을 산정할 때 존치부지 면적을 총사업면적에서 제외하여야 한다(대판 2015.7.9, 2014다85391).
8. 공익사업에서 도로축조 및 포장공사비, 상·하수도공사비는 전액이 생활기본시설 설치를 위한 공사비에 해당한다(대판 2015.7.9, 2014다85391).
9. 도로와 상·하수도 등 생활기본시설 자체의 설치비용 액수가 명확하지 않은 경우, 전체 토목공사비 중 생활기본시설 설치비용을 산정하는 방법 : 도로와 상·하수도 등 생활기본시설 자체의 설치비용 액수가 명확하지 아니한 경우에는 논리와 경험의 법칙에 반하지 아니하는 범위 내에서 객관성과 합리성을 갖춘 방식으로 전체 토목공사비 중 생활기본시설 설치비용을 추산할 수밖에 없을 것이지만, 전체 토목공사비 중 총사업면적에 대한 생활기본시설 설치면적의 비율 범위로 생활기본시설 설치비용을 추산하는 방식은 위에서 본 산정방식에 따를 때보다 항상 적은 금액이 산정되는 결과가 될 것이므로, 그와 같이 추산하기에 앞서 생활기본시설

자체의 설치비용을 가려낼 수 있는지에 관하여 충분한 심리를 거쳐야 한다(대판 2015.7.9, 2014다85391).

10. 택지조성원가 중 조성비에 계상된 항목의 비용은 비용 지출과 생활기본시설 설치와의 관련성, 즉 생활기본시설 설치를 위하여 해당 비용이 지출된 것으로 인정되어야만 전부 또는 총사업면적에 대한 생활기본시설 설치면적의 비율 범위 내에서 생활기본시설 설치비용에 포함되고, 관련성의 증명책임은 그 항목의 비용이 생활기본시설 설치비용임을 주장하는 측에 있다(대판 2015.7.9, 2014다85391).

11. 공익사업의 사업주체가 당해 지역에 가스 등을 공급하는 자에게 가스공급설비 등의 부지로 제공하기 위하여 그에 해당하는 용지를 택지조성원가 산정 당시 유상공급면적에 포함시킨 경우, 그 용지비는 원칙적으로 생활기본시설 설치비용에 포함되지 않는다(대판 2015.7.9, 2014다85391).

12. 공익사업의 시행자가 택지조성원가에서 일정한 금액을 할인하여 이주자택지의 분양대금을 정한 경우, 분양대금에 생활기본시설 설치비용이 포함되었는지와 포함된 범위를 판단하는 기준 및 '택지조성원가에서 생활기본시설 설치비용을 공제한 금액'의 산정 방식
분양대금이 '택지조성원가에서 생활기본시설 설치비용을 공제한 금액'을 초과하는지 등 상호관계를 통하여 분양대금에 생활기본시설 설치비용이 포함되었는지와 포함된 범위를 판단하여야 한다. 이때 구 「공익사업을 위한 토지 등의 취득 및 보상에 관한 법률」(구 토지보상법) 제78조 제4항은 사업시행자가 이주대책대상자에게 생활기본시설 설치비용을 전가하는 것만을 금지할 뿐 적극적으로 이주대책대상자에게 부담시킬 수 있는 비용이나 그로부터 받을 수 있는 분양대금의 내역에 관하여는 규정하지 아니하고 있으므로, 사업시행자가 실제 이주자택지의 분양대금 결정의 기초로 삼았던 택지조성원가 가운데 생활기본시설 설치비용에 해당하는 항목을 가려내어 이를 빼내는 방식으로 '택지조성원가에서 생활기본시설 설치비용을 공제한 금액'을 산정하여야 하고, 이와 달리 이주대책대상자에게 부담시킬 수 있는 택지조성원가를 새롭게 산정하여 이를 기초로 할 것은 아니다(대판 2015.10.15, 2014다89997).

13. 사업시행자가 이주자택지 분양대금 결정의 기초로 삼은 택지조성원가를 산정할 때 실제 적용한 유상공급면적을 기준으로 삼아야 한다(대판 2015.10.15, 2014다89997).

14. 공익사업의 시행자가 이주대책대상자에게 일반 유상공급택지에 비하여 저렴한 가격으로 택지를 공급함에 따라 차액 상당의 비용을 부담하게 된 경우, 이주대책대상자에게 공급하는 이주자택지에 관한 택지조성원가를 산정할 때 이주대책비가 공제되어야 한다(대판 2015.10.29, 2014다78683).

15. 갑 공사(한국토지주택공사)가 이주대책대상자인 을 등에게 공급한 택지의 분양대금에 구 「공익사업을 위한 토지 등의 취득 및 보상에 관한 법률」 제78조 제4항에서 정한 생활기본시설 설치비용이 포함되었음을 이유로 을 등이 부당이득반환 등을 구한 사안에서, 을 등이 실제 납부한 금액에 반영된 연체이자 내지 선납할인금 중 생활기본시설 설치와 관계없는 분양대금에 대응되는 부분은 갑 공사가 반환하여야 할 부당이득액 또는 을 등이 납부하여야 할 잔여채무액 산정에서 고려되어서는 안 된다고 한 사례(대판 2015.10.29, 2014다78683).

16. '택지조성원가에서 생활기본시설 설치비용을 공제한 금액'의 산정 방식
공익사업의 시행자가 택지조성원가에서 일정한 금액을 할인하여 이주자택지의 분양대금을 정한 경우에는 분양대금이 '택지조성원가에서 생활기본시설 설치비용을 공제한 금액'을 초과하는지 등 그 상호관계를 통하여 분양대금에 생활기본시설 설치비용이 포함되었는지와 포함된 범위를 판단하여야 한다. 이때 구 「공익사업을 위한 토지 등의 취득 및 보상에 관한 법률」(구 토지보상법) 제78조 제4항은 사업시행자가 이주대책대상자에게 생활기본시설 설치비용을 전가하는 것만을 금지할 뿐 적극적으로 이주대책대상자에게 부담시킬 수 있는 비용이나 그로부터 받을 수 있는 분양대금의 내역에 관하여는 규정하지 아니하고 있으므로, 사업시행자가 실제 이주자택지의 분양대금 결정의 기초로 삼았던 택지조성원가 가운데 생활기본시설 설치비용에 해당하는 항목을 가려내어 이를 빼내는 방식으로 '택지조성원가에서 생활기본시설 설치비용을 공제한 금액'을 산정하여야 하고, 이와 달리 이주대책대상자에게 부담시킬 수 있는 택지조성원가를 새롭게 산정하여 이를 기초로 할 것은 아니다(대판 2019.3.28, 2015다49804).

17. 이주자택지의 분양대금에 포함된 생활기본시설 설치비용 상당의 부당이득액을 산정하는 경우, 사업시행자가 이주자택지 분양대금 결정의 기초로 삼은 택지조성원가를 산정할 때 실제 적용한 총사업면적과 사업비, 유상공급면적을 그대로 기준으로 삼아야 한다(대판 2019.3.28, 2015다49804).

18. 한국토지공사가 시행한 택지개발사업의 사업부지 중 기존 도로 부분과 수도 부분을 포함한 국공유지가 한국토지공사에 무상으로 귀속된 경우, 생활기본시설 용지비의 산정 방식이 문제 된 사안에서, 무상귀속 부지 중 전체 공공시설 설치면적에 대한 생활기본시설 설치면적의 비율에 해당하는 면적을 제외하고 생활기본시설의 용지비를 산정한 원심판단에 법리오해의 잘못이 있다고 한 사례(대판 2019.3.28, 2015다49804)

③ 부당이득반환천구권의 소멸시효 기간은 10년(대판 2016.9.28, 2016다20244)

(9) 이주대책대상자의 권리

① 이주대책계획수립청구권

이주대책대상자에게는 특정한 이주대책을 청구할 권리는 발생하지 않고 이주대책을 수립할 것을 청구할 권리만을 갖는다.

② 수분양권 등 특정한 권리의 취득시기

권리취득시에 대해서는 ① 이주대책계획수립이전설(법률상 취득설), ② 이주대책계획수립시설, ③ 확인·결정시설 등이 대립한다. 판례는 확인·결정시설을 취하고 있다.

┨ **관 련 판 례** ┠

「공공용지의 취득 및 손실보상에 관한 특례법」 제8조 제1항에 의하여 이주자에게 이주대책상의 택지분양권이나 아파트 입주권 등을 받을 수 있는 구체적인 권리(수분양권)가 직접 발생하지 않는다[대판(전합) 1994.5.24, 92다35783].

③ 권리구제수단(소송형식)

판례와 같이 확인·결정시설에 따르면 이주대책대상자 선정신청에 대한 거부행위는 거부처분이 되므로 이에 대해 취소소송을 제기하고 부작위의 경우에는 부작위위법확인소송을 제기하여야 한다.

┨ **관 련 판 례** ┠

1. 이주대책에 의한 수분양권은 사업시행자로부터 이주대책대상자로 확인·결정을 받음으로써 취득하게 되는 공법상의 권리이므로 확인·결정을 밟지 않아 구체적인 수분양권을 취득하지 못한 상태에서 민사소송이나 공법상 당사자소송으로 이주대책상의 수분양권의 확인을 구할 수 없다[대판(전합) 1994.5.24, 92다35783].
2. 관할 구청장이 세입자에 대해 영구임대 아파트의 입주권 부여대상자가 아니라고 한 통보는 행정처분이다(대판 1993.2.23, 92누5966).
3. 「공익사업을 위한 토지 등의 취득 및 보상에 관한 법률」상의 공익사업시행자가 하는 이주대책대상자 확인·결정의 법적 성질은 행정처분이므로 이에 대한 쟁송방법은 항고소송이다(대판 2014.2.27, 2013두10885).

2. 공장에 대한 이주대책수립의무

사업시행자는 공익사업의 시행으로 인하여 공장부지가 협의 양도되거나 수용됨에 따라 더 이상 해당 지역에서 공장을 가동할 수 없게 된 자가 희망하는 경우 「산업입지 및 개발에 관한 법률」에 따라 지정·개발된 인근 산업단지에 입주하게 하는 등 이주대책에 관한 계획을 수립하여야 한다(같은 법 제78조의2).

Ⅲ. 이주정착금의 지급의무

사업시행자는 법 제78조 제1항에 따라 다음 각 호의 어느 하나에 해당하는 경우에는 이주대책대상자에게 국토교통부령으로 정하는 바에 따라 이주정착금을 지급하여야 한다(시행령 제41조).

1. 이주대책을 수립·실시하지 아니하는 경우
2. 이주대책대상자가 이주정착지가 아닌 다른 지역으로 이주하려는 경우

Ⅳ. 주거이전비의 지급

1. 법령규정(강행규정)

1. 주거용 건물의 거주자에 대하여는 주거 이전에 필요한 비용과 가재도구 등 동산의 운반에 필요한 비용을 산정하여 보상하여야 한다(제78조 제5항).
2. 공익사업시행지구에 편입되는 주거용 건축물의 소유자에 대하여는 해당 건축물에 대한 보상을 하는 때에 가구원수에 따라 2개월분의 주거이전비를 보상하여야 한다. 다만, 건축물의 소유자가 해당 건축물 또는 공익사업시행지구 내 타인의 건축물에 실제 거주하고 있지 아니하거나 해당 건축물이 무허가건축물등인 경우에는 그러하지 아니하다(같은 법 시행규칙 제54조 제1항).
3. 공익사업의 시행으로 인하여 이주하게 되는 주거용 건축물의 세입자(무상으로 사용하는 거주자를 포함하되, 법 제78조 제1항에 따른 이주대책대상자인 세입자는 제외한다)로서 사업인정고시일 등 당시 또는 공익사업을 위한 관계 법령에 따른 고시 등이 있은 당시 해당 공익사업시행지구안에서 3개월 이상 거주한 자에 대해서는 가구원수에 따라 4개월분의 주거이전비를 보상해야 한다. 다만, 무허가건축물등에 입주한 세입자로서 사업인정고시일 등 당시 또는 공익사업을 위한 관계 법령에 따른 고시 등이 있은 당시 그 공익사업지구 안에서 1년 이상 거주한 세입자에 대해서는 본문에 따라 주거이전비를 보상해야 한다(같은 조 제2항).

┤ 관 련 판 례 ├

1. 사업시행자의 세입자에 대한 주거이전비 지급의무를 정하고 있는 「공익사업을 위한 토지 등의 취득 및 보상에 관한 법률 시행규칙」 제54조 제2항은 강행규정이다(대판 2011.7.14, 2011두3685).
2. 주택재개발사업 정비구역 안에 있는 주거용 건축물에 거주하던 세입자 갑이 주거이전비를 받을 수 있는 권리를 포기한다는 취지의 주거이전비 포기각서를 제출하고 사업시행자가 제공한 임대아파트에 입주한 다음 별도로 주거이전비를 청구한 사안에서, 위 포기각서의 내용은 강행규정에 반하여 무효라고 한 사례(대판 2011.7.14, 2011두3685)
3. 공익사업의 시행으로 인하여 이주하는 주거용 건축물의 세입자에게 지급되는 주거이전비와 이사비의 법적 성격, 그 청구권의 취득시기 및 이사비의 지급금액 : 「공익사업을 위한 토지 등의 취득 및 보상에 관한 법률」 제78조 제5항 및 같은 법 시행규칙 제54조 제2항, 제55조 제2항의 각 규정에 의하여 공익사업의 시행에 따라 이주하는 주거용 건축물의 세입자에게 지급하는 주거이전비와 이사비는, 당해 공익사업 시행지구 안에 거주하는 세입자들의 조기이주를 장려하여 사업추진을 원활하게 하려는 정책적인 목적과 주거이전으로 인하여 특별한 어려움을 겪게 될 세입자들을 대상으로 하는 사회보장적인 차원에서 지급하는 금원의 성격을 갖는다 할 것이므로, 같은 법 시행규칙 제54조 제2항에 규정된 '공익사업의 시행으로 인하여 이주하게 되는 주거용 건축물의 세입자로서 사업인정고시일 등 당시 또는 공익사업을 위한 관계 법령에 의한 고시 등이 있은 당시 당해 공익사업 시행지구 안에서 3월 이상 거주한 자'에 해당하는 세입자는 이후의 사업시행자의 주거이전비 산정통보일 또는 수용개시일까지 계속 거주할 것을 요함이 없이 위 사업인정고시일 등에 바로 같은 법 시행규칙 제54조 제2항의 주거이전비와 같은 법 시행규칙 제55조 제2항의 이사비 청구권을 취득한다고 볼 것이고, 한편 이사비의 경우 실제 이전할 동산의 유무나 다과를 묻지 않고 같은 법 시행규칙 제55조 제2항 [별표 4]에 규정된 금액을 지급받을 수 있다(대판 2006.4.27, 2006두2435).

---

2. 판단기준시

1. 주거이전비의 보상대상자를 정하는 기준일은 정비계획에 관한 공람공고일이지 사업시행인가고시일이 아니다 (대판 2010.9.9, 2009두16824).
2. 구 「도시 및 주거환경정비법」상 주거용 건축물의 세입자에 대한 주거이전비 보상의 방법과 금액 등 보상 내용 이 확정되는 기준일은 사업시행인가고시일이고 같은 법에 의한 주택재개발정비사업의 경우 「공익사업을 위한 토지 등의 취득 및 보상에 관한 법률」 제15조에 따른 보상계획 공고 및 통지 절차가 아닌 구 「도시 및 주거환 경정비법」 제31조 등에 규정된 공고 및 통지 절차를 거쳐도 된다(대판 2012.9.27, 2010두13890).

3. 대상자

1. 「공익사업을 위한 토지 등의 취득 및 보상에 관한 법률」상 이사비 보상대상자는 공익사업시행지구에 편입되 는 주거용 건축물의 거주자로서 공익사업의 시행으로 인하여 이주하게 되는 자이다(대판 2010.11.11, 2010두 5332).
2. 「도시 및 주거환경정비법」에 따라 사업시행자에게서 임시수용시설을 제공받는 세입자는 「공익사업을 위한 토지 등의 취득 및 보상에 관한 법률」 및 같은 법 시행규칙에서 정한 주거이전비를 별도로 청구할 수 있다(대 판 2011.7.14, 2011두3685).
3. 소유자 또는 세입자가 아닌 가구원이 사업시행자를 상대로 직접 주거이전비의 지급을 구할 수 없다(대판 2011.8.25, 2010두4131).
4. 이사비의 보상대상자는 '공익사업시행지구에 편입되는 주거용 건축물의 거주자로서 공익사업의 시행으로 이 주하게 되는 자'로 보는 것이 타당하다(대판 2012.8.30, 2011두22792).
5. 구 「도시 및 주거환경정비법」상 주택재개발사업에 편입되는 주거용 건축물의 소유자 중 현금청산대상자에 대하여도 구 「공익사업을 위한 토지 등의 취득 및 보상에 관한 법률」에 따른 주거이전비 및 이사비를 지급해 야 한다(대판 2013.1.10, 2011두19031).
6. 구 「도시 및 주거환경정비법」상 주거용 건축물의 소유자에 대한 주거이전비 보상의 경우, 주거용 건축물에 대한 정비계획에 관한 공람·공고일부터 해당 건축물에 대한 보상을 하는 때까지 계속하여 소유 및 거주하여 야 한다(대판 2015.2.26, 2012두19519).
7. 구 「도시 및 주거환경정비법」이 적용되는 주택재개발정비사업의 사업구역 내 주거용 건축물을 소유하는 주택 재개발정비조합원이 사업구역 내 타인의 주거용 건축물에 거주하는 세입자일 경우, 구 「도시 및 주거환경정비 법」 제40조 제1항, 구 「공익사업을 위한 토지 등의 취득 및 보상에 관한 법률 시행규칙」 제54조 제2항에 따른 '세입자로서의 주거이전비(4개월분)' 지급대상이 아니다(대판 2017.10.31, 2017두40068).
8. 주택재개발사업의 사업시행자가 현금청산대상자나 세입자로부터 정비구역 내 토지 또는 건축물을 인도받기 위해서는 협의나 재결절차 등에 의하여 결정되는 주거이전비 등도 지급하여야 한다(대판 2021.6.30, 2019다 207813).
9. 주택재개발사업의 사업시행자가 수용재결에 따른 보상금을 지급하거나 공탁하고 「공익사업을 위한 토지 등의 취득 및 보상에 관한 법률」 제43조에 따라 부동산의 인도를 청구하는 경우, 현금청산대상자나 임차인 등이 주거이전비 등을 보상받기 전에는 구 「도시 및 주거환경정비법」 제49조 제6항 단서에 따라 주거이전비 등의 미지급을 이유로 부동산의 인도를 거절할 수 있다(대판 2021.7.29, 2019도13010).
10. 구 「도시 및 주거환경정비법」 제49조 제6항 단서에서 정한 '「공익사업을 위한 토지 등의 취득 및 보상에 관한 법률」(토지보상법)에 따른 손실보상'에 주거이전비 등이 해당되어 그 지급이 부동산 인도에 선행되어야 한다(대판 2021.6.30. 선고 2019다207813 판결 등 참조)(대판 2021.8.26, 2019다235153).
11. 주거이전비 등의 미지급을 이유로 구 「도시 및 주거환경정비법」 제49조 제6항에 따른 부동산의 인도를 거절 할 수 있는 현금청산대상자는 사용·수익에 대한 부당이득반환의무를 부담하지 않는다(대판 2021.8.26, 2019 다257474).

4. 권리구제

주거이전비 지급청구소송은 공법상 당사자소송으로 제기하여야 하고, 주거이전비의 지급과 관련하여 토지수용위원회의 재결에 대하여 다투는 경우에는 토지보상법 제85조에 따라 보상금증강청구소송 또는 항고소송을 제기하여야 한다.

┨ 관 련 판 례 ┠

1. 구 「공익사업을 위한 토지 등의 취득 및 보상에 관한 법령」에 의하여 주거용 건축물의 세입자에게 인정되는 주거이전비 보상청구권의 법적 성격은 공법상의 권리이므로 그 보상에 관한 분쟁의 쟁송절차는 행정소송이다(대판 2008.5.29, 2007다8129).
2. 주거이전비 보상청구에 대한 소송형태는 당사자소송이다 : 주거이전비 보상청구권은 그 요건을 충족하는 경우에 당연히 발생되는 것이므로, 주거이전비 보상청구소송은 행정소송법 제3조 제2호에 규정된 당사자소송에 의하여야 할 것이다. 다만, 구 「도시 및 주거환경정비법」 제40조 제1항에 의하여 준용되는 공익사업법 제2조, 제50조, 제78조, 제85조 등의 각 조문을 종합하여 보면, 세입자의 주거이전비 보상에 관하여 수용재결이 이루어진 다음 세입자가 보상금의 증감 부분을 다투는 경우에는 공익사업법 제85조 제2항에 규정된 행정소송(보상금증감청구소송)에 따라, 보상금의 증감 이외의 부분을 다투는 경우에는 같은 조 제1항에 규정된 행정소송(재결취소소송)에 따라 권리구제를 받을 수 있다고 봄이 상당하다(대판 2008.5.29, 2007다8129).
3. 「도시 및 주거환경정비법」 제49조 제6항 중 주택재개발사업의 경우 주거용 건축물의 세입자에 관한 부분에 따라 인도청구를 하기 위해서 완료되어야 하는 보상의 내용 : 주거세입자에게 인정되는 '주거이전비'를 그 단서의 "정비사업의 시행에 따른 손실보상"의 내용에 포함시키고 있으므로, 주거이전비 보상이 이 사건 법률조항 단서에서 사용·수익 정지 이전에 완료될 것을 요구하는 "도시정비법 제40조 및 공익사업법에 따른 손실보상"에 해당함이 명백하고, 다만 그 보상대상자는 정비구역 공람공고일 당시부터 거주하고 있는 세입자로 제한된다. 또한 공익사업법 제78조 제5항 및 같은 법 시행규칙 제55조 제2항에서 공익사업의 시행으로 인해 사업지구 밖으로 이사하는 주거용 건물의 거주자에 대해 동산의 운반에 필요한 비용, 즉 이사비의 보상을 규정하고 있으므로, 이사비의 보상도 이 사건 법률조항 단서의 "도시정비법 제40조 및 공익사업법에 따른 손실보상"에 해당한다고 보아야 한다. 따라서 사업시행자가 이 사건 법률조항에 의한 인도청구를 하기 위해서는 4개월분의 주거이전비와 이사비의 보상을 완료하여야 한다(헌재결 2014.7.24, 2012헌마662).
4. 「도시 및 주거환경정비법」 제49조 제6항 중 주택재개발사업의 경우 주거용 건축물의 세입자에 관한 부분은 주거용 건축물의 세입자(주거세입자)의 재산권을 침해하지 않는다(기각)(헌재결 2014.7.24, 2012헌마662).
5. 구 「도시 및 주거환경정비법」(도시정비법)상 현금청산대상자와 사업시행자 간에 청산금액에 관한 협의가 성립되지 아니하거나 협의를 할 수 없을 경우, 「공익사업을 위한 토지 등의 취득 및 보상에 관한 법률」(토지보상법)을 준용하여 곧바로 현금청산대상자가 사업시행자에게 재결을 신청할 것을 청구할 수 있다(대판 2015.11.27, 2015두48877).
6. 재개발조합이 관리처분계획의 인가·고시가 있은 후 사업시행자가 토지보상법에 따른 손실보상의 완료를 주장하며 현금청산대상자에 대하여 민사소송으로써 종전의 토지나 건축물에 관한 인도청구를 하는 경우 법원이 심리하여야 할 사항 및 이때 직접 주거이전비 등의 지급을 명하거나 주거이전비 등의 보상에 관한 재결에 대한 다툼을 심리·판단할 수 있는지 여부 : 민사법원은, 위 항변의 당부를 판단하기 위한 전제로 현금청산대상자가 토지보상법 제78조, 같은 법 시행령 제40, 41조, 같은 법 시행규칙 제53 내지 55조 등이 정한 요건을 충족하여 주거이전비 등의 지급대상에 해당하는지 여부를 심리·판단하여야 하고, 주거이전비 등의 지급대상인 경우 주거이전비 등의 지급절차가 선행되었는지 등을 심리하여야 한다. 다만 위 주거이전비 보상청구권은 공법상의 권리로서 그 보상을 구하는 소송은 행정소송법상 당사자소송에 의하여야 하고, 소유자의 주거이전비 보상에 관하여 재결이 이루어진 다음 소유자가 다투는 경우에는 토지보상법 제85조에 규정된 행정소송을 제기하여야 한다. 그러므로 위와 같이 사업시행자가 현금청산대상자를 상대로 종전의 토지나 건축물의 인도를 구하는 민사소송에서 법원이 직접 주거이전비 등의 지급을 명하거나 주거이전비 등의 보상에 관한 재결에 대한 다툼을 심리·판단할 수는 없다(대판 2021.8.26, 2019다235153).

V. 농민·어민

공익사업의 시행으로 인하여 영위하던 농업·어업을 계속할 수 없게 되어 다른 지역으로 이주하는 농민·어민이 받을 보상금이 없거나 그 총액이 국토교통부령으로 정하는 금액에 미치지 못하는 경우에는 그 금액 또는 그 차액을 보상하여야 한다(제78조 제6항).

제3목 간접손실보상(제3자보상)

Ⅰ. 의의

공공사업의 시행으로 인해 직접적으로 토지 등을 수용당하거나 제한받는 것은 아니지만, 사업시행지 이외의 주변토지의 소유자에게 간접적으로 미치는 손실을 간접손실이라 하는데, 이는 제3자보상의 문제로 이해하기도 한다. 다만, 분류상으로는 생활보상의 일종으로 분류하기도 하고, 별도로 분류하기도 한다. 판례도 간접손실을 헌법 제23조 제3항에 규정한 손실보상의 대상이 된다고 보고 있다(대판 1999.11.15, 99다27231).

┨ 관 련 판 례 ┠

간접손실도 손실보상의 대상에 포함된다 : 사업시행자가 택지개발사업을 시행하면서 그 구역 내의 농지개량조합 소유 저수지의 몽리답(蒙利畓 : 저수지, 보 등의 수리시설에 의하여 물이 들어와 농사에 혜택을 입는 논 ⇔ 천수답, 천둥지기)을 취득함으로써 사업시행구역 외에 위치한 저수지가 기능을 상실하고, 그 기능상실에 따른 손실보상의 협의가 이루어지지 않은 경우, 농지개량조합이 입은 손해는 공공사업지 밖에서 일어난 간접손실로서 토지수용법 또는 「공공용지의 취득 및 손실보상에 관한 특례법」 시행규칙'의 간접보상에 관한 규정에 근거하여 직접 사업시행자에게 손실보상청구권을 가질 수는 없으나, 「공공용지의 취득 및 손실보상에 관한 특례법」 시행규칙' 제23조의6을 유추적용하여 사업시행자를 상대로 민사소송으로서 그 보상을 청구할 수 있다(대판 1999.6.1, 97다56150).

Ⅱ. 간접손실의 요건

간접손실이 되기 위해서는 ① 공공사업의 시행으로 사업시행지 이외의 토지소유자가 입은 손실이어야 하고, ② 그 손실이 공공사업의 시행으로 인해 발생하리라는 것이 예견되어야 하고, ③ 그 손실의 범위가 구체적으로 특정될 수 있어야 한다(대판 1999.12.24, 98다57419·57426).

III. 내 용

1. 일반적 내용

사업손실보상은 물리적·기술적 손실과 경제적·사회적 손실로 나눌 수 있다. 전자는 통상 공해에 해당하는 것으로 공사 중의 소음·진동이나 완성된 시설에 의한 일조 또는 전파에 대한 장해(수용적 침해) 등을 말하며, 후자는 댐건설 등으로 인해 대부분의 주민이 이전함으로써 생기는 지역경제에의 영향이나, 어업권의 소멸에 따라 어업활동이 쇠퇴하여 생기는 경제활동에의 영향 등 지역사회의 변동을 통해 개인에게 미치는 간접적 영향을 말한다.

2. 토지보상법상 간접손실보상(잔여지·잔여건축물에 대한 보상)

(1) 통로·도랑·담장 등의 공사

1. 사업시행자는 동일한 토지소유자에 속하는 일단의 토지의 일부가 취득되거나 사용됨으로 인하여 잔여지의 가격이 감소하거나 그 밖의 손실이 있을 때 또는 잔여지에 통로·도랑·담장 등의 신설이나 그 밖의 공사가 필요할 때에는 국토교통부령으로 정하는 바에 따라 그 손실이나 공사의 비용을 보상하여야 한다. 다만, 잔여지의 가격 감소분과 잔여지에 대한 공사의 비용을 합한 금액이 잔여지의 가격보다 큰 경우에는 사업시행자는 그 잔여지를 매수할 수 있다(제73조 제1항).

> **┤ 관 련 판 례 ├**
>
> 1. 구「공익사업을 위한 토지 등의 취득 및 보상에 관한 법률」제73조에 따라 토지 일부의 취득 또는 사용으로 잔여지 손실에 대하여 보상하는 경우, 보상하여야 하는 손실의 범위 : 보상하여야 할 손실에는 토지 일부의 취득 또는 사용으로 인하여 그 획지조건이나 접근조건 등의 가격형성요인이 변동됨에 따라 발생하는 손실뿐만 아니라 그 취득 또는 사용 목적 사업의 시행으로 설치되는 시설의 형태·구조·사용 등에 기인하여 발생하는 손실과 수용재결 당시의 현실적 이용상황의 변경 외 장래의 이용가능성이나 거래의 용이성 등에 의한 사용가치 및 교환가치상의 하락 모두가 포함된다(대판 2011.2.24, 2010두 23149).
> 2. 토지소유자가「공익사업을 위한 토지 등의 취득 및 보상에 관한 법률」제34조, 제50조 등에 규정된 재결절차를 거치지 않고 곧바로 사업시행자를 상대로 같은 법 제73조에 따른 잔여지 가격감소 등으로 인한 손실보상을 청구할 수 없고 이는 수용대상토지에 대하여 재결절차를 거친 경우에도 마찬가지이다 (대판 2012.11.29, 2011두22587).
> 3. 공익사업의 사업시행자가 동일한 소유자에게 속하는 일단의 토지 중 일부를 취득하거나 사용하고 남은 잔여지에 현실적 이용상황 변경 또는 사용가치 및 교환가치의 하락 등이 발생하였으나 그 손실이 토지의 일부가 공익사업에 취득되거나 사용됨으로 인하여 발생한 것이 아닌 경우, 「공익사업을 위한 토지 등의 취득 및 보상에 관한 법률」제73조 제1항 본문에 따른 잔여지 손실보상 대상에 해당하지 않는다 (대판 2017.7.11, 2017두40860).
> 4. 「공익사업을 위한 토지 등의 취득 및 보상에 관한 법률」제73조 제1항에 따른 잔여지 손실보상금에 대한 지연손해금 지급의무는 이행기의 정함이 없는 채무로 보는 것이 타당하다. 따라서 잔여지 손실보상금 지급의무의 경우 잔여지의 손실이 현실적으로 발생한 이후로서 잔여지 소유자가 사업시행자에게 이행청구를 한 다음 날부터 그 지연손해금 지급의무가 발생한다(민법 제387조 제2항 참조)(대판 2018.3.13, 2017두68370).

2. 제1항 본문에 따른 손실 또는 비용의 보상은 관계 법률에 따라 사업이 완료된 날 또는 제24조의2에 따른 사업완료의 고시가 있는 날(사업완료일)부터 1년이 지난 후에는 청구할 수 없다(같은 조 제2항).
3. 사업시행자는 공익사업의 시행으로 인하여 취득하거나 사용하는 토지(잔여지를 포함) 외의 토지에 통로·도랑·담장 등의 신설이나 그 밖의 공사가 필요할 때에는 그 비용의 전부 또는 일부를 보상하여야 한다. 다만, 그

토지에 대한 공사의 비용이 그 토지의 가격보다 큰 경우에는 사업시행자는 그 토지를 매수할 수 있다(제79조 제1항).

4. 공익사업이 시행되는 지역 밖에 있는 토지 등이 공익사업의 시행으로 인하여 본래의 기능을 다할 수 없게 되는 경우에는 국토교통부령으로 정하는 바에 따라 그 손실을 보상하여야 한다(같은 조 제2항).

(2) 잔여지매수청구권

1. 동일한 소유자에게 속하는 일단의 토지의 일부가 협의에 의하여 매수되거나 수용됨으로 인하여 잔여지를 종래의 목적에 사용하는 것이 현저히 곤란할 때에는 해당 토지소유자는 사업시행자에게 잔여지를 매수하여 줄 것을 청구할 수 있으며, 사업인정 이후에는 관할 토지수용위원회에 수용을 청구할 수 있다. 이 경우 수용의 청구는 매수에 관한 협의가 성립되지 아니한 경우에만 할 수 있으며, 사업완료일까지 하여야 한다(제74조 제1항).

2. 매수 또는 수용의 청구가 있는 잔여지 및 잔여지에 있는 물건에 관하여 권리를 가진 자는 사업시행자나 관할 토지수용위원회에 그 권리의 존속을 청구할 수 있다(같은 조 제2항).

3. 판례는 잔여지수용청구권은 형성권적 성질을 가지며, 그 행사의 청구에 관한 기간은 제척기간이라고 보고 있다(대판 2001.9.4, 99두11080).

┤ 관 련 판 례 ├

1. 토지수용법에 의한 잔여지수용청구권의 법적 성질은 형성권이고 그 행사기간의 법적 성질은 제척기간이다(대판 2001.9.4, 99두11080).
2. 잔여지수용거부에 대해서는 민사소송이 아닌 행정소송을 제기하여야 한다(대판 2004.9.24, 2002다68713).
3. 구 「공익사업을 위한 토지 등의 취득 및 보상에 관한 법률」 제74조 제1항에 의한 잔여지 수용청구를 받아들이지 않은 토지수용위원회의 재결에 대하여 토지소유자가 불복하여 제기하는 소송은 '보상금의 증감에 관한 소송'에 해당하여 사업시행자를 피고로 하여야 한다(대판 2010.8.19, 2008두822).
4. 구 「공익사업을 위한 토지 등의 취득 및 보상에 관한 법률」 제74조 제1항의 잔여지 수용청구권 행사기간의 법적 성질은 제척기간이고 잔여지 수용청구 의사표시의 상대방은 관할 토지수용위원회이다(대판 2010.8.19, 2008두822).

(3) 잔여 건축물의 손실에 대한 보상 등

1. 사업시행자는 동일한 소유자에게 속하는 일단의 건축물의 일부가 취득 되거나 사용됨으로 인하여 잔여 건축물의 가격이 감소하거나 그 밖의 손실이 있을 때에는 국토교통부령으로 정하는 바에 따라 그 손실을 보상하여야 한다. 다만, 잔여 건축물의 가격 감소분과 보수비(건축물의 잔여부분을 종래의 목적대로 사용할 수 있도록 그 유용성을 동일하게 유지하는 데 통상 필요하다고 볼 수 있는 공사에 사용되는 비용을 말한다. 다만, 건축법등 관계 법령에 의하여 요구되는 시설의 개선에 필요한 비용은 포함하지 아니한다)를 합한 금액이 잔여 건축물의 가격보다 큰 경우에는 사업시행자는 그 잔여 건축물을 매수할 수 있다(제75조의2 제1항).

2. 동일한 소유자에게 속하는 일단의 건축물의 일부가 협의에 의하여 매수되거나 수용됨으로 인하여 잔여 건축물을 종래의 목적에 사용하는 것이 현저히 곤란할 때에는 그 건축물 소유자는 사업시행자에게 잔여 건축물을 매수하여 줄 것을 청구할 수 있으며, 사업인정 이후에는 관할 토지수용위원회에 수용을 청구할 수 있다. 이 경우 수용 청구는 매수에 관한 협의가 성립되지 아니한 경우에만 하되, 사업완료일까지 하여야 한다(같은 조 제2항).

1. 지장물인 건물의 일부가 수용된 경우 잔여건물부분의 교환가치하락으로 인한 감가보상을 잔여지의 감가보상을 규정한 공공용지의취득및손실보상에관한특례법시행규칙 제26조 제2항을 유추적용하여 인정할 수 있다(대판 2001.9.25, 2000두2426).
2. 건축물 소유자가 「공익사업을 위한 토지 등의 취득 및 보상에 관한 법률」 제34조, 제50조 등에 규정된 재결절차를 거치지 않은 채 곧바로 사업시행자를 상대로 같은 법 제75조의2 제1항에 따른 잔여 건축물 가격감소 등으로 인한 손실보상을 청구할 수 없고, 이는 수용대상 건축물에 대하여 재결절차를 거친 경우에도 마찬가지이다(대판 2015.11.12, 2015두2963).

3. 토지보상법 시행규칙상 간접손실보상

(1) 소수잔존자보상

공익사업의 시행으로 인하여 1개 마을의 주거용 건축물이 대부분 공익사업시행지구에 편입됨으로써 잔여 주거용 건축물 거주자의 생활환경이 현저히 불편하게 되어 이주가 부득이한 경우에는 당해 건축물 소유자의 청구에 의하여 그 소유자의 토지 등을 공익사업시행지구에 편입되는 것으로 보아 보상하여야 한다(제61조).

(2) 공익사업시행지구 밖의 대지 등에 대한 보상

공익사업시행지구 밖의 대지(조성된 대지)·건축물·분묘 또는 농지(계획적으로 조성된 유실수단지 및 죽림단지를 포함)가 공익사업의 시행으로 인하여 산지나 하천 등에 둘러싸여 교통이 두절되거나 경작이 불가능하게 된 경우에는 그 소유자의 청구에 의하여 이를 공익사업시행지구에 편입되는 것으로 보아 보상하여야 한다. 다만, 그 보상비가 도로 또는 도선시설의 설치비용을 초과하는 경우에는 도로 또는 도선시설을 설치함으로써 보상에 갈음할 수 있다(제59조).

(3) 공익사업시행지구 밖의 건축물에 대한 보상

소유농지의 대부분이 공익사업시행지구에 편입됨으로써 건축물(건축물의 대지 및 잔여농지를 포함)만이 공익사업시행지구 밖에 남게 되는 경우로서 그 건축물의 매매가 불가능하고 이주가 부득이한 경우에는 그 소유자의 청구에 의하여 이를 공익사업시행지구에 편입되는 것으로 보아 보상하여야 한다(제60조).

(4) 공익사업시행지구 밖의 공작물 등에 대한 보상

공익사업시행지구 밖에 있는 공작물 등이 공익사업의 시행으로 인하여 그 본래의 기능을 다할 수 없게 되는 경우에는 그 소유자의 청구에 의하여 이를 공익사업시행지구에 편입되는 것으로 보아 보상하여야 한다(제62조).

(5) 공익사업시행지구 밖의 어업의 피해에 대한 보상

공익사업의 시행으로 인하여 해당 공익사업시행지구 인근에 있는 어업에 피해가 발생한 경우 사업시행자는 실제 피해액을 확인할 수 있는 때에 그 피해에 대하여 보상하여야 한다. 이 경우 실제 피해액은 감소된 어획량 및 수산업법 시행령 [별표 3]의 평년수익액 등을 참작하여 평가한다(제63조).

(6) 공익사업시행지구 밖의 영업손실에 대한 보상

공익사업시행지구 밖에서 제45조의 규정에 의한 영업손실의 보상대상이 되는 영업을 하고 있는 자가 공익사업의 시행으로 인하여 배후지의 3분의 2 이상이 상실되어 당해 장소에서 영업을 계속할 수 없는 경우, 진출입로의 단절, 그 밖의 부득이한 사유로 인하여 일정한 기간 동안 휴업하는 것이 불가능한 경우에는 그 영업자의 청구에 의하여 당해 영업을 공익사업시행지구에 편입되는 것으로 보아 보상하여야 한다(제64조).

관 련 판 례

1. 수산업협동조합이 관계 법령에 의하여 대상지역에서의 독점적 지위가 부여되어 있던 위탁판매사업을 공유하수면매립으로 인해 중단하게 되어 입은 위탁판매수수료 수입손실에 대하여 손실보상을 인정하는 것이 타당하다(대판 1999.10.8, 99다27231).

2. 공공사업 시행지구 밖에서 영업을 영위하던 사업자에게 공공사업 시행 후에도 그 영업의 고객이 소재하는 지역이 그대로 남아 있는 상태에서 고객이 공공사업 시행으로 설치된 시설 등을 이용하고 사업자가 제공하는 시설이나 용역은 이용하지 않게 되었다는 사정은 '배후지 상실'에 해당하지 않는다(대판 2013.6.14, 2010다9658).

3. 잔여 영업시설 손실보상의 요건인 "공익사업에 영업시설의 일부가 편입됨으로 인하여 잔여시설에 그 시설을 새로이 설치하거나 잔여시설을 보수하지 아니하고는 그 영업을 계속할 수 없는 경우"의 의미 : 사업시행자가 동일한 토지소유자에 속하는 일단의 토지 일부를 취득함으로 인하여 잔여지의 가격이 감소하거나 그 밖의 손실이 있을 때 등에는 잔여지를 종래의 목적으로 사용하는 것이 가능한 경우라도 잔여지 손실보상의 대상이 되며, 잔여지를 종래의 목적에 사용하는 것이 불가능하거나 현저히 곤란한 경우이어야만 잔여지 손실보상청구를 할 수 있는 것이 아니다. 마찬가지로 잔여 영업시설 손실보상의 요건인 "공익사업에 영업시설의 일부가 편입됨으로 인하여 잔여시설에 그 시설을 새로이 설치하거나 잔여시설을 보수하지 아니하고는 그 영업을 계속할 수 없는 경우"란 잔여 영업시설에 시설을 새로이 설치하거나 잔여 영업시설을 보수하지 아니하고는 그 영업이 전부 불가능하거나 곤란하게 되는 경우만을 의미하는 것이 아니라, 공익사업에 영업시설 일부가 편입됨으로써 잔여 영업시설의 운영에 일정한 지장이 초래되고, 이에 따라 종전처럼 정상적인 영업을 계속하기 위해서는 잔여 영업시설에 시설을 새로 설치하거나 잔여 영업시설을 보수할 필요가 있는 경우도 포함된다고 해석함이 타당하다(대판 2018.7.20, 2015두4044).

4. 공익사업에 영업시설 일부가 편입됨으로 인하여 잔여 영업시설에 손실을 입은 자가 재결절차를 거치지 않은 채 곧바로 사업시행자를 상대로 잔여 영업시설의 손실에 대한 보상을 청구할 수 없고, 영업의 단일성·동일성이 인정되는 범위에서 보상금 산정의 세부요소를 추가로 주장하는 경우, 별도로 재결절차를 거쳐야 하는 것은 아니다(대판 2018.7.20, 2015두4044).

5. 공익사업으로 인하여 공익사업시행지구 밖에서 영업을 휴업하는 자가 「공익사업을 위한 토지 등의 취득 및 보상에 관한 법률」 제34조, 제50조 등에 규정된 재결절차를 거치지 않은 채 곧바로 사업시행자를 상대로 「공익사업을 위한 토지 등의 취득 및 보상에 관한 법률 시행규칙」 제47조 제1항에 따라 영업손실에 대한 보상을 청구할 수 없다(대판 2019.11.28, 2018두227).

6. 「공익사업을 위한 토지 등의 취득 및 보상에 관한 법률 시행규칙」 제64조 제1항 제2호에서 정한 공익사업시행지구 밖 영업손실보상의 요건인 '공익사업의 시행으로 인한 그 밖의 부득이한 사유로 일정 기간 동안 휴업이 불가피한 경우'에 공익사업의 시행 결과로 휴업이 불가피한 경우가 포함된다(대판 2019.11.28, 2018두227).

7. 실질적으로 같은 내용의 손해에 관하여 「공익사업을 위한 토지 등의 취득 및 보상에 관한 법률」 제79조 제2항에 따른 손실보상과 환경정책기본법 제44조 제1항에 따른 손해배상청구권이 동시에 성립하는 경우, 영업자가 두 청구권을 동시에 행사할 수 없고, '해당 사업의 공사완료일로부터 1년'이라는 손실보상 청구기간이 지나 손실보상청구권을 행사할 수 없는 경우에도 손해배상청구는 가능하다(대판 2019.11.28, 2018두227).

(7) 공익사업시행지구 밖의 농업의 손실에 대한 보상

경작하고 있는 농지의 3분의 2 이상에 해당하는 면적이 공익사업시행지구에 편입됨으로 인하여 당해 지역에서
영농을 계속할 수 없게 된 농민에 대하여는 공익사업시행지구 밖에서 그가 경작하고 있는 농지에 대하여도 영농
손실액을 보상하여야 한다(제65조).

제4항 손실보상의 기준

Ⅰ. 현행 헌법상 보상기준(정당한 보상)

현행 헌법은 "공공필요에 의한 재산권의 수용·사용 또는 제한 및 그에 대한 보상은 법률로써 하되, '정당한 보상'
을 지급하여야 한다."(제23조 제3항)라고 규정하고 있다.

1. 학 설

1. 완전보상설(다수설) : 완전보상설은 공용침해로 인해 발생한 객관적 손실 전부를 보상해야 한다는 견해이다. 이
   는 다시 피침해재산의 객관적 가치를 보상하는 것으로 충분하다는 견해와 이전료·영업상 손실 등 부대적 손
   실의 보상을 포함하여 발생한 손실 전부를 보상해야 한다는 견해로 나뉜다. 다수견해는 객관적 가치의 보상과
   함께 부대적 손실의 보상도 포함하는 것으로 이해하고 있다. 미국 수정헌법 제5조에서 채택하고 있다.
2. 상당보상설 : 상당보상설은 정당한 보상이란 합리적 이유가 있을 때에는 완전보상을 하회하거나 상회할 수 있
   다고 보는 견해이다.

2. 판례(완전보상설)

1. '정당한 보상'이란 완전보상을 뜻하지만 개발이익은 제외한다(헌재결 1991.2.11, 90헌바17·18).
2. 정당한 보상이란 완전보상을 의미한다 : '정당한 보상'이라 함은 원칙적으로 피수용재산의 객관적인 재산가치를
   완전하게 보상하여야 한다는 완전보상을 뜻하는 것이라 할 것이나, 투기적인 거래에 의하여 형성되는 가격은
   정상적인 객관적 재산가치로는 볼 수 없으므로 이를 배제한다고 하여 완전보상의 원칙에 어긋나는 것은 아니
   며, 공익사업의 시행으로 지가가 상승하여 발생하는 개발이익은 궁극적으로는 국민 모두에게 귀속되어야 할
   성질의 것이므로 이는 완전보상의 범위에 포함되는 피수용토지의 객관적 가치 내지 피수용자의 손실이라고는
   볼 수 없다(대판 1993.7.13, 93누2131).
3. 토지수용법 제46조 제2항 제1호, 제3항과「지가공시 및 토지 등의 평가에 관한 법률」제10조 제1항 제1호에
   의한 손실보상액 산정은 헌법 제23조 제3항의 정당보상원리 및 헌법 제11조 제1항의 평등원칙에 위반되지
   않는다(합헌)(헌재결 1999.12.23, 98헌바13등).

II. 법률상의 보상기준 및 내용

1. 공용수용의 경우

(1) 적정가격을 기준으로 보상

① 위헌 여부

1. '감정평가업자가 토지를 감정평가하는 경우 당해 토지와 유사한 이용가치를 지닌다고 인정되는 표준지의 공시지가를 기준으로 하도록 하고 있는 「부동산 가격공시 및 감정평가에 관한 법률」 제21조 제1항 본문은 정당보상원칙에 위배되지 않는다(합헌)(헌재결 2012.3.29, 2010헌바370).
2. 사업인정고시일 전의 시점을 공시기준일로 하는 공시지가를 손실보상액 산정 기준으로 하도록 하고 있는 구 「공익사업을 위한 토지 등의 취득 및 보상에 관한 법률」 제70조 제4항 및 구 「공익사업을 위한 토지 등의 취득 및 보상에 관한 법률」 제70조 제1항은 정당보상원칙에 위배되지 않는다(합헌)(헌재결 2012.3.29, 2010헌바370).
3. 헌법 제23조 제3항의 '정당한 보상'의 원칙이 모든 경우에 예외 없이 시가에 의한 보상을 요구하지는 않는다(헌재결 2002.12.18, 2002헌가4).

② 비교표준지 선정방법

1. 비교표준지 선정방법 : 비교표준지는 특별한 사정이 없는 한 도시계획구역 내에서는 용도지역을 우선으로 하고(용도지역우선의 원칙), 도시계획구역 외에서는 용도지역을 현실적 이용상황에 따른 실제 지목을 우선으로 하여 선정하여야 할 것이나(이용상황우선의 원칙), 이러한 토지가 없다면 지목, 용도, 주위환경, 위치 등의 제반 특성을 참작하여 그 자연적·사회적 조건이 수용대상 토지와 동일 또는 가장 유사한 토지를 선정하여야 한다(대판 2001.3.27, 99두7968).
2. 도시계획구역 내에 있는 수용대상토지에 대한 표준지 선정방법 : 수용대상토지가 도시계획구역 내에 있는 경우에는 그 용도지역이 토지의 가격형성에 미치는 영향을 고려하여 볼 때, 당해 토지와 같은 용도지역의 표준지가 있으면 다른 특별한 사정이 없는 한 용도지역이 같은 토지를 당해 토지에 적용할 표준지로 선정함이 상당하고, 가령 그 표준지와 당해 토지의 이용상황이나 주변환경 등에 다소 상이한 점이 있다 하더라도 이러한 점은 지역요인이나 개별요인의 분석 등 품등비교에서 참작하면 된다(대판 2007.7.12, 2006두11507).

③ 사정보정과 시점수정

취득재산에 대한 보상액으로 결정되는 취득재산의 가격은 기준이 되는 표준지공시지가를 기준으로 하여 토지의 상황을 고려하여 수정하고(사정보정), 기준이 되는 공시지가의 공시기준일과 가격시점 사이의 지가변동률 및 물가상승률을 고려하여 보상액을 수정(시점수정)하여 결정한다.

┨ 관 련 판 례 ┠

1. 토지가격비준표는 토지수용에 따른 보상액 산정의 기준이 되지 않는다 : 건설교통부장관(현 국토교통부장관)이 작성하여 관계 행정기관에 제공하는 '지가형성요인에 관한 <u>표준적인 비교표(토지가격비준표)</u>'는 개별토지가격을 산정하기 위한 자료로 제공되는 것으로, 토지수용에 따른 보상액 산정의 기준이 되는 것은 아니고 단지 참작자료에 불과할 뿐이다(대판 2007.7.12, 2006두11507).
2. 비교표준지와 수용대상토지에 대한 지역요인 및 개별요인 등 품등비교를 함에 있어서 현실적인 이용상황에 따른 비교수치 외에 공부상 지목에 따른 비교수치를 중복적용할 수 없다(대판 2007.7.12, 2006두11507).
3. 인근 유사토지의 거래사례비교 : 수용대상토지의 보상액을 산정함에 있어 <u>인근 유사토지의 보상사례가 있고 그 가격이 정상적인 것으로서 적정한 보상액 평가에 영향을 미칠 수 있는 것임이 입증된 경우에는 이를 참작할 수 있고, 여기서 '정상적인 가격'이란 개발이익이 포함되지 아니하고 투기적인 거래로 형성되지 아니한 가격을 말한다. 그러나 그 보상사례의 가격이 개발이익을 포함하고 있어 정상적인 것이 아닌 경우라도 그 개발이익을 배제하여 정상적인 가격으로 보정할 수 있는 합리적인 방법이 있다면 그러한 방법에 의하여 보정한 보상사례의 가격은 수용대상토지의 보상액을 산정함에 있어 이를 참작할 수 있다</u>(대판 2010.4.29, 2009두17360).

④ 현황평가의 원칙

토지에 대한 보상액은 가격시점에 있어서의 현실적인 이용상황과 일반적인 이용방법에 의한 객관적 사정을 고려하여 산정하되, 일시적인 이용상황과 토지소유자 또는 관계인이 갖는 주관적 가치 및 특별한 용도에 사용할 것을 전제로 한 경우 등은 이를 고려하지 아니한다(제70조 제2항). 이 규정은 현황평가의 원칙을 규정한 것이다.

┨ 관 련 판 례 ┠

1. 산지전용기간이 만료될 때까지 목적사업을 완료하지 못한 경우, 사업시행으로 토지의 형상이 변경된 부분은 「공익사업을 위한 토지 등의 취득 및 보상에 관한 법률」에 의한 보상에서 불법 형질변경된 토지로 보아 형질변경될 당시의 토지이용상황을 기준으로 보상금을 산정하여야 한다(대판 2017.4.7, 2016두61808).
2. 산지복구의무가 면제될 사정이 있는 경우, 형질변경이 이루어진 상태가 토지에 대한 보상의 기준이 되는 <u>'현실적인 이용상황'</u>이다(대판 2017.4.7, 2016두61808).
3. '공익계획사업이나 도시계획의 결정·고시 때문에 이에 저촉된 토지가 현황도로로 이용되고 있지만 공익사업이 실제로 시행되지 않은 상태에서 일반공중의 통행로로 제공되고 있는 상태로서 계획제한과 도시계획시설의 장기미집행상태로 방치되고 있는 도로' 곧 예정공도부지는 「공익사업을 위한 토지 등의 취득 및 보상에 관한 법률 시행규칙」 제26조 제2항에서 정한 사실상의 사도에 해당하지 않는다(대판 2019.1.17, 2018두55753).

⑤ 당해 공익사업으로 인한 지가변동 배제

토지수용으로 인한 손실보상액을 산정함에 있어서는 <u>당해 공공사업의 시행을 직접 목적으로 하는 계획의 승인·고시로 인한 가격변동은 이를 고려함이 없이 수용재결 당시의 가격을 기준</u>으로 하여 정하여야 한다(대판 2004.6.11, 2003두14703).

⑥ 변동되기 전의 용도지역 등을 기준

1. 당해 공공사업의 시행 이전에 개발제한구역으로 지정된 토지에 대한 수용보상액 평가방법(일반적 계획제한의 경우) : 공법상 제한을 받는 토지의 수용보상액을 산정함에 있어서는 공법상 제한이 당해 공공사업의 시행을 직접 목적으로 하여 가하여진 경우 제한을 받지 아니하는 상태대로 평가하여야 하고, 반면 당해 공공사업의 시행 이전에 이미 당해 공공사업과 관계없이 도시계획법에 의한 고시 등으로 일반적 계획제한이 가하여진 상태인 경우 그러한 제한을 받는 상태 그대로 평가하여야 하며, 도시계획법에 의한 개발제한구역의 지정은 위와 같은 일반적 계획제한에 해당하므로 당해 공공사업의 시행 이전에 개발제한구역 지정이 있었을 경우 그러한 제한이 있는 상태 그대로 평가함이 상당하다(대판 1993.10.12, 93누12527).

2. 공원조성사업의 시행을 직접 목적으로 일반주거지역에서 자연녹지지역으로 변경된 토지에 대한 수용보상액을 산정하는 경우, 그 대상 토지의 용도지역을 일반주거지역으로 하여 평가하여야 한다고 한 사례(대판 2007.7. 12, 2006두11507)

3. 수용대상토지에 대하여 당해 공공사업의 시행 이전에 도로 설치에 관한 도시계획결정이 고시된 경우 도로편입예정 부분과 편입예정 부분 아닌 인근토지에 대한 손실보상액의 각 평가방법(개별적 계획제한의 경우) : 수용대상토지에 대하여 당해 공공사업의 시행 이전에 이미 도로의 설치에 관한 도시계획결정이 고시되어 이용제한이 가하여 진 경우의 공법상 제한은 그 목적달성을 위하여 구체적인 사업의 시행을 필요로 하는 이른바 개별적 계획제한 에 해당하므로, 그 토지의 수용보상액을 산정함에 있어서는 위와 같은 공법상 제한이 당해 공공사업의 시행을 직접 목적으로 하여 가하여진 경우는 물론 위 토지가 당초의 목적사업과 다른 목적의 공공사업에 편입수용되 는 경우에도 모두 그러한 제한을 받지 아니하는 상태대로 이를 평가하여야 한다(대판 1993.11.12, 93누7570).

4. 수용대상 토지에 관하여 특정 시점에서 용도지역 등의 지정 또는 변경을 하지 않은 것이 특정 공익사업의 시행을 위한 것인 경우, 공익사업의 시행을 직접 목적으로 하는 제한으로 보아 용도지역 등의 지정 또는 변경 이 이루어진 상태를 상정하여 토지가격을 평가해야 한다(대판 2015.8.27, 2012두7950).

5. 특정 공익사업의 시행을 위하여 용도지역 등의 지정 또는 변경을 하지 않았다고 보기 위한 요건 : 토지가 특정 공익 사업에 제공된다는 사정을 배제할 경우 용도지역 등의 지정 또는 변경을 하지 않은 행위가 계획재량권의 일 탈·남용에 해당함이 객관적으로 명백하여야만 한다(대판 2015.8.27, 2012두7950).

6. 2개 이상의 토지 등에 대한 감정평가 방법 및 예외적으로 일괄평가가 허용되는 경우인 2개 이상의 토지 등이 '용도 상 불가분의 관계'에 있다는 의미 : 2개 이상의 토지 등에 대한 감정평가는 개별평가를 원칙으로 하되, 예외적으 로 2개 이상의 토지 등에 거래상 일체성 또는 용도상 불가분의 관계가 인정되는 경우에 일괄평가가 허용된다. 여기에서 '용도상 불가분의 관계'에 있다는 것은 일단의 토지로 이용되고 있는 상황이 사회적·경제적·행정적 측면에서 합리적이고 그 토지의 가치 형성적 측면에서도 타당하다고 인정되는 관계에 있는 경우를 뜻한다(대 판 2018.1.25, 2017두61799).

(2) 가격시점(협의 성립 또는 재결 당시의 가격)

1. 보상액의 산정은 협의에 의한 경우에는 협의성립 당시의 가격을, 재결에 의한 경우에는 수용 또는 사용의 재 결 당시의 가격을 기준으로 한다(토지보상법 제67조 제1항).

2. 보상액을 산정할 경우에 해당 공익사업으로 인하여 토지 등의 가격이 변동되었을 때에는 이를 고려하지 아니 한다(같은 조 제2항).

> ┤ **관 련 판 례** ├
>
> 특정한 토지를 구 「도시 및 주거환경정비법」상 사업시행 대상 부지로 삼은 최초의 사업시행인가 고시가 이루어지고 그에 따라 「공익사업을 위한 토지 등의 취득 및 보상에 관한 법률」에 따른 사업인정이 의제되 어 사업시행자에게 수용 권한이 부여된 후 최초 사업시행인가의 주요 내용을 실질적으로 변경하는 인가가 있는 경우, 손실보상금을 산정하는 기준일은 최초 사업시행인가 고시일이다(대판 2018.7.26, 2017두33978).

(3) 보상액의 산정

1. 사업시행자는 토지 등에 대한 보상액을 산정하려는 경우에는 감정평가법인 등 3인(제2항에 따라 시·도지사와 토지소유자가 모두 감정평가법인 등을 추천하지 아니하거나 시·도지사 또는 토지소유자 어느 한쪽이 감정평가법인 등을 추천하지 아니하는 경우에는 2인)을 선정하여 토지 등의 평가를 의뢰하여야 한다. 다만, 사업시행자가 국토교통부령으로 정하는 기준에 따라 직접 보상액을 산정할 수 있을 때에는 그러하지 아니하다(토지보상법 제68조 제1항).
2. 제1항 본문에 따라 사업시행자가 감정평가법인 등을 선정할 때 해당 토지를 관할하는 시·도지사와 토지소유자는 대통령령으로 정하는 바에 따라 감정평가법인 등을 각 1인씩 추천할 수 있다. 이 경우 사업시행자는 추천된 감정평가법인 등을 포함하여 선정하여야 한다(같은 조 제2항).

(4) 개발이익의 환수

① 개발이익의 의의

1. 공익사업을 위해 토지를 수용당한 토지소유자에게 개발로 인한 손실을 보상하는 한편, 이러한 토지소유자와 수용당하지 않은 토지소유자나 개발사업자 등과의 불균형을 막기 위해 개발이익을 환수하고 있다. 구체적인 사항에 대해서는 「개발이익환수에 관한 법률」이 규정하고 있다.
2. 「개발이익환수에 관한 법률」상 '개발이익'이란 개발사업의 시행이나 토지이용계획의 변경, 그 밖에 사회적·경제적 요인에 따라 정상지가(正常地價)상승분을 초과하여 개발사업을 시행하는 자(사업시행자)나 토지 소유자에게 귀속되는 토지 가액의 증가분을 말한다(제2조 제1호).

> **┃ 관 련 판 례 ┃**
>
> 1. 「공익사업을 위한 토지 등의 취득 및 보상에 관한 법률」 제67조 제2항에서 정한 수용 대상 토지의 보상액을 산정함에 있어, 해당 공익사업과는 관계 없는 다른 사업의 시행으로 인한 개발이익을 포함한 가격으로 평가할 것이고 개발이익이 해당 공익사업의 사업인정고시일 후에 발생한 경우에도 마찬가지이다(대판 2014.2.27. 2013두21182).
> 2. 공시지가에 당해 수용사업으로 인한 개발이익이 포함되어 있거나 반대로 자연적 지가상승분도 반영되지 아니한 경우의 손실보상액 평가방법 : 당해 수용사업의 시행으로 인한 개발이익은 수용대상토지의 수용 당시의 객관적 가치에 포함되지 아니하는 것이므로 수용대상토지에 대한 손실보상액을 산정함에 있어서 구 토지수용법 제46조 제2항에 의하여 손실보상액 산정의 기준이 되는 「지가공시 및 토지 등의 평가에 관한 법률」에 의한 공시지가에 당해 수용사업의 시행으로 인한 개발이익이 포함되어 있을 경우 그 공시지가에서 그러한 개발이익을 배제한 다음 이를 기준으로 하여 손실보상액을 평가하고, 반대로 그 공시지가가 당해 수용사업의 시행으로 지가가 동결된 관계로 개발이익을 배제한 자연적 지가상승분도 반영하지 못한 경우에는 그 자연적 지가상승률을 산출하여 이를 기타사항으로 참작하여 손실보상액을 평가하는 것이 정당보상의 원리에 합당하다(대판 1993.7.27. 92누11084).
> 3. 개발부담금 제도의 취지 및 개발부담금 산정의 전제가 되는 개발이익을 산출하는 방법 : 개발사업시행자에게 부과할 개발부담금 산정의 전제가 되는 개발이익을 산출할 때는 가능한 한 부과대상자가 현실적으로 얻게 되는 개발이익을 실제에 가깝도록 산정하여야 한다(대판 2016.1.28. 2013두2938).

② 공익사업시행지역 내 주민(적정가격)

1. 협의나 재결에 의하여 취득하는 토지에 대하여는 「부동산 가격공시에 관한 법률」에 따른 공시지가를 기준으로 하여 보상하되, 그 공시기준일부터 가격시점까지의 관계 법령에 따른 그 토지의 이용계획, 해당 공익사업으로 인한 지가의 영향을 받지 아니하는 지역의 대통령령으로 정하는 지가변동률, 생산자물가상승률(한국은행법 제86조에 따라 한국은행이 조사·발표하는 생산자물가지수에 따라 산정된 비율을 말한다)과 그 밖에 그 토지의 위치·형상·환경·이용상황 등을 고려하여 평가한 적정가격으로 보상하여야 한다(토지보상법 제70조 제1항).
2. 적정가격이란 토지, 주택 및 비주거용 부동산에 대하여 통상적인 시장에서 정상적인 거래가 이루어지는 경우 성립될 가능성이 가장 높다고 인정되는 가격을 말한다(「부동산 가격공시에 관한 법률」 제2조 제5호).

③ 사업시행자(개발부담금)

1. 사업시행자의 경우 개발부담금을 징수하는데, 개발부담금이란 개발이익 중 이 법에 따라 특별자치시장·특별자치도지사·시장·군수 또는 구청장(구청장은 자치구의 구청장을 말하며, 이하 "시장·군수·구청장"이라 한다)이 부과·징수하는 금액을 말한다(「개발이익환수에 관한 법률」 제2조 제4호).
2. 사업시행자는 이 법으로 정하는 바에 따라 개발부담금을 납부할 의무가 있다(같은 법 제6조 제1항). 국가가 시행하는 개발사업과 지방자치단체가 공공목적을 위하여 시행하는 사업으로서 대통령령으로 정하는 개발사업에는 개발부담금을 부과하지 아니한다(같은 법 제7조 제1항).

> ┤ **관 련 판 례** ├
>
> 1. 「개발이익환수에 관한 법률」 제6조 제1항 본문에서 정한 개발부담금 납부의무자로서 사업시행자의 의미 : 토지로부터 발생되는 개발이익을 환수하여 이를 적정하게 배분함으로써 토지에 대한 투기를 방지하고 토지의 효율적인 이용을 촉진하여 국민 경제의 건전한 발전에 이바지한다는 「개발이익환수에 관한 법률」의 제정 목적이나, 개발사업 시행으로 정상지가 상승분을 초과하여 개발사업을 시행하는 자(사업시행자)나 토지 소유자에게 귀속되는 토지가액 증가분이 개발부담금 부과대상임을 고려하면, 「개발이익환수에 관한 법률」 제6조 제1항 본문에서 정한 개발부담금 납부의무자로서의 사업시행자는 특별한 사정이 없는 한 개발사업의 시행으로 불로소득적 개발이익을 얻게 되는 토지 소유자인 사업시행자를 말한다(대판 2014.8.28, 2013두14696).
> 2. 토지 소유자인 사업시행자가 부동산신탁회사에 토지를 신탁하고 부동산신탁회사가 수탁자로서 사업시행자의 지위를 승계하여 신탁된 토지에서 개발사업을 시행한 경우, 토지가액의 증가로 나타나는 개발이익의 귀속 주체와 개발부담금의 납부의무자는 수탁자이다(대판 2014.8.28, 2013두14696).
> 3. 구 「공공기관 지방이전에 따른 혁신도시 건설 및 지원에 관한 특별법」에 근거하여 시행되는 혁신도시개발사업은 구 「개발이익 환수에 관한 법률」 제5조 제1항 제10호, 구 「개발이익 환수에 관한 법률 시행령」 제4조 [별표 1] 제10호에서 정한 개발부담금 부과대상사업이다(대판 2020.9.3, 2019두47728).

④ 공익사업시행지역 밖의 주민(조세)

양도소득세 등 조세의 형식으로 개발이익을 환수하고 있다. 토지소유자가 공익사업의 시행 등에 의해 정상지가 상승률을 초과하여 얻게 되는 토지가격의 증가분 중에서 세금의 형식으로 환수하는 토지초과이득세는 폐지되었다.

⑤ 납부방법

개발부담금은 현금 납부를 원칙으로 하되, 해당 부과 대상 토지 및 그와 유사한 토지로 하는 납부(물납)를 인정할 수 있다(같은 법 제18조 제2항).

2. 공용사용의 경우

협의 또는 재결에 의하여 사용하는 토지에 대하여는 그 토지와 인근 유사토지의 지료, 임대료, 사용방법, 사용기간 및 그 토지의 가격 등을 고려하여 평가한 적정가격으로 보상하여야 한다(토지보상법 제71조 제1항).

3. 공용제한의 경우

공용제한도 헌법상의 공용침해에 해당하기 때문에 손실보상의 대상이 된다. 그러나 공용제한에 관한 법률 가운데는 손실보상에 관한 규정을 둔 법률도 있으나, 그 보상기준에 대해서는 명확한 규정을 두지 않는 경우가 많다.

제5항 손실보상의 내용

I. 개 설

오늘날은 국민의 경제생활이 다양화됨에 따라 재산권보상에 있어서도 토지소유권과 함께 토지소유권 이외의 재산권 및 그와 관련되는 부대적 손실까지 포함하여 확대되고 있고, 생활보상과 사업손실보상(간접손실보상)도 보상의 내용에 포함된다.

II. 보상대상자

「공익사업을 위한 토지 등의 취득 및 보상에 관한 법률」상 보상대상자는 공익사업에 필요한 토지의 소유자 및 관계인이다. 관계인이란 사업시행자가 취득하거나 사용할 토지에 관하여 지상권·지역권·전세권·저당권·사용대차 또는 임대차에 따른 권리 또는 그 밖에 토지에 있는 물건에 관하여 소유권이나 그 밖의 권리를 가진 자를 말한다. 다만, 사업인정의 고시가 된 후에 권리를 취득한 자는 기존의 권리를 승계한 자를 제외하고는 관계인에 포함되지 아니한다(제2조 제5호).

┤ 관 련 판 례 ├

1. 공공사업의 시행으로 인한 손실보상청구권의 유무를 판단할 기준시점 : 공공사업의 시행으로 손해를 입었다고 주장하는 자가 보상을 받을 권리를 가졌는지의 여부는 해당 공공사업의 시행 당시를 기준으로 판단하여야 하고, 그와 같은 공공사업의 시행에 관한 실시계획 승인과 그에 따른 고시가 된 이상 그 이후에 영업을 위하여 이루어진 각종 허가나 신고는 위와 같은 공공사업의 시행에 따른 제한이 이미 확정되어 있는 상태에서 이루어진 것으로 그 이후의 공공사업 시행으로 그 허가나 신고권자가 특별한 손실을 입게 되었다고는 볼 수 없다(대판 2002.11.26, 2001다44352).

2. 일반지방산업단지 조성사업의 사업인정고시일 당시 사업지구 내에서 제재목과 합판 등 제조·판매업을 영위해 오다가 사업인정고시일 이후 사업지구 내 다른 곳으로 영업장소를 이전하여 영업을 하던 갑이 영업보상 등을 요구하면서 수용재결을 청구하였으나 관할 토지수용위원회가 갑의 영업장은 임대기간이 종료되어 이전한 것이지 공익사업의 시행으로 손실이 발생한 것이 아니라는 이유로 갑의 청구를 기각한 사안에서, 사업인정고시일 당시 보상대상에 해당한다면 그 후 사업지구 내 다른 토지로 영업장소가 이전되었더라도 손실보상의 대상이 된다고 본 원심판단을 정당하다고 한 사례(대판 2012.12.27, 2011두27827)

3. 「공익사업을 위한 토지 등의 취득 및 보상에 관한 법률」 제77조 등에서 정한 영업의 손실 등에 대한 보상과 관련하여 사업인정고시일 이후 영업장소 등이 이전되어 수용재결 당시에는 해당 토지 위에 영업시설 등이 존재하지 않게 된 경우, 사업인정고시일 이전부터 해당 토지 상에서 영업을 해 왔고 당시 영업시설 등이 존재하였다는 점에 관한 증명책임의 소재는 이를 주장하는 자이다(대판 2012.12.27, 2011두27827).

4. 구 「공익사업을 위한 토지 등의 취득 및 보상에 관한 법률」 제15조 제1항에 따른 사업시행자의 보상계획 공고 등으로 공익사업의 시행과 보상 대상 토지의 범위 등이 객관적으로 확정된 후 해당 토지에 지장물을 설치하는 경우, 원칙적으로 손실보상의 대상에 해당하지 않는다(대판 2013.2.15, 2012두22096).

5. 「산업입지 및 개발에 관한 법률」에 따른 산업단지개발사업의 경우, 토지소유자 및 관계인에 대한 손실보상 여부 판단의 기준시점은 산업단지 지정 고시일이다(대판 2019.12.12, 2019두47629).

6. '지역·지구 등'을 지정하는 경우 '지역·지구 등' 지정의 효력은 지형도면을 고시한 때 발생하고, '지역·지구 등' 지정과 운영에 관하여 다른 법률의 규정이 있더라도 이를 따르도록 정한 「토지이용규제 기본법」 제3조, 제8조에도 불구하고 「산업입지 및 개발에 관한 법률」에 따른 산업단지 지정의 효력은 산업단지 지정 고시를 한 때에 발생하고, 산업단지개발사업의 경우 산업단지 지정 고시일을 손실보상 여부 판단의 기준시점으로 보아야 한다(대판 2019.12.12, 2019두47629).

Ⅲ. 재산권보상

1. 토지보상

토지에 대한 보상액은 가격시점에서의 현실적인 이용 상황과 일반적인 이용방법에 의한 객관적 상황을 고려하여 산정하되, 일시적인 이용 상황과 토지소유자나 관계인이 갖는 주관적 가치 및 특별한 용도에 사용할 것을 전제로 한 경우 등은 이를 고려하지 아니한다(토지보상법 제70조 제2항).

2. 토지 이외의 재산권보상

(1) 지상물건에 대한 보상(이전비보상)

1. 건축물·입목·공작물과 그 밖에 토지에 정착한 물건에 대하여는 이전에 필요한 비용(이전비)으로 보상하여야 한다. 다만, 다음 각 호의 어느 하나에 해당하는 경우에는 해당 물건의 가격으로 보상하여야 한다(같은 법 제75조 제1항).

   1. 건축물 등을 이전하기 어렵거나 그 이전으로 인하여 건축물 등을 종래의 목적대로 사용할 수 없게 된 경우
   2. 건축물 등의 이전비가 그 물건의 가격을 넘는 경우
   3. 사업시행자가 공익사업에 직접 사용할 목적으로 취득하는 경우

┤ 관 련 판 례 ├

1. 지장물인 건물은 그 건물이 적법한 건축허가를 받아 건축된 것인지 여부에 관계 없이 토지수용법상의 사업인정의 고시 이전에 건축된 건물이기만 하면 손실보상의 대상이 됨이 명백하다(대판 2000.3.10, 99두10896).
2. 도시개발사업의 시행자가 사업시행에 방해되는 건축물 등에 관하여 물건의 가격으로 보상한 경우, 보상만으로 해당 물건의 소유권을 취득하는 것은 아니고 시행자가 해당 물건의 소유권을 취득하지 못한 경우 도시개발법 제38조 제1항에 따라 건축물 등을 이전하거나 제거할 수 있다(대판 2014.9.4, 2013다89549).
3. 이전비 보상과 관련하여 수목의 이식비용을 산정할 때, 수목 1주당 가액을 산정기준으로 대량의 수목을 이식하는 경우, 규모의 경제 원리에 따라 이식비용을 감액할 수 있다(대판 2015.10.29, 2015두2444).
4. 수목을 대량으로 이식하는 경우, 규모의 경제 원리에 따라 고손액을 감액하여야 하는 것은 아니다(대판 2015.10.29, 2015두2444).
5. 「공익사업을 위한 토지 등의 취득 및 보상에 관한 법률」의 보상 대상인 '기타 토지에 정착한 물건에 대한 소유권 그 밖의 권리를 가진 관계인'의 범위 : 독립하여 거래의 객체가 되는 정착물에 대한 소유권 등을 가진 자뿐 아니라, 당해 토지와 일체를 이루는 토지의 구성부분이 되었다고 보기 어렵고 거래관념상 토지와 별도로 취득 또는 사용의 대상이 되는 정착물에 대한 소유권이나 수거·철거권 등 실질적 처분권을 가진 자도 포함된다(대판 2009.2.12, 2008다76112).
6. 사업시행에 방해되는 지장물에 관하여 「공익사업을 위한 토지 등의 취득 및 보상에 관한 법률」 제75조 제1항 단서 제2호에 따라 이전비용에 못 미치는 물건 가격을 보상한 경우, 사업시행자가 지장물의 소유권을 취득하거나 지장물의 소유자에 대하여 철거 및 토지의 인도를 요구할 수는 없고 단지 자신의 비용으로 이를 직접 제거할 수 있을 권한과 부담을 가질 뿐이고, 이 경우 지장물의 소유자는 원칙적으로 사업시행자의 지장물 제거와 그 과정에서 발생하는 물건의 가치 상실을 수인하여야 할 지위에 있다(대판 2019.4.11, 2018다277419).
7. 철도건설사업 시행자인 갑 공단이 을 소유의 건물 등 지장물에 관하여 중앙토지수용위원회의 수용재결에 따라 건물 등의 가격 및 이전보상금을 공탁한 다음 을이 공탁금을 출급하자 위 건물의 일부를 철거

하였고, 을은 위 건물 중 철거되지 않은 나머지 부분을 계속 사용하고 있었는데, 그 후 병 재개발정비사업조합이 위 건물을 다시 수용하면서 수용보상금 중 위 건물 등에 관한 설치이전비용 상당액을 병 조합과 을 사이에 성립한 조정에 따라 피공탁자를 갑 공단 또는 을로 하여 채권자불확지 공탁을 한 사안에서, 병 조합에 대한 지장물 보상청구권은 을이 아니라 위 건물에 대한 가격보상 완료 후 이를 인도받아 철거한 권리를 보유한 갑 공단에 귀속된다고 보아야 하는데도, 이와 달리 위 건물의 소유권이 을에게 있다는 이유만으로 공탁금출급청구권이 을에게 귀속된다고 본 원심판단에는 법리오해의 잘못이 있다고 한 사례(대판 2019.4.11, 2018다277419)

8. 택지개발사업의 사업시행자인 한국토지주택공사가 공공용지로 협의취득한 토지 위에 있는 갑 소유의 지장물에 관하여 중앙토지수용위원회의 재결에 따라 보상금을 공탁하였는데, 위 토지에 폐합성수지를 포함한 산업쓰레기 등 폐기물이 남아 있자 갑을 상대로 폐기물 처리비용의 지급을 구한 사안에서, 한국토지주택공사는 갑에게 폐기물을 이전하도록 요청하거나, 그 불이행을 이유로 처리비에 해당하는 손해배상을 청구할 수 없다고 본 원심판결이 정당하다고 한 사례(대판 2021.5.7, 2018다256313)

2. 사업시행자(토지소유자가 아님)는 사업예정지에 있는 건축물 등이 제1항 제1호 또는 제2호에 해당하는 경우에는 관할 토지수용위원회에 그 물건의 수용 재결을 신청할 수 있다(같은 조 제5항).

3. 농작물에 대한 손실은 그 종류와 성장의 정도 등을 종합적으로 고려하여 보상하여야 한다(같은 조 제2항).

4. 토지에 속한 흙·돌·모래 또는 자갈(흙·돌·모래 또는 자갈이 해당 토지와 별도로 취득 또는 사용의 대상이 되는 경우만 해당한다)에 대하여는 거래가격 등을 고려하여 평가한 적정가격으로 보상하여야 한다(같은 조 제3항).

┃ **관 련 판 례** ┃

1. 구「공익사업을 위한 토지 등의 취득 및 보상에 관한 법률」제75조 제3항에서 정한 '흙·돌·모래 또는 자갈이 당해 토지와 별도로 취득 또는 사용의 대상이 되는 경우'의 의미 : 흙·돌·모래 또는 자갈이 속한 수용대상 토지에 관하여 토지의 형질변경 또는 채석·채취를 적법하게 할 수 있는 행정적 조치가 있거나 그것이 가능하고 구체적으로 토지의 가격에 영향을 미치고 있음이 객관적으로 인정되어 토지와는 별도의 경제적 가치가 있다고 평가되는 경우 등을 의미한다(대판 2014.4.24, 2012두16534).

2. 갑이 자신의 토지에서 토석채취허가를 받아 채석장을 운영하면서 건축용 석재를 생산해 왔는데, 고속철도건설사업의 시행으로 토석채취기간의 연장허가가 거부된 이후 사업시행지구에 편입된 위 토지에 대하여 매장된 돌의 경제적 가치를 고려하지 않은 채 보상액을 산정하여 수용재결한 사안에서, 위 토지에 매장된 돌을 적법하게 채취할 수 있는 행정적 조치의 가능성을 부정하여 위 토지와 별도로 구「공익사업을 위한 토지 등의 취득 및 보상에 관한 법률」제75조 제3항에 따른 보상의 대상이 될 수 없다고 본 원심판결에 법리오해의 위법이 있다고 한 사례(대판 2014.4.24, 2012두16534).

3. 갑이 자신의 토지에서 토석채취허가를 받아 채석장을 운영하면서 건축용 석재를 생산해 왔는데, 고속철도건설사업의 시행으로 토석채취기간의 연장허가가 거부된 이후 사업시행지구에 편입된 위 토지에 대하여 매장된 돌의 경제적 가치를 고려하지 않은 채 보상액을 산정하여 수용재결한 사안에서, 위 토지에 매장된 돌을 적법하게 채취할 수 있는 행정적 조치의 가능성을 부정하여 위 토지와 별도로 구「공익사업을 위한 토지 등의 취득 및 보상에 관한 법률」제75조 제3항에 따른 보상의 대상이 될 수 없다고 본 원심판결에 법리오해의 위법이 있다고 한 사례 : 수용대상 토지에 속한 돌 등에 대한 손실보상을 인정하기 위한 전제로서 그 경제적 가치를 평가할 때에는, 토지수용의 목적이 된 당해 공익사업의 시행으로 토지에 관한 토석채취허가나 토석채취기간의 연장허가를 받지 못하게 된 경우까지 행정적 조치의 가능성을 부정하여 행정적 조치가 없거나 불가능한 것으로 보아서는 아니 됨에도, 위 토지에 매장된 돌을 적법하게 채취할 수 있는 행정적 조치의 가능성을 부정하여 위 토지와 별도로 구「공익사업을 위한 토지 등의 취득 및 보상에 관한 법률」제75조 제3항에 따른 보상의 대상이 될 수 없다고 본 원심판결에 법리오해의 위법이 있다(대판 2014.4.24, 2012두16534).

5. 분묘에 대하여는 이장에 드는 비용 등을 산정하여 보상하여야 한다(같은 조 제4항).

(2) 권리의 보상

광업권·어업권·양식업권 및 물(용수시설을 포함한다) 등의 사용에 관한 권리에 대하여는 투자비용, 예상 수익 및 거래가격 등을 고려하여 평가한 적정가격으로 보상하여야 한다(같은 법 제76조 제1항).

┨ 관 련 판 례 ┠

1. 물을 사용하여 사업을 영위하는 지위가 독립하여 재산권으로 평가될 수 있는 경우, 「댐건설 및 주변지역지원 등에 관한 법률」 제11조 제1항, 제3항 및 「공익사업을 위한 토지 등의 취득 및 보상에 관한 법률」 제76조 제1항에 따라 손실보상의 대상이 되는 '물의 사용에 관한 권리'에 해당한다(대판 2018.12.27, 2014두11601).
2. 하천법 제50조에 따른 하천수 사용권은 「공익사업을 위한 토지 등의 취득 및 보상에 관한 법률」 제76조 제1항에서 손실보상의 대상으로 규정하고 있는 '물의 사용에 관한 권리'에 해당한다(대판 2018.12.27, 2014두11601).
3. 물건 또는 권리 등에 대한 손실보상액 산정의 기준이나 방법에 관하여 구체적으로 정하고 있는 법령의 규정이 없는 경우, 그 성질상 유사한 물건 또는 권리 등에 대한 관련 법령상의 손실보상액 산정의 기준이나 방법에 관한 규정을 유추적용할 수 있다(대판 2018.12.27, 2014두11601).
4. 갑 주식회사(인세홀딩스 주식회사)가 한탄강 일대 토지에 수력발전용 댐을 건설하고 한탄강 하천수에 대한 사용허가를 받아 하천수를 이용하여 소수력발전사업을 영위하였는데, 한탄강 홍수조절지댐 건설사업 등의 시행자인 한국수자원공사가 댐 건설에 필요한 위 토지 등을 수용하면서 지장물과 영업손실에 대하여는 보상을 하고 갑 회사의 하천수 사용권에 대하여는 별도로 보상금을 지급하지 않자 갑 회사가 재결을 거쳐 하천수 사용권에 대한 별도의 보상금을 산정하여 지급해 달라는 취지로 보상금증액 소송을 제기한 사안에서, 갑 회사의 하천수 사용권에 대한 '물의 사용에 관한 권리'로서의 정당한 보상금액은 어업권이 취소되거나 어업면허의 유효기간 연장이 허가되지 않은 경우의 손실보상액 산정 방법과 기준을 유추적용하여 산정하는 것이 타당하다고 본 원심판단을 수긍한 사례(대판 2018.12.27, 2014두11601)

(3) 일실손실보상(영업의 손실 등에 대한 보상)

① 영업손실

1. 영업을 폐업하거나 휴업함에 따른 영업손실에 대하여는 영업이익과 시설의 이전비용 등을 고려하여 보상하여야 한다(같은 법 제77조 제1항). 법 제77조제1항에 따라 영업손실을 보상하여야 하는 영업은 다음 각 호 모두에 해당하는 영업으로 한다(동 시행규칙 제45조).

   1. 사업인정고시일 등 전부터 적법한 장소(무허가건축물등, 불법형질변경토지, 그 밖에 다른 법령에서 물건을 쌓아놓는 행위가 금지되는 장소가 아닌 곳을 말한다)에서 인적·물적시설을 갖추고 계속적으로 행하고 있는 영업. 다만, 무허가건축물등에서 임차인이 영업하는 경우에는 그 임차인이 사업인정고시일 등 1년 이전부터 「부가가치세법」 제8조에 따른 사업자등록을 하고 행하고 있는 영업을 말한다.
   2. 영업을 행함에 있어서 관계법령에 의한 허가 등을 필요로 하는 경우에는 사업인정고시일 등 전에 허가 등을 받아 그 내용대로 행하고 있는 영업

   ┨ 관 련 판 례 ┠

   1. 영업손실에 관한 보상에 있어서 영업의 폐지 또는 휴업 여부의 구별 기준은 영업의 이전 가능성 여부이고, 이전 가능성 여부는 법령상의 이전 장애사유 유무와 인근 주민들의 이전 반대 등과 같은 사실상의 이전 장애사유 유무 등을 종합하여 판단하여야 한다(대판 2000.11.10, 99두3645).
   2. '적법한 장소(무허가 건축물 등, 불법형질변경토지, 그 밖에 다른 법령에서 물건을 쌓아놓는 행위가 금지되는 장소가 아닌 곳을 말한다)에서 인적·물적시설을 갖추고 계속적으로 행하고 있는 영업'에 해당하는지 여부는 협의성립, 수용재결 또는 사용재결 당시를 기준으로 판단하여야 한다(대판 2010.9.9, 2010두11641).

3. 수용재결 이전의 사업인정고시 등 절차의 진행으로 입은 영업상의 손실은 손실보상의 대상이 되지 않는다(대판 2005.7.29, 2003두2311).

4. 영업을 하기 위하여 투자한 비용이나 그 영업을 통하여 얻을 것으로 기대되는 이익은 손실보상의 대상이 되지 않는다(대판 2006.1.27, 2003두13106).

5. 신고 없이 종계업을 영위한 경우 휴업보상 대상이 되지 않는다(대판 2009.12.10, 2007두10686).

6. 영업손실 등에 대한 보상을 받기 위해서는 재결절차를 거쳐야 하고, 재결절차를 거치지 않은 당사자소송은 각하사유이다(대판 2011.9.29, 2009두10963).

7. 영업손실 보상대상인 영업에 관한 구 「공익사업을 위한 토지 등의 취득 및 보상에 관한 법률 시행규칙」 제45조 제2호의 해석 방법 : 위법한 영업은 보상대상에서 제외한다는 의미로서 그 자체로 헌법에서 보장한 '정당한 보상의 원칙'에 배치된다고 할 것은 아니다. 다만 영업의 종류에 따라서는 관련 행정법규에서 일정한 사항을 신고하도록 규정하고는 있지만 그러한 신고를 하도록 한 목적이나 관련 규정의 체제 및 내용 등에 비추어 볼 때 신고를 하지 않았다고 하여 영업 자체가 위법성을 가진다고 평가할 것은 아닌 경우도 적지 않고, 이러한 경우라면 신고 등을 하지 않았다고 하더라도 그 영업손실 등에 대해서는 보상을 하는 것이 헌법상 정당보상의 원칙에 합치하므로, 위 구 공익사업법 시행규칙의 규정은 그러한 한도에서만 적용되는 것으로 제한하여 새겨야 한다(대판 2012.12.13, 2010두12842).

8. 체육시설업의 영업주체가 영업시설의 양도나 임대 등에 의하여 변경되었으나 그에 관한 신고를 하지 않은 채 영업을 하던 중에 공익사업으로 영업을 폐지 또는 휴업하게 된 경우, 그 임차인 등의 영업은 보상대상에서 제외되는 위법한 영업이 아니다(대판 2012.12.13, 2010두12842).

9. 구 「공익사업을 위한 토지 등의 취득 및 보상에 관한 법률 시행규칙」 제45조 제1호에서 영업손실보상의 대상으로 정한 영업에 '매년 일정한 계절이나 일정한 기간 동안에만 인적·물적시설을 갖추어 영리를 목적으로 영업을 하는 경우'가 포함된다(대판 2012.12.13, 2010두12842).

10. 중앙토지수용위원회가 생태하천조성사업에 편입되는 토지상의 무허가건축물에서 축산업을 영위하는 갑에 대하여 「공익사업을 위한 토지 등의 취득 및 보상에 관한 법률 시행규칙」 제45조 제1호에 따라 영업손실을 인정하지 않는 내용의 수용재결을 한 사안에서, 위 조항이 「공익사업을 위한 토지 등의 취득 및 보상에 관한 법률」의 위임 범위를 벗어나거나 정당한 보상의 원칙에 위배된다고 하기 어렵다고 본 원심판단을 정당하다고 한 사례(대판 2014.3.27, 2013두25863)

11. 「공익사업을 위한 토지 등의 취득 및 보상에 관한 법률 시행규칙」 제46조 제1항에서 정한 '제품 및 상품 등 재고자산의 매각손실액'의 의미 : 「공익사업을 위한 토지 등의 취득 및 보상에 관한 법률 시행규칙」 제46조 제1항에 의하면, 공익사업의 시행으로 인하여 영업을 폐지하는 경우에는 2년간의 영업이익에 영업용 고정자산·원재료·제품 및 상품 등의 매각손실액을 더한 금액을 평가하여 보상한다. 여기에서 제품 및 상품 등 재고자산의 매각손실액이란 영업의 폐지로 인하여 제품이나 상품 등을 정상적인 영업을 통하여 판매하지 못하고 일시에 매각해야 하거나 필요 없게 된 원재료 등을 매각해야 함으로써 발생하는 손실을 말한다(대판 2014.6.26, 2013두13457).

12. 매각손실액 산정의 기초가 되는 재고자산의 가격에 당해 재고자산을 판매할 경우 거둘 수 있는 이윤은 포함되지 않는다(대판 2014.6.26, 2013두13457).

13. 어떤 보상항목이 공익사업을 위한 토지 등의 취득 및 보상에 관한 법령상 손실보상대상에 해당함에도 관할 토지수용위원회가 사실을 오인하거나 법리를 오해함으로써 손실보상대상에 해당하지 않는다고 잘못된 내용의 재결을 한 경우에는, 피보상자는 관할 토지수용위원회를 상대로 그 재결에 대한 취소소송을 제기할 것이 아니라, 사업시행자를 상대로 「공익사업을 위한 토지 등의 취득 및 보상에 관한 법률」 제85조 제2항에 따른 보상금증감소송을 제기하여야 한다(대판 2019.11.28, 2018두227).

② 농업손실

농업의 손실에 대하여는 농지의 단위면적당 소득 등을 고려하여 실제 경작자에게 보상하여야 한다. 다만, 농지소유자가 해당 지역에 거주하는 농민인 경우에는 농지소유자와 실제 경작자가 협의하는 바에 따라 보상할 수 있다(같은 법 제77조 제2항).

┃ **관 련 판 례** ┃
1. 구「공익사업을 위한 토지 등의 취득 및 보상에 관한 법률」제77조 제2항의 농업손실에 대한 보상청구권은 공법상 권리로서 그에 관한 쟁송은 행정소송절차에 의하여야 한다(대판 2011.10.13, 2009다43461).
2. 사업시행자가 보상금 지급이나 토지소유자 및 관계인의 승낙 없이 공익사업을 위한 공사에 착수하여 영농을 계속할 수 없게 한 경우, 2년분의 영농손실보상금 지급과 별도로 공사의 사전 착공으로 토지소유자나 관계인이 영농을 할 수 없게 된 때부터 수용개시일까지 입은 손해를 배상할 책임이 있다(대판 2013.11.14, 2011다27103).
3. 공익사업으로 농업의 손실을 입게 된 자가「공익사업을 위한 토지 등의 취득 및 보상에 관한 법률」제34조, 제50조 등에 규정된 재결절차를 거치지 않은 채 곧바로 사업시행자를 상대로 손실보상을 청구할 수 없다(대판 2019.8.29, 2018두57865).

③ 임금손실

휴직하거나 실직하는 근로자의 임금손실에 대하여는 근로기준법에 따른 평균임금 등을 고려하여 보상하여야 한다(같은 조 제3항).

(4) 기타 손실의 보상

그 밖에 공익사업의 시행으로 인하여 발생하는 손실의 보상 등에 대하여는 국토교통부령이 정하는 기준에 따른다(제79조 제4항). 이 규정에 대하여는 포괄위임에 해당한다는 비판이 제기된다.

┃ **관 련 판 례** ┃
1. 구「공익사업을 위한 토지 등의 취득 및 보상에 관한 법률」제79조 제2항 등에 따른 사업폐지 등에 대한 보상청구권에 관한 쟁송형태는 행정소송이고 공익사업으로 인한 사업폐지 등으로 손실을 입은 자가 위 법률에 따른 보상을 받기 위해서 재결절차를 거쳐야 한다(대판 2012.10.11, 2010다23210).
2. 피수용자가 부가가치세법상의 납세의무자인 사업자로서 손실보상금으로 수용된 건축물 등을 다시 신축하는 것이 자기의 사업을 위하여 사용될 재화 또는 용역을 공급받는 경우에 해당하는 경우, 사업시행자에게 건축비 등에 포함된 부가가치세 상당을 손실보상으로 구할 수 없다(대판 2015.11.12, 2015두2963).

Ⅳ. 확장수용보상

일정한 사유로 인해 공익사업에 필요한 토지 이외의 토지를 수용하는 것을 확장수용이라 하고, 그에 따른 보상을 확장수용보상이라 한다. 확장수용에는 ① 완전수용, ② 잔지수용, ③ 이전에 갈음하는 수용, ④ 지대수용(사업에 직접 필요한 토지 이외에 그 토지에 인접한 부근 일대의 토지를 수용할 수 있는 경우인데 현행법상 지대사용만 인정되고 지대수용은 부정된다)이 있다.

제6항 손실보상의 원칙과 보상액 결정방법

I. 손실보상의 원칙

1. 사업시행자 보상의 원칙 ↔ 국가보상의 원칙

공익사업에 필요한 토지 등의 취득 또는 사용으로 인하여 토지소유자나 관계인이 입은 손실은 사업시행자가 보상하여야 한다(제61조). 사업시행자는 보상 또는 이주대책에 관한 업무를 다음 각 호의 기관에 위탁할 수 있다(제81조 제1항).

1. 지방자치단체
2. 보상실적이 있거나 보상업무에 관한 전문성이 있는 「공공기관의 운영에 관한 법률」 제4조에 따른 공공기관 또는 「지방공기업법」에 따른 지방공사로서 대통령령으로 정하는 기관

2. 사전보상(선불)

사업시행자는 해당 공익사업을 위한 공사에 착수하기 이전에 토지소유자와 관계인에게 보상액 전액을 지급하여야 한다. 다만, 천재지변 시의 토지 사용과 시급한 토지 사용의 경우 또는 토지소유자 및 관계인의 승낙이 있는 경우에는 그러하지 아니하다(같은 법 제62조).

3. 현금(금전)보상

1. 손실보상은 다른 법률에 특별한 규정이 있는 경우를 제외하고는 현금으로 지급하여야 한다. 다만, 토지소유자가 원하는 경우로서 사업시행자가 해당 공익사업의 합리적인 토지이용계획과 사업계획 등을 고려하여 토지로 보상이 가능한 경우에는 토지소유자가 받을 보상금 중 본문에 따른 현금 또는 제7항 및 제8항에 따른 채권으로 보상받는 금액을 제외한 부분에 대하여 다음 각 호에서 정하는 기준과 절차에 따라 그 공익사업의 시행으로 조성한 토지로 보상할 수 있다(같은 법 제63조 제1항).

   1. 토지로 보상받을 수 있는 자 : 건축법 제57조 제1항에 따른 대지의 분할 제한 면적 이상의 토지를 사업시행자에게 양도한 자가 된다. 이 경우 대상자가 경합(競合)할 때에는 제7항 제2호에 따른 부재부동산(不在不動産) 소유자가 아닌 자로서 제7항에 따라 채권으로 보상을 받는 자에게 우선하여 토지로 보상하며, 그 밖의 우선순위 및 대상자 결정방법 등은 사업시행자가 정하여 공고한다.
   2. 보상하는 토지가격의 산정 기준금액 : 다른 법률에 특별한 규정이 있는 경우를 제외하고는 일반 분양가격으로 한다.
   3. 보상기준 등의 공고 : 제15조에 따라 보상계획을 공고할 때에 토지로 보상하는 기준을 포함하여 공고한다.

2. 다만, 현금보상의 예외로 ① 채권보상, ② 현물보상, ③ 매수보상, ④ 대토보상의 예외가 인정된다.

4. 개인별 보상(개별불)

1. 손실보상은 토지소유자나 관계인에게 개인별로 하여야 한다. 다만, 개인별로 보상액을 산정할 수 없을 때에는 그러하지 아니하다(같은 법 제64조).
2. 일단의 피보상자에게 지급할 보상액의 합계액을 그중의 일인에게 지급하는 일괄불 금지

┨ **관 련 판 례** ┠
> 토지수용법에 의한 보상은 피보상자 개인별 보상이 원칙이고, 피보상자가 수용 대상물건 중 전부 또는 일부에 관하여 불복이 있는 경우, 그 불복의 사유를 주장하여 행정소송을 제기할 수 있다(대판 2000.1.28, 97누11720).

5. 일시급

일시급이 원칙이고, 분할급이 이루어지는 경우에는 이자와 물가변동에 따르는 불이익은 보상책임자가 부담해야 한다.

6. 일괄보상

사업시행자는 동일한 사업지역에 보상시기를 달리하는 동일인 소유의 토지 등이 여러 개 있는 경우 토지소유자나 관계인이 요구할 때에는 한꺼번에 보상금을 지급하도록 하여야 한다(토지보상법 제65조).

7. 사업시행 이익과의 상계금지

사업시행자는 동일한 토지소유자에 속하는 일단의 토지의 일부를 취득하거나 사용하는 경우 해당 공익사업의 시행으로 인하여 잔여지의 가격이 증가하거나 그 밖의 이익이 발생한 경우에도 그 이익을 그 취득 또는 사용으로 인한 손실과 상계할 수 없다(같은 법 제66조).

Ⅱ. 금전보상원칙의 예외

1. 채권보상

금전보상원칙의 예외로 일정한 경우에 보상액 중 일부가 채권으로 보상될 수 있다(같은 법 제63조 제7항).

(1) 인정취지

채권보상을 인정하게 된 것은 토지의 가격이 상당히 높기 때문에 보상을 위한 재정의 부족으로 인해 공익사업을 수행하는 데 어려움이 있으므로 일정한 요건하에서 보상액을 채권으로 보상할 수 있도록 함으로써 공익사업의 원활한 수행을 도모하기 위함이다.

(2) 요 건

1. 사업시행자가 국가, 지방자치단체, 그 밖에 대통령으로 정하는 「공공기관의 운영에 관한 법률」에 따라 지정·고시된 공공기관 및 공공단체인 경우(사인이 사업시행자인 경우는 제외)로서 다음 각 호의 어느 하나에 해당되는 경우에는 제1항 본문에도 불구하고 해당 사업시행자가 발행하는 채권으로 지급할 수 있다(채권보상재량. 같은 법 제63조 제7항).

   1. 토지소유자나 관계인이 원하는 경우
   2. 사업인정을 받은 사업의 경우에는 대통령으로 정하는 부재부동산 소유자의 토지(비업무용 토지는 삭제)에 대한 보상금이 대통령으로 정하는 일정 금액(현재 1억 원)을 초과하는 경우로서 그 초과하는 금액(전액이 아님)에 대하여 보상하는 경우

2. 한편, 토지투기가 우려되는 지역으로서 대통령이 정하는 지역 안에서 다음 각 호의 어느 하나에 해당하는 공익사업을 시행하는 자 중 대통령으로 정하는 「공공기관의 운영에 관한 법률」에 따라 지정·고시된 공공기관 및 공공단체는 부재부동산소유자의 토지에 대한 보상금 중 대통령이 정하는 1억 원 이상의 일정금액을 초과하는 부분에 대하여는 당해 사업시행자가 발행하는 채권으로 지급하여야 한다(채권보상의무. 같은 조 제8항).

   1. 택지개발촉진법에 의한 택지개발사업
   2. 「산업입지 및 개발에 관한 법률」에 의한 산업단지개발사업
   3. 그 밖에 대규모 개발사업으로서 대통령이 정하는 사업

3. 채권으로 지급하는 경우 채권의 상환기한은 5년을 넘지 아니하는 범위 안에서 정하여야 하며, 그 이율은 다음 각 호와 같다(같은 조 제9항).

   1. 제7항 제2호 및 제8항에 따라 부재부동산소유자에게 채권으로 지급하는 경우
      가. 상환기한이 3년 이하인 채권 : 3년 만기 정기예금 이자율(채권발행일 전월의 은행법에 따라 설립된 금융기관 중 전국을 영업구역으로 하는 은행이 적용하는 이자율을 평균한 이자율로 한다)
      나. 상환기한이 3년 초과 5년 이하인 채권 : 5년 만기 국고채 금리(채권발행일 전월의 국고채 평균 유통금리로 한다)
   2. 부재부동산소유자가 아닌 자가 원하여 채권으로 지급하는 경우
      가. 상환기한이 3년 이하인 채권 : 3년 만기 국고채 금리(채권발행일 전월의 국고채 평균 유통금리로 한다)로 하되, 제1호 가목에 따른 3년 만기 정기예금 이자율이 3년 만기 국고채 금리보다 높은 경우에는 3년 만기 정기예금 이자율을 적용한다.
      나. 상환기한이 3년 초과 5년 이하인 채권 : 5년 만기 국고채 금리(채권발행일 전월의 국고채 평균 유통금리로 한다)

2. 현물보상(공용환지·공용환권)

수용할 물건에 대신하여 일정한 시설물이나 다른 토지를 제공하는 보상방법으로서 '공용환지'나 '공용환권'이 이에 해당한다.

3. 매수보상

물건에 대한 이용제한에 의해 종래의 이용목적대로 물건을 사용하기가 곤란하게 된 경우에 상대방에게 그 물건의 매수청구권을 인정하고 그에 따라 그 물건을 매수함으로써 실질적으로 보상을 행하는 방법을 말한다. 이는 통상적인 수용의 범위를 개별적인 사정에 따라 확대한 것으로 금전보상의 변형으로 보아야 한다.

4. 대토보상

(1) 의 의

1. 대토보상은 사업시행자의 손실보상금의 부담을 경감하고, 토지구입 수요를 줄임으로써 인근지역 부동산 가격의 상승을 억제할 수 있으며 토지소유자가 개발혜택을 일정 부분 공유할 수 있도록 하는 기능을 갖는 제도이다.
2. 손실보상은 다른 법률에 특별한 규정이 있는 경우를 제외하고는 현금으로 지급하여야 한다. 다만, 토지소유자가 원하는 경우로서 사업시행자가 해당 공익사업의 합리적인 토지이용계획과 사업계획 등을 고려하여 토지로 보상이 가능한 경우에는 토지소유자가 받을 보상금 중 본문에 따른 현금 또는 채권으로 보상받는 금액을 제외한 부분에 대하여 그 공익사업의 시행으로 조성한 토지로 보상할 수 있다(토지보상법 제63조 제1항).

(2) 토지로 보상받을 수 있는 자

토지로 보상받을 수 있는 자는 건축법 제49조 제1항에 따른 대지의 분할제한 면적 이상의 토지를 사업시행자에게 양도한 자가 된다. 이 경우 대상자가 경합하는 때에는 부재부동산소유자가 아닌 자로서 채권으로 보상을 받는 자에게 우선하여 토지로 보상하며, 그 밖의 우선순위 및 대상자 결정방법 등에 관하여는 사업시행자가 정하여 공고한다(같은 조 제1항 제1호).

(3) 요 건

토지소유자가 원하는 경우로서 사업시행자가 해당 공익사업의 합리적인 토지이용계획과 사업계획 등을 고려하여 토지로 보상이 가능한 경우이어야 한다(같은 조 제1항).

(4) 범 위

토지소유자가 받을 보상금 중 본문에 따른 현금 또는 채권으로 보상받는 금액을 제외한 부분에 대하여 대토보상이 행해진다(같은 조 제1항).

(5) 보상하는 토지가격의 산정 기준금액(일반분양가격)

다른 법률에 특별한 규정이 있는 경우를 제외하고는 일반 분양가격으로 한다(같은 조 제1항 제2호).

(6) 토지로 보상하는 면적

토지소유자에 대하여 토지로 보상하는 면적은 사업시행자가 그 공익사업의 토지이용계획과 사업계획 등을 고려하여 정한다(같은 조 제2항).

(7) 전매제한

1. 제1항 단서에 따라 토지로 보상받기로 결정된 권리(제4항에 따라 현금으로 보상받을 권리를 포함한다)는 그 보상계약의 체결일부터 소유권이전등기를 마칠 때까지 전매(매매, 증여, 그 밖에 권리의 변동을 수반하는 모든 행위를 포함하되, 상속 및 부동산투자회사법에 따른 개발전문 부동산투자회사에 현물출자를 하는 경우는 제외한다)할 수 없으며, 이를 위반할 때에는 사업시행자는 토지로 보상하기로 한 보상금을 현금으로 보상할 수 있다. 이 경우 현금보상액에 대한 이자율은 제9항 제1호 가목에 따른 이자율의 2분의 1로 한다(같은 조 제3항).
2. 제1항 단서에 따라 토지소유자가 토지로 보상받기로 한 경우 그 보상계약 체결일부터 1년이 경과하면 이를 현금으로 전환하여 보상하여 줄 것을 요청할 수 있다. 이 경우 현금보상액에 대한 이자율은 제9항 제2호 가목에 따른 이자율로 한다(같은 조 제4항).

(8) 현금으로 보상할 수 있는 경우

① 대토보상이 불가능한 경우

사업시행자는 해당 사업계획의 변경 등 국토교통부령으로 정하는 사유로 보상하기로 한 토지의 전부 또는 일부를 토지로 보상할 수 없는 경우에는 현금으로 보상할 수 있다. 이 경우 현금보상액에 대한 이자율은 제9항 제2호 가목에 따른 이자율로 한다(같은 조 제5항).

② 토지소유자에게 부득이한 사유가 있는 경우

사업시행자는 토지소유자가 다음 각 호의 어느 하나에 해당하여 토지로 보상받기로 한 보상금에 대하여 현금보상을 요청한 경우에는 이를 현금으로 보상하여야 한다. 이 경우 현금보상액에 대한 이자율은 제9항 제2호 가목에 따른 이자율로 한다(같은 조 제6항).

1. 국세 및 지방세의 체납처분 또는 강제집행을 받는 경우
2. 세대원 전원이 해외로 이주하거나 2년 이상 해외에 체류하려는 경우
3. 그 밖에 제1호·제2호와 유사한 경우로서 국토교통부령으로 정하는 경우

Ⅲ. 보상액의 결정방법

1. 당사자 사이의 협의에 의하는 경우

사업시행자는 토지 등에 대한 보상에 관하여 토지소유자 및 관계인과 성실하게 협의하여야 하며(토지보상법 제16조), 사업시행자는 협의가 성립된 때에는 토지소유자 및 관계인과 계약을 체결하여야 한다(같은 법 제17조). 손실보상에 관한 당사자 사이의 협의는 행정청의 일방적 결정(재결)의 전단계로서 행해진다. 협의의 법적 성질에 관해서 판례는 사법상 계약으로 보고 있으나, 공법상 계약으로 보는 견해가 다수설이다.

┃ 관 련 판 례 ┃
1. 「공익사업을 위한 토지 등의 취득 및 보상에 관한 법률」제30조 제1항에서 정한 '협의가 성립되지 아니한 때'에, 토지소유자 등이 손실보상대상에 해당한다고 주장하며 보상을 요구하는데도 사업시행자가 손실보상대상에 해당하지 않는다며 보상대상에서 이를 제외한 채 협의를 하지 않아 결국 협의가 성립하지 않은 경우도 포함된다(대판 2011.7.14, 2011두2309)
2. 「공익사업을 위한 토지 등의 취득 및 보상에 관한 법률」상 토지수용위원회의 수용재결이 있은 후 토지소유자 등과 사업시행자가 다시 협의하여 토지 등의 취득이나 사용 및 그에 대한 보상에 관하여 임의로 계약을 체결할 수 있다(대판 2017.4.13, 2016두64241).
3. 중앙토지수용위원회가 지방국토관리청장이 시행하는 공익사업을 위하여 갑 소유의 토지에 대하여 수용재결을 한 후, 갑과 사업시행자가 '공공용지의 취득협의서'를 작성하고 협의취득을 원인으로 소유권이전등기를 마쳤는데, 갑이 '사업시행자가 수용개시일까지 수용재결보상금 전액을 지급·공탁하지 않아 수용재결이 실효되었다'고 주장하며 수용재결의 무효확인을 구하는 소송을 제기한 사안에서, 갑이 수용재결의 무효확인 판결을 받더라도 토지의 소유권을 회복시키는 것이 불가능하고, 무효확인으로써 회복할 수 있는 다른 권리나 이익이 남아 있다고도 볼 수 없다고 한 사례(대판 2017.4.13, 2016두64241)

2. 행정청에 의한 결정

(1) 토지수용위원회 등 행정청의 재결에 의한 결정

① 개 설

당사자 사이에 보상금에 관한 협의가 이루어지지 아니한 경우 토지수용위원회와 같은 행정청의 일방적 결정이나 재결에 의해 손실보상이 결정되는 경우이다. 이러한 재결·결정의 유형에는 ① 재산권의 제약행위(예 수용 여부)의 허용 여부와 그 손실보상액을 함께 결정하는 경우(예 토지수용위원회의 토지수용에 관한 재결)와 ② 손실보상액만을 결정하는 경우(예 징발법에 의한 징발보상금 결정, 도로법·하천법 등에 의한 토지수용위원회의 재결 등) 등이 있다. 토지수용위원회는 사업시행자·토지소유자 또는 관계인이 신청한 범위 안에서 재결하여야 한다. 다만, 손실의 보상에 있어서는 증액재결을 할 수 있다(공익사업을 위한 토지 등의 취득 및 보상에 관한 법률 제50조 제2항).

> ┤ **관 련 판 례** ├
>
> 1. 사업시행자에게 재결신청을 할 의무가 있는지는 소송요건 심사단계에서 고려할 요소는 아니다(대판 2019.8.29, 2018두57865).
> 2. 한국수자원공사법에 따른 사업을 수행하기 위한 토지 등의 수용 또는 사용으로 손실을 입게 된 토지소유자 나 관계인이 「공익사업을 위한 토지 등의 취득 및 보상에 관한 법률」 제30조에 따라 한국수자원공사에 재결신청을 청구하는 경우, 위 사업의 실시계획을 승인할 때 정한 사업시행기간 내에 해야 한다(대판 2019.8.29, 2018두57865).

② 재결의 신청(사업시행자)

협의가 성립되지 아니하거나 협의를 할 수 없을 때에는 사업시행자(토지소유자가 아님)는 사업인정고시가 된 날부 터 1년 이내에 관할 토지수용위원회에 재결을 신청할 수 있다(같은 법 제28조 제1항).

③ 재결신청의 청구(토지소유자 및 관계인)

1. 사업인정고시가 된 후 협의가 성립되지 아니하였을 때에는 토지소유자와 관계인은 서면으로 사업시행자에게 재결을 신청할 것을 청구할 수 있다(같은 법 제30조 제1항). 즉, 피수용자는 직접 수용재결을 신청할 수 없고 사업시행자에게 재결을 신청할 것을 청구할 수 있을 뿐이다.

2. 사업시행자는 청구를 받았을 때에는 그 청구를 받은 날부터 60일 이내에 관할 토지수용위원회에 재결을 신청하여야 한다(같은 조 제2항).

┣ **관 련 판 례** ┣

1. 편입토지 보상, 지장물 보상, 영업·농업 보상에 관하여 토지소유자나 관계인이 사업시행자에게 재결신청을 청구했음에도 사업시행자가 재결신청을 하지 않을 경우, 토지소유자나 관계인의 불복 방법
   「공익사업을 위한 토지 등의 취득 및 보상에 관한 법률」 제28조, 제30조에 따르면, 편입토지 보상, 지장물 보상, 영업·농업 보상에 관해서는 사업시행자만이 재결을 신청할 수 있고 토지소유자와 관계인은 사업시행자에게 재결신청을 청구하도록 규정하고 있으므로, 토지소유자나 관계인의 재결신청 청구에도 사업시행자가 재결신청을 하지 않을 때 토지소유자나 관계인은 사업시행자를 상대로 거부처분 취소소송 또는 부작위 위법확인소송의 방법으로 다투어야 한다(대판 2019.8.29, 2018두57865).

2. 이때 사업시행자에게 재결신청을 할 의무가 있는지는 소송요건 심사단계에서 고려할 요소는 아니다.
   구체적인 사안에서 토지소유자나 관계인의 재결신청 청구가 적법하여 사업시행자가 재결신청을 할 의무가 있는지는 본안에서 사업시행자의 거부처분이나 부작위가 적법한가를 판단하는 단계에서 고려할 요소이지, 소송요건 심사단계에서 고려할 요소가 아니다(대판 2019.8.29, 2018두57865).

3. 한국수자원공사법에 따른 사업을 수행하기 위한 토지 등의 수용 또는 사용으로 손실을 입게 된 토지소유자나 관계인이 「공익사업을 위한 토지 등의 취득 및 보상에 관한 법률」 제30조에 따라 한국수자원공사에 재결신청을 청구하는 경우, 위 사업의 실시계획을 승인할 때 정한 사업시행기간 내에 해야 한다(대판 2019.8.29, 2018두57865).

---

3. 사업시행자가 제2항에 따른 기간을 넘겨서 재결을 신청하였을 때에는 그 지연된 기간에 대하여 「소송촉진 등에 관한 특례법」 제3조에 따른 법정이율을 적용하여 산정한 금액을 관할 토지수용위원회에서 재결한 보상금에 가산(加算)하여 지급하여야 한다(같은 조 제3항).

(2) 이의신청(행정심판)

지방토지수용위원회의 재결에 대하여 이의가 있는 자는 당해 지방토지수용위원회를 거쳐 중앙토지수용위원회에, 중앙토지수용위원회의 재결에 대하여 이의가 있는 자는 중앙토지수용위원회에 이의를 신청할 수 있다(토지보상법 제83조).

3. 소송에 의한 결정

(1) 행정소송

① 재결취소소송(항고소송)

1. 사업시행자, 토지소유자 또는 관계인은 제34조에 따른 재결(수용재결, 원처분, 대리)에 불복할 때에는 재결서를 받은 날부터 90일 이내에(행정심판임의주의), 이의신청을 거쳤을 때에는 이의신청에 대한 재결서(이의재결, 확인 행위)를 받은 날부터 60일 이내에 각각 행정소송을 제기할 수 있다. 이 경우 사업시행자는 행정소송을 제기하기 전에 제84조에 따라 늘어난 보상금을 공탁하여야 하며, 보상금을 받을 자는 공탁된 보상금을 소송이 종결될 때까지 수령할 수 없다(같은 법 제85조 제1항). 이의의 신청이나 행정소송의 제기는 사업의 진행 및 토지의 수용 또는 사용을 정지시키지 아니한다(같은 법 제88조).

> ┤ 관 련 판 례 ├
>
> 1. 공유수면매립사업으로 인해 관행어업권을 상실하게 된 자가 취득한 손실보상청구권은 행정소송으로 행사해야 한다(대판 2001.6.29, 99다56468).
> 2. 하천법 개정(1984.12.31.) 후 하천법 본문에 따라 하천법상 준용하천의 제외지로 편입된 토지소유자의 손실보상청구는 토지수용위원회를 상대로 행정소송(항고소송)을 제기할 수 있다(대판 2003.4.25, 2001두1369).
> 3. 사업시행자가 재결에 불복하여 이의신청을 거쳐 행정소송을 제기하는 경우 이의재결에서 증액된 보상금을 공탁하여야 할 시기 : 사업시행자가 재결에 불복하여 이의신청을 거쳐 행정소송을 제기하는 경우에는 원칙적으로 행정소송 제기 전에 이의재결에서 증액된 보상금을 공탁하여야 하지만, 제소 당시 그와 같은 요건을 구비하지 못하였다 하여도 사실심 변론종결 당시까지 그 요건을 갖추었다면 그 흠결의 하자는 치유되었다고 본다(대판 2008.2.15, 2006두9832).

2. 이의신청 후 이의재결에 불복하여 취소소송을 제기하는 경우에도 이의재결이 아니라 원처분인 수용재결을 대상으로 하여야 한다(원처분주의).

② 당사자소송

1. 하천법 개정(1984.12.31.) 전 하천법 부칙 제2조 제1항 및 「법률 제3782호 하천법 중 개정법률 부칙 제2조의 규정에 의한 보상청구권의 소멸시효가 만료된 하천구역 편입토지 보상에 관한 특별조치법」 제2조 제1항에서 정하고 있는 손실보상청구권의 법적 성질은 공권이다[대판(전합) 2006.5.18, 2004다6207].
2. 하천법 개정(1984.12.31) 전 하천법 부칙 제2조 제1항 및 「법률 제3782호 하천법 중 개정법률 부칙 제2조의 규정에 의한 보상청구권의 소멸시효가 만료된 하천구역 편입토지 보상에 관한 특별조치법」 제2조 제1항에서 정하고 있는 손실보상청구권에 대한 쟁송절차는 당사자소송이다[대판(전합) 2006.5.18, 2004다6207].
3. 제방부지 및 제외지가 법률 제2292호 하천법 개정법률 시행일인 1971.7.20.부터 법률 제3782호 하천법 중 개정법률 시행일인 1984.12.31. 전에 국유로 된 경우, 명시적인 보상규정이 없더라도 관할 관청이 소유자가 입은 손실을 보상해야 하고 보상대상은 등기된 토지에 한정되지 않는다(대판 2011.11.10, 2011두16636).
4. 시·도지사가 「하천편입토지 보상 등에 관한 특별조치법」에 따른 보상청구절차를 통지 또는 공고를 하지 않는 등 보상절차를 진행하지 아니함에 따라 손실보상청구권자가 직접 시·도지사를 상대로 행정소송을 제기한 경우, 보상액 평가의 기준 시기 : 보상을 위한 감정평가 당시 가격을 기준으로 보상액을 산정하는 것이 원칙이나, 하천에 편입된 토지의 경우 이용상황이나 해당 토지에 대한 공법상 제한 등에 비추어 가격 변화가 크지 않은 것이 일반적이므로 특별조치법 시행일 이후의 시점을 기준으로 보상액을 산정하더라도 특별한 사정이 없는 한 위법하다고 볼 것은 아니다(대판 2011.11.10, 2011두16636).
5. 국가가 진정한 소유자가 아닌 자를 하천 편입 당시의 소유자로 보아 손실보상금을 지급한 경우, 민법 제470조(채권의 준점유자에 대한 변제)에 따라 진정한 소유자에 대한 손실보상금 지급의무를 면하지 않고, 국가가 하천 편입 당시의 진정한 소유자가 손실보상대상자임을 전제로 하여 손실보상금청구권이 자신에게 귀속되는 것과

같은 외관을 가진 자에게 손실보상금을 지급하였고 지급에 과실이 없는 경우, 민법 제470조에 따라 채무를 면한다(대판 2016.8.24, 2014두46966).

6. 「하천편입토지 보상 등에 관한 특별조치법」 제6조 제1항에서 정한 보상액 평가기준의 해석 : 원칙적으로 '편입 당시의 지목 및 토지이용상황'을 기준으로 평가하되, 편입 당시의 지목 및 토지이용상황을 알 수 없을 때에는 예외적으로 '현재의 토지이용상황'을 고려하여야 한다는 취지로 해석하는 것이 타당하다(대판 2016.8.24, 2014 두46966).

③ 보상금증감청구소송(형식적 당사자소송)

재결의 내용 중 손실보상액에 대하여만 불복이 있는 경우 이의신청을 거치지 않은 경우에는 재결서를 송달받은 날로부터 90일 이내에, 이의신청을 거친 경우에는 60일 이내에 보상금증감청구소송을 제기할 수 있는데, 이 경우 당해 소송을 제기하는 자가 토지소유자 또는 관계인인 때(보상금증액청구소송)에는 사업시행자를, 사업시행자인 때(보상금감액청구소송)에는 토지소유자 또는 관계인을 각각 피고로 한다(같은 조 제2항).

> **┃ 관 련 판 례 ┃**
> 1. 토지수용법 제25조의3 제3항에 의한 지연가산금 청구를 보상금의 증감에 관한 행정소송이 아닌 민사소송 으로 제기할 수 없고 보상금증액청구소송에 의해야 한다(대판 1997.10.24, 97다31175).
> 2. 수용에 대한 재결절차에서 정한 보상액과 행정소송절차에서 정한 보상금액의 차액에 대한 지연손해금이 발생한다(대판 1991.12.24, 91누308).
> 3. 공익사업법 제85조 제1항이 정한 제소기간 내에 일부 청구임을 명시하여 보상금의 증감에 관한 소송을 제기하여 전부 승소한 경우 청구취지 확장을 위한 항소의 이익이 인정되지 않는다(대판 2010.11.11, 2010두 14534).
> 4. 토지소유자 등이 구 「공익사업을 위한 토지 등의 취득 및 보상에 관한 법률」 제85조에서 정한 제소기간 내에 관할 토지수용위원회에서 재결한 보상금의 증감에 대한 소송을 제기한 경우, 같은 법 제30조 제3항에 서 정한 지연가산금은 위 제85조에서 정한 제소기간에 구애받지 않고 그 소송절차에서 청구취지 변경 등을 통해 청구할 수 있다(대판 2012.12.27, 2010두9457).

④ 민사소송

개별법에서 손실보상의 원칙만을 규정하고, 보상금결정기관에 관한 규정이 전혀 존재하지 않는 경우 토지소유자 등은 직접 보상금지급청구소송을 법원에 제기할 수 있다. 이 경우 손실보상청구권의 법적 성질을 공권으로 보느 냐 사권으로 보느냐에 따라 소송의 종류가 달라진다. 손실보상청구권을 공권으로 보는 다수설에 의하면 당사자 소송을, 사권으로 보는 판례에 의하면 민사소송을 제기해야 한다.

> **┃ 관 련 판 례 ┃**
> 수용 목적물의 소유자 또는 관계인은 관계 법령에 손실보상에 관하여 관할 토지수용위원회에 재결신청 등의 불복절차에 관한 규정이 있으면 그 규정에 따라서, 이에 관한 <u>아무런 규정이 없으면 사업시행자를 상대로 민 사소송</u>으로 그 손실보상금을 청구할 수 있다(대판 1998.1.20, 95다29161).

제3절 손해전보를 위한 그 밖의 제도

Ⅰ. 손해전보제도

<table>
<tr><th colspan="3">구 분</th><th>요 건</th><th>특 징</th></tr>
<tr><td rowspan="4">전
통
적

손
해
전
보
제
도</td><td rowspan="2">국가
배상
제도</td><td>공무원의 위법한
직무집행행위</td><td>1. 공무원, 2. 직무집행행위,
3. 고의·과실, 4. 위법성,
5. 손해발생·인과관계</td><td>위법·유책(고의·과실)</td></tr>
<tr><td>영조물 설치·
관리의 하자</td><td>1. 영조물, 2. 설치·관리의 하자,
3. 손해발생·인과관계</td><td>무과실책임
(다수설. 판례는 최근 주관설)</td></tr>
<tr><td colspan="2">손실보상제도</td><td>1. 재산권에 대한 공권적 침해
　① 재산권에 대한 침해
　② 공권적 침해
　　(= 공용침해 = 수용·사용·제한)
　③ 침해의 직접성
2. 공공필요
3. 적법성
4. 보상규정의 존재
5. 특별한 희생</td><td>1. 적법·무책(무과실)
2. 침해의 직접성
3. 보상규정의 존재
4. 재산적 침해에 한정</td></tr>
<tr><td colspan="2"></td><td></td><td></td></tr>
<tr><td rowspan="4">새
로
운

손
해
전
보
제
도</td><td colspan="2">수용유사침해</td><td>기타요건은 손실보상과 동일</td><td>1. 위법(보상규정이 없다는 의미)·무책
2. 재산적 침해에 한정</td></tr>
<tr><td colspan="2">수용적 침해</td><td>기타요건은 손실보상과 동일</td><td>1. 적법·무책. 그러나 결과적(부수적·비
　의도적·비전형적·간접적) 침해
2. 재산적 침해에 한정</td></tr>
<tr><td colspan="2">희생보상청구권</td><td>기타요건은 손실보상과 동일</td><td>적법한 비재산적(생명, 신체) 침해</td></tr>
<tr><td colspan="2">결과제거청구권
(원상회복청구권)</td><td>1. 행정주체의 공행정작용으로 인한
　침해(권력작용·사실행위 등 단순
　고권작용 등)
2. 법률상 이익의 침해, 관계이익의 보
　호가치성(불법주차차량의 견인 시 원상
　회복 부인)
3. 위법한 상태의 존재 및 계속
4. 결과제거의 가능성·허용성·기대가능
　성</td><td>원상회복</td></tr>
</table>

Ⅱ. 수용적 침해

1. 지하철공사가 장기간 계속됨으로 인해 인근상가나 백화점 고객이 현저히 감소함에 따라 발생한 손해
2. 쓰레기 적치장과 같은 공공시설의 경영으로 인근주민이 받는 손해
3. 도시관리계획으로 도로구역으로 고시되었으나 공사를 함이 없이 오랫동안 방치해 둠으로 인하여 고시구역 내의 가옥주 등이 심대한 불이익을 입고 있는 경우

Ⅲ. 희생보상청구권

1. 국가기관의 검정을 받은 약품을 복용하여 뜻밖의 질병에 걸린 경우
2. 국립병원의 의사가 예방주사를 놓았는데 특이체질의 사람이 그로 인해 병을 얻은 경우
3. 범인을 향해 발사한 총탄이 범인을 관통하여 옆사람에게 상해를 입힌 경우 등에 대한 보상
4. 독일의 판례는 비재산적 권리침해에 따른 재산적(물질적·재산법적) 손해(예 치료비·소송비용 등)만을 내용으로 하고, 정신적 침해에 대한 보상으로서의 위자료는 인정하지 않는다.

┤ 관 련 판 례 ├

1. 구 전염병예방법 제54조의2에 따른 국가보상을 받기 위한 전제로서 요구되는 인과관계 증명의 정도 : 구 전염병예방법 제54조의2의 규정에 의한 국가의 보상책임은 무과실책임이기는 하지만, 책임이 있다고 하기 위해서는 질병, 장애 또는 사망(장애 등)이 당해 예방접종으로 인한 것임을 인정할 수 있어야 한다. 그러나 위와 같은 국가의 보상책임은 예방접종의 실시 과정에서 드물기는 하지만 불가피하게 발생하는 부작용에 대해서, 예방접종의 사회적 유용성과 이에 따른 국가적 차원의 권장 필요성, 예방접종으로 인한 부작용이라는 사회적으로 특별한 의미를 가지는 손해에 대한 상호부조와 손해분담의 공평, 사회보장적 이념 등에 터 잡아 구 전염병예방법이 특별히 인정한 독자적인 피해보상제도인 점, 구「전염병예방법 시행령」 제19조의2에 예방접종으로 인한 피해에 대한 보상기준이 항목별로 구체적으로 정해져 있는데 액수가 그리 크지 않은 점, 예방접종으로 인한 부작용으로 사망이라는 중대한 결과까지 초래될 가능성이 있는 반면, 장애 등의 발생 기전은 명확히 밝혀져 있지 않고 현재의 의학수준에 의하더라도 부작용을 완전히 방지할 수는 없는 점 등에 비추어, 구 전염병예방법 제54조의2의 규정에 의한 보상을 받기 위한 전제로서 요구되는 인과관계는 반드시 의학적·자연과학적으로 명백히 증명되어야 하는 것은 아니고, 간접적 사실관계 등 제반 사정을 고려할 때 인과관계가 있다고 추단되는 경우에는 증명이 있다고 보아야 한다. 인과관계를 추단하기 위해서는 특별한 사정이 없는 한 예방접종과 장애 등의 발생 사이에 시간적·공간적 밀접성이 있고, 피해자가 입은 장애 등이 당해 예방접종으로부터 발생하였다고 추론하는 것이 의학이론이나 경험칙상 불가능하지 않으며, 장애 등이 원인불명이거나 당해 예방접종이 아닌 다른 원인에 의해 발생한 것이 아니라는 정도의 증명이 있으면 족하다(대판 2014.5.16, 2014두274).

2. 피해자가 해당 장애 등과 관련한 다른 위험인자를 보유하고 있다거나, 해당 예방접종이 오랜 기간 널리 시행되었음에도 해당 장애 등에 대한 보고 내지 신고 또는 인과관계에 관한 조사·연구 등이 없는 경우, 이를 인과관계 유무를 판단할 때 고려할 수 있다. 그러나 이러한 정도에 이르지 못한 채 예방접종 후 면역력이 약해질 수 있다는 막연한 추측을 근거로 현대의학상 예방접종에 내재하는 위험이 현실화된 것으로 볼 수 없는 경우까지 곧바로 인과관계를 추단할 수는 없다. 특히 피해자가 해당 장애 등과 관련한 다른 위험인자를 보유하고 있다거나, 해당 예방접종이 오랜 기간 널리 시행되었음에도 해당 장애 등에 대한 보고 내지 신고 또는 그 인과관계에 관한 조사·연구 등이 없다면, 인과관계 유무를 판단할 때 이를 고려할 수 있다(대판 2019.4.3, 2017두52764).

Ⅳ. 공법상 결과제거청구권

<table>
<tr><th colspan="2">구분</th><th>내용</th></tr>
<tr><td rowspan="4">성 질</td><td>포괄적 권리</td><td>명예훼손발언과 같은 비재산적 침해의 경우에도 적용될 수 있으므로, 물권적 청구권보다 포괄적 권리(통설)
▶ 채권적 청구권과는 무관</td></tr>
<tr><td>공권</td><td>행정주체의 공행정작용으로 인한 침해가 있는 경우에 발생하므로 공권으로서 당사자소송에 의해 구제(통설)</td></tr>
<tr><td>손해배상
청구권과의
차이</td><td>1. 손해배상청구권은 고의 또는 과실이 있어야 성립하는데 결과제거청구권은 고의·과실 불문
2. 손해배상청구는 위법한 침해가 있으면 족하나, 결과제거청구권은 위법한 침해상태의 계속을 요건
3. 손해배상청구권은 금전배상을 내용으로 하는데, 결과제거청구권은 사실적 상태의 제거를 목적. 원상회복을 통하여 구제받지 못하는 경우 손해배상청구도 가능(경합관계)</td></tr>
<tr><td>적극적 권리</td><td>행정청의 적극적인 행위를 구하는 권리</td></tr>
<tr><td colspan="2">법적 근거</td><td>법치행정원리(헌법 제107조), 기본권규정(제10조·제37조 제1항), 취소판결의 구속력 규정(제30조), 민법상의 관계규정(제213조·제214조)의 유추적용에서 찾는 견해로서 다수설</td></tr>
<tr><td colspan="2">성립요건</td><td>1. 행정주체의 공행정작용으로 인한 침해(권력작용·사실행위 등 단순고권작용 등) : 부작위의 경우도 포함. 사법적 활동의 경우 민법상의 방해제거청구권
2. 법률상 이익의 침해
3. 관계이익의 보호가치성 : 불법주차 차량의 견인시 원상회복 부인
4. 위법한 상태의 존재 및 계속 : 사실심 변론종결시를 기준
5. 결과제거의 가능성·허용성·기대가능성</td></tr>
<tr><td rowspan="2">내 용</td><td>원상회복의
청구</td><td>행정작용으로 인하여 야기된 결과적인 위법상태를 제거하여 위법적인 침해가 없는 원래의 상태나 이와 동가치적인 상태로 회복시켜 줄 것을 청구</td></tr>
<tr><td>직접적인
결과의 제거</td><td>1. 행정작용으로 발생한 직접적인 위법적 결과의 제거만이 대상
2. 행정주체가 제3자를 불법입주시킨 후 제3자가 주택을 손상한 경우
　① 행정주체가 직접 야기한 불법결과인 불법입주자 퇴거는 공법상 결과제거청구권
　② 불법입주자가 야기한 불법결과인 주택손상에 대한 원상회복은 행정주체에 의한 간접적 결과로서 민법상 물권적 청구권의 대상</td></tr>
<tr><td colspan="2">한계</td><td>1. 결과제거로 인하여 원래의 상태나 이와 같은 가치를 갖는 상태의 회복이 사실상 가능하고, 법률상으로 허용되어야 하며, 그것이 의무자에게 기대가능하여야 한다.
2. 위법적인 상태가 그 사이에 적법하게 된 경우에는 더 이상 주장되지 못한다.
3. 위법한 상태발생에 대해 피해자에게도 과실이 있는 경우에는 민법상 과실상계에 관한 규정이 유추적용</td></tr>
</table>

행정쟁송	다수설은 공법상의 당사자소송, 판례는 민사소송
	1. 원상회복 부정, 손해배상 인정사례 : 도로를 구성하는 부지에 대하여는 사권을 행사할 수 없으므로 그 부지의 소유자는 불법행위를 원인으로 하여 손해배상을 청구함은 별론으로 하고 그 부지에 관하여 그 소유권을 행사하여 인도를 청구할 수 없다(대판 1968.10.22, 68다1317).
	2. 원상회복 부정, 부당이득반환청구 인정사례 : 도로를 구성하는 부지에 관하여는 도로법 제5조에 의하여 사권의 행사가 제한된다고 하더라도 이는 도로법상의 도로에 관하여 도로로서의 관리, 이용에 저촉되는 사권을 행사할 수 없다는 취지이지 부당이득반환청구권의 행사를 배제하는 것은 아니다(대판 1989.1.24, 88다카6006).
	3. 원상회복 인정사례 : 대지의 지하에 매설한 상수도관의 철거를 구하는 경우(대판 1987.7.7, 85다카1383)

제3장
행정쟁송

제1절 개설

I. 행정쟁송의 종류

1. 절차에 의한 분류

정식쟁송	판정기관의 독립성, 심리절차에 있어서 당사자에게 구술변론보장. 분쟁의 공정한 해결을 위한 절차적 요건을 충족한 쟁송유형(행정소송)
약식쟁송	위 요건 중 어느 하나가 결여된 쟁송(행정심판)

2. 쟁송단계에 의한 분류

시심적 쟁송	행정법관계의 형성이나 존부에 관한 1차적 결정이 쟁송의 형식(당사자쟁송)
복심적 쟁송	이미 행하여진 행정기관의 처분(1차적 결정이 쟁송이 아닌 처분의 형식)의 위법이나 부당을 다투는 쟁송(항고쟁송)

3. 성질에 의한 분류

항고쟁송과 당사자쟁송	항고쟁송	1. 이미 행하여진 처분의 위법이나 부당을 다투어서 그 취소나 변경을 구하는 쟁송, 행정청이 피고 2. 국세기본법상의 이의신청·심사청구·심판청구, 행정심판법상의 행정심판(항고심판) 및 행정소송법상의 항고소송
	당사자쟁송	서로 대립하는 대등한 당사자(권리의무의 귀속주체) 상호 간의 법률관계(권리의무관계)의 형성이나 존부를 다투는 쟁송. 권리의무의 귀속주체가 아닌 행정청은 피고에서 제외
주관적 쟁송과 객관적 쟁송	주관적 쟁송	개인적 권리·이익(사익)의 구제를 주된 목적으로 하는 쟁송. 항고쟁송과 당사자쟁송
	객관적 쟁송	행정작용의 적법·타당성 확보(공익)를 주된 목적으로 하는 쟁송. 민중쟁송, 기관쟁송
민중쟁송과 기관쟁송	민중쟁송	1. 적정한 행정법규의 적용을 확보하기 위하여 선거인 등 일반민중에 의해 제기되는 쟁송 2. 선거소송(선거구민의 선거무효소송), 투표소송(국민투표소송·주민투표소송·주민소환투표소송), 주민소송
	기관쟁송	1. 국가 또는 지방자치단체 상호 간의 권한에 관한 분쟁을 해결하기 위한 쟁송 2. 지방자치단체의 장이나 교육감의 지방의회 재의결에 대한 대법원 제소

4. 심판기관에 의한 분류

행정심판	행정법상의 분쟁에 대하여 행정기관이 스스로 심리하고 판정하는 쟁송절차로서 약식쟁송. 분쟁에 대한 심판작용이면서, 동시에 그 자체가 행정행위라는 이중적 성격. 실질적 의미의 사법. 처분과 행정심판의 재결을 합하여 처분 등으로 규정
행정소송	법원이 주체가 되어 행정법상의 분쟁을 해결하는 절차로서 정식쟁송

5. 그 밖의 분류

실질적 의미의 쟁송	위법·부당한 행정작용으로 인해 권리(법률상 이익)가 침해된 자가 침해된 권리·이익의 회복을 구하는 쟁송(행정심판·행정소송)
형식적 의미의 쟁송	공권력행사를 신중·공정히 행하기 위한 절차(행정절차)

II. 행정심판과 행정소송의 비교

구 분		행정심판		행정소송
종 류	항고 심판	1. 취소심판 : 형성적 쟁송	항고 소송	1. 취소소송 : 형성적 소송, 처분의 위법성 일반이 소송물 ⇔ 개개의 위법사유(×)
		2. 무효등확인심판 : 준형성적 쟁송		2. 무효등확인소송 : 준항고소송, 처분 등의 유효성·무효성·존재·부존재·실효가 소송물
		3. 의무이행심판 : 이행쟁송, 적극적 변경 가능, 작위의무의 존재가 소송물 ▶ 부작위위법확인심판은 인정되지 않음.		3. 부작위위법확인소송 : 확인소송, 부작위의 위법성이 소송물(부작위의무의 존재가 아님)
				행정소송법에 규정이 없는 소송(비법정·무명 항고소송) : 소송종류에 관한 열기주의 1. 의무이행소송 : 이행쟁송 ▶ 의무이행소송은 작위의무의 존재가 소송물 로서 부작위의 적법성이 아님. 2. 불법행위에 대한 위법확인소송 3. 예방적 부작위청구소송·취소처분 저지 소송 4. 작위의무확인소송
	기타 심판	행정심판법에는 당사자심판·민중심판· 기관심판에 관한 규정이 없고 개별법에만 존재	기타 소송	1. 행정소송법에는 당사자소송·민중소송· 기관소송에 관한 규정이 존재 2. 당사자소송 : 공법상 법률관계 자체가 소송물
존재이유		자율적 통제, 전문성 확보		타율적 통제, 독립성 확보
성 질		1. 형식적 의미의 행정 2. 실질적 의미의 사법		1. 형식적 의미의 사법 2. 실질적 의미의 사법
목적(기능)		1. 행정의 적법성 보장(1차적) 2. 국민의 권리구제(2차적)		1. 국민의 권리구제(1차적) 2. 행정의 적법성 보장(2차적)
심판절차		약식쟁송		정식쟁송
피청구인· 피고경정		청구인이 피청구인을 잘못 지정한 때 신청만 이 아니라 직권에 의하여도 피청구인경정 가능		원고가 피고를 잘못 지정한 때 신청에 의해서만 피고경정 가능
참가통지		제3자의 참가 여부에 대한 통지규정 존재		제3자의 참가 여부에 관한 통지규정 부존재
심판대상		1. 처분에 한정되고 재결은 제외 2. 대통령의 처분이나 부작위 제외		1. 처분 등(처분 + 행정심판재결) 2. 대통령의 처분이나 부작위 포함

제기기간		1. 취소심판·거부처분에 대한 의무이행심판 : 처분이 있음을 알게 된 날부터 90일, 처분이 있었던 날부터 180일. 불가항력으로 인한 특칙 존재 2. 무효등확인심판 : 기간 제한 없음 3. 부작위에 대한 의무이행심판 : 기간제한 없음	1. 취소소송 : 처분 등이 있음을 안 날로부터 90일(재결서의 정본을 송달받은 날로부터 90일), 처분 등이 있은 날부터 1년(재결이 있은 날로부터 1년). 불가항력으로 인한 특칙규정 없음 2. 무효등확인소송 : 기간제한 없음 3. 부작위위법확인소송 : 기간제한 없음(부작위의 경우 처분을 전제로 한 규정). 다만, 재결을 전제로 한 규정은 적용
심판기관		행정청(행정심판위원회)	법 원
집행정지 요건		중대한 손해가 생기는 것을 예방할 필요성	회복하기 어려운 손해를 예방
집행정지 신청		1. 집행정지 신청 이유에 대한 소명 불요 2. 심판청구와 동시 또는 심판청구에 대한 의결이 있기 전까지 집행정지의 신청규정	1. 집행정지 신청 이유에 대한 소명 필요 2. 신청기간 규정 없음
임시처분 (가처분)		임시처분 인정(제31조)	가처분 규정 없음
심리방식	구술심리	1. 행정심판의 심리는 구술심리 또는 서면심리로 한다. 2. 법률은 선택적으로 규정하고 있지만, 해석상 서면심리주의를 취했다는 것이 다수설	명시적 규정은 없지만 민사소송법을 준용하여 구술심리원칙(구두변론주의) ▶ 행정소송법에 명시적 규정이 있는 심리원칙 1. 직권심리주의·직권증거조사주의 2. 행정심판기록제출명령
	공개 여부	비공개원칙. 명문의 근거는 없음. 직권심리주의와 서면심리주의를 채택한 전체적 구조로 판단. 위원회가 필요 인정 시 공개 ▶ 청문도 비공개원칙	공개재판주의 : 재판의 심리와 판결은 공개한다. 다만, 심리는 국가의 안전보장 또는 안녕질서를 방해하거나 선량한 풍속을 해할 염려가 있을 때에는 법원의 결정으로 공개하지 아니할 수 있다 (헌법 제109조).
재결·판결	인용사유	위법·부당(공익판단위배·합목적성 위배)	위법에 한정 ▶ 부당은 기각사유
	종 류	1. 취소재결·변경재결, 변경명령재결 가능 2. 사정재결 ① 취소심판과 의무이행심판에 인정 ② 구제수단을 추상적으로 규정 : 상당한 구제방법 ③ 재결주문에 위법 또는 부당 명시 ④ 위원회가 상당한 구제방법을 취하거나 명령	1. 취소판결만 가능하고 취소명령판결은 불가 2. 사정판결 ① 취소소송에만 인정되고 부작위위법 확인소송에는 인정되지 않음. ② 구제수단을 구체적으로 규정 : 손해배상, 제해시설의 설치 그 밖에 적당한 구제방법 ③ 판결주문에 위법 명시 ④ 원고가 병합제기해야
	변 경	적극적 변경(예 면허취소처분을 면허정지처분으로 변경하는 것) 가능	소극적 변경으로서 일부취소(예 영업정지 3월을 영업정지 1월로 변경하는 것)만 가능
	기속력 확보수단	시정명령＋직접처분권＋간접강제	간접강제(법원에 의한 배상명령)

제2절 행정심판제도

제1항 행정심판과 이의신청과의 구별

Ⅰ. 이의신청의 의의

이의신청은 통상 해당 처분청에 제기하는 처분에 대한 불복절차를 말한다.

Ⅱ. 행정기본법상의 이의신청

1. 행정청의 처분(「행정심판법」 제3조에 따라 같은 법에 따른 행정심판의 대상이 되는 처분을 말한다)에 이의가 있는 당사자는 처분을 받은 날부터 30일 이내에 해당 행정청에 이의신청을 할 수 있다(제36조 제1항).
2. 행정청은 제1항에 따른 이의신청을 받으면 그 신청을 받은 날부터 14일 이내에 그 이의신청에 대한 결과를 신청인에게 통지하여야 한다. 다만, 부득이한 사유로 14일 이내에 통지할 수 없는 경우에는 그 기간을 만료일 다음 날부터 기산하여 10일의 범위에서 한 차례 연장할 수 있으며, 연장 사유를 신청인에게 통지하여야 한다(같은 조 제2항).
3. 제1항에 따라 이의신청을 한 경우에도 그 이의신청과 관계없이 「행정심판법」에 따른 행정심판 또는 「행정소송법」에 따른 행정소송을 제기할 수 있다(같은 조 제3항).
4. 이의신청에 대한 결과를 통지받은 후 행정심판 또는 행정소송을 제기하려는 자는 그 결과를 통지받은 날(제2항에 따른 통지기간 내에 결과를 통지받지 못한 경우에는 같은 항에 따른 통지기간이 만료되는 날의 다음 날을 말한다)부터 90일 이내에 행정심판 또는 행정소송을 제기할 수 있다(같은 조 제4항).
5. 다른 법률에서 이의신청과 이에 준하는 절차에 대하여 정하고 있는 경우에도 그 법률에서 규정하지 아니한 사항에 관하여는 이 조에서 정하는 바에 따른다(같은 조 제5항).
6. 다음 각 호의 어느 하나에 해당하는 사항에 관하여는 이 조를 적용하지 아니한다(같은 조 제7항).

   1. 공무원 인사 관계 법령에 따른 징계 등 처분에 관한 사항
   2. 「국가인권위원회법」 제30조에 따른 진정에 대한 국가인권위원회의 결정
   3. 「노동위원회법」 제2조의2에 따라 노동위원회의 의결을 거쳐 행하는 사항
   4. 형사, 행형 및 보안처분 관계 법령에 따라 행하는 사항
   5. 외국인의 출입국·난민인정·귀화·국적회복에 관한 사항
   6. 과태료 부과 및 징수에 관한 사항

[시행일 : 2023.3.24.] 제36조

Ⅲ. 행정심판인 이의신청과 행정심판이 아닌 이의신청의 구별

1. 문제의 소재

개별법률에서 이의신청을 규정하면서 행정심판과의 관계를 규정하고 있는 경우가 있다. 이의신청을 거친 후 행정심판을 제기할 수 있는 것으로 규정하고 있는 경우도 있고(例 정보공개법 제18조, 제19조), 이의신청으로 행정심판을 대체하는 것으로 규정한 경우(例 출입국관리법상 난민인정 신청에 대한 거부)도 있다. 이처럼 개별법에서 규정하고 있는 이의신청의 성질이 행정심판인가 아닌가가 문제된다.

2. 구별실의

(1) 적용법률과 행정심판 제기가능 여부

1. 이의신청이 행정심판(특별행정심판)에 해당하면 개별법에서 규정하고 있는 것을 제외하고는 행정심판법이 적용되고, 이의신청을 거친 후에는 행정심판을 다시 제기할 수 없다.

> ┤ 관 련 판 례 ├
> 1. <u>토지수용위원회의 수용재결에 대한 이의절차는 실질적으로 행정심판의 성질을 갖는 것이므로 토지수용법에 특별한 규정이 있는 것을 제외하고는 행정심판법의 규정이 적용된다고 할 것이다</u>(대판 1992.6.9, 92누565).
> 2. 구 공무원연금법상 공무원연금급여 재심위원회에 대한 심사청구 제도의 법적 성격은 특별행정심판이다(대판 2019.8.9, 2019두38656).

2. 행정심판이 아니라면 행정심판법이 적용되지 않고 이의신청을 거친 후에도 행정심판을 다시 제기할 수 있다.

> ┤ 관 련 판 례 ├
> 「국가유공자 등 예우 및 지원에 관한 법률」 제74조의18 제1항이 정한 이의신청을 받아들이지 아니하는 결과를 통보받은 자는 통보받은 날부터 90일 이내에 행정심판 또는 취소소송을 제기할 수 있다(대판 2016.7.27, 2015두45953).

(2) 성질

행정심판인 이의신청에 대한 결정은 행정심판 재결의 성질을 갖는다. 행정심판이 아닌 이의신청에 따라 한 처분청의 결정통지는 새로운 행정처분이다. 이의신청의 대상이 된 처분을 취소하는 처분은 직권취소이고, 변경하는 결정통지는 종전의 처분을 대체하는 새로운 처분이다. 그러나 행정심판이 아닌 이의신청에서 기각하는 결정통지는 종전의 처분을 단순히 확인하는 행위로서 독립된 처분의 성질을 갖지 않는다.

> ┤ 관 련 판 례 ├
> 1. 「민원사무 처리에 관한 법률」 제18조 제1항에서 정한 '거부처분에 대한 이의신청'을 받아들이지 않는 취지의 기각 결정 또는 그 취지의 통지는 항고소송의 대상이 아니다(대판 2012.11.15, 2010두8676).
> 2. 한국토지주택공사가 택지개발사업의 시행자로서 일정 기준을 충족하는 손실보상대상자들에 대하여 생활대책을 수립·시행하였는데, 직권으로 갑 등이 생활대책대상자에 해당하지 않는다는 결정을 하고, 갑 등의 이의신청에 대하여 재심사 결과로도 생활대책 대상자로 선정되지 않았다는 통보를 한 사안에서, 재심사 결과 통보는 독립한 행정처분으로서 항고소송의 대상이 된다(대판 2016.7.14, 2015두58645).
> 3. 「국가유공자 등 예우 및 지원에 관한 법률」 제74조의18 제1항이 정한 이의신청을 받아들이지 아니하는 결정은 항고소송의 대상이 되지 않는다(대판 2016.7.27, 2015두45953).

(3) 효력

행정심판이 아닌 이의신청도 처분에 대한 불복제도이므로 이의신청에 따른 직권취소에도 불가변력이 인정된다 (대판 2010.9.30, 2009두1020).

> **┤ 관 련 판 례 ├**
>
> 과세관청이 과세처분에 대한 이의신청절차에서 납세자의 이의신청 사유가 옳다고 인정하여 과세처분을 직권으로 취소한 경우, 허위의 자료를 제출하는 등 부정한 방법에 기초하여 직권취소되었다는 등의 특별한 사유 없이 이를 번복하고 종전과 동일한 처분을 하는 것은 위법하다(대판 2017.3.9, 2016두56790).

(4) 제소기간 기산점

1. 행정심판인 이의신청의 경우 그에 대한 결정은 재결이므로 재결서 정본을 송달받은 날부터 90일, 재결이 있은 날부터 1년 안에 행정소송을 제기할 수 있다.

> **┤ 관 련 판 례 ├**
>
> 토지수용재결서정본을 송달함에 있어 이의신청기간을 알리지 않은 경우 행정심판법 제18조 제6항이 적용된다(대판 1992.6.9, 92누565).

2. 행정심판이 아닌 이의신청의 경우 그에 대한 결정은 재결이 아니므로 거부처분시가 기산점이다.

> **┤ 관 련 판 례 ├**
>
> 1. 민원사항에 대한 행정기관의 장의 거부처분에 불복하여 「민원사무 처리에 관한 법률」 제18조 제1항에 따라 이의신청을 한 경우, 이의신청에 대한 결과를 통지받은 날부터 취소소송의 제소기간이 기산된다고 할 수 없고, 위 이의신청 절차는 헌법 제27조에서 정한 재판청구권을 침해하지 않는다(대판 2012.11.15, 2010두8676).
> 2. 「공공감사에 관한 법률」상의 재심의신청 및 「광주광역시교육청 행정감사규정」상의 이의신청은 행정소송법 제20조 제1항의 '행정심판청구'에 해당하지 않는다(대판 2014.4.24, 2013두10809).
> 3. 제소기간에 관한 행정소송법 제20조 제1항에서 말하는 '행정심판'의 의미 : '행정심판'은 행정심판법에 따른 일반행정심판과 이에 대한 특례로서 다른 법률에서 사안의 전문성과 특수성을 살리기 위하여 특히 필요하여 일반행정심판을 갈음하는 특별한 행정불복절차를 정한 경우의 특별행정심판(행정심판법 제4조)을 뜻한다(대판 2019.4.3, 2017두52764).

3. 구별기준

양자의 구별기준으로는 ① 이의신청은 처분청 자체에 제기하는 쟁송인데 행정심판은 직근상급행정청에 제기하는 쟁송이라는 심판기관기준설, ② 사법절차가 준용되면 행정심판으로 보고 그렇지 않으면 행정심판이 아니라고 보는 쟁송절차기준설이 제기되는데, 판례는 명확하지는 않지만 쟁송절차기준설을 취하고 있는 것으로 보인다(박균성).

┤ 관 련 판 례 ├

1. 「부동산 가격공시 및 감정평가에 관한 법률」 제12조, 행정소송법 제20조 제1항, 행정심판법 제3조 제1항의 규정 내용 및 취지와 아울러 「부동산 가격공시 및 감정평가에 관한 법률」에 행정심판의 제기를 배제하는 명시적인 규정이 없고 「부동산 가격공시 및 감정평가에 관한 법률」에 따른 이의신청과 행정심판은 그 절차 및 담당 기관에 차이가 있는 점을 종합하면, 「부동산 가격공시 및 감정평가에 관한 법률」이 이의신청에 관하여 규정하고 있다고 하여 이를 행정심판법 제3조 제1항에서 행정심판의 제기를 배제하는 '다른 법률에 특별한 규정이 있는 경우'에 해당한다고 볼 수 없으므로, 개별공시지가에 대하여 이의가 있는 자는 곧바로 행정소송을 제기하거나 「부동산 가격공시 및 감정평가에 관한 법률」에 따른 이의신청과 행정심판법에 따른 행정심판청구 중 어느 하나만을 거쳐 행정소송을 제기할 수 있을 뿐 아니라, 이의신청을 하여 그 결과 통지를 받은 후 다시 행정심판을 거쳐 행정소송을 제기할 수도 있다고 보아야 하고, 이 경우 행정소송의 제소기간은 그 행정심판 재결서 정본을 송달받은 날부터 기산한다(대판 2010.1.28, 2008두19987).

2. 행정처분에 대하여 이의신청을 제기하여야 하는데도 표제를 행정심판청구서로 한 서류를 제출한 경우에 이를 그 처분에 대한 이의신청으로 볼 수 있는 요건 : 이의신청은 행정청의 위법·부당한 처분에 대하여 행정기관이 심판하는 행정심판과는 구별되는 별개의 제도라 할 것이나, 이의신청과 행정심판은 모두 본질에 있어서 행정처분으로 인하여 권리나 이익을 침해당한 상대방의 권리구제에 그 목적이 있고, 행정소송에 앞서 먼저 행정기관의 판단을 받는 데에 목적을 둔 엄격한 형식을 요하지 않는 서면행위라 할 것이므로, 이의신청을 제기하여야 할 사람이 처분청에 표제를 행정심판청구서로 한 서류를 제출한 경우라 할지라도, 서류의 내용에 있어서 이의신청의 요건에 맞는 불복취지와 그 사유가 충분히 기재되어 있다면 그 표제에도 불구하고 이를 그 처분에 대한 이의신청으로 볼 수 있다(대판 2012.3.29, 2011두26886).

제2항 행정심판의 제기

Ⅰ. 당사자와 관계인

1. 개 설

행정심판법은 헌법 제107조 제3항의 취지에 따라 행정심판절차의 사법절차화를 도모하기 위해 대립하는 두 당사자의 대심구조(對審構造)를 원칙으로 하고 있다. 따라서 행정심판에 있어서도 '청구인'과 '피청구인'이 서로 대립되는 당사자관계를 유지하고 있다.

2. 청구인

(1) 의 의

청구인이란 행정심판의 대상인 처분 또는 부작위에 불복하여 그의 취소 또는 변경 등을 구하는 심판청구를 제기하는 자를 말한다.

(2) 청구인능력

법인이 아닌 사단 또는 재단으로서 대표자나 관리인이 정하여져 있는 경우에는 그 사단이나 재단의 이름으로 심판청구를 할 수 있다(제14조).

(3) 청구인적격

1. 청구인적격이란 행정심판의 청구인이 될 수 있는 법률상의 자격을 말한다.
2. 행정심판법은 "취소심판은 처분의 취소 또는 변경을 구할 법률상 이익이 있는 자가 청구할 수 있다."라고 규정하고 있다(제13조 제1항 제1문). 따라서 법률상 이익이 있으면 처분의 상대방뿐만 아니라 제3자도 심판청구인이 될 수 있다.
3. 무효등확인심판은 처분의 효력 유무 또는 존재 여부의 확인을 구할 법률상 이익이 있는 자가(제13조 제2항), 의무이행심판은 처분을 신청한 자로서 행정청의 거부처분 또는 부작위에 대하여 일정한 처분을 구할 법률상 이익이 있는 자가 청구할 수 있다(같은 조 제3항).

> ┤ **관 련 판 례** ├
> 사립학교 교원은 임용기간 만료 후에도 계속 근무를 하던 중 신규임용의 취소 통지를 받은 경우 이에 대하여 교원소청심사를 청구할 법률상 이익이 있다(대판 2012.6.14, 2011두29885).

(4) 처분의 소멸

취소심판은 처분의 취소 또는 변경을 구할 법률상 이익이 있는 자가 청구할 수 있다. 처분의 효과가 기간의 경과, 처분의 집행, 그 밖의 사유로 소멸된 뒤에도 그 처분의 취소로 회복되는 법률상 이익이 있는 자의 경우에도 또한 같다(제13조 제1항 제2문).

(5) 선정대표자

1. 여러 명의 청구인이 공동으로 심판청구를 할 때에는 청구인들 중에서 3명 이하의 선정대표자를 선정할 수 있다(제15조 제1항).
2. 청구인들이 선정대표자를 선정하지 아니한 경우에 위원회는 필요하다고 인정하면 청구인들에게 선정대표자를 선정할 것을 권고할 수 있다(같은 조 제2항).
3. 선정대표자는 다른 청구인들을 위하여 그 사건에 관한 모든 행위를 할 수 있다. 다만, 심판청구를 취하하려면 다른 청구인들의 동의를 받아야 하며, 이 경우 동의받은 사실을 서면으로 소명하여야 한다(같은 조 제3항).
4. 선정대표자가 선정되면 다른 청구인들은 그 선정대표자를 통해서만 그 사건에 관한 행위를 할 수 있다(같은 조 제4항).
5. 선정대표자를 선정한 청구인들은 필요하다고 인정하면 선정대표자를 해임하거나 변경할 수 있다. 이 경우 청구인들은 그 사실을 지체 없이 위원회에 서면으로 알려야 한다(같은 조 제5항).
6. 대표자·관리인·선정대표자 또는 대리인의 자격은 서면으로 소명하여야 한다(제19조 제1항).
7. 청구인이나 피청구인은 대표자·관리인·선정대표자 또는 대리인이 그 자격을 잃으면 그 사실을 서면으로 위원회에 신고하여야 한다. 이 경우 소명 자료를 함께 제출하여야 한다(같은 조 제2항).

┤ 관 련 판 례 ├
행정심판절차에서 당사자가 아닌 자를 선정대표자로 선정한 행위는 무효이다(대판 1991.1.25, 90누7791).

(6) 청구인의 지위승계

① 당연승계(상속·합병 등 포괄승계의 경우)

1. 청구인이 사망한 경우에는 상속인이나 그 밖에 법령에 따라 심판청구의 대상에 관계되는 권리나 이익을 승계한 자가(제16조 제1항),
2. 법인인 청구인이 합병(合倂)에 따라 소멸하였을 때에는 합병 후 존속하는 법인이나 합병에 따라 설립된 법인이 청구인의 지위를 승계한다(같은 조 제2항).
3. 청구인의 지위를 승계한 자는 위원회에 서면으로 그 사유를 신고하여야 한다. 이 경우의 신고서에는 사망 등에 의한 권리·이익의 승계 또는 합병 사실을 증명하는 서면을 함께 제출하여야 한다(같은 조 제3항).
4. 신고가 있을 때까지 사망자나 합병 전의 법인에 대하여 한 통지 또는 그 밖의 행위가 청구인의 지위를 승계한 자에게 도달하면 지위를 승계한 자에 대한 통지 또는 그 밖의 행위로서의 효력이 있다(같은 조 제4항).

② 허가승계(특정승계의 경우)

1. 심판청구의 대상과 관계되는 권리나 이익을 양수한 자는 위원회의 허가를 받아 청구인의 지위를 승계할 수 있다(제16조 제5항).
2. 위원회는 지위 승계 신청을 받으면 기간을 정하여 당사자와 참가인에게 의견을 제출하도록 할 수 있으며, 당사자와 참가인이 그 기간에 의견을 제출하지 아니하면 의견이 없는 것으로 본다(같은 조 제6항).
3. 위원회는 지위 승계 신청에 대하여 허가 여부를 결정하고, 지체 없이 신청인에게는 결정서 정본을, 당사자와 참가인에게는 결정서 등본을 송달하여야 한다(같은 조 제7항).
4. 신청인은 위원회가 지위 승계를 허가하지 아니하면 결정서 정본을 받은 날부터 7일 이내에 위원회에 이의신청을 할 수 있다(같은 조 제8항).

3. 피청구인

(1) 피청구인적격(행정청)

행정심판의 피청구인이란 심판청구를 제기 받은 상대방인 당사자를 말한다. 행정심판법은 "행정심판은 처분을 한 행정청(의무이행심판의 경우에는 청구인의 신청을 받은 행정청)을 피청구인으로 하여 청구하여야 한다. 다만, 심판청구의 대상과 관계되는 권한이 다른 행정청에 승계된 경우에는 권한을 승계한 행정청을 피청구인으로 하여야 한다."라고 규정하고 있다(제17조 제1항).

(2) 피청구인 경정

① 경정사유 및 절차

1. 청구인이 피청구인을 잘못 지정한 경우에는 위원회는 직권으로 또는 당사자의 신청에 의하여 결정으로써 피청구인을 경정할 수 있다(제17조 제2항).
2. 위원회는 피청구인을 경정하는 결정을 하면 결정서 정본(등본이 아님)을 당사자(종전의 피청구인과 새로운 피청구인을 포함한다)에게 송달하여야 한다(같은 조 제3항).
3. 위원회는 행정심판이 청구된 후에 제1항 단서의 사유가 발생하면 직권으로 또는 당사자의 신청에 의하여 결정으로써 피청구인을 경정한다. 이 경우에는 제3항과 제4항을 준용한다(같은 조 제5항).
4. 당사자는 제2항 또는 위원회의 결정에 대하여 결정서 정본을 받은 날부터 7일 이내에 위원회에 이의신청을 할 수 있다(같은 조 제6항).

② 경정의 효과

경정결정이 있으면 종전의 피청구인에 대한 심판청구는 취하되고 종전의 피청구인에 대한 행정심판이 청구된 때에 새로운 피청구인에 대한 행정심판이 청구된 것으로 본다(제17조 제4항).

4. 관계인

(1) 참가인

① 심판참가

1. 행정심판의 참가란 행정심판의 결과에 대해 이해관계가 있는 제3자 또는 행정청이 행정심판위원회의 허가나 요구에 의해 심판절차에 참가하는 것을 말한다.
2. 행정심판의 결과에 이해관계가 있는 제3자나 행정청은 해당 심판청구에 대한 위원회나 소위원회의 의결이 있기 전까지 그 사건에 대하여 심판참가를 할 수 있다(제20조 제1항).
3. 위원회는 참가신청을 받으면 허가 여부를 결정하고, 지체 없이 신청인에게는 결정서 정본을, 당사자와 다른 참가인에게는 결정서 등본을 송달하여야 한다(같은 조 제5항).
4. 신청인은 송달을 받은 날부터 7일 이내에 위원회에 이의신청을 할 수 있다(같은 조 제6항).

② 심판참가의 요구

1. 위원회는 필요하다고 인정하면 그 행정심판 결과에 이해관계가 있는 제3자나 행정청에 그 사건 심판에 참가할 것을 요구할 수 있다(제21조 제1항).
2. 참가요구를 받은 제3자나 행정청은 지체 없이 그 사건 심판에 참가할 것인지 여부를 위원회에 통지하여야 한다(같은 조 제2항).

③ 참가인의 지위

참가인은 행정심판 절차에서 당사자가 할 수 있는 심판절차상의 행위를 할 수 있다(제22조 제1항).

(2) 대리인

1. 청구인은 법정대리인 외에 다음 각 호의 어느 하나에 해당하는 자를 대리인으로 선임할 수 있다.
   1. 청구인의 배우자, 청구인 또는 배우자의 사촌 이내의 혈족
   2. 청구인이 법인이거나 제14조에 따른 청구인 능력이 있는 법인이 아닌 사단 또는 재단인 경우 그 소속 임직원
   3. 변호사
   4. 다른 법률에 따라 심판청구를 대리할 수 있는 자
   5. 그 밖에 위원회의 허가를 받은 자
2. 피청구인은 그 소속 직원 또는 제1항 제3호부터 제5호까지의 어느 하나에 해당하는 자를 대리인으로 선임할 수 있다(같은 조 제2항).
3. 대리인에 관하여는 제15조 제3항(선정대표자는 다른 청구인들을 위하여 그 사건에 관한 모든 행위를 할 수 있다. 다만, 심판청구를 취하하려면 다른 청구인들의 동의를 받아야 하며, 이 경우 동의받은 사실을 서면으로 소명하여야 한다) 및 제5항(선정대표자를 선정한 청구인들은 필요하다고 인정하면 선정대표자를 해임하거나 변경할 수 있다. 이 경우 청구인들은 그 사실을 지체 없이 위원회에 서면으로 알려야 한다)을 준용한다(같은 조 제3항).
4. 대표자·관리인·선정대표자 또는 대리인의 자격은 서면으로 소명하여야 한다(제19조 제1항).
5. 청구인이나 피청구인은 대표자·관리인·선정대표자 또는 대리인이 그 자격을 잃으면 그 사실을 서면으로 위원회에 신고하여야 한다. 이 경우 소명 자료를 함께 제출하여야 한다(같은 조 제2항).

Ⅱ. 행정심판의 대상

1. 처분과 부작위의 의의

1. 처분이란 행정청이 행하는 구체적 사실에 관한 법집행으로서의 공권력의 행사 또는 그 거부, 그 밖에 이에 준하는 행정작용을 말한다(제2조 제1항 제1호).
2. 부작위란 행정청이 당사자의 신청에 대하여 상당한 기간 내에 일정한 처분을 하여야 할 법률상 의무가 있는데도 처분을 하지 아니하는 것을 말한다(제2조 제1항 제2호).

> ┨ 관 련 판 례 ┠
>
> 1. 사립학교 교원에 대한 신규임용을 취소한다는 내용의 통지는 교원소청심사의 대상이 된다(대판 2012.6. 14, 2011두29885).
> 2. 행정심판의 대상인 처분 개념을 규정한 행정심판법 제2조 제1호 및 제3조 제1항 중 '처분'에 관한 부분은 재판청구권을 침해하지 않는다(합헌)(헌재결 2014.6.26, 2012헌바333).
> 3. 행정심판의 대상인 처분 개념을 규정한 행정심판법 제2조 제1호 및 제3조 제1항 중 '처분'에 관한 부분은 '구체적 사실에 대한 법집행으로서의 공권력의 행사'에 의하여 권리 또는 이익을 침해당한 사람들만이 행정심판을 제기할 수 있도록 하는 것은 평등권을 침해하지 않는다(합헌)(헌재결 2014.6.26, 2012헌바333).

2. 제외대상

1. 대통령의 처분 또는 부작위 : 대통령의 처분 또는 부작위에 대하여는 다른 법률에서 행정심판을 청구할 수 있도록 정한 경우 외에는 행정심판을 청구할 수 없다(제3조 제2항). 행정심판의 실익이 없다고 보아 대상에서 제외하여 직접 행정소송을 제기하도록 한 것이다.
2. 재결 : 심판청구에 대한 재결이 있으면 그 재결 및 같은 처분 또는 부작위에 대하여 다시 행정심판을 청구할 수 없다(제51조).

Ⅲ. 행정심판의 청구방식과 절차

1. 청구방식(엄격한 형식을 요하지 아니하는 서면주의)

(1) 심판청구의 방식

1. 심판청구는 서면으로 하여야 한다(제28조 제1항). 심판청구를 서면으로 한 취지는 심판청구의 내용을 명확히 하고 일정한 방식으로 통일함으로써 구술제기로 인해 생길 심판의 지체와 번잡을 피하기 위해서이다.
2. 그러나 판례는 행정심판청구는 엄격한 형식을 요하지 아니하는 서면행위이기 때문에 행정심판청구서의 형식을 갖추지 못한 경우라도 보정이 가능한 경우 행정심판청구로 인정한다.

> ┤ **관 련 판 례** ├
> 1. 행정심판청구는 엄격한 형식을 요하지 아니하는 서면행위이므로 표제와 제출기관의 여하를 불문하고, 행정심판청구로 보고, 불비된 사항이 보정 가능한 때에는 보정을 명하고 보정이 불가능하거나 보정명령에 따르지 아니한 때에 비로소 부적법각하를 하여야 한다(대판 1995.9.5, 94누16250).
> 2. 행정심판 제기요건의 불비한 점이 보정이 가능한 것이라면 처분청에 제출한 처분의 취소를 구하는 취지의 진정서를 행정심판청구로 보아야 한다(대판 1995.9.5, 94누16250).

(2) 전자정보처리조직을 통한 심판청구 등

1. 이 법에 따른 행정심판 절차를 밟는 자는 심판청구서와 그 밖의 서류를 전자문서화하고 이를 정보통신망을 이용하여 위원회에서 지정·운영하는 전자정보처리조직(행정심판 절차에 필요한 전자문서를 작성·제출·송달할 수 있도록 하는 하드웨어, 소프트웨어, 데이터베이스, 네트워크, 보안요소 등을 결합하여 구축한 정보처리능력을 갖춘 전자적 장치를 말한다)을 통하여 제출할 수 있다(제52조 제1항).
2. 제출된 전자문서는 이 법에 따라 제출된 것으로 보며, 부본을 제출할 의무는 면제된다(같은 조 제2항).
3. 제출된 전자문서는 그 문서를 제출한 사람이 정보통신망을 통하여 전자정보처리조직에서 제공하는 접수번호를 확인하였을 때에 전자정보처리조직에 기록된 내용으로 접수된 것으로 본다(같은 조 제3항).
4. 전자정보처리조직을 통하여 접수된 심판청구의 경우 심판청구 기간을 계산할 때에는 제3항에 따른 접수가 되었을 때 행정심판이 청구된 것으로 본다(같은 조 제4항).

2. 절 차

(1) 심판청구서의 제출(선택적 경유절차)

1. 행정심판법은 "행정심판을 청구하려는 자는 심판청구서를 작성하여 피청구인이나 위원회에 제출하여야 한다. 이 경우 피청구인의 수만큼 심판청구서 부본을 함께 제출하여야 한다."라고 규정함으로써 종래의 처분청경유주의를 폐지하고, 청구인의 선택에 의하도록 했다(제23조 제1항).
2. 행정청이 고지를 하지 아니하거나 잘못 고지하여 청구인이 심판청구서를 다른 행정기관에 제출한 경우에는 그 행정기관은 그 심판청구서를 지체 없이 정당한 권한이 있는 피청구인에게 보내야 한다(같은 조 제2항).
3. 심판청구서를 보낸 행정기관은 지체 없이 그 사실을 청구인에게 알려야 한다(같은 조 제3항).
4. 심판청구 기간을 계산할 때에는 피청구인이나 위원회 또는 제2항에 따른 행정기관에 심판청구서가 제출되었을 때에 행정심판이 청구된 것으로 본다(같은 조 제4항).

(2) 처분청(경유청)의 처리

① 위원회에의 송부와 피청구인에 통지

1. 피청구인이 심판청구서를 접수하거나 송부받으면 10일 이내에 심판청구서(제23조 제1항·제2항의 경우만 해당된다)와 답변서를 위원회에 보내야 한다. 다만, 청구인이 심판청구를 취하한 경우에는 그러하지 아니하다(제24조 제1항).
2. 피청구인은 처분의 상대방이 아닌 제3자가 심판청구를 한 경우에는 지체 없이 처분의 상대방에게 그 사실을 알려야 한다. 이 경우 심판청구서 사본을 함께 송달하여야 한다(같은 조 제2항).
3. 피청구인이 심판청구서를 보낼 때에는 심판청구서에 위원회가 표시되지 아니하였거나 잘못 표시된 경우에도 정당한 권한이 있는 위원회에 보내야 한다(같은 조 제3항).
4. 피청구인은 제1항 본문에 따라 답변서를 보낼 때에는 청구인의 수만큼 답변서 부본을 함께 보내되, 답변서에는 다음 각 호의 사항을 명확하게 적어야 한다(같은 조 제4항).

   1. 처분이나 부작위의 근거와 이유
   2. 심판청구의 취지와 이유에 대응하는 답변
   3. 제2항에 해당하는 경우에는 처분의 상대방의 이름·주소·연락처와 제2항의 의무 이행 여부

5. 제2항과 제3항의 경우에 피청구인은 송부 사실을 지체 없이 청구인에게 알려야 한다(같은 조 제5항).
6. 중앙행정심판위원회에서 심리·재결하는 사건인 경우 피청구인은 위원회에 심판청구서 또는 답변서를 보낼 때에는 소관 중앙행정기관의 장에게도 그 심판청구·답변의 내용을 알려야 한다(같은 조 제6항).

② 피청구인의 직권취소 등

1. 심판청구서를 받은 피청구인은 그 심판청구가 이유 있다고 인정하면 심판청구의 취지에 따라 직권으로 처분을 취소·변경하거나 확인을 하거나 신청에 따른 처분을 할 수 있다. 이 경우 서면으로 청구인에게 알려야 한다(제25조 제1항).
2. 피청구인은 직권취소 등을 하였을 때에는 청구인이 심판청구를 취하한 경우가 아니면 심판청구서·답변서를 보낼 때 직권취소 등의 사실을 증명하는 서류를 위원회에 함께 제출하여야 한다(같은 조 제2항).

(3) 위원회의 처리

1. 위원회는 심판청구서를 받으면 지체 없이 피청구인에게 심판청구서 부본을 보내야 한다(제26조 제1항).
2. 위원회는 피청구인으로부터 답변서가 제출되면 답변서 부본을 청구인에게 송달하여야 한다(같은 조 제2항).

Ⅳ. 행정심판 청구기간

1. 원칙적인 심판청구기간

(1) 행정심판법 규정

1. 행정심판은 처분이 있음을 알게 된 날부터 90일 이내에 청구하여야 한다(제27조 제1항). 행정심판은 처분이 있었던 날부터 180일이 지나면 청구하지 못한다. 다만, 정당한 사유가 있는 경우에는 그러하지 아니하다(같은 조 제3항). 90일은 불변기간(변경할 수 없는 기간. 즉, 기간이 지난 경우 행정심판을 받아줄 수 없다는 의미)이다(같은 조 제4항). 180일은 불변기간이 아니다.
2. 행정심판청구기간의 제한규정은 취소심판과 거부처분에 대한 의무이행심판에는 적용되지만, 무효등확인심판 청구와 부작위에 대한 의무이행심판청구에는 이를 적용하지 아니한다(같은 조 제7항).

(2) 처분이 있음을 안 날의 의미

① 특정인의 경우

판례에 의하면 처분이 있었음을 현실적으로 안 날을 의미하고 추상적으로 알 수 있었던 날(효력발생일, 즉 도달한 날)이 아니다.

┤ **관 련 판 례** ├

1. '안 날'의 의미는 현실적으로 안 날을 의미하고 추상적으로 알 수 있었던 날은 아니지만, 알 수 있는 상태에 놓여진 때 반증이 없는 한 처분이 있음을 알았다고 추정할 수 있다 : 행정심판법 제18조 제1항 소정의 심판청구기간 기산점인 '처분이 있음을 안 날'이라 함은 당사자가 통지·공고 기타의 방법에 의하여 당해 처분이 있었다는 사실을 현실적으로 안 날을 의미하고, 추상적으로 알 수 있었던 날(도달한 날, 효력발생일)을 의미하는 것은 아니지만, 처분에 관한 서류가 당사자의 주소지에 송달되는 등 사회통념상 처분이 있음을 당사자가 알 수 있는 상태에 놓여진 때에는 반증이 없는 한 그 처분이 있음을 알았다고 추정할 수 있다. 아르바이트 직원이 납부고지서를 수령한 경우, 납부의무자는 그때 부과처분이 있음을 알았다고 추정할 수 있다(대판 2002.8.27, 2002두3850).
2. 아파트 경비원이 과징금부과처분의 납부고지서를 수령한 날은 그 납부의무자가 '부과처분이 있음을 안 날'은 아니다(대판 2002.8.27, 2002두3850).
   ▶ 그러나 아파트 경비원을 통한 납세고지서 송달 자체는 적법(대판 2000.7.4, 2000두1164)
3. 특정인에 대한 행정처분을 주소불명 등의 이유로 송달할 수 없어 관보 등에 공고한 경우, 상대방이 그 처분이 있음을 안 날은 현실적으로 안 날이다
   특정인에 대한 행정처분을 주소불명 등의 이유로 송달할 수 없어 관보·공보·게시판·일간신문 등에 공고한 경우에는, 공고가 효력을 발생하는 날에 상대방이 그 행정처분이 있음을 알았다고 볼 수는 없고, 상대방이 당해 처분이 있었다는 사실을 현실적으로 안 날에 그 처분이 있음을 알았다고 보아야 한다(대판 2006.4.28, 2005두14851).
4. 취소소송의 제소기간 기산점으로 행정소송법 제20조 제1항이 정한 '처분 등이 있음을 안 날'과 같은 조 제2항이 정한 '처분 등이 있은 날'의 의미에 관한 법리는 행정심판의 청구기간에 관해서도 마찬가지로 적용된다(대판 2019.8.9, 2019두38656).

② 불특정 다수인의 경우(고시 또는 공고에 의하여 행정처분을 하는 경우)

판례에 의하면 이해관계인이 고시 또는 공고가 있었다는 사실을 알았는지 여부에 관계없이 고시 또는 공고의 효력발생일(고시·공고한 날부터 5일 후)에 알았다고 본다.

> **┤ 관 련 판 례 ├**
>
> 1. 불특정 다수인에 대한 고시 또는 공고(고시의 효력발생일) : 통상 고시 또는 공고에 의하여 행정처분을 하는 경우에는 그 처분의 상대방이 불특정 다수인이고 그 <u>처분의 효력이 불특정 다수인에게 일률적으로 적용되는 것이므로</u>, 행정처분에 이해관계를 갖는 자가 <u>고시 또는 공고가 있었다는 사실을 현실적으로 알았는지 여부에 관계없이 고시가 효력을 발생하는 날에 행정처분이 있음을 알았다고 보아야 한다</u>(대판 2006.4.14, 2004두3847).
> 2. 고시 또는 공고 후 5일이 경과한 날이 안 날이다(대판 2000.9.8, 99두11257).

(3) 처분이 있은 날의 의미

처분이 있은 날이란 처분이 고지에 의해 외부에 표시되고 그 <u>효력이 발생한 날</u>을 의미한다.

(4) 처분이 있음을 안 경우와 알지 못한 경우의 관계

두 경우 중 어느 하나의 제기기간이 도과하면 원칙적으로 취소심판을 제기할 수 없다.

> **┤ 관 련 판 례 ├**
>
> 행정처분이 있은 것을 안 날로부터 90일이 지나서 제기한 행정심판은 처분이 있는 날로부터 180일이 경과하지 아니하였다 하더라도 부적법하다(대판 1971.6.30, 71누61).

2. 심판청구기간의 예외

(1) 90일의 예외(불가항력)

1. 청구인이 천재지변, 전쟁, 사변, 그 밖의 불가항력으로 인하여 처분이 있음을 알게 된 날부터 90일 내에 심판청구를 할 수 없었을 때에는 그 사유가 소멸한 날부터 14일 이내에 행정심판을 청구할 수 있다. 다만, 국외에서 행정심판을 청구하는 경우에는 그 기간을 30일로 한다(제27조 제2항).
2. 이 기간은 불변기간이다(같은 조 제4항).

(2) 180일의 예외(정당한 사유)

다만, <u>정당한 사유</u>가 있는 경우에는 그러하지 아니하다(같은 조 제3항). 정당한 사유는 불가항력보다 넓은 개념이다.

3. 복효적 행정행위의 심판청구기간

복효적 행정행위의 제3자의 경우에도 심판청구기간은 원칙적으로 처분이 있음을 안 날로부터 90일, 처분이 있은 날로부터 180일 이내이다. 그러나 우리는 독일과 달리 복효적 행정행위의 경우 제3자에 대한 통지의무가 없기 때문에 제3자가 현실적으로 처분이 있음을 알기 어려우므로 통상 180일 경과 후에도 심판청구가 가능하였다는 특별한 사정이 없는 한, 예외가 되는 정당한 사유에 해당한다고 보아야 한다.

> ┤ **관 련 판 례** ├
>
> 행정심판법 제18조 제3항에 의하면 행정처분의 상대방이 아닌 <u>제3자라도 처분이 있은 날로부터 180일을 경과하면 행정심판청구를 제기하지 못하는 것이 원칙이지만</u>, 다만 정당한 사유가 있는 경우에는 그러하지 아니하도록 규정되어 있는바, <u>행정처분의 직접 상대방이 아닌 제3자는 일반적으로 처분이 있는 것을 바로 알 수 없는 처지에 있으므로, 위와 같은 심판청구기간 내에 심판청구를 제기하지 아니하였다고 하더라도, 그 기간 내에 처분이 있은 것을 알았거나 쉽게 알 수 있었기 때문에 심판청구를 제기할 수 있었다고 볼만한 특별한 사정이 없는 한, 위 법조항 본문의 적용을 배제할 '정당한 사유'가 있는 경우에 해당한다고 보아 위와 같은 심판청구기간이 경과한 뒤에도 심판청구를 제기할 수 있다</u>(대판 1992.7.28, 91누12844).

4. 심판청구기간을 고지하지 않거나(불고지) 잘못 고지한(오고지) 경우

행정심판법은 오고지나 불고지에 대해 절차상 제재적 효과를 부여하여, 행정청이 심판청구기간을 법정기간보다 긴 기간으로 잘못 알린 경우에 그 잘못 알린 기간 내에(제27조 제5항), 심판청구기간을 알리지 아니한 때에는 처분이 있음을 알았더라도 180일 내에 심판청구를 할 수 있도록 규정하고 있다(같은 조 제6항).

V. 청구의 변경

1. 청구인은 청구의 기초에 변경이 없는 범위에서 청구의 취지나 이유를 변경할 수 있다(제29조 제1항).
2. 행정심판이 청구된 후에 피청구인이 새로운 처분을 하거나 심판청구의 대상인 처분을 변경한 경우에는 청구인은 새로운 처분이나 변경된 처분에 맞추어 청구의 취지나 이유를 변경할 수 있다(같은 조 제2항).
3. 청구의 변경은 서면으로 신청하여야 한다. 이 경우 피청구인과 참가인의 수만큼 청구변경신청서 부본을 함께 제출하여야 한다(같은 조 제3항).
4. 위원회는 청구변경신청서 부본을 피청구인과 참가인에게 송달하여야 한다(같은 조 제4항).
5. 제4항의 경우 위원회는 기간을 정하여 피청구인과 참가인에게 청구변경 신청에 대한 의견을 제출하도록 할 수 있으며, 피청구인과 참가인이 그 기간에 의견을 제출하지 아니하면 의견이 없는 것으로 본다(같은 조 제5항).
6. 위원회는 청구변경신청에 대하여 허가할 것인지 여부를 결정하고, 지체 없이 신청인에게는 결정서 정본을, 당사자 및 참가인에게는 결정서 등본을 송달하여야 한다(같은 조 제6항).
7. 신청인은 송달을 받은 날부터 7일 이내에 위원회에 이의신청을 할 수 있다(같은 조 제7항).
8. 청구의 변경결정이 있으면 처음 행정심판이 청구되었을 때부터 변경된 청구의 취지나 이유로 행정심판이 청구된 것으로 본다(같은 조 제8항).

VI. 행정심판 청구의 효과

1. 위원회에 대한 효과

행정심판이 제기되면 위원회는 심리·의결과 재결을 할 의무를 진다.

2. 처분에 대한 효과

(1) 집행부정지의 원칙

심판청구는 처분의 효력이나 그 집행 또는 절차의 속행에 영향을 주지 아니한다(제30조 제1항).

(2) 예외적 집행정지

위원회는 처분, 처분의 집행 또는 절차의 속행 때문에 중대한 손해가 생기는 것을 예방할 필요성이 긴급하다고 인정할 때에는 직권으로 또는 당사자의 신청에 의하여 처분의 효력, 처분의 집행 또는 절차의 속행의 전부 또는 일부의 정지를 결정할 수 있다. 다만, 처분의 효력정지는 처분의 집행 또는 절차의 속행을 정지함으로써 그 목적을 달성할 수 있을 때에는 허용되지 아니한다(같은 조 제2항).

① 요 건

1. 적극적 요건 : 집행정지를 하기 위해서는 ⓐ 집행정지대상인 처분의 존재, ⓑ 심판청구의 계속, ⓒ 중대한 손해가 생기는 것을 예방할 필요성, ⓓ 긴급한 필요의 존재가 충족되어야 한다.
2. 소극적 요건 : 집행정지는 공공복리에 중대한 영향을 미칠 우려가 있을 때에는 허용되지 아니한다(같은 조 제3항). 본안에 이유 있을 것을 요하지는 않지만 본안에 이유 없음이 명백하지 않아야 한다.

② 절 차

1. 개설 : 집행정지는 위원회가 당사자의 신청 또는 직권에 의해 결정한다(제2항).
2. 신청 : 집행정지 신청은 심판청구와 동시에 또는 심판청구에 대한 위원회나 소위원회의 의결이 있기 전까지, 집행정지 결정의 취소신청은 심판청구에 대한 위원회나 소위원회의 의결이 있기 전까지 신청의 취지와 원인을 적은 서면을 위원회에 제출하여야 한다. 다만, 심판청구서를 피청구인에게 제출한 경우로서 심판청구와 동시에 집행정지 신청을 할 때에는 심판청구서 사본과 접수증명서를 함께 제출하여야 한다(같은 조 제5항).
3. 직권 : 다만, 위원회의 심리·결정을 기다릴 경우 중대한 손해가 생길 우려가 있다고 인정되면 위원장은 직권으로 위원회의 심리·결정을 갈음하는 결정을 할 수 있다. 이 경우 위원장은 지체 없이 위원회에 그 사실을 보고하고 추인(사후승인)을 받아야 하며, 위원회의 추인을 받지 못하면 위원장은 집행정지 또는 집행정지 취소에 관한 결정을 취소하여야 한다(같은 조 제6항). 위원회는 집행정지 또는 집행정지의 취소에 관하여 심리·결정하면 지체 없이 당사자에게 결정서 정본을 송달하여야 한다(같은 조 제7항).

③ 집행정지결정의 내용과 대상

집행정지결정의 내용은 처분의 효력이나 그 집행 또는 절차의 속행의 전부 또는 일부이다. 다만, 처분의 효력정지는 처분의 집행 또는 절차의 속행을 정지함으로써 그 목적을 달성할 수 있는 때에는 허용되지 아니한다(같은 조 제2항).

④ 집행정지결정의 취소

위원회는 집행정지를 결정한 후에 집행정지가 공공복리에 중대한 영향을 미치거나 그 정지사유가 없어진 경우에는 직권으로 또는 당사자의 신청에 의하여 집행정지 결정을 취소할 수 있다(같은 조 제4항).

3. 임시처분

(1) 행정심판법 규정

1. 위원회는 처분 또는 부작위가 위법·부당하다고 상당히 의심되는 경우로서 처분 또는 부작위 때문에 당사자가 받을 우려가 있는 중대한 불이익이나 당사자에게 생길 급박한 위험을 막기 위하여 임시지위를 정하여야 할 필요가 있는 경우에는 직권으로 또는 당사자의 신청에 의하여 임시처분을 결정할 수 있다(제31조 제1항).
2. 임시처분에 관하여는 집행정지에 관한 제30조 제3항부터 제7항까지를 준용한다. 이 경우 같은 조 제6항 전단 중 '중대한 손해가 생길 우려'는 '중대한 불이익이나 급박한 위험이 생길 우려'로 본다(같은 조 제2항).
3. 임시처분은 집행정지로 목적을 달성할 수 있는 경우에는 허용되지 아니한다.

(2) 의 의

임시처분은 처분이나 부작위에 대해 인정되는 임시의 지위를 정하는 가구제이다. 임시처분은 행정소송에서의 임시의 지위를 정하는 가처분에 해당하는 것으로서 의무이행심판에 의한 권리구제의 실효성을 보장하기 위한 제도이다.

(3) 요 건

1. 의무이행심판청구의 계속 : 행정쟁송에서의 가구제는 본안청구의 범위 내에서만 인정되는 것으로 보아야 하므로 명문규정은 없지만 의무이행심판청구의 계속을 요건으로 한다.
2. 처분이나 부작위가 위법 또는 부당하다고 상당히 의심되는 경우일 것
3. 처분이나 부작위 때문에 당사자가 받을 우려가 있는 중대한 불이익이나 당사자에게 생길 급박한 위험을 막기 위해 임시지위를 정하여야 할 필요가 있는 경우일 것(제31조 제1항)
4. 공공복리에 중대한 영향을 미칠 우려가 없을 것(같은 조 제2항)
5. 보충성 : 집행정지로 목적을 달성할 수 없는 경우일 것(같은 조 제3항). 임시처분은 집행정지와의 관계에서 보충적 구제제도이다. 실무상 거부처분이나 부작위에 대한 집행정지를 인정하고 있지 않으므로 임시처분은 거부처분이나 부작위에 대한 유일한 행정심판법상의 가구제제도이다.

(4) 임시처분의 결정 및 취소

1. 위원회는 직권으로 또는 당사자의 신청에 의하여 임시처분을 결정할 수 있다(제31조 제1항).
2. 위원회는 임시처분을 결정한 후에 임시처분이 공공복리에 중대한 영향을 미치거나 그 임시처분사유가 없어진 경우에는 직권으로 또는 당사자의 신청에 의하여 임시처분결정을 취소할 수 있다(같은 조 제2항에 의해 준용되는 제30조).
3. 위원회의 심리·결정을 기다릴 경우 중대한 불이익이나 급박한 위험이 생길 우려가 있다고 인정되면 위원장은 직권으로 위원회의 심리·결정을 갈음하는 결정을 할 수 있다. 이 경우 위원장은 지체 없이 위원회에 그 사실을 보고하고 추인을 받아야 하며, 위원회의 추인을 받지 못하면 위원장은 임시처분 또는 임시처분 취소에 관한 결정을 취소하여야 한다.

제3항 행정심판기관

Ⅰ. 개 설

행정심판기관이란 행정심판의 청구를 수리하고 이를 심리·재결할 수 있는 권한을 가진 행정기관을 의미한다. 종래 행정심판법은 행정심판의 심리·재결기관으로 절차의 객관성·공정성을 확보하기 위해 심리·의결기관인 행정심판위원회(실질적 권한)와 재결기관인 재결청(형식적 권한)을 분리하고 있었다. 그러나 개정 행정심판법은 행정심판의 심리·재결기관을 행정심판위원회로 일원화하고 있다.

Ⅱ. 행정심판위원회

1. 법적 지위(합의제 행정청)

행정심판위원회(재결청이 아님)는 행정심판청구를 심리·재결하는 합의제 행정청이다.

2. 설 치

(1) 해당 행정청 소속 행정심판위원회

다음 각 호의 행정청 또는 그 소속 행정청(행정기관의 계층구조와 관계없이 그 감독을 받거나 위탁을 받은 모든 행정청을 말하되, 위탁을 받은 행정청은 그 위탁받은 사무에 관하여는 위탁한 행정청의 소속 행정청으로 본다)의 처분 또는 부작위에 대한 행정심판의 청구(심판청구)에 대하여는 다음 각 호의 행정청에 두는 행정심판위원회에서 심리·재결한다(제6조 제1항).

1. 감사원, 국가정보원장, 그 밖에 대통령령으로 정하는 대통령 소속기관의 장
2. 국회사무총장·법원행정처장·헌법재판소사무처장 및 중앙선거관리위원회사무총장
3. 국가인권위원회, 그 밖에 지위·성격의 독립성과 특수성 등이 인정되어 대통령령으로 정하는 행정청

(2) 중앙행정심판위원회

다음 각 호의 행정청의 처분 또는 부작위에 대한 심판청구에 대하여는 「부패방지 및 국민권익위원회의 설치와 운영에 관한 법률」에 따른 국민권익위원회에 두는 중앙행정심판위원회에서 심리·재결한다(제6조 제2항).

1. 제1항에 따른 행정청 외의 국가행정기관의 장(행정안전부장관, 해양경찰청장, A광역시 지방경찰청장) 또는 그 소속 행정청
2. 특별시장·광역시장·특별자치시장·도지사·특별자치도지사(특별시·광역시·특별자치시·도 또는 특별자치도의 교육감을 포함한다) 또는 특별시·광역시·특별자치시·도·특별자치도(시·도)의 의회(의장, 위원회의 위원장, 사무처장 등 의회 소속 모든 행정청을 포함한다)
3. 지방자치법에 따른 지방자치단체조합 등 관계 법률에 따라 국가·지방자치단체·공공법인 등이 공동으로 설립한 행정청. 다만, 제3항 제3호에 해당하는 행정청은 제외한다.

(3) 광역자치단체장 소속 행정심판위원회

다음 각 호의 행정청의 처분 또는 부작위에 대한 심판청구에 대하여는 시·도지사 소속으로 두는 행정심판위원회에서 심리·재결한다(제6조 제3항).

1. 시·도 소속 행정청
2. 시·도의 관할구역에 있는 시·군·자치구의 장(종로구청장, 동작구청장), 소속 행정청 또는 시·군·자치구의 의회 (의장, 위원회의 위원장, 사무국장, 사무과장 등 의회 소속 모든 행정청을 포함한다)
3. 시·도의 관할구역에 있는 둘 이상의 지방자치단체(시·군·자치구를 말한다)·공공법인 등이 공동으로 설립한 행정청

(4) 해당 행정청의 직근 상급행정기관에 두는 행정심판위원회

제2항 제1호에도 불구하고 대통령령으로 정하는 국가행정기관 소속 특별지방행정기관의 장[법무부 및 대검찰청 소속 특별지방행정기관(직근 상급행정기관이나 소관 감독행정기관이 중앙행정기관인 경우는 제외한다)]의 처분 또는 부작위에 대한 심판청구에 대하여는 해당 행정청의 직근 상급행정기관에 두는 행정심판위원회에서 심리·재결한다(제6조 제4항).

3. 구성과 회의

(1) 중앙행정심판위원회

① 구성

1. 중앙행정심판위원회는 <u>위원장 1명</u>을 포함하여 <u>70명 이내</u>의 <u>위원</u>으로 구성하되, 위원 중 <u>상임위원은 4명 이내</u>로 한다(제8조 제1항).
2. <u>중앙행정심판위원회의 위원장은 국민권익위원회의 부위원장 중 1명</u>(법제처장이나 국민권익위원회 위원장이 아님)이 되며, 위원장이 없거나 부득이한 사유로 직무를 수행할 수 없거나 위원장이 필요하다고 인정하는 경우에는 상임위원(상임으로 재직한 기간이 긴 위원 순서로, 재직기간이 같은 경우에는 연장자 순서로 한다)이 위원장의 직무를 대행한다(같은 조 제2항).

② 회의

1. 중앙행정심판위원회의 회의(제6항에 따른 소위원회 회의는 제외한다)는 <u>위원장, 상임위원 및 위원장이 회의마다 지정하는 비상임위원을 포함하여 총 9명으로 구성한다</u>(제8조 제5항).
2. 중앙행정심판위원회는 심판청구사건 중 도로교통법에 따른 자동차운전면허 행정처분에 관한 사건(소위원회가 중앙행정심판위원회에서 심리·의결하도록 결정한 사건은 제외한다)을 심리·의결하게 하기 위하여 4명의 위원으로 구성하는 소위원회를 둘 수 있다(같은 조 제6항).
3. 중앙행정심판위원회 및 소위원회는 각각 제5항 및 제6항에 따른 <u>구성원 과반수의 출석과 출석위원 과반수의 찬성으로 의결한다</u>(같은 조 제7항).
4. 위원회에서 위원이 발언한 내용이나 그 밖에 공개되면 위원회의 심리·재결의 공정성을 해칠 우려가 있는 사항으로서 대통령령으로 정하는 사항은 공개하지 아니한다(제41조).

> ┤ **관 련 판 례** ├
>
> 1. 행정심판위원회에서 위원이 발언한 내용 기타 공개할 경우 위원회의 심리·의결의 공정성을 해할 우려가 있는 사항으로서 대통령령이 정하는 사항은 이를 공개하지 아니한다고 규정하고 있는 행정심판법 제26조의2는 정보공개청구권의 본질적 내용을 침해하지 않는다(헌재결 2004.8.26, 2003헌바81·89).
> 2. 위 조항은 위임입법의 명확성원칙에 위반하지 않는다(헌재결 2004.8.26, 2003헌바81·89).

(2) 일반행정심판위원회

① 구성

행정심판위원회(중앙행정심판위원회는 제외한다)는 <u>위원장 1명을 포함한 50명 이내의 위원</u>으로 구성한다(제7조 제1항).

② 회의

1. 행정심판위원회의 회의는 <u>위원장과 위원장이 회의마다 지정하는 8명의 위원</u>(그중 제4항에 따른 위촉위원은 6명 이상으로 하되, 제3항에 따라 위원장이 공무원이 아닌 경우에는 5명 이상으로 한다)으로 <u>구성한다</u>(같은 조 제5항).
2. 행정심판위원회는 제5항에 따른 <u>구성원 과반수의 출석과 출석위원 과반수의 찬성으로 의결한다</u>(제7조 제6항).

4. 위원회의 권한 승계

1. 당사자의 심판청구 후 위원회가 법령의 개정·폐지 또는 피청구인의 경정 결정에 따라 그 심판청구에 대하여 재결할 권한을 잃게 된 경우에는 해당 위원회는 심판청구서와 관계 서류, 그 밖의 자료를 새로 재결할 권한을 갖게 된 위원회에 보내야 한다(제12조 제1항).
2. 송부를 받은 위원회는 지체 없이 그 사실을 다음 각 호의 자에게 알려야 한다(같은 조 제2항).

    1. 행정심판 청구인
    2. 행정심판 피청구인
    3. 제20조 또는 제21조에 따라 심판참가를 하는 자(참가인)

5. 행정심판위원의 지위

(1) 위원의 임기 및 신분보장 등

1. 제7조 제4항에 따라 지명된 위원은 그 직에 재직하는 동안 재임한다(제9조 제1항).
2. 제8조 제3항에 따라 임명된 중앙행정심판위원회 상임위원의 임기는 3년으로 하며, 1차에 한하여 연임할 수 있다(같은 조 제2항).
2. 제7조 제4항 및 제8조 제4항에 따라 위촉된 위원의 임기는 2년으로 하되, 2차에 한하여 연임할 수 있다(같은 조 제3항).

(2) 위원의 제척 · 기피 · 회피

① 취지

행정심판법은 심판청구사건에 대한 심리·재결의 공정과 국민의 신뢰를 확보하기 위하여 행정심판위원회 위원과 당해 사건의 심리·재결에 관한 사무에 관여하는 위원 아닌 직원에 대해서도 제척·기피·회피를 규정하고 있다(제10조).

② 제척

제척은 법정사유가 있을 경우 법률상 당연히 직무집행에서 배제되는 것으로서 제척결정은 확인적 성질에 불과하고 제척결정이 있어야만 비로소 제척되는 것은 아니다. 위원회의 위원은 다음 각 호의 어느 하나에 해당하는 경우에는 그 사건의 심리·의결에서 제척(除斥)된다. 이 경우 제척결정은 위원회의 위원장이 직권으로 또는 당사자의 신청에 의하여 한다(제10조 제1항).

1. 위원 또는 그 배우자나 배우자이었던 사람이 사건의 당사자이거나 사건에 관하여 공동 권리자 또는 의무자인 경우
2. 위원이 사건의 당사자와 친족이거나 친족이었던 경우
3. 위원이 사건에 관하여 증언이나 감정(鑑定)을 한 경우
4. 위원이 당사자의 대리인으로서 사건에 관여하거나 관여하였던 경우
5. 위원이 사건의 대상이 된 처분 또는 부작위에 관여한 경우

③ 기피

1. 당사자는 위원에게 공정한 심리·의결을 기대하기 어려운 사정이 있으면 위원장에게 기피신청을 할 수 있다(같은 조 제2항).
2. 기피는 당사자의 신청에 기한 위원장의 결정으로 직무집행에서 배제되는 것으로서 기피결정은 형성적 성질이다.
3. 위원에 대한 제척신청이나 기피신청은 그 사유를 소명(疏明)한 문서로 하여야 한다. 다만, 불가피한 경우에는 신청한 날부터 3일 이내에 신청 사유를 소명할 수 있는 자료를 제출하여야 한다(같은 조 제3항).
4. 제척신청이나 기피신청이 제3항을 위반하였을 때에는 위원장은 결정으로 이를 각하한다(같은 조 제4항).
5. 위원장은 제척신청이나 기피신청의 대상이 된 위원에게서 그에 대한 의견을 받을 수 있다(같은 조 제5항).
6. 위원장은 제척신청이나 기피신청을 받으면 제척 또는 기피 여부에 대한 결정을 하고(위원회의 의결을 거치지 않음), 지체 없이 신청인에게 결정서 정본(正本)을 송달하여야 한다(같은 조 제6항).

④ 회피

위원회의 회의에 참석하는 위원이 제척사유 또는 기피사유에 해당되는 것을 알게 되었을 때에는 스스로 그 사건의 심리·의결에서 회피할 수 있다. 이 경우 회피하고자 하는 위원은 위원장에게 그 사유를 소명하여야 한다(같은 조 제7항).

⑤ 위원 아닌 직원에의 적용

사건의 심리·의결에 관한 사무에 관여하는 위원 아닌 직원에게도 제1항부터 제7항까지의 규정을 준용한다(같은 조 제8항).

⑥ 불복

제척·기피결정에는 불복신청을 할 수 없다(같은 법 시행령 제12조 제6항)는 점에서 즉시항고를 할 수 있는 민사소송과 구별된다.

6. 권 한

1. 심리권
   ① 요건심리(행정심판을 청구하는 데 필요한 형식적인 요건의 구비 여부에 대한 심리)
   ② 본안심리(심판청구가 이유 있는지의 여부에 대한 심리)
2. 심리권에 부수된 권한
   ① 증거조사권, ② 대표자선정권고권, ③ 청구인의 지위승계허가권, ④ 대리인선임허가권, ⑤ 피청구인 경정결정권, ⑥ 심판참가허가 및 요구권, ⑦ 청구의 변경허가·불허권, ⑧ 심리의 병합·분리, ⑨ 보정명령권·직권보정권
3. 이행재결의 기속력을 확보하기 위한 직접처분권
4. 재결권·결정권
   ① 재결권
   ② 사정재결권
   ③ 집행정지결정권 또는 집행정지취소결정권
   ④ 임시처분결정권 또는 임시처분취소결정권
5. 시정조치요구권 : 중앙행정심판위원회는 심판청구를 심리·재결할 때에 처분 또는 부작위의 근거가 되는 명령 등(대통령령·총리령·부령·훈령·예규·고시·조례·규칙 등을 말한다)이 법령에 근거가 없거나 상위 법령에 위배되거나 국민에게 과도한 부담을 주는 등 크게 불합리하면 관계 행정기관에 그 명령 등의 개정·폐지 등 적절한 시정조치를 요청할 수 있다. 이 경우 중앙행정심판위원회는 시정조치를 요청한 사실을 법제처장에게 통보하여야 한다(제59조 제1항). 위 요청을 받은 관계 행정기관은 정당한 사유가 없으면 이에 따라야 한다(같은 조 제2항).

구 분	행정심판	행정소송
주 체	중앙행정심판위원회	대법원(각급법원·대법원장이 아님)
대 상	처분 또는 부작위의 근거가 되는 명령 등(대통령·총리령·부령·훈령·예규·고시·조례·규칙 등을 말한다) : 행정규칙 포함	명령·규칙 : 법규명령에 한정
사 유	법령에 근거가 없거나(법률유보 위배로 위법) 상위 법령에 위배되거나(법률우위 위배로 위법) 국민에게 과도한 부담을 주는 등 크게 불합리한 경우	헌법 또는 법률에 위반된다는 것이 확정된 경우
대상기관	관계 행정기관	행정안전부장관 [법제처장(×)·법무부장관(×)]
조 치	명령 등의 개정·폐지 등 적절한 시정조치를 요청	통보하여야 하고, 통보를 받은 행정안전부장관은 지체 없이 이를 관보에 게재하여야 한다 (행정소송법 제6조).

제4항 행정심판의 심리

Ⅰ. 의 의

행정심판의 심리란 재결의 기초가 될 사실관계 및 법률관계를 명확히 하기 위해 당사자 및 관계인의 주장과 반박을 듣고 증거 기타의 자료를 수집·조사하는 일련의 절차를 말한다.

Ⅱ. 심리의 범위

1. 불고불리의 원칙과 불이익변경금지의 원칙

행정심판법은 재결에 관해 "위원회는 심판청구의 대상이 되는 처분 또는 부작위 외의 사항에 대하여는 재결하지 못한다(불고불리의 원칙)."(제47조 제1항), "위원회는 심판청구의 대상이 되는 처분보다 청구인에게 불리한 재결을 하지 못한다(불이익변경금지원칙)."(같은 조 제2항)라고 명문으로 이 원칙을 인정하고 있다. 심리에 관해서는 명문규정이 없으나 이 원칙이 인정된다고 해석하는 것이 일반적 견해이다.

2. 법률문제·재량문제

행정심판위원회는 당해 심판청구의 대상인 처분이나 부작위에 관한 적법·위법의 법률문제에 한하지 않고, 당·부당의 재량문제를 포함한 사실문제에 대하여도 심리할 수 있다.

Ⅲ. 기본원칙

1. 대심주의(당사자주의)

대심주의란 서로 대립하는 분쟁당사자의 공격과 방어에 의해 심리를 진행시키는 제도를 말한다. 행정심판법은 이들이 각각 공격·방어방법을 제출할 수 있고, 원칙적으로 그들 당사자가 제출한 공격·방어방법을 심리의 바탕으로 하는 대심주의를 취하고 있다.

2. 처분권주의

처분권주의란 절차의 개시, 심판의 대상 및 절차의 종결을 당사자의 의사에 일임하는 것을 말한다. 행정심판법도 기본적으로 처분권주의에 입각하고 있지만, 심판청구 제기기간의 제한, 청구인락의 부인 등 공익적 견지에서 여러 가지 제한을 가하고 있다.

3. 구술·서면심리주의

1. 행정심판의 심리는 구술심리나 서면심리로 한다. 다만, 당사자가 구술심리를 신청한 경우에는 서면심리만으로 결정할 수 있다고 인정되는 경우 외에는 구술심리를 하여야 한다(제40조 제1항). 다수설은 서면심리주의가 원칙이라고 해석한다.
2. 위원회는 제1항 단서에 따라 구술심리 신청을 받으면 그 허가 여부를 결정하여 신청인에게 알려야 한다(같은 조 제2항).
3. 제2항의 통지는 간이통지방법으로 할 수 있다(같은 조 제3항).

4. 직권심리주의·직권증거조사주의

(1) 의 의

직권심리주의란 당사자주의에 대한 것으로서 심리의 진행을 위원회의 직권으로 하고(직권진행주의), 심리에 필요한 자료를 당사자가 제출하는 것뿐만 아니라 직권으로 수집·조사하는 제도(직권탐지주의 가미)를 말한다. 행정심판법은 당사자주의를 원칙으로 하면서도, 심판청구의 심리를 위해 필요하다고 인정되는 경우에는 직권심리주의를 반영하고 있다. 그러나 행정심판법은 동시에 불고불리의 원칙도 채택하고 있으므로, 직권심리라 하더라도 심판청구의 대상이 되는 처분 또는 부작위 이외의 사항에 대해서는 미칠 수 없다.

(2) 행정심판법 규정

1. 위원회는 필요하면 당사자가 주장하지 아니한 사실에 대하여도 심리할 수 있다(제39조). 위원회는 사건을 심리하기 위하여 필요하면 직권으로 또는 당사자의 신청에 의하여 다음 각 호의 방법에 따라 증거조사를 할 수 있다(제36조 제1항).
    1. 당사자나 관계인(관계 행정기관 소속 공무원을 포함한다. 이하 같다)을 위원회의 회의에 출석하게 하여 신문(訊問)하는 방법
    2. 당사자나 관계인이 가지고 있는 문서·장부·물건 또는 그 밖의 증거자료의 제출을 요구하고 영치(領置)하는 방법
    3. 특별한 학식과 경험을 가진 제3자에게 감정을 요구하는 방법
2. 위원회는 필요하면 위원회가 소속된 행정청의 직원이나 다른 행정기관에 촉탁하여 증거조사를 하게 할 수 있다(같은 조 제2항).
3. 증거조사를 수행하는 사람은 그 신분을 나타내는 증표를 지니고 이를 당사자나 관계인에게 내보여야 한다(같은 조 제3항).
4. 당사자 등은 위원회의 조사나 요구 등에 성실하게 협조하여야 한다(같은 조 제4항).

5. 비공개주의

행정심판법은 이에 관해 명문규정을 두고 있지 않으나, 전체적인 구조로 보아 비공개주의에 입각한 것으로 보고 있다(다수설). 그러나 행정심판의 공정성과 구술심리를 우선시키고 있는 현행법에 비추어 공개주의에 입각한 것으로 보는 견해도 있다.

Ⅳ. 당사자의 절차적 권리

1. 위원·직원에 대한 기피신청권
2. 구술심리신청권
3. 보충서면·물적 증거 제출권
4. 증거조사신청권

Ⅴ. 기 타

1. 보 정

1. 위원회는 심판청구가 적법하지 아니하나 보정(補正)할 수 있다고 인정하면 기간을 정하여 청구인에게 보정할 것을 요구할 수 있다. 다만, 경미한 사항은 직권으로 보정할 수 있다(제32조 제1항).
2. 청구인은 보정요구를 받으면 서면으로 보정하여야 한다. 이 경우 다른 당사자의 수만큼 보정서 부본을 함께 제출하여야 한다(같은 조 제2항).
3. 위원회는 제출된 보정서 부본을 지체 없이 다른 당사자에게 송달하여야 한다(같은 조 제3항).
4. 보정을 한 경우에는 처음부터 적법하게 행정심판이 청구된 것으로 본다(같은 조 제4항).
5. 보정기간은 재결기간에 산입하지 아니한다(같은 조 제5항).

2. 심판청구 등의 취하

1. 청구인은 심판청구에 대하여 행정심판위원회의 의결이 있을 때까지 서면으로 심판청구를 취하할 수 있다(제42조 제1항).
2. 참가인은 심판청구에 대하여 의결이 있을 때까지 서면으로 참가신청을 취하할 수 있다(같은 조 제2항).
3. 취하서에는 청구인이나 참가인이 서명하거나 날인하여야 한다(같은 조 제3항).
4. 청구인 또는 참가인은 취하서를 피청구인 또는 위원회에 제출하여야 한다(같은 조 제4항).
5. 피청구인 또는 위원회는 계속 중인 사건에 대하여 취하서를 받으면 지체 없이 다른 관계 기관, 청구인, 참가인에게 취하 사실을 알려야 한다(같은 조 제5항).

제5항 행정심판의 재결

Ⅰ. 의 의

재결이란 행정심판의 청구에 대하여 '행정심판위원회'가 행하는 판단을 말한다(제2조 제3호). 준법률행위적 행정행위 중 확인행위이고 준사법행위로서 처분에 해당하고, 재결 자체에 고유한 위법이 있는 경우 행정소송의 대상이 된다.

Ⅱ. 재결절차와 형식

1. 재결기간

1. 재결은 피청구인 또는 위원회가 <u>심판청구서를 받은 날부터 60일</u> 이내에 하여야 한다. 다만, <u>부득이한 사정이 있는 경우에는 위원장이 직권으로 30일</u>을 연장할 수 있다(제45조 제1항). 이 규정은 훈시규정이라고 해석한다.
2. 위원장은 재결기간을 연장할 경우에는 재결 기간이 끝나기 7일 전까지 당사자에게 알려야 한다(같은 조 제2항).
3. 심판청구가 부적법한 경우의 보정기간은 재결기간에 산입하지 아니한다(제32조 제5항).

2. 재결의 방식(서면주의)

1. 재결은 서면으로 한다(제46조 제1항).
2. 제1항에 따른 재결서에는 다음 각 호의 사항이 포함되어야 한다(같은 조 제2항).

   1. 사건번호와 사건명
   2. 당사자 · 대표자 또는 대리인의 이름과 주소
   3. 주문
   4. 청구의 취지
   5. 이유
   6. 재결한 날짜

3. 재결서에 적는 이유에는 주문 내용이 정당하다는 것을 인정할 수 있는 정도의 판단을 표시하여야 한다(같은 조 제3항).

3. 재결의 범위

(1) 불고불리의 원칙

위원회는 심판청구의 대상이 되는 처분 또는 부작위 외의 사항에 대하여는 재결하지 못한다(제47조 제1항).

(2) 불이익변경금지의 원칙

위원회는 심판청구의 대상이 되는 처분보다 청구인에게 불이익한 재결을 하지 못한다(같은 조 제2항).

(3) 재량행위

위원회는 재량권행사의 위법 여부뿐만 아니라 재량권행사의 당·부당에 대하여도 판단할 수 있다.

4. 재결의 송달과 효력발생

1. 위원회는 지체 없이 '당사자'에게 재결서의 '정본'을 송달하여야 한다. 이 경우 중앙행정심판위원회는 재결결과를 소관 중앙행정기관의 장에게도 알려야 한다(제48조 제1항).
2. 재결은 청구인(피청구인이 아님)에게 송달되었을 때에 그 효력이 생긴다(같은 조 제2항).
3. 위원회는 '참가인'이 있는 경우에는 재결서의 '등본'을 지체 없이 참가인에게 송달하여야 하는데(같은 조 제3항), 참가인에의 송달은 재결의 효력발생과는 직접적인 관계가 없다.
4. 처분의 상대방이 아닌 제3자가 심판청구를 한 경우 위원회는 재결서의 등본을 지체 없이 피청구인을 거쳐 처분의 상대방(행정심판상 제3자)에게 송달하여야 한다(같은 조 제4항).

5. 재결의 기준시

1. 취소심판과 무효등확인심판의 경우에는 처분시를 기준으로 한다.
2. 행정심판에 있어서 재결청이 행정처분의 위법·부당 여부를 재결 당시까지 제출된 모든 자료를 종합하여 판단할 수 있다.

> ┤ 관 련 판 례 ├
>
> 행정심판에 있어서 행정처분의 위법·부당 여부는 원칙적으로 처분시를 기준으로 판단하여야 할 것이나, 재결청은 처분 당시 존재하였거나 행정청에 제출되었던 자료뿐만 아니라, 재결 당시까지 제출된 모든 자료를 종합하여 처분 당시 존재하였던 객관적 사실을 확정하고 그 사실에 기초하여 처분의 위법·부당 여부를 판단할 수 있다(대판 2001.7.27, 99두5092).

3. 의무이행심판에서 재결은 거부처분이나 부작위시의 법이나 사실상황을 기초로 하는 것이 아니라 재결시의 법과 사실상황을 기초로 판단한다.

Ⅲ. 재결의 종류

1. 각하재결

위원회는 심판청구가 적법하지 아니하면 그 심판청구를 각하(却下)한다(제43조 제1항).

2. 기각재결

1. 기각재결은 본안심리의 결과 심판청구가 이유 없을 때(즉, 위법·부당하지 않을 때) 청구를 배척하고 원처분을 시인하는 재결을 말한다(제43조 제2항).
2. 기각재결은 청구인의 심판청구를 배척하여 원처분을 시인하는 데 그칠 뿐, 처분청 등에 대해 원처분을 유지해야 할 의무를 지우는 것은 아니므로, 기각재결이 있은 후에도 처분청은 당해 처분을 직권으로 취소·변경할 수 있다.

3. 사정재결

1. 사정재결은 심판청구가 이유 있는 경우에도 인용이 현저히 공공복리에 적합하지 않을 경우 청구를 기각하는 예외적 재결로서 기각재결의 일종이다.
2. 위원회는 심판청구가 이유가 있다고 인정하는 경우에도 이를 인용(認容)하는 것이 공공복리에 크게 위배된다고 인정하면 그 심판청구를 기각하는 재결을 할 수 있다. 이 경우 위원회는 재결의 주문(主文)에서 그 처분 또는 부작위가 위법하거나 부당하다는 것을 구체적으로 밝혀야 한다(제44조 제1항).
3. 위원회는 사정재결을 함에 있어서는 청구인에 대하여 상당한 구제방법을 취하거나, 피청구인에게 상당한 구제방법을 취할 것을 명할 수 있다(같은 조 제2항).
4. 사정재결은 취소심판과 의무이행심판에만 인정되고, 무효등확인심판에는 인정되지 않는다(같은 조 제3항).

4. 인용재결

인용재결이란 본안심리의 결과 청구가 이유 있을 때 청구의 취지를 받아들이는 재결이다.

구 분	형성재결	이행재결
취소심판 (형성쟁송)	처분'취소'재결, 처분'변경'재결	처분'변경명령'재결(형성쟁송의 성질에 맞지 않는 이행재결 인정) ▶ 처분'취소명령'재결은 삭제
의무이행심판 (이행쟁송)	'처분'재결(이행쟁송의 성질에 맞지 않는 형성재결 인정)	'처분명령'재결

(1) 취소 · 변경재결

위원회는 취소심판의 청구가 이유가 있다고 인정하면 처분을 취소 또는 다른 처분으로 변경하거나 처분을 다른 처분으로 변경할 것을 피청구인에게 명한다(제43조 제3항). 즉, 취소·변경재결이란 취소심판의 청구가 이유가 있다고 인정될 때 위원회가 처분을 취소 또는 변경(처분취소재결, 처분변경재결 = 형성재결)하거나, 처분청에 대하여 변경을 명하는 재결(처분변경명령재결 = 이행재결)을 말한다. 변경의 의미는 적극적 변경, 즉 원처분에 갈음하는 다른 처분으로의 변경(예 운전면허취소처분을 운전면허정지처분으로 변경)을 의미한다. 종전과 달리 개정 행정심판법에서는 처분'취소명령'재결을 삭제하고 처분'변경명령'재결만 인정하고 있다.

(2) 무효등확인재결

무효등확인심판의 청구가 이유 있다고 인정될 때 처분의 효력 유무 또는 존재 여부를 확인하는 재결을 말한다(제43조 제4항). 확인재결에는 처분'무효확인'재결, 처분'유효확인'재결, 처분'존재확인'재결, 처분'부존재확인'재결, 처분'실효확인'재결 등이 있다.

(3) 의무이행재결

① 의의

의무이행심판의 청구 이유 있다고 인정될 때 지체 없이 신청에 따른 처분을 하거나(형성재결인 처분재결) 처분청에게 신청에 따른 처분을 할 것을 명하는 재결(이행재결인 처분명령재결)을 말한다(제43조 제5항).

② 종 류

1. 처분재결 : 처분재결은 위원회가 스스로 처분을 하는 것이므로 형성재결이다. 따라서 불가변력은 인정되지만 형성재결이라는 성질상 자력집행력은 인정되지 않는다. 처분재결에는 청구인의 청구내용대로 특정한 처분을 하는 전부인용 처분재결과 청구 중 일부만 인용하는 특정내용의 처분재결이 있다.
2. 처분명령재결 : 처분명령재결은 처분청에게 처분을 명하는 재결이므로 이행재결이다. 처분명령재결에는 특정한 처분을 하도록 명하는 특정처분명령재결과 재결의 취지에 따라 일정한 처분을 할 것을 명하는 일정처분명령재결이 있다. 한편, 특정처분명령재결에는 청구인의 청구내용대로 특정한 처분을 하도록 명하는 재결과 청구인의 청구 중 일부만 인용하는 특정내용의 처분을 명하는 재결이 있고, 일부처분명령재결은 절차의 위법을 이유로 하는 재결, 적법재량행사를 명하는 재결 등이 있다.

③ 재결의 기준시(재결시)

의무이행심판에서 재결은 재결시를 기준으로 하여 내려진다.

IV. 조정

1. 위원회는 당사자의 권리 및 권한의 범위에서 당사자의 동의를 받아 심판청구의 신속하고 공정한 해결을 위하여 조정을 할 수 있다. 다만, 그 조정이 공공복리에 적합하지 아니하거나 해당 처분의 성질에 반하는 경우에는 그러하지 아니하다(제43조의2 제1항).
2. 위원회는 제1항의 조정을 함에 있어서 심판청구된 사건의 법적·사실적 상태와 당사자 및 이해관계자의 이익 등 모든 사정을 참작하고, 조정의 이유와 취지를 설명하여야 한다(같은 조 제2항).
3. 조정은 당사자가 합의한 사항을 조정서에 기재한 후 당사자가 서명 또는 날인하고 위원회가 이를 확인함으로써 성립한다(같은 조 제3항).

V. 재결의 효력

1. 형성력

재결의 내용에 따라 새로운 법률관계의 발생이나 종래의 법률관계의 변경, 소멸을 가져오는 효력을 말한다. 제3자에게도 미치므로 대세적 효력이라고도 표현한다. 취소·변경재결은 형성력을 갖는다. 판례도 마찬가지이다. 형성력이 인정되는 재결로는 ① 취소재결, ② 변경재결, ③ 처분재결이 있다.

> ┤ 관 련 판 례 ├
>
> 형성적 재결의 효력 : 행정심판법 제32조 제3항에 의하면 재결청(현재는 행정심판위원회로 변경)은 취소심판의 청구가 이유 있다고 인정할 때에는 처분을 취소·변경하거나 처분청에게 취소·변경할 것을 명한다(현재는 처분취소명령권은 삭제)고 규정하고 있으므로, 행정심판 재결의 내용이 처분청에게 처분의 취소를 명하는 것이 아니라 재결청이 스스로 처분을 취소하는 것일 때에는 그 재결의 형성력에 의하여 당해 처분은 별도의 행정처분을 기다릴 것 없이 당연히 취소되어 소멸되는 것이다(대판 1998.4.24, 97누17131).

2. 기속력

(1) 의 의

기속력이란 처분청 및 관계행정청이 '재결의 취지'에 따르도록 처분청 및 관계행정청을 구속하는 효력을 말한다. 심판청구를 인용하는 재결은 피청구인과 그 밖의 관계행정청을 기속한다(제49조 제1항). 기속력은 '인용재결'에만 인정되고 '각하재결'이나 '기각재결'에는 인정되지 않는다. 따라서 처분청은 기각재결을 받은 후에도 정당한 이유가 있으면 원처분을 취소·변경할 수 있다.

> ┤ 관 련 판 례 ├
>
> 1. 행정심판청구를 인용하는 재결이 행정청을 기속하도록 규정한 행정심판법 제49조 제1항은 헌법 제101조 제1항, 제107조 제2항 및 제3항에 위배되지 않는다(합헌)(헌재결 2014.6.26, 2013헌바122).
> 2. 행정심판청구를 인용하는 재결이 행정청을 기속하도록 규정한 행정심판법 제49조 제1항은 평등원칙에 위배되지 않는다(합헌)(헌재결 2014.6.26, 2013헌바122).
> 3. 행정심판청구를 인용하는 재결이 행정청을 기속하도록 규정한 행정심판법 제49조 제1항은 지방자치제도의 본질적 부분을 침해하지 않는다(합헌)(헌재결 2014.6.26, 2013헌바122).

(2) 반복금지효

행정청은 처분의 취소재결, 변경재결 또는 무효, 부존재, 실효재결이 있는 경우 동일한 사정 아래서 같은 내용의 처분을 되풀이하지 못한다.

┃ 관 련 판 례 ┃

1. 반복금지효 : 양도소득세 및 방위세부과처분이 국세청장에 대한 불복심사청구에 의하여 그 불복사유가 이유있다고 인정되어 취소되었음에도 처분청이 동일한 사실에 관하여 부과처분을 되풀이 한 것이라면 설령 그 부과처분이 감사원의 시정요구에 의한 것이라 하더라도 위법하다(대판 1986.5.27, 86누127).
2. 재결의 기속력의 범위 : 재결의 기속력은 재결의 주문 및 그 전제가 된 요건사실의 인정과 판단, 즉 처분 등의 구체적 위법사유에 관한 판단에만 미친다고 할 것이고, 종전 처분이 재결에 의하여 취소되었다 하더라도 종전 처분 시와는 다른 사유를 들어서 처분을 하는 것은 기속력에 저촉되지 않는다고 할 것이며, 여기에서 동일 사유인지 다른 사유인지는 종전 처분에 관하여 위법한 것으로 재결에서 판단된 사유와 기본적 사실관계에 있어 동일성이 인정되는 사유인지 여부에 따라 판단되어야 한다(대판 2005.12.9, 2003두7705).

---

(3) 적극적 재처분의무

① 재결의 취지에 따른 재처분의무

1. 재결에 의하여 취소되거나 무효 또는 부존재로 확인되는 처분이 당사자의 신청을 거부하는 것을 내용으로 하는 경우에는 그 처분을 한 행정청은 재결의 취지에 따라 다시 이전의 신청에 대한 처분을 하여야 한다(제49조 제2항). 따라서 처분청은 위원회의 재결을 수정재결하거나 재의요구할 수 없다.
2. 당사자의 신청을 거부하거나 부작위로 방치한 처분의 이행을 명하는 재결이 있으면 행정청은 지체 없이 이전의 신청에 대하여 재결의 취지에 따라 처분을 하여야 한다(같은 조 제3항).
3. 신청에 따른 처분이 절차의 위법 또는 부당을 이유로 재결로써 취소된 경우에는 제2항을 준용한다(같은 조 제4항).
4. 법령의 규정에 따라 공고하거나 고시한 처분이 재결로써 취소되거나 변경되면 처분을 한 행정청은 지체 없이 그 처분이 취소 또는 변경되었다는 것을 공고하거나 고시하여야 한다(같은 조 제5항).
5. 법령의 규정에 따라 처분의 상대방 외의 이해관계인에게 통지된 처분이 재결로써 취소되거나 변경되면 처분을 한 행정청은 지체 없이 그 이해관계인에게 그 처분이 취소 또는 변경되었다는 것을 알려야 한다(같은 조 제6항).

② 위원회의 직접처분

1. 위원회는 피청구인이 제49조 제3항(당사자의 신청을 거부하거나 부작위로 방치한 처분의 이행을 명하는 재결이 있으면 행정청은 지체 없이 이전의 신청에 대하여 재결의 취지에 따라 처분을 하여야 한다)에도 불구하고 처분을 하지 아니하는 경우에는 당사자가 신청하면 기간을 정하여 서면으로 시정을 명하고 그 기간에 이행하지 아니하면 직접 처분을 할 수 있다(직권이 아님). 다만, 그 처분의 성질(예 정보공개결정)이나 그 밖의 불가피한 사유로 위원회가 직접 처분을 할 수 없는 경우에는 그러하지 아니하다(제50조 제1항).
2. 위원회는 직접 처분을 하였을 때에는 그 사실을 해당 행정청에 통보하여야 하며, 그 통보를 받은 행정청은 위원회가 한 처분을 자기가 한 처분으로 보아 관계 법령에 따라 관리·감독 등 필요한 조치를 하여야 한다(같은 조 제2항).

1. 행정심판법 제37조 제2항에 기한 재결청의 직접 처분의 요건(부작위) : 행정심판법 제37조 제2항, 같은 법 시행령 제27조의2 제1항의 규정에 따라 재결청(현행 행정심판위원회)이 직접 처분을 하기 위하여는 처분의 이행을 명하는 재결이 있었음에도 당해 행정청이 아무런 처분을 하지 아니하였어야 하므로, 당해 행정청이 어떠한 처분을 하였다면 그 처분이 재결의 내용에 따르지 아니하였다고 하더라도 재결청이 직접 처분을 할 수는 없다(대판 2002.7.23, 2000두9151).

2. 지방자치단체인 성남시의 고유사무에 관한 국가기관으로서의 재결청인 경기도지사의 행정심판법 제37조 제2항에 근거한 직접처분이 인용재결의 범위를 넘어 성남시의 권한을 침해한 것으로서 무효임을 확인한 사례 : 피청구인이 행한 두 차례의 인용재결에서 재결의 주문에 포함된 것은 골프연습장에 관한 것뿐으로서, 이 사건 진입도로에 관한 판단은 포함되어 있지 아니함이 명백하고, 재결의 기속력의 객관적 범위는 그 재결의 주문에 포함된 법률적 판단에 한정되는 것이다. 청구인은 인용재결내용에 포함되지 아니한 이 사건 진입도로에 대한 도시계획사업시행자지정처분을 할 의무는 없으므로, 피청구인이 이 사건 진입도로에 대하여까지 청구인의 불이행을 이유로 행정심판법 제37조 제2항에 의하여 도시계획사업시행자지정처분을 한 것은 인용재결의 범위를 넘어 청구인의 권한을 침해한 것으로서, 그 처분에 중대하고도 명백한 흠이 있어 무효라고 할 것이다(헌재결 1999.7.22, 98헌라4).

③ 행정심판위원회의 간접강제

1. 행정심판의 인용재결에 따른 행정청의 재처분의무에도 불구하고 행정청이 재처분을 하지 아니하는 경우 행정심판위원회가 당사자의 신청에 의해 결정으로 상당한 기간을 정하고, 그 기간 내에 이행하지 않는 경우 지연기간에 따라 일정한 배상을 하도록 명하거나 즉시 배상을 하도록 명하는 제도이다.

2. 현행 행정심판법상 간접강제는 거부처분 취소재결 등에 따른 재처분의무와 처분명령재결에 따른 재처분의무에 대해서만 규정하고 있고, 처분변경명령재결에 따르지 않는 경우에 대한 강제방법이 없는 것은 입법의 불비이다.

3. 위원회는 피청구인이 제49조 제2항(거부처분 취소재결 등에 따른 재처분의무)(제49조 제4항에서 준용하는 경우를 포함한다) 또는 제3항(처분명령재결에 따른 재처분의무)에 따른 처분을 하지 아니하면 청구인의 신청에 의하여 결정으로 상당한 기간을 정하고 피청구인이 그 기간 내에 이행하지 아니하는 경우에는 그 지연기간에 따라 일정한 배상을 하도록 명하거나 즉시 배상을 할 것을 명할 수 있다(행정심판법 제50조의2 제1항).

4. 위원회는 사정의 변경이 있는 경우에는 당사자의 신청에 의하여 제1항에 따른 결정의 내용을 변경할 수 있다(같은 조 제2항).

5. 위원회는 제1항 또는 제2항에 따른 결정을 하기 전에 신청 상대방의 의견을 들어야 한다(같은 조 제3항).

6. 청구인은 제1항 또는 제2항에 따른 결정에 불복하는 경우 그 결정에 대하여 행정소송을 제기할 수 있다(같은 조 제4항).

7. 제1항 또는 제2항에 따른 결정의 효력은 피청구인인 행정청이 소속된 국가·지방자치단체 또는 공공단체에 미치며, 결정서 정본은 제4항에 따른 소송제기와 관계없이 「민사집행법」에 따른 강제집행에 관하여는 집행권원과 같은 효력을 가진다. 이 경우 집행문은 위원장의 명에 따라 위원회가 소속된 행정청 소속 공무원이 부여한다(같은 조 제5항).

8. 간접강제 결정에 기초한 강제집행에 관하여 이 법에 특별한 규정이 없는 사항에 대하여는 「민사집행법」의 규정을 준용한다. 다만, 「민사집행법」 제33조(집행문부여의 소), 제34조(집행문부여 등에 관한 이의신청), 제44조(청구에 관한 이의의 소) 및 제45조(집행문부여에 대한 이의의 소)에서 관할 법원은 피청구인의 소재지를 관할하는 행정법원으로 한다(같은 조 제6항).

④ 취소심판의 경우

거부처분에 대한 의무이행심판뿐만 아니라 취소심판청구도 제기할 수 있다는 것이 일반적 견해인데, 행정심판법은 의무이행심판의 기속력만 규정하고 있을 뿐 취소심판의 인용재결에 대하여 처분청의 재처분의무를 인정하는 명시적인 규정이 없다. 이에 대해서 긍정설(김동희, 박윤흔, 정하중, 한견우)과 부정설(박균성)이 대립한다. 판례는 긍정설을 취하고 있다.

┤ 관 련 판 례 ├

거부처분을 취소하는 재결의 효력 및 그 취지와 양립할 수 없는 다른 처분에 대한 취소를 구할 소익의 유무 : 당사자의 신청을 거부하는 처분을 취소하는 재결이 있는 경우에는 행정청은 그 재결의 취지에 따라 이전의 신청에 대한 처분을 하여야 하는 것이므로 행정청이 그 재결의 취지에 따른 처분을 하지 아니하고 그 처분과는 양립할 수 없는 다른 처분을 하는 것은 위법한 것이라 할 것이고 이 경우 그 재결의 신청인은 위법한 다른 처분의 취소를 소구할 이익이 있다(대판 1988.12.13, 88누7880).

3. 기판력 부정

재결에는 명문의 규정(토지보상법 제86조 제1항)이 없는 한 판결에서와 같은 기판력이 인정되지 않는다.

┤ 관 련 판 례 ├

재결이 확정된 경우, 처분의 기초가 되는 사실관계나 법률적 판단이 확정되고 당사자들이나 법원이 이에 기속되어 모순되는 주장이나 판단을 할 수 없게 되는 것은 아니다(대판 2015.11.27, 2013다6759).

4. 행정행위로서의 효력

행정심판은 기속력에 관해서만 명시적으로 규정하고 있지만, 재결도 행정행위의 일종(확인행위)으로서 내용상 구속력, 공정력, 구성요건적 효력, 형식적 존속력(불가쟁력)과 실질적 존속력(불가변력) 등의 효력을 갖는다.

┤ 관 련 판 례 ├

행정처분이나 행정심판 재결이 불복기간의 경과로 확정된 경우 확정력의 의미 : 행정처분이나 행정심판 재결이 불복기간의 경과로 인하여 확정될 경우 확정력은 처분으로 인하여 법률상 이익을 침해받은 자가 처분이나 재결의 효력을 더 이상 다툴 수 없다는 의미일 뿐 판결에 있어서와 같은 기판력이 인정되는 것은 아니어서 처분의 기초가 된 사실관계나 법률적 판단이 확정되고 당사자들이나 법원이 이에 기속되어 모순되는 주장이나 판단을 할 수 없게 되는 것은 아니다(대판 1993.4.13, 92누17181).

제6항 불복고지(고지제도)

I. 규정

행정심판법	행정절차법
행정청이 처분을 할 때에는 처분의 상대방에게 ① 해당 처분에 대하여 행정심판을 청구할 수 있는지, ② 행정심판을 청구하는 경우의 심판청구 절차 및 심판청구 기간을 알려야 한다(제58조 제1항). 행정청은 이해관계인이 요구하면 ① 해당 처분이 행정심판의 대상이 되는 처분인지, ② 행정심판의 대상이 되는 경우 소관 위원회 및 심판청구 기간을 지체 없이 알려 주어야 한다. 이 경우 서면으로 알려 줄 것을 요구받으면 서면으로 알려 주어야 한다(같은 조 제2항). ▶ 고지제도는 '행정절차법'에 규정되어야 하므로 체계상 맞지 않는 '행정심판법'의 고지규정은 삭제함이 타당	행정청이 처분을 할 때에는 당사자에게 그 처분에 관하여 행정심판 및 행정소송을 제기할 수 있는지 여부, 그 밖에 불복을 할 수 있는지 여부, 청구절차 및 청구기간, 그 밖에 필요한 사항을 알려야 한다(제26조).

행정절차법은 다음과 같은 점에서 행정심판법과 다르다.
1. 신청에 의한 고지는 규정하지 않고 직권고지만 규정
2. 고지의무를 이행하지 않은 경우 제재를 규정하고 있지 않다는 점
3. 행정심판만이 아니라 행정소송, 기타의 불복방법까지 고지해야 한다는 점

II. 성질

1. 비권력적 사실행위 : 불복청구에 필요한 사항을 알려 주는 비권력적 사실행위(통지). 처분성이 인정되지 않으므로 행정심판이나 행정소송의 대상이 아님
2. 고지신청에 대한 거부는 처분
3. 강행규정

III. 종류

1. 대 상

직권고지	신청고지

• 처분(서면에 의한 처분에 한하지 않음)만 대상이므로 처분이 아닌 행정작용의 경우에는 고지를 요하지 않는다. 다른 법령에 의한 심판청구의 대상이 되는 처분 포함.
• 예 외
   1. 신청에 의한 처분의 경우, 신청대로 처분을 한 경우
   2. 수익적인 결과의 처분(각종 하명의 직권취소처분)
	모든 처분. 문서 이외의 형식(구두)으로 인한 처분도 포함.

2. 상대방

직권고지	신청고지
처분의 직접 상대방	이해관계인. 단, 직권에 의한 고지를 받지 못한 경우에는 상대방도 포함.

3. 내 용

직권고지	신청고지
1. 해당 처분에 대하여 행정심판을 청구할 수 있는지 2. 행정심판을 청구하는 경우의 심판청구 절차 및 심판청구 기간	1. 해당 처분이 행정심판의 대상이 되는 처분인지 2. 행정심판의 대상이 되는 경우 소관 위원회 및 심판청구 기간

4. 방 법

직권고지	신청고지
제한이 없음(서면 혹은 구술). ▶ 이유부기의 경우 처분절차이기 때문에 문서주의라는 해석과 논리적으로 모순	제한이 없으나, 신청자가 서면에 의한 고지를 요구한 때에는 반드시 서면으로 고지하여야 한다.

5. 시 기

직권고지	신청고지
원처분 시	신청 시 지체 없이

IV. 불고지 및 오고지의 효과(제재)

1. 경유절차

불고지	오고지
심판청구서를 지체 없이 정당한 행정청에 이송하고, 그 사실을 청구인에게 통지하여야 한다. 최초의 행정기관에 심판청구서가 제출된 때 정당한 심판청구가 제기된 것으로 의제	불고지와 동일

2. 청구기간

불고지	오고지
처분이 있은 날로부터 180일(상대방이 처분이 있음을 알았는지 여부는 불문) ┤ **관련판례** ├ 도로관리청이 도로점용료 상당 부당이득금의 징수 고지서를 발부하면서 이의제출기간을 고지하지 않은 경우의 이의제출기간은 처분일로부터 180일이다(대판 1990.7.10, 89누6839).	법정기간보다 길게 고지한 경우 법정청구기간을 경과하였더라도 기간 내에 제기된 것으로 의제, 짧은 기간을 고지한 경우 법정기간 내 제기 가능(국민에게 유리하게 장기간으로 해석)

V. 고지의 하자와 처분의 효력

불고지나 오고지는 처분 자체의 효력에 직접 영향을 미치지 않고 행정심판법에서 일정한 제재를 규정하고 있을 뿐이라는 견해가 통설·판례(대판 1987.11.24, 87누529)이다.

┤ **관련판례** ├
자동차운수사업법 제31조 등의 규정에 의한 「사업면허의 취소 등의 처분에 관한 규칙」(교통부령) 제7조 제3항에 따른 고지의무의 불이행은 면허취소처분의 하자가 아니다(대판 1987.11.24, 87누529).

VI. 특별행정심판에의 적용 여부(긍정)

행정심판법의 적용을 받지 아니하고 특별법에 의해 인정되는 이의신청·심사청구·재심청구의 경우 당해 특별법이 고지의무를 규정하고 있지 않더라도 처분청은 행정심판법상 고지의무를 진다는 적극설이 다수설이다.

제7항 특별행정심판

Ⅰ. 특별행정심판의 의의

1. 사안(事案)의 전문성과 특수성을 살리기 위하여 특히 필요한 경우 외에는 이 법에 따른 행정심판을 갈음하는 특별한 행정불복절차(특별행정심판)나 이 법에 따른 행정심판 절차에 대한 특례를 다른 법률로 정할 수 없다(제4조 제1항).
2. 다른 법률에서 특별행정심판이나 이 법에 따른 행정심판 절차에 대한 특례를 정한 경우에도 그 법률에서 규정하지 아니한 사항에 관하여는 이 법에서 정하는 바에 따른다(같은 조 제2항).
3. 관계 행정기관의 장이 특별행정심판 또는 이 법에 따른 행정심판 절차에 대한 특례를 신설하거나 변경하는 법령을 제정·개정할 때에는 미리 중앙행정심판위원회와 협의(동의가 아님)하여야 한다(같은 조 제3항).

Ⅱ. 종류

1. 공무원 징계에 대한 소청심사

행정기관 소속 공무원의 징계처분, 그 밖에 그 의사에 반하는 불리한 처분이나 부작위에 대한 소청을 심사·결정하게 하기 위하여 <u>인사혁신처에 소청심사위원회를 둔다</u>(국가공무원법 제9조 제1항).

┃ **관 련 판 례** ┃

국가공무원법 제2조 제2항 제8호 및 고용원규정에 의하여 임용된 단순한 노무에 종사하는 별정직무공원에 대한 파면처분에 대하여는 국가공무원법 제2장에 의하여 총무처 소청 심사위원회에 소청을 제기할 수 없고, 소원법(현 행정심판법)의 규정에 따라 직근 상급기관에 소원(현 행정심판)을 제기할 수밖에 없다(대판 1979.2.13, 78누233).

2. 교원소청심사

1. 각급학교 교원의 징계처분과 그 밖에 그 의사에 반하는 불리한 처분(교육공무원법 제11조의4 제4항 및 사립학교법 제53조의2 제6항에 따른 교원에 대한 재임용 거부처분을 포함)에 대한 소청심사(訴請審査)를 하기 위하여 <u>교육부에 교원소청심사위원회를 둔다</u>(「교원의 지위 향상 및 교육활동 보호를 위한 특별법」 제7조 제1항).
2. 교원이 징계처분과 그 밖에 그 의사에 반하는 불리한 처분에 대하여 불복할 때에는 그 <u>처분이 있었던 것을 안 날부터 30일 이내에</u> 심사위원회에 소청심사를 청구할 수 있다. 이 경우에 심사청구인은 변호사를 대리인으로 선임(選任)할 수 있다(같은 법 제9조 제1항).

3. 조세심판

1. 제55조에 규정된 위법한 처분에 대한 <u>행정소송은</u> 「행정소송법」 제18조 제1항 본문, 제2항 및 제3항에도 불구하고 이 법에 따른 <u>심사청구 또는 심판청구와 그에 대한 결정을 거치지 아니하면 제기할 수 없다.</u> 다만, 심사청구 또는 심판청구에 대한 제65조 제1항 제3호 단서(제81조에서 준용하는 경우를 포함한다)의 재조사 결정에 따른 처분청의 처분에 대한 행정소송은 그러하지 아니하다(국세기본법 제56조 제2항). 여기서의 심사청구 및 심판청구는 행정심판의 성질을 갖는다.
2. 그러나 "제1항과 제2항에 따른 처분이 국세청장이 조사·결정 또는 처리하거나 하였어야 할 것인 경우를 제외하고는 그 처분에 대하여 심사청구 또는 심판청구에 앞서 이 장의 규정에 따른 이의신청을 할 수 있다."(같은 법 제55조 제3항)는 규정의 이의신청은 임의적이고 행정심판이 아니다.

4. 중앙노동위원회의 재심

노동위원회는 중앙노동위원회, 지방노동위원회 및 특별노동위원회로 구분한다(같은 법 제2조 제1항). 중앙노동위원회와 지방노동위원회는 고용노동부장관 소속으로 두며, 지방노동위원회의 명칭·위치 및 관할구역은 대통령령으로 정한다(같은 조 제2항), ② 구제명령·기각결정 등에 대한 재심, ③ 노동위원회의 처분에 대한 심사청구, ④ 보험급여결정 등에 대한 심사청구 등이 있다.

5. 공무원연금법상 공무원연금급여 재심위원회에 대한 심사청구 제도의 법적 성격은 특별행정심판이다

구 공무원연금법상 공무원연금급여 재심위원회에 대한 심사청구 제도는 사안의 전문성과 특수성을 살리기 위하여 특히 필요하여 행정심판법에 따른 일반행정심판을 갈음하는 특별한 행정불복절차(행정심판법 제4조 제1항), 즉 특별행정심판에 해당한다(대판 2019.8.9, 2019두38656).

제3절 행정소송

제1항 개설

I. 공익소송

구분			내용
미국			집단소송
독일	진정 단체소송	의의	단체 이외의 이익 대변
		이기적 단체소송	단체 구성원의 이익 대변
		이타적 단체소송	공익(환경, 소비자) 대변. 「개인정보 보호법」 제51조 이하에 단체소송 규정
	부진정 단체소송		단체 자신의 이익 대변. 현행법상 긍정

II. 사법심사의 한계

1. 사법본질적 한계

(1) 법률상 쟁송

법원조직법 제2조 제1항(법률상 쟁송) : 법원은 헌법에 특별한 규정이 있는 경우를 제외한 일체의 법률상의 쟁송을 심판하고, 이 법과 다른 법률에 의하여 법원에 속하는 권한을 가진다.

(2) 구체적 사건성

1. 법령의 효력 및 해석(추상적 규범통제)
2. 반사적 이익
3. 객관적 소송·단체소송 : 특별한 규정 없으면 부정
4. 사실행위 : 권력적 사실행위만 가능하고 비권력적 사실행위는 부정

> ─┤ **관 련 판 례** ├─
>
> 국가보훈처장 등이 발행한 책자 등에서 독립운동가 등의 활동상을 잘못 기술하였다는 등의 이유로 그 사실관계의 확인을 구하거나, 국가보훈처장의 서훈추천서의 행사, 불행사가 당연무효 또는 위법임의 확인을 구하는 청구는 항고소송의 대상이 되지 않는다(대판 1990.11.23, 90누3553).

(3) 법 적용상의 한계

1. 통치행위
2. 재량행위 : 원칙적으로 당부당에 그치므로 사법심사 부정, 예외적으로 일탈·남용의 경우 긍정
3. 학술·예술상의 문제(판단여지) : 원칙적으로 사법심사 긍정, 예외적으로 고도의 전문적·기술적·정책적 판단을 요하는 경우 사법심사 부정
4. 특별행정법관계 : 전면적 부정설 → 전면적 긍정설

2. 권력분립에 따른 한계

(1) 의무이행소송

소극설(다수설)	적극설
1. 행정에 대한 1차적 판단권은 행정기관에 있기 때문에 법원이 행정청에 대하여 어떠한 처분을 명하는 것은 행정권의 1차적 판단권 침해로서 권력분립의 원칙에 반한다. 즉, 이 견해는 권력분립의 원칙을 '형식적'으로 이해한다. 2. 행정소송법이 의무이행소송 대신 부작위위법확인소송만을 규정한 것은 의무이행소송을 부정하는 취지임에 명백하다. 3. 행정소송법 제4조의 항고소송의 유형은 열거적·제한적인 것이다. 4. 행정소송법 제4조 제1호의 '변경'은 소극적 변경으로서 일부취소를 의미한다.	1. 권력분립주의의 진정한 취지는 개인의 권리를 보장하려는 데 있기 때문에 개인의 권리를 침해하는 위법한 행위를 취소하는 것은 당연히 법원의 권한에 속한다. 권력분립원칙을 '기능적·실질적'으로 이해하고 있다. 또한 거부나 부작위는 행정청에 의한 판단권 행사의 결과이므로 행정청의 판단권 침해라는 논거는 설득력이 없다. 2. 행정소송법 제1조의 공권력의 불행사 등으로 인한 국민의 권익침해에 대한 구제는 의무이행소송 등에 의한 구제까지 포함한다. 3. 행정소송법상의 항고소송의 종류는 예시적인 것이다. 4. 취소소송에서의 변경에는 적극적인 변경도 포함된다.

│ 관 련 판 례 │

1. 행정심판법 제3조에 의하면 행정청의 위법 또는 부당한 거부처분이나 부작위에 대하여 의무이행심판청구를 할 수 있으나 행정소송법 제4조에서는 행정심판법상의 의무이행심판청구에 대응하여 부작위위법확인소송만을 규정하고 있으므로 행정청의 <u>부작위에 대한 의무이행소송</u>은 현행법상 허용되지 않는다(대판 1989.9.12, 87누868).
2. <u>검사에게 압수물 환부를 이행하라는 청구</u>는 행정청의 부작위에 대하여 일정한 처분을 하도록 하는 의무이행소송으로 현행 행정소송법상 허용되지 아니한다(대판 1995.3.10, 94누14018).
3. 토지소유자가 토지에 대한 행정청의 토지등급설정 및 수정처분의 시정을 구하는 것은 동인이 원하는 행정처분을 하도록 명하는 이행판결을 구하는 것이어서 행정소송에서 허용되지 아니한다(대판 1986.8.19, 86누223).
4. <u>행정소송법상 장래에 행정청이 일정한 내용의 처분을 할 것 또는 하지 못하도록 할 것을 구하는 소송은 허용되지 않는다</u>(대판 2021.12.30, 2018다241458).

(2) 예방적 부작위청구소송

1. 건축건물의 준공처분을 하여서는 아니 된다는 내용의 부작위를 구하는 청구는 행정소송에서 허용되지 아니하는 것이므로 부적법하다(대판 1987.3.24, 86누182).
2. 행정소송법상 행정청이 일정한 처분을 하지 못하도록 그 부작위를 구하는 청구는 허용되지 않는 부적법한 소송이라 할 것이므로, 피고 국민건강보험공단은 이 사건 고시를 적용하여 요양급여비용을 결정하여서는 아니 된다는 내용의 원고들의 위 피고에 대한 이 사건 청구는 부적법하다 할 것이다(대판 2006.5.25, 2003두11988).

(3) 작위의무확인소송

피고 국가보훈처장 등에게 독립운동가들에 대한 서훈추천권의 행사가 적정하지 아니하였으니 이를 바로잡아 다시 추천하고, 잘못 기술된 독립운동가의 활동상을 고쳐 독립운동사 등의 책자를 다시 편찬·보급하고, 독립기념관 전시관의 해설문, 전시물 중 잘못된 부분을 고쳐 다시 전시 및 배치할 의무가 있음의 확인을 구하는 청구는 작위의무확인소송으로서 항고소송의 대상이 되지 아니한다(대판 1990.11.23, 90누3553).

(4) 이행판결이나 적극적 형성판결을 구하는 소송

행정소송법상 이행판결이나 적극적 형성판결을 구하는 소송은 허용되지 않는다 : 현행 행정소송법상 행정청으로 하여금 일정한 행정처분을 하도록 명하는 이행판결을 구하는 소송이나 법원으로 하여금 행정청이 일정한 행정처분을 행한 것과 같은 효과가 있는 행정처분을 직접 행하도록 하는 형성판결을 구하는 소송은 허용되지 아니한다(대판 1997.9.30, 97누3200).

제2항 항고소송

제1목 취소소송

제1관 소송요건 개괄

1. 취소소송의 소송요건은 일반적으로 소송을 제기하여 그 청구의 당부에 관한 법원의 본안에 대한 심판을 받을 수 있는 요건을 말한다.
2. 유효한 취소소송을 제기하기 위해서는 ① 행정청의, ② 처분 등이 존재하고, ③ 처분 등이 위법하여, ④ 원고적격을 가진 자가, ⑤ 피고적격을 가진 행정청을 피고로 하여, ⑥ 제소기간 내에, ⑦ 일정한 형식의 소장에 의하여, ⑧ 예외적으로는 행정심판을 거쳐, ⑨ 관할 행정법원에, ⑩ 취소·변경을 구하는 것이어야 한다.
3. 소송요건을 갖추지 않은 소는 부적법한 것으로 각하된다. 소송요건의 확대는 권익구제확대와 관련된다.
4. 소송요건의 충족 여부는 법원의 직권조사사항이다. 사실심의 변론종결시까지 당사자가 주장하지 않던 직권조사사항을 상고심에서 비로소 주장하는 경우 그 직권조사사항은 상고심의 심판범위에 해당한다. 그러나 처분권한 유무와 처분의 위법성 여부같은 본안판단사항은 직권조사사항이 아니다.

┤ 관 련 판 례 ├

1. 행정소송에서 쟁송의 대상이 되는 <u>행정처분의 존부는 소송요건으로서 직권조사사항이고, 자백의 대상이 될 수 없는 것이다</u>(대판 2004.12.24, 2003두15195).
2. <u>전심절차를 거친 여부는 행정소송제기의 소송요건으로서 직권조사사항이라 할 것이므로</u> 이를 거치지 않았음을 원고 소송대리인이 시인하였다고 할지라도 그 사실만으로 전심절차를 거친 여부를 단정할 수는 없다(대판 1986.4.8, 82누242).
3. 제소기간의 준수여부는 소송요건으로서 직권조사사항이다(대판 1987.1.20, 86누490).
4. 소송에서 당사자가 누구인가를 법원이 직권으로 확정하여야 한다(대판 2016.12.27, 2016두50440).
5. 개인이나 법인이 과세처분에 대하여 심판청구 등을 제기하여 전심절차를 진행하던 중 사망하거나 흡수합병되는 등으로 당사자능력이 소멸하였으나, 전심절차에서 이를 알지 못한 채 소멸된 당사자를 청구인으로 표시하여 청구에 관한 결정이 이루어지고, 상속인이나 합병법인이 결정에 불복하여 소를 제기하면서 소장에 착오로 소멸한 당사자를 원고로 기재한 경우, 법원이 취할 조치 : 실제 소를 제기한 당사자는 상속인이나 합병법인이고 다만 그 표시를 잘못한 것에 불과하므로, 법원으로서는 이를 바로잡기 위한 당사자표시 정정신청을 받아들인 후 본안에 관하여 심리·판단하여야 한다(대판 2016.12.27, 2016두50440).
6. 행정소송에 있어서 처분청의 처분권한 유무는 직권조사사항이 아니다[대판(전합) 1997.6.19, 95누8669].

---

5. 소송요건을 갖추지 않은 소송이 제기된 경우
   ① 보정이 불가능한 경우(예 원고적격, 협의의 소익, 대상적격, 제소기간의 경과) : 부적법 각하
   ② 보정이 가능한 경우(예 관할법원, 피고적격, 행정심판전치) : 사실심 구두변론종결시까지 치유 인정
6. 소송요건은 상고심까지 계속 유지되어야 한다.
7. 일반국민을 기준으로 추상적으로 판단, 구체적 충족 여부는 본안판단사항이다.
8. 모든 소송요건을 충족해야 하고 하나만 충족하면 되는 것이 아니다.

제2관 재판관할

Ⅰ. 심급관할

1. 취소소송은 지방법원급인 행정법원(현재 서울에만 설치)을 제1심법원으로 하며, 그 항소심을 고등법원, 상고심을 대법원이 담당하는 3심제를 채택하고 있다(행정소송법 제9조 제1항, 법원조직법 제40조의4).
2. 행정법원이 설치되지 않은 지역에서는 해당 지방법원의 본원이 행정법원이 설치될 때까지 행정법원의 권한에 속하는 사건을 관할한다(법원조직법 부칙 제2조).
3. 다만, 행정사건 가운데는 ① 특허소송(특허법 제186조 제1항), ② 공정거래위원회의 처분에 대한 불복소송(「독점규제 및 공정거래에 관한 법률」 제55조)과 같이 고등법원급인 특허법원이나 서울고등법원의 전속관할로 되어 있는 경우가 있다.

> ┤ 관 련 판 례 ├
> 원고가 고의나 중대한 과실 없이 행정소송으로 제기하여야 할 사건을 민사소송으로 잘못 제기하고 단독판사가 제1심판결을 선고한 경우, 그에 대한 항소사건은 고등법원의 전속관할이다(대판 2022.1.27, 2021다219161).

Ⅱ. 사물관할

고등법원·특허법원 및 행정법원의 심판권은 판사 3인으로 구성된 합의부에서 이를 행한다. 다만, 행정법원에 있어서 단독판사가 심판할 것으로 행정법원 합의부가 결정한 사건의 심판권은 단독판사가 이를 행한다(법원조직법 제7조 제3항).

Ⅲ. 토지관할

1. 일반관할

1. 취소소송의 제1심관할법원은 <u>피고의 소재지</u>(원고의 소재지가 아님)를 관할하는 행정법원으로 한다(행정소송법 제9조 제1항).
2. 제1항에도 불구하고 다음 각 호의 어느 하나에 해당하는 피고에 대하여 취소소송을 제기하는 경우에는 <u>대법원소재지</u>를 관할하는 행정법원에 제기할 수 있다(같은 조 제2항).
   1. 중앙행정기관, 중앙행정기관의 부속기관과 합의제행정기관 또는 그 장
   2. 국가의 사무를 위임 또는 위탁받은 공공단체 또는 그 장

2. 특별관할

토지의 수용 기타 부동산 또는 특정의 장소에 관계되는 처분 등에 대한 취소소송은 그 <u>부동산 또는 장소의 주소지</u>를 관할하는 행정법원에 이를 제기할 수 있다(같은 조 제3항).

3. 토지관할의 성질

토지관할은 전속관할이 아니기 때문에 민사소송법상의 합의관할(제29조 제1항)·변론관할(제30조, 구법 제27조는 응소관할) 등의 규정이 준용된다. 또한 일반관할과 특별관할은 선택적이다.

4. 다른 소송에의 준용

재판관할에 관한 제9조의 규정은 무효등확인소송(제38조 제1항), 부작위위법확인소송(제38조 제2항), 당사자소송(제40조)에 준용된다.

IV. 이 송

1. 관할위반을 이유로 한 이송

원고의 고의 또는 중대한 과실 없이 행정소송을 심급을 달리하는 법원에 잘못 제기한 경우에도 법원은 관할법원에 이송해야 한다(제7조).

2. 민사소송법에 의한 이송

행정소송법이 적용되는 경우 이외에는 민사소송법 제34조에 의한 이송이 준용된다. 법원은 소송의 전부 또는 일부가 그 관할에 속하지 아니함을 인정할 때에는 결정으로 관할법원에 이송한다(행정소송법 제8조 제2항, 민사소송법 제34조 제1항). 판례도 행정소송법 제7조 이외의 관할위반으로 인한 이송을 인정하고 있다.

┤ **관 련 판 례** ├

1. 행정사건을 민사사건으로 오해하여 민사소송을 제기한 경우 행정소송에 대한 관할도 동시에 가지고 있다면 행정소송으로 심리·판단해야 하고, 행정소송에 대한 관할을 가지고 있지 않다면 행정소송의 요건을 결하고 있음이 명백한 경우가 아닌 한 각하할 것이 아니라 관할법원에 이송해야 한다(대판 1997.5.30, 95다28960).
2. 당사자소송을 서울행정법원이 아닌 서울북부지방법원에 제기한 경우 관할법원으로 이송함이 마땅하다(대판 2009.9.24, 2008다60568).
3. 관할위반으로 인한 이송은 법원이 직권으로 이송하고 당사자의 신청권은 인정되지 않는다. 따라서 이송을 기각하는 결정이 있더라도 이에 대해 불복할 수 없다[대판(전합) 1993.12.6, 93마524].
4. 관할위반을 이유로 한 이송신청을 거부하는 재판에 대한 항고의 경우 항고심에서 각하해야 한다[대판(전합) 1993.12.6, 93마524].

3. 편의에 의한 이송

행정소송에도 민사소송법 제35조가 준용될 수 있다. 따라서 법원은 그 관할에 속한 소송에 관해서 현저한 손해 또는 지연을 피하기 위한 필요가 있는 때에는 직권 또는 당사자의 신청에 의해 소송의 전부나 일부를 다른 관할법원에 이송할 수 있다. 다만, 전속관할이 있는 소송은 그러하지 아니하나.

V. 관련청구소송의 이송·병합(행정소송법에 의한 이송)

1. 제도의 취지

서로 관련되는 수개의 청구를 병합하여 하나의 소송절차에서 통일적으로 심판하는 것이 당사자나 법원의 부담을 경감하고, 심리의 중복과 재판의 저촉을 피하면서 사건을 한 번에 해결할 수 있기 때문이다.

2. 관련청구의 범위

(1) 당해 처분이나 재결과 관련되는 손해배상·부당이득반환·원상회복 등 청구소송(제10조 제1항 제1호)

당해 처분이나 재결과 관련되었다는 것은 ① 처분이나 재결이 원인이 되어 발생한 청구(예 영업정지처분에 있어서 처분취소소송과 손해배상청구소송) 또는 ② 그 처분이나 재결의 취소·변경을 선결문제로 하는 청구(예 과세처분에 있어서 부당이득반환청구소송과 과세처분 취소소송)를 말한다.

> ┤ **관 련 판 례** ├
>
> 1. 손해배상청구 등의 민사소송이 행정소송에 관련청구로 병합되기 위한 요건 : 행정소송법 제10조 제1항 제1호는 행정소송에 병합될 수 있는 관련청구에 관하여 '당해 처분 등과 관련되는 손해배상·부당이득반환·원상회복 등의 청구'라고 규정함으로써 그 병합요건으로 본래의 행정소송과의 관련성을 요구하고 있는바, 이는 행정소송에서 계쟁 처분의 효력을 장기간 불확정한 상태에 두는 것은 바람직하지 않다는 관점에서 병합될 수 있는 청구의 범위를 한정함으로써 사건의 심리범위가 확대·복잡화되는 것을 방지하여 그 심판의 신속을 도모하려는 취지라 할 것이므로, 손해배상청구 등의 민사소송이 행정소송에 관련청구로 병합되기 위해서는 그 청구의 내용 또는 발생원인이 행정소송의 대상인 처분 등과 법률상 또는 사실상 공통되거나, 그 처분의 효력이나 존부 유무가 선결문제로 되는 등의 관계에 있어야 함이 원칙이다(대판 2000.10.27, 99두561).
> 2. 사업인정 전의 사업시행으로 인하여 재산권이 침해되었음을 원인으로 한 손해배상청구는 토지수용사건에 관련청구로서 병합될 수 있다(대판 2000.10.27, 99두561).

(2) 당해 처분이나 재결과 관련되는 취소소송(제10조 제1항 제2호)

여기에는 ① 당해 처분과 함께 하나의 절차를 구성하는 다른 처분의 취소를 구하는 소송(예 조세체납처분에 있어서의 압류처분과 공매처분), ② 당해 처분에 관한 재결의 취소를 구하는 소송 또는 재결의 대상인 처분의 취소소송, ③ 당해 처분이나 재결의 취소·변경을 구하는 다른 사람(제3자)의 취소소송(예 일반처분에 대해 다수인이 각각 별개의 취소소송을 제기하는 경우) 등이 포함된다.

> ※ **관련청구소송으로 규정이 없는 것**
> 1. 당해 처분 등과 관련되는 무효확인소송
> 2. 손실보상청구소송

3. 관련청구의 이송

(1) 이송의 의의

1. 취소소송과 관련청구소송이 각각 다른 법원에 계속되고 있는 경우에 관련청구소송이 계속된 법원이 상당하다고 인정할 때에는 당사자의 신청 또는 직권에 의하여 이를 취소소송이 계속된 법원으로 이송하는 것을 말한다(제10조 제1항).
2. 이송은 법원 간의 소송의 이전이므로 동일한 법원 내에서 담당재판부를 달리하는 것은 사무분담의 문제이다.
3. 본 조항은 다른 항고소송은 물론 당사자소송, 민중소송 그리고 기관소송에도 준용된다(제38조·제44조·제46조).

(2) 이송의 요건

이송이 되기 위해서는 ① 취소소송과 관련청구소송이 각각 다른 법원에 계속 중이고, ② 이송하는 데 상당성이 인정되어야 하며, ③ 당사자의 신청 또는 직권에 의해야 한다.

(3) 이송결정의 효과

1. 이송결정은 이송받은 법원을 기속하며, 소송을 이송받은 법원은 이송결정에 따라야 하고, 사건을 다시 다른 법원에 이송하지 못한다(민사소송법 제38조).
2. 이송결정과 이송신청의 기각결정에 대하여는 즉시항고를 할 수 있다(같은 법 제39조).
3. 이송결정이 확정된 때에는 소송은 처음부터 이송받은 법원에 계속(係屬)된 것으로 본다(같은 법 제40조 제1항).

4. 관련청구소송의 병합

(1) 관련청구병합의 의의

① 병합의 개념

청구의 병합이란 1개의 소송절차에서 수개의 청구에 대해 일괄적으로 심판이 이루어지는 것을 말한다. 즉, 관련청구소송을 병합하여 하나의 소송절차에서 심리하는 것을 말한다. 취소소송에는 사실심의 변론종결시까지 관련청구소송을 병합하거나 피고 이외의 자를 상대로 한 관련청구소송을 취소소송이 계속된 법원에 병합하여 제기할 수 있다(행정소송법 제10조 제2항).

② 제도의 취지

행정소송법이 관련청구의 병합에 관해 특별한 규정을 둔 것은, 특히 항고소송의 경우에는 위법한 처분의 취소 또는 변경을 구함과 아울러 그와 관련되는 손해배상 등을 청구할 경우가 있고, 또한 양 소송은 형식적으로는 독립적인 별개의 소송이지만(예 취소소송은 항고소송이므로 처분행정청이 피고이고, 손해배상청구소송은 민사소송이므로 국가가 피고이다), 실질적으로는 하나의 궁극적 목적을 위한 것으로서 동일사건의 표리의 관계에 지나지 않는다.

(2) 병합의 종류와 형태

병합의 형태에는 ① 객관적 병합(병합제기·추가적 병합), ② 주관적·예비적 병합, 주관적·추가적 병합, ③ 공동소송으로서 단순한 주관적 병합이 있다.

① 객관적 병합

㉠ 의의

1. 객관적 병합은 같은 <u>원고가 같은 피고에 대해 하나의 소송절차에서 수개의 청구</u>를 하는 경우를 말한다. 소의 객관적 병합은 민사소송법에서는 수개의 청구가 동종의 소송절차에 한하여 인정한다(제253조).
2. 행정소송법은 관련청구인 이상 같은 종류의 소송절차뿐만 아니라 다른 종류의 소송절차(예 행정소송과 민사소송)에도 인정된다(제10조 제2항 전단).
3. 또한 당사자소송의 취소소송에의 병합도 가능하다(대판 1992.12.24, 92누3335).

㉡ 종류

1. 취소소송의 원고는 이와 관련된 청구를 병합하여 제소하거나(원시적 병합), 사실심 구두변론종결시까지는 언제든지 추가하여 병합할 수 있다(추가적·후발적 병합). 다만, 제3자에 의한 관련청구의 병합은 소송관계를 복잡하게 할 수 있으므로 인정되지 않는다.
2. 또한 소의 병합에는 ① 단순병합(아무런 관련성이 없는 여러 개의 청구를 단순히 병렬적으로 심판을 구하는 형태의 병합으로서 법원은 원고가 병합시킨 모든 청구에 대해 심판을 해야 한다), ② 선택적 병합(원고가 여러 개의 택일관계에 있는 청구 중 어느 하나가 택일적으로 인용될 것을 해제조건으로 하여 다른 청구에 대해 심판을 구하는 형태. 법원으로서는 이유 있는 청구 중 어느 하나를 선택하여 인용하면 나머지 청구는 심판할 필요가 없다), ③ 예비적 병합이 있는데, 예비적 병합은 양립되지 않는 수개의 청구를 하면서 제1차적 청구(주위적 청구)가 배척(기각, 각하)될 때를 대비하여 제2차적 청구(예비적 청구)에 대해 심판을 구하는 형태, 즉 양립 불가능한 여러 개의 청구에 심판순위를 붙여 제1차적 청구가 인용될 것을 해제조건으로 하여 제2차적 청구에 대하여 심판을 구하는 형태의 병합을 말한다.
3. 법원은 원고가 정한 순위에 구속되어 심판을 해야 하고, 제1차적 청구를 인용할 경우에는 제2차적 청구에 대한 심판을 하지 않는다.

> **│ 관 련 판 례 │**
>
> 1. 행정처분에 대한 무효확인과 취소청구는 서로 양립할 수 없는 청구로서 주위적·예비적 청구로서만 병합(예비적 병합)이 가능하고 선택적 청구로서의 병합이나 단순 병합은 허용되지 아니한다(대판 1999.8.20, 97누6889).
> 2. 동일한 행정처분에 대하여 무효확인의 소를 제기하였다가 그 후 그 처분의 취소를 구하는 소를 추가적으로 병합한 경우, 주된 청구인 무효확인의 소가 적법한 제소기간 내에 제기되었다면 추가로 병합된 취소청구의 소도 적법하게 제기된 것으로 볼 수 있다(대판 2005.12.23, 2005두3554).
> 3. 국가유공자 요건 또는 보훈보상대상자 요건에 해당함을 이유로 국가유공자 비해당결정처분과 보훈보상대상자 비해당결정처분의 취소를 청구하는 것은 양립가능하지 않고, 두 처분의 취소청구가 국가유공자 비해당결정처분 취소 청구를 주위적 청구로 하는 주위적·예비적 관계에 있다(대판 2016.7.27, 2015두46994).

② 주관적 병합

주관적 병합은 원고·피고의 어느 일방 또는 쌍방의 당사자가 다수인 경우를 말한다. 행정소송법은 공동소송으로서 주관적 병합을 인정하고 있다(제15조).

③ 주관적·예비적 병합의 인정문제

주관적 병합의 형태 중 이른바 주관적·예비적 병합이 허용되는지가 문제된다. 예컨대, 행정청을 피고로 하여 처분의 취소를 청구함과 동시에 예비적으로 국가를 피고로 하여 손해배상이나 원상회복을 청구하는 경우이다. 판례는 주관적·예비적 병합을 인정하고 있다.

> **┤ 관 련 판 례 ├**
>
> 아파트 입주자대표회의 구성원 개인을 피고로 삼아 제기한 동대표지위 부존재확인의 소의 계속 중에 아파트 입주자대표회의를 피고로 추가하는 주관적·예비적 추가를 허용 : 이 사건 동대표지위의 부존재 확인을 구하는 소송에서 입주자대표회의와 상대방 중 누가 피고적격을 가지는지에 따라 어느 일방에 대한 청구는 부적법하고 다른 일방에 대한 청구는 적법하게 될 수 있으므로 이들 각 청구는 법률상 양립할 수 없는 경우에 해당하여 앞에서 본 주관적·예비적 공동소송의 한 태양에 속하고, 따라서 민사소송법 제70조 제1항에 의하여 준용되는 같은 법 제68조의 규정에 따라 그 주관적·예비적 피고의 추가가 허용되는 것으로 보아야 할 것이다(대결 2007.6.26, 2007마515).

(3) 병합의 요건

병합하기 위해서는 본체인 취소소송이 적법해야 하고 사실심 변론종결 이전이어야 하며 취소소송이 계속된 법원에 병합해야 한다.

① 본체인 취소소송의 적법성

관련청구의 병합은 본체인 취소소송이 그 자체로서 소송요건을 갖춘 적법한 것임을 전제로 한다.

> **┤ 관 련 판 례 ├**
>
> 취소소송을 제기한 당사자가 국가 또는 공공단체에 대한 당사자소송을 행정소송법 제10조 제2항에 의하여 관련 청구로서 병합하였으나 위 취소소송이 부적법한 경우 법원은 소변경청구로 보아 청구의 기초에 변경이 없는 한 이를 허가하여야 한다(대판 1992.12.24, 92누3335).

② 관련청구의 범위

취소소송에 병합할 수 있는 청구는 ① 본체인 취소소송의 대상인 처분 등과 관련되는 손해배상·부당이득반환·원상회복 등 청구소송이거나, ② 본체인 취소소송의 대상인 처분 등과 관련되는 취소소송이다.

> **┤ 관 련 판 례 ├**
>
> 행정처분의 취소를 구하는 취소소송에 당해 처분의 취소를 선결문제로 하는 부당이득반환청구가 병합된 경우, 그 청구가 인용되려면 소송절차에서 당해 처분이 취소되면 충분하고 당해 처분의 취소가 확정되어야 하는 것은 아니다(대판 2009.4.9, 2008두23153).

③ 병합의 시기(사실심 구두변론종결 전)

주된 취소소송이 계속 중이어야 한다. 또한 관련청구의 병합은 사실심 변론종결 전에 하여야 한다(제10조 제2항). 사실심 구두변론종결 전이면 원시적 병합이든 추가적 병합이든 상관없다.

④ 관할법원(취소소송이 계속된 법원)

병합되는 소송의 관할법원은 취소소송이 계속된 법원이다.

제3관 취소소송의 당사자 등

제1 당사자능력과 당사자적격

Ⅰ. 당사자능력

1. 당사자능력이란 일반적으로 소송당사자(예 원고·피고·참가인)가 될 수 있는 소송법상의 능력(자격)을 말하는 것으로서 자기의 이름으로 재판을 청구하거나 또는 소송상의 효과를 받을 수 있는 자격을 말한다.
2. 민법 기타 법률에 의하여 권리능력을 가진 자(자연인·법인)는 당사자능력을 갖는다(행정소송법 제8조 제2항, 민사소송법 제51조).
3. 법인이 아닌 사단이나 재단은 대표자 또는 관리인이 있는 경우에는 그 사단이나 재단의 이름(대표자나 관리인의 이름이 아님)으로 당사자가 될 수 있다(행정소송법 제8조 제2항, 민사소송법 제52조).

> ┤ **관 련 판 례** ├
>
> 도롱뇽과 자연은 당사자능력을 인정할 수 없다(대결 2006.6.2, 2004마1148·1149).

Ⅱ. 당사자적격

구체적 소송사건에서 당사자(원고·피고·참가인)로서 소송을 수행하고 본안판결을 받기에 적합한 자격으로서 원고적격·피고적격·참가인적격을 말한다.

제2 원고적격

I. 법률상 이익의 주체

1. 규정의 성격(주관적 소송)

취소소송은 처분 등의 취소를 구할 법률상 이익이 있는 자만이 제기할 수 있다(행정소송법 제12조 전단). 법률상 이익이 있는 자만이 제기할 수 있다는 것은 취소소송이 주관적 소송임을 의미하고 민중소송의 배제를 의미한다.

2. 상대방(원칙적으로 원고적격 인정)

1. 행정처분에 있어서 불이익처분의 상대방은 직접 개인적 이익의 침해를 받은 자로서 원고적격이 인정되지만 수익처분의 상대방은 그의 권리나 법률상 보호되는 이익이 침해되었다고 볼 수 없으므로 달리 특별한 사정이 없는 한 취소를 구할 이익이 없다(대판 1995.8.22, 94누8129).
2. 미얀마 국적의 갑이 위명(僞名)인 '을' 명의의 여권으로 대한민국에 입국한 뒤 을 명의로 난민 신청을 하였으나 법무부장관이 을 명의를 사용한 갑을 직접 면담하여 조사한 후 갑에 대하여 난민불인정 처분을 한 사안에서, 갑이 처분의 취소를 구할 법률상 이익이 있다고 한 사례(대판 2017.3.9, 2013두16852) : 처분의 상대방은 허무인이 아니라 '을'이라는 위명을 사용한 갑이이므로

3. 제3자

행정처분의 상대방이 아닌 제3자도 그 처분으로 인하여 법률상 보호되는 이익을 침해당한 경우에는 그 처분의 취소 또는 변경을 구하는 행정소송을 제기하여 그 당부의 판단을 받을 법률상 자격이 있다(대판 1999.12.7, 97누12556).

4. 행정심판의 피청구인(행정청)

행정심판에서 기각재결이 있는 경우 사인인 청구인은 당연히 취소소송을 제기할 수 있다. 그러나 인용재결이 있는 경우, 피청구인인 행정청은 재결의 기속력(행정심판법 제49조 제1항)으로 인해 취소소송을 제기할 수 없다.

5. 행정기관

1. 법령이 특정한 행정기관 등으로 하여금 다른 행정기관을 상대로 제재적 조치를 취할 수 있도록 하면서, 그에 따르지 않으면 그 행정기관에 대하여 과태료를 부과하거나 형사처벌을 할 수 있도록 정하는 경우, 제재적 조치의 상대방인 행정기관 등에게 항고소송 원고로서의 당사자능력과 원고적격을 예외적으로 인정할 수 있다(대판 2018.8.1, 2014두35379).
2. 국가는 기관위임사무에 관하여 지방자치단체의 장을 상대로 취소소송을 제기할 수 없다(국토이용계획의 변경결정권은 원래 국가의 권한으로서 충청남도지사를 거쳐 연기군수에게 재위임되어 있는데, 국가 산하 충북대학교가 농과대학 부설 축산기술연구소를 설립하고 국토이용계획상 용도지역을 준도시지역 중 시설용지지구로 변경하는 국토이용계획변경승인신청을 하였으나 연기군수가 거부처분을 하자, 국가가 연기군수를 상대로 취소소송을 제기한 사건)(대판 2007.9.20, 2005두6935).
3. 갑이 국민권익위원회에 「부패방지 및 국민권익위원회의 설치와 운영에 관한 법률」(국민권익위원회법)에 따른 신고와 신분보장조치를 요구하였고, 국민권익위원회가 을 시·도선거관리위원회 위원장에게 '갑에 대한 중징계요구를 취소하고 향후 신고로 인한 신분상 불이익처분 및 근무조건상의 차별을 하지 말 것을 요구'하는 내용의 조치요구를 한 사안에서, 국가기관인 을에게 위 조치요구의 취소를 구하는 소를 제기할 당사자능력, 원고적격 및 법률상 이익을 인정한 원심판단을 정당하다고 한 사례(대판 2013.7.25, 2011두1214).
4. 구 건축법 제29조 제1항에서 정한 건축협의의 취소는 처분에 해당하고 지방자치단체 등이 건축물 소재지 관할 허가권자인 지방자치단체의 장을 상대로 건축협의취소의 취소를 구할 수 있다(대판 2014.2.27, 2012두22980).
5. 국민권익위원회가 소방청장에게 인사와 관련하여 부당한 지시를 한 사실이 인정된다며 이를 취소할 것을 요구하기로 의결하고 그 내용을 통지하자 소방청장이 국민권익위원회 조치요구의 취소를 구하는 소송을 제기한 사안에서, 처분성이 인정되는 국민권익위원회의 조치요구에 불복하고자 하는 소방청장으로서는 조치요구의 취소를 구하는 항고소송을 제기하는 것이 유효·적절한 수단으로 볼 수 있으므로 소방청장이 예외적으로 당사자능력과 원고적격을 가진다고 한 사례(대판 2018.8.1, 2014두35379)

6. 법 인

1. 처분 등으로 법인 또는 단체의 개인적 이익이 침해된 경우에도 법인이나 단체에게 원고적격이 인정된다.

   ┤ 관 련 판 례 ├

   약제를 제조·공급하는 제약회사가 보건복지부 고시인 '약제급여·비급여 목록 및 급여 상한금액표' 중 약제의 상한금액 인하 부분에 대하여 그 취소를 구할 원고적격이 있다(대판 2006.12.21, 2005두16161).

2. 판례는 환경상 이익은 본질적으로 자연인에게 귀속되는 것으로서 법인은 환경상 이익의 침해를 이유로 행정소송을 제기할 수 없다고 한다.

   ┤ 관 련 판 례 ├

   환경상 이익은 본질적으로 자연인에게 귀속되는 것으로서 법인(수녀원)은 환경상 이익의 침해를 이유로 행정소송을 제기할 수 없다(대판 2012.6.28, 2010두2005).

II. 법률상 이익의 의미

1. 관계규정

행정소송법 제12조는 '원고적격'이라는 표제하에 "취소소송은 처분 등의 취소를 구할 법률상 이익(정당한 이익이 아님)이 있는 자가 제기할 수 있다. 처분 등의 효과가 기간의 경과, 처분 등의 집행 그 밖의 사유로 인하여 소멸된 뒤에도 그 처분 등의 취소로 인하여 회복되는 법률상 이익이 있는 자의 경우에는 또한 같다."라고 규정하고 있다. 위 조문의 전단(1문)의 경우만이 원고적격에 해당하고, 후단(2문)의 경우는 협의의 소의 이익(권리보호필요성)에 관한 내용이라는 견해가 통설이다. 그러나 판례는 구별부정설이다.

2. 판례(법률상 보호이익설)

(1) 법률상 이익

1. 대법원은 통설과 마찬가지로 법률상 보호이익설에 따르고 있다.

   ┤ **관 련 판 례** ├
   1. 행정처분의 직접 상대방이 아닌 제3자가 행정처분의 취소를 구할 수 있는 요건으로서 '법률상 보호되는 이익'의 의미 : 행정처분에 대한 취소소송에서 원고적격은 해당 처분의 상대방인지 여부가 아니라 그 취소를 구할 법률상 이익이 있는지 여부에 따라 결정된다. 여기에서 말하는 법률상 이익이란 해당 처분의 근거 법률로 보호되는 직접적이고 구체적인 이익을 가리키고, 간접적이거나 사실적·경제적 이해관계를 가지는 데 불과한 경우는 포함되지 않는다(대판 2019.8.30, 2018두47189).
   2. 법률상 보호되는 이익은 당해 처분의 근거 법규 및 관련 법규에 의하여 보호되는 개별적·직접적·구체적 이익을 말하며, 원고적격은 소송요건의 하나이므로 사실심 변론종결시는 물론 상고심에서도 존속하여야 하고 이를 흠결하면 부적법한 소가 된다 할 것이다(대판 2007.4.12, 2004두7924).

2. 법률상 이익이 아닌 사실적·경제적·반사적 이익은 제외된다.

   ┤ **관 련 판 례** ├
   1. 제주 강정마을 일대가 절대보전지역으로 유지됨으로써 주민들인 원고들이 가지는 주거 및 생활환경상 이익은 그 지역의 경관 등이 보호됨으로써 반사적으로 누리는 것일 뿐 근거 법규 또는 관련 법규에 의하여 보호되는 개별적·직접적·구체적 이익이라고 할 수 없다(대판 2012.7.5, 2011두13187·13914).
   2. 과세관청의 소득처분과 그에 따른 소득금액변동통지가 있는 경우, 법인은 소득금액변동통지의 취소를 구할 법률상 이익이 있지만, 소득처분에 따른 소득의 귀속자가 법인에 대한 소득금액변동통지의 취소를 구할 법률상 이익은 없다(대판 2013.4.26· 2012두27954).
   3. 설립자나 종전 이사가 사립학교 운영에 대하여 가지는 재산적 이해관계는 법률적인 것이 아니다(대판 2014.1.23, 2012두6629).

(2) 개별적 · 직접적 · 구체적 이익

법률상 이익도 개별적·직접적·구체적 이익만을 말하고, 공익보호의 결과로 국민 일반이 공통적으로 가지는 일반적·간접적·추상적·평균적 이익이 생기는 경우에는 법률상 보호되는 이익이 있다고 할 수 없다.

   ┤ **관 련 판 례** ├
   법률상 직접적이고 구체적인 이익이 없고 다만 사실상이며 간접적인 관계를 가지는 데 불과한 자는 행정소송을 제기할 이익이 없다(대판 1987.5.26, 87누119).

(3) 인정사례

1. 주식이 소각되거나 주주의 법인에 대한 권리가 소멸하는 등 주주의 지위에 중대한 영향을 초래하게 되는 경우 (대판 2004.12.23, 2000두2648)
2. 처분으로 인하여 법인이 더 이상 영업 전부를 행할 수 없게 되고, 영업에 대한 인·허가의 취소 등을 거쳐 해산·청산되는 절차 또한 처분 당시 이미 예정되어 있으며, 그 후속절차가 취소되더라도 그 처분의 효력이 유지되는 한 당해 법인이 종전에 행하던 영업을 다시 행할 수 없는 예외적인 경우의 주주(대판 2005.1.27, 2002두5313)
3. 계약이전결정으로 침해되는 주주들의 이익(대판 1997.12.12, 96누4602) : 회사들이 해산되는 결과, 법인에 대한 행정처분이 당해 법인의 존속 자체를 직접 좌우
4. 교육부장관이 사학분쟁조정위원회의 심의를 거쳐 상지대학교를 설치·운영하는 상지 학교법인의 이사 8인과 임시이사 1인을 선임한 데 대하여 상지대학교 교수협의회와 총학생회 등이 이사선임처분의 취소를 구하는 소송을 제기한 사안에서, 상지대학교 교수협의회와 총학생회(대판 2015.7.23, 2012두19496·19502)
5. 과세관청이 원천징수과정에서 원천납세의무자로 취급된 외국법인이 도관에 불과하고, 그 상위 투자자인 다른 외국법인이 실질과세원칙상 납세의무자로서 국내 고정사업장을 갖고 있다고 보아 그를 상대로 법인세 과세표준과 세액을 결정하는 과정에서, 당초 원천징수된 세액의 환급금을 상위 투자자 외국법인의 결정세액에서 공제하거나 충당하면서 과세연도와 세액 및 산출근거 등이 기재된 결정결의서를 교부하는 등의 방법으로 결정의 내용을 자세하게 고지한 경우, 상위 투자자인 외국법인(대판 2017.10.12, 2014두3044·3051)
6. 「신문 등의 진흥에 관한 법률」상 등록에 따라 인정되는 신문사업자의 지위(대판 2019.8.30, 2018두47189) : 신문사 업자에게 등록한 특정 명칭으로 신문을 발행할 수 있도록 하는 이익
7. 지방법무사회가 법무사의 사무원 채용승인 신청을 거부하거나 채용승인을 얻어 채용 중인 사람에 대한 채용승인을 취소한 경우, 그 때문에 사무원이 될 수 없게 된 사람(대판 2020.4.9, 2015다34444) : 법무사 사무원으로 채용되어 근무할 수 없게 되는 불이익
8. 임차인이 구 임대주택법 제21조에 따른 분양전환승인의 효력을 다툴 이익(대판 2020.7.23, 2015두48129) : 분양전 환승인 중 분양전환가격에 대한 부분은 임대사업자뿐만 아니라 임차인의 법률적 지위에도 구체적이고 직접적인 영향

┤ 관 련 판 례 ├

1. 법인의 주주가 당해 법인에 대한 행정처분의 취소를 구할 원고적격이 있는 경우 : 일반적으로 법인의 주주는 당해 법인에 대한 행정처분에 관하여 사실상이나 간접적인 이해관계를 가질 뿐이어서 스스로 그 처분의 취소를 구할 원고적격이 없는 것이 원칙이라고 할 것이지만, 그 처분으로 인하여 궁극적으로 주식이 소각되거나 주주의 법인에 대한 권리가 소멸하는 등 주주의 지위에 중대한 영향을 초래하게 되는데도 그 처분의 성질상 당해 법인이 이를 다툴 것을 기대할 수 없고 달리 주주의 지위를 보전할 구제방법이 없는 경우에는 주주도 그 처분에 관하여 직접적이고 구체적인 법률상 이해관계를 가진다고 보이므로 그 취소를 구할 원고적격이 있다(대판 2004.12.23, 2000두2648).
2. 법인의 주주의 원고적격 인정에 관한 판단기준 : 법인의 주주는 법인에 대한 행정처분에 관하여 사실상이나 간접적인 이해관계를 가질 뿐이어서 스스로 그 처분의 취소를 구할 원고적격이 없는 것이 원칙이다. 다만 그 처분으로 인하여 법인이 더 이상 영업 전부를 행할 수 없게 되고, 영업에 대한 인·허가의 취소 등을 거쳐 해산·청산되는 절차 또한 처분 당시 이미 예정되어 있으며, 그 후속절차가 취소되더라도 그 처분의 효력이 유지되는 한 당해 법인이 종전에 행하던 영업을 다시 행할 수 없는 예외적인 경우에는 주주도 그 처분에 관하여 직접적·구체적인 법률상 이해관계를 가진다고 보아 그 효력을 다툴 원고적격이 있지만, 만일 그 법인의 주주가 법인에 대한 행정처분 이후의 주식 양수인인 경우에는 특별한 사정이 없는 한 그 처분에 대하여 간접적·경제적 이해관계를 가질 뿐 법률상 직접적·구체적 이익을 가지는 것은 아니다(대판 2010.5.13, 2010두2043).

---

(4) 부정사례

1. 단체가 단체구성원의 이익침해에 대해 소송을 제기하는 경우
   ① 연식품협동조합이 그 조합원에 대한 식품제조영업허가 취소처분의 취소를 구할 소익(대판 1987.5.26, 87누119)
   ② 전국고속버스운송사업조합이 도지사의 시외버스운송사업자에 대한 사업계획변경인가처분의 취소를 구할 이익(대판 1990.2.9, 89누4420)
   ③ 노동조합이 근로자의 부당해고 등 구제신청을 규정한 근로기준법 제27조의3의 조항에 의한 구제신청인이 될 수 있는 이익(대판 1992.11.13, 92누11114)
   ④ 사단법인 대한의사협회가 보건복지부 고시인 '건강보험요양급여행위 및 그 상대가치점수 개정'의 취소를 구할 이익(대판 2006.5.25, 2003두11988) : 원고 협회의 장이 요양급여비용협의회의 위원으로서 국민건강보험법 제42조 제1항 소정의 요양급여비용을 정하는 계약 체결에 간접적으로 관여하더라도 마찬가지
2. 단체 구성원이 단체 자체의 이익침해에 대해 소송을 제기하는 경우
   ① 운전기사의 합승행위를 이유로 소속 운수회사에 대하여 과징금부과처분이 있은 경우 당해 운전기사의 이익(대판 1994.4.12, 93누24247)
   ② 상호신용금고가 재정경제원장관의 업무·재산관리명령에 대한 행정심판을 청구하였다가 기각당한 경우 법인이나 비법인사단의 구성원인 회사의 이사 겸 주주나 과점주주(대판 1997.12.12, 97누317)
3. 기 타
   ① 국세체납처분을 원인으로 한 압류등기 이후에 압류부동산을 매수한 자(대판 1985.2.8, 82누524)
   ② 전공이 다른 교수를 임용함으로써 학습권을 침해당한 대학생들의 이익(대판 1993.7.27, 93누8139)
   ③ 과세권자의 원천징수의무자에 대한 납세고지에 대하여 원천납세의무자가 항고소송을 제기할 이익(대판 1994.9.9, 93누22234) : 과세권자가 직접 그에게 원천세액을 부과한 경우가 아닌 한 과세권자의 원천징수의무자에 대한 납세고지로 인하여 자기의 원천세납세의무의 존부나 범위에 아무런 영향을 받지 아니하므로
   ④ 체납압류처분된 부동산의 매수인이나 가압류권자가 그 압류처분의 취소를 구할 이익(대판 1997.2.14, 96누3241)
   ⑤ 법인의 주주가 법인에 대한 행정처분 이후의 주식 양수인인 경우(대판 2010.5.13, 2010두2043)
   ⑥ 부동산압류처분에 대한 금전채권자(가등기담보권자나 저당권자)의 이익(대판 1989.10.10, 89누2080)
   ⑦ 토지구획정리사업 시행자로부터 공사를 도급받은 자가 시행자가 한 환지처분을 다툴 법률상 이익(대판 1999.7.23, 97누1006)
   ⑧ 아파트관리사무소 소장으로 근무하면서 관리사무소를 위하여 종합소득세의 신고·납부, 경정청구 등의 업무를 처리한 경우 소장이 경정청구를 거부한 과세관청의 처분에 대해 취소를 구할 이익(대판 2003.9.23, 2002두1267)
   ⑨ 사법시험에 합격한 보병병과 장교를 법무병과로 전과를 명하고, 그를 법무병과의 소령 진급예정자로 선발한 피고의 이 사건 처분으로 인해 제3자로 군법무관인 원고들이 서열이나 진급 등과 관련하여 받는 영향들(대판 2011.4.14, 2010두27615)
   ⑩ 교육부장관이 사학분쟁조정위원회의 심의를 거쳐 상지대학교를 설치·운영하는 상지학교법인의 이사 8인과 임시이사 1인을 선임한 데 대하여 상지대학교 교수협의회와 총학생회 등이 이사선임처분의 취소를 구하는 소송을 제기한 사안에서, 전국대학노동조합 상지대학교지부(대판 2015.7.23, 2012두19496·19502)

(5) 개인적 이익(사적 이익)

외국인에게는 사증발급 거부처분의 취소를 구할 법률상 이익이 인정되지 않지만, 국적법상 귀화불허가처분이나 출입국관리법상 체류자격변경 불허가처분, 강제퇴거명령 등을 다투는 외국인은 해당 처분의 취소를 구할 법률상 이익이 인정된다(대판 2018.5.15, 2014두42506).

4. 법률상 이익의 확실한 침해가능성

1. 환경영향평가에 관한 자연공원법령 및 환경영향평가법령의 규정들의 취지는 집단시설지구개발사업이 환경을 해치지 아니하는 방법으로 시행되도록 함으로써 집단시설지구개발사업과 관련된 환경공익을 보호하려는 데에 그치는 것이 아니라 그 사업으로 인하여 직접적이고 중대한 환경피해를 입으리라고 예상되는 환경영향평가 대상지역 안의 주민들이 개발 전과 비교하여 수인한도를 넘는 환경침해를 받지 아니하고 쾌적한 환경에서 생활할 수 있는 개별적 이익까지도 이를 보호하려는 데에 있다(대판 1998.4.24, 97누3286).
2. 소득처분에 따른 소득의 귀속자는 법인에 대한 소득금액변동통지의 취소를 구할 법률상 이익이 없다(대판 2015.3. 26, 2013두9267). : 원천징수의무자에 대한 소득금액변동통지는 원천납세의무의 존부나 범위와 같은 원천납세의무자의 권리나 법률상 지위에 어떠한 영향을 준다고 할 수 없으므로

Ⅲ. 법률의 범위(보호규범론)

1. 대법원

대법원판례는 기본적으로 처분의 근거 법률이라는 테두리를 유지하면서 절차적인 규율이나 처분과 실질적 관련성이 있는 관계 법령을 근거 법률로 표현(학설상 관계 법률에 해당하는 법률에 대해서도 근거 법률로 표현)하는 입장이 주류적인데, 최근에는 관련 법규까지 포함하는 판시가 나온 바 있다. 그러나 기본권인 환경권과 자연방위권에 관해서는 원고적격을 부정하고 있다.

┨ 관 련 판 례 ┠

1. 당해 처분의 근거 법규 및 관련 법규에 의하여 보호되는 법률상 이익의 의미 : 당해 처분의 근거 법규 및 관련 법규에 의하여 보호되는 법률상 이익은 당해 처분의 근거 법규의 명문 규정에 의하여 보호받는 법률상 이익, 당해 처분의 근거 법규에 의하여 보호되지는 아니하나 당해 처분의 행정목적을 달성하기 위한 일련의 단계적인 관련 처분들의 근거 법규에 의하여 명시적으로 보호받는 법률상 이익, 당해 처분의 근거 법규 또는 관련 법규에서 명시적으로 당해 이익을 보호하는 명문의 규정이 없더라도 근거 법규 및 관련 법규의 합리적 해석상 그 법규에서 행정청을 제약하는 이유가 순수한 공익의 보호만이 아닌 개별적·직접적·구체적 이익을 보호하는 취지가 포함되어 있다고 해석되는 경우까지를 말한다(대판 2015.7.23., 2012두19496·19502).
2. 자유권인 구속된 피고인 또는 피의자의 타인과의 접견권(만나고 싶은 사람을 만날 수 있는 자유)은 원고적격 인정(대판 1992.5.8, 91부8).
3. 구속된 피고인은 미결수용중인 교도소장의 접견허가거부처분의 취소를 구할 원고적격을 가진다(대판 1992.5.8, 91누7552).
4. 환경권과 환경정책기본법상의 권리는 원고적격 부정(새만금사건) : 헌법 제35조 제1항에서 정하고 있는 환경권에 관한 규정만으로는 그 권리의 주체·대상·내용·행사방법 등이 구체적으로 정립되어 있다고 볼 수 없고, 환경정책기본법 제6조도 그 규정 내용 등에 비추어 국민에게 구체적인 권리를 부여한 것으로 볼 수 없으므로, 위 원고들에게 헌법상의 환경권 또는 환경정책기본법 제6조에 기하여 이 사건 각 처분을 다툴 원고적격이 있다고 할 수 없다[대판(전합) 2006.3.16, 2006두330].
5. 환경권과 자연방위권은 원고적격 부정(내원사, 미타암, 도롱뇽의 친구들이 천성산을 관통하는 고속철도원효터널공사 착공금지가처분을 신청한 사건) : 신청인 내원사, 미타암, 도롱뇽의 친구들이 환경권에 관한 헌법 제35조 제1항이나 자연방위권 등 헌법상의 권리에 의하여 직접 피신청인에 대하여 고속철도 중 일부 구간의 공사금지를 청구할 수는 없고 환경정책기본법 등 관계 법령의 규정 역시 그와 같이 구체적인 청구권원을 발생시키는 것으로 해석할 수는 없으므로, 원심이 같은 취지에서 신청인 내원사, 미타암의 신청 중 환경권이나 자연방위권을 피보전권리로 하는 부분 및 신청인 도롱뇽의 친구들의 신청(위 신청인은 천성산을 비롯한 자연환경과 생태계의 보존운동 등을 목적으로 설립된 법인 아닌 사단으로서 헌법상 환경권 또는 자연방위권만을 이 사건 신청의 피보전권리로서 주장하고 있다)에 대하여는 피보전권리를 인정할 수 없다는 취지로 판단한 것은 정당하고, 환경권 및 그에 기초한 자연방위권의 권리성, 신청인 도롱뇽의 친구들의 당사자적격이나 위 신청인이 보유하는 법률상 보호되어야 할 가치 등에 관한 법리오해 등의 위법이 없다(대결 2006.6.2, 2004마1148·1149).

2. 헌법재판소

헌법재판소도 자유권적 기본권인 경쟁의 자유(헌재결 1998.4.30, 97헌마141)와 알 권리(헌재결 1989.9.4, 88헌마22)에 대해 원고적격을 인정하고 있다.

IV. 인인소송(이웃소송)

1. 인인(隣人)소송의 의의

인인소송은 이웃하는 자들 사이에서 특정인에게 주어지는 수익적 행위가 제3자에게는 법률상 불이익을 초래하는 경우에 제3자가 자기의 법률상 이익의 침해를 다투는 소송을 말한다. 이웃소송이라고도 한다. 인인소송은 특히 건축법·환경법분야에서 문제된다.

2. 구체적 사례

(1) 환경관련

행정처분의 직접 상대방이 아닌 자로서 처분에 의하여 자신의 환경상 이익을 침해받거나 침해받을 우려가 있다는 이유로 취소소송을 제기하는 제3자는, 자신의 환경상 이익이 처분의 근거 법규 또는 관련 법규에 의하여 개별적·직접적·구체적으로 보호되는 이익, 즉 법률상 보호되는 이익임을 증명하여야 원고적격이 인정된다(대판 2018.7.12, 2015두3485).

① 법률상 이익 인정사례

1. 주거지역 내에 거주하는 인근 주민의 거주의 안녕과 건전한 생활환경의 보호이익(연탄공장건축허가취소소송)(대판 1975.5.13, 73누96·97)
2. 엘.피.지(L.P.G)자동차충전소에 인접하여 거주하는 주민들의 안전과 환경상의 이익(대판 1983.7.12, 83누59)
3. 도시계획시설인 공설화장장 설치를 금지함에 의하여 보호되는 부근 주민들의 환경상 이익(대판 1995.9.26, 94누14544)
4. 토사채취 허가지의 인근 주민들에게 토사채취허가의 취소를 구할 이익(대판 2007.6.15, 2005두9736)
5. 광업권설정허가처분과 그에 따른 광산 개발과 관련된 후속 절차로 인하여 재산상·환경상 피해가 예상되는 토지나 건축물의 소유자나 점유자 또는 이해관계인 및 주민들의 이익(증명한 경우)(대판 2008.9.11, 2006두7577)
6. 고속도로에 편입되는 토지의 소유권자들이 '사업실시계획의 승인 단계'에서 민간투자사업시행자지정처분을 다툴 이익(대판 2009.4.23, 2008두2421)
7. 수돗물을 공급받아 이를 마시거나 이용하는 주민들이 근거 법규 및 관련 법규가 환경상 이익의 침해를 받지 않은 채 깨끗한 수돗물을 마시거나 이용할 수 있는 자신들의 생활환경상의 개별적 이익을 직접적·구체적으로 보호하고 있음을 증명한 경우(대판 2010.4.15, 2007두16127)
8. 김해시장이 낙동강에 합류하는 하천수 주변의 토지에 구 「산업집적활성화 및 공장설립에 관한 법률」 제13조에 따라 공장설립을 승인하는 처분을 한 사안에서, 공장설립으로 수질오염 등이 발생할 우려가 있는 취수장에서 물을 공급받는 부산광역시 또는 양산시에 거주하는 주민들의 이익(대판 2010.4.15, 2007두16127)

② 법률상 이익 부정사례

1. 인근 주민들의 농경지 등이 훼손 또는 풍수해를 입을 우려가 제거되는 것과 같은 이익(대판 1991.12.13, 90누 10360)
2. 서울에 거주하며 그 공장설립예정지에 인접한 곳에 2필지의 토지를 공유하여 그 지상에 선대의 묘 4기를 두고 있는 자나 공장설립예정지로부터 약 500m 떨어진 곳에서 살고 있는 주민 등의 공장입지지정승인처분이 취소됨으로 인하여 그 공장설립예정지에 인접한 마을과 주위 토지 및 그 지상의 묘소가 분진, 소음, 수질오염 등의 해를 입을 우려에서 벗어나는 이익(대판 1995.2.28, 94누3964)
3. 상수원보호구역변경처분으로 침해되는 상수원에서 급수를 받고 있는 지역주민들이 가지는 상수원의 오염을 막아 양질의 급수를 받을 이익(대판 1995.9.26, 94누14544)
4. 고속도로에 편입되는 토지의 소유권자들이 '사업시행자지정처분의 단계'에서 민간투자사업시행자지정처분을 다툴 이익(대판 2009.4.23, 2008두242)
5. 환경부장관이 생태·자연도 1등급으로 지정되었던 지역을 2등급 또는 3등급으로 변경하는 내용의 생태·자연도 수정·보완을 고시하자, 인근 주민 갑이 생태·자연도 등급변경처분의 무효확인을 청구한 경우, 갑이 무효확인을 구할 이익(대판 2014.2.21, 2011두29052)

(2) 환경영향평가 대상지역

① 환경영향평가 대상지역 안의 주민(인정)

종전판례는 환경영향평가 대상지역 내의 주민의 이익은 원고적격을 인정하고, 밖의 주민은 원고적격을 부정했다. 그러나 최신판례에서 환경영향평가 대상지역 내의 주민은 원고적격이 사실상 추정된다고 판시하고 있고, 밖의 주민이라 하더라도 입증(증명)을 한 경우에는 원고적격을 인정하고 있다.

┃ 관 련 판 례 ┃

1. 환경영향평가 대상지역 '내'의 주민의 이익
2. 환경영향평가 대상지역 안의 주민들이 속리산 용화집단시설지구개발사업시행허가처분을 다툴 이익(대판 2001.7.27, 99두2970)
3. 환경영향평가 대상지역 안의 주민에게 원전냉각수 순환 시 발생되는 온배수로 인한 환경상의 이익·방사성물질에 의하여 보다 직접적이고 중대한 피해를 입으리라고 예상되는 지역 내의 주민들의 이익(대판 1998.9.4, 97누19588)
4. 환경영향평가 대상지역 내의 주민이 전원개발사업실시계획 승인처분을 다툴 이익(대판 1998.9.22, 97누19571) : 강원 인제군 기린면 진동리 방대천 최상류 해발 920m지점의 상부댐과 강원 양양군 서면 영덕리 남대천 안쪽 지류 후천 135m지점의 하부댐으로 구성되는 양수발전소 1 내지 4호기(발전시설용량 100만kw = 25만 kw × 4기)를 건설하는 사업
5. 환경영향평가 대상지역 내의 주민이 경부고속철도 서울차량기지 정비창 건설사업실시계획 승인처분을 다툴 이익(대판 2001.6.29, 99두9902)
6. 납골당설치허가처분과 산림형질변경허가처분의 무효확인이나 취소를 구할 환경영향평가 대상지역 안에 거주하는 주민들의 이익(대판 2004.12.9, 2003두12073)
7. 폐기물소각시설의 부지경계선으로부터 300m 밖에 거주하는 주민들이 당해 폐기물처리시설의 설치·운영으로 인하여 환경상 이익에 대한 침해 또는 침해우려가 있다는 것을 입증한 경우(대판 2005.3.11, 2003두13489)
8. 환경영향평가 대상지역 안의 주민들이 개발 전과 비교하여 수인한도를 넘는 환경침해를 받지 아니하고 쾌적한 환경에서 생활할 수 있는 이익은 특단의 사정이 없는 한 환경상의 이익에 대한 침해 또는 침해우려가 있는 것으로 사실상 추정[대판(전합) 2006.3.16, 2006두330]
9. 환경영향평가 대상지역 밖의 주민이 환경상 이익에 대한 침해 또는 침해우려가 있다는 것을 입증한 경우(대판 2006.12.22, 2006두14001)

10. 사전환경성검토협의 대상지역 내에 포함될 개연성이 충분하다고 보이는 주민들인 원고들에 대하여는 그 환경상 이익에 대한 침해 또는 침해 우려가 있는 것으로 추정(대판 2006.12.22, 2006두14001)
11. 영향권 내의 주민들을 비롯하여 그 영향권 내에서 농작물을 경작하는 등 현실적으로 환경상 이익을 향유하는 자의 이익(대판 2009.9.24, 2009두2825)
12. 행정처분으로써 이루어지는 사업으로 환경상 침해를 받으리라고 예상되는 영향권의 범위가 그 처분의 근거 법규 등에 구체적으로 규정되어 있는 경우, 영향권 내의 주민은 사실상 추정, 영향권 밖의 주민들은 환경상 이익에 대한 침해 또는 침해 우려가 있음을 증명한 경우 인정(대판 2010.4.15, 2007두16127)
13. 납골당 설치장소에서 500m 내에 20호 이상의 인가가 밀집한 지역에 거주하는 주민들의 경우 침해 또는 침해우려가 사실상 추정(대판 2011.9.8, 2009두6766)
14. 폐기물매립시설 경계로부터 2km 이내인 간접영향권 지정 가능 범위 내에 거주하는 주민(대판 2018.8.1, 2014 두42520) : 침해 또는 침해 우려가 있는 것으로 사실상 추정

② 환경영향평가 대상지역 밖의 주민(원칙 부정)

1. 환경영향평가 대상지역 '밖'의 주민·일반국민·산악인·사진가·학자·환경보호단체 등의 환경상 이익이나 전원(電源)개발사업구역 '밖'의 주민 등의 재산상 이익(대판 1998.9.22, 97누19571)
2. 단지 영향권 내의 건물·토지를 소유하거나 환경상 이익을 일시적으로 향유하는데 그치는 자의 이익(대판 2009.9.24, 2009두2825)

(3) 공물사용관계

인정사례	부정사례
도로의 용도폐지처분에 관하여 직접적인 이해관계를 가지는 이웃주민의 이익(대판 1992.9.22, 91누13212)	1. 일반적인 시민생활에 있어 도로를 이용만 하는 사람 (공물의 보통사용자)(대판 1992.9.22, 91누13212) 2. 을소유의 도로를 공로에 이르는 유일한 통로로 이용하였으나 을의 신청에 따라 관할행정청이 을소유의 도로에 대하여 한 도로폐지허가처분을 하였지만, 갑소유의 대지에 연접하여 새로운 공로가 개설된 경우의 이웃주민 갑의 이익(대판 1999.12.7, 97누12556) ▶ 유일한 도로가 폐쇄됐지만 대체도로가 개설된 사안 3. 횡단보도가 설치된 도로 인근에서 영업활동을 하는 자의 영업상 이익(대판 2000.10.27, 98두896) ▶ 대상적격(처분성)은 인정

(4) 문화재 관련사례

인정사례	부정사례
1. 문화재보호구역 내 토지소유자의 문화재보호구역 지정 해제신청에 대한 행정청의 거부행위(대판 2004.4.27, 2003두8821) : 검토 결과 보호구역의 지정이 적정하지 아니하거나 기타 특별한 사유가 있는 때에는 보호구역의 지정을 해제하거나 그 범위를 조정하여야 하고, 적정성 여부의 검토에 있어서 보호구역의 지정이 재산권 행사에 미치는 영향 등을 고려하도록 규정하고 있는 점과 헌법상 개인의 재산권 보장의 취지 2. 문화재청장이 국가지정문화재[남양주시 금곡동 홍릉(고종황제와 명성황후의 묘릉)·유릉(순종황제와 황후 2인의 묘)]의 보호구역에 인접한 나대지에 건물을 신축하기 위한 국가지정문화재 현상변경신청을 거부한 행위(대판 2006.5.12, 2004두9920)	1. 공원경관에 대한 조망의 이익이나 문화재의 매장 가능성, 문화재 발견에 의한 표창 가능성에 따른 일반국민으로서의 문화재 보호의 이해관계(공주시 옥룡동 금강빌라거주주민)(대판 1992.9.22, 91누13212) 2. 구 문화재보호법상의 도지정문화재 지정(백이정선생 가묘지정사건)처분으로 인하여 침해될 수 있는 특정 개인의 명예 내지 명예감정(대판 2001.9.28, 99두8565)

(5) 기타사례

인정사례	부정사례
1. 「도시 및 주거환경정비법」상 조합설립추진위원회의 구성에 동의하지 아니한 정비구역 내의 토지 등 소유자가 조합설립추진위원회 설립승인처분의 취소를 구할 이익(대판 2007.1.25, 2006두12289) : 정비구역 안에서 복수의 조합설립추진위원회에 대한 승인은 허용되지 않는 점, 주택재개발사업의 경우 정비구역 내의 토지 등 소유자는 당연히 그 조합원으로 되는 점 2. 도시계획시설의 설치에 관한 도시관리계획 대상 지역 내 토지 소유자에게 도시관리계획 변경결정의 효력을 다툴 법률상 이익(대판 2012.12.26, 2012두19311) : 도시관리계획 변경결정에 따라 도시계획시설의 종류, 내용, 범위 등이 변경됨에 따라 토지의 개발 등 이용관계가 달라질 수 있으므로	1. 개발제한구역을 해제하는 내용의 도시관리계획변경결정에 대하여 특정 토지의 소유자가 자신의 토지가 그 해제대상에 포함되어야 한다고 주장하면서 계획변경결정의 취소를 구할 이익(대판 2008.7.10, 2007두10242) 2. 재개발조합의 재결신청에 따라 토지수용위원회가 한 금전보상의 수용재결이 확정된 경우, 토지 및 건물을 수용당한 조합원이 관리처분계획의 취소를 구할 이익(대판 2011.1.27, 2008두14340) : 토지 및 건물에 대한 소유권과 함께 조합원의 지위도 상실하므로

V. 경업자소송(경쟁자소송)

1. 의 의

경업자소송 또는 경쟁자소송은 이미 영업허가·특허·인가를 받아 영업을 하고 있는 기존업자가 경쟁업자에 대한 신규영업허가·특허·인가를 취소해달라고 청구하는 소송이다.

> ┤ **관 련 판 례** ├
>
> 1. 기존의 업자가 경업자에 대한 면허나 인·허가 등 수익적 행정처분의 취소를 구할 당사자 적격이 있는 경우 : 일반적으로 면허나 인·허가 등의 수익적 행정처분의 근거가 되는 법률이 해당 업자들 사이의 과당경쟁으로 인한 경영의 불합리를 방지하는 것도 그 목적으로 하고 있는 경우, 다른 업자에 대한 면허나 인·허가 등의 수익적 행정처분에 대하여 미리 같은 종류의 면허나 인·허가 등의 수익적 행정처분을 받아 영업을 하고 있는 기존의 업자는 경업자에 대하여 이루어진 면허나 인·허가 등 행정처분의 상대방이 아니라 하더라도 당해 행정처분의 취소를 구할 당사자적격이 있다(대판 2010.11.11, 2010두4179).
> 2. 경업자에 대한 행정처분이 경업자에게 불리한 내용인 경우, 기존의 업자가 행정처분의 무효확인 또는 취소를 구할 이익이 없다(대판 2020.4.9, 2019두49953).

2. 구체적 사례

판례는 일반적으로 기존업자가 특허기업인 경우에는 법률상 이익을 인정하고, 허가업자의 경우는 반사적 내지 사실적 이익으로서 원고적격을 부정한다.

VI. 경원자소송

경원자개념의 특성상 원칙적으로 법률상의 이익이 인정된다. 다만, 구체적인 경우에 있어서 그 처분이 취소된다 하더라도 허가 등의 처분을 받지 못한 불이익이 회복된다고 볼 수 없을 때에는 당해 처분의 취소를 구할 협의의 소의 이익이 없다.

┤ 관 련 판 례 ├

1. 경원관계에 관해서는 원칙적으로 제3자가 처분의 취소를 구할 당사자적격이 있지만, 처분이 취소된다 하더라도 허가 등의 처분을 받지 못한 불이익이 회복된다고 볼 수 없을 때에는 당해 처분의 취소를 구할 정당한 이익이 없다 : 면허나 인·허가 등의 수익적 행정처분을 신청한 수인이 서로 경쟁관계에 있어서 일방에 대한 면허나 인·허가 등의 행정처분이 타방에 대한 불면허·불인가·불허가 등으로 귀결될 수밖에 없는 경우(이른바 경원관계(競願關係)에 있는 경우로서 동일 대상지역에 대한 공유수면매립면허나 도로점용허가 혹은 일정지역에 있어서의 영업허가 등에 관하여 거리제한규정이나 업소개수제한규정 등이 있는 경우를 그 예로 들 수 있다)에 면허나 인·허가 등의 행정처분을 받지 못한 사람 등은 비록 경업자나 경원자에 대하여 이루어진 면허나 인·허가 등 행정처분의 상대방이 아니라 하더라도 당해 행정처분의 취소를 구할 당사자적격이 있다 할 것이고, 다만 구체적인 경우에 있어서 그 처분이 취소된다 하더라도 허가 등의 처분을 받지 못한 불이익이 회복된다고 볼 수 없을 때에는 당해 처분의 취소를 구할 정당한 이익이 없다고 할 것이다(대판 1999.10.12, 99두6026).
2. 인가·허가 등 수익적 행정처분을 신청한 여러 사람이 서로 경원관계에 있는 경우, 허가 등 처분을 받지 못한 사람은 원칙적으로 자신에 대한 거부처분의 취소를 구할 원고적격과 소의 이익이 있다 : 취소판결이 확정되는 경우 판결의 직접적인 효과로 경원자에 대한 허가 등 처분이 취소되거나 효력이 소멸되는 것은 아니더라도 행정청은 취소판결의 기속력에 따라 판결에서 확인된 위법사유를 배제한 상태에서 취소판결의 원고와 경원자의 각 신청에 관하여 처분요건의 구비 여부와 우열을 다시 심사하여야 할 의무가 있으며, 재심사 결과 경원자에 대한 수익적 처분이 직권취소되고 취소판결의 원고에게 수익적 처분이 이루어질 가능성을 완전히 배제할 수는 없으므로, 특별한 사정이 없는 한 경원관계에서 허가 등 처분을 받지 못한 사람은 자신에 대한 거부처분의 취소를 구할 소의 이익이 있다(대판 2015.10.29, 2013두27517).
3. 경원관계라 하더라도 명백한 법적 장애로 인하여 원고 자신의 신청이 인용될 가능성이 처음부터 배제되어 있는 경우에는 당해 처분의 취소를 구할 정당한 이익이 없다(대판 2009.12.10, 2009두8359).

VII. 기 타

1. 원고적격 인정사례

1. 채석허가를 받은 자에 대한 관할행정청의 채석허가취소처분에 대하여 수허가자의 지위를 양수한 양수인의 이익(대판 2003.7.11, 2001두6289)
2. 과세관청이 체납자가 점유하고 있는 제3자 소유의 동산을 압류한 경우 체납자의 이익(대판 2006.4.13, 2005두15151) : 압류처분에 의하여 당해 동산에 대한 점유권의 침해를 받은 자로서 그 압류처분에 대하여 법률상 직접적이고 구체적인 이익
3. 학교법인의 임원취임승인신청 반려처분에 대하여, 임원으로 선임된 사람이 이를 다툴 수 있는 이익(대판 2007.12.27, 2005두9651) : 관할청이 학교법인의 임원취임승인신청에 대하여 이를 반려하거나 거부하는 경우 학교법인에 의하여 임원으로 선임된 사람은 학교법인의 임원으로 취임할 수 없게 되는 불이익
4. 회원제골프장의 기존 회원이 회원모집계획서에 대한 시·도지사의 검토결과통보의 취소를 구할 이익(대판 2009.2.26, 2006두16243)
5. 임대주택법상 임차인대표회의가 행정청이 임대사업자에게 한 분양전환승인처분의 취소를 구할 이익(대판 2010.5.13, 2009두19168)
6. 사립대학교 총장이 소속 대학교 교원의 임용권을 위임받아 전임강사 갑에 대하여 재임용기간의 경과를 이유로 당연면직의 통지를 하였고, 이에 갑이 총장을 피청구인으로 재임용 거부처분 취소 청구를 하여 교원소청심사위원회가 재임용 거부처분을 취소한다는 결정처분을 한 사안에서, 대학교 총장이 교원소청심사위원회를 상대로 결정처분의 취소를 구할 이익(대판 2011.6.24, 2008두9317) : 위원회의 결정에 대하여 행정소송을 제기할 수 있는 자에는 교원지위법 제10조 제3항에서 명시하고 있는 교원, 사립학교법 제2조에 의한 학교법인, 사립학교 경영자뿐 아니라 소청심사의 피청구인이 된 학교의 장도 포함
7. 관할청이 구 사립학교법 제25조의3에 따라 하는 정식이사 선임 처분에 관하여 '상당한 재산을 출연한 자'와 '학교 발전에 기여한 자'(대판 2013.9.12, 2011두33044)
8. 재단법인 한국연구재단이 갑 대학교 총장에게 연구개발비의 부당집행을 이유로 '해양생물유래 고부가식품·향장·한약 기초소재 개발 인력양성사업에 대한 2단계 두뇌한국(BK)21 사업' 협약을 해지하고 연구팀장 을에 대한 국가연구개발사업의 3년간 참여제한 등을 명하는 통보를 하자 을이 통보 취소를 청구한 사안에서, 을이 위 협약 해지 통보의 효력을 다툴 이익(대판 2014.12.11, 2012두28704) : 사업 협약의 해지 통보는 단순히 대등 당사자의 지위에서 형성된 공법상 계약을 계약당사자의 지위에서 종료시키는 의사표시에 불과한 것이 아니라 행정청이 우월적 지위에서 연구개발비의 회수 및 관련자에 대한 국가연구개발사업 참여제한 등의 법률상 효과를 발생시키는 행정처분에 해당
9. 대한민국에서 출생하여 오랜 기간 대한민국 국적을 보유하면서 거주한 사람(스티브유)(대판 2019.7.11, 2017두38874)
10. 보조금지원사업 시행기관의 장인 피고(담양군수)가 (선정된 시공업체와 계약을 체결한 경우에만 보조금을 교부하기 위하여) 보조사업자(농가)의 계약상대방이 될 수 있는 시공업체를 공모절차를 통하여 선정한 사안에서, 선정 제외된 원고들이 선정제외결정을 다툴 이익(대판 2021.2.4, 2020두48772) : 선정제외결정 부분은 불이익처분의 직접 상대방으로서 그 취소를 구할 원고적격이 인정

2. 원고적격 부정사례

1. 종합유선방송 전송선로시설 제공역무를 사업내용으로 하는 전송망사업자로 지정받은 자가 특정주파수대역을 이용한 무선국개설허가를 받은 뒤 유효기간만료 등으로 그 허가의 효력을 상실한 경우(대판 2007.4.12, 2004두7924)
2. 보조금지원사업 시행기관의 장인 피고(담양군수)가 (선정된 시공업체와 계약을 체결한 경우에만 보조금을 교부하기 위하여) 보조사업자(농가)의 계약상대방이 될 수 있는 시공업체를 공모절차를 통하여 선정한 사안에서, 선정 제외된 원고들이 선정된 업체들을 포함한 선정 및 선정제외 행위 전체의 취소를 구할 이익(대판 2021.2.4, 2020두48772) : 제3자가 해당 처분과 간접적·사실적·경제적 이해관계를 가지는 데 불과

제3 권리보호의 필요성(협의의 소익)

Ⅰ. 개 설

1. 의 의

1. 협의의 소의 이익이란 구체적 사안에 있어서 계쟁처분에 대해 취소 또는 무효확인 등 판단을 행할 구체적·현실적 필요성이 있는 것을 말하는데, 협의의 소의 이익을 권리보호의 필요 또는 판단의 구체적 이익 내지 필요성이라고도 부른다. 협의의 소익만을 소익 또는 소의 이익이라고 부르기도 한다.
2. 권리보호의 필요성은 소송요건이기 때문에 이를 결여한 사안에 대해서는 각하판결을 하여야 한다.
3. 또한 협의의 소익은 상고심 계속 중에도 존속해야 한다.

2. 기 능

소의 이익은 ① 사인의 남소(濫訴 ; 소권남용)방지와 이로 인한 ② 법원과 행정청의 부담완화, ③ 원활한 행정작용을 위한 것이다.

Ⅱ. 법률상 이익의 의미와 충족시기

1. 법률상 이익의 의미

(1) 판단 방법

행정소송법 제12조 제2문에서 정한 법률상 이익, 즉 행정처분을 다툴 협의의 소의 이익 유무를 판단하는 방법 : 행정소송법 제12조 제2문에서 정한 법률상 이익, 즉 행정처분을 다툴 협의의 소의 이익은 <u>개별·구체적 사정을 고려하여 판단하여야</u> 한다(대판 2020.12.24, 2020두30450).

(2) 회복되는 법률상 이익의 범위

1. 행정소송법 제12조 제2문의 법률상 이익은 ① 독일행정소송법 제113조 제1항 4문과 같이 '위법확인의 정당한 이익'으로 보는 것이 바람직하며, 이에는 법으로 보호하는 이익뿐만 아니라 경제적 이익은 물론 모든 보호가치가 있는 정신적 이익을 포함한다.
2. 판례는 자격정지처분을 받고 그 정지기간이 경과한 경우에 명예나 신용 등의 인격적 이익의 침해가 기간경과 후에 잔존하고 있는 경우에도 원고의 권리보호의 필요를 부인하고 있다.

> ┤ **관 련 판 례** ├
>
> 명예, 신용 등 인격적 이익은 제외 : 자격정지처분의 취소청구에 있어 그 정지기간이 경과된 이상 그 처분의 취소를 구할 이익이 없고 설사 그 처분으로 인하여 명예, 신용 등 인격적인 이익이 침해되어 그 침해상태가 자격정지기간 경과 후까지 잔존하더라도 이와 같은 불이익은 동처분의 직접적인 효과라고 할 수 없다(대판 1978.5.23, 78누72).

2. 소송의 성질(확인소송)

이 소송은 처분 등의 효과가 기간의 경과 등으로 이미 소멸된 경우를 대상으로 하므로, 형식적으로는 취소소송이지만 실질적으로는 확인소송이다.

III. 처분이 취소되어도 원고에게 아무런 실익이 없는 경우

1. 원상회복(목적달성)이 불가능한 경우

위법한 행정처분의 취소를 구하는 소는 위법한 처분에 의해 발생한 위법상태를 배제하여 원상으로 회복시키고 그 처분으로 침해되거나 방해받은 권리와 이익을 보호·구제하고자 하는 소송이므로 비록 그 위법한 처분을 취소한다 하더라도 원상회복이 불가능한 경우에는 그 취소를 구할 이익이 없다(대판 2007.1.11, 2004두8538). 그러나 회복되는 다른 이익이 있는 경우에는 예외적으로 협의의 소익이 인정된다.

┃ 관 련 판 례 ┃

1. 행정처분의 위법을 이유로 무효확인 또는 취소 판결을 받더라도 그 처분으로 발생한 위법상태를 원상으로 회복시킬 수 없는 경우, 원칙적으로 무효확인 또는 취소를 구할 법률상 이익이 없다(대판 2020.2.27, 2018두 67152).
2. 행정처분의 무효 확인 또는 취소를 구하는 소송계속 중 해당 행정처분이 기간의 경과 등으로 효과가 소멸한 때에 처분이 취소되어도 원상회복은 불가능하더라도 예외적으로 처분의 취소를 구할 소의 이익을 인정할 수 있는 경우 및 그 예외 중 하나인 '그 행정처분과 동일한 사유로 위법한 처분이 반복될 위험성이 있는 경우'의 의미 : 무효 확인 또는 취소로써 회복할 수 있는 다른 권리나 이익이 남아 있거나 또는 그 행정처분과 동일한 사유로 위법한 처분이 반복될 위험성이 있어 행정처분의 위법성 확인 내지 불분명한 법률문제에 대한 해명이 필요한 경우에는 행정의 적법성 확보와 그에 대한 사법통제, 국민의 권리구제 확대 등의 측면에서 예외적으로 그 처분의 취소를 구할 소의 이익을 인정할 수 있다. 여기에서 '그 행정처분과 동일한 사유로 위법한 처분이 반복될 위험성이 있는 경우'란 불분명한 법률문제에 대한 해명이 필요한 상황에 대한 대표적인 예시일 뿐이며, 반드시 '해당 사건의 동일한 소송 당사자 사이에서' 반복될 위험이 있는 경우만을 의미하는 것은 아니다(대판 2020.12.24, 2020두30450).

(1) 원칙 부정

1. 건축허가가 건축법 소정의 이격거리를 두지 아니하고 건축물을 건축하도록 되어 있어 위법하다 하더라도 이미 건축공사가 완료된 경우(대판 1992.4.24, 91누11131) : 건축허가를 받은 대지와 접한 대지의 소유자인 원고가 위 건축허가처분의 취소를 받아 이격거리를 확보할 단계는 지났으며 민사소송으로 위 건축물 등의 철거를 구하는 데 있어서도 위 처분의 취소가 필요한 것이 아니므로
2. 사실심 변론종결 전에 건축공사를 완료하고 준공검사필증까지 교부받은 경우 건축허가처분의 무효확인을 소구할 법률상 이익(대판 1993.6.8, 91누11544) : 건축허가처분의 무효확인을 받아 건물의 건립을 저지할 수 있는 단계는 지났다.
3. 대집행의 실행이 완료된 경우(대판 1993.6.8, 93누6164)
4. 토석채취허가기간이 경과한 경우(대판 1993.7.27· 93누3899)
5. 광업권취소처분에 대한 쟁송 중 광업권존속기간이 만료된 경우(대판 1995.7.11, 95누4568)
6. 위법한 건축허가처분을 취소한다 하더라도 원상회복이 불가능한 경우(대판 1996.11.29, 96누9768)
7. 현역병입영대상자로 병역처분을 받은 자가 그 취소소송 중 모병에 응하여 현역병으로 자진 입대한 경우(대판

1998.9.8, 98두9165) : 병역처분이 취소된다고 하더라도 현역병으로 채용된 효력이 상실되지 아니하여 계속 현역병으로 복무할 수밖에 없으므로

8. 주택건설사업계획 사전결정반려처분 취소청구소송의 계속중 구 주택건설촉진법의 개정으로 주택건설사업계획 사전결정제도가 폐지된 경우(대판 1999.6.11, 97누379) : 승소한다고 하더라도 위 반려처분이 취소됨으로써 사전결정신청을 한 상태로 돌아갈 뿐이므로

9. 병장으로의 진급요건을 갖춘 자에 대하여 진급처분을 행하지 아니한 상태에서 예비역편입처분을 한 경우(대판 2000.5.16, 99두7111) : 예비역편입처분이 취소된다 하더라도 그로 인하여 신분이 예비역에서 현역으로 복귀함에 그칠 뿐이고, 상등병에서 병장으로의 진급처분 여부는 원칙적으로 진급권자의 합리적 판단에 의하여 결정

10. 소음·진동배출시설에 대한 설치허가가 취소된 후 그 배출시설이 철거된 경우(대판 2002.1.11·2000두2457)

11. 종국처분인 농지처분명령의 취소를 구하는 소를 제기하여 원고 패소의 판결이 확정된 후, 그 전 단계인 농지처분의무통지의 취소를 구하는 경우(대판 2003.11.14, 2001두8742)

12. 이미 회사정리계획이 확정된 경우(대판 2005.6.10, 2005다15482)

13. 인접주택의 소유자가 건물에 대한 사용승인처분의 취소를 구할 이익(대판 2007.4.26, 2006두18409) : 일조권의 침해 등 생활환경상 이익침해는 실제로 위 건물의 전부 또는 일부가 철거됨으로써 회복되거나 보호받을 수 있는 것인데, 위 건물에 대한 사용승인처분의 취소를 받는다 하더라도 그로 인하여 건축주는 위 건물을 적법하게 사용할 수 없게 되어 사용승인 이전의 상태로 돌아가게 되는 것에 그칠 뿐

14. 주택법상 입주자나 입주예정자가 사용검사처분의 취소를 구할 이익(대판 2014.7.24, 2011두30465) : 건축물에 대한 사용검사처분이 취소된다고 하더라도 사용검사 이전의 상태로 돌아가 건축물을 사용할 수 없게 되는 것에 그칠 뿐 곧바로 건축물의 하자 상태 등이 제거되거나 보완되는 것도 아니므로

15. 구 주택법상 입주자나 입주예정자가 사용검사처분의 무효확인 또는 취소를 구할 법률상 이익(대판 2015.1.29, 2013두24976) : 건축물에 대한 사용검사처분의 무효확인을 받거나 처분이 취소된다고 하더라도 사용검사 전의 상태로 돌아가 건축물을 사용할 수 없게 되는 것에 그칠 뿐, 일부 입주자나 입주예정자가 사업주체와의 개별적 분쟁 등을 이유로 사용검사처분의 무효확인 또는 취소를 구하게 되면, 처분을 신뢰한 다수의 이익에 반하게 되는 상황이 발생

16. 이전고시의 효력발생 후 관리처분계획에 대한 인가처분의 취소 또는 무효확인을 구할 이익(대판 2012.5.24, 2009두22140) : 이미 대다수 조합원 등에 대하여 획일적·일률적으로 처리된 권리귀속 관계를 모두 무효화시키고 다시 처음부터 관리처분계획을 수립하여 이전고시 절차를 거치도록 하는 것은 정비사업의 공익적·단체법적 성격에 배치

17. 환지처분이 공고된 이후 환지처분의 일부에 대하여 취소나 무효확인을 구할 이익(대판 2013.2.28, 2010두2289) : 환지계획에 따라 환지교부 등을 하는 처분으로서, 일단 공고되어 효력을 발생하게 된 이후에는 환지 전체의 절차를 처음부터 다시 밟지 않는 한 그 일부만을 따로 떼어 환지처분을 변경할 길이 없으므로

18. 조합설립인가처분의 취소·무효확인 판결이 확정되기 전에 이전고시의 효력이 발생한 경우 조합설립인가처분의 취소·무효확인을 구할 이익(대판 2014.9.25· 2011두20680)

19. 갑 주식회사와 을 주식회사가 공동으로 건축용 판유리 제품 가격을 인상한 후 갑 회사가 1순위로 부당한 공동행위 자진신고자 등에 대한 시정조치 등 감면신청을 하고 을 회사가 2순위로 감면신청을 하였으나 공정거래위원회가 갑 회사는 감면요건을 충족하지 못했다는 이유로 감면불인정 통지를 하고 을 회사에 1순위 조사협조자 지위확인을 해준 사안에서, 갑 회사가 공정거래위원회의 을 회사에 대한 1순위 조사협조자 지위확인의 취소를 구할 소의 이익(대판 2012.9.27, 2010두3541) : 을 회사에 대한 1순위 조사협조자 지위확인이 취소되더라도 갑 회사가 을 회사의 지위를 승계하는 것이 아니고, 갑 회사에 대한 감면불인정의 위법 여부를 다투어 감면불인정이 번복되는 경우 1순위 조사협조자의 지위를 인정받을 수 있다.

20. 갑이 구 도시공원법상 도시계획시설인 공원 부지에 포함되어 있던 처와 자녀들 소유 토지에 골프연습장을 설치할 수 있도록 공원조성계획을 변경하여 달라는 내용의 변경입안제안을 하자 관할 시장이 반려하였고, 그 후 도시관리계획 변경결정에 따라 공원 전부를 도시자연공원으로 하던 도시계획시설 결정이 폐지되고 구 「도시공원 및 녹지 등에 관한 법률」에 따라 위 토지가 도시자연공원구역으로 변경·지정되었는데, 갑이 변경입안제안 반려처분의 취소를 구한 사안(대판 2015.12.10, 2013두14221) : 제안지는 더 이상 공원조성계획의 대상이 되는 도시계획시설인

공원이 아니게 되었고, 제안지에 관한 공원조성계획 역시 폐지되어 존재하지 않게 되었으므로

21. 경남도지사(홍준표)가 경상남도에서 설치·운영하는 진주지방의료원을 폐업하겠다는 결정을 발표하고 그에 따라 폐업을 위한 일련의 조치가 이루어진 후 진주지방의료원을 해산한다는 내용의 조례를 공포하고 을 지방의료원의 청산절차가 마쳐진 경우(대판 2016.8.30, 2015두60617)

22. 세무사 자격 보유 변호사 갑이 관할 지방국세청장에게 조정반 지정 신청을 하였으나 지방국세청장이 '갑의 경우 세무사등록부에 등록되지 않았기 때문에 2015년도 조정반 구성원으로 지정할 수 없다.'는 이유로 거부처분을 한 경우(대판 2020.2.27, 2018두67152) : 2015년도 조정반 지정의 효력기간이 지났으므로 거부처분을 취소하더라도 갑이 2015년도 조정반으로 지정되고자 하는 목적을 달성할 수 없고 장래의 조정반 지정 신청에 대하여 동일한 사유로 위법한 처분이 반복될 위험성이 있다거나 행정처분의 위법성 확인 또는 불분명한 법률문제에 대한 해명이 필요한 경우도 아님

(2) 예외적 인정

1. 보수 등 재산적 이익

① 징계처분으로서 감봉처분이 있은 후 공무원의 신분이 상실된 경우 감봉처분의 취소를 구할 소의 이익(대판 1977.7.12, 74누147)

② 파면처분이 있은 후에 금고 이상의 형을 선고받아 당연퇴직된 경우 파면처분을 다툴 이익(대판 1985.6.25, 85누39) : 파면처분 후 당연퇴직까지 급여청구권

③ 중앙노동위원회의 원직복귀명령 및 임금지급명령에 관한 재심결정 중 원직복귀명령 부분이 근로계약종료로 인하여 실효된 경우 재심판정의 취소를 구할 법률상 이익(대판 1993.4.27, 92누13196) : 중앙노동위원회의 원직복귀명령 및 임금지급명령에 관한 재심결정 중 원직복귀명령이 사정변경으로 인하여 근로계약 종료일 이후부터 효력이 없게 되는 경우 해고 다음날부터 복직명령이 이행가능하였던 근로계약종료 시까지의 기간 동안에 임금지급명령에 기하여 발생한 구체적인 임금지급의무는 사정변경으로 복직명령이 실효되더라도 소급하여 소멸하는 것이 아니므로 사용자는 사업장이 폐쇄되어 근로계약이 종료한 이후에도 임금 상당액의 지급명령을 포함하는 노동위원회의 결정에 따를 공법상의 의무를 부담하고 있어서 사용자로서는 그 의무를 면하기 위하여 재심판정의 취소를 구할 법률상의 이익이 있다.

④ 유효기간이 경과된 뒤에 중앙노동위원회의 중재재심결정 중 임금인상 부분의 취소를 구할 이익(대판 1997.12.26, 96누10669) : 임금인상에 관한 중재재정이 취소되어 협약 내용이 변경된다면 이미 경과한 중재재정의 유효기간 중에 미지급된 임금차액이 있는 경우 이를 사후에나마 청구할 수 있는 여지가 있으므로, 이로 인한 근로자들의 이익은 단순한 사실상의 이익이 아니라 단체교섭권 등에 기한 법률상의 이익이라고 보아야

⑤ 직위해제처분 후 복직발령을 받은 경우(헌재결 1998.5.28, 96헌가12) : 승진소요최저연수의 계산에 있어서 직위해제기간은 산입되지 않으며 직위해제기간 중 봉급의 감액을 감수할 수밖에 없는 등 승급이나 보수지급 등에 있어서의 불리함을 제거하기 위하여 직위해제처분의 취소를 구할 소의 이익이 인정

⑥ 인천광역시 서구의회 의원에 대한 제명의결처분 취소소송 계속 중 그 의원의 임기가 만료된 경우(대판 2009.1.30, 2007두13487) : 제명의결 시부터 임기만료일까지의 기간에 대해 월정수당의 지급을 구할 수 있는 이익이 존재

⑦ 근로자를 직위해제한 후 동일한 사유를 이유로 징계처분을 한 경우, 직위해제처분이 효력을 상실하는지 여부(적극) 및 근로자가 직위해제처분에 대한 구제를 신청할 이익이 있는지 여부(한정적극)(대판 2010.7.29, 2007두18406) : 직위해제처분에 기하여 발생한 효과는 당해 직위해제처분이 실효되더라도 소급하여 소멸하는 것이 아니므로, '인사규정 등에서 직위해제처분에 따른 효과로 승진·승급에 제한을 가하는 등의 법률상 불이익을 규정하고 있는 경우'에는 직위해제처분을 받은 근로자는 이러한 법률상 불이익을 제거하기 위하여 그 실효된 직위해제처분에 대한 구제를 신청할 이익이 있다.

⑧ 해임처분 무효확인 또는 취소소송 계속 중 임기가 만료되어 해임처분의 무효확인 또는 취소로 지위를 회복할 수 없는 경우(대판 2012.2.23, 2011두5001) : 무효확인 또는 취소로 해임처분일부터 임기만료일까지 기간에 대한 보수 지급을 구할 수 있는 경우

⑨ 「기간제 및 단시간근로자 보호 등에 관한 법률」 제9조에 따른 차별적 처우의 시정신청 당시 또는 시정절차 진행 도중에 근로계약기간이 만료한 경우, 기간제근로자가 차별적 처우의 시정을 구할 시정이익(대판 2016.12.1, 2014두

43288) : 근로계약기간의 만료 여부는 차별적 처우의 시정과는 직접적인 관련이 없는 사정이고, 금전보상명령 또는 배상명령은 과거에 있었던 차별적 처우의 결과로 남아 있는 불이익을 금전적으로 전보하기 위한 것으로서, 그 성질상 근로계약기간이 만료한 경우에도 발할 수 있다.

⑩ 근로자가 부당해고 구제신청을 하여 해고의 효력을 다투던 중 정년에 이르거나 근로계약기간이 만료하는 등의 사유로 원직에 복직하는 것이 불가능하게 되었으나 해고기간 중의 임금 상당액을 지급받을 필요가 있는 경우[대판(전합) 2020.2.20, 2019두52386]

2. 대학입학고사 불합격처분의 취소를 구하는 소송계속 중 당해 연도의 입학시기가 지나고 서울대학교 입학정원에 못 들어가게 된 경우(대판 1990.8.28, 89누8255) : 당해 연도의 합격자로 인정되면 다음 연도의 입학시기에 입학할 수 있는 이익

3. 광업권 존속기간의 경과와 채광목적의 토지형질변경허가거부처분 취소소송의 소의 이익(대판 1994.4.12, 93누21088) : 광업권자는 상공자원부장관(현 산업통상자원부장관)의 허가를 받아 광업권의 존속기간을 연장할 수도 있는 것이므로

4. 채석불허가처분의 취소를 구하는 임야 임차인이 소송 도중 임야의 사용·수익권을 잃어 허가요건이 불비된 경우(대판 1996.10.29, 96누9621) : 임야 임차인으로서는 다시 사용·수익권을 취득하여 보완할 수도 있는 것

5. 「공공용지의 취득 및 손실보상에 관한 특례법」 제8조 제1항 소정의 이주대책업무가 종결되고 그 공공사업을 완료하여 사업지구 내에 더 이상 분양할 이주대책용 단독택지가 없는 경우에 이주대책대상자 선정신청을 거부한 행정처분의 취소를 구할 법률상 이익(대판 1999.8.20, 98두17043) : 보상금청구권 등의 권리를 확정하는 법률상의 이익은 여전히 남아

6. 공장등록이 취소된 후 그 공장시설물이 철거되었다 하더라도 대도시 안의 공장(서울 성북구 석관동 소재 콘크리트 벽돌 블록 제조업)을 지방으로 이전할 경우 조세특례제한법상의 세액공제 및 소득세 등의 감면혜택이 있고, 간이한 이전절차 및 우선 입주의 혜택이 있는 경우(대판 2002.1.11, 2000두3306)

7. 현역입영대상자가 입영한 후에 현역병입영통지처분의 취소를 구할 소송상의 이익(대판 2003.12.26, 2003두1875) : 현역병입영통지처분이 위법하다 하더라도 법원에 의하여 그 처분의 집행이 정지되지 아니하는 이상 현실적으로 입영을 할 수밖에 없으므로

8. 도시개발사업의 공사 등이 완료되고 원상회복이 사회통념상 불가능하게 된 경우, 도시개발사업의 시행에 따른 도시계획변경결정처분과 도시개발구역지정처분 및 도시개발사업실시계획인가처분의 취소를 구할 이익(대판 2005.9.9, 2003두5402·5419) : 각 처분이 취소된다면 그것이 유효하게 존재하는 것을 전제로 하여 이루어진 토지수용이나 환지 등에 따른 각종의 처분이나 공공시설의 귀속 등에 관한 법적 효력에 영향

9. 부실금융기관에 대한 파산결정이 확정되고 이미 파산절차가 상당부분 진행되고 있는 경우에 금융감독위원회의 부실금융기관에 대한 영업인가의 취소처분에 대한 취소를 구할 소의 이익(대판 2006.7.28, 2004두13219) : 파산종결이 될 때까지는 그 가능성이 매우 적기는 하지만 동의폐지나 강제화의 등의 방법으로 당해 부실금융기관이 영업활동을 재개할 가능성이 여전히 남아 있으므로

10. 사업시행계획인가 처분의 유효를 전제로 한 일련의 후속행위가 이루어진 경우, 당초 사업시행계획을 실질적으로 변경하는 내용으로 새로운 사업시행계획을 수립하여 시장·군수로부터 인가를 받은 경우 당초 사업시행계획의 무효확인을 구할 소의 이익(대판 2013.11.28, 2011두30199) : 당초 사업시행계획이 무효로 확인되거나 취소될 경우 그것이 유효하게 존재하는 것을 전제로 이루어진 위와 같은 일련의 후속 행위 역시 소급하여 효력을 상실하게 되므로

11. 새로이 조합설립인가 처분을 받는 것과 동일한 요건과 절차를 거쳐 조합설립변경인가 처분을 받는 경우 당초 조합설립인가 처분의 무효확인을 구할 소의 이익(대판 2014.5.16, 2011두27094) : 후속행위를 하였다면, 당초 조합설립인가 처분이 무효로 확인되거나 취소될 경우 그것이 유효하게 존재하는 것을 전제로 이루어진 위와 같은 후속행위 역시 소급하여 효력을 상실하게 되므로

2. 처분 등의 효력소멸

(1) 원칙 부정

1. 처분 등이 소멸하면 권리보호의 필요는 없게 됨이 원칙이다. 처분 등의 소멸이라는 목적이 이미 달성되었으므로 더 이상 달성될 것이 없기 때문이다.
2. 다만, 대법원판례는 동일한 소송 당사자 사이에서 동일한 사유로 위법한 처분이 반복될 위험성이 있어 행정처분의 위법성 확인 내지 불분명한 법률문제에 대한 해명이 필요하다고 판단되는 경우에는 예외적으로 법률상 이익을 인정한다[대판(전합) 2007.7.19, 2006두19297].

> **▌ 관 련 판 례 ▐**
>
> 1. 처분 등이 소멸한 후에도 예외적으로 법률상 이익이 인정되는 경우 : 제소 당시에는 권리보호의 이익을 모두 갖추었는데 제소 후 취소 대상 행정처분이 기간의 경과 등으로 그 효과가 소멸한 때, 즉 제재적 행정처분의 기간 경과, 행정처분 자체의 효력기간 경과, 특정기일의 경과 등으로 인하여 그 처분이 취소되어도 원상회복이 불가능하다고 보이는 경우라 하더라도, 동일한 소송 당사자 사이에서 그 행정처분과 동일한 사유로 위법한 처분이 반복될 위험성이 있어 행정처분의 위법성 확인 내지 불분명한 법률문제에 대한 해명이 필요하다고 판단되는 경우, 그리고 동일한 행정목적을 달성하거나 동일한 법률효과를 발생시키기 위하여 선행처분과 후행처분이 단계적인 일련의 절차로 연속하여 행하여져 후행처분이 선행처분의 적법함을 전제로 이루어짐에 따라 선행처분의 하자가 후행처분에 승계된다고 볼 수 있어 이미 소를 제기하여 다투고 있는 선행처분의 위법성을 확인하여 줄 필요가 있는 경우 등에는 행정의 적법성 확보와 그에 대한 사법통제, 국민의 권리구제의 확대 등의 측면에서 여전히 그 처분의 취소를 구할 법률상 이익이 있다고 보아야 한다[대판(전합) 2007.7.19, 2006두19297].
> 2. 학교법인 임원취임승인의 취소처분 후 그 임원의 임기가 만료되고 구 사립학교법 제22조 제2호 소정의 임원 결격사유기간마저 경과한 경우 또는 위 취소처분에 대한 취소소송 제기 후 임시이사가 교체되어 새로운 임시이사가 선임된 경우, 위 취임승인취소처분 및 당초의 임시이사선임처분의 취소를 구할 소의 이익 인정[대판(전합) 2007.7.19, 2006두19297] : 원래의 정식이사들로서는 계속 중인 소를 취하하고 후행 임시이사 선임처분을 별개의 소로 다툴 수밖에 없게 되며, 그 별소 진행 도중 다시 임시이사가 교체되면 또 새로운 별소를 제기하여야 하는 등 무익한 처분과 소송이 반복될 가능성이 있으므로 위와 같은 구체적인 침해의 반복 위험을 방지할 수 있는 이익이 존재
> 3. 과세관청이 소득처분을 경정하면서 증액과 감액을 동시에 한 결과 전체로서 소득처분금액이 감소된 경우 법인은 소득금액변동통지처분의 취소를 구할 소의 이익이 없다(대판 2012.4.13, 2009두5510).
> 4. 처분이 유효하게 존속하는 경우, 취소소송을 제기할 권리보호의 필요성이 인정된다(대판 2018.7.12, 2015두3485).

① 기간의 경과로 효력이 소멸한 경우

┤ 관 련 판 례 ├

행정처분에 그 효력기간이 정하여져 있는 경우, 그 처분의 효력 또는 집행이 정지된 바 없다면 위 기간의 경과로 그 행정처분의 효력은 상실되므로 그 기간 경과 후에는 그 처분이 외형상 잔존함으로 인하여 어떠한 법률상 이익이 침해되고 있다고 볼만한 별다른 사정이 없는 한 그 처분의 취소를 구할 법률상의 이익이 없다(대판 2002.7.26, 2000두7254).

⑦ 원칙 부정

1. 건축사업무정지처분의 취소를 구하는 본안소송을 제기하면서 그 효력정지신청을 하여 '본안판결 선고 시'까지 그 처분의 효력을 정지한다는 효력정지결정을 받은 후 당해 처분을 취소한다는 원고 승소판결이 선고되었으나 피고가 이에 불복하여 상고한 경우, 다시 효력정지결정을 받지 않은 상태에서 상고심 계속 중 업무정지기간이 전부 경과한 경우(대판 1997.2.14, 96누6233)
2. 운전면허 정지처분에서 정한 정지기간이 상고심 계속 중에 도과한 경우, 그 정지처분의 취소를 구할 법률상 이익(대판 1997.9.26, 96누1931)
3. 중재재정 자체에 의하여 효력기간이 정하여져 있는 경우에 중재재정이 유효기간의 경과로 실효된 경우, 노동관계 당사자가 중재재정의 취소를 구할 이익(대판 1997.12.26, 96누10669)
4. 농수산물 지방도매시장의 도매시장법인으로 지정된 유효기간이 만료된 경우(대판 2002.7.26, 2000두7254)

⑥ 예외적 인정

1. 민법상의 법인에 있어 이사의 임기가 만료되었음에도 불구하고 후임이사의 선임이 없는 경우(대판 1972.4.11, 72누86) : 임기 만료된 구이사로 하여금 법인의 업무를 수행케 함이 부적당하다고 인정될 특별한 사정이 없는 한 구이사는 신임이사가 선출될 때까지 종전의 직무를 수행할 수 있다.
2. 국유임산물 매수자격을 3년 간 정지한다는 자격정지처분 시 표시된 자격정지기간이 경과한 경우 자격정지처분에 대해 집행정지결정이 있는 경우(대판 1974.1.29, 73누202)
3. 도시계획시설사업의 시행자가 실시계획에서 정한 사업시행기간 내에 토지에 대한 수용재결 신청을 하였으나 그 신청을 기각하는 내용의 이의재결이 이루어져 그 취소를 구하던 중 사업시행기간이 경과한 경우 이의재결의 취소를 구할 소의 이익(대판 2007.1.11, 2004두8538) : 이의재결이 취소되면 도시계획시설사업 시행자의 신청에 따른 수용재결이 이루어질 수 있어 원상회복이 가능하므로

② 직권취소·철회·실효, 기타사유로 인하여 처분의 효력이 소멸된 경우

㉠ 직권취소·철회된 경우

ⓐ 원칙 부정

1. 처분청이 당초의 운전면허 취소처분을 철회하고 정지처분을 한 경우, 당초의 취소처분을 대상으로 한 소의 이익(대판 1997.9.26, 96누1931)
2. 입찰참가자격제한에 대한 취소소송 계속 중 처분청이 납품업자에 대한 입찰참가자격 제한처분을 직권으로 취소하고 제1심판결의 취지(처분사유는 존재하지만 재량권의 일탈·남용이 있다는 것)에 따라 그 제재기간만을 3개월로 감경하여 입찰참가자격을 제한하는 내용의 새로운 처분을 다시 한 경우(대판 2002.9.6, 2001두5200)
3. 행정청이 공무원에 대하여 새로운 직위해제사유에 기한 직위해제처분을 한 경우(대판 2003.10.10, 2003두5945) : 이전에 한 직위해제처분은 묵시적으로 철회하였다고 봄이 상당하므로, 그 이전 처분의 취소를 구하는 부분은 존재하지 않는 행정처분을 대상
4. 납세자가 감액경정청구 거부처분에 대한 취소소송을 제기한 후 증액경정처분이 이루어져서 그 증액경정처분에 대하여도 취소소송을 제기한 경우, 감액경정청구 거부처분에 대한 취소소송의 소의 이익(대판 2005.10.14, 2004두8972) : 동일한 납세의무의 확정에 관한 심리의 중복과 판단의 저촉을 피하기 위하여 감액경정청구 거부처분의 취소를 구하는 소는 그 취소를 구할 이익이나 필요가 없어 부적법
5. 보충역편입처분 및 공익근무요원소집처분의 취소를 구하는 소의 계속 중 병역처분변경신청에 따라 제2국민역편입처분으로 병역처분이 변경된 경우, 종전 보충역편입처분 및 공익근무요원소집처분의 취소를 구할 소의 이익(대판 2005.12.9, 2004두6563) : 보충역편입처분은 제2국민역편입처분을 함으로써 취소 또는 철회되어 그 효력이 소멸하였고, 공익근무요원소집처분 또한 효력이 소멸
6. 항소심판결 선고 후 개발부담금 감액경정처분이 이루어진 경우, 감액된 부분에 대한 개발부담금부과처분의 취소를 구할 이익(대판 2006.5.12, 2004두12698) : 감액경정처분은 당초처분의 일부를 취소하는 효력을 갖는 것이므로 감액된 부분에 대한 부과처분취소청구는 이미 소멸
7. 행정청이 당초의 분뇨 등 관련영업 허가신청 반려처분의 취소를 구하는 소의 계속 중, 사정변경을 이유로 위 반려처분을 직권취소함과 동시에 위 신청을 재반려하는 내용의 재처분을 한 경우(대판 2006.9.28, 2004두5317) : 행정처분이 취소되면 그 처분은 취소로 인하여 그 효력이 상실되어 더 이상 존재하지 않는 것
8. 교원소청심사위원회의 파면처분 취소결정에 대한 취소소송 계속 중 학교법인이 교원에 대한 징계처분을 파면에서 해임으로 변경한 경우(대판 2010.2.25, 2008두20765)
9. 절차상 또는 형식상 하자로 무효인 행정처분에 대하여 행정청이 적법한 절차 또는 형식을 갖추어 동일한 행정처분을 한 경우, 종전의 무효인 행정처분에 대하여 무효확인을 구할 법률상 이익(대판 2010.4.29, 2009두16879)
10. 병역감면신청서 회송처분과 공익근무요원 소집처분이 직권으로 취소된 경우 이에 대한 무효확인과 취소를 구하는 소의 이익(대판 2010.4.29, 2009두16879)
11. 시·도지사의 결정으로 사업구역의 면적이 확장되자 확장된 구역에 속한 토지 등 소유자로부터 동의를 새로이 받아 당초의 추진위원회 설립승인에 대한 변경승인을 받은 경우 당초 추진위원회 설립승인에 대한 소의 이익(대판 2012.9.27, 2011두17400)
12. 조합설립변경인가 후에 다시 변경인가를 받은 경우 당초 조합설립변경인가의 취소를 구할 소의 이익(대판 2013.10.24, 2012두12853) : 당초 조합설립변경인가는 취소·철회
13. 공정거래위원회가 부당한 공동행위를 한 사업자에게 과징금 부과처분(선행처분)을 한 뒤, 다시 자진신고 등을 이유로 과징금 감면처분(후행처분)을 한 경우, 선행처분의 취소를 구하는 소(대판 2015.2.12, 2013두987) : 선행처분은 종국적 처분인 후행처분을 예정하고 있는 일종의 잠정적 처분으로서 후행처분이 있을 경우 선행처분은 후행처분에 흡수되어 소멸
14. 국가인권위원회가 한 징계권고결정에 따라 상주경찰서장의 불문경고처분을 받은 징계당사자가 제기한 징계권고결정에 대한 취소의 소(대판 2022.1.27, 2021두40256) : 징계권고 결정은 경찰서장의 2020.6.11.자 불문경고 처분으로 이미 목적을 달성하여 그 법적 효과가 소멸

ⓑ **예외적 인정**

주택재건축사업조합이 새로 조합설립인가처분을 받는 것과 동일한 요건과 절차를 거쳐 조합설립변경인가처분을 받은 후 후속 처분을 한 경우 당초 조합설립인가처분의 무효확인을 구할 소의 이익(대판 2012.10.25· 2010두25107) : 당초 조합설립인가처분이 무효로 확인되거나 취소될 경우 그것이 유효하게 존재하는 것을 전제로 이루어진 위와 같은 후속 행위 역시 소급하여 효력을 상실하게 되므로

ⓒ **쟁송취소나 무효확인재결이 있는 경우**(원칙 부정)

부정사례	인정사례
1. 취소소송 제기 후 판결선고 전에 당해 처분을 취소한다는 내용의 형성적 재결이 이루어진 경우(대판 1997.5.30, 96누18632) : 취소의 재결로써 당해 처분은 소급하여 그 효력을 잃게 되므로 2. 특허를 무효로 한다는 심결이 확정된 때(대판 2011.6.30, 2011후620) 3. 당사자의 신청을 받아들이지 않은 거부처분이 재결에서 취소된 경우(대판 2017.10.31, 2015두45045)	개발제한구역 안에서의 공장설립을 승인한 처분이 위법하다는 이유로 쟁송취소되었으나 그 승인처분에 기초한 공장건축허가처분이 잔존하는 경우(대판 2018.7.12, 2015두3485) : 공장설립승인처분이 취소되었다는 사정만으로 인근 주민들의 환경상 이익이 침해되는 상태나 침해될 위험이 종료되었다거나 이를 시정할 수 있는 단계가 지나버렸다고 단정할 수는 없으므로

ⓒ **철회된 경우**

부정사례
1. 처분청이 당초의 운전면허 취소처분을 철회하고 정지처분을 한 경우, 당초의 취소처분을 대상으로 한 소의 이익(대판 1997.9.26, 96누1931) 2. 납세자가 감액경정청구 거부처분에 대한 취소소송을 제기한 후 증액경정처분이 이루어져서 그 증액경정처분에 대하여도 취소소송을 제기한 경우, 감액경정청구 거부처분에 대한 취소소송의 소의 이익(대판 2005.10.14, 2004두8972) : 동일한 납세의무의 확정에 관한 심리의 중복과 판단의 저촉을 피하기 위하여 감액경정청구 거부처분의 취소를 구하는 소는 그 취소를 구할 이익이나 필요가 없어 부적법 3. 행정청이 공무원에 대하여 새로운 직위해제사유에 기한 직위해제처분을 한 경우(대판 2003.10.10, 2003두5945) : 이전에 한 직위해제처분은 묵시적으로 철회하였다고 봄이 상당하므로, 그 이전 처분의 취소를 구하는 부분은 존재하지 않는 행정처분을 대상

ⓔ **실효된 경우**(원칙 부정)

1. 유기장의 영업허가를 받은 자가 영업장소를 명도하고 유기시설을 모두 철거하여 매각함으로써 유기장업을 폐업한 경우 영업허가취소처분의 취소를 청구할 소의 이익(대판 1990.7.13, 90누2284)
2. 환지처분 공고 후에 환지 예정지지정처분의 취소를 구할 법률상 이익(대판 1999.10.8, 99두6873) : 환지처분이 일단 공고되어 효력을 발생하게 되면 환지 예정지지정처분은 그 효력이 소멸

(2) 예외적 인정

1. 집행정지결정이 있는 경우(대판 1974.1.29, 73누202)
2. 동일한 소송 당사자 사이에서 그 행정처분과 동일한 사유로 위법한 처분이 반복될 위험성이 있어 행정처분의 위법성 확인 내지 불분명한 법률문제에 대한 해명이 필요하다고 판단되는 경우, 동일한 행정목적을 달성하거나 동일한 법률효과를 발생시키기 위하여 선행처분과 후행처분이 단계적인 일련의 절차로 연속하여 행하여져 후행처분이 선행처분의 적법함을 전제로 이루어짐에 따라 선행처분의 하자가 후행처분에 승계된다고 볼 수 있어 이미 소를 제기하여 다투고 있는 선행처분의 위법성을 확인하여 줄 필요가 있는 경우[대판(전합) 2007. 7.19, 2006두19297]

(3) 가중된 제재처분의 경우

가중된 제재처분에 관한 규정이 있을 경우에는 일반적인 영업정지처분과는 달리 기간이 지난 후에도 가중된 제재처분을 받을 불이익을 해소할 법률상 이익이 있다. 판례는 가중된 제재처분에 있어서 제재기간이 경과한 후의 권리보호의 필요에 대해 법률이나 대통령령인 시행령에 규정된 경우는 권리보호의 필요를 인정하고, 부령이나 지방자치단체의 규칙형식에 규정된 경우는 권리보호의 필요를 부정해왔다. 그러나 최근 전합판결에서 부령이나 규칙형식에 규정된 경우도 권리보호의 필요를 인정하는 것으로 판례를 변경했다. 그러나 행정규칙형식에 규정된 경우는 부정한 판례를 여전히 유지하고 있다(대판 1982.3.23, 81누243).

┃ **관 련 판 례** ┃

1. 구 「화물자동차 운수사업법 시행령」 제5조 제1항 [별표 1] 제재처분기준 제2호 및 비고 제4호에서 정한 「위반행위의 횟수에 따른 가중처분기준」의 취지 : 구 「화물자동차 운수사업법 시행령」 제5조 제1항 [별표 1] 제재처분기준 제2호 및 비고 제4호에서 정한 「위반행위의 횟수에 따른 가중처분기준」은 위반행위에 따른 제재처분을 받았음에도 또다시 같은 내용의 위반행위를 반복하는 경우에 더욱 중하게 처벌하려는 데에 취지가 있다(대판 2020.5.28, 2017두73693).
2. 선행 위반행위에 대한 선행 제재처분이 반드시 위 시행령 [별표 1] 제재처분기준 제2호에 명시된 처분내용대로 이루어진 경우이어야 하는 것은 아니다(대판 2020.5.28, 2017두73693).

① 법률이나 법규명령에 규정된 경우(인정)

1. 법 률
   ① 건축사법
      건축사법에 의한 건축사업무정지처분을 받은 후 기간이 도과되었으나 장래 건축사사무소등록취소라는 가중된 제재처분을 받게 될 우려가 있는 경우(대판 1991.8.27, 91누3512) : 장래 건축사사무소 등록취소라는 가중된 제재처분을 받게 될 우려가 있는 것이므로 건축사로서의 업무를 행할 수 있는 법률상 지위에 대한 위험이나 불안을 제거
   ② 의료법
      가중 제재처분규정이 있는 의료법에 의한 의사면허자격정지처분에서 정한 자격정지기간이 지난 후 의사면허자격정지처분의 취소를 구할 소의 이익(대판 2005.3.25, 2004두14106)
2. 대통령령
   「건설기술관리법 시행령」상 업무정지처분을 일반정지처분과 가중정지처분으로 구분하고 전자를 후자의 요건으로 규정하고 있는 경우, 업무정지처분의 업무정지기간이 도과된 경우(대판 1999.2.5, 98두13997) : 감리원으로서 업무를 행할 수 있는 법률상 지위에 대한 위험이나 불안을 제거
3. 부령이나 지방자치단체의 규칙형식
   부령인 시행규칙 또는 지방자치단체의 규칙의 형식으로 정한 처분기준에서 제재적 행정처분을 받은 것을 가

중사유나 전제요건으로 삼아 장래의 제재적 행정처분을 하도록 정하고 있는 경우[대판(전합) 2006.6.22, 2003두 1684]

▶ 다만, 법적 성질은 여전히 행정규칙설을 변경하지 않았다는 점에 유의

② 행정규칙에 규정된 경우(부정)

1. 훈령에 가중적 제재처분에 관한 규정이 있는 경우(대판 1982.3.23, 81누243)
2. 건축사업무정지처분을 받은 후 새로운 업무정지처분을 받음이 없이 1년이 경과하여 실제로 가중된 제재처분을 받을 우려가 없게 된 경우(대판 2000.4.21, 98두10080)

(4) 보다 실효적인 권리구제절차의 존재 여부

당해 취소소송보다 실효적인(직접적인) 권리구제절차가 있는 경우에는 소의 이익이 부정된다. 그러나 다른 권리구제절차가 있는 경우에도 취소를 구할 현실적 이익이 있어 문제의 취소소송이 분쟁해결의 유효적절한 수단이라고 할 수 있는 경우에는 소의 이익이 인정된다.

┤ 관 련 판 례 ├

1. 행정청이 한 처분 등의 취소를 구하는 소송은 처분에 의하여 발생한 위법 상태를 배제하여 원래 상태로 회복시키고 처분으로 침해된 권리나 이익을 구제하고자 하는 것이다. 따라서 해당 처분 등의 취소를 구하는 것보다 실효적이고 직접적인 구제수단이 있음에도 처분 등의 취소를 구하는 것은 특별한 사정이 없는 한 분쟁해결의 유효적절한 수단이라고 할 수 없어 법률상 이익이 있다고 할 수 없다(대판 2017.10.31, 2015두45045).
2. 당사자의 신청을 받아들이지 않은 거부처분이 재결에서 취소된 경우, 재결의 취소를 구할 법률상 이익이 없다(대판 2017.10.31, 2015두45045).

Ⅳ. 처분 후의 사정변경에 의해 권익침해가 해소된 경우

1. 원칙 부정

1. 불합격처분 이후 새로 실시된 치과의사국가시험에 합격한 경우(대판 1993.11.9, 93누6867) : 치과의사국가시험 합격은 치과의사면허를 부여받을 수 있는 전제요건이 된다고 할 것이나 국가시험에 합격하였다고 하여 위 면허취득의 요건을 갖추게 되는 이외에 그 자체만으로 합격한 자의 법률상 지위가 달라지게 되는 것은 아니므로
2. 사법시험 제1차시험 불합격처분 이후에 새로이 실시된 사법시험 제1차시험에 합격하였을 경우(대판 1996. 2.23, 95누2685) : 사법시험 제1차시험에 합격하였다고 할지라도 그것은 합격자가 당회의 제2차시험과 차회의 제2차시험에 응시할 자격을 부여받을 수 있는 전제요건이 되는 데 불과한 것이고, 그 자체만으로 합격한 자의 법률상의 지위가 달라지게 되는 것이 아니므로
3. 사법시험 제2차시험 불합격처분 이후에 새로이 실시된 제2차와 제3차시험에 합격한 사람이 불합격처분의 취소를 구할 법률상 이익(대판 2007.9.21, 2007두12057) : 사법시험에 최종합격한 것은 합격자가 사법연수생으로 임명될 수 있는 전제요건이 되는 것일 뿐이고, 그 자체만으로 합격한 자의 법률상 지위가 달라지게 되는 것이 아니므로
4. 공익근무요원 소집해제신청을 거부한 후에 원고가 계속하여 공익근무요원으로 복무함에 따라 복무기간 만료를 이유로 소집해제처분을 한 경우(대판 2005.5.13, 2004두4369)

2. 예외적 인정

퇴학처분을 받은 후 고등학교졸업학력검정고시에 합격한 경우(대판 1992.7.14, 91누4737) : 고등학교졸업이 대학입학자격이나 학력인정으로서의 의미밖에 없다고 할 수 없으므로 고등학교졸업학력검정고시에 합격하였다 하여 '고등학교 학생으로서의 신분과 명예'가 회복될 수 없는 것

V. 기 타

1. 부정사례

1. 기본행위에만 하자가 있고 인가는 적법한 경우 기본행위를 다투어야 하고 인가의 무효확인이나 취소청구 불가(대판 2000.9.5, 99두1854)
2. '원자력건설허가처분이 발령된 후'에 원자력부지사전승인처분을 다툴 이익(대판 1998.9.4, 97누19588)
3. 임대주택에 대한 분양전환승인처분 중 일부 세대에 대한 부분만 취소하는 것이 가능하고 우선 분양전환 대상자인 임차인들이 분양전환승인처분의 취소를 구하는 경우, 다른 세대에 대한 부분까지 취소를 구할 법률상 이익(대판 2020.7.23, 2015두48129) : 임대사업자가 여러 세대의 임대주택에 대해 분양전환승인신청을 하여 외형상 하나의 행정처분으로 그 승인을 받았다고 하더라도 이는 승인된 개개 세대에 대한 처분으로 구성되고 각 세대별로 가분될 수 있으므로 임대주택에 대한 분양전환승인처분 중 일부 세대에 대한 부분만 취소하는 것이 가능
4. 분양전환승인처분 전부에 대하여 취소소송을 제기한 임차인이 해당 임대주택에 관하여 분양전환 요건이 충족되었다는 점 자체는 다투지 않으면서 분양전환가격 산정에 관해서만 다투는 경우, 분양전환승인처분 중 임대주택의 매각을 허용하는 부분의 취소를 구할 이익(대판 2020.7.23, 2015두48129) : 분양전환가격 산정에 관해서만 다투는 경우에는 분양전환승인처분 중 임대주택의 매각을 허용하는 부분은 실질적인 불복이 없어 그 취소를 구할 법률상 이익(협의의 소의 이익)이 없다고 보아야
5. 임대주택에 대한 분양전환승인처분 이후 진행된 분양전환절차에서 분양계약을 체결하지 아니한 채 임대주택에서 퇴거한 임차인에게 분양전환승인처분의 취소를 구할 법률상 이익(대판 2020.7.23, 2015두48129) : 분양전환승인처분 이후 진행된 분양전환절차에서 분양계약을 체결하지 아니한 채 임대주택에서 퇴거한 임차인은 분양전환승인일로부터 6개월이 경과하면 우선분양전환권을 상실하게 되고, 임차인이 임대주택에서 퇴거할 당시 분양전환승인처분 취소소송을 제기한 상태였고 이후 그 취소소송에서 승소한다 하더라도 새롭게 우선분양전환권을 취득할 수 있는 것은 아니라고 보는 것이 타당

2. 인정사례

1. 징계에 관한 일반사면이 있은 후 파면처분의 취소를 구할 이익(대판 1983.2.8, 81누121) : 사면법에 의하면 징계처분에 의한 기성의 효과는 사면으로 인하여 변경되지 않는다고 되어 있고 이는 사면의 효과가 소급하지 않음을 의미하는 것이므로, 일반사면이 있었다고 할지라도 파면처분으로 이미 상실된 원고의 공무원 지위가 회복될 수는 없는 것

2. 동일한 내용의 후행거부처분이 존재하는 경우 선행거부처분 취소소송의 소의 이익(대판 1994.4.12, 93누21088) : 거부처분의 효력을 직접 부정하는 것이 아닌 한 선행거부처분보다 뒤에 된 동일한 내용의 후행거부처분 때문에 선행거부처분의 취소를 구할 법률상 이익이 없다고 할 수는 없다.

3. 기본행위는 적법유효하나 보충행위인 인가처분에만 하자가 있는 경우에는 그 인가처분의 취소나 무효확인소송을 다툴 이익(대판 2000.9.5, 99두1854)

4. 원자력부지사전승인처분 후 '원자로 등의 건설허가처분이 발령되지 않은 경우' 원자력부지사전승인처분을 다툴 이익(대판 1998.9.4, 97누19588)

5. 군인사법상 진급예정자 명단에서 삭제된 사람이 그 삭제처분에 대하여 취소소송으로 다툴 수 있는 이익(대판 2007.9.20, 2005두13971)

6. 수형자의 영치품에 대한 사용신청 불허처분 후 수형자가 다른 교도소로 이송된 경우 영치품 사용신청 불허처분의 취소를 구할 이익(대판 2008.2.14, 2007두13203) : 다른 교도소로의 이송이라는 사정에 의하여 원고의 권리와 이익의 침해 등이 해소되지 아니한 점, 형기가 만료되기까지는 아직 상당한 기간이 남아 있고, 진주교도소로의 재이송 가능성이 소멸하였다고 단정하기 어려운 점

7. 분양신청을 하지 아니하거나 철회한 도시환경정비사업구역 내의 토지 등 소유자가 관리처분계획의 무효확인 또는 취소를 구할 소의 이익(대판 2011.12.8, 2008두18342) : 도시환경정비사업에 대한 사업시행계획에 당연무효인 하자가 있는 경우에는 도시환경정비사업조합은 그 사업시행계획을 새로이 수립하여 관할관청으로부터 인가를 받은 후 다시 분양신청을 받아 관리처분계획을 수립하여야 하는데, 조합원의 지위를 상실한 토지 등 소유자도 그때 분양신청을 함으로써 건축물 등을 분양받을 수 있으므로

8. 공정거래위원회가 부당한 공동행위의 시정명령 및 과징금 부과와 자진신고자 또는 조사협조자에 대한 감면 여부를 분리 심리하여 별개로 의결한 후 과징금 등 처분과 별도의 처분서로 감면기각처분을 한 경우, 각 처분에 대하여 함께 또는 별도로 불복할 수 있고, 과징금 등 처분과 감면기각처분의 취소를 구하는 소를 함께 제기한 경우, 감면기각처분의 취소를 구할 소의 이익(대판 2016.12.27, 2016두43282) : 원칙적으로 2개의 처분, 즉 과징금 등 처분과 감면기각처분이 각각 성립한 것이고, 처분의 상대방으로서는 각각의 처분에 대하여 함께 또는 별도로 불복할 수 있다.

제4 피고적격

Ⅰ. 원칙(행정청)

1. 행정소송법 규정

취소소송은 다른 법률에 특별한 규정이 없는 한 그 처분 등을 행한 '행정청'을 피고로 한다(행정소송법 제13조). 즉, 원처분을 대상으로 제기하는 경우에는 '원처분청'이, 재결을 대상으로 제기하는 경우에는 '행정심판위원회'가 피고가 된다.

2. 행정청

1. '처분 등을 행한 행정청'이란 원처분을 행한 행정청과 행정심판위원회를 의미한다.
2. 행정청이란 강학상(학문적)으로 국가 또는 공공단체 등 행정주체의 의사를 외부에 대해 결정·표시할 수 있는 권한을 가진 행정기관을 말한다. 그러나 여기서의 행정청은 기능적인 의미로 사용되고 있다. 따라서 공무수탁사인, 법원행정처장이나 국회사무총장 역시 행정청의 지위를 갖고, 지방의회도 처분을 발하는 경우에는 행정청의 지위를 갖는다.
3. 또한 행정청에는 단독기관뿐만 아니라 합의제기관(예 국가배상심의회, 토지수용위원회)도 포함된다. 정당한 권한을 가진 행정청인지 여부는 불문한다.
4. 판례에 의하면 원칙적으로 소송의 대상인 행정처분 등을 외부적으로 그의 명의로 행한 행정청을 의미한다(대판 1994.6.14, 94누1197). 따라서 처분청 명의로 단순히 통지한 데 불과한 경우에는 통지한 행정청이 아니라 처분청이 피고이다.

> ┃ **관 련 판 례** ┃
> 1. 행정소송법 제13조 제1항에서 취소소송의 피고로 정한 행정청의 의미(= 처분 권한을 가진 기관) : '행정청'이란 국가 또는 공공단체의 기관으로서 국가나 공공단체의 의견을 결정하여 외부에 표시할 수 있는 권한, 즉 처분 권한을 가진 기관을 말한다(대판 2019.4.3, 2017두52764).
> 2. 인천직할시장 명의의 사업장폐쇄명령처분을 통지한 인천직할시 북구청장은 피고적격이 없다(대판 1990. 4.27, 90누233).
> 3. 국무회의에서 건국훈장 독립장이 수여된 망인(장지연)에 대한 서훈취소를 의결하고 대통령이 결재함으로써 서훈취소가 결정된 후 국가보훈처장이 망인의 유족 갑에게 '독립유공자 서훈취소결정 통보'를 하자 갑이 국가보훈처장을 상대로 서훈취소결정의 무효 확인 등의 소를 제기한 사안에서, 위 소는 피고를 잘못 지정하였다고 한 사례(대판 2014.9.26, 2013두2518)
> 4. 갑이 서훈취소 처분을 행한 행정청(대통령)이 아니라 국가보훈처장을 상대로 제기한 위 소는 피고를 잘못 지정한 경우에 해당하므로, 법원으로서는 석명권을 행사하여 정당한 피고로 경정하게 하여 소송을 진행해야 함에도 국가보훈처장이 서훈취소 처분을 한 것을 전제로 처분의 적법 여부를 판단한 원심판결에 법리오해 등의 잘못이 있다(대판 2014.9.26, 2013두2518).
> 5. 감염병의 예방 및 관리에 관한 법령상 예방접종 피해에 대한 국가의 보상금 지급에 대한 처분 권한을 가진 기관은 질병관리본부장이다(대판 2019.4.3, 2017두52764).

5. 피고가 잘못 지정된 경우에는 소송이 각하되지만, 예외적으로 피고경정의 절차를 통해 바로잡을 수 있다.

3. 지방의회와 지방자치단체장

(1) 처분적 조례에 대한 피고적격(지방자치단체장, 교육감)

구 분	처분적 '조례'에 대한 소송	'조례안'에 대한 소송
종 류	항고소송	기관소송
원 고	주 민	지방자치단체장(교육감)
피 고	지방자치단체장(일반조례), 교육감(교육조례)	지방의회
관할법원	행정법원(지방법원)	대법원
제소기간	취소소송의 경우(무효확인소송의 경우 제한규정 없음) 1. 처분이 있음을 안 날부터 90일 2. 처분이 있은 날부터 1년	재의결된 날로부터 20일 이내

(2) 지방의회의원에 대한 징계의결이나 지방의회의장선거, 지방의회의장에 대한 불신임의결(지방의회)

4. 위원회

1. 처분청이 토지수용위원회나 공정거래위원회와 같은 합의제 행정관청인 경우에는 당해 합의제 행정관청인 위원회 자체가 피고가 되지만, 법률에 특별한 규정이 있을 경우에는 위원장이 피고가 되는 경우도 있다(예 중앙노동위원회위원장, 중앙해양안전심판원장).

   1. 중앙노동위원회의 처분에 대한 소송은 중앙노동위원회 위원장을 피고(被告)로 하여 처분의 송달을 받은 날부터 15일 이내에 제기하여야 한다(노동위원회법 제27조 제1항).
   2. 중앙심판원의 재결에 대한 소의 피고는 중앙해양안전심판원장 : 중앙심판원의 재결에 대한 소에 있어서는 '중앙심판원장'을 피고로 한다(「해양사고의 조사 및 심판에 관한 법률」 제75조).

2. 그러나 의결기관이나 자문기관으로서의 위원회는 피고적격이 인정되지 않는다.

   ┤ 관 련 판 례 ├
   1. 지방노동위원회의 처분에 대하여 불복하기 위하여는 중앙노동위원장을 피고로 하여 재심판정취소의 소를 제기하여야 한다(대판 1995.9.15, 95누6724).
   2. 시·도 인사위원회 위원장의 명의로 한 7급 지방공무원의 신규임용시험 불합격결정에 대한 피고는 시·도 인사위원회 위원장이다(대판 1997.3.28, 95누7055).

5. 재결의 경우 피고적격(행정심판위원회)

II. 예 외

처분청이 아니면서 피고가 되는 경우로 다음을 들 수 있다.

1. 대통령 등이 처분청인 경우(소속장관)

1. 대통령이 처분청인 경우에는 법률의 규정에 의해 각각 소속장관(법무부장관이나 국무총리가 아님)이 피고가 된다 (국가공무원법 제16조 제2항).
2. 국회의장이 처분청인 경우에는 국회사무총장(국회의원이 아님)(국회사무처법 제4조 제3항), 대법원장의 처분에 대한 피고는 법원행정처장(대법관이 아님)(법원조직법 제70조), 헌법재판소장이 처분청인 경우에는 사무처장(재판관이 아님)(헌법재판소법 제17조 제5항)으로 한다.

2. 권한의 위임·위탁의 경우(수임기관·수탁기관)

1. 지방철도청장은 그 소속 8급 공무원에 대하여 징계파면처분을 행할 권한이 있다(대판 1996.6.25, 96누570).
2. 세무서장의 공매권한이 성업공사에게 위임된 경우 공매를 한 성업공사가 피고이다(대판 1997.2.28, 96누1757).
3. 서울특별시장으로부터 이주대책 수립권한이 에이에이치공사에게 위탁된 경우 피고는 공사이다(대판 2007.8.23, 2005두3776).
4. 문화관광부장관으로부터 저작권 등록업무에 관한 권한을 위탁받은 '저작권심의조정위원회'가 피고이다(대판 2009.7.9, 2007두16608).
5. 근로복지공단이 갑 지방자치단체에 고용보험료 부과처분을 하자, 갑 지방자치단체가 구 「고용보험 및 산업재해보상보험의 보험료징수 등에 관한 법률」 제4조 등에 따라 국민건강보험공단을 상대로 위 처분의 무효확인 및 취소를 구한 사안에서, 위 처분의 무효확인 및 취소 소송의 피고는 국민건강보험공단이 되어야 함에도 이와 달리 위 처분의 주체는 여전히 근로복지공단이라고 본 원심판결에 고용보험료 부과고지권자와 항고소송의 피고적격에 관한 법리를 오해한 위법이 있다고 한 사례(대판 2013.2.28, 2012두22904)

3. 대리·내부위임·위임전결

(1) 피대리기관 · 위임기관이 피고(원칙)

1. 행정관청이 특정한 권한을 법률에 따라 다른 행정관청에 이관한 경우와 달리 내부적인 사무처리의 편의를 도모하기 위하여 그의 보조기관 또는 하급행정관청으로 하여금 그의 권한을 사실상 행하도록 하는 내부위임의 경우에는 수임관청이 그 위임된 바에 따라 위임관청의 이름으로 권한을 행사하였다면 그 처분청은 위임관청이므로 그 처분의 취소나 무효확인을 구하는 소송의 피고는 위임관청으로 삼아야 한다(대판 1991.10.8· 91누520).
2. 대리기관이 대리관계를 표시하고 피대리 행정청을 대리하여 행정처분을 한 경우, 행정처분에 대한 항고소송의 피고는 피대리 행정청이다(대판 2018.10.25, 2018두43095).

(2) 수임기관의 명의로 처분을 한 경우(명의기관인 수임기관) · 피대리기관을 밝히지 않은 경우(대리기관)

1. 내부위임의 경우 수임청의 명의로 처분을 한 경우에는 명의기관인 수임청이 피고이다(대판 1991.2.22, 90누5641).
2. 내부위임이나 대리의 경우 원행정청 명의나 대리관계를 밝히지 않고 자기 명의로 한 처분의 경우 처분명의자인 행정청이 피고이다(대판 1994.6.14, 94누1197).
3. 대리관계를 밝히지 않고 자기 명의로 한 처분의 경우에도 처분명의자는 물론 그 상대방도 그 행정처분이 피대리 행정청을 대리하여 한 것임을 알고서 이를 받아들인 예외적인 경우에는 피대리 행정청이 피고이다(대결 2006.2.23, 2005부4).

III. 피고의 경정

1. 피고경정이 허용되는 경우

(1) 피고를 잘못 지정한 때(신청)

원고가 피고를 잘못 지정한 때에는 법원은 원고의 '신청'에 의하여 결정으로써 피고의 경정을 허가할 수 있다(제14조 제1항).

> **┤ 관 련 판 례 ├**
>
> 1. 세무서장의 위임에 의하여 성업공사가 한 공매처분에 대하여 피고 지정을 잘못하여 피고적격이 없는 세무서장을 상대로 그 공매처분의 취소를 구하는 소송이 제기된 경우, 법원으로서는 석명권을 행사하여 피고를 성업공사로 경정하게 하여 소송을 진행하여야 한다(대판 1997.2.28, 96누1757).
> 2. 법원이 피고적격 여부에 관하여 석명권을 행사하여 당사자에게 의견을 진술할 기회를 부여하였음에도 원고가 정당한 피고로의 경정신청을 하지 않은 경우에 법원이 피고의 지정이 잘못되었다는 이유로 소를 각하하였다고 하여 이를 위법하다고 할 수 없다(대판 2011.1.13, 2009두20755).

(2) 권한승계(신청 또는 직권)

1. 처분 등이 있은 뒤에 그 처분 등에 관계되는 권한이 승계된 경우에는 권한을 '승계한 행정청'(승계 전의 행정청이 아님)이 피고가 된다(제13조 제1항 단서).

> **┤ 관 련 판 례 ├**
>
> 행정소송법 제13조 제1항 소정의 '그 처분 등에 관계되는 권한이 다른 행정청에 승계된 때'의 의미 : '그 처분 등에 관계되는 권한이 다른 행정청에 승계된 때'라고 함은 처분 등이 있은 뒤에 행정기구의 개혁, 행정주체의 합병·분리 등에 의하여 처분청의 당해 권한이 타 행정청에 승계된 경우뿐만 아니라 처분 등의 상대방인 사인의 지위나 주소의 변경 등에 의하여 변경 전의 처분 등에 관한 행정청의 관할이 이전된 경우 등을 말한다(대판 2000.11.14, 99두5481).

2. 다만, 그 승계가 취소소송 제기 후에 발생한 것이면 법원은 당사자의 '신청 또는 직권'에 의해 피고를 경정한다. 이때 종전의 소는 취하된 것으로 보며, 새로운 피고에 대한 소송은 처음에 소를 제기한 때에 제기한 것으로 본다(제14조 제6항).

(3) 처분청이 없게 된 때(신청 또는 직권)

처분 등을 행한 행정청이 없게 된 때에는 그 처분 등에 관한 사무가 귀속되는 국가 또는 공공단체(국무총리, 법무부장관이나 직근 상급행정청이 아님)를 피고로 한다(행정소송법 제13조 제2항). 다만, 그 승계가 취소소송 제기 후에 발생한 것이면, 법원은 당사자의 '신청 또는 직권'에 의해 피고를 경정한다.

(4) 소의 변경의 경우

소의 변경과 당사자의 변경으로서 피고경정은 성질이 다르긴 하나 소의 변경 시에도 피고의 경정이 인정되고 있다(제21조 제2·4항).

> **┤ 관 련 판 례 ├**
>
> 행정소송에 있어서 예비적인 피고의 변경은 허용되지 않는다 : 소위 주관적, 예비적 병합은 행정소송법 제28조 제3항과 같은 예외적 규정이 있는 경우를 제외하고는 원칙적으로 허용되지 않는 것이고, 또 행정소송법상 소의 종류의 변경에 따른 당사자(피고)의 변경은 교환적 변경에 한한다고 봄이 상당하므로 예비적 청구만이 있는 피고의 추가경정신청은 허용되지 않는다(대결 1989.10.27, 89두1).

2. 피고경정 가능시기(사실심 구두변론종결시)

행정소송법 제14조 제1항 소정의 피고경정은 사실심 변론종결시까지만 가능하고 상고심에서는 허용되지 않는다(대판 1996.1.23, 95누1378).

3. 피고경정의 요건

1. 변경 전 소의 적법성
2. 피고를 잘못 지정하였을 것

4. 피고경정의 절차

1. 피고를 잘못 지정한 경우에 피고의 경정은 원고의 '신청'에 의하여 행한다(제14조 제1항).
2. 법원은 결정의 정본을 새로운 피고에게 송달하여야 한다(같은 조 제2항). 신청을 각하하는 결정에 대하여는 즉시항고할 수 있다(같은 조 제3항).
3. 소의 제기 후에 권한승계나 기관폐지로 인한 피고경정의 경우에 법원은 당사자의 '신청 또는 직권'에 의하여 피고를 경정할 수 있다(같은 조 제6항).
4. 피고경정의 요건충족 여부는 법원의 직권조사사항이다.

5. 피고경정허가의 효과

1. 새로운 피고에 대한 신소(新訴)의 제기
   피고경정의 허가가 있으면 '처음에 소를 제기한 때'에 제기된 것으로 본다(제14조 제4항).
2. 구소(舊訴)의 취하효과

제5 소송참가

I. 소송참가의 필요성

1. 행정소송법은 취소판결의 효력(형성력)이 소송상의 제3자에 대해서도 미치는 것으로 규정하고 있으므로(제29조 제1항), 제3자의 이익보호를 위한 제도적 보장이 요청된다.
2. 관계행정청의 참가가 인정되는 것은 취소판결의 기속력이 관계행정청에게도 미치기 때문이다. 처분 등을 취소하는 확정판결은 당사자인 행정청과 그 밖의 관계행정청을 기속한다(행정소송법 제30조 제1항).
3. 소송참가제도는 취소소송 이외의 항고소송·당사자소송·민중소송 및 기관소송에도 준용된다(제38조, 제44조 제1항, 제16조).

II. 소송참가의 형태

1. 제3자의 소송참가

(1) 참가의 요건

1. 타인의 취소소송이 계속 중일 것
2. 소송의 결과에 따라 권리 또는 이익의 침해를 받는 제3자일 것
   ① 제3자의 의의 : 제3자라 함은 소송당사자 이외의 자를 말한다. 국가나 지방자치단체도 제3자가 될 수 있지만, 행정청은 당사자능력이 없기 때문에 '제3자의 소송참가'는 불가능하고, '행정청의 소송참가'에 의한 참가가 가능하다.
   ② 소송의 결과에 따라 권리 또는 이익의 침해를 받을 것

> **┃ 관 련 판 례 ┃**
> 1. 보조참가를 하려면 법률상의 이해관계가 있어야 한다(대판 2000.9.8, 99다26924).
> 2. 학교법인의 이사 겸 이사장에 대한 임원취임승인취소처분 취소소송에 대하여 관할청인 피고를 돕기 위하여 이사장직무대행자가 학교법인의 이름으로 보조참가를 하는 경우 보조참가의 요건인 법률상 이해관계에 해당한다(대판 2003.5.30, 2002두11073).
> 3. 공정거래위원회가 명한 시정조치의 취소 등을 구하는 행정소송에서 당해 시정조치가 사업자의 상대방에 대한 특정행위를 중지·금지시키는 것을 내용으로 하는 경우, 그 행위의 상대방은 위 행정소송에서 공정거래위원회를 보조하기 위하여 보조참가를 할 수 있다(대결 2013.7.12, 2012무84).

(2) 참가의 절차(신청 또는 직권)

1. 제3자의 소송참가는 당사자 또는 제3자의 '신청 또는 직권'에 의한다.
2. 참가신청이 있는 경우에 법원은 결정으로써 허가 또는 각하의 재판을 하고, 직권참가인 경우에는 결정으로써 제3자에게 참가를 명한다(제16조 제1항).
3. 법원이 허가 또는 각하결정을 하고자 할 때에는 미리 '당사자 및 제3자'(당해 행정청이 아님)의 의견(동의가 아님)을 들어야 한다(같은 조 제2항).
4. 신청을 한 제3자는 그 신청을 각하한 결정에 대하여 즉시항고할 수 있다(같은 조 제3항). 즉, 법원이 참가결정을 하고자 할 때에는 당사자 및 당해 행정청의 의견에 기속되지 않는다.

5. 소송참가는 판결의 선고 전까지 가능하기 때문에 상고심인 대법원에서도 가능하다. 그러나 소송의 취하가 있거나 재판상 화해가 있은 후에는 참가시킬 수 없다.

(3) 참가인의 지위(공동소송적 보조참가와 유사)

1. 행정소송 사건에서 참가인이 한 보조참가는 민사소송법 제78조에 규정된 공동소송적 보조참가이다(대판 2017.10.12, 2015두36836).
2. 참가인이 상소를 할 경우 피참가인은 상소취하나 상소포기를 할 수 없다(대판 2017.10.12, 2015두36836).
3. 민사소송법상 보조참가신청에 대하여 당사자가 이의를 신청하지 아니한 채 변론하거나 변론준비기일에서 진술을 한 경우, 수소법원의 보조참가 허가 결정 없이 계속 소송행위를 할 수 있다(대판 2017.10.12, 2015두36836).

(4) 참가의 효과

1. 피참가인의 행위와 어긋나는(모순되는) 행위는 허용

┤ **관 련 판 례** ├
> 1. 행정소송 사건에서 참가인이 한 보조참가가 행정소송법 제16조가 규정한 제3자의 소송참가에 해당하지 않는 경우에도 민사소송법 제78조에 규정된 공동소송적 보조참가이다(대판 2013.3.28, 2011두13729).
> 2. 피참가인이 공동소송적 보조참가인의 동의 없이 한 소취하의 효력은 유효이고 이는 피참가인이 제기한 행정소송에 민사소송법의 준용에 의한 공동소송적 보조참가를 한 경우에도 마찬가지이다(대결 2013.3.28, 2012아43).

2. 피참가인에게 불이익한 행위금지
3. 소송참가인에 대한 판결의 효력
4. 소송참가인으로서의 지위를 취득한 제3자는 실제 소송에 참가하여 소송행위를 하였는지 여부를 불문하고 판결의 효력을 받는다. 참가인이 된 제3자는 판결확정 후 행정소송법 제31조에 의한 재심의 소를 제기할 수 없다.

2. 행정청의 소송참가

(1) 의 의

1. 법원은 다른 행정청을 소송에 참가시킬 필요가 있다고 인정할 때에는 당사자 또는 당해 행정청의 '신청 또는 직권'에 의하여 결정으로써 그 행정청을 소송에 참가시킬 수 있다(제17조 제1항).
2. 다른 행정청의 참가가 인정되는 것은 취소판결의 기속력이 관계행정청에게도 미치기 때문이다(제30조 제1항).

(2) 참가의 요건

1. 타인 간의 취소소송의 계속
2. 다른 행정청일 것(예 감독청, 동의기관)
3. 참가의 필요성

(3) 참가의 절차(신청 또는 직권)

참가는 당사자나 당해 행정청의 신청 또는 직권에 의한다. 참가의 허부의 재판은 결정의 형식으로 하며, 법원은 참가결정을 하고자 할 때에는 '당사자 및 당해 행정청'의 의견을 들어야 한다(제17조 제2항). 그 결정에 대해서는 불복할 수 없다.

(4) 참가행정청의 지위(보조참가인)

소송에 참가한 행정청에 대하여는 민사소송법 제76조의 규정을 준용하므로(제17조 제3항), 참가행정청은 보조참가인에 준한 지위이다. 따라서 참가행정청은 소송에 관하여 공격·방어, 이의, 상소 기타 일체의 소송행위를 할 수 있지만, 피참가인의 소송행위와 저촉되는 소송행위를 할 수 없다. 참가인의 소송행위가 피참가인의 소송행위와 어긋나는 때에는 그 효력이 없다(민사소송법 제76조).

제4관 취소소송의 대상(처분 등)

제1 대상적격 일반론

Ⅰ. 처분의 의의

1. 행정소송법 규정

취소소송은 처분 등을 대상으로 한다(행정소송법 제19조). 즉, 처분 등은 '행정청이 행하는 구체적 사실에 관한 법집행으로서의 공권력의 행사 또는 그 거부와 그 밖에 이에 준하는 행정작용(처분) 및 행정심판에 대한 재결'로 정의된다(제2조 제1항 제1호).

> ┤ **관 련 판 례** ├
>
> 행정소송에 있어서 행정처분의 존부는 직권조사사항이고 사실심 변론종결시까지 당사자가 주장하지 않던 직권조사사항에 해당하는 사항을 상고심에서 비로소 주장하는 경우, 그 사항은 상고심의 심판범위에 해당한다(대판 2004.12.24, 2003두15195).

2. 처분의 의의

1. 행정소송법상의 처분개념이 실체법상의 행정행위와 동일한 것인지에 대해서는 견해가 대립한다. 양자를 동일시하는 견해를 실체법적 처분개념설 또는 일원설이라고 하고, 양자를 다르게 이해하는 견해를 쟁송법적 개념설 또는 이원설이라고 한다.
2. 판례는 원칙상 실체법적 처분개념설에 입각하여 행정행위를 항고소송의 주된 대상으로 보면서도 예외적으로 행정행위가 아닌 공권력 행사에도 항고소송의 대상이 될 수 있는 여지를 남겨 두고 있다.

┤ 관 련 판 례 ├

1. 실체법적 처분개념설을 취한 판례(주류적 판례)
   ① 항고소송의 대상이 되는 행정처분이라 함은 원칙적으로 행정청의 공법상 행위로서 특정 사항에 대하여 법규에 의한 권리의 설정 또는 의무의 부담을 명하거나 기타 법률상 효과를 발생하게 하는 등으로 일반국민의 권리의무에 직접 영향을 미치는 행위를 가리키는 것이지만, 어떠한 처분의 근거가 행정규칙에 규정되어 있다고 하더라도, 그 처분이 상대방에게 권리의 설정 또는 의무의 부담을 명하거나 기타 법적인 효과를 발생하게 하는 등으로 그 상대방의 권리의무에 직접 영향을 미치는 행위라면, 이 경우에도 항고소송의 대상이 되는 행정처분에 해당한다(대판 2004.11.26, 2003두10251·10268).
   ② 항고소송의 대상이 되는 행정처분이라 함은 행정청의 공법상의 행위로서 특정사항에 대하여 권리의 설정 또는 의무의 부담을 명하거나 기타 법적인 효과를 발생하게 하는 등 국민의 구체적인 권리의무에 직접 영향을 미치는 행위를 말하는 것으로서, 그 주체, 내용, 절차, 형식에 있어서 어느 정도 성립 내지 효력요건을 충족하느냐에 따라 개별적으로 결정하여야 한다(대판 2007.4.12, 2004두7924).
2. 쟁송법적 처분개념설에 입각한 판례
   ① 행위의 성질, 효과 외에 행정소송제도의 목적 또는 사법권에 의한 국민의 권리보호의 기능도 충분히 고려하여 합목적적으로 판단(대판 1984.2.14, 82누370)
   ② 행정청의 어떤 행위가 항고소송의 대상이 될 수 있는지의 문제는 추상적·일반적으로 결정할 수 없고, 구체적인 경우 행정처분은 행정청이 공권력의 주체로서 행하는 구체적 사실에 관한 법집행으로서 국민의 권리의무에 직접적으로 영향을 미치는 행위라는 점을 염두에 두고, 관련 법령의 내용과 취지, 그 행위의 주체·내용·형식·절차, 그 행위와 상대방 등 이해관계인이 입는 불이익과의 실질적 견련성, 그리고 법치행정의 원리와 당해 행위에 관련한 행정청 및 이해관계인의 태도 등을 참작하여 개별적으로 결정하여야 한다[대판(전합) 2010.11.18, 2008두167].
   ③ 행정청의 행위가 항고소송의 대상이 되는지 판단하는 기준 : 구체적인 경우에 관련 법령의 내용과 취지, 그 행위의 주체·내용·형식·절차, 그 행위와 상대방 등 이해관계인이 입는 불이익 사이의 실질적 견련성, 법치행정의 원리와 그 행위에 관련된 행정청이나 이해관계인의 태도 등을 고려하여 개별적으로 결정하여야 한다. 또한 어떠한 처분에 법령상 근거가 있는지, 행정절차법에서 정한 처분절차를 준수하였는지는 본안에서 당해 처분이 적법한가를 판단하는 단계에서 고려할 요소이지, 소송요건 심사단계에서 고려할 요소가 아니다(대판 2020.1.16, 2019다264700).
   ④ 행정청의 행위가 '처분'에 해당하는지 불분명한 경우, 이를 판단하는 방법 : 행정청의 행위가 '처분'에 해당하는지가 불분명한 경우에는 그에 대한 불복방법 선택에 중대한 이해관계를 가지는 상대방의 인식가능성과 예측가능성을 중요하게 고려하여 규범적으로 판단하여야 한다(대판 2020.4.9, 2019두61137).

Ⅱ. 처분의 개념적 징표

1. 행정청

(1) 행정청의 의의

행정청은 행정조직법상 행정청과 일치하는 것이 아니다. 행정소송법상 행정청의 개념은 기능적으로 이해되어야 한다. 따라서 법원이나 국회의 기관(예 국회사무총장, 법원행정처장)이 행하는 실질적 의미의 행정(예 소속직원의 임면 등)에 속하는 구체적인 사실에 관한 법집행으로서의 공권력 행사는 처분에 해당한다. 행정청에는 법령에 의해 행정권한의 위임 또는 위탁을 받은 행정기관, 공공단체 및 그 기관 또는 사인도 행정청과 동일한 기능을 수행하면 행정청에 포함된다(제2조 제2항).

┃ **관 련 판 례** ┃
1. 행정청이 아닌 자의 행위는 처분이 아니다(대결 2010.11.26, 2010무137).
2. 행정소송의 대상이 되는 행정처분의 의미 : 행정소송의 대상이 되는 행정처분은, 행정청 또는 그 소속기관이나 법령에 의하여 행정권한의 위임 또는 위탁을 받은 공공기관이 국민의 권리의무에 관계되는 사항에 관하여 공권력을 발동하여 행하는 공법상의 행위를 말하며, 그것이 상대방의 권리를 제한하는 행위라 하더라도 행정청 또는 그 소속기관이나 권한을 위임받은 공공기관의 행위가 아닌 한 이를 행정처분이라고 할 수 없다(대판 2014.12.24, 2010두6700).

① 입법기관

인정사례
1. 지방의회의 의원징계의결(대판 1993.11.26, 93누7341) 　▶ 피고는 지방의회
2. 지방의회의장에 대한 불신임의결(대결 1994.10.11, 94두23) 　▶ 피고는 지방의회
3. 지방의회의 의장선거(대판 1995.1.12, 94누2602) 　▶ 피고는 지방의회

② 행정청, 공공단체, 공무수탁사인

㉠ 인정사례

1. 공공조합직원의 근무관계 : 농지개량조합의 직원에 대한 징계처분(대판 1995.6.9, 94누10870)
2. 환지 예정지지정처분(대판 1965.6.22, 64누106), 환지처분(대판 1999.8.20, 97누6889)
   ▶ 환지처분이 확정된 후 별도로 행하여진 환지청산금교부처분은 사법적 심사의 대상인 행정처분이 아님(대판 1987.3.24, 85누 926) : 환지청산금교부처분도 환지계획에 따른 환지처분에 포함되는 것이므로
3. 대한주택공사가 시행한 택지개발사업 및 이에 따른 이주대책에 관한 처분(대판 1992.11.27, 92누3618)
4. 도시재개발법상 종전 토지소유자에 대한 분양처분(대판 1995.6.30, 95다10570) : 재개발구역 안의 종전의 토지 또는 건축물에 대하여 재개발사업에 의하여 조성되거나 축조되는 대지 또는 건축 시설의 위치 및 범위 등을 정하고 그 가격의 차액에 상당하는 금액을 청산하거나, 대지 또는 건축 시설을 정하지 않고 금전으로 청산하는 공법상 처분
5. 성업공사의 체납압류된 재산에 대한 공매처분(대판 1997.2.28, 96누1757)
6. 토지구획정리조합의 조합원에 대한 경비부과징수(대판 2002.5.28, 2000다5817)
7. 행정기관이 한 입찰참가자격제한처분
   ① 국방부장관의 입찰참가자격제한처분(대판 1996.2.27, 95누4360)
   ② 관악구청장의 입찰참가자격제한처분(대판 1999.3.9, 98두18565)
   ③ 서울특별시장의 입찰참가자격제한처분(대판 1994.8.23, 94누3568)
8. 공기업·준정부기관이 법령에 근거하여 한 입찰참가자격 제한 조치
   ① 공기업·준정부기관이 법령에 근거하여 계약상대방에게 한 입찰참가자격 제한 조치(대판 2018.10.25, 2016두 33537) : 처분성 인정
   ②「공공기관의 운영에 관한 법률」제39조 제2항에 따른 한국수력원자력 주식회사의 입찰참가자격제한 조치 (대판 2020.5.28, 2017두66541)
9. 과세관청이 납세의무자에 대하여 양도소득세의 과세표준과 세액이 기한후과세표준신고서 제출 당시 이미 자진납부한 금액과 동일하여 별도로 고지할 세액이 없다는 내용의 신고시인결정 통지(대판 2020.2.27, 2016두60898) : 과세관청의 결정
10. 법무사의 사무원 채용승인 신청에 대하여 소속 지방법무사회가 '채용승인을 거부'하는 조치 또는 일단 채용승인을 하였으나 법무사규칙 제37조 제6항을 근거로 '채용승인을 취소'하는 조치(대판 2020.4.9, 2015다34444) : 공법인인 지방법무사회가 행하는 구체적 사실에 관한 법집행으로서 공권력의 행사 또는 그 거부에 해당
11. 근로복지공단이 사업주에 대하여 하는 '개별 사업장의 사업종류 변경결정'(대판 2020.4.9, 2019두61137)
12. 한국수력원자력 주식회사가 자신의 「공급자관리지침」에 근거하여 등록된 공급업체에 대하여 하는 '등록취소 및 그에 따른 일정 기간의 거래제한조치'(대판 2020.5.28, 2017두66541)

© **부정사례**

1. 공사나 공단직원의 근무관계
   ① 한국조폐공사 직원의 근무관계(대판 1978.4.25, 78다414)
   ② 서울특별시 지하철공사 임직원 징계(대판 1989.9.12, 89누2103)
2. 행정기관이 아닌 공사나 공단이 한 입찰참가자격제한처분 : 다수설은 긍정설
   ① 한국전력공사나 그 예하 발전소 등의 대표자가 한 입찰참가자격 제한처분(대판 1985.1.22, 84누647)
   ② 한국토지개발공사가 일정기간 입찰참가자격을 제한하는 내용의 부정당업자제재처분(대결 1995.2.28, 94두 36)
   ③ 공기업·준정부기관이 <u>계약에 근거</u>하여 계약상대방에게 한 입찰참가자격 제한 조치(대판 2018.10.25, 2016 두33537)
3. 조세원천징수의무자의 원천징수행위(대판 1984.2.14, 82누177)
4. 한국마사회의 조교사 및 기수 면허 부여 또는 취소(대판 2008.1.31, 2005두8269)
5. 조세원천징수의무자의 원천징수행위(대판 1984.2.14, 82누177)
6. 한국마사회의 조교사 및 기수 면허 부여 또는 취소(대판 2008.1.31, 2005두8269)
7. 공기업·준정부기관이 계약에 근거하여 계약상대방에게 한 입찰참가자격 제한 조치(대판 2018.10.25, 2016두3353 7) : 국가 기타 행정기관으로부터 위탁받은 행정권한의 행사가 아니라 일반 사법상의 법률관계에서 이루어지는 단체 내부에서의 징계 내지 제재처분

③ **기 타**

구 분		사 례
의결기관	부 정	국가보훈처 산하 보훈심사위원회의 의결(대판 1989.1.24, 88누3314) : 보훈심사위원회는 국가보훈처장을 돕기 위해 필요한 사항을 심의 의결함에 불과하고 스스로 의사를 결정하고 이를 대외적으로 표시할 수 있는 기관이 아니어서 독립하여 행정처분이나 재결을 할 수 있는 행정청이라 할 수 없으므로
서울특별시 학교 안전공제회	부 정	등교하던 중 학교 복도에서 쓰러진 후 사망한 고등학생 갑의 아버지 을이 서울특별시학교안전공제회에 갑에 대한 요양급여 등의 지급을 구하는 학교안전공제보상심사청구를 하였으나 공제회가 심사청구를 기각하는 결정을 한 경우 보상심사청구 기각결정은 처분성 부정(대판 2012.12.13, 2010두20874)

2. 구체적 사실에 관한 법집행행위

(1) 의 의

처분은 구체적 사실에 관한 공권력 행사이다. 구체적 사실이란 기본적으로 관련자가 개별적이고 규율대상이 구체적인 것을 의미한다. 따라서 일반적·추상적 사실에 대한 규율인 행정입법은 처분이 아니다. 관련자가 일반적이고 규율사건이 구체적인 경우의 규율은 일반처분이라 하고 이것 역시 처분에 해당한다.

(2) 행정입법

일반·추상적 규율로서의 행정입법(명령)은 직접 취소소송의 대상이 되지 않는다(대판 1987.3.24, 86누656). 그러나 법규명령이라 하더라도 개별적 행위를 매개하지 아니하고 직접 개인의 법률상 이익을 침해할 경우에 예외적으로 이른바 처분적 명령으로서 취소쟁송의 대상이 된다(대판 1996.9.20, 95누8003).

3. 공권력의 행사

행정소송법상 처분은 공권력 행사이다. 공권력 행사란 행정청이 우월한 공권력의 지위에서 일방적으로 행하는 권력적 단독행위를 의미한다. 따라서 행정청이 행하는 사법작용이나 비권력적 사실행위, 사인과의 대등한 관계에서 이루어지는 공법상 계약 등은 여기서 말하는 공권력 행사에 해당하지 아니한다.

4. 공권력 행사의 거부

(1) 거부처분의 의의

거부처분이란 소극적 행정행위의 하나로서 현존하는 법률상태에 변동을 가져오지 아니하는 내용의 행정행위를 말한다. 거부처분은 부작위와는 달리 소극적 내용이긴 하지만 외관상 일정한 행정행위가 있다는 점에서 처분적 행정행위와 같다.

(2) 거부행위의 처분성 인정 요건

① 행정처분의 거부일 것

항고소송의 대상적격으로서의 거부처분은 모든 공권력 행사의 거부를 의미하는 것이 아니라 거부된 행정작용이 행정청이 행하는 구체적 사실에 관한 법집행으로서의 공권력 행사의 거부인 경우만을 의미한다. 즉, 처분의 거부에 한정된다. 따라서 처분이 아닌 사경제적 행위에 대한 거부행위나, 공법상의 법률관계에 대한 거부행위, 비권력적 사실행위에 대한 거부행위 등은 거부처분이 아니다.

사경제적 행위의 거부	공법상의 법률관계에 대한 거부
1. 국유임야의 무상양여신청 거부행위(대판 1984.12. 11, 83누291) 2. 국유재산 매각신청 반려(대판 1986.6.24, 86누171) 3. 기부채납 부동산의 사용허가기간 연장신청 거부행위(대판 1994.1.25, 93누7365) 4. 지방자치단체장의 국유 잡종재산 대부신청 거부(대판 1998.9.22, 98두7602)	1. 공무원연금관리공단이 퇴직연금 중 일부 금액에 대하여 한 지급거부의 의사표시(대판 2004.7.8, 2004두244) : 공법상의 법률관계의 한쪽 당사자로서 그 지급의무의 존부 및 범위에 관하여 나름대로의 사실상·법률상 의견을 밝힌 것일 뿐 2. 석탄산업합리화사업단의 재해위로금 지급거부의 의사표시(대판 1999.1.26, 98두12598) : 그 의사표시는 재해위로금청구권을 형성·확정하는 행정처분이 아니라 공법상의 법률관계의 한쪽 당사자로서 그 지급의무의 존부 및 범위에 관하여 나름대로의 사실상·법률상 의견을 밝힌 것에 불과

② 거부행위가 신청인의 법률관계에 영향을 미치는 거부일 것

'신청인의 법률관계에 어떤 변동을 일으키는 것'의 의미는 신청인의 실체상의 권리관계에 직접적인 변동을 일으키는 것은 물론, 그렇지 않다 하더라도 신청인이 실체상의 권리자로서 권리를 행사함에 중대한 지장을 초래하는 것도 포함한다(대판 2007.10.11, 2007두1316).

권리의무와 관련된 거부(인정)	사실행위로서의 거부(부정)
1. 건축계획심의신청에 대한 반려(대판 2007.10.11, 2007두1316) : 이 사건 반려처분은 객관적으로 행정처분으로 인식할 정도의 외형을 갖추고 있고, 원고도 이를 행정처분으로 인식하고 있는 점, 피고는 건축위원회의 심의대상이 되는 건축물에 대한 건축허가를 신청하려는 사람으로 하여금 그 신청에 앞서 건축계획심의신청을 하도록 하고, 그 절차를 거치지 아니한 경우 건축허가를 접수하지 아니하고 있어 원고로서는 이 사건 건축물의 건축허가신청에 중대한 지장이 초래된 점 2. 상수원 수질보전을 위하여 필요한 지역 내 토지의 매수신청에 대한 거부(대판 2009.9.10, 2007두20638) : 토지 등의 매수제도는 환경침해적인 토지이용을 예방하여 상수원의 수질개선을 도모함과 아울러 상수원지역의 토지이용규제로 인한 토지 등의 소유자의 재산권 침해에 대해 보상하려는 것을 목적으로 하는 것으로서 손실보상을 대체하는 성격	1. 국가공무원법의 규정에 의하여 당연퇴직된 이후 오랜 시간이 경과한 이후 당연퇴직의 내용과 상반되는 처분을 해줄 것을 구하는 신청에 대한 행정청의 거부(헌재결 2003.10.30, 2002헌마24) : 당연퇴직의 효과가 법률상 계속하여 존재하는 사실을 알려주는 일종의 안내에 불과 2. 과거에 법률에 의하여 당연퇴직된 공무원의 복직 또는 재임용신청에 대한 행정청의 거부(대판 2006.3.10, 2005두562) : 당연퇴직의 효과가 계속하여 존재한다는 것을 알려주는 일종의 안내에 불과 3. 종교단체가 납골탑 설치신고를 함에 있어 관리사무실, 유족편의시설 등과 같은 부대시설에 관한 사항을 신고한 데 대한 행정청의 반려(대판 2005.2.25, 2004두4031) : 위와 같은 시설들은 신고한 납골탑을 실제로 설치·관리함에 있어 마련해야 하는 시설에 불과한 것으로서 납골탑 설치신고의 신고대상이 되지 않는다. ▶ 다만, 동 판례에서 납골탑 설치신고반려는 처분성 인정

3. 결손금액증액경정청구 거부처분(대판 2009.7.9, 2007
   두1781)
4. 평택~시흥 간 고속도로 건설공사 사업시행자인 한국
   도로공사가 구 지적법 제24조 제1항, 제28조 제1호
   에 따라 고속도로 건설공사에 편입되는 토지소유자
   들을 대위하여 토지면적등록 정정신청을 하였으나
   화성시장이 이를 반려한 반려처분(대판 2011.8.25,
   2011두3371)

③ 원고에게 신청에 대한 법규상 또는 조리상 신청권이 있을 것

행정청이 국민의 신청에 대하여 한 거부행위가 항고소송의 대상이 되는 행정처분이 된다고 하기 위하여는 <u>국민이 그 신청에 따른 행정행위를 요구할 수 있는 법규상 또는 조리상의 권리가 있어야</u> 하고 이러한 권리에 의하지 아니한 국민의 신청을 행정관청이 받아들이지 아니하고 거부한 경우에는 이로 인하여 신청인의 권리나 법적 이익에 어떤 영향을 주는 것이 아니므로 그 거부행위를 가리켜 항고소송의 대상이 되는 행정처분이라고 할 수 없다(대판 2006.6.30, 2004두701).

㉠ 법규상 또는 조리상 신청권의 체계적 지위

법규상 또는 조리상의 신청권의 분류에 대하여는 ① 특정한 행정결정을 요구할 수 있는 것이 아니라 형식적 신청권에 해당하고 이는 대상적격의 문제라는 대상적격설(김남진·김연태, 박균성), ② 원고적격에 관련된다는 원고적격설(홍정선), ㉢ 소송요건의 문제가 아니라 본안판단의 문제라는 본안요건설(홍준형)이 대립한다. 판례는 대상적격설을 취한다.

㉡ 신청권의 판단기준

신청권의 존부에 대한 판단기준(일반국민을 기준으로 추상적·형식적으로 결정) : <u>거부처분의 처분성을 인정하기 위한 전제요건이 되는 신청권의 존부는 구체적 사건에서 신청인이 누구인가를 고려하지 않고 관계 법규의 해석에 의하여 일반국민에게 그러한 신청권을 인정하고 있는가를 살펴 추상적으로 결정되는 것이고, 신청인이 그 신청에 따른 단순한 응답을 받을 권리를 넘어서 신청의 인용이라는 만족적 결과를 얻을 권리를 의미하는 것은 아니다.</u> 따라서 국민이 어떤 신청을 한 경우에 그 신청의 근거가 된 조항의 해석상 행정발동에 대한 개인의 신청권을 인정하고 있다고 보여지면 그 거부행위는 항고소송의 대상이 되는 처분으로 보아야 할 것이고, <u>구체적으로 그 신청이 인용될 수 있는가 하는 점은 본안에서 판단하여야 할 사항인 것이다</u>(대판 1996.6.11, 95누12460).

④ 거부의 의사표시가 있을 것

1. 행정청의 어떠한 조치가 사인의 행정재산 사용·수익허가 신청에 대한 거부처분에 해당한다고 보기 위한 요건 : 행정재산의 사용·수익허가처분의 성질상 국민에게는 행정재산의 사용·수익허가를 신청할 법규상 또는 조리상의 권리가 있으므로, 이러한 법규상 또는 조리상의 권리에 기한 사인의 적법한 신청에 대하여 행정청이 정당한 이유 없이 그 신청에 따르는 행위를 거부하거나 상당한 기간 내에 일정한 처분을 하지 아니하는 것은 위법하다 할 것인데, 행정청의 어떠한 조치가 이와 같이 신청에 대한 거부처분에 해당한다고 보기 위해서는 행정청의 종국적이고 실질적인 거부의 의사결정이 권한 있는 기관에 의하여 외부로 표시되어 신청인이 이를 알 수 있는 상태에 다다른 것으로 볼 수 있어야 한다(대판 2008.10.23, 2007두6212·6229).
2. 대학의 상근강사로서 근무를 마친 자가 정규교원에 임용하여 줄 것을 요청하는 내용의 탄원서에 대하여 교장이 민원서류 처리 결과통보의 형식으로 인사위원회에서 임용동의가 부결되어 임용하지 못한다는 설명을 담은 서신을 보낸 경우를 임용거부처분으로 본 사례(대판 1990.9.25, 89누4758)
3. 서울대공원 시설을 기부채납한 사람이 무상사용기간 만료 후 확약 사실에 근거하여 10년 유상사용 등의 허가를 구하는 확정적인 취지의 신청을 한 사안에서, 서울대공원 관리사업소장이 그 신청서를 반려하고 조건부 1년의 임시사용허가처분을 통보한 것은 사실상 거부처분에 해당한다고 한 사례(대판 2008.10.23, 2007두6212, 6229)

(3) 구체적 사례

① 공무원임용관련

㉠ 신청권 인정사례(기대권)

1. 국립서울교육대학 상근강사의 정규교원 임용신청거부(대판 1990.9.25, 89누4758) : 시보임용 내지 조건부채용 시 특별한 사정이 없는 한 정규공무원으로 임용될 권리를 취득하고, 시보임용기간 종료 후 정규공무원 내지 교원으로서의 임용이 거부된 경우 소청심사청구권
2. 인천광역시장이 종전 사립대학 소속교원의 신분에 대하여 교육공무원으로의 임용결격사유가 없는 한 전원 교육공무원으로 임용한다고 약정하였고, 교육부장관 스스로도 학교법인에 대하여 설립자변경과 관련하여 교원의 신분보장상의 문제점을 보완하도록 지시한 경우(대판 1997.10.10, 96누4046)
3. 대학교원의 임용권자가 임용기간이 만료된 조교수(서울대학교 미대 김민수 교수)에 대하여 재임용을 거부하는 취지로 한 임용기간만료의 통지[대판(전합) 2004.4.22, 2000두7735] : 기준에 부합되면 특별한 사정이 없는 한 재임용되리라는 기대를 가지고 재임용 여부에 관하여 합리적인 기준에 의한 공정한 심사를 요구할 법규상 또는 조리상 신청권
4. 대학교원의 신규채용에 있어서 유일한 면접심사대상자로 선정된 임용지원자에 대한 교원신규채용 중단조치(대판 2004.6.11, 2001두7053) : 임용권자에 대하여 나머지 심사를 공정하게 진행하여 그 심사에서 통과되면 대학교원으로 임용해 줄 것을 신청할 조리상의 권리가 있다.
5. 학교법인이 대학강의전담교원에게 계약기간의 만료로 인하여 교원의 신분이 상실되었음을 통보한 행위(대판 2009.10.29, 2008두12092)

㉡ 신청권 부정사례

1. 사립대학(인천전문대학)을 공립대학(시립대학)으로 신설하는 경우 설립자변경 인가처분의 효력발생일 이전에 임용기간이 만료된 교원들의 교육공무원으로의 임용을 신청할 권리(대판 1997.10.10, 96누4046)
2. 국·공립 대학교원 임용지원자에 대한 거부행위(대판 2003.10.23, 2002두12489)
3. 교육공무원법 제12조에 따른 특별채용대상자로서의 자격을 갖춘 임용지원자의 특별채용신청거부(대판 2005. 4.15, 2004두11626)

② 신청에 의한 행정행위의 거부(인정)

1. 허가거부 : 영업허가갱신신청에 대한 거부행위
2. 특허거부 : 행정재산의 사용·수익에 대한 허가신청을 거부한 행위(대판 1998.2.27, 97누1105), 공유수면점용기간 연장신청거부(대판 1982.2.23, 81누7)
3. 인가거부 : 방송위원회가 중계유선방송사업자에게 한 종합유선방송사업 승인거부처분(대판 2005.1.14, 2003두13045)

③ 기 타

㉠ 인정사례

1. 사회단체등록신청 반려[대판(전합) 1989.12.26, 87누308] : 등록신청의 법적 성질은 사인의 공법행위로서의 신고이고 등록은 당해 신고를 수리하는 것을 의미하는 준법률행위적 행정행위
2. 검사임용신청에 대한 거부(대판 1991.2.12, 90누5825) : 법령상 검사임용신청 및 그 처리의 제도에 관한 명문규정이 없다고 하여도 조리상 임용권자는 임용신청자들에게 전형의 결과인 임용 여부의 응답을 해 줄 의무가 있다.
3. 주민등록 전입신고에 따른 등록거부(대판 1992.4.28, 91누8753)
4. 구속피고인에 대한 교도소장의 접견허가거부처분(대판 1992.5.8, 91누7552)
5. 국세징수법에 따른 담보권자의 매각대금배분신청 거부(대판 1992.12.22, 92누7580)
6. 진료기관의 의료보호비용 청구에 대한 지급거부(대판 1999.11.26, 97다42250)
7. 근로기준법상 평균임금정정신청거부(대판 2002.10.25, 2000두9717) : 처분성 인정을 전제로 본안판단
8. 실용신안권이 특허청장의 직권에 의하여 불법 또는 착오로 소멸등록된 경우 특허청장에 대하여 한 실용신안권의 회복등록신청거부(대판 2002.11.22, 2000두9229) : 권리를 표창하지 못하고 처분이나 담보제공 불가
9. 학력인정 학교형태의 평생교육시설의 설치자 명의변경신청에 대한 행정청의 거부(대판 2003.4.11, 2001두9929) : 평생교육법은 평생교육시설 설치자의 지위승계를 명문으로 금지하지 아니하고 있고 그 지위승계를 금지하여야 할 합리적인 필요성도 인정된다고 할 수 없으며, 현실적으로 설치자의 지위승계를 허용하여야 할 필요성도 있다.
10. 「지방이전기업유치에 대한 국가의 재정자금지원기준」 제7조에 따라 입지보조금 등 지급을 신청하였고 이에 따라 광주광역시장이 지식경제부장관에게 지급신청을 하였는데, 이후 지식경제부장관이 광주광역시장에게 반려하자 광주광역시장이 다시 갑 회사에 반려한 사안에서, 지식경제부장관의 반려회신은 항고소송 대상이 되는 행정처분에 해당하지 않고, 광주광역시장의 반려처분은 항고소송 대상이 되는 행정처분에 해당(대판 2011.9.29, 2010두26339)
11. 뉴타운개발 사업시행자가 사업시행으로 생활근거 등을 상실하는 주민들을 위한 주거대책 및 생활대책을 공고함에 따라 화훼도매업을 하던 갑이 사업시행자에게 생활대책신청을 하였으나, 사업시행자가 갑은 위 주거대책 및 생활대책에서 정한 '이주대책 기준일 3개월 이전부터 사업자등록을 하고 영업을 계속한 화훼영업자'에 해당하지 않는다는 이유로 화훼용지 공급대상에서 제외한 거부행위(대판 2011.10.13, 2008두17905) : 생활대책대상자 선정기준에 해당하는 자는 사업시행자에 생활대책대상자 선정 여부의 확인·결정을 신청할 수 있는 권리
12. 도시계획시설결정에 이해관계가 있는 주민의 도시시설계획의 입안 내지 변경 신청에 대한 거부행위(대판 2015.3.26, 2014두42742)
13. 토지사용승낙서를 작성해 주었던 건축허가 대상 토지 소유자의 건축허가 철회신청을 거부한 행위(대판 2017.3.15, 2014두41190) : 건축허가의 존재로 말미암아 토지에 대한 소유권 행사에 지장을 받을 수 있는 토지 소유자로서는 건축허가의 철회를 신청할 수 있다.
14. 갑 등이 인터넷 포털사이트 등의 개인정보 유출사고로 자신들의 주민등록번호 등 개인정보가 불법 유출되자 이를 이유로 관할 구청장(서울특별시 성북구청장)에게 주민등록번호를 변경해 줄 것을 신청하였으나 구청장이 '주민등록번호가 불법 유출된 경우 주민등록법상 변경이 허용되지 않는다.'는 이유로 주민등록번호 변경을 거부하는 취지의

통지(대판 2017.6.15, 2013두2945) : 개인의 사생활뿐만 아니라 생명·신체에 대한 위해나 재산에 대한 피해를 입을 우려

15. 산업단지개발계획상 산업단지 안의 토지 소유자로서 산업단지개발계획에 적합한 시설을 설치하여 입주하려는 자의 산업단지개발계획의 변경거부행위(대판 2017.8.29, 2016두44186)

16. 기반시설부담금 납부의무자의 환급신청에 대하여 행정청이 전부 또는 일부 환급을 거부하는 결정(대판 2018. 6.28, 2016두50990)

17. 원천징수의무자가 원천징수한 법인세 납부와 관련하여 국내원천소득의 실질귀속자의 과세표준과 세액의 경정 청구권(대판 2022.2.10, 2019두50946)

ⓛ 부정사례

1. 시장개설자의 시장점포 소유자에 대한 시장개설허가처분변경 거부(대판 1989.12.12, 89누5348) : 도·소매업진흥법에 시장개설허가 및 그 변경에 대하여 어떠한 신청을 할 수 있는 아무런 규정이 없을 뿐 아니라 원고들에게 그 시장개설허가처분내용의 변경을 청구할 조리상의 권리가 있다고 할 수 없는 것

2. 학교법인 설립자라고 주장하는 자가 한 학교법인설립자 명의정정신청을 거부한 행정청의 회신(대판 1998.7.10, 96누14036) : 사립학교법령이 학교법인 설립자의 명의정정 또는 명의변경에 관하여 아무런 규정을 두지 않고 있을 뿐 아니라, 학교법인의 설립자가 이미 설립된 학교법인에 대하여 어떠한 법적 지위도 가지고 있지 않는 것으로 해석

3. 행정청이 공무원에게 연가보상비를 지급하지 아니한 행위(대판 1999.7.23, 97누10857) : 법령상 정해진 요건이 충족되면 그 자체만으로 지급기준일 또는 보수지급기관의 장이 정한 지급일에 구체적으로 발생하고 행정청의 지급결정에 의하여 비로소 발생하는 것은 아니므로

4. 세법에 근거하지 아니한 납세의무자의 경정청구에 대한 과세관청의 거부회신(대판 2006.5.12, 2003두7651) : 국세기본법 또는 개별 세법에 경정청구권을 인정하는 명문의 규정이 없는 이상, 조리에 의한 경정청구권을 인정할 수는 없고, 별도로 조리상의 경정청구권을 인정할 실익도 없다.

5. 제소기간이 도과하여 불가쟁력이 생긴 행정처분(대판 2007.4.26, 2005두11104) : 제소기간이 이미 도과하여 불가쟁력이 생긴 행정처분에 대하여는 개별 법규에서 그 변경을 요구할 신청권을 규정하고 있거나 관계 법령의 해석상 그러한 신청권이 인정될 수 있는 등 특별한 사정이 없는 한 국민에게 그 행정처분의 변경을 구할 신청권이 있다 할 수 없다.

6. 학교법인의 금전채권자가 학교법인을 대위하여 관할청에 기본재산의 처분허가신청을 할 수 있는 신청권(대판 2011.12.8, 2011두14357)

7. 문화재구역 내 토지 소유자 갑이 구「공익사업을 위한 토지 등의 취득 및 보상에 관한 법률」제30조 제1항에 의한 재결신청 청구를 하였으나, 문화재청장에게서 문화재은 위 법 제30조 제2항에 따른 관할 토지수용위원회에 대한 재결신청 의무를 부담하지 않는다는 이유로 한 거부 회신(대판 2014.7.10, 2012두22966) : 문화재청장이 토지조서 및 물건조서를 작성하는 등 위 토지에 대하여 구 공익사업법에 따른 수용절차를 개시한 바 없으므로, 갑에게 문화재청장으로 하여금 관할 토지수용위원회에 재결을 신청할 것을 청구할 법규상의 신청권이 인정된다고 할 수 없어

8. 중요무형문화재 보유자(경기민요보유자) 추가인정거부처분(대판 2015.12.10, 2013두20585) : 중요무형문화재 보유자의 추가인정 여부는 문화재청장의 재량에 속하고, 특정 개인이 자신을 보유자로 인정해 달라고 신청할 수 있다는 근거 규정을 별도로 두고 있지 아니하므로

9. 법관이 이미 수령한 명예퇴직수당액이 구「법관 및 법원공무원 명예퇴직수당 등 지급규칙」제4조 [별표 1]에서 정한 정당한 수당액에 미치지 못한다고 주장하며 차액의 지급을 신청한 것에 대하여 법원행정처장이 거부하는 의사를 표시한 경우(대판 2016.5.24, 2013두14863) : 명예퇴직수당액을 형성·확정하는 행정처분이 아니라 공법상의 법률관계의 한쪽 당사자로서 지급의무의 존부 및 범위에 관하여 자신의 의견을 밝힌 것에 불과

10. 업무상 재해를 당한 갑의 요양급여 신청에 대하여 근로복지공단이 요양승인 처분을 하면서 사업주를 을 주식회사로 보아 요양승인 사실을 통지하자, 을 회사가 갑이 자신의 근로자가 아니라고 주장하면서 사업주 변경신청을 하였으나 근로복지공단이 한 거부 통지(대판 2016.7.14, 2014두47426) : 사업주가 이미 발생한 업무상 재해와 관

련하여 당시 재해근로자의 사용자가 자신이 아니라 제3자임을 근거로 사업주 변경신청을 할 수 있도록 하는 규정을 두고 있지 않으므로 법규상으로 신청권이 인정된다고 볼 수 없고, 산업재해보상보험에서 보험가입자인 사업주와 보험급여를 받을 근로자에 해당하는지는 해당 사실의 실질에 의하여 결정되는 것일 뿐이고 근로복지공단의 결정에 따라 보험가입자(당연가입자) 지위가 발생하는 것은 아닌 점

11. 과세관청이 구 국세기본법 제45조의2 제2항에 정한 경정청구기간이 도과한 후 제기된 경정청구에 대하여 경정을 거절한 경우(대판 2017.8.23, 2017두38812) : 경정청구기간이 도과한 후에 제기된 경정청구는 부적법하여 과세관청이 과세표준 및 세액을 결정 또는 경정하거나 거부처분을 할 의무가 없으므로

5. 외부에 대하여 직접적인 법적 효과(권리의무의 발생·변경·소멸)를 발생하는 행위

(1) 개 설

취소소송의 대상이 되는 공권력 행사는 법적 행위에 한정된다. 여기서 말하는 법적 행위란 외부적으로 직접적인 법효과를 의도하는 의사표시, 즉 특정사항에 대해 법규에 의한 권리의 설정 또는 의무의 부담을 명하고 기타 법률상의 효과를 발생케 하는 등 국민의 권리의무에 직접적 변동을 초래하는 행위를 의미한다.

① 인정사례

1. 노동조합규약의 변경보완시정명령(대판 1993.5.11, 91누10787)
2. 구 문화재관리법하의 지방문화재에 대한 보호구역 지정처분(대판 1993.6.29, 91누6986) : 시·도지정문화재에 대하여도 보호구역에 관한 권리행사의 제한규정을 준용하고 있고, 또 신법 제75조에서 지방자치단체의 장에게 보호구역 내의 토지에 대한 수용 또는 사용권을 부여하고 있는 점
3. 토지초과이득세 등의 산정기준이 되는 개별토지가격결정(대판 1994.2.8, 93누111) : 토지초과이득세, 택지초과소유부담금 또는 개발부담금 산정의 기준
4. 도시재개발법상 종전 토지소유자에 대한 분양처분(대판 1995.6.30, 95다10570) : 재개발구역 안의 종전의 토지 또는 건축물에 대하여 재개발사업에 의하여 조성되거나 축조되는 대지 또는 건축 시설의 위치 및 범위 등을 정하고 그 가격의 차액에 상당하는 금액을 청산하거나, 대지 또는 건축 시설을 정하지 않고 금전으로 청산하는 공법상 처분
5. 지방노동위원회가 노동쟁의에 대하여 한 중재회부결정(대판 1995.9.15, 95누6724) : 중재회부결정은, 중재에 회부된 날로부터 15일간 쟁의행위를 금지시키고, 이를 위반하여 쟁의행위를 한 자에 대한 형사처벌을 할 수 있으며, 그 금지기간 중의 쟁의행위를 부당한 쟁의행위로 보는 결과 그로 인하여 발생한 사용자의 손해에 대하여 노동조합 또는 조합원에게 배상책임을 부담시키는 등의 법률상 효과를 발생
6. 공무원연금관리공단의 급여에 관한 결정(대판 1996.12.6, 96누6417) : 급여를 받을 권리를 가진 자가 당해 공무원이 소속하였던 기관장의 확인을 얻어 신청하는 바에 따라 공무원연금관리공단이 그 지급결정을 함으로써 그 구체적인 권리가 발생
7. 「징발재산정리에 관한 특별조치법」에 의한 국방부장관의 징발재산 매수결정(대판 1991.10.22, 91다26690)
   ▶ 징발물보상청구권은 사법관계(대판 1970.3.24, 69다1561)
8. 금융감독위원회가 부실금융기관에 대하여 내린 계약이전결정(대판 2002.4.12, 2001다38807) : 금융감독위원회의 일방적인 결정에 의하여 금융거래상의 계약상의 지위가 이전되는 사법상의 법률효과
   ▶ 주주들의 원고적격을 인정한 이례적인(예외적인) 판례임.
9. 국방부장관이 군인연금법령상 퇴역연금 등의 급여를 받을 권리의 인정 청구를 거부하거나 청구 중의 일부만을 인정하는 처분(대판 2003.9.5, 2002두3522)
10. 정부 간 항공노선의 개설에 관한 잠정협정 및 비밀양해각서와 건설교통부 내부지침에 의한 항공노선에 대한 운수권배분처분(대판 2004.11.26, 2003두10251·10268) : 추후 당해 노선상의 합의된 업무를 운영함에 있어 중국의 영역 내에서 무착륙비행, 비운수목적의 착륙 등 제 권리를 가지게 된다.

11. 금융기관의 임원에 대한 금융감독원장의 문책경고(대판 2005.2.17, 2003두14765) : 상대방에 대한 직업선택의 자유를 직접 제한하는 효과를 발생하게 하는 등 상대방의 권리의무에 직접 영향

12. 구「남녀차별금지 및 구제에 관한 법률」상 국가인권위원회의 성희롱결정 및 시정조치권고(대판 2005.7.8, 2005두487) : 남녀차별행위의 중지, 원상회복·손해배상 기타 필요한 구제조치, 재발방지를 위한 교육 및 대책수립 등을 위한 조치, 일간신문의 광고란을 통한 공표 등의 의무

13. 과세관청의 법인에 대한 소득처분에 따른 소득금액변동통지[대판(전합) 2006.4.20, 2002두1878] : 소득금액변동 통지가 있는 경우 원천징수의무자인 법인은 소득금액변동통지서를 받은 날에 그 통지서에 기재된 소득의 귀속자에게 당해 소득금액을 지급한 것으로 의제되어 그때 원천징수하는 소득세의 납세의무가 성립함과 동시에 확정
   ▶ 구「소득세법 시행령」제192조 제1항 단서에 따른 소득의 귀속자에 대한 소득금액변동통지는 항고소송의 대상이 되는 행정처분이 아니다(대판 2014.7.24, 2011두14227).

14. 「국토의 계획 및 이용에 관한 법률」상 토지거래허가구역의 지정(대판 2006.12.22, 2006두12883) : 당사자는 공동으로 행정관청으로부터 허가를 받아야 하는 등 일정한 제한을 받게 되고, 허가를 받지 아니하고 체결한 토지거래계약은 그 효력이 발생하지 아니하며, 토지거래계약허가를 받은 자는 5년의 범위 이내에서 토지를 허가받은 목적대로 이용하여야 하는 의무도 부담하며, 같은 법에 따른 토지이용의무를 이행하지 아니하는 경우 이행강제금을 부과

15. 「민주화운동관련자 명예회복 및 보상 등에 관한 법률」상의 보상심의위원회의 결정[대판(전합) 2008.4.17, 2005두16185] : 민주화운동관련자명예회복및보상심의위원회에서 심의·결정을 받아야만 비로소 보상금 등의 지급대상자로 확정

16. 교육감이 학교법인에 대한 감사 실시 후 처리지시를 하고 그와 함께 그 시정조치에 대한 결과를 증빙서를 첨부한 문서로 보고하도록 한 것(대판 2008.9.11, 2006두18362)

17. 퇴직연금이 잘못 지급되어 급여가 과오급된 경우 과다하게 지급된 급여의 환수를 위한 행정청의 환수통지(대판 2009.5.14, 2007두16202) : 당사자에게 새로운 의무를 과하거나 권익을 제한하는 것으로서 행정처분

18. 친일반민족행위자재산조사위원회의 재산조사개시결정(대판 2009.10.15, 2009두6513) : 조사대상자는 위원회의 보전처분 신청을 통하여 재산권 행사에 실질적인 제한을 받게 되고, 위원회의 자료제출요구나 출석요구 등의 조사행위에 응하여야 하는 법적 의무를 부담

19. 방산물자 지정취소(대판 2009.12.24, 2009두12853) : 방산물자 지정이 취소되는 경우 당해 물자에 대한 방산업체 지정도 취소, 방산물자 등에 대한 수출지원을 받을 수 없을 뿐 아니라 방산업체로서 누릴 수 있는 각종 지원과 혜택을 상실, 수의계약에 의할 수 있는 지위도 상실

20. 부과처분을 위한 과세관청의 질문조사권이 행해지는 세무조사결정(대판 2011.3.10, 2009두23617·23624) : 납세의무자는 세무공무원의 과세자료 수집을 위한 질문에 대답하고 검사를 수인하여야 할 법적 의무를 부담

21. 구「산업집적활성화 및 공장설립에 관한 법률」제42조 제1항 제6호에 따른 산업단지 입주계약의 해지통보(대판 2011.6.30, 2010두23859) : 행정청인 관리권자로부터 관리업무를 위탁받은 피고가 우월적 지위에서 원고에게 일정한 법률상 효과를 발생하게 하는 것

22. 한국보건산업진흥원장이 자신이 지원하는 대학교 산학협력단의 주관연구책임자인 갑에게 '한의약연구개발사업 참여제한 2년, 행정제재기간 이후 선정평가 시 감점 2점'을 내용으로 하는 행정제재처분(대판 2012.6.14, 2010두23002) : 제재기간 동안 국가연구개발사업에 대한 원고의 참여를 제한하는 처분인 점, 피고가 한국과학기술평가원에 이 사건 처분을 통보함으로써 원고는 중앙행정기관이 발주하는 국가연구개발사업에 참여하지 못하게 된 점

23. 구「부당한 공동행위 자진신고자 등에 대한 시정조치 등 감면제도 운영고시」제14조 제1항에 따른 시정조치 등 감면신청에 대한 감면불인정 통지(대판 2012.9.27, 2010두3541) : 자진신고자 등 지위확인을 받는 경우에는 시정조치 및 과징금 감경 또는 면제, 형사고발 면제 등의 법률상 이익을 누리게 되지만, 그 지위확인을 받지 못하고 고시 제14조 제1항에 따라 감면불인정 통지를 받는 경우에는 위와 같은 법률상 이익을 누릴 수 없게 되므로

24. 「진실·화해를 위한 과거사정리 기본법」제26조에 따른 진실·화해를 위한 과거사정리위원회의 진실규명결정(대판 2013.1.16, 2010두22856) : 피해자 등에게 명문으로 진실규명 신청권, 진실규명결정 통지 수령권 및 진실규

명결정에 대한 이의신청권 등이 부여된 점, 진실규명결정이 이루어지면 그 결정에서 규명된 진실에 따라 국가가 피해자 등에 대하여 피해 및 명예회복 조치를 취할 법률상 의무를 부담

25. 요양급여의 적정성 평가 결과 전체 하위 20% 이하에 해당하는 요양기관이 건강보험심사평가원으로부터 받은 입원료 가산 및 별도 보상 적용 제외 통보(대판 2013.11.14, 2013두13631) : 요양급여의 적정성 평가 결과 전체 하위 20% 이하에 해당하는 요양기관이 평가결과와 함께 그로 인한 입원료 가산 및 별도 보상 제외 통보를 받게 되면, 해당 요양기관은 평가결과 발표 직후 2분기 동안 요양급여비용 청구 시 입원료 가산 및 별도 보상 규정을 적용받지 못하게 되므로

26. 구「표시·광고의 공정화에 관한 법률」위반을 이유로 한 공정거래위원회의 경고의결(대판 2013.12.26, 2011두4930) : 위반행위를 할 경우 과징금 부과 여부나 그 정도에 영향을 주는 고려사항이 되어 사업자의 자유와 권리를 제한

27. 교도소장이 수형자를 '접견내용 녹음·녹화 및 접견 시 교도관 참여대상자'로 지정한 행위(대판 2014.2.13, 2013두20899)

28. 구 건축법 제29조 제1항에서 정한 건축협의 취소(대판 2014.2.27, 2012두22980) : 개별 사업장의 사업종류가 사업주에게 불리한 내용으로 변경되면 산재보험료율이 인상되고, 사업주가 납부하여야 하는 산재보험료가 증가한다. 따라서 근로복지공단의 사업종류 변경결정은 사업주의 권리·의무에도 직접 영향

29. 진정에 대한 국가인권위원회의 각하 및 기각결정(헌재결 2015.3.26, 2013헌마214·245·445·804·833, 2014헌마104·506·1047) : 피해자인 진정인에게는 국가인권위원회법이 정하고 있는 구제조치를 신청할 법률상 신청권이 있는데 국가인권위원회가 진정을 각하 및 기각결정을 할 경우 피해자인 진정인으로서는 자신의 인격권 등을 침해하는 인권침해 또는 차별행위 등이 시정되고 그에 따른 구제조치를 받을 권리를 박탈당하게 되므로

30. 한국환경산업기술원장이 구「국가연구개발사업의 관리 등에 관한 규정」,「환경기술개발사업운영규정」에 따라 주관연구기관에 대하여 한 연구개발 중단 조치와 연구비 집행중지 조치(대판 2015.12.24, 2015두264) : 연구개발을 중단하고 이미 지급된 연구비를 더 이상 사용하지 말아야 할 공법상 의무를 부과, 연구개발 중단 조치는 협약의 해약 요건에도 해당, 조치가 있은 후에는 주관연구기관이 연구개발을 계속하더라도 그에 사용된 연구비는 환수 또는 반환 대상이 되므로

31. 경남도지사(홍준표)의 지방의료원 폐업결정(대판 2016.8.30, 2015두60617) : 입원환자들과 소속 직원들의 권리·의무에 직접 영향
  ▶ 단, 폐업결정 후 을 지방의료원을 해산한다는 내용의 조례가 제정·시행되었고 조례가 무효라고 볼 사정도 없어 을 지방의료원을 폐업 전의 상태로 되돌리는 원상회복은 불가능하므로 취소를 구할 소의 이익은 부정

32. 「여객자동차 운수사업법」제85조 제1항 제38호에 따른 감차명령(대판 2016.11.24, 2016두45028)

33. 「도시 및 주거환경정비법」에 따른 이전고시(대판 2016.12.29, 2013다73551) : 소유권을 분양받을 자에게 이전하고 가격의 차액에 상당하는 금액을 청산하거나 대지 또는 건축물을 정하지 않고 금전적으로 청산하는 공법상 처분

34. 산업단지관리공단이 구「산업집적활성화 및 공장설립에 관한 법률」제38조 제2항에 따른 변경계약을 취소한 것(대판 2017.6.15, 2014두46843) : 관리업무를 위탁받은 산업단지관리공단이 우월적 지위에서 입주기업체들에게 일정한 법률상 효과를 발생하게 하는 것

35. 교육부장관이 대학에서 추천한 복수의 총장 후보자들 전부 또는 일부를 임용제청에서 제외하는 행위(대판 2018.6.15, 2016두57564) : 항고소송의 대상이 되는 처분으로 보지 않는다면, 침해된 권리 또는 법률상 이익을 구제받을 방법이 없다.

36. 교육부장관이 특정 후보자를 임용제청에서 제외하고 다른 후보자를 임용제청함으로써 대통령이 임용제청된 다른 후보자를 총장으로 임용한 경우, 임용제청에서 제외된 후보자가 행정소송으로 다툴 처분은 대통령의 임용 제외처분(대판 2018.6.15, 2016두57564)

37. 조달청의 기업에 대한 나라장터 종합쇼핑몰 거래정지 조치(대판 2018.11.29, 2015두52395) : 나라장터를 통하여 수요기관의 전자입찰에 참가하거나 나라장터 종합쇼핑몰에서 등록된 물품을 수요기관에 직접 판매할 수 있는 지위를 직접 제한하거나 침해하는 행위에 해당

38. 조달청장이 '「중소기업제품 구매촉진 및 판로지원에 관한 법률」제8조의2 제1항에 해당하는 자는 입찰 참여를

제한하고, 계약체결 후 해당 기업으로 확인될 경우 계약해지 및 기 배정한 물량을 회수한다.'는 내용의 레미콘 연간 단가계약을 위한 입찰공고를 하고 입찰에 참가하여 낙찰 받은 갑 주식회사 등과 레미콘 연간 단가계약을 각 체결하였는데, 갑 회사 등으로부터 중소기업청장이 발행한 참여제한 문구가 기재된 중소기업 확인서를 제출받고 갑 회사 등에 '중소기업자 간 경쟁입찰 참여제한 대상기업에 해당하는 경우 물량 배정을 중지하겠다'는 내용의 통보(대판 2019.5.10, 2015두46987) : 중소기업자 간 경쟁입찰에 참여할 수 있는 자격을 획득할 때까지 물량 배정을 받을 수 없게 되고 이는 갑 회사 등의 권리·의무에 직접적인 영향을 미치는 법적 불이익에 해당

39. 병무청장이 병역법 제81조의2 제1항에 따라 병역의무 기피자의 인적사항 등을 인터넷 홈페이지에 게시하는 등의 방법으로 공개한 경우, 병무청장의 공개결정(대판 2019.6.27, 2018두49130) : 특정인을 병역의무 기피자로 판단하여 그 사실을 일반 대중에게 공표함으로써 그의 명예를 훼손하고 그에게 수치심을 느끼게 하여 병역의무 이행을 간접적으로 강제하려는 조치로서 병역법에 근거하여 이루어지는 공권력의 행사에 해당

40. 근로복지공단이 사업주에 대하여 하는 '개별 사업장의 사업종류 변경결정'(대판 2020.4.9, 2019두61137)

41. 지방자치단체의 장이 「공유재산 및 물품관리법」에 근거하여 기부채납 및 사용·수익허가 방식으로 민간투자사업을 추진하는 과정에서 사업시행자를 지정하기 위한 전 단계에서 공모제안을 받아 일정한 심사를 거쳐 우선협상대상자를 선정하는 행위와 이미 선정된 우선협상대상자를 그 지위에서 배제하는 행위(대판 2020.4.29, 2017두31064) : 공유재산의 사용·수익허가를 우선적으로 부여받을 수 있는 지위를 설정하거나 또는 이미 설정한 지위를 박탈하는 조치

42. 구 법인세법에 신설된 제13조 제1호 후문 규정의 시행일 이후 최초로 과세표준을 신고한 사업연도에 발생한 결손금 등에 대한 과세관청의 결손금 감액경정(대판 2020.7.9, 2017두63788) : 특별한 사정이 없는 한 납세의무자로서는 결손금 감액경정 통지가 이루어진 단계에서 그 적법성을 다투지 않는 이상 이후 사업연도 법인세의 이월결손금 공제와 관련하여 종전의 결손금 감액경정이 잘못되었다거나 과세관청이 경정한 결손금 외에 공제될 수 있는 이월결손금이 있다는 주장을 할 수 없으므로

43. 제안비용보상금 지급 청구에 관한 주무관청의 결정(대판 2020.10.15, 2020다222382) : 민간투자사업기본계획 등에 따른 제안비용보상금을 지급받을 권리는 법령의 규정에 의하여 직접 발생하는 것이 아니라 보상금을 지급받으려고 하는 제안자의 신청에 따라 주무관청이 지급대상자인지 여부를 판단하고 구체적인 보상금액을 산정하는 지급결정을 함으로써 비로소 구체적인 권리가 발생

44. 총포·화약안전기술협회의 '회비납부통지'(대판 2021.12.30, 2018다241458) : 총포화약류를 취급하는 사람의 추상적인 회비납부의무는 법령의 규정에 따라 성립하지만, 피고가 매년 납부의무자별로 일정한 조사·확인을 거쳐 회비산정기준에 따라 회비의 액수를 산정·고지해야 실제 납부 또는 징수가 가능

② 부정사례

1. 의료보호진료기관이 보호기관에 제출한 진료비청구명세서에 대한 의료보험연합회의 심사결과통지(대판 1999.6.25, 98두15863) : 진료비청구명세서에 대한 의료보험연합회의 심사결과통지는 그 자체로서 원고의 의료보호비용 청구에 관한 법률상 지위에 직접적인 법률적 변동을 가져오는 것은 아니므로

2. 구 「독점규제 및 공정거래에 관한 법률」 제49조 제2항에 따른 신고에 대해 공정거래위원회가 신고 내용에 따른 조치를 취하지 아니하고 이를 거부하는 취지로 한 무혐의 또는 각하 처리한다는 내용의 회시(대판 2000.4.11, 98두5682) : 신고는 공정거래위원회에 대하여 같은법에 위반되는 사실에 관한 조사의 직권발동을 촉구하는 단서를 제공하는 것에 불과하고 신고인에게 그 신고 내용에 따른 적당한 조치를 취하여 줄 것을 요구할 수 있는 구체적인 청구권까지 있다고 할 수는 없으므로

3. 시장·군수 또는 자치구의 구청장이 더 이상 연장허가를 받을 수 없는 어업권의 유효기간이 만료되는 수면을 어장이용개발계획에서 반영하지 않은 것(대판 2007.10.26, 2005두7853) : 최초 어업면허의 유효기간이 만료한 날부터 10년 간 면허기간을 연장한 어업권자는 더 이상 연장허가를 받을 수 없으므로

4. 해양수산부장관의 항만 명칭결정(대판 2008.5.29, 2007두23873) : 지방자치단체의 관할구역이 변경되는 것이 아닐 뿐만 아니라, 원고들의 권리의무나 법률상 지위에 직접적인 법률적 변동이 생기지도 아니하므로

5. 구 부가가치세법상 사업등록의 위장사업자의 사업자명의를 직권으로 실사업자의 명의로 정정하는 행위(대판 2011.1.27, 2008두2200) : 과세관청의 사업자등록 직권말소행위도 폐업사실의 기재일 뿐 그에 의하여 사업자

로서의 지위에 변동을 가져오는 것이 아니라는 점, 과세관청이 사업자등록을 관리하는 과정에서 위장사업자의 사업자명의를 직권으로 실사업자의 명의로 정정하는 행위 또한 당해 사업사실 중 주체에 관한 정정기재일 뿐 그에 의하여 사업자로서의 지위에 변동을 가져오는 것이 아니므로

6. '결손처분' 또는 '결손처분의 취소'(대판 2011.3.24, 2010두25527) : 개정 국세징수법 아래에서 결손처분은 체납처분절차의 종료라는 의미만 가지게 되었고, 결손처분의 취소도 종료된 체납처분절차를 다시 시작하는 행정절차로서의 의미만을 가질 뿐

7. 「소득세법 시행령」 제192조 제1항 단서에 따른 소득의 귀속자에 대한 소득금액변동통지(대판 2014.7.24, 2011두14227) : 소득의 귀속자는 소득세 부과처분에 대한 취소소송은 물론 구 국세기본법 제45조의2 제1항 등에 따른 경정청구를 통해서도 소득처분에 따른 원천납세의무의 존부나 범위를 충분히 다툴 수 있는 점

(2) 행정행위(원칙 인정)

1. 징계처분
   ① 처분법률인 구 국가보위입법회의법 부칙 제4항 후단에 의한 공무원면직발령(대판 1991.6.28, 90누9346)
   ② 국립교육대학 학생에 대한 퇴학처분(대판 1991.11.22, 91누2144)
   ③ 사립학교교원의 징계에 대한 교원징계재심위원회의 결정(대판 1993.2.12, 92누13707)
      ▶ 사립학교교직원에 대한 징계처분은 사법관계이므로 처분성 부정
   ④ 국·공립학교교원에 대한 징계처분(대판 1994.2.8, 93누17874)
   ⑤ 국가나 지방자치단체에 근무하는 청원경찰에 대한 징계처분(대판 1993.7.13, 92다47564)
   ⑥ 공무원에 대한 견책처분, 공무원에 대한 감봉처분
2. 공시지가
   ① 개별공시지가결정(대판 1994.2.8, 93누111) : 관계 법령에 의한 조세 또는 개발부담금 산정의 기준
   ② 표준지 공시지가결정(대판 1995.3.28, 94누12920) : 손실보상액 산정의 기준
      ▶ 구 국토이용관리법상의 기준지가고시의 처분성 부정(대판 1979.4.24, 78누242)
3. 일반처분, 물적 행정행위, 이형적 대인처분
4. 보조금교부결정
5. 재량행위
   ① 자유재량행위·기속재량행위
   ② 외교관 자녀 등의 입학고사 특별전형에 관한 대학교총장의 처분(대판 1990.8.28, 89누8255)

(3) 반복된 처분

처분성 인정사례	처분성 부정사례
1. 반복된 거부처분(대판 1992.12.8, 92누7542) 2. 거부처분은 관할행정청이 국민의 처분신청에 대하여 거절의 의사표시를 함으로써 성립되고, 그 이후 동일한 내용의 새로운 신청에 대하여 다시 거절의 의사표시를 한 경우에는 새로운 거부처분이 있는 것으로 보아야 할 것이다(대판 2002.3.29, 2000두6084). 3. 수익적 행정처분을 구하는 신청에 대한 거부처분이 있은 후 당사자가 새로운 신청을 하는 취지로 다시 신청을 하였으나 행정청이 이를 다시 거절한 경우(대판 2021.1.14, 2020두50324) 4. 절차상 또는 형식상 하자로 인하여 무효인 행정처분이 있은 후 행정청이 관계 법령에서 정한 절차 또는 형식을 갖추어 다시 동일한 행정처분을 한 경우(대판 2014.3.13, 2012두1006) 5. 어떤 처분이 수익적 행정처분을 구하는 신청에 대한 거부처분이 아니더라도 해당 처분에 대한 이의신청의 내용이 새로운 신청을 하는 취지로 볼 수 있는 경우, 그 이의신청에 대한 결정의 통보(대판 2022.3.17, 2021두53894) 6. 갑 시장(당진시장)이 을 소유 토지의 경계확정으로 지적공부상 면적이 감소되었다는 이유로 지적재조사위원회의 의결을 거쳐 을에게 조정금 수령을 통지하자(1차통지), 을이 구체적인 이의신청 사유와 소명자료를 첨부하여 이의를 신청하였으나, 갑 시장이 지적재조사위원회의 재산정 심의·의결을 거쳐 종전과 동일한 액수의 조정금 수령을 통지한(2차 통지) 사안에서, 2차 통지는 1차 통지와 별도로 행정쟁송의 대상이 되는 처분(대판 2022.3.17, 2021두53894)	1. 제3차 철거명령 및 대집행계고(대판 2000.2.22, 98두4665) 2. 대집행계고서에 기재된 2차의 자진철거 및 원상복구명령(대판 2004.6.10, 2002두12618) 3. 의료보험법에 기하여 보험자 또는 보험자단체가 의료기관에게 부당이득금 또는 가산금의 납부를 독촉한 후 다시 동일한 내용의 독촉을 한 경우, 후에 한 동일한 내용의 독촉(대판 1999.7.13, 97누119) 4. 지방병무청장이 복무기관을 정하여 공익근무요원 소집통지를 한 후 소집대상자의 원에 의하여 또는 직권으로 그 기일을 연기한 다음 다시 한 공익근무요원 소집통지(대판 2005.10.28, 2003두14550) : 최초의 공익근무요원 소집통지에 관하여 다시 의무이행기일을 정하여 알려주는 연기통지에 불과

(4) 변경처분

변경처분에는 소극적 변경처분(일부취소)과 적극적 변경처분이 있다. 변경처분이 당초 처분을 취소하고 행해지는 새로운 처분이면 변경처분을 대상으로 제기하여야 하고, 당초 처분의 효력 중 일부만을 취소하는 데 그치고 새로운 처분이 아닌 경우에는 당초 처분을 대상으로 항고소송을 제기하여야 한다.

① 증액경정처분(증액경정처분이 소송대상)

증액경정처분의 경우 당초처분은 증액처분에 흡수되어 소멸되므로 증액처분이 소송대상이다.

┤ **관 련 판 례** ├
1. 증액경정처분은 증액경정처분이 소송 대상(흡수설) : 과세표준과 세액을 증액하는 경정처분이 있은 경우 그 경정처분은 당초 처분을 그대로 둔 채 당초처분에서의 과세표준과 세액을 초과하는 부분만을 추가 확정하려는 처분이 아니고, 재조사에 의하여 판명된 결과에 따라서 당초처분에서의 과세표준과 세액을 포함시켜

전체로서의 과세표준과 세액을 결정하는 것이므로, 증액경정처분이 되면 먼저 된 당초처분은 증액경정처분에 흡수되어 당연히 소멸하고 오직 경정처분만이 쟁송의 대상이 되는 것이고, 이는 증액경정 시에 당초 결정분과의 차액만을 추가로 고지한 경우에도 동일하다 할 것이며, 당초처분이 불복기간의 경과나 전심절차의 종결로 확정되었다 하여도 증액경정처분에 대한 소송절차에서 납세자는 증액경정처분으로 증액된 과세표준과 세액에 관한 부분만이 아니라 당초 처분에 의하여 결정된 과세표준과 세액에 대하여도 그 위법 여부를 다툴 수 있으며 법원은 이를 심리·판단하여 위법한 때에는 취소를 할 수 있다(대판 1999.5.28, 97누16329).

2. 당초처분의 절차적 하자는 존속하는 증액경정처분에 승계되지 않는다(대판 2010.6.24, 2007두16493).
3. 증액경정처분이 있는 경우 당초 신고나 결정에 대한 위법사유도 함께 주장할 수 있으나 확정된 당초 신고나 결정에서의 세액에 관하여는 취소를 구할 수 없고 증액된 세액을 한도로 취소를 구할 수 있다(대판 2011.4.14, 2008두22280).
4. 증액경정처분의 취소를 구하는 항고소송에서 과세관청의 증액경정사유뿐만 아니라 당초신고에 관한 과다 신고사유도 함께 주장하여 다툴 수 있다[대판(전합) 2013.4.18, 2010두11733].
5. 원천징수의무자에 대하여 납세의무의 단위를 달리하여 순차 이루어진 2개의 징수처분에 대해 당초 처분과 증액경정처분에 관한 법리가 적용되지 않는다(대판 2013.7.11, 2011두7311).
6. 증액경정처분이 있는 경우 증액된 세액 이외에 확정된 당초 신고나 결정에서의 세액에 관하여 취소를 구할 수 없다(대판 2020.4.9, 2018두57490).
7. 국세심판결정에 근거해 처분청이 감액경정결정을 한 경우 항고소송의 대상은 증액경정처분 중 감액재경정결정으로도 취소되지 않고 남은 부분이다(대판 1996.7.30, 95누6328).

② 감액경정처분(감액되고 남은 당초처분이 대상)

감액처분은 일부취소처분의 성질을 가지므로 감액처분이 항고소송의 대상이 되는 것은 아니고, 당초처분 중 감액처분에 의해 취소되지 않고 남은 부분이 항고소송의 대상이 된다.

┃ **관 련 판 례** ┃

1. 감액경정처분은 당초의 처분 중 취소되지 않고 남은 부분이 소송대상(역흡수설) : 과세표준과 세액을 감액하는 경정처분은 당초 부과처분과 별개 독립의 과세처분이 아니라 그 실질은 당초 부과처분의 변경이고, 그에 의하여 세액의 일부취소라는 납세자에게 유리한 효과를 가져오는 처분이므로 그 감액경정처분으로도 아직 취소되지 아니하고 남아 있는 부분이 위법하다 하여 다투는 경우, 항고소송 대상은 당초의 부과처분 중 경정처분에 의하여 취소되지 않고 남은 부분이고, 경정처분이 항고소송의 대상이 되는 것은 아니며, 이 경우 적법한 전심절차를 거쳤는지 여부, 제소기간의 준수 여부도 당초처분을 기준으로 판단하여야 한다(대판 2007.10.26, 2005두3585).
2. 행정청이 과징금 부과처분을 하였다가 감액처분을 한 것에 대하여 그 감액처분으로도 아직 취소되지 않고 남아 있는 부분이 위법하다고 하여 다투는 경우 항고소송의 대상은 처음의 부과처분 중 감액처분에 의하여 취소되지 않고 남은 부분이고 감액처분이 항고소송의 대상이 되는 것은 아니다(대판 2008.2.15, 2006두3957).
3. 행정청이 산업재해보상보험법에 의한 보험급여 수급자에 대하여 부당이득 징수결정을 한 후 그 하자를 이유로 징수금 액수를 감액하는 경우, 징수의무자에게 감액처분의 취소를 구할 소의 이익이 없고, 감액처분으로도 아직 취소되지 않고 남은 부분을 다투고자 하는 경우 항고소송의 대상과 제소기간 준수 여부의 판단 기준이 되는 처분은 당초 처분이다(대판 2012.9.27, 2011두27247).

③ 적극적 변경처분의 경우

㉠ 원칙(변경처분)

판례는 적극적 변경처분의 경우 당초처분은 효력을 상실하므로 변경처분을 대상으로 항고소송을 제기하여야 한다고 판시하고 있다.

┨ 관 련 판 례 ┠

1. 관리처분계획의 주요 부분을 실질적으로 변경하는 내용으로 새로운 관리처분계획을 수립하여 시장·군수의 인가를 받아 고시한 경우, 당초 관리처분계획은 효력을 상실한다(대판 2012.3.29, 2010두7765).
2. 기존의 행정처분을 변경하는 후속처분의 내용이 종전처분의 유효를 전제로 내용 중 일부만을 추가·철회·변경하는 것이고 그 부분이 내용과 성질상 나머지 부분과 불가분적인 것이 아닌 경우, 종전처분이 항고소송의 대상이 된다[대판(전합) 2015.11.19, 2015두295].
3. 종전처분을 변경하는 내용의 후속처분이 있는 경우 법원이 항고소송의 대상이 되는 행정처분을 확정하는 방법 : 종전처분을 변경하는 내용의 후속처분이 있는 경우 법원으로서는, 후속처분의 내용이 종전처분 전체를 대체하거나 주요 부분을 실질적으로 변경하는 것인지, 후속처분에서 추가·철회·변경된 부분의 내용과 성질상 나머지 부분과 가분적인지 등을 살펴 항고소송의 대상이 되는 행정처분을 확정하여야 한다[대판(전합) 2015.11.19, 2015두295].

㉡ 예외(당초처분)

선행처분의 내용 중 일부만을 소폭 변경하는 정도에 불과한 경우나 당초처분과 동일한 요건과 절차가 요구되지 않는 경미한 사항에 대한 변경처분과 같이 분리가능한 일부변경처분의 경우에는 선행처분이 소멸한다고 볼 수 없다. 이 경우 선행처분과 후행변경처분을 별도로 다툴 수 있고, 선행처분 취소소송의 취소를 구하는 소를 제기한 후 후행처분의 취소를 구하는 청구를 추가하여 청구를 변경하였다면 후행처분에 관한 제소기간 준수 여부는 청구변경 당시를 기준으로 판단하여야 한다. 또한 유리한 변경처분의 경우에도 예외적으로 변경처분이 대상이 된다.

┨ 관 련 판 례 ┠

1. 행정청이 식품위생법령에 따라 영업자에게 행정제재처분을 한 후 당초 처분을 영업자에게 유리하게 변경하는 처분(과징금부과처분)을 한 경우, 취소소송의 대상 및 제소기간 판단기준이 되는 처분은 '당초처분'이다 (대판 2007.4.27, 2004두9302).
2. 선행처분의 내용을 변경하는 후행처분이 있는 경우, 선행처분의 효력 존속 여부 : 선행처분의 주요 부분을 실질적으로 변경하는 내용으로 후행처분을 한 경우에 선행처분은 특별한 사정이 없는 한 그 효력을 상실하지만, 후행처분이 있었다고 하여 일률적으로 선행처분이 존재하지 않게 되는 것은 아니고 선행처분의 내용 중 일부만을 소폭 변경하는 정도에 불과한 경우에는 선행처분이 소멸한다고 볼 수 없다(대판 2012.12.13, 2010두20782·20799).
3. 선행처분이 후행처분에 의하여 변경되지 아니한 범위 내에서 존속하고 후행처분은 선행처분의 내용 중 일부를 변경하는 범위 내에서 효력을 가지는 경우에, 선행처분의 취소를 구하는 소를 제기한 후 후행처분의 취소를 구하는 청구를 추가하여 청구를 변경하였다면 후행처분에 관한 제소기간 준수 여부는 청구변경 당시를 기준으로 판단하여야 하나, 선행처분에만 존재하는 취소사유를 이유로 후행처분의 취소를 청구할 수는 없다(대판 2012.12.13, 2010두20782·20799).
4. 조합설립인가처분 후에 토지 등 건축물의 매매 등으로 조합원의 권리가 이전되어 토지 등 소유자의 수가 변경되고, 추가로 동의서를 제출받아 조합설립 동의자 수가 변경되었음을 이유로 조합설립 변경인가처분을 한 경우, 당초의 조합설립인가처분이 변경인가처분에 흡수되어 존재하지 않게 되는 것은 아니다(대판 2010.12.9, 2009두4555).

(5) 내부결정, 준비행위(처분성 부정)

행정기관의 결정이 오직 행정기관의 내부적 사무처리절차인 경우에는 취소소송의 대상이 되지 아니한다. 또한 행정기관 상호 간의 내부적 행위는 국민의 권리의무에 직접적으로 법률적 영향을 미치는 행위는 아니므로 취소소송의 대상으로 되지 않고, 이에 기해서 외부에 대해 행해진 구체적 행위를 다투어야 할 것이다.

1. 국세 관련
   ① 법인세과세표준결정(대판 1986.1.21, 82누236) : 조세부과처분에 앞선 결정으로서 그로 인하여 바로 과세처분의 효력이 발생하는 것이 아님.
   ② 국세기본법 제51조 및 제52조의 국세환급금 및 국세가산금 결정[대판(전합) 1989.6.15, 88누6436] : 이미 납세의무자의 환급청구권이 확정된 국세환급금 및 가산금에 대한 내부적 사무처리절차
   ③ 국세징수법상 가산금 또는 중가산금의 고지(대판 2005.6.10, 2005다15482) : 국세를 납부기한까지 납부하지 아니하면 과세청의 확정절차 없이도 법률 규정에 의하여 당연히 발생
   ④ 국세환급금의 충당(대판 2005.6.10, 2005다15482) : 민사소송에 의하여 이미 결정된 국세환급금의 반환을 청구
   ⑤ 국세환급금결정이나 그 결정을 구하는 신청에 대한 환급거부결정(대판 2009.11.26, 2007두4018) : 국세환급금결정에 관한 규정은 이미 납세의무자의 환급청구권이 확정된 국세환급금에 대하여 내부적 사무처리절차로서 과세관청의 환급절차를 규정한 것에 지나지 않고 위 규정에 의한 국세환급금결정에 의하여 비로소 환급청구권이 확정되는 것은 아니므로
   ⑥ 과세관청의 물납재산에 대한 환급결정이나 그 환급결정을 구하는 신청에 대한 환급거부결정(대판 2009.11.26, 2007두4018) : 물납재산에 대한 환급청구권은 과세처분의 전부 또는 일부가 취소되거나 감액경정된 때에 확정되는 것이고, 과세관청의 환급결정에 의하여 비로소 확정되는 것은 아니므로
2. 감사원이 심사청구에 대하여 관계기관에게 통지하는 시정결정이나 이유 없다고 기각하는 결정(대판 1967.6.27, 67누44)
3. 외환은행장이 수입허가의 유효기간연장을 승인하고자 할 때 상공부장관과 하는 협의(대판 1971.9.14, 71누99)
4. 감사원의 시정요구(대판 1977.6.28, 76누294)
5. 도시계획사항을 명시한 지형도면을 승인하는 처분(대판 1978.12.26, 78누281) : 건설부장관의 도시계획결정에 따라 서울특별시장이 도시계획사항을 명시한 지형도면을 승인하는 처분은 그 자체 새로운 법률적 효과가 형성되는 것은 아님.
6. 교육공무원법상 총·학장의 교수 등 임용제청이나 그 철회(대판 1989.6.27, 88누9640) : 행정기관 상호 간의 내부적인 의사결정과정
   ▶ 대학교원의 임용권자가 임용기간이 만료된 조교수에 대하여 재임용을 거부하는 취지로 한 임용기간만료의 통지는 행정소송의 대상이 되는 처분에 해당[대판(전합) 2004.4.22, 2000두7735]
   ▶ 교육부장관이 대학에서 추천한 복수의 총장 후보자 전부 또는 일부를 임용제청에서 제외하는 행위는 처분성 인정(대판 2018.6.15, 2016두57564)
7. 택지개발촉진법상 택지개발사업 시행자의 택지공급방법결정행위(대판 1993.7.13, 93누36) : 내부적인 행정계획에 불과
8. 경제기획원장관의 정부투자기관에 대한 예산편성지침통보(대판 1993.9.14, 93누9163) : 정부투자기관의 경영합리화와 정부투자의 효율적 관리를 도모하기 위한 감독작용에 불과
9. 대학입시기본계획 내의 내신성적산정지침(대판 1994.9.10, 94두33) : 교육부장관이 내신성적산정기준의 통일을 기하기 위해 대학입시기본계획의 내용에서 내신성적산정기준에 관한 시행지침을 마련하여 시·도 교육감에서 통보한 것은 행정조직 내부에서 내신성적 평가에 관한 내부적 심사기준을 시달한 것에 불과
10. 공정거래위원회의 검찰총장에 대한 고발조치·의결(대판 1995.5.12, 94누13794) : 사직 당국(검찰총장)에 대하여 형벌권 행사를 요구하는 행정기관 상호 간의 행위에 불과
11. 상급행정기관의 하급행정기관에 대한 승인·지시·동의(대판 1997.9.26, 97누8540) : 행정기관 상호 간의 내부행위로서 국민의 권리의무에 직접 영향을 미치는 것이 아님.
12. 지방자치단체장이 개발제한구역 안에서의 혐오시설 설치허가에 앞서 건설부훈령인 '개발제한구역관리규정'에 의

해 사전승인신청을 함에 따라 건설교통부장관이 한 승인행위(대판 1997.9.26, 97누8540) : 지방자치단체장에 대한 지도·감독작용으로서 행한 것으로서 행정기관 내부의 행위에 불과

13. 임용권자가 특정인을 경찰공무원시험승진후보자명부에서 삭제한 행위(대판 1997.11.14, 97누7325) : 명부에 등재된 자에 대한 승진 여부를 결정하기 위한 행정청 내부의 준비과정에 불과
    ▶ 군인사법상 진급예정자 명단에서 삭제한 처분은 행정처분이고 협의의 소익도 인정(대판 2007.9.20, 2005두13971)

14. 금융감독위원회의 부실금융기관에 대한 파산신청(대판 2006.7.28, 2004두13219) : 법원에 대한 재판상 청구로서 그 자체가 국민의 권리의무에 어떤 영향을 미치는 것이 아님.

15. 전파주관청인 정보통신부장관이 국제공용자원인 위성궤도 및 주파수를 국제전기통신연합의 전파규칙에 따라 국제전기통신연합에 대하여 하는 위성망국제등록신청(대판 2007.4.12, 2004두7924) : 등록신청은 전파주관청이 '국제전기통신연합'에 대하여 하는 신청행위일 뿐 국민을 직접 상대방으로 하는 행위가 아니며, 정보통신부장관이 확보된 주파수를 등록신청의 요청자인 참가인에게 할당하는 경우 원고가 지정받은 주파수의 일부를 이용할 수 없게 되는 등의 불이익을 입는다 할지라도, 이는 위성망국제등록절차를 거쳐 실제로 위성궤도 및 주파수가 확보되는 경우에 비로소 문제될 수 있는 것으로서, 등록신청 단계에 있어서는 국민의 권리의무에 아무런 영향을 미치지 못하므로

16. 성업공사(한국자산관리공사)의 공매(재공매)결정(대판 2007.7.27, 2006두8464) : 내부적인 의사결정에 불과

17. 정부의 수도권 소재 공공기관의 지방이전시책을 추진하는 과정에서 도지사가 도 내 특정시를 공공기관이 이전할 혁신도시 최종입지로 선정한 행위(대판 2007.11.15, 2007두10198) : 공공기관의 지방이전을 위한 정부 등의 조치와 공공기관이 이전할 혁신도시 입지선정을 위한 사항 등을 규정하고 있을 뿐 혁신도시입지 후보지에 관련된 지역 주민 등의 권리의무에 직접 영향을 미치는 규정을 두고 있지 않으므로

18. 충남도지사가 태안군수의 국토이용계획변경결정 요청을 반려한 것(대판 2008.5.15, 2008두2583) : 행정기관 내부의 행위에 불과할 뿐 국민의 구체적인 권리의무에 직접적인 변동을 초래하는 것이 아니므로

19. 각 군 참모총장이 '군인 명예전역수당 지급대상자 결정절차'에서 국방부장관에게 수당지급대상자를 추천하거나 신청자 중 일부를 추천하지 않는 행위(대판 2009.12.10, 2009두14231) : 행정기관 상호 간의 내부적인 의사결정과정의 하나일 뿐 그 자체만으로는 직접적으로 국민의 권리의무가 설정, 변경, 박탈되거나 그 범위가 확정되는 등 기존의 권리상태에 어떤 변동을 가져오는 것이 아님.

20. 국토교통부, 환경부, 문화체육관광부, 농림수산식품부가 합동으로 2009.6.8. 발표한 '4대강 살리기 마스터플랜' 등[대결(전합) 2011.4.21, 2010무111] : 행정기관 내부에서 사업의 기본방향을 제시하는 계획일 뿐 국민의 권리·의무에 직접 영향을 미치는 것이 아니어서

21. 상급행정청이나 타행정청의 지시나 통보, 권한의 위임이나 위탁(대판 2013.2.28, 2012두22904) : 행정기관 내부의 문제일 뿐 국민의 권리의무에 직접 영향을 미치는 것이 아니어서

22. 교육공무원법상 승진후보자 명부에 의한 승진심사 방식으로 행해지는 승진임용에서 승진후보자 명부에 포함되어 있던 후보자를 승진임용인사발령에서 제외하는 행위(대판 2018.3.27, 2015두47492) : 승진임용제외처분을 항고소송의 대상이 되는 처분으로 보지 않는다면, 달리 이에 대하여는 불복하여 침해된 권리 또는 법률상 이익을 구제받을 방법이 없다.

23. 병무청장이 법무부장관에게 '가수 갑(스티브유)이 공연을 위하여 국외여행허가를 받고 출국한 후 미국 시민권을 취득함으로써 사실상 병역의무를 면탈하였으므로 재외동포 자격으로 재입국하고자 하는 경우 국내에서 취업, 가수활동 등 영리활동을 할 수 없도록 하고, 불가능할 경우 입국 자체를 금지해 달라'고 요청함에 따라 법무부장관이 한 갑의 입국을 금지하는 결정(대판 2019.7.11, 2017두38874) : 단지 그 정보를 내부전산망인 '출입국관리정보시스템'에 입력하여 관리한 것에 지나지 않으므로

(6) 중간행위(권리의무에 간접적 관련성)

중간행위는 일반적으로 최종행위와 같이 국민의 구체적인 권리의무에 변동을 초래하지 않기 때문에 항고소송의 대상이 되지 않는다. 그러나 중간행위도 그 자체가 직접 사인의 권리와 이익을 침해하는 행위이거나 법률의 규정으로 독립하여 출소할 수 있는 길을 허용하고 있는 경우에는 처분이 된다.

┨ **관 련 판 례** ┠

중간적 행위의 처분성 판단기준

우선협상대상자 선정은 일련의 행정과정에서 최종적 행위가 아니라 중간적 행위에 해당하므로 이를 과연 항고소송의 대상인 처분으로 파악할 필요가 있는지가 문제 된다. 일련의 행정과정에서 <u>내부적·중간적 행위를 반드시 처분으로 인정하여야 하는 것은 아니며, 개별 행정작용의 특수성을 고려하여 개별·구체적으로 판단하여야 한다. 내부적·중간적 행위를 최종적 행위와는 별도로 항고소송의 대상으로 삼아 다툴 수 있도록 하려면 한편으로는 분쟁을 조기에 실효적으로 해결하여야 할 필요와 다른 한편으로는 이를 처분이라고 봄으로써 제소기간과 불가쟁력을 통한 법률관계의 조기확정과 행정의 원활한 수행을 보장할 필요가 인정되어야 한다.</u> … 공모제안에 대하여 일정한 심사를 거쳐 우선협상대상자 선정에서 탈락한 경원자의 경우 우선협상대상자 선정결정을 조기에 항고소송의 방법으로 다투도록 할 필요가 있다. 지방자치단체의 장이 우선협상대상자와 민간투자사업의 세부내용에 관한 협상을 완료하고 기부채납 및 공유재산 사용·수익허가를 모두 마친 다음에야 이해관계 있는 제3자로 하여금 공유재산 사용·수익허가를 항고소송의 방법으로 다투도록 한다면 실효적인 권리구제가 어려울 수 있을 뿐만 아니라, 이미 일련의 행정과정이 상당한 정도로 진행된 후에 과거의 우선협상대상자 선정결정 단계의 하자를 이유로 그 이후의 모든 절차를 취소하는 것은 행정의 원활한 수행에도 지장을 초래할 수 있기 때문이다. 나아가 <u>우선협상대상자 선정결정을 처분으로 본다면, 행정청이 이를 직권으로 취소·철회하는 조치도 처분으로 보아야</u> 한다(대판 2020.4.29, 2017두31064).

① 처분성 인정사례

1. 등급결정
   ① 상이등급 재분류 신청에 대한 지방보훈지청장의 거부(대판 1998.4.28, 97누13023)
   ② 산업재해보상보험법상 장해보상금 결정의 기준이 되는 장해등급결정(대판 2002.4.26, 2001두8155)
2. 다단계 행정결정
   ① 예비결정, 폐기물관리법상의 폐기물처리업의 허가 전의 사업계획서에 대한 적정·부적정통보(대판 1998.4.28, 97누21086)
   ② 부분허가(예비결정 또는 부분허가)(대판 1998.9.4, 97누19588)

② 처분성 부정사례

1. 등급결정
   ① 「국가유공자 예우 등에 관한 법률 시행령」 제15조 소정의 재심신체검사 시 행하는 등외판정(대판 1993.5.11, 91누9206) : 법률의 적용대상 여부를 결정하기 위한 일련의 절차 중의 하나를 이루는 것에 불과
   ② 군의관의 신체등위판정(대판 1993.8.27, 93누3356) : 지방병무청장이 병역처분을 함으로써 비로소 병역의무의 종류가 정하여지는 것
   ③ 상이등급 재분류(변경) 과정 중에 있는 보훈병원장의 상이등급재분류판정(대판 1998.4.28, 97누13023) : 상이등급을 결정하거나 재분류(변경)하기 위한 일련의 절차 중의 하나를 이루는 것에 불과
2. 광주민주화운동관련자 보상심의위원회의 보상금지급신청에 대한 결정(대판 1992.12.24, 92누3335) : 당사자소송을 제기하기 위한 전치요건에 불과
3. 토지구획정리사업법에 정한 건설부장관의 구획정리사업 시행명령(대판 1996.12.23, 95누17700) : 사업시행자를 지정하기 위한 준비절차로서 중간적인 처분
4. 운전면허 행정처분처리대장상 벌점의 부과(배점)(대판 1994.8.12, 94누2190) : 자동차운전면허의 취소, 정지처분

의 기초자료로 제공하기 위한 것
5. 확약, 어업면허우선순위결정(대판 1995.1.20, 94누6529)
   ▶ 다수설은 행정행위설, 판례는 처분성 부정
   ▶ 확약의 불이행은 처분성 인정
6. 감사원의 징계 요구와 재심의결정(대판 2016.12.27, 2014두5637)

(7) 별도의 권리구제수단이 있는 경우

권리침해에 대해 형사소송법, 질서위반행위규제법에 따른 절차 등의 별도의 권리구제수단이 존재하는 경우에는 그에 의해 구제되면 되기 때문에 별도로 행정소송을 인정할 필요가 없고, 따라서 처분성이 부정된다.

1. 형사소송절차에 의한 구제
   ① 통고처분(대판 1980.10.14, 80누380 ; 헌재결 1998.5.28, 96헌바4)
   ② 검사의 공소·기소결정(대판 2000.3.28, 99두11264)
   ③ 검사의 불기소결정(대판 2018.9.28, 2017두47465)
   ④ 형사소송법 제258조 제1항의 처분결과 통지 내지 형사소송법 제259조의 공소불제기이유고지
   ⑤ 형집행정지 취소처분
2. 비송사건절차법에 의한 구제
   건축법상 이행강제금부과처분(대판 2000.9.22, 2000두5722)
   ▶ 현행법상으로는 처분성이 인정됨에 유의
3. 질서위반행위규제법에 의한 구제
   「서울특별시 수도조례」 및 「서울특별시 하수도사용조례」에 근거한 과태료부과처분(대판 2012.10.11, 2011두19369)
4. 민사소송에 의한 구제가 가능한 경우
   ① 이주대책 시행공고 중 이주택지의 공급조건에서 공공시설의 설치비용을 분양가에 포함시키는 내용이 있는 경우(대판 2000.9.8, 99두1113)
   ② 법무법인의 공정증서 작성행위(대판 2012.6.14, 2010두19720)

6. 그 밖에 이에 준하는 행정작용

그 밖에 이에 준하는 행정작용으로 거론되는 것은 ① 비권력적 공행정작용이지만 실질적으로 개인의 권익에 일방적인 영향을 미치는 작용(권력적 성격을 갖는 행정지도), ② 처분적 법령, ③ 행정입법, ④ 구속적 행정계획, ⑤ 권력적 사실행위 등이다. 그러나 이 가운데 ①③은 처분성이 부정되고, ②④는 행정행위에 해당하므로 '그 밖에 이에 준하는 행정작용'에 해당하지 않고, 결국 ⑤ 권력적 사실행위만 행정행위가 아니면서 '그 밖에 이에 준하는 행정작용'으로 인정된다.

III. 재 결

1. 재결이 항고소송의 대상이 되는 경우는 행정심판의 재결이 행정소송법 제19조에 의해 항고소송의 대상이 되는 경우와 개별법률에서 재결주의를 취하는 결과 당해 법률상의 재결이 항고소송의 대상이 되는 경우로 나뉜다.
2. 행정심판법은 재결을 "행정심판의 청구에 대하여 행정심판위원회가 행하는 판단을 말한다."라고 정의하고 있다(같은 법 제2조 제3호). 그런데 행정소송법에서 말하는 재결은 행정심판법이 정하는 절차에 따른 재결만을 뜻하는 것은 아니고, 그 밖에 국세심판·당사자심판이나 이의신청에 의한 재결, 재심청구 등의 행정쟁송절차를 모두 포함한다.

제2 원처분주의와 재결주의

Ⅰ. 개 설

1. 개 념

구 분	원처분주의	재결주의
소송대상	원칙 원처분, 예외 재결(소송대상 확대)	재결만(소송대상 제한)
위법사유	1. 원처분 취소소송 : 본안에서 원처분 자체의 고유한 하자만 주장 가능 2. 재결취소소송 : 본안에서 재결 자체의 고유한 하자만 주장 가능	본안에서 재결 자체의 고유한 하자만이 아니라 원처분의 하자도 주장 가능

2. 행정소송법 규정(원처분주의)

행정소송법 제19조는 "취소소송은 처분 등을 대상으로 한다. 다만, 재결취소소송의 경우에는 재결 자체에 고유한 위법이 있음을 이유로 하는 경우에 한한다."고 규정함으로써, 원처분과 아울러 재결에 대해서도 취소소송이나 무효등확인소송 등 항고소송을 제기할 수 있도록 하되, 다만 재결에 대한 소송에 있어서는 재결 자체에 고유한 위법이 있음을 이유로 하는 경우에만 소제기를 허용함으로써 원처분주의를 채택하고 있다.

Ⅱ. 재결 자체의 고유한 위법의 의미

1. 의 의

1. 재결 자체의 고유한 위법이란 원처분에는 없고 재결에만 있는 흠을 말한다. 다수설(김철용, 박균성, 박윤흔, 유상현, 이상규, 정하중, 한견우)·판례는 재결 자체의 주체·내용·절차·형식상의 위법을 의미한다고 보고 있다(대판 1997.9.12, 96누14661). 소수설은 재결 자체의 주체·절차·형식상의 위법만을 의미하고 내용상의 위법은 제외한다.
2. 다수설에 의할 때 재결 자체에 고유한 위법이란 재결 자체에 ① 주체(예 행정심판위원회가 아닌 자가 한 재결, 행정심판위원회에 권한이 없는 경우, 행정심판위원회의 구성에 위법사유가 있는 상태에서 행한 재결, 구성원의 결격사유가 있는 행정심판위원회에 의한 재결), ② 내용(예 행정심판청구가 부적법한 것임에도 인용된 재결, 행정심판청구가 부적법하지 않음에도 각하된 재결, 제3자효 있는 행정행위에 대한 행정심판청구에 있어서 제3자의 권리를 침해하는 인용재결, 행정심판청구의 대상이 되지 않는 사항에 대하여 행한 재결, 행정심판에 있어서 원처분보다 청구인에게 불이익하게 행한 재결), ③ 절차(예 행정심판위원회의 의결이 없는 경우, 행정심판법상의 심판절차를 준수하지 않은 경우), ④ 형식(예 문서에 의하지 않고 구두로 한 재결, 재결에 주문만 기재되고 이유가 전혀 기재되어 있지 않거나 이유가 불충분한 경우, 재결서에 기명날인을 하지 아니한 경우)의 위법을 의미한다.

> ┤ **관 련 판 례** ├
>
> 1. 행정소송법 제19조에서 말하는 '재결 자체에 고유한 위법'이란 원처분에는 없고 재결에만 있는 재결청의 권한 또는 구성의 위법, 재결의 절차나 형식의 위법, 내용의 위법 등을 뜻하고, 그중 내용의 위법에는 위법·부당하게 인용재결을 한 경우가 해당한다(대판 1997.9.12, 96누14661).
> 2. 행정심판의 재결에 이유모순의 위법이 있다는 사유는 재결처분 자체에 고유한 하자로서 재결처분의 취소를 구하는 소송에서는 그 위법사유로서 주장할 수 있으나, 원처분의 취소를 구하는 소송에서는 그 취소를 구할 위법사유로서 주장할 수 없다(대판 1996.2.13, 95누8027).

2. 구체적 고찰

(1) 인용재결

① 제3자효 행정행위에 대한 인용재결·형성재결

처분의 상대방에는 유리하나 제3자에게 불리한 복효적 행정행위에 대한 취소심판에서 인용재결이 행해진 경우에 의미를 가진다. 형성적 재결의 경우에는 재결 이외에 별도의 처분이 존재하지 않으므로 재결 자체가 쟁송의 대상이 될 수밖에 없다.

> **┤ 관 련 판 례 ├**
>
> 1. 제3자효를 수반하는 행정행위에 대한 행정심판청구의 인용재결에 대하여 제3자가 재결취소를 구할 소의 이익이 있는지 여부 : 이른바 복효적 행정행위, 특히 제3자효를 수반하는 행정행위에 대한 행정심판청구에 있어서 그 청구를 인용하는 내용의 재결로 인하여 비로소 권리이익을 침해받게 되는 자(예컨대, 제3자가 행정심판청구인인 경우의 행정처분 상대방 또는 행정처분 상대방이 행정심판청구인인 경우의 제3자)는 재결의 당사자가 아니라고 하더라도 그 인용재결의 취소를 구하는 소를 제기할 수 있으나, 그 인용재결로 인하여 새로이 어떠한 권리이익도 침해받지 아니하는 자인 경우에는 그 재결의 취소를 구할 소의 이익이 없다(대판 1995.6.13, 94누15592).
> 2. 인용재결청인 문화체육부장관(현 문화체육관광부장관) 스스로가 직접 당해 사업계획승인처분을 취소하는 형성적 재결을 한 경우에는 그 재결 외에 그에 따른 행정청의 별도의 처분이 있지 않기 때문에 재결 자체를 쟁송의 대상으로 할 수밖에 없다(대판 1997.12.23, 96누10911).

② 이행재결

명령재결인 취소명령재결의 경우에는 '재결'이 소의 대상인지, 아니면 '재결에 따른 처분'이 소의 대상인지의 여부가 문제된다. 판례는 재결과 재결의 기속력에 따른 처분 양자에 대한 항고소송을 인정하고 있다.

> **┤ 관 련 판 례 ├**
>
> 행정심판법 제37조 제1항의 규정에 의하면 재결은 행정청을 기속하는 효력을 가지므로 재결청이 취소심판의 청구가 이유 있다고 인정하여 처분청에 처분의 취소를 명하면(현행법상으로는 처분취소명령재결은 삭제됨) 처분청으로서는 그 재결의 취지에 따라 처분을 취소하여야 하지만, 그렇다고 하여 그 재결의 취지에 따른 취소처분이 위법할 경우 그 취소처분의 상대방이 이를 항고소송으로 다툴 수 없는 것은 아니다. 재결취지에 따른 취소처분의 상대방이 재결 자체의 효력을 다투는 별소를 제기하였고 그 소송에서 판결이 확정되지 아니하였다 하여 재결의 취지에 따른 취소처분의 취소를 구하는 항고소송 사건을 심리하는 법원이 그 청구의 당부를 판단할 수 없는 것이라고 할 수 없다(대판 1993.9.28, 92누15093).

③ 일부인용재결과 수정재결

이 경우 다투어지는 원처분이 애초에 '처분청이 내린 처분'인가 아니면 '재결에 의해 감경된 처분'인가 하는 것이 문제된다. 판례의 입장은 일관되지 않다. 즉, 판례는 감봉처분을 소청심사위원회가 견책처분으로 변경한 재결에 대한 취소소송에서 소청심사위원회의 재량권의 일탈이나 남용은 재결에 고유한 하자라고 볼 수 없다고 하면서 당해 변경재결에 대한 취소소송을 인정하고 있지 않다(대판 1993.8.24, 93누5673). 그러나 해임처분을 소청심사위원회가 정직 2월로 변경한 경우 원처분청을 상대로 정직 2월의 처분에 대한 취소소송을 제기한 사건에서 본안판단을 한 판결이 있다(대판 1997.11.14, 97누7325).

> **┤ 관 련 판 례 ├**
>
> 감봉의 원처분을 견책으로 변경한 소청결정의 경우 : 징계혐의자에 대한 감봉 1월의 징계처분을 견책으로 변경한 소청결정 중 그를 견책에 처한 조치는 재량권의 남용 또는 일탈로서 위법하다는 사유는 소청결정 자체에 고유한 위법을 주장하는 것으로 볼 수 없어 소청결정의 취소사유가 될 수 없다(대판 1993.8.24, 93누5673).

④ 적극적 변경명령재결에 따른 변경처분의 경우

판례는 적극적 변경명령재결에 따라 변경처분이 이루어진 경우에 항고소송의 대상은 변경되고 남은 원처분이고, 제소기간은 재결성 정본을 송달받은 날로부터 90일 내라고 판시하고 있다.

행정청이 식품위생법령에 따라 영업자에게 행정제재처분을 한 후 당초 처분을 영업자에게 유리하게 변경하는 처분을 한 경우, 취소소송의 대상 및 제소기간 판단기준이 되는 처분은 당초 처분이다(대판 2007.4.27, 2004두9302).

(2) 기각재결

원처분이 그대로 유지되는 각하·기각재결에 대하여는 원처분주의의 원칙상 원처분을 상대로 소를 제기하여야 한다. 그러나 사정재결에 대해서는 원처분을 취소하더라도 현저히 공공복리에 부적합한 것이 아니라는 등의 이유로 재결취소의 소를 제기할 수 있다.

(3) 각하재결

① 심판청구가 부적법하여 각하해야 함에도 인용재결을 한 경우

심판청구가 부적법하여 각하하여야 함에도 인용재결을 한 것은 재결 자체에 고유한 하자가 있다고 할 수 있다(대판 2001.5.29, 99두10292).

② 행정심판청구가 부적법하지 않음에도 각하한 경우

행정심판청구가 부적법하지 않음에도 각하한 재결은 심판청구인의 실체심리를 받을 권리를 박탈한 것으로서 원처분에 없는 고유한 하자가 있다(대판 2001.7.27, 99두2970).

Ⅲ. 행정소송법 제19조 단서에 위반한 소송의 처리(기각판결)

통설과 판례는 행정소송법 제19조의 표제(취소소송의 대상)와 상관없이 같은 조 단서의 규정을 이유제한의 형식으로 이해하여 '소송요건'이 아닌 '본안판단사항'으로 보고 있다. 따라서 법원은 재결 자체에 고유한 하자가 없는 경우 재결에 대한 항고소송을 제기하면 각하가 아닌 기각판결을 해야 한다(대판 1994.1.25, 93누16901).

> **┤ 관 련 판 례 ├**
>
> 재결취소소송의 경우 재결 자체에 고유한 위법이 있는지 여부를 심리할 것이고, 재결 자체에 고유한 위법이 없는 경우에는 원처분의 당부와는 상관없이 당해 재결취소소송은 이를 기각하여야 한다(대판 1994.1.25, 93누16901).

Ⅳ. 원처분주의의 예외로서의 재결주의

1. 의 의

행정소송법이 취하고 있는 원처분주의에 대한 예외로서 개별법이 재결주의를 채택하고 있는 경우가 있다.

> **┤ 관 련 판 례 ├**
>
> 재결주의의 인정 근거 : 위법한 원처분을 소송의 대상으로 하여 다투는 것보다는 행정심판에 대한 재결을 다투는 것이 당사자의 권리구제에 보다 효율적이고, 판결의 적정성을 더욱 보장할 수 있는 경우에는 행정심판에 대한 재결에 대하여만 제소하도록 하는 것이 국민의 재판청구권의 보장이라는 측면에서 더욱 바람직한 경우도 있으므로, 개별법률에서 이러한 취지를 정하는 때에는 원처분주의의 적용은 배제되고 재결에 대해서만 제소를 허용하는 이른바 '재결주의'가 인정된다(헌재결 2001.6.28, 2000헌바77).

2. 적용범위

재결주의가 적용되는 처분이라도 원처분이 당연무효인 경우에는 원처분에 대한 무효확인의 소를 제기하는 것도 허용된다는 것이 통설과 판례[대판(전합) 1993.1.19, 91누8050]의 입장이므로 취소소송의 경우에만 적용된다.

3. 문제가 되는 사례

(1) 원처분주의

1. 국·공립학교교원에 대한 징계처분 : 국·공립학교교원에 대한 징계 등 불리한 처분은 행정처분이므로 국·공립학교교원이 징계 등 불리한 처분에 대하여 불복이 있으면 교원징계재심위원회(현 교원소청심사위원회)에 재심청구를 하고 위 재심위원회의 재심결정에 불복이 있으면 항고소송으로 이를 다투어야 할 것인데, 이 경우 그 소송의 대상이 되는 처분은 원칙적으로 원처분청의 처분이다(대판 1994.2.8, 93누17874).
2. 사립학교 교원에 대한 교원징계재심위원회의 결정 : 사립학교 교원에 대한 해임처분에 대한 구제방법으로 학교법인을 상대로 한 민사소송 이외 「교원지위 향상을 위한 특별법」 제7~10조에 따라 교육부 내에 설치된 교원징계재심위원회(현 교원소청심사위원회)에 재심청구를 하고 교원징계재심위원회의 결정에 불복하여 행정소송을 제기하는 방법도 있으나, 이 경우에도 행정소송의 대상이 되는 행정처분은 교원징계재심위원회의 결정이지 학교법인의 해임처분이 행정처분으로 의제되는 것이 아니며 또한 교원징계재심위원회의 결정을 이에 대한 행정심판으로서의 재결에 해당되는 것으로 볼 수는 없다(대판 1993.2.12, 92누13707).

3. 재심결정에 대하여 교원에게만 행정소송을 제기할 수 있도록 하고 학교법인에게는 이를 금지한 「교원지위향상을 위한 특별법」 제10조 제3항은 헌법에 위배된다(위헌)(헌재결 2006.2.23, 2005헌가7).
4. 중앙토지수용위원회가 수용재결을 하고 다시 이의재결을 한 경우, 토지수용 자체의 위법성을 다투기 위하여 취소를 구하여야 하는 대상은 수용재결(현행법상 최신판례) : 공익사업법 제85조 제1항 전문의 문언 내용과 공익사업법 제83조, 제85조가 중앙토지수용위원회에 대한 이의신청을 임의적 절차로 규정하고 있는 점, 행정소송법 제19조 단서가 행정심판에 대한 재결은 재결 자체에 고유한 위법이 있음을 이유로 하는 경우에 한하여 취소소송의 대상으로 삼을 수 있도록 규정하고 있는 점 등을 종합하여 보면, 수용재결에 불복하여 취소소송을 제기하는 때에는 이의신청을 거친 경우에도 수용재결을 한 중앙토지수용위원회 또는 지방토지수용위원회를 피고로 하여 수용재결의 취소를 구하여야 하고, 다만 이의신청에 대한 재결 자체에 고유한 위법이 있음을 이유로 하는 경우에는 그 이의재결을 한 중앙토지수용위원회를 피고로 하여 이의재결의 취소를 구할 수 있다고 보아야 한다(대판 2010.1.28, 2008두1504).
5. 불리한 처분을 받은 사립학교 교원의 소청심사청구에 대하여 교원소청심사위원회가 그 사유 자체가 인정되지 않는다는 이유로 처분을 취소하는 결정을 하고, 그에 대하여 학교법인 등이 제기한 행정소송 절차에서 심리한 결과 처분사유 중 일부 사유는 인정된다고 판단되는 경우, 법원이 교원소청심사위원회의 결정을 취소해야 한다(대판 2018.7.12, 2017두65821).
6. 불리한 처분을 받은 사립학교 교원의 소청심사청구에 대하여 교원소청심사위원회가 학교법인 등이 교원에 대하여 불리한 처분을 한 근거인 내부규칙이 위법하여 효력이 없다는 이유로 학교법인 등의 처분을 취소하는 결정을 하고, 그에 대하여 학교법인 등이 제기한 행정소송 절차에서 심리한 결과 내부규칙은 적법하지만 교원이 내부규칙을 위반하였다고 볼 증거가 없다고 판단한 경우, 법원이 교원소청심사위원회의 결정을 취소할 필요 없이 학교법인 등의 청구를 기각할 수 있다(대판 2018.7.12, 2017두65821).

(2) 재결주의

현행법상 ① 감사원의 재심의판정(감사원법 제40조 제2항), ② 중앙노동위원회의 재심판정(노동조합 및 노동관계조정법 제85조), ③ 특허심판원의 심결(특허법 제186조)에 대해 재결주의에 대한 특별규정을 두고 있다. ④ 구 토지수용법 제75조의2 제1항의 토지수용소송에 대해서 판례는 재결주의를 취한 바 있지만, 현행 「공익사업을 위한 토지 등의 취득 및 보상에 관한 법률」 제85조 제1항에서는 "사업시행자·토지소유자 또는 관계인은 제34조의 규정에 의한 재결(원처분인 수용재결)에 대하여 불복이 있는 때에는 재결서를 받은 날부터 60일 이내에, 이의신청을 거친 때에는 이의신청에 대한 재결(행정심판재결인 이의재결)서를 받은 날부터 30일 이내에 각각 행정소송을 제기할 수 있다."라고 규정함으로써, 종래 학설상 논란이 되어 온 재결주의의 문제를 원처분주의로 입법적으로 해결하였다.

┤ 관 련 판 례 ├
1. 지방노동위원회의 중재회부결정에 대하여 불복할 수 있다(대판 1995.9.15, 95누6724).
2. 지방노동위원회의 중재회부결정에 대한 불복방법 : 당사자가 지방노동위원회의 처분에 대하여 불복하기 위하여는 처분 송달일로부터 10일 이내에 중앙노동위원회에 재심을 신청하고 중앙노동위원회의 재심판정서 송달일로부터 15일 이내에 중앙노동위원장을 피고로 하여 재심판정취소의 소를 제기하여야 할 것이다(대판 1995.9.15, 95누6724).
3. 부당노동행위구제신청에 관한 중앙노동위원회의 명령 또는 결정 전에 생긴 사유를 노동위원회에서 주장하지 아니하고 그 결정 등에 대한 행정소송에 주장할 수 있다(대판 1990.8.10, 89누8217).

제5관 제소기간

제소기간도 소송요건의 하나로서 제소기간 준수 여부는 법원의 직권조사사항이다.

1. 행정심판의 재결을 거치지 않는 경우(원칙)

(1) 처분이 있음을 안 경우

1. 행정심판을 거치지 않고 바로 취소소송을 제기하는 경우에는 처분 등이 있음을 안 날로부터 90일 이내에 제기하여야 한다(행정소송법 제20조 제1항 본문).
2. 제1항의 규정에 의한 기간은 불변기간이다(같은 조 제3항).
3. 법원은 법정기간 또는 법원이 정한 기간을 늘이거나 줄일 수 있다. 다만, 불변기간은 그러하지 아니하다(민사소송법 제172조 제1조).
4. 법원은 불변기간에 대하여 주소 또는 거소가 멀리 떨어진 곳에 있는 사람을 위하여 부가기간(附加期間)을 정할 수 있다(같은 조 제2항).
5. 재판장·수명법관 또는 수탁판사는 제1항 및 제2항의 규정에 따라 법원이 정한 기간 또는 자신이 정한 기간을 늘이거나 줄일 수 있다(같은 조 제3항).
6. 이 법에 의한 기간의 계산에 있어서 국외에서의 소송행위 추완에 있어서는 그 기간을 14일에서 30일로, 제3자에 의한 재심청구에 있어서는 그 기간을 30일에서 60일로, 소의 제기에 있어서는 그 기간을 60일에서 90일로 한다(행정소송법 제5조).

① 처분이 송달된 경우

1. 안 날이란 처분이 있었다는 사실을 현실적으로 안 날을 의미하고 처분의 위법 여부를 판단한 날이 아니다(대판 1991.6.28, 90누6521).
2. 행정소송법 제20조 제1항이 정한 제소기간의 기산점인 '처분 등이 있음을 안 날'의 의미 및 상대방이 있는 행정처분의 경우 위 제소기간의 기산점 : 행정소송법 제20조 제1항이 정한 제소기간의 기산점인 '처분 등이 있음을 안 날'이란 통지, 공고 기타의 방법에 의하여 당해 처분 등이 있었다는 사실을 현실적으로 안 날을 의미한다. 상대방이 있는 행정처분의 경우에는 특별한 규정이 없는 한 의사표시의 일반적 법리에 따라 행정처분이 상대방에게 고지되어야 효력을 발생하게 되므로, 행정처분이 상대방에게 고지되어 상대방이 이러한 사실을 인식함으로써 행정처분이 있다는 사실을 현실적으로 알았을 때 행정소송법 제20조 제1항이 정한 제소기간이 진행한다고 보아야 한다(대판 2014.9.25, 2014두8254).
3. 처분 당시에는 취소소송의 제기가 법제상 허용되지 않아 소송을 제기할 수 없다가 위헌결정으로 인하여 비로소 취소소송을 제기할 수 있게 된 경우 위헌결정이 있는 날 또는 위헌결정이 있음을 안 날이 제소기간의 기산점이다(대판 2008.2.1, 2007두20997).
4. 서울특별시장이 배출가스 저감장치 제조사 갑 주식회사에 배출가스 저감장치를 부착한 차량의 의무운행 기간 미준수 등을 이유로 보조금 회수처분을 하자, 갑 회사가 위 처분의 전부 취소를 구하는 행정심판을 제기하였다가 취소청구액 일부를 감축하고 그 후 위 처분 전부에 대하여 취소소송을 제기한 사안에서, 위 처분에 대한 취소소송 제소기간 준수 여부를 판단할 때에는 청구감축 부분을 포함하여 위 처분 전부에 대하여 적법한 행정심판을 거친 것으로 보아야 한다고 한 사례(대판 2012.11.29, 2012두3743)
5. 지방보훈청장이 허혈성심장질환이 있는 갑에게 재심 서면판정 신체검사를 실시한 다음 종전과 동일하게 전(공)상군경 7급 국가유공자로 판정하는 '고엽제후유증전환 재심신체검사 무변동처분' 통보서를 송달하자 갑이 위 처분의 취소를 구한 사안에서, 갑이 통보서를 송달받기 전에 정보공개를 청구하여 위 처분을 하는 내용의 통보서를 비롯한 일체의 서류를 교부받은 날부터 기산하여 위 소는 제소기간을 넘긴 것으로서 부적법하다고 본 원심판결에 법리를 오해한 위법이 있다고 한 사례(대판 2014.9.25, 2014두8254).

② 제3자의 경우

제3자가 제기하는 경우에도 원칙적으로 제소기간의 제한규정이 적용된다. 그러나 현행법은 제3자효 행정행위의 경우 이해관계 있는 제3자에 대한 처분의 통지의무를 부과하고 있지 않다. 따라서 제3자는 제3자효 행정처분이 있은 날로부터 180일 이내에 행정심판, 1년 이내에 취소소송을 제기할 수 있다. 그러나 제3자가 어떤 경위로든 행정처분이 있음을 알았다면 90일 내에 제기하여야 한다.

┨ **관 련 판 례** ┠

처분의 당사자가 아닌 제3자인 원고로서는 그 처분이 있었는지를 쉽사리 알 수 없었으므로 제소 이후 처분청이 본인가처분을 하였음을 자인하는 내용의 답변서를 수령한 때에 이르러 비로소 그 처분이 있었음을 알았다고 봄이 상당하다(대판 1992.7.10, 91누9107).

③ 처분이 고시 또는 공고된 경우

처분이 고시 또는 공고된 경우 처분의 상대방이 실제로 고시 또는 공고를 보았다면 공고 또는 고시를 본 날이 처분이 있음을 안 날이다. 문제는 상대방이 고시 또는 공고를 보지 못한 경우이다. 판례는 특정인의 경우에는 현실적으로 안 날을, 불특정 다수인의 경우에는 고시 또는 공고의 효력발생일이 처분이 있음을 안 날이라고 판시하고 있다.

┨ **관 련 판 례** ┠

1. 특정인에 대한 행정처분을 주소불명 등의 이유로 송달할 수 없어 관보 등에 공고한 경우, 상대방이 그 처분이 있음을 안 날은 현실적으로 안 날이다(대판 2006.4.28, 2005두14851).
2. 고시 또는 공고에 의하여 행정처분을 하는 경우, 그에 대한 취소소송 제소기간의 기산일은 고시 또는 공고의 효력발생일이다(대판 2007.6.14, 2004두619).

④ 불고지·오고지의 경우

행정청으로부터 행정처분 시나 그 이후 행정심판 제기기간에 관해 법정 심판청구기간보다 긴 기간으로 잘못 통지받아 행정소송법상 법정 제소기간을 도과한 경우, 당사자가 책임질 수 없는 사유에 해당하지 않는다(대판 2001.5.8, 2000두6916).

(2) 처분이 있음을 알지 못한 경우

1. 취소소송은 처분 등이 있은 날부터 1년을 경과하면 이를 제기하지 못한다. 다만, 정당한 사유가 있는 때에는 그러하지 아니하다(행정소송법 제20조 제2항). 처분 등이 있은 날이란 처분이 통지에 의해 외부에 표시되어 효력을 발생한 날을 의미한다.

> **관 련 판 례**
>
> 상대방이 있는 행정처분의 경우 행정소송법 제20조 제2항 소정의 제소기간의 기산점인 '처분이 있은 날'은 처분이 고지되어 효력이 발생한 날을 의미한다(대판 1990.7.13, 90누2284).

2. 한편, 당사자가 책임질 수 없는 사유로 인해 이를 준수할 수 없었을 때는 행정소송법 제8조에 의해 준용되는 민사소송법 제173조 제1항에 의해 그 사유가 없어진 후 2주일 이내에 제소행위를 추완할 수 있다.

> **관 련 판 례**
>
> 1. 1년에 대한 예외로서 '정당한 사유'의 의미와 판단기준 : 행정소송법 제20조 제2항 소정의 '정당한 사유'란 불확정 개념으로서 그 존부는 사안에 따라 개별적·구체적으로 판단하여야 하나 민사소송법 제160조의 '당사자가 그 책임을 질 수 없는 사유'나 행정심판법 제18조 제2항 소정의 '천재지변, 전쟁, 사변 그 밖에 불가항력적인 사유'보다는 넓은 개념이라고 풀이되므로, 제소기간 도과의 원인 등 여러 사정을 종합하여 지연된 제소를 허용하는 것이 사회통념상 상당하다고 할 수 있는가에 의하여 판단하여야 한다(대판 1991.6.28, 90누6521).
> 2. 민사소송법상 '당사자가 책임질 수 없는 사유'의 의미 : 취소소송은 처분 등이 있음을 안 날부터 90일 이내에 제기하여야 하고(행정소송법 제20조 제1항 본문), 그 제소기간은 불변기간이며(같은 조 제3항), 다만 당사자가 책임질 수 없는 사유로 인하여 이를 준수할 수 없었던 경우에는 같은 법 제8조에 의하여 준용되는 민사소송법 제173조 제1항에 의하여 그 사유가 없어진 후 2주일 내에 해태된 제소행위를 추완할 수 있다고 할 것이며, 여기서 '당사자가 책임질 수 없는 사유'란 당사자가 그 소송행위를 하기 위하여 일반적으로 하여야 할 주의를 다하였음에도 불구하고, 그 기간을 준수할 수 없었던 사유를 말한다고 할 것이다(대판 2008.6.12, 2007두16875).
> 3. 위헌결정을 선고받은 법률조항의 합헌성을 신뢰했다는 사정은 정당한 사유가 아니다(대판 2005.1.13, 2004두9951).
> 4. 피고(한국산업기술평가관리원장)가 이 사건 처분 시에 행정소송의 제기절차 등을 고지하지 않았다는 사정은 행정소송의 제소기간을 준수할 수 없었던 '당사자가 책임질 수 없는 사유'에 해당하지 않는다(대판 2018.10.25, 2015두38856).

(3) 처분이 있음을 안 경우와 알지 못한 경우의 관계

두 경우 중 어느 하나의 제소기간이 도과하면 원칙적으로 취소소송을 제기할 수 없다.

2. 행정심판의 재결을 거치는 경우(예외)

1. 다른 법률에 당해 처분에 대한 행정심판의 재결을 거치지 않으면 취소소송을 제기할 수 없다는 규정이 있는 경우(행정심판절차가 필요적인 경우), 필요적으로 거쳐야 하는 것은 아니지만 행정심판청구를 할 수 있는 경우 또는 행정청이 행정심판청구를 할 수 있다고 잘못 알린 경우에 행정심판청구가 있은 때의 제소기간은 재결서의 정본을 송달받은 날로부터 90일 이내에 제기하여야 한다(행정소송법 제20조 제1항 단서).
2. 이 기간은 불변기간이다(같은 법 같은 조 제3항).
3. 이 경우에도 재결이 있은 날로부터 1년을 경과하면 취소소송을 제기할 수 없다. 다만, 정당한 사유가 있는 때에는 그러하지 아니하다(같은 법 같은 조 제2항 단서).

> ┤ 관 련 판 례 ├
>
> 1. 행정소송법 제20조 제1항에서 말하는 '행정심판'은 행정심판법에 따른 일반행정심판과 이에 대한 특례로서 다른 법률에서 사안의 전문성과 특수성을 살리기 위하여 특히 필요하여 일반행정심판을 갈음하는 특별한 행정불복절차를 정한 경우의 특별행정심판을 뜻한다(대판 2014.4.24, 2013두10809).
> 2. 행정청이 행정심판청구를 할 수 있다고 잘못 알려 행정심판청구를 한 경우 취소소송의 제소기간 기산점은 재결서 정본 송달일이다(대판 2006.9.8, 2004두947).
> 3. 임의적으로 이의신청을 거쳐 취소소송을 제기할 경우 이의신청에 대한 결정 정본을 송달받은 날부터 90일 이내에 제기해야 한다(대판 2001.9.18, 2000두2662).
> 4. 행정처분이 있음을 안 날부터 90일을 넘겨 행정심판을 청구하였다가 부적법하다는 이유로 각하재결을 받은 후 재결서를 송달받은 날부터 90일 내에 원래의 처분에 대하여 취소소송을 제기한 경우, 취소소송의 제소기간을 준수한 것으로 볼 수 없다(대판 2011.11.24, 2011두18786).
> 5. 이미 제소기간이 지나 불가쟁력이 발생한 후에 행정청이 행정심판청구를 할 수 있다고 잘못 알린 경우, 그 안내에 따라 청구된 행정심판 재결서 정본을 송달받은 날부터 다시 취소소송의 제소기간이 기산되지 않는다(대판 2012.9.27, 2011두27247).

3. 제소기간 준수여부 판단 기준시

(1) 원칙(제소시)

소 제기기간 준수 여부에 대한 판단은 원칙적으로 제소시를 기준으로 한다.

(2) 소변경의 경우

① 소종류의 변경

소의 종류의 변경의 경우 새로운 소에 대한 제소기간의 준수는 변경된 처음의 소가 제기된 때를 기준으로 한다(행정소송법 제21조 제4항).

② 청구취지의 교환적 변경

청구취지를 교환적으로 변경하여 종전의 소가 취하되고 새로운 소가 제기된 것으로 보게 되는 경우 새로운 소에 대한 제소기간의 준수 여부는 원칙적으로 소의 변경이 있은 때를 기준으로 판단한다. 그러나 선행처분의 취소를 구하는 소가 후속처분의 취소를 구하는 소로 교환적으로 변경되었다가 다시 선행처분의 취소를 구하는 소로 변경된 경우 후속처분의 취소를 구하는 소의 제소기간은 최초의 소가 제기된 때를 기준으로 정해야 한다(대판 2013.7.11, 2011두27544).

③ 소의 추가적 병합

1. 소의 추가적 병합의 경우 추가적으로 병합된 소의 제소기간은 원칙상 추가병합 신청이 있은 때를 기준으로 한다(대판 2004.12.10, 2003두12257).
2. 동일한 행정처분에 대한 무효확인의 소에 그 처분의 취소를 구하는 소를 추가적으로 병합한 경우, 주된 청구인 무효확인의 소가 적법한 취소소송의 제소기간 내에 제기되었다면 추가적으로 병합된 취소청구의 소도 적법하게 제기된 것으로 본다(대판 2005.12.23, 2005두3554).

④ 청구취지의 추가

1. 공정거래위원회의 처분에 대하여 불복의 소를 제기하였다가 청구취지를 추가하는 경우, 추가된 청구취지에 대한 제소기간 준수 여부를 판단하는 기준시점은 청구취지의 추가·변경 신청이 있는 때이다 : 청구취지를 추가하는 경우, 청구취지가 추가된 때에 새로운 소를 제기한 것으로 보므로, 추가된 청구취지에 대한 제소기간 준수 등은 원칙적으로 청구취지의 추가·변경 신청이 있는 때를 기준으로 판단하여야 한다. 그러나 선행 처분의 취소를 구하는 소를 제기하였다가 이후 후행 처분의 취소를 구하는 청구취지를 추가한 경우에도, 선행 처분이 종국적 처분을 예정하고 있는 일종의 잠정적 처분으로서 후행 처분이 있을 경우 선행 처분은 후행 처분에 흡수되어 소멸되는 관계에 있고, 당초 선행 처분에 존재한다고 주장되는 위법사유가 후행 처분에도 마찬가지로 존재할 수 있는 관계여서 선행 처분의 취소를 구하는 소에 후행 처분의 취소를 구하는 취지도 포함되어 있다고 볼 수 있다면, 후행 처분의 취소를 구하는 소의 제소기간은 선행 처분의 취소를 구하는 최초의 소가 제기된 때를 기준으로 정하여야 한다(대판 2018.11.15, 2016두48737).
2. 청구취지를 추가하는 경우, 청구취지가 추가된 때에 새로운 소를 제기한 것으로 보므로, 추가된 청구취지에 대한 제소기간 준수 등은 원칙적으로 청구취지의 추가·변경 신청이 있는 때를 기준으로 판단하여야 한다(대판 2018.11.15, 2016두48737).
3. 선행 처분의 취소를 구하는 소를 제기하였다가 후행 처분의 취소를 구하는 청구취지를 추가하였으나 선행 처분이 잠정적 처분으로서 후행 처분에 흡수되어 소멸되는 관계에 있고, 선행 처분의 취소를 구하는 소에 후행 처분의 취소를 구하는 취지도 포함되어 있는 경우, 후행 처분의 취소를 구하는 소의 제소기간 준수 여부를 판단하는 기준시점은 선행 처분의 취소를 구하는 최초의 소가 제기된 때이다.
4. 선행 처분의 취소를 구하는 소를 제기하였다가 이후 후행 처분의 취소를 구하는 청구취지를 추가한 경우에도, 선행 처분이 종국적 처분을 예정하고 있는 일종의 잠정적 처분으로서 후행 처분이 있을 경우 선행 처분은 후행 처분에 흡수되어 소멸되는 관계에 있고, 당초 선행 처분에 존재한다고 주장되는 위법사유가 후행 처분에도 마찬가지로 존재할 수 있는 관계여서 선행 처분의 취소를 구하는 소에 후행 처분의 취소를 구하는 취지도 포함되어 있다고 볼 수 있다면, 후행 처분의 취소를 구하는 소의 제소기간은 선행 처분의 취소를 구하는 최초의 소가 제기된 때를 기준으로 정하여야 한다(대판 2018.11.15, 2016두48737).

4. 무효처분과 제소기간

무효등확인소송의 경우에는 제소기간의 제한이 없다. 판례는 무효선언을 구하는 취소소송의 경우 제소기간의 제한규정이 적용된다는 입장이다.

> **┨ 관 련 판 례 ┠**
>
> 행정처분의 당연무효를 선언하는 의미에서 그 취소를 청구하는 행정소송을 제기한 경우에도 전심절차와 제소기간의 준수 등 취소소송의 제소요건을 갖추어야 한다(대판 1990.12.26, 90누6279).

제6관 전심절차

Ⅰ. 임의적 전치주의(원칙)

1. 행정소송법 제18조 제1항 본문은 "취소소송은 법령의 규정에 의하여 당해 처분에 대한 행정심판을 제기할 수 있는 경우에도 이를 거치지 아니하고 제기할 수 있다."라고 규정하고 있다. 따라서 현행 행정소송법상 원칙적으로 임의적 전치주의, 예외적으로 필요적 전치주의를 채택하고 있다고 할 수 있다.
2. 여기서 말하는 행정심판은 반드시 행정심판법상의 행정심판에 한정하지 않으며 행정기관이 심판기관이 되는 행정쟁송(예 행정심판·이의신청·심사청구·심판청구 기타 행정청에 대한 불복신청 등)을 총칭하는 개념이다.

Ⅱ. 필요적 전치주의(예외)

행정소송법 제18조 제1항 단서에서는 "다만, 다른 법률에 당해 처분에 대한 행정심판의 재결을 거치지 아니하면 취소소송을 제기할 수 없다는 규정이 있는 때에는 그러하지 아니하다."라고 규정함으로써 예외적으로 필요적 행정심판전치주의를 인정하고 있다.

1. 필요적 전치주의 사례

(1) 공무원과 교원에 대한 소청심사

1. 소청을 제기한 자가 소청심사위원회의 결정에 불복이 있는 때에는 행정소송을 제기할 수 있다. 징계처분, 그 밖에 본인의 의사에 반한 불리한 처분이나 부작위에 관한 행정소송은 소청심사위원회의 심사·결정을 거치지 아니하면 제기할 수 없다(국가공무원법 제16조 제1항).
2. 처분, 그 밖에 본인의 의사에 반한 불리한 처분이나 부작위에 관한 행정소송은 심사위원회의 심의·결정을 거치지 아니하면 제기할 수 없다(지방공무원법 제20조의2).
3. 교원소청심사위원회의 결정에 대하여 교원, 학교법인 또는 사립학교 경영자 등 당사자는 그 결정서를 송달받은 날부터 90일 이내에 행정소송법으로 정하는 바에 따라 소송을 제기할 수 있다(「교원지위 향상을 위한 특별법」 제10조 제3항).

> **┨ 관 련 판 례 ┠**
>
> 교원에 대한 징계처분에 관하여 재심청구를 거치지 아니하고서는 행정소송을 제기할 수 없도록 한 국가공무원법 제16조 제2항 중 교원에 대한 부분은 재판청구권을 침해하지 않는다(합헌)(헌재결 2007.1.17, 2005헌바86).

(2) 조세부과처분

1. 위법한 국세부과처분에 대한 행정소송은 심사청구 또는 심판청구와 그에 대한 결정을 거치지 아니하면 이를 제기할 수 없다(국세기본법 제56조 제2항).
2. 동일한 처분에 대해서는 심사청구와 심판청구를 중복하여 제기할 수 없다(같은 법 제55조 제9항).
3. 청구인은 제43조 및 제46조에 따른 심사청구 및 결정을 거친 행정기관의 장의 처분에 대하여는 해당 처분청을 당사자로 하여 해당 결정의 통지를 받은 날부터 90일 이내에 행정소송을 제기할 수 있다(감사원법 제46조의2).
4. 따라서 국세부과처분에 대해 행정소송을 제기하기 위해서는 국세기본법상의 심사청구나 심판청구 또는 감사원법상의 심사청구 가운데 하나를 반드시 거쳐야 한다.

(3) 도로교통법상 처분

이 법에 의한 처분으로서 해당 처분에 대한 행정소송은 행정심판의 재결을 거치지 아니하면 이를 제기할 수 없다(도로교통법 제142조).

2. 요건

(1) 심판청구의 적법성(실질에 의해 판단)

1. 부적법한 심판청구를 각하하지 않고 본안에 대한 재결을 한 경우 : 전치요건충족을 부정하는 것이 통설·판례(대판 1991.6.25, 90누8091)이다.

> **┤ 관 련 판 례 ├**
> 제기기간을 도과한 행정심판청구의 부적법을 간과한 채 행정청이 실질적 재결을 한 경우 행정소송의 전치요건을 충족하지 못한다(대판 1991.6.25, 90누8091).

2. 적법한 심판청구가 부적법한 것으로 각하된 경우 : 이 경우는 행정청이 착오로 부적법한 것으로 각하했다 하더라도 행정심판전치주의의 근본취지가 행정청에게 자기반성의 기회를 제공하는 데 있음을 고려할 때 전치요건을 충족했다고 보는 것이 통설과 판례의 입장이다.

(2) 인적 관련성

1. 행정심판전치의 취지는 당해 행정처분에 대해 행정청에 의한 재심사를 구하는 데 있다. 그러므로 특정한 처분에 대해 행정심판이 제기되어 재결이 있었으면 전치요건을 충족시켰다고 볼 수 있으므로, 행정심판의 청구인과 행정소송의 원고가 동일인일 필요는 없다.
2. 따라서 ① 공동소송의 경우 공동소송인 중 1인이 행정심판을 거쳤다면 다른 공동소송인은 행정심판을 거치지 않고 행정소송을 제기할 수 있고(대판 1986.10.14, 83누584), ② 또한 행정소송법은 '동종사건에 관하여 이미 행정심판의 기각재결이 있은 때'에는 행정심판을 제기할 필요가 없음을 명시함으로써(제18조 제3항 제1호), 행정심판의 기각결정이 있으면 누구든 관계없이 행정심판을 거치지 않고 행정소송을 제기할 수 있도록 했다.

(3) 사물적 관련성

행정심판의 대상으로서의 행정처분과 행정소송의 대상으로서의 행정처분은 원칙적으로 동일한 것이어야 한다(대판 1969.1.3, 69누9). 다만, 행정소송법은 서로 내용상 관련되는 처분 또는 동일한 목적을 위해 단계적으로 진행되는 처분 중 어느 하나가 이미 행정심판의 재결을 거친 때에는 행정심판을 제기하지 않고 취소소송을 제기할 수 있다(제18조 제3항 제2호)고 규정하고 있다.

> **┤ 관 련 판 례 ├**
> 의제배당소득임을 전제로 한 원천징수고지에 대하여 전심절차를 거친 경우에 의제배당소득을 포함한 종합소득세부과처분 취소소송에서 별도의 전심절차를 거쳐야 한다(대판 2009.5.28, 2007두25817).

(4) 주장사유의 관련성

판례는 양자의 주장이 전혀 별개의 것이 아닌 한 반드시 일치하는 것은 아니므로, 행정심판에서 주장하지 않은 사항도 기본적인 점에서 부합되는 것이면 행정소송에서 주장할 수 있다고 판시하고 있다.

> **┤ 관 련 판 례 ├**
> 항고소송에 있어 전심절차에서 주장하지 아니한 공격방어방법을 소송절차에서 주장할 수 있다(대판 1996.6.14, 96누754).

(5) 전치요건 충족 여부의 판단

① 직권조사사항

전심절차를 거친 여부는 행정소송제기의 소송요건으로서 직권조사사항이라 할 것이므로 이를 거치지 않았음을 원고 소송대리인이 시인하였다고 할지라도 그 사실만으로 전심절차를 거친 여부를 단정할 수는 없다(대판 1986. 4.8, 82누242).

② 판단 기준시

전심절차를 밟지 아니한 채 증여세부과처분취소소송을 제기하였다면 제소당시로 보면 전치요건을 구비하지 못한 위법이 있다 할 것이지만, 소송계속 중 심사청구 및 심판청구를 하여 각 기각결정을 받았다면 원심변론종결일 당시에는 위와 같은 전치요건흠결의 하자는 치유되었다고 볼 것이다(대판 1987.4.28, 86누29).

3. 필요적 행정심판전치주의의 적용범위

(1) 실정법규정

행정소송법은 취소소송에 대해 예외적으로 필요적 행정심판전치주의를 채택하고(제18조 제1항 단서), 부작위위법확인소송에 이를 준용하고 있다(제38조 제2항). 그러나 항고소송 중 무효등확인소송과 당사자소송에는 행정심판전치주의가 적용되지 않는다(제38조 제1항, 제44조).

┤ **관 련 판 례** ├

행정처분의 당연무효를 구하는 소송에 있어서는 소원(현행법상 행정심판)전치의 요건을 구비할 필요가 없다(대판 1962.9.27, 62누29).

(2) 무효선언을 구하는 의미의 취소소송(긍정)

1. 학설 : 소송의 형식이 취소소송을 취하는 한 행정심판전치주의가 적용된다는 적극설과 형식만 취소소송일 뿐 그 소송으로 구하는 판결은 당해 행정행위가 무효임을 확인하는 무효확인소송이므로, 행정심판전치주의의 적용이 없다는 소극설이 대립한다.
2. 판례(적극설) : 판례는 적극설을 취하고 있다.

┤ **관 련 판 례** ├

행정처분의 당연무효를 선언하는 의미에서 그 취소를 구하는 행정소송을 제기하는 경우에는 전치절차와 그 제소기간의 준수 등 취소소송의 제소요건을 갖추어야 한다(대판 1993.3.12, 92누11039).

(3) 2단계 이상의 행정심판절차가 규정되어 있는 경우

관계 법령이 하나의 처분에 대해 2단계 이상의 행정심판절차를 규정하고 있는 경우에 당해 절차를 모두 거쳐야 하는가에 대해, 통설은 명문규정이 있는 경우를 제외하고는 그중의 하나만 거치면 족하다는 입장이다.

(4) 제3자에 의한 제소의 경우(긍정)

행정소송법 제20조 제2항은 행정심판을 제기하지 아니하거나 그 재결을 거치지 아니하는 사건을 적용대상으로 한 것임이 규정 자체에 의하여 명백하고, 행정처분의 상대방이 아닌 제3자가 제기하는 사건은 같은 법 제18조 제3항 소정의 행정심판을 제기하지 아니하고 제소할 수 있는 사건에 포함되어 있지 않으므로 같은 법 제20조 제2항 단서를 적용하여 제소에 관한 제척기간의 규정을 배제할 수는 없다(대판 1989.5.9, 88누5150).

4. 행정심판전치주의의 예외

행정심판의 재결을 거치지 아니하고 취소소송을 제기할 수 있는 경우(제18조 제2항)	행정심판을 제기함이 없이 취소소송을 제기할 수 있는 경우(제18조 제3항)
1. 행정심판청구가 있은 날로부터 60일이 지나도 재결이 없는 때(제1호) 2. 처분의 집행 또는 절차의 속행으로 생길 중대한 손해를 예방하여야 할 긴급한 필요가 있는 때(제2호) 3. 법령의 규정에 의한 행정심판기관이 의결 또는 재결을 하지 못할 사유가 있는 때(제3호) 4. 그 밖의 정당한 사유가 있는 때(제4호)	1. 동종사건에 관하여 이미 행정심판의 기각재결이 있은 때(제1호) 2. 서로 내용상 관련되는 처분 또는 같은 목적을 위하여 단계적으로 진행되는 처분 중 어느 하나가 이미 행정심판의 재결을 거친 때(제2호) 3. 행정청이 사실심의 변론종결 후 소송의 대상인 처분을 변경하여 당해 변경된 처분에 관하여 소를 제기하는 때(제3호) 4. 처분을 행한 행정청이 행정심판을 거칠 필요가 없다고 잘못 알린 때(제4호) 5. 처분변경으로 인한 소의 변경의 경우(제22조 제3항)

┤ 관 련 판 례 ├

1. 처분청이 아닌 재결청 소속의 행정심판 업무 담당 공무원이 행정심판을 거칠 필요가 없다고 잘못 알린 경우, 행정심판 제기 없이 그 취소소송을 제기할 수 있다(대판 1996.8.23, 96누4671).
2. 조세소송에서 납세의무자가 전심절차를 거치지 않고 과세처분취소청구소송을 제기할 수 있는 경우 : 조세행정에 있어서 2개 이상의 같은 목적의 행정처분이 단계적·발전적 과정에서 이루어진 것으로서 서로 내용상 관련이 있다든지, 세무소송 계속 중에 그 대상인 과세처분을 과세관청이 변경하였는데 위법사유가 공통된다든지, 동일한 행정처분에 의하여 수인이 동일한 의무를 부담하게 되는 경우에 선행처분에 대하여 또는 그 납세의무자들 중 1인이 적법한 전심절차를 거친 때와 같이, 과세관청과 국세심판원으로 하여금 기본적 사실관계와 법률문제에 대하여 다시 판단할 수 있는 기회를 부여하였을 뿐더러 납세의무자로 하여금 굳이 또 전심절차를 거치게 하는 것이 가혹하다고 보이는 등 정당한 사유가 있는 때에는 납세의무자가 전심절차를 거치지 아니하고도 과세처분의 취소를 청구하는 행정소송을 제기할 수 있다(대판 2011.1.27, 2009두13436).
3. 당초의 과세처분에 존재하고 있다고 주장되는 위법사유가 증액경정처분에도 존재하고 있어 당초의 과세처분이 위법하다고 판단되면 증액경정처분도 위법하다고 하지 않을 수 없는 경우, 당초의 과세처분에 대한 전심절차에서 청구의 취지나 이유를 변경하지 아니하였다고 하더라도 증액경정처분에 대한 별도의 전심절차 없이 증액경정처분의 취소를 구할 수 있다(대판 2013.2.14, 2011두25005).
4. 조세행정소송에서 납세의무자가 전심절차를 거치지 않고 정당한 사유 없이 전심절차를 거치지 아니하고 과세처분 취소청구소송을 제기할 수 없다(대판 2014.12.11, 2012두20618).

제7관 소의 변경

Ⅰ. 의 의

1. 개 념

1. 소의 변경은 소송의 계속 중에 원고가 심판의 대상인 청구를 변경하는 것을 말하고 청구의 변경은 소송물의 변경을 말하므로 소의 변경을 청구의 변경이라고도 한다.
2. 일반적으로 소의 변경에는 종래의 청구를 철회하고 새로운 청구를 하는 '교환적 변경'과 종래의 청구는 그대로 두고 새로운 청구를 추가하는 '추가적 변경'이 있다.

┤ 관 련 판 례 ├

항소심에서 소가 교환적으로 변경된 경우 항소취하는 무효이다(대판 2008.5.29, 2008두2606).

2. 유사개념과의 구별

(1) 공격방어방법의 변경

소의 변경은 '청구 그 자체의 변경'을 요한다. 따라서 청구를 이유 있게 하기 위한 공격방어방법의 변경은 소의 변경이 아니다.

(2) 청구취지의 정정

청구취지의 정정이란 청구취지의 기재에 착오가 있을 때 청구취지를 바로잡는 것을 의미한다. 청구취지의 정정의 경우 청구가 변경되는 것이 아니므로 전심절차 및 제소기간의 준수 여부는 정정되기 전의 소송의 제기를 기준으로 판단해야 한다.

┤ 관 련 판 례 ├

주택건설사업의 양수인이 사업주체의 변경승인신청을 한 이후에 행정청이 양도인에 대한 사업계획승인을 취소하는 처분을 하면서 양수인에게 그 사실을 통지하고 변경승인신청서를 반려한 것에 대하여 양수인이 행정소송을 제기하면서 청구취지에 처분성이 결여된 위 통지를 소송의 대상으로 기재하였으나 청구원인에 비추어 볼 때 사업계획승인취소처분을 소송의 대상으로 삼았다고 봄이 합리적인 경우에는 위 통지의 취소를 사업계획승인취소처분의 취소로 청구취지를 정정하는 것이 가능하다(대판 2000.9.26, 99두646).

II. 행정소송법상 소의 변경

행정소송법은 '소의 종류의 변경'과 '처분변경으로 인한 소의 변경' 두 가지를 규정하고 있다.

1. 소의 종류의 변경

(1) 의 의

취소소송을 당해 처분 등에 관계되는 사무가 귀속하는 국가 또는 공공단체에 대한 당사자소송 또는 취소소송 외의 항고소송으로 변경하는 것이 이에 해당한다.

(2) 종 류

구 분	내 용
소 종류의 변경	1. 항고소송 상호 간 - 취소소송 상호 간(동일한 처분인 경우) - 무효확인소송과 부작위위법확인소송 상호 간 2. 항고소송과 당사자소송 상호 간
처분변경으로 인한 소변경	1. 항고소송 - 부작위위법확인소송 2. 당사자소송

1. 일반적인 소의 변경과는 달리 행정소송법 제21조의 소의 변경은 교환적 변경만 허용되고 추가적 변경은 허용되지 않는다는 것이 다수설·판례이다. 소의 추가적 변경은 관련청구소송의 병합제기의 방법에 의해야 한다.

> **─┤ 관 련 판 례 ├─**
> 행정소송법상 소의 종류의 변경에 따른 당사자(피고)의 변경은 교환적 변경에 한한다고 봄이 상당하므로 예비적 청구만이 있는 피고의 추가경정신청은 허용되지 않는다(대결 1989.10.27, 89두1).

2. 항고소송 상호 간의 소의 변경의 경우에는 피고경정을 수반하지 않지만, 항고소송과 당사자소송 상호 간의 소의 변경일 경우에는 피고경정이 수반된다는 점이, 피고경정을 수반하는 소의 변경을 인정하지 않는 민사소송에서의 소의 변경과 다르다.

> **─┤ 관 련 판 례 ├─**
> 원고가 고의 또는 중대한 과실 없이 당사자소송으로 제기하여야 할 것을 항고소송으로 잘못 제기한 경우, 법원이 취할 조치 : 원고가 고의 또는 중대한 과실 없이 당사자소송으로 제기하여야 할 것을 항고소송으로 잘못 제기한 경우에, 당사자소송으로서의 소송요건을 결하고 있음이 명백하여 당사자소송으로 제기되었더라도 어차피 부적법하게 되는 경우가 아닌 이상, 법원으로서는 원고가 당사자소송으로 소 변경을 하도록 하여 심리·판단하여야 한다(대판 2016.5.24, 2013두14863).

(3) 요건 및 절차

1. 취소소송이 계속되고 있을 것
2. 사실심의 변론종결시까지 원고의 신청이 있을 것 : 따라서 직권으로는 안 되고, 상고심은 법률심이기 때문에 상고심인 대법원에서의 소변경은 허용되지 않는다.
3. 취소소송을 '당해 처분 등에 관계되는 사무가 귀속하는 국가 또는 공공단체에 대한 당사자소송 또는 취소소송 외의 항고소송'으로 변경하는 것일 것 : 사무의 귀속이란 조직법상의 귀속이 아니라 처분 등의 효과의 귀속을 말한다. 행정소송법이 예정하는 소의 변경은 당사자의 변경까지 포함하고 있다는 점에서 민사소송법상의 소변경에 대한 특례라고 할 수 있다.
4. 청구의 기초에 변경이 없을 것

> **┨ 관 련 판 례 ┠**
>
> 동일한 생활사실 또는 동일한 경제적 이익에 기한 청구의 변경과 청구의 기초 : 소변경제도를 인정하는 취지는 소송으로서 요구받고 있는 당사자 쌍방의 분쟁에 합리적 해결을 실질적으로 달성시키고 동시에 소송경제에 적합하도록 함에 있다 할 것이므로 동일한 생활사실 또는 동일한 경제적 이익에 관한 분쟁에 있어서 그 해결방법에 차이가 있음에 불과한 청구취지의 변경은 청구의 기초에 변경이 없다(대판 1987.7. 7, 87다카225).

5. 변경된 소는 적법할 것
6. 법원이 상당하다고 인정하여 허가결정을 할 것 : 민사소송에서와 같이 소변경신청서만을 제출함으로써 가능한 것이 아니라 원고의 신청과 법원의 허가결정이 있을 것을 요한다.
7. 법원은 소의 변경을 허가함에 있어 피고를 달리하게 될 때에는 새로이 피고로 될 자의 의견을 들어야 하며, 허가결정이 있게 되면 결정의 정본을 새로운 피고에게 송달하여야 한다. 의견을 듣는 방법은 법에 규정이 없기 때문에 구두나 문서 어느 것도 무방하다.

(4) 소변경의 효과

소변경이 허가되면 신소(新訴)는 처음에 소를 제기한 때에 제기된 것으로 보며, 변경된 구소(舊訴)는 취하된 것으로 본다(제21조 제4항). 따라서 구소에 대해 행해진 종전의 소송절차는 신소에 유효하게 승계된다. 제소기간 준수의 소급효를 인정한 것은 우리나라에 특유한 것이고, 민사소송법의 대원칙에 대한 예외로서 중요한 의미가 있다.

> **┨ 관 련 판 례 ┠**
>
> 취소소송을 제기하였다가 나중에 당사자소송으로 변경하는 경우에는 행정소송법 제21조 제4항, 제14조 제4항에 따라 처음부터 당사자소송을 제기한 것으로 보아야 하므로 당초의 취소소송이 적법한 기간 내에 제기된 경우에는 당사자소송의 제소기간을 준수한 것으로 보아야 할 것이다(대판 1992.12.24, 92누3335).

(5) 불복방법

소의 변경을 허가하는 결정에 대해 새로운 소의 피고와 변경된 소의 피고는 즉시항고할 수 있다(제21조 제3항). 그러나 청구취지변경을 불허한 결정에 대하여는 법에 규정이 없기 때문에 독립하여 항고할 수 없고 새 피고를 상대로 별소를 제기하거나(정하중) 종국판결에 대한 상소로써만 다툴 수 있다(대판 1992.9.25, 92누5096).

2. 처분변경으로 인한 소의 변경

(1) 의 의

행정청이 소송의 대상인 처분을 소가 제기된 후 변경한 때에 원고가 법원의 허가를 얻어 청구의 취지 또는 원인을 변경하는 경우가 이에 해당한다(제22조 제1항).

(2) 요 건

1. 처분의 변경이 있을 것 : 행정청이 소송의 대상인 처분을 소가 제기된 후에 변경했어야 한다. 따라서 관련되는 처분이 변경된 경우는 이 요건에 해당하지 않는다. 처분변경으로 인한 소변경이 인정되는 소송은 취소소송과 무효등확인소송 및 당사자소송이다(제22조 제1항, 제38조 제1항, 제44조 제1항). 거부처분이 있었음에도 부작위인 줄 알고 부작위위법확인소송을 제기한 경우 행정소송법 제37조에 의해 부작위위법확인소송을 취소소송으로 변경하는 것이 가능하다. 그러나 부작위에 대해 부작위위법확인소송을 제기한 후에 행정청의 처분이 있는 경우 행정소송법 제22조(처분변경으로 인한 소의 변경)가 부작위위법확인소송에 준용되지 않기 때문에 행정소송법 제37조에 의해 거부처분에 대한 취소소송으로 변경하는 것이 가능한지 논란이 있다.
2. 처분의 변경이 있음을 안 날로부터 60일 이내일 것(제22조 제2항) : 따라서 60일을 경과한 경우에는 90일 내에 별소를 제기해야 한다.
3. 원고의 신청에 의해 법원의 허가결정이 있을 것
4. 기타 취소소송이 계속 중이고 사실심 변론종결 전이어야 하며, 변경되는 신소는 적법해야 한다. 행정청에 의한 처분변경으로 인한 소변경의 청구는 행정심판전치의 요건을 갖춘 것으로 본다(제22조 제3항).

(3) 효 과

소의 변경을 허가하는 결정이 있으면, 신소(新訴)는 구소(舊訴)가 제기된 때에 제기된 것으로 보며, 구소는 취하된 것으로 본다.

Ⅲ. 민사소송법상 소의 변경

1. 개 설

행정소송법에서 소의 변경에 관한 규정이 없는 경우에 민사소송법에 의한 소의 변경이 가능한지의 문제이다. 행정소송법에 규정이 없는 경우란 ① 행정소송과 민사소송 사이의 소의 변경과 ② 소의 종류를 변경하지 않고 청구의 내용만을 변경하는 경우가 있다.

┤ 관 련 판 례 ├

행정소송에서 민사소송법상의 청구의 변경이 인정된다(대판 1999.11.26, 99두9407).

2. 행정소송과 민사소송 사이의 소의 변경

대법원은 수소법원의 관할권이 있는 경우 민사소송의 행정소송으로의 소의 변경을 인정한다. 그러나 항고소송의 민사소송으로의 소의 변경에 관한 판례는 없다. 소의 변경이 인정되는 경우 행정소송의 제기기간의 준수 여부는 이송 시가 아니라 행정소송으로 변경된 민사소송의 제기 시를 기준으로 판단해야 한다.

┤ 관 련 판 례 ├

1. 행정소송으로 제기하여야 할 사건을 민사소송으로 잘못 제기하고 수소법원이 그 행정소송에 대한 관할도 동시에 가지고 있는 경우, 수소법원이 취하여야 할 조치(진료비지급청구의 민사소송을 진료비지급 거부처분취소소송으로 소 변경을 허용) : 원고가 고의 또는 중대한 과실 없이 행정소송으로 제기하여야 할 사건을 민사소송으로 잘못 제기한 경우 수소법원으로서는 만약 그 행정소송에 대한 관할도 동시에 가지고 있는 경우라면, 행정소송으로서의 전심절차 및 제소기간을 도과하였거나 행정소송의 대상이 되는 처분 등이 존재하지도 아니한 상태에 있는 등 <u>행정소송으로서의 소송요건을 결하고 있음이 명백하여 행정소송으로 제기되었더라도 어차피 부적법하게 되는 경우가 아닌 이상, 원고로 하여금 항고소송으로 소 변경을 하도록 하여 그 1심법원으로 심리·판단하여야 한다</u>(대판 1999.11.26, 97다42250).
2. 행정소송법상 항고소송으로 제기하여야 할 사건을 민사소송으로 잘못 제기하였으나 수소법원이 항고소송에 대한 관할도 동시에 가지고 있는 경우, 원고에게 항고소송으로 소를 변경하도록 석명권을 행사하여 행정소송법이 정하는 절차에 따라 심리·판단하여야 한다(대판 2020.1.16, 2019다264700).
3. 관리처분계획에 대한 인가·고시 후 관리처분계획안에 대한 총회결의의 무효확인을 구하는 소송은 행정소송임에도 민사소송으로 제기된 경우에 관할위반의 위법이 없는 경우 원심은 행정소송법에 따라 심리하고 소 변경 여부에 대한 석명권을 행사하여야 한다(대판 2009.10.29, 2008다97737).

3. 처분의 변경을 전제로 하지 않고 소의 종류를 변경하지 않는 청구의 변경(취소소송 상호 간의 소 변경)

청구의 기초에 변경이 없는 범위 내에서 청구의 변경이 인정된다. 예를 들면, 처분의 전부취소소송을 일부취소소송으로 변경하는 경우이다. 또한, 청구의 기초에 변경이 없는 범위 내에서 청구의 범위를 확장하거나 축소하는 것도 가능하다. 이 경우에 제소기간의 준수 여부는 민사소송법의 일반원칙에 따라 소의 변경이 있은 때를 기준으로 하고 제소기간 준수의 소급효를 부정하는 입장이다.

┤ 관 련 판 례 ├

1. 소의 교환적 변경의 경우 청구취지를 변경하여 구소가 취하되고 새로운 소로 변경된 경우, 새로운 소에 대한 소 제기기간 준수 여부의 기준시점은 소 변경 시이다(대판 2004.11.25, 2004두7023).
2. 행정소송법상 취소소송에서 청구취지를 변경하여 구 소가 취소되고 새로운 소가 제기된 것으로 변경된 경우, 새로운 소에 대한 제소기간 준수 여부를 판단하는 기준시점은 소의 변경이 있은 때이다(대판 2019.7.4, 2018두58431).
3. 소의 추가적 변경의 경우 제소기간 준수 여부의 기준시점은 소 변경 시이다(대판 2004.12.10, 2003두12257).
4. 당초의 조세부과처분 취소소송 계속 중 당초의 부과처분을 증액 변경하는 증액경정결정 또는 재경정결정이 있는 경우에 당초의 소송이 제소기간 내에 제기된 경우 청구취지변경의 제소기간 준수를 따질 필요가 없다(대판 2012.11.29, 2010두7796).
5. 선행처분의 취소를 구하는 소가 후속처분의 취소를 구하는 소로 교환적으로 변경되었다가 다시 선행처분의 취소를 구하는 소로 변경되고, 후속처분의 취소를 구하는 소에 선행처분의 취소를 구하는 취지가 그대로 남아 있었던 경우, 선행처분의 취소를 구하는 소의 제소기간은 최초의 소가 제기된 때를 기준으로 정하여야 한다(대판 2013.7.11, 2011두27544).
6. 제소기간 내에 적법하게 제기된 선행 처분에 대한 취소소송 계속 중에 행정청이 선행 처분서 문언의 일부 오기를 정정할 수 있음에도 선행 처분을 직권 취소하고 실질적으로 동일한 내용의 후행 처분을 함으로써 두 처분 사이에 밀접한 관련성이 있고 선행 처분에 존재한다고 주장되는 위법사유가 후행 처분에도 존재할 수 있는 관계인 경우, 후행 처분의 취소를 구하는 소변경의 제소기간 준수 여부를 따로 따질 필요가 없다(대판 2019.7.4, 2018두58431).

제8관 처분사유의 추가·변경

Ⅰ. 개 설

1. 의 의

(1) 처분사유

처분사유란 처분의 적법성을 유지하기 위해 처분청에 의해 주장되는 처분의 사실적·법적 근거를 말한다.

(2) 처분사유의 추가·변경

처분사유의 추가란 항고소송의 심리단계에서 처분청이 처분 당시 근거로 삼았던 사유와 다른 사유를 추가적으로 주장하는 것을 말하며, 처분사유의 변경이란 항고소송의 심리단계에서 처분청이 처분 당시 근거로 삼았던 사유를 다른 사유로 변경하는 것을 말한다. 따라서 처분사유를 변경하기 위해 소의 변경을 하여야 하는 것은 아니다.

2. 유사개념과의 구별

(1) 행정행위의 치유와 전환

하자의 치유나 전환과 처분사유의 추가·변경은 처분의 적법성을 인정하는 것과 관련이 있다는 점에서는 유사하다. 그러나 ① 처분사유의 추가·변경은 처분 시에 하자 있는 처분을 전제로 하지 않고 그 사유도 처분 시에 존재하는 사유인데, 하자의 치유와 전환은 처분 시의 하자를 전제로 하고 그 사유도 처분 시가 아닌 후발적인 사유라는 점, ② 처분사유의 추가·변경은 원래의 행정행위는 그대로 두고 처분의 사유만 추가·변경하는 것이므로 하자 있는 행위를 새로운 행위로 대체하는 행정행위의 전환과는 구분되고, ③ 처분사유의 추가·변경은 기본적 사실관계의 동일성이 인정되고 1개의 처분을 상정하는데, 하자의 전환은 별개의 행위로 적법하게 되고 2개 이상의 처분을 상정하는 점, ④ 처분사유의 추가·변경은 소송단계에서 논의되는 소송법상의 문제인데, 하자의 치유는 소송단계에서는 허용되지 않는 처분의 하자론이라는 행정작용상의 문제라는 점에서 다르다.

(2) 근거법조의 추가·변경

1. 행정처분의 취소를 구하는 항고소송에서 처분청이 처분 당시에 적시한 구체적 사실을 변경하지 아니하는 범위 내에서 단지 그 처분의 근거 법령만을 추가·변경하거나 당초의 처분사유를 구체적으로 표시하는 것에 불과한 경우, 새로운 처분사유의 추가·변경에 해당하지 않는다(대판 2007.2.8, 2006두4899).
2. 자동차운송사업면허취소처분의 취소를 구하는 소송 계속 중 헌법재판소의 위헌결정으로 처분의 당초 근거 규정이 효력을 상실하자 처분청이 그 법률상의 근거를 적법하게 변경한 경우, 위 면허취소처분이 법률의 근거가 없는 위법한 처분이라고 할 수 없다(대판 2005.3.10, 2002두9285).
3. 처분의 근거 법령을 변경하는 것이 종전 처분과 동일성을 인정할 수 없는 별개의 처분을 하는 것과 다름없는 경우에는 허용될 수 없다(대판 2021.7.29, 2021두34756).

(3) 공격방어방법의 변경과 구별

경정거부처분취소소송에서 과세관청이 당초의 거부처분사유 외의 새로운 사유를 주장할 수 있다 : 경정청구가 이유 없다고 내세우는 개개의 거부처분사유는 과세표준신고서에 기재된 과세표준 및 세액이 세법에 의하여 신고하여야 할 객관적으로 정당한 과세표준 및 세액을 초과하는 것이 아니라고 주장하는 공격방어방법에 불과한 것이다. 따라서 과세관청은 당초 내세웠던 거부처분사유 이외의 사유도 그 거부처분취소소송에서 새로이 주장할 수 있다 (대판 2008.12.24, 2006두13497).

(4) 처분사유의 근거가 되는 기초사실 내지 평가요소

1. 구 국적법 제5조 각호 사유 중 일부를 갖추지 못하였다는 이유로 행정청이 귀화 신청을 받아들이지 않는 처분을 한 경우, '그 각호 사유 중 일부를 갖추지 못하였다는 판단' 자체가 처분의 사유가 된다(대판 2018.12.13, 2016두31616).

2. 외국인 갑이 법무부장관에게 귀화신청을 하였으나 법무부장관이 심사를 거쳐 '품행 미단정'을 불허사유로 국적법상의 요건을 갖추지 못하였다며 신청을 받아들이지 않는 처분을 하였는데, 법무부장관이 갑을 '품행 미단정'이라고 판단한 이유에 대하여 제1심 변론절차에서 자동차관리법위반죄로 기소유예를 받은 전력 등을 고려하였다고 주장하였다가 원심 변론절차에서 불법 체류한 전력이 있다는 추가적인 사정까지 고려하였다고 주장한 사안에서, 법무부장관이 원심에서 추가로 제시한 불법 체류 전력 등의 제반 사정은 처분사유의 근거가 되는 기초 사실 내지 평가요소에 지나지 않으므로, 추가로 주장할 수 있다고 한 사례(대판 2018.12.13, 2016두31616)

II. 허용 여부(제한적 긍정설)

1. 문제의 소재

처분사유의 추가나 변경을 전혀 허용하지 않으면 원고가 승소한 후에 행정청이 다른 사유를 근거로 처분을 하게 되고, 그에 대한 소송이 반복된다는 점에서 분쟁의 1회적 해결의 요청에 반하게 된다. 한편, 이를 제한 없이 허용하면 원고의 공격방어에 지장을 초래하게 된다. 따라서 '소송경제 및 분쟁의 1회적 해결'이라는 요청과 '원고의 신뢰보호 및 공격방어권의 존중'의 요청을 어떻게 조화시키느냐가 문제된다. 행정소송의 계속 중에 처분사유의 추가·변경을 허용할 것인가에 대하여 행정소송법은 명문의 규정을 두고 있지 않다. 따라서 견해가 대립된다.

2. 학설(제한적 긍정설)

실질적 법치주의 내지 소송경제의 관점과 처분 상대방의 신뢰보호를 조화시키는 견지에서 일정한 범위 내에서만 제한적으로 허용된다는 견해이다. 즉, 기본적 사실관계의 동일성이 인정되고, 원고의 권리방어가 침해되지 않는 한도 내에서 인정된다는 견해로서 통설적 견해이다. 즉, 최소한 처분사유의 추가·변경으로 원고인 당사자가 불이익을 받을 수 없다는 기본적인 한계는 준수되어야 한다는 것이 일반적인 견해이다. 또한 행정절차법 제23조에서 행정청에 처분에 대한 이유제시의무가 부과되는 중요한 이유는 행정청의 신중과 자기통제를 기하고 처분에 대한 관계인의 권리구제를 원활히 하는 데 있는데, 처분사유의 추가·변경을 제한 없이 허용할 경우에는 이유부기의 취지가 유명무실해질 우려가 있다.

3. 판례(제한적 긍정설)

(1) 제한적 긍정설

1. 제한적 긍정설 : 행정처분취소소송에 있어서는 실질적 법치주의와 행정처분의 상대방인 국민에 대한 신뢰보호라는 견지에서 처분청은 당초의 처분사유와 기본적 사실관계에 있어서 동일성이 인정되는 한도 내에서만 새로운 처분사유를 추가하거나 변경할 수 있고 기본적 사실관계와 동일성이 전혀 없는 별개의 사실을 들어 처분사유로서 주장함은 허용되지 아니하며 법원으로서도 당초 처분사유와 기본적 사실관계의 동일성이 없는 사실은 처분사유로 인정할 수 없다(대판 2004.11.26, 2004두4482).
2. 기본적 사실관계의 동일성 판단기준 : 기본적 사실관계의 동일성 유무는 처분사유를 법률적으로 평가하기 이전의 구체적인 사실에 착안하여 그 기초가 되는 사회적 사실관계가 기본적인 점에서 동일한지 여부에 따라 결정된다(대판 2003.12.11, 2003두8395).
3. 추가 또는 변경된 사유가 당초의 처분 시 그 사유를 명기하지 않았을 뿐 처분 시에 이미 존재하고 있었고 당사자도 그 사실을 알고 있었다 하여 당초의 처분사유와 동일성이 인정되지 않는다(대판 2003.12.11, 2003두8395).
4. 갑의 '좌측 슬관절 외측 반월상 연골 파열'을 상이로 한 국가유공자등록신청에 대하여 지방보훈지청장이 국가유공자등록을 거부한 사안에서, 지방보훈지청장의 처분사유는 갑이 위 상이를 입은 사실 자체는 인정하면서도 다만 갑의 과실이 경합하여 발생한 것이어서 국가유공자등록을 거부한다는 취지인데 반해, 원심의 판시 취지는 결국 갑이 위 상이를 입은 사실이 없다는 것이어서 당초의 처분사유와 기본적 사실관계에서 동일성이 인정된다고 보기 어려우므로, 원심이 새로운 처분사유를 인정하여 위 거부처분의 정당성을 판단한 것은 위법하다고 한 사례(대판 2011.1.13, 2010두21310).
5. 근로복지공단이 '우측 감각신경성 난청'으로 장해보상청구를 한 근로자 갑에 대하여 소멸시효 완성을 이유로 장해보상급여부지급결정을 하였다가, 갑이 불복하여 심사청구를 하자 갑의 상병이 업무상 재해인 소음성 난청으로 보기 어렵다는 처분사유를 추가하여 심사청구를 기각한 사안에서, 갑의 상병과 업무 사이의 상당인과관계 부존재를 처분사유 중 하나로 본 원심판단을 정당하다고 한 사례(대판 2012.9.13, 2012두3859)
6. 항고소송에서 행정청이 처분의 근거 사유를 추가하거나 변경하기 위한 요건인 '기본적 사실관계의 동일성' 유무의 판단 방법 및 법리는 행정심판 단계에서도 적용된다(대판 2014.5.16, 2013두26118).

(2) 거부처분사유의 추가·변경

기본적 사실관계의 동일성 인정사례	기본적 사실관계의 동일성 부정사례
1. 허가기준에 맞지 않아 허가신청을 반려한다는 사유와 이격거리 기준위배라는 사유(대판 1989.7.25, 88누11926) 2. 전교조신문에 대한 정기간행물등록신청거부처분시 발행주체가 불법단체라는 사유와 소정의 첨부서류가 제출되지 아니하였다는 사유(대판 1998.4.24, 96누1328 6) : 발행주체가 단체라는 점이 공통 3. 국립공원에 인접한 미개발지의 합리적인 이용대책 수립 시까지 그 허가를 유보한다는 사유와 국립공원 주변의 환경·풍치·미관 등을 크게 손상시킬 우려가 있으므로 공공목적상 원형유지의 필요가 있는 곳으로서 형질변경허가 금지대상이라는 사유(대판 2001. 9.28, 2000두8684) 4. 주택신축을 위한 산림형질변경허가신청에 대하여 행정청이 거부처분을 하면서 당초 거부처분의 근거	1. 시세완납증명발급거부처분시 중기취득세의 체납이라는 당초의 처분사유와 자동차세의 체납이라는 사유(대판 1989.6.27, 88누6160) 2. 사업장소인 토지가 관할 군부대장의 동의를 얻지 못하였다는 이유와 탄약창에 근접한 지점에 위치하고 있어 공공의 안전과 군사시설의 보호라는 공익적인 측면에서 보아 허가신청을 불허한다는 이유(대판 1991.11.8, 91누70) 3. 추가 또는 변경된 사유가 당초의 처분 시 이미 존재하고 있었고 당사자도 그 사실을 알고 있었다는 사유(대판 1992.2.14, 91누3895) 4. 당초 자동차관리사업불허처분사유인 기존 공동사업장과의 거리제한규정에 저촉된다는 사실과 피고 주장의 최소주차용지에 미달한다는 사실(대판 1995.11. 21, 95누10952)

| | 5. 금융위원회위원장 등이 정보가 대법원 재판과 별개 사건인 서울중앙지방법원에 진행 중인 재판에 관련된 정보에도 해당한다며 처분사유를 추가로 주장하는 것(대판 2011.11.24, 2009두19021) |

로 삼은 준농림지역에서의 행위제한이라는 사유와 나중에 거부처분의 근거로 추가한 자연경관 및 생태계의 교란, 국토 및 자연의 유지와 환경보전 등 중대한 공익상의 필요라는 사유(대판 2004.11.26, 2004두4482)

(3) 침해적(제재적) 처분사유·징계사유의 추가·변경

기본적 사실관계의 동일성 인정사례	기본적 사실관계의 동일성 부정사례
1. 종합소득세등부과처분시 과세관청이 과세대상 소득에 대하여 이자소득이 아니라 대금업에 의한 사업소득에 해당한다고 처분사유를 변경한 것(대판 2002.3.12, 2000두2181) 2. 담합을 주도하거나 담합하여 입찰을 방해하였다는 것과 특정인의 낙찰을 위하여 담합한 자라는 주장 (대판 2008.2.28, 2007두13791·13807)	무자료 주류판매 및 위장거래금액이 부가가치세 과세기간별 총주류판매액의 100분의 20 이상에 해당한다는 것을 근거로 한 당초의 종합주류도매업면허취소사유와 무면허판매업자에 대한 주류판매라는 사유(대판 1996.9.6, 96누7427)

(4) 추가·변경사유의 기준시

1. 위법판단의 기준시에 관하여 처분시설을 취하는 경우 위법성 판단은 처분시를 기준으로 판단되므로 추가사유나 변경사유는 처분시에 객관적으로 존재하던 사유이어야 한다. 처분 이후에 발생한 새로운 사실적·법적 사유를 추가변경할 수는 없다. 이 경우 처분청은 사정변경을 이유로 계쟁처분을 직권취소하고, 이를 대체하는 새로운 처분을 할 수 있고, 이 경우 계쟁처분은 취소된 것이 되므로 당초의 처분에 대한 취소소송은 소의 이익을 상실하고, 원고는 처분변경으로 인한 소변경을 신청할 수 있다(대판 2006.9.28, 2004두5317).
2. 반드시 처분 당시의 자료만으로 처분의 적법 여부를 판단하여야 하거나 당초의 처분사유만을 주장할 수 있는 것은 아니다(대판 2022.2.10, 2019두50946).

III. 처분사유의 추가·변경 허용시기(사실심 변론종결시)

처분사유의 추가·변경은 사실심 변론종결시까지만 허용된다(대판 1999.2.9, 98두16675).

제9관 취소소송과 가구제

Ⅰ. 개 설

1. 가구제(假救濟)의 의의

행정처분에 대한 효력정지신청을 구함에 있어서도 법률상 이익이 있어야 한다(대결 2000.10.10, 2000무17).

2. 취소소송 제기의 효과

1. 법원 등에 대한 효과(주관적 효과) : 취소소송이 제기되면 절차법적으로 소송계속의 효과가 발생된다. 소송계속의 효과로서 ① 중복제소가 금지되고, ② 법원은 소송을 심리하여 판결할 의무를 지고, ③ 소송참가의 기회가 생기게 되며(제16·17조), ④ 관련청구의 이송·병합이 인정되고(제10조 제1항), ⑤ 처분 등의 집행정지결정이 가능하게 되고(제23조), ⑥ 법률상의 기간준수의 효과(제20조)가 발생한다.
2. 처분에 대한 효과(객관적 효과) : 취소소송이 제기되었다고 하여 소송의 대상인 처분의 집행을 정지시키면 행정의 계속성이 저해되어 공공복리에 영향을 끼치며, 소송제기를 남용할 우려도 있으므로 행정심판의 경우와 마찬가지로 집행부정지를 원칙으로 하고 예외적으로 집행정지의 결정을 할 수 있도록 했다.

Ⅱ. 집행정지

1. 집행부정지원칙

1. 집행부정지원칙 : 행정소송법은 "취소소송의 제기는 처분 등의 효력이나 그 집행 또는 절차의 속행에 영향을 주지 아니한다."(제23조 제1항)라고 규정하여 집행부정지원칙을 천명하고 있다.
2. 예외적 집행정지 : 취소소송이 제기된 경우에 처분 등이나 그 집행 또는 절차의 속행으로 인하여 생길 회복하기 어려운 손해를 예방하기 위하여 긴급한 필요가 있다고 인정할 때 법원은 당사자의 신청이나 직권에 의하여 집행정지결정을 할 수 있으며(같은 조 제2항), 이는 무효등확인소송에도 준용되는데(제38조 제1항), 부작위위법확인소송에는 준용되지 않는다.

2. 집행정지의 요건

(1) 적극적 요건

① 처분 등의 존재

1. 부작위 : 집행정지의 대상인 처분 등이 존재해야 한다. 따라서 처분 등이 효력을 발생하기 전이나, 소멸되어 존재하지 않는 경우에는 원칙적으로 집행정지결정의 실익이 없다. 그러므로 집행정지는 본안소송이 취소소송이나 무효등확인소송(행정소송법 제38조 제1항)인 경우에만 허용되고, 부작위법확인소송의 경우에는 허용되지 않는다.
2. 거부처분 : 행정처분의 집행정지는 행정처분이 없었던 것과 같은 상태를 만드는 것을 의미하고 그 이상으로 행정청에게 처분을 명하는 등 적극적인 상태를 만드는 것은 그 내용이 될 수 없다는 논거로 거부처분에 대한 집행정지를 부인하는 것이 통설·판례이다.

> ┤ 관 련 판 례 ├
> 1. 거부처분의 경우 효력정지를 구할 이익이 없다 : <u>신청에 대한 거부처분의 효력을 정지하더라도 거부처분이 없었던 것과 같은 상태, 즉 거부처분이 있기 전의 신청 시의 상태로 되돌아가는 데에 불과하고 행정청에게 신청에 따른 처분을 하여야 할 의무가 생기는 것이 아니므로, 거부처분의 효력정지는 그 거부처분으로 인하여 신청인에게 생길 손해를 방지하는 데 아무런 보탬이 되지 아니하여</u> 그 효력정지를 구할 이익이 없다(대결 1995.6.21, 95두26).
> 2. 교도소장의 접견허가신청에 대한 거부처분의 경우 효력정지의 필요성이 없다(대결 1991.5.2, 91두15).

3. 복효적 행정행위(제3자효 행정행위) : 행정소송법상 명문규정은 없지만, 다수설은 집행정지의 필요성과 가능성을 인정하고 있다. 다만, 제3자는 참가인의 지위에서는 집행정지를 신청할 수 없고, 원고의 지위에서 집행정지를 신청할 수 있다.
4. 부관 내지 가분적 처분 : 부관에 대해서도 집행정지가 가능하다.
5. 처분의 일부 : 행정소송법은 처분의 일부에 대한 집행정지도 가능하다고 규정하고 있다. 따라서 처분이 가분적인 경우에는 처분의 일부에 대한 집행정지도 가능하다. 판례는 재량행위인 과징금처분의 일부에 대한 집행정지도 가능한 것으로 보고 있다(대결 2011.5.2, 2011무6).
6. 사실행위 : 사실행위에 대한 집행정지는 행정쟁송의 대상이 되는 권력적 사실행위에 한정된다.

② 적법한 본안소송의 계속

본안소송이 계속되어 있어야 한다는 점에서 본안소송 제기 전에 신청이 가능한 민사집행법상의 가처분과 차이가 있다. 따라서 본안소송이 취하되면 집행정지결정은 당연히 소멸한다(대판 1975.11.11, 75누97).

> ┤ 관 련 판 례 ├
> 행정처분의 집행정지결정을 하려면 이에 대한 본안소송이 법원에 제기되어 계속 중임을 요건으로 할 것이고 집행정지결정을 한 후에라도 본안소송이 취하되어 그 소송에 계속하지 아니한 것으로 되면 이에 따라 집행정지결정은 당연히 그 효력이 소멸되는 것이고 별도의 취소조치를 필요로 하는 것은 아니다(대판 1975.11.11, 75누97).

③ 회복하기 어려운 손해발생의 우려(손해예방의 필요)

행정소송법 제23조 제2항 소정의 '회복하기 어려운 손해'라 함은 특별한 사정이 없는 한 금전으로 보상할 수 없는 손해라 할 것인데 이는 금전보상이 불능인 경우뿐만 아니라 금전보상으로는 사회관념상 행정처분을 받은 당사자가 참고 견딜 수 없거나 또는 참고 견디기가 현저히 곤란한 경우의 유형, 무형의 손해를 일컫는다(대결 2003.4.25, 2003무2).

㉠ 경제적인 손해

당사자의 경제적 손실이나 기업 이미지 및 신용의 훼손으로 인한 손해가 '회복하기 어려운 손해'에 해당하기 위한 요건 (사업 자체를 계속할 수 없거나 중대한 경영상의 위기) : 당사자가 행정처분 등이나 그 집행 또는 절차의 속행으로 인하여 재산상의 손해를 입거나 기업 이미지 및 신용이 훼손당하였다고 주장하는 경우에 그 손해가 금전으로 보상할 수 없어 '회복하기 어려운 손해'에 해당한다고 하기 위해서는, 그 경제적 손실이나 기업 이미지 및 신용의 훼손으로 인하여 사업자의 자금사정이나 경영 전반에 미치는 파급효과가 매우 중대하여 사업 자체를 계속할 수 없거나 중대한 경영상의 위기를 맞게 될 것으로 보이는 등의 사정이 존재하여야 한다(대결 2003.4.25, 2003무2).

㉡ 기타사례

회복하기 어려운 손해 인정사례	회복하기 어려운 손해 부정사례
1. 현역병입영처분의 효력이 정지되지 아니한 채 본안 소송이 진행된다면 특례보충역으로 방위산업체에 종사하던 신청인이 입영하여 다시 현역병으로 복무하지 않을 수 없는 경우(대결 1992.4.29, 92두7) 2. 상고심에 계속 중인 형사피고인을 안양교도소로부터 진주교도소로 이송한 조치(대결 1992.8.7, 92두30) 3. 지방의회(전북 전주시의회)의 지방의원제명의결(대결 1997.9.9, 97두29) 4. 주무관청이 민법 제38조에 의하여 비영리법인에 대하여 그 설립허가를 취소한 경우(대결 2014.1.23, 2011무178) 5. 주무관청이 민법 제38조에 의하여 비영리법인에 대하여 그 설립허가를 취소한 경우(대결 2014.1.23, 2011무178) : 처분의 효력을 정지하지 아니할 경우, 재항고인이 제기한 이 사건 처분의 취소를 구하는 소송이 진행되는 사이에 청산절차가 진행 완료되어 재항고인 법인 자체가 소멸할 수도 있고, 그 후 이 사건 처분이 취소되더라도 재항고인은 회복하기 어려운 손해를 입을 우려 6. 구청장이 도시환경정비사업조합설립인가를 취소한 경우(대결 2018.7.12, 2018무600) : 갑 조합에 특별한 귀책사유가 없는데도 정비사업의 진행이 법적으로 불가능해져 갑 조합에 회복하기 어려운 손해가 발생할 우려가 있으므로 각 처분의 효력을 정지할 긴급한 필요	1. 교육과학기술부장관의 법학전문대학원예비인가 대상에서 제외함으로써 침해되는 학교법인 동국대학교의 이익(대결 2008.8.26, 2008 무51) 2. 국토교통부 등에서 발표한 '4대강 살리기 마스터플랜'에 따른 '한강 살리기 사업' 구간 인근에 거주하는 주민들이 각 공구별 사업실시계획승인처분에 대한 효력정지를 신청한 사안에서, 토지 소유권 수용 등으로 인한 손해[대결(전합) 2011.4.21. 2010무111] 3. 방송통신위원회가 개인휴대통신 서비스 부문의 기간통신사업자인 갑 주식회사의 신청으로 2G PCS 사업폐지 승인처분을 하자, 갑 회사와 이용계약을 체결하여 2G 이동통신 서비스를 이용하던 을 등이 위 처분의 효력정지를 구한 사안(대결 2012.2.1, 2012무2)

④ 긴급한 필요의 존재

1. '처분 등이나 그 집행 또는 절차의 속행으로 인하여 생길 회복하기 어려운 손해를 예방하기 위하여 긴급한 필요'가 있는지 판단하는 방법 : 처분의 성질, 양태와 내용, 처분상대방이 입는 손해의 성질·내용과 정도, 원상회복·금전배상의 방법과 난이도 등은 물론 본안청구의 승소가능성 정도 등을 종합적으로 고려하여 구체적·개별적으로 판단하여야 한다(대결 2018.7.12, 2018무600).
2. 서울특별시장이 도시환경정비구역을 지정하였다가 해당구역 및 주변지역의 역사·문화적 가치 보전이 필요하다는 이유로 정비구역을 해제하고 개발행위를 제한하는 내용을 고시함에 따라 사업시행예정구역에서 설립 및 사업시행인가를 받았던 갑 도시환경정비사업조합(사직제2구역도시환경정비사업조합)에 대하여 구청장이 조합설립인가를 취소하자, 갑 조합이 해제 고시의 무효확인과 인가취소처분의 취소를 구하는 소를 제기하고 판결 선고 시까지 각 처분의 효력 정지를 신청한 사안에서, 각 처분의 효력을 정지하지 않을 경우 갑 조합에 특별한 귀책사유가 없는데도 정비사업의 진행이 법적으로 불가능해져 갑 조합에 회복하기 어려운 손해가 발생할 우려가 있으므로 이러한 손해를 예방하기 위하여 각 처분의 효력을 정지할 긴급한 필요가 있다고 한 사례(대결 2018.7.12, 2018무600)

(2) 소극적 요건

① 공공복리에 중대한 영향을 미칠 우려가 없을 것

1. 행정소송법 제23조 제3항이 집행정지의 요건으로 '공공복리에 중대한 영향을 미칠 우려가 없을 것'을 규정하고 있는 취지 및 '공공복리에 미칠 영향이 중대한지' 여부의 판단기준 : 절대적 기준에 의하여 판단할 것이 아니라, 신청인의 '회복하기 어려운 손해'와 '공공복리' 양자를 비교·교량하여, 전자를 희생하더라도 후자를 옹호하여야 할 필요가 있는지 여부에 따라 상대적·개별적으로 판단하여야 한다(대결 2010.5.14, 2010무48).
2. 의의 및 주장·소명책임(행정청) : '공공복리'는 그 처분의 집행과 관련된 구체적이고도 개별적인 공익을 말하는 것으로서 이러한 집행정지의 소극적 요건에 대한 주장·소명책임은 행정청에게 있다(대결 1999.12.20, 99무42).

② 본안에서의 이유 유무

행정소송법에 명시적 규정이 없기 때문에 견해의 대립이 있다.
1. 학 설(소극적 요건설) : 본안청구가 인용되지 않을 것이 명백한 경우에는 본안심리단계에서 최종적으로 권리구제를 받기 위해 임시적인 권리보호를 얻고자 하는 집행정지제도의 존재목적이 달성되지 않을 것이 명백하므로 집행정지가 허용되지 않는다는 견해이다.
2. 판례(소극적 요건설)
   ① 원칙적으로 본안판단의 적법 여부는 판단하지 않음.
   ② 예외적으로 본안청구가 이유 없음이 명백하지 않을 것이 요건에 포함

> **관 련 판 례**
>
> 1. 본안에 이유 없음이 명백하지 않을 것(소극적 요건설) : 집행정지는 공공복리에 중대한 영향을 미칠 우려가 없어야 허용되고, 이 제도는 신청인이 본안소송에서 승소판결을 받을 때까지 그 지위를 보호함과 동시에 후에 받을 승소판결을 무의미하게 하는 것을 방지하려는 것이어서 본안소송에서의 처분의 취소가능성이 없음에도 처분의 효력이나 집행의 정지를 인정한다는 것은 제도의 취지에 반하므로 집행정지사건 자체에 의하여도 신청인의 본안청구가 이유 없음이 명백하지 않아야 한다는 것도 집행정지의 요건에 포함시켜야 할 것이다(대결 1999.11.26, 99부3).
> 2. 행정처분의 효력정지나 집행정지를 구하는 신청사건에서 집행정지사건 자체에 의하여도 신청인의 본안청구가 적법한 것이어야 한다는 것을 집행정지의 요건에 포함시켜야 한다(대결 2010.11.26, 2010무137).

3. 집행정지의 절차(신청 또는 직권)

집행정지는 당사자의 신청 또는 법원의 직권에 의해 개시되나(제23조 제2항), 집행정지신청에 대한 이유에 관해 소명이 있어야 한다(같은 조 제4항). 집행정지의 적극적 요건의 존재는 신청인이 소명해야 하고, 집행정지로 인한 공공복리에 중대한 영향을 미칠 우려의 존재와 같은 소극적 요건은 피신청인인 행정청이 소명해야 한다. 집행정지결정의 관할법원은 본안이 계속된 법원이며, 집행정지신청은 상고심에서도 가능하다.

┤ 관 련 판 례 ├
1. 행정소송에 있어서 본안판결에 대한 상소 후 본안의 소송기록이 원심법원에 있는 경우, 행정소송법 제23 조 제2항에 의한 집행정지사건의 관할법원은 원심법원이다(대결 2005.12.12, 2005무67).
2. 행정소송에 있어서 본안판결에 대한 상소 후 본안의 소송기록이 상소심법원으로 송부되기 전에 원심법원이 한 집행정지 결정에 대한 즉시항고사건의 관할법원은 상소심법원이다(대결 2005.12.12, 2005무67).

4. 집행정지의 내용

1. 효력의 전부 또는 일부의 정지(보충성)
2. 처분의 집행의 전부 또는 일부정지
3. 절차의 속행의 전부 또는 일부의 정지

5. 집행정지결정의 효력

집행정지결정의 효력도 판결의 효력과 마찬가지로 ① 형성력과 형성력의 제3자효, ② 기속력이 인정된다. 그러나 집행정지결정에는 기판력이 인정되지 않는다.

(1) 형성력

집행정지결정 중 효력정지결정은 효력 그 자체를 정지시키는 것이므로 행정처분이 없었던 원래상태와 같은 상태를 가져온다. 따라서 처분 등의 효력이나 그 집행 또는 절차의 속행의 전부 또는 일부의 정지결정이 있게 되면, 정지결정에 위배된 후속행위들은 무효가 된다(대판 1961.11.23, 4294행상3). 집행정지결정과 취소결정의 경우 제3자효 행정행위에 있어서는 제3자에도 형성력이 미친다(제29조 제2항).

(2) 기속력(대인적 효력)

집행정지결정의 효력은 당사자인 행정청과 그 밖의 관계행정청을 기속한다(제23조 제6항에 의해 준용되는 제30조 제1항). 따라서 기속력에 관한 규정 중 대인적 효력에 관한 규정만 준용되고, 재처분의무에 관한 제30조 제2항은 준용되지 않는다. 관계행정청에게 효력이 미치는 이유는 행정소송에서 실질적인 피고는 행정주체인 국가 또는 지방자치단체이기 때문이다. 집행정지결정에 위배되는 행정처분은 무효이다.

┤ 관 련 판 례 ├
집행정지결정을 하였다면 행정청에 의하여 과징금부과처분이 집행되거나 행정청·관계행정청 또는 제3자에 의하여 과징금부과처분의 실현을 위한 조치가 행하여져서는 아니 되며, 따라서 부수적인 결과인 가산금 등은 발생되지 아니한다고 보아야 할 것이다(대판 2003.7.11, 2002다48023).

(3) 시간적 효력

집행정지결정의 효력은 결정의 주문에 정해진 시기까지 존속하는 것이나, 특별한 정함이 없는 때에는 본안판결이 확정될 때까지 존속하는 것으로 볼 것이다(대판 1962.4.12, 4294민상1541). 집행정지결정의 효력은 원칙적으로 장래에 향하여 발생하지만 예외적으로 소급하는 경우도 있다(예 처분의 효력정지의 경우).

┨ 관 련 판 례 ┠

1. 행정처분 집행정지결정의 효력 시한 : 행정소송법 제23조에 의한 집행정지결정의 효력은 결정주문에서 정한 시기까지 존속하며 그 시기의 도래와 동시에 효력이 당연히 소멸하는 것이므로, 일정기간 동안 영업을 정지할 것을 명한 행정청의 영업정지처분에 대하여 법원이 집행정지결정을 하면서 주문에서 당해 법원에 계속 중인 본안소송의 판결선고시까지 처분의 효력을 정지한다고 선언하였을 경우에는 처분에서 정한 영업정지기간의 진행은 그때까지 저지되는 것이고 본안소송의 판결선고에 의하여 당해 정지결정의 효력은 소멸하고 이와 동시에 당초의 영업정지처분의 효력이 당연히 부활되어 처분에서 정하였던 정지기간(정지결정 당시 이미 일부 진행되었다면 나머지 기간)은 이때부터 다시 진행한다(대판 1999.2.23, 98두14471).

2. 일정한 납부기한을 정한 과징금부과처분에 대한 집행정지결정이 내려진 경우 그 집행정지기간 동안 납부기간이 진행되지 않는다(대판 2003.7.11, 2002다48023).

3. 효력기간이 정해져 있는 제재적 행정처분에 대한 취소소송에서 법원이 본안소송의 판결 선고 시까지 집행정지결정을 한 경우, 처분에서 정해 둔 효력기간은 판결 선고 시까지 진행하지 않다가 선고된 때에 다시 진행하고, 이는 처분에서 정해 둔 효력기간의 시기와 종기가 집행정지기간 중에 모두 경과한 경우에도 마찬가지이며, 이러한 법리는 행정심판위원회가 행정심판법 제30조에 따라 집행정지결정을 한 경우에도 그대로 적용된다(대판 2022.2.11, 2021두40720).

4. 효력기간이 정해져 있는 제재적 행정처분의 효력이 발생한 이후 행정청이 상대방에 대한 별도의 처분으로 효력기간의 시기와 종기를 다시 정할 수 있고, 위와 같은 후속 변경처분서에 효력기간의 시기와 종기를 다시 특정하는 대신 처음 행정처분의 집행을 특정 소송사건의 판결 시까지 유예한다고 기재한 경우, 처분의 효력기간은 판결 선고 시까지 집행이 정지되었다가 선고되면 다시 진행하며, 당초의 제재적 행정처분에서 정한 효력기간이 경과한 후 동일한 사유로 다시 후속 변경처분을 하는 것은 위법한 이중처분에 해당한다(대판 2022.2.11, 2021두40720).

(4) 본안판결과 집행정지결정의 효력

본안에서 계쟁 처분이 최종적으로 적법한 것으로 확정되면 집행정지결정은 장래를 향해 실효되고처분을 다시 집행할 수 있게 된다. 이 경우 처분청으로서는 당초 집행정지결정이 없었던 경우와 동등한 수준으로 해당 처분이 집행되도록 필요한 조치를 취해야 한다는 것이 판례이다.

┨ 관 련 판 례 ┠

1. 제재처분에 대한 행정쟁송절차에서 처분에 대해 집행정지결정이 이루어지고 본안에서 해당 처분이 최종적으로 적법한 것으로 확정되어 집행정지결정이 실효되고 제재처분을 다시 집행할 수 있게 된 경우 및 반대로 처분상대방이 집행정지결정을 받지 못했으나 본안소송에서 해당 제재처분이 위법하다는 것이 확인되어 취소하는 판결이 확정된 경우, 처분청이 취할 조치 : <u>항고소송을 제기한 원고가 본안소송에서 패소확정판결을 받았더라도 집행정지결정의 효력이 소급하여 소멸하지 않는다. 그러나 제재처분에 대한 행정쟁송절차에서 처분에 대해 집행정지결정이 이루어졌더라도 본안에서 해당 처분이 최종적으로 적법한 것으로 확정되어 집행정지결정이 실효되고 제재처분을 다시 집행할 수 있게 되면, 처분청으로서는 당초 집행정지결정이 없었던 경우와 동등한 수준으로 해당 제재처분이 집행되도록 필요한 조치를 취하여야 한다. 집행정지는 행정쟁송절차에서 실효적 권리구제를 확보하기 위한 잠정적 조치일 뿐이므로, 본안 확정판결로 해당 제재처분이 적법하다는 점이 확인되었다면 제재처분의 상대방이 잠정적 집행정지를 통해 집행정지가 이루어지지 않은 경우와 비교하여 제재를 덜 받게 되는 결과가 초래되도록 해서는 안 된다. 반대로, 처분상대방이 집행정지결정을 받지 못했으나 본안소송에서 해당 제재처분이 위법하다는 것이 확인되어 취소하는 판결이 확정되면, 처분청은 그 제재처분으로 처분상대방에게 초래된 불이익한 결과를 제거하기 위하여 필요한 조치를 취하여야 한다</u>(대판 2020.9.3, 2020두34070).
2. 「중소기업제품 구매촉진 및 판로지원에 관한 법률」에 따른 1차 직접생산확인 취소처분에 대하여 중소기업자(대한민국상이군경회)가 제기한 취소소송절차에서 집행정지결정이 이루어졌다가 본안소송에서 중소기업자의 패소판결이 확정되어 집행정지가 실효되고 취소처분을 집행할 수 있게 되었으나 1차 취소처분 당시 유효기간이 남아 있었던 직접생산확인의 전부 또는 일부가 집행정지기간 중 유효기간이 모두 만료되고 집행정지기간 중 새로 받은 직접생산확인의 유효기간이 남아 있는 경우, 관할 행정청은 직접생산확인 취소 대상을 '1차 취소처분 당시' 유효기간이 남아 있었던 모든 제품에서 '1차 취소처분을 집행할 수 있게 된 시점 또는 그와 가까운 시점'을 기준으로 유효기간이 남아 있는 모든 제품으로 변경하는 처분을 할 수 있다(대판 2020.9.3, 2020두34070).

6. 집행정지결정의 취소

집행정지의 결정이 확정된 후 집행정지가 공공복리에 중대한 영향을 미치거나 그 정지사유가 없어진 때에는 당해 집행정지결정을 한 법원은 당사자의 신청 또는 직권에 의하여 결정으로써 집행정지의 결정을 취소할 수 있다(제24조 제1항). 취소신청 시 그 사유를 신청인이 소명해야 한다.

┨ 관 련 판 례 ┠

'집행정지가 공공복리에 중대한 영향을 미치는 때'의 의미 : 행정소송법 제24조 제1항에서 규정하고 있는 <u>집행정지결정의 취소사유는 특별한 사정이 없는 한 집행정지결정이 확정된 이후에 발생한 것이어야 하고, 그중 '집행정지가 공공복리에 중대한 영향을 미치는 때'라 함은 일반적·추상적인 공익에 대한 침해의 가능성이 아니라 당해 집행정지 결정과 관련된 구체적·개별적인 공익에 중대한 해를 입힐 개연성을 말하는 것이다</u>(대결 2005.7.15, 2005무16).

7. 집행정지결정에 대한 불복

집행정지결정이나 집행정지신청기각결정 또는 집행정지결정의 취소결정에 대하여는 즉시항고를 할 수 있다. 이 경우 집행정지의 결정에 대한 즉시항고에는 결정의 집행을 정지하는 효력이 없다. 다만, 즉시항고는 즉시항고의 대상인 결정의 집행을 정지하지 아니한다(제24조 제2항에 의해 준용되는 제23조 제5항).

┤ 관 련 판 례 ├

행정소송법 제23조 제2항에서 정한 요건을 결여하였다는 이유로 효력정지 신청을 기각한 결정에 대하여 행정처분 자체의 적법 여부를 가지고 불복사유로 삼을 수 없다[대결(전합) 2011.4.21, 2010무111].

III. 가처분(假處分)

행정심판법이나 민사집행법과 달리 행정소송법에는 가처분에 관한 명시적 규정이 존재하지 않기 때문에 인정 여부에 대해 견해가 대립한다.

1. 절충설(다수설) : 행정소송법이 처분 등의 집행정지제도를 두고 있는 관계상 원칙적으로 집행정지를 통해 권리구제목적이 달성될 수 있는 상황에서는 가처분규정이 준용될 수 없지만, 집행정지를 통하여서는 실효적인 권리구제가 되지 못하는 경우(예 거부처분의 경우)에는 민사집행법상의 가처분제도가 인정된다는 견해이다.

2. 판례(소극설)

┤ 관 련 판 례 ├

1. 구 행정소송법이 정한 소송 중 특히 행정처분의 취소 또는 변경에 관한 소송, 소위 항고소송에 있어서는 민사소송법 중 가처분에 관한 규정이 적용되지 않는다(대결 1961.11.20, 4292행항2).
2. 민사소송법상의 가처분으로써 행정행위의 금지를 구할 수 없다(대결 1992.7.6, 92마54).

제10관 취소소송의 심리

I. 심리의 내용

1. 요건심리(형식적 심리)

1. 요건심리란 소가 소송요건을 갖춘 적법한 것인지의 여부를 심리하는 것으로서 형식적 심리를 말한다. 요건심리는 법원의 직권조사사항으로서, 소송요건을 결하여 그 보정이 불가능한 경우에는 그 소는 부적법한 것으로서 각하된다.

> ┤ **관 련 판 례** ├
>
> 처분을 다툴 법률상 이익이 있는지에 관한 당사자의 주장에 관하여 원심법원이 판단하지 않은 것은 판단유탈의 상고이유가 되지 않는다(대판 2017.3.9, 2013두16852).

2. 제소 당시에는 소송요건이 흠결되어도 바로 각하하지는 않고 사실심 구두변론종결시까지 구비하면 하자가 치유된다.

2. 본안심리(실체적 심리)

본안심리란 요건심리의 결과 소송요건이 구비된 경우, 그 소에 대한 청구를 인용할 것인지 또는 기각할 것인지를 판단하기 위해 사건의 본안을 실체적으로 심리하는 절차를 말한다.

> ┤ **관 련 판 례** ├
>
> 1. 행정처분의 취소소송은 행정청의 위법한 처분 등을 취소 또는 변경하는 소송이므로 법원은 그 처분의 위법여부를 가려서 판단하면 되는 것이고, 그 처분의 부당여부까지 판단할 필요는 없다(대판 1988.12.13, 88누7880).
> 2. 처분을 다툴 법률상 이익이 있는지에 관한 당사자의 주장에 관하여 원심법원이 판단하지 않은 것은 판단유탈의 상고이유가 되지 않는다(대판 2017.3.9, 2013두16852).
> 3. 어떠한 처분에 법령상 근거가 있는지, 행정절차법에서 정한 처분 절차를 준수하였는지는 본안에서 해당 처분이 적법한가를 판단하는 단계에서 고려할 요소이지, 소송요건 심사단계에서 고려할 요소가 아니다(대판 2020.4.29, 2017두31064).

II. 심리의 범위

1. 불고불리(不告不理)의 원칙과 그 예외

취소소송의 경우 비록 행정심판법 제47조와는 달리 명문규정은 없지만 민사소송과 마찬가지로 불고불리의 원칙이 적용된다. 따라서 법원은 소제기가 없는 사건에 대해 심리·재판할 수 없으며, 소제기가 있는 사건에 대해서도 당사자의 청구범위를 넘어서 심리·재판할 수 없음이 원칙이다. 한편, 행정소송법은 부분적으로 직권탐지주의를 가미함으로써 예외를 인정하고 있다(제26조).

2. 재량문제의 심리

재량이 인정된 범위에서 재량을 그르친 경우에는 기속행위와는 달리 부당에 머무르고, 부당한 처분은 행정소송의 대상에서 제외되기 때문에 재량행위의 타당성(합목적성)의 문제는 법원의 심리대상이 되지 않는다.

> **━━┤ 관 련 판 례 ├━━**
>
> 행정처분의 취소소송은 행정청의 위법한 처분 등을 취소 또는 변경하는 소송이므로 법원은 그 처분의 위법 여부를 가려서 판단하면 되는 것이고, 그 처분의 부당 여부까지 판단할 필요는 없다(대판 1988.12.13, 88누7880).

3. 법률문제·사실문제

법원은 취소소송의 심리에 있어서 당해 소송의 대상이 된 처분이나 재결의 실체면·절차면 및 법률문제·사실문제의 모든 점에 관해 심사권을 가진다.

Ⅲ. 심리의 절차(심리에 관한 제 원칙)

1. 심리에 관한 일반원칙

(1) 처분권주의(⇔ 직권주의)

(2) 변론주의(⇔ 직권탐지주의)

변론주의란 재판의 기초가 되는 소송자료의 수집·제출책임을 당사자에게 지우고, 당사자가 수집·제출한 소송자료만을 재판의 기초로 삼는 원칙으로서 직권심리주의에 대립되는 원칙이다. 변론주의는 넓은 의미에서는 처분권주의를 포함하지만, 엄밀한 의미에서는 소송자료의 수집에 관한 문제이다. 민사소송법은 "당사자는 소송에 대하여 법원에서 변론하여야 한다(제134조 제1항)."고 규정하여 변론주의를 택하고 있는데, 행정소송에 있어서도 변론주의가 원칙이나 직권주의가 가미되어 있다.

> **━━┤ 관 련 판 례 ├━━**
>
> 법원이 당사자의 변론재개신청을 받아들일지 여부를 재량으로 결정할 수 있는지 여부(원칙적 적극) 및 법원이 당사자의 변론재개신청을 받아들여 변론을 재개할 의무가 있는 예외적인 경우 : 당사자가 변론종결 후 주장·증명을 하기 위하여 변론재개신청을 한 경우에, 변론재개신청을 한 당사자가 변론종결 전에 그에게 책임을 지우기 어려운 사정으로 주장·증명할 기회를 제대로 갖지 못하였고 그 주장·증명의 대상이 판결의 결과를 좌우할 수 있는 사실에 해당하는 경우 등과 같이, 당사자에게 변론을 재개하여 그 주장·증명을 제출할 기회를 주지 않은 채 패소의 판결을 하는 것이 행정소송법 제8조 제2항에서 준용하도록 규정하고 있는 민사소송법이 추구하는 절차적 정의에 반하는 경우가 아니라면 법원은 당사자의 변론재개신청을 받아들일지 여부를 재량으로 결정할 수 있다(대판 2018.7.26, 2016두45783).

(3) 공개심리주의(⇔ 비밀재판)

(4) 구술심리주의(⇔ 서면심리주의)

(5) 직접심리주의

직접심리주의란 판결을 하는 법관이 변론의 청취 및 증거조사를 직접 행하는 것을 말한다. 민사소송법은 직접심리주의에 의할 것을 규정하면서도 예외를 인정하고 있다.

(6) 쌍방심문주의

(7) 법관의 석명(釋明)의무

법원의 석명권 행사의 내용 및 그 한계 : 법원의 석명권 행사는 사안을 해명하기 위하여 당사자에게 그 주장의 모순된 점이나 불완전·불명료한 부분을 지적하여 이를 정정·보충할 수 있는 기회를 주고, 계쟁사실에 대한 증거의 제출을 촉구하는 것을 그 내용으로 하는 것이며, 당사자가 주장하지도 않은 법률효과에 관한 요건사실이나 공격방어방법을 시사하여 그 제출을 권유하는 행위는 변론주의의 원칙에 위배되고 석명권 행사의 한계를 일탈한 것이 된다(대판 2005.1.14, 2002두7234).

2. 행정소송의 심리에 특수한 절차

(1) 직권증거조사주의 · 직권탐지주의(직권심리주의)

① 의의

직권심리주의란 소송자료의 수집을 법원이 직권으로 할 수 있는 심리원칙을 말한다. 행정소송은 공익과 관련이 있기 때문에 당사자의 노력에 의해 실체적 진실이 발견되지 않는 경우 법원이 적극적으로 개입해서 실체적 진실을 밝혀내 적정한 재판이 되도록 해야 한다. 이를 위해 행정소송법 제26조는 "법원은 필요하다고 인정할 때에는 직권으로 증거조사를 할 수 있고(직권증거조사주의), 당사자가 주장하지 아니한 사실에 대하여도 판단할 수 있다."(직권탐지주의)라고 규정하고 있다. 직권증거조사주의란 재판의 기초가 되는 소송자료의 수집·제출책임을 법원이 지는 것을 말한다.

② 직권탐지주의 인정 여부

판례도 변론주의 보충설을 취하지만 민사소송보다는 넓게 직권증거조사를 인정하고 있다.

┤ 관 련 판 례 ├

1. 행정소송에서 기록상 자료가 나타나 있다면 당사자가 주장하지 않더라도 판단할 수 있다 : 구 행정소송법이 정한 소송 중 특히 행정처분의 취소 또는 변경에 관한 소송, 소위 항고소송에 있어서는 당사자가 주장하지 아니한 사실에 대하여도 판단할 수 있다고 규정하고 있지만, 이는 행정소송의 특수성에 연유하는 당사자주의, 변론주의에 대한 일부 예외규정일 뿐 법원이 아무런 제한 없이 당사자가 주장하지 아니한 사실을 판단할 수 있는 것은 아니고, 일건기록에 현출되어 있는 사항에 관하여서만 직권으로 증거조사를 하고 이를 기초로 하여 판단할 수 있을 따름이고, 그것도 법원이 필요하다고 인정할 때에 한하여 청구의 범위 내에서 증거조사를 하고 판단할 수 있을 뿐이다(대판 1994.10.11, 94누4820).
2. 행정소송에서 기록상 자료가 나타나 있다면 당사자가 주장하지 않더라도 판단할 수 있다(대판 2011.2.10, 2010두20980).

(2) 행정심판기록제출명령

1. 행정소송법 규정 : 법원은 당사자의 '신청'이 있는 때에는 결정으로써 재결을 행한 행정청에 대하여 행정심판에 관한 기록의 제출을 명할 수 있다(행정소송법 제25조 제1항). 제출명령을 받은 행정청은 '지체 없이'(90일이 아님) 당해 행정심판에 관한 기록을 법원에 제출하여야 한다(같은 조 제2항).
2. 내용 : 행정심판기록이란 당해 행정심판에 관한 기록 전체를 의미한다. 따라서 행정심판청구서와 그에 대한 답변서 및 재결서뿐만 아니라, 행정심판위원회의 회의록 기타 행정심판위원회에서 심리를 위해 제출된 모든 증거 기타 자료를 포괄하는 것이다.

Ⅳ. 주장책임과 입증책임

1. 주장책임

주장책임이란 변론주의하에서 당사자가 자기에게 유리한 주요사항을 주장하지 않음으로써 그 사실이 없는 것으로 취급받게 되는 불이익을 말한다. 행정소송에서도 변론주의가 채택되어 있으므로 주장책임이 인정되는데, 예외적으로 법원은 당사자가 주장하지 아니한 사실에 대하여도 판단할 수 있다(제26조).

┨ 관 련 판 례 ┠

처분이 재량권을 일탈·남용하였다는 사정은 처분의 효력을 다투는 자가 주장·증명하여야 한다. 행정청이 폐기물처리사업계획서 부적합 통보를 하면서 처분서에 불확정개념으로 규정된 법령상의 허가기준 등을 충족하지 못하였다는 취지만을 간략히 기재하였다면, 부적합 통보에 대한 취소소송절차에서 행정청은 처분을 하게 된 판단 근거나 자료 등을 제시하여 구체적 불허가사유를 분명히 하여야 한다. 이러한 경우 재량행위인 폐기물처리사업계획서 부적합 통보의 효력을 다투는 원고로서는 행정청이 제시한 구체적인 불허가사유에 관한 판단과 근거에 재량권 일탈·남용의 위법이 있음을 밝히기 위하여 소송절차에서 추가적인 주장을 하고 자료를 제출할 필요가 있다(대판 2020.7.23, 2020두36007).

2. 입증책임

1. 입증책임의 주된 문제는 어떠한 사실에 대해 어느 당사자가 입증책임을 질 것인가의 문제, 즉 입증책임의 분배이다. 입증책임이 특히 문제되는 것은 취소소송을 중심으로 한 항고소송의 경우이다. 당사자소송에 있어서의 입증책임은 민사소송과 유사하기 때문이다.
2. 법률요건분류설(일반원칙설)(다수설·판례) : 행정행위의 공정력은 입증책임의 문제와는 직접 관계가 없으며, 소송에 있어서 당사자의 지위는 대등한 것이므로 취소소송에서도 민사소송의 일반원칙에 따라 입증책임을 분배해야 한다는 견해로서 다수설·판례의 입장이다. 즉, 행정소송에 있어서도 각 당사자는 자기에게 유리한 법규범의 모든 요건사실의 존재에 관해 입증책임을 진다고 보는 입장이다.

┨ 관 련 판 례 ┠

1. 행정소송에 있어서 특단의 사정이 있는 경우를 제외하면 당해 행정처분의 적법성에 관하여는 당해 처분청이 이를 주장·입증하여야 하고, 행정소송에 있어서 직권주의가 가미되어 있다고 하여도 여전히 당사자주의, 변론주의를 기본구조로 하는 이상 행정처분의 위법을 들어 그 취소를 청구함에 있어서는 직권조사사항을 제외하고는 그 취소를 구하는 자가 위법된 구체적인 사항을 먼저 주장하여야 한다(대판 2000.3.23, 98두2768).
2. 피고가 주장하는 일정한 처분의 적법성에 관하여 합리적으로 수긍할 수 있는 일응의 증명이 있는 경우에 처분은 정당하며, 이와 상반되는 주장과 증명은 상대방인 원고에게 책임이 돌아간다(대판 2016.10.27, 2015두42817).

3. 입증책임의 구체적 사례

(1) 권리관계

1. 권리근거 규정의 요건사실(원고)
2. 권리장애·권리소멸(멸각)·권리저지규정의 요건사실(피고)

(2) 소송요건

소송요건 충족은 원고에게 유리하므로 원고에게, 소송요건 흠결은 피고에게 유리한 요건이므로 피고에게 입증책임이 있다.

구 분	원 고	피 고
취소소송	처분의 존재·제소기간의 준수 등 소송요건	
부작위위법 확인소송	일정한 처분을 신청한 사실 및 신청권의 존재, 상당한 기간이 경과하였다는 것	상당한 기간이 경과한 것에 대하여 이를 정당화할 특별한 사유가 있었다는 것

(3) 처분의 위법·적법

처분의 위법은 원고에게 유리하므로 원고에게, 처분의 적법은 피고에게 유리한 요건이므로 피고에게 입증책임이 있다.

1. 권한행사 규정(명령규정)과 권한불행사규정(금지규정)

원 고	피 고
소극적 처분	적극적 처분
적극적 처분	소극적 처분

2. 처분

① 원고(위법)

1. 재량의 일탈·남용
2. 일반법원칙(신뢰보호원칙)의 요건충족, 과세관청이 납세자에게 신뢰의 대상이 되는 공적인 견해를 표명하였다는 사실(대판 1992.3.31, 91누9824)
3. 공개를 구하는 정보를 행정기관이 보유·관리하고 있을 상당한 개연성이 있다는 점(대판 2006.1.13, 2003두9459)
4. 과세처분의 위법
5. 비과세·면제대상(대판 1996.4.26, 94누12708)
6. 구 국민건강보험법 제98조 제1항 제1호에 따른 업무정지처분을 면하기 위해 해당 요양기관이 '속임수'를 사용하지 않았다는 사정에 관한 증명책임의 소재(대판 2020.6.25, 2019두52980)

② 피고(적법, 처분의 요건사실·거부사유의 존재)

1. 처분의 적법, 송달, 처분절차의 적법
2. 정보공개거부처분취소소송에서 비공개사유(대판 1999.9.21, 98두3426)
3. 정보를 더 이상 보유·관리하고 있지 아니하다는 점(대판 2004.12.9, 2003두12707)
4. 대집행의 요건충족
5. 과세처분의 적법
6. 과세요건사실의 존재(대판 1996.4.26, 96누1627)
7. 국민에게 일정한 이득과 권리를 취득하게 한 종전 행정처분을 취소할 수 있는 경우 및 취소해야 할 필요성에 대한 증명책임(대판 2012.3.29, 2011두23375)
8. 「독점규제 및 공정거래에 관한 법률」(공정거래법) 제19조 제1항이 금지하는 '부당한 공동행위'에 관한 증명책임의 소재는 공정거래위원회(대판 2014.2.13, 2011두16049)
9. 법인세 부과처분 취소소송에서 과세표준의 기초가 되는 각 사업연도의 익금과 손금에 대한 증명책임(대판 2014.8.20, 2012두23341)
10. 국민에게 일정한 이익과 권리를 취득하게 한 종전 행정처분을 직권으로 취소할 수 있는 경우 및 취소해야 할 필요성에 관한 증명책임(대판 2014.11.27, 2014두9226)
11. 소득 등의 귀속 명의와 실질적인 귀속주체가 다르다고 다투어지는 경우, 과세요건사실의 존부와 과세표준에 관한 증명책임(대판 2017.10.26, 2015두53084)
12. 성희롱을 사유로 한 징계처분의 당부를 다투는 행정소송에서 징계사유에 대한 증명책임(대판 2018. 4.12, 2017두74702)
13. 결혼이민[F-6 다목] 체류자격 거부처분 취소소송에서 처분사유(대판 2019.7.4, 2018두66869)
14. 부당해고구제재심판정을 다투는 소송에서 해고의 정당성에 관한 증명책임과 인정되는 일부 징계사유만으로 해당 징계처분의 타당성을 인정하기에 충분한지에 대한 증명책임도 사용자가 부담(대판 2019.11.28, 2017두57318)
15. 과세소득의 존재 및 그 귀속사업연도(대판 2020.4.9, 2018두57490)

③ 기타 항고소송

구 분		원 고	피 고
무효등 확인소송	소극적 확인소송	처분 등의 무효·부존재·실효	존재·유효성(적법성)
	적극적 확인소송	처분 등의 유효·존재	처분 등의 무효·부존재·실효

┨ 관 련 판 례 ┠

1. 항고소송에서 처분사유의 증명 정도 : 민사소송법 규정이 준용되는 행정소송에서 증명책임은 원칙적으로 민사소송 일반원칙에 따라 당사자 간에 분배되고, 항고소송의 경우에는 그 특성에 따라 처분의 적법성을 주장하는 피고에게 그 적법사유에 대한 증명책임이 있다. 피고가 주장하는 일정한 처분의 적법성에 관하여 합리적으로 수긍할 만한 증명이 있는 경우에는 그 처분은 정당하다고 볼 수 있고, 이와 상반되는 예외적인 사정에 대한 주장과 증명은 그 상대방인 원고에게 그 책임이 있다(대판 2017.7.11, 2015두2864).
2. 행정청이 현장조사를 실시하는 과정에서 조사상대방으로부터 구체적인 위반사실을 자인하는 내용의 확인서를 작성 받은 경우, 그 확인서의 증거가치를 부정할 수 없다(대판 2017.7.11, 2015두2864).

4. 기 타

원 고	피 고
집행정지의 적극적 요건	1. 집행정지의 소극적 요건 2. 사정재결·사정판결의 필요성

제11관 취소소송의 판결

제1 개설

Ⅰ. 판결의 종류

1. 소송판결과 본안판결

1. 소송판결은 당해 소가 소송요건을 결여하고 있는 경우에 부적법한 소로서 각하하는 판결을 말한다.
2. 각하판결은 처분의 취소청구 그 자체에 대해 판단하는 것은 아니므로 계쟁처분의 효과를 확정하는 효력은 없다.
3. 본안판결은 취소소송에 의한 청구의 당부에 대한 판결로서, 본안심리결과 청구의 전부 또는 일부에 대한 ① 인용판결이나 ② 기각판결, ③ 사정판결을 내용으로 한다.

> **관 련 판 례**
> 부적법하여 각하되어야 할 신청을 기각한 원심결정은 신청을 배척한 결론에 있어서는 정당하므로, 그 표현상의 잘못을 들어 원심결정을 특별히 파기할 것은 아니다(대판 1995.6.21, 95두26).

2. 인용판결

(1) 의의

처분의 취소청구가 '이유 있다'고 인정하여 청구의 전부 또는 일부를 인용하는 판결이다.

(2) 종류

① 개설

행정소송법은 취소소송에 관해 '행정청의 위법한 처분 등을 취소 또는 변경하는 소송'이라고 규정하고 있으므로(제4조 제1호), 취소소송의 인용판결에는 '처분 또는 재결의 취소판결', '무효선언의 의미의 취소판결' 및 '처분 또는 재결의 변경판결'이 포함된다. 취소소송의 판결은 형성판결이다.

② 적극적 형성판결

변경판결과 관련해서 처분을 적극적으로 변경하는 것이 가능한가에 대해 견해가 대립된다. 즉, 변경이 소극적 변경(일부취소)을 의미하는지 아니면 적극적 변경을 의미하는지의 문제이다. 판례는 소극적 변경, 즉 일부취소를 의미한다고 판시하고 있다(대판 1964.5.19, 63누177).

> **관 련 판 례**
> 행정소송법상 이행판결이나 형성판결을 구하는 소송은 허용되지 않는다(대판 1997.9.30, 97누3200).

③ 일부취소판결

일부인용판결이 허용되기 위해서는 ① 금전부과처분이 기속행위인 경우나 정당한 부과금액을 산정할 수 있는 경우, ② 계쟁처분이 분리가능하고 일부취소의 대상에 대해서만 위법성이 인정되어야 하며(일부특정성), ③ 잔존하는 처분만으로도 의미가 있고, ④ 행정청의 의사에 명백히 반하지 않아야 한다. 일부취소가 가능한 경우에는 원칙상 전부취소를 해서는 안 되고 일부취소를 해야 한다.

1. 금전부과처분이 기속행위인 경우나 정당한 부과금액을 산정할 수 있는 경우

┤ 관 련 판 례 ├

1. 금전 부과처분 취소소송에서 부과금액 산출과정의 잘못 때문에 부과처분이 위법하나 사실심 변론종결 시까지 제출된 자료에 의하여 정당한 부과금액이 산출되는 경우, 이를 초과하는 부분만 취소하여야 하고, 이때 처분청이 처분 시를 기준으로 정당한 부과금액이 얼마인지 주장·증명하지 않는 경우, 법원이 이를 산출할 의무를 부담하지 않는다(대판 2016.7.14, 2015두4167).

2. 과세처분취소소송의 심판대상과 그 자료의 제출시한 및 취소범위 : 과세처분취소소송에 있어 처분의 적법 여부는 정당한 세액을 초과하느냐의 여부에 따라 판단되는 것으로서, 당사자는 사실심 변론종결시까지 객관적인 조세채무액을 뒷받침하는 주장과 자료를 제출할 수 있고, 이러한 자료에 의하여 적법하게 부과될 정당한 세액이 산출되는 때에는 그 정당한 세액을 초과하는 부분만 취소하여야 할 것이고 그 전부를 취소할 것이 아니다(대판 2001.6.12, 99두8930).

3. 개발부담금부과처분 취소소송에 있어서 취소의 범위 : 개발부담금부과처분 취소소송에 있어 당사자가 제출한 자료에 의하여 적법하게 부과될 정당한 부과금액이 산출할 수 없을 경우에는 부과처분 전부를 취소할 수밖에 없으나, 그렇지 않은 경우에는 그 정당한 금액을 초과하는 부분만 취소하여야 한다(대판 2004.7.22, 2002두11233).

4. 여러 개의 상이에 대한 국가유공자요건비해당처분에 대한 취소소송에서 그중 일부 상이가 국가유공자 요건이 인정되는 상이에 해당하고 나머지 상이는 해당하지 않는 경우, 비해당처분 전부를 취소할 수는 없다(대판 2012.3.29, 2011두9263).

5. 여러 개의 상이에 대한 국가유공자 요건 비해당결정처분에 대한 취소소송에서 그중 일부 상이에 대해서만 국가유공자 요건이 인정될 경우, 비해당결정처분 중 요건이 인정되는 상이에 대한 부분만 취소해야 한다(대판 2016.8.30, 2014두46034).

6. 구 여객자동차 운수사업법(2012. 2. 1. 법률 제11295호로 개정되기 전의 것) 제51조 제3항에 따라 국토해양부장관 또는 시·도지사는 여객자동차 운수사업자가 '거짓이나 부정한 방법으로 지급받은 보조금'에 대하여 반환할 것을 명하여야 하고, 위 규정을 '정상적으로 지급받은 보조금'까지 반환하도록 명할 수 있는 것으로 해석하는 것은 문언의 범위를 넘어서는 것이며, 규정의 형식이나 체재 등에 비추어 보면, 위 환수처분은 국토해양부장관 또는 시·도지사가 지급받은 보조금을 반환할 것을 명하여야 하는 기속행위라고 본 원심판단을 정당하다고 한 사례(대판 2013.12.12, 2011두3388)

2. 가분적 제재처분의 경우

┤ 관 련 판 례 ├

1. 여러 처분사유에 관하여 하나의 제재처분을 하였을 때 그중 일부가 인정되지 않으나 나머지 처분사유들만으로도 처분의 정당성이 인정되는 경우, 그 처분을 위법하다고 보아 취소할 수 없다(대판 2020.5.14, 2019두63515).

2. 행정청이 여러 개의 위반행위에 대하여 하나의 제재처분을 하였으나, 위반행위별로 제재처분의 내용을 구분하는 것이 가능하고 여러 개의 위반행위 중 일부의 위반행위에 대한 제재처분 부분만이 위법한 경우, 제재처분 전부를 취소할 수는 없다(대판 2020.5.14, 2019두63515).

④ 전부취소판결

과징금 부과처분과 같은 재량행위, 부과금액을 산출할 수 없는 경우, 불가분처분의 경우에는 원칙적으로 일부취소판결을 할 수 없고 전부취소판결을 해야 한다.

1. 재량행위의 경우

재량행위의 경우 처분청의 재량권을 존중해야 하므로 일부만 위법한 경우라 하더라도 법원은 전부 취소를 함으로써 처분청이 재량권을 행사하여 적정한 처분을 하도록 해야 한다.

> ┨ 관 련 판 례 ┠
>
> 1. 영업정지처분이 적정한 영업정지기간을 초과하여서 위법한 경우 그 초과부분만을 취소할 수 없다(대판 1982.9.28, 82누2).
> 2. 재량권을 일탈한 과징금 납부명령에 대하여 법원이 적정한 처분의 정도를 판단하여 그 초과되는 부분만 취소할 수 없다(대판 2009.6.23, 2007두18062).
> 3. 징계처분을 받은 사립학교 교원의 소청심사청구에 대하여 교원소청심사위원회가 징계사유 자체가 인정되지 않는다는 이유로 징계처분을 취소하는 결정을 하고, 그에 대하여 학교법인 등이 제기한 행정소송 절차에서 심리한 결과 징계사유 중 일부 사유는 인정된다고 판단되는 경우, 법원은 위원회의 결정을 취소하여야 한다(대판 2013.07.25, 2012두12297).
> 4. 공정거래위원회가 위반행위에 대한 과징금을 부과하면서 여러 개의 위반행위에 대하여 외형상 하나의 과징금 납부명령을 하였으나 여러 개의 위반행위 중 일부 위반행위에 대한 과징금 부과만 위법하고 소송상 그 일부 위반행위를 기초로 한 과징금액을 산정할 수 있는 자료가 있는 경우, 그 일부 위반행위에 대한 과징금액에 해당하는 부분만 취소하여야 한다(대판 2019.1.31, 2013두14726).

2. 당사자가 제출한 자료에 의해 적법한 부과금액을 산출할 수 없는 경우

> ┨ 관 련 판 례 ┠
>
> 1. 부당지원행위에 대한 공정거래위원회의 과징금납부명령의 법적 성격은 재량행위이고, 수 개의 위반행위에 대하여 하나의 과징금납부명령을 하였는데 수개의 위반행위 중 일부의 위반행위만이 위법하나 소송상 그 일부의 위반행위를 기초로 한 과징금액을 산정할 수 있는 자료가 없는 경우, 법원이 취소하여야 할 과징금납부명령의 범위는 전부취소이다(대판 2004.10.14, 2001두2881).
> 2. 과세처분의 정당한 세액이 산출되지 않는 경우 과세처분 전부를 취소하여야 하고, 이 경우 법원이 직권으로 정당한 세액을 계산할 의무를 지지 않으며, 이는 소득금액변동통지의 정당한 소득금액에 관하여도 마찬가지이다(대판 2020.8.20, 2017두44084).

3. 기각판결

처분의 취소청구가 '이유 없다'고 하여 원고의 청구를 배척하는 내용의 판결을 말한다.

4. 사정판결

(1) 의 의

원고의 청구가 '이유 있다'고 인정하는 경우에도 처분 등을 취소하는 것이 '현저히 공공복리에 적합하지 아니하다고 인정'하는 때에는 법원은 원고의 청구를 기각할 수 있는데(제28조 제1항), 이를 사정판결이라고 한다. 사정판결은 집행부정지원칙과 함께 대표적인 공익조항이다.

(2) 사정판결과 법치행정의 원리

사정판결제도는 합헌이다(대판 2009.12.10, 2009두8359).

(3) 사정판결의 요건

① 원고의 청구가 이유 있을 것

청구가 이유 있다고 함은 쟁송의 대상인 처분 등이 위법하고, 그 위법한 처분 등에 의해 원고의 법률상의 이익이 침해되었음을 의미한다. 원고의 청구가 이유 없는 경우(처분이 적법한 경우)에는 당연히 기각판결을 하게 되므로 사정판결의 문제는 발생하지 않는다.

② 처분 등의 취소가 현저히 공공복리에 적합하지 아니할 것

사정판결 인정사례	사정판결 부정사례
1. 건축불허가 처분 당시에 위 처분이 위법하다고 하더라도 구두변론 종결 당시에는 이미 진주시 도시계획 재정비 결정으로 도시계획법 제21조에 의한 녹지지역으로 지정고시된 경우(대판 1970.3.24, 69누29) 2. 법학전문대학원(조선대학교)이 개원한 후에 예비인가 취소를 하는 경우(대판 2009.12.10, 2009두8359)	1. 과세처분취소소송에서 과세처분을 취소하더라도 어차피 원고가 세금을 납부할 의무가 있으므로 무용한 과세처분을 되풀이함으로써 경제적, 시간적, 정신적 낭비만을 초래한다는 사정이 있는 경우(대판 1983.7.26, 82누420) 2. 징계면직된 검사의 복직이 검찰조직의 안정과 인화를 저해할 우려가 있다는 등의 사정(대판 2001.8.24, 2000두7704)

③ 피고인 행정청의 신청이 있을 것

명문규정은 없으나 공익과 사익의 신중한 형량을 위해, 행정기관의 신청을 기다려 그 허용 여부가 결정되도록 하는 것이 타당하다는 것이 다수설이다. 그러나 판례는 당사자의 주장 없이도 법원이 직권으로 사정판결을 할 수 있다는 입장이다(대판 1992.2.14, 90누9032).

> **┤ 관 련 판 례 ├**
> 행정소송법 제26조, 제28조 제1항 전단의 각 규정에 비추어 행정소송에 있어서 <u>법원이 사정판결을 할 필요가 있다고 인정하는 때에는 당사자의 명백한 주장이 없는 경우에도 일건기록에 나타난 사실을 기초로 하여 직권으로 사정판결을 할 수 있다</u>(대판 1992.2.14, 90누9032).

(4) 위법성 인정기준시(처분 시), 필요성 판단기준시(판결 시), 주장·입증책임(피고 행정청)

(5) 사정판결의 적용범위(취소소송에만 인정)

사정판결은 취소소송에서만 인정되고 당사자소송이나 기관소송의 경우에는 인정되지 않는다. 사정판결은 법치주의에 대한 예외적 제도이므로 무효등확인소송과 부작위위법확인소송의 경우에는 인정되지 않는다고 하는 부정설이 통설·판례이다.

> ┤ 관 련 판 례 ├
>
> 무효확인소송에서는 사정판결을 할 수 없다(대판 1996.3.22, 95누5509).

(6) 사정판결의 효과

① 청구기각 및 위법의 명시(판결주문)

② 원고의 권익보호 및 불복

1. 행정소송법은 사정판결제도를 허용함과 아울러 그에 대응하여 원고에 대한 구제수단을 사정재결과 달리 구체적으로 마련해 놓고 있다.
2. 즉, 원고는 피고인 행정청이 속하는 국가 또는 공공단체(행정청이 아님)를 상대로 손해배상, 제해시설의 설치 그 밖에 적당한 구제방법의 청구를 당해 취소소송 등이 계속된 법원에 병합하여 제기할 수 있다(제28조 제3항).
3. 법원이 사정판결을 함에 있어서는 미리 원고가 그로 인하여 입게 될 손해의 정도와 배상방법 그 밖의 사정을 조사하여야 한다(제28조 제2항). 사정판결 역시 기각판결의 일종이므로 그에 불복하는 원고는 물론 당사자는 항소 및 상고를 제기할 수 있다.

③ 소송비용부담(피고)

II. 위법판단의 기준시(처분 시)

1. 처분시설(통설·판례)

1. 행정처분의 위법 여부의 판단기준시는 처분 시이다 : 행정소송에서 행정처분의 위법 여부는 <u>행정처분이 행하여졌을 때의 법령과 사실상태를 기준으로 하여 판단하여야 하고, 처분 후 법령의 개폐나 사실상태의 변동에 의하여 영향을 받지는 않는다</u>(대판 2007.5.11, 2007두1811).
2. 항고소송에서 행정처분의 적법 여부는 행정처분 당시를 기준으로 판단하여야 한다(대판 2017.4.7, 2014두37122).
3. 행정처분의 적법성을 판단함에 있어 처분 후에 추가·변경한 근거 법령을 적용할 수 있다(대판 1988.1.19, 87누603).
4. 공정거래위원회의 시정명령 및 과징금 납부명령이 재량권 일탈·남용으로 위법한지 판단하는 기준 시점은 의결일 당시이다(대판 2015.5.28, 2015두36256).
5. 교원소청심사위원회가 한 결정의 취소를 구하는 소송에서 결정의 적부를 판단하는 기준 시점 및 판단대상 : 교원소청심사위원회가 한 결정의 취소를 구하는 소송에서 그 결정의 적부는 결정이 이루어진 시점을 기준으로 판단하여야 하지만, 그렇다고 하여 소청심사 단계에서 이미 주장된 사유만을 행정소송의 판단대상으로 삼을 것은 아니다. 따라서 소청심사 결정 후에 생긴 사유가 아닌 이상 소청심사 단계에서 주장하지 아니한 사유도 행정소송에서 주장할 수 있고, 법원도 이에 대하여 심리·판단할 수 있다(대판 2018.7.12, 2017두65821).

제2 취소판결의 효력

취소판결의 효력에 대해 행정소송법은 기속력(구속력)만을 규정하고 있으나 민사소송에서 인정되는 일반적인 효력인 자박력·확정력 및 형성력 등의 효력을 발생하게 된다. 그 밖에 행정소송법은 취소판결에 제3자에 대한 효력(제29조 제1항)과 기속력(제30조)을 인정하고, 이를 다른 행정소송에 준용하고 있다.

Ⅰ. 자박력(불가변력) - 선고법원에 대한 효력

자박력(불가변력)이란 행정소송에 있어서도 판결이 일단 선고되면 선고법원 자신도 이를 취소·변경할 수 없는 기속을 받게 되는 효력을 말한다.

Ⅱ. 형식적 확정력(불가쟁력) - 당사자에 대한 효력

형식적 확정력이란 취소소송의 판결을 더 이상 정식재판절차를 통해 다툴 수 없게 되는 효력을 말한다. 즉, 판결에 대해 불복이 있는 경우에는 상소를 통해 그의 효력을 다툴 수 있는데, 이때 상소기간(14일)의 도과, 상소의 취하, 상소권의 포기, 기타 사유로 상소할 수 없는 경우에 판결이 갖는 효력을 말한다.

> **┃ 관 련 판 례 ┃**
> 행정처분이 불복기간의 경과로 확정될 경우, 그 효력으로서 확정력의 의미 : 행정처분이 불복기간의 경과로 인하여 확정될 경우 그 확정력은, 처분으로 인하여 법률상 이익을 침해받은 자가 해당 처분이나 재결의 효력을 더 이상 다툴 수 없다는 의미일 뿐, 더 나아가 판결에 있어서와 같은 기판력이 인정되는 것은 아니어서 처분의 기초가 된 사실관계나 법률적 판단이 확정되고 당사자들이나 법원이 이에 기속되어 모순되는 주장이나 판단을 할 수 없게 되는 것은 아니다(대판 2019.10.17, 2018두104).

Ⅲ. 실질적 확정력(기판력) - 당사자와 후소법원에 대한 효력

1. 의 의

1. 기판력(실질적 확정력)이란 행정소송의 대상인 소송물에 관해 확정된 종국판결(기판)이 내려지면 이후 동일사항이 문제된 경우에 있어 당사자는 그에 반하는 주장을 하여 다투는 것이 허용되지 아니하며(일사부재리효), 법원도 그와 모순·저촉되는 판단을 해서는 안 되는(모순금지효) 구속력을 말한다.
2. 기판력은 소송절차의 반복과 모순된 재판의 방지라는 법적 안정성의 요청에 따라 인정되는 효력이다.
3. 당사자 일방이 이미 판결이 난 사항에 관해 다시 소를 제기한 경우 상대방은 기판력에 의한 항변에 기해 각하를 청구할 수 있으며, 법원도 기판력에 따라 당해 소를 각하해야 한다.
4. 또한 기판력은 형식적 확정력(불가쟁력)의 발생을 전제로 한다. 행정소송법은 기판력에 관해 명시적으로 규정하고 있지 않다.

2. 기판력 있는 재판(확정된 종국판결)

종국판결이 확정되면 원칙적으로 기판력이 생긴다. 다만, 종국판결이라도 미확정판결이나 무효인 판결에는 미치지 않는다. 기속력과 형성력이 인용판결에만 미치는 것과 달리 기판력은 ① 인용판결, ② 기각판결, ③ 사정판결, ④ 각하판결에도 미친다. 소송판결인 각하판결도 소송요건의 흠으로 소가 부적법하다는 판단에 기판력이 생기는 것이고, 소송물에 관한 판단에는 미치지 않는다.

3. 범 위

(1) 주관적 범위(인적 범위)

1. 민사소송에 있어서는 패소판결의 경우 기판력은 원칙적으로 당해 소송의 당사자 및 당사자와 동일시할 수 있는 승계인에게만 미치고, 제3자에게는 미치지 않으므로(기판력의 상대성) 소송참가를 한 제3자에게는 기판력이 미치지 않고, 기판력과 구별되는 참가적 효력이 미친다는 것이 통설이다. 그러나 행정소송의 경우에는 원고와 피고만이 아니라 보조참가인에게도 미친다.

2. 한편, 취소소송에 있어서는 편의상 권리주체인 국가·공공단체가 아닌 처분청을 피고로 하기 때문에, 그 판결의 기판력은 피고인 처분청이 속하는 국가나 공공단체에도 미친다.

(2) 객관적 범위(물적 범위)

① 개설(판결주문)

1. 확정판결은 주문에 포함된 것에 한하여 기판력(旣判力)을 가진다(민사소송법 제216조 제1항). 기판력은 민사소송과 마찬가지로 판결주문 중에 표시된 소송물에 관한 판단에 대해서만 발생하고 그에 이르기까지의 전제적 문제에 관한 판단에는 미치지 않는 것이 원칙이다.
2. 그러므로 원칙적으로 판결이유 중에서 판단된 사실인정, 선결적 법률관계, 항변 그리고 법규의 해석적용에 대해서는 기판력이 미치지 않는다는 것이 통설·판례(대판 1996.11.15, 96다31406)이다.
3. 또한 취소판결의 기판력은 행정행위의 위법 또는 적법성의 판단에 관해서만 생기며, 공격방어방법에 지나지 않는 개개의 위법사유에는 미치지 않는다.

> ┤ **관 련 판 례** ├
>
> 1. 확정판결의 기판력은 소송물로 주장된 법률관계의 존부에 관한 판단의 결론 그 자체에만 미치는 것이고 그 전제가 되는 법률관계의 존부에까지 미치는 것이 아니며, 소송판결은 그 판결에서 확정한 소송요건의 흠결에 관하여 기판력이 발생하는 것이다(대판 1996.11.15, 96다31406).
> 2. 부과처분 취소소송에서 이미 행사하였던 공격방어방법을 그에 대한 경정청구 거부처분 취소소송에서 다시 행사하는 것은 확정된 부과처분 취소소송 판결의 기판력에 반하여 허용될 수 없다(대판 2020.6.25, 2017두58991).

4. 한편, 기판력은 동일한 소송물에만 미치고 소송물이 다를 경우에는 기판력이 미치지 않는다.

> ┤ **관 련 판 례** ├
>
> 1. 주된 납세의무자가 제기한 전소와 제2차 납세의무자가 제기한 후소가 각기 다른 처분에 관한 것이어서 그 소송물을 달리하는 경우, 전소 확정판결의 기판력이 후소에 미치지 않는다(대판 2009.1.15, 2006두14926).
> 2. 전소의 기판력 있는 법률관계가 후소의 선결적 법률관계가 되는 경우, 전소판결의 기판력은 후소에 미친다(대판 2000.2.25, 99다55472).

② 취소판결의 기판력과 무효확인소송

취소청구 기각판결의 기판력은 당해 '처분이 적법'이라는 것에 대해 기판력이 미치기 때문에 다시 취소소송을 제기하거나 무효확인소송을 소구할 수는 없다. 그러나 전소인 무효확인소송에서 기각판결이 확정된 경우 처분이 무효가 아니고 유효라는 점에 대해서만 기판력이 미치므로 당해 처분에 대한 취소소송을 다시 제기할 수 있다.

> ┤ **관 련 판 례** ├
>
> 과세처분 취소소송에서 청구가 기각된 확정판결의 기판력은 과세처분 무효확인소송에 미친다(대판 2003.5.16, 2002두3669).

③ 취소판결의 기판력과 국가배상소송

취소소송에 있어서의 처분의 위법성과 국가배상소송에서의 선결문제로서의 처분의 위법성(법령위반)을 동일하게 보는 일원설을 취하는가, 그렇지 않으면 양자를 다르게 보는 이원설(다수설)을 취하는가에 따라 달라지게 된다. 일원설을 취하면 취소판결의 기판력은 국가배상소송에 미친다는 긍정설을 취하게 되고, 이원설을 취하면 취소소송의 인용판결의 기판력은 국가배상청구소송에 영향을 미치지만, 청구기각판결의 기판력은 미치지 않는다고 본다.

(3) 시간적 범위(사실심 구두변론종결시)

일반적으로 판결이 확정되면 법원이나 당사자는 확정판결에 반하는 판단이나 주장을 할 수 없는 것이나, 이러한 확정판결의 효력은 그 표준시인 사실심 변론종결시를 기준으로 하여 발생하므로, 그 이후에 새로운 사유가 발생한 경우까지 전소의 확정판결의 기판력이 미치는 것은 아니며, 이와 같이 변론종결 이후에 발생한 새로운 사유는 원칙적으로 사실자료에 그치는 것으로, 법률의 변경, 판례의 변경 혹은 판결의 기초가 된 행정처분의 변경은 그에 포함되지 아니한다(대판 1998.7.10, 98다7001).

Ⅳ. 기속력 - 행정기관에 대한 효력

1. 기속력의 의의

기속력이란 소송당사자인 행정청과 관계행정청에게 확정판결의 취지에 따라 행동하도록 실체법상의 의무를 지우는 판결의 효력을 말한다. 행정소송법은 "처분 등을 취소하는 확정판결은 그 사건에 관하여 당사자인 행정청과 그 밖의 관계행정청을 기속한다."(행정소송법 제30조 제1항)고 명문으로 규정하고, 무효등확인소송(같은 법 제38조 제1항)과 부작위위법확인소송(같은 법 제38조 제2항) 및 당사자소송(같은 법 제44조 제1항)에 준용하고 있다.

2. 기속력의 내용

취소소송의 확정판결이 당사자인 행정청과 관계행정청을 기속한다는 것은 소극적인 면과 적극적인 면의 이중적인 성질을 갖는다.

(1) 소극적 효력(반복금지효)

1. 반복금지효란 당사자인 행정청은 물론이고 그 밖의 관계행정청(◉ 재결취소소송에서 원처분청)도 확정판결에 저촉되는 처분을 할 수 없음을 의미한다. 즉, 취소소송에서 청구인용판결(취소판결)이 확정되면 행정청은 동일한 사실관계 아래에서 동일한 이유에 기해 동일 당사자에 대하여 동일한 내용의 처분을 반복해서는 안 된다(제30조 제1항). 이를 부작위의무라고도 한다. 반복금지효는 침익적 처분뿐만 아니라 거부처분에도 발생한다.
2. 한편, 행정소송법이 '처분 등을 취소하는 확정판결'이라 하여 기속력이 발생하는 판결의 범위를 인용판결로 명시하고 있으므로(제30조 제1항), 청구기각판결의 경우에는 반복금지효가 인정되지 않는다.

> **┨ 관 련 판 례 ┠**
>
> 징계처분의 취소를 구하는 소에서 징계사유가 될 수 없다고 판결한 사유와 동일한 사유를 내세워 행정청이 다시 징계처분을 한 것은 확정판결에 저촉되는 행정처분을 한 것으로서, 위 취소판결의 기속력이나 확정판결의 기판력에 저촉되어 허용될 수 없다(대판 1992.7.14, 92누2912).

(2) 적극적 재처분의무

① 의의

재처분의무란 행정청이 판결의 취지에 따른 처분을 해야 함을 의미한다. 적극적 처분의무라 부르기도 한다. 적극적 관점에서 기속력인 재처분의무는 거부처분의 경우와 절차위반을 이유로 취소되는 경우에 문제된다.

② 거부처분과 재처분의무

㉠ 의의

1. 판결에 의해 취소되는 처분이 당사자의 신청을 거부하는 것을 내용으로 하는 경우에는 그 처분을 행한 행정청은 '판결의 취지'에 따라 다시 '이전의 신청'에 대한 처분을 하여야 한다(행정소송법 제30조 제2항).
2. 취소되는 처분을 행한 행정청은 당사자의 신청 없이 당연히 재처분을 해야 한다. 재처분의 내용은 '원고의 신청내용'에 따르는 것이 아니라 '판결의 취지'에 따라야 한다. 따라서 행정청은 반드시 원고가 신청한 내용으로 재처분하여야 하는 것은 아니며, 신청을 인용하거나 당초의 거부처분과는 다른 이유로 다시 거부할 수도 있다.

ⓒ 재처분의무의 구체적 내용

1. 절차상 위법을 이유로 취소된 경우 : 거부처분이 절차상 위법을 이유로 취소된 경우에는 적법한 절차를 거쳐 재처분을 하여야 한다. 이 경우 거부처분은, 다만 절차상의 위법을 이유로 취소된 것이므로 행정청은 적법한 절차에 따라 실체적 요건을 심사하여 신청된 대로 처분을 할 수도 있고 다시 거부처분을 할 수도 있다.
2. 실체상 위법을 이유로 취소된 경우 : 거부처분의 취소판결을 통해 발생하는 재처분의무는 기속행위와 재량행위에 따라 내용이 달라진다. 기속행위의 경우에는 거부처분을 취소하는 판결이 확정되면 판결의 취지에 따라 법규에서 규정한 특정한 처분의무가 존재한다. 반면에 재처분의무의 내용이 재량처분인 경우에는 처분청에게 특정한 처분의무가 없으므로 신청된대로 처분을 할 수도 있고, 다른 이유로 거부처분을 할 수도 있다.

> **┃ 관 련 판 례 ┃**
>
> 주민 등의 도시관리계획 입안 제안을 거부한 처분에 이익형량의 하자가 있어 위법하다고 판단하여 취소하는 판결이 확정된 경우, 행정청에 그 입안 제안을 그대로 수용하는 내용의 도시관리계획을 수립할 의무가 없고, 행정청이 다시 새로운 이익형량을 하여 도시관리계획을 수립한 경우, 취소판결의 기속력에 따른 재처분의 의무를 이행한 것이며, 행정청이 다시 적극적으로 수립한 도시관리계획의 내용이 계획재량의 한계를 일탈한 것인지 여부는 별도로 심리·판단하여야 한다(대판 2020.6.25, 2019두56135).

③ 절차위반과 재처분의무

1. 거부처분의 취소판결과 재처분의무에 관한 규정은 '신청에 따른 처분'이 절차의 위법을 이유로 취소되는 경우에 준용된다(제30조 제3항).
2. 신청에 따른 처분, 즉 인용처분이 제3자의 제소에 의해 절차에 위법이 있음을 이유로 취소된 경우에는 판결의 취지에 따른 적법한 절차에 의해 신청에 대한 처분을 다시 해야 한다. 행정소송법 제30조 제2항은 신청을 거부당한 자가 제기한 소에 대하여 취소판결이 주어지는 경우이고, 같은 조 제3항은 신청이 받아들여짐으로써 불이익을 받는 제3자에 의한 소제기에 대해 취소판결이 주어지는 경우에 해당한다.
3. 이때에도 행정청은 판결의 취지에 따른 적법한 절차에 의해 다시 신청을 인용하는 처분을 할 수도 있다. 다만, 제3자의 취소소송이 단순히 절차의 위법이 아니라 실체법상의 위법성을 이유로 제기되어 판결이 확정되는 경우에는 신청인에 대해 재차 인용처분을 할 수 없다.

(3) 원상회복의무(결과제거의무)

1. 행정처분을 취소하는 판결이 확정된 경우, 취소판결의 기속력에 따른 행정청의 의무 : 어떤 행정처분을 위법하다고 판단하여 취소하는 판결이 확정되면 행정청은 취소판결의 기속력에 따라 그 판결에서 확인된 위법사유를 배제한 상태에서 다시 처분을 하거나 그 밖에 위법한 결과를 제거하는 조치를 할 의무가 있다(대판 2020. 4.9, 2019두49953).
2. 직업능력개발훈련과정 인정제한처분에 대한 쟁송절차에서 해당 제한처분이 위법한 것으로 판단되어 취소되거나 당연무효로 확인된 경우, 사업주가 해당 제한처분 때문에 관계 법령이 정한 기한 내에 하지 못했던 훈련과정 인정신청과 훈련비용 지원신청을 사후적으로 할 수 있는 기회를 주어야 한다(대판 2019.1.31, 2016두52019).

(4) 기속력에 반하지 않는 재처분

① 위법사유의 보완

확정판결에서 적시된 위법사유를 보완하여 동일한 내용의 재처분을 하는 경우에는 기속력에 반하지 아니한다. 즉, 취소판결의 사유가 행정행위의 절차나 형식상의 흠인 경우에는 그 확정판결의 기속력은 취소사유로 된 절차나 형식의 위법에 한해 미치므로 행정청은 적법한 절차나 형식을 갖추어(위법사유를 제거하여) 다시 새로운 동일한 내용의 처분을 할 수 있다.

> ┤ **관 련 판 례** ├
>
> 과세처분 취소소송의 확정판결에 적시된 위법사유를 보완하여 새로이 행한 과세처분은 동 판결의 기판력에 저촉되지 않는다(대판 1986.11.11, 85누231).

② 다른 사유

㉠ 사실심 변론종결 이전의 사유

거부처분에 대한 취소판결이 확정된 경우에는 사실심 변론종결 이전의 사유를 내세워 다시 거부처분을 하는 것은 확정판결의 기속력에 저촉되어 허용되지 아니한다.

> ┤ **관 련 판 례** ├
>
> 1. 거부처분에 대한 취소판결이 확정된 경우에는 그 처분을 행한 행정청은 판결의 취지에 따라 다시 처분을 하여야 할 의무를 부담하게 되므로, 취소소송에서 소송의 대상이 된 거부처분을 실체법상의 위법사유에 기하여 취소하는 판결이 확정된 경우에는 당해 거부처분을 한 행정청은 원칙적으로 신청을 인용하는 처분을 하여야 하고, 사실심 변론종결 이전의 사유를 내세워 다시 거부처분을 하는 것은 확정판결의 기속력에 저촉되어 허용되지 아니한다(대판 2001.3.23, 99두5238).
> 2. 종전 처분이 판결에 의하여 취소된 경우, 종전 처분과 다른 사유를 들어 새로이 처분을 하는 것은 기속력에 저촉되지 않는다(대판 2016.3.24, 2015두48235).
> 3. 동일 사유인지 다른 사유인지 판단하는 기준 : 동일 사유인지 다른 사유인지는 확정판결에서 위법한 것으로 판단된 종전 처분사유와 기본적 사실관계에서 동일성이 인정되는지 여부에 따라 판단되어야 하고, 기본적 사실관계의 동일성 유무는 처분사유를 법률적으로 평가하기 이전의 구체적인 사실에 착안하여 그 기초인 사회적 사실관계가 기본적인 점에서 동일한지에 따라 결정된다(대판 2016.3.24, 2015두48235).
> 4. 취소 확정판결의 당사자인 처분 행정청이 종전 처분 후에 발생한 새로운 사유를 내세워 다시 처분을 할 수 있고, 새로운 처분의 사유가 종전 처분의 사유와 기본적 사실관계에서 다르지만 종전 처분 당시 이미 존재하고 있었고 당사자가 알고 있었던 경우, 이를 내세워 새로이 처분을 하는 것은 확정판결의 기속력에 저촉되지 않는다(대판 2016.3.24, 2015두48235).

㉡ 사실심 변론종결(처분 시) 이후 발생한 새로운 사유

1. 거부처분취소의 확정판결을 받은 행정청은 사실심 변론종결(엄밀한 표현으로는 처분 시) 이후 발생한 새로운 사유(예 사실관계의 변경 또는 법의 변경)를 내세워 다시 거부처분을 할 수도 있다.
2. 한편, 통설·판례가 처분의 위법 여부 판단의 기준시점을 사실심 변론종결시가 아닌 처분 시로 보고 있는 점에 비추어, 당초의 처분이 있은 다음 사실 상태나 사유가 변동된 경우에는 그것이 변론종결시 이전의 일이라도 취소판결의 기속력을 받지 아니하고 동일한 내용의 처분을 새로이 할 수 있다고 보아야 할 것이다.

> ┤ **관 련 판 례** ├
>
> 1. 사실심 변론종결 이후 발생한 사유로 새로운 거부처분을 할 수 있다(종전의 부적절한 표현) : 확정판결의 당사자인 처분행정청은 그 행정소송의 사실심 변론종결 이후 발생한 새로운 사유를 내세워 다시 이전의

신청에 대하여 거부처분을 할 수 있으며, 그러한 처분도 이 조항에 규정된 재처분에 해당한다(대판 1999.12.28, 98두1895).

2. 처분 후에 법령이 개정·시행된 경우에는 개정된 법령 및 허가기준을 새로운 사유로 들어 다시 이전의 신청에 대한 거부처분을 할 수 있다(정확한 표현) : 행정처분의 적법 여부는 그 행정처분이 행하여진 때의 법령과 사실을 기준으로 하여 판단하는 것이므로 거부처분 후에 법령이 개정·시행된 경우에는 개정된 법령 및 허가기준을 새로운 사유로 들어 다시 이전의 신청에 대한 거부처분을 할 수 있으며 그러한 처분도 행정소송법 제30조 제2항에 규정된 재처분에 해당된다. 건축불허가처분을 취소하는 판결이 확정된 후 「국토이용관리법 시행령」이 준농림지역 안에서의 행위제한에 관하여 지방자치단체의 조례로써 일정지역에서 숙박업을 영위하기 위한 시설의 설치를 제한할 수 있도록 개정된 경우, 당해 지방자치단체장이 위 처분 후에 개정된 신법령에서 정한 사유를 들어 새로운 거부처분을 한 것은 행정소송법 제30조 제2항 소정의 확정판결의 취지에 따라 이전의 신청에 대한 처분을 한 경우에 해당한다(대결 1998.1.7, 97두22).

3. 개정법령에서 종전규정에 따른다는 경과규정을 둔 경우 종전규정에 따른 재처분을 해야 하고 개정법령을 적용한 새로운 거부처분은 기속력 위반이다(대결 2002.12.11, 2002무22).

3. 기속력의 효력범위

(1) 주관적 범위(행정청과 관계행정청)

(2) 객관적 범위

행정소송법 제30조 제1항에 의하여 인정되는 취소소송에서 처분 등을 취소하는 확정판결의 기속력은 주로 판결의 실효성 확보를 위하여 인정되는 효력으로서 판결의 주문뿐만 아니라 그 전제가 되는 처분 등의 구체적 위법사유에 관한 이유 중의 판단에 대하여도 인정된다(대판 2001.3.23, 99두5238).

(3) 시간적 범위

기속력의 시간적 범위는 처분 시를 기준으로 하므로, 통설·판례는 원칙상 재처분 시의 법령 및 사실상태를 기준으로 처분을 해야 한다는 입장이다. 즉, 기속력의 시간적 범위가 처분 시를 기준으로 하는 점에서 기판력의 시간적 범위가 사실심 변론종결시를 기준으로 하는 점과 다르다.

(4) 기속력위반의 효과(무효)

1. 기속력에 위반한 처분은 당연무효이다(대판 1989.9.12, 89누985).
2. 재처분을 하지 않거나 재처분이 무효인 경우 기속력 위반이다 : 거부처분에 대한 취소의 확정판결이 있음에도 행정청이 아무런 재처분을 하지 아니하거나, 재처분을 하였다 하더라도 그것이 종전 거부처분에 대한 취소의 확정판결의 기속력에 반하는 등으로 당연무효라면 이는 아무런 재처분을 하지 아니한 때와 마찬가지라 할 것이므로 이러한 경우에는 행정소송법 제30조 제2항, 제34조 제1항 등에 의한 간접강제신청에 필요한 요건을 갖춘 것으로 보아야 한다(대결 2002.12.11, 2002무22).

V. 형성력

1. 의 의

1. 판결의 형성력이란 일방적으로 확정판결의 취지에 따라 법률관계의 발생·변경·소멸을 가져오는 효력을 말한다.

> **│ 관 련 판 례 │**
>
> 행정처분을 취소한다는 확정판결이 있으면 그 <u>취소판결의 형성력에 의하여 당해 행정처분의 취소나 취소</u> <u>통지 등의 별도의 절차를 요하지 아니하고</u> 당연히 취소의 효과가 발생한다(대판 1991.10.11, 90누5443).

2. 행정소송법에는 이에 관한 직접적인 규정은 없지만, 형성력은 특히 취소인용판결의 경우에 일반적으로 인정되는 효력이고 또한 취소판결의 제3자효를 규정한 제29조 제1항은 이를 전제로 한 규정이다.

2. 취소판결의 제3자효(대세효)

(1) 내 용

1. 행정소송법 제29조 제1항은 "처분 등을 취소하는 확정판결은 제3자에 대하여도 효력이 있다."고 규정함으로써, 취소판결(인용판결에만 인정)의 효력이 제3자에 대하여도 미친다는 것을 명시하였다 .
2. 행정소송법은 취소판결의 제3자효 규정을 무효등확인소송과 부작위위법확인소송은 물론 가구제(집행정지결정과 취소결정)에도 준용하고 있다(제29조 제2항, 제38조).
3. 한편, 취소된 처분을 전제로 하여 행해진 처분 등 행위는 달리 특별한 사정이 없는 한 소급하여 효력을 상실한다.

> **│ 관 련 판 례 │**
>
> 1. 제3자효는 취소판결에 의해 취소된 처분을 기초로 하여 새로 형성된 제3자의 권리에는 미치지 않는다 (대판 1986.8.19, 83다카2022).
> 2. 「도시 및 주거환경정비법」상 주택재개발사업조합의 조합설립인가처분이 법원의 재판에 의하여 취소된 경우, 주택재개발사업조합이 조합설립인가처분 취소 전에 「도시 및 주거환경정비법」상 적법한 행정주체 또는 사업시행자로서 한 결의 등 처분이 소급하여 효력을 상실하지만 종전 결의 등 처분의 법률효과를 다투는 소송의 당사자지위까지 함께 소멸한다고 할 수는 없다(대판 2012.3.29, 2008다95885).

(2) 제3자의 소송참가와 재심제도

취소판결의 효력이 미치게 되는 제3자의 불측의 손해를 막기 위해 행정소송법은 소송에 관여하지 않은 제3자의 소송참가(제16조)를 인정하고 있다. 또한 제3자가 귀책사유 없이 소송에 참가하지 못한 경우를 대비해 행정소송법은 아울러 취소의 인용판결이 확정된 뒤에도 제3자가 자신의 권익침해를 주장할 수 있도록 제3자의 재심청구제도(제31조)를 마련하고 있다.

VI. 집행력(간접강제)

1. 문제의 소재

행정소송법은 의무이행소송을 인정하지 않기 때문에 취소판결과 관련해서 거부처분취소판결의 확정시에 행정청에 부과되는 재처분의무의 이행을 확보하기 위해 민사집행법에서 인정되는 간접강제제도로서의 배상명령제를 도입하고 있다.

2. 간접강제의 내용(배상명령)

1. 행정청이 기속력에 따른 재처분을 하지 아니한 때에는 제1심 수소법원(受訴法院 : 소송을 제기 받은 법원·확정판결을 선고한 법원이 아님)은 당사자의 신청에 의하여 결정으로써 상당한 기간을 정하고 행정청이 그 기간 내에 이행하지 아니하는 때에는 그 지연기간에 따라 일정한 배상을 할 것을 명하거나, 즉시 손해배상을 할 것을 명할 수 있다(같은 법 제34조 제1항).
2. 이 경우에 행정소송법 제33조(소송비용에 관한 재판의 효력)와 민사집행법 제262조[제260조 및 제261조(간접강제)의 결정은 변론 없이 할 수 있다. 다만, 결정하기 전에 채무자를 심문하여야 한다.]의 규정이 준용된다(행정소송법 제34조 제2항). 간접강제결정은 피고 또는 참가인이었던 행정청이 속하는 국가 또는 공공단체에 그 효력을 미친다.

> **┤ 관 련 판 례 ├**
> 1. 거부처분취소판결에는 간접강제 허용(대결 1998.12.24, 98무37)
> 2. 재처분을 하지 않거나 재처분이 무효인 경우 간접강제요건 충족한다(대결 2002.12.11, 2002무22).
> 3. 간접강제결정에서 정한 의무이행기한이 경과한 후에라도 확정판결의 취지에 따른 재처분의 이행이 있으면 처분상대방이 더 이상 배상금을 추심하는 것은 허용되지 않는다(대판 2004.1.15, 2002두2444).

3. 간접강제의 적용범위

간접강제제도는 부작위위법확인소송에도 준용되고 있으나(행정소송법 제38조 제2항), 무효확인판결에는 준용되지 않는다. 따라서 거부처분의 무효확인소송에 간접강제제도는 허용되지 않는다는 게 판례인데, 이에 대해서 행정소송법 제38조가 거부처분의 취소판결에 따른 처분청의 재처분의무를 규정하는 행정소송법 제30조 제2항을 무효확인소송에 준용하면서 간접강제에 관한 행정소송법 제34조를 준용하지 않은 것은 입법의 불비라는 지적이 있다.

제2목 무효등확인소송

I. 성질(준항고소송설)

행정처분의 무효를 선언하는 소송이라는 점에서 실질적으로는 일종의 확인소송, 형식적으로는 처분의 효력의 유무를 직접 소송의 대상으로 한다는 점에서 항고소송적인 측면을 아울러 지니는 것으로 보는 견해로서 통설·판례이다.

II. 적용법규

준용되지 않는 규정
1. 예외적 행정심판전치주의(제18조)   2. 제소기간(제20조)
3. 재량처분의 취소(제27조)   4. 사정판결(제28조)

III. 제소요건

1. 원고적격 및 협의의 소익

(1) 법적 보호이익설(통설)

1. 무효등확인소송의 원고적격에 관한 '법률상 이익'을 취소소송과 같은 관념으로서, 민사소송에 있어서의 확인의 이익보다는 넓은 개념으로 보는 견해이다. 그에 따라 무효등확인소송에서의 법률상 이익도 취소소송의 경우와 마찬가지로 법적으로 보호되는 이익으로 본다.
2. 이 견해는 ① 독일과 일본의 경우와는 달리 행정소송법상 무효등확인소송의 경우에 보충성을 인정하는 특별한 규정이 없을 뿐만 아니라, ② 행정소송은 공익을 추구하는 행정작용에 대해 특수한 취급을 하기 위하여 별도로 마련된 소송제도로서 민사소송과는 목적과 취지를 달리하므로 민사소송에서의 확인의 이익론이 행정소송에 그대로 타당하다고 할 수 없다는 점 등을 논거로 한다.

(2) 판례(법률상 보호이익설)

1. 취소소송과 마찬가지로 법률상 보호이익설 : 행정소송은 행정청의 위법한 처분 등을 취소·변경하거나 그 효력 유무 또는 존재 여부를 확인함으로써 국민의 권리 또는 이익의 침해를 구제하고, 공법상의 권리관계 또는 법적용에 관한 다툼을 적정하게 해결함을 목적으로 하는 것이므로, 대등한 주체 사이의 사법상 생활관계에 관한 분쟁을 심판대상으로 하는 민사소송과는 그 목적, 취지 및 기능 등을 달리한다. 또한, 행정소송법 제4조에서는 무효확인소송을 항고소송의 일종으로 규정하고 있고, 행정소송법 제38조 제1항에서는 처분 등을 취소하는 확정판결의 기속력 및 행정청의 재처분의무에 관한 행정소송법 제30조를 무효확인소송에도 준용하고 있으므로 무효확인판결 자체만으로도 실효성을 확보할 수 있다. 그리고 무효확인소송의 보충성을 규정하고 있는 외국의 일부 입법례와는 달리 우리나라 행정소송법에는 명문의 규정이 없어 이로 인한 명시적 제한이 존재하지 않는다. 이와 같은 사정을 비롯하여 행정에 대한 사법통제, 권익구제의 확대와 같은 행정소송의 기능 등을 종합하

여 보면, 행정처분의 근거 법률에 의하여 보호되는 직접적이고 구체적인 이익이 있는 경우에는 행정소송법 제35조에 규정된 '무효확인을 구할 법률상 이익'이 있다고 보아야 하고, 이와 별도로 무효확인소송의 보충성이 요구되는 것은 아니므로 행정처분의 무효를 전제로 한 이행소송 등과 같은 직접적인 구제수단이 있는지 여부를 따질 필요가 없다고 해석함이 상당하다[대판(전합) 2008.3.20, 2007두6342].

2. 행정처분의 근거 법률에 의하여 보호되는 직접적이고 구체적인 이익이 있는 경우 행정소송법 제35조에 규정된 '무효 등 확인을 구할 법률상 이익'이 있고, 이때 행정처분의 유·무효를 전제로 한 이행소송 등과 같은 직접적인 구제수단이 있는지를 따져보아야 하는 것은 아니다(대판 2019.2.14, 2017두62587).

(3) 구체적 사례

1. 당초의 주택재건축사업조합 설립인가처분에 대한 무효확인 소송 계속 중 새로운 조합설립인가처분이 이루어졌으나 당초 조합설립인가처분의 효력이 소멸되었음이 객관적으로 확정되지 않은 경우, 조합원에게 당초의 조합설립인가처분에 관한 무효확인을 구할 소의 이익이 있다(대판 2012.12.13, 2011두21010).

2. 구 「도시 및 주거환경정비법」상 조합설립추진위원회 구성승인처분을 다투는 소송 계속 중 조합설립인가처분이 이루어진 경우 조합설립추진위원회 구성승인처분에 대하여 취소 또는 무효확인을 구할 법률상 이익이 없다(대판 2013.1.31, 2011두11112, 2011두11129).

3. 이전고시의 효력발생 후에는 관리처분계획에 대한 인가처분의 취소 또는 무효확인을 구할 법률상 이익이 없다(대판 2012.5.24, 2009두22140) : 이전고시의 효력 발생으로 이미 대다수 조합원 등에 대하여 획일적·일률적으로 처리된 권리귀속 관계를 모두 무효화시키고 다시 처음부터 관리처분계획을 수립하여 이전고시 절차를 거치도록 하는 것은 정비사업의 공익적·단체법적 성격에 배치

4. 「도시 및 주거환경정비법」상 대지나 건축물의 소유권 이전에 관한 고시의 효력이 발생한 후 일부 내용만을 분리하여 변경하거나 전체 이전고시를 모두 무효화시킬 수 없다(대판 2014.9.25, 2011두20680).

5. 조합설립인가처분의 취소·무효확인 판결이 확정되기 전에 이전고시의 효력이 발생한 경우 원칙적으로 조합설립인가처분의 취소·무효확인을 구할 법률상 이익이 없다(대판 2014.9.25, 2011두20680).

6. 제주 강정마을 일대가 절대보전지역으로 유지됨으로써 주민들인 원고들이 가지는 주거 및 생활환경상 이익은 그 지역의 경관 등이 보호됨으로써 반사적으로 누리는 것일 뿐 근거 법규 또는 관련 법규에 의하여 보호되는 개별적·직접적·구체적 이익이라고 할 수 없다(대판 2012.7.5, 2011두13187·13914).

7. 구 「도시 및 주거환경정비법」상 조합설립추진위원회 구성승인처분을 다투는 소송 계속 중 조합설립인가처분이 이루어진 경우 조합설립추진위원회 구성승인처분에 대하여 취소 또는 무효확인을 구할 법률상 이익이 없다(대판 2013.1.31, 2011두11112·11129).

8. 갑 주식회사가 제주특별자치도개발공사와 먹는샘물에 관하여 협약기간 자동연장조항이 포함된 판매협약을 체결하였는데, 제주특별자치도지사가 개발공사 설치조례를 개정·공포하면서 '먹는샘물 민간위탁 사업자의 선정은 일반입찰에 의한다.'는 규정을 신설하고, '종전 먹는샘물 국내판매 사업자는 2012.3.14.까지 이 조례에 따른 먹는샘물 국내판매 사업자로 본다'는 내용의 부칙조항을 둠에 따라 개발공사가 협약 해지 통지를 하자, 갑 회사가 부칙조항의 무효확인을 구한 사안에서, 무효확인을 구할 법률상 이익이 없다고 한 사례(대판 2016.6.10, 2013두1638)

2. 행정심판전치주의(부정)

본안소송으로 공매처분의 무효확인청구 등을 제기한 경우에는 위 공매처분의 전제가 되는 국세부과처분에 대해 전심절차를 거치지 아니하였다고 하더라도 법원의 집행정지결정이 그 요건을 흠결한 위법이 있다고 할 수 없다(대결 1986.11.27, 86두21).

Ⅳ. 소송의 심리

1. 입증책임

무효등확인소송은 항고소송의 일종으로 다투어지는 것이 처분 등의 적법 여부인 점에서 취소소송과 다를 것이 없기 때문에 취소소송의 경우와 같다는 견해가 다수설이다. 그러나 판례는 원고부책설을 취하고 있다.

> ┤ 관 련 판 례 ├
>
> 행정처분의 당연무효를 주장하여 그 무효확인을 구하는 행정소송에 있어서는 원고에게 그 행정처분이 무효인 사유를 주장·입증할 책임이 있다(대판 1992.3.10, 91누6030).

2. 선결문제(심리가능)

국세 등의 부과 및 징수처분과 같은 행정처분이 당연무효임을 전제로 하여 민사소송을 제기한 때에는 그 행정처분이 당연무효인지의 여부가 선결문제이므로 법원은 이를 심사하여 그 행정처분의 하자가 중대하고도 명백하여 당연무효라고 인정될 경우에는 이를 전제로 하여 판단할 수 있으나 그 하자가 단순한 취소사유에 그칠 때에는 법원은 그 효력을 부인할 수 없다(대판 1973.7.10, 70다1439).

V. 판 결

1. 판결의 종류

취소소송의 경우와 마찬가지로 소송요건을 결하고 있는 경우에는 이를 부적법한 것으로 각하판결을 하고, 원고의 청구가 이유 없다고 인정될 때에는 기각판결을 하며, 원고의 청구가 이유 있다고 인정될 때에는 무효확인판결·유효확인판결·실효확인판결·존재확인판결·부존재확인판결 등의 인용판결을 행한다. 한편, 심리결과 처분의 위법정도가 취소사유에 불과할 경우 취소소송의 요건을 충족하면 취소판결을, 취소소송의 요건을 흠결하면 기각판결을 내린다.

┃ 관 련 판 례 ┃

행정처분의 무효확인청구를 취소청구로 인용하기 위한 요건 : 행정처분의 무효확인을 구하는 청구에는 특별한 사정이 없는 한 그 처분의 취소를 구하는 취지까지도 포함되어 있다고 볼 수는 있으나 위와 같은 경우에 취소청구를 인용하려면 먼저 취소를 구하는 항고소송으로서의 제소요건을 구비한 경우에 한한다(대판 1986.9.23, 85누838).

2. 사정판결의 인정 여부(부정)

당연무효의 행정처분을 소송목적물로 하는 행정소송에서는 존치시킬 효력이 있는 행정행위가 없기 때문에 행정소송법 제28조 소정의 사정판결을 할 수 없다(대판 1987.3.10, 84누158).

3. 판결의 효력

무효등확인판결의 효력에 관해서는 취소판결의 효력 및 기속력에 관한 규정이 준용된다(제38조 제1항, 제29조·제30조). 따라서 무효등확인판결은 제3자에 대하여도 효력이 있으므로, 제3자의 소송참가 및 재심청구에 관한 규정도 준용된다(제38조 제1항, 제16조·제31조). 또한 구속력에 의해 반복금지효와 재처분의무를 진다. 그러나 간접강제에 관한 규정은 준용되지 않는다.

┃ 관 련 판 례 ┃

1. 행정처분의 무효확인판결은 비록 형식상은 확인판결이라 하여도 그 확인판결의 효력은 그 취소판결의 경우와 같이 소송의 당사자는 물론 제3자에게도 미친다(대판 1982.7.27, 82다173).
2. 거부처분에 대한 무효확인 판결에는 재처분의무가 인정될 뿐 간접강제는 허용되지 않는다(대결 1998.12.24, 98무37).

VI. 무효확인소송과 부작위위법확인소송의 취지

구분	취소소송의 제소요건을 갖춘 경우	취소소송의 제소요건을 갖추지 못한 경우
원칙	일반적으로 행정처분의 무효확인을 구하는 소에는 원고가 그 처분의 취소는 구하지 아니한다고 밝히고 있지 아니하는 이상 그 처분이 만약 당연무효가 아니라면 그 취소를 구하는 취지도 포함되어 있는 것으로 볼 것이다(대판 1987.4.28, 86누887).	행정심판절차를 거치지 아니한 까닭에 행정처분 취소의 소를 무효확인의 소로 변경한 경우에는 무효확인을 구하는 취지 속에 그 처분이 당연무효가 아니라면 그 취소를 구하는 취지까지 포함된 것으로 볼 여지가 전혀 없다고 할 것이므로 법원으로서는 그 처분이 당연무효인가 여부만 심리판단하면 족하다(대판 1987.4.28, 86누887).
무효사유가 아닌 취소사유에 그칠 경우 판결의 종류	취소판결	기각판결
취소소송으로의 소변경	허용	불가
무효확인소송이 제기된 후 취소소송의 추가적 병합	허용	불가
관련판례	부작위위법확인소송의 취지 : 동일한 신청에 대한 거부처분의 취소를 구하는 취소소송에는 특단의 사정이 없는 한 그 신청에 대한 부작위위법의 확인을 구하는 취지도 포함되어 있다고 볼 수 있다. 이러한 사정을 종합하여 보면, 당사자가 동일한 신청에 대하여 부작위위법확인의 소를 제기하였으나 그 후 소극적 처분이 있다고 보아 처분취소소송으로 소를 교환적으로 변경한 후 여기에 부작위위법확인의 소를 추가적으로 병합한 경우 최초의 부작위위법확인의 소가 적법한 제소기간 내에 제기된 이상 그 후 처분취소소송으로의 교환적 변경과 처분취소소송에의 추가적 변경 등의 과정을 거쳤다고 하더라도 여전히 제소기간을 준수한 것으로 봄이 상당하다(대판 2009.7.23, 2008두10560).	

제3목 부작위위법확인소송

I. 개 설

1. 소송물(부작위의 위법성)

2. 적용법규

1. 부작위위법확인소송은 기본적 성격이 취소소송과 같으므로 취소소송에 관한 많은 규정이 준용된다. 즉, 재판관할(제9조), 관련청구소송의 이송 및 병합(제10조), 피고적격(제13조), 피고경정(제14조), 공동소송(제15조), 제3자의 소송참가(제16조), 행정청의 소송참가(제17조), 행정심판과의 관계(제18조), 취소소송의 대상(제19조), 제소기간(제20조), 행정심판기록의 제출명령(제25조), 직권심리(제26조), 재량처분의 취소(제27조), 취소판결 등의 효력(제29조), 취소판결 등의 기속력(제30조), 제3자에 의한 재심청구(제31조), 소송비용에 관한 재판의 효력(제33조) 및 거부처분취소판결의 간접강제(제34조)의 규정은 부작위위법확인소송의 경우에 준용한다(제38조 제2항).
2. 그러나 ① 제소기간 제한 중에서 처분의 존재를 전제로 하여 정한 제소기간 제한(제20조 제2항), ② 처분변경으로 인한 소의 변경(제22조), ③ 집행정지결정(제23조·제24조), ④ 사정판결(제28조), ⑤ 사정판결의 경우 피고의 소송비용부담(제32조) 등은 준용되지 않는다.

II. 소송의 대상(부작위)

1. 부작위의 의의

'부작위'란 행정청이 당사자의 신청에 대하여 상당한 기간 내에 일정한 처분을 하여야 할 법률상 의무가 있음에도 불구하고 이를 하지 아니하는 것을 말한다(제2조 제1항 제2호).

2. 부작위의 성립요건

(1) 당사자의 신청 및 신청권의 존재

1. 부작위가 성립하기 위해 적법한 신청권이 있는 자의 신청에 한정된다는 적법신청설(다수설)과 신청권의 문제는 본안판단의 문제이기 때문에 현실적으로 신청을 한 자면 모두 포함된다는 적법신청무관설이 대립되고 있다.
2. 신청권은 법령에 명시된 경우뿐만 아니라 법령의 해석상(조리상) 신청권이 있는 것으로 판단되는 경우도 포함된다. 한편, 대법원은 신청권을 원고적격의 문제임과 동시에 대상적격의 문제로 보고 있다.

1. 법규상 또는 조리상 신청권의 존재(원고적격 내지 항고소송의 대상인 부작위의 요건) : 부작위위법확인소송은 처분의 신청을 한 자로서 부작위의 위법의 확인을 구할 법률상 이익이 있는 자만이 제기할 수 있다 할 것이며, 이를 통하여 구하는 행정청의 응답행위는 행정소송법 제2조 제1항 제1호 소정의 처분에 관한 것이라야 하므로 당사자가 행정청에 대하여 어떠한 행정행위를 하여 줄 것을 신청하지 아니하였거나 그러한 신청을 하였더라도 당사자가 행정청에 대하여 그러한 행정행위를 하여 줄 것을 요구할 수 있는 법규상 또는 조리상의 권리를 갖고 있지 아니하든지 또는 행정청이 당사자의 신청에 대하여 거부처분을 한 경우에는 원고적격이 없거나 항고소송의 대상인 위법한 부작위가 있다고 볼 수 없어 그 부작위위법확인의 소는 부적법하다고 할 것이다(대판 2000.2.25, 99두11455).

2. 국회의원이 대통령 및 외교부장관의 특임공관장에 대한 인사권 행사 등과 관련하여 그 임면과정이나 지위 변경 등에 관한 요구를 할 수 있는 법규상 또는 조리상 신청권 부정(한나라당 국회의원인 이신범이 외교부장관에게 미합중국 주재 대사인 이홍구의 직을 계속 보유하게 하여서는 안 된다고 요구했는데, 이에 대해 아무런 조치를 취하지 아니한 피고의 부작위는 위법임을 확인한다는 부작위위법확인청구)

   외무공무원의 정년 등을 규정한 외무공무원법상 일반국민이나 국회의원 등이 외무공무원의 임면권자에 대하여 특임공관장의 임면과정이나 지위 변경 등에 관하여 어떠한 신청을 할 수 있다는 규정이 없을 뿐 아니라, 나아가 국회의원은 헌법이 부여한 권한에 따라 국정감사·조사권, 국무위원 등의 국회출석요구권·질문권, 국무위원 등의 해임건의권 등의 다양한 권한행사를 통하여 행정부의 위법·부당한 행위를 통제할 수 있고, 또한 국회법상 국회통일외교통상위원회는 외무공무원의 인사에 관한 사항 등 외교부 소관에 속하는 의안과 청원의 심사 등의 직무를 행하도록 규정되어 있기는 하지만, 이러한 규정들에 의하여 국회의원이 국무위원인 외교부장관에 대하여 정치적인 책임을 물을 수 있음은 별론으로 하고 국회의원 개개인에게 특임공관장의 인사사항에 관한 구체적인 신청권을 부여한 것이라고 할 수 없어서, 국회의원에게는 대통령 및 외교부장관의 특임공관장에 대한 인사권 행사 등과 관련하여 대사의 직을 계속 보유하게 하여서는 아니 된다는 요구를 할 수 있는 법규상 신청권이 있다고 할 수 없고, 그 밖에 조리상으로도 그와 같은 신청권이 있다고 보여지지 아니한다(대판 2000.2.25, 99두11455).

3. 4급 공무원이 당해 지방자치단체 인사위원회의 심의를 거쳐 3급 승진대상자로 결정되고 임용권자가 그 사실을 대내외에 공표까지 하였다면, 그 공무원은 승진임용에 관한 법률상 이익을 가진 자로서 임용권자에 대하여 3급 승진임용 신청을 할 조리상의 권리가 있다(대판 2008.4.10, 2007두18611).

(2) 상당한 기간의 경과

상당한 기간이란 사회통념상 행정청이 당해 신청에 대한 처분을 하는 데 필요한 합리적인 기간을 말한다. 법령에 처리기간이 규정된 경우 판례는 훈시규정으로 이해한다(대판 1996.8.20, 95누10877).

구 「주택건설촉진법 시행령」 제32조의2 제2항, 제3항 규정의 법적 성질은 훈시규정이다(대판 1996.8.20, 95누10877).

(3) 행정청의 처분의무의 존재

1. 당사자의 신청에 대해 행정청이 처분을 해야 할 법률상 의무가 존재해야 한다. 따라서 당사자의 신청에 대해 행정청이 처분을 할 것인가에 관해 행정청의 재량에 맡겨진 경우에는 처분을 해야 할 법률상 의무가 없다. 그러나 재량행위라 하더라도 재량권이 영(0)으로 수축되는 경우에는 처분을 할 법률상의 의무가 있다.

2. 또한 부작위위법확인소송은 처분의 신청을 한 자가 제기하는 것이므로 이를 통해 원고가 구하는 행정청의 응답행위는 행정소송법 소정의 '처분'에 관한 것이라야 하고 처분이 아닌 것에 대한 신청은 제외한다는 것이 대법원의 입장이다.

(4) 처분의 부존재

1. 행정청의 처분으로 볼만한 외관이 존재하지 아니하여야 한다. 따라서 처분의 외관이 존재하는 무효인 행정처분과는 구별된다. 즉, 인용처분도 거부처분도 하지 않은 경우를 말한다.

2. 법령이 정한 일정한 기간이 경과한 경우에는 거부한 것으로 의제하는 규정을 두는 경우가 있는데, 이 경우에 법령에서 정한 기간이 경과했음에도 실제로 처분이 행해지지 않았으면 거부처분이 있는 것으로 되므로 당해 거부처분에 대해 취소소송을 제기하여야 하며 부작위위법확인소송을 제기할 수는 없다. 한편, 부작위에 대해서는 거부처분 취소심판이나 취소소송을 제기할 수는 없고, 의무이행심판이나 부작위위법확인소송만 제기할 수 있다.

Ⅲ. 기타의 주요 소송요건

1. 원고적격(법률상 이익)

부작위위법확인소송의 원고적격은 처분의 신청을 한 자로서 부작위의 위법을 구할 '법률상 이익'이 있는 자가 갖는다(행정소송법 제36조). 부작위의 직접 상대방이 아닌 제3자도 당해 행정처분의 부작위위법확인을 구할 법률상의 이익이 있는 경우 원고적격이 인정된다. 일정한 처분을 신청할 수 있는 권리를 가지는 자일 것을 요하는가와 관련해서, 법령에 근거하지 않고 신청을 한 자가 부작위에 대하여 소송을 제기하는 경우에도 부작위가 성립할 수 없으므로 신청권을 갖는 자일 것을 요한다는 견해가 다수설·판례이다.

2. 제소기간

1. 행정심판을 거치는 경우, 행정심판재결서의 정본의 송달을 받은 날로부터 90일 이내에 제기해야 하며, 이 기간은 불변기간이다(제38조 제2항, 제20조 제1·3항).
2. 그러나 처분이 있음을 전제로 하여 정한 취소소송의 제기기간 제한에 관한 규정(제20조 제2항)은 부작위위법확인소송의 경우에는 처분이 없다는 점, 부작위상태가 계속되고 있는 한 부작위의 종료시점을 정할 수 없으므로 준용되지 않는다는 견해가 통설이다.

> **┤ 관 련 판 례 ├**
>
> 부작위위법확인의 소의 제소기간 : 부작위위법확인의 소는 부작위상태가 계속되는 한 그 위법의 확인을 구할 이익이 있다고 보아야 하므로 원칙적으로 제소기간의 제한을 받지 않으나, 행정소송법 제38조 제2항이 제소기간을 규정한 같은 법 제20조를 부작위위법확인소송에 준용하고 있는 점에 비추어 보면, 행정심판 등 전심절차를 거친 경우에는 행정소송법 제20조가 정한 제소기간 내에 부작위위법확인의 소를 제기하여야 할 것이다. 하지만, 당사자의 법규상 또는 조리상의 권리에 기한 신청에 대하여 행정청이 부작위의 상태에 있는지 아니면 소극적 처분을 하였는지는 동일한 사실관계를 토대로 한 법률적 평가의 문제가 개입되어 분명하지 않은 경우가 있을 수 있고, 부작위위법확인소송의 계속 중 소극적 처분이 있게 되면 부작위위법확인의 소는 소의 이익을 잃어 부적법하게 되고 이 경우 소극적 처분에 대한 취소소송을 제기하여야 하는 등 부작위위법확인의 소는 취소소송의 보충적 성격을 지니고 있으며, 부작위위법확인소송의 이러한 보충적 성격에 비추어 동일한 신청에 대한 거부처분의 취소를 구하는 취소소송에는 특단의 사정이 없는 한 그 신청에 대한 부작위위법의 확인을 구하는 취지도 포함되어 있다고 볼 수 있다. 이러한 사정을 종합하여 보면, 당사자가 동일한 신청에 대하여 부작위위법확인의 소를 제기하였으나 그 후 소극적 처분이 있다고 보아 처분취소소송으로 소를 교환적으로 변경한 후 여기에 부작위위법확인의 소를 추가적으로 병합한 경우 최초의 부작위위법확인의 소가 적법한 제소기간 내에 제기된 이상 그 후 처분취소소송으로의 교환적 변경과 처분취소소송에의 추가적 변경 등의 과정을 거쳤다고 하더라도 여전히 제소기간을 준수한 것으로 봄이 상당하다(대판 2009.7.23, 2008두10560).

Ⅳ. 소제기의 효과(집행정지 불가)

1. 부작위위법확인소송이 제기되면 절차법적·실체법적 효과가 발생하게 되는데, 취소소송에 있어서의 관련청구의 이송·병합규정(제10조), 소송참가규정(제16·17조) 등이 준용된다(제38조 제2항).
2. 그러나 부작위상태에 대한 집행정지는 그 성질상 인정되지 않는다.
3. 본안소송 자체가 부작위가 위법임을 확인하는 데 지나지 않으므로, 이론상으로나 실정법규상 민사집행법상 가처분은 허용되지 않는다.

Ⅴ. 소송의 심리

1. 일반론

부작위위법확인소송에도 행정심판기록의 제출명령(제38조 제2항, 제25조), 직권심리주의(제38조 제2항, 제26조) 등 취소소송의 관련규정이 준용된다.

2. 심리의 범위

부작위위법확인소송의 심사권이 신청의 실체적 내용에까지 미칠 수 있을 것인가에 대해서는 소극설과 적극설이 대립하고 있다.

(1) 소극설(절차적 심리설)(다수설)

법원은 부작위의 위법여부만을 심리하는 데 그쳐야 하며, 행정청이 해야 할 처분의 내용까지 심리·판단할 수는 없다는 견해로서 다수설·판례이다. 만일 실체적인 내용을 심리한다면 의무이행소송을 인정하는 결과가 되어 이를 도입하지 않고 부작위위법확인소송을 도입한 행정소송법의 법취지에 맞지 않는다는 것이다.

(2) 적극설(실체적 심리설)

법원은 부작위의 위법 여부만이 아니라 신청의 실체적인 내용이 이유 있는 것인가, 즉 행정청의 특정 작위의무의 존재까지도 심리하여 행정청의 처리방향까지 제시해야 한다는 견해이다.

(3) 판례(절차적 심리설)

부작위위법확인의 소는 행정청이 당사자의 법규상 또는 조리상의 권리에 기한 신청에 대하여 상당한 기간 내에 그 신청을 인용하는 적극적 처분을 하거나 각하 또는 기각하는 등의 소극적 처분을 하여야 할 법률상의 응답의무가 있음에도 불구하고 이를 하지 아니하는 경우, 그 부작위의 위법을 확인함으로써 행정청의 응답을 신속하게 하여 부작위 내지 무응답이라고 하는 소극적인 위법상태를 제거하는 것을 목적으로 하는 것이고, 나아가 그 인용판결의 기속력에 의하여 행정청으로 하여금 적극적이든 소극적이든 어떤 처분을 하도록 강제한 다음, 그에 대하여 불복이 있을 경우 그 처분을 다투게 함으로써 최종적으로는 당사자의 권리와 이익을 보호하려는 제도이다(대판 2002.6.28, 2000두4750).

3. 위법판단의 기준시(판결시설)

취소소송과 무효등확인소송에 있어서는 위법판단의 기준시에 대해 처분시설이 통설이다. 그러나 부작위위법확인소송의 경우 판결시설이 다수설·판례이다.

┤ **관 련 판 례** ├

부작위 위법 여부의 판단기준시는 사실심 구두변론종결시이다(대판 1999.4.9, 98두12437).

VI. 판 결

1. 사정판결(부정)

2. 판결의 효력

(1) 일반론(형성력 부정)

1. 작위위법확인판결의 효력에도 제3자효(제38조 제2항, 제29조), 기속력(제30조), 간접강제(제34조) 등 취소소송에 관한 규정이 준용된다.
2. 그러나 부작위위법확인소송에서는 단지 부작위의 위법만을 확인하는 것이므로 형성력은 생기지 않는다.

(2) 판결의 기속력(처분의무)과 간접강제

1. 의의 : 부작위위법확인소송의 인용판결은 그 사건에 관해 당사자인 행정청과 그 밖의 관계행정청을 구속하게 된다(제38조 제2항, 제30조 제1항).
2. 기속력의 내용 : 취소소송에 있어서의 기속력의 내용은 부작위의무(동일한 내용의 처분금지의무), 적극적 처분의무(재처분의무), 결과제거의무 등이 있다. 그러나 부작위위법확인소송에 있어서의 기속력의 내용은 판결의 취지에 따라 다시 이전의 신청에 대한 처분을 해야 하는 처분의무만을 진다고 할 수 있다.
3. 처분의무의 내용 : 적극적 처분의무의 내용은 부작위위법확인소송의 심리범위와 관련된다. 절차적 심리설을 취하면 기속행위의 경우에도 행정청은 판결의 취지에 따라, 다만 어떠한 내용(예 원고의 신청을 받아들이는 적극적인 처분, 원고의 신청을 기각하는 처분, 제3자에 대한 적극적 처분)의 것이든 처분을 하기만 하면 된다는 소극설을 취하게 된다. 이에 반해 실체적 심리설을 취하는 경우 이전의 신청에 대한 처분이란 당초 신청된 특정한 처분을 뜻하는 것으로 보는 적극설을 취하게 된다.
4. 간접강제 : 부작위위법확인판결에 의해 부과된 처분의무를 행정청이 이행하지 아니한 때에는 제1심 수소법원은 당사자의 신청에 의하여 결정으로써 상당한 기간을 정하고, 행정청이 그 기간 내에 이행하지 아니한 때에는 그 지연기간에 따라 일정한 배상을 할 것을 명하거나 즉시 손해배상을 할 것을 명할 수 있다(제34조, 제38조 제2항). 우리 행정소송법은 의무이행소송을 인정하지 않는 대신에 행정청의 의무이행을 담보하기 위해 간접적 강제수단을 규정하여 판결의 실효성을 확보하고 있다.

제3항 당사자소송

Ⅰ. 당사자소송의 종류와 적용법규

1. 실질적 당사자소송

(1) 의 의

실질적 당사자소송이란 공법상의 법률관계에 관한 소송으로서 그 법률관계의 한쪽 당사자를 피고로 하는 소송을 말한다. 실질적 당사자소송에는 행정청의 처분 등을 원인으로 하는 법률관계에 관한 소송과 그 밖의 공법상의 법률관계에 관한 소송이 포함된다.

(2) 소송물(공법상 법률관계)

(3) 내용 및 사례

① 공법상 법률관계에 관한 소송

처분 등을 원인으로 하지 않는 공법상 법률관계에 관한 소송은 공법상 당사자소송이다.

1. 납세의무부존재확인소송(대판 2000.9.8, 99두2765)
2. 항만법에 의한 항만시설무상사용권범위확인소송(대판 2001.9.4, 99두10148)
3. 도시정비법상의 관리처분계획에 대한 총회결의 무효확인소송[대판(전합) 2009.9.17, 2007다2428]
4. 고용·산재보험료 납부의무 부존재확인의 소(대판 2016.10.13, 2016다221658)
5. 명예퇴직한 법관이 미지급 명예퇴직수당액의 지급을 구하는 경우(대판 2016.5.24, 2013두14863)
6. 고용·산재보험료 납부의무 부존재확인의 소(대판 2016.10.13, 2016다221658)
7. 갑 토지구획정리조합이 환지계획을 인가받으면서 체비지 겸 학교용지로 인가받은 토지에 대하여 체비지대장에 갑 조합을 토지의 소유자로 등재한 후 소유자명의를 을 주식회사 앞으로 이전하였는데, 환지처분이 이루어지지 않은 상태에서 병 지방자치단체가 갑 조합을 상대로 환지처분의 공고 다음 날에 토지의 소유권을 원시취득할 지위에 있음의 확인을 구한 사안(대판 2016.12.15, 2016다221566) : 토지구획정리사업에 따른 공공시설용지의 원시취득으로 형성되는 국가 또는 지방자치단체와 사업시행자 사이의 관계는 공법관계
8. 구 「도시 및 주거환경정비법」 제65조 제2항 후단에 따른 정비기반시설의 소유권 귀속에 관한 소송(대판 2019.9.9, 2016다262550)
9. 토지의 일시 사용에 대한 동의의 의사표시를 할 의무의 존부에 관한 소송(대판 2018.7.26, 2015다221569) : 「국토의 계획 및 이용에 관한 법률」에서 특별히 인정한 공법상의 의무
10. 국가 등 과세주체가 당해 확정된 조세채권의 소멸시효 중단을 위하여 납세의무자를 상대로 제기한 조세채권 존재확인의 소(대판 2020.3.2, 2017두41771)

② 처분 등을 원인으로 하는 법률관계에 관한 소송

1. 다수설에 따르면 ① 처분 등의 무효·취소를 전제로 하는 공법상의 부당이득반환청구소송(과오납금반환청구소송), ② 공무원의 직무상 불법행위로 인한 국가배상청구소송, ③ 별도의 불복방법에 관한 규정이 없는 경우의 손실보상청구권 등도 공권으로서 이에 관한 소송은 공법상 당사자소송이 된다고 본다.
2. 그러나 판례는 국가배상청구권이나 조세부과처분이 무효로 됨으로써 발생하는 부당이득반환청구권, 별도의 불복절차에 관한 규정이 없을 경우 손실보상청구권은 사권이고 그에 관한 소송은 민사소송이라고 본다.

③ 그 밖의 공법상의 법률관계에 관한 소송

㉠ 공법상 계약 : 통설·판례 모두 공법상 계약에 대하여는 실질적 당사자소송을 인정한다.

1. 서울특별시립무용단 단원의 위촉(대판 1995.12.22, 95누4636)
2. 국립중앙극장 전속합창단원의 채용(대판 1996.8.27, 95나35953)
3. 광주시립합창단원에 대한 재위촉(대판 2001.12.11, 2001두7794)
4. 국방일보의 발행책임자인 국방홍보원장으로 채용된 계약직공무원에 대한 채용계약(대판 2002.11.26, 2002두5948)
5. 전문직공무원인 공중보건의사 채용계약·공중보건의 계약해지(대판 1996.5.31, 95누10617)

㉡ 공법상 금전지급청구를 위한 소송(사회보장급부청구소송)

ⓐ 당사자소송 : 근거 법령상 공법상 급부청구권이 행정청의 1차적 결정 없이 곧바로 발생하는 경우에는 당사자소송에 의한다.

1. 「광주민주화운동관련자 보상 등에 관한 법률」 제15조에 의거하여 관련자 및 유족들이 갖게 되는 보상 등에 관한 권리(대판 1992.12.24, 92누3335)
2. 구 석탄산업법상의 석탄가격안정지원금 지급청구의 소(대판 1997.5.30, 95다28960)
3. 「석탄산업법 시행령」 제41조 제4항 제5호 소정의 재해위로금 지급청구소송(대판 1999.1.26, 98두12598)
4. 정당한 퇴역연금액과 결정, 통지된 퇴역연금액과의 차액의 지급을 구하는 소송(대판 2003.9.5, 2002두3522)
5. 공무원연금관리공단이 퇴직연금 중 일부 금액에 대하여 지급거부의 의사표시를 한 경우 미지급퇴직연금의 지급을 구하는 소송(대판 2004.7.8, 2004두244)
6. 공무원봉급 미지급 시 지급청구소송
7. 텔레비전방송수신료 통합징수권한부존재확인(대판 2008.7.24, 2007다25261)
8. 지방자치단체가 보조금 지급결정을 하면서 일정 기한 내에 보조금을 반환하도록 하는 교부조건을 부가한 사안의 경우 보조사업자에 대한 지방자치단체의 보조금반환청구소송(대판 2011.6.9, 2011다2951)
9. 부가가치세 환급세액 지급청구소송[대판(전합) 2013.3.21, 2011다95564]
10. 지방소방공무원의 초과근무수당 지급을 구하는 청구에 관한 소송(대판 2013.3.28, 2012다102629)
11. 명예퇴직한 법관이 미지급 명예퇴직수당액의 지급을 구하는 경우(대판 2016.5.24, 2013두14863)
12. 도시개발사업조합이 도시개발법에 따른 청산금의 지급을 구하는 소송(대판 2017.4.28, 2013다1211)

ⓑ **항고소송** : 당사자의 신청과 그에 대한 행정청의 인용결정이 있을 때 비로소 권리가 발생하는 경우는 항고소송의 대상이다.

1. 군인연금법상 상이연금 등의 급여를 받을 권리(대판 1995.9.15, 93누18532)
2. 공무원연금법상 퇴직연금 등의 급여결정(대판 2004.7.8, 2004두244)
3. 진료기관의 의료보호비용 청구에 대한 지급거부를 다투는 소송(대판 1999.11.26, 97다42250)
4. 구 군인연금법령상 퇴역연금 등의 급여청구권을 인정받기 위한 항고소송 등의 절차를 거치지 아니하고 곧바로 국가를 상대로 한 당사자소송으로 급여의 지급을 소구하는 것은 허용되지 않는다(대판 2003.9.5, 2002두3522).
5. 특수임무수행자 및 그 유족으로서 보상금 등을 지급받고자 하는 자의 신청에 대하여 위원회가 특수임무수행자에 해당하지 않는다는 이유로 한 기각결정은 행정처분이다(대판 2008.12.11, 2008두6554).
6. 「민주화운동관련자 명예회복 및 보상 등에 관한 법률」상의 보상심의위원회의 결정[대판(전합) 2008.4.17, 2005두16185]
7. 근로복지공단의 보험급여결정(대판 2010.2.25, 2009다98447)
8. 구 법인세법상 결손금 소급공제 환급결정은 행정처분에 해당하고, 과세관청이 착오환급 내지 과다환급한 결손금 소급공제 환급세액을 강제징수하려면 결손금 소급공제 환급결정을 직권으로 취소하여야 한다(대판 2016.2.18, 2013다206610).
9. 구 군인연금법령상 급여를 받으려고 하는 사람이 관계 법령에 따라 국방부장관 등에게 급여지급을 청구하였으나 국방부장관 등이 이를 거부하거나 일부 금액만 인정하는 급여지급결정을 하는 경우, 그 결정을 대상으로 항고소송을 제기하는 등으로 구체적 권리를 인정받지 않은 상태에서 곧바로 국가를 상대로 한 당사자소송으로 급여의 지급을 소구할 수 없다(대판 2021.12.16, 2019두45944).

ⓒ **공법상 지위·자격·신분의 확인을 구하는 소송**

1. 국가의 훈기부상 화랑무공훈장을 수여받은 것으로 기재되어 있는 자가 태극무공훈장을 수여받은 자임의 확인을 구하는 소송(대판 1990.10.23, 90누4440)
2. 영관생계보조기금권리자확인(대판 1991.1.25, 90누3041)
3. 지방공무원으로서의 지위확인을 구하는 소(대판 1998.10.23, 98두12932)
4. 구 도시재개발법(현 도시 및 주거환경정비법)에 의한 재개발조합에 대해 조합원 자격확인을 구하는 소송(대판 1999.2.5, 97누14606)
5. 결격사유에 해당하지 않음을 이유로 하는 국회의원의 지위확인청구소송

ⓓ **공법상의 결과제거청구소송** : 다만, 판례는 민사소송

ⓔ **항만법에 의한 항만시설무상사용권범위확인소송**(대판 2001.9.4, 99두10148)

ⓕ **도시정비법상의 관리처분계획에 대한 총회결의 무효확인소송**[대판(전합) 2009.9.17, 2007다2428]

2. 형식적 당사자소송

(1) 의 의

형식적 당사자소송이란 행정청의 처분·재결 등이 원인이 되어 형성된 법률관계에 관해 다툼이 있는 경우에 그 원인이 되는 처분·재결 등의 효력이 아닌 그 처분 등의 결과로서 형성된 법률관계에 대해 그 처분청을 피고로 하지 않고 그 법률관계의 한쪽 당사자를 피고로 하여 제기하는 소송을 말한다.

(2) 성 질

형식적 당사자소송은 항고소송과 당사자소송의 성질을 아울러 가진다. 즉, 형식적 당사자소송은 실질적으로는 행정청의 처분 등의 효력을 다투는 소송이므로 항고소송의 성질을 가지나, 형식적으로는 소송형태의 면에서 항고소송과 같이 행정청을 피고로 하는 것이 아니고 법률관계의 한쪽 당사자를 피고로 하는 소송이다.

(3) 형식적 당사자소송의 일반적 인정 여부

형식적 당사자소송이 현행 행정소송법하에서 일반적으로 인정될 수 있는지 여부에 대해 견해가 나뉜다. 이에 대해서 개별법의 규정이 없는데도 형식적 당사자소송을 인정하여 공정력을 가지는 처분을 그대로 둔 채 당해 처분을 원인으로 하는 법률관계에 관한 소송을 제기하고 법원이 이를 심리·판단하는 것은 공정력이나 구성요건적 효력에 반한다는 점을 논거로 부정하는 견해가 다수설이다.

(4) 보상금 증감청구소송

1. 「공익사업을 위한 토지 등의 취득 및 보상에 관한 법률」에서는 "사업시행자, 토지소유자 또는 관계인은 제34조에 따른 재결에 불복할 때에는 재결서를 받은 날부터 90일 이내에, 이의신청을 거쳤을 때에는 이의신청에 대한 재결서를 받은 날부터 60일 이내에 각각 행정소송을 제기할 수 있다.
2. 이 경우 사업시행자는 행정소송을 제기하기 전에 제84조에 따라 늘어난 보상금을 공탁하여야 하며, 보상금을 받을 자는 공탁된 보상금을 소송이 종결될 때까지 수령할 수 없다(같은 법 제85조 제1항).
3. 제1항에 따라 제기하려는 행정소송이 보상금의 증감(增減)에 관한 소송인 경우 그 소송을 제기하는 자가 토지소유자 또는 관계인일 때(증액청구소송)에는 사업시행자를, 사업시행자일 때(감액청구소송)에는 토지소유자 또는 관계인을 각각 피고로 한다(같은 조 제2항).
4. 같은 법 제2항이 규정하고 있는 소송이 보상금 증감청구소송으로 형식적 당사자소송의 대표이다.

┤ 관 련 판 례 ├

1. 공익사업법 제85조 제1항이 정한 제소기간 내에 일부 청구임을 명시하여 보상금의 증감에 관한 소송을 제기하여 전부 승소한 경우 청구취지 확장을 위한 항소의 이익이 인정되지 않는다(대판 2010.11.11, 2010두14534).
2. 보상금 증감에 관한 소송에서 동일한 사실에 관하여 상반되는 여러 개의 감정평가가 있는 경우, 법원이 각 감정평가 중 어느 하나를 채용하거나 하나의 감정평가 중 일부만에 의거하여 사실을 인정하는 것은 원칙적으로 위법하지 않다(대판 2014.12.11, 2012두1570).
3. 손실보상금 산정을 위한 감정평가가 위법한 경우 법원이 감정내용 중 위법하지 않은 부분을 추출하여 판결에 참작할 수 있다(대판 2014.12.11, 2012두1570).
4. 감정평가에 위법이 있는 경우, 법원이 취해야 할 조치 : 감정평가가 위법하다고 하여도 법원은 그 감정내용 중 위법하지 않은 부분을 추출하여 판결에서 참작하는 등 정당한 손실보상액을 스스로 산정할 수 있으나, 이러한 직권 보정방식은 객관성과 합리성을 갖추고 논리나 경험의 법칙에 반하지 않는 범위 내에서만 허용되는 것이므로, 감정평가에 위법이 있다면 법원으로서는 적법한 감정평가방법에 따른 재감정을 명하거나 감정인에게 사실조회를 하여 보는 등의 방법으로 석명권을 행사하여 충분한 심리를 거치는 것이 타당하다(대판 2014.12.11, 2012두1570).
5. 「공익사업을 위한 토지 등의 취득 및 보상에 관한 법률」상 피보상자 또는 사업시행자가 여러 보상항목들 중 일부에 대해서만 개별적으로 불복의 사유를 주장하여 행정소송을 제기할 수 있다(대판 2018.5.15, 2017두41221).
6. 법원이 구체적인 불복신청이 있는 보상항목들에 관해서 감정을 실시하는 등 심리한 결과, 재결에서 정한 보상금액이 일부 보상항목의 경우 과소하고 다른 보상항목의 경우 과다한 것으로 판명된 경우, 보상항목 상호 간의 유용을 허용하여 정당한 보상금을 결정할 수 있다(대판 2018.5.15, 2017두41221).
7. 피보상자가 여러 보상항목들에 관해 불복하여 보상금 증액 청구소송을 제기하였으나, 그중 일부 보상항목에 관해 법원감정액이 재결감정액보다 적게 나온 경우, 피보상자는 해당 보상항목에 관해 불복신청이 이유 없음을 자인하는 진술을 하거나 불복신청을 철회함으로써 해당 보상항목을 법원의 심판범위에서 제외하여 달라는 소송상 의사표시를 할 수 있고, 사업시행자가 피보상자의 보상금 증액 청구소송을 통해 감액청구권을 실현하려는 기대에서 제소기간 내에 별도의 보상금 감액 청구소송을 제기하지 않았는데 피보상자가 위와 같은 의사표시를 하는 경우, 사업시행자는 법원 감정 결과를 적용하여 과다 부분과 과소 부분을 합산하여 처음 불복신청된 보상항목들 전부에 관하여 정당한 보상금액을 산정하여 달라는 소송상 의사표시를 할 수 있으며, 이러한 법리는 정반대 상황의 경우에도 마찬가지로 적용된다(대판 2018.5.15, 2017두41221).

3. 적용법규

(1) 취소소송에 관한 규정이 준용되는 경우

취소소송에 관한 규정 중 관련청구의 재판관할(제9조), 이송·병합(제10조), 피고경정(제14조), 공동소송(제15조), 소송참가(제16조·제17조), 소의 변경(제21조), 처분변경으로 인한 소의 변경(제22조), 행정심판기록제출명령(제25조), 직권증거조사주의·직권심리주의(제26조), 판결의 기속력(제30조), 소송비용부담(제32조) 등에 관한 것이 당사자소송에 준용되고 있다(제44조 제1항·제2항).

(2) 취소소송에 관한 규정이 준용되지 않는 경우

당사자소송에는 취소소송에 관한 규정 중 원고적격(제12조), 피고적격(제13조), 행정심판전치(제18조), 소송대상(제19조), 제소기간(제20조), 집행정지(제23조), 사정판결(제28조), 형성력의 제3자효(제29조)와 제3자에 의한 재심청구(제31조), 판결의 간접강제(제34조) 등이 준용되지 않는다.

Ⅱ. 주요 소송요건

1. 재판관할

당사자소송의 재판관할은 항고소송에 있어서와 마찬가지로 제1심 관할법원은 피고의 소재지를 관할하는 행정법원이 된다(제9조). 다만, 국가 또는 공공단체가 피고인 경우에는 '관계행정청의 소재지'를 피고의 소재지로 한다(제40조).

> ┤ 관 련 판 례 ├
>
> 민사사건을 행정소송 절차로 진행한 경우, 그 자체로 위법하다고 볼 수 없다 : 행정사건의 심리절차는 행정소송의 특수성을 감안하여 행정소송법이 정하고 있는 특칙이 적용될 수 있는 점을 제외하면 <u>심리절차 면에서 민사소송 절차와 큰 차이가 없으므로</u>, 특별한 사정이 없는 한 민사사건을 행정소송 절차로 진행한 것 자체가 위법하다고 볼 수 없다(대판 2018.2.13, 2014두11328).

2. 당사자

(1) 원고적격

당사자소송은 대등한 당사자 간의 공법상 법률관계에 관한 소송이므로 항고소송에서와 같은 원고적격의 제한은 없으며, 따라서 민사소송법상(취소소송이 아님)의 원고적격에 관한 규정이 준용된다(행정소송법 제8조 제2항).

> ┤ 관 련 판 례 ├
>
> 도시정비법상의 관리처분계획에 대한 총회결의 무효확인소송은 관리처분계획에 대한 인가·고시가 있기 전에는 허용되지만, 관리처분계획에 대한 관할행정청의 인가·고시까지 있게 되면 관리처분계획은 행정처분이므로 항고소송의 방법으로 관리처분계획의 취소 또는 무효확인을 구하여야 하고, 확인의 소를 제기하는 것은 특별한 사정이 없는 한 허용되지 않는다[대판(전합) 2009.9.17, 2007다2428].
> ▶ 이와 달리 도시재개발법상 재개발조합의 관리처분계획안에 대한 총회결의 무효확인소송을 민사소송으로 보고 또 관리처분계획에 대한 인가·고시가 있은 후에도 여전히 소로써 총회결의의 무효확인을 구할 수 있다는 취지로 판시한 대법원 2004.7.22. 선고 2004다13694 판결과 이와 같은 취지의 대법원 판결들은 이 판결의 견해에 배치되는 범위 내에서 변경한 사안임.

(2) 피고적격(국가·공공단체 등 권리주체)

1. 당사자소송의 피고는 국가 또는 공공단체 그 밖의 권리주체(행정청이 아님)가 된다(제39조). 그 밖의 권리주체라 함은 공권력을 수여받은 행정주체인 사인, 즉 공무수탁사인을 의미한다. 당사자소송의 피고는 권리주체를 피고로 한다는 점에서 처분청을 피고로 하는 항고소송과 다르다.

┤ **관 련 판 례** ├

1. 공법상의 권리관계의 확인을 구하는 당사자소송은 그 권리주체인 국가 또는 공공단체 등을 피고로 하여야 하므로 그 권리주체가 아닌 재향군인회장과 국방부장관을 피고로 하여 제기한 소는 부적법하다(대판 1991.1.25, 90누3041).
2. 행정소송법상의 당사자소송에 있어서 피고의 지정이 잘못된 경우, 법원이 석명권을 행사하여 피고를 경정하게 하지 않고 바로 소를 각하할 수 없다(대판 2006.11.9, 2006다23503).
3. 「공익사업을 위한 토지 등의 취득 및 보상에 관한 법률」 제72조에 의한 토지소유자의 토지수용청구를 받아들이지 않은 토지수용위원회의 재결에 대하여 토지소유자가 불복하여 제기하는 소송의 성질은 보상금의 증감에 관한 소송이므로 그 상대방은 사업시행자이다(대판 2015.4.9, 2014두46669).
4. 고용·산재보험료 납부의무 부존재확인의 소는 근로복지공단을 피고로 하여 제기하여야 한다(대판 2016.10.13, 2016다221658).
5. 사인을 피고로 하는 당사자소송이 허용된다 : 행정소송법 제39조는, "당사자소송은 국가·공공단체 그 밖의 권리주체를 피고로 한다."라고 규정하고 있다. 이것은 당사자소송의 경우 항고소송과 달리 '행정청'이 아닌 '권리주체'에게 피고적격이 있음을 규정하는 것일 뿐, 피고적격이 인정되는 권리주체를 행정주체로 한정한다는 취지가 아니므로, 이 규정을 들어 사인을 피고로 하는 당사자소송을 제기할 수 없다고 볼 것은 아니다(대판 2019.9.9, 2016다262550).

2. 국가가 피고가 되는 때에는 법무부장관이 국가를 대표하고(국가를 당사자로 하는 소송에 관한 법률 제2조), 지방자치단체가 피고가 되는 때에는 당해 지방자치단체의 장이 대표한다(지방자치법 제114조). 원고가 피고를 잘못 지정한 경우 피고경정은 취소소송과 당사자소송 모두에서 사실심 변론종결에 이르기까지 허용된다.

3. 협의의 소익

조세채권의 소멸시효 중단을 위한 재판상 청구에 예외적으로 소의 이익이 있는 경우 : 조세는 조세채권자는 세법이 부여한 부과권 및 자력집행권 등에 기하여 조세채권을 실현할 수 있어 특별한 사정이 없는 한 납세자를 상대로 소를 제기할 이익을 인정하기 어렵다. 다만 납세의무자가 무자력이거나 소재불명이어서 체납처분 등의 자력집행권을 행사할 수 없는 등 구 국세기본법 제28조 제1항이 규정한 사유들에 의해서는 조세채권의 소멸시효 중단이 불가능하고 조세채권자가 조세채권의 징수를 위하여 가능한 모든 조치를 충실히 취하여 왔음에도 조세채권이 실현되지 않은 채 소멸시효기간의 경과가 임박하는 등의 특별한 사정이 있는 경우에는, 그 시효중단을 위한 재판상 청구는 예외적으로 소의 이익이 있다고 봄이 타당하다(대판 2020.3.2, 2017두41771).

4. 제소기간

당사자소송에 관하여 법령에 제소기간이 정하여져 있는 때에는 그 기간은 불변기간으로 한다(제41조). 당사자소송에 관하여는 특별히 달리 정하고 있는 경우를 제외하고, 원칙적으로 제소기간의 제한이 없다(제44조 제1항).

5. 전심절차(부정)

6. 관련청구의 병합

행정소송법 제10조의 규정은 당사자소송과 관련청구소송이 각각 다른 법원에 계속되고 있는 경우의 이송과 병합의 경우에 준용한다(제44조 제2항).

┨ **관 련 판 례** ┠

1. 행정소송법 제44조, 제10조에 의한 관련청구소송의 병합은 본래의 당사자소송이 적법함을 요건으로 한다 : 행정소송법 제44조, 제10조에 의한 관련청구소송의 병합은 본래의 당사자소송이 적법할 것을 요건으로 하는 것이어서 본래의 당사자소송이 부적법하여 각하되면 그에 병합된 관련청구도 소송요건을 흠결한 부적합한 것으로 각하되어야 한다(대판 2011.9.29, 2009두10963).
2. 갑에게서 주택 등 신축 공사를 수급한 을이 사업주를 갑으로 기재한 갑 명의의 고용보험·산재보험관계성립신고서를 근로복지공단에 작성·제출하여 갑이 고용·산재보험료 일부를 납부하였고, 국민건강보험공단이 갑에게 나머지 보험료를 납부할 것을 독촉하였는데, 갑이 국민건강보험공단을 상대로 이미 납부한 보험료는 부당이득으로서 반환을 구하고 국민건강보험공단이 납부를 독촉하는 보험료채무는 부존재확인을 구하는 소를 제기한 사안에서, 원심법원인 인천지방법원 합의부는 사건을 관할법원인 서울고등법원에 이송했어야 옳다고 한 사례(대판 2016.10.13, 2016다221658).
3. 당사자소송에 항고소송인 무효확인을 구하는 청구를 추가하는 것은 허용된다. 최초 제기된 이 사건 소가 당사자소송과 관련청구소송이 병합된 소송임은 앞서 본 바와 같으므로 여기에 항고소송인 보험료 징수처분의 무효확인을 구하는 청구를 추가하는 것은 행정소송법 제44조 제2항, 제10조에 따라 허용된다고 보아야 한다(대판 2016.10.13, 2016다221658).

7. 소의 변경

소의 변경에 관한 행정소송법 제21조의 규정은 당사자소송을 항고소송으로 변경하는 경우에 준용한다(제42조). 또한 처분변경으로 인한 소의 변경도 인정된다(제22조·제44조).

Ⅲ. 소 제기의 효과(집행정지 불가)

당사자소송이 제기되면 취소소송에 있어서의 관련청구의 이송·병합규정(제10조), 소의 변경규정(제21조·제22조), 소송참가규정(제16조·제17조) 등이 준용되지만, 집행정지에 관한 규정(제23조·제24조)은 준용되지 않는다.

┨ **관 련 판 례** ┠

현저한 손해를 피하기 위해 필요한 경우, 사업시행자가 행정소송법 제8조 제2항, 민사집행법 제300조 제2항에 따라 '임시의 지위를 정하기 위한 가처분'을 신청할 수 있다(대판 2019.9.9, 2016다262550).

Ⅳ. 심리절차

심리절차에 행정심판기록의 제출명령(제25조), 직권탐지주의 가미(제26조) 등에 관한 규정은 당사자소송에도 준용되고(제44조 제1항), 입증책임은 민사소송법상의 일반원칙(법률요건분류설)에 따른다. 기타 처분권주의, 변론주의, 구술심리주의, 직접심리주의, 쌍방심문주의, 법관의 석명의무 등이 적용된다.

> **┨ 관 련 판 례 ┠**
>
> 민간투자사업 실시협약을 체결한 당사자가 공법상 당사자소송에 의하여 그 실시협약에 따른 재정지원금의 지급을 구하는 경우, 수소법원이 심리·판단하여야 하는 범위 : 민간투자사업 실시협약을 체결한 당사자가 공법상 당사자소송에 의하여 그 실시협약에 따른 재정지원금의 지급을 구하는 경우에, 수소법원은 단순히 주무관청이 재정지원금액을 산정한 절차 등에 위법이 있는지 여부를 심사하는 데 그쳐서는 아니 되고, 실시협약에 따른 적정한 재정지원금액이 얼마인지를 구체적으로 심리·판단하여야 한다(대판 2019.1.31, 2017두46455).

Ⅴ. 판 결

1. 판결의 종류(사정판결 부정)

2. 판결의 기판력과 구속력

취소판결의 기속력조항(제30조 제1항)은 당사자소송에 준용된다(제44조). 그러나 취소소송에 있어서와 같은 판결의 제3자효(제29조), 재처분의무(제30조), 간접강제(제34조)는 당사자소송에는 준용되지 않는다.

3. 가집행선고

1. 국가를 상대로 하는 당사자소송의 경우에는 가집행선고를 할 수 없다."는 규정(행정소송법 제43조)은 현재 위헌결정으로 효력을 상실함으로써 국가를 상대로 가집행선고를 할 수 있다.

> **┨ 관 련 판 례 ┠**
>
> 국가를 상대로 하는 당사자소송의 경우에는 가집행선고를 할 수 없다고 규정한 행정소송법 제43조는 평등원칙에 위배된다(위헌)(헌재결 2022.2.24, 2020헌가12).

2. 국가 이외의 자에 대한 가집행선고는 가능하다.

> **┨ 관 련 판 례 ┠**
>
> 공법상 당사자소송에서 재산권의 청구를 인용하는 판결을 하는 경우, 가집행선고를 할 수 있다(사업시행자인 서울시가 환매권자를 상대로 한 가집행)(대판 2000.11.28, 99두3416).

제4항 취소소송규정의 준용 여부

구분	취소소송	무효등확인소송	부작위위법확인소송	당사자소송
재판관할	○	○	○	○
관련청구소송의 이송·병합	○	○	○	○
선결문제	○	×	×	×
피고적격	○	○	○	×
피고경정	○	○	○	○
공동소송	○	○	○	○
제3자의 소송참가	○	○	○	○
행정청의 소송참가	○	○	○	○
예외적 행정심판전치	○	×	○	×
소송의 대상	○	○	○	×
제소기간	○	×	○ (재결을 거친 경우는 적용)	×
소의 변경	○	○	○	○
처분변경으로 인한 소의 변경	○	○	×	○
집행정지	○	○	×	×
행정심판기록 제출명령	○	○	○	○
직권심리	○	○	○	○
사정판결	○	×	×	×
형성력의 제3자효	○	○	○	×
기속력	○	○	○	행정청에 대한 기속력에 관한 1항만 준용 (재처분의무에 관한 2항 제외)
제3자에 의한 재심청구	○	○	○	×
소송비용 부담	○	×	×	○
소송비용에 관한 재판의 효력	○	○	○	○
판결의 간접강제	○	×	○	×